Kleinknecht

—

Das Gedächtnis von Gegenständen
oder die Macht der Dinge

Olivia Natascha Kleinknecht

Das Gedächtnis von Gegenständen oder die Macht der Dinge

Königshausen & Neumann

Bibliografische Information der Deutschen Nationalbibliothek

Die Deutsche Nationalbibliothek verzeichnet diese Publikation in der Deutschen Nationalbibliografie; detaillierte bibliografische Daten sind im Internet über http://dnb.d-nb.de abrufbar.

© Verlag Königshausen & Neumann GmbH, Würzburg 2012
Gedruckt auf säurefreiem, alterungsbeständigem Papier
Umschlag: skh-softics / coverart
Umschlagabbildung: Samuel van Hoogstraten: *Augenbetrüger*-Stilleben, um 1666/78, Dordrechts Museum
Bindung: Zinn – Die Buchbinder GmbH, Kleinlüder
Printed in Germany
ISBN 978-3-8260-4862-3
www.koenigshausen-neumann.de
www.buchhandel.de
www.buchkatalog.de

Für ihre wertvolle Unterstützung
danke ich
Prof. Dr. Mauro Cappelletti
Dr. Rose Kleinknecht-Herrmann
Dr. Walter Landolt
und
Dr. Andreas Rickenbach

Inhaltsverzeichnis

Das Gedächtnis von Gegenständen oder Die Macht der Dinge

Es gibt mehr Dinge zwischen
Himmel und Erde als du dir
träumen läßt, Horatio.
                    Shakespeare, Hamlet

Wunder geschehen nicht im
Gegensatz zur Natur, sondern
im Gegensatz zu dem, was wir
von der Natur wissen.

                              Augustinus

EINLEITUNG

Stelle ich Ihnen die Frage: – *Sind Dinge lebendig oder tot?*, denken Sie sofort:
    – *Was für eine Frage! Was soll das, lebendige Dinge?*
    – *Erst seit der griechischen Aufklärung sind für uns die Dinge tot.*
    In manchen gegenwärtigen Kulturen ist dies aber nicht so. Ebenso wenig war dies so in früheren Gesellschaften. Dort waren auch Dinge lebendig[1], lege ich Ihnen vorsichtig dar.
    – *Aberglaube und Ignoranz*, meinen Sie. Und vielleicht fragen Sie mich: – *Was verstehen Sie überhaupt unter lebendigen Dingen?*
    – *Daß die Dinge reale Wirkungen auf uns haben*, antworte ich, *daß sie uns informieren, erinnern, ja sogar verzaubern oder uns gar schaden können.* Und ich präzisiere noch: – *Daß die Dinge eine Seele haben, ein Gedächtnis, und zuweilen sogar Macht.*
    – *So ein Unsinn*, rufen Sie aus. *Ein Ding mit einem Gedächtnis, einfach lächerlich! Ich habe ein Gedächtnis, aber doch nicht meine Armbanduhr. Ich bin lebendig, aber doch nicht die Kaffeetasse dort auf dem Tisch.*
    Ich kann Ihre Reaktion verstehen. Es ist schwierig, lang gehegte Gewohnheits-Meinungen aufzugeben. Schon sehr lange sind Dinge für uns leblose Materie, tot ...
    – *Am besten, ich stelle Ihnen mal ein paar Fragen.*
    Wie steht es zum Beispiel mit bestimmten Dingen, die anderen völlig wertlos erscheinen, an denen Sie aber hängen, vielleicht sogar sklavisch hängen? Warum können Sie sich von gewissen Dingen einfach nicht mehr trennen? Was ist der unheimliche Rückstand von Anwesenheit, den Sie in der Wohnung und den Dingen einer geliebten Person spüren, die eben verstorben ist? Weshalb erregt Sie ein Gegenstand, der einer geliebten Person gehört? Warum wollen manche von Ihnen unbedingt einen Handschuh der Callas

---

[1] Vgl. Hartmut Böhme, *Fetischismus und Kultur*, S. 43f.

oder ein Taschentuch des Papstes in ihren Besitz bringen? Oder eine Haarlocke von Elvis oder einen Schuh von Lady Di? Einen Slip von Paris Hilton oder einen Tennisball von Roger Federer? Weshalb verehren manche von Ihnen sogar gewisse Dinge so als seien sie quasi Personen: das Wort Fetisch ist Ihnen sicher geläufig. Was ergreift Sie an einem Kunstwerk, sozusagen hinter dem Dargestellten? Und wie erklären Sie sich das Unheimliche, das Abstoßende, oder den positiven Schauder, der von Dingen ausgehen kann, von ganzen Versammlungen, Ensembles von Dingen, von Orten, die nichts anderes als Dinganhäufungen sind, Versammlungen natürlicher und gemachter Dinge? Sie spüren ganz genau eine bestimmte Atmosphäre oder Stimmung eines Orts, einer Stadt, eines Landes, eines Hauses, einer Wohnung. Weshalb fühlen Sie sich hier gleich wohl und dort sofort bedrückt? Was ist an Orten los, an denen es gar spukt? Und was macht Orte heilig?

Warum erhoffen einige von Ihnen sich Schutz von Amuletten? Oder Heilung von Reliquien oder heiligen Orten? Wie können Brot und Wein beim katholischen Abendmahl der Leib und das Blut Christi sein? Was bedeutet, daß in einer Ikone Christus realpräsent ist? Wie kann schwarze Magie einer Person mit banalen Dingen, wie ihren abgeschnittenen Haaren oder Fingernägeln, schaden? Warum sind Sie davor gewarnt worden, die Totenmaske des Agamemnon anzusehen? Wieso kaufen Sie Andenken auf einer Reise? Wieso sammeln Sie gewisse Dinge? Wieso vertrauen Sie darauf, daß ein Statussymbol wie ein teurer Wagen, ein elegantes Haus, ein Markenartikel Sie zu einem neuen Menschen machen?

Und spannen wir den Bogen weiter: Welche Macht hat der Heilige Gral, und was ist er eigentlich? Was hat es mit den lebendigen Statuen der Antike auf sich? Weshalb traut man Steinen eine so immense Wirkung zu: wie Menhiren oder heute noch dem Meteor in der Kaaba. Wieso haben Dinge mit Symbolen: wie Abzeichen, Uniformen, Fahnen mit dem Hakenkreuz, eine derartige Machtwirkung in einem Terrorstaat wie dem Dritten Reich?

Warum hatten Juden, Moslems und Christen eine panische Angst vor Bildern? Warum glaubte man in früheren Gesellschaften, wie im alten Ägypten oder antiken Griechenland, die Abbildung von jemandem sei identisch mit der Person selbst?

– Irgendeine Wirkung haben die Dinge, irgend etwas strahlen sie aus, geben auch Sie nun in ein paar Fällen zu. Aber muß man gleich von lebendigen Dingen sprechen? Es gibt schließlich einen kleinen Unterschied zwischen einem Menschen und einer Kaffeetasse. Eine Kaffeetasse hat kein Herz, und ehrlich gesagt auch kein Gehirn wie wir eines haben.

– Das ist richtig, beruhige ich Sie. Mit lebendig meine ich nur, daß Dinge ein Gedächtnis haben, das auf uns wirkt, manchmal sogar so stark, daß Dingen tatsächlich Macht zukommt; ein Gehirn haben die Dinge nicht, wir haben hier ein Gedächtnis ohne Gehirn.

Fühlen Sie sich an einem Ort zum Beispiel besonders bedrückt, so kann das mit der üblen Geschichte dieses Orts zusammenhängen. Die Vergangenheit ist noch da: Der Ort hat sie gespeichert. Und so speichert jedes Ding Ereignisse und Personen, die mit ihm einmal in Kontakt gekommen sind, einschließlich deren Gefühlen und Gedanken.

– *Also gut*, werden Sie sagen, *wenn nun die Dinge ein lebendiges Gedächtnis haben, wie sprechen sie dann zu uns? Wie enthüllen Sie uns ihre Geheimnisse, das, was sie sozusagen wissen?*

– *Sie sprechen nicht zu jedem von uns gleich deutlich. Es fliegt Sie vielleicht eine Stimmung an, ein undeutliches Gefühl, eine Ahnung in Gegenwart von bestimmten Dingen oder an bestimmten Orten.*

– *Das ist doch nichts Meßbares, das ist ja hoch subjektiv! Wie soll man das entschlüsseln*, werden Sie einwenden.

– *Zum Glück*, entgegne ich Ihnen dann, *gibt es einige Personen, sogenannte Sensitive, die das Gedächtnis eines Dings verstehen oder, sagen wir, lesen können: etwa, wem das Ding gehörte, wie die unmittelbare Umgebung des Dings aussah beziehungsweise was für Ereignisse sich in seiner unmittelbaren Nähe abspielten und so weiter. Das Ding erzählt ihnen von Fakten, Ereignissen, Gedanken, Gefühlen. Und es gibt sogar eine wissenschaftliche Disziplin, die sich seit den achtziger Jahren des 19. Jahrhunderts systematisch mit solchen Personen und ihrer Fähigkeit, das Gedächtnis der Dinge zu lesen, beschäftigt: die Psychometrie, auch Hellfühligkeit genannt. Sie gehört zum Gebiet der Parapsychologie.*

Dieses Erfühlen geschieht übrigens jenseits der uns bekannten Sinneswahrnehmung.

– *Aha, aha, das führt uns doch wieder auf völlig unbestimmbares Terrain*, werden Sie gleich kritisieren. *Das klingt nach unwissenschaftlichem Hokuspokus.*

– *Insoweit sich zahlreiche angesehene Gelehrte nicht nur an renommierten Universitäten wie Cambridge, Stanford, Harvard und Princeton mit Psychometrie beschäftigten und beschäftigen, wäre es nicht ganz richtig, das so zu nennen*, wende ich ein[2].

---

[2] Früh schon die „Cambridge-Gruppe" um Henry Sidgwick, Philosophie am Trinity College. Hierzu zählten auch Frederic Myers, Philologie, und die Physikerin Nora Balfour, Sidgwicks Frau. Heute Rupert Sheldrake, Biologie, Cambridge. John Coover, Psychologie, Stanford. Russell Targ, Physik, Parapsychologie und Harold Puthoff, Physik, beide am SRI: Stanford Research Institute. William McDougall, Psychologie, Harvard, Oxford, Duke. J.B. Rhine, Biologie, Parapsychologie, an der Duke. J.G. Pratt, Parapsychologie, Duke. Robert Jahn, Ingenieurwissenschaften, Physik in Princeton innerhalb des PEAR, Princeton Engineering Anomalies Research Programm. W.C. Tenhaeff, Psychologie, Universität Utrecht. L.L. Wassiliew, Leningrader Institut für Hirnforschung (Schüler des berühmten Neurologen Bechterew). Milan Ryzl, Biologie, Universität Prag. Um nur einige zu nennen.

Sie sind etwas ruhiger geworden, runzeln allerdings ungläubig die Stirn.

– *Inzwischen gibt es zahllose nach allen Regeln der Wissenschaft durchgeführte orthodoxe experimentelle Nachweise von Psychometrie und so auch für das Gedächtnis von Dingen,* baue ich meine Position aus.

– *Na gut,* lenken Sie ein, *Dinge haben also ein Gedächtnis. Und wo soll dieses Gedächtnis sein? Wo ist das Gedächtnis meiner Armbanduhr,* fragen Sie hinterlistig. *Meine Uhr hat schließlich kein Gehirn.*

– *Genau das versuche ich herauszufinden. Auch Ihr Gedächtnis ist übrigens nach avancierten Gehirnforschern nicht oder nicht nur in Ihrem Gehirn, sondern irgendwo außerhalb.*

Sie ziehen eine Schnute.

– *Und ich kann Sie beruhigen. Sollten Sie mehr erfahren wollen, vom Gedächtnis, der Lebendigkeit, der Macht, der Magie der Dinge, dann interessieren Sie sich hier nicht einmal für etwas Abseitiges, Abwegiges, für kein Thema, das nur Magier und Esoteriker beschäftigt. Physiker wie der Einsteinschüler David Bohm oder der Cambridge Biologe Rupert Sheldrake haben sich ebenfalls mit dem Gedächtnis von Dingen befaßt. Und dieses Thema paßt überdies ganz gut in den Rahmen einer Trendwende in den Naturwissenschaften im 20. Jahrhundert. Das heißt, wir liegen auch noch im Trend mit unserer Suche nach dem Gedächtnis von Gegenständen. Nach einem Gedächtnis, einer Seele, einem Geist der Dinge zu fragen ist heute weniger irrig oder peinlich als Sie glauben.*

Stürzen wir uns mitten hinein und sehen uns zuerst diese **Trendwende** einmal genauer an.

Newton und Descartes hatten das *Leben* kurzerhand aus der *materiellen* Welt entfernt. Descartes vertrat, Geist und Materie seien etwas völlig Getrenntes, unser Denken sei getrennt vom Körper, unser Körper sei lediglich leblose, unbeteiligte Materie: kurz, eine Maschine. Newton beschrieb das gesamte Universum als Maschine, eingeschlossen der winzigsten Materiepartikel, und ihr Verhalten als vollkommen determiniert[3].

Die Entdeckung der *Quantenphysik* Anfang der zwanziger Jahre des 20. Jahrhunderts revidierte diesen Materie-Geist Dualismus, diese Welt-

---

[3] Vgl. zum Beispiel Douglas M. Stokes, *Parapsychology and the Natur of Mind* in *New Frontiers of Human Science*, S. 47. „As the mathematician Laplace put it, a Divine Calculator who knew the position and velocity of every material and particle in the universe could deduce the entire history and future of the universe down to the smallest detail. ... The soul had no place in the theory of physics developed by Newton." Interessanterweise nahm Newton einen Gott an, der im Hintergrund sein mechanisches Universum lenkt: Newton in *Letter to Dr. Bentley (1693)* in Edgar Hunger, *Von Demokrit bis Heisenberg, Quellen und Betrachtungen zur naturwissenschaftlichen Erkenntnis*, Zweiter Teil, S. 53.

sicht, Materie sei etwas Totes (völlig Ungeistiges). Zunächst tat sie das im Bereich *subatomarer Materiepartikel*, im Bereich der *Quanten*:

Quanten sind die kleinsten, diskreten (Elementar-)Einheiten[4], aus denen alles zusammengesetzt ist, Materie und auch Kräfte[5]. Ein Photon oder Lichtquant ist zum Beispiel die kleinste Einheit der elektromagnetischen Strahlung beziehungsweise von Licht.

Diese kleinsten Partikel, die Quanten, verhielten sich nun nicht wie isolierte Teile einer berechenbaren Maschine. Man entdeckte etwas höchst Seltsames: kleinste Teilchen reagierten auf einen Beobachter! Wurden sie beobachtet (durch eine Meßapparatur), verhielten sie sich wie Teilchen, wurden sie nicht beobachtet, verhielten sie sich wie Wellen[6]. Das nennt man *Doppelnatur* der Teilchen. Die Beobachtung[7] macht also Wellen zu Teilchen, man sagt dazu übrigens auch, sie läßt *die Wellenfunktion kollabieren*. Sind Teilchen Wellen, ist ihr Aufenthaltsort unscharf, sie sind dann überall und nirgendwo, sozusagen in einem Limbus vieler Möglichkeiten[8]. Mit dem Physiker Richard P. Feynman[9] können wir sogar sagen,

---

[4] Es ist also alles nicht beliebig aufteilbar, sondern gequantelt: es gibt kleinste Einheiten, aus denen alles besteht.

[5] Wir kennen 4 Grundkräfte: elektromagnetische Kraft, starke und schwache Kernkraft, Gravitation.

[6] So Niels Bohr und sein Schüler Werner Heisenberg 1927 in der sog. *Kopenhagener Deutung* der Heisenberg'schen Unschärferelation: der Meßprozeß/die Beobachtung führt erst dazu, daß aus einer Welle ein Teilchen wird; vgl. bei Silvia Camejo, *Skurrile Quantenwelt*, S. 83. Vgl. zur Doppelnatur und Beobachterabhängigkeit zum Beispiel auch Richard Feynman bei Brian Greene, *Das elegante Universum*, S. 134–138 beziehungsweise vgl. Richard Feynman, *QED. Die seltsame Theorie des Lichts und der Materie*, S. 93ff. Oder vgl. hierzu Anton Zeilinger, *Einsteins Schleier. Die neue Welt der Quantenphysik*, S. 52–S. 58 beziehungsweise Lisa Randall, *Verborgene Universen*, S. 165f.
Heisenberg'sche Unschärferelation: nach ihr kann niemals sowohl der Aufenthaltsort, als auch der Impuls eines Quantenobjekts gleichzeitig beliebig genau bestimmt werden beziehungsweise konkret festliegen (gilt auch für andere Paare konjugierter Größen).

[7] Beobachtung ist immer auch eine bewußte Wahrnehmung, ein **Bewußtsein** steckt dahinter, wobei man Bewußtsein teils sehr weit faßt, manche sprechen sogar, wie wir noch sehen werden, Elementarteilchen ein Bewußtsein zu.

[8] In den berühmten **Doppelspaltexperimenten** kann man beobachten, wie *ein einziges* Teilchen sich sogar so verrückt verhält, daß es durch zwei Spalten gleichzeitig geht, das ist so als ob eine Person gleichzeitig durch zwei Türen geht: das wäre seine Wellennatur. Vgl. Richard P. Feynmans Versuche mit einzelnen Photonen, Richard P. Feynman, *QED. Die seltsame Theorie des Lichts und der Materie*, S. 93ff. Dazu, daß das Teilchen als Welle *alles Mögliche* ist: vgl. zum Beispiel Brian Greene, *Das elegante Universum*, S. 134–138. Schon Erwin Schrödinger wies 1935 hierauf hin, Teilchen (als Wellen) nähmen keine individuell definierten, sondern *kollektive* Quantenzustände an.
Zu diesem probabilistischen Zustand sagt man auch **Superposition** (von Möglichkeiten).

daß sie überall zugleich sind. Das sieht aus, als wären Teilchen im Wellenzustand nicht von unserer Welt mit ihrer bestimmten Raum- und Zeitbe-
grenzung. Erst als Teilchen nehmen sie einen präzisen Ort ein in unserer
sozusagen normalen Erscheinungswelt.

Dann entdeckte man eine zweite grandiose Verrücktheit: Kleinste
Teilchen, die einmal zusammen[10] waren, blieben, egal wie weit sie sich
voneinander entfernten, augenblicklich übereinander *informiert*, unabhängig von Zeit und Raum verbunden[11]. Das nennt man *Nichtlokalität* oder
Verschränkung. Einstein[12] war dies so unheimlich, daß er diesbezüglich
von einem *Spuk* sprach.

So kapriziös verhält sich keine Maschine. Die Materie im subatomaren Bereich wirkte für viele Physiker hiernach eher wie etwas Bewußtes,
Geisthaftes. Die Physiker Schrödinger, Heisenberg, Bohr und Pauli hatten schon früh eine dunkle Ahnung von dem metaphysischen Terrain, das
sie hier betreten hatten. Pauli beschäftigte sich deshalb mit C.G. Jung und
der Kabbala, Bohr mit dem Tao, Schrödinger mit dem Hinduismus und
Heisenberg mit Plato.

Erweitert wird die verrückte Quantenphysik heute durch die
Annahme eines *Felds* „hinter" den kleinsten Teilchen, genannt *Quantenvakuum*. Mit dem Quantenvakuum wechselwirken alle Materieteilchen
und auch die Grundkräfte. Es unterliegt allen Kräften und Materie. Soweit
die herrschende Meinung.

Namhafte Wissenschaftler[13] glauben nun, das Quantenvakuum sei
auch verantwortlich für die Wellennatur und die Nichtlokalität von Quan-

---

9   Richard P. Feynman, *QED. Die seltsame Theorie des Lichts und der Materie*, S. 93ff.
Der Physiker Richard Feynman sagt, das Teilchen probiert gleichzeitig *jede mögliche* Bahn zwischen Ausgangs- und Endpunkt aus, also eine unendliche Anzahl von
Bahnen, eine verrückte Vorstellung. Vgl. auch Feynman bei Brian Greene, *Das elegante Universum*, S. 134–138.

10   Demselben Koordinatensystem entstammen, derselben Quelle.

11   Vgl. zum Beispiel Anton Zeilinger, *Einsteins Spuk*, S. 195ff.
Experimente zeigten sogar, daß Teilchen oder Photonen, die aus derselben Lichtquelle stammen, selbst bei Entfernungen von Jahrtausenden von Lichtjahren
(1 Lichtjahr = ca. 300 000 km) miteinander instantan interferieren (verbunden
bleiben). Das erinnert witzigerweise an ein Prinzip der Alchemie: was einmal verbunden war, bleibt zusammen.

12   Albert Einstein bei Anton Zeilinger, *Einsteins Spuk*, S. 196.

13   Vgl. Ervin Laszlo, *Kosmische Kreativität*, S. 114 über die wahrscheinliche Verknüpfung zwischen Quantenvakuum und dem seltsamen Verhalten der Quanten und
Ervin Laszlo, *Zu Hause im Universum*, S. 43, 103. Bohr und Heisenberg, vgl. bei
Lynne McTaggart, *Das Nullpunkt-Feld*, S. 155, meinten nichts anderes, als sie
erklärten, ein Elektron zum Beispiel sei keine definierte Einheit, sondern existiere
als Potential, als Summe aller Möglichkeiten, bis wir es beobachten oder messen,
wodurch es sich erst auf einen bestimmten Zustand festlegt. Wenn wir die Beobachtung oder Messung beendet haben, kehrt das Elektron wieder zurück in den

ten: Wenn Quanten sich wie Wellen verhalten und nichtlokal, dann „bereisen" sie sozusagen dieses Feld, das damit ein Bereich jenseits von Raum und Zeit sein muß, in dem alles mit allem instantan und ubiquitär verbunden ist, eine Art transzendenter Raum. In diesem Raum sich zu befinden, mit allem sozusagen eins zu sein, bringt nach einigen auch mit sich, über alles informiert zu sein; das Quantenvakuum ist nach diesen auch ein alles über alles umfassend informierendes Feld[14].

Materie im Bereich der Quanten, der kleinsten Teilchen, gewann also für moderne Physiker etwas Geisthaftes, quasi etwas Lebendiges, war nicht mehr einfach tot.

Sind dann auch große Gegenstände quasi lebendig und nicht einfach tot?

Was gilt für eine Kaffeetasse, einen Fernseher, einen Fingerring?

Bis vor kurzem glaubte man, diese neue, revolutionäre Sichtweise, das Geisthafte von Materie, ihre Quantensystem-Natur, gelte nur in der Welt der *kleinsten* Teilchen, der *subatomaren* Teilchen. Das Newton'sche Weltbild bliebe hingegen gültig im Bereich der *großen* Dinge, in der *makroskopischen* Welt, der Welt, die unsere Sinne erfahren, der Welt der Kaffeetassen, der Fernseher, der Fingerringe, der Menschen, Tiere, Pflanzen, Personen, Gehirne.

Seit kürzerem (den achtziger Jahren) gibt es allerdings immer mehr Physiker, Evolutionsbiologen, Biophysiker, Gehirn- und Bewußtseinsforscher, die auch in großen Dingen Quantensysteme sehen[15], also diese ver-

---

Äther der Möglichkeiten. Dieser Äther ist nichts anderes als das Quantenvakuum. Beziehungsweise vgl. Hal Puthoff bei Lynne McTaggart, *Das Nullpunkt-Feld*, S. 57f. Auch beim Physiker Timothy Boyer entsteht das seltsame Quantenverhalten (Welle-/Teilchen-Dualismus) durch Wechselwirkung mit dem Quantenvakuum, bei Lynne McTaggart, *Das Nullpunkt-Feld*, S. 55. Und vgl. bei Lothar Schäfer, *Versteckte Wirklichkeit*, S. 55ff., 59: zum Beispiel die Physiker Stapp, Kafatos und Nadeau, Goswami und Nesteruk, die das so sehen.

[14] Einer der prominentesten Vertreter dieser Hypothese ist der (inzwischen verstorbene) Einsteinschüler David Bohm: David Bohm, *Wholeness and the Implicate Order*, S. 133–138, 267 und vgl. Bohm bei Ervin Laszlo, *Zu Hause im Universum*, S. 91ff.

[15] – Daß es bei den Atomen makroskopische Quantensysteme gibt, wurde 1995 sogar in Experimenten nachgewiesen: die Physiker Eric A. Cornell, Wolfang Ketterle und Carl E. Wieman erhielten dafür im Jahr 2001 den Nobelpreis. Auch noch größere Objekte: Makromoleküle wie Polymere und Proteine haben inzwischen nachweislich Quantensystemcharakter.

– In der Evolutionsbiologie und Biophysik postulieren immer mehr (der Cambridge Biologe Rupert Sheldrake zum Beispiel), daß Quantenprozesse so sehr die makroskopische Welt der Lebewesen bestimmen, daß wir diese selbst als Quantensysteme betrachten müssen. Warum sich Zellen so zu Verbänden organisieren, wie sie es tatsächlich tun; wie es möglich ist, daß viele molekulare Prozesse in einem einzigen Augenblick stattfinden; warum Arme zu Armen werden und Beine zu Beinen, obwohl sie dieselben Gene und Proteine enthalten etc., das erfordert eine

rückten Dinger, die sowohl Teilchen sein können wie auch Wellen, sowohl zu unserer Welt gehören, in der sie einen präzisen Ort einnehmen als auch überall und nirgendwo sein können, in einer Art transzendentem Raum. Für Stephen Hawking[16] übrigens ist sogar das gesamte Universum ein Quantensystem, was vielen Physikern immer noch gegen den Strich geht.

Es ist nun allerdings schwer vorstellbar, daß Ihr Fernseher oder Ihr Gehirn oder Sie selbst auch eine Wellennatur haben, und so sozusagen in der Transzendenz verschwinden können. So etwas hat noch niemand von uns bemerkt.

Viele glauben nach wie vor nicht an große Quantensysteme. Für sie passiert so etwas einfach nicht in der Welt der großen Dinge, weil dort alles ständig beobachtet wird, so daß die Wellenfunktion im Makroskopischen ständig kollabiert, und wir es somit nur mit der Teilchennatur zu tun haben, mit dem leicht wahrnehmbaren, konkreten Hier und Jetzt. Ständig beobachtet werden, faßt man hier weit auf: große Objekte seien

---

instantane und ubiquitäre Kommunikation der Teile mit dem Ganzen, wie man sie nur auf Quantenniveau kennt.

Was dort auf Quantenniveau passiert, diese Sphäre dort, umschreiben manche auch als intelligente Lebenskraft, die durch das Universum strömt, und alles mit allem verbindet, jede Zelle über den Gesamtorganismus und ihr Funktionieren in ihm informiert und vice versa, jeden Organismus über die Umwelt und vice versa informiert, so daß Leben kein Produkt einer *zufälligen* Entwicklung mehr ist wie von Darwin behauptet, sondern (quasi im Untergrund) informiert gesteuert beziehungsweise intelligent gesteuert. – Inzwischen halten übrigens viele Darwins Zufallshypothese für unwahrscheinlich. Wie konnten reiner Zufall und natürliche Auslese die komplexe Ordnung der Biosphäre in der relativ kurzen Zeit erzeugen, die seit dem Entstehen der Erde zur Verfügung stand? Die Entstehung einer so komplexen Ordnung ist, mathematisch gesehen, so unwahrscheinlich wie die Zusammensetzung von Flugzeugteilen zu einem Flugzeug durch einen Wirbelsturm in etwas kürzerer Zeit. Es gibt dennoch bis heute neue Adepten Darwins wie zum Beispiel Richard Dawkins: *„The selfish gene".* – Die Natur wird in dieser (antidarwinistischen) Quantenperspektive als die Ordnung virtueller Zustände verstanden, die schon vor ihrer Aktualisierung etabliert sind. So muß der Zufall nur zu neuen Zuständen *hinführen*, sie aber nicht auch *erzeugen*. Dafür wird ungleich weniger Zeit benötigt.

– Und die avantgardistische Gehirn- und Bewußtseinsforschung (vgl. bei Ervin Laszlo, *Zu Hause im Universum*, S. 132) nimmt an, das Gehirn sei keine biomechanische Maschine, sondern vielmehr ein makroskopisches Quantensystem, es weise die Eigenschaften auf, die man auch in der Domäne des Ultrakleinen, der Quanten findet. Es empfange und sende quasi augenblicklich Informationen, indem es sich in das *Feld* einschaltet, das auch Quanten verbindet.

[16] Vgl. S. Hawking bei Amit Goswami, *Das Bewußte Universum*, S. 182. Und sogar der Oxford Physiker Frank Close, der eher die herrschende Meinung vertritt, schlägt vor, das Universum könnte eine gigantische Quantenfluktuation sein, die so lange hält, weil die Gesamtenergie ausgeglichen ist: Frank Close, *Das Nichts verstehen*, S. 157–160.

zu sehr mit der Umwelt verkoppelt, diese Kopplung transportiere Information in die Umgebung, so daß es praktisch keinen unbeobachteten Zustand gäbe. Sogar eine göttliche Beobachtung wird von manchen nicht ausgeschlossen. Auf die Frage etwa: verschwindet der Mond in der Transzendenz, wenn kein Mensch hinsieht, keiner ihn beobachtet, antwortet man dann, auch wenn kein Mensch hinsieht, verschwindet er nicht: ein höheres, göttliches Bewußtsein sorgt dann dafür, daß seine Wellenfunktion kollabiert und er konkret dort oben am Himmel bleibt.

Diejenigen Physiker, die an große Quantensysteme glauben, haben nun auch noch keinen Fernseher in der Transzendenz verschwinden sehen. Das ist für sie aber nicht weiter problematisch: nach ihnen verschwinden Fernseher in der Transzendenz, *wir merken es nur nicht.*

Der Physiker Brian Green[17] etwa sagt hierzu, riesige makroskopische Objekte wie Sie oder Ihr Fernseher, wie Kaffeetassen oder Roulettetische, können Quantensysteme sein, nur ist es praktisch nicht zu bemerken, weil, so Green, der Wellencharakter sich im Winzigsten abspielt. (Wir hätten hier eine Lücke in unserer Beobachtung; wir sehen den subatomaren Bereich nicht.) Nach dem Physiker John Archibald Wheeler[18] merken wir nicht, daß große Objekte Quantensysteme sind, weil alles ständig so schnell zwischen Quantenvakuum/Wellennatur und unserer konkret erfahrbaren Welt/Teilchennatur hin und her fluktuiert, daß unser lahmer Sinnesapparat es gar nicht wahrnimmt. So wie wir bei einem Film Kontinuität sehen, wo eigentlich gar keine ist: wir meinen, wir sehen einen durchgehenden Film, dabei sehen wir nur eine Folge von Bildern und Zwischenräumen, in denen keine Bilder sind, so schnell nacheinander, daß wir die (leeren) Zwischenräume nicht wahrnehmen. (Und auch hier läge eine Lücke in unserer Beobachtung vor. Beziehungsweise: der Informationstransport in der Welt der großen Objekte geschähe nicht ständig, sondern x-mal in der Sekunde und x-mal nicht in der Sekunde.)

Zwischen Materie und Geist scheint es also nicht mehr diese rigorose Trennung zu geben, die Newton und Descartes so gefiel. Gegenstände, der Stuhl, auf dem ich sitze, meine Uhr, das Bild dort an der Wand, die Wand selbst, haben bei immer mehr modernen Physikern etwas Geistähnliches, Informiertes, altmodisch könnte man auch von einer Seele sprechen, und sind so nicht einfach tot.

Die moderne Physik, und auch die moderne Gehirn- und Bewußtseinsforschung, bauen uns noch weitere Brücken, machen Platz für ein Gedächtnis der Dinge.

---

17 Brian Greene, *Das elegante Universum*, S. 132.
18 John Archibald Wheeler bei Marco Bischof, *Biophotonen*, S. 405f.

Läßt das Bewußtsein (der Beobachter) Quanten von probabilistischen Wellen zu konkreten Teilchen werden, dann verursacht es materielle Wirkungen *außerhalb* seiner selbst! Dann reicht es übers Gehirn hinaus!

Die Quantenphysik legt also auch nahe, daß das Bewußtsein über das Gehirn hinausgreift, auch da draußen ist. Bewußtsein umfaßt auch das Gedächtnis, und so ist auch ein Gedächtnis da draußen vorstellbar. Also ein Gedächtnis, das nicht mehr oder nicht nurmehr im Gehirn ist. Und in der Tat beschäftigt sich auch eine Avantgarde der Gehirnforscher[19] mit einem Gedächtnis da draußen, dem sogenannten *nichtlokalen Gedächtnis*.

Ein Gedächtnis kann sich hiernach also auch außerhalb eines Gehirns befinden. Das heißt, getrennt von einem Gehirn existieren. Und Dinge, die ja kein Gehirn haben, könnten so dennoch ein Gedächtnis haben, könnte man gewagt schließen.

Die Welt der Dinge ist also in den heutigen Naturwissenschaften nicht mehr einfach tot. Und dort nimmt man auch ein Gedächtnis an, das jenseits des Gehirns existiert.

Das aktuelle wissenschaftliche Umfeld steht der Annahme lebendiger Dinge, von Dingen mit Gedächtnis, nicht mehr feindlich gegenüber.

Was nun aber ganz besonders auf dieses Gedächtnis, diese Lebendigkeit der Dinge hinweist, es zum statistischen Faktum macht, sind unzählige seriöse Versuche auf dem Gebiet der *Psychometrie*. Sie *zeigen*, daß Gegenstände Informationen aus ihrer Umwelt speichern.

Lediglich über eine Erklärung ist man sich noch uneins.

Es gibt nur Erklärungs*versuche*, darunter hoch plausible, gerade auch im Bereich der modernen Naturwissenschaften.

Wir machen zuerst einen Abstecher in die Psychometrie, zeigen, daß es ein Gedächtnis der Dinge und Orte, statistisch gesehen, gibt.

Erst danach machen wir uns an Erklärungsmodelle für ein solches Gedächtnis, in den Naturwissenschaften und in anderen Bereichen, und schauen, wo dieses Gedächtnis der Dinge und Orte sich hiernach befinden kann.

Irgendwo in der *Luft*? Im Äther der klassischen Physik? Im elektromagnetischen Feld? In Materiewellen? In Gravitationswellen? Im sogenannten Quantenvakuum? In einem Paralleluniversum oder Metaversum der Physik? Im Äther der Okkultisten? Im indischen Akasha? Im Ideen-

---

[19] Beispielsweise der Berkeley Neurowissenschaftler Walter Freeman und der Stanford-Gehirnforscher Karl H. Pribram. In Princeton der Physiker Robert Jahn und die Entwicklungspsychologin Brenda Dunne, in Stanford die Physiker Hal Puthoff und Russell Targ. An der Duke die Biologen und Parapsychologen J.B. Rhine und Louisa Rhine. Ferner der amerikanische Neuropsychologe Karl Lashley.Und auch der Cambridge Biologe Rupert Sheldrake.

himmel Platons? Im kosmischen Bewußtsein der Vorsokratiker? In der Weltseele eines Plotin oder Marsilio Ficino? In einem riesigen kosmischen Gehirn oder Bewußtsein?

Und zuletzt überlegen wir auch, was folgt für uns aus solch einem verrückten, immerhin tatsächlichen, Phänomen? Es ist ja nicht einfach nichts, wenn Gegenstände und Orte, überhaupt alles um uns herum gesättigt ist mit Informationen, Gedanken, Gefühlen, Tönen, Lauten, Gerüchen, mit allem, was um die Gegenstände oder an den Orten je geschah, gefühlt, gedacht wurde. Wenn etwa Elizabeth Denton[20], eine sensitive Versuchsperson, indem sie ein kleines Mosaikstück der Caracalla Thermen in der Hand hielt, die Thermen vor sich sah, so, wie sie sich vor 1800 Jahren römischer Sinnenfreude darboten. Oder wenn der berühmte Hellseher Gerard Croiset aus Theatersesseln ablesen konnte, wer bei der nächsten Vorstellung darauf sitzen würde (ein Spezialfall von Psychometrie: präkognitive Psychometrie), und dies erfolgreich in unzähligen Experimenten, die an den Universitäten Freiburg, Bonn und Utrecht[21] durchgeführt worden sind.

---

[20] Vgl. in W. und E. Denton, *The Soul of Things*, S. 172–174. Über die Dentons haben wir ein Extrakapitel.

[21] Vgl. bei Hans Bender, *Parapsychologie*, S. 33ff.

I Die Fähigkeit das Gedächtnis der Dinge wahrzunehmen oder Psychometrie

Psychometrie nennen wir eine spezielle *Hellfühligkeit* mancher Personen. Diese können aus Dingen oder Orten durch Berühren, Befühlen, am Ort-Sein, also im engen Kontakt[22] mit der Sache oder dem Ort, die Geschichte der Dinge oder Orte *ablesen*.

Psychometrie heißt auch die wissenschaftliche Disziplin innerhalb der Parapsychologie, die sich mit dieser Hellfühligkeit beschäftigt.

Aus dem Phänomen dieser Hellfühligkeit hat die Psychometrie geschlossen, daß Dinge und Orte ein Gedächtnis haben, ihre Geschichte speichern, daß alles, was um sie herum geschieht, Spuren in beziehungsweise an ihnen hinterläßt: Ereignisse, Handlungen, Gedanken, Gefühle, Gerüche, Töne. Man sagt auch, Dinge und Orte würden von all dem *imprägniert*.

Einige Parapsychologen waren der Ansicht, Dinge würden nur imprägniert durch die Gedanken und Gefühle der Personen, die mit ihnen in Kontakt waren, wobei die Gefühle eine Hauptrolle spielten[23]. Unzählige Versuche haben aber gezeigt, daß auch Fakten gespeichert werden, die nichts mit Gedanken oder Gefühlen zu tun haben. So konnte Elizabeth Denton[24] aus einem Stück Meteorit dessen Flugbahn durch den Raum ablesen.

Man muß allerdings zugeben, daß Gefühle eine besondere Rolle spielen: durch starke Gefühle werden Dinge besonders stark imprägniert, scheint es. Und viele psychometrisch Begabte behaupten, sie könnten leichter dramatische Gefühle aus Dingen ablesen als anderes – *les choses heureuses n'ont pas d'histoire*[25].

Übrigens nicht nur aus Dingen und Orten kann die hellfühlige Person Informationen ablesen. Menschen[26] und auch Leichen[27] geben der psychometrisch begabten Person ebenso ihre Geschichte preis.

---

[22] Es ist leichter, die Geschichte eines Gegenstands zu lesen, wenn der Sensitive ihn befühlen kann, es gibt aber auch Sensitive, die den Gegenstand nicht berühren müssen, J. R. Buchanan, *Manual of Psychometry*, S. 19.

[23] Jean Prieur, *La Memoire Des Choses*, S. 7.

[24] W. und E. Denton, *The Soul of Things*, S. 69.

[25] Jean Prieur, *La Memoire Des Choses*, S. 8.

[26] Jean Prieur, *La Memoire Des Choses*, S. 9. Buchanans berühmte Versuche anhand von engem Kontak zum Patienten dessen Krankheit psychometrisch zu diagnostizieren, vgl. Buchanan bei Denton, *The Soul of Things*, S. 34: „Highly sensitive persons coming into the presence of diseased individuals, recognized the disease, and were able at once to locate it."

Das Lexikon für Grenzwissenschaften[28] definiert Psychometrie so:

„Nach esoterischen Vorstellungen ist die Geschichte jedes Gegenstandes (insbesondere soweit sie im Zusammenhang mit emotionalen Geschehnissen steht) in demselben irgendwie aufgezeichnet und für sensible Personen wahrnehmbar. Oft wird das als Erklärung für Psychometrie vermutet. Psychometrie ist eine Form der außersinnlichen Wahrnehmung[29], bei der ein materieller Gegenstand, der mit gewünschten Informationen im Zusammenhang steht, als Hilfsmittel benutzt wird. Beispielsweise kann ein Kleidungsstück eines verschollenen Menschen die paranormale Wahrnehmung seines Schicksals unterstützen."

Für die *Wikipedia* ist *„Psychometrie eine psychische Fähigkeit im Bereich der außersinnlichen Wahrnehmung, die es erlaubt Einzelheiten über die Vergangenheit eines Gegenstands oder Orts in Erfahrung zu bringen, meistens, indem man in engem Kontakt mit dem Gegenstand oder dem Ort ist."*

Den Term *Psychometrie* prägte übrigens der Bostoner Neurophysiologe Joseph Rhodes Buchanan[30] 1842. Aus dem Griechischen übersetzt bedeutet er *ein Vermessen mit der Seele*.

Buchanan glaubte, daß alles, was jemals existierte, eine Spur seines Existierens sozusagen im *Äther* hinterließ. Diese Spuren sind nach ihm nicht nur im Äther unauslöschlich aufbewahrt, sondern finden sich auch auf materiellen Objekten. Psychometrie ist für ihn die Fähigkeit einer Person, diese Spuren auf materiellen Objekten zu lesen.

– Da hier Geschichte wahrgenommen wird, meinen viele, Psychometrie bedeute die Fähigkeit in die Vergangenheit zu sehen, sei eine Art von Retrokognition. Wir werden aber sehen, daß es auch präkognitive (in die Zukunft schauende) Psychometrie gibt, die Wikipedia nennt sie *„a form of precognition in reverse"*.

1. EIN SPAZIERGANG DURCH DIE PARAPSYCHOLOGIE

Hellfühligkeit erinnert einen sofort an den Term *Hellsehen*. Tatsächlich befinden wir uns hier in derselben Sparte. Im Bereich des Paranormalen. Im Bereich der außersinnlichen Wahrnehmung (ASW).

Das Gedächtnis der Dinge ist nämlich nachweislich nicht mit den uns bekannten fünf Sinnen erfaßbar.

Und vgl. J.R. Buchanan, *Manual of Psychometry*, S. 168.

[27] Vgl. Waldemar Froese, *Überlieferte Geheimwissenschaften*, S. 71.

[28] *Lexikon für Grenzwissenschaften*, S. 26.

[29] Die Gesamtheit paranormaler Vorgänge bezeichnet man auch als Psi (mit dem 23. Buchstaben des griechischen Alphabets).

[30] J.R. Buchanan, *Manual of Psychometry*, S. 3.

Die wissenschaftliche Disziplin der Parapsychologie hat dem Phänomen der Hellfühligkeit beziehungsweise der Psychometrie seinen besonderen Platz gegeben, neben Hellsehen, Telepathie, Präkognition, Psychokinese und Spuk.

Hier und da gibt es Überschneidungen zwischen den Begriffen beziehungsweise Feldern, häufig liegen auch mehrere der Phänomene nebeneinander vor, oder es ist nicht leicht zu entscheiden, ob es sich nun um Psychometrie handelt oder eher um Telepathie oder Hellsehen.

Was überraschen mag, wenn man sich zum erstenmal mit ASW-Phänomenen beschäftigt: Hellsehen, Telepathie und auch Psychometrie gelten heute als statistisch erwiesen!

Es gibt erstens unzählige Berichte, Anekdoten persönlichen Erlebens, Unmengen persönlicher Erfahrungen, und diese in sämtlichen Kulturen und zu allen Zeiten, die mit paranormalen Phänomenen zu tun haben. Zweitens gibt es, weltweit, seit mehr als einem Jahrhundert, Tausende von erfolgreichen Laborversuchen, von kompetenten Wissenschaftlern an Universitäten durchgeführt, privat und öffentlich finanziert, die zeigen, daß diese Phänomene real sind.[31]

Allein mit der Präkognition tut man sich (wohl aus weltanschaulichen Gründen) etwas schwerer.

Dennoch sind paranormale Phänomene immer wieder umstritten.

Noch immer gilt die Parapsychologie als Grenzwissenschaft.

Einiges liegt daran, daß es viel Betrug auf dem Gebiet der ASW gibt und gab, häufig Personen paranormale Fähigkeiten nur vortäuschen, sich als Betrüger erweisen, die Leichtgläubige ausbeuten.

Hinzu kommt, daß die Parapsychologie sogenannte *okkulte* Phänomene untersucht. Der Okkultismus beschäftigt sich mit *magischen* Praktiken. Er ist ein uraltes Phänomen. Grob könnte man sagen, was früher als okkult galt, bezeichnet man heute mit dem neutraleren Term: paranormal[32]. Hinter den Bedenken gegen die Parapsychologie lauert somit die archaische Angst vor Hexerei.

---

[31] Rupert Sheldrake, *Der Siebte Sinn*, S. 17. Hibbard, Worring Brennan, *Psychic Criminology*, S. 39. Rupert Sheldrake, *Das schöpferische Universum*, S. 34: „Seit fast einem Jahrhundert werden parnormale Phänomene untersucht ... Zahlreiche Experimente haben ... positive Resultate erbracht, und dies bei einer Wahrscheinlichkeit von 1 zu 1 000 bis 1 zu einer Milliarde. Vgl. zum Thema umfassend etwa: R.H. Thouless, *From Anecdote to Experiment in Psychical Research*.

[32] So auch im *Kleinen Lexikon für Parawissenschaften*, S. 107. M. Dessoir schlug den Begriff „paranormal" für okkulte Phänomene vor, da der Okkultismus keinen guten Ruf hatte. Man verband mit ihm Scharlatanerie, Täuschung und Betrug. Zu vielen Spielarten von Magie würde man heute einfach Psychokinese, Hellsehen, Telepathie oder Psychometrie sagen. Diese Phänomene haben im Licht der Parapsychologie weniger Unheimliches oder Geheimnisvolles. Es gibt sie schlichtweg.

Was zudem noch die Vorbehalte schürt: Paranormale Phänomene sind nicht leicht zu beobachten oder nachzuweisen. Oft treten sie nur spontan auf. Es gibt auch zahllose Irrtumsmöglichkeiten: man denkt, man hat es mit einem paranormalen Phänomen zu tun, in Wirklichkeit gibt es eine andere Erklärung[33]. Auch seriösen Leuten sind schon lächerliche Irrtümer unterlaufen. Der berühmte Erfinder des Sherlock Holmes und Experte in übersinnlichen Dingen Sir Arthur Conan Doyle hat sich von zwei kleinen Mädchen an der Nase herumführen lassen, die ihm auf manipulierten Fotos die Existenz von Feen glaubhaft machen konnten.

Was hat Psychometrie mit Hellsehen und Telepathie zu tun?[34]

Beim Hellsehen, der Telepathie und Psychometrie geht es um einen paranormalen *Wissenserwerb*. Einen Wissenserwerb, der sich nicht mit der uns bislang bekannten sinnlichen Wahrnehmung erklären läßt.

Beim **Hellsehen** erwirbt jemand Wissen über einen objektiven Sachverhalt, der ihm nicht bekannt ist. X befindet sich in Paris und „weiß" plötzlich, daß seine Mutter in London eben einen Unfall hatte, ohne davon benachrichtigt worden zu sein. Hellsehen kann gegenwärtige, zukünftige und vergangene Sachverhalte betreffen. Handelt es sich um zukünftige Sachverhalte, um Hellsehen in die Zukunft, wird das gesondert behandelt unter dem Begriff *Präkognition* oder dem altmodischen Begriff *Prophetie*.

Bestens dokumentiert und berühmt ist beispielsweise der Fall des schwedischen Sehers und Wissenschaftlers Swedenborg[35]. Immanuel Kant[36] schrieb über ihn und über die beweiskräftige Episode des Brands von Stockholm 1756. Zu der Zeit befand sich Swedenborg in Göteborg, 400 km von Stockholm. Er war bei Freunden, wo an dem Abend eine große Anzahl Gäste versammelt war. Gegen achtzehn Uhr wurde Swe-

---

Geheimnisvoll bleibt allerdings noch ihre Provenienz. Einstweilen gibt es nur Erklärungsversuche.

[33] Hans Driesch, *Parapsychologie*, ist hier aufschlußreich: S. 7–51.

[34] Erhellend zum Thema, Hans Driesch, *Parapsychologie*, S. 60–78.

[35] Der 1688 geborene Swedenborg war so etwas wie der Leonardo da Vinci seiner Epoche. Er wurde der führende Mathematiker Schwedens, beherrschte neun Sprachen, war Kupferstecher, Politiker, Astronom, Geschäftsmann, baute Uhren und Mikroskope, schrieb Bücher über Metallurgie, Farbenlehre, Wirtschaftskunde, Physik, Chemie, Hüttenwesen und Anatomie, erfand Vorläufer des Flugzeugs und Unterseeboots. Vgl. bei Michael Talbot, *Das Holographische Universum*, S. 272f. Und vgl. bei Paola Giovetti, *Grandi Iniziati*, S. 15 oder bei R. Sheldrake, *Der Siebte Sinn*, S. 280.

[36] Immanuel Kant, *Die Träume eines Geistersehers*, 1766.

denborg plötzlich totenbleich und sah extrem besorgt aus: Er sagte, in dem Moment sei ein Brand in der Hauptstadt ausgebrochen, der sich auf sein Haus zu bewege. In einer Vision sah er genau den Brandverlauf und berichtete alle Einzelheiten. Nach zwei Stunden konnte er mitteilen, daß der Brand in der Nähe seines Hauses gestoppt worden sei. Swedenborg wurde am nächsten Tag vom Gouverneur der Stadt über den Brand befragt, solches Erstaunen hatte sein Bericht hervorgerufen. Zwei Tage später kam erst eine Nachricht aus Stockholm in Göteborg an, die in allen Einzelheiten bestätigte, was Swedenborg erzählt hatte.

Erfolgreiche Hellseh*experimente* wurden von 1973 bis 1995 am Stanford Research Institute (SRI) gemacht, unter streng kontrollierten Laborbedingungen. Die US-Regierung hat sie heimlich finanziert. Man wollte mittels Hellsehen (remote viewing) militärisch relevante Informationen aufspüren. 1995 veranlaßte die CIA eine Überprüfung der Ergebnisse durch eine Expertenkommission. Man war sich einig darüber, daß die Ergebnisse *„weit über dem lagen, was man der Wahrscheinlichkeit nach erwarten konnte"*. Es konnten auch keine Fehler im experimentellen Verfahren nachgewiesen werden. 1995 gab die CIA alle Dokumente frei, die sich auf dieses zuvor geheime, 1973 ins Leben gerufene Regierungsprogramm bezogen. Die Hellsehexperimente wurden dann an der Princeton Universität erfolgreich fortgeführt.

Telepathie bedeutet Gedankenlesen und auch Gedankenübermittlung. Beim Gedankenlesen erwirbt jemand paranormal Wissen über Gedanken, Gefühle, bewußte oder unbewußte Empfindungen eines anderen. Unsere Gedanken und Gefühle können wir auch anderen Personen übermitteln, zuweilen sogar so, daß die andere Person die übermittelten Gedanken für ihre eigenen hält: Beeinflussung, Manipulation anderer sind hier möglich. Telepathie kann bewußt oder unbewußt stattfinden, spontan oder gezielt. Man kann Telepathie teils auch als einen Spezialfall des Hellsehens auffassen, Objekt des Hellsehens sind hier Gedanken.

Das Phänomen der Telepathie gab übrigens den Anlaß zur Schaffung einer wissenschaftlichen Parapsychologie mit der Gründung der britischen *Society for Psychical Research*[37].

---

[37] Die SPR untersuchte alle Arten von paranormalen Phänomenen. 1882 von Cambridge Wissenschaftlern gegründet: Sidgwick, Barrett, Gurney, Hodgson, Myers, Podmore. Mitglieder waren in den ersten Jahrzehnten zahlreiche Spitzenwissenschaftler, unter den Philosophen und Psychologen Henri Bergson, William Mc Dougall, Theodore Flournoy, William James, unter den Physikern Crookes, Lodge, Rayleigh, J.J. Thomson, Madame Curie, unter den Spitzenkennern von Hypnose Freud und Bernheim. Vgl. bei W. v. Lucadou, *Psyche und Chaos*, S. 27ff., 37.

Tragische Ereignisse wie Unfälle oder Todesnähe werden häufig gefühlsmäßig nahe stehenden Personen telepathisch kommuniziert[38]. Von solchen telepathischen Notrufen wird immer wieder berichtet.

Besonders gut untersucht sind Fälle von *Telephontelepathie*[39]. Sie scheinen die häufigste Art telepathischer Erlebnisse heutzutage zu sein. Man denkt an jemanden, dann läutet das Telefon, und dieser Jemand ist am Apparat.

Louisa Rhine von der Duke Universität hat über 10 000 Telepathie-Fälle gesammelt und analysiert. Witzig ist der Fall[40] eines College Studenten aus Texas. Er wollte einem Mitbewohner im Studentenwohnheim einen Streich spielen und beschloß, ihn auf möglichst teuflische Art zu wecken, indem er dem Schläfer einen Wassertropfen nach dem andern auf die Augenlider träufelte, bis er erwachte. Als er das Zimmer des Mitbewohners betrat, war der aber eben aufgewacht, rieb sich die Augen, schüttelte den Kopf und sagte: „Oh Mann, ich hab vielleicht gerade einen Traum gehabt. Ich hab geträumt, ich wäre in einem schrecklichen Unwetter, und der Regen peitschte mir ins Gesicht."

Bei der **Psychometrie** scheint ein Gegenstand oder Ort das Wissen zu vermitteln. Man könnte sagen, auch Psychometrie ist ein Spezialfall des Hellsehens. Es ist ein Hellsehen, das die fühlbare Nähe zum Gegenstand und zum Ort voraussetzt.

Und man könnte auch sagen, daß Psychometrie ein Spezialfall der Telepathie sein kann, wenn der Sensitive beziehungsweise Psychometer die Gedanken einer Person liest, die sich in seiner unmittelbaren Nähe befindet, auch solche Gedanken, die der Person sozusagen von früher anhaften.

Psychometrie, Hellsehen und Telepathie sind hier und da dasselbe, überschneiden sich. Es gibt aber auch Hellsehen, Telepathie und Psychometrie sozusagen pur. In der Praxis sind Psychometrie, Hellsehen und Telepathie oft nicht leicht auseinanderzuhalten. Angenommen, der Sensitive hält einen verschlossenen Brief in der Hand, dessen Inhalt er nicht kennt. Er gibt uns nun den Inhalt bekannt, den er nicht wissen kann. Hat er den Inhalt nun aus dem psychometrischen Objekt, dem Brief, ermittelt oder hat er die Gedanken des Schreibers anzapfen können, oder hat er den Inhalt einfach hellseherisch ermittelt, ohne aus dem Gegenstand selbst zu

---

[38] R. Sheldrake, *Der siebte Sinn*, S. 164.
[39] Der Cambridge Biologe Rupert Sheldrake, *Der siebte Sinn*, S. 133–147, hat sich hier hervorgetan.
[40] Bei Rupert Sheldrake, *Der siebte Sinn*, S. 109f. Gedankenlesen funktionierte hier sogar im Traum.

lesen? Oder hat er alle diese Wahrnehmungsformen gemeinsam benützt? Es ist häufig schwer zu entscheiden.

Um Psychometrie quasi rein nachzuweisen beziehungsweise zumindest Telepathie auszuschließen, bräuchte man ein Objekt, das im Wissensinhalt keiner Person existiert, also zum Beispiel etwas Urzeitliches (von dem sich erst später, nach der psychometrischen Untersuchung, erweisen würde, daß es urzeitlich ist).

Müssen wir es so schwierig machen? Nein.

Wir können einfach pauschal sagen: löst das Berühren oder die unmittelbare Nähe des Gegenstands oder Ortes die Empfindungen beziehungsweise Visionen des Sensitiven aus, liegt (auch) Psychometrie vor. Der Sensitive erfährt den Gegenstand oder Ort wie einen Auslöser.

Psychometrie schöpft den Wissenserwerb aus dem *Lokalen*. Der Wissenserwerb wird durch den Ort, durch den spezifischen Gegenstand, durch deren Nähe ausgelöst; das Wissen scheint lokal verankert. Dadurch unterscheidet sich Psychometrie von Telepathie und Hellsehen; dort braucht man nicht die lokale Nähe für den paranormalen Wissenserwerb.

Wenn also bei den Telepathie Versuchen Oliver Lodges mit den Schwestern Mlles L. die *Telepathie* besser funktionierte, wenn sich die zwei Schwestern an den Fingerspitzen berührten, dann lag hier eher Psychometrie vor.

Der Inhalt des psychometrisch Erfaßten unterscheidet sich erwartungsgemäß nicht von hellseherisch oder telepathisch Erfaßtem (die Phänomene überschneiden sich ja). Manche Sensitive sehen Bilder, manche Symbole[41], manche hören Töne, Geräusche, Stimmen, Musik[42]. Andere sehen bewegliche Bilder, so etwas wie einen Film vor sich. Und wieder andere erleben die psychometrische Szenerie so mit, als seien sie selbst mitten im Geschehen, bis hin zur *Seelenexkursion*. Die Wahrnehmung ist dabei nicht da draußen, so wie ich da draußen meinen Hund herumtollen sehe, sie ist irgendwo drinnen. Untechnisch gesagt, sehe ich etwas sozusagen vor meinem geistigen Auge, das andere nicht sehen.

Und wie ist die Verbindung von Psychometrie und der geheimnisvollen Präkognition?

Auch die Psychometrie kennt Präkognition, ein Sehen in die Zukunft. Ein Gegenstand oder ein Ort enthält für den Sensitiven auch Informationen über die Zukunft (des Gegenstands oder Orts).

---

[41]   Vgl. zum Beispiel Jean Prieur, *La Mémoire Des Choses*, S. 7.

[42]   Denton sagt: „If we could become at once cognizant of all the sounds that are locked up in the objects surrounding us, what a din would be presented to our ears." *The Soul of Things*, S. 49.

Die Bibel enthält übrigens alle Arten von paranormalen Phänomenen, von Telepathie, Levitation (Psychokinese), präkognitiven Träumen bis hin zu Erscheinungen Toter und Engel. Und es gibt dort sogar auch einen Fall präkognitiver Psychometrie: Der Prophet Agabus[43] sagte Paulus voraus, er würde von den Juden den Heiden ausgeliefert, *indem er Paulus Gürtel nahm und denselben um seine eigenen Hände und Füße band.* Der Gürtel enthielt hier die Zukunft des Gürtels beziehungsweise des zukünftigen Gürtelträgers: Paulus.

Springen wir in die Jetztzeit: An der Universität Freiburg und der Universität Amsterdam haben Bender und Tenhaeff[44] präkognitive Psychometrie in den sogenannten *Platzexperimenten* nachgewiesen. Sensitiver war der berühmte holländische Seher Croiset. Er konnte anhand eines Sessels in einem Theater- oder Vorlesungs-Saal voraussagen, wer bei einer zukünftigen Veranstaltung auf diesem sitzen würde. Bender und Tenhaeff wählten einen Stuhl durch das Los aus. Croiset konnte in vielen Fällen genau die Person beschreiben, die bei der Veranstaltung später darauf Platz nahm. Nebst Einzelheiten aus dem Leben der betreffenden Person, so daß eine eindeutige Identifizierung gelang. Das Unglaubliche, Croiset konnte sogar eine Dame genau beschreiben, die sich später auf den Stuhl Nr. X im Theater Y setzte, *bevor diese Dame noch entschieden hatte*, ins Theater Y zu gehen.

Obwohl statistisch eindeutig erwiesen ist, daß es Präkognition gibt, tut man sich mit der Akzeptanz einer solchen Zukunftsschau schwer.

Aus den obigen Platzexperimenten könnte man folgern, daß selbst eine so unwichtige Sache wie der Platz, auf dem wir im Theater sitzen werden, vorbestimmt ist, und das auch noch, bevor wir noch die Entscheidung getroffen haben, ins Theater zu gehen und das Ticket zu kaufen. Das würde die Willensfreiheit erschüttern, eins unserer wichtigsten Credos.

(So schlimm ist es aber nicht. Man könnte sich ja verschiedene Ebenen vorstellen: Auf der einen sind die Dinge determiniert, auf der anderen sind dieselben Dinge nicht determiniert. Oder man könnte denken, daß *gewisse* Dinge von jemandem vorausgesehen worden sind, bedeutet ja noch nicht, daß *alles* voraussehbar und somit determiniert ist.)

---

[43] Agabus sah voraus, daß die jüdischen Anführer die neue Religion im Keim ersticken wollten. Als potentes Konkurrenzunternehmen bedrohte sie ihre Macht und ihr Ansehen.

[44] Vgl. bei Hans Bender, *Verborgene Wirklichkeit*, S. 41f.

Psychometrie und Psychokinese

Während es beim Hellsehen, der Telepathie, Präkognition und Psychometrie um einen paranormalen *Wissenserwerb* geht[45], geht es bei der Psychokinese um eine paranormale Beeinflussung der physischen Umwelt, um eine *Beeinflussung von Materie durch bloße Gedanken*[46], die nicht durch die aktuellen Gesetze der Physik erklärlich ist. Das Spektrum reicht vom Löffelverbiegen durch einen Uri Geller[47] über Poltergeistphänomene, bei denen eine Person Gegenstände von alleine durch die Luft fliegen lassen kann, bis zum Beeinflussen von Zufallsgeneratoren (zum Beispiel einer Würfelmaschine) durch Gedanken. Hierher gehört auch die *Materialisation* von Gegenständen: Ein psychokinetisch Begabter kann Gegenstände aus dem Nichts auftauchen lassen. Geschieht so etwas in einer spiritistischen Sitzung, nennt man es *Apport*. Der berühmte italienische Seher Gustavo Rol[48] konnte Gegenstände allein durch gedankliche Beeinflussung verschwinden und anderswo wieder auftauchen lassen. Es gab für seine Versuche zahlreiche Zeugen, darunter Wissenschaftler und Journalisten.

Auch das sogenannte *Kristallsehen*[49] könnte man hier einordnen. Im Wasser, im Öl, in Spiegeln, in Kristallglas sehen Sensitive bestimmte Bilder, die ein paranormales Wissen enthüllen, zum Beispiel die Zukunft betreffen. Das Gehirn füllt hier leere spiegelnde Flächen mit Bildern aus. Je nachdem für wie *real* wir diese Bilder halten, die zuweilen nicht nur der Kristallseher sieht, liegt ein geistiger Einfluß auf Materie vor. Kristallsehen gab es schon in der Antike. Im Mittelalter hatte dann diese Divinationspraktik Hochkonjunktur und wurde auch kirchlich verfolgt. Heute liegen auch zum Kristallsehen zuverlässige Labortests vor. Hans Bender[50] hat solche durchgeführt. Seine Probanden erlebten die Visionen durchgehend als etwas Fremdes, vom eigenen Bewußtsein Unabhängiges.

Was hat Psychometrie mit Spuk zu tun?

Es geht beim Spuk um Gespenster oder Geistererscheinungen, verhexte Orte, Spukhäuser.

---

[45] Bei der Telepathie kann es auch noch um die Beeinflussung von Gedanken gehen.
[46] Vgl. zum Beispiel Hans Bender, *Parapsychologie*, S. 14.
[47] Es gibt übrigens seriöse Versuche mit Geller: von Russell Targ und Harold Puthoff am Stanford Research Institute durchgeführt, vgl. in Russell Targ, Harold Puthoff, *Jeder hat den 6. Sinn*, 214ff.
[48] Vgl. dazu Maurizio Ternavasio, *Gustavo Rol, Esperimenti e testimonianze*.
[49] Vgl. Hans Bender, *Verborgene Wirklichkeit*, S. 129ff.
[50] Hans Bender, *Verborgene Wirklichkeit*, S. 149ff., 155.

Was hat das mit Psychometrie zu tun?

Psychometrie kann sich auch im Wahrnehmen einer Spukerscheinung äußern. Ein Ort beispielsweise kann derart imprägniert sein, daß jemand ein Stück Vergangenheit, sozusagen offenen Auges, vor sich sieht[51]. Es spielt sich etwas *da draußen* ab, und häufig sehen es auch mehrere gleichzeitig. Es paßt aber nicht in die Gegenwart. Und doch wirkt es erschreckend real. Sofort denkt man an eine waschechte Geistererscheinung.

In Wirklichkeit ist es aber kein echter Spuk, nur ein besonders anschaulicher oder sinnlicher Einblick ins Gedächtnis eines Ortes.

Über zahlreiche echte Spukphänomene wird berichtet. Einige sind legendär. Wer kennt nicht den fliegenden Holländer: Am Kap der guten Hoffnung hat ein holländischer Kapitän, angeblich Hendrik van der Decken, seine Mannschaft in den Tod getrieben. Trotz eines Unwetters wollte er nicht im nächsten Hafen anlegen, sondern stur Sturm und Wellen trotzen. Van der Decken soll geflucht haben, er werde das Meer am Kap bezwingen, und wenn er bis zum jüngsten Gericht kämpfen müsse. Das Schiff wurde samt Mannschaft von den Wellen verschlungen. Nach der Katastrophe soll das Schiff des Holländers regelmäßig am Kap als durch die Wolken schwebendes Geisterschiff gesichtet worden sein. Eine hübsche Legende. Wynchester Mystery House oder Whaley House, beide in Kalifornien, sind demgegenüber realere Spukorte: Das amerikanische Handelsministerium hat sie sogar als Spukhäuser offiziell anerkannt[52]. Das berühmteste Spukhaus überhaupt soll Borley Rectory in Essex gewesen sein. Forscher und Journalisten wurden im Borley Haus Zeugen von Phänomenen wie unsichtbaren Schritten, Kritzeleien, die wie von Geisterhand an den Wänden erschienen, Apporten (Gegenständen, die plötzlich aus dem Nichts auftauchten), mysteriösen Lichtern aus unbekannter Quelle, und einige sahen auch eine Nonne, die ab und zu durch den Garten spazierte und sich dann in Luft auflöste. 1943, als man das Haus nach einem Brand vollständig abriß, fotografierte ein Reporter der *Times* einen Ziegelstein, der in der Luft schwebte.

Ein interessanter Fall ist auch der ausgemusterte Ozeandampfer Queen Mary (Baujahr 1936), inzwischen Museum. In ihrem Schwimmbad wird immer wieder das Gespenst eines Mädchens in einem altmodischen Badeanzug gesichtet, oder man hört Gelächter, wie jemand ins Wasser springt, sieht nasse Fußspuren auf dem Boden, ohne daß man Badegäste sieht.

Spuk war zumeist Geisterspuk.

---

[51] Oder auch hört usw.

[52] Bei Francesco Dimitri, *Guida alle case più stregate del mondo*, S. 78–95.

Die älteste und bekannteste Theorie über Geister sieht in diesen die Seelen Verstorbener, die aus dem einen oder anderen Grund noch unter den Lebenden weilen. Plinius der Jüngere[53] berichtete im 1. Jh. nach Chr. bereits von einem Spukhaus in Athen, in dem das Gespenst eines alten verwahrlosten Manns in Ketten umging. Ein Philosoph wollte der Sache auf den Grund gehen und verbrachte die Nacht lesend in dem Haus. Der Geist erschien und gab ihm ein Zeichen in den Garten zu folgen. Dort zeigte er ihm eine bestimmte Stelle. Der Gelehrte rief am nächsten Tag die Lokalbehörden herbei, und man fand gerade an dem Ort beim Graben ein Skelett in Ketten. Nach einem adäquaten Begräbnis des Skeletts hörte der Spuk auf. Für alle war klar, daß der Geist derjenige eines Verstorbenen gewesen war.

Im 3. Jh. nach Chr. waren im neoplatonischen Milieu spiritistische Sitzungen Usus[54]. Dort kommunizierte man über Medien mit den Geistern Verstorbener, bis sie von Kaiser Theodosius 391 nach Chr. verboten wurden.

Bis ins Mittelalter[55] glaubte besonders die europäische Landbevölkerung fest an die Geister von Verstorbenen. Die katholische Kirche bekämpfte diesen Geisterglauben. Nach ihr verließ die Seele den Körper und gelangte unmittelbar ins Paradies, das Purgatorium oder die Hölle. Auf Erden hielt sie sich nicht mehr auf. Geisterspuk, vertrat die Kirche, sei Werk des Teufels.

Heute kennt man weitere Kategorien von Spuk. So das Phänomen der *Poltergeister*: Eine unsichtbare Kraft wirkt hier auf Gegenstände ein. Möbel werden verstellt, Gegenstände fliegen durch die Luft, Gläser zerspringen, Feuer entzünden sich wie von selbst. Verantwortlich ist kein Geist, sagt die Parapsychologie, sondern eine Person mit psychokinetischen Fähigkeiten, die den Spuk bewußt oder unbewußt veranlaßt. Zumeist eine adoleszente Person. Wir haben es mit einem Unterfall der Psychokinese zu tun.

1967/68 haben sich die Medien intensiv mit dem berühmten Rosenheimspuk[56] beschäftigt. Zu der Zeit ging Seltsames in einer Rosenheimer Anwaltskanzlei vor. Leuchtstoffröhren erloschen immer wieder. Heftige Knallgeräusche wurden gehört, deren Verursachung rätselhaft war. Sicherungsautomaten schalteten sich von selbst ein. Vier Telefone läuteten immer wieder ohne ersichtlichen Grund gleichzeitig. Die Entwicklerflüssigkeit eines Kopiergeräts wurde immer wieder verspritzt, ohne daß es dafür eine Erklärung gab. Hängelampen begannen ohne Grund zu schwingen, so stark, bis sie an der Decke zerschlugen. Beamte der Stadt-

---

[53] Bei Francesco Dimitri, *Guida alle case più stregate del mondo*, S. 21.
[54] Roberto Pinotti, *La Capitale Esoterica*, S. 32.
[55] Hierzu Paul Devereux, *Fairy Paths & Spirit Roads*, S. 31.
[56] Vgl. bei Hans Bender, *Verborgene Wirklichkeit*, S. 45ff.

werke vermuteten Stromstörungen. Das bestätigte sich dann auch. Die Meßgeräte zeigten abnorme Vollausschläge. Dies aber auch dann noch, als die Kanzlei durch ein Notstromaggregat versorgt wurde! So waren auch die Stromstörungen nicht erklärlich. Und auch erfahrene Physiker konnten die Ausschläge der Meßinstrumente nicht mit den vorhandenen Prinzipien der Physik erklären. Techniker, Physiker und auch die Kriminalpolizei waren ratlos. Das Freiburger Institut für Grenzgebiete der Psychologie wurde schließlich auf den Plan gerufen. Es fand heraus, daß die Phänomene von einer 19-jährigen Büroangestellten psychokinetisch ausgelöst wurden. Nur wenn *sie* in den Räumen war, zeigten die Meßdiagramme die außergewöhnlichen Ausschläge. Ging das junge Mädchen durch den Flur, begannen die Lampen zu schwingen, explodierten Beleuchtungskörper, flogen Scherben auf sie zu.

Neben Poltergeist-Spuk, der von Lebenden verursacht wird, „bloße" Psychokinese ist, gibt es, nach heutiger Auffassung, auch wirklich unheimlichen, unerklärlichen Spuk, der geradezu aggressiv ist: So haben Parapsychologen[57] die South Bridge im schottischen Edinburg untersucht: unter ihr sind kryptenartige Räume konstruiert worden. Touristen und später Probanden haben dort unten seltsame Dinge erlebt: kalte Luft, die eine Gesichtshälfte streifte, ohne daß es irgendwoher einen Luftzug gab, jemand ist an der Schulter berührt worden sozusagen von einer unsichtbaren Hand, Angstgefühle, Atemnot, Schwindel traten gehäuft in manchen Räumen auf, ein Mädchen sah eine Erscheinung, die dem Reiseführer zuzuhören schien und sich dann in Luft auflöste. Häufig haben sich solche Fälle allerdings auch als Betrug, als kollektive Halluzination oder kollektive Telepathie herausgestellt. Echter Spukt ist nicht immer leicht nachzuweisen.

Der sozusagen echte Spuk (die Geister der Toten usw.) interessiert uns hier weniger. Für uns ist sozusagen nur der Pseudo-Spuk interessant, Spuk, der auf eine starke *Imprägnierung* eines Ortes zurückgeht. Wir nehmen hier ein Stück Vergangenheit wahr, als liefe die Szene eben vor uns realiter ab. Sie ist aber nicht real. Was wir wahrnehmen ist lediglich, was im Gedächtnis des Orts gespeichert ist. Das erscheint harmlos im Vergleich zur Konfrontierung mit einem *echten Geist*.

Äußerlich gleichen sich der echte Spuk und unser Pseudo-Spuk manchmal sehr. Wie unterscheidet man eine bloße Imprägnierung von einem echten Geist? Es kann nützlich sein, das zu wissen, damit man sich nicht zu ängstigen braucht ...

Es gibt glücklicherweise ein relativ sicheres Unterscheidungsmerkmal:

---

[57] Vgl. Massimo Biondi, *Misteriose Presenze*, S. 184–187. Der Parapsychologe Richard Wiseman hat hier Untersuchungen durchgeführt und im „British Journal of Psychology" 2003 veröffentlicht.

Bei der Imprägnierung wiederholt sich immer wieder dieselbe Szene identisch. Zum Beispiel sieht jemand in einem Haus immer wieder eine frühere Einwohnerin in einem Lehnstuhl sitzen, immer wieder in genau derselben Pose, als sähe er immer wieder denselben Filmausschnitt. Die Szene ist auch so harmlos wie ein Filmausschnitt. Das echte Phantom ist hingegen unberechenbar, vielleicht will es sich sogar mit uns unterhalten ...[58].

Beispiele erhellen diesen Spezialfall der Psychometrie:

Da wäre Frau Dentons Zugreise. Frau Denton bestieg einen Zug und setzte sich in ein volles Abteil. Die Personen lachten, unterhielten sich. Bis dahin schien alles normal. Doch plötzlich waren alle verschwunden, von einem auf den anderen Augenblick in Luft aufgelöst. Wenige Zeit später kamen genau dieselben Personen, die Frau Denton bereits im Abteil gesehen hatte, in das Abteil. Es stellte sich heraus, sie waren im Bahnhofsrestaurant gewesen und hatten vorher in diesem Abteil gesessen. Frau Denton hatte also ein Bild aus der unmittelbaren Vergangenheit wahrgenommen. Sie hatte die Imprägnierung des Abteils herausgelesen im Moment als dieses leer war. Eine spukhafte Situation, die lediglich das Gedächtnis des Ortes betraf.

E.H. Sidgwick[59] berichtet auch von einem Fall einer solchen Erscheinung, die harmlos wie ein Film ist, sich wie eine Projektion von Lichtbildern verhält: Zwei ihr bekannte Damen sahen auf einer Strasse im Nebel plötzlich einen ganzen Aufzug von Leuten in historischen Kostümen auftauchen. Auch das Dienstmädchen, das die beiden begleitete, sah die Erscheinungen und schrie vor Entsetzen. Der Zug ging mitten durch die zwei Damen und das Dienstmädchen hindurch, sogar durch ihre Körper hindurch (als hätte man Lichtbilder auf diese projiziert), manchmal waren die Schemen gelb erleuchtet, das ganze etwa während 300 Metern. Nach dieser Strecke verschwand der Zug, löste sich in Luft auf.

Typische derartige Pseudo-Spuk Fälle haben wir an Orten, an denen starke Emotionen, starke Dramatik mit den gelebten Situationen verbunden waren, oder wenn häufig eine Handlung, ein Verhalten wiederholt wurde. Die Imprägnierung ist hier intensiver.

So erklären sich die vielen Spuk-Phänomene gerade auf *Schlachtfeldern*.

Schon aus der Antike sind uns solche überliefert:

---

58 Wie der Geist von Präsident Johnson mit Bush senior: Darf man Franceso Dimitri, *Guida Alle Case Più Stregate Del Mondo*, S. 106–119, Glauben schenken, spukt es im Weißen Haus. Der Geist von Präsident Johnson soll Bush zur Zeit des Irakkriegs gewarnt haben, was Busch senior angeblich hartnäckig geleugnet habe ...

59 Bei Charles Richet, *Traité de Métapsychique*, S. 757f.

Auf einem Schlachtfeld bei Rom, auf dem Rom 452 n.Chr. gegen Attila und die Hunnen gekämpft hat, hätten, so wurde berichtet[60], die Geister noch nach dem Ende der Schlacht drei Tage und Nächte weitergekämpft: Von der Stadt hörte man nach wie vor den Lärm des Kampfes und der Waffen.

Der Historiker Pausanias[61] (ca. 115 n.Chr.) beschreibt in der *Perieget*, daß auf der Ebene von Maraton noch nach 5 Jahrhunderten nachts der Lärm der historischen Schlacht zwischen Griechen und Persern 490 v.Chr. gehört wurde, einschließlich des Wieherns der Pferde.

Die Schlacht von Edge Hill am 22. Oktober 1624 scheint Edge Hill stark imprägniert zu haben[62]: Zwei Monate später bekundete eine Anzahl Schafhirten und Dorfbewohner, daß sie die Vision der Schlacht erlebt hätten, mit allem Lärm der Kanonen, dem Wiehern der Rosse und dem Stöhnen der Verwundeten. Die mehrere Stunden andauernden Visionen wurden von hoch angesehenen Personen der damaligen Zeit an mehreren aufeinander folgenden Tagen erlebt. Als das Gerücht Karl I. zu Ohren kam, sandte er eine Untersuchungskommission an die bezeichnete Stelle. Sie berichtete, daß sie nicht nur zweimal die gleiche Vision erlebt hätte, sondern daß man sogar einige Freunde, darunter Sir Edmund Varney, unter den Kämpfern wieder erkannt habe.

Montaperti in der Toskana scheint ebenso von einer Schlacht intensiv imprägniert zu sein[63]. Zahlreiche Personen, die zufällig am Schlachtfeld von Montaperti vorbeikamen, sahen dort schemenartige Ritter aus dem dreizehnten Jahrhundert kämpfen. Und das Jahrhunderte nach der berühmten, besonders blutigen Schlacht zwischen Staufern und Welfen, Florenz und Siena. Am 4. September 1260 fand die Schlacht statt. Es gab mehr als 10 000 Tote. Schon Berichte aus dem vierzehnten Jahrhundert erzählen von Geistererscheinungen, die sich wiederholt am 4. September ereigneten. Zuletzt haben zwei Lastwagenfahrer, die nicht aus der Gegend waren und nichts von den Erscheinungen wußten, einen Ritter in voller Rüstung vorüber galoppieren sehen, dessen Pferd keinerlei Spuren hinterließ.

Hierher gehört auch der Fall des Castello di Bardi[64]: Im Castello di Bardi meinen Besucher immer wieder die Trommeln der Soldaten zu hören, die sich im fünfzehnten Jahrhundert im Schloßhof auf Schlachten vorbereitet haben. Die Stimmung der Soldaten vor der Schlacht muß dramatisch gewesen sein, sich besonders eingeprägt haben.

---

[60] Vgl. bei Roberto Pinotti, *La Capitale Esoterica*, S. 26.
[61] Vgl. bei Roberto Pinotti, *La Capitale Esoterica*, S. 26.
[62] Bei Max Freedom Long, *Geheimes Wissen*, S. 145
[63] Enrico Baccarini, *Firenze, Esoterismo e Mistero*, S. 134–137.
[64] Francesco Dimitri, *Guida alle case più stregate del mondo*, S. 158–163.

Und noch ein Beispiel. Zwei Engländerinnen sind in Puys an der französischen Küste morgens um vier am 4. August 1951 durch Lärm von Geschützfeuer unsanft geweckt worden. Allarmiert sprangen sie auf, sahen hinaus, draußen war aber alles friedlich. Die British Society for Psychical Research[65] ging der Sache nach und fand heraus, daß die Darstellung der Frauen exakt mit der militärischen Dokumentation eines Feuerüberfalls von Alliierten am 19. August 1942 auf deutsche Truppen übereinstimmte.

Wer erlebt nun solch einen (unechten) Spuk, oder wo erlebt man ihn?

Die Sensitivität der Person spielt natürlich wieder eine Rolle. Aber auch der Ort selbst[66] scheint eine große Rolle zu spielen.

Es gibt Orte, an denen massiert solche Spukphänomene oder ganz allgemein paranormale Erscheinungen, wie auch Marien-Erscheinungen und Wunder, auftreten, und ungewöhnlich viele diese wahrnehmen. Und es gibt Vermutungen, was diesen Orten gemein ist.

Neben sozusagen stark empfundenen Ereignissen oder starken Wiederholungen herrschen spezielle *Energieverhältnisse* am Ort.

Einige sprechen von sogenannten *Ley Lines*[67], die sich an solchen Orten kreuzen und derartige Phänomene begünstigen. In den zwanziger Jahren des zwanzigsten Jahrhunderts wurden sie in England *wieder*entdeckt: man stellte fest, daß historische und prähistorische Kultgebäude auf geraden Linien liegen. Künstliche Hügel, Menhire, Steinkreise, lagen alle auf geraden Linien. Auf denselben Linien wurden später Kirchen, Dörfer, Wegkreuze errichtet. Das konnte kein Zufall sein. Die berühmteste Ley Line verbindet Stonehenge, das prähistorische Old Sarum, die Kathedrale von Salisbury und zwei weitere prähistorische Orte. Dieselben Geraden, fanden Archäologen heraus, verbanden auch antike Kultgebäude[68]. Es handelt sich dabei, meinen sie, um *Energielinien*. Mit dem Biometer, einem eher esoterischen Apparat, kann man die Gesamt-Intensität der Energie des Ortes messen: Dieses Gerät hat der französische Physiker Alfred Bovis (1871–1947) erfunden. Es beruht auf dem radiästhesistischen Pendel und hat daher eine stark subjektive Komponente. Radiästhesisten stellen damit und mit noch einfacheren Utensilien,

---

[65] Vgl. bei Michael Talbot, *Das Holographische Universum*, S. 219.

[66] Ganz anders beim Poltergeistphänomen, dort spielt die den Spuk auslösende Person eine grosse Rolle.

[67] Vgl. Paul Devreux, *Fairy Paths & Spirit Roads*, S. 98, 113, 119.

[68] In der Antike ließ man ein Jahr lang eine Herde an einem Platz weiden und stellte dann anhand des Gesundheitszustands der Tiere, anhand ihrer Leber fest, ob der Ort zum Wohnen geeignet war. Vgl. bei Paola Giovetti, *I luoghi di forza*, S. 15.

wie Wünschelruten, auf Ley Lines erhöhte *Vibrationen* fest[69]. Auch mit orthodoxen physikalischen Meßgeräten stellt man auf diesen Geraden Auffälligkeiten fest: und zwar Anomalien im magnetischen Feld mit dem Geomagnetometer, Anomalien bei der terrestrischen radioaktiven Strahlung mit dem Geigerzähler usw. Es geht hier um erhöhte oder niedrigere Werte als in der Umgebung.

An Orten, an denen es auf die Weise spukt beziehungsweise, ganz allgemein, an denen Paranormales geschieht, vermutet man also besondere Energieverhältnisse, ganz allgemein gesprochen, eine besondere Ausgestaltung des dortigen elektromagnetischen Felds.

Besonders interessant sind in dieser Hinsicht übrigens auch die mittelalterlichen „Roads of the Dead", Geisterwege, in Europa[70]. Zwischen Friedhöfen und Kirchen gab es regelmäßig nichtbeliebige, gerade Wege, die anscheinend so energetisch ausgesucht waren, daß sensitive Personen Beerdigungsprozessionen auf ihnen wahrnahmen, die noch gar nicht stattgefunden hatten, also eine Imprägnierung durch die Zukunft. Die deutschen *Geisterwege* verbanden auch mehrere Friedhöfe in gerader Linie.

Und noch ein winziger Exkurs, der manchen wichtig sein wird. Was tut man gegen Spuk?

Die Poltergeistfälle hören oft von alleine wieder auf. Bei echtem Geisterspuk kann man regelrechte Geisterjäger bestellen oder es mit einem kirchlich trainierten Exorzisten versuchen. Nicht immer ist Erfolg garantiert ...

Spukhafte Imprägnierungen sind harmlos, so harmlos wie ein Film, hier tritt einfach das Gedächtnis des Ortes besonders hervor. Man muß hier nichts unternehmen. (Vielleicht hilft ignorieren, da ja alle Phänomene Beobachtereinflüssen[71] unterliegen.)

---

[69] Die Leys sind quasi mit Energie aufgeladene Linien. Zumeist laufen ihnen unterirdische Flüsse entlang, und sie befinden sich in Harmonie mit dem sogenannten *Hartmannschen Gitter*. Der Heidelberger Mediziner Ernst Hartmann entdeckte in den 30iger Jahren ein spezifisches elektromagnetisches Gitter, das den Globus überzieht, bis in Höhen von 1500 m. Wo sich die Gitterwände kreuzen, sind besondere Energiepunkte. Auf solchen zu wohnen, kann den Organismus schädigen. Vgl. bei Paola Giovetti, *I luoghi di forza*, S. 14–16. Und Stefan Brönnle, *Landschaften der Seele*, S. 188f.: Sie werden auch mit dem Meridiansystem des menschlichen Körpers in der chinesischen Medizin verglichen, das den Fluß der Lebensenergie *Qi* kanalisiert. Die Erde gleicht so einem großen lebendigen Körper.

[70] Vgl. Paul Devereux, *Fairy Paths & Spirit Roads*, S. 25ff.

[71] Ein *Quantenwitz*.

Radiästhesie, ein Spezialfall von Psychometrie

Landläufig bedeutet Radiästhesie *Strahlenfühligkeit*[72].

In der Hauptsache geht es hier um Wünschelrutengänger oder Pendler. Die Rute oder das Pendel ersetzen dabei die taktile Berührung.

Seit Menschengedenken werden Wünschelruten und auch Pendel verwendet, um Wasservorkommen und Bodenschätze zu entdecken.

Wir haben hier einen Spezialfall der Psychometrie, denn es geht hier praktisch um das Gedächtnis eines bestimmten Orts, eines Stück Bodens, hier lagert(e) eine bestimmte Substanz, hier treffen wir auf bestimmte Eigenschaften.

Der Radiästhesist ist im Grunde sein eigenes Instrument[73], er selbst erspürt die Strahlenwirkungen, und es sind dann unbewußte Muskelreaktionen, die das Pendel oder die Rute ausschlagen lassen.

In neuerer Zeit werden auch sogenannte geobiologische *Reizzonen*, gesundheitsschädliche Orte, von Radiästhesisten aufgespürt. Reizzonen werden in der Radiästhesie mit dem sogenannte *Hartmanngitter* erklärt: In den 50er Jahren hat der Mediziner Hartmann ein erdmagnetisches Netz postuliert, ein dreidimensionales um die Erde gespanntes Globalgitter. Es zieht sich in Längen- und Breitengraden über den gesamten Globus, nur in kleineren Abständen. Die Richtung ist Nordsüd/Westost. Der „Standard" ist ein Abstand zwischen den (Reiz-)Streifen in Nordsüdrichtung von 2 m, in Ostwestrichtung von 2,5 m. Die Strahlungswände sind circa 21 cm dick. Die Streifen an sich sind nicht schädlich, aber die *Kreuzungspunkte*. Die kann der Radiästhesist erspüren. Schlafplätze sollte man hier nicht haben. Auf den Kreuzungen des Gitters kann man sich angeblich auch schlecht konzentrieren. Gleichzeitig ist hier Meditation leicht, das Abgleiten in Sphären höheren Bewußtseins sozusagen. Das Gitter erfährt Verformungen durch Wasserläufe oder geologische Besonderheiten, zum Beispiel durch Magnetitbodengestein oder Verwerfungen.

Würden wir das Hartmanngitter für esoterischen Blödsinn halten, dann gibt es immer noch das Magnetfeld der Physik[74], das die Erde

---

[72] Vgl. zum Thema Hrsg. Gerald L. Eberlein, *Kleines Lexikon der Parawissenschaften*, S. 150–157.

[73] Der deutsche Physiker und Radiästhesist Reinhard Schneider meint, Wünschelrute und Pendel fungieren als Antenne, bei Stefan Brönnle, *Landschaften der Seele*, S. 171.

[74] Die Magnetosphäre schirmt die Erdoberfläche von den geladenen Partikeln des Sonnenwindes ab.
Die magnetischen Feldlinien treten im Wesentlichen auf der Südhalbkugel aus der Erde aus und durch die Nordhalbkugel wieder in die Erde ein.
Hochenergetische Teilchen von der Sonne oder aus dem Weltall würden ein Leben auf der Erde möglicherweise verhindern, wenn diese nicht in einigen Tausend Kilometern Höhe abgefangen und durch das Feld zu den Polen geleitet würden.

umgibt, das noch ein paar tausend Kilometer über dem Erdboden wirkt. Es erklärt sich daraus, daß elektrische Ladungen in Bewegung magnetische Kräfte erzeugen. Durch die Erddrehung bilden sich Wirbel im geschmolzenen Metallkern unseres Planeten. Bei der Hitze werden die Elektronen von den Atomen getrennt, so daß sich diese frei umherbewegen. Diese elektrischen Ströme machen die Erde zu einem riesigen Magneten.

Der Radiästhesist erspürt nun Veränderungen im magnetischen Erdfeld, und darüber hinaus noch andere physikalisch feststellbare Wirkungen, die sich über bestimmten Untergrundverhältnissen bilden, wie Veränderungen der Boden- und Luftleitfähigkeit, radioaktive Emanationen, mikroseismische Einflüsse und anderes mehr. Das haben Ende des 20. Jahrhunderts die deutschen Physiker Wüst, Wendler und Henrichs[75] beim bekannten Rutengänger Hans Dannert überprüft und dessen Erfolge positiv beurteilt. Auch an der TU München[76] liefen Versuche, im Auftrag des deutschen Bundesforschungsministeriums. Das Resultat: Probanden (Radiästhesisten) konnten mit einer Wahrscheinlichkeit von 99,9999 %, künstliche Magnetfelder und Wasserleitungen aufspüren. Der Ausschlag ihrer Wünschelruten war also nicht zufällig.

Der Wirkungskreis der Radiästhesisten hat sich, wie gesagt, im Lauf der Zeit erweitert. Zuerst ging es um Wasseradern und Bodenschätze. In neuerer Zeit werden bei uns[77] häufig schädliche Reizzonen in Wohnungen ausfindig gemacht. Und auch erst seit neuerem untersuchen Radiästhesisten Kultstätten[78]: Tempel, Kirchen, Steinkreise. Die Plätze für die Heiligtümer scheinen bewußt gewählt worden zu sein. Dort gibt es ganz bestimmte Reizzonen: Purner von der Universität Innsbruck hat unter Altären oder Menhiren Kreuzungen des Globalgitternetzes und auch Wasseraderkreuzungen entdeckt. Der Archäologe Allender Smith fand unter Hügelgräbern blinde Quellen: darunter versteht man Wasser, das unter artesischem Druck in einer Säule nach oben befördert wird, die Oberfläche aber nicht erreicht, auch das führt zu einer Reizzone. Hier, an diesen Orten, wollte man anscheinend die spezielle Wirkung auf die Gehirnaktivität; man spekulierte auf einen meditativen Zustand, einen Zustand eventueller Bewußtseinserweiterung. Man hat hier Plätze gewählt, an denen sozusagen eine andere Welt hereinbricht.

---

[75] Vgl. bei Hans Bender, *Parapsychologie*, S. 44.

[76] Vgl. bei Stefan Brönnle, *Landschaften der Seele*, S. 172.

[77] In China gibt es hier eine wesentlich ältere Tradition des *Feng-schui*: Das ist die Orientierung von Bauwerken nach Windrichtungen, Strömungen der Gewässer und Kraftlinien der Erde.

[78] Vgl. Stefan Brönnle, *Landschaften der Seele*, S. 171ff.

Eine Anwendung auch aus jüngerer Zeit ist ferner das Aufspüren sogenannter *Tracklines*[79]. Der Radiästhesist spürt hier Wege auf, auf denen über lange Zeit hinweg Menschen gegangen sind. Was historisch geschah, wird hier aufgespürt. Durch das wiederholte Begehen sind die Pfade stärker imprägniert als die Umgebung.

Interessant ist, daß die katholische Kirche in einem Dekret des heiligen Offiziums von 1942 Geistlichen und Ordensleuten strengstens gewisse radiästhesistische Praktiken untersagte[80].

Ausgerechnet der Benediktinerpater Mohlberg, Professor am päpstlichen Institut für christliche Archäologie und am Internationalen Kolleg St. Anselmo in Rom, hat zur Radiästhesie, allerdings unter dem Pseudonym Candi[81], sehr Spezifisches und Interessantes verfaßt.

Mohlberg geht davon aus, jeder Gegenstand (Metall, Wasser usw.) und auch jede Person, sei Träger von Strahlungen. Auf irgendeine bekannte oder unbekannte Weise vollziehe sich eine Strahlenübertragung allerorts hin. Wie beim Radio. Der Radiästhesist habe eine besondere Empfindsamkeit diese Ausstrahlungen zum Beispiel mit einem Pendel zu messen. Als Hauptmechanismus, sagt Mohlberg, der radiästhesistischen Erkenntnis, habe sich ihm die Seele des Radiästhesisten offenbart. Sie funktioniere wie ein Radar-Sendeapparat. Der Wille richte sich auf das zu untersuchende Objekt. So orientiert werde die Seele von körperlichen und psychischen Eindrücken geleert (wie beim Meditieren oder in der mystischen Versenkung) und nur dem Wunsch offengehalten, empfänglich zu werden für das bestimmte Objekt. In dieser Erwartung melden sich die Signale aus der Welt der Physis beim Radiästhesisten. Und zwar trifft der Radiästhesist mit sich selbst eine geistige Abmachung, daß der Pendel (oder die Wünschelrute) sich so und so bewegen soll, beispielsweise oszilliert oder sich im Uhrzeigersinn dreht, wenn er auf die Strahlung des Objekts trifft.

Da hier Wille und Psyche eine Rolle spielen, hält Mohlberg Radiästhesie, die auch bei ihm mit Psychometrie in eins fällt, für ein metaphysisches Phänomen, das nicht mit aktuellen physikalischen Gesetzen erklärbar sei.

Mohlberg machte nun eine Menge Experimente und meint die Strahlung spezifizieren zu können[82]. Er beruft sich dabei auf den Abbé Mermet. Mermet spricht von einem *Kopfstrahl*: der Kopfstrahl verbinde uns mit dem Objekt beziehungsweise mit ihm stehen wir sofort mit jedem Objekt in Verbindung[83]. Durch ihn erreiche man sofort den gesuchten

---

[79] Stefan Brönnle, *Landschaften der Seele*, S. 50.
[80] Candi, *Radiästhesistische Studien*, S. 25.
[81] Candi, *Radiästhesistische Studien*, S. 59, 74, 161, 218ff.
[82] Candi, *Radiästhesistische Studien*, S. 133ff.
[83] Die Schattenfäden der Kahunas sind nichts anderes.

Gegenstand: seine Natur, die Richtung, die Entfernung, gegebenenfalls die annähernde Tiefe, wo er liegt. Dann gäbe es einen *senkrechten Materiestrahl*, den Mohlberg über Metallen beobachtete. Und einen weiteren Strahl, der zum senkrechten Strahl im Winkel von 45°steht. Ferner gibt es noch den *Grundstrahl* und den *Verbindungsstrahl*. Der Verbindungsstrahl verbindet gleichgeartete Körper, schafft eine Zone der Interferenz. Der Grundstrahl ist eine ziemlich seltsame Angelegenheit: er ist nach Mohlberg eine Art Durchgangsstrahl, der vom Kosmos herkommend von jedem Körper gebrochen wird.

Hiernach wäre also alles mit allem in einem Strahlennetz verbunden, das sowohl irdisch wie auch kosmisch wäre.

Interessant ist der Strahl, den jeder Körper zu einem *verwandten* Körper aussendet[84]. So stehe ein goldener Ring in Verbindung mit allem anderen aus Gold in einem Raum. Oder die auf einem Foto dargestellte Person stehe in Verbindung mit der realen Person. Das Foto sei nicht nur ein Null-Reflex eines uns zum Beispiel lieben Menschen auf einem chemisch präparierten Papier, es sei auch mehr als nur die Erinnerung an einen Abwesenden. Mohlberg hat in vielen Pendelversuchen gemessen, daß die Photographie eine Gegenwart des Dargestellten erstellte, sie strahlte dasselbe aus wie die reale Person. (Fotos wären also lebendig, würden Emotionen nicht nur erzeugen, weil sie Erinnerungen hervorrufen, sondern auf magische Art und Weise.)

Mohlberg erwähnt dann noch eine spezielle Radiästhesie, die gar nicht erfordert, daß man in der Nähe des Gegenstands ist, den man zum Beispiel sucht, die *Teleradiästhesie*.[85] Man sucht hier auf einer Karte etwa edle Metalle oder auf einem anatomischen Plan innere Krankheiten oder bestimmt an einer Photographie, ob der Photographierte noch lebt, was ihm fehlt, wie alt er ist. Wir haben es hier mit einer hellseherischen Ferndiagnose zu tun. Hier hat das psychische Element einen größeren Einfluß als das physikalische.

Mohlberg gibt auch ziemlich interessante Anleitungen für Schatzsucher!

---

[84] Candi, *Radiästhesistische Studien*, S. 135.
[85] Candi, *Radiästhesistische Studien*, S. 160ff.

Die Einheit paranormaler Erfahrungen oder hinter allen paranormalen Phänomenen steckt dasselbe

Hellsehen, Telepathie, Präkognition und Psychometrie enthalten alle implizit den Begriff der „Informationsübertragung" beziehungsweise altmodisch ausgedrückt: des Wissenserwerbs[86]. Und zwar wird hier Wissen nicht vermittels der bekannten Sinnesorgane erworben – sondern *anders*: paranormal/außersinnlich. Sie bilden insofern eine Einheit. Bei der Psychokinese passiert „etwas mehr", hier geht es um eine Kraftübertragung.

Die paranormalen Erfahrungen beziehungsweise Phänomene haben ferner gemein, daß bei ihnen das Bewußtsein jenseits von Raum und Zeit navigiert, das gilt zumindest für Hellsehen, Präkognition, Telepathie und Psychometrie. Signale (Informationen) können hier empfangen werden, *bevor* sie übermittelt wurden[87].

Bei der Psychokinese passiert ebenfalls höchst Seltsames. Die uns bekannte Gravitation scheint sich zu verändern oder gar ganz aufgehoben zu sein; jemand läßt beispielsweise allein durch gedankliche Beeinflussung einen Löffel durch die Luft schweben. Eine veränderte Gravitation geht nun in der Physik mit veränderten Raum-/Zeitverhältnissen einher, so daß sich auch bei der Psychokinese das Bewußtsein jenseits unseres gewöhnlichen Raum- und Zeitkoordinatensystems bewegt.

Bei allen paranormalen Phänomenen, glaubt man ferner, ist eine uns noch unbekannte energetische Wechselwirkung im Spiel.

Und es gibt weiteres Gemeinsames: Bei allen Formen (einschließlich der Psychokinese) gilt: Sie funktionieren auch, wenn die Probanden vom elektromagnetischen Feld abgeschirmt sind.

Viele Wissenschaftler[88] sahen hinter den paranormalen Phänomenen ein und dasselbe:

Nicht nur der Leipziger Biologe Hans Driesch (1867–1941)[89] sah eine Einheit der paranormalen Phänomene. Für Driesch sind Hellsehen (einschließlich Prophetie, also Präkognition), Telepathie und Psychometrie letztlich eins; es geht um paranormale Wissensübertragung[90]. Auch paraphysische Phänomene (Psychokinese) gingen für ihn auf denselben Grund zurück. (Etwas anders zu beurteilen sei höchstens das „räumliche Hellsehen", d.h. Hellsehen mittels *Seelenexkursion*.)

---

[86] Hans Driesch, *Parapsychologie*, S. 110.
[87] Vgl. bei Hans Bender, *Verborgene Wirklichkeit*, S. 38: dies ist nach Bender eine der wichtigsten Behauptungen aller auf diesem Gebiet Arbeitenden.
[88] So der Leipziger Biologe Hans Driesch in *Parapsychologie*, S. 110, der Medizinnobelpreisträger Charles Richet in *Traité de Métapsychique*, S. 81 oder der amerikanische Biologe J.B. Rhine bei Hans Bender, *Verborgene Wirklichkeit*, S. 35.
[89] Hans Driesch, *Parapsychologie*, S. 110.
[90] Hans Driesch, *Parapsychologie*, S. 143–145.

Für den Medizinnobelpreisträger Richet ist Telepathie ein spezieller Fall des Hellsehens[91].

Rhine[92] hielt die verschiedenen Formen paranormaler Wahrnehmung für Äusserungen *einer* psychischen Grundfunktion, die ausserhalb der bekannten physikalischen Energie unabhängig von Raum und Zeit wirkt.

Und, man glaubt es kaum, aber auch Arthur Schopenhauer (1788–1860), einer der brillantesten Philosophen seiner Zeit, hat sich mit Paranormalem beschäftigt, wie übrigens auch Immanuel Kant, ein weiterer Grande im Club der deutschen Geistesgeschichte. Und bereits Schopenhauer[93] nahm alle paranormalen Fähigkeiten unter einen Hut: Sie seien *„Zweige eines Stammes, und geben sichere, unabweisbare Anzeige von einem Nexus der Wesen, der auf einer ganz anderen Ordnung der Dinge beruht, als die Natur ist, als welche zu ihrer Basis die Gesetze des Raumes, der Zeit und der Kausalität hat, während jene andere Ordnung eine tieferliegende, ursprünglichere, unmittelbarere ist"*.

Die Modelle, die wir aufbieten wollen, um Psychometrie zu erklären, gelten deshalb auch für die anderen paranormalen Phänomene. Und die Modelle, die andere paranormale Erfahrungen erklären, wie Hellsehen, Telepathie, Präkognition, gelten auch für Psychometrie.

2. WIE ERFAHREN WIR DAS GEDÄCHTNIS DER DINGE?

Die Art der Eindrücke

Ob es sich um Psychometrie handelt oder um Hellsehen oder Telepathie: manche empfinden eine Stimmung, etwas Atmosphärisches und noch wenig Konkretes[94]. Manche sehen Bilder, manche Symbole[95]. Manche hören Töne, Geräusche, Stimmen, Musik[96]. Selbst Gerüche und Geschmack sind keine Seltenheiten[97]. Viele empfinden ganz konkrete Gefühle. Und viele sehen bewegliche Bilder, so etwas wie einen Film im Geist vor sich. Wieder andere erleben die psychometrische Szenerie so

---

[91]   Charles Richet, *Traité de Métapsychique*, S. 81.
[92]   Vgl. bei Hans Bender, *Verborgene Wirklichkeit*, S. 35.
[93]   Vgl. Schopenhauer bei Hans Bender, *Verborgene Wirklichkeit*, S. 169.
[94]   Hans Bender, *Parapsychologie*, S. 33.
[95]   Vgl. zum Beispiel Jean Prieur, *La Mémoire Des Choses*, S. 7.
[96]   Denton sagt: „If we could become at once cognizant of all the sounds that are locked up in the objects surrounding us, what a din would be presented to our ears. William and Elizabeth Denton, *The Soul Of Things*, S. 49.
        Das berühmte Medium Leonora Piper hörte zum Beispiel Stimmen: vgl. Charles Richet, *Traité de Métapsychique*, S. 169f.
[97]   William and Elizabeth Denton, *The Soul Of Things*, S. S. 355.

mit, als seien sie selbst mitten im Geschehen, bis hin zur *Seelenexkursion* (*out of body experience*); nicht nur Pagenstecher[98] mußte Versuche abbrechen, weil die sensitive Person zu sehr mitlitt: Ein Fundstück aus Pompeji ließ die Sensitive Todesängste ausstehen, als müsse sie selbst inmitten der schreienden, terrorisierten Menge vor den Rauchlawinen und dem Feuerregen fliehen.

Sehen die Sensitiven einen Film vor sich, laufen die Bilder oder die Szenen manchmal sehr schnell, manchmal so langsam ab, daß alles deutlich gesehen beziehungsweise miterlebt wird[99].

In dem Film kann man sich nun nicht nur räumlich hin und her bewegen, er scheint auch eine zeitliche Dimension zu haben, so daß man darin auch in der Zeit reisen kann: Der bekannten amerikanischen Hellseherin Eileen Garrett[100] erscheinen ihre Visionen als ungeheuer scharf und die *Zeit ungeteilt*, sie sieht das Objekt oder Ereignis in einem abrupten Wechsel in seiner vergangenen, gegenwärtigen und/oder künftigen Phase.

Und es gibt eine ganze Menge Feinheiten und Einzelheiten, die noch erwähnenswert sind.

Frau Denton beispielsweise erschienen die Dinge, die sie beim Psychometrisieren vor sich sah, „*in einem psychischen Licht*"[101], von einer Aura umgeben. Auch andere Sensitive[102] sagen, die Gegenstände, die sie vor ihrem inneren Auge sehen, seien von Licht umgeben, ihre Konturen seien Licht. Oder die Sensitive Mrs. Lucielle do Viel, N.Y., von der die Denton[103] berichtet, hatte nicht nur den Eindruck, sie sei am Ort des psychometrischen Objekts, sondern, sie reise auch dorthin, sie überflöge die Landschaft, bis sie an den Ort gelangte.

Eine spezielle, extreme Erlebnisvariante ist ferner, wie gesehen, die Spukerscheinung: Ein Ort ist derart imprägniert, daß eine Anzahl von Personen die Vergangenheit des Orts in Form von regelrechten Spukerscheinungen wahrnimmt. Die Szene scheint hier mit unseren fünf bekannten Sinnen erfahrbar, sie steht uns quasi vor offenen Augen, wir hören, wir riechen, wir schmecken, sogar Tasterlebnisse gibt es.

Es lohnt sich, auch Schopenhauer zum Thema sprechen zu lassen: Er beschrieb das paranormale *Sehen* in seinem Traktat *Versuch über das Geistersehen*. Es ist, nach ihm, nie ein eigentliches Sehen eines Dings. Es ist nicht durch eine Reizung der Sinnesorgane bedingt. Es liegt nahe beim

---

[98] G. Pagenstecher, *Die Geheimnisse der Psychometrie*, S. 135.

[99] W. und E. Denton, *The Soul Of Things*, S. 36.

[100] Vgl. Michael Talbot, *Das Holographische Universum*, S. 213, 222. Eileen Garrett wurde in Experimenten überprüft von dem klinischen Psychologen Lawrence LeShan aus New York.

[101] Bei J.R. Buchanan, *Manual of Psychometry, Part II*, S. 63.

[102] Vgl. W. und E. Denton, *The Soul of Things*, S. 339ff.

[103] William and Elizabeth Denton, *The Soul of Things*, S. 89.

Traum, der ebenfalls unabhängig von den äußeren Sinnen ist, und zwar sei es am ehesten mit dem *Wahrtraum* zu vergleichen. Wahrträume können sich auf Vergangenes, Zukünftiges, Gegenwärtiges beziehen, besonders häufig werden Todesfälle durch sie angekündigt, aber auch ganz banale Ereignisse, wie Schopenhauer feststellte: Seine Magd hatte geträumt, daß sie auf dem Fußboden einen Tintenfleck ausrieb, was dann tatsächlich später durch ein Versehen Schopenhauers nötig wurde. Schopenhauer analysierte auch die symbolischen Verhüllungen der Wahrträume (anhand der Überlieferungen zum Delphischen Orakel). Bei Phänomenen wie Psychometrie, sagte er, sähen wir *die Dinge an sich*, die eigentliche Realität, die unabhängig ist von unserem Denken (in Raum und Zeit).

In letzter Zeit hat sich die Meinung verfestigt, daß viele Psychometer, Hellseher usw. eigentlich *bewegte Hologramme* wahrnehmen:

Ein Hologramm[104] ist eine dreidimensionale Projektion eines Objekts, ein dreidimensionales Lichtbild, es schwebt als virtuelles Bild im Raum. Man kann um eine holographische Projektion herumgehen, sie von allen Seiten betrachten, sie scheint ein realer Gegenstand zu sein; versucht man jedoch das Bild zu berühren, bewegt sich die Hand einfach hindurch. Die Dreidimensionalität mutet daher oft gespenstisch an.

Nun nimmt der Psychometer sogar bewegte Hologramme wahr. Er nimmt einen dreidimensionalen Film wahr, und er kann sich sogar durch den dreidimensionalen Film hindurchbewegen, sich nach allen Seiten umschauen. Es ist als befinde sich der Psychometer in einer dreidimensionalen Welt, die aufs Haar unserer sinnlich erfahrbaren Welt gleicht, nur hat diese Realität nicht die Festigkeit, die unsere Welt zu haben scheint[105], sie ist eine bloße Projektion.

Bereits den Dentons[106] fiel dies bei Sensitiven auf. Die Sensitiven befanden sich in ihren Visionen in einer Szenerie, in der sie sich nach allen Seiten umdrehen konnten und überall Dinge erblickten wie im wirklichen Leben. Mit dem Unterschied, daß sie nicht im Film mitspielen konnten, nur passive Beobachter sein durften. Viele[107] hatten den Eindruck, am Boden angenagelt zu sein.

Vor Stefan Ossowieckis[108] Augen – Ossowiecki war einer der berühmtesten Seher und Psychometer des zwanzigsten Jahrhunderts – lief ebenfalls ein *Film* ab, wenn er einen Gegenstand psychometrisierte, und

---

[104] Vgl. zum Hologramm z.B. Michael Talbot, *Das Holographische Universum*, S. 24f.

[105] Immer mehr Physiker gehen davon aus, daß auch unsere Realität, die Welt, die wir um uns wahrnehmen, lediglich eine holographische Projektion ist. Die Festigkeit der Objekte um uns ebenfalls nur Illusion. Sie wird uns von unseren Sinnen vorgespiegelt.

[106] W. und E. Denton, *The Soul of Things*, S. 346f.

[107] Vgl. auch G. Pagenstecher, *Die Geheimnisse der Psychometrie*, S. 39, Fn. 1.

[108] Vgl. bei Michael Talbot, *Das Holographische Universum*, S. 211.

er konnte die Szene im Schnellgang „weiterdrehen", hatte also auch noch einen (geistigen) Einfluß auf den Film! Auch bei ihm war der Film nun nicht flach, sondern dreidimensional: und zwar konnte Ossowiecki in den Szenen frei umhergehen und sich alles ansehen. Der berühmte polnische Ethnologe Stanislaw Poniatowski testete Ossowiecki und stellte fest, daß Ossowiecki, wenn er in die Vergangenheit blickte, die Augen hin und her bewegte, als ob er die Dinge, die er beschrieb, leibhaftig vor sich sähe.

Auch der in Cuba geborene bekannte Seher Tony Cordero[109] sagte, seine Visionen glichen einem Kinofilm; einem dreidimensionalen Kinofilm, der in seinem Geist ablaufe. Er hatte das Gefühl in der Situation drinzustecken, es war alles wie in unserer Welt, also dreidimensional. Er konnte nicht nur alles um sich sehen und hören, sogar riechen. Aber die Menschen, die er sah, konnten ihn nicht sehen noch hören.

Und Edgar Cayce[110], ein berühmter Hellseher aus Kentucky, sah beim Hellsehen und Psychometrisieren sogar Gedanken in Form *greifbarer* (dreidimensionaler) Gebilde vor sich, sie erschienen ihm als eine feinere Form von Materie, dreidimensional, aber nicht fest wie Materie.

Und zum Schluß noch ein kleiner Exkurs ins Reich der **Symbole**.

Nicht wenigen enthüllt sich paranormales Wissen auch in Form von Symbolen.

Symbole kennen wir aus der modernen *Traum*psychologie.

– Sigmund Freud, C.G. Jung. Freud verstand Traumsymbolik hauptsächlich als Sexualsymbolik, die das Unbewußte wählte, um zu zensieren; die direkte Sexvorstellung war peinlich. Für Jung hingegen waren Symbole keine Verhüllung von Peinlichem, sondern ein Ausdrucksmittel. –

Die Symbolsprache der Träume ist relativ gut untersucht. Wobei der Traum gleichzeitig der Zustand reduzierten Bewußtseins ist, in dem auch häufig paranormales Wissen erworben wird.

Bereits im ersten christlichen Jahrhundert hat der Grieche Artemidor von Daldis[111] Traumberichte gesammelt. Es ist das bedeutendste Traumbuch der Antike. Man sieht, daß viele Symbole dort heutigen Symbolen gleichen, eine säkulare Sprache darstellen[112]. Für Jung[113] sind diese wiederkehrenden Symbole *Archetypen*, sie sind für ihn im *kollektiven Bewußtsein* verankert, einem Bewußtsein, an dem wir alle teilhaben. Die Schlange ist so ein Symbol. Zumeist sind derartige Symbole Ausdruck für elementare Erfahrungen wie Geburt, Tod, Beziehung zwischen Eltern und Kind, Geschlechterverhältnis, Kampf, Reifung, Wandlung.

---

[109] Vgl. bei Michael Talbot, *Das Holographische Universum*, S. 222.
[110] Vgl. bei Michael Talbot, *Das Holographische Universum*, S. 236.
[111] Vgl. bei Hans Bender, *Verborgene Wirklichkeit*, S. 173–183.
[112] Vgl. bei Hans Bender, *Verborgene Wirklichkeit*, S. 173.
[113] Vgl. bei Hans Bender, *Verborgene Wirklichkeit*, S. 191.

Neben den immer wiederkehrenden Symbolen gibt es auch zeitlich/kulturell bedingte, und es gibt auch ganz individuelle, persönliche Symbole.

Taum-Symbole zeigen sich regelmäßig in *allegorischen* Traumvisionen. Solche Traumvisionen teilen ihre Bedeutung durch Rätsel mit.

Zwei Beispiele für solche symbolhaften Rätselträume von Artemidor[114]: „Jemand träumte, eine vom Himmel herabgefallene Lanze habe ihn an einem seiner Füße verwundet. Eben an jenem Fuße wurde dieser Mann später von einer sogenannten Lanzenschlange gebissen. Der kalte Brand gesellte sich dazu, und er starb." Oder: „Ein Frauenzimmer träumte, ihr Geliebter verehre ihr einen Schweinskopf. Sie beginnt ihren Geliebten zu verabscheuen und ließ ihn schließlich sitzen; denn das Schwein ist unaphrodisisch."

Was für Traumsymbole gilt, gilt auch für Symbole, die Psychometer sehen, für Symbole, die sich dem paranormal Erfahrenden zeigen.

Einerseits gibt es also die archetypischen Symbole, die immer, durch die Zeiten hindurch, dieselben sind. Manche sind übrigens der Ansicht, es gäbe nur solche. Symbole seien ein feststehender Code, der vor 2 000 Jahren derselbe war wie heute (zum Beispiel: wilde Tiere = immer sinnlich erregte Menschen. Weibliches Genital immer symbolisiert durch Hohlräume, Gefäße, Zimmer, Schränke. Geburt immer symbolisiert durch Wasser. Der Penis immer als Reptil, Schlange dargestellt[115]).

Andererseits gibt es die Symbole, die sich nach den kulturellen Besonderheiten einer Gegend richten und nach der Zeit.

Oder es gibt auch ganz individuelle Symbole.

Michael Talbot[116] etwa meint, die paranormalen Wissensinhalte zeigen sich in einer Symbolsprache, die wir aus unserer Kultur heraus verstehen können. Symbole sind hier etwas Relatives.

Für die Rosenkreuzer[117] hingegen gibt es einen unabänderlichen, einen feststehenden, einen absoluten Symbolcode. Für sie sind Symbole keine willkürlichen Zeichen, sondern ein Symbol drückt *auf eine nicht zufällige Weise einen Sachverhalt einer höheren geistigen Wirklichkeit* aus. Das Kreuz beispielsweise bedeute durch alle Zeiten und Kulturen hinweg immer etwas Ähnliches. Die Assyrer stellten ihren Gott Anu durch das gleichseitige Kreuz dar. Das Kreuz in Form eines T ist ein uraltes Schutzzeichen, es war schon auf chaldäischen Schrifttafeln, war das Zeichen des ägyptischen Gottes Thot. Das Henkelkreuz ist eine Ableitung davon und gilt als Lebenskreuz, hinter dem sich die Macht des ewigen Lebens verbirgt, die Götter tragen es auf Bilderreliefs am Henkel gefaßt. Auch das

---

[114] Vgl. bei Hans Bender, *Verborgene Wirklichkeit*, S. 173–183.

[115] Wolfram Kurth bei Hans Bender, *Verborgene Wirklichkeit*, S. 180.

[116] Michael Talbot, *Das Holographische Universum*, S. 271.

[117] Wolfram Frietsch, *Die Geheimnisse der Rosenkreuzer*, S. 105ff.

Hakenkreuz symbolisierte ursprünglich, vor 3 000 Jahren, Leben, die Drehbewegung der Sonne. Und das achtspeichige Rad, das aus zwei gleichen Kreuzen besteht und von einem Kreis eingeschlossen wird, das die alchemistische Quintessenz symbolisiert, bedeutet ewiges Leben. Schließlich verweist das Kreuz des Christentums aufs ewige Leben.

Das Symbol verweist also bei den Rosenkreuzern auf eine unabänderliche höhere Wirklichkeit. Die Symbole selbst gehören zu dieser höheren Wirklichkeit, einem allumfassenden Bewußtsein, das nicht den Bedingungen von Raum und Zeit unterliegt. Diese höhere Wirklichkeit erschließt sich nach den Rosenkreuzern nicht durch den Intellekt: Symbole sprechen das Unterbewußtsein an.

Was hat es also mit Symbolen eigentlich auf sich: Sind sie willkürlich oder nicht?

Muß man den fixen Code der Symbole kennen? Muß man, wie Freud[118] vorschlug, die Symbolkenntnis von Mythen, Märchen, Religionsforschung, Volkskunde usw. erforschen, um den Symbolcode zu entschlüsseln? Er selbst wertete diesen Vorschlag nicht aus, sondern beschränkte sich auf einen kleinen Kreis sexueller Zeichen wie: lang-hohl = männlich-weiblich.

Oder ist ganz einfach der beste Symboldeuter, wie Artemidor meint, wer einen Blick für Ähnlichkeit hat? Die Symbolsprache wäre einfach eine beliebige Sprache, etwas steht für etwas anderes.

Schwer zu entscheiden, ob Symbole ein beliebiges Ausdrucksmittel sind oder ein spezifischer unabänderlicher Code. Vielleicht gilt beides. Jedenfalls kommen sie zu allen Zeiten und überall vor. Selbst Schamanen[119] sehen häufig beim Psychometrisieren einer Person Gestalten halb Tier halb Mensch vor sich, wobei das betreffende Tier dann symbolisch eine Eigenschaft des Menschen verkörpert. Ein Fuchs etwa würde einen ungewöhnlich klugen und verschlagenen Menschen anzeigen.

Bleibt die Frage: Warum werden Sachverhalte im Traum oder beim paranormalen *Sehen* überhaupt in Symbolen verschlüsselt? Warum sollen wir Rätsel raten? Das ist eine sehr merkwürdige Sache. Oder geben Symbole gar keine Rätsel auf, sondern sind nur ein Ausdrucksmittel: wie der amerikanische Psychologe C.S. Hall[120] sagt: „an expressive device, not a means of disguise"?

Man kann nämlich Symbole nüchtern einfach als Grund-Bestandteile der Kommunikation sehen. Sie stellen in einer einzigen Sache eine ganze

---

[118] Vgl. bei Hans Bender, *Verborgene Wirklichkeit*, S. 189.

[119] Vgl. bei Michael Talbot, *Das Holographische Universum*, S. 271. Aus der griechischen Antike kennen wir auch diese Zwitter-Wesen, halb Tier, halb Mensch, den Minotaurus. Ebenso aus dem Ägyptischen: Götter des Totenreichs werden mit Tierkörpern dargestellt.

[120] Bei Hans Bender, *Verborgene Wirklichkeit*, S. 181.

Geschichte dar, sind so etwas wie Stenozeichen, wie eine Kurzschrift (ob willkürlich oder nicht).

Interpretieren muß man sie allemal. Nicht alles, was der Psychometer sieht, hat also eine direkte Bedeutung.

Der verrückte Fall der Seelenexkursion

Der Sensitive erlebt hier den paranormalen Wissenserwerb – egal ob es sich nun um Psychometrie oder Hellsehen usw. handelt – auf eine besonders spektakuläre Weise: Er hat den Eindruck seinen Körper zu verlassen und sich *physisch* an einem anderen Ort zu befinden. Man sagt dazu auch *out of body experience, travelling clairvoyance* oder *remote viewing*.

Berichte über solche Seelenexkursionen liegen aus allen Zeiten und von Menschen aus sämtlichen Lebensbereichen und Kulturkreisen vor. Aldous Huxley, Goethe, D.H. Lawrence, August Strindberg, Jack London gaben zu, sie hätten schon solche Erfahrungen gemacht[121]. Im alten Ägypten, bei den nordamerikanischen Indianern, den griechischen Philosophen der Antike, den mittelalterlichen Alchimisten, bei Hindus, Hebräern und Muslims sind sie bekannt[122]. Die ungemein zahlreich beschriebenen Nahtoderfahrungen enthalten Seelenexkursionen. Häufig hat man von Seelenexkursionen während des Schlafs, während einer Anästhesie, einer Krankheit oder bei einem Anfall von traumatischen Schmerzen gehört[123].

Der Prager Biologe Ryzl[124] erzählt hier folgenden Beispielsfall: Der Sensitive war ein begeisterter Bergsteiger. Während eines schwierigen Aufstiegs beschloß er Halt zu machen. Seine Begleiter setzten ihren Aufstieg fort. Eine Zeitlang ruhte er sich befriedigt aus, blickte auf die umliegenden Gipfel. Plötzlich überkam ihn ein Gefühl beklemmender Erstarrung. Er konnte sich nicht mehr bewegen. Daraufhin hatte er ein Gefühl als löse er sich von seinem Körper. Auf einmal schwebte er in der Luft. Er konnte jetzt deutlich den Weg sehen, den seine Freunde nahmen. Als sie auf dem Rückweg wieder bei ihm anlangten, riefen sie ihn ins Bewußtsein zurück, und er konnte ihnen in Erinnerung an seine Vision ganz genau einiges beschreiben, was sie auf dem Weg zum Gipfel erlebt hatten.

---

[121] Vgl. bei Michael Talbot, *Das Holographische Universum*, S. 244.

[122] Vgl. bei Michael Talbot, *Das Holographische Universum*, S. 244f. Die Anthropologin Erika Bourguignon führt in einer Studie 488 Gesellschaften auf, bei denen zumindest eine gewisse Seelenexkursions-Überlieferung vorhanden ist.

[123] Vgl. Michael Talbot, *Das Holographische Universum*, S. 245.

[124] Milan Ryzl, *Handbuch Parapsychologie*, S. 160.

Interessant sind auch die Berichte der Versuchsperson McMoneagle[125], der zum PSI-Agenten für US-Geheimdienste ausgebildet wurde. Er nahm als Sensitiver 18 Jahre lang an Versuchen am SRI (Stanford Research Institute) auf Ersuchen der CIA teil[126]. Dort wurden ihm bestimmte Ziele/Orte vorgegeben. In meditativer Entspannung versuchte er sich in Gedanken dorthin zu versetzen, bis er das Gefühl hatte physisch dort zu sein. Er beschrieb dann genau die Umgebung. Und das unzählige Male erfolgreich.

Auch Pagenstechers[127] Medium Maria Reyes machte beim Psychometrisieren die Erfahrung von Seelenexkursionen. Maria hatte nicht den Eindruck, es handle sich um eine Vision. Alles war für sie wahr. Sie sah einen Strom von Feuer, sie hörte entsetzliches Geschrei, sie fühlte schreckliche Hitze, roch Schwefel. Und dabei war sie außerstande auch nur die allergeringste Bewegung zu machen, sie haftete am Boden fest.

Es kommt bei der Seelenexkursion zu einer tiefergehenden Trennung von Körper und Bewußtsein. Der Sensitive bleibt aber, obwohl er mitten in einem Geschehen zu sein scheint, relativ unbeteiligt, purer Beobachter.

Im Zustand der Seelenexkursion ist der Körper des Sensitiven übrigens völlig schmerzunempfindlich. Bei Medien in Trance ist die Seelenexkursion häufig. Man hat sie währenddessen mit Nadeln gestupft und gekniffen. Es erfolgte keine Schmerzreaktion[128]. Selbst eine Operation würden sie nicht bemerken, berichtete Buchanan[129].

Es gibt hier übrigens noch eine Steigerung, einen sehr absonderlichen Fall: Die sensitive Person wird an dem Ort *gesehen*, an den sie seelisch gereist ist, das sogenannte *Doppelgänger-Phänomen*.

Die Deutlichkeit der Eindrücke

Bei *unspezifischen Gefühlen oder Ahnungen* reicht die psychometrische Information nicht bis ans Bewußtsein heran. Ich fühle mich beispielsweise an einem Ort mulmig, ohne daß ich es rational erklären kann. Solche eher undeutlichen Eindrücke scheinen ziemlich häufig vorzukommen[130].

---

125 McMoneagle, *Mind Trek*, S. 54ff., 69ff., 85ff., 96ff., 231ff.

126 Die Versuche fanden im PSI Labor und im Radiophysiklabor des SRI statt. Ferner liefen Versuche mit McMoneagle am Cognitive Sciences Laboratory in Palo Alto, Kalifornien.

127 G. Pagenstecher, *Die Geheimnisse der Psychometrie*, S. 63.

128 Vgl. zum Beispiel J.R. Buchanan, *Manual of Psychometry*, S. 180.

129 J.R. Buchanan, *Manual of Psychometry*, S. 180.

130 Rhine und Pratt gliedern in: Ahnungen, symbolische Botschaften in Träumen oder Tagträumen, deutliche Träume oder Tagträume mit allen Szenendetails und Halluzinationen: der Eindruck ist so stark, daß er den Sinnen gegenwärtig erscheint. In G.B. Rhine/J.G. Pratt, *Parapsychologie*, S. 90f.

Psychometrische *Eindrücke, die bewußt werden*, zu einem ganz spezifischen Wissen über die Geschichte von Orten und Gegenständen führen, treten viel seltener auf als bloße unbestimmte Gefühle oder Ahnungen[131].

Aber auch, wenn die Eindrücke bewußt werden, der Sensitive zum Beispiel Bilder, ja ganze Szenen im Geist vor sich sieht, gibt es Probleme der Deutlichkeit.

J. McMoneagle[132], der am SRI etliche psychometrische Versuche durchlief, schildert seine anfänglichen Eindrücke als *fragmentarisch*. Der Testleiter gab ihm Fotos von Orten in verschlossenen Umschlägen in die Hand, und McMoneagle versuchte dann die Orte auf den Fotos zu beschreiben. Zuerst nahm er nur die grobe Gestalt, Umrisse wahr, recht Allgemeines: etwas war groß, hoch, dunkel, rund. Dann sah er langsam Unterschiede in den Proportionen vor sich, räumliche Unterschiede. Schließlich gesellten sich Sinnesempfindungen dazu: etwas fühlte sich kalt an, rauh wie Holz. Und erst zuletzt gewann er den Blick für Einzelheiten des Orts und begriff ihre Lokalisierung im Raum. Das Bild setzte sich also erst langsam, quasi aus einem Durcheinander von Teilen, zusammen.

Für Elizabeth Denton[133] entstand das *Fragmentarische* der Eindrücke dadurch, daß alles viel zu schnell vorüberzog, wie in einem rasend ablaufenden Film. Irgendwann fand sie heraus, daß sie mit einer Willensanstrengung die Bilder anhalten konnte, so daß sie alles deutlich sah.

Die Deutlichkeit, und das haben fast alle beobachtet, steht übrigens in Abhängigkeit zu der *Stärke von Emotionen*. Gegenstände oder Orte, die in Kontakt mit Menschen waren, die sich in großer psychischer Aufregung befanden, haben ein Gedächtnis, das leichter ablesbar ist, deutlicher hervortritt – manchmal so deutlich, daß es spukt[134].

Überdeutlichkeit:

Es gibt Psychometer, die das Gedächtnis von Dingen so real erleben, daß sie ihm materielle Realität zusprechen: Die Dentons[135] stellten bei manchen Sensitiven fest: „... the consciousness of an existence in the *then and there* is so perfect, so vivid, that a *sudden* return to the *now and here* ... may be attended by a shock". Daraus schlossen sie[136], daß die Dinge, die Szenen, die der Psychometer im Geist vor sich sah, trotz ihres „ätherischen" Daseins, etwas Materielles, etwas mit den Sinnen Erfaßbares, Berührbares haben mußten.

---

131 Eine Stimmung, eine gefühlsmäßige Tönung, etwas unbestimmt Atmosphärisches kann dem allerdings vorausgehen. Der konkrete Eindruck schält sich bei manchen erst nach und nach heraus, vgl. Hans Bender, *Parapsychologie*, S. 33.

132 J. McMoneagle, *Mind Trek*, S. 121–125.

133 W. und E. Denton, *The Soul of Things*, S. 312f.

134 Vgl. Zum Beispiel G. Pagenstecher, *Die Geheimnisse der Psychometrie*, S. 8f.

135 W. und E. Denton, *The Soul of Things*, S. 347.

136 W. und E. Denton, *The Soul of Things*, S. 325f.

Fehlerquellen und Schwierigkeiten[137]

Wenn auch die Bilder oder Szenen, die der Psychometer im Geist vor sich sieht, sehr klar erscheinen, kann es immer noch *Interpretationsprobleme* geben. So sah bei einem Versuch Benders[138] der Sensitive deutliche Bilder vor sich, konnte sie aber nicht genau deuten. Man gab ihm einen Ring in die Hand. Kurz bevor er ihn psychometrisierte, hatte der Eigentümer des Rings auf einen Zettel geschrieben, was er mit diesem Ring verband: eine schwierige Zangengeburt. Der Sensitive deutete aber die Szenerie, die er im Geist sah, und ziemlich korrekt umschrieb, nicht in dieser Richtung. Seine Bilder enthielten zwar eine Menge Einzelheiten, die deutlich auf die Zangengeburt zutrafen, er dachte bei der Szene aber an ein Irrenhaus oder ein Konzentrationslager oder eine mittelalterliche Klosterzüchtigung.

Man kann das auch so sehen: die Phantasie des Sensitiven kann Bilder verfälschen[139]. Es ist für ihn oftmals schwer zu unterscheiden, was das authentische Gedächtnis des Gegenstands ist und was seine eigene Phantasie beigibt.

Im Grunde besteht hier ein Konflikt zwischen unseren richtigen unbewußten Eindrücken und unserem bewußten, rationalen Selbst, das sich nicht ganz verdrängen läßt und einmischt[140].

Eine weitere Fehlerquelle ist die häufig *traumartige Struktur* paranormaler Erfahrungen. Es mischen sich reale Ereignisse mit affektiv besetzten Vorstellungen. Dann ist noch manches symbolisch verschlüsselt. All das erleichtert nicht gerade die Deutung.

Ein Handicap bedeutet auch, daß sich paranormale Erfahrungen nicht beliebig steuern, nicht beliebig beherrschen lassen. Selbst der hochbegabte Paranormale Croiset konnte seine unbestreitbaren präkognitiven Fähigkeiten nur in den Stuhlexperimenten zeigen. In einer Situation, die spielerisch war. Als er mit seiner prophetischen Gabe Menschen beraten wollte, machte er falsche Vorhersagen, scheiterte er[141].

Nur ganz wenige Hochbegabte haben relativ häufig relativ zuverlässige paranormale Erfahrungen.

Daß es keine perfekte Kontrolle über derartige Fähigkeiten gibt, sieht Bender[142] auch in der Tatsache, daß der paranormal Begabte nicht „begreift", sondern eigentlich eher von Eindrücken „tangiert" wird. Sie kommen einfach über ihn, und nur selten kann er sie wirklich distanzieren.

---

[137] Vgl. hierzu Hans Bender, *Verborgene Wirklichkeit*, S. 40.
[138] Hans Bender, *Verborgene Wirklichkeit*, S. 39f.
[139] W. und E. Denton, *The Soul of Things*, S. 329.
[140] So sieht das auch J. McMoneagle, *Mind Trek*, S. 246.
[141] Hans Bender, *Parapsychologie*, S. 39.
[142] Hans Bender, *Parapsychologie*, S. 35.

Paranormale Erfahrungen passen damit quasi in den Bereich der Gnade: sie werden einem eher grundlos und unverdient zuteil, man kann sie nicht erzwingen.

Die Überlagerung von Imprägnierungen

Die Dentons[143] bringen ein erhellendes Beispiel für solche Überlagerungen:

Denton gab seiner Schwester Anna, die sehr sensitiv war, ein kleines Stück aus dem Mosaikboden aus Ciceros Villa in Tuskulum in die Hände. Anna hatte keine Ahnung, was sie da in Händen hielt. Sie begann ihre Eindrücke zu schildern: „Ich sehe einen dichten Wald vor mir. Die Bäume sind sehr hoch. Unter denselben sehe ich etwas einem urzeitlichen Riesenungeheuer Ähnliches ...“

Denton sagte ihr, sie solle sich mehr der modernen Zeit zuwenden.

Anna beschrieb nun Szenen aus dem Museum, in dem der Gegenstand gelegen hatte.

Einige Tage darauf gab Denton seiner Frau Elizabeth dasselbe Mosaikteilchen in die Hand. Frau Denton wußte nichts von dem vorangegangenen Experiment und nichts von dem Mosaikteilchen. Sie sagte: „Ich empfinde einen sehr starken Einfluß von Anna. Ich sehe sie einen Gegenstand an die Stirn halten, wie ich es jetzt tue.“ Hierauf fuhr sie fort: „In einiger Entfernung sehe ich eine steinerne Bank von Bäumen umgeben, und nicht weit davon entfernt eine Quelle. Im Innern eines Hauses sehe ich verschiedene Räumlichkeiten. In einem der Zimmer befindet sich ein Bett, in dem eine Person liegt. Diese Person scheint krank zu sein und ist etwa vierzehn oder fünfzehn Jahre alt ...“

Denton brach den Versuch ab und wiederholte ihn nach ein paar Tagen mit demselben Gegenstand. Frau Denton sagte jetzt: „Ich sehe ein großes Haus mit steinernen Treppen; sechs bis acht Stufen führen zu einem Pfeiler, der im Vordergrund steht. Es gleicht einem öffentlichen Gebäude, aber ist verschieden von den mir bekannten Gebäuden. Nicht weit davon steht ein Haus, das großartig aussieht. Nun bin ich im Inneren des Gebäudes. Auf der einen Seite des Zimmers, in dem ich mich jetzt befinde, bemerke ich lauter fremde Dinge. Ich weiß nicht, wie ich sie beschreiben soll. Der Baustil des Hauses sowie die Möbel, wenn sie so genannt werden dürfen, sind derart, wie ich so etwas vorher noch nie gesehen habe. Die Fenster sind sehr hoch, aber behängt, so daß hinreichend Licht einfällt. Während ich andere im Nebenzimmer höre, nehme ich hier viele Personen wahr, die aber schwer zu unterscheiden sind. Jetzt

---

[143] W. Und E. Denton, *The Soul of Things*, S. 143–149.

erblicke ich einen Mann, der wie ein Diener aussieht. Sein Gewand reicht ihm bis ans Knie; seine Beinkleider sind lose und auf den Schultern trägt er eine Art Mantel, jedoch kann ich sein Gesicht nicht deutlich genug erkennen. Sonderbar. Ich erkenne lange Reihen von Menschen Schulter an Schulter stehen, die aber rasch verschwinden. Sie gleichen Soldaten, sind gleichmäßig gekleidet, tragen eine hohe Kopfbedeckung und etwas in den Händen. Nun bin ich wieder im Haus."

Denton forderte seine Frau auf: „Versuche den Hauseigentümer zu finden."

Frau Denton: „Mir fällt ein ziemlich fleischiger Mann mit breitem Gesicht und blauen Augen auf. Er zeigt zuweilen Heiterkeit. Er trägt ein bequemes Gewand, ähnlich einem Schlafrock, nur nicht so lang. Er ist ein Mann von großem Geist, scheint einen sehr entschlossenen Charakter zu haben. Was kann er wohl sein? Er ist majestätisch und besitzt dabei ein gutes Stück Genialität. Mir scheint, daß er etwas mit den Soldaten zu tun hat, die ich vorhin gesehen habe; doch scheint das nicht seine Hauptbeschäftigung zu sein. Er besitzt einen starken Verstand."

Die beschriebene Person ähnelte nun nicht gerade Cicero: Cicero war schlank, keineswegs gedrungen. Denton fand dann allerdings heraus, daß Ciceros Villa in Tusculum vorher dem Diktator Cornelius Sulla gehört hatte. Auf diesen paßte die Beschreibung.

Da *alles* auf einem Gegenstand oder an einem Ort Spuren hinterläßt, ist es oft fraglich, warum ein Sensitiver gerade das und nicht etwas anderes herausliest[144]. Warum bei Dentons Schwester Anna etwa der Gegenstand Urzeitliches hervorrief und bei Frau Denton derselbe Gegenstand Vorkommnisse aus dem römischen Reich evozierte.

Ist es zufällig, welche Informationen man aus dem Gegenstand oder Ort gewinnt?

Einiges spricht gegen Zufälligkeit:

Es scheint Eindrücke zu geben, die sich besonders aufprägen und leichter ablesbar sind, wie starke Emotionen.

Ein interessantes Modell hat W.E. Butler[145] ersonnen: Baut der Psychometer zuerst einen passiven Kontakt zum Gegenstand auf, befindet er sich wie in einem grauen Nebel, indem es lauter kleine Lichtpunkte gibt; diese stehen für Informationen um den Gegenstand und für Informationen, die wiederum mit diesen verbunden sind. Sobald wir eine bestimmte, mit dem Gegenstand zusammenhängende Sache *erfahren wollen*, tritt einer dieser Punkte besonders hell hervor, und während wir auf ihn sehen, entfaltet sich in unserem Geist ein Strom von Eindrücken, die sich auf unsere Frage beziehen.

---

[144] Vgl. Zum Beispiel Jean Prieur, *La Mémoire Des Choses*, S. 11.
[145] Vgl. Zum Beispiel W.E. Butler, *How To Develop Psychometry*, S. 50.

Auch andere haben diese verrückte Seltsamkeit beobachtet, daß ein Interesse beziehungsweise der Wille des Sensitiven ihn zu bestimmten Informationen leitet. Er erfährt das, was er erfahren möchte!

Daß jüngere Ereignisse ältere überlagern, scheint nur bedingt der Fall zu sein. *Möchte* man in der Zeit zurückgehen, sind weit zurückliegende Bilder so frisch wie die aus jüngerer Zeit[146]. Pagenstecher meint allerdings, daß zeitlich frisch Zurückliegendes das Ältere überlagert. Seine Versuchsperson Maria Z. zumindest konnte leichter Eindrücke ablesen, die in der Zeit nicht so lange zurücklagen. Nicht so, wenn starke Emotionen sich aufgeprägt hatten. Die stachen immer heraus.

3. BEDINGUNGEN FÜR PSYCHOMETRIE[147]

Spontaneität und Absicht

Psychometrische Eindrücke können *spontan* kommen oder man kann *versuchen*, sie *absichtsvoll* hervorzurufen.

Spontane Psychometrie ist häufiger als wir denken: Wen überkam nicht schon an bestimmten Orten ein besonderes Wohlgefühl und an anderen eher etwas Unheimliches, unspezifische Gefühle innerer Unruhe oder inneren Unbehagens, ohne daß er das dem ersten Anschein nach erklären konnte. Die spontane Psychometrie gibt es natürlich auch in der deutlicheren Form, daß jemand das Gedächtnis des Dings oder Ortes in Form von konkreten Bildern oder Szenen vor sich sieht. Das ist schon viel seltener.

Interessant ist nun, wer Psychometrie *absichtsvoll* betreibt, hat es zumeist ziemlich schwer, ein spezifisches Wissen über Gegenstände oder Orte zu ermitteln. Absichtsvoll Psychometrie betreiben können ohnehin nur sehr Sensitive, also für Psychometrie Hochbegabte. Die Eindrücke entwickeln sich dann bei vielen nur langsam. Der Sensitive sieht häufig zuerst nur Bruchstücke.

Spontane Eindrücke, die nicht nur als unspezifische Gefühle oder bloße Ahnungen daherkommen, sind hingegen zumeist von vornherein deutlicher!

Was einem zufällt, scheint perfekter zu sein.

Es ist interessant, immer wieder steht die Absicht paranormalen Fähigkeiten im Weg. Es ist wie beim Einschlafen: Je mehr man sich

---

[146] Vgl. z.B. J.R. Buchanan, *Manual of Psychometry*, S. 75.
[147] Was für andere Arten paranormaler Wahrnehmung gilt, gilt auch für Psychometrie.

bemüht einzuschlafen, desto weniger schläft man ein, desto mehr stört man den Prozeß[148]. Man kann hier nichts erzwingen.

Körperliche Zustände, Bewußtseinszustände

Ganz allgemein, ein Zustand geminderten Bewußtseins

Spontane Psychometrie tritt fast nie im Zustand wacher geistiger Tätigkeit auf, sondern wenn die *geistige Aktivität, das Wachbewußtsein, herabgesetzt* ist; zum Beispiel in Perioden der Müdigkeit oder Krankheit[149], in einem Zustand geistiger Zerstreuung oder der Entspannung, in Zuständen des Wachtraums oder Halbschlafs. Schlaf und Traum sind natürlich auch interessante Kandidaten für Zustände paranormaler Wahrnehmung wie Wahrträume dies zeigen.

Und auch bei denen, die absichtsvoll Psychometrie betreiben, ist starke Konzentration und Willensanstrengung fast immer kontraproduktiv.

Die psychometrischen Eindrücke formen sich praktisch an den Randzonen des Bewußtseins. Durch Fasten, asketische Übungen – Enthaltsamkeit soll in dem Zusammenhang auch eine nicht zu unterschätzende Rolle spielen –, Meditation oder durch die Einnahme von halluzinogenen Drogen kann ein solcher verminderter Bewußtseinszustand *herbeigeführt* werden, ebenso durch rhythmische Bewegungen, Singen, Tanzen, Rezitationen und Gebete[150].

Daß es im Zustand verminderter Bewußtheit zu paranormalem Wissenserwerb kommt, ist seit jeher bekannt. In den 3 000 Jahre alten indischen (älteren) Upanishaden wird es bereits gelehrt. Und in den noch älteren Veden[151] wird beschrieben, wie sich außersinnliche Vorgänge in tiefer Meditation ereignen. In vielen traditionellen Stammeskulturen beherrscht der Schamanismus seit jeher Techniken der bewußtseinsmin-

---

[148] Braud bei Lynne McTaggart, *Das Nullpunkt-Feld*, S. 210 bringt diesen schönen Vergleich.

[149] Auch während einer Ohnmacht sind schon paranormale Wahrnehmungen beobachtet worden. Und wer hat noch nichts über Nahtod-Erfahrungen gehört, bei denen die betreffende Person plötzlich ausserhalb ihrer selbst zu sein scheint und ihr gesamtes Umfeld sozusagen darüber schwebend wahrnimmt, hellsieht.

[150] Vgl. A.S. Raleigh, *Hermetics And Psychometry*, S. 103 und Klaus E. Müller, *Die Gespenstische Ordnung*, S. 131.

[151] Vgl. bei Lynne McTaggart, *Das Nullpunkt-Feld*, S. 203.

dernden Ekstase, des Außer-sich-Seins, und fördert so paranormale Visionen[152].

Dem Okkultismus (der Magie) war solches seit jeher geläufig.

Ebenso der Mystik.

Die römisch katholische Kirche[153] kennt sich bestens aus, weiß, daß Gebete und Askese (hierzu zählt auch der Zölibat) paranormale Erfahrungen fördern, nur lautet die kirchliche Terminologie hier anders, man nennt es lieber *Transzendenz.*

Heute führt uns auch die Hypnose in diesen verschwommenen Bewußtseinszustand. Sie hatte einen okkultistischen Vorläufer: das Starren auf glänzende Gegenstände und Flächen wie auf Kristalle[154], Wasser, Spiegel, das ein höheres Wissen induzieren sollte. Hier fand nichts anderes als eine Art Selbsthypnose statt.

Und man überläßt heute das Feld nicht mehr nur Religionen oder Magie. In wissenschaftlichen Versuchen zur Nachprüfung paranormaler Fähigkeiten versetzt man Sensitive in sogenannten *Ganzfeldexperimenten*[155] in einen Zustand milder sensorischer Deprivation. Man bedeckt ihre Augen mit halbierten Tischtennisbällen und strahlt sie mit einer Lichtquelle an; gleichzeitig berieselt man sie über Kopfhörer mit ständigem „weißen Rauschen". Es wird ein labiler Zustand zwischen Wachen und Dösen ausgelöst, der sich besonders für paranormale Erfahrungen eignet, die man untersuchen möchte.

In diesen Zuständen geminderten Bewußtseins kommt die linke Hirnhälfte zur Ruhe. Die tägliche Bombardierung mit Sinnesreizen tritt zurück. Man gerät in einen tiefen Zustand aufmerksamer Empfänglichkeit, unterhalb der Schwelle der wachen Aufmerksamkeit.[156]

Das EEG zeigt: Die kurzen Betawellen werden von längeren Alphawellen abgelöst. Yogis und Mystiker zeigen in höchster Versenkung im EEG neben stark verlangsamter Alphaaktivität auch noch Thetawellen,

---

[152] R. Sheldrake, *Die Wiedergeburt Der Natur*, S. 217. Gemeinsame Themen dieser Tradition sind Abstieg ins Reich des Todes, Begegnung mit dämonischen Mächten, Gemeinschaft mit der Welt der Geister und Tiere, Einverleibung der Elementarkräfte, Heilungspraktiken.

[153] Der berühmte Universalgelehrte und Okkultist van Helmont sagt dazu: „Die Kontemplation, das beständige Gebet, das Wachen, Fasten und die Mortifikationsakte haben den Zweck ... jene schnellwirkende Himmelskraft von Gott zu erlangen." Van Helmont wies auch gerade auf paranormale Erfahrungen im Schlaf und Traum hin, auf prophetische Träume. Van Helmont bei Carl Kiesewetter, *Geschichte des Neuen Okkultismus*, S. 182.

[154] Daher das *Kristallsehen.* Zur Geschichte des Kristallsehens vgl. Hans Bender, *Verborgene Wirklichkeit*, S. 129ff.

[155] Vgl. bei Klaus E. Müller, *Die Gespenstischen Ordnung*, S. 134. Oder R. Sheldrake, *Der Siebte Sinn*, 76ff. Oder bei Lynne McTaggart, *Das Nullpunkt-Feld*, S. 204ff.

[156] Vgl. Lynne McTaggart, *Das Nullpunkt-Feld*, S. 204f.

die nur noch von den im Tiefschlaf auftretenden Deltawellen an Langwelligkeit übertroffen werden. Alle diese Wellen gehören zum elektromagnetischen Feld.

Nach dem Physiker Amit Goswami[157] könnten gerade die langwelligen Thetawellen hauptsächlich dafür verantwortlich sein, daß sich unser Bewußtsein erweitert.

Der Parapsychologe und Verhaltensforscher William Braud[158] erklärt die Empfänglichkeit des geminderten Bewußtseins für paranormale Fähigkeiten so: Ein gemindertes Bewußtsein bedeutet Labilität: Labilität ist die Bereitschaft zur Veränderung. Ein labiles System verändert sich leichter als ein träges. Labile Geister sind, nach ihm, empfänglicher für Paranormales, weil offener für Neues und Subtiles, sie können rasch von einer Idee oder einem Bild zum andern huschen.

Ein bekanntes Beispiel spontaner (und sogar präkognitiver) Psychometrie im *übermüdeten* Zustand ist von Alec Guiness bekannt[159]. Guiness war in einem Restaurant zufällig James Dean begegnet. Nachdem beide zusammen gespeist hatten, zeigte Dean Guiness stolz seinen vor dem Restaurant geparkten Sportwagen. Statt Dean zu gratulieren, sagte Sir Alec Guiness mit einer Stimme, die er selbst kaum erkannte: „Bitte, steigen Sie nie in diesen Wagen. Wenn Sie es tun, wird man Sie tot in ihm auffinden, noch bevor eine Woche verstrichen ist!" Das war am Freitag, dem 23. September 1955, um zehn Uhr abends. Am nächsten Freitag um vier Uhr morgens fand man James Dean tot in seinem zertrümmerten Wagen. Alec Guiness hatte noch nie zuvor in seinem Leben eine derartige Voraussage gemacht. Er war an dem Abend schwer übermüdet gewesen, in dem Zustand herabgesetzter geistiger Aktivität, der typischerweise paranormale Fähigkeiten begünstigt.

Will man Psychometrie absichtlich betreiben, so gilt es also einen Zustand geminderten Bewußtseins anzustreben, einen labilen Zustand zwischen Wachen und Schlafen[160]. „The rule is, apparently, that whatever weakens the body, and unfits us for ordinary sensation, in the same ratio strengthens these internal powers, or gives them an opportunity for exercise," sagen die Dentons[161]. Mary Craig[162], Upton Sinclairs Frau und ein gutes Medium, empfiehlt: „Sie müssen den Impuls unterdrücken, etwas über den Gegenstand zu denken, ihn zu untersuchen, zu bewerten oder Erinnerungen damit zu verbinden. Der Durchschnittsmensch hat noch nie von dieser Art von Konzentration gehört und muß daher erst lernen,

---

157 Amit Goswami, *Das Bewußte Universum*, S. 303.
158 Bei R. Sheldrake, *Der Siebte Sinn*, S. 352.
159 Gordon Smith erzählt diese Begebenheit in Gordon Smith, *Medium*, S. 169.
160 Eigentlich eine contradictio in adiecto.
161 W. und E. Denton, *The Soul of Things*, S. 307.
162 Vgl. Mary Craig bei Russell Targ/Harold Puthoff, *Jeder hat den 6. Sinn*, S. 254.

sie herzustellen. Gleichzeitig muß er lernen, sich zu entspannen, denn ein Teil der Konzentration besteht merkwürdigerweise in vollständiger Entspannung."

Es geht also darum, das bewußte kritische Denken zurückzudrängen, aber gleichzeitig auch nicht in den Schlaf abzugleiten, sondern dennoch, was widersprüchlich scheint, eine gewisse Wachheit, Konzentration beizubehalten, die aber keine hellwach bewußte Konzentration ist, sondern eine entspannte, eine bei gemindertem Bewußtsein. Es geht um einen eigentlich paradoxen Wahrnehmungsmodus. Eine schwierige Sache, will man sich darin üben.

Wie stelle ich übrigens fest, daß ich in diesem seltsamen Zustand bin?

Ein Zeichen für das Eintreten in einen solchen Zustand verminderten Bewußtseins ist bei manchen – das beschreibt zum Beispiel Arthur Conan Doyle – das Spüren einer Verdunkelung der Umgebung: man spürt, alles wird dunkler und driftet dann schließlich weg, bevor man die inneren Bilder sieht. Elizabeth Denton[163] nahm diese Verdunkelung dann noch öfters mit hinein in ihre inneren Bilder: die Szenen die sie sah, waren häufig nur Ausschnitte und ringsum war es dunkel: „curtains of impenetrable darkness close around all beside."

Bemerkung: Den Fall der Außerkörperlichkeit, der außerkörperlichen Wahrnehmung etwa bei Nahtoderfahrungen, sollte man hier unbedingt auch erwähnen. Er bringt uns zu einer neuen, differenzierteren Betrachtung. Hier haben wir statt eines geminderten Bewußtseins sozusagen eine verminderte Gehirntätigkeit, ein Gehirn, das für einige Zeit nicht mehr (richtig) funktioniert. Hier nimmt also jemand wahr, dessen Gehirn nicht mehr (richtig) funktioniert. In den obigen Fällen verminderten Bewußtseins werden, ähnlich, seltsame Dinge wahrgenommen, wenn das Gehirn anders funktioniert als normalerweise. Neben einem geminderten Bewußtsein wäre es also auch, oder vielleicht sogar letztlich, eine vielleicht geminderte, kurz aussetzende, oder anders als übliche, veränderte, Gehirntätigkeit, die paranormale Erfahrungen ermöglicht. Beim amerikanischen Physiker Evan Harris Walker, auf dessen Modell des Gehirns als Quantensystem wir später noch eingehen[164], wird bei Nahtoderfahrungen und allgemein bei paranormaler Wahrnehmung (ASW) einfach die Wahrnehmung unseres realen Gehirns kurzzeitig zurückgedrängt (und übers virtuelle Gehirn wahrgenommen).

---

163 W. und E. Denton, *The Soul of Things*, S. 313.
164 In Kapitel IV, 4. *Ein Gedächtnis außerhalb des Gehirns* ... Wir haben das Modell weiterinterpretiert.

Mediale Trance und Hypnose

Mediale Trance ist ein spezieller Zustand geminderten Bewußtseins, der psychometrischen Eindrücken besonders förderlich ist. Die mediale Trance unterscheidet sich von Selbsthypnose oder meditativen Praktiken, meinen viele. Sie geht mit besonderen körperlichen Reaktionen einher. Dabei ähnelt sie dem Schlaf, hat aber dennoch nichts mit dem Schlaf zu tun. Der Begriff mediale Trance kam daher zustande, daß man dieses Phänomen eines speziellen Weggetretenseins insbesondere bei *spiritistischen Medien*[165] beobachtete.

Um eine Vorstellung zu bekommen, wie sich eine Person in medialer Trance fühlt, können wir das Medium von G. Pagenstecher, Maria Reyes de Z.[166], sprechen lassen. Schlaf sei nicht ganz passend für den Zustand, berichtet sie. Denn sie hat den Eindruck einer erhöhten Gehirntätigkeit. Maria läßt sich von Pagenstecher hypnotisieren. Nach kurzer Zeit fangen ihre Augenlider an zu blinken, bis sie sich schließen. Nach und nach verschwinden ihre Sinneswahrnehmungen wie Geruchssinn, Tast-, Wärmegefühl. Sie hört nur noch die Stimme Pagenstechers. Die Welt scheint wie versunken. Es existiert nur noch Pagenstechers Stimme. Jedes Denken hört auf. Ihr Kopf fühlt sich völlig leer an. Dann kommt ein Moment, in dem der Kontakt hergestellt zu sein scheint, zwischen ihr und Pagenstecher. In dem Moment kann sie jeden Gedanken fassen, den er ihr suggeriert. Ihre Atmung wird oberflächlicher, das Herz schlägt schwächer. Manchmal fällt sie in einen sogenannten *kataleptischen* Zustand, typisch für Trancemedien: Sie fühlt ihren Körper zunehmend starr werden. Diejenigen, die sie dabei beobachteten, hätten den Zustand als todesähnlich empfunden. In dem Zustand tritt sogar Schmerzunempfindlichkeit ein. Manchmal krampfen sich ihre Finger so fest um den psychometrischen Gegenstand, daß man ihn ihr kaum mehr entwinden kann. Und plötzlich schießt ihr dann ein Gedanke durch den Kopf, obwohl sie sich als völlig willenlos empfindet und auch so, als sei ihr Denken aufgehoben.

Das seltsamste Gefühl, das sie empfunden hat, war eine besondere Leichtigkeit; sie fühlte, als ob der Druck, den beim Sitzen der Stuhl auf sie ausübte, entschieden weniger stark wurde, und schien quasi in der Luft zu schweben.

Zu einem ähnlichen Zustand verminderter Bewußtheit kommt es beim *magnetischen Schlaf des Mesmerismus* beziehungsweise – wie wir es heute nennen – in der Hypnose. Viele Parapsychologen, so Rhine und

---

[165] Solche Medien kommunizieren mit den Geistern Verstorbener.
[166] In G. Pagenstecher, *Die Geheimnisse der Psychometrie*, S. 130–134.

Pratt[167] von der Duke Universität, sehen Hypnose und mediale Trance dennoch als verschiedene Phänomene an.

Auch in der Hypnose funktioniert der paranormale Wissenserwerb regelmäßig besser als im hellwachen Zustand[168].

Die übliche Einstellung zur Hypnose ist, daß es sich bei ihr um einen Trance-gleichen veränderten Bewußtseinszustand handelt.

Der Großteil dessen, was man über Hypnose weiß, stammt aus Untersuchungen von Testpersonen. Es gibt eine signifikante Verbindung zwischen einer lebhaften Fantasie und der Empfänglichkeit für Hypnose. Und Personen, die daran glauben hypnotisierbar zu sein, sind eher hypnotisierbar.

Daß in der Hypnose paranormales Wissen zutage gefördert wird, glauben einige nicht. Und einige halten den in der Hypnose herbeigeführten Zustand gar für ein bloßes soziales Konstrukt, errichtet von egozentrischen Therapeuten, Entertainern und Priestern (hier ist der Fall des Exorzismus gemeint) auf der einen sowie beeinflußbaren, fantasievollen und für Wahnvorstellungen anfälligen Mitspielern mit tiefen emotionalen Bedürfnissen oder Fähigkeiten auf der anderen Seite.

Mystik

Unter Mystik versteht man zunächst einmal einen bestimmten Erfassungsmodus der transzendenten Wirklichkeit in unterschiedlichen Religionen, eine Form religiösen Erlebens. Dieser Erfassungs- oder Erlebensmodus ähnelt nun interessanterweise aufs Haar demjenigen, in dem auch paranormale Erfahrungen gemacht werden, in dem Psychometrie funktioniert. Es lohnt sich also, sich näher mit Mystik zu befassen.

Die östliche Mystik ist älter als die westliche, etwa christliche Mystik. Die Upanishaden und der Buddhismus entdeckten viel früher, daß sozusagen durch das innerliche Stillwerden die Unendlichkeit des Göttlichen erfahren wird.[169]

Zu den Grundthesen der Yoga-Tradition im Hinduismus und Zen-Buddhismus gehört, daß subtilere Wirklichkeitsschichten durch eine Bewußtseinsveränderung zugänglich werden können. Und dorthin führen spezifische Praktiken mystischer Versenkung beziehungsweise der Meditation und der körperlichen Entspannung.

---

[167] J.B. Rhine, J.G. Pratt, *Grenzwissenschaft der Psyche*, S. 19. Und noch etwas anderes sei die autosuggestive Trance.

[168] Milan Ryzl, *Handbuch Parapsychologie*, S. 176. Hans Bender, *Verborgene Wirklichkeit*, S. 21.

[169] Abt Jeroen Witkam Ocso, *Die Wiederkehr der Mystik* in Hrsg. Peter Lengsfeld, *Mystik – Spiritualität der Zukunft*, S. 44.

Mystik hat auch im Westen alte Wurzeln. Mystizismus gab es im Westen massiert im 5. Jahrhundert v.Chr. in Großgriechenland (Magna Graecia). Philosophen wie Pythagoras, Empedokles und Parmenides waren zugleich Mystiker, glaubten durch mystische Versenkung ein höheres oder überhaupt mehr Wissen zu erlangen (bedienten sich praktisch eines paranormalen Wissenserwerbs). Sie betrachteten die Logik nur als Zwischenstation.

Im Mittelalter blühte die Mystik im Westen erneut auf. Im deutschen Raum mit Mystikern wie Hildegard von Bingen oder Meister Eckart.

In der Moderne finden wir interessanterweise einen neuen Mystizismus in den Naturwissenschaften.

Bei der Mystik geht es um einen Bewußtseinsprozeß beziehungsweise - zustand, in dem man Wissen erhält, das man· nicht durch angestrengtes Nachdenken erwerben kann. Mystiker, gleich welcher Religion, beschreiben in ihren Aufzeichnungen ihre *unmittelbare Erfahrung* des Göttlichen, des geistigen Urgrunds der Dinge, der Quelle der Schöpfung, der Transzendenz. Mit den Griechen oder dem Cambridge Biologen Rupert Sheldrake[170], den man einen modernen Mystiker nenne könnte, kann man sagen, es geht darum, sich eins zu fühlen mit der lebendigen Natur. Mystik führt somit also auch zu einem *Modell* von Wirklichkeit und Transzendenz.

Werfen wir einen näheren Blick auf die westliche Mystik: Nach Nikolaus von Kues[171] (1401–1464) ist Gott beispielsweise nur mystisch erfaßbar. Auch nach Descartes[172] (1596–1650) wird die Gotteserkenntnis nicht von der menschlichen Vernunft hervorgebracht.

William James (1842–1910)[173] sagt, die mystische Erfahrung (er nannte sie religiös) komme aus einer Schicht unseres Wesens, die tiefer liegt als die geschwätzige Sicht, die der Rationalismus bewohnt.

In der christlichen Mystik[174] wird das Ich, das personale Bewußtsein, und mit ihm das Rationale, transzendiert, zeitweise zum Schweigen gebracht. *Kontemplation* führt dorthin: ein unbestimmtes erwartungsvolles und doch gleichzeitig völlig erwartungsloses, absichtsloses Schauen. Der spanische Kirchengelehrte Johannes vom Kreuz (1542–1591), dessen Mystik das bedeutendste System mystischer Theologie der Neuzeit ist,

---

[170] Rupert Sheldrake, *Die Wiedergeburt der Natur*, S. 245–247.

[171] Bei Wolfgang G. Esser, *Die Wiederkehr der Mystik* in Hrsg. Peter Lengsfeld, *Mystik – Spiritualität der Zukunft*, S. 268ff.

[172] Bei Wolfgang G. Esser, *Die Wiederkehr der Mystik* in Hrsg. Peter Lengsfeld, *Mystik – Spiritualität der Zukunft*, S. 274f.

[173] Bei Wolfgang G. Esser, *Die Wiederkehr der Mystik* in Hrsg. Peter Lengsfeld, *Mystik – Spiritualität der Zukunft*, S. 281. Amerik. Philosoph und Psychologe, Harvard, entwickelte die Grundlagen der amerik. Psychologie.

[174] Sven-Joachim Haack, *Die Wiederentdeckung der Mystik verpflichtet*, in Hrsg. Peter Lengsfeld, *Mystik – Spiritualität der Zukunft*, S. 164f.

sagt dazu „liebendes Aufmerken"[175]. Im einzelnen sieht das so aus: Allen Geräuschen und Geschehnissen im Raum kommt keine Bedeutung mehr zu. Wenn ein Gedanke auftritt, gilt es diesen zu lassen und zum Lauschen, Spüren, Schauen, reinen Gewahrsein zurückzukehren.

Nicht anders läuft ein Ganzfeldexperiment ab. Entsprechend kommt es im mystischen Versenkungszustand leicht zu paranormalen Erfahrungen.

Dieser mystische Zustand ist unverfügbar, eine Gnade, ein Geschenk. Er kann also nicht willentlich herbeigeführt werden, sondern nur, wie es ein englischer Autor aus dem 14. Jh. ausdrückt, „in der treuen Übung vorbereitet werden"[176]. In der christlichen Tradition sind dies Gebetsübungen mit Konzentration auf den Atem, ebenfalls dazu gehört eine aufgerichtete, ruhig sitzende Körperhaltung und schließlich die Besinnung auf ein Wort. In der ostkirchlichen Tradition war dies traditionell „Herr Jesus Christus, du Sohn Gottes, erbarme dich unser" oder nur der Name Jesu, welcher an den Atemrhythmus gebunden wurde[177].

Dies führt zur Wahrnehmung des eigenen Seins und eines Zustands tiefen inneren Friedens.

Einen Schritt weiter geht die *Unio Mystica*[178]. Hier gilt es auch noch die Wahrnehmung des eigenen Seins zu vergessen und im göttlichen Sein zu versinken, sich mit Gott eins zu fühlen, die Einheit von Zeit und Ewigkeit, Ich und Du, der Umgebung und uns selbst zu fühlen.

Im Westen wurde die Mystik immer wieder mit Mißtrauen betrachtet, gerade von der Kirche. Nicht erstaunlich, da die Mystik zu einem anderen Modell von Wirklichkeit und Jenseits führt als das römisch katholische Credo. In der Mystik ist das erfahrbare Mysterium Gottes die Einheit mit dem Kosmos oder mit der Natur, oder mit einer Kraft, die den Kosmos durchzieht. Die christliche Mystik sah zwar Gott in allem, aber nicht als Person. Das paßte nicht zur personalen Gottesvorstellung der Kirche. Man übte daher schon bald Kritik an der Mystik – raffinierterweise kaum direkte Kritik -; es sei gefährlich, die alterierten Bewußtseinszustände der Mystik nicht in praktische Alltagserfahrung umzusetzen, sich sozusagen nur zum Selbstzweck mystisch zu versenken, hieß es. Nicht erst seit der Aufklärung wurde der mystische Erfassungsmodus zurückgedrängt. Schon im ausgehenden Mittelalter wurden mystische und

---

[175] Bei Sven-Joachim Haack, *Die Wiederentdeckung der Mystik verpflichtet*, in Hrsg. Peter Lengsfeld, *Mystik – Spiritualität der Zukunft*, S. 166.

[176] Vgl. bei Sven-Joachim Haack, *Die Wiederentdeckung der Mystik verpflichtet*, in Hrsg. Peter Lengsfeld, *Mystik – Spiritualität der Zukunft*, S. 167.

[177] Vgl. bei Sven-Joachim Haack, *Die Wiederentdeckung der Mystik verpflichtet*, in Hrsg. Peter Lengsfeld, *Mystik – Spiritualität der Zukunft*, S. 165f.

[178] Vgl. hierzu zum Beispiel Sven-Joachim Haack, *Die Wiederentdeckung der Mystik verpflichtet*, in Hrsg. Peter Lengsfeld, *Mystik – Spiritualität der Zukunft*, S. 167f.

spirituelle Erfahrungen immer stärker rationalen Einsichten untergeordnet und von diesen ersetzt. So sagte sogar der berühmte und ziemlich häretische Mystiker Meister Eckhart[179] (1260–1327), man solle die mystische Ekstase eines Paulus fahren lassen, wenn man einem Armen mit einem Süpplein helfen könne. Und selbst heute noch ist die Mystik im Westen in Verruf; sie berge die Gefahren einer psychotischen Destabilisierung oder einer narzißtischen Überhöhung der Erfahrung, heißt es[180].

Derartiges Mißtrauen gab es im Raum der östlichen Mystik nie[181].

Dabei sind mystische Erlebnisse relativ häufig. Die *Religious Experience Unit* in Oxford hat kürzlich in Großbritannien eine repräsentative Umfrage[182] gemacht, die ergab, daß ein Drittel der Befragten mindestens einmal im Leben eine Erscheinung oder Kraft gesehen beziehungsweise gespürt hatte, die auf ein Einssein mit Gott oder der Natur oder mit dem Kosmos verwies. Die meisten hatten bezeichnenderweise vorher niemandem ihre Erfahrung mitgeteilt, um nicht als verrückt zu gelten. Solche Erfahrungen sind in unserer (westlichen) Gesellschaft nach wie vor tabuisiert.

Erst in jüngster Zeit gibt es eine Kehrtwende.

Nicht nur gibt es einen verstärkten interreligiösen Dialog der westlichen Religion mit Hinduismus, Buddhismus und Zen[183]. Schon länger fragen sich im Anschluß an die verrückten (rational schwer nachzuvollziehenden) Ergebnisse der Quantenphysik prominente Naturwissenschaftler, Physiker, Biologen, Gehirn- und Bewußtseinsforscher[184], ob nicht gerade dieser meditative Erfassungsmodus der Mystik weiter reicht, als der sogenannte rationale. Ob er nicht Zugang zu einem komplexeren Wissen ermöglicht, und überhaupt grundsätzliche kognitive Funktionen bedingt wie Kreativität! Für Naturwissenschaftler wie den führenden britischen Physiker Roger Penrose[185], den Stanford Physiker Hal Puthoff[186], den Physik-Nopelpreisträger Dennis Gabor[187], den britischen Physiker

---

[179] Meister Eckhart in *Das große Buch der Mystiker*, S. 24. Beziehungsweise bei Johan Huizinga, *Herbst des Mittelalters*, S. 327.

[180] Vgl. Sven-Joachim Haack, *Die Wiederentdeckung der Mystik verpflichtet*, in Hrsg. Peter Lengsfeld, *Mystik – Spiritualität der Zukunft*, S. 170.

[181] Vgl. zum Beispiel Sven-Joachim Haack, *Die Wiederentdeckung der Mystik verpflichtet*, in Hrsg. Peter Lengsfeld, *Mystik – Spiritualität der Zukunft*, S. 172.

[182] Vgl. bei Rupert Sheldrake, *Die Wiedergeburt der Natur*, S. 245f.

[183] Der Buddhismus entwickelte sich aus dem Hinduismus. China importierte den Buddhismus aus Indien. Der chinesische Buddhismus entwickelte sich in Japan zum Zen-Buddhismus.

[184] Vgl. zum Beispiel beim Physiker Amit Goswami, *Das Bewußte Universum*, S. 279ff., 284.

[185] Weil Neuronen schlicht zu groß sind, um Bewußtsein zu erklären.

[186] Vgl. bei Lynne McTaggart, *Das Nullpunkt-Feld*, S. 213ff.

[187] Bei Lynne McTaggart, *Das Nullpunkt-Feld*, S. 128ff.

Herbert Fröhlich[188], die Oxford Quantenphysikerin und Gehirnforscherin Danah Zohar[189], den Berkeley Physiker Henry Stapp[190], oder den berühmten Einsteinschüler David Bohm[191] haben unsere Gehirne beziehungsweise unser Bewußtsein Zugang zu einem transzendenten, zu einem mystischen Bereich, jenseits von Raum und Zeit, aus dem wir Informationen, Erinnerungen und wichtige kognitive Funktionen beziehen.[192]

Die mystische Erfahrung ist also ein meditativer Geisteszustand[193], ein Zustand geminderten Bewußtseins, der einen außergewöhnlichen Wissenserwerb erlaubt. Und dazu gehört nicht nur die Erfahrung Gottes, die Erfahrung des Einsseins mit Gott, Natur oder Kosmos, sondern auch außersinnliche Wahrnehmung wie Psychometrie, das Lesen des Gedächtnisses von Gegenständen[194].

Lassen wir zum Schluß noch zwei große Mystiker diesen speziellen Zustand der Versenkung poetisch beschreiben: Meister Eckhart[195] *sieht* in der Versenkung ein Licht: „... es will in den einfältigen Grund, in die stille Wüste, in die niemals irgendein Unterschiedliches hineingelugt hat ... in dem Innersten, wo niemand heimisch ist, da erst findet dieses Licht

---

[188] Vgl. zu Fröhlich Lynne McTaggart, *Das Nullpunkt-Feld*, S. 86 und bei Marco Bischof, *Biophotonen*, 133f. mit 208ff. Fröhlich schuf die Grundlagen zum Verständnis der Supraleitung, wofür aber Cooper, Schrieffer und Bardeen den Nobelpreis 1972 erhielten.

[189] Vgl. zum Beispiel Danah Zohar/ Ian Marshall, *SQ – Spirituelle Intelligenz*.

[190] Stapp stellte 2001 paranormale Phänomene in den Kontext der heutigen Physik. Vgl. bei Ervin Laszlo, *Zu Hause im Universum*, S. 132.

[191] David Bohm, *Wholeness and the Implicate Order*, S. 251.

[192] Die moderne Mystik eines Quantenphysikers könnte so klingen:
Es geht darum, Sinneseindrücke zurückzudrängen, die den Geist fesseln, damit der Geist quasi in sich hineinblicken kann, in sich selbst zentriert wird, denn er ist sozusagen der Filmprojektor, der Schöpfer unserer physischen Welt. Je weiter wir auf mystische Weise nach innen reisen, desto klarer erscheint uns ferner, daß alle Teile aufgrund ihres identischen Ursprungs miteinander verbunden sind, das Universale, das sowohl eins als auch unendlich ist. In der mystischen Erfahrung sehen wir die innere Struktur der Dinge und könnten sie auch kontrollieren, denn sie liegt in unserem Geist und Bewußtsein. Dies entspricht der Gewißheit des Glaubens, die Berge versetzen kann. So der Physiker John Davidson, *Das Geheimnis des Vakuums*, S. 441f.

[193] Vgl. zum Beispiel John Davidson, *Das Geheimnis des Vakuums*, S. 434. Genau wie der Zustand der Meditation läßt sich der mystische Erfassungsmodus, nach Goswami, Amit Goswami, *Das Bewußte Universum*, S. 300ff., durch das Erscheinen von Alphawellen und Thetawellen beschreiben, als ein Zustand langwelliger Gehirnströme.

[194] Sven-Joachim Haack, *Die Wiederentdeckung der Mystik verpflichtet*, in Hrsg. Peter Lengsfeld, *Mystik – Spiritualität der Zukunft*, S. 170, setzt außersinnliche Wahrnehmung und mystische Erfahrung analog.

[195] Bei Johan Huizinga, *Herbst des Mittelalters*, S. 321.

Genügen, und dem gehört es inniger zu als sich selber. Denn dieser Grund ist eine einfältige Stille, die unbeweglich in sich selber ruht." Oder nehmen wir Johannes Tauler (ca. 1305–1361)[196]: „Damit versinkt der geläuterte, verklärte Geist in die göttliche Finsternis, in ein Stillschweigen und ein unbegreifliches und unaussprechliches Einswerden; und in diesem Versinken wird alles Gleich und Ungleich verloren, und in diesem Abgrund verliert der Geist sich selbst und weiß nichts von Gott noch von sich selbst noch von Gleich und Ungleich noch von Nichts etwas; denn er ist versunken in Gottes Einsheit und hat verloren alles Unterscheiden."

Psychosen et cetera

Ebenso wie Mystiker Zugang zu einem transzendenten Bereich zu haben scheinen (aus dem auch das Gedächtnis von Gegenständen abgelesen werden kann), machen Psychopathen diese Transzendenz-Erfahrung. Das beobachtete der Psychiater Montague Ullmann[197], Gründer des „Traum-labors" am Maimonides Medical Center in Brooklyn und ehemals Professor für klinische Psychiatrie am Albert Einstein College of Medicine. Wie Mystiker sprechen Psychopathen davon, daß sich die Grenzen zwischen dem eigenen Ich und anderen Menschen oder der Umwelt auflösen. Sie haben paranormale Fähigkeiten in diesem Zustand, glauben, die Gedanken anderer lesen zu können, erleben alles als Ganzheit. Genauso geraten Schizophrene auf eine transzendente Ebene, auf der alle zeitlichen Fix-punkte als gleich angesehen werden, auf der Raum und Zeit keine Rolle spielen und Hellsehen auftreten kann. Und auch bei Manisch-Depressiven scheint Ähnliches zu passieren.

Alle diese haben praktisch einen privilegierten Zugang zu dem Bewußtseinszustand, der auch das Lesen des Gedächtnisses von Gegen-ständen ermöglicht. Nur können die so Erkrankten vielfach nichts mit ihrer Bewußtseinserweiterung anfangen.

Drogen[198]

Daß Drogen auf den Trip der Bewußtseinserweiterung führen können, ist weithin bekannt. Der Psychiater Stanislav Grof, Leiter der psychiatrischen Forschungsabteilung am Maryland Psychiatric Research Center, stellte fest, daß seine Probanden nach LSD-Einnahme ihr eigenes Ich transzen-

---

[196] Johan Huizinga, *Herbst des Mittelalters*, S. 322.
[197] Vgl. bei Michel Talbot, *Das Holographische Universum*, S. 73f.
[198] Vgl. hierzu Michael Talbot, *Das Holographische Universum*, S. 76ff.

dieren konnten. Sowohl konnten sie sich in andere Lebewesen als auch in Gegenstände einfühlen, und zwar auch in solche vergangener Zeiten, und sie konnten genau beschreiben, wie sich dies anfühlte. So beschrieb ein völlig ungebildeter Proband detailliert altägyptische Mumifizierungstechniken: Er kannte im LSD-Rausch die ausgefallendsten Besonderheiten des ägyptischen Bestattungswesens. Andere erlebten, was es bedeutet, eine Blutzelle, ein Atom, ein thermonuklearer Vorgang innerhalb der Sonne zu sein und erstaunten durch präzises Wissen. Und manche offenbarten auch ein präzises Vorauswissen.[199]

Unter Drogen entwickeln sich also paranormale Fähigkeiten, und es wird auch das Lesen des Gedächtnisses von Gegenständen möglich.

Grof hat mehr als 3 000 LSD-Sitzungen überwacht; sie dauerten jeweils fünf Stunden. Dabei hat Grof auch die Fülle der Informationen überrascht, die den Probanden zugänglich wurde, als sie sich zum Beispiel in einen Gegenstand oder in eine andere Person versetzten (man könnte hier auch einsetzen, als sie diese psychometrisierten). Die Probanden erhielten nicht nur Informationen über die allgemeine Lebenseinstellung der Person, sondern sahen auch deren vergangene Erlebnisse vor sich, zum Beispiel ein traumatisches Erlebnis aus der Kindheit der Person, und auch die Emotionen der Person erfuhren sie, etwa ihr Selbstwertgefühl, ihre Gefühle gegenüber ihren Eltern oder in bezug auf ihre Ehe. Grof beobachtete, daß ein enormer Datenstrom frei gesetzt wurde. Dabei enthielt jeder kleine Teil einer Szene, die der Proband vor sich sah, eine vollständige Informationskonstellation, führte zu allen möglichen neuen Informationen.

---

[199] Gelegentlich reisten Probanden auch in andere Welten, Parallelwelten. Ein junger Mann fand sich in einer vermeintlich anderen Dimension wieder. Sie besaß eine gespenstische Leuchtkraft, und er spürte, daß es in ihr von körperlosen Wesen wimmelte. Er konnte sie nicht sehen, spürte aber ihre Nähe. Plötzlich begann er zu seiner Überraschung sich mit einem dieser Wesen, das er in seiner unmittelbaren Nähe spürte, telepathisch zu verständigen. Dieses Wesen bat ihn, sich mit einem Ehepaar in der mährischen Stadt Kromeriz in Verbindung zu setzen und den Leuten mitzuteilen, daß ihr Sohn Ladislav in besten Händen und wohlauf sei. Dann teilte das Wesen dem Probanden Namen, die Adresse und die Telefonnummer der Eheleute mit. Grof fühlte sich zuerst lächerlich, wählte dann aber die Telefonnummer, die ihm der Proband mitgeteilt hatte. Eine Frau hob ab. Er fragte, ob er mit Ladislav sprechen könne. Die Frau weinte und erzählte dann mit gebrochener Stimme, daß ihr Sohn vor drei Wochen gestorben sei.
Aber nicht nur Verstorbenen begegneten Grofs Probanden, auch nichtmenschlichen Intelligenzen, suprahumanen Gestalten, sozusagen Abgesandten „höherer Bewußtseinsebenen".

Interesse, Affinität, Gefühle, Wünsche

Versuche[200] haben gezeigt, verbindet der Sensitive Gefühle oder Interesse mit dem Gegenstand oder hat er zu etwas den Gegenstand Betreffendes eine Affinität, ist er eher fähig dessen Geschichte zu erfassen. Und: je intensiver Gefühle, Interesse und Affinität waren, desto leichter konnte er den Gegenstand psychometrisieren[201].

Viele meinen, daß Gefühle, Interesse und Affinität auch die *Auswahl* des Sensitiven aus der Fülle psychometrischer Eindrücke *leiten*. Der Psychometer kann sich zum Beispiel bestimmte Fragen stellen, die ihn interessieren, und die ordnen dann für ihn die vielen Eindrücke, die der Gegenstand präsentiert, solange man sich ihm nur passiv hingibt, auf diese Fragen hin[202]. – Das scheint so unwirklich wie Don Quichottes Traum in Massenets gleichnamiger Oper von einer Welt, in der der Wunschgedanke gleich Realität wird. –

Der Psychometer erfährt also das, was er erfahren will. Was er erfährt, entspricht seinem Interesse, seinen Gefühlen, seiner Affinität zu den Informationen. Und Interesse, Affinität, Gefühle machen Psychometrie leichter. So kann der Psychometer beispielsweise leichter Gegenstände lesen, wenn sie einer Person gehören, die ihm gefühlsmäßig nahe steht, für die er sich interessiert, Sympathie spielt eine Rolle. Zahlreiche Versuche bestätigen das[203]. Croiset[204] schien zum Beispiel bei den berühmten Platzexperimenten unbewußt einen Platz zu wählen, dessen Inhaber ihn potentiell interessierte, zu dem er die stärkste affektive Beziehung hatte.

---

[200] Hans Bender, *Parapsychologie*, S. 78f. Interessant die Versuche am Newark College of Engineering. Am Finger oder Ohr der Versuchsperson wird das Blutvolumen gemessen und auf einem Polygraphen als fortlaufende Kurve registriert. In einer Zufallsverteilung werden Karten mit Namen mit weißen Karten gemischt. Unter den Namen sind solche, mit denen die Versuchsperson positive Gefühle verbindet. Beim erfolgreichen blinden Herausfinden dieser positiven Namenskarten zeigt sich eine statistisch bedeutsame Veränderung des Blutvolumens bei der Versuchsperson.
Vgl. auch die Tests des Psychologen Braud, bei Lynne McTaggart, *Das Nullpunkt-Feld*, S. 189ff. Er fand heraus, daß die paranormale Fähigkeit größer war, wenn der Proband eine enge Beziehung zum paranormal erforschten Objekt hatte, und die Fähigkeit wuchs auch, wenn dem Probanden die paranormale Fähigkeit sehr wichtig war.

[201] Diese Beobachtung machte nicht nur Stanislav Grof, als er paranormale Fähigkeiten untersuchte: vgl. bei Michael Talbot, *Das Holographische Universum*, S. 150.

[202] W.E. Butler, *How To Develop Psychometry*, S. 50.

[203] Zum Beispiel die Versuche von Ian Stevenson, Professor für Psychiatrie an der Universität von Virginia, vgl. bei R. Sheldrake, *Der Siebte Sinn*, S. 106.

[204] Vgl. Hans Bender, *Verborgene Wirklichkeit*, S. 42: Es sieht so aus, als ob sich Croisets parapsychische Fähigkeiten in einem „affektiven Feld" entfaltet!

Oder es werden vom Psychometer aus der Fülle von Informationen primär Situationen wahrgenommen, die für ihn von ganz persönlicher Bedeutung sind (Affinität etc.)[205]. So hat Croiset in einem Platz-Versuch[206] einmal statt der Person, die sich auf den Platz setzte, fälschlicherweise deren Begleiter beschrieben, weil sich mit dem eine Szene verband, die Croiset an seine Erlebnisse als Widerstandskämpfer in Holland erinnerte, Erlebnisse, die für ihn heftig affektiv besetzt waren. Er sah bei dem Platz vor sich wie eine holländische Nationalheilige (Kenau) im Krieg siedendes Öl und Steine auf die spanischen Angreifer warf. Bei der Kontrolle stellte sich heraus, daß der Begleiter desjenigen, der sich auf den Platz setzen sollte, als deutscher Kriegsgefangener in Holland in einem offenen Güterwagen transportiert worden war und holländische Frauen von einer Brücke Steine auf die Gefangenen geworfen hatten.

Dem Psychometer sind also am ehesten solche Fakten aus der Geschichte des Gegenstands zugänglich, mit denen er einen Gleichklang hat, die etwas mit ihm gemein haben. Ähnliches zieht hier Ähnliches an, das war schon im Okkultismus ein Prinzip.

Daß eine Affinität paranormale Fähigkeiten befördert, vertreten auch Jahn, Dunne und sogar Bohm[207]. Auch bei der Psychokinese findet zwischen Bewußtsein und physikalischer Realität ein Austausch von Informationen statt, den man sich als *Resonanz* zwischen beiden vorstellen sollte. Die Bedeutung von Resonanz wurde von den Testpersonen der PK (Psychokinese)-Experimente als *Einklang* beschrieben: Sie waren erfolgreich, wenn sie sich im Einklang mit dem Objekt befanden, auf das sie eine geistige Wirkung ausüben sollten.

Interesse und Affinität sind nach dem Parapsychologen William Braud[208] sogar insoweit erheblich, daß paranormale Phänomene wie Telepathie oder Psychokinese sich dann eher ereigneten, wenn der Beeinflußte *sie brauchte*. In zahllosen Experimenten fand er das heraus. Auch Psychometrie würde sich somit eher ereignen, wenn jemand die Informationen über das Gedächtnis des Gegenstands oder Ortes nötig hätte! Wieder eine völlig verrückte Vorstellung.

Und auch insoweit sind die Beweggründe (Gefühle) des Psychometers relevant: Der Benediktinerpater L.C. Mohlberg und andere[209], wie Roger Caro, haben interessanterweise festgestellt, daß Psychometrie dann nicht funktionierte, wenn ein egozentrischer Beweggrund im Spiel stand. Auch das geheimnisvoll. Man mußte praktisch interesselos an die Sache

[205] Das stellte schon Schopenhauer fest, vgl. bei Hans Bender, *Versteckte Wirklichkeit*, S. 166.
[206] Vgl. bei Hans Bender, *Versteckte Wirklichkeit*, S. 42.
[207] Vgl. bei Michael Talbot, *Das Holographische Universum*, S. 137.
[208] Lynne McTaggart, *Das Nullpunkt Feld*, S. 189ff.
[209] Candi, *Radiästhesistische Studien*, S. 281.

herangehen. Auch, wer Eile hatte, und glaubte, er könne mit seinem Willen erzwingen, was von selber kommen mußte, hatte keinen Erfolg. Es kam nicht auf geheimnisvolle Methoden an oder Spezialapparate, es bedurfte, so Mohlberg[210], einer geistigen Bereitwilligkeit und Kraft des Geistes, dessen Merkmal das Fehlen jeglichen Egozentrismus und jeder Selbstsucht war.

Wie der Psychometer sich psychisch fühlt, ist ebenfalls wichtig für seinen Erfolg: Auch das zeigte sich bei Testreihen.

Bei Testreihen zeigte sich, wie wichtig das psychologische, zwischenmenschliche Umfeld für ihn ist. J.B. Rhine[211] berichtete über eine Testreihe mit Schülern, bei der eine positive Schüler-Lehrer Beziehung das Auftreten von paranormalen Fähigkeiten begünstigte. Rhine konnte ebenso feststellen, daß die getesteten paranormalen Fähigkeiten abnahmen, wenn der Psychometer den Testleiter nicht mochte[212]. Häufig klappten Tests auch weniger gut, wenn Skeptiker zugegen waren und die Versuchsperson sich unterschätzt fühlte, in ihrem Selbstbewußtsein gemindert[213].

Wir sind bis jetzt vom Psychometer aus gegangen, von *seinen* Gefühlen, seinem Interesse, seiner Affinität zum Gegenstand.

Nun sind aber auch, wie wir schon gesehen haben, die am Gegenstand (oder Ort) haftenden Gefühle per se relevant. *Starke* Gefühls- und Erregungszustände sind aus dem Gedächtnis des Gegenstands oder Orts leichter ablesbar; sie scheinen stärker aufgeprägt[214]. Nicht nur Pagenstecher stellte fest, daß Gegenstände, die in direktem Kontakt mit der Körperoberfläche von Personen gestanden haben, die gerade in großer psychischer Aufregung sich befanden, bessere Resultate ergaben. Auch Hans Bender[215] stellte fest, daß bedrohliche und aufwühlende Ereignisse, wie Kriege, Trennungen, Krankheit, Gefahr für Leib und Leben, Verlust von Eigentum und sonstiges Unglück, spontane paranormale Erlebnisse erhöhten. Die Emotion, die die paranormalen Fähigkeiten am meisten erhöhte, sei die *Angst*. Das Freiburger Institut für Grenzgebiete der Psychologie[216] hat hier umfangreiches Material gesammelt, insbesondere Fälle von Präkognition und Hellsehen während des zweiten Weltkriegs. Daß stark emotional aufgeladene Gedanken in Zeiten der Krise oder des Umbruchs paranormale Fähigkeiten erhöhen, zeigten auch Forschungen

---

[210] Candi, *Radiästhesistische Studien*, S. 163.

[211] J.B. Rhine/J.G. Pratt, *Parapsychologie*, S. 136.

[212] Dieselben, S. 135.

[213] Das kennen die meisten aus eigener Erfahrung: man erbringt bessere Leistungen, wenn einem etwas zugetraut wird.

[214] Gustav Pagenstecher, *Die Geheimnisse der Psychometrie*, S. 8, 15.

[215] Hans Bender, *Verborgene Wirklichkeit*, S. 53.

[216] Vgl. Hans Bender, *Verborgene Wirklichkeit*, S. 54ff.

zur Synchronizität[217]. Es treffen hier zwei Dinge so sinnvoll zusammen, daß wir es schwerlich als zufällig ansehen. Wir können aber auch keinen kausalen Zusammenhang in unserem herkömmlichen Raum- und Zeitverständnis entdecken[218]. Ich komme beispielsweise zufällig, ohne etwas zu wissen, zur Stelle, an der mein Mann einen schlimmen Unfall hatte.

Ereignisse dramatisch-tragischer Art wie Tod, ernste Erkrankung, Unfälle und die dabei stark erlittenen Emotionen, führen dementsprechend auffallend häufig auch zu psychometrischen Eindrücken, stellt Milan Ryzl[219] fest. Wie gesagt: *les choses heureuses n'ont pas d'histoire.*

Und nicht nur das, sie führen sogar zu Spukerscheinungen, bei denen, wie wir schon gesehen haben, das Gedächtnis des Ortes besonders deutlich zu Tag tritt. Unfälle, Tötungen, Selbstmorde, dieses Fürchterliche, hinterläßt anscheinend so starke Spuren, daß es von vielen noch wahrgenommen wird, und zwar auf besonders plastische Art und Weise.

Damit es nicht langweilig wird, noch zwei legendäre Spukfälle.

Auch im Tower von London soll es spuken. Anne Boleyn, die Heinrich VIII. dort köpfen ließ, soll noch dort herumgeistern; sie ist immer wieder im historischen Kostüm, zuweilen mit dem Kopf unter dem Arm, gesichtet worden[220]. Von Todesangst bleibt ein spürbares Residuum.

Das zeigt auch der schöne Fall der Rocca di Montebello bei Rimini. Dort hat Azzurrina (Bläuchen), ein Kind mit blauen Haaren, in der Todesangst ihre Spuren hinterlassen[221]. Azzurrina kam im vierzehnten Jahrhundert in der Burg als Albino mit vollkommen weißen Haaren zur Welt. Die Umgebung interpretierte das als teuflisch, und so färbten die Eltern ihre Haare, um sie vor dem Scheiterhaufen zu retten. Die Haare nahmen dabei die Farbe blau an. Längere Zeit ließ man das Mädchen Azzurrina mit den blauen Haaren in Ruhe. Blau war nicht so gefährlich wie Weiß. Doch dann verschwand Azzurrina plötzlich. Schloßwachen hatten sie eben noch spielen sehen, dann hörten sie aus dem Keller einen fürchterlichen Schrei ... Seit Hunderten von Jahren hört man nun Azzurrina immer wieder aus dem Keller schreien.

Starke Emotionen haften nun nicht nur Orten und Gegenständen infolge von schrecklichen Geschehnissen besonders an und erhöhen so den Erfolg von Psychometrie. Emotionen können auch sozusagen künstlich Orten und Dingen aufgeprägt werden, mit voller Absicht. Auch diese sind je nach Intensität nicht nur leichter ablesbar aus Dingen und Orten, sie können sogar eine Kraft entfalten! Talismane, geweihte Kultobjekte

---

[217] Vgl. Michael Talbot, *Das Holographische Universum*, S. 204.
[218] Vermutlich haben wir es hier mit einer Art Psychokinese zu tun, Einwirkung des Geistes auf Materie.
[219] Milan Ryzl, *Handbuch Parapsychologie*, S. 155.
[220] Francesco Dimitri, *Guida Alle Case Più Stregate Del Mondo*, S. 191–197.
[221] Francesco Dimitri, *Guida Alle Case Più Stregate Del Mondo*, S. 158.

fallen hierunter. Wir überschreiten hier die Schwelle zur Magie. Zu solchen *charged objects* kommen wir noch.

Begabung

Es gibt eine große Reihe von statistischen Daten[222], die dafür spricht, daß jeder Mensch über paranormale Fähigkeiten verfügt. Wir alle haben psychometrische Fähigkeiten in größerem oder kleinerem Masse. Die meisten erfahren das Gedächtnis, die Geschichte von Orten und Dingen aber höchstens als unterschwelliges Stimmungsgefühl, sozusagen auf der Ebene dumpfen Ahnens. Daneben gibt es ganz wenige große Begabungen, die das Gedächtnis der Dinge und Orte klar im Geist vor sich sehen. Psychometrische Fähigkeiten können allerdings bis zu einem gewissen Grad auch trainiert werden[223].

Manchmal bildet sich eine große psychometrische Begabung seltsamerweise in der Folge eines traumatischen Erlebnisses heraus: eines körperlichen Traumas oder psychischen Traumas, wie einer Trauer-Psychose[224].

Eine solche Begabung, die immer eine erhöhte Sensitivität bedeutet, kann eine Last sein. Auf den Sensitiven strömt die ganze Geschichte der Umgebung ein, auch das viele Negative, das sich um die Dinge und Orte ereignet hat. Wir haben ein Prinzessin-auf-der-Erbse-Syndrom. Die Einflüsse können ihn überfordern. Nehmen Sie an, alles in Ihrer Umgebung „spricht" zu Ihnen und teilt Ihnen sein Eigenleben, seine Geschichte mit. Nicht verwunderlich ist es, daß in der Antike die großen Seher vom Trubel der Welt entfernt, an den abgeschiedensten Orten untergebracht wurden[225].

Zufallssysteme

Für die Psychokinese gilt eine besondere Bedingung. Die nicht bei Psychometrie einschlägig ist, aber so interessant, daß wir sie hier nennen wollen.

---

[222] J.B. Rhine, J.G. Pratt, *Parapsychologie*, S. 132.
[223] Joseph McMoneagle beschreibt zum Beispiel in *Mind Trek*, S. 54–147, sein Trainingsprogramm am Stanford Research Institute.
[224] Jean Prieur, *La Mémoire Des Choses*, S. 20.
Joseph McMoneagle stellte an sich ASW-Fähigkeiten nach einem Nahtoderlebnis fest, in McMoneagle, *Mind Trek*, S. 33ff.
[225] A.S. Raleigh, *Hermetics And Psychometry*, S. 103.

Psychokinese, also die Beeinflussung von Materie durch den Geist, funktioniert insbesondere, wenn es darum geht, sogenannte *Zufallssysteme* zu beeinflussen, also zum Beispiel Würfel oder eine Würfelmaschine.

Einige Wissenschaftler, so William Braud[226], Rhine und auch der Princeton Physiker Schmidt, entdeckten, daß gerade Zufallssysteme besonders auf menschliche Absichten reagieren[227].

Hier eröffnen sich hochinteressante Fragen:

Was ist zufällig? Was ist determiniert? Wie klein oder groß ist der Raum des Zufälligen, in dem das Bewußtsein, der menschliche Geist Materie beeinflussen könnte und so vielleicht sogar eine ursprüngliche schöpferische Macht hätte?

Vom Chaos zur Ordnung

Und Braud[228] machte eine andere interessante Beobachtung.

Das Elektroenzephalogramm EEG zeigt, daß chaotischer schwingende Gehirnmuster einer Person auf die geordneteren einer Person, die mit ihr in Kontakt ist, einschwingen. Das einheitlichere Hirnwellenmuster war in Tests stets das vorherrschende, es setzte sich durch.

Es gab hier so etwas wie einen Ordnungssog, einen Sog vom Chaos zur Ordnung.

Die Person, die die geordneteren Hirnwellenmuster hatte, konnte die Person mit den chaotischeren Hirnwellenmustern leichter beeinflussen, und die Person mit den geordneteren Hirnwellenmustern konnte auch die andere Person besser psychometrisieren.

Daß die Ordnung hier sozusagen die Stärkere ist, steht ganz im Gegensatz zum *Entropiegesetz* der Physik. Nach ihm streben die Dinge stets einem Zustand größerer Unordnung zu, ist also die Unordnung überlegen (sie ist ein Zustand niedrigerer Energie). Läßt man einen Plattenspieler vom Eifelturm fallen, verwandelt er sich, wenn er unten aufschlägt, nicht in eine höhere Ordnung, etwa in einen Videorecorder. Er weist vielmehr weniger Ordnung auf und wird zu einem Haufen Schrott.

---

[226] Vgl. Braud bei Lynne McTaggart, *Das Nullpunkt-Feld*, S. 189ff., 199. Und vgl. *Kleines Lexikon der Parwissenschaften*, S. 121: In allen *Observtional Theories* wird angenommen, daß paranormale Effekte nur bei „echten Zufallsprozessen" auftreten.

[227] Hier hinein fällt auch die Vermutung William Brauds, daß ein System dann eher beeinflußbar war, wenn es Veränderung *brauchte*.

[228] Vgl. bei Lynne McTaggart, *Das Nullpunkt-Feld*, S. 207f.

Orte mit physikalischen Besonderheiten

Es gibt, wie schon erwähnt, Orte, an denen massiert Spukbilder oder Spukphänomene oder ganz allgemein paranormale Erscheinungen wie etwa Wunder, Marieen-Erscheinungen et cetera, auftreten und ungewöhnlich viele diese wahrnehmen. Das heißt, hier braucht man nicht einmal besonders sensitiv zu sein. Orte, deren Gedächtnis besonders plastisch hervortritt.

Man hat solche Orte untersucht und festgestellt, es liegt nicht nur an einer besonders intensiven Imprägnierung durch besonders heftige Gefühle: An diesen Orten herrschen zusätzlich besondere physikalische Bedingungen.

Unter den vielen Versuchsreihen, die das heraufanden, wollen wir hier auf Richard Wisemans Hampton Court Untersuchung[229] aufmerksam machen. Der Psychologe Wiseman konnte im Jahr 2000 678 beliebige Touristen dazu überreden, die berühmten Spukerscheinungen in Hampton Court, einer Residenz der englischen Königsfamilie, zu sondieren. Mehr als die Hälfte (!) dieser bunt zusammen gewürfelten Probanden (immerhin 462 Personen), machten relevante Erfahrungen beim Durchqueren des Schlosses. Und zwar wiederholte Male, und immer an denselben Orten; in den Gemächern von König George, seltsamerweise nicht im Korridor, der seit jeher als bevorzugter Spukort galt. Die Touristen nahmen brüske Temperaturwechsel wahr, spürten kalte Luftzüge in Räumlichkeiten, in denen es nicht zog, einige hatten Schwindel, berichteten über Gerüche oder hörten Töne, deren Ursache nicht geklärt werden konnte. Wiseman teilte die Gemächer in kleine Quadranten auf und stellte fest, daß diese merkwürdigen Empfindungen sich auf wenige Orte konzentrierten.

An diesen Orten schienen nun auch spezielle *Energieverhältnisse* zu herrschen. Wiseman stellte an den präzisen Punkten *Unregelmäßigkeiten im magnetischen Feld* fest. 2001 untersuchte er[230] auch die South Bridge in Edinburgh, Schottland. Wiederholt hatten Touristen in den unter den Arkaden gebauten *Vaults*, kryptenartigen Räumen, Spukerlebnisse signalisiert. Manche hatten das Gefühl, eine unsichtbare Hand berühre sie, sie spürten unerklärliche kalte Luftzüge, ein Mädchen sah sogar die Figur eines alten Mannes in einem der Räume sitzen, die sich in Luft auflöste. Wiseman konnte 218 *beliebige* Personen überreden, ihre Empfindungen beim Durchqueren der Räume unter der Brücke zu schildern. 95 (!) berichteten über anormale Erlebnisse. Und auch hier gab es *Anomalien im Magnetfeld*.

Seit den Neunzigern macht man sogar vermehrt Versuche, Personen einem künstlich veränderten magnetischen Feld auszusetzen: Man störte mittels Gehirnelektroden ihre normale Erfahrung des magnetischen Felds. Einige, eher mehr als weniger, Personen hatten dann abnormale Empfindungen, spürten die Gegenwart von etwas oder jemandem, ohne daß jemand oder etwas im Raum war, und hatten auch sonstige für Spuk typische Empfindungen. Persinger und Tillers Versuche[231] sind hier bekannt.

Es kommt, wie es scheint, nicht nur aufs elektromagnetische Feld an, auch aufs Gravitationsfeld: An verschiedenen Orten kann, wie zum Beispiel der russische Astrophysiker Nikolai Kozyrew[232] meint, die Gravitation anders sein und die Zeit anders fließen, auch das fördere paranormale Erlebnisse.

Was bedeutet das nun?

Es bedeutet, daß es eine neurologische Sensibilität für geomagnetische und elektromagnetische Felder gibt und auch für Gravitation, und Anomalien in diesen Feldern bei *vielen* paranormale Erlebnisse, wie Psychometrie, begünstigen.

Und es bedeutet, daß Spukorte für viele überall wären, wenn überall das magnetische Feld oder die Gravitation derart verändert wäre. Unter bestimmten physikalischen Bedingungen würden so quasi Tore zu einer andern Welt geöffnet, Paralleluniversen spürbar.

---

[231] M.A. Persinger, S.G. Tiller, S.A. Koren, *Experimental stimulation of a haunt experience and elicitation of paroxsysmal electorencephalographic activity by transcerebral complex magnetic fields. Induction of a synthetic „ghost"?* in *Perceptual and Motor Skills*, vol. 92, 2000, S. 659–674.

[232] Vgl. bei Marco Bischof, *Biophotonen*, S. 419.

II Experimenteller Nachweis

Paranormale Fähigkeiten sind kein Hokuspokus. Etliche seriöse Wissenschaftler haben sie in Labor-Experimenten nachgewiesen.

Wir schauen uns nun solche Experimente bei ein paar bekannten Forschern an. Manche beschäftigen sich explizit mit Psychometrie, andere mit Hellsehen, Präkognition, Psychokinese oder Telepathie. Da es nicht nur Überschneidungen zwischen den paranormalen Fähigkeiten gibt, sondern diese eng miteinander zusammenhängen, auf gleichen Grundlagen beruhen, bedeutet der Nachweis einer paranormalen Fähigkeit (zum Beispiel von Hellsehen) zumeist gleichzeitig den Nachweis anderer paranormaler Fähigkeiten (zum Beispiel von Psychometrie).

Bereits Arthur Schopenhauer[233] hielt Phänomene der außersinnlichen Wahrnehmung für erwiesen: „Wer heutzutage die Tatsachen des animalischen Magnetismus (modern: Hypnose) und seines Hellsehens bezweifelt, ist nicht ungläubig, sondern unwissend zu nennen."

In der statistischen Parapsychologie gelten heute Telepathie, Hellsehen und Psychometrie übereinstimmend als *statistisch erwiesen*.

Die Präkognition ebenfalls. Auch hier gibt es üppiges Beweismaterial. Die Anerkennung der Präkognition stößt nichtsdestoweniger immer noch auf die meisten Vorurteile.[234]

Arthur Schopenhauer sah, wie gesagt, bereits Hellsehen und andere paranormale Phänomene als erwiesen an. Es handelte sich für ihn dabei um Phänomene jenseits von Kausalität, Raum und Zeit[235].

Und Alexander v. Humboldt soll gesagt haben, der Klügere gebe nach, als er Zeuge okkulter Phänomene wurde. Zu der Zeit war in Deutschland die Tischrückepidemie ausgebrochen und waren in der Folge auch andere okkulte Phänomene Gegenstand wissenschaftlicher Neugierde geworden[236].

Es gibt natürlich nicht nur unzählige experimentelle Nachweise[237], es gibt noch viel zahlreichere Erlebnisberichte über paranormale Erfahrun-

---

[233] Schopenhauer bei Hans Bender, *Verborgene Wirklichkeit*, S. 22.

[234] Vgl. Hans Bender, *Verborgene Wirklichkeit*, S. 35.

[235] Vgl. bei Walter von Lucadou, *Psyche und Chaos*, S. 21f. Ebenso beschäftigte sich F.W.J. Schelling (1775–1854) mit okkulten Phänomenen, S. 21.

[236] Vgl. bei Walter von Lucadou, *Psyche und Chaos*, S. 24f.

[237] Vgl. etwa W. Adam Mandelbaum, *The Psychic Battlefield. A History of the Military-Occult Complex*, S. 203: Neben an Universitäten durchgeführten Laborversuchen gibt es auch staatlich geförderte Versuche: wie zum Beispiel das US Programm für Remote viewing.

gen durch die Jahrhunderte, ja durch die Jahrtausende hinweg, und das in allen Kulturen.

Was man kaum glauben kann, wenn man sich erstmals mit paranormalen Phänomenen auseinandersetzt, weil sie so verrückt und immer noch rätselhaft sind: *es gibt sie also, sie gelten als erwiesen.*

Es ist wie mit der Schwerkraft: Wir stellen fest, daß es sie gibt, aber niemand kennt bis heute wirklich die Schwerkraft, sie ist immer noch das größte Rätsel der Physik. Nicht nur nach der Harvard Physikerin Lisa Randall gehört sie sogar zu einer höheren Dimension. Wir würden deshalb nicht sagen, die Schwerkraft sei ein Hokuspokus oder Hexenwerk.

Sicher könnte man jetzt einwenden, die Schwerkraft begleitet uns überall, wir leben quasi in ihr. Sie hält uns am Boden, sie läßt Dinge fallen. Paranormale Phänomene sind hingegen eher selten.

Vielleicht sind sie das aber gar nicht, und wir sind nur so erzogen worden, daß wir gewisse Dinge gar nicht wahrnehmen. Und dann sehen wir nur noch, was wir gewohnt sind zu sehen.

1. WISSENSCHAFTLICHE EXPERIMENTE

Buchanan

Auf den Bostoner Neurophysiologen Buchanan (1814–1899)–1849 publizierte er seine Psychometrie Forschungen – geht der Begriff *Psychometrie* zurück. Er ist aus den griechischen Begriffen: psyche und metron zusammengesetzt, was so viel bedeutet wie: *mit der Seele messen*[238].

Für Buchanan war das Psychometrisieren eines Gegenstands eine transzendente, göttliche Fähigkeit: Sie gehörte für ihn zur dunklen Unterwelt des Intellekts, in der wir Orakelsprüche, Prophezeiungen von Heiligen und Somnambulen, die Zukunftsvisionen von Hellsehern, mysteriöse Vorahnungen, mysteriöse Wirkungen, die von Orten, Wohnungen, Amuletten und Souvenirs ausgehen, finden[239]. Psychometrie war für ihn der Ausfluß der Intuition, die alles weiß[240].

Buchanan entdeckte das Phänomen ganz zufällig[241]. Er unterhielt sich mit einem guten Freund, Bischof Polk von der Episcopal Church, der ihm erzählte, er sei so feinfühlig, daß er bei Nacht, wenn er nichts sehen konnte und sozusagen blind etwas aus Messing berührte, sofort einen

---

[238] Vgl. J.R. Buchanan, *Manual of Psychometry*, *Part I*, S. 3f.
[239] J.R. Buchanan, *Manual of Psychometry*, *Part I*, S. 10.
[240] J.R. Buchanan, *Manual of Psychometry*, *Part I*, S. 159, 161.
[241] J.R. Buchanan, *Manual of Psychometry*, *Part I*, S. 17.

spezifischen metallischen Geschmack im Mund spürte. Berührte er andere Metalle empfand er einen anderen Geschmack im Mund.

Buchanan suchte dann nach derselben Fähigkeit bei anderen[242].

Seine Studenten stellten sich als Versuchskaninchen zur Verfügung.

Wenn er ihnen in Umschlägen verdeckt Zucker, Pfeffer, Salz, Säuren und andere Substanzen in die Hand gab, konnten viele die Substanzen blind identifizieren. Ebenso ging es mit Medikamenten. Buchanan gab den Studenten verschiedene Medikamente in Umschlägen in die Hand – häufig wußte keine Person im Raum welche Substanz getestet wurde bis zum Ende des Experiments. Die Studenten mußten diese Umschläge jeweils 5 bis zu 20 Minuten in der Hand halten. Bei 130 Studenten stellten sich bis zu 43 als sensitiv heraus. Die sensitiven Studenten fühlten nach dem Zeitraum die Wirkungen der Medikamente so, als hätten sie sie eingenommen. Wenn Buchanan zum Beispiel ein Brechmittel gab, wurde dem Studenten irgendwann speiübel. Sobald der Student das Medikament aus der Hand legte, hörte die Übelkeit wieder auf. Um auszuschließen, daß die Medizin nicht durch die Haut aufgenommen wurde, hielten die Studenten die Medizin nicht direkt auf der Hand, sondern in einem Papier und dann sogar in verkorkten Glasbehältern[243], so daß auch absolut ausgeschlossen war, daß irgendein Geruch oder eine Substanz ausströmten, die eine Wirkung hätten hervorrufen können. Buchanan schloß daraus auch, daß nicht einmal eine direkte Berührung des Gegenstands nötig war; es reichte aus, wenn er in der Nähe war[244]. „There is no limit to the *minuteness* of the dose which may affect the sensitive", fand Buchanan auch heraus[245]. Egal wie klein die Portion der Medizin war, die der Sensitive in die Hand bekam, er erriet sie, und sie wirkte; wobei die Wirkung auf ihn jeweils dieselbe war. In der Medizin leitete er hieraus die homöopathische Wirkung ab, zusammen mit seiner Vermutung[246], daß Wasser ein Gedächtnis hat. Wasser wurde nach ihm von den Steinschichten geprägt, durch die es floß. Jedes Wassermolekül wurde, nach ihm, durch die Mineralien imprägniert mit denen es in Kontakt kam, die in ihm gelöst waren. Würde man diese Mineralien nun aus dem Wasser extrahieren, meinte Buchanan, würden deren Eigenschaften im Wasser dennoch weiter dauern. Und so war das, nach ihm, auch mit andern Substanzen, die man dem Wasser beigab. Auch

---

[242] J.R. Buchanan, *Manual of Psychometry, Part I*, S. 17–20 und 21ff.

[243] J.R. Buchanan, *Manual of Psychometry, Part II*, S. 47.

[244] J.R. Buchanan, *Manual of Psychometry, Part I*, S. 23.

[245] J.R. Buchanan, *Manual of Psychometry, Part II*, S. 49–54.
Krankheit bedeutete für ihn, ein Organ ist besonders sensibel: *disease in general is a state of heightened or morbid sensibility.* Eigentlich verträgt es dann keine harten Mittel. Es ist dann wie ein Sensitiver für die winzigste Dosierung bereits empfänglich und verträgt diese auch besser.

[246] J.R. Buchanan, *Manual of Psychometry, Part II*, S. 54.

wenn man sie extrahierte, würde das Wasser ihre Wirkung erinnern und weitertragen.

Buchanan erweiterte das Spektrum zusehends und stellte fest, daß nicht nur Metalle und Medikamente erfühlt werden konnten. 1842 machte er seine, wie er sagte, aufregendsten Versuche[247]. Eine begabte Versuchsperson mußte nur eine andere Person flüchtig einen Moment berühren, und schon konnte sie sogar deren Charakter beschreiben, also etwas nicht Stoffliches sozusagen. Buchanan faszinierte es, daß die Versuchspersonen etwas so Abstraktes herauslesen konnten und legte ihnen dann auch verschlossene Briefe vor. Die sensitiven Versuchspersonen wußten nicht, wer sie geschrieben hatte und sahen auch die Schrift nicht. Dennoch konnten sie prompt den Charakter der Briefschreiber schildern, und auch die Erscheinung der Briefschreiber, bis hin zu ihrem gesellschaftlichen Status und den Beziehungen, die sie unterhielten, und das so korrekt, als ob sie sie gekannt hätten, was nicht der Fall war. Die Sensitiven hatten dabei das Gefühl, in die Person hineinzuschlüpfen; von innen konnten sie quasi beschreiben, was sie betraf. Buchanan machte Tausende solcher Brief-Versuche, und auch Autogramme ließ er psychometrisieren, immer so, daß die sensitiven Versuchspersonen nicht wissen konnten, was sie da psychometrisierten, von wem der Brief oder das Autogramm stammte, nicht einmal das Schriftbild zu Gesicht bekamen sie.

Es folgte hieraus für Buchanan das Faszinierende[248]: Etwas, das von der Person oder dem Geist des Briefschreibers ausfloß, mußte sich an den Brief, *ans Objekt*, geheftet haben. Es sah für Buchanan so aus, als ging das Materielle, der Brief, mit dem Geist des Briefschreibers eine Verbindung ein. Es sprach für eine Verbindung von Materie und Geist[249].

Buchanan beobachtete in seinen Versuchen auch, daß die psychometrischen Beschreibungen besser gelangen, wenn der Briefschreiber sehr starke Emotionen beim Schreiben hatte. Der Psychometer hatte sogenannte *leading impressions* und sah vor allen Dingen die Szenen aus dem Leben des Schreibers vor sich, die für diesen am wichtigsten waren und mit den heftigsten Gefühlen verbunden[250]. Und die Beschreibungen gelangen auch besser, wenn eine potentielle Sympathie zwischen Psychometer und Briefschreiber bestand[251]. Das war zum Beispiel dann der Fall, wenn es im Brief um ein trauriges Erlebnis ging, das dem Psychometer auch schon so ähnlich zugestoßen war. Buchanan verfügte über einen Brief, den ein sehr emotionaler Herr kurz nach dem Tod seiner Frau geschrieben hatte. Diese schrecklichen Gefühle des Verlusts konnten am besten

---

[247] J.R. Buchanan, *Manual of Psychometry, Part I*, S. 26–28.
[248] J.R. Buchanan, *Manual of Psychometry, Part I*, S. 33.
[249] J.R. Buchanan, *Manual of Psychometry, Part I*, S. 33.
[250] J.R. Buchanan, *Manual of Psychometry, Part I*, S. 70f.
[251] J.R. Buchanan, *Manual of Psychometry, Part I*, S. 39.

Sensitive wie Bischof Otey aus Tennessee lesen, der sich dabei an etwas Ähnliches erinnert fühlte: an den Tod eines lieben Freunds, der bei einer Explosion auf einem Dampfschiff getötet worden war[252]. Eine Dame, Mrs. G., hatte beim selben Brief nichts gefühlt, indem sie den Brief gegen ihre Stirn hielt. Buchanan hatte allerdings festgestellt, daß ihre Stimme verändert klang, und so fragte er sie, was sie gedacht hatte: Sie gab immerhin zu, sie sei auf einmal in Melancholie verfallen, „thinking sadly of the utter worthlessness of earthly pleasures and objects of pursuit"[253].

Sympathie mit dem Schreiber führte auch zu viel lebhafteren Beschreibungen[254]. Und es gab sogar Extremfälle, in denen der Sensitive so in den Charakter des Schreibers hineinschlüpfte, daß er glaubte dieser selbst zu sein: Buchanan erzählt von einer Versuchsperson, die den Brief eines bekannten Politikers psychometrisierte: „she became so possessed of its spirit, as to feel herself a distinguished public character"[255].

Manchmal gab Buchanan den Sensitiven auch ein Bild in einem Briefumschlag, eine Zeichnung. Auch diese wurde getreulich erkannt. So rief die Zeichnung eines Meeres-Strands in den Gedanken einer Dame einen identischen Meeres-Strand hervor[256].

Menschen hinterließen, so schloß Buchanan[257], auf allen möglichen Gegenständen (nicht nur auf Briefen) sozusagen eine Fotografie (einen Daguerreotype) aller ihrer Handlungen und Gefühle, ihres gesamten Seins. So konnten zum Beispiel historische Objekte uns Hochinteressantes über vergangene Zeiten verraten. Überhaupt schien die Welt gefüllt mit den „unwritten records of its past history"[258]. „The Past is entombed in the Present", sagte Buchanan[259]. Und drang so zum Kern der Psychometrie vor: zum Gedächtnis der Dinge.

Wie phantastisch wäre es, meinte Buchanan[260], hätten wir authentische Relikte von Julius Cäsar, Cicero, Plutarch, Perikles, Plato, Konfuzius, Mohammed oder Jesus und der Apostel. Wir könnten Dinge aus der Geschichte erfahren, die wir längst verloren glaubten. Oder könnten erfahren, wie es wirklich war.

---

[252] J.R. Buchanan, *Manual of Psychometry, Part I*, S. 39.
[253] J.R. Buchanan, *Manual of Psychometry, Part I*, S. 38.
[254] J.R. Buchanan, *Manual of Psychometry, Part I*, S. 92.
[255] J.R. Buchanan, *Manual of Psychometry, Part I*, S. 86f.
[256] J.R. Buchanan, *Manual of Psychometry, Part I*, S. 71.
[257] J.R. Buchanan, *Manual of Psychometry, Part I*, S. 72.
[258] J.R. Buchanan, *Manual of Psychometry, Part I*, S. 72.
[259] J.R. Buchanan, *Manual of Psychometry, Part I*, S. 73.
[260] J.R. Buchanan, *Manual of Psychometry, Part I*, S. 74, 158.

Buchanan faszinierte besonders[261], daß *mentale* Einflüsse sich Gegenständen einprägten. Daß wir aus den Dingen etwa Gedanken ablesen konnten. Hier machte er mit der Zeit die meisten Versuche.

Er machte aber auch immer wieder neue Versuche, die zeigten, daß auch jedes *nicht mentale* Faktum sich einem Gegenstand einprägte. So konnte eine Sensitive, Mrs. B.[262], einen Stein in die Hand nehmen und den Ort beschreiben, von dem er kam, die umgebende Landschaft, das Klima, Tiere, den genauen Untergrund und auch die vergangene geologische Geschichte des Ortes.

Buchanan fragte sich auch[263], wie lange diese mentalen Aufprägungen Bestand hätten. Er hat Sensitiven, darunter Richtern und Geistlichen, Briefe aus allen Zeitaltern vorgelegt. Der älteste war von 1673. Es machte keinen Unterschied. Handschriften von Franklin, Washington, Jefferson, aktuelle Handschriften, alle erweckten bei Sensitiven gleichermaßen deutliche Eindrücke.

Buchanan gab ferner Antwort auf die Frage[264], wie man Psychometrie von Telepathie und Hellsehen unterscheiden konnte. Wenn zum Beispiel ein Sensitiver einen Brief psychometrisierte, dann begannen seine Eindrücke sich *genau mit der Berührung* zu entwickeln. Wenn er den Brief an seine Stirn hielt, waren die Eindrücke schneller als wenn er ihn in der Hand hielt. War der Brief dick in Papier eingewickelt, waren die Eindrücke langsamer als wenn er das Blatt direkt berührte. Verschiedene Teile des Briefs erweckten verschiedene Eindrücke. Und die Eindrücke blieben gleich in Gesellschaft verschiedener Personen.

Und er grenzte Psychometrie und derlei paranormale Fähigkeiten auch vom Spiritismus ab, wie er seinerzeit en vogue war: Spiritisten glaubten, *Geister* (zumeist die Seelen Verstorbener) gäben dem Medium beziehungsweise der sensitiven Person die Eindrücke ein. Für Buchanan war das Blödsinn. Geister waren hier nicht im Spiel. Psychometrie war schlicht eine intuitive Erkenntnisfähigkeit, *a preternatural intelligence*, die wir alle mehr oder minder besaßen[265]. Für Psychometrie brauchten wir genauso wenig die Hilfe von Geistern, wie wir sie dafür brauchten den Duft einer Rose zu riechen oder ein Steak zu schmecken. Deshalb, meinte Buchanan[266], sei es auch Unsinn in bezug auf Psychometrie von Teufelsbesessenheit zu sprechen, wie mancher Geistliche dies angesichts solcher paranormaler Fähigkeiten tat.

Buchanan verfeinerte seine Versuche immer mehr.

---

[261] J.R. Buchanan, *Manual of Psychometry*, *Part I*, S. 73.

[262] J.R. Buchanan, *Manual of Psychometry*, *Part I*, S. 156.

[263] J.R. Buchanan, *Manual of Psychometry*, *Part I*, S. 75.

[264] J.R. Buchanan, *Manual of Psychometry*, *Part I*, S. 115, 190.

[265] J.R. Buchanan, *Manual of Psychometry*, *Part I*, S. 189, 205.

[266] J.R. Buchanan, *Manual of Psychometry*, *Part I*, S. 188.

Ein leeres Blatt Papier, das auf einem Blatt mit einer Unterschrift (einem Autogramm) gelegen hatte, konnte sogar einen Eindruck vom Schreiber vermitteln[267]. Folgender Versuch ist hier interessant: Der Versuchsperson Mrs. B. wurde ein verschlossener Brief gegeben, der sehr erfreuliche Dinge enthielt, die ihr eigentlich, wie man sie kannte, hätten gefallen müssen[268]. Der Brief löste bei ihr aber unangenehme Gefühle aus, sie verspürte Ärger, Streitsucht. Als man ihr den Inhalt eröffnete, war sie zunächst erstaunt, da er so positiv war. Dann fragte sie, mit was der Brief in Kontakt gewesen sei. Es kam heraus, daß der Versuchsleiter den Brief in seiner Jackentasche zusammen mit einem anderen Brief aufbewahrt hatte, der von seinem Gutsverwalter stammte: der Brief des Gutsverwalters war ein ärgerlicher, sehr unverschämter Brief gewesen. Anscheinend hatte dessen Einfluß den des positiven Briefs überlappt (overpowered).

Ein anderer Versuch hierzu[269]: Buchanan steckte ein völlig weißes Blatt Papier 3 Stunden lang in ein 40 Jahre altes Manuskript. Mrs. B. bekam es dann in die Hand. Das weiße Blatt vermittelte ihr sofort den Eindruck eines alten Manuskripts und sie sagte sogar den Name des Autors.

Jedes Ding, folgerte Buchanan[270], strahlt einen Einfluß auf jedes andere benachbarte Ding aus. Dabei handelte es sich nach ihm womöglich um eine *elektrische* Ausstrahlung. Es sei wie wenn man einen Stich (engraving) zwischen eine amalgamierte Kupferplatte und eine jodierte Silberplatte legte, mit dem Bild zur unten liegenden Silberplatte: Nach 15 Stunden wurde der Stich durch das Papier hindurch auf die oben liegende Kupferplatte übertragen. Nur dauerte der Prozeß der psychometrischen Prägung nicht so lange.

Die Eigenschaften von Dingen, beziehungsweise ihr Gedächtnis, wurden womöglich durch Elektrizität auf alles andere übertragen. Die medizinischen Versuche, die diese Hypothese stützten, sind hochinteressant. Wenn Buchanan durch ein Medikament elektrische Ströme fließen ließ und einen Patienten dann diesen Strömen aussetzte, ergab sich zumindest bei sensitiven Patienten dieselbe Wirkung, als ob sie dieses Medikament verabreicht bekommen hätten[271]. Buchanan berichtete auch über hochinteressante Versuche von Kollegen: Sie impften eine Versuchsperson und verbanden die geimpfte Stelle mit einem isolierten Draht mit einer anderen Person. Ließ man Elektrizität durch den Draht fließen, hatte das bei manchen dieser anderen Personen dieselbe Wirkung wie eine

---

[267] J.R. Buchanan, *Manual of Psychometry, Part I*, S. 147.

[268] Vgl. Versuch bei J.R. Buchanan, *Manual of Psychometry, Part II*, S. 50f.

[269] J.R. Buchanan, *Manual of Psychometry, Part II*, S. 51.

[270] J.R. Buchanan, *Manual of Psychometry, Part I*, S. 151, 156.

[271] J.R. Buchanan, *Manual of Psychometry, Part II*, S. 56.

Impfung[272]. Ebenso konnten so Krankheiten von einer auf eine andere (besonders sensitive) Person übertragen werden. Eine unheimliche Sache (und Bedrohung für die Pharmaindustrie). Solche Personen eigneten sich natürlich nicht als Ärzte, sie bekamen sofort alle möglichen Krankheiten von ihren Patienten[273]. Da also auch Krankheiten einer Person alles um sie herum imprägnierten, waren auch Krankenhäuser ein gefährlicher Ort, selbst wenn die Räumlichkeiten perfekt desinfiziert waren[274]. Wir denken hier auch gleich, daß ein Sensitiver unmöglich Apotheker sein könnte, alle Mittel würden auf ihn wirken. Ganz so schlimm und automatisch geschieht dies aber nicht. Das haben andere, wie die Dentons beobachtet, zu denen wir noch kommen werden. Die Sensitiven können ihre psychometrischen Fähigkeiten benutzen, aber auch wieder abschalten. Es strömt also nicht unbedingt alles auf sie ungehindert ein.

Wer nun diese sozusagen elektrischen Abdrücke von allem auf alles lesen konnte, schöpfte nach Buchanan aus einem Allwissen. Und er sah hier etliche praktische Anwendungen. Beispielsweise in der medizinischen Diagnostik[275]: Nach Buchanan war ein guter Arzt immer auch ein guter Psychometer. Die psychometrischen Erkenntnisse waren einfach überlegen. Buchanan hatte Studenten, die psychometrisch sehr begabt waren, sie konnten auf den ersten Blick, ohne weitere Untersuchungen, Diagnosen erstellen, die zutrafen, auf die andere nicht kamen, die alle möglichen Untersuchungen angestellt hatten. Und der Witz: auch sensitiv begabte Laien übertrafen die nicht sensitiv begabten Mediziner bei weitem in der Diagnostik.

Zu seinem Bedauern stellte Buchanan fest, daß die meisten seiner Kollegen der Beschäftigung mit paranormalen Fähigkeiten wie Psychometrie feindlich gegenüberstanden[276]. Das verwunderte ihn, waren diese Fähigkeiten in der Antike, bei Griechen, Juden und Ägyptern doch weitherum bekannt und geachtet. „The moderns have lost the spirituality and elevation of sentiment which belonged to the ancients"[277]. Er führte die Resistenz auf das typische Beharrungsvermögen von vielen zurück, die einfach nichts Neues akzeptieren wollten[278]. Wobei das Neue in der wissenschaftlichen Untersuchung dieser Fähigkeiten bestand.

Zum Schluß noch ein paar besonders unterhaltsame Fälle: Buchanan ließ auch Gegenstände oder Schriftstücke Prominenter psychometrisie-

---

[272] J.R. Buchanan, *Manual of Psychometry, Part II*, S. 56f.
[273] J.R. Buchanan, *Manual of Psychometry, Part II*, S. 64ff.
[274] J.R. Buchanan, *Manual of Psychometry, Part II*, S. 64ff.
[275] J.R. Buchanan, *Manual of Psychometry, Part II*, S. 69ff.
[276] J.R. Buchanan, *Manual of Psychometry, Part I*, S. 162.
[277] J.R. Buchanan, *Manual of Psychometry, Part I*, S. 167.
[278] J.R. Buchanan, *Manual of Psychometry, Part I*, S. 173f.

ren, immer schön verdeckt[279]. Interessant war hierbei übrigens auch, daß der Sensitive unterscheiden konnte, ob die Person noch lebte oder verstorben war. Manche Sensitive fühlten bei einer toten Person eine gewisse Kälte und eine Verlangsamung des Herzschlags. Anderen erschien die Post-mortem-Lage lebendiger[280]. Wobei ein erst kürzlich Verstorbener manchmal fast noch wie ein Lebender erschien, insbesondere dann, wenn er mitten aus dem aktiven Leben gerissen worden war. Interessant war auch, daß der Psychometer des öfteren das Geschlecht Verstorbener nicht feststellen konnte, als hätte das keine Wichtigkeit mehr oder als gäbe es im Bereich der Verstorbenen Neutren, sozusagen einen engelsgleichen Zustand[281]. Über Napoleon sagte ein Sensitiver, er sei ein selfmade man gewesen, ein Alleingänger, hielt nichts von religiösen und politischen Sekten, glaubte nicht an die Tradition oder die Bibel. Ein Skeptiker, der mit der Vergangenheit brechen wollte, um eine neue Ordnung einzusetzen. Er war einigermaßen philanthropisch, wenn es um das öffentliche Wohl ging. Die Gesellschaft fürchtete ihn. Meinungen anderer interessierten ihn nicht. Er hütete keine Reichtümer, liebte aber den Ruhm und die Macht. Für die Macht schreckte er nicht zurück kriminell zu handeln. Er hätte auch Freundschaften verraten. Er verfügte über ein raffiniertes Spitzelsystem. Seine Machtgier überschattete seine besseren Eigenschaften. Buchanan bat den Sensitiven, den Mann mit Cäsar zu vergleichen: Der Sensitive bevorzugte Cäsar, der hätte einen besseren Charakter gehabt. Der hier in Frage stehende Mann (Napoleon) hätte sich nur im Privatleben ehrlich verhalten. Sobald der Machtehrgeiz ins Spiel gekommen sei, sei er skrupellos geworden. Er hatte militärische Fähigkeiten zur See und zu Land. Er war nicht nur ein General, sondern ein Oberbefehlshaber. Er war ein großer Eroberer, aber am Ende seines Lebens unbefriedigt. Seine späten Jahre verbrachte er im Exil. Rückblickend sah er in seinem Leben reine Vanitas. Frauen hatte er viele, er war ein womanizer. Seine erste Ehefrau nahm den ersten Platz ein. Der Witz ist nun, daß die Sensitiven auch Aussagen darüber machten, was diese Prominenten, also zum Beispiel Napoleon, nach ihrem Tod so trieben beziehungsweise wie sie nach ihrem Tod waren: Napoleon soll mehr oder weniger denselben Charakter besitzen, seine hochfliegenden Ideen aber auf philanthropische Ziele anwenden, instruiert von Josephine ...

Mrs. B. fand übrigens psychometrisch über Josephine heraus, sie sei die Frau eines grausamen Tyrannen gewesen, der so veranlagt war, daß er ihre Liebe nicht recht schätzen konnte und auf ihren Gefühlen herumtrampelte. B. sah großen Kummer in Josephines Leben und Eifersucht. In ihrer Ehe konnte sie nicht ihre besten Talente entwickeln (erst nach ihrem

---

[279] J.R. Buchanan, *Manual of Psychometry, Part II*, z.B. S. 101ff.
[280] J.R. Buchanan, *Manual of Psychometry, Part III*, S. 40f.
[281] J.R. Buchanan, *Manual of Psychometry, Part III*, S. 61.

Tod: sic). Von großem gesellschaftlichem Geschick zog sie wichtige Persönlichkeiten an. Viele schätzten sie wegen ihres liebenswürdigen Wesens. Sie war humanitär gesinnt.

Über Bismarck sagte ein Sensitiver: daß er im Staat ein sehr hohes Amt bekleidete. Die Frage nach seinen Motiven beantwortet er so: „His motives are selfish – self first – the public next. He is not philantropic but patriotic."

Auch über Calvin und Luther und andere religiöse Leader erfahren wir so einiges. Die Sensitiven sind hier neben B., Gen. Quitman und Bishop Otey[282]: Buchanan gab ihnen einfach verdeckt Zettel mit der Aufschrift der Namen in die Hände. Sie wußten nur, daß es sich um religiöse Leader handelte, mehr nicht. Die Resultate waren verblüffend. Mrs. B. sagte von Calvin, er hätte einen stupenden Intellekt gehabt und zielte auf die Macht. Er sei skrupellos gewesen und ausgesprochen selbstverliebt. Er sei kein Menschenfreund gewesen und hätte sich nie selbst für eine Sache geopfert. Er hatte große literarische Fähigkeiten, meistens schrieb er, er hatte reformatorische Ideen, war allerdings zugleich bigott. Er glaubte an ein höchstes Wesen und ein zukünftiges Leben. Sein Hauptziel war es, Leute dazu zu bringen so zu denken wie er. Hätte er die Macht gehabt, hätte er sie dazu gezwungen. In Zeiten des Aufruhrs blieb er zuhause (sic.).

Luther kommt etwas besser weg. Die Sensitiven sahen ihn als humanitär und reformatorisch an. Er hatte paranormale Fähigkeiten, sah Dinge voraus, konnte heilen (Melanchton auf dem Totenbett), sah Geister (nur der unteren Klassen: sensual, lustful and malicious ...) und glaubte an einen Teufel in Person. Er ging gegen Idolatrie und Korruption vor, und es gelang ihm sein neues System christlicher Religion weiterum verständlich zu machen, es hat sich in der Welt als eine der leading religions durchgesetzt. Er wurde als Hochstapler angezeigt, wich aber nicht von seinen Prinzipien ab.

Die Dentons

Der Bostoner Geologe William Denton (1823–1883) und seine Frau Elizabeth Denton machten umfassende Psychometrie-Versuche. Elizabeth Denton war häufig die Probandin, sie hatte sich als sehr sensitiv erwiesen.

Die Dentons kannten Buchanans Versuche und wiederholten dessen Briefversuche[283] erfolgreich mit Dentons Schwester Anne Denton Cridge, die sich ebenfalls als sensitiv erwies. Anne Cridge sah die Briefschreiber

---

[282] J.R. Buchanan, *Manual of Psychometry, Part III*, S. 61–67.
[283] Vgl. W. und E. Denton, *The Soul of Things*, S. 35ff.

genau vor sich, beschrieb Details wie Haar- und Augenfarbe korrekt, ebenso deren gesamte Umgebung.

Denton sagte sich, wenn der Schreiber eines Briefs in der kurzen Zeit, in der er ihn schrieb, auf dem Brief *Eindrücke* hinterließ, aus denen man seine gesamte Umgebung ablesen konnte, warum sollte dann nicht ein Stein Eindrücke von den ihn umgebenden Objekten erhalten? Und er machte eine umfassende Versuchsreihe mit Mineralien, Fossilien, Meteorsplittern, schließlich auch mit archäologischen Fundstücken. Auch er überprüfte also, ob nur Menschen Eindrücke auf Dingen wie einem Brief hinterließen. Und es stellte sich heraus, daß auch Tiere und Objekte Eindrücke auf Objekten hinterließen, und zwar auf allen möglichen Objekten. Jeder Gegenstand schien also das vollständige Bild seiner Umgebung zu speichern.

Die zweite faszinierende Entdeckung für die Dentons war, Gegenstände speicherten Bilder ihrer Umgebung über riesige Zeiträume hinweg.

Hier ein paar protokollierte Versuche:

William Denton gibt seiner Frau Elizabeth Denton ein Fragment eines Muschelfossils verdeckt in die Hände[284].

Elizabeth sieht einen Fisch, den sie noch nie gesehen hat (er sieht für sie aus wie ein Seestern). Er ist rund und hat vier lange Arme oder Tentakel, dazwischen sind kürzere Arme. Die kürzeren Arme scheinen der Fortbewegung zu dienen, mit den längeren klammert er sich fest. Die Kürzeren sind flacher, eher wie Füße. Der Mund ist in der Mitte. Die langen Arme sind gegliedert, so daß das Tier sie rasch abwinkeln und dem Mund damit Nahrung zuführen kann. ... Sie sieht ein anderes Tier durchs Wasser schwimmen. Sein Kopf ist fast so groß wie sein Körper etc. Elizabeth scheint nicht die Muschel selbst zu beschreiben, sondern ihre Umgebung, die Tiere, die einen Eindruck auf der Muschel hinterlassen haben. Der Seestern, den sie beschreibt, ähnelt der Ophiura, einer Spezies, die Prof. Sidgwick im unteren Silur (vor etwa 443,7 Millionen – 416 Millionen Jahren) fand.

Ein Fragment eines fossilen Mastodonten Zahns weckt bei Elizabeth den Eindruck, ein monströses Tier zu sein[285]. Mit ungeschlachten Beinen, einem riesigen Körper, einem schweren Kopf. Sie geht zu einem trüben Fluß, um dort zu trinken. Unglaubliche Geräusche ertönen aus dem Wald. Ihre Ohren sind sehr groß und ledern. Sie hat den Eindruck sie schlagen ihr ins Gesicht, wenn sie sich bewegt. Ihr Kiefer fühlt sich schwer an. Sie kann ihre Oberlippe umstülpen. In der Nähe sind andere Tiere. Sie sind dunkelbraun, ein altes Tier mit langen Eckzähnen, eine ganze Herde usw.

---

[284] W. und E. Denton, *The Soul of Things*, S. 64f.
[285] W. und E. Denton, *The Soul of Things*, S. 54f.

Elizabeth befühlt ein Meteoritenstück[286]. Sie sieht wie etwas sich um die eigene Achse dreht. Kleine Flocken oder Ascheschlacken fliegen von ihm fort, die es hinter sich läßt wie einen Schwanz. Während es sich bewegt, ändert es seine Form.

Eine andere Sensitive, Mrs. Foote, hat beim selben Meteoritenstück folgenden Eindruck[287]: „Meine Augen werden nach oben gelenkt. Ich sehe einen Lichtnebel. Ich scheine Meilen um Meilen sehr schnell hinaufzufliegen. Von rechts kommen Lichtstrahlen, aus weiter Entfernung. Ich sehe etwas Funkelndes, etwas Riesiges wie einen Berg. Zwischen mir und diesem riesigen Körper ist eine breite Strasse, die wie Diamanten funkelt ...“

Wenn Denton nacheinander einen Gegenstand von mehreren Sensitiven psychometrisieren läßt, kommt es manchmal zu Verwirrungen, weil auch jeder Sensitive wiederum seinen Eindruck auf dem Gegenstand hinterläßt[288]. Ebenso kam es zu einem Durcheinander, als Denton den Mastodonten Zahn neben dem Meteoritenstück aufbewahrte[289]. Mrs. Denton hatte dann beim nochmaligen Befühlen des Meteoritenstücks wieder das Urtier vor Augen; sie sah sich als großes Monster und dann einen großen Stein, der nach oben flog, es fühlte sich an als flöge sie immer weiter nach oben. Sie war verwirrt. Die beiden Bilder paßten nicht zusammen. Der eine Gegenstand hatte vom anderen Gegenstand anscheinend Einflüsse aufgenommen.

Für die Dentons war klar, daß Gegenstände so viele Einflüsse aufnahmen, daß es sehr schwierig war, irgendein spezielles Bild herauszulesen. Denton meinte, bei vielen Gegenständen bräuchte es ein Jahr von Nachforschungen, um den vielen Einflüssen nachzugehen[290].

Ein weiterer Versuch ist beeindruckend: Denton gibt seiner Frau ein Stück vulkanischen Tuffstein aus Pompeji zum Psychometrisieren[291]. Sie kennt das Stück nicht und sieht es nicht.

Der Gegenstand *fühlt* sich für Elizabeth so *an*, als käme er aus einem Land der Antike. Sie fühlt ein Gebäude, das Meer in der Nähe, sieht einen Garten vor sich. Der Garten ist seltsam, ein Teil ist wie von einem Erdbeben angehoben. Irgendwo ist die Sicht blockiert. Sie muß nach oben sehen. Ein Berg hat die Sicht versperrt, er ist vulkanisch. Rauch, Steine, Asche und Staub werden aus ihm mit solcher Kraft nach oben geschleudert, daß eine perpendikuläre Säule entsteht, die etwas einem Kamin gleicht. Dann breitet sie sich nach allen Seiten aus. Der Berg scheint hohl bis in große Tiefen. Der Krater an der Spitze ist klein, verglichen mit der

---

[286] W. und E. Denton, *The Soul of Things*, S. 69.

[287] W. und E. Denton, *The Soul of Things*, S. 69.

[288] W. und E. Denton, *The Soul of Things*, S. 145.

[289] W. und E. Denton, *The Soul of Things*, S. 75f.

[290] W. und E. Denton, *The Soul of Things*, S. 148.

[291] W. und E. Denton, *The Soul of Things*, S. 180–184.

großen Kaverne im Innern. Der Berg hat zwei Spitzen, die niedrigere ist kleiner, aber schärfer zugespitzt. Elizabeth befindet sich zwischen den beiden, und jetzt bewegt sie sich etwas nach oben. Sie hört den Berg brüllen. Aus ungeheurer Tiefe! Der Einfluß, der die Eruption bewirkt, ist anders als alles, was sie bisher verspürt hat. Sie sagt: „Seltsam, daß mir das nicht zuerst aufgefallen ist; alles scheint demgegenüber klein und unbedeutend." Die ausgespiene Masse ist gigantisch. Sie gleicht nicht Lava, sondern alles verteilt sich in einer riesigen schwarzen Wolke, die hinunter rollt und das Land überflutet, alles unter sich begräbt. Was für ein Anblick! Die Wolke breitet sich aus, gießt sich aus, raucht, während sie die Bergseite in großen schwarzen Wellen hinabrollt ... Denton fordert schließlich Elizabeth auf, ihren Blick auf die Verheerungen der Landschaft unten zu wenden. Elizabeth sieht nichts außer einer riesigen Schicht aus Staub und Asche, die alles bedeckt. Sie fühlt jetzt menschlichen Schrecken, so unbeschreiblichen Schrecken, daß sie meint, schreien zu müssen. Viele Gefühle sind vermischt, aber eines sticht heraus, verdeckt alle anderen, Entsetzen. Elizabeth kann jetzt auf einmal die Leute sehen: in Agonie, Verzweiflung, Gebet und blinder Furcht. Niemand ist verwundet. Dann hat sie Fliehende vor sich, eine einzelne Frau, die noch einmal in ihr Haus zurück will, als wolle sie dort noch etwas holen, vielleicht ihr Kind retten, aber dann mit den anderen fort flieht, als der Berg ein weiteres Mal explodiert. Alles ist auf einmal in Dunkelheit gehüllt. Als sei es Nacht. Viele sind kopflos, wildes Geschrei. Elizabeth hat den Eindruck, diejenigen, die fliehen wollten, sind umgekommen.

Der junge Plinius[292], der ein Augenzeuge der Eruption war, gab einen ganz ähnlichen Bericht. Er sieht ebenfalls eine Wolke aufsteigen, die eine Säule bildet und dann oben auseinanderstrebt, vergleicht das Ganze mit einem Pinienbaum. Er sieht ebenfalls den Rauch wie einen Strom herabrollen, wie etwas Flüssiges. Elizabeth hatte diesen Bericht von Plinius nie gelesen.

Denton beschreibt wie die Eindrücke der Sensitiven derart stark sein können, daß man manchmal die Experimente abbrechen muß.

Das bedeutet glücklicherweise nicht, daß alle Gegenstände überall und zu jeder Zeit die Sensitiven ansprechen. Ein enormes Bilder-, Gefühls- und Tonchaos wäre ihre Welt. Die Sensitiven können, nach eigenen Aussagen, ihre psychometrischen Fähigkeiten benutzen und auch wieder sozusagen abschalten.[293]

---

[292] Vgl. bei W. und E. Denton, *The Soul of Things*, S. 188f.

[293] Das läßt uns denken, daß unsere Wahrnehmung, die Wahrnehmung unserer spezifischen Welt, auf Reduktion beruht. Ein Grossteil *dessen, was ist*, wird einfach ausgeblendet.

Die Dentons sind begeistert[294]: Psychometrie bedeutet, man kann keinen Raum betreten, ohne darin einen persönlichen Einfluß zu hinterlassen, der so lange dort enthalten sein wird, als die Wände stehen. Auf jedem Stuhl, auf dem wir sitzen, hinterlassen wir einen persönlichen Abdruck.

Was wir tote Materie nennen, empfängt und speichert seine gesamte Umgebung und kann das Gespeicherte einem Sensitiven wieder mitteilen.

Fossilien sind getränkt mit den Gefühlen der Tiere, deren Teil sie waren. Der Kieselstein, der von den Wellen hin und her gerollt wird, speichert ewig dieses Hin- und Herrollen. Der Nagel speichert den Eindruck, den das Hämmern auf ihm hinterläßt, der Ziegelstein das Brennen.

Würden wir alle Töne hören, die in den Gegenständen gespeichert sind, was für ein riesiger Krach käme uns zu Ohren.

Alles, was ist, hinterläßt ein Bild von sich, Töne, Gefühle. Und das womöglich für immer: „As nothing we see is ever efaced, so nothing we hear, ever dies out"[295].

Zöllner

Der Leipziger Astrophysiker Zöllner (1834–1882) experimentierte mit dem berühmten amerikanischen Medium Henry Slade. Zöllner hatte die tolle Idee, daß paranormale Phänomene von einer vierten Dimension abhingen[296].

Zöllner machte mit Slade Hellseh- und Psychometrieversuche, prüfte aber seine Hypothese vor allem anhand von Psychokinese Versuchen.

1877 legte er Slade einen Bindfaden vor, dessen Enden verknüpft waren, und diese Verknüpfung war wiederum mit einem Siegel versehen[297]. Slade gelang es allein durch gedankliche Anstrengung vier Knoten in den Faden zu machen: Slades Hände waren während des gesamten Versuchs bei vollem Tageslicht sichtbar, er hatte den Faden nicht berührt! So etwas ist möglich, überlegte Zöllner, wenn man vierdimensionale Biegungen und Bewegungen mit dem Faden durchführen kann. Kann man nicht die vierte Dimension benutzen, und muß man in unseren drei Dimensionen bleiben, müßte eine Durchdringung der Materie des Bindfadens stattgefunden haben: die Moleküle hätten sich an gewissen Stellen voneinander trennen müssen und dann nach dem Hindurchgehen eines anderen Fadenteils wieder genau in der früheren Weise zusammenfügen

---

[294] W. und E. Denton, *The Soul of Things*, S. 50, 56.

[295] W. und E. Denton, *The Soul of Things*, S. 48.

[296] Vgl. bei Nicholas Goodrick-Clarke, *Die okkulten Wurzeln des Nationalsozialismus*, S. 31f.

[297] Vgl. Friedrich Zöllner, *Vierte Dimension und Okkultismus*, S. 46ff.

müssen[298]. Das ist sehr viel komplizierter und unwahrscheinlicher. Die einfache, elegante Lösung ist häufig in der Physik die richtige.

Zöllner zog prominente Hochschul-Kollegen der Physik hinzu: Fechner, Weber, Scheibner. Vor diesen[299] gelang es Slade eine in einem fest verschlossenen Glasgehäuse befindliche Magnetnadel zu bewegen. Und zwar so, daß sie sich mehrmals im Kreis drehte! Und auch andere Gegenstände konnte er vor ihnen bewegen, ohne sie zu berühren[300]: Hinter Slades Rücken setzte sich ein Tisch in Bewegung, so heftig, daß ein davor befindlicher Stuhl umgeworfen wurde. Gleichzeitig geriet ein 5 Fuß entfernter Bücherträger in heftige Schwankungen. Und er ließ auch, zum großen Erstaunen aller, Gegenstände verschwinden und wieder auftauchen: Ein kleines Thermometerfutteral aus Pappe legte Slade auf eine Tafel; es löste sich einfach in Nichts auf und kam nach 3 Minuten wieder auf der Tafel zum Vorschein[301]. Mehr Kollegen wurden hinzugezogen, der Physiker Ludwig, der Chirurg Thiersch und der Philosoph Wundt. Vor diesen[302] konnte Slade ein Messer in der Luft balancieren lassen, ohne es zu berühren und eine Schiefertafel beschrieb sich von selbst. Und noch beeindruckender: Slade schaffte es in einem mit Mehl gefüllten Behälter einen Handabdruck erscheinen zu lassen[303]. Seine Hände hatten hiermit nichts zu tun, die ganze Zeit lagen sie auf dem Tisch, sie waren auch nicht mit Mehl behaftet, und die abgebildete Hand war viel größer als Slades Hände.

Am wichtigsten waren Zöllner die Experimente mit Slade, die für die von ihm vermutete vierte Raumdimension sprachen. Schon Kant hielt eine solche für möglich, ebenso Kollegen von Zöllner wie die Mathematiker Riemann, der Physiker und Physiologe Helmholtz und der Mathematiker Klein[304], und auch seine Kollegen: der Physiker Fechner und der Physiologe Weber. Vor besagten Kollegen gelang dann auch das Knotenexperiment. Diesmal benutzte Zöllner statt eines dünnen Fadens ein flaches, breites Band. Es war zu einem Kreis geschlossen und versiegelt[305]. Slade gelang es, auch in dieses Band Knoten hineinzumachen, bei hellem Licht, ohne das Band zu berühren, und ohne daß es geöffnet worden wäre. Fand

[298] Vgl. Friedrich Zöllner, *Vierte Dimension und Okkultismus*, S. 87.

[299] Vgl. Friedrich Zöllner, *Vierte Dimension und Okkultismus*, S. 54–59.

[300] Vgl. Friedrich Zöllner, *Vierte Dimension und Okkultismus*, S. 59.

[301] Vgl. Friedrich Zöllner, *Vierte Dimension und Okkultismus*, S. 59.

[302] Vgl. Friedrich Zöllner, *Vierte Dimension und Okkultismus*, S. 58.

[303] Vgl. Friedrich Zöllner, *Vierte Dimension und Okkultismus*, S. 63f.

[304] Kleins Berufung nach Göttingen an die Georg-August-Universität wurde vom Ministerialdirektor Friedrich Althoff des preußischen Kulturministeriums betrieben. Er und Klein bauten die Universität zu dem weltweit wichtigsten Zentrum der Mathematik und der Naturwissenschaften aus, das es bleiben sollte bis zur Vertreibung vieler deutscher Wissenschaftler durch die Nationalsozialisten.

[305] Vgl. Friedrich Zöllner, *Vierte Dimension und Okkultismus*, S. 87f.

die Knotenschürzung in der vierten Dimension statt, mußte das Band eine Torsion um die Längsachse mitgemacht haben, deren Existenz auch noch nach der Schürzung des Knotens nachweisbar war. Und dies konnte man in der Tat bei dem breiten Band feststellen.

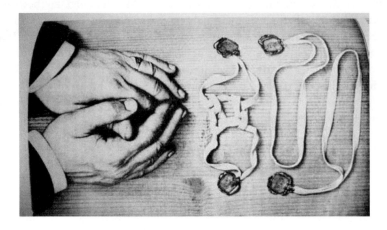

Auch daß Slade Gegenstände ins Nichts verschwinden lassen konnte[306] – ein Buch und sogar einen kleinen Tisch ließ er vor Zöllners Kollegen verschwinden und dann wieder auftauchen: das Buch fiel von der Decke, der Tisch schwebte umgedreht, mit den Füssen nach oben von der Decke herunter auf einen Spieltisch und verletzte sogar Zöllner am Kopf – war mit der Annahme einer vierten Dimension erklärlich[307]. Andernfalls wäre das Dogma von der Unveränderlichkeit der Quantität der Materie (und auch der Erhaltung der Energie) in unserer dreidimensionalen Welt verletzt. Der sechs Minuten lang verschwundene Tisch mußte irgendwo existiert haben, am besten in einer weiteren Dimension. Nur so behielt das so fruchtbare Axiom von der Erhaltung der Energie seine volle Gültigkeit.

Anschaulich vorstellen können wir uns die vierte, eine höhere, Dimension nicht. Wir können uns aber vorstellen, wie die Dinge aussehen in einer zweidimensionalen, einer niederer-dimensionalen Welt. Und hier können wir eine Analogie ziehen[308]. Denken wir uns eine Ebene (eine flache Welt). Auf der Ebene haben wir ein zweidimensionales bewegliches Objekt. Kann das zweidimensionale Objekt (etwa ein Flugzeug) nun auch eine Bewegung in die dritte Dimension machen, senkrecht zur Ebene, würde es einfach aus der zweidimensionalen Welt verschwinden! In der zweidimensionalen Welt ist es dann nicht mehr sichtbar. An anderer Stelle

[306] Vgl. Friedrich Zöllner, *Vierte Dimension und Okkultismus*, S. 94f.
[307] Friedrich Zöllner, *Vierte Dimension und Okkultismus*, S. 95.
[308] Friedrich Zöllner, *Vierte Dimension und Okkultismus*, S. 109f.

kann es dort wieder abgesetzt werden (landen), und erscheint dann wieder in den zwei Dimensionen wie aus dem Nichts.

Seltsam war nun, daß bei allen Experimenten Slade[309] den Eindruck hatte, er mache sie nicht selbst, sondern Geister lösten für ihn die Aufgaben. Und auch Zöllner[310] neigte leider manchmal der spiritistischen These zu. Und seltsam war auch, daß viele der Aufgaben von sich materialisierenden Händen gelöst wurden.

Insgesamt handelte es sich dennoch um seriöse Versuche vor äußerst seriösen Zeugen.

Zöllner ist allerdings wegen dieser Versuche schwer angegriffen worden. Seine Kritiker behaupteten, Slade hätte ihn hypnotisiert, so daß Zöllner Dinge sah, die es gar nicht gab. Zöllners psychische Erkrankung seiner letzten Jahre war für seine Gegner schließlich ein gefundenes Fressen. Seine wissenschaftlichen Arbeiten der späten Jahre zeigen aber dieselbe scharfsinnige Deduktion und Beweisführung wie in den frühen Jahren[311]. Und auch Slade mußte sich 1876 in einem Prozeß gegen Betrugsvorwürfe wehren[312], obwohl er so viele Male vor so vielen seriösen Zeugen seine Fähigkeiten unter Beweis gestellt hatte.

Zöllner war nicht nur bis zuletzt auf der Höhe seiner Fähigkeiten, seine Idee[313], daß unsere sinnlich wahrnehmbare Welt nur ein Projektionsphänomen einer anderen Welt von Objekten in einem höherdimensionalen Raum sei, und daß Widersprüche in unserer dreidimensionalen Erscheinungswelt sich durch die Einbeziehung einer höheren Dimension auflösen lassen, war visionär, sie ist ein heißes Thema in der heutigen Physik.

Richet

Der Pariser Medizinobelpreisträger Richet (1850–1935) glaubte zwar nicht, daß Psychometrie neben Hellsehen eigenständig ist, und glaubte auch nicht, daß man unbedingt ein Objekt zur Hand haben mußte, ein solches war für ihn nur ein Hilfsmittel. Seine Versuche zum Hellsehen, und er machte hier auch Psychometrieversuche, ohne diese so zu deklarieren, sind aber sehr aufschlußreich. Auch Psychokinese wies er nach. Er gebrauchte auch andere Termini, zum Beispiel *cryptesthésie* für (psychometrisches) Hellsehen.

---

[309] Vgl. bei Friedrich Zöllner, *Vierte Dimension und Okkultismus*, S. 98.
[310] Vgl. Friedrich Zöllner, *Vierte Dimension und Okkultismus*, S. 157.
[311] Rudolf Tischner über Zöllner, vgl. Friedrich Zöllner, *Vierte Dimension und Okkultismus*, Hrsg. R. Tischner, S. 149.
[312] Vgl. Friedrich Zöllner, *Vierte Dimension und Okkultismus*, S. 149.
[313] Vgl. Friedrich Zöllner, *Vierte Dimension und Okkultismus*, S. 13f.

Richet dokumentierte einen Haufen Versuche seriöser Wissenschaftler und schloß, daß man ein Idiot wäre, wolle man paranormale Phänomene verneinen. Nach ihm gingen von Gegenständen, Personen, Gedanken Vibrationen aus, die manche deutlich lesen konnten, und zwar zuerst übers Unterbewußte. Diese waren seiner Ansicht nach mit den bisherigen in der Physik entdeckten Kräften (wie Wärme, Licht, Schwerkraft, Elektrizität) nicht zu erklären. Gedanken und Dinge um uns hatten also eine Wirkung auf uns, die nicht zu unterschätzen war.

Richet hatte ein einfaches Abgrenzungskriterium von normalem und paranormalem Wissen. Alles was eine menschliche Intelligenz, selbst eine sehr große und subtile, auf egal wie verschlungenem Weg, auch unbewußt, herausfinden konnte, war normal. Was sie nicht auf alle diese Weisen herausfinden konnte, war paranormal; er sagte dafür *métapsychique*. Man mußte detailliert analysieren, ob die vom Sensitiven berichteten Fakten entfernt von ihm gewußt werden konnten. Ein Beispiel für Paranormalität: Wenn T. eben seinen gesunden Freund J. verlassen hatte und wenig später vor sich sah, daß er gestorben war, dann war das paranormal: Keine normale Intelligenz hätte das wissen oder schließen können. Ergänzt hat Richet seine Methode zu der Zeit bereits durch Wahrscheinlichkeitsrechnung. Damit er auch den Zufallstreffer ausschließen konnte. Das taten auch andere. In Kartentests überprüften Richet und die seinerzeit sehr bekannten britischen Physiker Sir Oliver Lodge und Willam Barrett und der Cambridge Philologe F.W.H. Myers die paranormalen Fähigkeiten von gerade auch nicht herausragend paranormal Begabten. Und ihre Ergebnisse lagen regelmäßig leicht über der berechneten Wahrscheinlichkeit. Allerdings nur sehr leicht, so daß man sich immer noch auf den Zufall berufen konnte. Mit Begabten erhielt man allerdings klare Nichtzufalls-Werte.

Ganz so einfach war die Überprüfung dann allerdings auch wieder nicht. Richet war sich bewußt, daß Medien auch betrügen konnten (am ehesten bei der Psychokinese, weniger bei Hellsehen und Psychometrie). Und er wußte auch, daß uns entgehen konnte, daß das Medium auf normalem Weg an die Information gekommen sein konnte, daß etwas dem Medium die Information hatte verraten können, ein Gesichtsausdruck, eine Geste, ein Verhalten von irgend jemandem. Das Medium konnte auch eine Vision falsch deuten. Und sein Gedächtnis konnte trügen: etwas wird weggelassen, etwas hinzugefügt, Widersprüchliches geschönt. Richet ließ deshalb alles sofort, während des Versuchs, protokollieren, bis ins kleinste Detail.

Versuche konnte man mit Medien machen, mit Normalpersonen, mit Sensitiven (Personen, die im Paranormalen eine erhöhte Sensibilität haben) und Hypnotisierten (auch Richet sah, daß die Hypnose paranormale Fähigkeiten steigerte). Richet erörterte zu allen Beispielsfälle und

Beispielsexperimente. Wobei Medium für ihn ein relativer Begriff war. Medien, wurden, seiner Ansicht nach, zu solchen gemacht. Es hat sich eine Art Profession herausgebildet mit bestimmten Sitten. Zum Beispiel behaupteten die meisten Medien, sie erführen ihr Wissen durch Geister, nach Richet eine Mode-Behauptung. Auf so etwas kamen Hypnotisierte nicht. Richet vermutete, daß zwischen Normalen, Sensitiven und Medien lediglich graduelle Unterschiede bestanden. Neben den Untersuchungen solcher empfahl er spontane Fälle zu sammeln, spontanes Hellsehen, spontane Vorahnungen.

Auch bei Tieren beobachtete er paranormale Fähigkeiten und die Radiästhesie (Wünschelrutengängerei) rechnete Richet auch zum Paranormalen.

Mit in der Hypnose erlangtem paranormalem Wissen beschäftigte sich Richet besonders[314]. Lange Zeit war es verpönt, galt es als okkult sich mit *Somnambulismus* – so nannte man Hypnose damals – zu beschäftigen. Richet leistete hier einige Aufklärungsarbeit. Er konnte 1875 nachweisen, daß der Somnambulismus ein ganz natürliches Phänomen war, mit physiologischen und psychologischen Komponenten. Sogar Tiere ließen sich hypnotisieren, indem sie ein glänzendes Objekt fixierten, zum Beispiel Hühner.

Richet berichtete viele Fälle, in denen Hypnotisierte ein Wissen preisgaben, das sie nicht besitzen konnten. Er stellte auch fest, daß Hypnotisierte besonders beeinflußbar waren. Und er hielt es schon damals für möglich, daß man Kranken Heilung suggestionieren konnte. Die These Mesmers, daß dies mit einem magnetischen Fluidum zusammenhing, hielt er für Unsinn. Es war nach ihm vielmehr so: Normalerweise waren wir hell bewußt, so als ob wir in der vollen Sonne mittags auf einer Strasse spazierten. In diesem Zustand konnten wir zum Beispiel nicht das schwache Licht eines Glühwürmchens sehen, das über ein Blatt krabbelte. Erst wenn die Nacht fiel (unser helles Wachbewußtsein ausgeschaltet wurde), sahen wir sein Leuchten: So funktionierte nach ihm die Hypnose. Sie war die Nacht, in der wir mehr sahen: „L'hypnotisme et le sommeil mettent la conscience dans le silence et dans l'obscurité nécessaire pour la perception de minuscules énergies"[315].

Richet entdeckte interessante Einzelheiten[316]: Die Hypnotisierten antworteten praktisch nicht auf langweilige psychometrische Versuche, wie etwa: was ist das für eine Karte. Ob eine Karte „huit de pique" war, war ihnen egal. Hingegen gaben sie Antworten, wenn es sich um spannende Tatsachen wie eine Reise, oder einen Brand handelte.

---

[314] Charles Richet, *Traité de Métapsychique*, S. 117ff.
[315] Charles Richet, *Traité de Métapsychique*, S. 130.
[316] Charles Richet, *Traité de Métapsychique*, S. 165f.

Sehen wir uns ein paar konkrete (psychometrische) Versuche mit Medien und begabten Sensitiven an, die Richet gemacht hat oder von denen er berichtet:

Richet machte immer wieder Versuche mit einer gewissen Stella[317].

Mit dem Rücken zu Stella saß der Mediziner G. Stella kannte G. nicht und konnte ihn auch nicht sehen. G. sagte auch kein Wort. Stella konnte die Vornamen von G.'s Frau sagen, diejenigen seiner Brüder, seines Sohnes und des Vaters und Schwiegervaters. (Auch Richet kannte diese Namen nicht.) Sie konnte auch sagen, wie G.'s Haus hieß. Und sie konnte den Inhalt eines Briefs mitteilen, den G. noch nicht einmal gelesen hatte und von dem Richet noch weniger wußte: G.'s Sohn Jean teilte darin mit, er hätte Fieber, und wie er sich über das Auto freute und toll amüsierte, das der Vater ihm geschenkt hatte. Stella hatte beim Tischrücken die Worte „Jean fièvre" *provoziert* und „rit voiture".

Versuche mit Frau Thompson[318] waren auch sehr erfolgreich. Myers hatte sie zu Richet gebracht. Richets Sohn Georges gab Thompson eines Abends eine Uhr in die Hand. Sie sollte darüber etwas sagen. Thompson befühlte die Uhr und sagte nach einem Zögern: „Three generations mixed". In der Tat war die Uhr vom Großvater von Georges dessen Sohn geschenkt worden. Als der Sohn 1870 im Krieg starb, hat der Großvater sie wieder an sich genommen und dann, als er starb, an den Sohn Richets: Georges weitergegeben.

Interessant war auch wie Thompson paranormales Wissen *sah[319]*: Thompson ging in einem Park auf ein Paar zu, das mit einem kleinen Hund spielte, denn sie sah über ihren Köpfen das Wort *Carqueiranne* (!). Sie sagte ihnen das, und nun stellte sich heraus, daß die beiden, die Thompson noch nie gesehen hatte und gesehen haben konnte, sie in Carqueiranne treffen sollten, um von Myers geleitete Versuche zu machen.

Frau Briffaut hat auch einige erstaunliche Ergebnisse geliefert, aber nur bei Personen, die sie inspirierten[320]. Eine solche war anscheinend Richets Tochter. Briffaut konnte dieser auf den Kopf zu Wort für Wort eine Unterhaltung wiedergeben, die die Tochter mit ihrem Bruder Albert, Richets Sohn, gehabt hatte, der inzwischen im Krieg gefallen war. Diese Unterhaltung war äußerst intim gewesen, und nie hatten die beiden darüber etwas verlautbaren lassen. Sie war zwischen ihnen ein absolutes Geheimnis geblieben.

Frau R. erstaunte Richet ebenfalls[321]. Sie sagte Richet, er hätte einen Freund namens Antoine. Richet hätte kurz nach dessen Tod sein Zimmer

---

[317] Charles Richet, *Traité de Métapsychique*, S. 179f.
[318] Charles Richet, *Traité de Métapsychique*, S. 192.
[319] Charles Richet, *Traité de Métapsychique*, S. 192.
[320] Charles Richet, *Traité de Métapsychique*, S. 197.
[321] Charles Richet, *Traité de Métapsychique*, S. 201.

betreten und hätte seine Stirn geküßt. Sie fügte hinzu, Antoine habe Richet Carlos genannt. Alles stimmte. R. konnte Antoine absolut nicht kennen und schon gar nicht so intime Details wie das Küssen seiner Stirn. Carlos hatte Richet außerdem nur dieser Antoine genannt, sonst keiner seiner Freunde.

Richet hob die sogenannten *book tests* von William Barrett hevor. Barrett[322] arbeitete mit dem bekannten Medium Frau Léonard: Sie konnte sagen, was in einem Buch auf S. X stand ohne hineinzusehen. Zum Beispiel sagte sie in Barretts Haus: Auf dem Tisch in einem kleinen Schlafzimmer liegt ein einziges Buch mit Gedichten; auf S. 31 ist eine Beschreibung eines wunderschönen Lands, in dem ich gerne sein würde. Auf dem Tisch in diesem Schlafzimmer waren in der Tat 7 Bücher, davon nur eins in Versen, und auf S. 31 war ein Gedicht von Tennyson, in dem eine zauberhafte Gegend beschrieben wurde. Léonard beherrschte auch präkognitive Psychometrie. Von Barrett selbst konnte sie ablesen, daß in der *Times* vom nächsten Tag der Name eines seiner besten Freunde stehen würde, der vor kurzem gestorben war. Sie gab auch den genauen Ort in der Zeitung, die Spalte an. Barrett hatte vor kurzem an ihn gedacht. Am nächsten Tag entdeckte Barrett in der *Times* tatsächlich genau an der betreffenden Stelle den Namen seines Freundes: Drummond, und dann kamen die Worte: *an old and beloved friend.*

Richet machte auch Versuche mit Patienten. In Verbindung mit hysterischen psychischen Erkrankungen mit enormer *taktiler Empfindlichkeit*[323] erwiesen diese sich als besonders sensitiv. Sie konnten den Inhalt von Briefen referieren, die man ihnen verschlossen gegen die Stirn hielt. Bei manchen genügte eine Berührung einer verhüllten Zeichnung mit dem Finger. Es wurden alle Vorkehrungen getroffen, damit der Sensitive nichts sah. Richet berichtet auch von den Versuchen des Nervenarztes und Klinikdirektors A.N.C. Chowrin mit solchen Patienten. Die Patientin M. etwa konnte den Inhalt verschlossener Briefe lesen. Interessant ist, dies geschah nun nicht Wort für Wort, sondern sie sah Bilder vor sich und gab diese wieder, möglicherweise die Vision, die der Schreiber beim Schreiben im Kopf gehabt hatte. Oder sie empfand nur ein Gefühl beim Befühlen eines geschlossenen Briefs: so brach M. beim Befühlen eines Briefs, den sie noch nicht gelesen hatte, bereits in Tränen aus: er enthielt den überraschenden Tod einer ihrer Nichten.

Sensitive Patienten des Nervenarztes E. Boirac sahen hingegen, so Richet, den Text verschlossener Briefe Wort für Wort vor sich.

Mit einem hochbegabten Sensitiven namens Reese haben, berichtet Richet, etliche berühmte Wissenschaftler wie Edison oder J. Maxwell und

---

[322] Charles Richet, *Traité de Métapsychique*, S. 218–221.
[323] Charles Richet, *Traité de Métapsychique*, S. 232ff.

Schrenck-Notzing Versuche gemacht[324]. Reese konnte sagen, was auf Papieren stand, die seiner Sicht entzogen waren, und die von den Versuchsleitern so vermischt wurden, daß niemand mehr wußte, was auf welchem Papier stand, so daß man auch Telepathie ausschließen konnte.

Pagenstecher[325]

Der Leipziger Mediziner Gustav Pagenstecher (1855–1942) machte zahlreiche Experimente[326]. Besonders erfolgreich war er mit der psychometrisch begabten Maria Reyes de Z. in Mexiko. Während mehrerer Jahre führte er mit ihr Versuche durch.

Er achtete bei seinen Versuchen darauf, daß Maria nicht etwa telepathisch Wissen ermitteln konnte, benutzte Gegenstände, die auch ihm unbekannt waren, über die auch er nichts wußte. Und er grenzte Psychometrie auch als eigene Gattung vom Hellsehen ab: Daß gerade die Vision des Sensitiven an den Gegenstand geknüpft war, also kein Hellsehen stattfand, ging für Pagenstecher daraus hervor, daß die Vision sofort aufhörte, wenn er seiner Versuchsperson Maria den Gegenstand aus der Hand nahm.

Auch Pagenstechers Ansicht nach gingen von Gegenständen *Vibrationen* aus, die Visionen auslösten. Diese Vibrationen, meinte er, hatten nichts mit den unseren normalen Sinnen begreiflichen Dingen zu tun, waren nicht physikalisch, sondern: *kryptisch*.

Pagenstecher lud auch Zeugen, insbesondere andere Ärzte, zu seinen Versuchen. Seine Sensitiven, wie Maria, waren Medien. Er gab ihnen die Gegenstände im hypnotischen Tiefschlaf und dann noch durch Tücher verdeckt in die Hände.

Hier ein paar protokollierte Versuche mit Maria Z.:

– Gegenstand ist ein Stückchen Marmor vom Forum Romanum in Rom, in der Nähe des Tempels von Castor und Pollux aufgelesen. Maria bekommt es an verschiedenen Tagen, insgesamt dreimal, in die Hände.

Erst nach und nach sieht sie ein klares Bild vor sich. Beim dritten Mal sagt sie: „Jetzt sehe ich alles völlig klar. Drei Säulen mir gerade gegenüber. Weiter hinten links sechs Säulen in einer Reihe. Hinten rechts die vier Säulen zu einem Bogen vereint. Das weiße Gebäude im Hintergrund hat ein großes Eingangstor mit zwei kleinen Säulen beiderseits und eine Anzahl kleiner Öffnungen, die den Anschein von Fenstern erwecken. Auf

---

[324] Charles Richet, *Traité de Métapsychique*, S. 246–248.
[325] Gustav Pagenstecher, *Die Geheimnisse der Psychometrie*, S. 15, 25, 30–39, 43–49, 54f., 69, 89–93, 97, 114, 117–119, 125.
[326] Gustav Pagenstecher, *Die Geheimnisse der Psychometrie*, S. 15, 25, 30–39, 43–49, 54f., 69, 89–93, 97, 114, 117–119, 125.

dem Erdboden umhergestreut Stücke von Marmorblöcken und Überreste der zerstörten Mauern."

Betrachtet man nun ein Foto des Forum Romanum, so stellt man eine verblüffende Übereinstimmung fest. Die drei Säulen, die Maria sah, sind die letzten Überreste des Tempels von Castor und Pollux. Die im Hintergrund stehenden sechs Säulen sind die Reste des Tempels des Saturn. Und die vier Säulen rechts bilden den Triumphbogen des Severus. Das große Gebäude im Hintergrund ist das Tabularium (römisches Rathaus).

Pagenstecher veranlaßte dann noch Maria aus dem Gedächtnis eine Skizze zu machen, die eindeutig die römischen Reste zeigte.

Hochinteressant war, daß Maria denselben optischen Täuschungen unterlag wie ein realer Betrachter von ihrem Beobachtungspunkt aus ihnen unterlägen wäre: In ihrer Skizze zeichnete sie irgendwo eine viereckige Säule; diese Säule ist in Wirklichkeit aber rund und wird nur verdeckt durch eine viereckig vorspringende Eckmauer.

– Pagenstecher gab Maria eine verhüllte Seemuschel vom Strand von Veracruz in die Hände.

Vision: „Ich befinde mich unter Wasser und fühle überall auf meinem Körper den Druck des Wassers. Ich befinde mich inmitten von Fischen von allen Größen und Farben. Ich sehe weiße und rosenrote Korallen. Ich sehe auch allerlei Pflanzen, einige mit sehr großen Blättern. Das Wasser hat eine dunkelgrüne Farbe. ... Die Tiere berühren mich sogar ab und zu. ... Aber sie scheinen sich nicht zu erschrecken, nehmen überhaupt keine Notiz von meiner Anwesenheit."

Später stellte sich übrigens heraus: das Wasser in der Bucht von Veracruz war tatsächlich meistens dunkelgrün.

Für Pagenstecher bildete Maria praktisch einen *virtuellen Vertreter* aus. Diese zweite Maria war mit sämtlichen Sinnesorganen versehen: sie schmeckte sogar das Salz des Wassers. Außerdem schien sie unsichtbar zu sein. Und sie unterhielt Tausende Kilometer von Maria 1. entfernt (und auch in der Zeit entfernt) eine Art telegraphische Verbindung zu Maria 1., der sozusagen realen, leiblichen Maria.

– Pagenstecher gab Maria ein ihm von einem Archäologen übergebenes Stückchen, das wie Bast aussah. Er selbst hielt es für ein ägyptisches Relikt. Die Vision Marias war jedoch eine andere: „Am Ufer einer Lagune, wo viel Schilfrohr steht, sehe ich eine große Menge Yucapalmen. In hockender Stellung sehe ich dort acht Indianer arbeiten. Drei von ihnen holen aus dem Wasser verfaulende Pflanzen hervor, schütteln sie, um das Wasser zu entfernen und übergeben sie den andern fünf Männern, welche sie in einer Tonschale mit einem Fischrücken sozusagen auskämmen, um die weiche verfaulende Masse von den Pflanzenfasern zu entfernen. Danach werden diese fleischlosen Fäden auf eine Art von Tisch gelegt, bestehend aus flachen Steinen, darauf übereinander geordnet und dann mit Steinen beklopft. Die so erhaltenen Blätter werden zwischen zwei flachen Steinen gepreßt, bis sie trocknen sind, um später auf den Bäumen noch mehr ausgetrocknet zu werden. Ich erblicke Blätter und Streifen von 15 cm Breite und 20 cm Länge, sowie auch solche, die 30x40 cm messen. ... Die Vegetation ist die der Hochebene Mexikos."

Das Baststückchen war ein Stückchen eines mexikanischen Kodex; dies erfuhr Pagenstecher erst hinterher.

– Gegenstand: Löffel-ähnlich, wurde von Pagenstecher aus einem Grabhügel der Tarrasco-Indianer ausgegraben.

Vision Marias: „Ich befinde mich in einem schauerlichen dunklen Loch. Ich sehe absolut nichts. An meinem Körper anliegend fühle ich etwas Eisigkaltes, welches in mir die Erinnerung an den eiskalten Körper meines verstorbenen Lieblings wachruft. Ich habe furchtbare Angst."

Sie zitterte und weinte. Später erinnerte sie sich daran, daß sie dasselbe Gefühl empfunden hatte, als sie mit ihrem Körper den toten, eiskalten Körper ihres toten Söhnchens zu erwärmen versuchte.

Sofort nahm Pagenstecher ihr den Löffel aus den Händen und gab ihr den hypnotischen Befehl, die Vision zu vergessen.

Der Gegenstand, eine mit einer dünnen Tonschicht fest überlagerte Austernschale, war zweifelsohne als Schmuckgegenstand beim Begräbnis der Leiche mitgegeben worden. In ihm war die spezifische Kälte des toten Körpers Jahrhunderte lang aufgespeichert worden.

Es ist übrigens interessant, daß Maria der Löffelgegenstand *zu sein* schien so wie sie die Muschel *war*. Sie schlüpfte in die Dinge hinein!

Aufgrund einer Vielzahl von Versuchen schloß Pagenstecher, jeder Gegenstand habe ein Gedächtnis, sei von dem *beeindruckt*, was um ihn herum geschah. Um das weiter nachzuweisen, machte er eine Reihe von Versuchen vor wissenschaftlichen Kommissionen, in denen *er selbst* einen Gegenstand *beeindruckte*, einem Gegenstand ein Erinnerungsbild einflößte, ihn zum Beispiel bestimmten Umständen aussetzte, und die dann wieder von einer psychometrisch begabten Person ablesen lies (so ging auch Buchanan vor).

Er nahm ein Stück Bimsstein und zersägte es in vier Teile. Nr. 1 legte er in eine von Stinkkraut und Bitterwurz gesättigte Lösung und hängte es dann wochenlang in die freie Luft zum Auslüften. Nr. 2 wurde während 21 Tagen in einer Schwarzwälder Uhr mit Schlagwerk für Stunden und halbe Stunden eingeschlossen. Nr. 3 legte er 21 Tage in eine Zucker-Saccharin-Lösung und dann drei Tage und Nächte auf Eis. Nr. 4 wurde während einer vollen Stunde dreimal Dämpfen brennenden Schwefels ausgesetzt und gleichfalls wochenlang zum Auslüften in die freie Luft gehängt.

In hypnotischem Tiefschlaf nahm Maria diese Stücke in die Hände und außerdem weitere Bimssteinstücke, die Pagenstecher nicht *künstlich* beeinflußt hatte. Vor einer Kommission sagte Maria sowohl etwas über das natürliche Entstehen der Steine, als auch stellte sie bei Nr. 1 einen bitteren Geschmack fest, verbunden mit dem Geruch einer unangenehmen Substanz. Bei Nr. 2 hörte sie Tick-Tack und einen Glockenschlag. Bei Nr. 3 schmeckte sie etwas Süßes, verbunden mit dem Gefühl von Kälte. Bei Nr. 4 roch sie Schwefel und spürte Hitze.

Pagenstecher ging so weit zu folgern, „daß Gegenstände eventuell doch ein *geistiges Substrat* in sich bergen können", insofern sie ein Erinnerungsvermögen besaßen.

Das weiter Zurückliegende, meinte er, schien dabei schwächer empfunden zu werden: bei den Bimssteinen also ihr urzeitliches Dasein. Bei einem hatte Maria auf den vulkanischen Ursprung verwiesen (er stammte tatsächlich aus dem Vuklan El Penon), und dann sah sie noch ein Bild einer Lagune mit Fischen vor sich, den späteren Aufenthaltsort. Die zeitlich letzten Eindrücke, der Stinkgeruch, die Schwefelhitze und so weiter, waren deutlicher. Längst Vergangenes verblaßte, nach Pagenstecher, wurde überlagert, zumindest schien dies in Versuchen mit Maria so.

Und auch besondere Erregungen überlagerten andere Eindrücke: Ein im Couvert verschlossener Brief eines vom Schlaganfall Bedrohten rief bei Maria eine dramatische Szene hervor. Ein anderes Stück Papier, das nicht beschriftet war, weckte bei ihr den Eindruck der Fabrik, aus der es stammte. Das heißt beim ersten Blatt Papier überlagerte die Emotion, mit der es beschriftet wurde, das nüchterne Szenario seiner Herstellung in der Fabrik.

Ferner lief die Zeit anders, während das Medium den Gegenstand las. Sie wurde gerafft: Für Maria verstrich nur etwa eine Minute zwischen den Glockenschlägen der Uhr, die im Bimsstein aufgespeichert waren. In Wirklichkeit schlug die Uhr nur jede Stunde. Es lief also alles schneller ab.

Und Pagenstecher glaubte herausgefunden zu haben, daß je weiter Maria sich im medialen Zustand vom geschauten Ereignis entfernt empfand, desto weiter dieses in der Zeit zurücklag: Fand etwas in der Gegenwart statt, war sie mitten drin. Handelte es sich um Ereignisse von vor mehreren Hundert Jahren, so sah sie alles aus einer Entfernung. Ein Dolch aus Obsidian, der circa 600 Jahre alt war, erweckte in ihr Visionen, die sie aber nur aus etwa 60 m Entfernung beobachten konnte. Pagenstecher hielt hier Einstein für bestätigt, seine Verflechtung von Raum und Zeit.

Pagenstecher hielt übrigens auch Gedanken für materiell. Er beobachtete, daß Maria in ihren Visionen auch Gedanken anderer so wahrnahm, als seien es ihre eigenen: und zwar in besonderer Form. Als Pagenstecher ihr ein Stück Haar ihrer Tochter in die Hände gab, sah sie oberhalb der Augen ihrer Tochter, dort, wo die Stirn war, wie auf einer Bühne, die Gedanken ihrer Tochter in Bildform, im konkreten Fall, das gesamte Bild eines Puppenpalastes, den ihre Tochter sich als Geschenk erträumt hatte. Maria beschrieb dieses Bild der Gedanken als bogenförmiges, gewölbeartiges Szenarium. Pagenstecher nahm aufgrund dessen an, Gedankenbilder seien irgendwo im Gehirn als *„mikrophotographische Engramme"* eingeprägt.

Zum Schluß noch ein besonders schönes Fallbeispiel: Pagenstecher gab Maria verdeckt einen durch Flaschenpost an Land gespülten Abschiedsbrief in die Hand. Zuerst fühlte sie eine schaukelnde Bewegung, dann begriff sie, daß sie sich an Bord eines Schiffs befand. Minutiös beschrieb sie nun einen Schiffsuntergang. An Deck befanden sich Hunderte von Personen, alle mit angsterfüllten Mienen. Frauen umarmten Männer und Kinder. Manche beteten auf Knien. Einige stießen Flüche aus. Offiziere gaben der Mannschaft Befehle, Rettungsboote wurden heruntergelassen. Das Wetter war absurderweise schön, keine Wolke stand am Himmel. Das Meer war ruhig. Maria wunderte sich, daß sie nichts sah, was die Gefahr ankündigte. Schließlich erblickte sie einen Mann, groß, stark, große schwarze Augen, breite Stirn, adlerförmige Nase, Vollbart, Alter zwischen 35 und 40, ausgesprochen spanischer Typ, einer der wenigen ganz Bekleideten, der aus einem Buch ein Blatt herausriß, es gegen die Kabinenwand haltend, beschrieb. Plötzlich hörte sie eine starke Explosion, gefolgt von einer Reihe weiterer, weniger starker. Das Schiff erbebte und krachte in allen Fugen. Der Mann unterbrach, schrieb dann weiter, rollte das Blatt und stopfte es in eine Flasche. Er verkorkte sie eilig, indem er den Kork durch Druck gegen die Kabinenwand hineindrückte. Dann warf er die Flasche mit aller Kraft möglichst weit ab vom Schiff ins Meer. Maria sah jetzt Details, die nicht dem Papier eingeprägt sein konnten. Hier folgte Hellsehen in die Vergangenheit. Unter den Passagieren erschoß sich jemand, indem er sich eine Pistole gegen den Gaumen hielt. Im Moment des Versinkens, das sehr rasch kam, rief der Spanier flehend aus: Herrgott, meine Kinder! Dann wechselte Maria wieder sozusagen in das Blatt Papier: Mit derselben Geschwindigkeit mit der sie mit den Passagieren versank, kam sie jetzt wieder empor an die Wasseroberfläche. Die Wasseroberfläche war jetzt ruhig, als hätte sich kein Drama ereignet.

Der Sitzung wohnten mehrere Zeugen bei, und man hatte aufgrund von Zufällen und den Informationen auf dem Abschiedsbrief, der bei den Azoren aufgetaucht war, sogar die Witwe des Mannes in Havanna ermitteln können, der genauso aussah, wie Maria ihn beschrieben hatte, groß, stark, schwarze Augen, üppiges schwarzes Haar, schwarzer Vollbart, große Adlernase, breite Stirn, 38 Jahre, Ramon Penoles, zwei Kinder, einen Sohn von 5 und eine Tochter von 3 Jahren. Der Dampfer, auf dem

Ramon unter falschem Namen reiste – als politischer Flüchtling wurde er von der spanischen Regierung gesucht –, war auf der Reise nach Europa durch deutsche U-boote torpediert worden.

Erwähnenswert ist auch noch, wie der Mediziner Pagenstecher wiederholt aufschrieb, mit welcher Scheu er an dieses Thema des Paranormalen ging: „... ich sehe schon das maliziöse Lächeln gewisser Leser und ihr spöttisches Naserümpfen, welches mir als schwachsinnigem Alten mitleidsvoll gezollt wird."

Driesch

Der Leipziger Biologe Hans Driesch (1867–1941) nahm schon früh, entgegen allen anderen, an, daß es in der Physik Prozesse gab, die nicht vollständig determiniert sein konnten. Mit Heisenbergs Unschärferelation, (bei der sich Angaben zu Ort und Zeit von mikrophysikalischen Ereignissen nur in Form von Wahrscheinlichkeiten machen ließen), fand das dann 1927 Bestätigung.

Noch revolutionärer war, daß Driesch im Grunde bereits die Möglichkeit eines *nichtlokalen Bewußtseins* in Betracht zog. Und ebenso avantgardistisch war seine Ansicht, die Entwicklung eines Organismus würde von etwas außerhalb geleitet, einem nichtphysikalischen Kausalfaktor, den er *Entelechie*[327] nannte. Diese Dinge werden erst in letzter Zeit vermehrt diskutiert[328].

Driesch war nun auch Philosoph und beschäftigte sich auch intensiv mit Parapsychologie. Er bestand auf deren wissenschaftlichem Rang. Sie sei echte Aufklärung, denn aufklärend sei jedes Wissen, das in der Welt, wie sie einmal ist, Formen der Ordnung beziehungsweise Gesetzlichkeiten erfaßt[329]. Parapsychische Versuche seien genauso überprüfbar wie naturwissenschaftliche Beobachtungen. Und wenn man kritisiere, die parapsychischen Versuche seien im Gegensatz zu den naturwissenschaftlichen nicht beliebig wiederholbar, so stimme das gar nicht immer; auch in der Astronomie und Geologie seien Beobachtungen nicht beliebig wiederholbar. Und auch sonst, in der Biologie zum Beispiel, seien Objekte oft nicht weniger kapriziös wie Medien.

Sei ein Medium einmal betrügerisch, bedeute das ferner nicht, es sei immer ein Betrüger. Und gerate einem Medium einmal etwas daneben, so bedeute das nicht, es könne überhaupt nichts: Auch in den Naturwissenschaften annullierten negative Fälle nicht automatisch positive Fälle.

---

[327] Entelechie von griechisch *entelos*: trägt seinen Zweck in sich selbst.
[328] Vgl. etwa Rupert Sheldrake, *Das schöpferische Universum*, S. 52–56, der im Grunde Drieschs Idee übernahm.
[329] Hans Driesch, *Parapsychologie*, S. 148, 53–55.

Gerade, wer, wie er, biologisch experimentell gearbeitet habe, wisse, daß es gelegentlich „nicht geht" und dann wieder „geht". Diejenigen, die Kritik an der Echtheit paranormaler Phänomene übten, führten dementgegen gerne die Betrugsfälle auf, die Negativergebnisse, und ließen die Positivergebnisse einfach weg.

Daß begabte Sensitive so selten sind, meinte Driesch, sei ebenfalls kein Grund, sie anzuzweifeln.

Driesch befaßte sich detailliert mit Methoden der experimentellen Nachprüfung paranormaler Fähigkeiten und mit dort auftretenden Täuschungsmanövern und Fehlerquellen[330].

Am besten, meinte Driesch, man hatte mehrere Beobachter.

Das Paranormale war eigentlich nur der Wissenserwerb. So mußte man aufpassen, daß der Psychometer nichts über den Gegenstand wußte oder gewußt haben konnte. Auch vergessenes Wissen zählte hierzu. Am besten, man gab ihm den Gegenstand so in seine Hand, daß er ihn weder sehen, noch erfühlen konnte. Idealerweise in einer Box.

Oft rieten Sensitive herum und warteten auf Antwortzeichen, inklusive unbewußter Zeichen, derer im Raum. Hier mußte man ebenfalls Vorkehrungen treffen. Am besten, der Sensitive ermittelte irgend etwas, das im Moment niemand wußte.

Im hypnotischen Zustand gab es das Phänomen der Überempfindlichkeit der Sinne. Der Sensitive konnte das leiseste Flüstern hören, und auch hier mußte man aufpassen.

Bei großer Unbestimmtheit der Aussage war die Trefferquote relativ hoch. Schwer, hier Zufall auszuschließen. Driesch hat bei Versuchen erlebt, daß vieles in die Gruppe des allzu Unbestimmten gehörte. Angaben über den Charakter von jemandem waren oft wertlos, Angaben über Heirat, Kinder und dergleichen besaßen eine Wahrscheinlichkeit von 50% und waren deshalb ebenfalls quasi wertlos. Man mußte auf seltene, ausgefallene Einzelheiten ausgehen.

Sensitive sagten ferner oft, sie „sähen" etwas, konnten es aber nicht ohne weiteres verstehen. Was sie sahen, war oft sehr schematisch. Durch die Deutung des Intellekts waren Verfälschungen möglich. In einem Versuch sagte die Sensitive zum Beispiel, die Person W. säße vor einem Kasten, weiße und schwarze Striche liefen auf W. zu. W. saß de facto vor einem Klavier. Eine Deutung hätte hier leicht verfälschen können.

Viele Kritiker sagten, die Versuchsleiter betrogen einfach. Und deshalb gäbe es paranormale Phänomene nicht. Betrug gab es nach Driesch auch bei Versuchsleitern in Biologie und Chemie. Aber eigentlich war das, sobald es wissenschaftlich wurde, also auch bei den paranormalen Tests, eher selten.

---

[330] Hans Driesch, *Parapsychologie*, S. 24ff.

Anhand ihrer scharfen Standards galten Driesch Versuchsreihen als wissenschaftlich völlig seriös[331]: die protokollierten Sitzungen mit den Medien Frau Piper, Frau Leonard, Pascal Forthuny und Ossowiecki. Ebenso die Versuche von Tischner, Wasielewski, Pagenstecher und Sinclair, von Osty und Richet. Vieles sei, so Richet, aufgrund solcher seriösen Versuche daher auf dem Gebiet des Paranormalen wirklich gesichert, und der Rest könne mit gutem Gewissen als wahrscheinlich bezeichnet werden.

Die Sinclairs[332]

Albert Einstein[333] und William McDougall[334], Direktor des Psychologischen Instituts der Universität Oxford, des Psychologischen Instituts der Universität Harvard und des Psychologischen Instituts der Duke Universität verbürgten sich für die Seriosität der Versuche des bekannten amerikanischen Schriftstellers und Pulitzerpreisträgers: Upton Sinclair (1878–1968).

Sinclair fand in seiner Frau, Mary Craig Sinclair, eine ausgezeichnete Testperson. Er machte hauptsächlich Versuche zur Telepathie, also zum Gedankenlesen, und auch zur Psychometrie. Bei den psychometrischen Versuchen wählte er mit Vorliebe Zeichnungen[335], die in sorgfältig versiegelten Umschlägen steckten. Gleichzeitig machte er reine Rate-Versuche: Testpersonen mußten einfach erraten, was in den Umschlägen abgebildet war. Die Ergebnisse beim Raten waren signifikant zufälliger[336].

Interessant war nun bei den psychometrischen Versuchen, daß die Testpersonen oft die Zeichnung beschreiben konnten, sie aber anders interpretierten als vom Zeichner beabsichtigt. So sah die Testperson bei einem gezeichneten Krebs „Flügel und Finger und zwei O, wie Augen von etwas". Tatsächlich sahen die gezeichneten Beine wie Finger aus und die Krebsaugen waren als zwei O-förmige Punkte dargestellt. Oder ein rauchender Vulkan wurde beim Sensitiven zu einer dicken Küchenschabe mit Fühlern, der Körper des Käfers stimmte dabei aber mit dem Rauch des Vulkans überein und die Fühler mit den Umrissen des Vulkans.

Frau Sinclair Craig war besonders erfolgreich, wenn es galt, herauszufinden, was auf einer zugedeckten Karte abgebildet war oder in einem Buch stand, das sie nur verdeckt zur Hand hatte. Sinclair Craig hat nun

---

[331] Hans Driesch, *Parapsychologie*, S. 39, 88f.
[332] Upton Sinclair, *Radar der Psyche*, S. 136–161, 201ff., 247, 265–269.
[333] In Upton Sinclair, *Radar der Psyche*, Geleitwort.
[334] Vgl. S. 7ff., die Einleitung für Upton Sinclair, *Radar der Psyche*.
[335] Upton Sinclair, *Radar der Psyche*, S. 201ff.
[336] Upton Sinclair, *Radar der Psyche*, S. 247.

versucht zu beschreiben, wie dies funktionierte[337]: Zuerst mußte man die Kunst ungeteilter Aufmerksamkeit oder Konzentration erlernen. Es handelte sich dabei aber nicht um Nachdenken, sondern darum, das Nachdenken zu verhindern. Wollte man etwas über einen Gegenstand herausfinden, so mußte man an diesen einen Gegenstand denken. Dabei durfte man aber nicht etwas über ihn denken, ihn bewerten, untersuchen oder seine Erinnerungen absuchen nach ihm. Man mußte quasi *unspezifisch* auf diesen Gegenstand konzentriert sein. Man durfte sich dabei auch nicht vom eigenen Körpergefühl und der Umgebung ablenken lassen, und natürlich auch nicht von Gedanken, woher sie auch stammen mochten. Alle diese Gedanken sollte man zurückdrängen. Und dabei war Entspannung wichtig. *Also gleichzeitig Konzentration und Entspannung, eigentlich ein Paradox.* Wenn Frau Sinclair sich so auf einen Gegenstand konzentrierte, hatte sie den Eindruck so entspannt zu sein wie im Schlaf. Dennoch behielt sie dabei die Kontrolle, schlief nicht ein. Waren Geist und Körper im passiven Zustand der Entspannung, ließ Sinclair eine Zeitlang Gedankenleere[338] eintreten. Dann gab sie sich, beziehungsweise ihrem Unterbewußtsein, mit so wenig Anstrengung wie möglich den Befehl, ihr zu sagen, was auf dem Blatt war, das sie gerade verdeckt in Händen hielt. Sie wollte, daß das Bild auf dem Blatt in ihrem Bewußtsein erschien. Dann entspannte sie sich wieder, ließ wieder eine Weile die Gedankenleere eintreten. Schließlich versuchte sie, wieder ohne Anstrengung, irgendwelche Formen in dem leeren Raum zu erkennen, in den sie mit geschlossenen Augen blickte. Wichtig war es, einfach passiv zu warten, bis etwas kam, nicht Bilder heraufzubeschwören. Immer galt es, Erinnerungen und Vorstellungen auszuklammern und sich nur auf diese inneren Bilder auszurichten. Oft erschienen zunächst nur Teile von Formen. Vorsicht: die Phantasie sollte hier nichts vervollständigen, man mußte sich vor Interpretationen hüten und passiv abwarten. Typisch für die inneren Bilder war, so Sinclair, daß sie ohne unser Zutun, von alleine entstanden! Endlich sah sie den Gegenstand vollständig. Innere Bilder liefen vor ihr ab wie ein Film. Sie kamen und verschwanden blitzartig. Mit ihrem Bewußtsein konnte sie die Bilder aber kurz anhalten. Meist hatten die Dinge zarte Umrisse, oft verschwammen sie, wurden schattenhaft. In dem Fall mußte man sie zurückrufen. Aus den vielen Bildern, die man sehen mochte, galt es jetzt, das richtige herauszufinden. Sinclair befahl zu dem Zweck ihrem Unterbewußtsein, das richtige Bild (aus dem Film) zu zeigen. (Dazwischen ließ sie immer wieder Gedankenleere eintreten.) Präsentierte ihr

---

[337] Upton Sinclair, *Radar der Psyche*, S. 136–159 und S. 265–269.

[338] Natürlich gibt es nicht die vollkommene Gedankenleere, man kann lediglich das Bewußtsein so einengen, daß es ganz auf einen Gegenstand fixiert ist. Man muß aber aufpassen, daß dieser Gegenstand bei einem nicht irgendwelche Erinnerungen weckt: So Upton Sinclair, Upton Sinclair, *Radar der Psyche*, S. 265–267.

dann das Unterbewußtsein mehrmals immer wieder dasselbe Bild, zumeist das vom Anfang, akzeptiert sie es, trat in den Wachzustand und notierte sofort auf, was sie gesehen hatte. Interpretierte man nun das Bild, konnte man wieder Täuschungen aufsitzen. Das Bewußtsein fügte hinzu oder ließ fort. Manchmal war eine *entschiedene Ahnung* Garant, daß etwas zutraf. Manches erschien auch in der Form von Symbolen, das erschwerte natürlich die Sache. Ein Problem waren auch die Dinge, die man kurz bevor man die Augen schloß in der Umgebung wahrgenommen hatte; die geisterten häufig noch vor dem inneren Auge herum.

Sinclair Craig hatte nun das Gefühl, das innere Bild, das Wissen über den psychometrischen Gegenstand, kam weder aus dem Unterbewußtsein, noch aus dem Bewußtsein, sondern aus einer dritten Schicht, die es dem Bewußtsein erst über den Weg des Unterbewußtseins vermittelte. Sie nannte es *seelische Tiefenschicht*. Deren Verhalten war, nach ihr, vom Unterbewußtsein völlig verschieden. Ihre Antworten (die Antworten der Tiefenschicht) schienen immer richtig, hingegen irrte sich das bloße Unterbewußtsein häufig. Die Bilder beider zu unterscheiden gelang Sinclair Craig nach einiger Zeit: Die richtigen Bilder, aus der seelischen Tiefenschicht, waren begleitet von einer Art Triumphgefühl, Freude, Überzeugung oder entschiedenen Ahnung. Und was auch interessant war, es schienen Sinclair Craig die Augen zu sein, die die inneren Bilder hinter verschlossenen Lidern sahen.

Diese seelische Tiefenschicht war für Sinclair Craig gleichzeitig ein kosmisches Bewußtsein oder kosmisches Unbewußtes, eine gemeinsame geistige Grundlage aller, die jeder individuelle Geist anzapfen konnte.

Sinclair Craig war auch etwas zur *Selektion* aus diesem kosmischen Reservoir aufgefallen. Nach vielen Tests bemerkte sie, ihre Erfolgsquote war höher, wenn etwas auf Rauch oder Feuer hindeutete. Sie hatte in ihrer Kindheit diesbezüglich Traumatisches erlebt. Und so bildeten eigene starke Gefühle eine Art Marker.

Upton Sinclair[339] schloß aufgrund seiner Versuche, daß es irgendeine universale *geistige* Stofflichkeit gab, so wie es eine universale körperliche Stofflichkeit gab. Daß unser Gehirn, seine Gedanken, Schwingungen erzeugten. Und diese auf materielle Dinge wie zum Beispiel Papier einwirkten und Eindrücke hinterließen, die lange Zeit, vielleicht für immer, bestehen blieben. Der Boden Britanniens erbebte also noch immer unter dem zweitausendjährigen Stampfen von Cäsars Legionen. So weit hergeholt erschien ihm diese Idee absolut nicht, ging doch die materialistisch orientierte Psychologie seiner Zeit davon aus, daß Gedanken Erinnerungen erzeugten und diese irgendwie in Gehirnzellen gespeichert wurden, auch hier hinterließ schließlich der Geist Abdrücke in der Materie.

---

[339] Upton Sinclair, *Radar der Psyche*, S. 158–161.

Die Rhines und Pratt[340]

Die *Kartenversuche* der Biologen und Parapsychologen J.B. Rhine, Louisa Rhine und J.G. Pratt[341] an der Duke-Universität sind legendär. Seit 1930 untersuchten J.B. Rhine und Louisa Rhine an der Duke auffällig medial Begabte. Sie machten so viele Versuche mit so vielen Testpersonen unter so sorgfältig kontrollierten Bedingungen[342], daß schon allein ihre Versuchsreihen Phänomene wie Telepathie, Hellsehen, Psychometrie und sogar Präkognition statistisch nachweisen.

Rhine und Pratt war klar, daß bei paranormalen Experimenten besondere Vorsichtsmaßnahmen gegen Betrug gefordert wurden. Psi-Fähigkeiten werden mit Praktiken assoziiert, bei denen Betrug gang und gäbe ist. Gerade beim Hellsehen und der Psychometrie ließ sich Betrug nach Rhine und Pratt zum Glück mühelos ausschließen, und erst recht bei der Präkognition.

Rhine und seine Mitarbeiter, darunter auch J.G. Pratt, verwendeten immer dasselbe Material: Spielkarten mit den Zeichen Kreis, Kreuz, Rechteck, Stern und Wellenlinie.

Die Karten wurden auf einem Tisch ausgelegt mit den Zeichen nach unten. Die Versuchspersonen bemühten sich, die Karten der Lage nach zu erraten. Hier konnte Psychometrie und/oder Hellsehen vorliegen.

Versuchsperson konnte potentiell jeder sein – eine große Reihe von Daten sprach dafür, daß paranormale Fähigkeiten alle hatten. So konnte jemand auch geschult werden. Es gab aber Unterschiede im Potential, geeignetere und weniger geeignete Versuchspersonen.

Um jede Beeinflussung zu vermeiden, mischte eine Mischmaschine die Karten. Oder es wurden die Karten, die die Probanden erraten sollten, nach dem Mischen nach einem Schlüssel abgehoben, der aus der Differenz der Maximal- und Minimaltemperatur des Vortages – entnommen aus einer bestimmten Zeitung – errechnet wurde.

Ein einfacheres Verfahren war es, die Karten blind aus jeweils frischen Päckchen hinzublättern.

Die zu erratende Karte mußte vollständig gegen jede mögliche Form der sensorischen Wahrnehmung abgeschirmt werden: Man versiegelte manchmal auch die Karten in undurchsichtigen Umschlägen oder Schachteln.

---

[340] Vgl. J.B. Rhine, J.G. Pratt, *Parapsychologie*, S. 21ff., 51–59, 130ff., 138ff., 166, und vgl. die Rhines und Pratt bei Hans Bender, *Parapsychologie*, S. 11–14 und bei Lynne McTaggart, *Das Nullpunkt-Feld*, S. 187.

[341] Vgl. J.B. Rhine, J.G. Pratt, *Parapsychologie*, S. 138ff. Vgl. bei Hans Bender, *Parapsychologie*, S. 11–14 und vgl. bei Lynne McTaggart, *Das Nullpunkt-Feld*, S. 187.

[342] J.B. Rhine, J.G. Pratt, *Parapsychologie*, S. 21ff., 130ff., 166.

Wollte man nur Psychometrie beziehungsweise Hellsehen nachweisen, war es gut Telepathie und präkognitive Telepathie auszuschließen: So zufällig wie die Karten ausgesucht wurden, wußten weder der Versuchsleiter noch sonst jemand die Kartenanordnung während des Versuchs. Nun war es aber auch wichtig, daß bei der Kontrolle der Ergebnisse die Reihenfolge der gemachten Aussagen unbekannt blieb, da hieraus jemand auf ein zukünftiges Wiederkehren bestimmter Karten hätte schließen können, was wiederum aus Gedanken hätte abgelesen werden können. Und Versuchsleiter und Versuchspersonen wurden sogar in verschiedenen Gebäuden untergebracht.

Um Fehler auszuschließen wurden ferner doppelte Protokolle erstellt. Es gab einen zweiten Versuchsleiter, der den ersten kontrollierte. Ein weiterer Mitarbeiter stellte sicher, daß die Protokolle richtig aufbewahrt wurden und durch ein System von Zwischenkontrollen gesichert wurden.[343] Da man eine psychologische Funktion untersuchte, mußte man des weiteren auch psychologische Bedingungen in Erwägung ziehen. Die feine Kunst der zwischenmenschlichen Beziehung war besonders gefragt, denn es ging schließlich um die delikate Aufgabe, die Versuchsperson dazu zu bewegen, in meßbarem Grad einen Einfluß zur Äußerung zu bringen, den sie nicht bewußt steuern konnte.

In Vorversuchen stellte man so fest, ob etwa der Versuchsleiter ein hemmender Faktor war.

Psychologisch wichtig für die Versuchsperson war, daß man eine monotone Testroutine vermied, das Verfahren so kurz, abwechslungsreich und variabel wie möglich gestaltete; nachlassendes Interesse wirkte sich schlecht auf die Ergebnisse aus.

Überhaupt zählte das Motivieren. Auch das Auszählen der Protokolle gemeinsam mit der Versuchsperson konnte psychologisch anregend wirken, besonders wenn man sie auf Erfolge aufmerksam machte, die sie erzielt hatte.

In den so gesicherten Versuchen erreichten die Probanden dabei Trefferzahlen erheblich über dem Zufall: Die Erfolgsrate lag bei 3 000 000 : 1[344].

Die Versuche gelangen auch, wenn die Versuchsperson 50 m von den Karten entfernt saß.

Und: Probanden konnten selbst Aussagen über die Lage von Karten in einem Spiel machen, die erst noch automatisch gemischt und gelegt werden mußten.

In weiteren Versuchen wiesen die Rhines Telepathie nach. Ein „Empfänger" versuchte zu erraten, an welches Zeichen, an welche Karte, ein

[343] J.B. Rhine, J.G. Pratt, *Parapsychologie*, S. 51–59.
[344] Vgl. bei Michael Talbot, *Das Holographische Universum*, S. 220.

Hunderte von Kilometern entfernter „Sender" dachte. Auch hier lagen die Resultate weit über dem Zufall.

Später kamen dann Psychokinese-Tests hinzu. J.B. Rhines und J.G. Pratts berühmte Würfelversuche. Es ging darum, mit Gedanken Materie zu beeinflussen.

Rhine zeigte, daß Versuchspersonen die Wahrscheinlichkeit erhöhen konnten, daß beim Würfeln eine bestimmte Zahl fiel.

Louisa Rhine[345] trug ergänzend Unmengen von Fällen *spontaner* Präkognition beziehungsweise Prophetie zusammen, die eine lange Geschichte haben und vielfach gut dokumentiert sind.

Die statistische Auswertung, die genaue Messung, nahm schließlich bei Rhine und Pratt einen prominenten Platz ein. Man berechnete hier die Signifikanz im Hinblick auf den Zufall. Es wurde die Gesamtzahl der Treffer in einer Anzahl von Versuchen aufgelistet. Diese Anzahl wurde verglichen mit der Treffersumme, die nach der Wahrscheinlichkeitstheorie zu erwarten war, also verglichen mit der mittleren Zufallserwartung. Die Abweichung von dieser mittleren Zufallserwartung wurde dann durch die Standardabweichung dividiert. (Die Standardabweichung ist die $\sqrt{\ }$ n x p x q, wobei n die Anzahl der Einzelversuche, p die Erfolgswahrscheinlichkeit für einen Versuch und q die Wahrscheinlichkeit für einen Mißerfolg ist (q = 1 – p).) Der Quotient (das Ergebnis der Division) ist der kritische Bruch, ein Wert, den man mit den Standardtabellen für Wahrscheinlichkeitswerte in die entsprechende Wahrscheinlichkeit umrechnen kann. So kann eine Angabe darüber gemacht werden, mit welcher Wahrscheinlichkeit Ergebnisse, die von der Zufallserwartung abweichen, in reinen Zufallsserien auftreten. Dies ist das Maß, nach dem der Untersucher beurteilt, ob seine Ergebnisse nicht-zufällig sind.

Schmidt[346]

Der Princeton Physiker Helmut Schmidt perfektionierte Rhines Würfel-Versuche mit den sogenannten *Schmidt-Maschinen*, perfekten Zufallsgeneratoren.

Würfel hatten vielleicht nicht die perfekte Form und begünstigten damit eine bestimmte Zahl. Schmidt meinte, es sei beim Würfeln auch schwerer, Psychokinese vom Hellsehen zu trennen.

Deshalb konstruierte Schmidt einen *elektronischen Münzwerfer*[347]:

---

[345] Vgl. bei Russell Targ/Harold Puthoff, *Jeder hat den 6. Sinn*, S. 190.

[346] Schmidt war auch Professor an der Universität Köln und Forschungsphysiker bei Boeing Scientific Research Laboratories in Seattle, Washington. Zu Schmidt vgl. Lynne McTaggart, *Das Nullpunkt-Feld*, S. 154–166 und Michael Talbot, *Das Holographische Universum*, S. 220.

Die Maschine konnte eine garantiert zufällige Sequenz von „Köpfen" und „Zahlen" generieren. Wenn Kopf fiel, leuchtete eine Lampe in einem Lampenkreis im Uhrzeigersinn auf, fiel Zahl leuchtete die nächste Lampe gegen den Uhrzeigersinn auf.

Schmidt hatte medial begabte Versuchspersonen ausgewählt. Sie sollten sich darauf konzentrieren, daß die Lichter im Uhrzeigersinn häufiger aufleuchteten. Und sie brachten es tatsächlich fertig, durch rein gedankliche Beeinflussung.

Die Resultate waren mathematisch signifikant, ihre Wahrscheinlichkeit lag im Bereich von eins zu über zehn Millionen.

Schmidt testete dann auch Probanden, ob sie subatomare *Zufalls*ereignisse voraussagen konnten wie den radioaktiven Zerfall (also Hellsehen in die Zukunft). Schmidt hatte einen Zufallsgenerator konstruiert, der von zerfallenden Atomen angetrieben wurde[348] (zufälliger geht es nicht): Er hatte eine geringe Menge Strontium 90 in der Nähe eines Elektronenzählers angebracht. Jedes Elektron, das von den instabilen, zerfallenden Molekülen freigesetzt wurde, wurde im Innern eines Geiger-Müller-Zählrohrs registriert. Jedes Mal, wenn ein Elektron in das Zählrohr geschleudert wurde – durchschnittlich waren es zehn pro Sekunde –, stoppte es einen Hochgeschwindigkeitszähler, der rasend schnell, eine Million Mal pro Sekunde, die Zahlen von eins bis vier abgriff, und entsprechend der gestoppten Zahl leuchtete eins von vier farbigen Lichtern, rot, gelb, grün, oder blau, auf. Der Proband drückte während des Versuchs einen Knopf unter einem der Lichter, um seine Vorhersage zu registrieren, welches der betreffenden bunten Lichter aufleuchten würde. In Tests mit drei Versuchspersonen in mehr als 60 000 Versuchen erhielt er Resultate, bei denen die Relation, die gegen den Zufall sprach, 1 000 000 000 : 1 betrug[349].

Was folgt hieraus:

Daß es den Zufall nicht gibt?

Die Antwort (und nicht nur Schmidts Antwort) ist hoch differenziert und hat enorme philosophische Implikationen. Sie lautet, *sobald ein bewußter Beobachter sich mit etwas beschäftigt, ist es vorbei mit dem Zufall*[350]. Und das ist alles andere als abwegig: So wird auch das seltsame Verhalten von Quanten interpretiert, wie wir noch näher sehen werden. Sobald ein Beobachter ein Quant beobachtet, nimmt es eine konkrete Position ein, unbeobachtet ist es überall und nirgendwo, reine Potenz, kann dies oder das sein, birgt Zufälligkeit.

Und was bedeutet es noch?

---

[347] Vgl. Lynne McTaggart, *Das Nullpunkt-Feld*, S. 160–S. 165.
[348] Vgl. bei Lynne McTaggart, *Das Nullpunkt-Feld*, S. 162.
[349] Vgl. Michael Talbot, *Das Holographische Universum*, S. 220.
[350] Vgl. Schmidt bei Lynne McTaggart, *Das Nullpunkt-Feld*, S. 154–166.

Wenn, wie bei der Psychokinese, Geist Materie beeinflussen kann, so liegt (nicht nur) für Schmidt nahe, daß Geist und Materie nicht fundamental getrennt sind, daß Descartes Trennung von Körper und Geist, Materie und Gedanken überholt ist. Sondern es rückt auch in den Bereich unserer Vorstellbarkeit, daß auch Materie so etwas wie einen Geist haben kann. Und ein Gegenstand auch so etwas wie ein Gedächtnis, könnten wir hinzufügen.

Jahn und Dunne[351]

Der Princeton Physiker Robert Jahn hatte in Princeton von Schmidts Maschinen gehört. Er rief dort ein Forschungsprogramm ins Leben namens PEAR (Princeton Engineering Anomalies Research) und setzte Schmidts Versuche mit Zufallsgeneratoren fort. Später gesellte sich die Entwicklungspsychologin Brenda Dunne von der Universität Chicago hinzu.

Jahns Zufallsgeneratoren wurden nicht von zerfallenden Atomen angetrieben, sondern von einer elektronischen Geräuschquelle. Sie produzierten Einsen (1) oder Nullen (0), beides zu jeweils ungefähr 50 %. Die Probanden mußten nun versuchen die Maschine dahingehend zu beeinflussen, daß mehr 0en oder mehr 1en produziert wurden. In einem Zeitraum von 12 Jahren mit nahezu 2,5 Millionen Versuchen ergab sich statistisch, daß Psychokinese existierte; und zwar war es so unwahrscheinlich wie etwa eins zu einer Trillion, daß es Psychokinese nicht gab.

Jahn und Dunne fanden nun auch heraus, daß die paranormalen Fähigkeiten wuchsen, wenn mehrere Personen versuchten ihren Einfluß gemeinsam geltend zu machen. Am wirksamsten war die Kooperation bei Personen, die sich nahestanden, zum Beispiel bei Paaren. Sie erzielten fast sechsmal so starke Effekte wie im Einzelversuch. So wie zwei phasengleiche Wellen ein Signal verstärken, konnten miteinander eng verbundene Probanden eine besonders starke Resonanz haben, die ihre gemeinsame Wirkung auf den Zufallsgenerator erhöhte.

Jahn und Dunne beobachteten auch, daß die paranormalen Effekte sich verstärkten, wenn man die bewußte Wahrnehmung verringerte.

Wie Schmidt, schlossen Jahn und Dunne, daß man Geist und Materie eigentlich nicht trennen konnte. Jahn vermutete sogar, daß es im subatomaren Bereich sozusagen nicht zwei Welten: Geist und Materie, sondern letztlich, als Ursache von allem, nur eine gab: nur den Geist beziehungsweise Bewußtsein. Dieses befähigte, nach Jahn, Materie, sich selbst zu organisieren.

---

[351] Vgl. bei Lynne McTaggart, *Das Nullpunkt-Feld*, S. 171–188.

Und im Bereich großer Objekte schlossen die beiden aus den Versuchen, erzeugten wir alle unsere Wirklichkeit *allein durch unsere gerichtete Aufmerksamkeit.*

Jahn und Dunne hatten nun beliebige Probanden ausgewählt, nicht wie Schmidt, besonders medial begabte. So konnte man auch in Folge der Tests sagen, daß alle über paranormale Fähigkeiten verfügten, nur eben, wie bei künstlerischen Begabungen, gab es welche, die in der Hinsicht einfach begabter waren.

Targ und Puthoff[352]

Die Stanford Physiker Russell Targ und Harold Puthoff fanden am Stanford Research Institute (SRI) heraus, daß Probanden auf übersinnlichem Weg nicht nur entfernte Orte beschreiben konnten, an denen sich die Versuchsleiter im selben Augenblick aufhielten, sondern auch solche Orte, die die Versuchleiter demnächst aufsuchen würden, und das sogar, *bevor* die Versuchsleiter sich noch für diese Orte entschieden hatten[353]. Sie wiesen also Hellsehen und Präkognition und auch Psychometrie in etlichen Tests nach, ebenfalls Psychokinese.

Ihre Tests, die in den siebziger Jahren des 20. Jahrhunderts begannen, sind von zahlreichen Laboratorien in aller Welt wiederholt worden, auch von Jahn und Dunne in Princeton.

Interessant ist übrigens, daß die Forschungen zu einem großen Teil von der CIA und anderen US-Regierungsbehörden finanziert wurden, die sich für die Möglichkeit parapsychologischer Spionage interessierten[354].

Auch Targ und Puthoff arbeiteten mit Zufallsgeneratoren[355]: In ihren erfolgreichen Präkognitionstests traf die Versuchsperson ihre Wahl *bevor* die Maschine ausgewählt hatte.

Eine ihrer begabtesten Testpersonen war Hella Hamid[356]. Hella wurde im Labor aufgefordert sich in Gedanken an einen Zielort zu begeben, der erst noch von einem Zufallsgenerator ausgesucht werden mußte (man kann hier gut Telepathie ausschließen). Sie sollte einfach beschreiben, was sie in Gedanken vor sich sah oder erfuhr. Erst danach wählte ein Außenexperimentator mit einem Zufallsgenerator den Zielort unter

---

352 Vgl. Russell Targ/Harold Puthoff, *Jeder hat den 6. Sinn*, S. 55–63, 94ff., 108, 113, 178–188, 282. Vgl. auch Rupert Sheldrake, *Der Siebte Sinn Des Menschen*, S. 281–283 und Michael Talbot, *Das Holographische Universum*, S. 220f. zu Targ und Puthoff.

353 Vgl. Michael Talbot, *Das Holographische Universum*, S. 220f.

354 Vgl. Rupert Sheldrake, *Der Siebte Sinn Des Menschen*, S. 281.

355 Russell Targ/Harold Puthoff, *Jeder hat den 6. Sinn*, S. 178f.

356 Vgl. Russell Targ/Harold Puthoff, *Jeder hat den 6. Sinn*, S. 180–188.

9 Möglichkeiten aus und begab sich dorthin. Und was beide am Zielort *sahen* – der Außenexperimentator vor Ort und Hella sozusagen im Geist –, wurde dann verglichen. Es gab in vielen Tests eine erstaunliche Übereinstimmung.

Ebenso erstaunliche Ergebnisse lieferte der Proband Pat Price[357], ein ehemaliger Polizeichef, der seine hellseherischen Fähigkeiten auch vielfach erfolgreich bei seiner Arbeit eingesetzt hatte. Er beschrieb die Zielorte auffällig genau, im wesentlichen beschrieb er die Grundelemente und Muster richtig, analysierte aber des öfteren ihre Funktion falsch. Auch aus einem Faraday Käfig heraus beschrieb er die Zielorte erfolgreich, also abgeschirmt vom elektromagnetischen Feld.

Einmal wurde er aufgefordert, von einem Segelflugzeug aus eine Zeichnung zu reproduzieren, die mehr oder weniger gleichzeitig eine Person unten auf der Erde anfertigte[358]. Pat tat dies korrekt, zeichnete ein Muster aus Mond und Sternen, das die Person unten nach einem Etikett gezeichnet hatte, das sie zufällig fand, als sie unten auf der Erde in einer Müllkippe herumgesucht hatte. In einem Punkt schien jedoch ein Irrtum vorzuliegen. Pat hatte noch ein drittes Symbol auf seiner Zeichnung, ein Henkelkreuz. Die Sache klärte sich auf: Die Person auf der Erde zog unter ihrem Hemd, genau unter der Tasche, in die sie die fertige Zeichnung gesteckt hatte, ein ebensolches Kreuz an einer Kette hervor, das von außen niemals sichtbar war.

Im Bereich Hellsehen wurden zwischen 1972 und 1988 am SRI 26 000 separate Versuche durchgeführt. Die Gesamtergebnisse waren statistisch sehr signifikant; die Wahrscheinlichkeit, daß es sich um Zufall handelte, betrug $1 : 10^{18}$.[359] 1995 ergab auch die Überprüfung einer Expertenkommission der CIA, daß die Ergebnisse weit über dem lagen, was man der Wahrscheinlichkeit nach erwarten konnte[360]. Dennoch verlor die CIA irgendwann das Interesse: Parapsychische Fähigkeiten sind nicht willkürlich einsetzbar, manchmal klappt es, manchmal nicht, und wirklich begabte Testpersonen sind sehr selten.

Der Testperson Ingo Swann[361], einem New Yorker Künstler, gelang es, eine kleine Magnetsonde rein geistig zu beeinflussen, die sich in einer Kammer unter dem Boden des Gebäudes befand, abgeschirmt durch einen my-metallischen Schirm, einen Aluminiumbehälter, eine Abschirmung aus Kupfer und einen Supraleiter, die beste Art der Abschirmung, die man bislang kannte. Die Schwingungen des Systems wurden von einem Schreiber aufgezeichnet. Ingo brachte es fertig, durch Konzentration auf das

---

357 Vgl. Russell Targ/Harold Puthoff, *Jeder hat den 6. Sinn*, S. 94ff.
358 Vgl. Russell Targ/Harold Puthoff, *Jeder hat den 6. Sinn*, S. 108.
359 Vgl. Rupert Sheldrake, *Der Siebte Sinn Des Menschen*, S. 282.
360 Vgl. Rupert Sheldrake, *Der Siebte Sinn Des Menschen*, S. 283.
361 Vgl. bei Russell Targ/Harold Puthoff, *Jeder hat den 6. Sinn*, S. 55–63.

Innere des Magnetometers die Frequenz der Schwingungen für ca. 30 Sekunden zu verdoppeln. Und er konnte sogar für so lange die gesamte Wechselwirkung des Felds zum Stillstand bringen: Der Schreiber zeichnete keine Wellen, nur noch eine Linie. Als er sagte, „er könne es nicht mehr halten, er müsse loslassen", waren die registrierten Schwingungen wieder normal. Als Puthoff ihn fragte, wie er das fertig brachte, er konnte ja praktisch nicht wissen, wie ein Magnetfeld aufgebaut war, antwortete er, er könne unmittelbar ins Innere des Geräts sehen, und offenbar sei es dieses Betrachten der verschiedenen Teile, das die erzielten Auswirkungen herbeiführte. Er machte dann eine Skizze des Inneren, so wie er es „sah", und redete dabei sogar von einer Platte aus Goldlegierung, die tatsächlich da war, von der er nichts wissen konnte.

Targ und Puthoff schlossen aus ihren Versuchen zur Präkognition, daß zumindest *Informationen* auch von der Zukunft in die Vergangenheit beziehungsweise von der Zukunft in die Gegenwart fließen konnten[362]. Und aus ihren Versuchen zur Psychokinese schlossen sie, daß im gleichen Masse wie in der Quantenphysik der Beobachter einen Einfluß auf die Messergebnisse von subatomaren Teilchen hat, das Bewußtsein mit der physischen Umwelt im Grossen wechselwirkt[363].

Bender[364]

Der Freiburger Parapsychologe Bender[365] weist ebenfalls darauf hin, daß heute Telepathie und Hellsehen und auch Psychometrie übereinstimmend statistisch als erwiesen gelten, lediglich die Präkognition noch auf persönliche Vorurteile stößt.

Bender machte Versuche mit hochbegabten Sensitiven, weil er das qualitative Experiment für aufschlußreicher hielt als möglichst viele Versuche mit normal Begabten zu machen und auf einen quantitativen Effekt auszugehen[366].

Auch Poltergeist-Fälle untersuchte er und die in solchen Fällen auftretenden psychokinetischen Phänomene[367]. Er verwendete elektronische Kameras mit Funkübertragung und photoelektrische Lichtschranken. Die Auslöser waren, wie er entdeckte, zumeist Jugendliche, die, indem sie zum Beispiel Dinge durch die Luft fliegen ließen, unbewußt ihre Aggressionen zu entladen schienen.

---

362 Russell Targ/Harold Puthoff, *Jeder hat den 6. Sinn*, S. 180.
363 Vgl. Russell Targ/Harold Puthoff, *Jeder hat den 6. Sinn*, S. 113.
364 Hans Bender, *Verborgene Wirklichkeit*, S. 38ff., 41, 45ff.
365 Von Studenten Gespenster-Bender genannt.
366 Hans Bender, *Verborgene Wirklichkeit*, S. 41.
367 Hans Bender, *Verborgene Wirklichkeit*, S. 45ff.

Bender und sein Utrechter Kollege W.H.C. Tenhaeff führten mit dem legendären Hellseher Croiset die berühmten psychometrischen Platzexperimente durch[368], die wir schon genannt haben. Der Holländer Croiset konnte voraussagen, wer bei einer zukünftigen Veranstaltung auf einem im voraus auf Grund eines Stuhlplanes bestimmten und dann durch das Los gewählten Stuhl sitzen würde (präkognitive Psychometrie). Er nannte überraschende Einzelheiten, beschrieb treffend das Äußere der Zielperson, machte Aussagen über Erlebnisse, die sie gehabt hatte. Um seinen Erfolg quantifizieren zu können, wurden sämtliche Versuchsteilnehmer daraufhin befragt, wie weit die Angaben, die Croiset machte, auch auf sie zutrafen. Entscheidend war aber die inhaltliche Analyse: Croisets Beschreibung.

Was Bender bei diesem und anderen Versuchen auffiel, war die Rolle der affektiven Beziehung: Croiset schien unbewußt (per Los) auf dem Stuhlplan den Stuhl auszuwählen, dessen Inhaber die stärkste affektive Beziehung zu ihm hatte beziehungsweise die stärksten Berührungspunkte in Bezug auf emotional geladene Sachverhalte. Gerade an Fehlern wurde das offenbar: Croiset gab einen Stuhl an, auf dem eine Person sitzen sollte, die nach ihm etwas mit einer sogenannten *Kenau* zu tun hatte. Eine Kenau ist eine Art holländische Jeanne d'Arc, die in den Kriegen gegen die Spanier heißes Öl und Steine auf die Angreifer warf. Bei der Kontrolle stellte sich heraus, daß die Aussage Croisets nicht auf den Stuhlinhaber zutraf, aber auf den Begleiter, der den Stuhlinhaber zum Platz geleitet hatte! Der Begleiter gab an, man habe ihn als deutschen Kriegsgefangenen in Holland in einem offenen Güterwagen transportiert, und holländische Frauen hätten Steine auf die Gefangenen geworfen. Croiset hatte hierzu einen starken Bezug, er gehörte zu der Zeit der Widerstandsbewegung an, es war für ihn eine heftig affektiv besetzte Zeit.

Besonders auffallend bei den Versuchen war für Bender die *traumartige* Struktur[369]. Es vermischten sich Phantasie und paranormale Information, beides war oft nicht auseinanderzuhalten. Oder die Deutung war schwierig: es wurde zum Beispiel die Form von etwas erkannt, aber die Bedeutung nicht. Die Visionen waren auch häufig, wie im Traum, fragmentarisch. Was der Sensitive vor sich sah, war öfters wie zersplittert, wobei eine Einzelheit oft wieder und wieder übermittelt wurde. Es wirkte so, als zeigte sich etwas erst als Tendenz und nahm dann erst langsam Gestalt an.

Bender führt als Beispiel für Deutungsschwierigkeiten den Fall des Sensitiven O. an[370]. O. erhielt als psychometrisches Objekt einen Ring in die Hand, von dem er nichts wußte. O. sollte Angaben über den Eigen-

---

[368] Vgl. Hans Bender, *Versteckte Wirklichkeit*, S. 41.
[369] Hans Bender, *Verborgene Wirklichkeit*, S. 40.
[370] Hans Bender, *Verborgene Wirklichkeit*, S. 39f.

tümer des Rings machen. O. ging an die Erfüllung dieser Aufgabe und sah bald ein Bild vor sich, das ihn an ein Krankenhaus erinnerte. Menschen in weißen Kitteln. Schwestern, die eigenartige Sachen machten. Dann einen Menschen von hinten mit entblößtem Rücken und kurzen Haaren. Er hat den Eindruck einer Operation ..., dann den einer Tortur, daß man etwas in die Haut ritzt. Dann sieht er das Bild eines Schrumpfkopfes vor sich. Dazu kommt dann auch noch eine Frau mit Hornkrallen ... Auf die Frage des Versuchsleiters, was das für eine Situation sein könnte, denkt der Sensitive, den die Bilder verwirrt haben, an mehrere Möglichkeiten: an ein Irrenhaus, an ein Konzentrationslager und auch an eine mittelalterliche Klosterzüchtigung.

Was war wirklich geschehen: Es hatte sich um eine schwere Zangengeburt gehandelt, die Schwestern gaben Spritzen, für die das Blut mit Klammern gestaut wurde. Die Frau trug kurz geschnittenes Haar und kam sich selbst wie das Objekt einer Tortur vor. Als ihr das Kind gezeigt wurde, das durch einen großen Bluterguß auf der Stirn wie tätowiert aussah, dachte sie zuallererst an einen Schrumpfkopf. Während des Wartens auf die Geburt hat der aufgeregte Vater[371] in Jungs „Psychologie und Alchemie" gelesen, wobei ihn die phantastische Abbildung einer Frau mit Vogelkrallen besonders stark beeindruckt hatte.

Kleiner Exkurs: Zum experimentellen Nachweis der Radiästhesie[372]

Wissenschaftliche Untersuchungen, die das Phänomen der Radiästhesie seriös bewiesen, gab es allein 21 in der Bundesrepublik Deutschland, von 1954–1990.

1987 hat das Bundesministerium für Forschung und Technologie eine sorgfältige Studie an Münchner Universitätsinstituten gefördert. Dabei kam heraus, daß einige wenige Personen in der Lage waren, bestimmte räumlich eng konzentrierte Wasserführungen genau und mit wenig Aufwand aufzufinden und damit eine interessante Ergänzung zu modernster Technik boten. De facto werden einige Rutengänger überall zur Wasserfindung und auch zur Auffindung von Bodenschätzen eingesetzt. Man geniert sich aber, es offen zuzugeben. Ihre Arbeit geschieht sozusagen inoffiziell. Die GTZ: Deutsche Gesellschaft für Technische Zusammenarbeit hat im Auftrag der Deutschen Bundesregierung jahrelang, vor allem im Rahmen von Entwicklungsprojekten in der Dritten

---

[371] Der Eigentümer des Rings. Wir haben hier Psychometrie und Hellsehen.
[372] Hrsg. Gerald L. Eberlein, *Kleines Lexikon der Parawissenschaften*, S. 152.

Welt, inoffiziell Rutengänger zur Wasserfindung beschäftigt. Diese waren im Schnitt dreimal so erfolgreich wie konventionelle Methoden.

2. LEGENDÄRE SENSITIVE

D.D. Home[373]

Der Schotte Daniel Dunglas Home (1833–1886) galt als eines der bedeutendsten Medien des Viktorianischen Zeitalters. Home unterschied sich nicht nur durch die Vielfalt der produzierten paranormalen Phänomene im Vergleich zu den etwa 15 000 anderen Medien, die auf dem Höhepunkt der okkult-spiritistischen Welle agierten. Der Medizinnobelpreisträger Richet meinte, Home sei das begabteste Medium seiner Zeit gewesen.

Home produzierte sich in hell erleuchteten Räumen und stellte sich bereitwillig Wissenschaftlern zur Verfügung. Darunter vielen hochkarätigen, wie den Chemikern Boutleroff und Hare, Varley: dem Chefingenieur der britischen Telefongesellschaft und dem Physiker Crookes.

Home hatte Humor, er ließ wiederholt vor Zeugen ein Akkordeon im Raum schweben, das sich im Walzertakt bewegte und die Melodie „Home Sweet Home" spielte. Crookes, der 1861 für die Endeckung des chemischen Elements Thallium berühmt wurde, kaufte ein Akkordeon und schloß es in einem Drahtkäfig ein. Trotzdem brachte Home es aus der Entfernung fertig, es schweben und spielen zu lassen. Home konnte auch selbst schweben: *Levitation* führte er vor vielen Zeugen vor, und zwar schaffte er es bis zur Zimmerdecke. Aus den Archiven der katholischen Kirche ist Levitation bekannt, damit war des öfteren Heiligsprechung verbunden, sofern die betreffende Person bereits zum kirchlichen Ambiente gehörte (falls nicht, sah man dies ungern, es wurde ein Teufelsbund vermutet, eine teuflische Täuschung). Der heilige Franziskus von Assisi (1182–1226) oder der heilige Josef von Copertino (1603–1663) konnten levitieren[374]. Levitation ist etwas ganz Unglaubliches: schließlich wird hier anscheinend die Schwerkraft ausgesetzt beziehungsweise manipuliert.

Crookes ließ Home vor allem psychokinetische Versuche durchführen, ließ ihn Maschinen manipulieren, ohne daß er diese berührte.

Und auch Materialisationen geschahen bei hellem Licht vor Crookes: Während Anwesende die Hände von Home hielten, materialisierte sich aus dem Nichts eine Hand, die Akkordeon spielte. Die Finger erschienen

---

[373] Vgl. zu Home: Charles Richet, *Traité de Métapsychique*, S. 533ff., 635, 643, 722 und Viktor Farkas, *Neue Unerklärliche Phänomene*, S. 75–78.

[374] Vgl. zu dokumentierten Fällen Charles Richet, *Traité de Métapsychique*, S. 714ff.

Crookes manchmal wie aus einer Kondenswolke, manchmal war die Hand aber von einer Hand aus Fleisch und Blut nicht zu unterscheiden, der Arm wurde dann nebelhaft und verlor sich in einer Lichtwolke. Crookes konnte sogar eine solche Hand anfassen. Zuerst fühlte sie sich wie eine normale Hand an, dann löste sie sich in Nichts auf.

Home ließ alles Mögliche schweben, und so berichtet der völlig entsetzte Präfekt der Loire, wie Home in einem Kreis von Leuten einen Tisch in die Luft schweben ließ und dann sagte: „Tiens ferme!". Drei Männer versuchten den Tisch wieder zur Erde zu ziehen und brachten es nicht fertig.

Home konnte auch glühende Kohlen in Händen halten ohne sich zu verbrennen. Lord Adare durfte danach an seinen Händen riechen, die statt verbrannt zu riechen nach Parfum dufteten.

Auch Fälle von Psychometrie sind überliefert: Der Schriftsteller M. Britton machte Versuche mit Home in Greenfield. Home *erfuhr* plötzlich (durch Tischeklopfen in einer spiritistischen Sitzung), daß Brittons Kind zuhause schwer erkrankt war und empfahl Britton, sofort zu seinem Kind zu eilen, sonst sei es zu spät. Britton brach sofort auf, verpaßte um ein Haar den Zug, und traf zuhause tatsächlich sein krankes Kind vor. Man kann sagen, Home hatte hier Britton psychometrisiert.

Eusapia Paladino[375]

Eusapia Paladino (1854–1918) wurde von Wissenschaftlern aus ganz Europa überprüft, von 1888–1908 immer wieder vom britischen Physiker Oliver Lodge und französischen Medizinnobelpreisträger Charles Richet.

Eusapia Paladino aus Neapel war ebenso berühmt wie ihr Zeitgenosse Home. Auch sie konnte Gegenstände schweben lassen, sogar schwere Tische, und ebenfalls schaffte sie es, Gegenstände aus dem Nichts sich materialisieren zu lassen. Ebenfalls konnte sie hellsehen und natürlich sich auch psychometrisch betätigen. Am liebsten führte sie ihre psychokinetischen Fähigkeiten vor, wohl wegen des Spektakels.

Eusapia half allerdings zwischendurch ihren Fähigkeiten etwas nach, bediente sich hier und da gewisser Tricks – paranormale Fähigkeiten lassen sich eben nicht immer nach Belieben steuern –, was allerdings ihr echtes Talent nicht in Abrede stellte.

Richet beschrieb sie als einfache Frau, ohne jede intellektuelle Kultur. Am Anfang ihrer Karriere als Medium konnte sie nicht einmal lesen und sprach nur breites Neapolitanisch.

---

[375] Vgl. Charles Richet, *Traité de Métapsychique*, S. 541–551, 647–653, 720.

In einem Versuch hatte Eusapia ihre Füße auf den Knien von Richet, und er hielt auch ihre Hände. Plötzlich erhob sich eine Trommel vom Tisch und schwebte über den Köpfen der Anwesenden. Es ertönten laute Schläge, so als würde die Trommel von einer Hand geschlagen. Es gab unzählige solcher Versuche mit Paladino. Schlüssel drehten sich in Schlössern, ohne daß sie jemand berührte, Paladino saß Meter davon entfernt. Klaviere und Orgeln spielten von alleine. Massive schwere Tische hoben sich über 30 cm vom Boden. Paladino, eine sehr kleine Person, hätte alleine nie solche Tische heben können.

Besonderen Spaß machte es Eusapia, eine Hand sich materialisieren zu lassen. Richet konnte die Hand nicht sehen, wurde von ihr aber mehrmals berührt – man kann sich denken, wie die schalkhafte Eusapia ihn mit Lust erschreckte. Einmal konnte Richet die Hand auch 29 Sekunden lang drücken; man hatte damals Vorkehrungen getroffen, daß kein Betrug stattfand. Eusapias Hände waren währenddessen festgehalten worden, und die Anwesenden im Raum waren alle während der ganzen Séance kontrolliert worden.

Und wie Home konnte die Paladino auch levitieren. Der bekannte Römer Physiologieprofessor L. Luciani hat es überprüft und bestätigt (daß nicht nur Heilige schwebten).

Edward Cayce[376]

Ein außergewöhnliches psychometrisches Talent war der Farmer Edward Cayce (1877–1945) aus Kentucky. In Trance war er zu präzisen medizinischen Diagnosen und Beratungen in der Lage, obwohl er von Medizin keine Ahnung hatte (Psychometrie an Personen). Er behandelte nachweislich 30 000 Patienten mit exzellentem Erfolg. Für die Schulmedizin war er ein Ärgernis. Viele Kommissionen nahmen ihn daher gnadenlos unter die Lupe. Man konnte ihm aber keinen Fehler nachweisen. Somit ist auch Cayce's Fall bestens dokumentiert.

Seine hellseherische Begabung erstaunte ebenfalls enorm: Er konnte Vergangenes heraufbeschwören, indem er sich zu Hause auf ein Sofa legte und in einen schlafähnlichen Zustand verfiel. Er nannte zum Beispiel den Ort und beschrieb die historische Rolle der Essener Gemeinde von Qumran bereits elf Jahre vor der Entdeckung der Schriftrollen vom Toten Meer in den Höhlen von Qumran, die seine Darstellung bestätigten. Er sah auch den Schwarzen Freitag von 1929 voraus, und etliche Naturkatastrophen.

---

[376] Vgl. hierzu Michael Talbot, *Das Holographische Universum*, S. 215f., Viktor Farkas, *Neue Unerklärliche Phänomene*, S. 81f.

Leonora Piper[377]

Piper (1857–1950) aus Boston war hochbegabt und ist von einer Menge renommierter Wissenschaftler während 20 Jahren überprüft worde. Hierunter William James, R. Hodgson, Hyslop, Fr. Myers, Sir Oliver Lodge, Sir William Barrett.

Piper hatte potente hellseherische und psychometrische Fähigkeiten und machte sich einen Spaß daraus, den Leuten, die sie besuchen kamen, auf den Kopf zu besonders vertrackte Fakten aus ihrer Familie zu erzählen, die diese erst hinterher, unter einigem Aufwand, herausfinden konnten und herausfanden (Psychometrie von Personen).

Piper wie auch Paladino und auch andere große Medien ihrer Zeit hatten den Eindruck, sie erhielten ihre Informationen durch Dritte, durch Geister, durch einen spirituellen *guide*. Sie nannten diese inspirierenden Geister auch beim Namen. Damals florierte der Spiritismus. Es war Mode, die Dinge so zu sehen. Da die Medien im Hellsehmodus mehr wußten als im alltäglichen Leben, haben sie sich vielleicht einfach diese Geister-Hilfe[378] konstruiert, weil sie sich selbst ein solches Wissen nicht zutrauten.

Pipers Spezialität war das Psychometrisieren von Personen. Unzählige Fälle sind hier dokumentiert. Richard Hodgson stellte Piper über 50 Personen vor, die sie nicht kennen konnte. Um sicher zu sein, daß sie sich keinerlei Informationen verschaffte, wurde sie Tag und Nacht von Detektiven überprüft. Allein bei diesen 50 gab Piper 200 korrekte Namen von anderen Personen an, die mit diesen in Verbindung standen. Und nicht nur das, sie berichtete die kleinsten Details aus deren Leben und deren Umfeld, die oftmals keiner der Anwesenden kannte und erst nachher eruiert und für zutreffend befunden worden waren. Auch Krankheiten konnte Piper diagnostizieren, wenn ihr die Person gegenüberstand.

Sie gab auch mit Bravour die Besitzer von Dingen an, von denen man mit Sicherheit ausschließen konnte, daß sie sie kannte.

James Hyslop konnte Piper sagen (sie psychometrisierte hier Hyslop), wo sein Vater, bevor er starb, seine Brille hingelegt hatte, und was für Spazierstöcke sein Vater besessen hatte: einer war mit einem Skarabäus verziert, ein anderer mit einem Lamm, ein anderer, der oben gebogen war, war zerbrochen. Sie beschrieb ferner eine Mütze, die man seinem Vater gestrickt hatte, seine Bücher, ein Messerchen mit einem braunen Griff, mit dem er sich die Nägel gewöhnlich geputzt hatte. All dies hatte Hyslop selbst gar nicht gewußt und erst dann nachgeprüft und als richtig zugeben müssen. Auf die Weise konnte auch Telepathie ausgeschlossen

---

[377] Charles Richet, *Traité de Métapsychique*, S. 39–54, 164–174.
[378] Man könnte es auch als Persönlichkeitsspaltung auffassen.

werden; Piper war zumindest nicht zu diesem Wissen durch Anzapfen von Hyslops Gedanken gelangt.

Bei einem Versuch gab man Piper zwei Haarlocken in die Hände. Sie wußte nichts über diese Haarlocken, konnte nichts über sie wissen. Bei der einen sagte sie: „Sie ist von Fred ... Imogène. Aber was ist Imogène?" Die Locke war in der Tat von Imogène Garnay, und Fred Day hatte sie ihr abgeschnitten, um die Locke für den Versuch zur Verfügung zu stellen. Als Piper die zweite Locke befühlte, sagte sie: „Eine sehr kranke Person" und berichtete über die Familienverhältnisse der Lockengträgerin: vier Kinder, zwei Jungen, zwei Mädchen. Alles stimmte.

Immer wieder sagte Piper auch Dinge, die ihr Wissen definitiv überstiegen. So zitierte sie auf Griechisch.

Bei einer Uhr, die Piper in die Hand gegeben wurde, und die sie nicht kennen konnte, konnte sie sagen, wem sie gehörte, was der Besitzer der Uhr zu Lebzeiten getan hatte, und sie konnte sogar dessen Selbstmord herauslesen, mit Gift.

Paul Borget, der ebenfalls Piper überprüfte, war verblüfft, als sie ihm genau seine Wohnung beschrieb, in die sie noch nie einen Fuß gesetzt hatte, und von der sie auch nichts wissen konnte. Sie gab die Etage an, eine innere Treppe, ein Portrait über dem Kamin, das sie für das Portrait eines jungen Mannes hielt. Es war eine Photographie einer Dame, die allerdings kurz geschnittene Haare trug!

Vernon Briggs fragte Piper über einen Jungen aus, den Piper nicht kennen konnte. Er hatte ihn von Honolulu nach Amerika mitgenommen. Piper sagte zwei Worte in der Eingeborenen-Sprache des Jungen (die sie ebenfalls nicht kennen konnte). Auf die Frage, wo der Junge wohne, sagte sie auf Tauai, schrieb aber Kauai auf einen Zettel. Tatsächlich schreibt sich der Name der Insel Kauai, die Eingeborenen sagen aber Tauai.

Zu William James sagte Piper, daß Tante Kate um 2.30 morgens gestorben sei, und daß er einen Brief oder ein Telgramm erhielte diesbezüglich. Am selben Morgen kam noch ein Telegramm, in dem stand, daß Tante Kate nach Mitternacht gestorben sei.

Oliver Lodge sagte sie auf den Kopf zu, daß sein Bruder vor 60 Jahren, in seiner Kindheit, eine Schlangenhaut aufbewahrt hätte, was Lodge absolut nicht wußte und erst hinterher verifizierte. In den ersten Sitzungen mit Lodge hatte sich Piper es in einem großen Sessel bequem gemacht. Von diesem Sessel konnte sie ablesen, daß Tante Annie ihn Lodge geschenkt hatte, und daß ihr Sohn Charly nach dem Verzehr eines Vogels gestorben war. In der Tat war Charly wenige Tage nach dem Verzehr eines Wasserhuhns gestorben.

Henry Slade[379]

Henry Slade (1836–1905), von Beruf Zahnarzt, war ein hochbegabtes amerikanisches Medium. Der deutsche Astrophysiker Zöllner machte Versuche mit ihm. Hauptsächlich psychokinetische. Zöllner hängte zum Beispiel eine Metallkugel an einem Seidenfaden in einem Glaskasten auf, der die Kugel perfekt umschloß. Slade gelang es nun die Kugel ohne jegliche Berührung oszillieren zu lassen. Er ließ die Kugel dann auch noch rhythmisch an die Glaswand schlagen. Alle möglichen schweren Objekte: Sitze, Stühle, konnte Slade ohne irgendeine Berührung bewegen, rein durch geistige Beeinflussung.

Die Seherin von Prevorst

> *„Unter wie vielem leben wir, das wir nicht sehen!"*
> Die Seherin von Prevorst[380]

Die Seherin von Prevorst kennen wir vor allen Dingen durch Justinus Kerner (1786–1862), den Dichter, Arzt und Naturforscher. Er protokollierte über Jahre hinweg bis zu ihrem Tod die paranormalen Leistungen seiner Patientin Friederike Hauffe (1801–1829), so hieß die Seherin von Prevorst, und auch die Spukphänomene, die sich in ihrer Gegenwart zutrugen. Kerner zog auch andere Ärzte und Wissenschaftler hinzu.

Hauffe galt primär als Geisterseherin.

Mit großem Erfolg psychometrisierte Hauffe Personen. Sie fühlte, wie sie sagte, sich in die Atmosphäre derselben hinein und konnte dann nach dem Gefühl, das sie davon hatte, alles Mögliche über sie wissen[381]. Wenn Hauffe einem Menschen ins rechte Auge sah, sah sie dort hinter ihrem sich in ihm abspiegelnden Bild, ein Bild dieses Menschen: manchmal ernster als der ihr gegenüberstehende Mensch, manchmal verklärter. Dieses Bild, sagte sie, entsprach dem Charakter. Im linken Auge sah sie, auch bildlich, die körperlichen Leiden desjenigen und interessanterweise dabei zugleich das Heilmittel. Sie meinte, sie sähe diese Bilder wie mit einem geistigen Auge. Häufig spürte sie auch bei sich selbst das Leiden der Person, die ihr gerade gegenüberstand, spürte die gleichen Gefühle an Ort und Stelle, wo sie der Kranke fühlte[382].

---

379 Vgl. Charles Richet, *Traité de Métapsychique*, S. 539.
380 Bei Justinus Kerner, *Die Seherin von Prevorst*, S. 484.
381 Vgl. Justinus Kerner, *Die Seherin von Prevorst*, S. 141f., 348.
382 Vgl. Justinus Kerner, *Die Seherin von Prevorst*, S. 195.

Bei Menschen, die ein Glied ihres Körpers verloren hatten, zum Beispiel einen Fuß, sah Hauffe die ganze Form des verlorenen Gliedes, das heißt den intakten Körper auf der Ebene des Bildes derjenigen Person[383]. Der Cambridge-Biologe Sheldrake geht übrigens, und das fällt einem hier ein, von einer intakten Blaupause jeden Körpers und Körperteils aus, die fortbesteht, auch wenn ein Glied abgetrennt wird, was, nach ihm, auch Phantomschmerzen erklärt.

Kerner schlief einmal bei einer Sitzung der Arm ein, mit der bekannten Empfindung des Ameisenlaufens. Er sagte Hauffe nichts davon, sondern gab ihr einfach die Hand und fragte, was sie an seinem Arm fühle. Hauffe sagte, sie fühle nichts, als daß ihr Hand und Arm einschlafe und sie Stiche in denselben erhalte[384].

Ebenso konnte Hauffe den Inhalt eines Briefs oder Zettels wiedergeben, wenn sie sie zusammengefaltet, so daß sie die Schrift nicht sehen konnte, nur an ihr Herz hielt[385]. Ein Zettel, auf den Kerner den Namen ihres Kindes geschrieben hatte, erregte in ihr Freude. Sie sagte, das ist von meinem Kind. Ein Zettel, auf dem der Name einer Person stand, die sie nicht leiden konnte, erregte in ihr das Gefühl von Zorn. Kerner schrieb auf einen Zettel: *Dein Kind verschlingt eine Nadel.* Sie sagte: „Ich muß immer traurig an mein Kind denken, es wird doch nicht sterben?" Zahlreiche solcher Versuche gaben verblüffende Resultate. Ein Zettel auf dem: *tuo fratello* stand und ein Zettel auf dem: *dein Bruder* stand, gaben ihr dasselbe Gefühl von ihrem Bruder, obgleich sie kein Wort Italienisch konnte.

Hauffe sah auch das Gedächtnis von Orten regelmäßig vor sich[386]: In Löwenstein sah sie im Hause ihres Onkels während ihrer zweiten Schwangerschaft in der Nacht jeweils (dreißigmal) einen alten Mann in einer langen Weste, einer weißen Zipfelkappe, kurzen Hosen und Pantoffeln, Akten unter dem Arm, aus der innern Stube in die äußere, wo sie war, treten. Jedesmal legte er seine Akten auf den Tisch und blätterte sie von vorne bis hinten durch. War das geschehen, ging er wieder in die innere Stube zurück. Diese Erscheinung wurde später auch von andern bestätigt, teils gesehen, teils gehört. Es handelte sich um einen ehemaligen Bewohner.

Auch aus glänzenden Gegenständen sah sie alles Mögliche[387], das sich dann später als zutreffend erwies. Kerner ließ sie in Seifenblasen sehen. Er fragte sie dann beispielsweise, was macht jetzt meine Frau (seine Frau befand sich an einem andern Ort), und Hauffe konnte in der Seifenblase

---

383 Vgl. Justinus Kerner, *Die Seherin von Prevorst*, S. 150.
384 Vgl. Justinus Kerner, *Die Seherin von Prevorst*, S. 196.
385 Vgl. Justinus Kerner, *Die Seherin von Prevorst*, S. 144–147.
386 Vgl. Justinus Kerner, *Die Seherin von Prevorst*, S. 426f.
387 Vgl. Justinus Kerner, *Die Seherin von Prevorst*, S. 142f.

genau sehen, was seine Frau in dem Moment tat, und wo sie sich im Haus befand.

Kerner ließ Hauffe auch Substanzen psychometrisieren[388]:

Gab man Hauffe Steine, Mineralien, Metalle, Pflanzen, Kräuter usw. verdeckt in die Hände, konnte sie diese ebenfalls erfühlen. Beim Angreifen von gelbem Flußspat fühlte sie im Mund einen säuerlichen Geschmack. Kochsalz erregte bei ihr Brennen im Hals. Die Wirkung, die bei Kräutern normalerweise bei Einnahme eintrat, trat bei ihr bereits ein, wenn sie sie nur in der Hand hielt. Die Berührung der Belladonnawurzel führte zu Schwindel, Erweiterung der Pupille und Würgen im Hals wie das bei einem Gesunden die Einnahme der doppelten Dosis bewirkt hätte. Mohnkapseln in der Hand führten zu Schlaf. Bilsenkraut zu einem Gefühl der Lähmung und Betäubung. Die Berührung von grüner geschabter Rinde des Holunders trieb ihr Schweiß aus.

Darüberhinaus gibt es eine Menge hochinteressanter und merkwürdiger Aussagen der Seherin. Daß zum Beispiel „im innern Leben alles Zahl und Berechung ist"[389]. Alles und auch jedes Wort läßt sich in Zahlen ausdrücken, sagt Hauffe. Nichts anderes sagt Pythagoras oder die Kabbala. „Alles auf jeden Tag, Stunde und Sekunde hinaus bekommt seine Zahl, und diese Zahl ist zugleich Wort[390]. Die Zahlen setzen sich selbst."[391] Was ihr in körperlicher und geistiger Hinsicht Tag für Tag begegnete, bekam „im Innern Zahl und Wort und wurde zusammengerechnet"[392]. Hauffe hatte im somnambulen Zustand (in Hypnose) aufgrund der ihr vorschwebenden Zahlensysteme ihren eigenen Tod vorausberechnet. Hinterlassen hat sie hieroglyphische, nicht enträtselbare Aufzeichnungen von Zahlensystemen beziehungsweise Zahlenreihen.

Hauffe kommunizierte nach eigenen Aussagen häufig mit den Geistern von Toten. Es lohnt sich wiederzugeben, was Hauffe von diesen erfuhr, es ist dantesk. Im Sterben scheidet sich nach Hauffe zunächst der Geist von Seele und Nervengeist. Das ergibt zunächst einen Zustand unheimlicher Isolation und Verwirrung[393]. Dann kommen die drei wieder zusammen. Der Nervengeist ist nach Hauffe das Bleibende des Körpers, und umgibt nach dem Tod die Seele wie eine ätherische Hülle. Er ist die

---

[388] Vgl. Justinus Kerner, *Die Seherin von Prevorst*, S. 130f.

[389] Vgl. Hauffe bei Justinus Kerner, *Die Seherin von Prevorst*, S. 255.

[390] „Der Mensch hat das Wort nicht bloß zu dem Ende empfangen, um seinesgleichen Gedanken mitzuteilen. Er konnte ursprünglich die ganze sichtbare Welt durch die geheimnisreiche Kraft und Wirkung des Wortes beherrschen, als Wort und Sache noch eins und dasselbe waren", sagt dementsprechend Poiret bei Justinus Kerner, *Die Seherin von Prevorst*, S. 180.

[391] Vgl. Hauffe bei Justinus Kerner, *Die Seherin von Prevorst*, S. 258.

[392] Vgl. Hauffe bei Justinus Kerner, *Die Seherin von Prevorst*, S. 259.

[393] Vgl. Justinus Kerner, *Die Seherin von Prevorst*, S. 262f.

höchste organische Kraft und folgt, wenn der Leib sich löst, dem Zug der Seele. Durch ihn kann sich die Seele auch nach dem Tod manifestieren[394]. Die Seele ist so etwas wie ein lebendiger Speicher aller unserer erlebten Gefühle. Der Geist hingegen ist bei Hauffe die höhere Instanz. Das kommt in folgender Aussage Hauffes zum Ausdruck: „Ein sündiger, irdischer Mensch kann einen recht guten Weltverstand haben und sogar in dieser Welt leuchten, aber sein Geist ist nur desto schwächer und dunkler ... Ist ein solcher Mensch gestorben, so ist die Seele, die ihn in der Welt allein erhob, nur noch die Hülle von seinem Geiste; der schwache dunkle ist dann Herrscher ...“[395]. Der größte intellektuelle Reichtum kann neben der größten moralischen Armut bestehen. Der moralische Gewinn ist allen das Kreditiv für das andere Leben und wird dem Geist zugerechnet[396]. Hauffe sah regelmäßig niedrig stehende Geister in dunklen Farben, einem schwarzen Dunst, höher stehende im weißen Lichtgewand[397]. Entsprechend beschreibt Dante die Seelen im Paradies. Und bei Pythagoras[398] ist Weiß „das Licht und alles Gute; Schwarz die Nacht und das Böse.“

Hauffe berichtete ferner, es gäbe nach dem Tod eine Zwischenwelt, einen Mittelzustand, etwas dem *Hades* Entsprechendes[399]. – Auch die römisch katholische Kirche kannte dergleichen: sie machte hieraus das *Fegefeuer*, das wiederum die Reformatoren bekämpften, da die römische Kirche diesbezüglich in großem Umfang den Unfug bezahlter Seelenmessen eingeführt hatte; durch Bezahlung konnte man seinen unangenehmen Aufenthalt dort verkürzen. – Dort, in dieser Zwischenwelt, logieren die Geister der Toten zunächst mit allen Sünden, Lastern, Begierden, falschen Meinungen, Sorgen, Vorlieben, guten Eigenschaften, die sie auch im Leben manifestierten.

Interessant, daß Hauffe feststellte, daß nur niedere Hinübergegangene mit ihr Kontakt aufnahmen, nicht sozusagen durch himmlisches Licht erleuchtete Geister. Und dantesk ist auch die Vorstellung, daß in diesem Hades jegliche Heuchelei unmöglich wird mit dem Wegfallen der menschlichen Hülle, sich alle in ungeschminkter Nacktheit gegenübertreten, jedes Laster und Verbrechen offen aufscheint, „weil es sich in dem leichten Überwurf, der der Seele noch bleibt (dem Nervengeist) weit deutlicher ausdrückt als in Fleisch und Blut“[400]. Was für ein Stoff für eine weitere Göttliche Komödie! Schrecklich und toll ist auch die von Hauffe

---

[394] Vgl. Justinus Kerner, *Die Seherin von Prevorst*, S. 348.
[395] Vgl. Hauffe bei Justinus Kerner, *Die Seherin von Prevorst*, S. 365.
[396] Vgl. Justinus Kerner, *Die Seherin von Prevorst*, S. 365.
[397] Vgl. Justinus Kerner, *Die Seherin von Prevorst*, S. 403.
[398] Vgl. bei Justinus Kerner, *Die Seherin von Prevorst*, S. 403.
[399] Vgl. Justinus Kerner, *Die Seherin von Prevorst*, S. 396f.
[400] Vgl. Hauffe bei Justinus Kerner, *Die Seherin von Prevorst*, S. 399f.

überlieferte Vorstellung[401], daß nach dem Tod die Leidenschaften und Neigungen im Geist weiterbestehen, nun aber infolge des Wegfallens der Sinnenwelt nicht mehr ausgeführt werden können. Das Kleben an der Sinnenwelt wird so zur Pein, weil der irdische Körper fehlt, der sie allein genießen kann[402].

Viele Aussagen Hauffes sind leider gefärbt durch die Zeit, in der sie lebte. Der paranormale Wissenserwerb wird, und das ist bei vielen paranormal Begabten so, des öfteren dadurch relativiert, daß der Sensitive nicht von seiner Zeit abstrahieren kann und sich so unmerklich zeitbedingte Vorurteile unters paranormal Geschaute mischen.

Gerard Croiset ·

Wir haben schon den Holländer Gerard Croiset (1909–1980) aus Utrecht erwähnt. Insbesondere die Platzexperimente der Parapsychologen Hans Bender und W.H.C. Tenhaeff mit Croiset. Croiset konnte sagen, wer in der nächsten Vorstellung auf einem Sessel X sitzen würde, und das sogar, bevor die Person noch die Entscheidung getroffen hatte, ins Theater zu gehen!

Croiset war nun aufgrund seiner psychometrischen Begabung auch jahrelang in der Verbrechensaufklärung tätig. Er konnte aus Gegenständen und insbesondere auch aus Orten deren Geschichte herauslesen, hatte ein feines Gespür für die Spuren, die Menschen und Ereignisse an Orten und Gegenstanden hinterließen, konnte zuverlässig beispielsweise die *Erinnerungen* eines Knochensplitters wiedergeben, was nicht selten zur Auffindung des Täters führte[403].

Stefan Ossowiecki[404]

Stefan Ossowiecki (1877–1944) war ein in Rußland geborener Pole, Ingenieur, und einer der begabtesten Hellseher des zwanzigsten Jahrhunderts. Als er 1935 das Bruchstück eines versteinerten Menschenfußes in die Hand nahm, wurde der Raum, in dem er sich befand transparent, und an seiner Stelle materialisierte sich eine Szene aus der fernen Vergangenheit. Unvermittelt stand er auf dem Hof eines Palastes. Vor ihm tauchte eine junge Frau auf, sehr hübsch mit olivbrauner Haut. Er sah den Gold-

---

[401] Vgl. Justinus Kerner, *Die Seherin von Prevorst*, S. 400.
[402] Auf diese Idee kam nicht einmal Dante.
[403] Viktor Farkas, *Neue Unerklärliche Phänomene*, S. 83–85.
[404] Vgl. bei Michael Talbot, *Das Holographische Universum*, S. 211f.

schmuck, den sie um den Hals, an Hand- und Fußgelenken trug, ihr durchscheinendes weißes Gewand und ihr schwarzes geflochtenes Haar, das sie wie eine Königin unter einer hohen quadratischen Tiara zusammengebunden hatte. Während er sie ansah, wurde sein Geist mit Informationen über ihr Leben überschwemmt. Er erfuhr, daß sie Ägypterin war, die Tochter eines Prinzen, nicht eines Pharaos. Sie war verheiratet. Ihr Gatte war schlank und trug sein Haar in einer Fülle von kleinen Flechten, die das Gesicht umrahmten. Ossowiecki konnte die Szene im Schnellgang „weiterdrehen". Vor seinen Augen liefen Bilder aus dem Leben der Frau ab wie in einem Film. Er sah, wie sie im Kindbett starb. Er betrachtete den langwierigen und komplizierten Vorgang der Einbalsamierung, den Leichenzug, das Ritual, mit dem sie in den Sarkophag gelegt wurde, und als alles zu Ende war, verblaßten die Bilder, und das Zimmer kam wieder in Sicht.

Stanislaw Poniatowski, der bedeutendste polnische Ethnologe seinerzeit, Professor an der Warschauer Universität, wurde auf Ossowiecki aufmerksam und testete sein psychometrisches Talent mit allen möglichen archäologischen Artefakten. Reihum bestimmte Ossowiecki die Objekte korrekt, benannte ihr Alter, die Kultur, in der sie entstanden waren, die geographische Lage ihrer Fundstätte.

Dabei lieferte Ossowiecki auch Details, die zunächst als unzutreffend galten, sich hinterher aber als richtig erwiesen: Als er ein Steinwerkzeug aus dem Magdalénien, einer altsteinzeitlichen Kultur, die in Westeuropa um circa 18 000–12 000 v.Chr. florierte, abgetastet hatte, erklärte er Poniatowski, daß die Haartracht der Frauen sehr kunstvoll gewesen sei. Diese Aussage erschien damals völlig absurd, aber später entdeckte Magdalénien-Statuetten von Frauen mit raffinierten Frisuren bewiesen, daß Ossowiecki recht gehabt hatte.

III GEGENSTÄNDE UND ORTE, DENEN WIR GANZ SELBSTVERSTÄNDLICH EIN GEDÄCHTNIS ZUGESTEHEN ODER SOGAR MACHT

Das Gedächtnis von Dingen scheint auf den ersten Blick etwas Exotisches zu sein.

Es gibt aber spezifische Dinge und auch spezifische Orte, bei denen wir ganz selbstverständlich davon ausgehen, daß sie ein Gedächtnis haben oder sogar Macht. Sie haben etwas gemein: In der Mehrzahl handelt es sich dabei um gefühlsbesetzte Gegenstände ˙(charged objects) oder gefühlsbesetzte Orte[405]. Ja welche sollen das bloß sein? fragen Sie entgeistert. Abwarten, wir präsentieren Ihnen jetzt eine ganze Menge solcher Gegenstände und Orte. Und am Ende werden Sie vielleicht zugeben, daß Dinge und Orte mit Gedächtnis eigentlich ein weit verbreitetes, weit bekanntes Phänomen sind. Und auch so einige unserer Verhaltensweisen ein Gedächtnis von Dingen und Orten einfach voraussetzen.

Gesteht man einem Gegenstand übrigens eine Wirkmacht zu, ist damit auch ein Gedächtnis des Gegenstands vorausgesetzt[406]. Der Gegenstand muß ja zuerst *etwas* s p e i c h e r n , um dies dann übertragen zu können.

1. DINGE IN VORRELIGIÖSER ZEIT ODER DINGE BEI NATURVÖLKERN[407]

Man kann grob davon ausgehen, daß es eine sozusagen primitive Zeit gab, in der man ringsherum ein *magisches* Verständnis der Welt hatte. Diese Zeit ging der Entwicklung religiöser Kulte voraus. Ein magisches Verständnis bedeutet, daß man *Kräfte* annimmt, die in Dingen und Menschen wirken. Religiöse Kulte gehen hingegen eher von *beseelten Wesen* aus.[408]

Gerade auch das lebendige Ding, die lebendige Dingwelt ist charakteristisch für ein solches magisches Verständnis.

---

[405] Vgl. zum Beispiel W.E. Butler, *How To Develop Psychometry*, S. 54ff.

[406] So auch der Benediktinerpater Mohlberg: Candi, *Radiästhesistische Studien*, S. 76. Gegenstände mit Wirkmacht sind für ihn ein Spezialfall von Psychometrie.

[407] Hierzu Carl Clemens, *Wesen und Ursprung der Magie* in *Magie und Religion*. Lucien Lévy-Bruhl, *Das Gesetz der Teilhabe* in *Magie und Religion*.

[408] Carl Clemens, *Wesen und Ursprung der Magie* in *Magie und Religion*, S. 78.

Dasselbe magische Weltbild finden wir heute noch bei sogenannten Naturvölkern.

Die bekannten Ethnologen beziehungsweise Anthropologen James George Frazer (1854–1941) und Edward Burnett Tylor (1832–1917) haben in großem Umfang bei *primitiven* Stämmen nachgewiesen, daß für diese alles, auch anorganische Objekte, als fähig gelten, Wirkungen auszuüben und auch zu erleiden. In ihrer Vorstellung ist nichts tot. Ein Ding, Mensch, Tier oder auch eine Pflanze hat Kräfte und kann diese Kräfte, und auch Eigenschaften, übertragen. Sowohl Objekte wie Lebewesen üben aufeinander Einflüsse aus[409]. Überall gibt es so einen Austausch von Kräften und Eigenschaften. Das geschieht durch Übertragung: Kontakt, Fernwirkung, Ansteckung, Beschmutzung, Besitz, besonders häufig durch Berührung[410]. Es setzt einen Informationstransfer voraus und dieser wiederum, daß die daran beteiligten Objekte oder Subjekte einen Informationsspeicher, sprich, ein Gedächtnis haben.

Die magische Vorstellung von Kräften in den Dingen war übrigens kein folgenloser Blödsinn, sondern eher eine weitreichende Idee: Sie hat zu den modernen Naturwissenschaften geführt.

Ein paar Beispiele für dieses magische, vorreligiöse oder Naturvölker-Weltverständnis:

Durch den Genuß des Fleisches eines Tieres (oder von sonst etwas) glaubte man sich dessen Kraft aneignen, einverleiben zu können. Durch das Essen eines Menschen ebenfalls ...

Diese uralte Idee wirkte in die Antike und bis heute nach:

Plinius[411] erzählt, daß manche Frauen jeden Morgen Wildbret aßen, weil Wild angeblich nie Fieber hatte.

Medea kocht bei Ovid[412] dem alten Aeson aus der Leber eines langlebigen Hirsches und dem Kopf einer Krähe, die neun Generationen von Menschen hindurch gelebt hat, einen Verjüngungstrank. Zu Ovids Zeit trank man auch die Asche eines Verstorbenen in Wasser, um seine Eigenschaften in sich aufzunehmen.

Bis vor kurzem tranken arabische Frauen noch das Wasser von Vollblutpferden, um gesunde Nachkommen zur Welt zu bringen[413]. In Java gibt man heute noch einer Sängerin, die sich heiß gesungen hat, ein Insekt zu essen, das einen schrillen Ton von sich gibt, damit sie wieder so gut

[409] Lucien Lévy-Bruhl, *Das Gesetz der Teilhabe* in *Magie und Religion*, S. 19.

[410] Lucien Lévy-Bruhl, *Das Gesetz der Teilhabe* in *Magie und Religion*, S. 20.

[411] Hist. nat. VIII,32,119 beziehungsweise vgl. bei Carl Clemens, *Wesen und Ursprung der Magie* in *Magie und Religion*, S. 61.

[412] Met., VII, 271ff. beziehungsweise vgl. bei Carl Clemens, *Wesen und Ursprung der Magie* in *Magie und Religion*, S. 63.

[413] Carl Clemens, *Wesen und Ursprung der Magie* in *Magie und Religion*, S. 73.

schreien kann wie früher[414]. Und heute noch essen nicht nur japanische Männer Nashornpulver und glauben sich dadurch die Potenz dieses Tieres aneigenen zu können.

Was für Eßbares galt, galt auch für alles andere: Wenn eine Araberin heute noch die Kleider einer vielfachen Mutter trägt, um ihre eigene Fruchtbarkeit zu erhöhen[415], dann geht auch das auf diese magische Weltvorstellung zurück.

Und wenn die Papua sich heute noch an Felsgestein reiben und Bäume umarmen, damit sich deren Härte auf sie überträgt[416], dann geht auch das auf älteste Bräuche zurück, die sich ebenfalls in die Antike fortgesetzt haben: Zeus ist von der Liebe zu Hera geheilt worden, indem er sich auf einen Stein setzte. Dessen Härte soll dabei auf ihn übergegangen sein[417]. Ebenso hat, wie Pausanias[418] erzählt, Orest der Wahnsinn verlassen, als er sich auf einem Stein niederließ.

Von Dingen, Menschen, Pflanzen können auch schädliche Kräfte ausgehen. So kam es zur Entwicklung von *Tabus*.

Fleisch eines Tieres konnte auch schlechte Wirkungen zeitigen: Madagassische Krieger durften keinen im Kampf getöteten Hahn essen, oder irgend etwas, das getötet worden war. Sonst bestand die Gefahr, daß es ihnen erging wie dem getöteten Tier[419].

Bis vor kurzem durften in manchen afrikanischen Stämmen Männer vor der Jagd keine Frau berühren, da deren Schwäche auf sie übergehen konnte[420].

Auch Tote waren bei vielen Naturvölkern tabu. Sie wurden in ein besonderes Haus gebracht, da der Tod von ihnen sozusagen auf die Lebenden übergehen konnte. An einigen Orten war auch die Witwe tabu. Auch von ihr ging der Tod aus. So bei den Agutainos auf den Philippinen. In extremis kam es zu so scheußlichen Grausamkeiten wie Witwenverbrennungen.

Interessant ist auch der Fall von Fußspuren. Fußspuren vertraten die Person in vorreligiöser Zeit. Bei den Herero wurde das bis heute überliefert: Noch bis vor kurzem glaubten sie, wenn sie etwas Erde aus der Spur eines Löwen auf die eines Feindes warfen, dann werde diesen ein Löwe

---

[414] Carl Clemens, *Wesen und Ursprung der Magie* in *Magie und Religion*, S. 61.

[415] Carl Clemens, *Wesen und Ursprung der Magie* in *Magie und Religion*, S. 73.

[416] Carl Clemens, *Wesen und Ursprung der Magie* in *Magie und Religion*, S. 64.

[417] Das beschreibt Photius, vgl. bei Carl Clemens, *Wesen und Ursprung der Magie* in *Magie und Religion*, S. 64.

[418] Bei Carl Clemens, *Wesen und Ursprung der Magie* in *Magie und Religion*, S. 64 beziehungsweise III, 22.1.

[419] Carl Clemens, *Wesen und Ursprung der Magie* in *Magie und Religion*, S. 63.

[420] Carl Clemens, *Wesen und Ursprung der Magie* in *Magie und Religion*, S. 68.

fressen[421]. Bis ins europäische Mittelalter hat es die Vorstellung geschafft: In manchen Gegenden Deutschlands genügte es, in die Fußspuren eines Menschen Nägel zu schlagen, dann wurde er lahm nach landläufiger Meinung[422].

2. SAKRALE GEGENSTÄNDE

Der sakrale Gegenstand ist der Prototyp eines Gegenstands, dem ein Gedächtnis, Lebendigkeit und sogar Macht zugesprochen wird.

Nahezu jeder Gegenstand, das belegt die Geschichte der Religionen, kann in den Rang des Heiligen erhoben werden.

Das Heilige liegt nun typischerweise nicht in der materiellen Beschaffenheit des Gegenstands, sondern entweder in seiner Geschichte: in den individuellen oder kollektiven Erfahrungen, mit denen er einmal verknüpft war[423]. Oder das Heilige entsteht durch die *Weihung* des Gegenstands, kommt durch die Absicht des Weihenden zustande. Der Gegenstand behält diese praktisch im Gedächtnis.

Christliche Sakralgegenstände
bzw. Sakralsubstanzen

Hier kommen wir auf bekanntes Terrain.

Der Heilige Gral

Ein Gral war im Altspanischen ein Kelch, ein Trinkgefäß[424].

Der Heilige Gral ist ein Kelch, der potenteste Kräfte entfalten soll.

Der Legende nach gewinnt, wer aus ihm trinkt, ewiges Leben. Der Parzival Dichter Wolfram von Eschenbach (1160/80–1220) nennt ihn „(einen) Stein von makelloser Reinheit, ... Er heißt Lapsit exillis. Die Wunderkraft des Steins läßt den Phönix zu Asche verbrennen, aus der er zu neuem Leben ersteht ... Solche Kraft verleiht der Stein dem Menschen,

---

[421] Carl Clemens, *Wesen und Ursprung der Magie* in *Magie und Religion*, S. 74.
[422] Carl Clemens, *Wesen und Ursprung der Magie* in *Magie und Religion*, S. 74.
[423] Karl-Heinz Kohl, *Die Macht der Dinge*, S. 10.
[424] Michael Hesemann, *Die Entdeckung des Heiligen Grals*, S. 12.

daß der Körper seine Jugendfrische bewahrt. Diesen Stein nennt man auch den Gral"[425].

Die mittelalterlichen Kaiser des Heiligen Römischen Reichs deutscher Nation glaubten, daß sie unter dem Schutz des Kelchs den heiligen Krieg beginnen, im Kreuzzug gegen die Moslems siegen und das Heilige Land wieder fruchtbar lassen werden konnten[426].

Was ist nun dieser Heilige Gral eigentlich?

Der Heilige Gral ist für die meisten der authentische Kelch, den Christus beim Letzten Abendmahl in Händen hielt.

Damit wäre er imprägniert mit den Gedanken, der Persönlichkeit, den Kräften des (historischen) Jesus Christus.

Er gilt als die heiligste christliche Reliquie, die über die Jahrhunderte weitergereicht wurde und erhalten blieb.

– Es gibt allerdings mehrer Kelche, von denen behauptet wird, sie seien der authentische Kelch Christi: den Sacro Catino von Genua, den Holzbecher von Nateos, die Glasschüssel von Glastonbury, den Silberkelch von Antiochia, die Achatschale von Wien, und den Santo Caliz von Valencia[427]. –

Auch seine Nachfolger, die Abendmahlkelche in jeder römisch katholischen Abendmahlsfeier (Eucharistie), sind nach dem römisch katholischen Credo mit denselben, ewiges Leben spendenden, Kräften ausgestattet.

Eine Mindermeinung sieht im Heiligen Gral nicht den Abendmahlskelch Christi, sondern das Geheimnis der Albigenser beziehungsweise Katharer, die im 13. Jahrhundert von der römisch katholischen Kirche verfolgt und fast vernichtet worden sind[428]. Im Klima des Werteverfalls (Verkauf geistlicher Ämter, Priester und Bischöfe lebten von reichen Spenden und Abgaben, genossen Luxus, Wein, Geliebte) machte sich in Okzitanien (dem südfranzösischen Pyrenäenvorland) im 12. Jahrhundert eine Sekte breit: ihre Hochburg war Albi, sie nannten sich selbst *Katharer*, griechisch: die Reinen, lehnten konsequent alles Weltliche ab und lebten in selbst gewählter Armut und Enthaltsamkeit.

Dreißig Jahre hat die römische Kirche die Albigenser bekämpft: von 1178–1208. Die Kirche rief sogar einen Kreuzzug gegen die Albigenser aus. Frankreichs König Philippe Auguste und etliche nordfranzösische Barone lockte die reiche Beute. 1208 rückte man mit einem Heer von 50 000 bis 200 000 Mann gegen sie vor. Der Abt von Citeaux ritt als Vertrauensmann des Papstes mit: Als die Kriegsknechte fragten, wie sie die

---

[425] Wolfram von Eschenbach bei Michael Hesemann, *Die Entdeckung des Heiligen Grals*, S. 33.

[426] Vgl. Michael Hesemann, *Die Entdeckung des Heiligen Grals*, S. 239.

[427] Michael Hesemann, *Die Entdeckung des Heiligen Grals*, S. 343.

[428] Vgl. Michael Hesemann, *Die Entdeckung des Heiligen Grals*, S. 289ff.

Ketzer identifizieren könnten, soll er gesagt haben: „Erschlagt sie alle, denn Gott kennt die Seinen."

Otto Rahn vertrat 1933 in seinem Buch *Kreuzzug gegen den Gral* die These, der Heilige Gral sei das Geheimnis der Albigenser beziehungsweise der Katharer. Auf Rahns Spuren machten sich Nazi-Okkultisten unter der Ägide Himmlers zur Katharerburg Montsegur auf, um dort den Gral zu suchen. Sie wurden allerdings nicht fündig. Im Oktober 1940 besuchte Himmler mit Entourage (25 ranghohe SS-Offiziere) das Kloster Montserrat oberhalb von Barcelona, um dort den Gral zu suchen, wurde aber wieder nicht fündig. Am 16. März 1944, als sich der Fall der Katharerburg Montsegur zum 700. Mal jährte, soll noch eine Formation von deutschen Jagdfliegern über der Burgruine mit Signalrauch ein Keltenkreuz in den Himmel gezeichnet haben. In eine der Maschinen hatte man, als Hommage, den toten Otto Rahn plaziert.

Nach wieder anderer Meinung ist der Gral nur ein *Symbol* für das Höchste, eine *Metapher* für die Suche nach dem Ewigen[429].

Und es gibt noch eine Idee, was dieser Gral denn sein könnte: der sogenannte *Stein der Weisen*.

Seltsam ist übrigens, daß mit dem Verschwinden der Katharer auch plötzlich die Gralslegende verschwand[430].

Die Suche nach dem Gral gehörte über neun Jahrhunderte, bis ins Hochmittelalter, zu den großen Themen der Weltliteratur[431]:

Chretien de Troyes *Perceval* behandelt um 1180 das Thema der Gralssuche. Den Stoff hat er, so scheint es, von Guiot de Provence kopiert, der seine Version des Parzivals daraufhin entrüstet an die Konkurrenz, den deutschen Dichter Wolfram von Eschenbach, weiterreichte[432]. Es gab allerdings auch einen noch älteren Parzival, einen Urparzival, auf den sich Guiot stütze. Guiot hat die Erstfassung des Stoffs in Toledo aufgetan. Es handelte sich um eine unbeachtet gebliebene arabische Niederschrift[433].

Bei Wolfram von Eschenbachs Parzival[434] ist die Suche nach dem Gral die Suche nach dem *Mitleid*: eigentlich nach dem Kernstück der christlichen Botschaft. Parzival soll nicht Ritter werden wie sein gefallener Vater, und so kleidet ihn seine Mutter Herzeloyde in ein Narrenkostüm und schickt ihn mit einem „recht erbärmlichen Gaul" auf Wanderschaft. Die Rechnung geht nicht auf. Parzival stößt in Nantes an der Loire auf den

---

[429] Michael Hesemann, *Die Entdeckung des Heiligen Grals*, S. 15.
[430] Vgl. Michael Hesemann, *Die Entdeckung des Heiligen Grals*, S. 305.
[431] Vgl. etwa Michael Hesemann, *Die Entdeckung des Heiligen Grals*, S. 15.
[432] Michael Hesemann, *Die Entdeckung des Heiligen Grals*, S. 25–27.
[433] Michael Hesemann, *Die Entdeckung des Heiligen Grals*, S. 36f.
[434] Vgl. Wolfram von Eschenbach bei Michael Hesemann, *Die Entdeckung des Heiligen Grals*, S. 25–35.

Hof König Arthurs, tötet den „Roten Ritter", erhält eine ritterliche Erziehung und zieht wieder aus, diesmal, um sich zu bewähren. Seine Karriere geht steil nach oben, er wird Herrscher über eine Stadt im Pyrenäenvorland und macht eine noble Heirat.

Als ihn die Sehnsucht nach seiner Mutter plagt, zieht er weiter, gelangt auf den Weg zu einer Burg und wird dort auch eingeladen. Der Burgherr Anfortas ist eine bedauernswerte Gestalt: „Allen Frohsinns bar, war sein Leben ständiges Dahinsiechen". „Anfortas verbringt sein Leben im Lehnstuhl; er kann weder reiten noch gehen, weder liegen noch stehen". Es wird ein festliches Mahl aufgetischt und dabei ein wundervoller Gegenstand aufgetragen: der Gral, aus dem alle Anwesenden gespeist werden. „(Der Gral) übertraf alles, was man sich auf Erden wünschen könnte"; er erscheint Parzival als „der Inbegriff paradiesischer Vollkommenheit". Parzival ist versucht nach dem Gral zu fragen, hält sich aber zurück.

Am nächsten Morgen sind alle auf mysteriöse Weise verschwunden. Später erfährt Parzival, die Burg ist die Gralsburg, die anwesenden Ritter hüten den Gral (*Templeisen* genannt, erinnert an die Templer), Anfortas ist der Gralskönig, und er selbst, Parzival, ist mit ihm verwandt und hätte Anfortas von seinem Leiden erlösen können, indem er die richtige Frage gestellt hätte, die *einfache* Frage: **„Was fehlt Dir?"** Parzival hätte „mitleidig nach dem Geschick des Königs fragen sollen, dann hätte sein Elend ein Ende (gehabt)".

Die Frage nach dem Gral ist also die Frage nach dem Leid des anderen, der Gral, das höchste Gut, ist das Mitleid.

Glücklicherweise folgt ein Happy End: Die Sache kann noch nachgeholt werden, Anfortas wird erlöst und Parzival der neue Gralskönig.

Vieles spricht dafür, daß die Grals-Sagen von Eschenbach, Troyes und Guiot, auch wenn der Gral wie bei Eschenbach symbolisch verstanden wird, sich auf den Kelch des Letzten Abendmahls beziehen.

Daß mit dem Gral in den Legenden der Kelch des Letzen Abendmahls gemeint sei, meint auch der Franzose Robert de Boron[435], der Ende des 12. Jh. ebenfalls eine Legende des Heiligen Grals verfaßte. Bei ihm spielt die Legende in Glastonbury (alias Avalon). Dort ist, bei Boron, der Gral mit Josef von Arimathäa gelandet. – Josef von Arimathäa, ein reicher Jude, soll das Blut Christi in einer Schale (dem Abendmahlskelch Christi) gesammelt haben. Das Blut stammte aus der Wunde, die der römische Hauptmann Longinus Jesus mit seiner Lanze zugefügt hatte. – König Artus (Arthur) und seine Ritter werden in diesem Sagenstrang zu den Gralshütern.

---

[435] Robert de Boron bei Michael Hesemann, *Die Entdeckung des Heiligen Grals*, S. 86–91.

Plötzlich war der Gral in der Literatur kein Thema mehr. Die Stoffe aus der Zeit von 1170–1240 inspirierten erst viel später wieder, im 15. Jh., Thomas Malorys großen Artusroman[436]. Die Artus Legende (König Arthur) lebte erneut im 19. Jh. bei den Romantikern und Wagner auf. Welche von den vielen Varianten, einschließlich den literarischen, ist wohl die wahrscheinlichste?

Sehen wir uns noch einmal die Variante: Kelch Christi an.

Einen Kelch Christi, der bei der Abendmahlsfeier von ihm verwendet wurde, gab es nach den biblischen Quellen.

Was geschah nach der Kreuzigung[437]? Josef von Arimathäa hat wohl nicht den Kelch mit dem Jesu das Abendmahl feierte, diesen persönlichen Gegenstand, erhalten. Er war, als Pharisäer, kein Verwandter Jesu. Der Kelch befand sich im Gebäude, in dem Jesu mit den Jüngern das Abendmahl feierte. Wahrscheinlich hat ihn einer der Jünger aufbewahrt; der spanischen Gralstradition zufolge wurde er dem heiligen Petrus anvertraut, dem Ranghöchsten der Apostel. Mit Petrus gelangte er dann nach Rom (zumindest der wichtige obere Teil, die Achatschale). Nach römischen Quellen hat Petrus auch ein Fragment des Tischs des Letzten Abendmahls mit nach Rom gebracht, dann konnte er auch den Kelch bei sich gehabt haben. Der Gral wurde dann wahrscheinlich unter den ersten Päpsten weitergereicht. Das Verhältnis zwischen diesen und den römischen Kaisern war anfangs gespannt, Christen wurden verfolgt, Päpste verhaftet und hingerichtet. Auch Papst Sixtus II wurde während einer Meßfeier 258 vom Kaiser verhaftet, und soll, der spanischen Legende nach, den Kelch einem seiner Diakone, Laurentius, einem Spanier, anvertraut haben, der dafür sorgte, daß der Kelch nach Spanien in Sicherheit gebracht wurde. Eine Urkunde König Martins von Aragon aus dem Jahr 1399 erwähnt einen Brief des Laurentius, der noch im 14. Jahrhundert im Archiv des Klosters von San Juan de la Pena unweit von Huesca, dem Ort, an dem Laurentius Eltern lebten, verwahrt worden sein soll. In diesem Brief bat der Märtyrer zwei Tage vor seinem Tod seine Eltern, die kostbare Reliquie sicher zu verwahren[438]. Das Schicksal des armen Laurentius ist bekannt. Als er dem Kaiser nicht die Kirchenschätze herausrücken wollte und statt dessen vor dem Kaiser darauf verwies, daß die ewigen Schätze der Kirche die Armen seien, die ständig zunähmen, ließ der Kaiser ihn über dem Feuer rösten.

Um 1073 bis 1085 gab es dann einen regelrechten Kleinkrieg[439] zwischen dem römischen Papst und dem Abt, der für das spanische Kloster San Juan de la Pena zuständig war, in dem der Kelch sich lange Jahre

---

[436] Michael Hesemann, *Die Entdeckung des Heiligen Grals*, S. 95.

[437] Vgl. Michael Hesemann, *Die Entdeckung des Heiligen Grals*, S. 168–199.

[438] Vgl. bei Michael Hesemann, *Die Entdeckung des Heiligen Grals*, S. 202.

[439] Vgl. hierzu Michael Hesemann, *Die Entdeckung des Heiligen Grals*, S. 241f.

befunden haben soll. Auch der Papst vermutete, daß es sich hier um den authentischen Kelch handelte. Kurzerhand unterstellte er das Kloster unmittelbar dem Heiligen Stuhl, und so war das Problem gelöst: Der Kelch blieb zwar in Spanien, gehörte aber fortan direkt dem Heiligen Stuhl. Es gab noch weitere Ortswechsel[440]. Jetzt befindet sich dieser Gral in Valencia.

Der Gral von Valencia[441] ist ein 7 Zentimeter hoher Steinbecher mit einem Durchmesser von 9,5 Zentimetern. Der eigentliche Gral ist eine Schale aus einem fein geschliffenen Achat. Es gab dann noch einen Fuß, eine umgedrehte Schale aus Onyx, das Unterteil, das sich bis ins 6.Jahrhundert in der Grabeskirche in Jerusalem befand (und dort als Abendmahlskelch verehrt wurde). Dieser gelangte angeblich auf abenteuerlichem Weg, als die Perser über Jerusalem herfielen, ebenfalls nach Spanien, tauchte dort aber erst im 12. Jh. auf. Man erkannte den Zusammenhang mit dem Achatbecher und verband die beiden Gefäße in einer prunkvollen Goldfassung. Ramiro II tat das um 1135. So ist er noch heute.

Der Onyxfuß hat eine kufische (arabische) Inschrift, war wohl zwischenzeitlich auch in maurischem Besitz: Die Inschrift soll als *Alabsit Sillis* beziehungsweise *Al-Labsit As-Sillis* entziffert worden sein. – Es ist eine Sensation, daß bei Wolfram von Eschenbach der Gral: *Lapsit Exillis* heißt. – Gemeint sei damit lapis ex stellis: Stein von den Sternen. Nach anderen soll die Inschrift: *der Barmherzige* heißen und wieder andere lesen darin: *Für den, der blüht, für die Blühende.*

Einiges spricht also dafür, daß es der Abendmahls-Kelch des historischen Jesu bis zu uns (nach Valencia) geschafft hat. Daß von diesem konkreten Objekt allerdings so potente Wirkungen wie ein ewiges Leben ausgehen sollen, hat niemand bislang erfahren.

Ist mit dem Heiligen Gral der Stein der Weisen gemeint, sieht die Sache besser aus. Was unter Stein der Weisen unserer Ansicht nach zu verstehen ist, legen wir in einem Extrakapitel auseinander. Es hat allerdings nichts mit einem greifbaren Gegenstand zu tun.

Und so kommt der Behauptung der potenten Wirkungen auch näher, wer den Heiligen Gral rein symbolisch auffaßt.

---

[440] Von Juan de la Pena wechselte der Gral dann noch in die Palastkapelle der maurischen Residenz Aljaferia des spanischen Königs Martin des Menschlichen, vor den Toren Saragossas. Dies wurde protokolliert und ist archivkundig. Nach dem Tod des Königs gab es noch weitere Ortswechsel, alles dokumentiert. Unter König Alfonso kam der Kelch dann 1416 nach Valencia, wohin er seine Residenz verlegt hatte. Seit 1437 befindet er sich in der Kathedrale lau öffentlichen Urkunden.

[441] Vgl. Michael Hesemann, *Die Entdeckung des Heiligen Grals*, S. 312–346.

Reliquien

Auch der Heilige Gral ist eine Reliquie, neben dem Blut Jesu die wichtigste in der römisch katholischen Tradition.

Wir sehen uns zuerst die wichtigsten Reliquien an, die **Reliquien erster Ordnung.**

Reliquien sind in der römisch katholischen Tradition Gegenstände, in denen nicht nur Vergangenes aufgespeichert ist, sondern eine besondere, heilige Wirkmacht. Sie wirken!

Das Blut Jesu[442] soll vom begüterten Joseph von Arimathäa aufgefangen worden sein. Joseph von Arimathäa ist eine der geheimnisvollsten Gestalten des Neuen Testaments. Er betritt erst die Bühne als Jesus bereits gekreuzigt worden ist. Und er hat genau das, was in dem Moment gebraucht wird: eine eigene, nahe gelegene Grabstätte. Zusammen mit Maria, der Mutter Jesu, stand er unter dem Kreuz; die Jünger waren geflohen und verfolgten den Todeskampf des Meisters aus einiger Entfernung. Joseph von Arimathäa holte von Pilatus die Genehmigung zur Bestattung ein. Nach jüdischer Sitte wurde das beim Eintritt des Todes vergossene Blut sorgfältig gesammelt. Assistiert hat bei allem noch der Pharisäer Nikodemus, auch er ein reicher jüdischer Patrizier. Joesph von Arimathäa und Nikodemus schabten das geronnen Blut Jesu mit einem Messer von seinem Leib und vom Kreuzesstamm ab und verwahrten es in Bleiröhrchen.

Dieses Blut soll nun in diesen Röhrchen eine unglaubliche Reise angetreten haben, über die Jahrtausende weitergereicht worden sein.

In der christlichen Legende soll auch der Legionär Longinus, der Jesus mit der Lanze in die Seite stieß, Blut aufgefangen haben[443]. Longinus litt an einer Augenkrankheit, von der er geheilt wurde, als das Blut Jesu, das aus der Wunde floß, ihn zufällig benetzte; dieses Blut konnte also sehr nützlich sein. Er sammelte es ebenfalls in einer Phiole. Als man die Grabstätte des Longinus aushob, fand man eine Phiole mit Blut.

Reliquien des Heiligen Bluts wurden insbesondere im Mittelalter in Frankreich, Deutschland und Italien verehrt. Heute befindet sich eine solche Phiole in der Kathedrale von Brügge. Andere befinden sich in Boulogne, Lucca, Mantua, Reichenau und Weingarten. Das bedeutendste Zentrum der Verehrung des Heiligen Bluts war jedoch das Kloster Fecamp an der Nordwestküste Frankreichs.

Das Heilige Blut ist in der römisch katholischen Tradition eine hochwirksame Substanz. Es ist das reinigende Erlöserblut des Gottessoh-

---

[442] Hierzu Michael Hesemann, *Die Entdeckung des Heiligen Grals.*
[443] Michael Hesemann, *Die Entdeckung des Heiligen Grals*, S. 127.

nes. Es hat die Macht von Sünden zu befreien. Es ist in diesem Blut also nicht nur die Geschichte des Gottessohnes, sondern auch noch seine Wirkkraft enthalten. Durch dieses Blut wirkt nach wie vor die Absicht des Kreuzestodes fort: das Blut zur Vergebung der Sünden anderer vergossen zu haben.

Die Heilige Lanze[444]:

Der Evangelist Johannes (Joh. 19,33–34) berichtet: *„Als die (Legionäre) aber zu Jesus kamen und sahen, daß er schon gestorben war, zerschlugen sie ihm die Beine nicht, sondern einer der Soldaten (der Legionär Longinus) stieß mit der Lanze in seine Seite und sogleich kam Blut und Wasser heraus".*

Die Lanze wurde in der Grabstätte des Longinus gefunden, weitergereicht und aufbewahrt, wie es scheint.

In Byzanz wie im Heiligen Römischen Reich deutscher Nation wurde dem Kaiser ein Speer vorangetragen, den man jeweils für die authentische Reliquie hielt[445]. Wobei Byzanz die besseren Karten hatte, der Ursprung der Heiligen Lanze der deutschen Kaiser eher obskur ist[446]. Karl der Grosse, der erste Kaiser des Westens nach dem Fall Roms, hatte Boten nach Konstantinopel geschickt, um sich christliche Reliquien zu besorgen, koste es, was es wolle. Die heilige Lanze soll ihm schließlich vom Papst überreicht worden sein[447]. Es gab nur eine Reliquie, von der man glaubte, daß sie über noch stärkere Kräfte verfügte, den Heiligen Gral.

Ein Gegenstand, die Lanze, ist hier Träger der christlichen Heilsgeschichte und strömt noch die Macht desjenigen aus, mit dessen Blut sie in Berührung kam, die Macht Christus' und legitimierte so die westliche Herrschaft, machte aus dem Kaisertum ein Kaisertum von Gottes Gnaden.

Immer wieder wurden die Lanze, und auch andere Christusreliquien, in Zeiten der Not in feierlicher Prozession durch die Strassen getragen. Im Fall einer Belagerung traute man der Lanze sogar zu die Mauern zu sichern.

Der **Schaft der heiligen Lanze**, auch er gilt als Reliquie erster Ordnung, ist angeblich heute in der Sainte Chapelle in Paris aufbewahrt. König Ludwig IX soll sie vom bankrotten Kaiser von Konstantinopel erworben haben.

Der deutsche Kaiser Karl IV (1316-1378) hat schließlich den „Reichskleinodien", der vermeintlichen Longinus-Lanze und einer großen

---

[444] Hierzu Michael Hesemann, *Die Entdeckung des Heiligen Grals.*

[445] Vgl. Michael Hesemann, *Die Entdeckung des Heiligen Grals,* S. 128.

[446] Michael Hesemann, *Die Entdeckung des Heiligen Grals,* S. 127f.

[447] Vgl. Michael Hesemann, *Die Entdeckung des Heiligen Grals,* S. 238.

Partikel des „Wahren Kreuzes", die mächtige „Gralsburg" Karlstein bei Prag erbaut.

Heute ist diese Lanze in Wien.

Splitter des Kreuzes[448]:
Die Reliquie des *Wahren Kreuzes*[449] wurde 325 durch die Kaisermutter Helena entdeckt. Sie ließ das Heilige Grab freilegen. Dabei kamen Kreuzreste mit der Kreuzesinschrift: *„Jesus von Nazareth, der König der Juden"* zum Vorschein. Fragmente der Nägel ließ sie in die Krone und das Zaumzeug ihres Sohnes einarbeiten, Teile des Kreuzes sowie der Inschrift gingen in die Hauptstädte Rom und Konstantinopel. Seit dem 4. Jahrhundert werden Kreuzteile und einer der Nägel in der Basilica di Santa Croce im Südosten Roms aufbewahrt.

Auch diesen Kreuzsplittern traute man göttliche Kräfte zu. Sie wurden zu Garanten gottgewollter politischer Macht. Auch sie enthielten natürlich neben dem Gedächtnis für die damaligen Ereignisse auch die gesamte Kraft dessen, der mit ihnen in Berührung war, die Kraft des Gottessohnes.

Weitere Reliquien erster Ordnung sind **die Dornenkrone, das letzte Gewand, das Schweißtuch, der Essigschwamm, das Grabtuch Christi.**

Auch **Maria-Reliquien** gibt es. Auch sie könnte man zu den Reliquien erster Ordnung zählen. Ihr Hemd und ihren Gürtel, Haare, Zähne, Nägel, sogar Reste der Milch, die sie dem Erlöser zu trinken gegeben hatte, sollen aufbewahrt worden sein.

Einiges mutet bizarr an. Nicht nur die Reliquie der Vorhaut Christi[450]. Auch, daß es so viele Kreuzsplitter gegeben haben soll, daß man damit die Strassen Roms hätte pflastern können, zeigt den Mißbrauch, der hier teils getrieben wurde[451].

Es gibt nun auch die **Reliquien zweiter Ordnung**[452].
Dabei handelt es sich um Körperteile **von Märtyrern oder Heiligen** oder um alles, was mit diesen in Berührung war.

---

[448] Michael Hesemann, *Die Entdeckung des Heiligen Grals*, S. 81, 120.
[449] Michael Hesemann, *Die Entdeckung des Heiligen Grals*, S. 120.
[450] Im De weg naar de hemel, Ausstellungskatalog Amsterdam, Utrecht, 2000, sind 17 Vorhäute Christi in europäischen Kirchen und Sammlungen erfaßt.
[451] Vgl. Werner Münsterberger, *Sammeln, Eine unbändige Leidenschaft*, Berlin, 1995, S. 111.
[452] Vgl. hierzu Karl-HeinzKohl, *Die Macht der Dinge*, 48ff.

Schon in frühchristlichen Texten liest man, daß fromme Frauen die Gebeine der Märtyrer aufsammelten, weil sie „wertvoller sind als kostbare Steine und besser als Gold"[453].

Es gab praktisch vier Wichtigkeitsgrade. An erster Stelle stand der vollständige Körper des Heiligen. So hat Friedrich Barbarossa 1164 dem Erzbischof Rainald von Dassel die vollständigen Gebeine der Heiligen Drei Könige zum Geschenk gemacht und von Mailand nach Köln überführen lassen; dies wurde zum Anlaß des Baus des Kölner Doms.

An zweiter Stelle stehen die Körperteile der Heiligen: Kopf, Extremitäten, Finger, Hände, Arme, Beine.

An dritter Stelle stehen Gegenstände, die *zu Lebzeiten* eng mit dem Heiligen in *Berührung* waren wie die Kleidung – im Besitz der Karolingerkönige befand sich der Mantel des Heiligen Martin. Und auch der Rost, auf dem der heilige Laurentius gemartert wurde, ist eine solche Reliquie.

Und dann kommen noch, in vierter Linie, die Gegenstände, die mit den *sterblichen Überresten* der Heiligen in enger *Berührung* waren, wie ein aufgelegtes Leichentuch.

Der Reliquienkult galt als nichts Abstruses, dem nur wenige anhingen. Es kam zu einer außerordentlich starken Verbreitung.

Wie kam es nun dazu?

Es fing damit an, daß man die ersten christlichen Kirchen auf Märtyrergräbern errichtete – zuvor hatte man die Abendmahlsfeier auf Märtyrergräbern begangen. Da nicht jede Kirche auf solch einer Grabstätte errichtet werden konnte, ging man dazu über, einzelne Gebeine von Märtyrern unter oder auch im Kirchenaltar beizusetzen. 787 faßte das Konzil von Nicäa den Beschluß, daß jeder geweihte Altar Reliquien enthalten müsse.

Skelettteile wurden also zu Zentren des christlichen Kults. Um sie herum wurden Heiligtümer erbaut. Und so dienten Skelettteile zugleich der Globalisierung des Christentums von Ost-Syrien über Jerusalem und Rom bis Nordirland[454].

Zwischenzeitlich war es natürlich zu einer Verknappung von Märtyrerleichen gekommen; das Christentum war etabliert, Märtyrer, die ihr Leben für die Religion ließen, gab es praktisch nicht mehr, und so zerstückelte man auch die Leichen von Heiligen, um diese an die neuen Gemeinden zu schicken. Heilige mußten nicht ihr Leben fürs Christentum gelassen haben, es genügte ein besonders löblicher Lebenswandel. Und es gab noch einen Trick, die Reliquien zu vermehren: Alles, was mit den Heiligen in Berührung gekommen war, galt auch als heilige Reliquie:

---

[453] Polykarp, 1. Hälfte des 2. Jahrhunderts, bei Michael Hesemann, *Die Entdeckung des Heiligen Grals*, S. 81.

[454] Hartmut Böhme, *Fetischismus und Kultur*, S. 171.

so häufig das Leichentuch. Diese *Berührungsreliquien* setzen voraus, daß die berührten Gegenstände ein Gedächtnis für den mit ihnen in Kontakt gekommenen Heiligen hatten, und noch mehr, daß sie dessen heilige Kraft transportierten und auf uns wirken ließen. Je länger übrigens die Berührung dauerte, desto wirkmächtiger war die Reliquie[455].

Mehr zur Wirkung der Reliquien[456]:

Reliquien verkörpern, wie gesagt, eine heilige Macht. Nach theologischer Auffassung ermöglichten sie den direkten Kontakt zu den verstorbenen Heiligen, und so erreichte man deren Fürbitte zu Gott.

Es gibt zwei Vorstellungen: Der Heilige ist weiterhin in seinen sterblichen Überresten *präsent* als auch die Vorstellung, daß im Heiligen zu Lebzeiten eine mystische Kraft wirksam war, die auch noch nach seinem Tod die irdischen Überreste erfüllt.

Die *Realpräsenz* des Heiligen drückt die Grabinschrift des hl. Martin von Tours aus[457]: *Hic conditus est sanctae memoriae Martinus episcopus cuius anima in manu Dei est, sed hic totus est praesens manifestus omni gratia virtutum*: Hier liegt Martin, der Bischof, heiligen Angedenkens, dessen Seele in Gottes Hand ist: aber er ist ganz hier, gegenwärtig und offenbar gemacht in Wundern aller Art.

Heiligengräber wurden so eingerichtet, daß man wenigstens den Sarkophag berühren konnte. Auch er galt als vom wundertätigen Fluidum des Heiligen imprägniert. Durch Berührung strömte das Heil vom Toten auf den Lebenden über[458]. Hier ging es praktisch um ein Abzapfen magischer Energie[459]. (Der psychometrische Akt führt hier sozusagen nicht nur zum Lesen des Gedächtnisses, sondern zu magischen Wirkungen).

Die praktisch magische Kraftübertragung führte nach dem Volksglauben zu Heilungen. Im Grunde nach dem okkulten Prinzip, daß nur Gleiches Gleiches heilen kann, dienten die einzelnen Körperteile der Heiligen dazu, die Leiden der entsprechenden Körperorgane des Hilfesuchenden zu lindern. Auch die spezifische Legende der Heiligen spielte eine Rolle: So wurde die Reliquie des heiligen Blasius, der zu Lebzeiten ein Kind, das eine Gräte verschluckt hatte, vor dem Ersticken bewahrt hatte, bei Hals- und Erkältungskrankheiten angerufen.

Man versprach sich auch die Abwendung von Gefahren, die Abwehr von Epidemien, Mißernten, Viehseuchen, von anderen Naturkatastrophen

---

455 Analog stellt man beim Psychometrisieren von Gegenständen fest, daß Wiederholung stärker imprägniert.
456 Vgl. hierzu Karl-Heinz Kohl, *Die Macht der Dinge*, 48ff.
457 Vgl. bei Robert Josef Kozljanič, *Der Geist Eines Ortes*, 1. Band, S. 313.
458 Hartmut Böhme, *Fetischismus und Kultur*, S. 171f.
459 Hartmut Böhme, *Fetischismus und Kultur*, S. 172.

und Schutz vor feindlichen Überfällen. Auch eine Verkürzung der Zeit im Fegefeuer konnte man mit Hilfe von Reliquien erwirken.

Gemeinden, Städte, ja Königreiche stellten sich unter den Schutz von Reliquien, sogar die Wohlfahrt ganzer Königreiche schien von Reliquien abzuhängen: Als Königin Mathilde, die Frau Heinrichs V., nach dessen Tod in ihr Geburtsland England die Hand des Heiligen Jakobus mitnahm, beklagte man den „unersetzlichen Schaden", der dem Reich der Franken durch diesen Verlust entstanden sei.

Man traute den Reliquien ferner hellseherische Fähigkeiten zu, und so setzte man sie sogar zur Überführung von Mördern und Dieben ein: In der Gegenwart von Verbrechern, wurde berichtet, fingen gewisse Reliquien zu bluten an oder gaben andere Zeichen von sich.

Leichenteilen wurden nicht nur fromme Wünsche anvertraut, sie waren auch gut für einen quasi magischen Schadenszauber: Reliquien im Kriegseinsatz sollten den Feind vernichten. Auch Reliquienamulette hatten mit bösen Wirkungen zu tun, nur daß man diese mit dem Amulett abwehren wollte[460].

Es gab Reliquien-Zeremonien. In feierlicher Prozession wurden Reliquien durch die Menge geführt: sie dienten der Kraftverteilung der Reliquie und auch ihrer Wiederaufladung (!)[461]. Die Wiederaufladung der Reliquien durch Gebete, Segnungen, kurz heilige Gedanken, zeigt ebenfalls, daß man ganz natürlich von der Speicherfähigkeit dieser Dinge ausging, davon, daß sie ein Gedächtnis hatten.

Die profanen Folgen der Reliquienverehrung[462]:

Die Reliquienverehrung trieb, vor allem im Mittelalter, die seltsamsten Blüten. So war es im 13. Jahrhundert üblich, Reliquien wie Menschen zu bestrafen, wenn sie nicht die in sie gesetzten Erwartungen erfüllten[463]: Heiligenbilder wurden in Wasser getaucht, auf die Gräber von Heiligen wurde Dorngestrüpp gelegt usw. Und noch Folgenreicheres geschah. Das Mittelalter traute den Reliquien enorme Kräfte zu. Den Reliquien erster Ordnung sogar göttliche Macht. Reliquien zweiter Ordnung strahlten mächtige Heilwirkungen aus. Die hohe Einschätzung dieser Kräfte von Dingen führte zu einem schwungvollen Reliquienhandel, zu einer quasi hysterischen Gier nach Reliquien. Fürsten, Könige, Päpste, Äbte, Priester, Gelehrte, die Eliten, waren auf der Jagd nach Fragmenten von Märtyrern und Heiligen. Der Mäzen Luthers, Friedrich der Weise,

---

460 Hartmut Böhme, *Fetischismus und Kultur*, S. 172.
461 Hartmut Böhme, *Fetischismus und Kultur*, S. 173.
462 Hierzu Johan Huizinga, *Herbst des Mittelalters*, Karl-Heinz Kohl, *Die Macht der Dinge*, Hartmut Böhme, *Fetischismus und Kultur* und Michael Hesemann, *Die Entdeckung des Heiligen Grals*.
463 Vgl. Karl-Heinz Kohl, *Die Macht der Dinge*, S. 55.

brachte es auf 18 970 Stücke, ein gewaltiges Kraftwerk, von dem für Besucher 1 902 202 Jahre Fegefeuererlaß abgezweigt werden konnten[464]. Im Hochmittelalter erreichte dieses Phänomen seinen Höhepunkt mit den Kreuzzügen; wegen Reliquien wurden Kriege geführt[465]. Der größte Reliquienraub des Mittelalters ereignete sich während des vierten Kreuzzuges. Das Kreuzfahrerheer ließ sich in Venedig aus Geldnöten vom Dogen Enrico Dandolo dazu verleiten die Reliquienschätze der oströmischen Kaiserresidenz zu rauben: Statt nach Jerusalem zu fahren und das Heilige Grab zu erobern, machte man einen Abstecher nach Konstantinopel. Dort erbeuteten Ritter und Söldner in den Kirchen und Klöstern mordend und plündernd die Überreste von über vierzig Heiligen[466]. Reliquien galten als so wertvoll, daß sie auf höchster Ebene auch als Bestechungsgeschenke eingesetzt wurden: Die Päpste verpflichteten sich durch Reliquienschenkungen Könige und Fürsten, die Könige sicherten sich durch solche Schenkungen die Loyalität der großen Fürsten ihres Reichs[467].

Auch vor Leichenfledderei schreckte man nicht zurück, um in den Besitz von Reliquien zu gelangen: Ausgerechnet Thomas von Aquin widerfuhr das geschmacklose Geschick. Als er 1274 starb, haben die Mönche seines Klosters den Leichnam des großen Gelehrten regelrecht eingemacht: vom Kopf befreit, gekocht, präpariert[468]. Auch Mord nahm man in Kauf: In Umbrien wollte man um das Jahr 1000 den Einsiedler Romuald totschlagen, um seine Gebeine nicht zu verlieren: er hatte beabsichtigt, von dort wegzuziehen[469].

Im ausgehenden Mittelalter und in der Renaissance wurde die Verehrung von Reliquien geradezu zur Manie, ihr Sammeln zur regelrechten Obsession[470]. Könige, Hochadel und auch reiche Bürger sammelten noch mehr Reliquien. Seit Mitte des 15. Jahrhunderts wurden Wallfahrten zu Reliquien zum Massenphänomen. Die Gläubigen reagierten vor den Reliquien bergenden Statuen wie Besessene, fielen mit Schaum vor dem Mund auf den Boden. Der Kommerz blühte an solchen Orten, Meßfeiern, Kerzen, Votivgaben, alles Mögliche wurde verkauft.

Die Reformation und der Humanismus wandten sich dann gegen den Reliquien-Kult, den Kult der Dinge, den, ihrer Ansicht nach, Rückfall in die Götzendienerei[471]. Melanchthon (1497–1560), Luther (1483–1546),

---

[464] Hartmut Böhme, *Fetischismus und Kultur*, S. 173.

[465] Michael Hesemann, *Die Entdeckung des Heiligen Grals*, S. 81. Karl-Heinz Kohl, *Die Macht der Dinge*, S. 62.

[466] Karl-Heinz Kohl, *Die Macht der Dinge*, S. 62.

[467] Karl-Heinz Kohl, *Die Macht der Dinge*, S. 61.

[468] Vgl. Johan Huizinga, *Herbst des Mittelalters*, S. 236.

[469] Vgl. Johan Huizinga, *Herbst des Mittelalters*, S. 236.

[470] Karl-Heinz Kohl, *Die Macht der Dinge*, S. 64f.

[471] Karl-Heinz Kohl, *Die Macht der Dinge*, S. 64f.

Zwingli (1484–1531) und Calvin (1509–1564) prangerten nicht nur den Kommerz der römisch katholischen Kirche an, auch den Rückfall in heidnische Zeiten.

Es kam zu noch schlimmeren Auswüchsen in der reformatorischen Gegenbewegung. Im Deutschen Reich, in Frankreich, den Niederlanden und der Schweiz setzten verheerende Bilderstürme ein. Sämtliche Bilder, Heiligenstatuen, die meistens Reliquienbehälter enthielten, Kruzifixe und Meßgeräte wurden aus den Kirchen entfernt, häufig zerstört, man schlug die bemalten Kirchenfenster ein, brach die Reliquienbehälter auf und vernichtete die Reliquien. Man strebte eine Verinnerlichung des Glaubens an und zerstörte unzählige hochrangige Kunstwerke. In Klammern kann man bemerken, Luther war dann doch vom Vandalismus entsetzt und plädierte für den Erziehungswert der Bilder und Statuen, diese seien so etwas wie eine Bibel für die Armen.

In der Gegenreformation blühten dann Heiligen- und Reliquienverehrung wieder erneut auf. Der Bilderfeindlichkeit der reformierten Kirche wurde die katholische Bilderpracht entgegengestellt. Der Prunk und die Üppigkeit der Ausstattung erreichten im Barock einen Höhepunkt.

Mit der Aufklärung des 18. Jahrhunderts (Voltaire und Zeitgenossen) wurde der Reliquienkult dann schlicht unglaubhaft. Die katholische Kirche hat ihn allerdings nie abgeschafft. Die Reliquie war aber fortan entzaubert. Der Glaube an ihre heilige Wirkung war relativiert.

Acheiropoieten[472]

Eine Sonderkategorie bilden die *Acheiropoieten*. Das sind zunächst Portraits Christi, später auch der Gottesmutter Maria und von Heiligen, die auf wunderbare Weise auf einen materiellen Bildträger gelangt sind. Diese Portraits sind also nicht von Menschenhand gemacht. Solchen Bildern wurde eine reale Wirkmacht nachgesagt; wurden sie doch als eine Spur Gottes verstanden.

In der griechischen Antike gab es bereits derartige Bilder. Das berühmteste war das wundertätige Athenabild von Troja, als *Palladion* sorgsam vor allen Blicken im Tempel verborgen und bewahrt. Es soll von Zeus eigenhändig vom Himmel auf die Erde herabgeworfen worden sein.

Diese von selbst entstandenen, aufgefundenen oder vom Himmel gefallenen Kultbilder heißen auch *Diipetes*.

Das Kultbild der Artemis von Ephesos galt ebenfalls als vom Himmel herabgefallen[473]. Um 52–55 n.Chr. hielten die Christen in Ephesos die

---

[472] Hierzu Lutz Lippold, *Macht Des Bildes – Bild Der Macht*, S. 66ff. Hartmut Böhme, *Fetischismus und Kultur*, S. 157f. Und Wikipedia.

[473] Vgl. Hartmut Böhme, *Fetischismus und Kultur*, S. 157.

Verehrung des Artemis Bildes für frevlerisch; es sei von Menschen gemacht und in keinem menschengemachten Bild könne ein Gott wohnen. Die Silberschmiede zettelten daraufhin gegen die Christen einen Aufstand an, weil die Christen behaupteten, auch die Artemis Statuen, die sie anfertigten, seien keine Göttinnen. Das war geschäftsschädigend, und so kam es zu einer Massenversammlung im Theater von Ephesus: Zwei Stunden lang schrie dort die Masse: „*Groß ist die Artemis von Ephesos!*"

Zu den christlichen *Acheiropoieten*:
Der Abdruck der Gestalt Jesu an seiner Martersäule in der Zionskirche von Jerusalem gehört in diese Kategorie. Er ist rätselhaft. Dann das Schweißtuch der Veronika: Sie soll auf dem Kreuzweg dem zusammengebrochenen Heiland das Gesicht getrocknet haben, worauf sein Porträt auf dem Stoff zurückblieb.

Christus selbst hat, so scheint es, ein in einem Tuch entstandenes Bild von sich dem schwerkranken König Abfar von Edessa zukommen lassen. Es hat diesen geheilt und wurde von ihm aufbewahrt. Durch die Jahrhunderte hat man es weitergereicht. Zuletzt befand es sich in der Sainte-Chapelle im Reliquienschatz der französischen Könige. Seit der französischen Revolution ist es allerdings verschollen.[474]

Ist die *Echtheit* von Acheiropoieten zweifelhaft?
Die Diskussion um das *Turiner Grabtuch* ist hier aufschlußreich[475].
Auf dem Tuch aus Leinen sieht man eine Ganzkörperabbildung eines Gekreuzigten. Sie soll Jesus Christus darstellen.
Die chemische Beschaffenheit der Abbildung ist umstritten.
Echtheitsbefürworter gehen heute überwiegend davon aus, daß die Gekreuzigten-Abbildung durch Dehydratation und damit Verfärbung der obersten Faserschicht erklärt werden kann, und daß die Substanz der Blutabbildungen echtes Blut ist, welches das Tuch durchdrungen hat.
Es ist also ein Kontaktabdruck. An Stellen mit direktem Kontakt konnte auch eine Verfärbung entstanden sein, ausgelöst durch Wärme, chemische Reaktionen, auf den Körper aufgebrachtes Pulver oder Farbpigmente. Auch Distanzwirkung ist nicht ausgeschlossen: Verfärbung tritt nicht nur an Stellen mit direktem Kontakt ein, sondern kann noch in einer gewissen Distanz von einigen Zentimetern zwischen Tuch und Körper beziehungsweise Vorlage eintreten. Als Verfärbungsmechanismen bei der Distanzwirkung wurden elektromagnetische Wellen, Radioaktivität, Diffusion oder elektrostatische Entladung vorgeschlagen.

---

[474] Lutz Lippold, *Macht Des Bildes – Bild Der Macht*, S. 88ff.
[475] Vgl. in der Wikipedia.

Diejenigen, die im Turiner Grabtuch nicht ein geheimnisvoll auf das Leinen gekommenes Abbild Christi sehen, halten es für ein Gemälde. Vertreten wurde die Malerei-Hypothese unter anderem von W. McCrone (1916–2002), einem amerikanischen Chemiker. Aufgrund seiner Forschungen zum Grabtuch kam er zu dem Ergebnis, daß das Grabtuch eine um 1355 entstandene Malerei für eine neue Kirche gewesen sei, welche ein attraktives Relikt benötigte, um Pilger anzuziehen.

Gegen alle obigen Erklärungsversuche gibt es Argumente:

Die Maltechnik des Bildes auf dem Tuch wäre überaus rätselhaft.

Ob von Menschenhand gemacht oder nicht, niemand kann bislang die beobachtete, anspruchsvolle Dreidimensionalität der Grabtuchabbildung erklären. Kontaktabdruck-Methoden und Malerei sind zwar in der Lage, scharfe Abbildungen zu produzieren, können aber die dreidimensionale Information nicht erklären. Distanzwirkung kann zwar die dreidimensionalen Informationen gut erklären. Allerdings produziert Distanzwirkung generell nur unscharfe Bilder.

Ein weiterer wichtiger Einwand gegen eine Abbildung (in sämtlichen Details) eines realen menschlichen Körpers durch direkten Kontakt ist die Tatsache, daß das Abbild kaum verzerrt ist, obwohl eine starke Verzerrung aufgrund der Topologie eines menschlichen Körpers in jedem Fall zu erwarten wäre.

Gibt es noch eine andere Erklärung, wie das Bild auf das Grabtuch gekommen sein kann, die mehr verspricht?

Es gibt sie. Die Abbildung auf dem Grabtuch könnte eine *Projektion* sein, so etwas wie ein Foto.

Die These einer künstlerischen Fälschung mittels sozusagen fotografischer Techniken, gewann 1988 an Gewicht, als eine Radiokohlenstoffdatierung (1988) die Entstehung des Tuches aufs Mittelalter verlegte. Solche fotografischen Techniken waren im Mittelalter bereits bekannt. In einem lichtdichten Raum (einer Art Camera Obscura), in deren Apertur eine einfache neuzeitliche Linse aus Quarz optischer Qualität angebracht ist, und mit Silbernitrat-Lösung getränkten Leinentüchern, kann man bei mehrtägiger Belichtungszeit Bilder von Statuen auf Leinentüchern erzeugen, die dem Bildnis auf dem Turiner Grabtuch ähneln und wie bei diesem durch Ausbleichung der äußeren Faserschichten zustande kommen. Die so erzeugten Bilder haben die nötige Schärfe, um das Grabtuchbild zu erklären und beinhalten auch die geforderten dreidimensionalen Informationen. Wesentlich für das Entstehen dieser Dreidimensionalität ist die mehrtägige Belichtungsdauer. Das Prinzip der Camera Obscura war im Mittelalter längst bekannt, und ebenso war Silbernitrat (früher oft Höllenstein genannt und medizinisch verwendet) erhältlich. Ebenso wurden aus Bergkristall geschliffene Linsen zu dieser Zeit verwendet, beispielsweise als Lesesteine, und das Prinzip der Linse wurde auch spätestens seit dem 13. Jahrhundert für Brillen benutzt.

Nun waren aber 1988 bei der Radiokohlenstoffdatierung keine Proben von mehreren Stellen des Grabtuchs entnommen worden, sondern alle Proben stammten von derselben Stelle.

Und hier regten sich wieder Zweifel:

Einige schlossen, daß die Radiokarbonprobe nicht repräsentativ für das Grabtuch gewesen sei: Im Mittelalter sei kunstvoll ein Flicken durch „invisible reweaving" in das Originaltuch eingewebt worden, und versehentlich habe man das Alter einer gestopften Stelle gemessen, ohne das zu erkennen. Wieder andere nehmen an, Bakterien und Pilze, Kontamination, hätten die Meßresultate verfälscht. Und noch andere behaupteten, das Feuer von 1532 habe die Ergebnisse der Datierung verfälscht: Isotopenaustausch durch Erhitzung.

Inzwischen hat sich bestätigt, daß die Radiokohlenstoffdatierung tatsächlich an einem nachträglich eingewobenen Flicken vorgenommen worden war, der fürs Ganze nicht repräsentativ ist. Die Stoffqualität, die besondere Webart des Tuchs spricht auch nicht gegen eine Datierung zur Zeit Christi, diese Webart gab es sowohl im Mittelalter als auch zu Christi Zeiten.

Letztlich geklärt ist damit aber noch nicht, wie hier das Bild einer Person aufs Leintuch kam. Und unklar ist auch, ob die abgebildete Person der historische Christus war.

Eine unwahrscheinliche Vermutung können wir anstellen, was dieser Abdruck eigentlich sein könnte. Vielleicht handelt es sich (die Dreidimensionalität der Abbildung läßt uns das auch annehmen) bei einem solchen Archeiropoeten um eine Projektion unseres Gedächtnisses von Gegenständen, beziehungsweise hier, im Spezialfall, um die Projektion des Gedächtnisses einer Person. Wir hätten den äußerst seltenen und rätselhaften Fall, daß dieses Gedächtnis sich auch einmal solide materialisiert, abbildet.

Die Macht dieser Archeiropoeten war jedenfalls enorm, oder besser: enorm war der Glaube an ihre Macht.

Die Byzantiner führten deshalb solche nicht von Hand gemachten Christusbilder als Standartenikonen in den Kämpfen mit sich. Und seltsamerweise schienen diese bei den persischen Truppen panischen Schrecken zu verbreiten.

Ikonen[476]

Im 6. und frühen 7. Jh. n.Chr. wurde die Ikone zur eigenständigen Gattung des christlich-religiösen Bildes im Osten.

Man ging davon aus, daß durch die Verehrung des Bildes die Gebete den Heiligen selbst erreichten. Dabei war man sich im klaren, daß das Abbild dem Urbild (dem Heiligen) in Wesen und Substanz nicht glich. Die Wirkungen beruhten allerdings auf der *Ähnlichkeit*. Die Ähnlichkeit schuf diesen magischen Zusammenhang zwischen beispielsweise dem realen Christus und seinem Bild. Der reale Christus ist der Prototyp. Und verehrt man das ihm ähnliche Bild, wird diese Verehrung auch dem Prototyp zuteil. Ikonen sind also wirkmächtige Gegenstände, durch sie konnte man einen realen Kontakt zu längst Verstorbenen und sogar zu Jesus Christus herstellen, wobei der Kontakt zur Erfüllung aller möglichen Bitten diente.

Eine als dem Urbild besonders wesensähnlich befundene Darstellung Christi wurde übrigens kanonisch festgeschrieben. So kommt es, daß die Jesus Ikonen sich alle gleichen. Eine Starre, ein Schematismus hielt Einzug. Und die Herstellung der Ikone, die Annäherung an das heilige Urbild, wurde zu einem Gottesdienst. Die Ikone wurde also nicht als Kunstobjekt gesehen, sondern als etwas Höheres, dem Kommerz Entzogenes.[477]

Es gab zwischen den Ikonen übrigens keine Hierarchie: Jede war gleichwertig, weil jede sich auf denselben Prototyp bezog. Hier eröffnete sich die Massenproduktion: auch in Massen produzierte Ikonen waren auf diese Weise immer noch wirkmächtige Ikonen.[478]

Es ist übrigens interessant, was überhaupt Ikone wurde. Ein Bild wurde zur Ikone, wenn es in weiten Kreisen als solche anerkannt wurde. – In dem Moment hörte es auf, ein Kunstobjekt zu sein. – Es gab also so etwas wie eine herrschende Meinung.[479]

Im Falle Christi orientierte man sich an Archeiropoieten wie dem Tuch von König Abfar von Edessa, in dem (nach allgemeiner Meinung) das Gesicht Christi einen Abdruck hinterlassen hatte. Und auch an Zeitzeugenberichten orientierte man sich, wie dem (wohl gefälschten) Brief des Lentulus[480], eines Reichsbeamten und Zeitgenossen von Pontius Pilatus. Christus war hiernach „... ein Mann von aufrechtem Wuchs, mittlerer Größe, 151/2 Fäuste hoch, von maßvollem und ehrwürdigem Aussehen ...

---

[476] Hierzu Lutz Lippold, *Macht Des Bildes – Bild Der Macht*, S. 79–82, 94–119. Und Gary Vikan, *Sacred Images and Sacred Power in Byzantium*, III, S. 1–8.

[477] Lutz Lippold, *Macht Des Bildes – Bild Der Macht*, S. 79–82.

[478] Gary Vikan, *Sacred Images and Sacred Power in Byzantium*, III, S. 1–18.

[479] Gary Vikan, *Sacred Images and Sacred Power in Byzantium*, III, S. 1–18.

[480] Bei Lutz Lippold, *Macht Des Bildes – Bild Der Macht*, S. 94.

mit nußbraunen Haaren, die bis zu den Ohren glatt sind, von den Ohren an abwärts ... in fülligen Locken über die Schulter hinunterwallen, mit einem Scheitel auf der Mitte des Hauptes nach Art der Nazarener, mit einer ebenen und klaren Stirn ... Mund und Nase sind ohne Tadel, er trägt einen üppigen und vollen Bart mit Haaren von gleicher Farbe, der in der Mitte zweigeteilt ist. Er hat einen einfachen und reifen Blick, große blaugraue Augen mit ungemein mannigfaltiger Ausdrucksfähigkeit, beim Schelten furchtbar, bei der Ermahnung sanft und liebevoll. Er ist fröhlich im Ernst, manchmal weint er, aber niemals hat man ihn lachen sehen."

Ab dem 7. Jahrhundert wird die Ikonenverehrung immer populärer. Es kommt zu einem ausufernden Bilderkult. Ikonen werden zu Trägern aller möglicher wunderwirkender Kräfte, sind immer mehr geheimnisvoll belebt, weinen oder schwitzen als Warnung vor drohendem Unheil, bluten, wenn sie von Heiden beschädigt werden, bewirken Strafen, fungieren als Zeugen, bewirken Heilungswunder. Man wäscht, salbt und bekleidet sie, führt sie in feierlichen Prozessionen umher. Von Ikonen abgekratzte Farbpartikel mischt man in Abendmahlswein und verabreicht ihn Kranken als Medizin.

Der sogenannte Bilderstreit flammte hier auf. Es gab Bilderfreunde und Bilderfeinde. Die Freunde des Bilderkults führten Dionysios Aeropagita an, den unbekannten Verfasser einer Sammlung von Schriften aus dem frühen 6. Jh. Dionysios Aeropagita verteufelte nicht die Materiewelt wie die frühen Christen, sondern sagte neuplatonisch, daß die materielle Welt ein Abbild des unsichtbaren höchsten Seins sei und lediglich hierarchisch auf einer niedrigeren Stufe stehe. Hieraus hat man die Berechtigung von Bildern im christlichen Raum abgeleitet, und auch deren Verehrung.

Im 8. und 9. Jh. setzt sich der Streit zwischen Ikonodulen (Bilderfreunden) und Ikonoklasten (Bilderfeinden und Bildzerstörern) fort. Mit Leon III. tritt der erste bilderfeindliche byzantinische Monarch auf. Er läßt Christus-Bilder zerstören. Sein Sohn verschärft den Bilderstreit noch. Die Verehrung von Bildern wird unter Strafe gestellt und verfolgt. Es kommt sogar zu Mißhandlungen und Hinrichtungen bilderfreundlicher Mönche. Rom und die orientalischen Patriarchate lehnten das ab. Bilderfreundliche und bilderfeindliche Kaiser und Kaiserinnen wechseln sich ab. Die weiblichen Herrscherinnen, die Kaiserinnen Irene (bis 802) und Theodora (842 tritt die Witwe an Stelle des Gatten) sind dabei die Bilder-Freundlichen. Die Bilderfreundlichkeit setzt sich 843 endgültig durch. Der Sieg der Bilderfreunde wird seither jährlich als „Fest der Rechtgläubigkeit" in der orthodoxen Kirche gefeiert.

Die 2. Synode von Nicäa vom Jahr 787[481], deren Ergebnisse vom Osten und vom Westen, Byzanz und Rom, anerkannt worden sind, argumentiert zugunsten der Bilderfreunde.

Dem Bild ist also eine existentielle Bedeutung zugemessen worden, und der Jahrhunderte lang erbittert und auf hohem theoretischen Niveau geführte Streit, der sogar zu Gewalt führte, war ein Streit um etwas Hochabstraktes: darum, ob sich der göttliche Geist in der Materie, also in einem Gegenstand, konkretisiert, das Immaterielle im Materiellen, Geist im Fleisch, Bewußtsein im Körperlichen[482]. Es ging hier praktisch auch um unser Thema, darum, ob Gegenstände, wie Bilder, ein Gedächtnis haben, ob der Prototyp (der Abgebildete) in ihnen gespeichert ist und durch sie fortwirkt, sie belebt. Der Streit ist gar nicht so abwegig, wenn man bedenkt, daß wir heute in der Physik letztlich dieselbe Diskussion haben, ob der Materie Geist unterliegt oder nicht.

Gesiegt hat im byzantinischen Bilderstreit jedenfalls die Ansicht, in der Materie steckt der Geist. Durch die irdischen Bilder Christi und dann auch von Maria, den Aposteln, Propheten, Märtyrern und Heiligen wirkt also eine höhere geistige, göttliche Wirklichkeit.

Die Bilderpracht entfaltet sich, nach diesem Ausgang, im Osten wieder ungehemmt. Bis auf Statuen, dreidimensionale Kunstwerke! Die Statue wird weiterhin als pygmalioneske Schöpferanmaßung gesehen – Pygmalion fertigte als Ersatz für eine reale Frau eine Statuette, die ihn in erotischen Bann schlug. Er verehrte sie kultisch, spielte um sie ein wahnwitziges Verführungstheater. Schließlich flehte er Venus an, sie solle sie lebendig machen. Die Göttin erfüllte sein Begehren und unter seinen glühenden Liebkosungen verlebendigte sich die Statue zu warm durchpulstem Fleisch. – Der Statue gegenüber bleibt man mißtrauisch. Sie hat eher den Charakter eines *Gebildes*. Und sie kann auch die Lichtwelt der Verklärung, in der sich die Bildgestalten der flächigen Ikonen bewegen, nicht darstellen.[483]

Sakramente[484]

Die katholische und die orthodoxe Kirche kennen 7 Sakramente: Eucharistie, Taufe, Firmung, Busse, Krankensalbung, Priesterweihe, Ehe.

Taufe und Eucharistie (wir beziehen uns hier auf die neutestamentlichen Sakramente) sind die wesentlichsten.

---

[481] Vgl. bei Lutz Lippold, *Macht Des Bildes – Bild Der Macht*, S. 112f.

[482] Lutz Lippold, *Macht Des Bildes – Bild Der Macht*, S. 116.

[483] Lutz Lippold, *Macht Des Bildes – Bild Der Macht*, S. 95–119.

[484] Vgl. hierzu Benedetto Testa, *Die Sakramente der Kirche* und Christian Lange, Clemens Leonhard, Ralph Olbrich, Hrsg., *Die Taufe*.

Im Lateinischen[485] umfaßt *sacramentum* die verborgene, mysteriöse heilige Wirklichkeit der biblischen Ereignisse und verweist auf die Treue zu Christus, wie ein Eid.

Die Kirchenväter[486], so zum Beispiel Johannes Chrysostomus im 4. Jh., gingen von einer *Realpräsenz* Christus', einer Realpräsenz der christlichen Heilsgeschichte, einer Realpräsenz von Tod und Auferstehung Christus' in den Sakramenten aus. Auch von einer Realpräsenz des Heiligen Geistes. So ist Christus in Brot und Wein des Abendmahls *real präsent*. Und in der liturgischen Handlung verwirklicht sich realiter die Heilsgeschichte, noch einmal und noch einmal.

Die Dinge beziehungsweise Substanzen, wie zum Beispiel Brot und Wein beim Abendmahl, haben hier also die Macht eine Realpräsenz zu verwirklichen und die ganze Heilsgeschichte sozusagen noch einmal ablaufen zu lassen oder in einer ewigen Gegenwart zu halten. Eine unglaubliche Sache.

Augustinus[487] (354–430 n.Chr.) fügt dann etwas Entscheidendes hinzu: Die Wirkung der Dinge geschieht, nach ihm, erst durch eine *Prägung*! Erst wenn zum Taufwasser das Glaubenswort hinzutritt, entstehe das Sakrament. Werde es weggelassen, was sei dann das Wasser außer Wasser?

Über die Wirkung der Sakramente, die Wirkung dieser geprägten Dinge, wurde im Mittelalter viel debattiert. Immerhin wirkte hier, wie Isidor von Sevilla[488] sagte: unter der Hülle körperlicher Dinge die göttliche Kraft beziehungsweise die göttliche Gnade auf verborgene Weise.

Thomas von Aquin[489] (um 1225–1274) bezieht die gesamte Handlung mit ein. Das Ding allein wirkt nicht; es wirkt nur im Zusammenhang mit den Worten und der gesamten Handlung: „Das Sakrament (die Taufe) kommt nicht im Wasser zustande, sondern in der Anwendung des Wassers auf den Menschen, und das ist die Abwaschung." Formel und ritueller Vollzug sind hier also entscheidend, damit das Ding Wirkungen entfaltet.

Im Konzil von Florenz 1439[490] wird festgelegt, daß die neutestamentlichen Sakramente – von den alten wollte man praktisch nichts mehr wissen- durch drei Elemente vollzogen werden: durch Dinge als Materie (!), durch Worte als Form und durch die Person des Spenders. Hier spielt zusätzlich die Kirche eine Rolle, und zwar eine Hauptrolle: ohne sie keine Wirkung der Sakramente! Es wurden Zusätze unumgänglich, wie: Durch

---

485 Benedetto Testa, *Die Sakramente der Kirche*, S. 26.
486 Benedetto Testa, *Die Sakramente der Kirche*, S. 29. Kirchenväter sind die frühchristlichen Kirchenlehrer des 2.–7. Jh.
487 Bei Benedetto Testa, *Die Sakramente der Kirche*, S. 31.
488 Bei Benedetto Testa, *Die Sakramente der Kirche*, S. 31.
489 Bei Vgl. Benedetto Testa, *Die Sakramente der Kirche*, S. 69.
490 Vgl. Benedetto Testa, *Die Sakramente der Kirche*, S. 42.

die Unzulänglichkeit oder Sünde des menschlichen Spenders werde die Wirkung beziehungsweise die Weiterführung des Heilswerks Christi nicht verunmöglicht[491]! Bereits seit der Zeit der Kirchenväter, bis in unsere Zeit, wird die Rolle der Kirche hervorgehoben und fließt in die Sakramente ein: Die Sakramente konstituieren so auch die Kirche als Leib und Braut Christi.

Und bis in unsere Zeit glaubt die römisch katholische Kirche an diese Realpräsenz in den Sakramenten.

Die Reformation (16. Jh.) nimmt eine völlig andere Haltung ein. Bei ihr verlieren die Dinge ihre Potenz. Luther[492] (1483–1546) sagt, nicht das Sakrament bewirke per se etwas, nur der Glaube. „Nicht das Sakrament, sondern der Glaube an das Sakrament rechtfertigt." Oder Calvin[493] (1509–1564) sagt, daß Brot und Wein bleiben, was sie sind, und den Leib und das Blut Christi *bloß andeuten*. Sie sind also bloße Zeichen, nur Symbole ohne Wirkung. Und auch der Standpunkt der Reformierten hat sich bis heute nicht verändert.

Das Konzil von Trient (1604–1608)[494] hat auf die Reformatoren geantwortet, daß der Glaube an die göttliche Verheißung nicht genügt, sondern *die Sakramente* (also die Dinge: Brot und Wein beim Abendmahl oder Wasser bei der Taufe) aufgrund der vollzogenen Handlung, also des Kirchen-Ritus, die Gnade verleihen.

Gehen wir noch etwas näher auf die *Wirkung*[495] der Sakramente in der römisch katholischen Kirche ein:

Der Empfänger der Sakramente hat Teil am Leiden und der Auferstehung Christi, an der christlichen Heilsgeschichte. Gleichzeitig erneuert die christliche Gemeinde mit der Feier des Sakraments den Glauben an Christus, vereinigt sich so mit ihm und bringt damit ihren eigenen Sinn in der Zeit zum Ausdruck.

Imprägnierte Dinge verbinden hier also lebendig mit der Heilsgeschichte der Bibel und auch mit der *Geschichte* der Kirche. Die Sakramente sind so im Ritus lebendige Gedächtnisspeicher. Darüberhinaus entfalten sie noch andere potente Wirkungen: Sie nehmen den Empfänger der Sakramente auf in die Gemeinde der Christen. Das ist nun nicht eine einfache Club-Mitgliedschaft, sondern damit ist etwas Ungeheuerliches verbunden: die *Vergöttlichung des Mitglieds*. Ihm wird eine völlig neue Seinsweise verliehen: das Mitglied wird wiedergeboren, rein von Sünden, die Schäden vergangener Sünden werden behoben und vergeben[496], es wird

---

491 Vgl. Benedetto Testa, *Die Sakramente der Kirche*, S. 43.
492 Bei Benedetto Testa, *Die Sakramente der Kirche*, S. 37.
493 Benedetto Testa, *Die Sakramente der Kirche*, S. 39.
494 Bei Benedetto Testa, *Die Sakramente der Kirche*, S. 74.
495 Vgl. Benedetto Testa, *Die Sakramente der Kirche*, S. 68.
496 Vgl. Benedetto Testa, *Die Sakramente der Kirche*, S. 89.

wiedergeboren im Status der Heiligkeit[497], durch Ausgießung des Heiligen Geistes. Ja, das Mitglied wird sogar unsterblich. Und all das ist ein durch die Sakramente bewirktes göttliches Gnadengeschenk, durch die *Dinge* Brot, Wein, Wasser.

Das Beruhigende ist übrigens: die Gnade wird immer und allen geschenkt, also nicht nur manchmal und manchen[498].

Von der Wirkung können wir die *Wirkungsweise* unterscheiden. Wie können die Sakramente so Unglaubliches bewirken?

Die Überlieferung und die Dogmatik in römisch katholischer Tradition gebrauchte hier den Term: *ex opere operato*. Das heißt die Sakramente spenden im Ritus die Gnade aus eigener Kraft[499].

Der letztliche Motor dahinter ist Christus beziehungsweise der Heilige Geist[500]. Es wird betont, daß letztlich kraft der Leiden und der Verdienste Christi die Wirkung eintritt. Das Sakrament ist also ein an diese Ereignisse erinnerndes *wirksames* Zeichen.

Und so ist der Stand bis heute[501]. Opere operato: die heiligmachende Gnade wird im Ritus *durch das Sakrament*, zum Beispiel die Taufe, das Taufwasser, geschenkt.

Christus ist das fleischgewordene WORT (die Heilsbotschaft in Menschengestalt). Die Sakramente führen die Inkarnation des WORTES in analoger Weise weiter. Somit wirken die Sakramente, weil hier die Sinneswelt, die Welt, die wir um uns wahrnehmen, Materie, Ausdrucksgestalt des Geistes ist.[502]

Sehen wir uns ein paar der Sakramente im einzelnen an.

Brot und Wein in der Eucharistie beziehungsweise Transsubstantiation[503]

Eucharistie ist die Abendmahlsfeier. Seit den Anfängen des Christentums wird das Abendmahl im römisch katholischen Ritus immer gleich gefeiert, zurückgehend auf die Anweisungen des heiligen Paulus um 55 n.Chr.

---

497 Vgl. Benedetto Testa, *Die Sakramente der Kirche*, S. 73, 82.
498 Vgl. Benedetto Testa, *Die Sakramente der Kirche*, S. 75.
499 Vgl. Benedetto Testa, *Die Sakramente der Kirche*, S. 74.
500 Vgl. Benedetto Testa, *Die Sakramente der Kirche*, S. 76, S. 78.
501 Vgl. Benedetto Testa, *Die Sakramente der Kirche*, S. 76ff. Christian Lange, Clemens Leonhard, Ralph Olbrich, Hrsg., *Die Taufe*, S. 121.
502 Vgl. Benedetto Testa, *Die Sakramente der Kirche*, S. 79f.
503 Vgl. hierzu Benedetto Testa, *Die Sakramente der Kirche*, Will-Erich Peuckert, *Geheimkulte*, Michael Hesemann, *Die Entdeckung des Heiligen Grals*.

Das Mysterium ist nun, daß der dort gereichte Wein (den heute der Priester stellvertretend für die Gemeinde trinkt) und das dort gereichte Brot beziehungsweise die Hostien das Blut und der Leib Jesu *sind*. Kirchenväter und Theologen sprechen von der *Realpräsenz* Christi.

Der Theologe Hildebert von Tours (1056–ca. 1133) war der erste, der in dieser Diskussion den Begriff *Transsubstantiation* – Wesensverwandlung des Weins und Brots in das Blut und den Leib Christi – einführte.

Auf dem Vierten Laterankonzil 1215 wurde die Transsubstantiation zum Dogma, zur Glaubenswahrheit erhoben.[504]

Hier werden Dingen, dem Wein und den Hostien, in einem rituellen sakralen Rahmen – in der Messe – Lebendigkeit zugesprochen: Nicht nur tragen der Abendmahlswein und das Abendmahlsbrot die Erinnerung, das Gedächtnis der christlichen Heilsgeschichte, sie sind auch mit lebendigen Kräften, mit göttlichen Kräften, der Kraft des göttlichen Christus erfüllt[505].

Der Ritus der Eucharistie ist eine *Gedächtnisfeier*, ist ein Gedächtnismahl, in Erinnerung des Letzten Abendmahls. Und dieses Gedächtnis haftet den Hostien und dem Wein in der Eucharistie so an, als seien sie damals dabei gewesen.

Dem Nichtchristen erscheint dieses Mysterium fremd, à la limite kannibalistisch. So hört es sich denn auch an, wenn zum Beispiel der heilige Augustinus[506] sagt: *„Wir werden erleuchtet, indem wir den Gekreuzigten verzehren und trinken."*

Natürlich handelt es sich um spirituelle Nahrung, der Leib und das Blut Christi sind mystisch. Bleibt das Mysterium, daß Christus im Wein und Brot gleichzeitig *real* präsent ist.

Die Kraft, die nun von Wein und Brot beim Abendmahl ausgehen, beschreibt Johannes Chrysostomos[507], um 400 Patriarch von Konstantinopel, als eine Art Zauberquelle, Brunnen der Verschönerung und Verjüngung, ja das Abendmahl verleihe Unsterblichkeit. Ebenso nannte der Kirchenvater Ignatius von Antiochien[508] das eucharistische Brot *„Arznei der Unsterblichkeit, ein Gegengift, daß man nicht stirbt."* Gregor von Nyssa[509] (4.Jh.) sagt, die mystische Speise verleihe *„unsterblich machende Kraft"*.

---

[504] Vgl. Michael Hesemann, *Die Entdeckung des Heiligen Grals*, S. 137.

[505] Nicht nur nach dem Benediktinerpater Mohlberg/Candi, *Radiästhesistische Studien*, S. 76, liegt hier ein Spezialfall von Psychometrie vor.

[506] Augustinus bei Michael Hesemann, *Die Entdeckung des Heiligen Grals*, S. 125.

[507] Bei Michael Hesemann, *Die Entdeckung des Heiligen Grals*, S. 125.

[508] Bei Michael Hesemann, *Die Entdeckung des Heiligen Grals*, S. 124f.

[509] Bei Michael Hesemann, *Die Entdeckung des Heiligen Grals*, S. 125.

Dem entspricht ganz direkt das Versprechen Jesu (Joh 6,59): *„Wer dieses Brot ißt, der wird leben in Ewigkeit".*

Daß hier Gegenstände im Ritus die Kraft haben, auch Unsterblichkeit zu verleihen, war seit dem 4. Jh. im Bewußtsein der Menge mehr und mehr bekannt, so daß sogar heidnische Massen in die Kirche strömten[510].

Einbezogen in die Transsubstantiation ist auch der Altar*kelch*, der den Wein enthält[511]: Das Blut der Seitenwunde des Christus am Kreuz soll durch einen Kelch aufgefangen worden sein, von Josef Arimathäa oder durch Engel, wie auf vielen Darstellungen im 12. und 13. Jahrhundert zu sehen. Der Altarkelch wird in der rituellen Feier zu diesem Blutkelch, repräsentiert diesen real.

Alles wird zu dem, was es war.

Es gibt dann noch das Abendmahl kurz vor dem Tod: Es hat eine besondere Kraft: Auferstehungskraft! Vom irdischen läßt es zum himmlischen Leben hinübergehen[512].

In der katholischen Liturgie, in den katholischen Riten treffen wir also auf Dinge (Wein, Brot), die ein so starkes Gedächtnis der christlichen Heilsgeschichte haben, daß sie diese Geschichte real präsent machen, das Vergangene also wieder auferstehen lassen. Zusätzlich haben diese Dinge die ungemeine Macht, im Ritus unscheinbaren Menschen göttliche Unsterblichkeit zu verleihen.

In der katholischen Liturgie des Abendmahls, im Ritus, entsteht daneben auch ein Genius loci! Durch rituelle Partizipation wird die Vergangenheit gegenwärtig: Die jetzigen Teilnehmer der Abendmahlsfeier werden mit allen früheren Teilnehmern, bis hin zu den ersten Abendmahlfeiernden: Jesu und den Jüngern, verbunden. Und auch hier begreift man die Verbindung als *real*: Die Menschen, die an früheren Abendmahlen teilgenommen haben, sind alle am aktuellen Abendmahl real präsent. Tote feiern hier praktisch mit. Und damit bezieht sich der Ort der Feier auch auf alle Orte voriger Feiern, schwingen alle diese Orte im aktuellen heiligen Ort mit. Wir haben hier also auch ein besonders starkes Ortsgedächtnis.

Dinge und Orte enthalten hier nicht nur das Gedächtnis dessen, was sich mit oder an ihnen zutrug, sondern auch noch das Gedächtnis funktionell gleicher Orte oder Dinge[513].

---

510 Vgl. Will-Erich Peuckert, *Geheimkulte*, S. 539f.

511 Vgl. Michael Hesemann, *Die Entdeckung des Heiligen Grals*, S. 121f.

512 Vgl. Benedetto Testa, *Die Sakramente der Kirche*, S. 263.

513 So auch Rupert Sheldrake, *Die Wiedergeburt der Natur*, S. 198–200. Seine Erklärung: morphische Resonanz.

Das Wasser der Taufe[514]

Auch Taufwasser ist in der römisch katholischen Tradition ein Gegenstand mit besonderer Kraft und einem besonderen Gedächtnis.

Allen Taufriten der Kirche liegt der eine Taufritus zugrunde, die Taufe Jesu im Jordan durch Johannes den Täufer[515].

Und in jedem neuen Taufritus geht man davon aus, daß, was damals geschah, jetzt wieder geschieht. Die Taufe Jesu ist also in jedem neuen Taufritus *real gegenwärtig!* Das Taufwasser birgt im Ritus dieses lebendige Gedächtnis.

Darüberhinaus[516] symbolisiert das Wasser im Ritus nicht nur die Lehre Jesu, ist deren eingedenk, sondern es ist auch Sinnbild des Heiligen Geistes. Ja, der Heilige Geist ist in ihm. Er wird von den Täuflingen durch das Wasser im Ritus empfangen, und zwar als Prinzip und Beginn des göttlichen Lebens.

Das Taufwasser hat ein Gedächtnis und eine ungemeine Kraft. Es ist imstande, den Täufling in die besondere, unauflösliche Gemeinschaft mit Gott hineinzunehmen, es besiegelt die Zugehörigkeit zur christlichen Glaubensgemeinschaft – damit ist natürlich auch die Zugehörigkeit zum „Leib der Kirche" gemeint –, es hat die Kraft, von Schuld und Sünde zu reinigen – die in der Vergangenheit begangen und bereut wurde –, und es macht den Täufling sogar heilig. Gott-ähnlich! Es verleiht Unsterblichkeit!

Dies allerdings, wie im Laufe der Jahrtausende herausgearbeitet wurde, nur im kirchlichen Ritus.

Die Taufe ist insofern ein Initiationsritus, der Täufling wird *ein anderer*, wiedergeboren in neuem Geist.

Das Besprengen mit Wasser im Ritus hat also diese Potenz.

Bei Erwachsenen verlangt man allerdings noch den Glauben an den dreieinigen Gott, die Absage an die Sünde und den Vorsatz, gemäß den Geboten Christi zu leben. Dann erst wirkt die Gnade. Das sogenannte *Prägemal* – man gehört zum Club, ob man will oder nicht- entsteht aber auch ohne diese (Glaubensbekenntnis und Absage an die Sünde). Und

---

[514] Vgl. hierzu Bryan D. Spinks, *Early and Medieval Rituals and Theologies of Baptism.* Christian Lange, Clemens Leonhard, Ralph Olbrich, Hrsg., *Die Taufe.* Robert H.W. Wolf, *Mysterium Wasser.* Dorothea Forstner, Renate Becker, *Lexikon Christlicher Symbole.* Benedetto Testa, *Die Sakramente der Kirche.* Walter Burkert, *Kulte des Altertums.*

[515] Aus dem Kreis der jüdischen Täufergruppen hat der Täufer Johannes wohl die breiteste und durch seinen Einfluss auf das Christentum die am längsten anhaltende Wirkung erzielt. Vgl. Vgl. bei Robert H.W. Wolf, *Mysterium Wasser*, S. 178.

[516] Es gibt noch Varianten: Für die Kirchenväter ist das Wasser der Taufe ganz direkt das Wasser, das aus der Wunde Jesu floß, als seine Seite mit einer Lanze verletzt wurde.

auch wer nicht seiner neuen Natur entsprechend handelt, gehört mit der Taufe einer neuen, göttlichen Welt an. Wer hingegen sämtliche Tugenden üben würde, *aber nicht getauft ist*, nimmt nicht Teil an Göttlichkeit und Unsterblichkeit.

Die Wirkung ist unumkehrbar! Sie hat einen *Character indelebilis*[517]: Dieser Ausdruck ist in der christlichen Tradition von Augustinus bis Thomas von Aquin geprägt worden, um die Wirkung der Sakramente zu kennzeichnen und vor allem die der christlichen Taufe.

Daß das Wasser ein Gedächtnis hat und eine Kraft, die ihm aufgeprägt werden kann, zeigt sich anschaulich im syrisch-orthodoxen Taufritus[518], der viele Elemente der älteren Tradition bewahrt hat. Das Taufwasser wird dort geweiht und auch noch exorzistisch behandelt. Man nimmt also an, die Formeln prägen sich ihm auf, werden in ihm gespeichert. Die exorzistischen Elemente sind im modernen römischkatholischen Ritus im Zuge der Liturgiereform fast alle ersatzlos getilgt worden[519]. Die Taufwasserweihe gibt es allerdings nach wie vor. In der katholischen Kirche hat sich da das *Rituale romanum* erhalten. Die Weihe des Wassers tritt allerdings nicht mehr so offen zutage[520]. Sie tritt hinter einer Anrufung Gottes *über* dem Wasser zurück. Früher hat man im Rituale romanum das Wasser dreimal angehaucht, so hat man ihm den Heiligen Geist beigemischt (eine typische Imprägnierung eines Gegenstands beziehungsweise einer Substanz), auch das wird inzwischen unterlassen. In den orthodoxen Taufliturgien ist die Weihe des Wassers dagegen zentraler Teil geblieben[521].

Die Bedeutung gerade des Wassers sieht man auch darin, daß sie zwischen den Konfessionen anerkannt wird. Beispielsweise wird die reformatorische Taufe von den Römisch-katholischen anerkannt, wenn sie mit Wasser (!) und auf den Dreieinigen Gott vollzogen wurde[522].

Die Reformierten sehen nun allerdings nicht diese Kraft im Taufwasser[523]:

Luther hielt es für einen gefährlichen Irrtum, der Taufe solche Macht zu geben, für einen gefährlichen Irrtum, daß man schon durch die Taufe sündenfrei geworden sei. Nur die Erbsünde werde uns durch die Taufe erlassen.

---

[517] Vgl. Walter Burkert, *Kulte des Altertums*, S. 204.

[518] Vgl. Christian Lange, Clemens Leonhard, Ralph Olbrich, Hrsg., *Die Taufe*, S. 126–128.

[519] Vgl. Christian Lange, Clemens Leonhard, Ralph Olbrich, Hrsg., *Die Taufe*, S. 136.

[520] Robert H.W. Wolf, *Mysterium Wasser*, S. 17–22.

[521] Robert H.W. Wolf, *Mysterium Wasser*, S. 23.

[522] Vgl. Christian Lange, Clemens Leonhard, Ralph Olbrich, Hrsg., *Die Taufe*, S. 157.

[523] Christian Lange, Clemens Leonhard, Ralph Olbrich, Hrsg., *Die Taufe*, S. 85–107.

Für den Zürcher Reformator Zwingli ging von der Taufe ebenso wenig eine potente Wirkung aus: In der Wassertaufe verpflichte sich der Täufling schlicht, ein Leben im Glauben zu führen.

Ebenso war für den Genfer Reformator Calvin die Taufe lediglich eine Verpflichtung zu einem sittlichen, christlichen Leben. Calvin hielt die Sakramente sogar für überflüssig: „Gottes Gnade ist nicht dergestalt an die Sakramente gebunden, daß wir sie nicht (auch ohne sie) im Glauben aus dem Worte des Herrn erlangen"[524].

Auch später behielt der Taufritus bei den Reformierten seine Berechtigung lediglich als „Vorweihe" zum Christentum. Die Taufe verlor hier daher an Wichtigkeit – gerade auch eine irgendwie geartete „effektive Wirkung" der Taufe an den Säuglingen lehnte man ab – hier wurde kein Gnadengeschenk zuteil, es kam auf Selbsttätigkeit an, und die Konfirmation wurde die wichtigere Kulthandlung.

Das Öl der Firmung[525]

Hier wird mit *Chrisam* (geweihtem Salböl) gesalbt. Wie das Wasser bei der Taufe hat diese öl-artige Substanz im römisch katholischen Ritus die Macht, den Firmling mit dem Heiligen Geist zu erfüllen. Der Chrisam bestimmt die in der Taufe grundgelegte Weihe näher und vervollständigt sie. Er hat die Macht, dem Firmling die Befähigung zu geben als Kind Gottes zu leben und gibt ihm sogar die Kraft, die Wahrheit des Glaubens bis zum Martyrium zu bezeugen. Es findet hier also eine Bekräftigung statt, eine Stärkung. Der Firmling erhält die Kraft, den Glauben zu schützen und wird noch vollkommener mit der Kirche verbunden.

Man ging sogar davon aus, daß Firmlinge durch den Ritus der Salbung mit Chrisam besondere Gaben erhielten, wie Heilungen vorzunehmen, oder „in Sprachen zu reden" (Prophetie) und die Befähigung erhielten Apostel, Propheten oder Glaubenslehrer zu werden. Was Thomas von Aquin[526] sagte: „Der Gefirmte empfängt die Gewalt, öffentlich den Glauben an Christus wie von Amtes wegen mit Worten zu bekennen", gilt noch heute.

---

[524] Bei Christian Lange, Clemens Leonhard, Ralph Olbrich, Hrsg., *Die Taufe*, S. 100.
[525] Vgl. Benedetto Testa, *Die Sakramente der Kirche*, S. 141–159.
[526] Bei Benedetto Testa, *Die Sakramente der Kirche*, S. 158.

Das Öl der Priesterweihe

Das II Vatikanum[527] lehrt: Die Priester zeichnet die Weihe „durch die Salbung des Heiligen Geistes mit einem besonderen Prägemal und macht sie auf diese Weise dem Priester Christus gleichförmig, so daß sie in der Person des Hauptes Christus handeln können".

Das heißt die Salbung, das Salböl, macht im Ritus der Priesterweihe die Priester zu etwas so ungeheuerlichem wie Stellvertretern Gottes! Der Amtsträger handelt fortan *in persona Christi*.

Als Stellvertreter können sich die Gesalbten aktiv an der Gnadenausteilung durch Christus beteiligen, und die hierfür erforderlichen sakramentalen Akte vollziehen (*potestas*). Und zwar haben die geweihten Priester die Macht, Christus zu übermitteln und *gegenwärtig zu setzen*. Der Priester macht also Gott gegenwärtig. Hierin, in dieser Vergegenwärtigung, ist das katholische Priesteramt einzigartig[528].

Zusätzlich wird ein unzerstörbares Band zur Kirche begründet, die Eingliederung in die Hierarchie. Der Geweihte darf nun innerhalb der Kirchenhierarchie amtlich handeln (*munus*). Auch diese Vollmacht wird ihm durch die Salbung (von Gott) verliehen.

Seit der Frühzeit der Kirche hat die Salbung mit geheiligtem Öl – auch hier wird das Öl also zuerst geweiht, ihm eine heilige Intention eingeprägt, was voraussetzt, daß es diese im Gedächtnis behält – ihren Platz bei der Priesterweihe. Das Öl verlieh die Macht eines hohen Amtes, legitimierte den Priester im Amt.

In der mittelalterlichen Kirche wurden seit dem 7. Jahrhundert auch die Herrscher (mit Chrisam) gesalbt. Denn, wer gesalbt ist, „auf dem ruht der Geist des Herrn."

Die Gesalbten sind somit die höchsten Würdenträger. Die Salbung wird damit nicht nur zum höchsten Prestige-Gut, Status-Symbol, sie ist viel mehr als das, sie verleiht den hohen Amtsträgern eine magische, göttliche Kraft. Das *Neue Testament* sieht in der Person Jesu von Nazareth den Gesalbten schlechthin – entsprechend seiner Spitzenstellung in der Hierarchie.

Neben dem Salböl spielt noch etwas anderes eine wirksame Rolle: die Hände des Bischofs beziehungsweise die Handauflegung des Bischofs. Sie entfalten im Ritus ebenfalls eine potente Kraft, zusammen mit den jeweiligen Worten, der jeweiligen Formel.

Im Gegensatz zur Taufe spielt bei der Priesterweihe die Würdigkeit des Empfängers eine Rolle. Eine fehlende Disposition kann verhindern,

---

[527] Bei Benedetto Testa, *Die Sakramente der Kirche*, S. 85, 280–294.
[528] Benedetto Testa, *Die Sakramente der Kirche*, S. 285.

daß die Gnadenwirkung eintritt. Die Gnadenwirkung kann allerdings wiederaufleben, wenn sich der Betreffende erneut als würdig erweist.

Auch die Gnadenübertragung vom gesalbten Priester auf die Gläubigen ist psychometrisch interessant.

Man geht hier davon aus, daß eine Person (der Priester) andere (die Kirchengemeinde) prägt, daß Personen etwas aufgeprägt werden kann, das dann auch haften bleibt, gespeichert wird (in einem Gedächtnis).

Das Öl der Krankensalbung[529]

Seit der Frühzeit der Kirche hat auch das zur Krankensalbung verwendete Öl eine ungemeine Kraft.

Die Krankensalbung kennen wir aus der Heiligen Schrift. Die Jünger Jesu salbten Kranke mit Öl (Olivenöl) und heilten sie (Mk 6,12–13, Mt 10,7–8). Dieses Öl hatte es in sich: sogar eine Sündenbefreiung wurde mit der Salbung erreicht.

Nach den Kirchenvätern *ist* im Salbungsöl der Krankensalbung, wie im Taufwasser, der Heilige Geist. Und zwar wurde er dem Öl sozusagen durch eine Segnung aufgeprägt (ein Speicher wird vorausgesetzt). Das Öl wurde vom Bischof geweiht. Später lag allein in der Salbung, im Öl plus Ritus, die Wirkung.

Vom 8. Jh. an wird die Salbung zu einer Absolutionsformel, sie wird mit der Busse zusammengedacht. Und weil die Busse auf das Lebensende verschoben wurde, wird auch die Krankensalbung fortan erst Sterbenden gespendet. Die Krankensalbung wird also zur letzten Salbung. Und so ist die Wirkung von nun an „nur noch" die Vergebung von Sünden. Thomas von Aquin[530] formulierte es so: „Dieses Sakrament wird in der Weise eines Heilverfahrens vollzogen ... Das Heilmittel aber ist dazu da, ... die Krankheit der Sünde zu heilen."

Die Salbung bewirkt in der heutigen katholischen Kirche die Vergebung der Sünden, auch die Läuterung ihrer Folgen, und die Versöhnung mit der Kirche. Der (Tod-) Kranke soll so an Leib und Geist gestärkt sein übernatürliches Leben erreichen können. Die Salbung erleichtert also auch das Übertreten der Schwelle ins Jenseits. Etwas von der ursprünglichen Krankensalbung ist dennoch erhalten geblieben: Es kann durch die Salbung auch die Wirkung eintreten, daß der Kranke seine Gesundheit wiedererlangt.

---

[529] Vgl. hierzu Benedetto Testa, *Die Sakramente der Kirche.*
[530] Bei Benedetto Testa, *Die Sakramente der Kirche,* S. 258.

Auch solchen werden übrigens die enormen Wirkungen zuteil, die im Büßerstand auf die Kommunion verzichten mußten (Geschiedene etwa sind vom Abendmahl ausgeschlossen).

Zusammenfassung:

Ein wesentlicher Bestandteil der römisch katholischen Tradition ist praktisch der Glaube an das Gedächtnis und die Macht von Gegenständen und von Substanzen. Brot, Wein, Wasser, Öl sind die Protagonisten. Der Gegenstand oder die Substanz wirkt dabei, weil er/sie geweiht wurde. Und Gegenstände und Substanzen wirken im Ritus mit seinen Formeln, mit seiner identischen Wiederholung von Handlungen. Vor oder im Ritus wird Brot, Wein, Wasser, Öl Heiligkeit aufgeprägt. Brot, Wein, Wasser, Öl speichern sowohl Heiligkeit, als auch lassen sie diese wirken. Wie in der Magie gehören sozusagen Zaubergegenstand und Zauberformel zusammen. Nun verhält es sich aber mit Brot, Wein, Wasser, Öl in der römisch katholischen Tradition wesentlich anspruchsvoller als mit Zaubergegenständen in der Magie. Christus und die Gnade Gottes wird in ihnen *gegenwärtig*. Das Vergangene wird in diesen Gegenständen beziehungsweise Substanzen *reale Gegenwart*. Es findet eine Relativierung der Zeit statt; aus einem Nacheinander wird ein Nebeneinander, ein Ineinander. So beschwören Brot, Wein, Wasser, Öl in jedem Ritus auch alle vorigen Riten herauf, holen sie in die Gegenwart, bis zum ersten Ursprungsritus, der Taufe Christi, dem Abendmahl Christi mit seinen Jüngern oder der Salbung Christi.

Der Historiker Huizinga[531] beschreibt, wie bei den Sakramenten dasselbe Mysterium erlebt wird wie in der Mystik. In der Mystik sollen Höhen eines begrifflosen Schauens des All-Einen erreicht werden. Da man aber anscheinend der Ansicht war, der Geist könne diese Klarheit nicht ständig nach Belieben genießen, richtete die Kirche sich auf kurze Gnaden-Augenblicke im Ritus ein. Deshalb, so Huizinga, hat die Kirche die Mystik, die zügellos war, sich dauerhaft in veränderte Bewußtseinszustände begab und sich schließlich in Nirwhana Erlebnissen verzehrte[532], überlebt; sie sparte Energie.

Die Sakramente stellen in der römisch katholischen Tradition eine lebendige Verbindung zwischen dem Gläubigen und Gott her, sie machen die Heilsgeschichte und die Nähe Gottes in Dingen beziehungsweise Substanzen persönlich erlebbar.

---

[531] Johan Huizinga, *Herbst des Mittelalters*, S. 326.

[532] Die Anfangswirkung der Mystik ist eine moralische und praktische und trägt Früchte, später führt allerdings, nach Huizinga, der Pfad des Mystikers in die Unendlichkeit und die Bewußtseinslosigkeit. Johan Huizinga, *Herbst des Mittelalters*, S. 326f.

Auch in der reformierten Kirche gibt es Taufe und Abendmahl. Es gibt hier aber einen gigantischen Unterschied. In der katholischen Kirche sind die Sakramente unmittelbar wirksam, haben Taufwasser, Brot und Wein, und Öl im Ritus quasi eine magische Kraft, wirkt Gott beziehungsweise der Heilige Geist unmittelbar in diesen. Die Reformierten haben jegliche Magie, jeden Zauber der Dinge verbannt, nach ihnen wirken Taufe und Abendmahl – sie kennen nur diese zwei – nicht von selbst, haben keine Kraft per se. Einzig Kraft hat der Glaube der Gläubigen.

Sakramentalien[533]

Nach der Lehre des II. Vatikanischen Konzils[534] sind die Sakramentalien „heilige Zeichen, durch die in einer gewissen Nachahmung der Sakramente Wirkungen besonderer geistlicher Art bezeichnet und kraft der Fürbitte der Kirche erlangt werden." Sakramentalien sind sozusagen Sakramente zweiter Klasse.

Sie sind nicht von Jesus Christus eingesetzt, sondern von der Kirche gewollt. Und ihre Wirkung ruft die Kirche hervor.

Sie bestehen aus einem Gebet (also auch einer Formel) und einem äußeren Zeichen.

Die Sakramentalien sind im allgemeinen Segnungen von Personen, Orten und Dingen! Es gibt ferner Weihungen von Personen, Orten und Dingen, um sie auf bestimmte Weise Gott zuzueignen, dem liturgischen Dienst oder kirchlichen Funktionen.

Man prägt also Dingen Heiligkeit auf, und dann sind es heilige Dinge. Das setzt wiederum voraus, daß die Dinge diese Heiligkeit festhalten, ein Gedächtnis haben.

Ein Beispiel wäre die Altarweihe. Bevor ein neuer Altar benutzt wird, weiht man ihn.

Weihwasser[535]

Ebenso kommen dem Weihwasser in der katholischen Kirche besondere Kräfte zu. Die Volksfrömmigkeit schreibt der Besprengung mit Weihwasser durch den katholischen Priester die Reinigung von Sünden zu und den Schutz vor bösen Einflüssen – vor allem vor dem Teufel-, und auch Krankheiten heilende Wirkung.

---

[533] Vgl. hierzu Benedetto Testa, *Die Sakramente der Kirche*.
[534] Bei Benedetto Testa, *Die Sakramente der Kirche*, S. 101.
[535] Vgl. hierzu Robert H.W. Wolf, *Mysterium Wasser*.

Vor der Liturgiereform wurde sonntags in den Kirchen regelmäßig Wasser gesegnet und ausgeteilt. Der Priester besprengte mit Wasser, dem er Kraft durch eigene Weihe verliehen hatte, oder an Ostern und Pfingsten mit Taufwasser. Auch heute existiert das Aussprengen von Weihwasser noch. Das Wasser ist dabei ein *wirksames Zeichen*. Insofern als nicht nur Personen, auch Tiere, Gebäude, Gegenstände, Nahrungsmittel besprengt werden, und diesen damit ein übernatürlicher Schutz gewährt werden soll, muß dieses Wasser aus sich wirken, ohne daß es auf den Glauben eines Empfängers ankommt.

Es gibt in neuerer Zeit allerdings die Tendenz in der katholischen Kirche, die magische Realwirkung dieses Dings, dieser Substanz: Weihwasser zu relativieren. Mehr und mehr soll hier nur noch eine Erinnerung an die Taufe stattfinden.

Die Kraft und das Gedächtnis des Wassers im Christentum[536]

Wasser hatte auch ansonsten eine ungemeine Bedeutung für Christen:

Christen wuschen sich in den Anfängen, bevor sie die Kirche, den heiligen Raum betraten. Wasser machte makellos. Wasser, wie man um 400 n.Chr. aus Ermahnungen von Bischöfen herauslesen kann, hatte die Kraft, insbesondere von fleischlichen Makeln zu reinigen – im Sex sah man eine ernsthafte Befleckung, auch im ehelichen.

Wasser reinigte aber auch von schlimmeren Sünden. Hier bedurfte es allerdings eines spezielleren Wassers. Schlimmerer Sünden konnte man sich entledigen, wenn man in den Wassern des Jordans zur *Erscheinung* badete. Man ging davon aus, daß im Wasser des Jordans Jesus und seine Heilskraft noch gegenwärtig waren, daß das Wasser also diese im Gedächtnis behalten hatte. Gregor von Tours berichtet, daß sogar eine siebenfache Kindsmörderin sich erhofft hatte, durch Baden im Jordan ihre Schuld loszuwerden. Ebenso glaubte man, eine Quelle vor den Toren von Emmaus habe eine besonders potente Heilkraft, weil Jesus sich einst die Füße in ihr gewaschen haben soll.

Die alte Kirche hat eine besondere Weihe von Wasser, auch von Öl und Brot, entwickelt, die dem Gebrauch der Gläubigen dienten: Man weiß aus Quellen, die bis ins 3. Jh. n.Chr. zurückgehen, daß Gottesdienstbesucher Wasser, Öl und Brot mitbrachten und vom Priester weihen ließen. Man erwartete dann von diesen Gegenständen beziehungsweise Substanzen eine umfassende Hilfe in allen Lebenssituationen, Gesundheit und Vertreiben von Dämonen. Zuhause hielt man das geheiligte Wasser möglichst auf Vorrat bereit. .

---

[536] Vgl. hierzu Robert H.W. Wolf, *Mysterium Wasser*.

In christlichen Schriften der ersten Jahrhunderte wird sehr oft wundertätiges Wasser erwähnt, das heilte: es war zuweilen Wasser, über dem gebetet oder das Kreuz gezeichnet worden war.

In vielen Fällen wurde Wasser heilkräftig, nachdem es mit Reliquien oder Gräbern von Märtyrern oder Heiligen in Kontakt gebracht worden war. Gregor von Tours[537] berichtet das vom Grab des heiligen Martin. Deshalb trank Gregor von Tours auch – so der Anonymus von Piacenza[538] – in einem Kloster aus dem mit Edelsteinen verzierten Schädel der Märtyrerin Theodota Wasser, damit er durch dieses Wasser Teil an der Wunderkraft der Heiligen hätte.

Wasser war in der Tat das perfekte Speicher- und Transportmittel für Heiligkeit, für Heilwirkungen, für Wunderwirkungen. Hieronimus schildert in seiner *Vita Hilarionis*[539] um 390 wie ein christlicher Rennstallbesitzer aus Palästina gegen die Gefahr eines Zauberfluchs von Gegnern den Eremiten Hilarion um Hilfe bat. Dieser gab ihm den Becher, aus dem er zu trinken pflegte, mit Wasser gefüllt. Mit ihm besprengte der Bittsteller dann Pferde, Wagenlenker und Wagen und die Schranken der Rennbahn, und sicherte so seinen Erfolg.

Christliche Andachtsgegenstände wie das Kreuz

Andachtsgegenständen und religiösen Bildern in Kirchen zollte man – jedenfalls bis vor kurzem – unwillkürlich Ehrfurcht. Der Benediktinerpater Mohlberg[540] sieht in dieser Ehrfurcht ein instinktives Gefühl, das nicht bloß etwas mit Erziehung zu tun hat. Es erkläre sich durch die *Weihung* dieser Gegenstände. Sie erzeuge besondere Wirkungen. Mohlberg verweist diesbezüglich auf die Versuche des Priors Donato Castelli aus Bivigliano bei Florenz[541]. Castelli hat sich als Physiker in der Radiästhesie einen Namen gemacht und durfte mit Erlaubnis des Ordinariats Versuche an konsekriertem (geweihtem) und nicht konsekriertem Brot (und auch an Hostien) machen. Er hat dabei mit dem radiästhetischen Pendel deutliche Unterschiede festgestellt. Es bewegte sich jeweils ganz anders. Brot ist hiernach nicht nur Brot, und es gibt nicht nur profane Unterscheidungen. Weihworte können ein Brot von einem einfachen, natürlichen Brot zu einem heiligen wandeln.

Das setzt voraus, daß es die heiligen Worte speichert, ein Gedächtnis hat.

---

[537] Bei Robert H.W. Wolf, *Mysterium Wasser*, S. 64.
[538] Bei Robert H.W. Wolf, *Mysterium Wasser*, S. 64.
[539] C.20 MPL 23,38. Vgl. bei Robert H.W. Wolf, *Mysterium Wasser*, S. 71.
[540] Candi, *Radiästhesistische Studien*, S. 75f.
[541] Vgl. Candi, *Radiästhesistische Studien*, S. 76ff.

Auf Bilder und Statuen, auch sie sind ja Andachtsgegenstände, gehen wir ausführlich im Kapitel *Die Welt der Bilder und die Welt der Kunst* ein.

Der prominenteste und am meisten verbreitete Andachtsgegenstand (sowohl öffentlich wie privat) ist das *Kreuz*.

Kunstvoll ausgeführt oder schlicht, in Kirchen, in öffentlichen Räumen, als privates Schmuckkreuz, ist es so vielfältig, daß wir es fast nicht mehr wahrnehmen.

Jedes dieser christlichen Kreuze verkörpert nicht nur das Leiden Christi, das erlöst, sondern es ist vor allem ein Heilszeichen, das von Leben und Hoffnung spricht. Nicht gemeint ist also das Kreuz als primitives römisches Folterinstrument, – so sieht es für Außenstehende aus –, vielmehr identifizieren die Christen es mit Fülle und Frieden als Zeichen des „Menschensohns". Interessant ist, bis ins 6. Jahrhundert bleibt das Kreuz fast ausnahmslos ohne den Leib des Gekreuzigten; die Kirchenväter sehen es als Siegeszeichen und als Lebensbaum: die Form des Kreuzes, indem es Erde und Himmel verbindet, die Flächen ausbreitet und so alles Zerstreute von überall zusammenhält, symbolisiert die Grundgesetze des Weltgeschehens. So Irenäus[542].

Das Kreuz ist sowohl ein heiliger Gegenstand, der uns an Christus, den Erlöser erinnert, ein Gedächtnisträger, als auch ist es ein Abzeichen. Trage ich es, gebe ich mich damit als Christ zu erkennen.

Geweihte Kreuze erhalten ihre Kraft durch die Weihung. Daneben glaubt man, daß Schmuckkreuzen, also etwa einem Halskettchen mit einem Kreuz, per se eine quasi magische Schutzfunktion zukommt. Solche Schmuckkreuze hielten in der Volksmeinung Unglück und den Teufel fern. Und noch heute glaubt man an ihre Schutzfunktion. Sie würden nicht massenhaft getragen, wollte man sich damit nur sozusagen als zum Club der katholischen Kirche zugehörig bekennen – eine solche Mitgliedschaft gilt in unserer Zeit auch nicht mehr als Satussymbol.

Private Andachtsgegenstände sind auch *Pilgerandenken*. Pilgerandenken kam im frühen Christentum ebenfalls eine starke Eigenwirkung zu. Man nahm von heiligen Stätten in Palästina oder von Orten, an denen Reliquien verehrt wurden, Ampullen mit geweihtem Öl, Öllampen und Reliquienbehälter mit „historischen" Darstellungen mit. Besonders versessen waren viele auf kleine Tontäfelchen, auf denen sogenannte *Säulenheilige* dargestellt waren: diese Asketen brachten oft in rigoroser Abkehr vom weltlichen Treiben Jahre auf einer Säule zu. Man brachte sie in inflationärer Zahl über Haustüren zum Schutz von Dämonen an. Es gab wahre Exzesse der Gegenstandsverehrung, die oft heidnische Muster wiederaufnahm. Die Kirche sah dies eher ungern.

---

[542] Bei Dorothea Forstner, Renate Becker, *Lexikon Christlicher Symbole*, S. 289.

Nichtsdestoweniger nehmen Pilger bis heute Phiolen mit heiligem Wasser oder andere Gegenstände vom Wallfahrtsort mit sich nach Hause und erhoffen sich, als Speicher von Heiligkeit entfalteten sie eine positive Wirkung.

Pagane heilige Gegenstände

Hier geht es um nichtchristliche Sakralgegenstände – aus einer christlichen Perspektive: heidnische Sakralgegenstände.

Das können Knochenstücke sein, Federbälge, Steine, Hölzer, die mit Ornamenten versehen sind, figürliche Darstellungen von Tieren, Ahnen und Göttern, aufgerichtete Monolithe, natürliche Gegenstände und Artefakte, oder auch Kompositionen aus Artefakten und natürlichen Objekten, dann, wenn man ihnen mit Ehrfurcht begegnet und zugleich fürchtet, sie an separaten Orten aufbewahrt werden, mit Tabus umgeben sind, im Alltag gemieden werden und ihnen Opfer gebracht werden.

Einige dieser sakralen Objekte lassen sich als Sinnbilder erkennen, andere nicht. Häufig handelt es sich um per se banale Dinge.

Aus der riesigen unübersehbaren Menge paganer sakraler Objekte ein paar noch konkretere Beispiele: die afrikanischen und ozeanischen Ahnenfiguren, die afrikanischen menschengestaltigen Spiegel- und Nagelfetische, afrikanische Tierfiguren wie Affen, Antilopen, doppelköpfige Hunde, Pferde, Antilopenhörner, Rindenbehälter, Meerschneckengehäuse. Die altägyptischen, sumerischen oder die griechischen Götterstatuen. Die Kultbilder der Azteken. Der ägyptische Obelisk auf der Place de la Concorde. Der in der Kaaba eingemauerte „schwarze Stein". Die Medizinbündel[543] der nordamerikanischen Indianer (sie konnten Schlangenhaut enthalten, tote Vögel, eine Lanzenspitze) oder deren Bärenklaue und Vogelschwinge. Die heiligen Steine (Tjurunga) der Aranda (zentralaustralischer Aborigines), flache Steine, in die abstrakte Motive, Spiralen, Parallelen, Schlangenlinien eingraviert waren.

Die meisten paganen sakralen Objekte, insbesondere die afrikanischen, galten der römisch katholischen Kirche als Fetische.

Von diesen Objekten geht eine besondere Kraft aus. Sie sind Dinge mit Gedächtnis, sie tragen die Erinnerung an ein wichtiges Ereignis und/oder sind imprägniert mit einer ihnen eingehauchten Kraft[544]. Bei Artefakten verleiht häufig menschliche Intention[545] die Kraft. Die Kraft solcher Dinge bewirkt Heilung und Schaden, Abwehr von Unheil, die

---

[543] Der Inhalt bestimmte sich durch in Trance erhaltene Hinweise des Schutzgeistes.

[544] Wir erinnern uns, dem Taufwasser hat man auch einmal den Heiligen Geist eingehaucht.

[545] Dem entspräche im katholischen Ritus die Weihe.

Verfolgung von Missetätern, Erfolg bei der Jagd oder in der Liebe, Schutz vor bösen Geistern oder auch wieder die Realpräsenz des Göttlichen.

Steine mit einer besonderen Wirkkraft[546]

Orpheus[547] schrieb im griechischen Mythos den Steinen eine besondere, unsichtbar wirkende Macht zu.

Auf den ältesten Wegen findet man uralte Markiersteine beziehungsweise Marksteine. Sie haben nicht nur den Sinn, Orientierung zu ermöglichen, sondern sie waren auch Macht- und Kraftträger, die dem Wanderer Schutz boten.

Die Wegkreuze und Bildstöcke christlicher Zeit sind praktisch die Nachläufer dieser Marksteine.

Steinkreise wie Stonehenge aus riesigen Steinrohlingen – in Stonehenge sogar mit Deckplatten-, waren wahrscheinlich eingefriedete heilige Bezirke (und/oder auch Himmelsobservatorien). 2800 Jahre circa ist Stonenhenge I alt. 1540 v.Chr. hatte Stonehenge III dann die Form, die wir heute noch sehen.

Steinzeitliche Steinreihen aus Menhiren (säulenartigen Steinblöcken) verbinden in Großbritannien Grabstätten. Es gibt sie auch in Südostasien. Die meisten jedoch hat es in der Bretagne bei Carnac. Dort sind es zum Teil parallele Reihen von großen Steinblöcken (auch Meghaliten genannt). Ménec bei Carnac besteht aus beeindruckenden 12 Reihen von Steinen, die 800 m lang sind.

Paul Devreux[548] meint, sowohl die Steinkreise vom Typus Stonehenge, wie auch die Steinreihen, hätten die Funktion, die Wirkung gehabt, Geister im Zaum zu halten.

Was die steinzeitlichen Relikte angeht ist allerdings wenig gesichert und vieles Interpretation.

Die Germanen glaubten (und hier sind wir schon im Bereich der Überlieferung), daß die Seelen der Toten in den Grabsteinen weiterlebten. Die australischen Ureinwohner glauben noch heute, die Steine enthielten die Geister der Toten. Ebenso werden in Indonesien heute noch Steine als heilig betrachtet, weil sie den Ahnen als Wohnsitz dienen. Die Steine sind hier also der Toten sehr lebendig eingedenk.[549]

---

[546] Vgl. hierzu Paul Devreux, *Fairy Paths & Spirit Roads*, Stefan Brönnle, *Landschaften der Seele*, S. 126, Walter Burkert, *Kulte des Altertums*, Dorothea Forstner, Renate Becker, *Lexikon Christlicher Symbole*.

[547] Vgl. bei Justinus Kerner, *Die Seherin von Prevorst*, S. 83.

[548] Paul Devreux, *Fairy Paths & Spirit Roads*, S. 67–74.

[549] Stefan Brönnle, *Landschaften der Seele*, S. 126.

Die Griechen kannten in der Antike ebenfalls heilige Steine. Auf Kreta wurden gerundete Findlingsblöcke angebetet, sogenannte Bätylen: aus minoischen Siegeldarstellungen geht das hervor, die Personen zeigen, die kniend diese Steine umarmen.

Ein aufgerichteter Stein wurde in Palästina und Syrien *Haus Gottes* genannt, Beth-El. Bei den Babyloniern wurden phallusförmige Steine, sogenannte *kudurrus*, mit Gottessymbolen versehen und als heilig verehrt[550]. Bei den Römern wird es etwas prosaischer, immerhin unterstanden die Grenzsteine einem besonderen Gott: dem *Terminus*[551].

Im antiken Israel wurden sogenannte „Denksteine" zur Erinnerung an wichtige Ereignisse in der Geschichte des Volkes oder im Leben eines einzelnen aufgestellt[552], der Stein auch hier als Gedächtnisträger, Gedenkstein.

Meteoren wurden auch oftmals als heilige Steine angebetet.

Bis heute ist eins der bekanntesten Beispiele der Meteor in der Kaaba von Mekka. Der heilige schwarze Stein wird jährlich von Hunderttausenden mohammedanischer Pilger geküßt. Der Stein der Kaaba hat Anteil am Schutz der Gottheit, verbindet mit dem Göttlichen, macht es realpräsent und gibt dieses gespeicherte Göttliche bei Kontakt weiter.

Bald ist der Stein nur noch als Metapher interessant, nicht als reales Wirkobjekt. Jahwe wird als Fels bezeichnet zum Schutz Israels. Jesus sagt: „Du bist Petrus, der Fels. Auf diesen Felsen will ich meine Kirche bauen."

Manchen Steinen spricht man aber bis heute Wirkkraft zu.

Wie gesagt, dem Meteor in der Kaaba; wir haben hier einen spektakulären Fall heutiger Stein-Verehrung.

Der *Eckstein* war lange noch mit hoher Bedeutung geladen: Er spielt in der Architektur eine wichtige Rolle, da er zwei gewaltige Mauerteile zusammenhalten muß. Manchmal wurden ihm Täfelchen mit Erinnerungstexten beigefügt.

Aufrechterhalten hat sich die Bedeutung des Steines bis heute übrigens auch in der römisch katholischen Tradition: Altarsteinplatten speichern Gottesgegenwart nachdem sie mit heiligem Öl geweiht wurden[553].

In Japan gibt es bis heute sogenannte Steingärten[554]: die Steine müssen zunächst meditativ beeinflußt werden, dann werden sie im Garten aufgerichtet, und zwar, um nie mehr bewegt zu werden: andernfalls würde der Geist des Steins gestört (das ihm aufgeprägte Gedächtnis würde durch Neues überlagert).

---

[550] Walter Burkert, *Kulte des Altertums*, S. 200.

[551] Walter Burkert, *Kulte des Altertums*, S. 200.

[552] Dorothea Forstner, Renate Becker, *Lexikon Christlicher Symbole*, S. 293.

[553] Dorothea Forstner, Renate Becker, *Lexikon Christlicher Symbole*, S. 294.

[554] Stefan Brönnle, *Landschaften der Seele*, S. 57.

Und auch *Kingstone*, 30 km nordwestlich von Oxford, wird, so scheint es, auch heute noch von Frauen in der Nacht besucht. Sie berühren den Königsstein mit den Brüsten und erhoffen sich so etwas von der in ihm gespeicherten Fruchtbarkeit einzuverleiben. Dem entspricht in Tirol die Castelfelder Steinrutschbahn: seit der Bronzezeit, und anscheinend noch bis vor kurzem, rutschten dort Jungfrauen mit entblößtem Gesäß hinunter, die sich einen Mann oder später ein Kind wünschten[555].

Und welche Steine ebenfalls bis heute, zumindest in esoterischen Kreisen, als Kraftträger gelten, sind **Edelsteine**[556]:

Auf diese Kategorie wirkmächtiger Steine wollen wir auch noch näher eingehen: In der Antike, und expressis verbis auch in der Bibel, sprach man ihnen heilende, schützende und sühnende Kräfte zu. Die Vorstellung war verbreitet, daß der Träger eines edlen Steins durch diesen an der Kraft über- oder unterirdischer Gewalten teilhaben konnte.

Der Edelstein war also etwas Wirkmächtiges, von reinigender, heiligender Kraft, nicht nur ein Preisschild, das sagt, ich koste so und so viel. Herrscher und auch ranghohe Geistliche trugen in dieser, nicht venalen, Perspektive zunächst – heiligende – Edelsteine. Zur Abwehr dunkler Mächte wurden Herrscher- und Priesterornat und kultische Gebrauchsgegenstände mit Edelsteinen geschmückt. Und auch Frauen und Kinder schmückte man mit Edelsteinen, um sie – die Schwachen – vor Dämonen zu schützen.

In der Heilkunde war man von der Antike bis ins Mittelalter der Ansicht, daß Edelsteine heilende Kraft haben. Esoterische Heilverfahren gehen bis heute davon aus.

Auch den Christen der frühen Kirche schien es ganz selbstverständlich, daß Edelsteinen schützende und heilende Kräfte innewohnten. In den Texten der Kirchenväter (2.–7. Jh.) wird aber bereits vor Edelsteinluxus gewarnt. So sagt Tertullian[557]: „Ich weiß nicht, ob Handgelenke, die mit Armbändern umgeben zu sein pflegen, den Schauder der harten Ketten ertragen würden. ... Ich fürchte, daß ein Nacken, der mit Ketten von Perlen und Smaragden beladen ist, für das Richtschwert keinen Platz bieten wird." Er meinte, daß der Luxus-Verwöhnte und Luxus-Verweichlichte sich nicht zum christlichen Märtyrer eignete. Auch andere Kirchenväter wie Origenes und Johannes Chrysostomus betonten immer wieder, daß die Christen im Glanz ihrer Tugenden leuchten sollten und daß Edelsteinamulette nicht vor Unheil schützten, sondern allein die Gnade Gottes. Edelsteinschmuck blieb dennoch weiterum in Gebrauch und im Geruch von Schutzwirkungen und wurde in diesem Sinn auch typischer Bestandteil des Ornats und der Amtszeichen der frühchristlichen Kaiser.

---

[555] Stefan Brönnle, *Landschaften der Seele*, S. 129.
[556] Vgl. Dorothea Forstner, Renate Becker, *Lexikon Christlicher Symbole*, S. 296–305.
[557] Bei Dorothea Forstner, Renate Becker, *Lexikon Christlicher Symbole*, S. 300.

Im 11. und 12. Jh. flammte ein neues Interesse auf an der Heilkraft der Edelsteine. Man hielt teilweise die Heilkraft von Steinen für größer als die Heilkraft von Kräutern. Sogar Hildegard v. Bingen hielt sie für heilkräftig. Hinzukam allerdings eine gebetsartige Beschwörung. Der Stein wurde praktisch durch das Gebet imprägniert, speicherte die heiligen Schutzworte und gab sie weiter.

Edelsteinen kam also in der paganen Welt wie in der christlichen Welt etwas Heiliges zu. Den Rang von Sakralgegenständen erreichten sie allerdings in der Kirche nie.

Die Alchemie glaubte ferner an spezifische Wirkungen bestimmter Steine. Heute tut es, wie gesagt, noch die Esoterik.

Es bietet sich an, hier auch gleich auf die Kräfte von **Edelmetallen**[558] einzugehen:

Edelmetalle schmückten in einem unvorstellbaren Ausmaß die Heiligtümer der Antike. Ihnen wurde nicht nur heilige Kraft, sondern per se Heiligkeit zugesprochen. Die irdische Verkörperung der Gottheit wurde, wenn nicht massiv aus Silber und Gold gegossen, zumindest mit dem kostbaren Material überkleidet. Es wurden, wie man aus antiken Schriften weiß, geradezu sagenhafte Mengen an Gold und Silber für Tempelschmuck, Götterfiguren und Thronhallen der Großkönige verschwendet. So fast im gesamten antiken Orient: entsprechend wurde der Pharao Ägyptens als „Sohn der Sonne" bezeichnet, der als „Goldgebirge die Erde überstrahlt".

In der christlich-jüdischen (nicht paganen) Welt sah man das Gold zwiespältiger. Im *Alten Testament* sieht man in der berühmten Geschichte vom *Goldenen Kalb*, daß dem Gold gegenüber ein gewisses Mißtrauen herrschte. Die Bundeslade war allerdings in einem Gold-geschmückten Zelt untergebracht und nach *den Königsbüchern* war auch der salomonische Tempel reich mit Gold ausgestattet. Man war hier allerdings der Ansicht, nicht das Gold per se sei heilig, sondern im Dienst des Kults würde es erst geheiligt. Die Goldsymbolik hat hier immer eine Doppeldeutigkeit. Gold galt immer auch als gefährliches Objekt der Gier und des Luxus. Und luxuriös war die Verschwendungssucht König Salomos, der sogar die Haare seiner Reitereskorte mit Gold bestäuben ließ, damit sie in der Sonne glänzte. – Der Luxus scheint hier allerdings nicht geschadet zu haben: Salomo erhielt Israel eine 40-jährige Friedenszeit, seine Regentschaft war das „goldene Zeitalter" seiner Geschichte.

Das gespaltene Verhältnis zum Gold setzt sich im *Neuen Testament* fort.

Einerseits ist Gold Sinnbild höchster Wertigkeit, wenn es die Weisen aus dem Orient dem neugeborenen Jesus darbringen und ihn dadurch als

---

[558] Vgl. Dorothea Forstner, Renate Becker, *Lexikon Christlicher Symbole*, S. 305ff.

König ausweisen. Andererseits heißt es im Neuen Testament, daß Gold zu den vergänglichen Gütern gehört, an die der Christ sein Herz nicht hängen soll.

Die *Kirchenväter* tadeln zumeist den verführerischen Glanz des Goldes, halten wenig von dessen Heiligkeit. Bei Klemens v. Alexandrien lesen wir, daß es in Sparta nur den Dirnen erlaubt war, Goldschmuck zu tragen. „Der Eifer im Schmücken des Leibes zeigt die Häßlichkeit der Seele", sagt diesbezüglich Johannes Chrysostomus[559].

Im 5. und 6. Jh. weisen die Christen noch den Gebrauch von Edelmetallen im Gottesdienst zurück.

Bald nach der konstantinischen Wende stattet man die Kirchen aber immer prunkvoller aus. Das Gold, das dann kultische Gewänder und Kultgegenstände schmückte, sollte ein Abglanz des himmlischen Jerusalem sein.

Götter- und Göttinnenbilder oder das Phänomen der lebendigen Statuen[560]

Griechische und römische Götterabbildungen der Antike[561]:

Im Zug der Epen Homers und Hesiods entstand die Vorstellung einer geschlossenen Götterwelt. Zwischen den griechischen Göttern und Menschen bestehen nur graduelle Unterschiede. Die Götter empfinden wie die Menschen Hass, Eifersucht, Scham, Rachsucht, sexuelle Gelüste, Hunger. Sie sind lediglich mit größerer Macht ausgestattet und unsterblich.

Materielle Darstellungen solcher Götter, dieser anthropomorphen Idole[562], kennen wir bereits aus dem 3. Jahrtausend v.Chr. Es gibt dann die stilisierten Götterbilder der geometrischen Epoche und die prachtvollen Statuen der klassischen Zeit. Alle besaßen nach damaliger Ansicht Wirkkräfte, waren also *Speicher*[563] von Heiligkeit.

Die großplastischen Steinfiguren sind in Griechenland nicht vor der Mitte des 7. Jahrhunderts v.Chr. entstanden. Aristoteles hat darauf hingewiesen, daß die Herausbildung der griechischen Polis einherging mit der Aufstellung dieser Plastiken in geheiligten Tempelbezirken. Kleine Götter-Figurinen verloren mit den Großplastiken an Bedeutung.

---

[559] Bei Dorothea Forstner, Renate Becker, *Lexikon Christlicher Symbole*, S. 311.

[560] Vgl. Karl-Heinz Kohl, *Die Macht der Dinge*, S. 203ff.

[561] Grob gesagt beginnt die Antike im 2. Jh. v.Chr. Ihr Ende kann man zw. 324 und dem 7. Jh. ansetzen. Bezeichnet wird das griechische und römische Altertum.

[562] Lateinisch *idolum*: Schattenbild, Gespenst, Götze, Götterstatue

[563] Überflüssig zu wiederholen: ein Speicher ist ein Gedächtnis, diese Dinge hatten daher, davon ging man aus, ein Gedächtnis.

Neben den Statuen, den teils überlebensgroßen Plastiken, gab es noch sehr einfache, aus Holz geschnitzte Tempelkultbilder, von denen Plutarch, Pausanius oder Plinius annahmen, sie seien weit älter als die aus Stein oder Marmor gearbeiteten Götter-Statuen.

Man verehrte im antiken Greichenland übrigens auch nicht figürliche Dinge. Auch an deren Kräfte glaubte man. So wurden auf Kreta in der minoischen Zeit gerundete Findlingsblöcke angebetet. Es wurden auch Säulen, Waffen, Bäume, Saatkörner verehrt. In Delphi wurde Apollo in Form einer Säule angebetet. Eins der berühmtesten Heiligtümer war der Schild (das Palladion) der Athene: Mehrere antike Städte rühmten sich diesen vom Himmel gefallenen Holzschild im Besitz zu haben, der vor feindlichen Angriffen schützte. Der Überlieferung nach soll der Holzschild so klein gewesen sein, daß ein Mann ihn alleine tragen konnte. Selbst die Römer wollten den Schild nach Italien gebracht haben: Aeneas hatte ihn im griechisch-römischen Mythos aus dem brennenden Troja gerettet und nach Rom verbracht.

Die nicht-figürlichen Sakralobjekte waren immer Gedächtnisträger eines außergewöhnlichen Ereignisses: häufig einer Göttererscheinung.

Beide, figürliche und nicht-figürliche Sakralobjekte, wurden bei den Griechen mit der Zeit in einem heiligen Bezirk, einem heiligen Ort, dem Témenos oder Tempel aufbewahrt.

Das war insbesondere für die Götterstatuen Voraussetzung ihrer Wirksamkeit. Ebenso Voraussetzung für ihre Wirkmacht waren Opfergaben und kultische Gemeinschaftsfeste an diesen Orten, die von religiösen Spezialisten durchgeführt wurden. Der Zugang zu diesen Orten wurde streng reguliert. Und nur dort begegnete einem die Gottheit.

Früher konnte man der Götter überall gewahr werden, sogar in Menschen, sie zeigten sich überall! Jetzt – mit der Aufstellung der Götter-Plastiken in geheiligten Tempelbezirken – wurde der Zugang zum Göttlichen durch eine Priesterschaft kontrolliert.

Bei den großen Götter-Statuen ging man davon aus, daß durch sie der dargestellte Gott *präsent* wurde, sich im Kultbild der Gott selbst verkörperte. Auch in den älteren holzgeschnitzten Kultbildern glaubte man die Gottheit real anwesend.

Als die Götterbilder immer prachtvoller wurden – bei Künstler-Genies wie Phidias wurden Götterstatuen in Auftrag gegeben – und die Priester immer mächtiger, regte sich Widerspruch. Nicht nur Heraklit nahm an dem Wahn Anstoß, daß Gläubige ihre Bitten an tote Materie richteten: „Da beten sie zu diesen Götterbildnissen, als ob einer mit Häuserwänden schwatzen wollte; denn sie haben keinen Begriff von dem wirklichen Wesen der Götter und Heroen"[564]. Die Kritik an den men-

---

[564] Heraklit, *Fragment 5* in *Die Anfänge der abendländischen Philosophie, Fragmente und Lehrbericht der Vorsokratiker*, Zürich, 1949, S. 64.

schengestaltigen Göttern riß bald nicht mehr ab. Bei Xenophanes heißt es: „Hätten die Ochsen, Rosse und Löwen Hände und könnten malen und Werke schaffen gleich den Menschen, dann würde das Pferd wie ein Ross und ähnlich dem Ochsen der Ochse seine Götter gestalten ..."[565]. In der griechischen Philosophie (Aufklärung) setzte sich bald eine sehr abstrakte Gottesvorstellung durch, menschengestaltige Götterfiguren und deren Wirkung erschienen da als grober Unsinn.

Die Bevölkerung allerdings betete weiter Statuen und Bilder an. Götterbilder und -figuren galten der Mehrzahl als lebendige Dinge. Sie verbürgten den Zugang zum Transzendenten. Sie waren in extremis die Gottheit selbst. Insbesondere in den großen griechischen Statuen wurde die dargestellte Gottheit weiterhin real präsent. Man tischte ihr dementsprechend Speisen auf, kleidete sie in kostbare Gewänder, salbte sie, wusch sie, kämmte sie, ließ zu ihrer Unterhaltung vor ihr Musik spielen und führte für sie Theaterstücke auf[566]. Damit die Götter an dem ihnen zugedachten heiligen Ort wirklich blieben, legte man den sie darstellenden Statuen sogar Fesseln an und sperrte sie in die *cella* des Tempels (eine Art Safe-Raum). In griechischen, und ebenso in römischen, Privathäusern stellte man auch weiterhin kleine Götterfigurinen auf – und führte sie auch auf Reisen als Talismane mit. Und auch diesen erbrachte man Hausopfer, so daß sie wirkten.

Nach der Eroberung der griechischen Städte durch die Römer trat ein Wandel ein. Es kam zur Profanierung. Die Kultbilder der griechischen Antike wurden, zumindest für die Römer, zu profanen Kunstgegenständen. Unter dem Aspekt der Ästhetik wurden sie insbesondere unter Nero und Caligula in Rom auf öffentlichen Plätzen und in Arenen aufgestellt.

Das christliche römische Reich tat dann Schlimmeres. Es ließ Statuen einfach verschwinden. So wurde während der Zeit Kaiser Theodosius II (408–450) eins der genialsten Kunstwerke der Antike, die vom großen Künstlergenie Phidias geschaffene *Athena Parthenos*, aus der Akropolis entfernt und verschwand. Ebenso verschwand auch seine gigantische Zeusstatue von Olympia. Auch schönste antike Sakralarchitektur[567] wurde einfach abgerissen. Die Stelle nahmen Kirchen, Kruzifixe und christliche Heiligenbilder ein.

Während das vorchristliche Rom die Kultbilder für wirkungslos hielt und als große Kunst konservierte, glaubte das christliche Rom wieder an

---

[565] Xenophanes, *Fragment 16* in *Die Anfänge der abendländischen Philosophie, Fragmente und Lehrbericht der Vorsokratiker*, Zürich, 1949, S. 48.

[566] Derselbe Aufwand wird heute noch bei den katholischen Prozessionen in Mittelmeerländern betrieben, man kleidet die Madonnen speziell und führt sie herum als seien sie lebendig.

[567] Das römische Pantheon ist als einer der wenigen Tempel geblieben und wurde lediglich umgeweiht.

die Macht der Bilder, fürchtete sie und ihre Konkurrenz, und zerstörte deshalb viele von ihnen.

Bis ins Mittelalter grassierte eine Angst vor den lebendigen Statuen der Antike. Und im Mittelalter hat die unheilige Zerstörung antiker Götterbilder, nach zwischenzeitlicher Beruhigung, dann auch wieder einen unheiligen Aufschwung erlebt. Unter den römischen Ruinen gefundene Götterbilder bewarf man regelmäßig mit Steinen, unterzog sie Exorzismusritualen, vergrub sie wieder oder weihte sie um. Man begriff sie als dämonisch. Es gab zahlreiche Legenden: gewarnt wurde etwa vor der erotischen Anziehungskraft der Marmorbilder antiker Liebesgöttinnen: junge Männer sollen sich in diese Statuen verliebt haben, bis sie ein Priester vom Teufelsbann löste[568].

Die lebendige Statue der Antike war zwar profaniert worden und Zerstörungswut ausgesetzt, dabei aber lange nicht tot.

In der (italienischen) Renaissance erfuhren die Gottheiten des Altertums eine triumphale Wiedererweckung. Die antike Philosophie, Wissenschaft, Literatur, Architektur, Skulptur wurde wiederentdeckt[569]. Rom barg in seinen Schuttbergen noch einen unendlichen Reichtum antiker Kunst, trotz dem Niedergang des Imperium Romanum, seiner Verwüstung durch Westgoten, Ostgoten, Vandalen im 5. Jh., die einstige Welt-, Millionenmetropole zählte Anfang des 6. Jh. nur noch 30 000 Einwohner. Der Aufstieg des Papsttums im frühen Mittelalter hatte den Niedergang nur vorübergehend eingeschränkt, im 14. Jh. soll Rom nur noch 20 000 Einwohner gezählt haben, zur Zeit der Verlegung der Papstresidenz nach Avignon und der Pestepidemie. Und auch obwohl Einheimische Statuen in barbarischer Weise einfach zur Kalkherstellung verwandten und Bronzefiguren einschmolzen, ging nicht alles verloren.

Bildhauer- und Maler-Genies wie Michelangelo hatten noch genug Anschauungsmaterial und versuchten die Götter des Altertums in ihren eigenen Werken wieder zum Leben zu erwecken.

Das magische Objekt wurde so zwar zum Kunstobjekt, verlor aber nicht ganz an Magie. Die neue Magie lag im Genie des Künstlers.

In Einzelfällen erhielt sich in der Renaissance sogar die archaische Lebendigkeit der Statuen. Und zwar verspürte man nach wie vor Angst vor gewissen Statuen. Es gab etwa den Vorwurf der sexuellen Statuenmagie, der die Sieneser nach einer Niederlage gegen Florenz um 1340 veranlaßt hatte, eine gerade wiedergefundene antike Venusstatue zu zerschlagen und die Reste auf Florentiner Gebiet zu verscharren, um die schädliche Wirkung des Idols nun auf den Feind wirken zu lassen[570]. Und

---

[568] Vgl. Karl-Heinz Kohl, *Die Macht der Dinge*, S. 226f.

[569] Karl-Heinz Kohl, *Die Macht der Dinge*, S. 12, 227.

[570] Horst Bredekamp, *Repräsentation und Bildmagie in der Renaissance als Formproblem*, S. 27.

noch um 1504 machten die Florentiner Donatellos Judith, die Holofernes köpft, für den Verlust von Pisa verantwortlich, entfernten sie, und setzten an ihre Stelle vor den Palazzo Vecchio Michelangelos David[571].

Einen der letzten Anklänge an die lebendigen Statuen finden wir in Mozarts *Don Giovanni* im steinernen Gast des Komtur.

Heilstatuen und -statuetten im alten Ägypten[572]:

Dort gab es seit der 26. Dynastie unzählige Statuen und vor allem kleine Statuetten, Tafeln beziehungsweise Inschriftensteine (Stelen) für den persönlichen Gebrauch, alle möglichen Figuren und Bilder, die sozusagen magische Inschriften trugen, schützten und heilten. Die kleinen Statuetten und Stelen für den Hausgebrauch wurden fabrikmäßig hergestellt; man fand große Mengen dieser Objekte, die sich alle ziemlich genau glichen. Bildhauer haben offensichtlich nach festen Schemata gearbeitet. Auch die Texte glichen sich. Wahrscheinlich gab es sozusagen Muster-Zauberspruchsammlungen. In der Spätzeit besonders zahlreich und wohl besonders beliebt waren kleine Horusstelen, meistens circa 20 cm hoch, mit Inschriften und Figuren, in der Mitte ist dominierend das Horuskind[573] zu sehen, das triumphierend auf Krokodilen steht und in seinen Händen Schlangen, Skorpione, einen Löwen und eine Gazelle würgt. Eine übliche Inschrift lautete: *Entferne dich Gift*[574].

Auf öffentlichen Plätzen und bei Tempeln standen große Steinsäulen (Stelen) mit Inschriften, damit sie jeder nutzen konnte. Auch für Tote stellte man sie auf. Man ging davon aus, daß diese Stelen durch ihre bloße Gegenwart wirkten, etwa Krankheiten heilten. Die Abnutzungsspuren an großen Horusfiguren aus weichem Stein zeigen, daß man durch Anfassen und Küssen sich eine Wirkung versprach. Am wirksamsten soll aber das Übergießen mit Wasser gewesen sein, das man auffing. Kleinere Exemplare legte man ganz ins Wasser. Und dieses Wasser hat man dann getrunken.

Man nahm hier offensichtlich an, daß das eingravierte Wort, der eingravierte Spruch seine Wirkung auf die Statue oder Stele übertrug, in dieser (in Stein) *gespeichert* wurde, um dann diese Wirkung auf diejenigen, die mit Statue oder Stele in direkten Kontakt kamen, weiter zu übertragen.

---

[571] Vgl. Horst Bredekamp, *Repräsentation und Bildmagie in der Renaissance als Formproblem*, S. 10–29.

Auch die Form wurde als Skandalon empfunden: Judith zieht Holofernes in eine halb aufgerichtet Stellung zu sich hoch, ausgerechnet vor ihr Geschlecht, um ihn zu töten. Horst Bredekamp meint, daß hier gerade von der Form des Bildwerks die Gewalt ausgehe.

[572] Vgl. Robert H.W. Wolf, *Mysterium Wasser*, S. 229ff.

[573] Einige halten die Darstellungen des Horuskindes für einen Vorläufer der Maria-mit-Kind-Darstellungen.

[574] Vgl. Robert H.W. Wolf, *Mysterium Wasser*, S. 230.

Die Gegenstände waren durch die Schrift geweiht und behielten diese im Gedächtnis.

Das Wort hat hier übrigens bereits per se eine magische Kraft. Das biblische *Im Anfang war das Wort* (Joh. 17,5) ist die Nachfolgerin dieser Auffassung.

Und gerade auch dem Wasser traute man ein besonders starkes Gedächtnis, eine besonders starke Kraftübertragung zu.

Opfergaben und Grabbeigaben
für die Götter und die Toten

In vielen alten Kulten bestand eine Austauschbarkeit zwischen dem Gegenstand und seinem Abbild[575]!

Verlangte der minoische Kult (2000–1450 v.Chr. auf Kreta) die Opferung eines Stiers, so konnte der Adorant beziehungsweise Kultdiener beziehungsweise Gläubige statt des wirklichen Tiers ein kleines Abbild aus Bronze oder Ton opfern. Das war äquivalent. Auf diese Art erklärt man sich die Menge von Tierstatuetten, die man in den minoischen Heiligtümern unter freiem Himmel gefunden hat. Der Gläubige konnte auch eine Statuette, die ihn selbst in kultischer Haltung darstellte, am heiligen Ort deponieren (weihen), und diese bedeutete, daß er selbst ständig gegenwärtig an der heiligen Stätte war und sich so des ständigen Schutzes der Gottheit versicherte.

Die Gläubigen der minoischen Zeit weihten in den Heiligtümern auch tönerne Nachbildungen von Gewändern, Gürteln, Thronsesseln und ebenso kleine Nachbildungen von Heiligtümern und Altären. Das Opfer eines kleinen aus Ton nachgebildeten Heiligtums war eine fromme Handlung mit der gleichen Bedeutung wie die Erbauung eines wirklichen Tempels.

Ebenso gingen die Minoer davon aus, daß die Abbilder der Dinge, die man Gräbern beigab, den realen Dingen gleich standen[576]. In vielen Gräbern, so im Kuppelgrab von Kamilari bei Phaistos auf Kreta, fand man Tonmodellchen von Gebäuden und Heiligtümern, die für den Toten dieselbe Bedeutung haben sollten wie reale Gebäude und reale Heiligtümer. Einige der aus dem Fels gehauenen Kammergräber haben eine intensiv blau gefärbte Decke, die das Himmelsgewölbe darstellte. So konnte sich der Tote noch den schönen blauen Himmel der irdischen Welt ansehen. Dieselbe Farbe erscheint auch auf Teilen des Bodens und an Grabgeräten,

---

[575] Vgl. Stylianos Alexiou, *Minoische Kultur*, S. 123ff.
[576] Vgl. Stylianos Alexiou, *Minoische Kultur*, S. 136ff.

zuweilen waren auch die hölzernen Sarkophage blau gefärbt, um den realen Himmel dort hineinzuholen.

Das heißt im Grunde, die Dinge, ein kleiner Tonstier beispielsweise, hatten ein äußerst lebendiges Gedächtnis des Dargestellten: der Tonstier *verkörperte* den lebendigen, realen Stier.

Dasselbe galt für ägyptische Grabbeigaben und ägyptische Kunst[577].

Auch die alten Ägypter hatten eine ganz andere Vorstellung von Wirklichkeit und Abbild als wir. Für sie teilte das Abbild einer Person oder eines Tiers das Leben des Originals und blieb auch nach dem Tod des Originals Träger des Lebens[578]. Die ägyptischen Bildner legten daher auf die Unverwüstlichkeit ihrer Werke so großen Wert, zogen den dauerhaftesten Stoff vor; zum Beispiel das Flachrelief aus Stein der Malerei.

Im Grab von Tutanchamun fand man ein Set von Götterfiguren in Schreinen, ferner lebensgroße Wächterstatuen. Dann eine Menge Alltagsgegenstände, teils in normaler Größe, teils in Miniatur. Alles im Glauben beigelegt, daß sie die realen Dinge (Götter) repräsentieren konnten und zusätzlich auch ganz direkt zu realen Dingen (Göttern) im Jenseits wurden. Die Dinge hatten hier also auch die Macht Dinge im Jenseits zu werden, brauchbar in die Transzendenz zu wechseln. Vor allem Möbel, viele Kleidungsstücke, darunter goldene Sandalen, die mit einer Schnur zwischen den großen Zehen verlaufen und Schmuck waren im Grab. Die Beigabe von Alltagsgegenständen beziehungsweise Gebrauchsgegenständen in Bestattungen war ein typisches Merkmal der 18. Dynastie. Viele der Grabbeigaben sind aus Gold, so der kleine Thron. Eine Seite zeigt farbige Darstellungen aus dem Leben des Tutanchamun, die Vorderseite stellt die Salbung des Pharaos durch seine Ehefrau dar. Auch bei diesen Bildern ging man davon aus, daß sie das reale Leben präsent hielten, es sozusagen jederzeit wieder aus den Bildern erstehen konnte. Weitere wichtige Grabbeigaben waren Pfeil und Bogen, sowie mehrere in Einzelteile zerlegte Streitwagen und andere Jagd-Utensilien, die der junge Pharao wohl auf seinen Jagdzügen verwendet hatte. Auch ein Kistchen mit Schreibzeug wurde dem Pharao beigelegt, in dem sogar noch eingetrocknete Farbe gefunden wurde (es gehörte seiner Schwester). Fehlen durften natürlich auch nicht Utensilien für Amtshandlungen: so fand man auch königliche Siegel. Unter der Fülle der weiteren Einzelteile ist ein goldener, großer Fächer bekannt geworden. Dieser bestand aus einem langen goldenen Stab mit einem halbrunden Aufsatz aus Pfauenfedern. Die Entdecker des Grabs des Tutanchamun Carter und Carnarvon hatten die Besucher regelmäßig aufgefordert, kräftig daran zu ziehen, um sich mit eigenen Augen von der Stabilität zu überzeugen. So kam nur der untere Teil, der

---

[577] Vgl. Candi, *Radiästhesistische Studien*, S. 74f.

[578] Überlegen Sie sich einmal, wie sie es mit Fotos lieber Verstorbener halten? Inwieweit diese für Sie Ihre Lieben verlebendigen.

Stab, im Museum an. Für sein leibliches Wohl wurde dem Pharao auch Wein in Krügen mitgegeben, von denen 26 erhalten waren. Auf diesen ist genau das Weingut verzeichnet. Auch zwei Föten waren dabei, zwei frühgeborene mumifizierte Säuglinge. (Ein einmaliger Fund, denn totgeborene Kinder besaßen kein *Ka*. Ka ist eine der Seelen des Verstorbenen, die im Jenseits das diesseitige Leben weiterführen kann).

Mit der Zeit bestückte man nicht nur Königsgräber. Es wurde demokratischer. Auch Untertanen, die es sich leisten konnten, ließen Grabbeigaben herstellen, darunter auch umfangreiche Totenbücher, die den Weg ins Jenseits wiesen.

Bei den Römern[579] wird es wieder mehr prosaisch:

In römischen Frauen-Sarkophagen finden sich häufig Schmuckteile, Schminkutensilien, alle Arten von Toilettengegenständen, Bronzespiegel, Kleidungs- und Haar-Accessoires. Man hat auch kleine Nachbildungen von Tafelservice gefunden, von Kandelabern, Lampen, Tischen, Schemeln, von allen möglichen Gebrauchsgegenständen. Utensilien, die auf den Beruf verwiesen, waren auch häufig, Schreibgerät, Modelle von Pferdewagen, Waffen, Zügelhalter. Ob man diesen Dingen aber noch, wie im Ägyptischen, zutraute, sich im Jenseits als brauchbare Gegenstände zu verkörpern, ist mehr als fraglich: Von einer Versorgung des Toten ist nirgends die Rede. Sieht man sich Polybios[580] bekannte Beschreibung einer stadtrömischen *pompa funebris* an, ging es beim Begräbnis hauptsächlich um eine möglichst öffentlichkeitswirksame Darstellung des Toten und insbesondere von dessen Familie. Den auf dem Scheiterhaufen – zumeist verbrannte man die Toten – zur Schau gestellten Beigaben kam mehr ein Public-Relations-Effekt zu. Je mehr und je kostbarere Grabbeigaben, desto höher der Status der Hinterbliebenen.

Opferbrote (und Wein)

Eine besondere Rolle spielten Opferbrote[581].

Opferbrote für die Götter und Brote fürs Grab erhielten ihre heilige Kraft dadurch, daß sie von eigens geschulten Bäckern hergestellt wurden, wie sich alten ägyptischen Schriften entnehmen läßt. (Das entspricht im Grunde wieder der Weihe). Die Hethiter kannten vergleichbare Vorschriften.

---

[579] Hrsg. Peter Fasold, *Bestattungssitte und Kulturelle Identität*, S. 13–28, 44f., 143ff.
[580] Bei Hrsg. Peter Fasold, *Bestattungssitte und Kulturelle Identität*, S. 44.
[581] Vgl. Dorothea Forstner, Renate Becker, *Lexikon Christlicher Symbole*, S. 80ff.

Überhaupt war Brot wahrscheinlich die älteste Form des Opfers. Im Ägyptischen wurde dementsprechend das auf eine Matte gelegte Brot zur Hieroglyphe für Opfer[582].

Dem Brot trauten die Ägypter die Kraft zu, sich magisch in Nahrung fürs Jenseits zu verwandeln. Es wurde zur Wegzehrung für den Übergang in eine neue Welt.

Auch bei Römern, Griechen und Völkern Mesopotamiens gab es Opferbrote beziehungsweise Opferkuchen. Nicht überall sah man in diesen Broten dieselbe Kraft: Bei den Römern waren die Brotopfer womöglich nur noch eine Hommage an die Tradition. Man behielt etwas bei, dieses hatte aber nicht mehr dieselbe Bedeutung wie vorher.

Aus dem Reich der Hethiter, dort glaubte man noch an die heilige Macht des Brotes, hat sich folgende Anweisung erhalten: „Ferner sollen die, welche die täglichen Opferbrote zubereiten, rein sein, gebadet und rasiert. Und reine Kleider sollen sie anhaben. Nur die, welche den Göttern wohlgefällig sind, sollen die Brote zubereiten." Das Brot wird hier durch den Kontakt zu Rechtschaffenen geheiligt. Man ging also davon aus, daß das Brot den Charakter (die Rechtschaffenheit) der Person speicherte, die mit ihm in Kontakt war. Und so auch eine heiligende Wirkung weiterübertragen konnte. Das Brot als Ding, das ein Gedächtnis hat, Heiligkeit speichert und so eine besondere Macht ausstrahlt, gab es also nicht erst in den christlichen Zeremonien.

Und selbst einen Vorläufer der *Transsubstantiation* (Wandlung von Brot und Wein in Blut und Leib Christi bei der Abendmahlsfeier) gab es schon bei den Griechen! Brot wurde dem Altar der Gottheit dargebracht und dann an die Gläubigen verteilt. Durch das Verzehren dieser geheiligten Brote glaubte man in eine Heilung bringende Verbindung mit der Gottheit zu treten, von deren Altar das Brot genommen wurde. Also auch sozusagen die Gottheit in die Realpräsenz zu ziehen.

Desselben sah man schon in vorchristlicher Zeit im Wein eine heilige Kraft, sofern er Teil war von Opferzeremonien. In Ägypten und im antiken Griechenland wurde er den Göttern als Trankopfer dargebracht.

Daneben wurde im antiken Griechenland allerdings auch die zerstörerische Kraft gesehen. Der Gott Dionysos, der den Wein erfunden haben soll, brachte über die Menschen auch todbringenden Wahnsinn.

Öl

Ebenso spielte Öl bereits in vorchristlicher Zeit[583] eine große Rolle, als Ding beziehungsweise Substanz mit Kraft[584].

---

[582] Vgl. Robert H.W. Wolf, *Mysterium Wasser*, S. 222.

Überall im antiken Lebensraum waren Öl und der Ölbaum heilige und heilende Gabe der Gottheit. Wie Wein gehörten sie zu den großen Lebenssymbolen des antiken Menschen. Nicht verwunderlich, Öl war ein hochwertiges Grundnahrungsmittel und auch Heilmittel.

Neugeborene wurden mit Öl gesalbt, damit sie teilhatten an der göttlichen Lebenskraft. Ein Salbungsritual machte auch Priester und Könige zu Trägern göttlicher Kraft. Und wenn der ägyptische Pharao hohe Staatsbeamte mit Öl salbte, dann hieß das, sie sind Stellvertreter des Pharaos, der mit göttlicher Macht ausgestattet ist.

Dem Öl oder Ölbaumzweig wurde auch die Kraft des Friedens und Erbarmens zugesagt.

In der griechischen Antike war das Öl genauso wirkmächtig, Speicher von Heiligkeit und auch Speicher von Macht, wie im Alten Testament. Von Moses wird gesagt, daß er auf Geheiß Gottes alle Kultgegenstände mit Öl salbte. An mehreren Stellen wird von der Salbung der Könige gesprochen. Auch hier wird der König als Gesalbter, ähnlich wie der Priester, zum Repräsentanten Gottes.

Spezialfall Wasser[585]

Nicht erst im Christentum spielte Wasser eine herausragende Rolle – im Ritus der Taufe machte es gar göttlich und unsterblich.

Auch in der paganen (nicht christlichen) Welt wurden dem Wasser ungemeine Wirkungen zugesprochen, und zwar per se oder nachdem es geweiht worden war. Auch hier war das Wasser ein Speicher vielfältiger Wirkungen. Es gibt hier zahlreiche Parallelen in der paganen und in der christlichen Welt[586].

Als **Opfer für Tote und Götter** war Wasser überall in der antiken Welt geläufig[587]. Mit Wasser-Trankopfern konnte man in eine jenseitige Welt hineinwirken. Ebenso gab es in der israelitischen Religion eine Wasserspende für Jahwe (genannt in 1. Sam 7,6).

---

[583] Im römisch katholischen Ritus sind, wie wir gesehen haben, Salbungen allgegenwärtig.

[584] Vgl. Dorothea Forstner, Renate Becker, *Lexikon Christlicher Symbole*, S. 107ff.

[585] Vgl. bei Robert H.W. Wolf, *Mysterium Wasser*, S. 73–286.

[586] Robert H.W. Wolf, *Mysterium Wasser*, S. 342, 344. Das ist das Fazit der gesamten Untersuchung.
Einen grundsätzlichen Unterschied beim Vollzug solcher Rituale zwischen Priestern und Magiern konnte Wolf auch nicht feststellen.

[587] Vgl. Robert H.W. Wolf, *Mysterium Wasser*, S. 199ff.

In der antiken Welt wurden ganze **Quellen und Flüsse (auch Meere)** religiös verehrt[588].

Das Nilwasser wurde vielstimmig gepriesen, nicht nur weil der Nil ernährte, lebenswichtig war. Wasser wurde nicht nur verehrt aufgrund seines Nutzens. Die Ägypter sahen im Nil eine Gottheit. Plutarch[589] berichtet, wie bei Prozessionen immer ein Gefäß Nilwasser vorangetragen wurde. In diesem Wasser verehrte man Osiris, da man das Wasser als *Ausfluß* dieses Gottes betrachtete.

Für Griechen und Römer galt Ähnliches. Homer nennt Flüsse heilig. Bei den Römern war der *Tiber* ein Gott. Quellen faszinierten, sie wurden zu Kultorten, an und in ihnen hausten göttliche Wesen und Naturgeister wie Nymphen.

In der hellenistisch-römischen Welt finden wir auch das Quell- oder Flußwasser, das *unsterblich* macht!

Im sogenannten *Alexanderroman*[590], in dem über die Welteroberung Alexanders berichtet wird, stößt Alexander auf eine Quelle, die Unsterblichkeit verleiht. Unter den Sagen über Achill gibt es eine Version, in der seine Mutter Thetis ihn unsterblich machen wollte, indem sie ihn in das Wasser des normalerweise tödlich wirkenden Flusses der Unterwelt Styx tauchte. Leider erreichte das Wasser nicht seine Ferse, an der ihn die Mutter hielt, so daß er vor Troia durch den Pfeil des Paris an der Ferse tödlich verwundet werden konnte.

Es gab weit verbreitet (in Ägypten, Mesopotamien, Babylon, in Kreisen jüdischer Frommer, bei Griechen und Römern) **rituelle Waschungen** mit Wasser oder **rituelle Besprengungen mit Wasser**, die alles Mögliche bewirkten, etwa kultische Reinheit bevor man einen heiligen Ort betrat oder die Befreiung von Sünden und Gefahren[591].

Daß es hier nicht nur um Reinlichkeit ging, zeigt, daß Waschungen und Besprengungen rituell wiederholt wurden und nur mit speziellem Wasser geschahen.

Heron von Alexandrien[592] (1./2. Jh. n.Chr.) berichtet, wie sich ägyptische Tempelbesucher vor dem Betreten mit Wasser besprengten. Es gab sogar in den Vorhallen der Tempel regelrechte Weihwasserautomaten. Wenn man eine Fünfdrachmenmünze einwarf, floß Weihwasser zum Besprengen heraus. Auf ausgegrabenen Weihwassergefäßen kann man lesen: für „Heil, Leben und Dauer". Auch dieses Wasser verlieh also zumindest einen Funken Unsterblichkeit.

---

588 Vgl. Robert H.W. Wolf, *Mysterium Wasser*, S. 73ff.
589 Vgl. Robert H.W. Wolf, *Mysterium Wasser*, S. 79.
590 Vgl. bei Robert H.W. Wolf, *Mysterium Wasser*, S. 88.
591 Vgl. Robert H.W. Wolf, *Mysterium Wasser*, S. 93ff.
592 Robert H.W. Wolf, *Mysterium Wasser*, S. 98.

Ebenso besprengte man sich bei den Griechen mit Wasser, bevor man den Tempel, die Wohnung der Gottheit, betrat. Vor den Tempeln standen dazu Gefäße mit Weihwasser bereit – auf den archäologischen Fundstücken waren entsprechende Inschriften. In Delphi kam das heilige Wasser aus der Kastaliaquelle. Auch hier machte die Besprengung von Sünden frei. Der Komödiendichter Aristophanes[593] machte sich über das heilige Wasser lustig. Als eine seiner Figuren, Trygaios, als Opfernder seinen Diener fragt, ob er die Umstehenden für fromm halte, verweist dieser darauf, daß er sie ordentlich mit Wasser übergossen habe. – Woraufhin regelmäßig alles lachte.

Nicht nur Menschen besprengte man mit dem heiligen Wasser. Das ganze heilige Areal und alles, was zum Kult gehörte, wurde besprengt, Altar, Opfertier, Statuen usw.

Bei den Römern galt das Gleiche. Dionysius von Halikarnass (30–8 v.Chr.), der als Grieche über römische Altertümer schrieb, stellte eine identische Opferpraxis fest. Am Tempeleingang standen dieselben Wassergefäße, mit denen sich die Eintretenden benetzen konnten. Es sind Episoden überliefert, daß man selbst, wenn man den Tempel ausrauben wollte, nicht auf das rituelle Händewaschen und das rituelle Bad verzichtete.

Und: nur mit gewaschenen Händen konnte man die Götter um Unsterblichkeit bitten.

Natürlich gab es hier auch viele Zweifler. So war Cicero[594] der Ansicht, die Reinheit des Körpers könne zwar durch Wasser verbessert werden, aber nicht die Reinheit der Seele. Ein Makel der Seele könne nicht durch irgendwelche Wasserströme weggewaschen werden.

Auch jüdische Gruppierungen wie die Essener machten kultische Waschungen zu einem grundlegenden Element ihres religiösen Lebens. Hier machte man gerne Tauchbäder. Sie hatten die Wirkung von aller Sünde und Unreinheit zu reinigen. Hier scheint es allerdings – in den Qumranrollen[595] nachzulesen – die *aufklärerische* Auffassung gegeben zu haben, daß bei diesem Ritus der Sündige nur etwas durch *eine aufrechte und demütige Haltung* erreichen könne – also durch Reue. Das Wasser hatte bei den Essenern, so scheint es, per se noch keine Kraft.

In Ägypten wie in Mesopotamien und in der griechischen Welt wuschen sich auch Soldaten rituell nach dem Kampf.

Rituelle Waschungen reinigten aber auch außerhalb des Krieges von Mord und Totschlag, allgemein von Verbrechen.

---

593 Vgl. bei Robert H.W. Wolf, *Mysterium Wasser*, S. 124.
594 Vgl. bei Robert H.W. Wolf, *Mysterium Wasser*, S. 129.
595 Vgl. bei Robert H.W. Wolf, *Mysterium Wasser*, S. 116.

Entsprechend hilft im Alten Testament, Dtn. 21, 1ff., Wasser, das Unheil zu verhindern, das einer Gemeinde aus einem auf ihrem Territorium ungesühnten Kapitalverbrechen, droht.

Wasser wusch also auch ringsherum die Schuld von Verbrechen ab.

Bis heute hat sich in dem Sinne das alte israelische Dictum: *seine Hände in Unschuld waschen*, erhalten. Im Neuen Testament wäscht sich dementsprechend noch Pilatus die Hände, als er die Kreuzigung des unschuldigen Jesus von Nazareth nicht mehr aufhalten kann (Mt. 27,24).

In Rom galt nichts anderes: Plutarch[596] erzählt, wie der Gewaltmensch L.S. Catilina (108–62 v.Chr.) seinem Gönner Sulla auf dem Forum das Haupt eines ermordeten Gegners überreichte und sich dann mit dem Weihwasser des nahegelegenen Apollotempels von der Bluttat reinwusch.

Ovid[597] rügt die Römer, die diesen Brauch von den Griechen übernommen hätten. Es sei skandalös, daß man die grausigste Bluttat durch Flußwasser hinwegspülen könne.

Auch Tertullian (2/3. Jh. n.Chr.) hatte größte Bedenken, daß man sich, wie die Alten es meinten, durch Wasser vom Totschlag reinigen konnte.

Noch mehr vermochte die Waschung mit Wasser: Bei den Griechen konnte sie sogar die Verfolgung durch den Geist des Toten unterbinden.

Und von einer rituellen Waschung, die eine ganze Stadt von Dämonen befreite, erfahren wir in einem babylonischen Keilschrifttext[598].

Auch Sex war wie nicht gewesen, tauchte man in die Fluten des Tiber oder wusch man sich in einer heiligen Quelle. Die Ordnung für den Tempel der Athena Nikephoros in Pergamon[599] – überliefert auf einer Stele des 2. Jh. v.Chr. – hält beim ehelichen Beischlaf ein Besprengen für ausreichend, beim nichtehelichen bedurfte es schon eines Bades!

Und auch mit der Entsorgung des kultischen Wassers, in dem man sich von allem Möglichen reingewaschen hatte, beschäftigte man sich:

Das zeigt sich beim Ritual des Händewaschens in Mesopotamien: das Wasser (aus Euphrat oder Tigris entnommen), in dem man sich die Hände wusch, befreite von Sünden und Gefahren. Anschließend mußte es sehr sorgfältig beseitigt werden: in ihm waren nun diese negativen Dinge gespeichert, und wer hineintrat, auf den konnten sie sich übertragen, der war gefährdet.

Wasser war eben ein Gegenstand beziehungsweise eine Substanz mit Gedächtnis par excellence.

---

[596] Vgl. bei Robert H.W. Wolf, *Mysterium Wasser*, S. 138.
[597] Vgl. bei Robert H.W. Wolf, *Mysterium Wasser*, S. 136f.
[598] Vgl. bei Robert H.W. Wolf, *Mysterium Wasser*, S. 135. Dort hatte sich ein Beschwörungspriester verunreinigt und dadurch die Gefahr geschaffen.
[599] Vgl. bei Robert H.W. Wolf, *Mysterium Wasser*, S. 140.

Wasser beziehungsweise kultische Waschungen erweckten auch Götterstatuen in Ägypten, Babylon und Griechenland zum Leben[600]: Und zwar wurde in Ägypten und Babylon eine *Mundwaschung* mit heiligem Wasser, zum Beispiel Flußwasser, vorgenommen.

Die Griechen wuschen regelmäßig ihre Götterstatuen und Gottesbilder mit Weihwasser. Es wurden pompöse Badefeste bei der Gelegenheit gefeiert. Die Pallas von Argos wurde zum Beispiel von Zeit zu Zeit im Fluß Inachos, in dessen reinen vom Gebirge herabstürzenden Fluten, gebadet. Oder das Bild der Göttin Hera, beziehungsweise ihre Statue, wurde auf Samos im Meer gebadet; das besagt die ätiologische Kultlegende[601]. Nur so war garantiert, daß sich die Heiligkeit erhielt. Insbesondere galt das vor der ersten Ingebrauchnahme, wenn etwa ein Götterbild gerade vom Stifter kam.

Und auch Tote profitierten noch von den Kräften des Wassers[602]:

In Ägypten, Griechenland und Rom wurden Tote nicht nur gewaschen, um sie von physischer Unreinheit zu säubern und aufbahren zu können, sondern es lag hierin auch eine heilige Handlung, es war eine Vorbereitung auf die jenseitige Welt.

Wenn die Ägypter den Leichnam oder die Statue des Toten mit Wasser besprengten und übergossen, dann trug das dazu bei, den Toten zu beleben. Das Wasser galt als Lebenssaft, den der Tote verloren hatte, und der ihm wiedererstattet werden mußte.

Die Pyramidentexte berichten nur vom Reinigungsbad des (toten) Königs, weil nur er im Alten Reich in den Himmel einging. Mit dem Ende des Alten Reichs wurde dieses Vorrecht aber demokratisiert, auch nichtkönigliche Tote, ja jeder, konnte per Waschung Unsterblichkeit erlangen, und das hieß, jeder würde so nach seinem Tod zu einem Gott – eine nette Folge von Demokratie.

Die kultische Waschung des Königs anläßlich der Krönung bedeutete ebenfalls Leben, Heil, Unvergänglichkeit: Hatschepsut, die berühmte ägyptische Königin um 1500 v.Chr., wird auf einem Relief bei der Krönung aus Krügen besprengt, die die Inschrift[603]: *Wasser alles Lebens und Glückes, aller Dauer, aller Gesundheit und Freude* tragen.

Wasser bewirkte auch eine Aufnahme in einen neuen Lebensbereich[604]: Hier haben wir Vorläufer der christlichen Taufe.

Priester in Ägypten und Griechenland wurden mit Wasser geweiht, in heiligem Wasser gebadet. Ebenso wurden in Israel die Leviten[605] mit dem sogenannten *Entsündigungswasser* besprengt (nach Num. 8,6f.).

---

[600] Vgl. Robert H.W. Wolf, *Mysterium Wasser*, S. 104ff., 123ff.
[601] Vgl. Robert H.W. Wolf, *Mysterium Wasser*, S. 126.
[602] Vgl. Robert H.W. Wolf, *Mysterium Wasser*, S. 162ff.
[603] Vgl. bei Robert H.W. Wolf, *Mysterium Wasser*, S. 169.
[604] Vgl. Robert H.W. Wolf, *Mysterium Wasser*, S. 152ff.

Erstmals hören wir im 1. Jh. n.Chr. davon, daß Heiden mittels eines Tauchbades in die jüdische Religionsgemeinschaft aufgenommen wurden. Dies war wahrscheinlich schon viel früher Brauch. Dieses Bad diente auch der religiösen Reinigung und zur Entsündigung: Es war eine alte israelitische Vorstellung, daß die Länder außerhalb Palästinas, weil unter der Herrschaft fremder Götter, unrein sind. – In der neutestamentlichen Zeit gab es dementsprechend das jüdische Gesetz[606], daß ein frommer Israelit nicht mit Volksfremden näher verkehren durfte, da jene „gemein und unrein" seien.

Wasser und Waschungen spielten auch eine Rolle bei der magischen Krankheitsabwehr[607]:

Grosse ägyptische Heilstatuen und Stelen waren am wirksamsten durch das Übergießen mit Wasser, das man auffing und trank. Kleinere Exemplare wirkten, wenn man sie ins Wasser legte und dann dieses Wasser trank. Das Wasser nahm die Kräfte dieser auf und übertrug sie weiter. Auf Stelen hat man diese Praktik inskribiert gefunden.

Wasser aus heiligen Flüssen und Quellen (zum Beispiel Wasser aus Euphrat und Tigris in Mesopotamien) traute man per se Heilkraft zu. Der Patient wurde damit behandelt, ein Beschwörungspriester sprach dazu Formeln, er war wichtiger als der Arzt.

Entsprechend der Vorstellung von übernatürlichen Ursachen für Krankheiten – Dämonen, statt Virenbefall – nahmen magische Heilprozeduren auch unter den Juden einen breiten Raum ein, obwohl diese offiziell abgelehnt wurden. Die offizielle Auffassung war: nur Gott könne heilen. Insbesondere bei Aussätzigen vertraute man auf die magische Kraft des Wassers. In Lev. 13 und 14 ist das angedeutet. Im Neuen Testament berichtet Joh. 5,2 von einem Teich, der von Zeit zu Zeit Leute heilte, nachdem ein Engel in den Teich hinabgestiegen war und das Wasser hatte aufwallen lassen.

Griechische wie römische Medizin setzten später – zunächst hatte man eine magische Beziehung zum Wasser, wie zum Beispiel im Asklepioskult – dann das Wasser als natürliches Heilmittel ein, entdeckten, daß zum Beispiel heiße schwefelhaltige Quellen auf bestimmte Leiden einen guten Einfluß ausübten, es auf die stofflichen Qualitäten des Wassers ankam, nicht auf seine etwaige Heiligkeit.

Für die Asklepieien trug zur Heilung zunächst ein Schlaf an heiliger Stätte, und dann Wasser zum Beispiel aus einer (heiligen) Quelle bei, Baden vor allem in kaltem, frischem Wasser. Es gab unzählige Asklepios-

---

[605] Stamm, der Priester und Tempeldiener stellte.
[606] Vgl. bei Robert H.W. Wolf, *Mysterium Wasser*, S. 175.
[607] Vgl. Robert H.W. Wolf, *Mysterium Wasser*, S. 227ff.

heiligtümer, wo man dieses Rezept befolgte. Auch Heilung durch Trinken heiligen Wassers[608] kannte man dort.

Wasser und Waschungen vermittelten sogar auch Wissen[609]:

Kultische Waschungen sind in den *Mysterien von Eleusis* bezeugt. Hierin gewährt Livius Einblick[610]. Wasser scheint auch, neben Luft und Feuer, eine Rolle bei der Einweihungszeremonie im Allerheiligsten gespielt zu haben, über die Stillschweigen bewahrt wurde; auf einem Glas der Kaiserzeit aus Etrurien glaubt man einen Hinweis hierauf zu erblicken[611]. Das Ziel war ein höheres Wissen, das Erfahren göttlicher Wunder. Und das Wasser war ein Element, das anscheinend zu dieser Offenbarung führte.

In einer der bedeutendsten Gesetzessammlungen des Alten Orients, im Codex Hammurabi (18./17. Jh. v.Chr.)[612], ließ man Wasser über Schuld und Unschuld entscheiden im Fall der Anklage wegen Hexerei. Der Schuldige mußte in den Fluß steigen. Bemächtigte sich der Fluß seiner, war er schuldig. Kam er wieder unversehrt daraus hervor, galt er als rein.

Dasselbe galt für eine Ehefrau, die des Ehebruchs beschuldigt wurde, aber nur im Fall, daß es zum öffentlichen Skandal gekommen war.

Auch in altsumerischen Rechtsurkunden[613] gibt es dieses *Flußordal*: hier ließ man den Fluß über Besitzansprüche entscheiden.

Der Fluß war eben eine allwissende Göttin oder ein allwissender Gott.

Auch die Griechen kannten dieses Wissen des Wassers: Achilleus Tatios (2. Jh. n.Chr.) erzählt in seinem Liebesroman, der von dem Paar Kleitophon und Leukippe handelt, die die Freuden der Liebe vor der Ehe genießen wollten, von einer Quelle, in der die Keuschheit eines Mädchens überprüft werden konnte. Ein Mädchen mußte den Schwur aufschreiben, daß sie keusch war, ihn sich um den Hals hängen und in die Quelle steigen. Hatte sie einen Meineid geleistet, dann zürnte das Wasser, stieg ihr bis zum Hals und löschte die Schrift. Eine ganze Reihe von Quellen ist überliefert, in denen Meineidige überführt wurden. So die Quelle des Artemisheiligtums von Artykomis oder die Palikischen Seen auf Sizilien.

In der Inquisition, die ihren Höhepunkt in Spanien hatte, zwischen 1480 und 1808, gab es mit der Hexenprobe eine unrühmliche Nachfolge.

---

[608] Wie man auf der Rückwand des Abatons in einem Asklepiosheiligtum auf Kreta, das im 4. Jh. v.Chr. an einer Quelle angelegt wurde, lesen kann: vgl. bei Robert H.W. Wolf, *Mysterium Wasser*, S. 274.[608]

[609] Vgl. bei Robert H.W. Wolf, *Mysterium Wasser*, S. 275–315.

[610] Vgl. bei Robert H.W. Wolf, *Mysterium Wasser*, S. 183.

[611] Vgl. bei Robert H.W. Wolf, *Mysterium Wasser*, S. 184.

[612] Vgl. bei Robert H.W. Wolf, *Mysterium Wasser*, S. 281f.

[613] Vgl. bei Robert H.W. Wolf, *Mysterium Wasser*, S. 283.

Wasser benutzte man ganz allgemein **als Orakel** (Mantik): Auf zwei Arten im Groben. Einmal hat man im Wasser Veränderungen beobachtet, zum andern hat man heiliges Wasser getrunken und sich davon prophetische Fähigkeiten erhofft wie in etlichen Asklepios-Heiligtümern.

Schon die Veränderung der Farbe eines Flusses wie des syrischen Adonis oder des Euphrat war als bedeutsames Zeichen gewertet worden.

Servius[614] erzählt 400 n.Chr., daß man am ältesten und dem nach Delphi wichtigsten griechischen Orakel zu Dodona in Epirus auf das Murmeln der Quelle achtete. Die Greisin Pelias interpretierte für Ratsuchende dann dieses weissagende Murmeln (fatidica murmura).

Anderswo, in Ägypten, Mesopotamien und der griechisch-römischen Welt warf man Gegenstände ins Wasser von Quellen, Seen oder Bassins. In der Regel bedeutete Untergehen göttliche Gunst, das Schwimmen an der Oberfläche dagegen Ablehnung. Es konnte aber auch umgekehrt sein.

In die Orakelquelle des Apollo von Daphne, der Vorstadt des syrischen Antiochia, konnte man, Sozomenos[615] zufolge, beschriebene Lorbeerblätter eintauchen: Kamen sie wieder nach oben, war, was auf dem Blatt stand, wahr. Hadrian sei auf diese Weise der Aufstieg zum Kaiser prophezeit worden. Nach Erlangen der Macht ließ er die Quelle zuschütten, damit nicht einem Konkurrenten dasselbe verheißen werden konnte.

Pausanias[616] erzählt, wie man an einer dünnen Schnur einen Spiegel in eine Quelle hinabgelassen hat und auf diesem sah man dann alles, was man wissen wollte.

Aus geweihtem Wasser, auf das man Öl tröpfelte, sagten babylonische Priester wahr.

Für die Hydromantie (Wahrsagen aus Wasser) gab es überall in der alten Welt unzählige Riten und Zauberspruchsammlungen. Viele dieser sind im Laufe des Christentums durch kirchliche Maßnahmen vernichtet worden.

Wasser besitzt hier also ein Gedächtnis für alles Mögliche, einschließlich eines Gedächtnisses der Zukunft.

Neben den heilbringenden Aspekten des Wassers waren natürlich auch die zerstörerischen bewußt. Sie zeigen sich in vielen Religionen in Sintflut-Mythen.

---

[614] Vgl. bei Robert H.W. Wolf, *Mysterium Wasser*, S. 287.
[615] Vgl. bei Robert H.W. Wolf, *Mysterium Wasser*, S. 288.
[616] Vgl. bei Robert H.W. Wolf, *Mysterium Wasser*, S. 288.

Heilige Dinge in Mysterienkulten

In der Antike veranstaltete man geheime religiöse Feiern, auch *Orgia* genannt. Sie waren meistens dem Werden und Vergehen in der Natur, symbolisiert in einer Gottheit, gewidmet und versprachen den Eingeweihten (Mysten) Erlösung. Oft hatten die Feiern orgiastischen Charakter. Seit ungefähr 700 v.Chr. verbreiteten sich Mysterienkulte in Griechenland. Berühmt waren die Mysterien von *Eleusis*. In Mysterienkulten wurden beispielsweise Demeter und Persephone (die Tochter des Zeus und der Demeter. Ihr Name bedeutet Mutter der Erde, sie war die Göttin der Landwirtschaft) angebetet. Auch die aus Phrygien nach Griechenland eingeführte Fruchtbarkeitsgöttin Kybele, Orpheus (Sohn Apolls und der Muse Kalliope)[617] und die ägyptischen Isis und Osiris[618] wurden in Rom und Griechenland in Mysterienkulten verehrt. Im römischen Reich war der Mithraskult vorherrschend, vor allem bei den Legionären. Mithras wurde 1000 v.Chr. als Gott des Rechts und der Ordnung im Iran verehrt. Im römischen Reich erlangte er dann als mit der Sonne verbundener Erlösergott große Bedeutung. Die unterirdischen Kultstätten des Mithraskults waren seit dem 2. Jh. n.Chr. im gesamten römischen Reich verbreitet.

Die Mysterien inszenieren eine Wesensvermischung zwischen Gottheit und Mensch. Der Myste erhält Anteil an der Natur des Gottes oder der Göttin[619].

Dabei kommt auch Dingen und Substanzen die Macht zu, diese Göttlichkeit zu vermitteln.

Das Blut eines Stiers tut dies beispielsweise im Taurobolium[620] in den Mysterien der Magna Mater, die bis ins 4. Jh. n.Chr. im römischen Reich gefeiert wurden. Der Initiant stand in einer Grube und wurde vom Blut eines über seinem Kopf getöteten Stiers überströmt. Diese Bluttaufe machte ihn zu einem neuen, der Gottheit nahen Wesen. Es war ein Wiedergeburtsritus, der allerdings alle 20 Jahre erneuert werden mußte.

---

[617] Als Orpheus Gemahlin Eurydike durch einen Schlangenbiß umkommt, steigt er in die Unterwelt und rührt die Götter durch sein Lied so sehr, daß sie Eurydike die Rückkehr erlauben. Doch übertritt Orpheus das Verbot, sich umzuschauen, ehe sie die Oberwelt erreicht haben. Eurydike muß deshalb im Totenreich bleiben.

[618] Die Göttin Isis ist Schwester und Gemahlin von Osiris und Mutter des Horus. Dargestellt wird sie oft mit dem Horusknaben an ihrer Brust. Dieses Motiv wurde zum Vorbild der Darstellung Marias mit dem Jesuskind, vgl. *Meyers Grosses Taschenlexikon*, Band 10, S. 272.

[619] Marco Frenschkowski, *Die Geheimbünde*, S. 63.

[620] Vgl. Marco Frenschkowski, *Die Geheimbünde*, S. 66.

Die Mysterienkulte waren praktisch Vorläufer der christlichen Zeremonien wie der Abendmahlsfeier[621]. Die Frühkirche hat die Sakramente im Grunde in direkter Konkurrenz zu den heidnischen Mysterien entwickelt, daher die Ähnlichkeit[622]. In den Anfängen des Christentums hat es immer wieder Stimmen gegeben, die auf diesen Mysterienaspekt des Christentums verwiesen[623].

Insbesondere Brot und Wein im christlichen Abendmahl hatten sakrale Vorläufer in den Mysterienkulten.

So kannte der Mithraskult Brot und Wasser in dieser Eigenschaft[624]. So wie man durch das christliche Abendmahl Teil am hierdurch real präsenten Jesus Christus hat, hatte man im Mithraskult über Brot und Wasser Teil an der Gottheit, ergab sich – durch Verzehr im Ritus – eine Kommunion, eine Verbindung mit der Gottheit. Bereits der Philosoph Justin[625], der übrigens als Märtyrer starb, vergleicht 200 n.Chr. das Abendmahl mit dem Mythraskult: „Dieselbe Handlung (wie die beim Abendmahl) lassen die bösen Dämonen in den Mysterien des Mithra vollziehen, denn daß dort in den Weihen Brot und ein Kelch mit Wasser bei der Einweihung unter gewissen Formeln aufgestellt werden, das wißt ihr oder könnt es erkunden." Im Mittelpunkt des Mythraskults stand allerdings die Tötung eines Stiers. Frauen waren übrigens ausgeschlossen – auch das ein Vorläufermodell für die römisch katholische Kirche.

Und auch Tertullian sprach davon, daß der „böse Geist" in den Mysterien in einer der christlichen Weise ähnlichen Weise verehrt wurde[626].

In den hellenistischen Mysterien gab es eine Taufe und ein heiliges Mahl. Ebenso gab es dort eine *Erlösung*, und darunter verstand man, einen Weg aus dem Tod (ein ewiges Leben). Und es gab dort hochinteressanterweise ebenso einen unter den Menschen weilenden Gott, der starb und wiederkam, und zwar auch noch am dritten Tag!

---

[621] Vgl. Will-Erich Peuckert, *Geheimkulte*, S. 532ff. Oder Robert H.W. Wolf, *Mysterium Wasser. Eine Religionsgeschichte zum Mysterium Wasser in Antike und Christentum.*

[622] E. Jüngel bei Benedetto Testa, *Die Sakramente der Kirche*, S. 27.

[623] Vgl. Marco Frenschkowski, *Die Geheimbünde*, S. 72.

[624] Vgl. Robert H.W. Wolf, *Mysterium Wasser*, S. 192–194.

[625] Justin bei Will-Erich Peuckert, *Geheimkulte*, S. 541.

[626] Tertullian bei Will-Erich Peuckert, *Geheimkulte*, S. 532. Vgl. zur Entwicklung des Christentums mit seinen Riten aus den Mysterien die englische Forschung anfangs des 20. Jahrhunderts bei Will-Erich Peuckert, *Geheimkulte*, S. 532f.: James Frazer, William Simpson, Butler usw.

Moderne Reliquien, Starreliquien[627]

Der Unterschied zur traditionellen, christlichen Reliquie: das Ding gehört beziehungsweise gehörte nicht einem Heiligen, sondern einem Star; etwa einem Filmschauspieler, Sänger, Fußballstar, Maler, Wissenschaftler, Couturier. Star-Kategorien gibt es viele. Auch den Papst kann man als Star bezeichnen.

Bei der Starreliquie erhofft man sich genauso wie bei der traditionellen Reliquie durch das Ding eine Bindung an ein „höheres Wesen". Über die Brieftasche Albert Einsteins, den Zwicker Theodor Roosevelts, einen Slip von Britney, einen Tennisschläger Boris Beckers, ein Taschentuch des Papstes haben wir eine Verbindung zu der betreffenden Person.

Starreliquien sind Berührungsreliquien. Wichtig ist, daß die prominente Person den Gegenstand in Besitz hatte, damit in Kontakt war. Sie hat somit etwas auf ihm hinterlassen. Und infolgedesse ergattert man mit dem Ding auch etwas von der Person.

Die Verehrung und die hohen Preise, die diese Dinge geniessen, sind nur erklärbar, wenn man sie nicht als tote Dinge betrachtet, sondern als sehr lebendige Gedächtnisträger. Man denke an die Versteigerungen der Garderobe der toten Callas, Monroe oder Coco Chanel.

Der Fan umgibt sich mit Starbildern, Postern, Plaketten wie mit Heiligenbildern. Er ergattert ein schweißnasses Halstuch, das ein Popstar ins Publikum wirft, und glaubt damit einen magischen Gegenstand in Händen zu haben, der etwas vom Leben, vom Charisma des Stars enthält.

Interessant ist, daß Märtyrerstars, genauso wie heilige Märtyrer, einen besonderen Nimbus haben: James Dean, Marilyn Monroe, Elvis Presley, John Lennon etwa.

Es gibt auch Ausstellungen von Starreliquien fürs große Publikum: eine Sammlung von Kleidern, die Yves Saint Laurent entworfen und selbst geschneidert hat oder die Garderobe von Liz Taylor.

Starreliquien gab es schon immer. Im zwanzigsten Jahrhundert erlebten sie allerdings einen beispiellosen Boom.

So kann man in der Biblioteca e Pinacoteca Ambrosiana in Mailand die Haarlocke der Lucrezia Borgia (um 1500) bewundern, eine Starreliquie der Renaissance, oder die Locke Albrecht Dürers in Wiens Akademie der Bildenden Künste. Erasmus von Rotterdam, der geschickt für sich Werbung zu machen verstand, verschickte zahlreiche Portraits von sich an Bekannte und Förderer: dem Erzbischof von Canterbury schrieb er dazu, er würde, wenn es Gott gefiele, ihn abzuberufen, so „ein Stück Erasmus" besitzen, eine Starreliquie also.

---

[627] Vgl. hierzu Hans Wernher von Kittlitz, *Die Starreligion* in *Der Souvenir*, S. 97–100, Raphael Bouvier, *Erinnerung an das Ich* in *Der Souvenir*, S. 102–117.

3. Befleckte Dinge (unheilige Dinge)

In den israelitischen Kultreligionen haben wir die Idee, daß etwas befleckt ist, von einem Makel behaftet, unrein. Es gab einen ganzen Katalog von schuldhaften Handlungen, die zur Befleckung von Personen und Dingen führten. Man ist verblüfft, wie viele Übertretungen es im Sexualbereich gab, und daß diese teils so wichtig genommen wurden wie ein Mord[628]. Das setzt aber voraus, daß Dinge und Personen den Makel speichern, ein Gedächtnis haben. Der Makel verlangt nun nach Strafe beziehungsweise Sühne. Ohne diese bedeutet er Leiden[629]. Entsprechend gab es rituelle Reinigungsriten, Ablutionen, die die Befleckung – zuerst magisch und später symbolisch – wegwuschen.

Dinge sind hier lebendig, wirken. Und Wirkungen werden durch Berührung und Ansteckung übertragen; wer mit einem unreinen Ding umgeht, wird selbst unrein. Im Mittelalter finden wir diese Welt noch vor beziehungsweise lebte sie wieder auf.

Die Befleckungsidee, die Idee der Unreinheit, der Befleckungsglaube, ist ein fundamentales hebräisches Credo[630]. Bereits die Geburt befleckt, mit der Erbsünde. – Die Griechen kannten ein solches Sündengefühl zunächst nicht in dieser Eindringlichkeit. – Mit der Zeit hat das Volk Israel die Befleckung philosophisch transponiert. Die Ablution wurde mit der Zeit symbolisch: Die Befleckung durch vergossenes Blut wurde nicht mehr durch Waschung einfach weggenommen, sondern es bedurfte eines Ritus, der Worte, damit das Unreine rein werde. Die Sprache verstand man per se symbolisch, ein Wort war immer auch ein Symbol für etwas. Daneben wurde natürlich auch die Geste der Waschung symbolisch verstanden.

Das Alte Testament geht dann in eine etwas andere Richtung, weg von der Macht der befleckten Dinge und Personen. Hier wird die *persönliche Fehltat* hervorgehoben, die mit einem Schuldgefühl einhergeht. Sünde bedeutet hier eine gebrochene Beziehung: Verstoß, Abweichung, Aufstand, Verirrung, insbesondere das Abweichen vom Gott Israels und seinen Geboten, das Brechen des Bundes mit ihm.

---

[628] Wohl damit zusammenhängend, daß man sich vermehren wollte und so Abweichungen wie Homosexualität oder Onanie abträglich waren.

[629] Dementsprechend sagt Plato, die wahre Strafe ist die, die glücklich macht, indem sie die Ordnung wiederherstellt. Und ist nach den Paradoxen des Gorgias das Nicht-gestraft-werden schlimmer als das Gestraft-werden: Paul Ricoeur, *Symbolik des Bösen. Phänomenologie der Schuld II*, S. 54.

[630] Ein höchst makabres Wiederaufleben dieser Idee kann man in den Rassegesetzen der Nazizeit sehen. Nicht etwas Negatives allerdings, wie das Verbrechen, sondern etwas per se Unschuldiges oder Neutrales, das Jüdische, wird zum anhaftenden Makel deklariert, ein, so gesehen, surrealer, geisteskranker Vorgang.

Die Befleckungssymbolik hat sich aber nicht ganz verloren: So heißt es in Psalm 51, in dem König David den Raub der Batseba und die Ermordung Urijas bereut: „Bis auf den Grund wasche mich ab von meinem Fehl, von meiner Sünde mache mich rein ... Besprenge mich mit Ysop, so werde ich rein, wasche mich, und ich werde weißer als Schnee!". Auch die Bindung zwischen Sexualität und Befleckung wird reaktiviert.

Vorherrschend wird allerdings die Symbolik des *Gefangenseins* in der Sünde, der Knechtschaft der Sünde. Dies hängt mit dem historischen Ereignis des Exodus aus Ägypten zusammen. Entsprechend gibt es eine *Befreiung* von der Sünde, kommt es zum *Erlösungs*denken (zum Freikauf aus der Sklaverei der ägyptischen Gefangenschaft).

> Diese Symbolik der Sünde und des Bösen bedeutet übrigens hochinteressant, daß das Böse mit dem Guten nicht symmetrisch ist, sondern nur die Schändung, die Verdunkelung, die Entstellung eines Guten, das seinen Platz behält. Wie radikal das Böse auch sein mag, es kann doch nicht so urgründig sein wie das Gute.[631]

Ab dem 5. Jh. n.Chr. tritt auch im griechischen Raum, auf kathartischen Praktiken beruhend, der Gedanke der Befleckung plötzlich massenhaft auf. Orest und Oedipus galten als befleckt. Demosthenes kommentiert das drakonische Gesetz, berichtet, daß gewisse Verbrecher verbannt wurden, ihnen der Kontakt mit ihren Mitbürgern entzogen wurde. Man nahm also eine Befleckung an, fürchtete, daß diese Verbrecher andere infizierten, das böse Gedächtnis ihrer Taten, das ihnen aufgeprägt war, auf andere ausstrahlte. Es gab aber auch immer Gegenstimmen. Homer etwa war diese Schuld-Kultur, guilt-culture, fremd. Befleckung durch Mord, Sakrileg, Tod oder Geburt (Erbsünde) gibt es bei ihm nicht. Ilias und Odyssee sind keine Sittenromane.

Auch in Heiligen Texten des Alten Orients wird Sünde ebenso wie Schuld mit Krankheit vermengt oder mit der Besessenheit durch externe Mächte, wie Dämonen oder böser Götter. Auch das ist Befleckung. Die Befleckungsidee ist also nicht originär hebräisch, wenn sie dort auch enorme Wichtigkeit besaß. Der Babylonier fleht[632]: „Gelöst mögen werden die Zaubereien, der Geifer, die Schmutzereien, die auf mir liegen ... Unrecht und Sünde sind in meinem Leib und ein böser Geist hat mich gebunden."

---

[631] Paul Ricoeur, *Symbolik des Bösen. Phänomenologie der Schuld II*, S. 33–56, 88, 92, 102–108, 176f., 181.

[632] Vgl. bei Paul Ricoeur, *Symbolik des Bösen. Phänomenologie der Schuld II*, S. 177.

Der sündige Mensch trägt hier die Krankheit der Sünde. Das umgreift ein Gedächtnis der Sünde, das anhaftet und ausstrahlt: anstekend ist.

Vergebung bedeutet hier ebenfalls: Losbindung, Heilung, Befreiung.

4. WISSENDE DINGE

Dinge mit Zukunftsgedächtnis im Gebrauch von Sehern[633]

Zeichendeutung ist in allen alten Religionen von Bedeutung. Aus Dingen und Substanzen und auch Tieren kann man die Zukunft ersehen, in ihnen glaubte man ein Gedächtnis der Zukunft gespeichert.

Im Lateinischen hieß die Kunst der Deutung *divinatio*: göttliche Handlung. Und auch im Griechischen ist das Wort *theos*: Gott, ganz eng mit der Tätigkeit der Seher assoziiert. Erst Christentum und Islam werteten dann die Seherpraxis entschieden ab.

Bei den Römern schaute man aus Tier-Eingeweiden die Zukunft. Besonders aussagekräftig war die Leber. Die Leberschau läßt sich vom alten Mesopotamien bis Etrurien nach Rom und Griechenland verfolgen.

Ob Gegenstände im Wasser schwammen oder sanken, welche Figuren Öl oder auch Mehl auf einer Wasserfläche bildeten, glitzernde Wasseroberflächen, sich im Wind bewegende Blätter: alles konnte Botschaften liefern.

Auch Vogel- oder Sternformationen enthielten Zukunftswissen. Zwölf Adler erschienen als Romulus Rom gründete, das war ein *augurium maximum* für den Gründer der Stadt. Römische und griechische Heere verließen sich jahrhundertelang auf die *auspicia*, auf Vogelschau. Es gab natürlich auch kritische Stimmen: Homer sagte schon, daß nicht jeder Vogel Träger eines Zeichens sein konnte.

Die Begründung, weshalb Dinge die Zukunft voraussagen können, ist übrigens alles andere als simpel. Sie hat ein philosophisches Fundament in der Antike:

Platon entwirft im *Timaios* einen göttlichen Kosmos für den Menschen, in dem jede Einzelheit ihr zeitloses Vorbild hat. Ebenso hat jede Einzelheit von dieser höheren Ebene aus gesehen, ihre geordnete Funktion. Nichts ist zufällig, nichts bedeutungslos. Die Stoiker versuchten eine Welt zu entwerfen, die von einem alles durchdringenden, intelligenten *Pneuma* geleitet wird, so daß in diesem Kosmos alles in *Sympathie* zusammenhängt.

---

[633] Vgl. Walter Burkert, *Kulte des Altertums*, S. 189ff.

In diesen Perspektiven kann selbst der Flug eines Vogels durchaus seine Bedeutung haben.

So rechtfertigte auch der Astronom Ptolemaios die Zeichen in den Sternen: durch die *Sympathie* des Kosmos sei die Astrologie vollauf gerechtfertigt.

Wenn alles mit allem zusammenhängt beziehungsweise einen höheren Zusammenhang aufweist, kann auch alles etwas für alles bedeuten. Können auch Tiereingeweide die Zukunft enthalten.

Dinge oder Substanzen, die Gottesurteile ausführen[634]

Immer wieder wurden Wasser und Feuer für Gottesurteile eingesetzt.

Man kennt die teuflische *Hexenprobe* im vormodernen Europa: Wer der Hexerei bezichtigt war, wurde ins Wasser geworfen und galt als überführt, wenn sie oder er nicht unterging. Ging man nicht unter, verlor man das Leben. Ging man unter, war man keine Hexe, kam aber dennoch ums Leben. Bereits im alten Mesopotamien gab es einen solchen gefährlichen Wassertest. *Durchs Feuer gehen* war in der griechischen Antike eine gefürchtete Probe, und noch zur Zeit der Kreuzzüge führte man den Brauch durch, ohne tödliche Folgen zu scheuen. Ebenfalls das Berühren von glühenden Kohlen. Wer sich nicht verbrannte, war unschuldig. Feuer und Wasser sind hier intelligent, wissen praktisch, was los ist, haben ein perfektes Gedächtnis für alles, was im Leben einer Person vorgefallen ist, sobald sie in Berührung mit ihr kommen, und fällen sogar ein Gottes-Urteil. Im alten Orient und Iran mußte ein Verdächtiger Brot und Käse trocken essen: Der Schuldige hat Schluckbeschwerden gehabt. Diese Verfahren hat man sogar noch regelmäßig in der Ostkirche in Gegenwart eines Bischofs durchgeführt.

Auch aus anderen Zivilisationen kennt man dergleichen: Die Massai in Ostafrika beißen einige Grashalme ab, essen sie und rufen: „Dieses Gras soll Gift für mich sein, wenn ich vor Gott gelogen habe".

Dinge oder Substanzen in antiken Eidzeremonien[635]

In der Ilias erfahren wir, wie Agamemnon in einer Eidzeremonie Schafen die Kehle durchschneidet. Gleichzeitig gießen die Teilnehmer Wein aus ihren Bechern auf die Erde und beten: „Wer zuerst gegen diesen Eid fre-

---

[634] Vgl. Walter Burkert, *Kulte des Altertums*, S. 197–199.
[635] Vgl. Walter Burkert, *Kulte des Altertums*, S. 203–212.

velt: so soll ihnen das Gehirn zu Boden fließen, wie der Wein ...“[636]. Das zu Boden fließende Blut und der zu Boden fließende Wein haben hier die Macht, ein reales Blutfließen in der Zukunft zu bewirken, im Falle des Eidbruchs. Sie enthalten ein Gedächtnis der Zukunft und üben in der Zukunft eine Macht aus, die schon jetzt als Drohgebärde wirkt. Man kann auch sagen, das Blut und der Wein wissen, ob der Eid gebrochen wird und bringen im Fall des Bruchs die angedrohte Strafe über den Eidbrüchigen.

Die bronzezeitlichen Hethiter gossen beim Vollzug des Soldateneids ebenfalls Wein aus und sprachen dazu: „Dies ist nicht Wein, dies ist dein Blut“[637]. Auch hier hat der Wein eine besondere Macht; er wird das Blut sein, das in der Zukunft vergossen wird, wenn der Eid gebrochen wird. Der Wein enthält ein Gedächtnis der Zukunft.

Römer töteten bei ihrem Bündnisritual ein Schwein. Derjenige, der das Bündnis verriet, sollte so zugrunde gehen wie dieses Schwein. Im archaischen Griechenland sollte der Vertragsbrüchige beziehungsweise Eidbrüchige dahinschmelzen wie eine Wachspuppe, die man bei der Eidzeremonie verbrannte. Schwein und Wachspuppe drohten etwas Zukünftiges an und standen auch dafür, garantierten, daß dies, bei Eidbruch, realiter passierte.

Herodot[638] berichtet, daß Lyder und Meder einen Vertrag beschworen, indem sie sich die Arme bis unter die Haut einschnitten und dann das Blut voneinander leckten. Das Blut hatte die Eigenschaft, die Macht, den Pakt zu besiegeln.

Wein, Blut, getötetes Tier oder brennende Wachspuppe hatten also im Ritual die Macht, den Eid zu schützen und so auch ein Zukunftsgedächtnis. Entsprechend wichtig war es in den Zeremonien, diese potenten Dinge zu berühren[639]. Man mußte die Eingeweide der Opfertiere in die Hand nehmen, sein Schwert oder seinen Ring ins Blut tauchen, in Griechenland gab es den seltsamen Brauch, die Genitalien des Opfertiers abzuschneiden und der Schwörende trat dann mit dem Fuß darauf. – Das Blut oder das Opfertier wußte und speicherte so praktisch, wer den Eid halten mußte, es wurde mit der Person des Schwörenden imprägniert: Kontaktmagie.

Weniger spektakulär ist der rituelle Akt, anläßlich eines Schwurs, einen Gegenstand wegzuwerfen. Bis heute kennen wir diesen Brauch, allerdings nur als schwachen Abglanz. Man wirft den Ehering weg und wirft damit sozusagen den Mann, die Beziehung fort, schwört sich, nie mehr mit diesem Mann noch etwas zu tun haben zu wollen. Der Ring ist

---

[636] Bei Walter Burkert, *Kulte des Altertums*, S. 209.

[637] Bei Walter Burkert, *Kulte des Altertums*, S. 209.

[638] Bei Walter Burkert, *Kulte des Altertums*, S. 203.

[639] Walter Burkert, *Kulte des Altertums*, S. 210.

plötzlich viel mehr als nur ein Ring. Achilles[640] tat den Schwur, er werde fortan nicht mehr am Kampf teilnehmen. Er schwor bei dem „hölzernen Stab", den er in der Hand trug, und er warf ihn fort, zur Erde. Beim römischen Schwur *per Jovem lapidem* warf der Schwörende einen Stein fort, auf den Boden, und sagte, wenn er den Eid breche, solle er so fallen wie der Stein; der Stein wurde hier darüber hinaus noch mit Jupiter gleichgesetzt[641]. Auch das fortgeworfene Ding bekräftigte in der Antike den Schwur und garantierte die Bestrafung im Falle des Eidbruchs.

Interessanterweise verbot Jesus das Schwören, wie man klar in neutestamentlichen Texten sehen kann. Der Eid erwies sich aber als unverzichtbar. Bis heute werden Soldaten, Beamte, hohe Staatsdiener vereidigt. Und interessanterweise *berühren* sie dabei in unserem Kulturkreis ein Ding, die Bibel. Auch dieser Gegenstand soll hier das Halten des Schwurs garantieren. Man könnte sagen: bei Berührung der Bibel entsteht ein Abdruck der Person des Schwörenden, einschließlich dessen Zukunft, so daß die Bibel, das Ding, weiß, ob er gehalten wird, und gegebenenfalls göttlich straft oder die göttliche Strafe vermittelt. Nur wenn es so funktioniert, ist die Furcht oder Ehrfurcht des Schwörenden vor der Bibel, auf die er schwört, überhaupt erklärlich.

Immer hat übrigens eine gewisse Furcht oder zumindest ein gewisser Respekt dieses Schwören auf Gegenstände begleitet. Darin zeigt sich die Macht des Gegenstands.

5. Dinge als Symbole

Symbole enthalten weit mehr als den Gegenstand, den sie darstellen. Und der symbolische Gegenstand besitzt neben seiner eigentlichen Funktion noch eine andere Bedeutung, die sich nicht unmittelbar ableiten läßt.

Das Wort Symbol kommt vom griechischen *symballein*, was so viel wie *zusammenwerfen* oder *zusammenfügen* bedeutet. Dieses Zusammenfügen kann so weit gehen, daß in einem einzigen Symbol, einem einzigen symbolischen Gegenstand, eine ganze Ideologie enthalten, gespeichert ist, wie beispielsweise im Kreuz das Christentum, in der Mondsichel der Islam, im Hakenkreuz die Ideologie der Nazis.

Zu den symbolischen Dingen gehören natürlich auch sakrale Gegenstände. Der sakrale Gegenstand ist immer auch ein potentes Symbol.

Und so sind etwa die Sakramente der römisch katholischen Kirche sogenannte *Real-Symbole*. Der Theologe Rahner[642] hat hier umfangreich

---

640 Bei Walter Burkert, *Kulte des Altertums*, S. 210.
641 Bei Walter Burkert, *Kulte des Altertums*, S. 210f.
642 Bei Thomas Freyer, *Sakrament-Transitus-Zeit-Transzendenz*, S. 28.

analysiert: Es partizipiert hier ein Bild an der Wirklichkeit des Abgebildeten, es kommt, etwa beim Kreuz, zu einer Verschmelzung von Wirklichkeit und Abbild.

Die geheimnisvolle Doppelbödigkeit des Symboldings erfordert auch einen besonderen Erfassungsmodus:

Ist ein Ding ein Symbol, birgt es, sagt die Benediktinerin Dorothea Forstner von Dambenois[643] in seinem Sich-so-Darbieten noch ein anderes, sich nur dem Auge des Herzens Erschließendes. Was ein Symbol sein kann, sei nur auf dem Weg des geduldigen Schauens und Lauschens, auf dem Weg der Meditation zu erfahren. Wir verlassen hier den Weg rein rationalen Erkennens.

Das ist aber derselbe Erfassungsmodus wie bei der Psychometrie!

Vom Ding als Symbol geht nun eine geheimnisvolle Kraft aus. Auch hier haben wir es mit einem sehr lebendigen Ding zu tun.

Es gibt im Grunde unzählige symbolische Dinge, Dinge, die über sich selbst hinausweisen. Es wimmelt um uns von diesen.

Die Kraft der Symbole und Symboldinge ist aber unterschiedlich, und dies auch zu unterschiedlichen Zeiten.

Es gab Epochen, in denen *alle* Dinge für etwas anderes standen, alles Symbol war, die ganze Dingwelt belebt.

In der Antike folgt das aus der griechischen Philosophie.

Im Mittelalter kehrte diese Sicht geradezu auf hysterische Weise wieder. Einmalig beschreibt das Johan Huizinga[644]. Für die mittelalterliche Christenheit gab es keine Handlung, kein Ding, das nicht fortwährend in Beziehung zu Christus und zum Glauben gebracht wurde, zum Symbol hierfür diente. Das führte zu teils lächerlichen Auswüchsen: Der Mystiker Heinrich Seuse (1295–1366) verzehrte einen Apfel, indem er ihn in vier Teile zerschnitt: drei Teile verzehrte er im Namen der Dreieinigkeit und den vierten aß er mit der Schale, so wie die Mutter Gottes dem kleinen Jesus einen Apfel zu essen gab; an den Tagen nach Weihnachten – zur Zeit also, als das Jesuskind noch zu klein war, um Äpfel zu essen – aß er das vierte Stück nicht, sondern opferte es Maria, damit sie es ihrem Sohn zu essen gäbe! Das konkrete Apfelstück war also gleichzeitig der Apfel des Jesuskindes, barg das Gedächtnis des damaligen Apfelverzehrs, reichte sogar lebendig in die Vergangenheit. Jeden Trunk nahm Seuse in fünf Zügen zu sich, um der fünf Wunden des Herrn willen; da aber aus Christi Seite Blut und Wasser floß, tat er den fünften Zug zweimal. Das heißt jedes Getränk war gleichzeitig Blut und Wasser Christi. Und so war jeder Gegenstand bald heilig, Speicher der christlichen Heilsgeschichte, war

---

[643] Dorothea Forstner, Renate Becker, *Lexikon Christlicher Symbole*, S. 12.
[644] Im *Herbst des Mittelalters*, S. 214–308.

sogar identisch mit dem betreffenden Gegenstand der damaligen Zeit, eine Art Inflation der Eucharistie. Das Leben beziehungsweise die Dinge waren schließlich so von Religion durchtränkt, daß der Abstand zwischen Irdischem und Heiligem verlorenzugehen drohte, das Heilige ins Alltägliche absank. Es kam sogar zu jener gefährlichen Annäherung des religiösen und erotischen Fühlens, das die Kirche aufs äußerste fürchtete: So wurden im *Roman de la rose*[645] „unehrbare Körperteile und schmutzige und häßliche Sünden" mit heiligen Ausdrücken bezeichnet. Überhaupt wurde der Glaube stark erotisiert[646]: Es gab Sekten, die die Unkeuschheit zur Liebe Gottes entflammte. Und durch die Eucharistie wurden Blutphantasien angereizt, die nur als erotisch interpretiert werden können: Devote fühlten sich in Ekstase ganz vom Blut Christi überströmt und fielen in Ohnmacht. Seuse sagte, das warme Blut aller Wunden Christi sei durch seinen Mund in sein Herz und seine Seele geflossen. Katharina von Siena will aus der Seitenwunde Christi getrunken haben, so wie es andern zuteil wurde, Milch aus Marias Brüsten zu trinken: dem heiligen Bernhard oder Alain de la Roche. Die Hunger-, Durst-, Blut- und Liebesphantasien der Mystiker gingen, nach Huizinga, in diese sinnliche Richtung; das Göttliche wurde als ein Trinken oder Gesättigtwerden empfunden. Noch viel stärkere und explizitere erotische Konnotationen hatten natürlich die Teufelsphantasien. In der Hexenverfolgung und -folterung entluden sich dann in obszönster Weise die im Grunde hysterisch aufgereizten sexuellen Impulse.

Und auch allerheiligste Riten wie die Eucharistie, bei der in der geweihten Hostie Gott unmittelbar und wesenhaft anwesend ist, wurden profaniert: Man sagte, wenn man das Abendmahl zu sich nehmen wollte in heutigen Argot übersetzt: *Ich geh mal schnell Gott sehen.*

Der Glaube wurde überladen, im lächerlichsten Ding war die ganze Heilsgeschichte gespeichert, und dementsprechend gab es immer mehr Kritik und schließlich im 15. Jh. Reformbestrebungen. Der französische Theologe Johannes Gerson (1363–1429)[647] führte den Prozeß auf teuflisches Blendwerk zurück, der das Unendliche zu Endlichkeiten herabsetzte. Das Wunder fiel seiner Ansicht nach in Atome auseinander. An jedes heilige Mysterium heftete sich, wie eine Muschelkruste an ein Schiff, ein Gewächs äußerlicher Glaubenselemente (Dinge), die es entweihten.

---

[645] Ein Höhepunkt der höfischen Liebesliteratur in zwei Teilen, von zwei Autoren (1230–1280), schildert die Suche nach einer Rose, die Symbol für die Liebe ist. Im zweiten Teil wird die Liebe in ihrer Natur- und Instinkthaftigkeit dargestellt, im ersten bestimmt vom höfischen Sittenkodex.

[646] Vgl. Johan Huizinga, *Herbst des Mittelalters*, S. 283ff.: Die hier erwähnten Beispiele zeigen das.

[647] Bei Johan Huizinga, *Herbst des Mittelalters*, S. 217f.

Symbole unterscheiden sich von bloßen Zeichen. Zeichen, wie etwa Verkehrszeichen, vermitteln zumeist eine reine Information – sozusagen ohne emotionalen Gehalt, ohne magische Wirkung.

Aber auch Zeichen können potente Symbole werden, denkt man zum Beispiel an das Naziabzeichen des Hakenkreuzes.

Es gibt, wie gesagt, unzählige Symbole und Symboldinge. Welche mit einer besonders potenten, eigentlich magischen Verführungswirkung. Das DM-Symbol, das $-Symbol oder der Mercedes-Stern sind schwächer als beispielsweise das Hakenkreuz. Sie sind nicht kultisch, haben nichts mit einer sakralen Kategorie zu tun, sie werden nicht geweiht, werden nicht magisch besprochen.

Wir können hier nur ein paar Symboldinge genauer ansehen und wählen die besonders starken Dinge aus.

Machtsymbole

> *„Jedes Ding kann Machtträger*
> *sein, und wenn es selbst nichts*
> *über seine Mächtigkeit aussagt,*
> *genügt es, daß man dem Dinge*
> *sagt, es sei mächtig."*[648]

Starke Symboldinge waren die **Symboldinge des Nazismus**. Der Nazismus war vielleicht eins der letzten Regime mit magisch aufgeladenen Machtsymbolen. Die nazistischen Symbole orientierten sich in vielem (wie Machtsymbole bei Mussolini und auch Napoleon) an römischen Machtsymbolen[649].

Sein prominentestes Machtsymbol oder Machtzeichen ist das Hakenkreuz (auf Fahnen, als Abzeichen, auf allen möglichen Gegenständen. Ihm entspricht der sowjetische rote Stern[650]).

Ein zentrales Emblem, wie das Hakenkreuz, zieht durch die mit ihm verbundene Idee eine besondere Kraft in sich zusammen und erlangt dadurch eine suggestive Macht[651]. Für Rosenberg, den Chef-Idiologen des Regimes, evozierte das Hakenkreuz den *altneuen Mythus*, Volksehre, Lebensraum, Rassenreinheit, Fruchtbarkeit, die Erinnerungen an die nor-

---

[648] Gerardus van der Leeuw, *Phänomenologie der Religion*, S. 19.
[649] Vgl. Hartmut Böhme, *Fetischismus und Kultur*, S. 259.
[650] Hartmut Böhme nennt ihn „Körperschaftsfetisch" der Roten Armee: Hartmut Böhme, *Fetischismus und Kultur*, S. 278.
[651] Vgl. Candi, *Radiästhesistische Studien*, S. 76.

dischen Krieger, die nach Italien und Griechenland gezogen waren. Und natürlich repräsentierte es die totalitäre NS-Staats-Macht.

Die Herkunft eines solchen Zeichens ist übrigens interessant. Es handelt sich zumeist nicht um eine Erfindung, sondern um ein schon bestehendes Zeichen. Auch seine Geschichte trägt es noch mit. Das Hakenkreuz findet man in Indien, China, Nord-, Mittel- und Südamerika, Nordeuropa, Kleinasien, sozusagen seit Urzeiten (es ist nicht römisch wie etwa die Standarten). In okkulten Schriften kommt es auf die Exaktheit des Zeichens an, nur das fehlerfreie Zeichen ist wirksam. Nur das rechtsdrehende Hakenkreuz gilt als Symbol der Fruchtbarkeit. Das linksdrehende, das Nazisymbol, ist traditionell ein Symbol für Auflösung, Abstieg, Tod: Es ist das Kreuz, das Buddha auf zahlreichen Darstellungen mit Füssen tritt. Wieso hat man sozusagen das falsche Zeichen gewählt? Ein Mitglied der okkultistischen rassistischen Thule-Gesellschaft, die von Hitler und Konsorten frequentiert wurde, Friedrich Krohn, wurde konsultiert, was für Embleme für die Bewegung in Frage kamen. Er schlug das rechtsdrehende Hakenkreuz vor. Hitler korrigierte dann anscheinend den Entwurf und wählte das negative linksdrehende Hakenkreuz.[652]

Hakenkreuze auf Gegenständen verlebendigten diese gewissermaßen. Es gab aber Wirkungsunterschiede. Besondere Macht kam der Hakenkreuz-Fahne zu, mehr Macht als etwa einer Teetasse des Führers mit Emblem. Die Hitlerjugend sang: „Die Fahne ist mehr als der Tod"[653]. Das zeigt die Potenz der Fahne. Hinzu kommt, die Fahne war immer schon, in vielen Gesellschaften, ein Machtsymbol. Bis heute ist die Fahne Machtsymbol geblieben. In den USA ist die Verehrung des Sternenbanners bis heute eine quasi-religiöse Handlung.

Ein weiteres Nazi-Symbol mit magischer Wirkung war das SS-Zeichen. Es befand sich auf Gegenständen wie Uniformen, Degen oder Totenkopfringen der SS, die der Okkultismus-Gläubige Himmler nach Vorbild der Jesuiten organisiert hatte. SS symbolisierte Sig und Sal, den germanischen Gruß Sieg und Heil, wobei der Sal-man ironischerweise der Heiler und Friedensstifter ist.[654]

Das SS-Symbol hatte die Macht, einen Treuebund zu schaffen, der sozusagen stärker war als der Tod.

Nun ist es wie bei heiligen Gegenständen. Die eigentliche Macht der Machtsymbole und Machtabzeichen kommt durch einen Akt der Weihe zustande. Erst wenn die Symbole in den Ritus eingebunden sind, wirken sie mächtig.

---

[652] René Freund, *Braune Magie*, S. 81ff. Nicholas Goodrick-Clarke, *Die okkulten Wurzeln des Nationalsozialismus*, S. 133f.

[653] Walter Burkert, *Kulte des Altertums*, S. 202.

[654] René Freund, *Braune Magie*, S. 85, 92, 95, 97.

Es gab im NS-Regime entsprechend feierlich inszenierte Zeremonien der Symbolweihe, etwa die Fahnenweihe. Die Personen verliehenen Abzeichen wurden durch besondere Verleihungszeremonien sozusagen *aufgeladen*. Hinzu kam ein besonderer Typus des Ritus: die *Massen*zeremonie: sie hat die Effekte der Symbole noch verstärkt.

– Nicht anders kam die Wirkung der Machtsymbole des Kaisers des Heiligen Römischen Reichs Deutscher Nation zustande: Apfel und Schwert, Kaiserornat und Kaiserkrone. Diese Symbole standen für die Einheit des politisch komplexen mittelalterlichen Reichs und seine auf Gerechtigkeit beruhende Wehrhaftigkeit. Sie erschufen die Aura des Herrschers in einer praktisch magischen *Zeremonie. In actu* wirkten sie. Ein Hofstaat war zugegen bei der Zeremonie, ein Publikum – im Nazismus eine Masse, ein Parteitag.[655] –

Die wiederholte Anschauung eines Symbols, das wiederholte Sprechen einer Formel, sind dabei Bestandteil des Ritus und überhaupt aller magischen Einweihungsriten. Die Masseneinweihungen der Nazis – etwa das nächtliche Einschwören von SS-Neulingen am 9. November vor Hitler an den „heiligen" Stätten des NS-Regimes in München – liefen nach diesem Muster ab. Im mystischen Band vereinigten sich so der charismatische Führer und seine schwarzen (schwarz uniformierten) Kultdiener.[656]

Und auch um eine wiederholte Aufladung schon geweihter Symbole bemühte man sich. Rosenberg[657] empfahl die Verwendung von symbolhaften Bildern, Standarten, Fahnen usw. in endloser Zahl und bei endlosen Feiern: so würde sich die Erinnerung an „die große Zeit der ersten Kämpfe" verfestigen, und zwar gerade auch im Unbewußten. Die Macht der Symbole und Zeichen war den NS-Theoretikern klar. Sie wußten genau, daß eine Idee den Massen suggeriert werden konnte durch die Wiederholung von Zeichen beziehungsweise von Symbolen, die etwas Bildhaftes hervorriefen, daß Zeichen beziehungsweise Symbole eine magische Macht entfalteten.

Der jüdische Journalist und Schriftsteller Konrad Heiden (1901–1966), der die erste Hitler-Biographie schrieb, hat früh das unheimlich Lebendige der NS-Zeichen und NS-Symbole und ihre Wirksamkeit in der Masse erkannt: „Das Wesentliche ist, daß diese Zeichen mit den Menschen leben"[658].

Dem Vorwort (von 1935) stellt er ein Goethe Zitat voran, das seiner Vermutung entspricht, daß hinter Hitler Okkultes steckte:

„Am furchtbarsten aber erscheint dieses Dämonische, wenn es in irgendeinem Menschen überwiegend hervortritt. Während meines

---

[655] Hartmut Böhme, *Fetischismus und Kultur*, S. 255f.
[656] René Freund, *Braune Magie*, S. 79.
[657] Vgl. bei René Freund, *Braune Magie*, S. 78.
[658] Konrad Heiden, *Adolf Hitler*, S. 114ff.

Lebensganges habe ich mehrere teils in der Nähe, teils in der Ferne beobachten können. Es sind nicht immer die vorzüglichsten Menschen, weder an Geist noch an Talenten, selten durch Herzensgüte sich empfehlend; aber eine ungeheure Kraft geht von ihnen aus, und sie üben eine unglaubliche Gewalt über alle Geschöpfe, ja sogar über die Elemente, und wer kann sagen, wie weit sich eine solche Wirkung erstrecken wird? Alle vereinten sittlichen Kräfte vermögen nichts gegen sie; vergebens, daß der hellere Teil der Menschen sie als Betrogene oder als Betrüger verdächtig machen will, die Masse wird von ihnen angezogen." Goethe, *Dichtung und Wahrheit*. Zwanzigstes Buch.

Man kann im Fall des NS-Regimes sagen, hier wurde bewußt Magie ausgeübt. Neben der Korruption durch Vorteile erklärt gerade auch sie das skandalös große Ausmaß der Billigung und Gefolgschaft. Interessanterweise wird gerade der planmäßige Umgang des Regimes mit okkultem Wissen nicht gerne behandelt oder gar geleugnet. Autoren, die Hitler und Konsorten sozusagen als Schwarzmagier hinstellen, gelten als unseriös. Dokumente, die den Einfluß esoterischen Denkens auf die Naziführung belegten, wurden beim Nürnberger Prozeß bewußt beiseite gelassen oder gingen später „verloren"[659]. Das hatte einfache Gründe[660]: Man fürchtete, die Angeklagten würden dadurch entschuldigt: als eingeschränkt zurechnungsfähig angesehen, weil sie sozusagen durch fremde, äußere (okkulte) Mächte geleitet worden wären. A la limte hätte gesagt werden können, durch Hitler habe eine dämonische Kraft gewirkt, die ihn zum puren Werkzeug machte. Zusätzlich befürchteten die Westmächte und die Sowjetunion, daß man hier die Büchse der Pandora öffnete, und ein Schwall unheilvoller irrationaler Ideen die Welt überschwemmen und infizieren konnte.

Ob das Regime nun bewußt okkultes Wissen instrumentalisiert hat oder nicht, sei einmal dahingestellt.

– Verwunderlich wäre es nicht, gibt es doch seit jeher einen ganz ursprünglichen Zusammenhang zwischen Macht und Magie: Denn Macht ist die Fähigkeit, etwas oder jemanden, auch gegen seinen eigenen Willen, zu bewegen, und damit ist sie bereits, wie Max Weber[661] sagt, die Urform der Magie. –

Tatsache ist jedenfalls, daß es während der Weimarer Republik und des Dritten Reichs eine verwirrende Vielfalt von Vereinigungen gab, die sich mit einem rassischen Okkultismus beschäftigten, mit Okkultismus

---

[659] Vgl. Nicholas Goodrick-Clarke, *Die okkulten Wurzeln des Nationalsozialismus*, S. 206.

[660] Vgl. Nicholas Goodrick-Clarke, *Die okkulten Wurzeln des Nationalsozialismus*, S. 206, 208.

[661] Max Weber bei Hartmut Böhme, *Fetischismus und Kultur*, S. 235.

plus Rassenlehren[662]. Und vor 1933 frequentierten Hitler und weitere späte NS-Größen solche Gesellschaften wie die Thule-Gesellschaft[663]. Der Hochstapler Lanz von Liebenfels[664], der den okkulten Orden Ordo Novi Templi ONT 1907 gründete, schrieb 1932, daß „Hitler einer unserer Schüler ist". Die auf Liebenfels' Schriften fußende Ariosophie hat praktisch das gesamte nationalsozialistische System kraß und radikal vorformuliert[665]. Die frühe NSDAP läßt sich hinsichtlich ihrer Sponsoren, Zeitschriften und Symbole direkt auf die okkultistische, rassistische Thule-Gesellschaft[666] und den okkultistisch, rassistischen Germanenorden zurückführen. Einmal an der Macht, distanzierte sich Hitler wieder von den „Sektierern", wahrscheinlich des öffentlichen Images wegen, und natürlich auch, weil man in einer Diktatur keine Geheimgesellschaften dulden kann[667].

Die Wirkung der Symbole und Zeichen des NS-Regimes war aber auch unabhängig davon, ob hier volle Absicht magischen Wirkens dahinterstand, magisch.

Elias Canetti beschäftigte sich eingehend mit der potenten Wirkung von Machtsymbolen, insbesondere der NS-Symbole. Er meint, daß *allein* eine Masse oder ein *Massesymbol* eine Nation zusammenhält beziehungsweise dem einzelnen ein Zugehörigkeitsgefühl gibt, nicht die geographische Einheit eines Landes, nicht seine Sprache, nicht seine Geschichte[668]. Nach ihm ist es etwas Primitiveres, mehr Primäres. „Der Angehörige einer Nation sieht immer sich selbst ... in starrer Beziehung zu einem bestimm-

---

[662] Nicholas Goodrick-Clarke, *Die okkulten Wurzeln des Nationalsozialismus*, S. 144.

[663] René Freund, *Braune Magie*, S. 42ff. Nicholas Goodrick-Clarke, *Die okkulten Wurzeln des Nationalsozialismus*, S. 121ff.

[664] Vgl. bei Nicholas Goodrick-Clarke, *Die okkulten Wurzeln des Nationalsozialismus*, S. 167.

[665] Vgl. Nicholas Goodrick-Clarke, *Die okkulten Wurzeln des Nationalsozialismus*, S. 205.

[666] Bei Thule stand allerdings Rassismus, Antisemitismus, Kampf gegen die Münchner Räterepublik im Vordergrund. Der Hochstapler (falsche Adlige) von Sebottendorff, der Gründer, war allerdings ein eingefleischter Okkultist. Nicholas Goodrick-Clarke, *Die okkulten Wurzeln des Nationalsozialismus*, S. 200. Zu den Gästen zählten Rudolf Hess, Alfred Rosenberg, Gottfried Feder, Dietrich Eckart, die alle eine führende Rolle in der NSDAP spielten: Nicholas Goodrick-Clarke, *Die okkulten Wurzeln des Nationalsozialismus*, S. 132.

[667] Nicholas Goodrick-Clarke, *Die okkulten Wurzeln des Nationalsozialismus*, S. 171. Die Kenntnis von Okkultlehren muß natürlich nicht automatisch zu einem Terrorregime führen wie dem NS-Staat. Auch Winston Churchill war in okkulte Gesellschaften eingeweiht, vgl. Nicholas Goodrick-Clarke, *Die okkulten Wurzeln des Nationalsozialismus*, S. 197.

[668] Elias Canetti, *Masse und Macht*, S. 198f.

ten Massensymbol[669], das seiner Nation das wichtigste geworden ist. ... In dessen regelmäßiger Wiederkehr ... liegt die Kontinuität des Nationalgefühls".[670]

Bei den Deutschen war, so Canetti[671], das Massensymbol der geeinten deutschen Nation, wie sie sich nach dem französischen Krieg 1870/1871 bildete, das *Heer*. Die tieferen Wurzeln dieses Symbols liegen nach Canetti im *Wald*. Dieses Symbol übte auf alle, ohne Unterschied, einen überwältigenden Einfluß aus. Als der erste Weltkrieg 1914 ausbrach, wurde das ganze deutsch Volk zu einer einzigen, kriegsbegeisterten *offenen Masse* – in der Masse zählen die gesellschaftlichen Unterschiede nicht mehr. Der Versailler Vertrag löste die Armee der Deutschen auf und verbot die allgemeine Wehrpflicht. „Die Übungen, die ihnen nun versagt waren, das Exerzieren, das Empfangen und das Weitergeben von Befehlen, wurden zu etwas, das sie sich mit allen Mitteln wieder zu verschaffen hatten."[672] Das Verbot des Heers war wie das Verbot einer Religion. Die Partei der Nationalsozialisten sprang ein für das Heer. Der Inhalt der Bewegung war die Niederlage, die zum Sieg werden sollte, und die zu diesem Zweck aufzustellende verbotene Armee, also Wiederbewaffnung; nach Canetti der einzige Zweck neben nur noch einem anderen, der Judenverfolgung.

Das Symbol der Bewegung, das Hakenkreuz, das ebenso wie das Massesymbol *Heer* die Nation – auf üble Weise – einte, beschreibt Canetti hoch interessant[673]: Seine Wirkung sei eine zweifache gewesen: die des *Zeichens* und die des *Wortes*. Beide hatten nach Canetti etwas Grausames. Das Zeichen selbst hat etwas von zwei verborgenen Galgen. Es bedroht den Betrachter auf hinterhältige Weise, als wolle es sagen: Warte, du wirst staunen, was da noch hängen wird. Auch die drehende Bewegung ist bedrohlich: sie erinnert an die gebrochenen Glieder derer, die früher aufs Rad geflochten wurden. Das Wort hat sich vom christlichen Kreuz die grausamen und blutigen Züge geholt, so als wäre es gut zu kreuzigen. „Haken" erinnere auch an das Hakenstellen der Knaben und verheiße den Anhängern die vielen, die man zu Fall bringen will. Das Hakenkreuz verbindet eine Androhung grausamer Strafen mit tückischer Verfänglichkeit.

Ein Symbol, hier bei Canetti das Hakenkreuz, ist also äußerst potent: Es drückt nicht nur einen verbreitet gefühlten Sachverhalt aus, ein verbreitetes Gefühl, es hat auch die enorme magische Macht, eine Masse zu einen und zu einem unheilvollen gefährlichen Ausbruch zu verleiten, zu

---

[669] Canetti greift hier allerdings auf Symbole wie Feuer, Meer, Wald zurück. Das Massesymbol der Deutschen wäre der Wald beziehungsweise das Heer.

[670] Elias Canetti, *Masse und Macht*, S. 199.

[671] Elias Canetti, *Masse und Macht*, S. 210ff.

[672] Elias Canetti, *Masse und Macht*, S. 211.

[673] Elias Canetti, *Masse und Macht*, S. 213, 214.

einem Weltkrieg im konkreten Fall und gleichzeitig zu einem rassistischen Vernichtungsfeldzug.

Das kam natürlich auch daher, daß bereits das Gefühl, der begeisterte Militarismus, gefährlich war. Das Symbol transportierte diesen. Für Canetti war auch die Masse schon per se gefährlich. Die katholische Kirche war da, nach Canetti[674], ungemein geschickter: sie hielt immer schon die (gefährliche) Masse im Zaum, distanzierte sie: Auf viele Weisen wird die Verbindung zwischen den Gläubigen verhindert; in allen tieferen, moralischen Fragen steht der Gläubige der Priesterschaft *alleine* gegenüber.

Man könnte endlos Machtsymbole verschiedener Mächte aufführen. Sie funktionieren alle auf derselben Grundlage, egal ob sie für Positives oder Negatives stehen. Die Symbole des Nazismus funktionieren auf dieselbe Weise wie die der katholischen Kirche[675]. Das Kreuz wirkt magisch wie das Hakenkreuz. Der gesamte Gewänderaufwand, den die Kirche und das Papsttum betreibt, hat dieselbe Wirkung wie das Pracht-Ornat weltlicher Herrscher: im festlichen Ritus symbolisieren sie nicht nur die Macht, sie strahlen wirksam die Macht aus und deren gesamte historische Tradition, das Gedächtnis der Macht.

Gehen wir vielleicht noch auf ein traditionelles Machtsymbol näher ein, **die Krone:**

Kronen sind seit etwa 1 000 Jahren Teil der europäischen Geschichte – von Spanien und Portugal im Westen bis nach Ungarn, Polen und Rußland im Osten. Im Mittelalter wurden Kronen als eine von Gott verliehene Gabe angesehen; selbst religiöse Würdenträger wie die Päpste meinten nicht ohne Krone auskommen zu können.

Die Vorläufer der Kronen waren Hüte oder Kränze, etwa in Ägypten oder im Orient. Im antiken Rom war der Lorbeerkranz ein hohes Ehrenzeichen und das Vorrecht des obersten Herrschers. Er bestand aus einem zweiteiligen Blatt-Gewinde aus Edelmetall mit großen Blättern, die auf Purpur befestigt waren. Das lateinische Wort für Kranz ist „corona", und von „corona" stammt eigentlich das Wort „Krone". Auch bei den Sumerern und Etruskern hatte der Kranz eine besondere Macht. Er beschützte seinen Träger und kräftigte ihn. Den Cäsaren verlieh der Lorbeerkranz Unsterblichkeit. In der griechischen Antike war der Lorbeer ein dem Apoll geweihter Baum. Siegreiche Feldherren der Antike trugen Lorbeerkränze bei den Triumphzügen mit sich: Sie hatten auch die Macht, von den begangenen Bluttaten zu reinigen.

---

[674] Elias Canetti, *Masse und Macht*, S. 182ff.

[675] Himmler ist hier ein Spezialbeispiel, der die SS nach dem Jesuitenorden konzipiert hat.

In dieser Tradition wurde der Lorbeerkranz schließlich zum Symbol des unsterblichen Sieges, mit dem sich römische Kaiser ebenso schmückten wie Dichter (poetus laureatus), Wissenschaftler oder herausragende Sportler. In den griechischen Demokratien trugen Priester, Redner oder Olympia-Sieger den so genannten „Stephanos", einen Blattkranz, der bei Kulten, Festen, Tagungen oder Sport-Veranstaltungen auf die besondere Bedeutung oder Leistung des Trägers hinwies, an diese lebendig erinnerte. Einen ähnlichen Kranz bekamen die Sieger bei den Olympischen Spielen 2004 in Athen, nur hat er hier nichts Magisches mehr.

In den unterschiedlichsten Kulturen wurde das Zeichen der Herrschaft auf dem Kopf getragen – so auch bei Inkas, Mayas und Azteken.

Die byzantinischen Kaiser trugen Diademe mit Edelsteinen bestückt. Über der Stirn symbolisierte ein großes rechteckiges Juwel mit halbkreisförmigem goldenen Aufsatz Reichtum, Macht und Würde des oströmischen Kaisers. Als Kaiser Tiberius Constantinus zwischen 578 und 582 n.Chr. regierte, kam ein weiteres Element hinzu: ein golden leuchtendes Kreuz über dem Stirnjuwel – das Siegeszeichen schlechthin: nach christlichem Glauben hat Christus am Kreuz über den Tod gesiegt.

Die Tiara ist die Krone der Päpste: Die Papstkrone (Tiara) hat ihren Ursprung in den hohen Kopfbedeckungen altpersischer und assyrischer Könige. Die frühen päpstlichen Tiaren erinnerten noch an eine Bischofsmütze (Mitra). Papst Konstantin I. (708–715) trug eine zwar hohe, aber einfache, aus weißem Stoff hergestellte Spitzmütze ohne Zierrat. Später entwickelte sich die Tiara zu einer dreifachen Krone: etwa 30 Zentimeter hoch, mit herabhängenden Bändern und drei Kronreifen, die die göttliche Dreifaltigkeit und die päpstlichen Hauptaufgaben, die Stellvertreterschaft Gottes ausstrahlten. Erst 1964 hatte die Tiara als päpstliches Machtsymbol ausgedient: Papst Paul VI. verschenkte seine Tiara zugunsten armer Menschen.

Kaum eine Krone entfaltete eine so große Wirkung und Symbolkraft wie die mittelalterliche Reichskrone[676]. Sie war rund 800 Jahre lang Inbegriff des Reiches, das sich um 1000 aus dem Ostfrankenreich herausbildete und später bis 1806 „Heiliges Römisches Reich deutscher Nation" genannt wurde. Es umfaßte große Teile des heutigen Deutschlands, die Niederlande, Belgien, Teile Ostfrankreichs, Burgund, die Schweiz, Österreich sowie fast ganz Italien. Der Machtbereich des ostfränkischen, später deutschen Königs erstreckte sich bis nach Sizilien. Die Reichskrone machte ihren Träger erst zum Herrscher! Krone und Reich bildeten eine untrennbare Einheit. Neben der politischen hatte die Reichskrone auch religiöse Bedeutung: In ihr zeigte sich die Vorstellung von Christus als

---

[676] Aus massivem Gold, mit vielfarbigen Edelsteinen verziert, wird sie heute gemeinsam mit den Reichs-Insignien (Reichsapfel, Zepter, Schwert) in der Schatzkammer der Wiener Hofburg aufbewahrt.

König der Könige. Und sie machte den König zu einem von Gott eingesetzten. Die acht Platten, im Achteck angeordnet, galten im Mittelalter als
Sinnbild der Vollkommenheit[677]. Die Zahlensymbolik, Steinsetzung und
Farbskala sollten vermutlich ein Abbild des himmlischen Jerusalem sein.
Wie überzeugt man von der Macht dieses Gegenstands war, zeigt, daß er
über die Jahrhunderte hinweg ein begehrtes Objekt für Erpressung und
Raub war – Gegenkönige und alle möglichen Machthaber versuchten in
den Besitz dieses überragend mächtigen Herrschafts-Symbols zu gelangen. So mußte die Reichskrone oft an wechselnden Orten in Sicherheit
gebracht werden. Sie verlor erst mit dem Ende des Heiligen Römischen
Reichs ihre Funktion und um einiges früher schon ihre Magie. 1806 forderte Napoleon Kaiser Franz II. auf, die Reichskrone niederzulegen. Dieser gehorchte und erklärte gleichzeitig das Heilige Römische Reich für
aufgelöst, damit kein anderer Fürst Anspruch auf die Reichskrone erheben konnte.

Und zuletzt sind auch **die Bilder von hohen Amtsträgern oder Potenta-
ten** fast bis in unsere Zeit Symbole und Träger politischer Macht.
 Den Bildern des Kaisers kam in der Antike eine besondere Macht zu.
In Ägypten nahm man im Bild die Realpräsenz des Pharaos an.
 Im römischen Reich wurden bei Amtsantritt des Herrschers feierlich
auf allen öffentlichen Plätzen Bilder von ihm aufgestellt. Auch an allen
Orten, an denen Amtshandlungen vorgenommen wurden. Der Kaiser im
Bild verlieh jeder Entscheidung eines Amtsträgers, zum Beispiel Richters,
höchste Rechtskraft. Er galt durch das Bild *in persona* anwesend.
 – Wir führen einen derartigen Brauch bis heute weiter, nur sprechen
wir dem Bild nicht mehr dieselbe Macht zu. Der deutsche Bundespräsident ziert alle möglichen Amtsstuben. Von seinem Bild geht allerdings
nur noch ein schwacher Reflex der ehemaligen Bilder der Machtinhaber
aus. Vor nicht allzu langer Zeit kam allerdings noch den überall hängen-
den Bildern Hitlers eine archaische Magie zu. Diese Bilder wurden wie die
Person begrüßt, man hatte den römischen Kult übernommen. –

---

[677] Ein bestimmtes Design (Achteck, gleichseitiges Dreieck, Quadrat, Sechseck,
 Kreis) (eine Einschränkung also) bewirkt Symmetrie: das Gebäude sähe nach einer
 Drehung um einen bestimmten Winkel für einen Beobachter genauso aus wie
 zuvor. Universalität wird durch ein bestimmtes symmetrisches Design bewirkt.
 Genauso läuft es in der Natur, vgl. hier Michael Munowitz; *Physik ohne Formeln*,
 S. 295, Naturgesetze gelten unter verschiedenen Bedingungen, also relativ univer-
 sell, z.B. kann die Zeit um einen festen Betrag verschoben werden, weil z.B. ein
 Angebot unbegrenzter mechanischer Möglichkeiten auf eine kleine Auswahl
 beschränkt wird. Nur energieerhaltende Prozesse sind erlaubt.
 Auch hier erlaubt eine einschränkende Symmetrie (Energieerhaltung) Universali-
 tät.

Wollte man einen römischen Kaiser loswerden, wurden seine Bilder vernichtet. Römische Soldaten rissen in Germanien die *imagines* des Kaisers Nero von den Feldzeichen, weil sie Rufus an seine Stelle setzen wollten. Oder die Menge riß Bilder des Gestürzten herab, warf sie von den Sockeln.

– Auch das kennen wir heute noch. Wir müssen nur an die Statuen von Lenin und Stalin nach der Auflösung der Sowjetunion denken. –

Im (römisch katholischen) kirchlichen Raum herrschten und herrschen heute noch ähnliche Sitten. Macht gibt immer den Anspruch auf Repräsentanz. Der Bischof durfte sein Bild in der Kirche anbringen, auch wenn das Bild des Bischofs offiziell nicht verehrt wurde wie das des römischen Kaisers. Und auch hier kam es zur Entehrung der Bilder bei gewaltsamer Entmachtung des Würdenträgers. Das Bild des Bischofs bedeutet, daß er in einer Reihe steht mit allen Vorgängern bis zu den Aposteln, respektive Petrus. Petrus ist dabei der Prototyp des Bischofs, der von Christus selbst berufen worden ist. Das Bischofsbild ist somit aller Amtsvorgänger *eingedenk*, bis zur Einsetzung des ersten Bischofs durch Christus. Noch heute zeugen lange Reihen von Bischofsbildern in Rom und Ravenna von dieser Vorstellung. Der Papst macht bis heute Gebrauch, ubiquitär durch sein Bild anwesend zu sein; in unzähligen katholischen Kirchen findet man sein Portrait.[678]

Abzeichen

Das Abzeichen könnte man auch als schwachen Ableger des Machtsymbols sehen.

Hier wird meist eine Zugehörigkeit oder ein Rang innerhalb einer Gruppe angezeigt (symbolisiert).

Man kann es aber auch vom Symbol absetzen. Es wäre dann etwas Eigenes, weniger geheimnisvoll als das Symbol. Es hat nicht dieselbe potente Wirkung.

Auch hier gibt es Wirkungsunterschiede:

Dem armen Wilhelm Voigt reichten Anfang des 20. Jh. ein paar Schulterklappen, um als „Hauptmann von Köpenick" eine ganze Armee herumzukommandieren und auf die Stadtkasse von Köpenick zuzugreifen.

Die Wirkung von Militärabzeichen hat sich in westlichen Demokratien relativiert. Heute können die vielen verschiedenen Schulterklappen nur noch Insider unterscheiden. Gesellschaftliche Abzeichen haben dagegen noch etwas mehr Wirkung. Zugehörigkeit zu elitären Clubs wird

---

[678] Lutz Lippold, *Macht Des Bildes – Bild Der Macht*, S. 84–88.

mit kleinsten Abzeichen signalisiert: ein kleiner Knopf am Revers, rund, eckig, aus Gold, blau mit goldener Umrahmung[679]. Und Aids-Schleifchen machen uns zu sozial Engagierten.

Symboldinge in bürgerlichen Geheimgesellschaften

Im Grunde kann man auch das Christentum oder die Mysterienkulte als Geheimgesellschaften betrachten[680]. Denn auch dort herrschte das Geheimnis. Die christlichen gottesdienstlichen Zusammenkünfte der ersten Zeit waren privat und geheim. Die jüdische Theologie gebrauchte Rätselreden, Gleichnisse, Symbolisierungen, und in ihrer Folge sprach auch Jesus in Gleichnissen. Es ging, wie in einer Geheimgesellschaft, darum (vgl. Matth. 13, 10ff.), die das Himmelreich betreffenden Wahrheiten vor Unberufenen zu verbergen. Ambrosius[681] erklärt dementsprechend in Psalm 118: „Es versündigt sich wider Gott, wer die ihm anvertrauten Mysterien Unwürdigen mitteilen zu können meint." Der Kirchenlehrer Chrysostomos[682] (um 400) tadelte alle, welche „die Heilsbotschaft ausschwatzen und jedem ohne weiteres die Perlen und das Dogma kundtun und das Heilige vor die Säue werfen." Und Lactanz[683] (circa 250–320) erklärte, Gedanken der Christen wie der vom tausendjährigen Reich – ein makabrer Parallelfall kommt einem in den Sinn –, solle man als „Geheimnis ruhig und still im Herzen verborgen halten, denn ein Mysterium muß so treu als möglich verhüllt und verborgen sein."

Zwar wird *der Sinn und das letzte Ziel* des religiösen Geschehens offen ausgesprochen im Christentum und in den Mysterien. Aber nur Eingeweihte kennen den Hintergrund des kultischen Tuns, der rituellen Feiern. Die Sakramente werden in der römisch katholischen Kirche von der Menge bis heute als Mysterien, als rätselhaft empfunden, nur ihr Sinn und Ziel ist klar, ist explizit: Entsühnung und seliges Jenseitsleben. Noch heute ist der Menge der Gläubigen nicht klar, wie sie sozusagen funktionieren. Wie die Transsubstantiation funktioniert, wie Brot und Wein mit dem Leib und dem Blut Christi identisch werden, und auf welche Weise deren Genuß Unsterblichkeit verschaffen soll.

Zur Zeit von Augustinus (354–430) war noch mehr unklar, nämlich *was* die Sakramente eigentlich sind. So sagte Augustinus[684], die Gläubigen

---

[679] Moritz Freiherr Knigge, Claudia Cornelsen, *Zeichen der Macht*, S. 66.
[680] Vgl. zum Beispiel Will-Erich Peuckert, *Geheimkulte*, S. 536ff.
[681] Bei Will-Erich Peuckert, *Geheimkulte*, S. 537.
[682] Will-Erich Peuckert, *Geheimkulte*, S. 537.
[683] Bei Will-Erich Peuckert, *Geheimkulte*, S. 537.
[684] Bei Will-Erich Peuckert, *Geheimkulte*, S. 538.

wüßten nicht (einmal), *was* da auf dem Altar aufgestellt und genossen werde (der Priester genoß hier das Abendmahl alleine).

Wir möchten hier in der Hauptsache einen Blick auf Kulte der bürgerlichen Welt[685] werfen, auf die ursprünglich von Kaufleuten und Handwerkern geschlossenen Vereinigungen. Handwerkerzünfte, wie die von Schlossern, Bäckern, Zimmerern, Wollwebern, Kupferschmieden, Glasbläsern, Maurern bewahrten früher Geheimwissen und nahmen ihren Mitgliedern Schweigegelübde ab. Und das nicht nur aus wirtschaftlichen Gründen, um ihre besonderen Kniffe und Künste vor Konkurrenz zu schützen.

Aus allen handwerklichen Zünften stachen die Steinmetzen (Maurer) heraus. Sie hatten ein so seltsames Ritual, daß sie schon auf den ersten Blick als Geheimbund erschienen. In der Nachfolge bildeten sie, als Freimaurer, einen der Geheimbünde par excellence. Fragte ein Steinmetzgeselle um Arbeit, gaben beide Seiten sich durch kompliziertes Beschreiten geometrischer Figuren zu erkennen. Oder der suchende Geselle stellte mit den entsprechenden Werkzeugen sein geometrisches Abzeichen her: kam er aus Köln, ein gleichseitiges Dreieck, war er aus Bern oder Prag, ein Ineinander von Kreis und gleichseitigem Dreieck. Dazu sprach man dann noch verschiedene Formeln. In den späteren Freimaurerlogen spielen beim Ritus Dinge eine Rolle, die, wie das geometrische Abzeichen des Steinmetzgesellen, Symbole sind und als solche Träger eines höheren Wissens. Es sind damit Dinge, denen das Gedächtnis eines höheren Wissens aneignet. Diese Dinge sind neben der Bibel, Winkelmaß und Zirkel[686]. Sie liegen während der Loge (den Zusammenkünften) in rituell vorgeschriebener Weise auf dem Altar. Das Winkelmaß steht angeblich für Vernunft und Gewissen. Der Zirkel für Gefühl und Menschenliebe. Das ist überall bekannt und wurde tausendfach ausgeplaudert. Aber wahrscheinlich handelt es sich hier nur um das geheime Wissen der niedrigen Grade. Es ist wie bei Wein und Brot in der Eucharistie, das eigentliche Mysterium wird nicht der Masse der Mitglieder, der Masse der Gläubigen offenbart. Nur wenige sind eingeweiht und begreifen es einigermaßen.

Was könnte nun die verborgene geistige höhere Wirklichkeit sein, die in den Dingen einer bürgerlichen Geheimgesellschaft wie der der Frei-

---

[685] Vgl. hierzu Will-Erich Peuckert, *Geheimkulte*, S. 550ff.

[686] Daneben gibt es noch die Säulen, die Weisheit, Schönheit und Stärke symbolisieren, den Teppich, über dem Altar das gleichseitige Dreieck mit dem Auge, das man von Dollar-Noten kennt, und den Schurz, den Mitglieder tragen, auch alle diese mit Symbolkraft. Das Dreieck mit dem Auge verwendeten übrigens Christen im Hochmittelalter als Symbol für das Auge Gottes: vgl. Dorothea Forstner, Renate Becker, *Lexikon Christlicher Symbole*, S. 192, man kennt es allerdings auch aus Ägypten.

maurer symbolisiert wird, die nur wenigen, den Eingeweihten, bekannt ist?

Es handelt sich bei Winkelmaß und Zirkel um einen Bezug zur Geometrie. Die Bibel steht dafür, daß man an Gott, als *den höchsten Baumeister*, glaubt. Auch das ist bekannt. Und den Geheimbund führt man (biblisch) zurück auf Moses und Johannes den Apostel, *den ersten Steinhauer und den ersten Baumeister*, ferner auf Hieram den *Erbauer* des Tempels Salomons. Letztlich geht es hier aber nicht um Moses, Johannes den Apostel oder Hieram. Es geht eher um eine alternative Schöpfungsgeschichte: Das Universum gleicht einem Bau, ein Bau folgt Gesetzen der Geometrie. Geometrie, und somit Zahlen, sind der Urgrund des Universums, nicht die Schöpfung durch einen bärtigen alten Mann in sieben Tagen. Die Kirche, der das Geheimnis offensichtlich nicht verborgen blieb, war deshalb nicht gut zu sprechen auf die Freimaurer[687], wenn ihnen auch immer wieder höchste Geistliche angehörten wie der Abbé Sieyès oder der Bischof Talleyrand. Papst Leo XIII[688] (1810–1903) nannte das Geheimnis bereits ziemlich offen in der Bulle *Humanum genus* von 1884: „Die Freimaurer wollen die religiöse und gesellschaftliche Ordnung zerstören, die aus den christlichen Institutionen hervorgegangen ist und wollen sie durch eine neue ersetzen, bei der in allen Dingen die Natur (!) oder die menschliche Vernunft (!) Herrin und Gebieterin sein muß.“

Was heute die Physik nahelegt[689], kann bei den Freimaurern lediglich ein intuitives Wissen gewesen sein, vielleicht ein im Zustand mystischer Versenkung erhaltenes Wissen.

---

[687] Es kam zu Verfolgungen. Hinter diesen standen aber auch profane Motive wie Habgier. Bei der Verfolgung der Templer ging es weniger um einen Streit über die Fundamente der Religion und des Universums, mehr um die profitable Enteignung (durch Ermordung) der damaligen Bankiers Europas.
Auch im Nazismus wurden die Logen bekämpft und geschlossen, wegen des dort vertretenen liberalen Gedankenguts, und weil man sie für Wühlwerke einer jüdisch-jesuitisch-freimaurerischen Weltverschwörung hielt. Vgl. Andreas Gössling, *Die Freimaurer*, S. 216ff. Der christliche Antisemitismus, der sich seit Anbeginn aus der Anschuldigung nährte, die Juden hätten den neutestamentarischen Heiland ermordet, wurde im Lauf der Zeit durch einen ökonomisch-sozialen Antisemitismus ergänzt, der dadurch zustande kam, daß man Juden während des Mittelalters in Europa in Ghettos verbannte und auf verachtete Gewerbe wie Geldverleih und Wechselgeschäft einschränkte, Juden wurden derart als „Blutsauger" und „Wucherer" geschmäht. Der Freimaurerei ist hoch anzurechnen, daß die in ihr entwickelten aufklärerischen, naturrechtlichen Ideen die politische und soziale Emanzipation der Juden mit vorbereitet haben.
[688] Bei Andreas Gössling, Die Freimaurer, S. 205f.
[689] Vgl. hierzu Michael Munowitz, *Physik ohne Formeln*, S. 295f.: Sowohl die Wechselwirkung zwischen den Teilchen als auch die Felder, die sie vermitteln, sind die unvermeidlichen Konsequenzen der Symmetrie – Atome, Atomkerne und elektromagnetische Felder existieren einzig und allein aufgrund der besonderen Sym-

Die Ritualgegenstände der Freimaurer sind also Träger eines höheren Wissens, Träger des Gedächtnisses dieser zum Christentum alternativen Schöpfungsgeschichte beziehungsweise Träger von Grundprinzipien des Baus oder Urgrunds des Universums.

Neben dem Hüten sehr wahrscheinlich dieses Geheimnisses, das ja heute die Physik offen ausplaudert, sind die Logen natürlich auch ganz profane Bünde, in denen sich Mitglieder gegenseitig helfen und Vorteile austauschen. Grund einzutreten ist oftmals die Karriere, die man so zu beschleunigen glaubt. Um nicht nur solche Mitglieder zu bekommen, werden allerdings an die Mitglieder relativ hohe moralische Anforderungen gestellt, die sich auch in der besonders unangenehmen Pflicht zur materiellen Hilfeleistung äußern. Das hat viele vermuten lassen, daß der Zweck der Loge Humanität sei. Es ist aber eher die Errichtung einer Schranke, damit nicht Creti und Pleti in einen Club einsteigen, der letztendlich einen geheimen Bauplan des Universums zu hüten glaubt. Papst Leo XIII[690] (1810–1903) formulierte es seinerzeit vielleicht etwas zu deftig in seiner Bulle *Humanum genus*. Die philanthropischen Ziele der Bruderschaft seien reine Maskerade.

Die Rosenkreuzer, ein weiterer bürgerlicher Geheimbund, scheinen übrigens dasselbe Geheimnis zu hüten. Und, wie man vermuten kann, auch die Templer: Das die Kirche störende geheime Wissen war höchstwahrscheinlich weniger, wie der Romanautor Dan Brown vermutet, der Hinweis auf leibliche Nachfahren von Jesus Christus mit Maria Magdalena. Das Skandalon war vielmehr eine alternative Schöpfungsgeschichte und die für Ungültigerklärung der gesamten christlichen Schöpfungsgeschichte.

Die moderne Physik ist inzwischen in einer Phase, in der sie über Geometrie und Zahlen am Urgrund der Materie noch weiter hinausgeht. Und sogar psychische Momente einbezieht. So käme das biblische: *Am Anfang war das Wort* ironischerweise wieder in sein Recht.

Es sieht von diesem Standpunkt, das ist der Witz, so aus, als hätten Geheimbünde und Kirche sich nur fälschlich gestritten.

Kleidersymbolik, vom Bußgewand zur Uniform[691]

Schon in der Antike ist Kleidung nicht nur Schutz oder bloß zweckmäßig, sie ist auch etwas Magisches, gibt der Person Macht, verleiht ihr Status, Würde, eine Zugehörigkeit oder macht sie zu einer ganz anderen wie in

---

metrien, die die Natur den quantenmechanischen Zuständen auferlegt, was, kurz gesagt, heißt: *Symmetrie erzeugt Kraft*.

[690] Bei Andreas Gössling, Die Freimaurer, S. 205.

[691] Vgl. Dorothea Forstner, Renate Becker, *Lexikon Christlicher Symbole*, S. 142ff.

Gottfried Kellers hintergründiger Novelle *Kleider machen Leute*: Weil der arbeitslose Schneidergeselle Wenzel Strapinski einen selbst hergestellten und kostbar wirkenden Samtmantel trägt, hält alle Welt ihn für einen reichen Grafen.

In allen Hochreligionen tragen Priester, ob männlich oder weiblich, besondere Gewänder, die sie von den übrigen abheben.

Der unheilbar ansteckende Kranke trug eine Art Warnkleidung.

Es gibt ein Bußgewand (oft schmutzig und zerrissen), Trauerkleidung und Festgewand.

Das Kleid *erinnert* uns und andere hier daran, daß wir Priester, krank, Büssende, in Trauer oder Feiernde sind.

Der Mensch der Antike verstand das Kleid sogar zuweilen wie eine *zweite Haut*. So verlangte ein altbabylonisches Heilungsritual in diesem Sinne, daß man sein Gewand fortwerfen mußte, um zu genesen. Im antiken Griechenland legte jeder, bevor er im Tempel die Gottheit anbetete, sein altes Gewand ab, badete in fließendem Wasser und legte ein neues Gewand an. Damit war die Vorstellung verbunden, daß das alte Gewand sozusagen einen Abdruck der gesamten Persönlichkeit genommen hatte, und diese alte Persönlichkeit legten man mit dem alten Gewand ab, um eine reinere, neue, Gott nähere zu werden.

Desgleichen war für die Israeliten, wie wir im Alten Testament erfahren können, das Kleid Teil des Wesens der Person, es hatte Teil an deren Kraft. So konnte Elia seine prophetische Kraft auf seinen Schüler Elischa übertragen, indem er diesem seinen Mantel überließ. Und wenn Freunde ihre Kleider tauschten, berichtet die Geschichte der Freundschaft Davids mit Jonathan, schenkten sie einander etwas von ihrem innersten Wesen.

Im Neuen Testament haben wir dieselbe Vorstellung, daß das Kleid Teil an den guten und schlechten Kräften seines Trägers hat, diese speichert. Eine Frau, die von Jesus Heilung erhofft, glaubt fest daran, daß sie nur sein Gewand berühren müsse. Oder der Apostel Paulus wird nicht müde, den jungen Christengemeinden durch das Bild des Kleiderwechsels klar zu machen, was es bedeutet ein „neuer Mensch" zu sein.

Die Kirchenväter setzen den Glauben an das lebendige Kleid, das ein Gedächtnis hat, an das magische Kleid, fort: Origines[692] schreibt, das Leinengewand des alttestamentlichen Hohenpriesters sei *dem menschlichen Leib, den Jesus Christus angezogen habe,* zu vergleichen.

Das *weiße Kleid* der Christen war eine Art Erkennungszeichen, gleichzeitig ein *geistiges* Kleid, das den Glauben darstellte.

Dieser magischen Bedeutung des Kleids entspricht auch die Bedeutung, die man seit den Anfängen des christlichen Mönchstums auf die Einkleidung der Novizen legt. Mit dem neuen Kleid beginnt hier ein

---

[692] Bei Dorothea Forstner, Renate Becker, *Lexikon Christlicher Symbole*, S. 146.

neues Leben. Ein reales Kleid ist auch hier immer zugleich ein geistiges Kleid.

Noch im Mittelalter setzt sich der Glaube an die Potenz des Kleids fort: Gregor von Tours[693] schreibt über den Abt Senoch, der Heilkräfte hatte, daß viele Kranke auch noch nach dessen Tod geheilt wurden, wenn sie nur „den Saum seines Gewands berührten".

Ebenso brachte die Berührung der Gewänder des inthronisierten Königs noch nach der Renaissance Heilungswunder zustande: „Le Roi te touche, Dieu te guérit!" war die französische Zeremonialformel für diesen Glauben an die Macht königlicher Gewänder.[694]

In jeder Epoche grenzte Kleidung die verschiedenen Gesellschaftsschichten voneinander ab. Das Kleid *erinnerte* an den Stand. Der europäische Adel trug im 12. und 13. Jh.[695] – und auch noch viel später, bis ins 18. Jh – bunte, schmuckverzierte, Gold und Perlen bestickte Gewänder aus feinster Seide, feinster Leinwand, kostbarstem Purpur, mit Pelzen besetzt und Edelsteinen – die Hofdamen Krimhilds trugen so bunte Kleider, daß man sie Pfauenkleider nannte –, während den Bauern vorgeschrieben wurde, daß sie nur schwarzes und graublaues Zeug tragen durften. Sogar Pelze waren bunt gefärbt. – In Unkenntnis der Geschichte ist heute bunt eher verpönt und trägt jemand, der sich distinguieren will, eher gedeckte Farben. Viel über den Kleiderluxus der höfischen Zeit erfährt man übrigens aus der geistlichen Kritik[696].

Kleider unterschieden auch Männer von Frauen, erinnerten ans Geschlecht[697]. Das war nicht immer so. Die sackartige Gewandung in der Karolingerzeit konnten noch beide tragen. Erst die französische Erfindung des Schnitts änderte das völlig.

Der *Mantel*[698] war, insbesondere im Mittelalter, ein Herrschaftszeichen, *erinnerte* an die Macht. Der Sternenmantel Heinrichs II. (1204) ist erhalten geblieben. Man kann ihn im Bamberger Dom sehen. Er hat einen Durchmesser von fast drei Metern und ist aus purpurvioletter Seide, auf die in Gold der ganze Weltkreis mit den Himmelszeichen aufgestickt ist.

Mäntel verliehen und verleihen bis heute Richtern die Richterwürde (so schon im *Sachsenspiegel*).

---

[693] Bei Dorothea Forstner, Renate Becker, *Lexikon Christlicher Symbole*, S. 148.
[694] Hartmut Böhme, *Fetischismus und Kultur*, S. 178.
[695] Vgl. Joachim Bumke, *Höfische Kultur*, S. 181–183, 198.
[696] Auch daß es so etwas wie Miniröckchen und Seidenstrümpfe für Ritter gab und die Kleidung der Damen so eng anlag und durchsichtig war, daß sie nichts mehr verhüllte, vgl. Joachim Bumke, *Höfische Kultur*, S. 205ff. und 197–199.
[697] Vgl. Joachim Bumke, *Höfische Kultur*, S. 188.
[698] Vgl. Joachim Bumke, *Höfische Kultur*, S. 184ff.

Und wenn der Herrscher einen Schutzbedürftigen unter seinen Mantel nahm, dann besaß diese Geste sogar den Charakter eines Rechtsakts. Er durfte nicht mehr angegriffen oder belangt werden. In der höfischen Dichtung war es dann meist eine Frau, die einen Mann unter ihren Schutzmantel nahm, um ihn zu trösten.

Nach der französischen Revolution (1788/89) ersetzte die – weit schlichtere – bürgerliche Mode die fantasievollen Trachten des Adels.

In der Moderne haben höchstens noch die Roben der Richter und die der Priester eine ehrfürchtige und gar heilige Ausstrahlung.

Ansonsten strahlt Kleidung nur noch den Geld-Status aus. Die Handtasche von Louis-Vuitton mit Kroko-Tragegriff oder die Kelly-Bag von Hermès schreit ihren Preis heraus.

Der Gürtel[699]: Zum Gewand gehört seit Urzeiten der Gürtel. Sehr früh finden sich schon kostbar verzierte Gürtel. Auch der Gürtel konnte Herrschafts- und Machtzeichen sein oder Symbol der Keuschheit.

Im antiken Griechenland ist er ein kosmisches Machtsymbol, der praktisch das All zusammenhält. In der *Heiligen Schrift* bedeutet er Wachsamkeit, Kampfbereitschaft, Dienstfertigkeit aber auch Busse. So sagt Jesus[700] seinen Zuhörern in einem Gleichnis: „Legt eure Gürtel nicht ab und laßt eure Lampen brennen. Seid wie Menschen, die auf die Rückkehr ihres Herrn warten."

Nicht gegürtet sein scheint dem antiken und auch dem biblischen Menschen gleichbedeutend mit Nachlässigkeit und Unzuverlässigkeit zu sein.

Die Kostbarkeit der Gürtel, Produkte eines hochentwickelten Kunsthandwerks, zeigte im Mittelalter den Stand an[701]. Gerade metallene Gürtelschnallen haben sich aus dieser Zeit zahlreich erhalten.

Auch der Gürtel ist also immer *eingedenk* von etwas anderem, nicht nur Funktionsträger.

Der Schleier[702]: Fast alle Sitten des Schleiertragens scheinen im Ursprung aus der Erfahrung des Menschen zu stammen, der direkten Begegnung mit der Gottheit nicht gewachsen zu sein, ihr Geheimnis nicht ertragen zu können.

In der Antike trugen dieses Symbol des Verschämten hauptsächlich Priester und Frauen.

---

[699] Vgl. allg. Dorothea Forstner, Renate Becker, *Lexikon Christlicher Symbole*, S. 148–151.

[700] Bei Dorothea Forstner, Renate Becker, *Lexikon Christlicher Symbole*, S. 150.

[701] Vgl. Joachim Bumke, *Höfische Kultur*, S. 194, 198.

[702] Vgl. Dorothea Forstner, Renate Becker, *Lexikon Christlicher Symbole*, S. 151–153.

Schleier waren aber auch ein Symbol der Heiligkeit. Um ihre Heiligkeit zu bezeichnen, umschleierte man bei mehreren religiösen Festen der Antike die zur Feier gehörigen Geräte im Innersten der Tempel.

Verschleierung schützte in der Antike auch vor Dämonen: Deshalb trug man einen Trauerschleier (zum Schutz vor Totengeistern) und auch einen Brautschleier[703].

Die Verschleierung der Orientalin bezeichnete in der Antike ihre Würde (die im Schutz vor Männerblicken zu liegen schien) und bedeutete gleichzeitig, daß sie jemandem zugehörte (im Grunde eine Eigentumssicherung durch Verbergen des Eigentums). Unter den Juden galt seinerzeit derselbe Brauch. Der eine Schleier, *Radid*, bedeckte Kopf und Stirn der Frau, und fiel in zwei Zipfeln auf die Schultern herab. Der andere, *Raol*, war, wie noch jetzt der Schleier von schleiertragenden Araberinnen, in der Augengegend befestigt und fiel bis über die Brust.

In frühchristlicher Zeit und im Mittelalter gibt es den Schleier der Gottgeweihten, der auch das Gesicht bedeckte – heute tragen Nonnen und Novizinnen ebenfalls noch Schleier, sie bedecken aber nicht mehr das Gesicht. Dieser Schleier, der einer jungen Frau, die sich zur „Ehelosigkeit um des Himmelreichs willen" entschloß, wurde vom Bischof unter besonderem Segensgebet aufgelegt (auch eine Imprägnierung und Speicherung). Der Schleier gab ihr die Würde der verheirateten Frau – damit war sie der Verfügungsgewalt des Vaters oder ältesten Bruders entzogen – und stellte sie als „Eigentum Gottes" unter den besonderen Schutz der Kirche.

Der Schuh[704]: Der Schuh begegnet einem schon sehr früh in symbolischer Bedeutung. Es gab vielerorts die Vorstellung, daß die Fruchtbarkeit der Erde über den Schuh, der sie ja ständig berührt, auf den Menschen übertragen wird. Auch hier eine Imprägnierung. Spuren dieser Vorstellung erreichen uns bis heute im gefüllten Nikolausschuh.

Daneben war der Schuh Macht- und Rechtssymbol.

Schuhe und Sandalen zu tragen war in der Antike das Vorrecht der Freien; Sklaven und Gefangene gingen barfüssig.

Im Mittelalter wurden Vasallen gezwungen, abgelegte Schuhe des Machthabers zu tragen. Die Schuhe waren sozusagen mit dem Machtha-

---

[703] Schon im alten Rom trug die Braut einen Schleier. Und Nero trug einen Brautschleier als er sich mit einem Lustknaben vermählte. Das Christentum beabsichtigte, die Frau vor den Blicken anderer Männer, böser Geister und des Teufels zu schützen. Gerade die Angst, daß böse Geister stören konnten, führte auch zum Brauch der ähnlich wie die Braut angezogenen Brautjungfern: die Geister sollten durch dieses Manöver verwirrt werden. Der Schleier symbolisierte natürlich auch Jungfräulichkeit und Keuschheit der Braut. Die Farbe war zumeist weiß. Einen feuerfarbenen Schleier, *flammeum*, trugen die Bräute im alten Rom.

[704] Vgl. Dorothea Forstner, Renate Becker, *Lexikon Christlicher Symbole*, S. 153–155.

ber, der sie vorher getragen hatte, imprägniert. Und mit dessen Einfluß mußte nun der Vasall herumlaufen, er klebte fortan praktisch an seinen Sohlen. Es handelte sich um eine Besitzergreifung. Ähnlich wie beim Novizinnen- und Nonnenschleier.

Daß der Schuh die Macht der Besitzergreifung hatte, kommt auch in der biblischen Bildsprache vielfach zum Ausdruck: Im Psalm 60[705] heißt es, daß Gott *seinen Schuh* auf das feindliche *Edom werfen* wird.

Beim Betreten heiliger Orte soll der Schuh allerdings abgelegt werden. Der Kirchenvater Ambrosius[706] nannte den Grund: „Nichts Totes aber will der Herr an uns." Schuhe sind schließlich aus der Haut toter Tiere hergestellt.

Und ganz besonders aussagekräftig und Gedächtnis-mächtig sind natürlich Pontifikalschuhe, die liturgische Fußbekleidung der Päpste, Bischöfe und Äbte. Sie sind nicht Zeichen einer besonderen Würde, sondern besonderer Dienstbereitschaft und Demut! Sie symbolisieren die Bereitschaft ihrer Träger, trotz ihrer menschlichen Schwäche und Sündhaftigkeit, die befreiende Botschaft von der erlösenden Liebe Gottes in die Welt hinauszutragen, wenn es sein muß, auch bis zum Martyrium. Und sie deuten an, daß auch der höchste kirchliche Amtsträger das Geheimnis der Menschwerdung Gottes aus Liebe nicht zu durchschauen vermag. Was alles in einem Schuh gespeichert sein kann.

Kerzen-Lampen-Licht-Symbolik[707]

Den Anfang machten flache Tonschalen mit Faserdocht.

Zuerst brannten sie in Tempeln, erst später wurden sie Gegenstände des alltäglichen Gebrauchs.

Um das Anzünden, Tragen und Weitergeben des Lichts entwickelte sich ein ganzes Zeremoniell. In der griechischen Antike sagte man zum Lichtträger: „Sei gegrüßt, Licht." Im antiken Rom wurde das Licht in Tempelzeremonien mit ehrfürchtigem Schweigen begrüßt.

Licht aus Lampen, als Licht in der Finsternis, vertrieb Dämonen.

Von Anfang an war es immer ein Symbol des Lebens, wie Öl, Wein, Wasser, Brot, wie alle Grundnahrungsmittel und lebenswichtigen Stoffe.

Die Christen trugen die Lampen/Lichtsymbolik weiter und vertieften sie noch.

In der *Bibel* ist der Leuchter zugleich Sinnbild Gottes, der das Leben schuf und erhält. König David wird als „Lampe Israels" bezeichnet, dem

---

[705] Vgl. bei Dorothea Forstner, Renate Becker, *Lexikon Christlicher Symbole*, S. 154.

[706] Bei Dorothea Forstner, Renate Becker, *Lexikon Christlicher Symbole*, S. 154.

[707] Vgl. Dorothea Forstner, Renate Becker, *Lexikon Christlicher Symbole*, S. 156–162.

damaligen Glauben entsprechend, daß der König an der Heiligkeit und am Wesen Gottes teilhat. Im Neuen Testament ist Gott das Licht der Liebe. Für Paulus[708] wird sogar die schlichte kleine Tonlampe zu einem bedeutsamen Symbol des Christseins: Er schreibt in seinem zweiten Brief an die Korinther: „Gott, der sprach: ‚Aus Finsternis soll Licht aufleuchten!', er ist in unseren Herzen aufgeleuchtet, damit wir erleuchtet werden zur Erkenntnis des göttlichen Glanzes auf dem Antlitz Christi. Diesen Schatz tragen wir in *irdenen Gefäßen.*" Diese Sicht war verbreitet: Es gibt zahlreiche archäologische Funde, Lampen, deren Henkel als aufrechtstehendes Christusmonogramm geformt ist.

Die Kirchenväter nennen Christus das Licht, das vom „Leuchter des Kreuzes her" die Welt erleuchtet. Augustinus[709] schreibt: „Die Lampe ist die Hoffnung. ... Dieses Licht brennt in der Nacht. Denn was wir erhoffen, sehen wir nicht. Also ist es für uns Nacht. Damit wir aber im Dunkeln nicht den Mut verlieren ..., erhoffen wir, was wir noch nicht schauen und lassen die ganze Nacht hindurch unsere Lampen brennen."

Die Macht von Lampen zieht sich durch die Jahrhunderte. In den romanischen Kirchen sind die großen Radleuchter mit ihren zwölf laternenartigen Türmchen ein Hinweis auf den Lichtglanz des Himmlischen Jerusalem.

Die Lampe, und zwar in der Hauptsache die im Ritus entzündete Lampe, und auch die Kerze, ist also immer *eingedenk* des Glaubens an die Auferstehung und eingedenk der Hoffnung, Christus, „das ewige Licht" zu schauen.

In der Kerzen Lichtfeier der Osternachtsliturgie kommt auch heute noch etwas davon zum Ausdruck.

Es kam im Laufe der Verwendung von Kerzen und Lampen zu einer regelrechten Lichtsehnsucht. Man wollte sich durch das Schauen des *künstlichen* Lichts dem Licht Gottes nähern. Die 8730 Flammen einer Festbeleuchtung im Lateran drücken diese ausschweifende Sehnsucht aus. Und elaborierteste Kirchenbeleuchtungen, bei denen es überhaupt nicht auf den Helligkeitsgrad ankam, sondern allein darauf, sich dem Geheimnis himmlischer Lichtherrlichkeit zu nähern.

Kerzen spielten zunächst übrigens eine Sonderrolle: Die frühen Christengemeinden verwendeten sie absichtlich nicht, weil sie in den anderen Kulten eine so große Rolle spielten. Erst als das Christentum unter Konstantin[710] zur Staatsreligion wird, werden auch Kerzen in den

---

[708] Bei Dorothea Forstner, Renate Becker, *Lexikon Christlicher Symbole*, S. 158.

[709] Bei Dorothea Forstner, Renate Becker, *Lexikon Christlicher Symbole*, S. 158f.

[710] Konstantin hat das Christentum durch kaiserliche Maßnahmen aus der Isolation und dem Untergrunddasein befreit und in das staatsoffizielle Leben integriert. Unter Theodosius I., knapp 70 Jahre später, erlangt das Christentum dann den Rang einer Staatsreligion.

christlichen Gottesdiensten heimisch, und bald sogar in verschwenderischer Fülle.

Auch die entzündete Kerze wird so zum Symbol für Christus, das „Licht der Welt".

Die Kerze übertrifft sogar bald das Lampenlicht in der Stärke ihrer Symbolik. *Sich selbst verzehrend* gleicht sie noch mehr als das Lampenlicht der sich hinschenkenden Liebe Christi. Licht und Leben gelangen zur verschwenderischen Fülle nicht im Sich-Bewahren, sondern in der sich verschenkenden Hingabe an die Vielen.

Und die Kerze hat bis heute sogar im Alltag etwas von ihrer Feierlichkeit, etwas Auratisches bewahrt, im Gegensatz zur Lampe.

Baum und Rose[711]

Hier geht es sowohl um die organische Pflanze wie auch um Abbildungen der Pflanze, also auch um Gegenstände.

Ein Baum ist für uns etwas, dem oftmals eine besondere Kraft innewohnt, die über sein Pflanzendasein, seine organische Lebendigkeit hinausgeht.

Die Religionen im Mittelmeerraum kennen alle den Mythos vom Paradies. Das Wort *Paradies* kommt aus dem altpersischen-babylonischen Sprachraum: Paradisu bedeutet Lustgarten, Park. Dem Baum kommt etwas Paradiesisches zu und, da er in der Erde wurzelt, sich von ihr nährt und in den Himmel ragt, ferner grundwichtige Stoffe wie Früchte oder Holz liefert und Schutz bietet, wird er als *Lebensbaum* mythisch erhöht.

Bei Griechen und Germanen ist der Mensch sogar aus einem Baum entstanden, darum kann er bei Bäumen Zuflucht suchen oder sich auch in einen Baum verwandeln. – Der griechische Mythos von der Nymphe Daphne, die von Apoll verfolgt wird, kennt die umgekehrte Verwandlung: Daphne entkommt Apoll, indem sie sich in einen Lorbeerbaum verwandelt.

Wo der Baum in Mythen oder Märchen als Lebensbaum auftaucht, sind seine Früchte nie leicht zu haben. Immer muß der Mensch Bedrohliches oder Versuchungen überwinden. Nur so wird ihm das Paradies zuteil.

Die heiligen Haine und heiligen Bäume der religiösen Überlieferung, die es also de facto gab, gehen auf das Urbild vom Lebensbaum zurück.

Die Bibel gibt in ihrer berühmten Paradieserzählung dem Baum einen etwas anderen Stellenwert: Wer im Paradies vom dort zentralen Baum – er befindet sich „in der Mitte des Gartens" – der Erkenntnis von Gut und

---

[711] Vgl. Dorothea Forstner, Renate Becker, *Lexikon Christlicher Symbole*, S. 260ff.

Böse ißt, wird sterben. Gleichzeitig wird aber die positive Baumsymbolik fortgeführt: So heißt es im *Buch der Sprüche* im Alten Testament: „Wer nach der Weisheit greift, dem ist sie Lebensbaum"[712]. Oder im sehr poetischen *Hohelied* des Alten Testaments wird der Baum wieder Lebensbaum. In der Einheit von Baum, Wurzel, Frucht wird die Einheit Gottes mit Christus symbolisiert.

Etliche Pflanzen sind als heilig verehrt worden. Und auch ihre Darstellungen in Bild, Plastik, Architektur strahlten diese Heiligkeit aus.

Wir nehmen als Beispiel lediglich noch die Rose:

Die Rose birgt in der Antike das Geheimnis von Leben und Tod: Plinius sieht in der Vergänglichkeit der Rosenpracht ein Symbol der Hinfälligkeit des eigenen Daseins. Die fünfblättrige Rose wird aber auch zum Sinnbild des in sich selbst kreisend bewegten Kosmos, eins der schönsten Symbole der Ewigkeit.

In der Alchemie bildet man aus der Fünfblättrigkeit ein Pentagramm, eine Bannfigur. Bis in die Neuzeit findet sich die Rose in dieser Funktion in alten Ratsälen, Weinstuben – und auch an Beichtstühlen. Rosendarstellungen bannen also auch böse Geister.

Die Rose bedeutet auch Maria. Der Dichter Sedulius zieht hier schon im 5. Jh. einen Vergleich. Und im Mittelalter entwickelt sich eine reiche Rosen-Symbolik um Christus und Maria in den Schriften der Mystik: Die Rose ist dort fast immer Sinnbild einer Freude, die auf der Grenze zwischen Leben und Tod erblüht. Die Fensterrosen der Gotik strahlen dies schließlich aus.

Statussymbole[713]

Fast alles ist in der Moderne Statussymbol. Ein Auto, ein Haus, Schmuck, ein Kleid, Möbel, Geschirr, Bettwäsche. Alles, was wir kaufen können, und was einen höheren Wert innerhalb seiner Kategorie hat. Der höhere Wert kann im Preis liegen, im Material, im Design, beim prestigiösen Hersteller und und und. Die Statussymbole der Masse sind Markenartikel. Die der wenigen: Gebäude (große Architektur), bedeutende Kunstwerke, seltene Antiquitäten, Flugzeuge, Yachten, Inseln, Dinge mit besonderer Geschichte usw. – Es gibt natürlich auch nicht-gegenständliche Statussymbole: Wissen, Kultur, ein relativ neues Statussymbol: Umweltbewußtsein, Verhaltensformen, Geschmack, Titel, Positionen, Tradition, Medienpräsenz, Clubzugehörigkeiten, unerschwingliche Sportarten wie Polo

---

[712] Bei Dorothea Forstner, Renate Becker, *Lexikon Christlicher Symbole*, S. 264.
[713] Vgl. Autorin: Claudia Kracht, Redaktion: Christoph Teves, www.planet-wissen.de, Stand vom 27.07.2007.

(man muß mindestens 4 Pferde haben), Schönheitsoperationen, gut aussehende, viel jüngere Partner, Rassehunde.

Schon immer gab es Statussymbole allerorten. Kleider, Gebäude, Kunst, Positionen usw. Nur scheint die Kraft der Statussymbole in der Moderne geringer, durch die Zeiten abzunehmen. Auch, weil sich praktisch jeder ein Statussymbol leisten kann – etwa ein Gucci Täschchen im Ausverkauf-, Statussymbole demokratisiert sind.

Ein Chanel Kostüm hat weniger magische Kraft als das weiße Kleid der frühen Christen. Es sagt einfach: ich koste soundsoviel, weil ich ein teures Design habe und aus teurem Material bin und werte daher meine Trägerin auf, bezeichne sie als jemanden mit Geld und Klasse. Das ist das typische Gedächtnis des modernen Statussymbols. Das weiße Kleid der Christen legt dagegen ein komplexes Glaubensbekenntnis ab, gar eine Aussage zur Unsterblichkeit. Es ist etwas anderes, wenn ein Kleid sagt, ich koste viel, als wenn es sagt: mein Träger gehört zu den Unsterblichen.

Eine starke Ausstrahlung besaßen früher natürlich die Statussymbole der Macht, Herrscherinsignien, Kronen, Zepter. Die mittelalterliche Reichskrone machte den König erst zum Herrscher, sie verlieh auf magische Weise die Macht. Undenkbar, daß der aktuelle deutsche Bundespräsident durch einen Gegenstand legitimiert werden könnte.

Zusammenfassung:

Vielleicht kann man im Niedergang des *Symbolismus im Mittelalter*, den der Historiker Huizinga[714] beschreibt, die Grenze sehen, an der nicht nur die Statussymbole, sondern überhaupt die Symbol-Dinge allgemein, ihre magische Macht verloren.

Huizinga ortet im Mittelalter eine Zeit der fast hysterischen, hauptsächlich religiösen Erregung. Und ein überbordendes Bedürfnis, das Unsagbare unter sichtbaren Zeichen anzubeten. In Dingen verehrte man vielfach göttliche Wirkung. Die Erfindung der Monstranz ist ein Beispiel. Sie stellte die geweihte Hostie zur Anbetung zur Schau. Die Monstranz sah man als Herrn in sichtbarer Gestalt an. Sie wurde von den Kirchenbesuchern auf Knien, alle miteinander weinend und schluchzend, in süßer Rührung angebetet.

Auch im alltäglichen mittelalterlichen Leben akzeptierte man nicht, daß ein Ding lediglich eine Funktion und äußere Erscheinung hatte. Nein, jedes Ding hatte einen darüberhinausgehenden Sinn, ragte ein gutes Stück in die jenseitige Welt hinein! Denn bei Gott gibt es nichts Leeres, nichts Bedeutungsloses: „Nihil vacuum neque sine signo apud Deum"[715]. Die Welt sah man als großen symbolischen Zusammenhang.

---

[714] Johan Huizinga, *Herbst des Mittelalters*, S. 289ff.
[715] Irenaeus bei Johan Huizinga, *Herbst des Mittelalters*, S. 291.

Huizinga definiert das als „primitive" (im Sinne von in der Zeit zurückliegende) Denkweise: „Für den primitiven Geist nimmt alles sofort Wesen an." Dinge sind hier lebendig. Huizinga weist auch darauf hin, daß der Symbolismus ein Weltbild schuf von ungleich strengerer Einheit und innigerem Zusammenhang, als das kausal-naturwissenschaftliche Denken. Es ist auch ungemein komplex und beziehungsreich: Jedes Ding kann Symbol für vielerlei sein und: Kein Ding ist zu niedrig, als daß es nicht das Höchste bedeuten und zu seiner Verherrlichung dienen könnte. Ein Beispiel. Die Walnuß bedeutet Christus. Der süße Kern ist die göttliche Natur, die fleischige äußere Schale die menschliche, und die holzige Schale dazwischen ist das Kreuz. Im Symbolismus strömt praktisch fortwährend ein Gefühl Gottes in alle Dinge ein. Alle Dinge sind fortwährend *eingedenk* dieses Göttlichen. Die Grenze zwischen Ding und Gedanke verfließt hier.

Jedes Ding bekommt damit etwas Wesenhaftes. Das geht in manchen Fällen soweit, daß beispielsweise der Priester, der die Hostie beim Abendmahl zu sich nimmt, damit zum Grab des Herrn wird. Ein mystisches Einssein liegt vor.

Die symbolisierende Denkform war irgendwann verbraucht. Sie war zum eitlen Spiel geworden, Symbole zu finden, ein oberflächliches Phantasieren auf Grund einer rein äußerlichen Gedankenverknüpfung. Es kam zu unzähligen unsinnigen Auswüchsen und Vergleichen: in der Perle sah man Marias Gnade; sie entsteht in einer Muschel aus einem Himmelstau (ohne Beimischung von Samen). Auch in der Muschel sah man Maria. Man brachte es sogar fertig die verschiedenen Teile eines Uhrwerks mit der Liebe zu vergleichen. Oder man verglich die ganze weibliche Toilette mit Tugenden; der Pantoffel bedeutete etwa Demut, die Strümpfe Ausdauer, das Strumpfband Entschlossenheit. Sinnlose Überstrapazierung war an der Tagesordnung. Der Symbolismus führte sich ad absurdum und verschwand.

Einzig im Bereich heiliger Dinge, habe sich, so Huizinga, dieser lebendige Verweis auf etwas anderes erhalten.

> Ebenso wie Dinge hatten übrigens Gedanken beziehungsweise Ideen im Mittelalter eine wesenhafte Lebendigkeit[716]. Jede Idee wurde als Wesen gesehen, jede Eigenschaft als Substanz, und als Wesen verlieh ihr der gestaltende Blick sogleich persönliche Form (Allegorisierung). So treten im *Roman de la rose* die Personen Bel Accueil, Doulce Mercy, Humble Requeste auf, oder Doux Penser, Honte, Souvenirs. Aber nicht nur Tugenden oder Empfindungen wurden personifiziert (wie schon im Römischen, man denke an die

---

[716] Vgl. Johan Huizinga, *Herbst des Mittelalters*, S. 300–304.

Göttin Concordia), auch Begriffe, die für uns gar nichts Anthropomorphes haben: So machte man aus dem Fasten eine Person, die Fasten, die als Person gegen das Heer der Fastnacht aufzieht. Auch diese Personifizierungen kamen aus der Mode. Allerdings fanden die Allegorien noch in die Renaissance. Wer hat hier nicht Botticellis schöne nackte Vier Jahreszeiten im Kopf.

Eine Figur hat übrigens überlebt: der Tod.

Symbole beziehungsweise Symboldinge sind und waren nicht unabänderlich. Ihre Bedeutung kann sich mit der Zeit oder dem Kulturraum ändern. Ein Symbolding wird häufig geweiht, gewidmet, die Bedeutung wird ihm erst aufgeprägt, und diese speichert es.

Am Beispiel des Pentagramms sehen wir diesen Bedeutungswandel gut.

Wenige Zeichen haben im Verlauf der Jahrhunderte ihre Bedeutung so oft verändert wie das Pentagramm. Man verbindet es heute mit dem Geheimnisvollen, Magischen oder auch dem Bösen. Dabei liegen die Ursprünge dieses Zeichens an ganz anderen Stellen.

Um 3000 v.Chr. zum ersten Mal verwendet, war das Pentagramm in der Antike unter anderem ein Symbol der Gesundheit. Es wurde auch als Zeichen für den Kreislauf des Lebens angesehen, weil man es in einem Zug zeichnen kann und am Schluß wieder zum Ausgangspunkt zurückkehrt. Zusätzlich galt das Pentagramm als Symbol der Göttin Venus, da es auf Grund seiner fünf Strahlen in Verbindung mit der fünfblättrigen Rose gebracht wurde.

Im Mittelalter nutzte man das Zeichen zur Abwehr von Dämonen und Druden: nächtlichen Kobolden, und sogar die katholische Kirche verwendete es: zur Darstellung der fünf Wunden Jesu Christi. Weil das Pentagramm jedoch sehr häufig auch im heidnischen Zusammenhang gebraucht wurde, wich die Kirche später von diesem Symbol ab und deutete es zum Symbol des Teufels um. Seitdem wird das Pentagramm in Verbindung mit Satanismus und schwarzer Magie genutzt.

Obwohl es einen feststellbaren Wandel in der Auffassung und Macht von Symbolen gibt, meinen dennoch manche, etwa die Rosenkreuzer, daß bestimmten Symbolen und Symboldingen per se eine Macht zukäme. Die Rosenkreuzer haben hier ihre eigene Antwort. Für sie[717] verweisen bestimmte Symbole auf eine nicht zufällige Weise auf einen Sachverhalt einer höheren geistigen Wirklichkeit, sind etwas Absolutes. Etwa das Kreuz.

---

[717] Wolfram Frietsch, *Die Geheimnisse der Rosenkreuzer*, S. 105ff.

6. MAGISCHE DINGE, INSBESONDERE FETISCHE

Fetische sind ganz allgemein gesagt: Kraft-Dinge oder magische Dinge.

Die Magie geht davon aus, daß in allen Dingen geheimnisvolle Kräfte wirken[718].

Die Kräfte können Götter, Geister, Ahnen sein oder unpersönlich[719].

Nach dem Anthropologen Edward B. Tylor[720] (1832–1917) glaubt man insbesondere in *primitiven* Kulturen, daß in Fetischgegenständen (etwa anthropomorphe) Geister eingekörpert sind, die etwas Spezifisches bewirken.

Sind Pflanzen oder Tiere als solche Kraftträger gemeint, spricht man von *Totems*[721].

Ein *Idol* ist häufig dasselbe wie ein Fetisch, Idolatrie ist häufig Fetischismus. Auch derjenige, der ein Idol anbetet (lat.: Schattenbild, Gespenst, Götze, Götterstatue), verehrt häufig in einem Gegenstand Mächte und Kräfte[722].

Die römisch katholische Kirche begriff unter Fetischismus unverstandene und im christlichen Sinn anstößige religiöse Praktiken, welche Missionaren, Kaufleuten und Reisenden hauptsächlich in zentralafrikanischen Stammesgesellschaften auffielen. Und zwar ging es bei diesen Praktiken um die Anbetung, um die Vergottung von Dingen, auch *Götzen* geschimpft.[723]

Wann das Wort *Fetisch* genau kreiert wurde, steht nicht fest. Möglicherweise als Portugiesen um 1470 afrikanischen Stammen begegneten. Lange Zeit wird das Wort *Fetisch* neben dem Begriff *Idol* benutzt.

Gemeint waren mit Fetischen zunächst die (west)afrikanischen Sakralobjekte. Portugiesische Missionare hielten diese Sakralobjekte für Teufelszeug und ersetzten sie, öfters mit Gewalt, durch christliche Heiligenbilder, Marien- und Christusstatuen, geweihte Dinge (sic), besonders auch durch Reliquien (sic). Ebenso ging man gegen afrikanische Privatfetische, wie Amulette, vor.

Man empörte sich über den primitiven Aberglauben der Einheimischen, die den Fetischen (also Dingen) eine Lebendigkeit, eine magische Kraft zuschrieben, die sie in Wahrheit nicht hätten.

---

[718] Carl Clemens, *Wesen und Ursprung der Magie* in *Magie und Religion*, S. 78.
[719] Hartmut Böhme, *Fetischismus und Kultur*, S. 230ff.
[720] Tylor bei Hartmut Böhme, *Fetischismus und Kultur*, S. 221.
[721] Vgl. Karl-Heinz Kohl, *Die Macht der Dinge*, S. 99.
[722] Hartmut Böhme, *Fetischismus und Kultur*, S. 183.
[723] Hartmut Böhme, *Fetischismus und Kultur*, S. 19.

Die Sicht der Afrikaner auf die sakralen Gegenstände der Europäer war ironischerweise nicht anders: Sie hielten die sakralen Gegenstände der Europäer ebenso für magische Zaubermittel.

Und die Ironie setzt sich fort: Auch Protestanten hielten die Reliquien der Römisch-Katholischen für Fetische[724]. So sagt 1704 Willem Bosman, ein calvinistischer Kaufmann aus den Niederlanden, der die westafrikanische Küste bereiste: „Wenn es möglich sein sollte, die Schwarzen zur christlichen Religion zu bekehren, hätten die Römisch-Katholischen sicher weit mehr Erfolg damit als wir, weil sie bereits in so vielen Einzelzügen mit ihnen übereinstimmen, insbesondere, was ihre lächerlichen Zeremonien betrifft."[725]

Eigentlich ist die Fetischismuskritik noch viel älter. Die Vorstellung von der Wirkmacht bestimmter zauberischer Objekte existierte schon weit vor der Entdeckung der afrikanischen Fetische im 15. Jh. und der Schöpfung des Wortes *Fetisch*.

In der Bibel wird bereits Götzendienst angeprangert, die Anbetung eines Dings wie des *Goldenen Kalbs* (in Exodus 32,1–6). Als Moses mit seinen von Gott selbst beschriebenen Gebotstafeln zurückkommt und sein Volk Opferrituale um das Kultbild herum aufführen sieht, zerstampft er es zu Staub. (Dann geschieht aber etwas Widersprüchliches: Moses gibt den Staub, in Wasser verrührt, den Israeliten zu trinken (Exodus 32, 20). Das würde jemand tun, der gerade an die Wirksamkeit eines Dings, an in ihm gespeicherte Kräfte, glaubt; ein Kannibale ißt das Fleisch seines Feindes, um sich dessen Kräfte einzuverleiben).[726]

In Fortführung der Idolen- beziehungsweise Götzen-Kritik der jüdischen Bibel vertraten auch die Christen am Anfang die Auffassung, daß Kultbilder, also zum Beispiel eine Götterstatue der Artemis, bloße Mach-

---

[724] In der römisch katholischen Kirche ließ man mit der Reliquienverehrung praktisch Fetischismus zu, verdammte ihn aber, wenn er außerhalb praktiziert wurde als Ketzerei.

[725] Selbst mit den „Menschenfressern" der Neuen Welt waren die Anhänger der katholischen Abendmahlslehre von protestantischen Reisenden verschiedentlich verglichen worden: vgl. bei Karl-Heinz Kohl, *Die Macht der Dinge*, S. 18.
Es gibt auch die These, daß der afrikanische Fetischismus eigentlich ein europäischer Import war, eine Reaktion auf die europäische Kolonisation: die afrikanischen Fetische sind Hybride der europäischen: worauf auch die Ähnlichkeit des Zeremoniells hinweise: Wie die Europäer bei der Bibel, so sollen zum Beispiel die Afrikaner bei ihren Fetischen die Einhaltung von Abmachungen beschworen haben. Oder die anthropomorphen Kultfiguren waren nach dem Vorbild christlicher Kultfiguren hergestellt, bis auf die Nachbildung von Reliquienbehältern an den Figuren. Es ging bis zur direkten Kopie von Marienstatuen: man hielt die Fetische der Kolonialherren für mächtiger als die eigenen und kopierte sie daher: vgl. Karl-Heinz Kohl, *Die Macht der Dinge*, S. 20–25.

[726] Vgl. Hartmut Böhme, *Fetischismus und Kultur*, S. 157ff.

werke seien, keine göttlichen Kräfte hätten[727] und bekämpften die übertriebene Anbetung von Dingen, von Bildern und Statuen (Idolatrie).

Es gibt eine schöne Geschichte: Um 52–55 n.Chr. versuchte Paulus in Ephesus das Christentum auszubreiten. Die Silberschmiede zettelten gegen die Christen dort einen Aufstand an, weil die Christen behaupteten, die Artemis Statuen, die sie anfertigten, seien keine Göttinnen. Das war geschäftsschädigend, und so kam es zu einer Massenversammlung im Theater von Ephesus. Zwei Stunden lang schrie dort die Masse: „Groß ist die Artemis von Ephesus!"

Seit der Aufklärung stehen auch in weltlichen Milieus Fetische und ihre Macht in Mißkredit. Als Skandal empfand man, daß ein bloßes Ding eine Eigenwirksamkeit auf das Ich-Gefüge haben sollte[728]. Philosophen des 18. und 19. Jahrhunderts verwiesen den Objektkult in ein früheres Stadium der Menschheitsgeschichte beziehungsweise in Regionen jenseits Europas, vor allem nach Afrika. Das Horrorszenario eines vorgeschichtlichen Zustands, in dem die Dinge über die Menschen herrschen und die Menschen sich auch selbst wie Objekte behandeln, hat Hegel gezeichnet[729]. David Hume oder de Brosses und auch Auguste Comte nahmen an, daß Fetischkulte zu primitiven Religionen gehörten[730], der Fetischismus das Frühstadium der Religion repräsentiere, das dann durch die Sternanbetung, den Polytheismus und schließlich den Monotheismus ersetzt worden sei. Nur Comte[731] sah, als einer der wenigen, in dieser belebten äußeren Dingwelt „vollkommene Harmonie", den intensivsten theologischen Zustand, ein Positivum.

Die Sicht der Aufklärung hatte auch eine Auswirkung auf die Reliquienverehrung in der römisch katholischen Kirche. Die Reliquien waren fortan entzaubert, man glaubte nicht mehr in dem Maße an sie. Abgeschafft wurden sie dennoch nicht. Mit der Zeit verloren sie aber sehr an Bedeutung.

Im 19. Jh. erleben wir wieder einen Wandel. Seit dem 19 Jh. sind Fetische praktisch die magischen Dinge der Moderne. Sie haben sich weltweit ausgedehnt, und fast alles kann ein Fetisch und fast jeder ein Fetischist sein: sexuell Perverse, obsessive Sammler, besinnungslose Warenkonsumenten.

---

[727] Edward B. Tylor bei Hartmut Böhme, *Fetischismus und Kultur*, S. 166.

[728] Nach Pierre Bourdieu, *Die Ökonomie der symbolischen Güter*. Bei Pierre Bourdieu, *Praktische Vernunft. Zur Theorie des Handelns*, Frankfurt am Main, 1998, S. 165, vernichtet die Animiertheit der Dinge das Subjekt.

[729] Karl-Heinz Kohl, *Die Macht der Dinge*, S. 11.

[730] Auguste Comte, *Soziologie*, Bd. II, *Historischer Teil der Sozialphilosophie. Theologische und metaphysische Periode*, S. 22, und vgl. Karl-Heinz Kohl, *Die Macht der Dinge*, S. 72–74.

[731] Vgl. bei Karl-Heinz Kohl, *Die Macht der Dinge*, S. 88 und bei Hartmut Böhme, *Fetischismus und Kultur*, S. 212–215.

Und dies, obwohl gleichzeitig die moderne Auffassung herrscht, daß Fetische Dinge sind, an die Individuen oder Kollektive Bedeutungen und Kräfte knüpfen, die diesen Dingen nicht als primäre Eigenschaft zukommen und Fetische die Freiheit des Subjekts vernichten, es zum Sklaven der Dinge machen[732].

Bei Marx wurden Geld und Waren zu Fetischen. Für Nietzsche[733] gab es im 19.Jh. bereits „mehr Götzen (Fetische) als Realitäten in der Welt", selbst „Philosophie, Kultur und Wissenschaft der Deutschen" kanzelte Nietzsche[734] als „grobes Fetischwesen" ab. Die Psychoanalyse und Freud beschäftigten sich mit einem verbreiteten sexuellen Fetischismus. Marx und Freud zeigten, daß der Fetischismus nicht ausschließlich den Primitiven zuzuordnen war, es einen modernen Fetischismus gab: den Waren-, Kapital-, Geld-Fetischismus und den sexuellen Fetischismus[735].

Moderne Fetische:

Die **Ware** ist für Marx „ein sehr vertracktes Ding ..., voll metaphysischer Spitzfindigkeit und theologischer Mucken"[736]. Und zwar ist sie nicht nur das Ding, das man brauchen kann, sondern sie hat auch einen Tauschwert beziehungsweise Geldwert. Dieser Wert ist die fetischistische Macht der Ware. Er macht vergessen, daß der Wert ursprünglich durch menschliche Arbeit geschaffen wurde (der Kapitalismus verkehrt die Arbeit ins Gegenteil: Statt vom Menschen selbst hervorgebracht, verselbständigt sie sich als Macht gegen ihn, beherrscht ihn). Die Ware hat ein Eigenleben, sie ist ein Vehikel, um durch ihren Austausch aus Geld noch mehr Geld zu machen. Noch pointierter wird das Kapital als eine selbstwirksame Macht gesehen: Wie der Fetischdiener sich vom Fetisch übernatürliche Wirkungen erwartet, wird in der kapitalistischen Gesellschaft das Kapital als selbstwirksame Macht angesehen, die neue Werte schafft, sich auf magische Weise selbst zu vermehren vermag. Das Geld, „indem es die Eigenschaft besitzt, alles zu kaufen ... gilt ... als allmächtiges Wesen"[737]. Geld ist fähig, aus sich selbst heraus Geld hervorzubringen, aus sich selbst heraus Wert zu schaffen.

Bei den afrikanischen Fetischen wurden Dinge erst durch rituelle Handlungen zu Fetischen, ihnen wurde das Göttliche implantiert. Bei Marx hingegen ist die Macht des Fetischs per se da, universell. Das Geld ist per se Fetisch, es ist per se ein sichtbarer Gott, der dem Subjekt eine

---

[732] Hartmut Böhme, *Fetischismus und Kultur*, S. 91.
[733] Vgl. bei Hartmut Böhme, *Fetischismus und Kultur*, S. 21.
[734] Vgl. bei Hartmut Böhme, *Fetischismus und Kultur*, S. 21.
[735] Karl-Heinz Kohl, *Die Macht der Dinge*, S. 11.
[736] Karl Marx, *Das Kapital*, S. 85.
[737] Karl Marx in *Karl Marx, Friedrich Engels, Werke, Ergänzungsband: Schriften, Manuskripte, Briefe bis 1844*, S. 563.

Macht verleiht (zu kaufen oder aus Geld noch mehr Geld zu machen) und deshalb von ihm verehrt wird. Durch seine universale Vermittlungs- und Verwandlungsfähigkeit ist es die wahre schöpferische Kraft. Das Geld beziehungsweise seine Kraft macht das Virtuelle wirklich und das Wirkliche zur Fiktion der Wünsche. Das Geld hat eine derartige Macht, daß es die Entfremdung von der Arbeit, die Entfremdung vom Produkt der Arbeit, die Entfremdung von den Mitproduzenten und die Selbstentfremdung verdeckt mit seinem Glanz, seiner Faszination. Geld bewirkt die Zirkulation und ist die „Erscheinungsform des Warenwerts", es haftet allem den Preis an, egal wie es hergestellt wurde, ja es versteckt diese dahinterstehende Realität der Produktion. Ein Brot geht nicht mehr nur physisch von Hand zu Hand, als Warenwert absolviert es eine spukhafte Reise durch eine andere Welt, das Brot verwandelt sich in Geldwert und wird als Geld in Verkehr gesetzt: ein sinnliches Ding wird so zu einem übersinnlichen (eine Ware ist voll metaphysischer Mucken ...). Die Waren sind im Code des Geldes artikuliert.[738]

Den **sexuellen Fetisch**[739] entdeckten ziemlich spät die Pariser Psychiater Charcot, Magnan und Alfred Binet[740] um 1887. Das kam daher, daß erst in den 1880er Jahren die Sexualwissenschaften auf die Bahn kamen. Freud trug dann zur weiteren Popularisierung des sexuellen Fetischismus bei. Ein sexueller Fetisch, zum Beispiel ein Damenschuh, ist ein Erregungsobjekt, wobei der Schuh für die Person steht, ein Teil die Macht hat, das Ganze zu vertreten. Der sexuelle Fetisch ist für Freud ein (perverser) Ersatz: das normale Sexualobjekt (die Person) wird durch ein anderes ersetzt (zum Beispiel einen Schuh), das zu ihm in Beziehung steht, dabei aber völlig ungeeignet ist, dem normalen Sexualziel zu dienen[741]. Es kommt allerdings bei Freud eine komplizierte Präzisierung hinzu: der Fetisch ist bei ihm auch immer Ersatz für ein Nichtvorhandenes, bei ihm zumeist Ersatz für den nicht vorhandenen Penis der Mutter.

Der sexuelle Fetischismus wurde als Paradigma aller sexuellen Abweichungen entwickelt, galt sozusagen als ihre Grundform. Es liegt also eine Triebfixierung auf ein Objekt vor plus die Verweigerung der Normalität: des Fortpflanzungsgebots, also ein Desinteresse am natürlichen Eros. Ein Objekt oder Körperteil wird hier mehr angebetet als die Person, die dazu gehört: ihr Schuh, Strumpfband, Haar, Fuß vertritt die Person. Zudem ist dieses Objekt meist ungeeignet für sexuelle Zwecke.

---

[738] Vgl. Hartmut Böhme, *Fetischismus und Kultur*, S. 319ff.

[739] Vgl. hierzu Hartmut Böhme, *Fetischismus und Kultur*, S. 375–466.

[740] Die Studie des physiologischen Psychologen Binets von 1887: *Le Fétichisme dans l'amour* war wegweisend. Max Dessoir verbreitete sie im Deutschen.

[741] Sigmund Freud, *Drei Abhandlungen zur Sexualtheorie* in *Studienausgabe Bd. V*, S. 63.

Die Literatur ging der Wissenschaft voraus, letztere wäre ohne erstere unter Umständen nicht möglich gewesen. De Sade, Casanova, Don Juan, Sacher-Masoch bereiteten das Terrain vor. Die Ausstattungen beziehungsweise Dinge der Domina Wanda in Leopold von Sacher-Masochs Roman *Venus im Pelz* (1870) sind für ihren nach Unterwerfung begierigen Liebhaber wichtiger als sie selbst: die Pelze, der Puder, die Atlasseide, ihre Haut, Musselinstoffe, die roten Haare, grünen Augen, exotischen Pantöffelchen, das Set an Peitschen, alle möglichen Kleider-Accessoires, aber auch die Möbel von Schlafzimmer, Bad und Kerker. Alle diese dinglichen Ensembles werden zum erweiterten Körper von Wanda, können sie vertreten. Sie agieren selbständig auf der Bühne des Triebs, so lebendig sind diese Dinge!

Eigentlich ist jede Sexbeziehung fetischistisch, da überall der Décor, die Kleidung Verführungsmittel sind, es eine Teil-Anziehung gibt, auch zum Beispiel der Lippen oder Augen. Pervers wird es erst dann, wenn der Fetisch tyrannisch wird, ein Teil verabsolutiert wird, dem ganzen vorgezogen. Von „wirklicher Liebe", die die ganze Person verehrt, kann hier nicht mehr die Rede sein.

Das Objekt des Fetischs ist oft zufällig. Häufig gab es eine erste Situation der Begegnung (first contact) mit ihm zur Zeit der Kindheit, und dort hat dieses Objekt bereits Lust verschafft. Im Fetisch schwingt also immer auch die Erinnerung an die Erstsituation mit. Der Psychiater Robert J. Stoller[742] sagt: „Ein Fetisch ist eine Geschichte, die sich als Gegenstand ausgibt."

Bei Freud ist (sexueller) Fetischismus immer männlich, die weibliche Sexualität bleibt noch für einige Zeit eine terra incognita (allerdings sind bei ihm alle Frauen Kleiderfetischistinnen). Und kommen wir noch einmal auf die Besonderheit bei Freud zurück: Bei Freud hat der Sexualfetisch die besondere Macht, das nicht Vorhandene zu ersetzten. Und zwar für den Mann den nicht vorhandenen Penis bei der Frau, welcher Mangel ihm auch als Kastration vorkommt. Der Fetisch erspart bei Freud also dem Mann auch den Anblick der Kastration. Fetischismus hat bei Freud so auch mit Verdrängung zu tun. Konkretes Freud'sches Beispiel[743]: Der kleine voyeuristische Knabe hat „von unten, von den Beinen her nach dem weiblichen Genital gespäht", stößt aber dort auf Unterwäsche: Diese Unterwäsche wird fortan sein Fetisch. Gleichzeitig hält er in dem Moment „das Weib noch für phallisch". Später allerdings verdeckt die Unterwäsche auch noch das Fehlen des Phallus.

Bei Frauen, der Hälfte der Menschheit, stellt Freud lediglich einen Kleiderfetischismus fest. Mit Kleidung verdrängten sie ihre exhibitionisti-

---

742 Bei Hartmut Böhme, *Fetischismus und Kultur*, S. 401.
743 Bei Hartmut Böhme, *Fetischismus und Kultur*, S. 407f.

sche Lust, ihren nackten Körper auszustellen. So wie jemand einen Fuß anbete, um damit seine peinliche Lust am Riechen des Vaginal-Sekrets oder von Fuß-Schweiß zu verdrängen beziehungsweise zu verdecken versuche.

Der Fetisch ist hier jeweils ein arg komplexer Gedächtnisträger: er beherbergt ein unbewußtes Erinnern (etwa an die Vagina, die er substituiert).

In letzter Zeit[744] sieht die Psychoanalyse den Fetisch als ein künstliches Paradies, ein „Halteobjekt". Der Zauber, der von ihm ausgeht, ist die „Verneinung der Trennungsangst (von der Mutter)". Der Fetisch gibt das Gefühl, man habe die Kontrolle, sei unabhängig. Dasselbe meint Masud Khan[745], wenn er sagt, der Fetischist wiege sich in der Illusion, er habe Zugang zu einem magischen Objekt, und könne dieses Objekt auf omnipotente Weise besitzen und kontrollieren. Darüberhinaus gibt es noch viele andere Theorien. So viele, daß der sexuelle Fetisch irgendwie rätselhaft bleibt. (Es gibt ja auch so viele, beliebige Fetische, die Herkunft des Fetischs ist oft obskur).

Der Feminismus hat dann das psychoanalytische Fetischkonzept seit den 1970er Jahren revidiert: Frauen waren bei Freud, Lacan, Foucault dadurch Frauen, daß sie keinen Penis hatten, und Männer waren Männer dadurch, daß sie einen Penis hatten: wobei, was man hat, auch wieder in sich zusammenfallen kann, so daß Männer ständige Kastrationsängste plagten. Die Frauen wiesen also einen Mangel auf; in moderner Perspektive ein Unsinn: ihre Geschlechtsorgane sind lediglich verborgen. Auch den behaupteten Penis-Neid, stellten Feministinnen fest, gab es de facto fast nicht. Phalluszentriertheit, daß den Frauen der (sexuelle) Fetischismus abgesprochen wurde, daß nur Männer pervers waren und Frauen hysterisch, wurde relativiert. Nach Julia Kristeva, Luce Irigaray, Hélène Cixous, Marcia Ian und anderen war die Penis-Zentriertheit lediglich eine Angstreaktion auf das übermächtige Mütterliche, das Geburt und Tod, Seligkeit und Isolation verknüpft. Ein Fetisch ersetzt für Ian in pathologischer Weise das Reale durch ein idealisiertes Objekt, das man zumeist auch noch selbst gemacht hat. Der Fetischist glaubt leidenschaftlich an den Fetisch, totalisiert ihn. Was für den Sexualfetisch gilt, gilt genauso für die Idole der Macht in totalitären Gesellschaften. In dieser Optik: Sagt man der Phallus sei ein Fetisch, wie Lacan das tut, so sagt man, er sei eine Glaubenstatsache, der Halt einer Ideologie, was ebenfalls unhaltbar ist.

Im 20. Jh. spricht man von Fetischen immer noch vorwiegend im Zusammenhang mit sexuellen Perversionen oder Waren (Konsumfeti-

---

[744] Zum Beispiel 1981, 1995 Muensterberger und Phyllis Greenacre.
[745] Bei Hartmut Böhme, *Fetischismus und Kultur*, S. 444.

schismus). Wobei der vorherrschende Fetischismus wohl der Warenfetischismus ist. Aber auch Kunst wird zum Fetisch oder der weibliche Körper, wie der Feminismus kritisiert, oder es gibt einen food fetishism. Die Fetischismusformen werden nahezu unerschöpflich.[746]

Der moderne Konsumfetischismus[747] zeichnet sich in den Metropolen Europas und den USA bereits im letzten Drittel des 19. Jh. mit der Gründung gigantischer Warenhäuser ab. Émile Zolas Roman *Das Paradies der Damen* beschreibt 1883 diese Neuheit wahrer Kathedralen des Konsums. Hier ist nun der Fetischcharakter: Waren werden ausgestellt, inszeniert. Das verleiht ihnen einen Glanz. Und sie versprechen meistens eine Welt, die unsere Bedürfnisse erfüllt. Auch das macht das Auratische aus. (Verleugnet wird dabei, könnte man wiederum sagen, der anstrengende Herstellungsprozess. Heute achtet der aufgeklärte Kunde aber auch darauf, daß ein Teppich etwa nicht von Kindern hergestellt wird). Adorno und Horkheimer bezeichnen diesen Glanz der Ware als *Verblendung*. Der Fetisch verspricht nach ihnen etwas *Utopisches*.

Dennoch bewirkt der Fetisch in vielen Fällen etwas: Im besten Fall erleidet der Konsument eine rauschhafte Betäubung durch den Konsum, eine erinnerungslose Auflösung seiner selbst.

Etwas hinzu tut noch die *Marke*. Sie verstärkt die Macht des Fetischs Ware. Hans Domizlaff[748], der Vater deutscher Marketingwissenschaft, schrieb 1939, der **Markenartikel** habe ein Gesicht wie ein Mensch. Zu Markenartikeln bauen die Konsumenten in der Tat quasipersonale Beziehungen auf. Vertrauen, Glaubwürdigkeit, Sicherheit, heute auch Identifikation, affektiv-erotische Bindung, Optimismus gehen vom Markenartikel aus. Der Markenartikel wird lebendig, er wird zur Quasi-Person.

Die heutigen Warenfetische sind sehr häufig Markenartikel. Etwa Modemarken. Eine Dolce & Gabbana-Brille, Manolo Blachnik Schuhe, ein Chanel Handtäschchen, ein Gucci Anzug. Der Fetisch stellt eine Verbindung her zu einem Modedesigner, der in der breiten Öffentlichkeit als besonders elegante, außergewöhnliche Person gefeiert wird, er *erinnert* an den göttlichen Designer. Mit dem Gegenstand, dem Kleid, dem Anzug, der Brille, hat der Käufer am persönlichen Glanz des Modeschöpfers teil. Ein Teil der Person ihres vermeintlichen Produzenten haftet dem Gegenstand an[749]. Und es wird noch besser: die Ware kann uns zu einem Star machen. Eine Transsubstantiation findet statt. Mit dem Chanel Kostüm haben wir etwas vom Designer an uns gerissen, etwas von der legendären Coco Chanel und auch etwas von den prominenten Trägerinnen der Cha-

---

[746] Hartmut Böhme, *Fetischismus und Kultur*, S. 19–29.
[747] Vgl. hierzu Hartmut Böhme, *Fetischismus und Kultur*, S. 330–352.
[748] Bei Hartmut Böhme, *Fetischismus und Kultur*, S. 335.
[749] Vgl. Karl-Heinz Kohl, *Die Macht der Dinge*, S. 115.

nel Kostüme, sie alle inkarnieren sich in unserem Kostüm, strahlen ihren Starglanz auf uns ab, machen uns selbst zum Star. Aber auch um Erotik geht es, um eine Optimierung der erotischen Oberfläche, die den realen Körper verschwinden macht. Der Kleiderfetisch wird sogar zu einem Über-Ich, wie es Emily Apter[750] (1991) formuliert. In der Moderne ist das so extrem, daß die in der Mode sozusagen eingeschlossenen Frauen und Männer nichts sind als Puppen der Darstellung, Mannequins: das Kleid (der Anzug) wird sozusagen die Hauptperson. Das modische Kleid ist also auch magisch: es vervielfältigt die Reize und kann unseren Status verwandeln. Und noch mehr: Der Mode-Fetisch kann die fetischistische Beschwörung eines gelungenen Lebens sein. Das Dior Kleid oder der Armani Anzug können die Angst nehmen, nicht zugehörig zu sein. Der Fetisch hat auch Integrationsfunktion[751]. Die Louis Vuitton Aktentasche zeigt an, man gehört zu einer Gruppe, Schicht. Der Versace Pullover kann in Grenzen sogar dem Alter ein Schnippchen schlagen.

Nicht anders ist es mit anderen Warenfetischen, anderen Markenprodukten. Der neue BMW ist eine Ich-Prothese oder im Extremfall sogar ein Ich-Substitut[752].

Neben den vielen Markenartikeln gibt es dann noch Waren, die Authentizität, Originalität, Einzigartigkeit zum Fetisch macht: Unikate.

Was macht den modernen Waren-Fetisch heilig, was bewirkt eigentlich seine Macht?

Wie beim sakralen Gegenstand könnte es ein Ritus sein, der ihm die Kraft anheftet. Das ist bei den „primitiven" Fetischen der Fall (wie wir noch sehen werden).

Auch beim modernen Fetisch gibt es den Ritus, er ist aber nicht die einzige Quelle der Machtverleihung, er ist auch nicht sehr magisch. Der BMW wird beispielsweise liebevoll gepflegt, verlangt Hingabe und Opfer, Wartung und Investition, wird an geschütztem Ort aufbewahrt, nur gelegentlich ausgefahren, auch das mehr ein Ritual als eine funktionale Fahrt: ein Fest des Ich.

Was dem modernen Fetisch hauptsächlich Macht einverleibt, ist das *Begehren*: Man will ein Ding unbedingt haben, und das macht das Ding zu einem Ding mit Ausstrahlung: Benjamin Constant[753], lebte er noch, würde sagen, daß ein Chanel Kostüm affektive Energien des Begehrenden, des Fetischgläubigen an sich bindet. Ein starkes Gefühl, das Begehren, und auch seine Erfüllung, prägt sich also dem Ding, zum Beispiel einem

---

[750] Bei Hartmut Böhme, *Fetischismus und Kultur*, S. 471.

[751] Bei Hartmut Böhme, *Fetischismus und Kultur*, S. 442.

[752] Hartmut Böhme, *Fetischismus und Kultur*, S. 305.

[753] Constant bei Hartmut Böhme, *Fetischismus und Kultur*, S. 315. Marx hat diese Idee von Constant übernommen.

Chanelkostümchen, auf. Es wird von ihm gespeichert und strahlt so fortan von ihm ab.

Dieses Begehren gibt es fast schon in Form von Liebe bei den Waren, die uns so gefallen und so teuer sind, daß wir ihnen wie einer Person einen Namen geben; der neue VW wurde 1950 vom Papa liebevoll Sabrina genannt. Der Fetisch wird quasi zur Person, da wir ihn wie eine Person behandeln.

Bei Unikaten kommt hinzu, sie sind herausgehoben aus den Alltagswaren und ihrem laufenden Tausch, so werden sie sakral[754].

Der Begriff des Fetischs wird also in der Moderne sehr weit und universell. Damit verwässert sich die Wirkung. Wenn alles Fetisch ist, ist nichts mehr Fetisch und hat auch nichts mehr wahre Fetisch-Macht. Sämtliche Statussymbole wie Autos, Häuser, Pools, Hightech-Spielzeuge, Kleidung, Unzähliges kann als Fetisch bezeichnet werden, auch jedwede statusträchtige Clubmitgliedschaft. Das sakrale Element, der magische Zauber tritt in den Hintergrund, er wird käuflich.

Und die kleine Kraft, die noch bleibt, eigentlich ein narzißtischer Wert, verschleißt sich rasch[755]: Ist der BMW gealtert, bietet er keinen Statusgewinn, keinen Identitätshalt mehr; der alte muß weg, ein neuer muß her. Mit dem Kaufwert verfällt auch der Fetischwert.

Neben diesen sozusagen schwachen Fetischen gibt es gleichzeitig weiterhin eine **archaische Fetischkultur**, nicht nur in Gegenden Afrikas oder Südamerikas. Dieser archaische Fetischkult wird heute nach wie vor als primitiv begriffen.

Sehen wir uns die ursprünglichen, **starken (zum Beispiel afrikanischen) Fetische** einmal genauer an, die Fetische, um die bewußt magische Rituale zelebriert wurden (oder noch werden).

Der afrikanische Fetischismus ist eigentlich spiritistisch. Die Geisterwelt ragt so sehr in unsere Welt hinein, daß in jedem, selbst noch so unbedeutenden Ding ein Geist hausen kann[756].

Nach dem Bericht des Kaufmanns Odoardo Lopez[757] (1580) handelte es sich im Kongo um Schlangen, Ziegenböcke, Tiger, Vögel, Nachttiere, verschiedene Arten von Holz und Steinen, Figuren, in Holz und Stein eingeschnitte Bilder von Tieren. Vor diesen warf man sich auf den Boden, das Gesicht mit Staub bedeckt. Man opferte ihnen das Beste, das man hatte. Man traute den Fetischen Dinge wie die Heilung von Krankheiten zu.

---

[754] Hartmut Böhme, *Fetischismus und Kultur*, S. 306.
[755] Hartmut Böhme, *Fetischismus und Kultur*, S. 305.
[756] Vgl. Hartmut Böhme, *Fetischismus und Kultur*, S. 222.
[757] Vgl. bei Karl-Heinz Kohl, *Die Macht der Dinge*, S. 16f.

Ein schwäbischer Arzt und Protestant[758] berichtet 1606 von Fetischen aus Guinea aus zusammengedrücktem Kot, die die Eingeborenen nach Ernten, Krankheiten, Schwangerschaften befragten.

Im 19. Jh. trug der schwedische Missionar Karl Edwar Laman[759] Material bei den Ba-Kongo zusammen. Es gab Sakralobjekte, *Minkisi*, die figürlich waren, Männer, Frauen oder Tiere darstellten. Sie waren aus Holz geschnitzt und enthielten einen Beutel oder eine Höhlung, in der magische Substanzen aufbewahrt wurden: Erde (zum Beispiel vom Grab eines mächtigen Mannes), Asche, Mineralien, Pflanzenblätter, Kräuter, Tierteile (Büffel-, Leopardenhaut, Schlangenköpfe, Eidechsenkrallen) und Überreste von Toten[760]. In einer Zeremonie wurde das Sakralobjekt aufgeladen. Ein *Nganga* (Zauberpriester) erkundete zuerst in Trance die Wirkmächtigkeit des Sakralobjekts. Dann wurde es in ritueller Weise geweiht, durch Einfetten, durch Besprengen mit dem Blut eine Huhns oder einer Ziege, wobei es mit einem einmaligen Akt nicht getan war, immer wieder mußten zur Erneuerung der Energie Tieropfer zugeführt werden.

Die nicht-figürlichen Minkisi, wie Antilopenhörner, Meerschneckengehäuse, Rindenbehälter zur Aufbewahrung magischer Substanzen, sind älter als die figürlichen.

In unseren ethnologischen Sammlungen und Museen sind vor allem menschengestaltige Spiegel- und Nagelfetische der Yome und anderer Kongo-Ethnien zu sehen[761].

Ein Nagelfetisch ist ein Holzstück, in das Nägel und Eisenstäbe eingeschlagen werden. Man nimmt an, der Fetisch empfindet Schmerz und will durch dieses Nägeleinschlagen das Rachegefühl des Fetischs stärken. Gleichzeitig kann man durch das Nägeleinschlagen einer Person, einem Feind, Schaden zufügen. Umgekehrt kann man durch das Herausnehmen eines Nagels den Schaden von sich abwenden. Das Ganze wird in einer (kostenpflichtigen) Zeremonie von einem Priester ausgeführt. Durch Tanz, Trommeln und Schnaps versetzt er sich in rituelle Ekstase. Während er dann die Nägel einschlägt, beleidigt er auch oft den Fetisch oder spuckt ihn an. In dem Moment steht der Fetisch stellvertretend für den Feind, dem man schaden will. Durch Analogiezauber wird der Feind an der Körperstelle verletzt, an welcher der Nagel am Körper des Fetischs eingeschlagen wurde.

Nagelfetische sind Objekte der Furcht. Sie dienten auch bei der Suche nach Dieben, um Treue bei Verträgen zu sichern, Eide zu verstärken, Verbrecher zu bestrafen und auch zur Abwehr von Hexen.

---

[758] Vgl. bei Karl-Heinz Kohl, *Die Macht der Dinge*, S. 17.

[759] Vgl. bei Karl-Heinz Kohl, *Die Macht der Dinge*, S. 193–199.

[760] Wie bei Toten-Reliquien spielte es eine Rolle, von wem die Knochensplitter stammten. Je mächtiger die Person war, desto stärker die Wirkung.

[761] Karl-Heinz Kohl, *Die Macht der Dinge*, S. 194.

Der Witz, man[762] vermutet in letzter Zeit, daß Nagelfetische durch das Christentum angeregt worden sind, durch die Reliquien der Kreuzesnägel und zum andern durch den westlichen Brauch, jemanden stellvertretend *in effigie* zu verletzen. Es gab in Europa bis in die Renaissance den Brauch, Täter, deren man nicht habhaft werden konnte, in effigie zu bestrafen: an nachgebildeten Puppen vollzog eine pöbelnde Menge Gericht und körperliche Marter bis zum symbolischen Tod. Auch Märtyrerbilder sind womöglich mißgedeutet worden und als Vorbilder gebraucht worden: so der von Pfeilen durchbohrte Heilige Sebastian oder andere gemarterte Heilige[763], und natürlich allen voran wirkte der (mit Nägeln) gekreuzigte Christus. Der afrikanische Fetischismus wäre so eigentlich ein europäischer Import, eine Reaktion auf die europäische Kolonisation[764]. Die afrikanischen Fetische wären Hybride der europäischen, worauf auch die Ähnlichkeit des Zeremoniells hinweise. Wie die Europäer bei der Bibel, so sollen die Afrikaner bei ihren Fetischen die Einhaltung von Abmachungen beschworen haben. Afrikanische anthropomorphe Kultfiguren waren auch häufig nach dem Vorbild christlicher Kultfiguren hergestellt, bis auf die Nachbildung von Reliquienbehältern an den Figuren. Es ging bis zur direkten Kopie von Marienstatuen. Weil man die Fetische der Kolonialherren für mächtiger hielt als die eigenen!

Gegen die These spricht, daß letztlich die afrikanischen Fetisch-Objekte beliebig sind. Es gibt also auch eine sogar übergroße Menge Fetische, die keine Analogie zu römisch katholischen Objekten aufweisen. Alles kann ja Fetisch sein, jedes beliebige Objekt. Es wird dazu gemacht, durch Weihezeremonien. Oder durch den Zufall: man träumt in der Nacht von einem Ding, und schon wird es ein Fetisch. Der Reiseschriftsteller und Enzyklopädist Charles de Brosses (1709–1777) berichtet folgendes afrikanische Ritual: Ein Neugeborenes legt man in der Nacht nackt auf ein glatt gestrichenes Aschealreal: Am Morgen prüft man, welche Tiere Spuren hinterlassen haben: dies sind dann die Schutzfetische des Neugeborenen. Es ist nichts zu armselig oder zu klein oder zu lächerlich, alles kann als Wohnung für einen Geist geeignet sein. Wird aus irgendeinem Grund angenommen, daß der Geist das Ding verlassen hat, wird er als nutzlos weggeworfen.[765]

Auch im **Voodoo** haben wir potente Fetische afrikanischen Ursprungs.

---

[762] Zum Beispiel Nina Slawski (1980) bei Hartmut Böhme, *Fetischismus und Kultur*, S. 251.

[763] Hartmut Böhme, *Fetischismus und Kultur*, S. 249–251.

[764] Vgl. zu dieser These Karl-Heinz Kohl, *Die Macht der Dinge*, S. 20–25.

[765] Hartmut Böhme, *Fetischismus und Kultur*, S. 193–196.

Es handelt sich beim Voodoo um Riten und religiöse Vorstellungen afrikanischen Ursprungs. Mit afrikanischen Sklaven kam er in die Neue Welt.

Heute noch hat er zahlreiche Anhänger nicht nur in Haiti, Kuba, Trinidad, Brasilien, den Anden. Und weiterhin wird er noch in den meisten afrikanischen Ländern praktiziert.

Wir wollen uns den exportierten Voodoo näher ansehen:

Der Voodoo auf amerikanischem Boden ist eine Mischform. Er hat etliche Anleihen vom Katholizismus genommen[766]. Man erkennt aber noch die Ursprünge. Sie gehen auf die Fons, die Ewe, die Yoruba, die Kongolesen und andere afrikanische Stämme zurück. Und es fand zudem eine Vermischung afrikanischer Praktiken mit europäischer Magie statt, die kaum anders ist als die afrikanische. In Haiti übernahm man beispielsweise die französische Magie[767]. Die Rituale haben sich dabei besser erhalten als die Glaubenslehre. Bei der Glaubenslehre hat eine gewisse Banalisierung stattgefunden.[768]

Die Versammlungen des Voodoo fanden nachts an geheimem Ort statt, in Anwesenheit einer Priesterin oder eines Priesters. Nichteingeweihte waren nicht zugelassen. An manchen Orten wurde er auch zum politischen Geheimbund, mit der Losung, die Schwarzen zu befreien. So wurde er allerorts verboten und bestraft. Es war höchst gefährlich, zu Voodoozeremonien zu gehen[769].

Im Zentrum vieler Zeremonien steht der Schadenszauber: Will man etwa jemandem schmerzhafte Krankheiten zufügen, Unfälle, geschäftlichen Ruin oder sogar jemanden töten, so geht das über einen *Gegenstand*, der das Opfer symbolisiert. In Haiti ist es eine Puppe, oder man versucht, den, den man töten will, in einen Eimer Wasser zu locken: Sieht man sein *Bild im Wasser*, sticht man hinein und erdolcht ihn auf die Weise[770]. Oder man vollführt bestimmte Riten über einem *Gegenstand*, der der Person gehörte. Mit einem solchen Schadensanliegen wendet man sich an einen Voodoo-Priester, der sich mit schwarzer Magie beschäftigt. Und allein ein Voodoo-Priester ist auch in der Lage, einen solchen Schadenszauber wieder aufzuheben.

---

[766] Der haitianische Voodoo imitiert Teile der katholischen Liturgie, Anlaß für teils amüsierte, teils entrüstete Kommentare. „Gottesdienste" (an Geister des Voodoo) werden mit Danksagungen eingeleitet. Vor einem Altar steht der Priester oder die Priesterin im Kreis ihrer Adepten und rezitiert Paternoster, Confiteor und Ave Maria, gefolgt von Gesängen an die Jungfrau und die Heiligen. Erst danach werden die Geister angerufen. Auch Weihwasser verspritzt man auf die Gläubigen.

[767] Alfred Métraux, *Voodoo in Haiti*, S. 311.

[768] Alfred Métraux, *Voodoo in Haiti*, S. 415–422. Vorwort Michel Leiris.

[769] Alfred Métraux, *Voodoo in Haiti*, S. 35, 41

[770] Hier haben wir eine seltsame Analogie zum westlichen Phänomen des Vorhersagens aus spiegelnden Oberflächen.

Dabei ist weniger das Wissen des Priesters geheim, als die Zauberhandlung selbst.

Die Schamanen der eingeborenen Amerikaner verwendeten übrigens dasselbe System. Sie zeichneten ein Abbild der Person in Sand, Asche oder Lehm und piekten die Zeichnung dann mit einem spitzen Stock oder fügten ihr andere Verletzungen zu. Dieselbe Verletzung befiel dann die dargestellte Person. Beobachtungen zufolge erkrankte die Person in vielen Fällen, verlor allen Antrieb oder starb sogar[771].

Beim Erreichen von nicht schädlichen Vorteilen, bei weißer Magie, beispielsweise bei Voodoo-Heilungen, bedient sich der Priester oder die Priesterin ebenfalls eines ganzen Repertoires von Gegenständen und auch von Tieren[772]. Métraux beschreibt eine eindrucksvolle haitianische Heilungszeremonie[773], bei der eine Priesterin einen Hahn und eine Henne auf den Körper des Patienten stellt und die Tiere dann an den Füssen über ihm bewegt, beim Kopf beginnend. Die Tiere dienen dazu, das Übel zu absorbieren. Das geht eine ganze Zeit lang. Ein letztes Mal führt man den Hahn und die Henne über den Kranken und läßt sie dann bei ihm. Die Tiere sind so benommen, daß sie reglos sitzen bleiben. Ein Zeichen, daß sie das Übel übernommen haben. Dann werden sie freigelassen. Der Hahn verschwindet auf mysteriöse Weise, die arme Henne wird lebendig in einem Erdloch begraben. Ein Stein, der Stein des Brisé, spielt eine ähnliche Rolle: Ein Helfer entzündet in einer Schüssel mit diesem Stein Clairin (weißen Rum, stark alkoholisches rituelles Getränk) und führt dann die Flammen am Körper des Kranken entlang. Anschließend wird der Kranke mit Kimanga (wie Clairin ein stark alkoholisches rituelles Getränk) besprizt, und später nimmt die Priesterin soviel Wasser (in dem Pflanzenreste mit Galle vom Stier eingeweicht wurden) wie möglich in ihre hohlen Hände und klatscht es dem Kranken ins Gesicht, so daß dieser erschrickt und schon aufstehen will. Die Kräfte von Dingen und Tieren werden hier benutzt. Gleichzeitig müssen aber Gebete, Formeln, gesprochen werden, Geister[774] und Ahnen des Kranken zur Hilfe angerufen wer-

---

[771] Ervin Laszlo berichtet hier die Erlebnisse von Sir James Frazer, *Zu Hause im Universum*, S. 52f.

[772] So verkörpert zum Beispiel vor dem 19. Jh. eine Schlange den Gott Damballah der dahomeischen Mythologie. Der Gott war anwesend in der Schlange, so wie Jesus Christus in den Bildwerken und Mysterienzeremonien der katholischen Kirche real präsent ist.

[773] Alfred Métraux, *Voodoo in Haiti*, S. 318–323. Einige Krankheiten glauben die Haitianer dadurch verursacht, daß man durch Beschwörung Tote auf sie gehetzt hat, die sich dann an den Organismus des Lebenden klammern. Es ist besonders schwer, diese Toten zum Loslassen zu bewegen.

[774] In Haiti heißen sie *Loa*. **Loa** wird mit Gott übersetzt, doch gemeint sind weniger die im Rang höheren alten afrikanischen Gottheiten, vielmehr mit bescheideneren Kräften ausgestattete Geister oder Dämonen. Die Loa lieben, beschützen und

den, und auch manches Kräutermittel wird verabreicht, ein ganzes Zeremoniell läuft ab. Die Geister, die angerufen werden, sind dabei interessanterweise wieder durch Dinge vertreten, wohnen in Dingen oder Symbolbildern: Mit Asche haben die Priesterin und ihre Helfer die Symbole der Geister aufgezeichnet: Sarg, Kreuz, Hacke, Schaufel, Hammer und Nägel. Die Matte des Kranken hat man auf diesen Symbolen ausgebreitet, damit ein möglichst enger Kontakt zwischen ihm und den Geistern entsteht. Das heißt in den in die Asche gezeichneten Symbolen ist die Kraft der Geister präsent, in ihnen wohnen sie, sind sie real präsent. In der Abbildung von etwas steckt bereits dessen Kraft. – Nicht anders verhält es sich bei den Ikonen oder Brot (den Hostien) und Wein in der Eucharistie oder ägyptischen Pharaonendarstellungen. Immer wieder treffen wir zu unterschiedlichen Zeiten an allen möglichen Orten auf dasselbe, die Realpräsenz von Personen oder Geistern in Dingen. –

Manche Gegenstände verwendet sowohl die weiße wie die schwarze Magie: Um Geld, Glück, eine gute Stellung zu erwirken oder auch sich an einem Feind zu rächen, werden in Voodookreisen sogenannte *Zauberlampen* bevorzugt. Es handelt sich um mit Öl[775] gefüllte Gefäße – eine Tasse, eine Kokosnuß, oder den Panzer eines Krebses –, in denen ein Docht auf zwei gekreuzten Knochensplittern schwimmt. Man läßt diese Splitter „behandeln". Das geschieht wiederum in einer Zeremonie, in der Geister angerufen und Gebete oder Formeln gesprochen werden. Den Splittern wird also das Ziel imprägniert beziehungsweise in die Lampe werden Geister gerufen. Durch ihr Anzünden werden diese nutzbar gemacht. Wird die Lampe in der Absicht angezündet, einer Person zu schaden oder sie sogar zu töten, so bezeichnet man die Lampe als schwarz. Auch das Anzünden der Lampe unterliegt einem strengen Zeremoniell, es wird dabei immer wieder der erwünschte Zweck beschworen, damit er über die Lampe, das Ding, transportiert, in Realität umgesetzt wird. Und nach ebenso strengen Regeln wird die Lampe in Gang gehalten. Man hört erst mit der Wiederholung des Rituals auf, wenn der Zweck erreicht ist.[776] Auch die Wiederholung spielt also eine Rolle, verstärkt die Imprägnierung, ein Prinzip, das auch dem liturgischen Ritus der katholischen Kirche zugrunde liegt und eigentlich jedem Ritus.

---

bewachen, können aber auch erzürnt sein und bestrafen und sind sogar häufig kapriziös. Es gibt auch böse Geister und Loa, die sich mit den beschützenden Loa verbünden können. Der Voodoo-Geisterhimmel ist komplex. Alfred Métraux, *Voodoo in Haiti*, S. 90, 103, 107.

[775] Das Öl enthält dann noch Substanzen, die etwas mit dem Wunsch zu tun haben, den man durch die Lampe erreichen will. Will ein Händler treue Kunden haben, mischt man Klebstoff bei. Eine Art Analogiezauber.

[776] Alfred Métraux, *Voodoo in Haiti*, S. 355–360.

Zauberlampen werden sehr häufig benutzt, im Grunde sind die Gegenstände, die der Priester für seinen Zauber benutzt, aber beliebig. Wichtig ist nur, daß sie von ihm „behandelt" wurden. Es kommt also auch hier letztlich nicht auf ein bestimmtes Ding an, sondern mehr auf die Kräfte der Dinge, die diesen eigentlich nicht von vornherein innewohnen, sondern erst durch das Zeremoniell und wiederholte Zeremoniell, in denen sie verwendet werden, sozusagen eingehaucht werden. Es kommt an auf die Imprägnierung[777]. Und das setzt wiederum voraus, daß ein Ding speichert, ein Gedächtnis hat. Die Erklärung der Voodooisten lautet freilich anders: die Wirksamkeit eines verzauberten Objekts wird dem mit ihm verbundenen, dort hinein beschworenen Geist zugeschrieben.

Ein beliebiger Gegenstand, der behandelt wurde, um jemandem Schaden zuzufügen, heißt in Haiti *wanga*. Schon die bloße Berührung, durch die Person, *die gemeint ist*, löst die Wirkung aus. Im allgemeinen eine Krankheit. Métraux[778] erzählt, wie eine Frau aus Marbial bei einem Streit einen kleinen Stockhieb empfangen hat. Er tat ihr kaum weh, dennoch starb sie kurz nach diesem Zwischenfall. Man war davon überzeugt, daß der Stock behandelt worden war. Ein Priester kann einen solchen bösen Gegenstand, der in das Haus eines Opfers geschmuggelt worden ist, entdecken und ihn entschärfen[779].

Die beliebigen Dinge, die für die Schadenszauber-Zeremonien ausgewählt werden, können auch recht banal sein. In verschiedenen Ländern finden wir verschiedene Dinge in den Zeremonien eingesetzt.

Auch Privatfetische können alle möglichen Gegenstände sein, etwa solche, die der Voodoist alltäglich braucht. Man läßt sie vom Voodoopriester „herstellen". So lassen Handwerker etwa ihre Werkzeuge behandeln, damit sie leichter damit arbeiten, Bauern ihre Ackergeräte. Ebenso werden Kampfhähne behandelt, damit sie siegen.

Die Geister, die in Dingen ihre Kräfte zeigen können, können sich übrigens auch durch Menschen äußern[780]. Die Geister können in die Körper von Menschen herabsteigen. Und dies geschieht bei den meisten in einem speziellen Zustand, dem Zustand von Trance oder Ekstase oder Besessenheit.

Dieser Zustand wird im Voodoo häufig durch Tanz, rhythmisches Trommeln in eigens dafür vorgesehenen Festen in einer Art kollektiver Hysterie herbeigeführt. Besessenheit kann sich aber auch im täglichen Leben ereignen. Ebenso Trance. Wir kennen ein Verfallen in Trance als Flucht vor dem Leiden; sie stellt sich bei extremer Müdigkeit oder starken Schmerzen ein. Eine Person in Trance hat nach Ansicht der Voodoogläu-

---

[777] Dasselbe Muster haben wir bei Reliquien.
[778] Alfred Métraux, *Voodoo in Haiti*, S. 329.
[779] Alfred Métraux, *Voodoo in Haiti*, S. 352.
[780] Vgl. hierzu Alfred Métraux, *Voodoo in Haiti*, S. 134–161, 360.

bigen aufgehört als Individuum zu existieren. Sie ist dann nur noch Teil oder Sprachrohr der Kraft beziehungsweise der Geister, die sich auch in den magischen Dingen ausdrücken.

Dieselben Riten plazieren die Geister oder Kräfte in ein Ding oder in eine Person.

Es gibt eine unübersichtliche Vielzahl solcher Geister beziehungsweise Dämonen. In Haiti ruft man zumeist die *Loa* an, das sind eher Geister zweiter Ordnung im Vergleich zu den großen alten afrikanischen Gottheiten. Auch Geister Verstorbener werden angerufen und sogenannte kreolische Geister jüngeren Ursprungs, die noch weiter unten in der Geisterhierarchie stehen. Und es kommen immer wieder neue dazu! Bei den Loas gibt es zahlreiche Gruppen, aufgeteilt nach geographischen Merkmalen oder Charaktermerkmalen. Eine besonders unheimliche Gruppe von Loas, eher eine Randgruppe, sind die Guédé: Sie sind Dämonen des Todes. Sie sind zynisch, jovial und anzüglich. Von ihnen Besessene vollführen selbst bei Leichenbegängnissen obszöne Tänze und reißen Zoten. Sie sind schrecklich und zugleich lächerlich. Baron Samedi ist einer ihrer bekanntesten Vertreter. Möchte man mit Hilfe eines mächtigen Zauberers oder Priesters jemanden töten, so geht das mit Hilfe des Baron Samedi.

Die Grenze zwischen Zauberer/Magier und Priester sind übrigens fließend, beide wenden schwarze wie weiße Magie an, Priester wenden die schwarze Magie aber mehr „zu guten Zwecken" an, um beispielsweise einen Verbrecher zu bestrafen. Bei den Magiern gibt es regelrechte Killer, die mit ihren Zauberhandlungen auch Unschuldige bereit sind zu töten. Gegen Entgelt natürlich. Überall spielt das Entgelt eine große Rolle.

Möchte man etwas, das einem eigentlich nicht zusteht beziehungsweise benutzt man schwarze Magie, um jemandem zu schaden oder reich zu werden, ist Geld oft nicht genug: Man muß eine Art Teufelspakt eingehen. (Desgleichen, wenn man Mitglied einer Gruppe wird, die Böses um des Bösen willen verübt.) Der Pakt verlangt ein Opfer. Das Opfer kann darin bestehen, ein besonders geliebtes Wesen hinzugeben. Sogar kannibalische Mahlzeiten sind nicht ausgeschlossen.[781]

Gegenstände sind also lebendig, weil Geister in ihnen wohnen, im Ritual in sie hinabsteigen. Eine spiritistische These von der Lebendigkeit der Gegenstände. Diese Kraft in den Dingen nennt man im Kreolischen (in Haiti) auch *nanm*: Jedes rituell geweihte Objekt besitzt ein nanm: eine Kraft, Heiligkeit, etwas Geistiges. Ebenso sind Initiierte, Eingeweihte nach der Weihe im Besitz einer namn. In manchem, so in Pflanzen, wohnt namn von Natur aus: Ein Holzfäller schlägt, bevor er einen Baum fällt, mit der Rückseite der Axt gegen den Stamm, um die dort wohnende Seele

---

[781] Alfred Métraux, *Voodoo in Haiti*, S. 337ff.

vorzuwarnen und ihr die Möglichkeit zu geben, sich zu entfernen. Es ist hier einiges verschwommen: nanm unterscheidet sich ein wenig von loa, allerdings kaum. Und noch komplizierter wird es: die Seele der Dinge ist eine andere als die Seele des Menschen: letztere besteht nach Meinung der Voodoisten aus zwei Geistern, dem großen guten Engel und dem kleinen guten Engel (sie beinhaltet also noch eine Art Über-Ich).[782]

Zu den starken, zumeist afrikanischen Fetischen hat der Kunsthistoriker Aby Warburg[783] (1866–1929) viel Interessantes erforscht. Ihre starke Wirkung kommt nach ihm folgendermaßen zustande: In Fetischen und Totems wird zumeist *Angst* verkörpert beziehungsweise gestaltet, oder auch andere überwältigende Gefühle wie überwältigendes Glück oder Besessenheit von irgend etwas. In Totems und Fetischen werden diese Erregungszustände in einem Objekt distanziert (man könnte auch sagen ausgelagert). Das macht dieses Objekt nach Warburg zu einer *Energiekonserve*. Zu einem Speicher also! Zu einem Ding mit Gedächtnis. Und zwar speichern Fetische gewaltige Affektschübe, hauptsächlich Angstschübe, und gleichzeitig wehren die Fetische diese auch ab, halten sie im Abstand. Bei Fetischen und Totems ist diese lebendige Kraft auf die Seite des Dings gezogen. Der Fetisch und das Totem sind starke Kraftdinge. Sie drohen nicht nur Strafen, Vergeltungen, Rache, Verletzung oder Tötung an, sie üben sie aus! Ihre Ausstrahlung ist gewaltsam – auch wenn sie häufig auch einem positiven Zweck dienen, etwa dem der Überwachung von Normen, die für die soziale Gemeinschaft notwendig sind oder dem Heilen von Krankheiten. Das Ich, das Subjekt, also derjenige, der Angst empfindet, ist dem Ding praktisch unterworfen, wird von ihm gebannt. Für Warburg ein Ich-Verlust.

Interessant ist, daß der hochsensible Warburg, der unter dem Druck innerer Ängste zur Zeit des barbarischen 1. Weltkriegs zerbrach[784], ganz physikalisch sich als „Seismographen" betrachtete, der „mnemische Wellen" beziehungsweise „Erschütterungen aus der Region der Vergangenheit" empfangen konnte, als Historiker, der die langwelligen psychischen Energien erfaßt, welche in Mythos, Ritual, Religion, Kunst usw. aufgenommen werden und kulturellen Gestalten zugeführt (um ein immer gefährdetes Überleben zu sichern). Er beschrieb sich damit als psychometrisch begabte Person.

---

[782] Alfred Métraux, *Voodoo in Haiti*, S. 109–134, 174ff., 307ff.
[783] Vgl. bei Hartmut Böhme, *Fetischismus und Kultur*, S. 237–248.
[784] Er hatte früh die Gefährdung jüdischer Existenz in Europa realisiert.

Amulette und Talismane[785]:

Eine spezielle Art von Fetisch beziehungsweise ein spezielles magisches Ding sind Amulett und Talisman. Es handelt sich um Privatfetische, die lokal und zeitlich eine ungemeine Verbreitung gefunden haben. Noch heute trifft man sie überall.

Ein Talisman ist ein kleiner Gegenstand. Man trägt ihn in der Kleidung oder stellt ihn im Haus ab. Ein Amulett ist ein kleiner Gegenstand, den man um den Hals trägt.

Das ist im Grunde der einzige Unterschied. Denn beide sollen vor allem Möglichen schützen oder alle möglichen positiven Wirkungen hervorbringen. Amulette sollen Liebe hervorrufen oder abwehren, Jungfräulichkeit bewahren aber auch Potenz steigern oder Sieg im Kampf gewährleisten, indem sie Krieger unverwundbar machen, überhaupt rundum Schutz bieten. In ländlichen Gemeinden schützen Talismane, wie man glaubt, Ernte, Nutztiere oder Speisen und halten Schädlinge ab. Beide sollen auch der Erhaltung oder Wiedererlangung der Gesundheit dienen, gegen Krankheiten oder gar Verzauberungen schützen. Und beide, glaubt man, bringen ganz allgemein Glück, sind also auch Glücksbringer.

Amulette und Talismane wurden häufig im Hinblick auf ihren Zweck besprochen oder geweiht. Man ging also davon aus, daß sie ihren Zweck speichern konnten, ein Gedächtnis hatten, und daß dieses Gedächtnis auch noch Wirkungen entfaltete.

Nicht nur im europäischen Mittelalter gab es etwa professionelle Besprecher für Amulette und Talismane, die ein Repertoire an wirksamen Sprüchen besaßen[786]. Die Erhaltung von einem Großteil dieser Sprüche und Amulette geht auf den akribischen Sammeleifer der römischen, spanischen und portugiesischen Inquisition zurück, die Zaubersprüche und Amulette von Hunderten von Volksmagiern aufzeichneten.

Wir gehen hier hauptssächlich auf Amulette ein. Sie sind weit zahlreicher als Talismane.

Amulette gehören zu den häufigsten Gegenständen, die man an archäologischen Grabungsstätten findet. Das ägyptische Henkelkreuz, das Ankh ist ein solches. Es ist ein Symbol des Lebens und galt als sehr mächtiges Amulett. Auch der achte Buchstabe des hebräischen Alphabets, Cheth, wurde häufig gefunden. Auch ihn trug man als ein mächtiges Symbol des Lebens um den Hals.

Sumerer, Babylonier und Assyrer trugen Amulette, zumeist Tiere, Frösche, Stiere und ein Fischepaar, sie waren Fruchtbarkeitsgaranten.

---

[785] Vgl. hierzu Migene Gonzáles Wippler, *Talismane und Amulette*, S. 17–212.

[786] Daß Gegenständen somit Gedanken aufgeprägt werden konnten, welche sie speicherten, schien selbstverständlich. Sogar Hildegard von Bingen überlieferte Heilsprüche zusammen mit dem entsprechenden Heilmittel, die Heilsprüche wurden diesem sozusagen aufgeprägt, verstärkten die Wirkung.

Ägypter kannten unzählige Amulette neben dem häufigsten, dem Ankh. Krokodil, Nilpferd, Tintenfisch, Frosch, doppelköpfiger Löwe, Skarabäus (Mistkäfer) wurden getragen. Der Skarabäus sollte dem im Jenseits Weiterlebenden Kraft verleihen. Das Horusauge verlieh Schutz vor dem bösen Blick. Ein Phallusanhänger, die Menat, aus Lapislazuli, Bronze oder Kupfer, verlieh sexuelle Attraktivität. Es gab Amulette für Lebende, Amulette für Tote, und die für die Lebenden bezogen auch häufig das Leben nach dem Tod mit ein. Der Hathorkopf, ein Kuhkopf oder Frauenkopf mit Kuhohren, war ein Fruchtbarkeitsamulett. Gottheiten gab es ebenfalls in Amulettform. Das Nefer, ein Saiteninstrument aus Karneol, brachte Freude, Jugend, körperliche Stärke. Die Pektoraltafel aus Gold mit Einlagen enthielt mehrere magische Symbole, wurde Mumien auf die Brust gelegt. Auf der Mumie Tutenchamuns fand man ein Pektoral, das die Falkenform des Sonnengottes Horus hatte, mit Einlagen aus Lapislazuli, Türkis, Karneol, Obsidian und hellblauem Glas.

Die Ägypter glaubten, sowohl die Substanzen, aus denen die Amulette gefertigt wurden, hätten magische Wirkung, als auch die Segnung oder der eingravierte Name einer Gottheit. Auch alle möglichen Inschriften übten Kräfte aus, die meisten waren dem Ägyptischen Totenbuch entnommen.

Auch die hebräischen Amulette waren äußerst zahlreich. Praktisch jedes von einer Frau getragene Schmuckstück sollte vor bösen Geistern schützen und Glück bringen. Die mächtigsten Amulette allerdings waren die Buchstaben des hebräischen Alphabets. Das Amulett bestand dann zum Beispiel aus einem beschrifteten Pergamentstreifen oder man hängte sich gleich eine Thora in Miniaturform, ein Thoraröllchen, um den Hals. Die Alten glaubten, daß Gott das Universum mit Hilfe der Buchstaben des Alphabets erschaffen und im Augenblick der Schöpfung Hebräisch gesprochen hatte. Jeder Buchstabe hat bereits für sich magische Kräfte. Der aus vier Buchstaben bestehende heilige Name Gottes (IHVH oder JHWH) hatte die Kraft, Welten zu erschaffen oder zu zerstören! (Denkt man an genetische Codes, die sich in Buchstaben repräsentieren lassen, und an das, was sie können, ist das nicht mehr so weit hergeholt). Das Interessante war nun, daß jedem Buchstaben auch eine Zahl entsprach. Die Kräfte der Buchstaben sind engstens mit denen der Zahlen verbunden.

Übrigens auch anderswo sprach man Buchstaben Macht zu und machte sie zur Grundlage von Amuletten: Römer, Wikinger, Kelten, Skandinavier glaubten ebenfalls an die Macht der Buchstaben und die Macht der ihnen gleichgesetzten Zahlen. Und für das arabische Alphabet galt das ebenso, die Macht lag auch dort in den Buchstaben, die auch dort zugleich Zahlen sind. Auch Chinesen benützten ihre Schriftzeichen zur Anfertigung von Amuletten. Sie glaubten, daß den Schriftzeichen magische Kräfte der Götter innewohnten. Sie wurden für die hergestellt, denen es „an echter Kraft fehlte".

Es gibt griechische, römische und gnostische[787] Amulette.

Die Griechen haben von den Ägyptern zum Beispiel das Horusauge übernommen, gegen den bösen Blick. Götterfigürchen um den Hals und im Haus bewahrten vor Unheil. Figürchen der Aphrodite sollten Liebe anziehen. Figuren der Athene Weisheit. Man trug auch Pflanzen, denen man magische Kraft zutraute, am Körper. Die *Bulla* war sehr beliebt, eine Kapsel aus Holz, Metall oder Gold, die man mit magischen Zeichen versah und mit verschiedenen Substanzen füllte, die man die *Praebia* nannte, zum Schutz vor bösen Geistern und Gefahren: Alle Sitten und Bräuche der Griechen waren später unter lateinischen Namen in Rom zu finden.

Auf einem der berühmtesten uns bekannten römischen Amulette steht ABRACADABRA. Der Arzt des römischen Kaisers Caracalla (um 200 n.Chr.) soll empfohlen haben, zur Heilung von Fieber dieses Zauberwort in einem Schwindschema auf Pergament niederzuschreiben. Der Patient sollte dann das Wort wie vorgeschrieben zitieren, jedesmal einen Buchstaben am Ende weglassen, und so wie das Wort dahinschwand, sollte auch das Fieber zum Verschwinden gebracht werden (Abracadabra, Abracadabr, Abracadab, Abracada, Abracad usw.)

Die Begründer des Judaismus und des Christentums verwarfen zuerst Amulette und Talismane. Sie sahen darin Zeichen für mangelndes Vertrauen in Gott. Das hatte keine Auswirkung. Insbesondere wurden Amulette massenhaft weiter getragen – sie waren ja auch kostbare Schmuckstücke, und welche Frau wollte es unterlassen, ihren Schmuck zu tragen. Das Kreuz selbst wurde mit der Zeit – Ende des 4. Jh – zu einem massenhaft getragenen Amulett. Und ist es bis heute, auch wenn die Kirche bis heute um den Hals getragene Kreuze lieber nicht als Amulette betrachten möchte, sondern nur als Ausdruck von Gläubigkeit.

Da man nichts gegen Amulette ausrichten konnte, nahm man eine weichere Haltung ein. Das Christentum des Mittelalters etwa ermutigte den Gebrauch von bestimmten heiligen Gegenständen als wirkkräftige Amulette. Das beliebteste war das Agnus, ein kleines Wachssiegel auf dem das Lamm und die Flagge des römischen Kaisers Konstantin abgebildet waren. Wurde ein solches gar vom Papst gesegnet, schützte es seinen Trä-

---

[787] Die Gnostiker waren Angehörige einer Bewegung, die in den Jahren des frühen Christentums entstand. Sie waren christlich beeinflußt, wichen allerdings von der herrschenden Meinung im Christentum ab. Auch Elemente des Zoroastrismus, Zend-Avesta, Mithraskultes und Lehren der Hebräer und des Manichäismus flossen bei ihnen ein. Grob gesagt, glaubten sie, daß die Welt der Materie böse sei und der Mensch durch *Gnosis*, durch Erkenntnis, Befreiung erlangen könne. Dieses Wissen kam dabei durch Offenbarungen von Gott direkt zu Personen, die dessen würdig waren.

ger noch wirksamer gegen vielerlei präzise Übel wie Blitzschlag, Feuer, Ertrinken oder Tod im Kindbett. Thomas von Aquin tolerierte selbst den Gebrauch von Amuletten; allerdings nur von solchen, die Bibelstellen enthielten, auch wenn er gleichzeitig riet, eher zu Gebeten Zuflucht zu nehmen. Der Malleus maleficarum von 1486 bot bestimmte Kriterien an, um erlaubte von unerlaubten, gute von schädlichen Talismanen und Amuletten zu unterscheiden. Erlaubte Amulette und Talismane standen mit keinerlei Teufelspakt, weder ausdrücklich noch stillschweigend, in Verbindung. Bei eingravierten Sprüchen durften keine unbekannten Namen vorkommen. Außer dem Kreuzzeichen waren keinerlei Zeichen erlaubt. Unzulässig waren alle Texte außer biblischen. Amulette und Talismane mußten die Versicherung (bei Weihe oder in der Eingravierung) enthalten, daß ihre Wirkmächtigkeit allein auf (den christlichen) Gott zurückging.

Magie beziehungsweise Okkultismus beziehungsweise die moderne Form: die Esoterik benützen bis heute zur Anfertigung von Amuletten ebenfalls Buchstaben, und zwar die 22 Buchstaben des hebräischen Alphabets, die gemäß der Kabbala mit Zahlen in Verbindung stehen, aber nicht nur mit Zahlen, auch mit Farben, Planeten, Tierkreiszeichen, Tönen, Tieren, Pflanzen und anderem mehr. Hier eröffnet sich ein riesiges System von Entsprechungen, das der Magier nutzt, um Amulette anzufertigen. Später fügten die sogenannten *Kabbalisten* (eine Gruppe von Okkultisten) noch kosmische Prinzipien, menschliche Emotionen und materielle Bestrebungen hinzu (diese verkörpert in Tarot-Karten, die wahrscheinlich ägyptischen Ursprungs sind). Beispiel: Der hebräische Buchstabe Teth hat die Zahl 9, ist der neunte Buchstabe im Alphabet, ihm wird das Tier: Schlange zugeordnet und die Tarot-Karte: der Eremit. Sie verweist auf Weisheit oder Klugheit. Das göttliche Prinzip ist Klugheit. Die intellektuelle Eigenschaft ist Analyse. Die emotionale Eigenschaft ist Furcht. Der materielle Faktor ist Vorsicht. Das assoziierte Tierkreiszeichen ist Wassermann. Der zugehörige Edelstein ist der Saphir. Die Farbschwingung ist Blau mit Weiß.

Auch der Voodoo kennt seit jeher natürlich Amulette und Talismane. Sie werden in magischen Zeremonien *behandelt.* Sie werden mit Formeln und Gebeten besprochen oder in Flüssigkeiten getaucht, wie zum Beispiel ein Krokodilszahn, der vor Gefahren schützen soll, in einer Flasche eingelegt wird, die ein Gebräu aus Schießpulver, Asche, Schildkrötenblut, Galle von Stier, Ziegenbock, Forelle und Keiler, Wasser von der Schmiede, von der Gerberei, sauren Hering, Blut einer jungfräulichen Maus und Alligatorfleisch enthält. Das Gebräu nennt sich Pot-pourri. Man glaubt hier sowohl an das Gedächtnis dieser Amulette und Talismane als auch an das von Flüssigkeiten, die ihren Inhalt dem Talisman mitteilen.[788]

Soldaten in Haiti trugen als Talismane behandelte Tücher bei sich, die sie gegen die Kugeln und Säbelhiebe schützen sollten[789].

Man kann Amulette auch nach Themenbereichen gruppieren.

Es gibt die astrologischen Amulette. Das älteste uns bekannte astrologische Werk, 3000 v.Chr., ist *Der Tag des Bel*. Die Astrologie geht davon aus, daß unser Schicksal von den Sternen beeinflußt ist. Bis heute erfreuen sich die 12 Tierkreiszeichen und die 10 Planeten als Amulette großer Beliebtheit. Man hat den Tierkreiszeichen auch Farben, Edelsteine und Metalle zugeordnet. Etwa den Zwillingen: Achat, Silber. Dem Stier: Smaragd, Rosa, Türkis.

Es gibt pflanzliche Amulette bzw. Talismane, die man in Stoffsäckchen am Körper trägt, wie Aniskörner, um Liebe und Ehe anzuziehen bis zur Alraune-Wurzel, die man unters Kopfkissen legt, die selbst den gleichgültigsten Liebhaber gefügig machen soll.

Amulette oder Talismane, die ihre Wirkung aus Mineralien beziehen, sind bis heute weit verbreitet, insbesondere aus Edelsteinen oder Halbedelsteinen. Den Steinen spricht man bestimmte Kräfte zu. Die Sumerer glaubten, daß der Besitzer eines Lapislazuli einen Gott bei sich trüge. In Indien diente der Onyx dazu, Liebesleidenschaft zu dämpfen. Viele Steine, glaubte und glaubt man, wirken sich positiv auf die Gesundheit aus: Jadeamulette etwa haben heilende Wirkungen bei Magen- und Darmleiden und helfen auch bei Geburten, schützen vor Herzkrankheiten und verhelfen bei Schlachten zum Sieg. Jadeamulette gab es schon 4000 v.Chr. in der westlichen Region Asiens. Der schwarze Opal gilt als ein Glücksbringer, der weiße Opal ist ein Symbol des Bösen und der Zwietracht; Okkultisten sind der Ansicht, daß ihn nur Waage-Menschen ungestraft tragen können. Inder und Araber tragen den Saphir zum Schutz vor Neid, Gift und bösen Geistern. Man glaubte auch, daß er übernatürliche Kräfte verlieh, wie die Fähigkeit in die Zukunft zu sehen. Und sogar Aristoteles, Galenus, Avicenna, Albertus Magnus und auch Plinius schrieben von der magischen Kraft der Steine.[790]

Ebenso sind organische Substanzen wie Bernstein, Perlen, Elfenbein, überhaupt Zähne und auch Korallen Träger von Kräften. Sie bringen, meint man, Heilung, Glück, Schutz oder wurden wegen ihrer übernatürlichen Kräfte in der *Hexenkunst* verwendet, dort vor allem Bernstein und Galgat. Perlen haben auch eine dunkle Seite, sie werden als Symbol für Tränen und Sorgen angesehen; Bräute wurden daher davor gewarnt, Per-

---

[788] Alfred Métraux, *Voodoo in Haiti*, S. 355.
[789] Alfred Métraux, *Voodoo in Haiti*, S. 355.
[790] Vgl. Justinus Kerner, *Die Seherin von Prevorst*, S. 83.

len am Hochzeitstag zu tragen. Ein Elchzahn hingegen bringt Schnelligkeit und Potenz.

Wir haben gesehen, daß Tiere als Amulette getragen werden. Eine ringförmige Schlange, die sich in den Schwanz beißt, eins der ältesten okkulten Symbole, gilt als Symbol der Ewigkeit, soll ein wenig Unsterblichkeit verleihen. Odysseus hat das Amulett des Delphins als Symbol für Liebe und Opferbereitschaft eingeführt, es soll, bis heute, auch Schiffbrüche verhindern. Ein Fisch (ebenso wie ein Hufeisen) beschert, glaubt man bis heute, Fruchtbarkeit und Erfolg.

Es gibt auch Amulette aus Substanzen des menschlichen Körpers. Überall trugen Menschen in Medaillons verwahrte Haarlocken bei sich. Die Haarlocke sollte in solch einem Medaillon eine Art Realpräsenz der Person bewirken, zu der sie einmal gehörte, sie vertrat die Person.

Zwei besonders geheimnisvolle Amulette sind bis heute der Davidsstern und das Pentagramm. Hier wird ein Zeichen, ein Symbol gebraucht.

Der Davidsstern war als besonders potentes Amulett in Gebrauch, und ist es heute noch. Er besteht aus zwei gleichschenkligen, sich überlagernden Dreiecken und wurde das berühmteste Symbol des jüdischen Glaubens. Für viele Juden stellt er die Vereinigung von Geist und Materie dar. Vielleicht wurde er gerade wegen dieses Geheimnisses in der Magie als wichtiges Zeichen übernommen. Im Mittelalter schützte er vor feindlichen Angriffen, tödlichen Waffen, Feuer. Zur Zeit Davids stand er für die Vereinigung der zwölf israelitischen Stämme.

Auch das Pentagramm, einen anderen Stern, benutzte man in Judäa als Amulett. Die Magie übernahm auch dieses Zeichen. Zeigt der Stern mit einer Spitze nach oben, bedeutet er Licht und Frieden. Zeigt er mit zwei Spitzen nach oben, steht das Pentagramm für den Satan und die Mächte des Bösen.

Davidsstern und Pentagramm sind noch viel älteren Ursprungs und waren bei Ägyptern, Assyrern und Babyloniern schon sehr beliebt. Und selbst in Ruinenstätten in Mexiko, Peru, Indien und China fand man seltsamerweise diese Zeichen.

Auch der moderne **Glücksbringer**, das kleine Hufeisen oder goldene vierblättrige Kleeblatt gilt als ein Speicher des Glücks und überträgt dieses hoffentlich auf uns. Trotz vielfach erfolgter kirchlicher Verbote haben sich Glücksbringer wie die Hasenpfote, vierblättrige Kleeblätter, Trifolium oder Oxalis, das Hufeisen oder der Glückspfennig bis heute gehalten.

Ein moderner Glücksbringer kann jeder beliebige Gegenstand sein, einer, den wir selbst gewählt haben. Habe ich im rosa Trikot ein wichtiges Tennis-Match gewonnen, trage ich es auch beim nächsten Mal: es wird mein Glücksbringer. Es ist aufgeladen mit dem sozusagen historischen

Sieg und strahlt diesen während des nächsten Spiels auf mich ab, so daß ich wieder gewinne.

Noch etwas mehr zur **Wirkung der Fetische**:

Amulette und Talismane sollen eine Schutz- oder Glücksbringer-Funktion haben, wobei ihnen diese Dinge geistig aufgeprägt wurden.

Dies geschieht beispielsweise im Voodoo in magischen Zeremonien. Geister werden in die Amulette beschworen und wirken durch diese. Mit der Zeit läßt die Kraft der Amulette nach und die Zeremonie muß wiederholt werden.

In anderen Kulturkreisen werden dem Amulett einfach intensive Gedanken aufgeprägt, durch Sprüche oder Gebete.

Das Ding speichert hier also etwas Geistiges, und zwar eine Intention: sozusagen: „Ich soll Glück bringen".

Der Okkultismus sieht es noch einmal anders, ziemlich exotisch: Die Zahlen, Buchstaben, Farben auf den Amuletten sind eine hochabstrakte, *geistige* Symbolsprache. Nimmt man an, es gibt körperlose, geistige Wesen, die den Kosmos bevölkern, also Geister, Engel, Dämonen, so können diese über die Symbolsprache des Geistes kontaktiert werden. Das Amulett mit diesen Symbolen fungiert so als Kontaktkanal, kommuniziert mit diesen Wesenheiten – von denen wir uns Beistand erwarten.

Die meisten anderen, starken Fetische wirken auch nicht einfach von sich aus. Die Kräfte werden ihnen in einem Ritus implementiert, bestimmte Intentionen werden ihnen eingegeben[791]. Diese sollen sie speichern – also geht man davon aus, daß sie ein Gedächtnis haben – und auch noch auf die Fetischdiener übertragen, auf die Fetischgläubigen oder diejenigen, die einfach mit dem Fetisch in Kontakt kommen. Artefakte eignen sich in dieser Perspektive besser als Kraftträger, schon beim Herstellungsprozeß können ihnen Kräfte eingegeben werden.

Wenigen Fetischen wohnen nun aber auch von Natur aus Kräfte inne. Hier handelt es sich um eine Imprägnierung seitens der Umgebung. Um eine besonders unheimliche, geheimnisvolle. Der Gegenstand spiegelt eine seltsame, unerklärliche Kraft wieder, die mit ihm in Berührung kam.

Man traute und traut den starken Fetischen Dinge wie die Heilung von Krankheiten zu, die Abwehr von schädlichen Außeneinflüssen, die Abwehr von Gefahren vor Reisen, die Aufrechterhaltung von Ordnung, die Wahrung von Verträgen, das Aufspüren und Bestrafen von Verbrechern, Hexern und Hexen, allerlei Vorhersagen[792], Hilfe bei Geburten, Unfruchtbarkeit, Impotenz, Liebeszauber, Schadenszauber, die Verbindung zum Jenseits, zur Transzendenz.[793]

---

[791] Karl-Heinz Kohl, *Die Macht der Dinge*, S. 121.
[792] Vgl. Karl-Heinz Kohl, *Die Macht der Dinge*, S. 17, 24.
[793] Vgl. Karl-Heinz Kohl, *Die Macht der Dinge*, S. 201f.

Der Fetisch ist häufig neben dem Kraftobjekt auch ein explizites Erinnerungsobjekt, ein expliziter Gedächtnisträger. Die Überreste eines Toten stellten oft den wirksamsten Teil eines Sakralobjekts dar. Gleichzeitig waren sie auch oft Erinnerungsträger an den Toten oder an ein außergewöhnliches Ereignis, das mit ihm in Zusammenhang stand[794].

Im afrikanischen Raum galt nicht nur das Ding Fetisch als lebendig, die Idee einer toten Materie war vielen Afrikanern, wie etwa den Einwohnern des Kongobeckens, auch ganz generell fremd. Jeder Gegenstand, egal ob künstlich oder natürlich, war Teil eines belebten Universums, mit einer bestimmten Bedeutung versehen.[795]

Afrika war das Land des Fetischismus schlechthin. Inzwischen ist der Fetischismus ein weltweites Phänomen und begreift auch prosaischere Kategorien ein wie Waren und Sexobjekte. Hier allerdings haben wir nicht mehr die starken Wirkungen und die starken Riten, die diese Wirkungen implementieren.

Wirkungsvolle Fetische kann im Grunde jeder herstellen, der größere psychokinetische Fähigkeiten besitzt, meint etwa W. E. Butler und erklärt ziemlich genau, wie man solche *charged objects* herstellen kann[796].

Materie wird hier geistig beeinflußt, geistig aufgeladen. Eigentlich läge hier ein sehr komplexer Spezialfall von Psychokinese vor. Es wird keine sofortige physikalische Wirkung am Gegenstand selbst erzielt, sondern etwas weit Komplexeres. Es werden so hoch abstrakte Dinge wie künftige Ereignisse und Umstände bewirkt, und der Gegenstand löst diese aus.

7. Die Welt der Bilder und die Welt der Kunst

Es gab einmal so etwas Verrücktes wie ein *Bilderverbot*!

Ein Bilderverbot macht nur Sinn, wenn man Bilder fürchtet, wenn sie wirken, wenn sie mächtig sind.

In Ägypten und im antiken Griechenland besaßen Bilder, Abbildungen, Statuen eine lebendige Macht.

Gegen diese Macht wandte sich zuerst der Judaismus und später auch das frühe Christentum und der Islam.

---

[794] Vgl. Karl-Heinz Kohl, *Die Macht der Dinge*, S. 201, 203.
[795] Vgl. Karl-Heinz Kohl, *Die Macht der Dinge*, S. 202.
[796] W.E. Butler, *How To Develop Psychometry*, S. 56–58.

Zur anfänglichen Lebendigkeit der Bilder

In Mesopotamien und Ägypten waren Abbilder selbstverständlich lebendig. Assyrer, Babylonier und Ägypter hatten eine ganz andere Vorstellung von Wirklichkeit und Abbild als wir.

Für die Ägypter teilte das Abbild einer Person oder eines Tiers das Leben des Originals, und das Abbild blieb auch nach dessen Tod Träger des Lebens. Die ägyptischen Bildner legten daher auf die Unverwüstlichkeit ihrer Werke so großen Wert, zogen den dauerhaftesten Stoff vor, zum Beispiel das Flachrelief aus Stein der Malerei.[797]

Das Abbild in Form einer Stele, Statue oder eines Reliefs – und auch der Name übrigens – vertrat in diesen Gegenden den Abgebildeten selbst. Seine Wirkmacht, insbesondere die des Kultbildes (Götterdarstellungen und die von Herrschern), mußte ihm allerdings erst in einem sakralen Akt verliehen werden.

Wie sehr das Abbild für die Ägypter lebendig war, schildert im 3. Jh. n.Chr. Asclepius[798]. Er widmet mehrere Kapitel den Statuen, die „beseelt und bewußt sind, von Geist erfüllt und großer Taten fähig; Statuen, die die Zukunft kennen und durch das Los, durch Prophezeiung, Träume und auf viele andere Arten vorhersagen; Statuen, die Menschen krank machen oder heilen, und ihnen, so wie sie es verdienen, Schmerz oder Freude bringen." Bilder ließen die Götter unter den Menschen wohnen.

Von Herrschern standen überall Stelen. Der Herrscher waltete in der Stele oder Statue seines Amtes, markierte Realpräsenz. Im Krieg gab es entsprechend den Brauch, Stelen und Statuen zu verschleppen, um den Feind damit zu schwächen. Neben der physischen Liquidierung des Gegners, der Zerstörung seiner Bauwerke, mußten auch immer seine Bildwerke vernichtet werden. Eine Ausnahme machte man allerdings mit Götterbildern der Feinde: Vor ihrer großen Macht fürchtete man sich. Man transferierte sie lieber und verehrte sie weiter. 689 v.Chr. eroberte und vernichtete der assyrische König Sanherib die Stadt Babylon vollständig. Nur das ehrwürdige Marduk Standbild brachte er unversehrt in seine Hauptstadt Assur und gliederte es in ihren Tempelbezirk ein. Erst als von den Assyrern die Herrschaft auf die Perser übergegangen war, tut Xerxes, was 1 000 Jahre niemand gewagt hatte, er läßt um 480 v.Chr. die uralte heilige Statue einschmelzen.

---

[797] Vgl. zum Beispiel Candi, *Radiästhesistische Studien*, S. 74f.

[798] Vgl. Asclepius bei Jan Assmann in *Bilder – Verbot und Verlangen in Kunst und Musik*, S. 22.
Mozart nimmt übrigens das Thema der lebendigen Statue im Don Giovanni in der Figur des Komturs auf.

Ebenso legte man in Ägypten Wert auf die Zerstörung der Bildwerke von verfeindeten Personen: Im Alten Reich war es Brauch, Darstellungen und Namensinschriften von verfeindeten Personen auszumeißeln, um sie am Weiterleben zu hindern. 1820 v.Chr. tauchten sogenannte Ächtungstexte auf: Namen von Gegnern und Fluchformeln wurden auf grobgeformte Tonfiguren geschrieben und diese dann an einem heiligen Ort feierlich zertrümmert, um dadurch den Feind selbst zu treffen.

Senenmut, Günstling und Baumeister der Königin Hatschepsut, ließ sich etwa siebzigmal in ihrer Grabanlage abbilden, bis dieser Machthunger zu seinem Sturz führte. Daraufhin erfolgte die Zerstörung vieler seiner Bauten und Bildwerke. Nachdem es dem Stiefsohn der Hatschepsut, Thutmosis III, gelungen war, sie vom Thron zu drängen, ließ er zahlreiche Bildzeugnisse von ihr zerstören, die Stauten ihres Totentempels zerschlagen und in einen Steinbruch werfen. Regelmäßig verfuhr so eine Dynastie mit der vorangegangenen.

Bei den ägyptischen Bildwerken kam es interessanterweise nicht auf Ähnlichkeit mit der Natur an. In Musterbüchern wurde ein Regelkanon für Darstellungen etabliert und für alle Kunstwerkstätten verbindlich. Auch diese standardisierten Bilder, eine Art Begriffskunst, hatten die Macht, den Tod wirkungslos zu machen; mit dem Bildnis, seiner Staute, lebte der Tote weiter. Und das Bildnis brauchte auch keinen Betrachter! Nicht Betrachtung war der Zweck; es wurde in einer Grabkammer eingemauert (wo es niemand mehr sah), dort wirkte es und verlieh dem Toten neues Leben, garantierte sein Weiterleben im Jenseits. Entsprechend hieß der Bildhauer im Ägyptischen „der, der am Leben erhält". Bei Statuen ging noch das Zeremoniell der „Mundöffnung" voraus.

Anfangs war dies Weiterleben nach dem Tod mittels des Bilds nur dem König bestimmt und der obersten Elite, später fand eine gewisse Demokratisierung statt, und jeder konnte unsterblich werden, sein Grab entsprechend mit einem Abbild bestücken.

Im Neuen Reich ändert sich die Haltung. Das Bild verlor an Lebendigkeit. Es wurde mehr Denkmal für Macht und Ruhm. Eine Wendung trat schon mit dem seltsamen Echnaton (er starb 1362 v.Chr.) ein. Nachdem circa 2 000 Jahre die Strukturen sich nicht verändert hatten, führte er einen einzigen abstrakten Gott, den nur durch die Sonnenscheibe dargestellten Aton, ein, und bewirkte eine revolutionäre Individualisierung in der Kunst. Sich selbst ließ Echnaton mit physischen Absonderlichkeiten, einem missproportionierten Kopf (vielleicht zurückzuführen auf die Fröhlichsche Krankheit) abbilden, in einer provozierenden, nie gewagten Lässigkeit der Haltung und Intimität der Szenerie. Der Kopf seiner Frau Nofretete ist nicht nur von einmaliger Schönheit, sondern auch einmalig modern.

Auch im antiken Griechenland bleibt die Vorstellung von der Identität des Bildes mit dem Abgebildeten noch bis in die Spätzeit lebendig (zumindest im Bewußtsein des einfachen Volkes), glaubt man an die Macht der Bildwerke. Im Griechenland der Klassik (circa 500–323 v.Chr.) setzt sich aber bereits eine Betrachtung der Bildwerke unter dem puren Aspekt des Schönen und der technischen Perfektion der Handwerkskunst (techne) durch. Und so kommt auch die Verehrung des Künstlers hervor, wird das Künstlergenie geboren: Der geniale und seinerzeit berühmte Bildhauer Phidias verkehrt in höchsten Kreisen, ist mit Perikles befreundet. Der Maler Parrhasios nennt sich „Fürst der Kunst" und Abkömmling von Apoll. Zeuxis verschenkt seine späten Werke, weil er sie für unbezahlbar hält. Die Bildwerke bekommen hier etwas Individuelles, Bewegtes, und auch realistisch Naturalistisches. Dieses Verhältnis zur Kunst bestimmt dann die Rezeption von Kunst bis in die Gegenwart.

In der nachklassischen Phase kommen dann Verschlüsselungen von Gedanken in Bildern hinzu. Allegorien tun dies beispielsweise. Der Künstler legt alles Mögliche hinein. Es entstehen Bildwerke wie das Weihrelief der Apotheose Homers des Archelaos von Priene, die kaum noch zu enträtseln sind.

Beispiele für die gleichzeitig lange persistente Macht von Bildwerken in Griechenland gibt es unzählige:

Gerade Homer, so munkelten einige, sei erblindet, weil er zu viel (mächtige Bildwerke) gesehen habe. Das Palladion von Troja verhinderte die Einnahme der Stadt. Statuen des Pan wurden bestraft, wenn die Jagd erfolglos blieb. Es gab verbreitet Berichte von Bildern, die Prophezeiungen gemacht haben sollen.

Im Lauf der Entwicklung scheiden sich die Auffassungen der Bildungsschicht immer mehr von denen der breiten Massen. Nur bei letzteren bleiben die Bilder lebendig.

Rom bringt hier nichts grundsätzlich Neues.

Auch dort glaubte man an die Macht der Bildwerke.

Insbesondere waren in Darstellungen von Göttern diese Götter, wie bei den Griechen, realpräsent. Ebenso mächtig waren Herrscher-Bildnisse. Im römischen Reich wurden bei Amtsantritt des Herrschers feierlich auf allen öffentlichen Plätzen Bilder von ihm aufgestellt. Auch an allen Orten, an denen Amtshandlungen vorgenommen wurden. Der Kaiser im Bild verlieh jeder Entscheidung eines Amtsträgers, zum Beispiel Richters, höchste Rechtskraft. Er war durch das Bild in persona anwesend. Wollte man einen Kaiser loswerden, wurden seine Bilder vernichtet. Römische Soldaten rissen in Germanien die *imagines* des Kaisers Nero von den Feldzeichen, weil sie Rufus an seine Stelle setzen wollten. Oder die Menge riß Bilder des Gestürzten herab, warf sie von den Sockeln.

In dasselbe Muster paßt, wenn die Römer nach der Eroberung der griechischen Städte zunächst die Kultbilder der griechischen Antike profanierten: insbesondere die großen Statuen aus Stein und Marmor. Sie wurden aus den Heiligen Bezirken entfernt. Aber wenigstens nicht zerstört, sondern zu profanen Kunstgegenständen! Unter Nero und Caligula stellte man sie in Rom auf öffentlichen Plätzen und in Arenen auf. Es ging dann primär um ihre ästhetische Wirkung. Ihrer Magie waren sie beraubt. Das heidnische Rom hat glücklicherweise die Schätze der Antike konserviert und weitergetragen.

Neben dem Glauben an die Macht der Bilder vertrat man gleichzeitig auch eine *rationalistischere* Ansicht. Man betonte am Kunstwerk das Schöne und die Technik. Aber auch die Technik verband man wiederum mit einer Macht. Dion von Prusa[799], der offenbar während der Regierung des Kaisers Titus in Rom lebte, beschreibt diese anrührend in seinem emphatischen Lob der Zeusstatue des Phidias in Olympia: „Wer je unter den Menschen ganz beschwert ist in seiner Seele, weil er viele Schicksalsschläge und Leiden im Leben durchgemacht hat, und nicht einmal mehr im süßen Schlaf Erquickung findet, auch der wird, wenn er diesem Bild gegenübersteht, alles vergessen, was es im menschlichen Leben Furchtbares und Schweres zu tragen gibt."

Kleiner Exkurs:
Dieselbe magische Lebendigkeit, die man in Bildern sah, verband man in der Antike auch mit *Namen*.

In der Religionsgeschichte, sowohl in der christlichen wie in der nicht christlichen (in Ägypten, Babylonien, im Gnostizismus, im Judentum usw.) spielen Namen eine merkwürdige Rolle[800]. Der Name war mehr als eine erdachte Summe von Lauten. Er war etwas geheimnisvoll Lebendiges, etwas Wesenhaftes, eigentlich war auch er ein Doppelgänger dessen, was er bezeichnete. Dort, wo der Name angerufen wurde, wurde der Namensträger gegenwärtig und wirkte. Die Apostel heilten im *Namen* Jesu, und durch die Namensnennung wirkte er sogleich als wäre er anwesend. Die katholische Kirche kennt die Magie des Namens noch heute. Die Taufe wird im *Namen* Gottes, des Heiligen Geistes und Jesus Christus ausgesprochen, im Vaterunser und in den zehn Geboten steht der *Name* Gottes an der Spitze. Mit der Anrufung des *Namens* nimmt man an, Gott werde für die Anrufenden präsent (steigt sozusagen in den Augenblick herunter. Auch das Anrufen des Namens in beliebigen anderen Situationen, etwa in Not, setzt diese Herstellung der Präsenz voraus, von ihr erhofft man sich die Wirkung). Das Anrufen der Namen von Hei-

---

[799] Vgl. bei Lutz Lippold, *Macht Des Bildes – Bild Der Macht*, S. 60. Er schrieb damals über eine skandalöse Verbindung, die der Kaiser mit dem Boxer Melankomas hatte.

[800] Candi, *Radiästhesistische Studien*, S. 73ff.

ligen führt zum realen Wirken dieser Heiligen, etwa zur Errettung aus Not durch diese. Und wenn ein Geistlicher im Rahmen der katholischen Messe die Reihen der Heiligen beim *Namen* aufzählt, geht es dabei auch heute noch um mehr als tote Buchstaben, und um mehr als das Heraufrufen dieser Heiligen in *die Erinnerung: Sie sollen in dem Moment in der Messe präsent werden*, ihre reale Präsenz wird sozusagen herbeibeschworen.

Die frühen Bilderfeinde beziehungsweise die Feinde des lebendigen Bilds

Eine bilderfeindliche Entwicklung beginnt im alten Israel. Mehrere Gruppen halbnomadischer Hirtenstämme hebräischer Abstammung wandern aus Ägypten aus ins Land Kanaan, um Frondiensten beim Bau der neuen Hauptstadt Pi-Ramses zu entgehen. Bei der schubweisen Einwanderung nach Kanaan bildete sich allmählich der Glaube an einen einzigen, bildlosen Gott heraus (eventuell hat man einen älteren syrischen bildlosen Gott übernommen). Man reagierte immer mehr allergisch auf bildliche Darstellungen Gottes. Solche Darstellungen anzubeten galt als Götzendienst. Als Grund gab man an: Gott war nicht darstellbar als transzendenter, allmächtiger, allwissender, allgegenwärtiger. Tacitus[801] sagt über das jüdische, bildfreie Gottesbild: „Die Ägypter verehren viele Tiere und monströse Bilder, die Juden kennen nur einen Gott und begreifen diesen nur mit dem Geiste: sie betrachten jene, die Bilder von Gott nach menschlichem Vorbild aus vergänglichen Materialien machen, als gottlos; dieses höchste und ewige Wesen ist für sie undarstellbar und unendlich."

Ein noch wichtigerer Grund war aber wohl: Man wollte sich durch den unsichtbaren, einzigen, *nicht darstellbaren* Gott von den umgebenden Kulturen, den Ägyptern, Babyloniern usw. mit ihren vielen, überall bildlich dargestellten Göttern abgrenzen. Man kämpfte gegen den Polytheismus der anderen an, wollte sich mit etwas anderem, dem eigenen Monotheismus, abgrenzen, profilieren, durchsetzen. Und da die polytheistischen Religionen häufig das Bild, oder die Statue mit dem Gott *gleich* setzten – das Bild *war* der der Gott, hatte eine magische Macht –, kämpfte man gleichzeitig gegen die Macht der Bilder. Die Macht der Bilder war augenscheinlich, man nahm sie also sehr ernst.

Die bildliche Darstellung Gottes wurde daher strengstens expressis verbis verboten.

Eines der ältesten Bilder-Verbote finden wir im deterokanonischen Text *Sapientia Salomonis*, einem Text ca. 50 v.Chr. Dort wird darauf hin-

---

[801] Tacitus, *Historiae*, V, § 5.4.

gewiesen, daß Bildern, als dem künstlich Hergestellten (*manufactum*), die Lebendigkeit fehle. Wer Bilder verehre, der begehre Leben von einem Toten. – Es entbehrt nicht der Ironie: Ausgerechnet König *Salomo* wurde durch seine zahllosen ausländischen Mätressen dazu verführt, alle möglichen heidnischen Gottheiten zu verehren, für diese Kulthöhlen einzurichten und Götzenbilder herzustellen.-

Ausgenommen vom Bilderverbot war allein Gott: Gott schuf den Menschen nach seinem Abbild: nur Gott durfte Bilder schaffen, schöpferisch sein.

Das Bilderverbot wird aufrecht erhalten, auch über den Untergang Judäas hinaus. In der Zeit des Exils, der Diaspora, bleibt das Band nicht der bildlich dargestellte Gott, sondern das *Wort*, das Gesetz, dessen Grundlage die Thora bildet. Seine genaue Befolgung ist fortan das Band, nicht mehr Abstammung und Nationalität (so bis heute).

War das Bilderverbot zunächst nur auf Gott bezogen, so wurde es bald verschärft, bezog sich bald auch auf Menschen und auf alle lebenden Geschöpfe wie Vieh, Vögel, Gewürm, und Fische (Deuteronomium 4,15–18).

Man beobachtete, bei den Polytheisten wurden Bilder praktisch automatisch angebetet: Jedes Abbild eines Wesens (von etwas) im Himmel, auf Erden oder im Wasser konnte daher zu einem rivalisierenden Gott werden! Und mußte damit verboten werden (Exodus 20,4–6). An dieser Stelle der Bibel verbietet das zweite Gebot Moses' (Exodus 20, 4–6: „Du sollst dir kein Bild machen ...") Bilder zu machen, vornehmlich Bilder Gottes (so die zu kurz greifende Übersetzung der *Septuaginta*), aber auch sonstige Bilder, „die mindeste Ähnlichkeit mit etwas oben im Himmel oder unten auf der Erde oder im Wasser oder unter der Erde aufweist"[802]. Auch die Geschichte vom *Goldenen Kalb* (Exodus 32) ist hier wegweisend[803].

Daß man bald gegen jegliches Bild etwas hatte, zeigt auch, wie sich unter der römischen Herrschaft die Juden gegen die Enthüllung von römischen Hoheitszeichen und Kaiserbildern auflehnten. Nach einer fünftägigen gewaltlosen Belagerung des Palastes des Pilatus hat eine auf-

---

[802] Freie Übersetzung: Heinz-Klaus Metzger in *Bilder – Verbot und Verlangen in Kunst und Musik*, S. 99.

[803] Die Geschichte vom *Goldenen Kalb* (Exodus 32) zeigt, wie die Juden an die Macht der Bilder glaubten, wie sie davon ausgingen, daß Bilder ganz direkt Götter *sind* oder *werden*. Als Moses so lange am Berg Sinai blieb, daß das Volk fürchtete, er würde nie mehr zurückkehren, verlangte er von Aaron, ihnen einen Gott zu machen, der sie an *Jahwe* und ihn, Moses, den Räpresentanten Jahwes, erinnern sollte. Aaron ließ sodann alles Gold einsammeln und das Goldene Kalb gießen. Bald stellte sich das als schlimmer Irrtum heraus, als Sünde! Das Goldene Kalb *wurde zu einem anderen Gott*! Es verführte das Volk (entgegen der ursprünglichen Absicht) zur heidnischen Anbetung.

gebrachte jüdische Menge erreicht, daß die Kaiserbildstandarten des Tiberius aus Jerusalem entfernt wurden. Und 37 n.Chr. kommt es beinahe zum offenen Krieg, als Caligula seine Statue im Tempel aufstellen lassen will.

Gleichzeitig mit den Bildern wurden interessanterweise auch heilige Orte verboten. Gegen heilige Höhen und gegen Orte, die Sonnensäulen oder Steinmäler bezeichneten, an denen geopfert wurde, richtete sich der prophetische Protest.

Zu einer Ding-Verehrung kam es im Judentum dann aber doch noch:

Der Zusammenschluß der 12 Stämme Israels führte zur Schaffung eines Zentralheiligtums, in dem die *Bundeslade* deponiert wurde, einer Art Truhe, welche die mosaischen Gesetzes-Tafeln enthielt. Sie galt als etwas Magisches: als Erscheinungsort Gottes, als mit göttlicher Macht geladener Gegenstand. Die Bundeslade wurde im Allerheiligsten des salomonischen Tempels aufbewahrt. Nach der Zerstörung des Tempels 587 v.Chr. galt sie als verschollen. Der Bundeslade verdankten die Israeliten, der Legende nach, zahlreiche Siege: Bei der Eroberung von Jericho ließ Josua die Bundeslade unter Posaunenklängen siebenmal um die belagerte Stadt tragen, deren Mauern daraufhin fielen.

Auch die Verehrung der heiligen Torarollen (die die Heilige Schrift enthalten) bedeutet einen religiösen Objektkult, der sich bis heute gehalten hat. Und so wurde es im Judentum letztlich die Schrift, die die Bilder ersetzte.

Der Islam übernahm das jüdische Bilder-Tabu. Wobei nur der sunnitische Islam die jüdische Radikalität von der Bildabkehrung noch übertraf.

Die Art der Ausschmückung wie man sie in christlichen Kathedralen findet, ist Moscheen (und auch Synagogen) daher fremd.

Jeder Versuch, die natürliche Welt darzustellen, galt im Islam als blasphemisch, galt als Bemühung des Menschen mit dem Schöpfer zu wetteifern oder ihn sogar zu übertreffen. Gott allein wurde das Recht zugesprochen, Gestalten aus dem Nichts, Leben sozusagen aus Staub zu schaffen. Solche künstlichen Bild-Gestalten widersprachen der Einzigartigkeit, der Einheit Gottes. Wenn Gott überhaupt ausgemacht werden konnte, dann nicht in der Vielfalt der Gestalten, sondern in den Einheitlichkeitsprinzipien, die diesen zugrunde lagen: in den Prinzipien der Form und der Zahl, also in der Geometrie. Das gab der Architektur einen enormen Aufschwung: sie war dreidimensionale Geometrie und daher quasi göttlich.

Im antiken Griechenland verehrte man zwar mächtige Bilder. Im Zug der Griechischen Naturphilosophie gab es aber auch bei den Griechen ein Verständnis für das jüdische Bilderverbot. Bei Hekataios[804] (um

---

[804] Vgl. Hekataios – er schrieb für Ptolemaios I. eine Geschichte Ägyptens –, bei Jan Assmann in *Bilder – Verbot und Verlangen in Kunst und Musik*, S. 19.

400 v.Chr.) lesen wir dergleichen. Naturphilosophisch aufgeklärt war man der Ansicht, Gott besitze keine menschliche Gestalt, sei so abstrakt, daß man ihn bildlich nicht darstellen könne.

Im frühen Christentum setzte sich das Mißtrauen Bildern beziehungsweise Abbildungen gegenüber noch unter dem Eindruck des alttestamentlichen Bilderverbots fort: *Du sollst dir kein Bild machen*; zweites Gebot (Exodus 20,4).

Und das, obwohl im Christentum in Jesus Christus, Gottes eingeborenem Sohn, der Geist *Fleisch* geworden ist.

Man findet daher aus den ersten christlichen Jahrhunderten praktisch keine Gottesbilder. Und sogar die Nachbildung des menschlichen Körpers aus irdischem Material galt als Sakrileg, als blasphemische Nachahmung göttlicher Schöpferkraft.

Das änderte sich im 4. Jahrhundert. Aus dieser Zeit stammen die ersten Zeugnisse christlicher Kunst; sie wurden bei Ausgrabungen in den römischen Katakomben gefunden. Interessanterweise waren auf den Fresken auch vorchristliche Motive wie Liebesszenen von Amor und Psyche oder Orpheus mit der Leier.

Tertullian, Origines und andere Kirchenväter waren im 3. Jh. noch gegen die Anbringung von Bildern in Kirchen. 198/99 n.Chr. schreibt Tertullian (ca. 150–ca. 230) den Traktat *De idolatria*. Bildverehrung qualifiziert er nicht nur als Vergehen, sondern als Sünde[805]. Für ihn führt jede Abbildung zur Gefahr des Götzendienstes und bedeutete im übrigen dem Schöpfer ins Handwerk zu pfuschen. Ebenso lehnten Clemens von Alexandrien und Origenes unter Hinweis auf Exodus 20,4 alle religiöse Kunst in Kirchen ab, da das Bild Gottes nur von der (unsterblichen) Seele bewahrt werden könne. – In verschiedenen Rechtssammlungen waren bildende Künstler dementsprechend schlecht angesehen, man stellte sie auf die Stufe mit Trunkenbolden und Bordellbesitzern. – Origines betonte die absolute Geistigkeit Gottes. Das sinnlich Wahrnehmbare war für ihn dumpf, wertlos, nichtig. Ihm ging jeder Sinn für das Schöne ab, der den Griechen so wichtig war.

Im Osten wetterte Eusebius (ca. 263–339), der Bischof von Caesarea und Hoftheologe Konstantins gegen Bilder. Und später kritisierte auch

---

[805] In der Folge von Tertullian, an ihn anknüpfend, wird Idolatrie als Todsünde qualifiziert. Tertullian geht weit über die Bilderverehrung hinaus: alles, indem es dargestellt und verehrt wird, kann nach ihm zum Idol werden, auch Schmuck, Zeichen auf Schwellen und Türen, Abzeichen weltlicher Würden etc. Tertullian, *Über die Idolatrie/De Idolatria*, S. 137–176, in *Private und katechetische Schriften*. Übers. von H. Kellner, Bd. I, Kempten und München, Bibliothek der Kirchenväter, 1912.

Augustinus[806] (354–430) nach wie vor scharf die Ding- und Bildverehrung.

Bald war man aber nur noch gegen die Darstellung des Erlösers.

Bilderfeinde und Bilderfreunde

Die Dämme brachen, als im **4. Jh. unter Konstantin** das Christentum zur Staatsreligion wurde. Es fand ein Import römischen Bilderkults statt; die Römer gingen davon aus, das Dargestellte sei gleichzeitig real anwesend, das Bild einer Gottheit sei die Gottheit selbst, das Bild des Kaisers der Kaiser selbst. Und man rechtfertigte nun die Bilder auch theologisch, verwies auf ihre didaktischen Zwecke; hier sticht Gregor von Nyssa hervor.

Im 5. und 6. Jh. hat die bildende Kunst (mit Ausnahme der Vollplastik) fast jeden Bereich des kirchlichen Lebens durchdrungen. Und so entwickelte sich die christliche Kirche bald zu einer gigantischen Bilderfabrik. Gottes-, Christus-, Marienbilder wurden schließlich obligatorisch in den Gotteshäusern.

Im weströmischen Reich hat der Widerstand etwas länger gedauert als im Osten. Im oströmischen Reich erlebte die Bildkunst gegen Ende des 6. Jahrhunderts einen glänzenden Höhepunkt.

Überall hatte sich durchgesetzt, daß die Bilder in ihrer Anschaulichkeit ein nützliches Mittel zur Unterrichtung des einfachen Volks in der heiligen Überlieferung waren.

Bilder setzten sich also durch. Es gab aber nach wie vor Gegner und sogar Bilderstürme, Bilderzerstörungen. Als Gregor I., 590, den Stuhl Petri bestieg, befürwortete er Bilder aus pädagogischen Zwecken, war aber gegen ihre Verehrung, allerdings auch gegen ihre Zerstörung: Er mußte gegen Bilderstürme wie den in Marseille unter Bischof Serenus einschreiten.

Und 726 flammte der sogenannte **byzantinische Bilderstreit** auf, ausgelöst durch Kaiser Leo III. Vertreter der sich konsolidierenden weströmischen Kirche protestierten gegen die Bilderverehrung im byzantinischen Christentum. Papst Gregor III legte ihn dann 731 bei und bemerkte feinsinnig: Sei denn alles Sichtbare nicht nur ein Bild des Unsichtbaren? Nach weiterem Hin und Her erlaubte das Konzil von Nicäa 787 schließlich explizit die *Verehrung* von Bildern zuzulassen, dafür aber die *Anbetung* zu verbieten. Die Ostkirche (Byzanz) war strenger: das führte zu einer Schematisierung und Verarmung der religiösen Kunst; auch Statuen

---

[806] Augustinus, *De Civitate Dei. Vom Gottesstaat*, S. 378ff., Bd. I, 426/1978, Zürich, München, übersetzt von Wilhelm Timme.

waren dort verpönt. Dafür wurde die Ikone zu einer eigenständigen Gattung, und diese markierte magische Realpräsenz[807].

Christliche Bilder wurden fortan also verehrt. Anders verfuhr man aber, und das ist sehr unrühmlich, mit genialsten Bildwerken der *Antike*: Als sich im frühen 4. Jahrhundert unter Kaiser Konstantin das Christentum als Staatsreligion durchsetzte[808], verschwanden wertvollste antike Statuen einfach. Während der **Zeit Kaiser Theodosius II.** (408–450) wurde sogar eins der genialsten Kunstwerke der Antike, die vom großen Künstlergenie Phidias geschaffene *Athena Parthenos*, aus der Akropolis entfernt und ward nie wieder gesehen. Ebenso verschwand auch seine gigantische Zeusstatue von Olympia. Die Kirchenväter schmähten die Knidische Aphrodite des genialen Praxiteles; mit ihrer erotischen Ausstrahlung sei sie Agentin dämonischer Kräfte[809]. Und auch schönste antike Sakralarchitektur[810] wurde einfach abgerissen. Die Stelle nahmen Kirchen, Kruzifixe und Heiligenbilder ein.[811]

> Im Mittelalter setzte sich die unheilige Zerstörung antiker Götterbilder übrigens fort. Unter den römischen Ruinen gefundene Götterbilder bewarf man mit Steinen, unterzog sie Exorzismusritualen, vergrub sie wieder oder weihte sie um. Man hatte regelrecht Angst vor der von diesen Götterbildern noch ausgehenden Kraft, dämonisierte sie. Es gab sogar zahlreiche Legenden: gewarnt wurde von der erotischen Anziehungskraft der Marmorbilder antiker Liebesgöttinnen: junge Männer sollen sich in diese Statuen verliebt haben, bis sie ein Priester vom Teufelsbann löste[812].

> Und selbst in der Renaissance ging noch die Angst vor den lebendigen antiken Statuen um: es gab den Vorwurf der sexuellen Statuenmagie, der die Sieneser nach einer Niederlage gegen Florenz um 1340 veranlaßte, eine gerade wiedergefundene antike Venusstatue zu zerschlagen und die Reste auf Florentiner Gebiet zu verscharren, um die schädliche Wirkung des Idols nun auf den Feind wirken zu lassen[813].

---

[807] Lutz Lippold, *Macht Des Bildes – Bild Der Macht*, S. 73–82.

[808] Per Toleranzedikt.

[809] Horst Bredekamp, *Repräsentation und Bildmagie in der Renaissance als Formproblem*, S. 27.

[810] Das römische Pantheon ist als einer der wenigen Tempel geblieben und wurde lediglich umgeweiht.

[811] Vgl. Karl-Heinz Kohl, *Die Macht der Dinge*, S. 225, 227.

[812] Vgl. Karl-Heinz Kohl, *Die Macht der Dinge*, S. 226f.

[813] Horst Bredekamp, *Repräsentation und Bildmagie in der Renaissance als Formproblem*, S. 27.

Und um 1504 machten die Florentiner sogar noch eine zeit-
genössische Figur, Donatellos Judith, die Holofernes köpft,
für den Verlust von Pisa verantwortlich, entfernten sie und
setzten an ihre Stelle vor den Palazzo Vecchio Michelangelos David. Gerade die Form wurde damals auch als Skandalon empfunden: Judith zieht Holofernes in eine halb aufgerichtete Stellung zu sich hoch, ausgerechnet vor ihr Geschlecht, um ihn zu töten. Horst Bredekamp meint, daß hier
von der Form des Bildwerks die Gewalt ausging.[814]

Im Westen wie im Osten des römischen Reichs setzen sich (christliche)
Bilder letztlich durch. Die theologische Theorie, die im Westen weniger
ausgeklügelt ist als im Osten, ist meistens nur gegen die Bilder-Anbetung,
gegen die durch Bilder wirkende *Realpräsenz*. Die Kirche läßt schließlich
Bilder im großen Umfang zu, auch sie hält nichts von der durch Bilder
bewirkten Realpräsenz, nach ihr dienen sie primär pädagogischen Zwecken.

Immer wieder gibt es dennoch Extremisten, die zu Bilderzerstörung
schreiten.

In der Masse hält sich hingegen die archaische Gleichsetzung von
Abbild und Urbild; im Bild Christi betet die Masse weiterhin den sich real
im Bild verkörpernden Christus an.

Das **Bilddenken des europäischen Mittelalters** ist in der Folge geformt
durch eine Synthese aus griechisch-römischer Antike, Christentum und
den „barbarischen" Kulturen des Nordens und Westens (Kelten und
Germanen in der Hauptsache. Während der byzantinische Staat nach
Geschlossenheit gestrebt hatte, war sie dem Westen unter Ansturm der
Barbarenvölker verloren gegangen).

Im christlichen Mittelalter Westeuropas kommt wie in Byzanz noch
einmal das archaische Bild/Abbild Verhältnis zum Tragen. Das Bild vertritt den Abgebildeten, macht ihn realpräsent[815].

Karl der Große, der Herrscher des Frankenreichs und Begründer des
mittelalterlichen Kaisertums, schafft zunächst, im Clinch mit Byzanz – er
wurde zu Fragen der heiß-diskutierten Rolle von Bildern einfach über-
gangen – sein eigenes Bilderprogramm. In den „Libri Carolini" wird die
Heiligen- und Reliquienverehrung zum Programm erhoben. Bilder werden aber als etwas Materielles abqualifiziert, das nicht den Geist des Mys-
teriums beinhaltet. Das Bild wird so im Westen offiziell entidolisiert und
entmythologisiert. Es ist auf die Führung durch die Schrift angewiesen.

---

[814] Vgl. Horst Bredekamp, *Repräsentation und Bildmagie in der Renaissance als Formproblem*, S. 10–29.
[815] Lutz Lippold, *Macht Des Bildes – Bild Der Macht*, S. 27–61.

Den Massen paßte das nicht unbedingt. Und Karl setzte sich hier letztlich auch nicht durch: In Rom herrschte zu der Zeit ein massiver Bilderkult, der später auch in den Norden überschwappte. Die Romanisierung der fränkischen Kirche ließ sich nicht aufhalten, sie kam auch der Masse entgegen. So wurde es usus, daß die Gläubigen bei der Betrachtung von Passionsbildern in Tränen ausbrachen. Es war ganz natürlich, daß die heilige Maura[816] nach Prudentius von Troyes liegend vor einem dreiteiligen Bild mit Darstellungen von Jesus als Kind betete und erlebte, wie „das Kind jauchzte, der Gekreuzigte ... stöhnte und der Weltherrscher ... ihr freundlich das goldene Zepter reichte".

Anders verhielt es sich mit Kaiserbildern im Mittelalter. Im Westen hat das Kaiserbild im Mittelalter niemals den Kaiser *vertreten*, sondern nur auf die Rechtmäßigkeit des Amtsvollzugs *hingewiesen*. Kaiserbilder wurden im Westen auch niemals kultisch verehrt. Ab Heinrich IV. wurde das Bild pures Historienbild: Im Fall Heinrichs IV. wurde zum erstenmal in Mitteleuropa der Kaiser als Handelnder während eines historischen Geschehens dargestellt, auch noch während eines besonders schmählichen: als Bittsteller Papst Gregors VII. 1077 beim Gang nach Canossa. Gregor sollte Heinrich IV. wieder in sein Kaiseramt einsetzen, das ihm von den Landesfürsten abgesprochen worden war. (Die Fortsetzung der Geschichte ist weniger bekannt. Später jagte der bestätigte Kaiser den Papst mit einem Heer aus dem Amt und setzte auf den Stuhl Petri einen Mann seines Vertrauens.)

> Anders war es übrigens mit den Herrschaftsinsignien, ihnen kam eine magische Kraft zu. Die Krone konnte den Kaiser in Abwesenheit voll ersetzen. In ihr war der Kaiser real präsent. Seit Heinrich I. gehörte auch die Heilige Lanze dazu, ein Nagel vom Kreuz Christi, der Krönungsornat, wertvollste Reliquien, das Reichskreuz und das Krönungsevangeliar aus der Hofwerkstatt Karls des Großen.

In Rom dagegen war noch die Macht des Herrscherbildes wirksam. Leo III. *sanktionierte* die weltliche Machtstellung Karls des Großen in einem Mosaik-Bild. Karl wird dort, durch Christus bevollmächtigt, als einzig legitimer Nachfolger des „Römischen Reichs" dargestellt. (Byzanz taucht im ganzen Bildprogramm nicht einmal am Rande auf, es wurde zu der Zeit überdies von einer Frau: Irene, regiert.)[817]

---

[816] Vgl. bei Lutz Lippold, *Macht Des Bildes – Bild Der Macht*, S. 208.
[817] Lutz Lippold, *Macht Des Bildes – Bild Der Macht*, S. 120–231.

Im **Hochmittelalter** erfuhr das magische Bildverständnis geradezu ein hysterisches Wiederaufleben[818]. Das Bild bürgte für Wahrheit! Die Personen der Dreifaltigkeit, die flammende Hölle, die zahllosen Heiligen, die auf den Bildern dargestellt wurden, waren *Realität*. Die fürchterlichen Darstellungen höllischer Qualen in aller Häßlichkeit und Roheit[819] waren *real*. (Ein beeindruckendes Beispiel sind die Fresken im „Dom" von San Gimignano). Bilder, Höllendarstellungen schürten grauenvolle Angst, Teufelsfurcht und Hexenwahn. Gottes-, Marien- und Jesusbilder verzückten oder bewirkten süße Schauer. Heiligenbilder beruhigten.

Das einfache Publikum ging im Bilderwahn auf. Oben diskutierte man weiterhin die Erlaubtheit der Bilder[820] und berief sich schließlich darauf, daß vor der Menschwerdung Christi das Verbot notwendig gewesen wäre, weil Gott damals nur Geist war, daß aber Christus durch sein Kommen auf Erden das alte Gesetz aufgehoben hätte. Am Rest des zweiten Gebots: „Du sollst sie (die Bilder) nicht anbeten, noch ihnen dienen", wollte die Kirche aber unbedingt festhalten. Bilder sollten wenigstens nicht per se angebetet werden[821]. Es sollte lediglich dem darauf Dargestellten Ehre erwiesen werden. Bilder waren, so die kirchenoffizielle Stellung, dazu da, zu belehren, zu erinnern und die Frömmigkeit anzuregen[822]. De facto war aber alles anders. Die Menge setzte nach wie vor das Bild dem Abgebildeten gleich, mehr denn je. Das dargestellte Jesuskind wurde angebetet wie das reale Jesuskind. Es *war* das reale Jesuskind. Die abgebildeten Heiligen, insbesondere die heilige Barbara und der heilige Christophorus, retteten im Volksglauben aus unmittelbarer Gefahr, wenn man nur ihr Bild anrief oder anbetete. Die tägliche Betrachtung eines gemalten oder figürlichen Christophorus gab hinreichenden Schutz vor einem verhängnisvollen Ende. Die Anbetung der Bilder der sogenannten Pestheiligen wurde zur geistlichen Krankenversicherung. Entgegen ihrer offiziellen Position förderte die Kirche auch noch die Verlebendigung der Bildwerke durch Prozessionen und durch einen bestimmten Umgang mit den Kultobjekten wie etwa mit der Bekleidung von Statuen.

---

[818] Johan Huizinga, *Herbst des Mittelalters*, S. 233–250. Lutz Lippold, *Macht Des Bildes – Bild Der Macht*, S. 220ff.

[819] Johan Huizinga, *Herbst des Mittelalters*, S. 313ff.

[820] Die Zisterzienser lassen um 1134 alle Bilder und Skulpturen aus den Kirchen und Tagesräumen der Klöster entfernen mit Ausnahme bemalter Holzkreuze. 1182 wird die Entfernung aller Glasmalereien gefordert, 1215 das Bilderverbot erneuert, 1251 ist aber alles wieder beim Alten. „Malereien und Bildnereien entstellen die alte Ehrbarkeit des Ordens": vgl. Lutz Lippold, *Macht Des Bildes – Bild Der Macht*, S. 229f.

[821] Thomas von Aquin befürwortet als einzige Ausnahme die *adoratio* des Christusbildes, aber „nicht insofern es eine Sache ist": vgl. bei Lutz Lippold, *Macht Des Bildes – Bild Der Macht*, S. 232.

[822] Vgl. Lutz Lippold, *Macht Des Bildes – Bild Der Macht*, S. 233.

Mit der Erfindung des Holzschnitts (um 1400) erfuhr die Bilderanbetung einen weiteren Schub. Heiligenbilder ließen sich nun in Massen herstellen. Fast jeder konnte sich Passionsbilder für die private Andacht erlauben und schaffte solche auch an. In dieser Vervielfältigung ging nun nicht die Heiligkeit verloren. Die Aura des Einmaligen, Einzigartigen wurde nicht durch Vermassung abgetötet; auch, wer einen bloßen Holzschnitt eines Heiligen Christophorus ansah, dem geschah am selben Tag kein Leid.[823]

Meinungen berühmter Kirchengelehrter veränderten da wenig. Bei Thomas von Aquin[824] (um 1225–1275) ist nachzulesen, das Dingliche, das Bild und die sinnliche Erfahrung, die es auslöst, zerrütte die Seele. Später, wir kommen hier schon in die Renaissance, verurteilt auch noch Nikolaus von Kues (1401–1464)[825] Bilder als Idolatrie: Gott sei nichts Bestimmtes, sondern ein Unendliches und so nicht in Bildern darstellbar. – Am Rand bemerkt: auch diese Sicht barg Gefahren. Der Wahre Gott bedeutete hier eine radikale Verneinung aller Formen. Hieraus schlossen manche, daß der wahre Gott eher nichts sei als etwas[826].

In der **Renaissance** kommt es wieder zu einem andern Bilderverständnis.

Im frühen Mittelalter war die Gesellschaft verhältnismäßig einfach strukturiert: Kleriker und Adel als Elite, demgegenüber die Masse des Volkes, die von ersteren ausgebeutet wurde. Mönche sorgten für das Seelenheil der Masse, Ritter fungierten als militärischer Schutz. Die grundsätzliche europäische Auseinandersetzung war die zwischen Kaiser- und Papsttum um weltliche und geistliche Vorherrschaft, von beiden Seiten mit wechselndem Erfolg ausgetragen.

Mit dem Tod Friedrich II 1250 endete das universale abendländische Kaisertum. Herauf kommt eine neue Schicht. Ausgehend von Italien übernehmen führende Rollen in der Gesellschaft jetzt neben Fürsten und hohen Klerikern: Bankiers, Kaufleute, Juristen. Der Bedarf der enorm prosperierenden ober- und mittelitalienischen Stadtstaaten kann nicht mehr allein durch Theologen gedeckt werden. Und selbst Päpste wie Bonifatius VIII, den Dante in einen untersten Höllenkreis verbannt, sind jetzt nicht mehr Theologen: Bonifaz ist Jurist und in erster Linie geschäftstüchtig (er ließ sich übrigens so oft porträtieren, daß seine Geg-

---

[823] Vgl. Michael Mitterauer, *Dimensionen des Heiligen*, S. 277ff.

[824] Thomas von Aquin, *Summe der Theologie*, S. 408ff., Bd. 2, 3. Bde. Hrsg. Josef Bernart, 1985, Stuttgart. Thomas kritisiert zwar die Liturgie und ihre kostbare Ausstattung, Schmuck, Gewänder, Bilder etc., konzediert aber, daß das „Leibhafte" des Gottesdienstes notwendig ist.

[825] Nikolaus von Kues, *De docta ignorantia/Die belehrte Unwissenheit*, S. 105ff., Bd. I 1440/1979, Hrsg. Karl Bormann, 3 Bde. Hamburg.

[826] Hartmut Böhme, *Fetischismus und Kultur*, S. 169.

ner ihn wegen Idolatrie verklagten). Diese neue Schicht, von, man kann sagen, Neureichen, hat keine Gott-gegebenen Ämter mehr inne. Umsomehr läßt sie ihre Macht durch berühmte Künstler in Bildern vergegenwärtigen, die sie teils auch Kirchen und Klöstern stiftet. So kompensiert sie den Komplex des fehlenden Geburtsadels. In Italien sind es Leute wie die Medici, in Deutschland die Fugger und Welser. Ebenso pompös werden ihre Grabmäler. Das Bild löst sich zu der Zeit von seiner heiligen Macht. Es wird profanes Status- und Machtsymbol. Allgemein wandelt sich das Verhältnis zum Heiligen. An den Universitäten nimmt der Humanismus seinen Ausgang. Die Naturwissenschaften entwickeln sich jenseits der Theologie.

In der großen Masse nimmt gleichzeitig, dem entgegengesetzt, der Glaube an die Macht der Heiligen Bilder und Reliquien noch zu. Dieser wird jetzt von kirchlicher Seite, aus kommerziellen Profitzielen heraus, geschürt. Für jegliche göttliche Gnadenzuwendung – insbesondere die, die von Bildern und Reliquien der Kirche ausgeht – muß bezahlt werden.[827]

Auch im sogenannten *Schandbild* und in den *lebendigen Statuen* überlebt die mittelalterliche Bildmagie in de Renaissance noch eine Weile: 1478 sah Papst Sixtus IV die Möglichkeit, die Republik Florenz mit Hilfe von Konkurrenten der Medici: mit den Pazzi, zu vernichten. Während des Hochamtes im Florentiner Dom wurde Giuliano de' Medici erstochen, während Lorenzo il Magnifico nur am Hals verletzt wurde. Damit scheiterte die Verschwörung im Ansatz. Die Medici ließen die Anführer, darunter den Erzbischof von Pisa, an den Fenstern des Palazzo der Signoria und am Bargello aufhängen. Botticelli erhielt nun den Auftrag ein *Schandbild*, die Hinrichtung, in einem Fresko darzustellen. Auf dem Fresko[828] an der Außenseite des Justizpalastes (des Bargello) figurierten die sieben Verschwörer; fünf wurden am Hals stranguliert dargestellt und zwei, besonders schmählich, an den Füssen aufgehängt. Die zwei an den Füssen Aufgehängten hatten fliehen können. Das Affresco sollte hier die Gewißheit der Ergreifung bildmagisch vorwegnehmen[829]. Einen der Flüchtigen ergriff man sodann: Bernardo di Bandino. Man hängte ihn an einem der Fenster des Bargello über dem eigenen Schandbild, das ihn, am Fuß aufgehängt als Hochverräter zeigte, am Hals auf. Nachdem nun also das Schandbild seine Funktion mit dem Vollzug der Strafe erfüllt hatte, gab man ein neues Fresko in Auftrag, das nur noch der mahnenden Erinnerung dienen sollte (erneut wurde Botticelli beauftragt – auch Leonardo hatte sich beworben).

---

827 Lutz Lippold, *Macht Des Bildes – Bild Der Macht*, S. 234–243.

828 Das Außen-Fresko hat sich nicht erhalten, es gibt aber genaue Quellen darüber.

829 Horst Bredekamp, *Repräsentation und Bildmagie in der Renaissance als Formproblem*, S. 33–37.

Die Lebendigkeit des Botticelli Schandbildes zeigt sich auch darin, daß der Papst, als Florenz und er in Friedensverhandlungen eingetreten waren, unbedingt wollte, daß man den Erzbischof, der ja einer der Verschwörer gegen die Medici gewesen war, vom Fresko tilgt. Dem folgte Florenz 1480 auch, damit der erzbischöfliche Rang nicht entwürdigt wurde.

Das Schandbild hatte noch eine weitere Funktion und grausame Wirkung: es sollte auch die Schande noch einmal lebendig wiederholen, die Schande realpräsent machen, verewigen. Als solches Bild wiederholter, ewiger Schande kann auch die Hinrichtung Savonarolas auf der Piazza della Signoria in Florenz (anonymer Maler, um 1500) gelten (heute im Konvent von San Marco). Dieses Schandbild ist bis heute in der früheren Zelle Savonarolas angebracht. Savonarola wollte man ad infinitum in der schändlichen Pose auf dem Scheiterhaufen sozusagen heraufbeschwören.

Donatellos Bronzestatue *Judith köpft Holofernes* hatten wir schon erwähnt. Hier haben wir den Fall der lebendigen Statue. Sie stand im fünfzehnten Jahrhundert vor dem Palazzo Vecchio in Florenz: dort, wo die zum Tode Verurteilten vorbei zum Hinrichtungsplatz geführt wurden. Die Figur nahm praktisch die bevorstehende Strafe vorweg. Und zwar ging man davon aus, daß sie dies so lebendig tat, daß man sie später entfernte, weil man befürchtete, von ihr ginge Unheil aus – an ihren Platz kam dann der David von Michelangelo.

Als noch lebendiger hat man damals den heute noch existierenden Triumphbogen des Kaisers Konstantin empfunden[830]. Auf Gemälden in der Sixtinischen Kapelle von Botticelli (nach dem Friedensschluß von Florenz mit dem Papst) und Perugino wird der Konstantinsbogen zum Symbol der Legitimation des Kirchenstaats: Kaiser Konstantin hatte in der *Konstantinischen Schenkung* den Kirchenstaat begründet. Diesen Bogen verstümmelte nun Lorenzino di Medici. Er schlug dort Köpfe ab und zertrümmerte sie. Für Zeitgenossen – der Dichter Molza äußert sich hier – glich das dem Hinmetzeln von Menschen. Insbesondere und zielsicher hat Lorenzino die Darstellungen des Kaisers zerstört, und treffen wollte er damit eigentlich seinen Verwandten, Papst Clemens VII, den er sogar ermorden wollte. Die Vandalisierung des Konstantinbogens stand für eine Delegitimierung des Papstes und wurde damals sogar als Vatermord: „parricidium" bezeichnet; die Verstümmelung von Figuren wurde also einem realen Mord gleichgesetzt. Im Nachhinein wurde diese Tat aber als heroischer Auftakt zum Tyrannenmord gesehen: 1537 erdolchte Lorenzino Alessandro di Medici, den ersten Medici Herzog, der Florenz wie ein Despot regierte. Lorenzino wurde mit Brutus verglichen, der die Freiheit zurückbringen wollte. 1548 wurde er dann von den Häschern von

---

[830] Vgl. Horst Bredekamp, *Repräsentation und Bildmagie in der Renaissance als Formproblem*, S. 37–46.

Cosimo I. di Medici gefangen und seinerseits erdolcht, nachdem man zuvor auch ein Schandbild von ihm hatte anfertigen lassen: kopfüber an einem Fuß aufgehängt.

Den Brutus-Kopf des Michelangelo empfand man (die restaurativen Kräfte) um diese Zeit, 1539, als so lebendig – nicht ganz fertiggestellt, scheint die Büste unter dem Netzwerk ihrer feinen Schabeisenschraffuren zu pulsieren, auf dem Gesicht steht ein prüfendes Abschätzen –, daß man eine unverholen kritische Inschrift eingravieren ließ: „Als der Bildhauer das Bildnis des Brutus aus dem Marmor holte, kam ihm das Verbrechen in den Sinn, und er ließ ab: *Dum Bruti effigiem sculptor de marmore ducit in mentem sceleris venit et abstinuit.*« Es war eine Art antimagische Zensur, um jeden Anflug einer aufrührerischen Botschaft zu unterbinden.

Die **Reformation** machte dann einen brutalen Strich unter das Kapitel des Schwelgens in Bildern. Abweichler wie Katharer, Waldenser, Calvinisten und protestantische Schwärmer bekämpften heftig die katholische Kirche und hierbei auch die Bildanbetung, unglücklicherweise die Bilder selbst. Der erste und zugleich radikalste Angriff auf die Papstkirche kam aus Böhmen von Jan Hus. Die Hussitenbewegung griff auch auf Deutschland über und bereitete dort den Boden für die Reformation. Man wehrte sich gegen die Ausbeutung durch die Kirche und ging insbesondere auch gegen die Magie der Bilder und Reliquien vor, denn gerade mit Heiligen-Bildern und Reliquien hatte die Kirche viel verdient, Ablässe mit diesen verknüpft[831]. Auch die laszive Wirkung, das Verführerische vieler Werke wurde gegeißelt. Großartigste Werke wie Michelangelos Fresken in der Sixtinischen wollte man als zu erotisch am liebsten vernichten. Im Süden wie im Norden gab es auf einmal ein Pornographie-Problem. Ob Michelangelo, ob Cranach oder Hans Baldung Grien, man entrüstete sich ohne Ansehen der Genialität des Werks. Gewalttätige Bilderstürme entfesselten sich. Protestantische Schwärmer zerstörten Bilder und Statuen in den katholischen Kirchen[832]. Ein päpstlicher Legat[833] berichtet 1420 über Verwüstungen, die radikale Bilderstürmer in Böhmen anrichteten, „daß die Bilder (und Statuen), welche jene verstümmelt hatten, alle mit abgehauener Nase, abgehauenem Kopf, ausgestochenen Augen oder auf jede Art und Weise im Gesicht verletzt zu sehen waren, als ob jene glaubten, sie träfen lebendige Menschen oder die, deren Bilder es waren." Es war ein exaktes Nachvollziehen der damaligen Straf- und Foltermethoden an Bildern und Statuen. Auch die Bilderstürmer glaubten also, die Bilder seien lebendig und bekämpften nicht nur einen Aberglauben.

---

[831] John Dillenberger, *Images and Relics*, S. 16.
[832] Vgl. Eckhard Tramsen in *Bilder – Verbot und Verlangen in Kunst und Musik*, S. 29.
[833] Vgl. bei Emanuel de Paula in *Bilder – Verbot und Verlangen in Kunst und Musik*, S. 166.

Auch Humanisten wie Erasmus von Rotterdam[834] bereiteten den Boden. Erasmus verspottete die Bilder- und vor allem auch die Reliquienverehrung (verschickte aber selbst an alle möglichen wichtigen Personen sein eigenes Bild zu Werbezwecken). Sarkastisch verwies Erasmus auf die Unmenge von Gebäuden, die man aus der Menge der im Umlauf befindlichen Kreuzsplitter errichten könne[835].

Luther, für den der Papst der personifizierte Antichrist war – modern bemerkte er, der Papst solle doch seine Ausgaben selbst zahlen, für verschwenderische Gebäude wie den Petersdom künftig in die eigene Tasche greifen[836] –, war gegen die Bilderidolatrie, wollte aber nicht die Zerstörung der Bilder, versuchte zu bremsen; Bilder zu zerstören mache ebensowenig Sinn wie Frauen zu töten und den Wein abzuschaffen, nur weil diese aus Männern Trottel machten[837]. Mit fortschreitenden Jahren vertrat er einen gemäßigten Standpunkt. Um 1530 war er sogar dafür, Bilder zur Erbauung zuzulassen, gestand ihnen sogar einen Nutzen zu[838].

In Zürich unter Zwingli und Bullinger kam es hingegen zu radikalen Räumungen der Kirchen von Bildern und Statuen und deren Zerstörung, ebenso in anderen wichtigen Städten wie Basel[839]. In Straßburg geschah glücklicherweise weniger[840]. Calvin[841] in Genf war ebenfalls radikal bilderfeindlich. Bilder ersetzten nach ihm das Göttliche durch Dinge, waren bloße Idole. Gott konnte nicht durch Bilder erfaßt werden, nur Gott konnte Gott erfassen. Auch die didaktische Funktion erkannte Calvin Bildern ab. Gott lehre nur durch das Wort. Gegen Bilder von Landschaften, Portraits von Adeligen oder Bürgern, Historiengemälde, Stilleben hatte er nichts, er war nicht gegen jede Abbildung. Er wetterte hauptsächlich gegen die papistische Kirchenkunst: Auf den dortigen Jungfrauendarstellungen seien die Jungfrauen freizügiger gekleidet als Prostituierte in Bordellen[842]. Calvin gab immer gerne radikale Ratschläge: Anderen empfahl er in ihren Ländern zu Märtyrern zu werden, um den Protestantismus durchzusetzen oder die Länder zu verlassen, während er selbst in komfortabler Sicherheit im protestantischen Genf lebte[843].

---

[834] Vgl. bei Lutz Lippold, *Macht Des Bildes – Bild Der Macht*, S. 247.

[835] Vgl. bei John Dillenberger, *Images and Relics*, S. 5.

[836] John Dillenberger, *Images and Relics*, S. 89.

[837] Vgl. bei John Dillenberger, *Images and Relics*, S. 91.

[838] John Dillenberger, *Images and Relics*, S. 93.

[839] John Dillenberger, *Images and Relics*, S. 178f.

[840] John Dillenberger, *Images and Relics*, S. 179.

[841] Vgl. bei Alain Besançon, *The Forbidden Image*, S. 185ff. John Dillenberger, *Images and Relics*, S. 181.

[842] Calvin bei Alain Besançon, *The Forbidden Image*, S. 189.

[843] John Dillenberger, *Images and Relics*, S. 183.

Auch in England und Schottland wurden in Kirchen und Klöstern Bilder entfernt[844]. Mehr oder weniger überall im nördlichen Europa, da dort die Reformbewegungen prominente politische Stützen fanden. Hier weniger, dort mehr. In den Niederlanden zum Glück weniger; katholische und protestantische Kräfte hielten sich dort die Waagschale[845].

Wo sich der Protestantismus durchgesetzt hatte, war im Gottesdienst primär *das Wort* wichtig. Man ließ auch etwas Musik zu und bunte Glasfenster. Sonst kein Bildwerk. Statt dem Altar hatte man einen einfachen Tisch.[846]

Später durfte man im Protestantischen dann wieder Christus am Kreuz darstellen. Maria und die Heiligen hatten allerdings ausgespielt.[847]

Die barbarische Bilanz der Reformation: Unzählige hochrangige Kunstwerke von unschätzbarem Wert sind unwiderbringlich zerstört worden.

Anders war es im Süden. In Renaissance-Italien passierte nichts. Gegen die Ausbeutung der Kirche war man weniger allergisch, weil dort großer Reichtum herrschte. Und die Reformbewegungen waren hier nicht in der Hand der bestimmenden politischen Schicht wie nördlich der Alpen[848]. Mit einem Savonarola machte man kurzen Prozeß und verbrannte ihn in Florenz auf dem Scheiterhaufen.[849]

Zur Zeit der Reformation, der Bilderstürme, der Kritik an der Magie der Bilder, gab es auch **das Künstler-Genie der Renaissance**. Und religiöse Bilder dieser Genies.

Man[850] könnte sogar sagen, gerade Leute wie Calvin öffneten auch eine Tür zum Künstler-Genie: Das Göttliche kam fortan nicht mehr vom dargestellten heiligen Sujet, sondern vom Darsteller, vom Künstler. Das Genie verlebendigte die Abbilder.

Nehmen wir zwei völlig konträre Genies: die Fresken in der sixtinischen Kapelle von Michelangelo und den Isenheimer Altar von Matthias Grünewald – Zeitgenossen. Wie steht es hier mit der Magie der Bilder?

Die Nackten auf Michelangelos Ultimo Giudizio (1536–41)[851] (dem Letzten Gericht) bekamen plumpe Feigenblätter und Lendenschürzen verpaßt. Man hatte das geniale Affresco wegen seiner sexuellen Ausstrahlung angegriffen und hätte es, haarsträubend, um ein Haar übermalt: und

---

[844] John Dillenberger, *Images and Relics*, S. 184.
[845] John Dillenberger, *Images and Relics*, S. 185.
[846] John Dillenberger, *Images and Relics*, S. 190.
[847] John Dillenberger, *Images and Relics*, S. 52.
[848] John Dillenberger, *Images and Relics*, S. 186.
[849] Lutz Lippold, *Macht Des Bildes – Bild Der Macht*, S. 246f.
[850] Alain Besançon, *The Forbidden Image*, S. 190.
[851] Vgl. hierzu z.B. John Dillenberger, *Images and Relics*, S. 132–139.

zwar hatte sich El Greco anheischig gemacht, dies zu tun, einen perfiden Auftrag der Art vorgeschlagen. In Michelangelos Augen gehörten die Nackten und die Wiederauferstehung des *Fleisches*, um die es im Fresko geht, zusammen[852]. Nach seinen eigenen Aussagen war sein Antrieb eigentlich Leidenschaft erotischer Natur. Im Eros allerdings scheint überall eine potente Erlösungssehnsucht durch, wir haben es mit einem sublimierten Eros zu tun, der letztlich Sehnsucht nach Erlösung durch göttliche Liebe wird.

Im Ultimo Giudizio hat man kein Bild, auf dem der abgebildete Erlöser angebetet wird, hier wirkt eine andere Magie, die des Künstlergenies, das Pathos einer intensivsten Sucht, eingekleidet in sublimierten Eros und potente Schönheit. Das Letzte Gericht ist hoch lebendig, weil der Geist Michelangelos perpetuell in ihm wirkt. Das ist dann schon der Geist der „modernen" Kunst. Was zur Zeit von Bilderverboten als skandalös galt, wurde in der Moderne als höchstes aller Kunstziele gefeiert: Werke zu schaffen, die *lebendig* sind.

Grünewalds Isenheimer Altar (1512–1516)[853] ist auch ein Werk eines Originalgenies. Ins Auge sticht dort ein entstellter Körper Christi, mit unzähligen Wunden und verkrümmten Füßen. Wir haben hier einen Hyperrealismus, das Leiden in seiner noch mehr als realen Häßlichkeit, krude, einen krassen Gegensatz zu Michelangelos idealisierten Körpern, seinen Prototypen idealer und potenter Schönheit.

Die Absicht bei Grünewald war, das Leiden so drastisch darzustellen, daß der Betrachter mitleidet. Gerade das führte übrigens in Luthers Augen auf den falschen Weg: es ging, nach ihm, darum, den versteckten, *übermateriellen* Gott zu „erkennen", nicht darum, in ein reales, materielles Geschehen einzutauchen, um den Geist ging es, nicht um das Fleisch (Michelangelos Sixtina hätte er natürlich noch strenger abgelehnt, als Fest des Fleisches).

Michelangelo und Grünewald kann man als konträr sehen. Eins ist ihnen allerdings gemeinsam. Auch bei Grünewald wird Christus nicht im Bild angebetet. Zu potent lenkt davon das Künstlergenie ab. Magisch wirkt hier der vom Künstler hineingelegte extreme Leidensgeist.

Ist das Ultimo Giudizio lebendig, insofern sozusagen der Geist Michelangeslos permanent ein Erschrecken, Entzücken und grandioses Staunen erzeugt, ist der auf dem Isenheimeraltar dargestellte Gekreuzigte lebendig, weil der Geist Grünewalds im Bild perpetuell Leid und Schrecken[854] produziert.

---

[852] Die Danteske Hölle am untern Ende des Freskos, auch dort lauter Nackte, könne, so Michelangelo, der Wiederauferstehung nichts anhaben.

[853] Vgl. hierzu z.B. John Dillenberger, *Images and Relics*, S. 25–52.

[854] Weniger Mitleid, die Darstellung ist zu krud, läßt kein weicheres Gefühl zu.

Die Reaktion auf die Reformation war die **Gegenreformation** der römisch katholischen Kirche. Sie versuchte nun die Auswüchse der Bilderanbetung zu mildern und die Heiligen durch eine Höherpositionierung dem Volksleben zu entrücken. 1563 kommt das im Konzil von Trient zum Ausdruck. Man wollte auch Nackte aus Heiligenbildern verbannen, den Bildern von Heiligen weniger Platz einräumen als Jesus und Marienbildern, und man wollte verhindern, daß Heilige und Reliquien so gefeiert wurden, daß die Masse quasi trunken wurde.[855]

Gleichzeitig reagierte die römisch katholische Kirche in der Gegenformation auf die Reformation mit einer Prachtorgie, einem Surplus an Bildwerken (und Bauten), mit pompösem **Barock**, grandiosen Deckenfresken, prunkvollen Altarbildern und Plastiken. In diesem gleichsam auf die Erde herabgestiegenen Himmel, diesen Palästen Gottes, wurden die Gottesdienste jetzt als Feste gefeiert, untermalt von polyphoner Musik riesiger Sängerchöre. So wollte man über die Irrlehre triumphieren.

Glücklicherweise hat sich inzwischen die Ästhetik immer mehr verselbständigt, und die faszinierenden barocken Deckengemälde katholischer Kirchen, die wie grandiose Theaterinszenierungen erstaunlichste illusionistische Räume in unglaublichsten Perspektiven schafften, mußten keine Angriffe mehr fürchten.[856]

Danach allerdings war die Kirche nicht mehr *der* Auftraggeber für Kunst. Ein Rembrandt mußte sich private Auftraggeber suchen.[857]

Auf die Volksfrömmigkeit hatten weder Bilderstürme noch aufgeklartes Bilderdenken Einfluß. Nach wie vor wurden allerorten Heiligenstatuen und -bildnisse und ihre magische Wirkung verehrt. Und heute noch pilgern Millionen zu Marienwallfahrtsstätten wie Altötting in Bayern, Tschenstochau in Polen, Fatima in Portugal, Loreto in Italien, Lourdes in Frankreich, Mariazell in Österreich oder Medjugorje in Bosnien-Herzegowina, drängen sich zu heiligen Bildwerken und erwarten direkt von ihnen Heilung und andere positive Wirkungen.

Bildwerke der Moderne beziehungsweise Kunst der Moderne

Die Moderne[858] in der Kunst beginnt nach schulmäßiger Meinung ungefähr Ende des 19. Jh. Im Grund hat sie schon in der Renaissance begonnen. Und bereits in der Antike gab es moderne Auffassungen von Kunst.

---

[855] John Dillenberger, *Images and Relics*, S. 187.
[856] Lutz Lippold, *Macht Des Bildes – Bild Der Macht*, S. 247f.
[857] John Dillenberger, *Images and Relics*, S. 190.

Was ist nun anders oder modern?

Die Absicht der Bilderschaffenden war in den Anfängen nicht, etwas in Natura abzubilden, sondern mit dem Bild eine im Unsichtbaren wirksame Geistesmacht sichtbar zu machen[859]. *Kunst* war in ihren Anfängen immer numinos, Abbildung des verborgenen Göttlichen. Sie war magisch lebendig. Mit christlichen Bildern waren noch bis weit ins Hochmittelalter regelmäßig Schauer, Angst, Terror (mit den zahlreichen Darstellungen des Jüngsten Gerichts) oder heftige Gefühle der Anbetung und Verehrung verbunden. Die Bilder machten die Heiligen, die Heilsgeschichte, das Göttliche realpräsent, Christus und die Heiligen *wirkten* durch die Bilder.

Modern wurde es, als der Künstler hervortrat und der Gesichtspunkt der ästhetischen Betrachtung (ab da sprach man von religiöser *Kunst* und eigentlich überhaupt von Kunst. Kunst ist bereist das Moderne). Nicht mehr das Abgebildete oder die Abgebildeten wirkten per se. Sondern der Künstler bewerkstelligte die Wirkung. Der hervortretende Künstler war in extremis das Künstlergenie – als solches Genie wurde Phidias bereits in der griechischen Antike gefeiert. Statt einer Anbetung von Bildwerken oder einem Realerlebnis, geht es bei (moderner) Kunst um ästhetische Kontemplation; das bedeutet ein rationales sich Distanzieren vom Abgebildeten und nicht mehr dieses unmittelbare Erleben als befände man sich etwas real Präsentem gegenüber.

(In neuester Zeit verändert sich auch das noch.)

Die Wirkmacht, die Magie der Bilder schwächt sich also ab.

Bilder hören aber dennoch nicht auf zu wirken.

Was ist nun diese neue Magie, die Kunstwerke lebendig macht?

In Europa wird praktisch Ovids Pygmalion-Mythos[860] zum Modell der (modernen) Kunst:

Der (Frauenverächter) Pygmalion fertigt als Ersatz für eine reale Frau eine Statuette, die ihn in erotischen Bann schlägt. Er verehrt seine Statuette kultisch, spielt um sie ein wahnwitziges Verführungstheater. Schließlich fleht er Venus an, sie solle sie lebendig machen (Leben begehrt er vom Toten). Die Göttin erfüllt sein Begehren und unter seinen glühen-

---

858 Es geht um die Ablehnung jeglicher Tradition. Impressionismus, Symbolismus, Neuromantik, Expressionismus, Futurismus, Surrealismus usw.

859 Dorothea Forstner, Renate Becker, *Lexikon Christlicher Symbole*, S. 17ff.
Daraufhin deuten im Deutschen übrigens die Sprachwurzeln des Wortes „Bild". Sie verweisen auf das altsächsische „bilidi", das soviel wie „Zeichen der Gottheit" bedeutet oder „Wunder". Althochdeutsch heißt „biliden" dem Innern einer Sache die angemessene Gestalt geben, also praktisch das nicht Faßbare, den innern Kern, darstellen. Erst später bekam das Wort die Bedeutung: Abbildung.

860 Ovid, *Metamorphosen*, Zehntes Buch, S. 228f., 2005, Köln, aus dem Lateinischen von J.H. Voss.

den Liebkosungen verlebendigt sich die Statue zu warm durchpulstem Fleisch.

Was früher den zahlreichen Bilderfeinden als skandalös galt, wird in der Moderne als höchstes aller Kunstziele gefeiert: *Werke zu schaffen, die lebendig sind.* Hierin liegt die neue Magie.

Par excellence war das die Kunstphilosophie der Renaissance. In der Kunst der Renaissance wurde größter Wert auf Naturnähe gelegt. Man hielt – südlich der Alpen – allerdings nichts von der häßlichen Wahrheit vieler gotischer[861] Darstellungen, sondern stellte die Natur dar, wie sie optisch war und sinnlich wirkte *und* zugleich schön und erhaben. Gelang das, konnte sich der Künstler als „nipote di dio", Enkel Gottes, fühlen, wie Dante sagte. Giorgio Vasari lobte Leonardos (1452–1519) Mona Lisa: Sie sei ein Meisterwerk, weil sie sich von der Wirklichkeit nicht unterscheide (und damit eigentlich lebendig sei).

Aber nicht um simple Naturnähe ging es! Es sollte ins Kunstwerk sozusagen eine Lebendigkeit höherer Ordnung kommen, eine *sublimierte* Lebendigkeit. Nach Leonardo[862] ging es nicht einfach darum, von der Natur abzukopieren und dabei technische Hilfsmittel einzusetzen wie Natur-Abgüsse oder das Abzeichnen über transparentem Papier. Das Ziel war vielmehr aus der Nachahmung eine *zweite Natur* zu schaffen!

Was hieß das aber letztlich? Was war diese zweite Natur? Es war der Geist des Künstlers. Im Kunstwerk verlebendigte sich letztlich das Künstlergenie. In der Mona Lisa (und jedem andern Bild) portraitierte sich Leonardo letztlich selbst. Sein Geist wirkt durch das Bild hindurch. Im Kunstwerk des Genies wirkt somit die Aura des Genies.

Das Bild war im Zuge der Renaissance noch magisch, weil das göttliche Genie – im lateinischen Raum bedeutete Genie: herausragendes Handwerk – darin zum Vorschein kam. Das Genie übertrug sozusagen göttliches Feuer, brachte in seinem Werk einen göttlichen Funken hervor. – Die Tempel seiner Anbetung wurden später Museen. – Dabei mußte es seine eigenen Regeln entwerfen[863], ein Original-Genie sein. Ein schwieriges Unterfangen. Der Zwang zur Innovation führte zu immer gösserer Exzentrik. Das kann man in der Evolution der Kunst seit der Renaissance sehr gut sehen, über den Manierismus und das Barock zum Rokoko wird die Darstellung immer ausgefallener, dekadenter[864].

---

861 Gotik: Stilepoche der mittelalterlichen Kunst in Europa nach der Romanik, entstand ab etwa 1140 in Nord-Frankreich. Um 1420 wurde sie, zunächst in Italien, von der Renaissance abgelöst.

862 Bei Michael Hertl, *Totenmasken*, S. 30.

863 So auch Kant, vgl. bei Alain Besançon, *The Forbidden Image*, S. 222.

864 Alain Besançon, *The Forbidden Image*, S. 222.

Auch Kant und Hegel[865] stellen diesen Wandel (sozusagen in der Magie der Bildwerke) fest. In der Kunst habe eine große Subjektivierung stattgefunden. Das Göttliche (der Kunstwerke) käme inzwischen aus der Seele des Künstlers[866]. Auch für sie bleibt die Kunst einstweilen magisch; verglichen mit der Natur ist sie Geist-näher. Der Geist des Künstler-Genies belebt sie. Große Kunst ist fortan geniale Kunst, drückt das Absolute, das Göttliche[867] aus: Kant nennt es, das *Sublime*[868]. Der geniale Künstler bringt also als magische Wirkkraft das Sublime ins Kunstwerk. Statt dem Heiligen haben wir das Sublime. Dieses Sublime ist etwas ziemlich Komplexes. Das Sublime bedeutet nicht einfach nur Schönheit, es ist sozusagen göttliche Schönheit. Diese ist aber wiederum gar nicht erreichbar und auch nicht direkt erfahrbar. Im Sublimen ist also etwas Unerreichbares, nicht Darstellbares dennoch in die Darstellung gekommen – ein Paradox. Oder besser: Das Sublime ist ein Hauch des eigentlich nicht darstellbaren Absoluten, Wahren, Idealen, ein bloßer, aber immerhin sinnlich erfahrbarer, Anklang an diese. Und so bedeutet das Sublime immer die Erfahrung eines spirituellen Gipfels[869]. Natürlich ist die Darstellung des Sublimen nur dem Genie möglich, weil im Künstlergenie dieses Göttliche steckte. Sein Göttliches glänzt im Endeffekt durchs Werk.

Auch bei Schopenhauer[870] verlebendigt inzwischen das Genie das Kunstwerk. – Gott kann es nicht mehr, zum Ende des 19. Jh. deklarierte man[871] seinen Tod. – Ein Talent ist für Schopenhauer wie ein Schütze, der ein Ziel trifft, das andere nicht treffen können. Ein Genie dagegen ist wie ein Schütze, der ein Ziel trifft, das andere nicht einmal sehen können! Die Sicht des Genies ist, nach Schopenhauer, objektiv. Er meint damit, es hat einen privilegierten intuitiven Zugang zur Essenz der Dinge, ungetrübt vom *Willen*, der als dunkles Substratum allem unterliegt, den Dingen einen blinden und repetitiven Impetus gibt (der Wille ist die Summe aller unbewußten und bewußten Kräfte des Universums, wobei die bewußten von den unbewußten getrieben werden). Es geht also um ein „pures Sehen", ein ungetrübtes Sehen, das im Kunstwerk des Genies zum Aus-

---

[865] Hegel bei Alain Besançon, *The Forbidden Image*, S. 203–226.

[866] Alain Besançon, *The Forbidden Image*, S. 224.

[867] Bei Hegel ist allerdings das Göttliche, Gott, dem historischen Wechsel unterworfen, und so ist das Göttliche, das in Kunst über die Zeiten aufscheint, ein historisches Göttliches. Die Geschichte Gottes kann durch die Kunstgeschichte erfaßt werden, bis zum Zeitpunkt, zu dem Gott verschwand und die Kunst (einen bestimmten Typus von Kunst) mit sich riß. Vgl. Alain Besançon, *The Forbidden Image*, S. 224.

[868] Vgl. Kant bei Alain Besançon, *The Forbidden Image*, S. 222.

[869] Alain Besançon, *The Forbidden Image*, S. 223.

[870] Vgl. bei Alain Besançon, *The Forbidden Image*, S. 299.

[871] Vgl. für alle Nietzsche.

druck kommt. Und dieses eröffnet einen privilegierten Zugang zum Universum, das ist bei Schopenhauer die Magie des modernen Kunstwerks.

Die Epoche der großen Künstler Genies, der Original Genies, war irgendwann vorbei.

Auch das Sublime erfuhr einen Wandel zum mehr Profanen hin.

Bei Baudelaire[872] ist das Sublime nur noch die Sensibilität eines Kindes. Das Genie ist eigentlich ein Kind, hat sich ein kindliches Einfühlungsvermögen erhalten, das alles für neu hält und sich an allem berauscht. Und das belebt das Werk.

Im Impressionismus ist das Sublime, das dem Kunstwerk Leben gibt – Pissarro[873] beschreibt das – die Natur *so wie wir sie fühlen*. Auch hier ging es eigentlich noch um die Erfassung von etwas Numinosem. Man könnte das Numinose *Atmosphäre* nennen. Diese Atmosphäre wurde zumeist durch Licht(reflexe) dargestellt. Man kann daher auch sagen, es ging ums Licht. Bei Gauguin[874] war die Natur Anlaß die Phantasie zu stimulieren und etwas primär Inneres zum Ausdruck zu bringen.

Kandinsky[875], der Vorläufer der Abstrakten[876], sieht im Impressionismus und auch im Symbolismus dementsprechend bereits eine abstrakte Sichtweise: es ging hier nicht mehr einfach um die Darstellung von Natur oder von sonst irgendeinem realistischen Sachverhalt. Es ging um einen *inneren* (spirituellen, seelischen) *Inhalt*. Ein innerer Inhalt ist unkonkret, formlos, und daher abstrakt. So sind Cézannes Stilleben für Kandinsky nicht die Darstellung toter Objekte; eine Tasse, eine Vase, ein Apfel, werden bei Cézanne *von innen heraus* lebendig. Letztlich kommt, nach Kandinsky, Emotion, ein intensiverer Lebensmodus, im impressionistischen Kunstwerk zum Ausdruck. Formen und Farben sind dabei die abstrakte Grundsprache dieser Kunst. Sie entsprechen den Noten in der Musik; Kandinsky vergleicht sie auch mit von Körpern losgelösten Seelen. Form und Farbe versteht er also nicht im kubistischen Sinn als geometrischen, mathematischen Ausdruck, sondern noch als Träger eines Unsichtbaren,

---

[872] Vgl. bei Alain Besançon, *The Forbidden Image*, S. 243.

[873] Vgl. bei Alain Besançon, *The Forbidden Image*, S. 249f. Das Motiv sollte den eigenen Gefühlen entsprechen. Dinge sollten nicht durch klare Umrisse definiert werden. Die Essenz der Dinge sollte man malen, ohne auf die Technik zu achten. Das Auge sollte sich nicht auf einen Punkt fixieren, sondern man sollte den Eindruck des Gesamten einsaugen, das u.a. in Farbreflexen bestand.
Pissarro wollte übrigens den Louvre niederbrennen.

[874] Vgl. bei Alain Besançon, *The Forbidden Image*, S. 251.

[875] Vgl. bei Alain Besançon, *The Forbidden Image*, S. 330ff.

[876] Nicht Picasso hat eigentlich das Figurative zerstört, er hat immer wieder auf die Tradition zurückgegriffen, sie war für ihn ein riesiges Spielerepertoire; bei manchen Portraits von Dora Maar denken wir sofort an Raphael oder Goya.

Innerlichen, Seelischen, Geistigen, spirituellen Hintergrunds[877]. Bis hier bleiben wir also noch numinos.

Bis hierhin sind Bilder beziehungsweise Kunstwerke noch magisch:

Früher hatte die Magie eines Bildwerks mit den dargestellten Subjekten oder Objekten zu tun, die göttlich waren und ihre Heiligkeit dem Bild mitteilten. In der Moderne (schon in der Antike und durchgehend seit der Renaissance) ist die Magie zunächst der Geist des genialen Künstlers, der aus dem Bild aufscheint. Im Bild – einem Objekt mit Gedächtnis – ist die große, die göttliche Künstlerseele gespeichert beziehungsweise die geniale Synthese aus Künstlerseele und aus der von dieser Künstlerseele erfahrenen, dargestellten, abstrahierten *Wirklichkeit*.

Im 19. Jh. sah man die Magie darin, daß im Bild etwas Innerliches, Seelisches, eine innere Stimmung zum Ausdruck kam.

In praktisch allen Fällen kommt hier etwas Unsichtbares zur Darstellung, wird hier etwas Unsichtbares gespeichert.

Dann kam ein Wandel oder der Magieverlust:

Weil das Göttliche nicht mehr in den Dingen sichtbar war, meinten manche, daß man sie zwingen, verzerren, deformieren mußte, um ihre Gegenwart hervorzubeschwören, eine Gegenwart, die den Dingen immer mehr entglitt. Irgendwann entschieden sich ein paar Künstler, es ganz ohne Dinge zu tun: Das war die Geburt des Abstrakten. Impressionismus, Symbolismus, Expressionismus, Kubismus hatten diesen Bruch noch nicht vollzogen, aber sie steuerten auf ihn zu.

Abstrakte Kunst wurde zu einer globalen Bewegung. Ihren letztendlichen Siegeszug schaffte sie in Amerika. Mondrian, Duchamp, Rothko, Pollock, Kline. Und jetzt ergab sich eine große Veränderung: Auf einmal ging die Magie, das Lebendige verloren. – Hegel hatte übrigens schon lange vorher ein Ende der Kunst proklamiert.

Eigentlich fand dieser Lebendigkeitsverlust erst statt, als sich das Abstrakte ganz von der *Realität* löste. – Auch der theosophisch angehauchte Kandinsky löste sich irgendwann ganz von der Realität, aber er meinte, er bringe noch *sein Inneres* in der freien Abstraktion von Form und Farbe zum Ausdruck[878]. – Das Kunstwerk stellte sich somit nur noch selbst dar, nicht mehr *irgend etwas*, auch nicht mehr eine innere Realität. Es strahlte damit kein Anderes mehr aus. Es glitt ins Beliebige, Bezugslose ab. Und so auch in einen möglichen Nonsens.

---

[877] Kandinsky hat übrigens umfangreiche Abhandlungen über seinen neuen Kunstbegriff geschrieben, den er für den neuen Königsweg, die via regia, das neue Non-Plus-Ultra der Kunst hielt. Betrachtet man seine Werke, so ragt er, meint Besançon, nicht unbedingt heraus im Vergleich zu den Zeitgenossen Macke, Marc, Heckel oder Kirchner (die Praxis blieb eher hinter der Theorie zurück).

[878] Alain Besançon, *The Forbidden Image*, S. 353f.

In der Tat empfanden die Erfinder der abstrakten Malerei ihre Strömung als völligen Bruch mit dem Bisherigen[879]. Und wahrscheinlich hatten sie recht.

In letzter Zeit kam das Figurative allerdings wieder zurück[880]. Im Hyperrealismus als überscharfe Nachahmung, ungraziös, ohne jede Stilisierung, bei Bacon monströs, bei Botero parodistisch mit naivem Touch, bei Dubuffet roh.[881]

– Auch eine Loslösung vom Ästhetischen hat stattgefunden. Die Aussage trat in den Mittelpunkt. Das Ästhetische spielte noch herein; aber mehr als ein spielerisches Surplus, eher als Zitat.

Es gibt noch andere Erklärungen für den Magieverlust von Bildern, zumindest für den von Heiligenbildern in der Moderne[882]:

Mit Galileo Galilei (1596–1650) trat an die Stelle eines geschlossenen Universums, eines um die Welt als Zentrum wohlgeordneten, hierarchischen Kosmos, etwas völlig Verstörendes: ein unendliches Universum. Die Welt wurde zu einem winzigen Staubfleck, verloren in der Leere des unendlichen Raums. Zuvor (noch im Mittelalter) hing alles mit allem in diesem zentrierten Kosmos dank göttlicher Fügung zusammen. Jetzt blieb als Zusammenhang-stiftend lediglich die Mathematik. Gott wurde schon zu diesem Zeitpunkt zu etwas Abstraktem, und dieses Abstrakte diskreditierte jede Darstellung Gottes im Bild. Die Abbildung des Heiligen und so die heilige Wirkung des Bildes waren, könnte man sagen, von da an bereits unterminiert.

Daß wir hier keinen Blödsinn erzählen, die Magie von Bildern ernst genommen wird, zeigt auch, daß es in der Kunstgeschichte eine lange Tradition der Beschäftigung mit *Bildmagie*[883] gibt.

Die ältere kunsthistorische Forschung sah hier ein Phänomen, das seit der Frühgeschichte der Menschheit eine Konstanz hat. Sie definierte Bildmagie so: Sowie Bilder *ein lebendiges Substitut* des Vorbildes bilden (zum Beispiel die Hinrichtung auf einem Bild wird der realen Exekution gleichgesetzt, wirkt wie die reale Exekution), liegt Bildmagie vor. Wenn hingegen eine erkennbare Distanz zwischen dem Dargestellten und dem Bild besteht, handelt es sich um bloße Repräsentation.

In neuerer Zeit hat der Kulturwissenschaftler und Kunsthistoriker Aby Warburg[884] (1866–1929) auf dieselbe Bildmagie, ausgehend von der

---

[879] Vgl. Alain Besançon, *The Forbidden Image*, S. 381.

[880] Alain Besançon meint, parallel zur Rückkehr zum privaten Eigentum nach Revolutionen wie der russischen: Alain Besançon, *The Forbidden Image*, S. 382.

[881] Alain Besançon, *The Forbidden Image*, S. 380–382.

[882] Alain Besançon, *The Forbidden Image*, S. 202.

[883] Horst Bredekamp, *Repräsentation und Bildmagie in der Renaissance als Formproblem*, S. 7ff.

großen Kunst Europas, in archaischen Kulturen hingewiesen, etwa bei den Hopi-Indianern in New Mexico. Warburg setzte übrigens zum erstenmal die visuelle Kultur als wesentliches Feld in der Religionsforschung ein und betonte wie auch die französischen Wissenschaftler Ēmile Durkheim und Marcel Mauss den Zusammenhang zwischen Bildkultur, Magie und Religion. Warburg steht in der jüdischen Tradition, wonach der Geist darstellungslos ist. Gerade dieser Hintergrund sensibilisierte ihn für die Magie der Bilder. Wie kommt es nun nach Warburg zu dieser Bildmagie: Warburg ging davon aus, daß der Mensch sich ursprünglich in einer chaotischen Welt vorfindet, in der ihm alles Angst macht. Er steht dabei im Einklang mit Kierkegaard, Nietzsche, Tito Vignoli, Freud bis zu Heidegger; auch bei diesen spielt die Angst in der philosophischen Anthropologie und Kulturtheorie eine überragende Rolle. Die Reaktion auf diese Angst ist nun: Verkörperung, Gestaltung. Und zwar Gestaltung mittels Bildern, Symbolen, Zeichen, Zahlen, Fetischen, Totems. Durch das Bild wird die Erregung, die Emotion – besonders die Angst, aber auch andere überwältigende Gefühle wie überwältigendes Glück oder Besessenheit von irgend etwas – in einem Objekt distanziert (man könnte auch sagen ausgelagert). Das macht das Bild nach Warburg zu einer *Energiekonserve*. Zu einem Speicher also! Zu einem Ding mit Gedächtnis. Und zwar für gewaltige Affektschübe, wie Angstschübe, die Bilder im Abstand halten und damit zugleich auch abwehren. Das ist bei Warburg der Grund des geheimnisvollen Lebens vieler Bilder: Die Angst lebt im Bild weiter, dort tut sie aber nichts, verletzt nicht: sie wird gleichsam zum „Still-Leben". Auch Fetische und Totems sind (ältere) rituelle Fernhalter und Vergegenständlicher der Angst. (Spätere) Bilder haben, nach Warburg, daher immer auch etwas von Fetischismus und Totemismus behalten.

Zusammenfassung:

Bildern kam zunächst eine heilige Macht zu. Das Bild und das Abgebildete oder der Abgebildete standen auf einer Stufe. Man ging davon aus, ein Bild erinnere nicht nur an den Dargestellten, sondern dieser selbst stecke in dem Bild. Das Bild verkörperte somit das lebendige Eingedenksein an den Dargestellten, enthielt ein lebendiges Gedächtnis. Hiergegen gingen Bilder-Verbieter und Bilder-Stürmer an. Ihr Vorgehen zeigte allerdings, daß gerade auch *sie* – im Gegensatz zu den Liebhabern und Sammlern – inbrünstig an die Macht der Bilder glaubten[885].

Später belebte das Genie (des Künstlers) die Bildwerke. (Von da an kann man eigentlich von Kunst im modernen Sinn sprechen). Und noch später waren es innere Zustände, Stimmung, Atmosphäre.

---

[884] Vgl. bei Hartmut Böhme, *Fetischismus und Kultur*, S. 237–248.
[885] Bazon Brock in *Bilder – Verbot und Verlangen in Kunst und Musik*, S. 82.

In jedem Fall waren Bildwerke insoweit immer Speicher, Dinge mit Gedächtnis.

Mit der abstrakten Kunst schwächte sich dann die Magie der Bilder gewaltig ab.

Man könnte sagen, die Magie der Realpräsenz wirkt in den älteren Bildwerken noch nach. Stehen wir in der Sixtinischen Kapelle, wollen wir etwas von Michelangelo erleben, den Künstler in unsere Gegenwart holen. Das drückt sich auch in der Redewendung aus: Das ist ein Michelangelo. Als sei das Bild (das Affresco oder die Statue) der Künstler selbst! Ein solches Werk enthält außerdem für uns das Gedächtnis seines gesamten Geschaffenseins. Wir legen größten Wert auf seinen Schöpfungsprozeß. Das Gedächtnis des Werks bürgt für seine Authentizität, für seinen Wert.

Und die Magie der Realpräsenz wirkt in der Tat bis heute. Immer noch gibt es vereinzelt Bilderstürmer, und Museen schützen ihre wertvollen Werke gerade auch vor diesen. Wer erinnert sich nicht an den Mann, der vor wenigen Jahren eine Zehe des *David* von Michelangelo in der Accademia von Florenz demolierte. Der Vorfall ging um die Welt. Was haben moderne Bilderstürmer im Sinn? Sie zerstören doch nicht nur einen wirtschaftlichen Wert, dann könnten sie einen andern Gegenstand zerstören, ein teures Auto. Sie muß etwas anderes reizen. Das Lebendige in Kunstwerken genialer Provenienz.

Und weshalb geht ein Aufschrei um die Welt in so einem Fall? Doch nicht wegen des finanziellen Verlusts. Weil etwas im Kern Lebendiges getroffen wurde!

Sogar bei aktuellen Bildern gibt es noch (oder wieder) eine potente (archaische) Bildmagie, meint Horst Bredekamp[886]. – Bredekamp bezieht sich auf bewegte Bilder, auf Filme und Videospiele[887]. – Er meint, die Dämonisierung von als übermächtig empfundenen Bildern habe sich in den hochtechnisierten Gesellschaften der Gegenwart sogar noch verstärkt. Aktuell wird ja immer wieder heftig gestritten, ob bestimmte Bildformen, beispielsweise in TV-Filmen oder Videospielen, und der Umgang mit ihnen nicht als Auslöser von Gewalt zu sehen seien. Die Grenze zwischen der Welt der bewegten Bilder und dem Leben verwischt sich nach Bredekamp immer mehr. Das eine wird zum anderen so wie in früheren Zeitaltern Repräsentation in Realpräsenz übergegangen sei.

Dieser Macht modernster Bilder entspricht ein nicht weit zurückliegendes Bilderverbot im Islam. Im 20. Jh. gab es in islamischen Gesellschaften erstaunlicherweise noch ein Bilderverbot. Das zeigt die Diskussion über das Einführen des Fernsehens und des Internets in Saudiarabien.

---

[886] Horst Bredekamp, *Repräsentation und Bildmagie in der Renaissance als Formproblem*, S. 66f.

[887] Bezeichnenderweise sind wir hier wieder in der Populärkultur, in der Bilderwelt der Massen.

Religionswächter versuchten beides zu verhindern, weil von Bildern eine ungute Macht ausgehen könne!

8. MASKEN[888]

Eine Maske überdeckt das Gesicht oder Teile davon, ganz allgemein gesagt.

Es gibt die *kultischen Masken*: sie haben die Macht, bedrohende Kräfte, mißgünstige Götter und Geister abzuwehren. Sie haben verzerrte, grotesk übersteigerte, abscheulich wirkende Züge. Übermenschliche Kräfte sind hier ins Material gebannt. Der Träger meint durch die Maske spezielle Kräfte zu besitzen. Oder man brachte Masken an den Behausungen an: zum Schutz.

Die grotesken Fratzen an gotischen Domen sind Schutzmasken gegen böse Geister. Die antike Abschreckmaske der Medusa gehört hierher. Ebenso die Kultmasken afrikanischer Medizinmänner und die alemannischen Fasnachtsmasken.

Dieser magische Aspekt schwindet, wenn die Maske nur noch zum Verkleidungsvehikel wird; man will in eine andere Identität schlüpfen oder etwa im Venedig der Renaissance unerkannt auf amouröse Abenteuer ausgehen, die Maske wird ein Amüsier- und Party-Accessoire.

Eine besondere Art der Maske ist die *Totenmaske*.

In archaischen Kulten sind in Ritualen die Ahnen in Form von Totenmasken anwesend, realpräsent[889].

In Ägypten und noch in der Antike wollte man mit der Totenmaske die Persönlichkeit erhalten. Die Totenmaske war Speicher der Persönlichkeit. In Ägypten begnügte man sich zunächst mit Gesichtsmasken ohne individuelle Züge, sogenannten Sepulkrarmasken. – Desgleichen in Mykene oder Ninive und auch in Mexiko. – Diese Gesichtsmasken, die allerdings nur hochgestellten Personen zuteil wurden, waren meist aus Goldblech. Entweder wurden sie direkt aufs Gesicht gelegt oder sie waren Teil des die Mumie umschließenden Sargs, wie wir es von Tutanchamun kennen. Die Ägypter stellten sich vor, daß der *Ka*, eine der Seelen des Verstorbenen, im Jenseits das diesseitige Leben weiterführen könne, und dies in einem magischen Spiegelbild des alten Körpers. Daher mußte man den alten Körper, den Leichnam, möglichst perfekt erhalten. Für den Fall, daß der Originalkopf beschädigt würde, legte man sozusagen Ersatzköpfe bei, die Masken: diese konnten für den Ka als Signal dienen, zur Wesens-

---

[888] Hierzu: Michael Hertl, *Totenmasken*, S. 10f., 17–45.
[889] Marco Frenschkowski, *Die Geheimbünde*, S. 34.

natur des Toten zurückzufinden beziehungsweise sie konnten ihm als „Ersatzwohnung" dienen. Die Maskenbildner oder Bildhauer[890] hatten damit eine gigantische Verantwortung. Altägyptisch heißt der Bildhauer daher *Se anch*, was bedeutet: „der am Leben erhält". Erst 2000 v.Chr. schuf man in Ägypten individuelle Abbilder: man hatte den Gipsabdruck entdeckt. Solche bereits Lebenden abgenommenen Masken fand man 1912 im Atelier des Thutmosis in El Amarna. Für wie lebendig man die ägyptischen Totenmasken hielt, zeigen die systematisch abgeschlagenen Ohren an den 1912 gefundenen Modellköpfen: Durch Abschlagen der Ohren wollte man verhindern, daß der Verstorbene durch Anrufen seines Namens aus dem Jenseits zurückgeholt würde.

Auch im antiken Griechenland war der Gipsabdruck bekannt. Auch hier interessierte zunächst nur ein Idealbild menschlicher Gattung, der Krieger, der Athlet, die schöne Frau, bis man individuelle[891] Züge darstellte.

Und Etrusker und Römer kannten Totenmasken aus Gips. Bei den Römern bildete man aus dem Maskenabguß aus Gips oder auch noch häufiger aus Wachs Büsten mit geöffneten Augen oder Statuen, und stellte diese bei sich zuhause auf, um die Toten, die Ahnen, lebendig zu halten. Besonders der Adel bewahrte diese sogenannten *Cerae* oder *Imagines* im Atrium oder in Schränken auf. Aufbewahrt wurden sowohl die Matrizen des Naturabgusses als auch die auf dieser Grundlage angefertigten Büsten (etwa aus Stein). Auch die Cerae oder Imagines hielten die Toten präsent. Sie wurden auch auf Beerdigungen mitgeführt. Es gab eine Gemeinschaft aus Lebenden und Toten. Der Tod bildete keine Grenze. Bis ins 5. Jh. n.Chr. sind die Imagines in Gebrauch.

Später kommt die Renaissance, vor allem in Italien, wieder auf die Imagines zurück. Im reichen Florenz waren in fast allen Häusern über Kaminen, Türen oder Fenstern Totenmasken angebracht oder mit deren Hilfe gestaltete Büsten zu sehen. Eine Maske oder eine Plastik nach einer Maske hat in der Renaissance aber mehr Erinnerungszweck, bedeutet kaum mehr magische Realpräsenz.

Und so sagt Shakespeare's[892] Falstaff in *Heinrich IV.* aufgeklärt: „Sterben heißt, eine Maske werden, der ist nur die Maske eines Menschen, der nicht das Leben eines Menschen hat".

Gegen Ende des 18 Jh. bis weit ins 19. Jh. hinein gibt es dann wieder eine – bürgerliche – Renaissance der Totenmaske. Das Verhältnis zur

---

[890] Die Bildhauer waren zumeist die Maskenbildner.

[891] Im Hellenismus feierte diese realistische Kunst Triumphe mit höchst individuellen, auch Emotionen ausdrückenden Gesichtsdarstellungen. Laokoon Gruppe, Relief des Pergamon Altars.

[892] Bei Michael Hertl, *Totenmasken*, S. 82. Die Renaissance reicht ca. bis in die Mitte des 16. Jh. Shakespeare stünde am Ende der Renaissance.

Totenmaske ist einerseits aufklärerisch, man will das „letzte Gesicht" festhalten, in ihm die Summe eines Lebens gespiegelt sehen. Es hat geradezu etwas Protokollarisches. Aber daneben überlebt auch das Auratische: Voll Achtung, Neugier und Ehrfurcht stand man vor solch einer Maske, und wahrscheinlich empfand man auch einen gewissen Schauer. Prominente Bürger haben ihre Totenmasken, Dichter, Gelehrte, Komponisten, Maler, Bildhauer, Architekten, Philosophen, Erfinder, Industrielle, Politiker, Militärs, und natürlich auch weiterhin der Adel.

Die Maske hat hier nicht mehr die Potenz, den Toten real präsent zu machen. Und man steht ihr auch kritisch gegenüber. Soll man wirklich, fragt man sich zu der Zeit, mit einer solchen häßlichen Maske, die häufig ein von Alter, Krankheit, Todeskampf verzerrtes Gesicht zeigt, und dadurch auch etwas Fremdes hat, an einen Menschen erinnern?

Im 20. Jh. ging dieser Brauch des Abformens der Totenmaske dann praktisch unter. Nur noch vereinzelt wurden solche Masken angefertigt, zum Beispiel von Max Liebermann, Gottfried Benn, Hermann Hesse, Marie Luise Kaschnitz, Thomas Mann, Heiner Müller, Carl Orff, Theodor Heuss, Karl Jaspers.

Zu den Totenmasken gehört eigentlich auch die Kategorie der *Effigies*[893]:

Effigies sind ganze Wachspuppen, Wachsabgüsse des Toten.

Eine drapierte Figur mit aufgemalten oder eingesetzten Augen und Haaren wurde häufig bei Beerdigungsfeierlichkeiten eingesetzt, damit man nicht einen verwesenden Leichnam präsentieren mußte. Gleichzeitig setzte man auch eine Identität von Effigies und Person voraus. Auch die Effigies zeigte die Realpräsenz des Dargestellten an[894]. In der römischen Antike kannte man diese Effigies insbesondere bei hochgestellten Personen: Bei der Bestattung von Kaiser Augustus, 14 n.Chr., wurde die Nachbildung seiner Gestalt gezeigt, mit Händen, Füssen und Gesicht aus Wachs. Hier stieß man zum ersten Mal auf eine Effigies. Beim Begräbnis Cäsars 44 n.Chr. wurde eine ganz aus Wachs geformte Nachbildung mitgeführt. Sie zeigte auch die 23 Wunden, die ihm zugefügt worden waren. Diese Figur bedeutete die Realpräsenz Cäsars, und entsprechend stark war die Wirkung auf das Volk, das daraufhin die Kurie stürmte, in der Cäsar ermordet worden war, und anzündete.

Auch in der Renaissance war die Effigies geläufig bei Beerdigungen von Königen. Der Tote sollte so aussehen als sei kein körperlicher Verfall eingetreten.

Für wie lebendig man diese Effigies noch lange nach dem Untergang Roms hielt, zeigt der makabre Brauch im Mittelalter – und auch noch in

---

[893] Michael Hertl, *Totenmasken*, S. 17–45.
[894] Hartmut Böhme, *Fetischismus und Kultur*, S. 177.

der Renaissance –, Täter, deren man nicht habhaft werden konnte, „in effigie" zu bestrafen: An nachgebildeten Puppen vollzog eine pöbelnde Menge Gericht und körperliche Marter bis zum symbolischen Tod. So noch in der Renaissance: So wurden die Schuldigen der Verschwörung am Ostersonntag 1478 gegen Lorenzo und Giuliano di Medici nicht nur realiter gehängt, sondern auch noch „in effigie". Und sogar noch 1793 zerstörte der französische Pöbel die Effigies der französischen Könige in der Grabeskirche von St. Denis, nachdem die pro-revolutionäre Stadtverwaltung diese geöffnet hatte. Es war, als brächte man die lebenden Könige um. – Man vergriff sich auch an den Leichen der Könige, riß sie aus den Gräbern und warf sie auf die Straße.

Völlig profan wird es dann im 18. Jh. mit den Wachsfigurenkabinetten.

9. Persönliche Dinge

Einerseits gibt es für uns die Dinge, die beliebig ersetzbar sind, die Dinge des Massenkonsums. Andererseits gibt es *authentische* Dinge, für uns nicht ersetzbare Einzeldinge, Dinge, die für uns nicht nur funktional sind, sondern eine persönliche Bedeutung für uns haben. Das kann alles Mögliche sein, etwa die Haarlocke einer Geliebten, in den 50 er Jahren des 20. Jh. ein Andenken wie die Plastikgondel aus Venedig, 500 n.Chr. ein Lederriemen, den ein Pilger aus Jerusalem mitbrachte und dort um Jesu Geißelsäule geschlungen hatte, oder ein Grabstein. Daß solche Dinge ein Gedächtnis haben, das in manchen Fällen auch präzise wirkt, wird ganz selbstverständlich vorausgesetzt.

Die Macht des Haars und anderer Körpersubstanzen[895]

Die Meinung, daß sich im Haar eines Menschen, auch gerade im abgeschnittenen, noch die Stärke und Willenskraft dieses Menschen verkörpern, war in den verschiedensten Kulturen weit verbreitet, also nicht nur in der Magie.

Ein berühmtes Beispiel ist die biblische Geschichte von Samson und Dalila (Richter, 16,4–22). Gott gewährte Samson die Gabe unbesiegbar zu sein, solange er sein Haar nicht schnitt. Samson war lange Zeit siegreich, in erster Linie bekämpfte er die (männlichen) Philister, die er für den Verlust seiner ersten Ehefrau verantwortlich machte (die Frauen der Philister liebte er). Seine zweite Frau, Dalila, wieder eine Frau der Philister, ent-

---

[895] Vgl. bei Migene Gonzáles Wippler, *Talismane und Amulette*, S. 155–159.

lockte ihm sein Geheimnis und verriet es umgehend den Philistern. Diese warteten ab, bis er in Dalilas Armen einschlief, und schnitten ihm dann sieben Haarlocken ab. Damit war Samson hilflos geworden. Die Philister konnten ihn gefangennehmen und stachen ihm später die Augen aus.

Bei einigen afrikanischen Stämmen schnitt man einem Gefangenen Haarbüschel ab und steckte ihn dann in eine unbewachte Zelle. Der Gefangene wagte nicht zu fliehen, da er wußte, daß man ihn in dem Fall mittels seiner abgeschnittenen Haare vernichten konnte.

Durch Kulturen und Zeitalter hinweg tragen Menschen Medaillons mit Haaren ihrer Geliebten an sich, als könnten diese das Liebesband stärken.

Die Magie spricht Haaren, wenn sie einmal abgeschnitten beziehungsweise vom Körper entfernt sind, stellvertretende Kräfte zu: Hat man solche in seiner Hand kann man über das entsprechende magische Know-how die jeweilige Person beeinflussen, ihr seinen Willen aufzwingen. Ebensolche Wirkobjekte können in der Magie auch andere Körpersubstanzen wie abgeschnittene Fingernägel oder entfernte Zähne sein. Und der Witz, ebenso mächtig sind Exkremente, Urin, Spucke, Schweiß und Menstruationsblut. Beim Liebeszauber sollen Rindfleischpasteten, deren Füllung mit Schweiß und Menstruationsblut vermischt wurde, auch den widerspenstigsten Geliebten gefügig machen ... Der bekannte Okkultist Aleister Crowley pflegte seine Notdurft mitten im Wohnzimmer seiner Feinde zu verrichten. Nur selten machten diese ihm danach noch Schwierigkeiten. Ob hier allerdings die Macht allein in den Crowley'schen Fäkalien lag, ist nicht ganz sicher.

Letzte Dinge[896]

Damit sind die Dinge eines Verstorbenen gemeint. So wie man mit ihnen umgeht, besitzen sie eine unheimliche Lebendigkeit, sind lebendige Gedächtnisträger, haben etwas Auratisches und auch zuweilen eine makabre Macht.

Die Dinge eines Toten garantieren den Fortbestand seiner Identität. Solange ich das Auto des verstorbenen Vaters fahre, ist es „das Auto des Vaters", ist er sozusagen nicht tot. Kleider der Toten wollen die Nachkommen häufig nicht tragen. Sie sofort wegzugeben fällt aber schwer. Der Tote steckt sozusagen noch zu sehr in ihnen. Irgendwo im Keller warten sie dann auf ihre Entauratisierung. Und jedes Ding-Angedenken, das man von dem Verstorbenen behält, ist nichts anderes als „ein Fetisch des

---

[896] Vgl. hierzu Hartmut Böhme, *Fetischismus und Kultur*, S. 121–124.

Gedächtnisses an den Toten"[897]. Solche Andenken an den Verstorbenen halten die Hinterbliebenen heilig. Vom Porzellan der Großmutter scheinen feine Fäden hinüber ins Totenreich zu führen. Faßt die Hand den Henkel der großmütterlichen Kaffeekanne, so ist das wie eine winzige Wiedererweckung der Toten. Es gibt auch immer wieder den Fall, daß man ganze Räume des Verstorbenen unangetastet läßt, heilig hält. Auch hier lebt der Tote im Gedächtnis der Dinge fort.

Letzte Dinge, Dinge Verstorbener werden häufig auch als äußerst unheimlich empfunden, sie strahlen eine unheimliche Macht aus. Handelt es sich um ungeliebte Tote, möchte man ihre Dinge möglichst sofort aus der Wohnung schaffen. Offensichtlich steckt in ihnen noch der Tote, sind sie imprägniert von ihm, verbannt man mit den Dingen gleichzeitig die Person des Toten und sein lebendiges Substrat in ihnen, das irgendwie schaden könnte, Unglück bringen könnte, so schädlich wirken könnte wie die Person selbst zu Lebzeiten. Es gibt viele berühmte Beispiele quasi hysterischer Säuberungen von letzten Dingen. Nachfolger gewaltsam beseitigter oder verhaßter Potentaten entfernen zumeist peinlich genau die persönlichen Dinge ihrer Vorgänger. Als seien sie gefährlich, als hielten sie noch die Macht des Vorgängers präsent. Hat man je gehört, daß irgendwo persönliche Dinge Hitlers offiziell konserviert worden seien? Auf ihre Vernichtung, völlige Tilgung, ist sicherlich größter Wert gelegt worden. Indem um solche Dinge dann auch regelmäßig ein Kult der Anhänger des Verstorbenen getrieben wird, perpetuieren diese Dinge tatsächlich den Einfluß der Person.

Früher gab man den Toten persönliche Dinge als Grabbeigaben mit ins Grab. Die Ägypter gingen par excellence davon aus, daß die dem Toten mitgegebenen (letzten) Dinge nicht tot waren, sondern Leben wahrten. Die Grabbeigaben verewigten die Lebenswelt des Toten, trugen das Gedächtnis der Lebenswelt des Toten und verkörperten die Lebenswelt dann wieder im Jenseits.

Sterbliche Reste, Gräber, Grabsteine

In der griechischen Antike hatte man die Heroen dort verehrt, wo ihre sterblichen Überreste bestattet worden sind. Ihre Grabmäler galten als Heiligtümer, in denen die halbgöttlichen Helden durch ihre materielle Substanz, ihre Reste, weiterhin *anwesend* waren.[898]

Der etruskische und der römische Totenkult wiesen ähnliche Formen auf.

---

[897] Hartmut Böhme.
[898] Karl-Heinz Kohl, *Die Macht der Dinge*, S. 44.

Die antiken Begräbnis-Zeremonialformen wurden dann in den frühchristlichen Märtyrerfesten übernommen: Die Gläubigen gingen davon
aus, daß die sterblichen Reste der Märtyrer deren Anwesenheit bedeute-
ten und sie so die heiligen Märtyrer bitten konnten, ihre Gebete an Gott
weiterzuleiten.[899]

Um 4000–3000 v.Chr. entstanden schon gewaltige Grabanlagen.
Auch die Steine der Gräber hatten eine besondere Macht. Sie verbanden
mit dem Göttlichen und mit den Ahnen. Sie symbolisierten nicht nur die
Gemeinschaft von Göttern und Menschen, von Lebenden und Toten.
Gelegentlich wurden *Totensteine* aber auch als Schutz vor der Macht der
Ahnen empfunden[900].[901]

Römische Gräber hatten bereits mehr Profanes[902]. In Rom war Usus
sich cremieren zu lassen. In Urnen wurden die Reste, die Asche gesammelt. Je nach Rang und Vermögen wurden diese lediglich in der Erde ver-
graben oder am *locus sepulturae* ein Grab errichtet. Hat man zunächst
Gräber eher unauffällig angelegt, so wurden sie bald, in der Spätzeit der
Republik, und dann unter der Herrschaft des Augustus, zu Prunkgräbern,
schicken Mausoleen, monumental. Ein Exhibitionismus machte sich breit
in einer auffälligen Grabarchitektur, einer ausgewählten Lage und möglichst hochkarätigen, originellen Epitaphen. Das römische Grab wurde
zum Prestigeträger.

Im Mittelalter waren vor allem die Heiligen real präsent in und an
ihren Gräbern und in ihren Überresten. Sie und ihre Gräber waren ange-
betete Reliquien, von denen potente Wirkungen ausgingen.

Dieselbe Anbetung wurde in der Renaissance vielleicht noch Künstlergenies zuteil. Zu Raphaels Grab pilgerten andere Künstler und erhofften sich, er sei dort, bei seinen sterblichen Überresten, noch präsent. Und
noch 1833, als man sein Grab im römischen Pantheon öffnete, ihn in
einem Sarg aus Pinienholz beigesetzt fand, überkam die anwesenden Prominenten (darunter der Bildhauer Thorvaldsen) ein solcher Schauer, als
hielte man eine Auferstehung für möglich. Seine zweite Bestattung im
Pantheon glich einer päpstlichen Beisetzung.

Das Grab und die sterblichen Reste scheinen in unserer Zeit entzaubert. Ein Entsorgungsproblem steht im Vordergrund, nicht einmal mehr
das Gedenken. Und im Internet suchen Leute sogar nach günstigen
gebrauchten Grabsteinen.

---

[899] Karl-Heinz Kohl, *Die Macht der Dinge*, S. 45.
[900] Vgl. Paul Devereux, *Fairy Paths & Spirit Roads*, S. 25ff. Ähnlich bannten die mittelalterlichen „Roads of the Dead", oft mit Steinen markiert, die Geisterwege im mittelalterlichen Europa, die Toten.
[901] Vgl. Dorothea Forstner, Renate Becker, *Lexikon Christlicher Symbole*, S. 292.
[902] Hrsg. Peter Fasold, *Bestattungssitte und Kulturelle Identität*, S. 57ff.

Ahnenfiguren, Ahnenbilder

Der familiäre Ahnenkult in China[903] läßt sich bis ins erste Jahrtausend v.Chr. zurückverfolgen. Man ließ insbesondere Ahnenportraits anfertigen. Die chinesische Umschreibung für den Begriff *Ahnenportrait* lautet interessanterweise: *das Schattenbild des Ahnen zurückrufen.*

Die Funktion dieser Ahnenbilder ging damit weit über die Erinnerung an den Ahnen hinaus, die Ahnenbilder verlebendigten die Verstorbenen, hatten Kultcharakter. Sie waren auch eine Verbindung zum Jenseits, ermöglichten eine Einflußnahme aufs Jenseits: Regelmäßige Opfer am Ahnenaltar sorgten für eine angenehme Fortexistenz der Toten im Jenseits.

Die heiligen Steine (Tjurunga) der Aranda, zentralaustralischer Aborigines, repräsentierten einen totemistischen Vorfahren der Ahnenfigur. Sie standen nicht nur symbolisch für den Vorfahren, sondern wurden als seine konkrete Verkörperung angesehen, auch hier die Figur der Realpräsenz. Dabei handelte es sich allerdings um den urzeitwesenhaften, tiergestaltigen Vorfahren, der man selbst schon einmal gewesen war, den Ausgangspunkt aller eigenen Wiedergeburten.[904]

Bei den Griechen gibt es interessanterweise nur einen gering ausgeprägten Ahnenkult, dafür wurden verstorbene Heroen angebetet, gab es einen ausgeprägten Heroenkult. Die Ahnen wurden nicht angebetet, es gab lediglich einen Totenkult, der an die Toten, die Ahnen *erinnern* sollte, einen Memorialkult.[905]

Bei den Römern bildete man, wie schon erwähnt, aus einem Gips- oder Wachs-Maskenabguß des Verstorbenen Büsten oder Statuen, aus Wachs oder Stein. Diese sogenannten Cerae oder Imagines hielten die Toten präsent. Wo sie waren, waren auch die Toten realpräsent. Sie schützten das Haus. Man bat sie um Beistand in allen Angelegenheiten. Sie wurden auch auf Beerdigungen mitgeführt.

Es war wichtig für die Toten Riten zu veranstalten, bei denen man den Cerae Opfer darbrachte. So machte man es den Geistern der toten Vorfahren, den *Manen*, erst möglich, aus der Unterwelt emporzusteigen,

---

[903] Vgl. hierzu Annette Bügener, *Das Schattenbild des Ahnen zurückrufen*, in *Der Souvenir*, S. 379–382.

[904] Karl-Heinz Kohl, *Die Macht der Dinge*, S. 179.
Die Tjurungas der Aranda inspirierten Emile Durkheim zur zentralen These seines religionssoziologischen Werks: Die Gesellschaft bete sich in der Religion selbst an.

[905] Vgl. hierzu David Boehringer, *Heroenkulte in Griechenland von der geometrischen bis zur klassischen Zeit. Attika, Argolis, Messenien*, S. 37ff., Diss., Akademie Verlag, Berlin, 2001.
Es gab Totenfeiern, bei denen ging man allerdings nicht unbedingt auf die Gräber, sondern veranstaltete zuhause ein Zeremoniell (man bestrich die Haustür mit Pech und kaute Weißdorn), damit die Geister der Toten nicht zurückkehrten

um die Familie zu schützen. Im Unterschied zu den Manen sind übrigens die *Lemuren* oder *Larven* böse Geister, Seelen der Toten, welche die *Dii Inferi* nicht einmal in der Unterwelt aufnehmen wollen.

Durch das Christentum hat sich ein fundamentaler Wandel im Verhältnis zu den Ahnen ergeben. Im Christentum fehlt die religiöse Bedeutsamkeit von Ahnen völlig! Von den toten Vorfahren gehen keine Wirkungen aus, sie können nicht helfen, sie können nicht strafen. Daher muß man ihnen auch keine Opfer erbringen. Wo sich der Glaube ans Fegefeuer durchgesetzt hat, bedürfen sie lediglich der Fürbitte. Und auch hier sind nicht die Blutsbande relevant. Jeder kann für jeden Verstorbenen fürbitten. Die Abstammung ist irrelevant. Das entspricht einer Revolution. Das Heilige wird praktisch vergemeinschaftet. Es gibt fortan ein Zusammenwirken von Lebenden und Toten in der „Gemeinschaft der Heiligen". Die Pfarrgemeinde sorgt zum Beispiel durch Messen für das Heil von Verstorbenen (ohne Ansehung der Verwandtschaftsverhältnisse).

Bereits Kaiser Theodosius, der das Christentum im Römischen Reich zur Staatsreligion erhob, verbot den häuslichen Ahnenkult und auch den Kult anderer Hausgötter.

Das brachte auf einer Seite große Erleichterungen und Unabhängigkeit mit sich; man war den Toten der Familie nicht mehr verantwortlich, und deren Untaten wirkten auch nicht mehr bis zu uns. Andererseits hat es herkömmliche Familienstrukturen radikal relativiert. Quasifamiliale Beziehungen wurden gleichzeitig stark ausgeweitet. Das Kloster etwa stellt eine Quasifamilie dar. Ja, das gesamte geistliche Personal der katholischen Kirche bildet, könnte man sagen, eine Quasifamilie. An Stelle der Ahnenbindung tritt die Bindung an Vorläufer, an den Vorgänger. Ein Papst orientierte sich (idealerweise) nicht an einer eigenen Familie, sondern er sieht sich in der Gemeinschaft seiner Vorgänger. (Der gesamte Kunst- und Wissenschaftsbetrieb setzte das in Form von „Schulen" fort; die Schule Botticellis, die Schule Kants, die Kantianer, die Frankfurter Schule usw.).[906]

Heilige Gegenstände in Privathaushalten

Heilstatuetten oder kleine Stelen (Steintafeln) hatte man im alten Ägypten bei sich zuhause[907]. Seit der 26. Dynastie wurden sie in riesigen Mengen fabrikmäßig hergestellt. Sie trugen magische Inschriften. Das eingravierte Wort, der eingravierte Spruch sollte seine Wirkung auf die Statuette oder Stele übertragen. Er wurde hier sozusagen in Stein gespeichert, um

---

[906] Michael Mitterauer, *Dimensionen des Heiligen*, S. 222ff., 233–242.
[907] Vgl. Robert H.W. Wolf, *Mysterium Wasser*, S. 229ff.

dann die Wirkung auf diejenigen, die mit Statuette oder Stele in direkten Kontakt kamen, weiter zu übertragen.

In der griechischen und römischen Antike stellte man ebenfalls kleine Götterfigurinen bei sich auf oder führte sie auf Reisen als Talismane mit. Man erbrachte ihnen Hausopfer, damit sie wirkten. Lud sie also immer wieder auf.

Die Römer hatten kleine puppenartige und oft roh aus Holz geschnitzte Hausgötter (*Penaten*) bei sich aufgestellt. Diese Figuren hatten die Macht, die Einheit und den Bestand der Familie zu schützen und für den täglichen Bedarf an Lebensmitteln zu sorgen. Man stellte sie in unmittelbarer Nähe des Herdes auf, in dem zu ihren und der Vesta Ehren ein immerwährendes Feuer unterhalten wurde.

Wie auch die ihnen verwandten *Laren* (ebenfalls Schutzgeister der Familie) nahmen die Penaten am täglichen Mahl teil, indem man einen Anteil davon auf besonderen Tischen und Tellern vor ihren Bildern oder Figuren niederlegte.

Wenn eine Familie umzog, gingen die Penaten mit.

Alle diese persönlichen Sakralobjekte waren lebendige Dinge.

In christlicher Zeit geht das weiter. Heilige christliche Gegenstände zum persönlichen Gebrauch trifft man heute noch vor allem in katholischen Haushalten an. Heiligenbilder, Rosenkränze, alle möglichen Mitbringsel von Wallfahrten, Tauf- oder Erstkommunions-Kerzen. Alle diese sind nicht lediglich Andenken, sondern religiös bedeutsam, insbesondere sofern sie durch spezielle Weihe geheiligt worden sind. Auch an ihre Wirkungen glaubt man. Schon in den ersten Jahrhunderten des Christentums erwarb man Pilgerfläschchen bei Pilgerreisen nach Palästina, oder man nahm Steine von dort in Kistchen mit oder die Grabeskirche in Miniatur und glaubte an deren heilige, schützende Wirkung. Archäologen fanden haufenweise derartige Fundstücke aus dem 6. und 7. Jh. n.Chr.[908]

Im Mittelalter besaßen Fürsten oder reiche Private kostbare heilige Gegenstände, insbesondere Reliquien. Diese galten ihnen als potente Kraftdinge. Bei Fürsten dienten sie sogar der Herrschaftslegitimation. Im Spätmittelalter wurde Ablaß auf die Reliquien gewährt. Sie wurden öffentlich ausgestellt, um Einnahmen zu generieren. Ihnen wohnte die Macht der Geldvermehrung inne. Das führte zu einer enormen Multiplikation von Reliquien. So vermehrten die Kurfürsten von Sachsen den Reliquienschatz ihrer neuen Residenzstadt Wittenberg von 1513 bis 1520 von 5 262 Stücken auf 18 970, bei denen 1 902 202 Jahre Ablaß gewonnen werden konnten! (In Wittenberg erfolgte mit dem Thesenanschlag Luthers 1517 der Auftakt zur Reformation).[909]

---

[908] Ulrich Schneider, *Der Souvenir im Mittelalter* in *Der Souvenir*, S. 64, 66.
[909] Michael Mitterauer, *Dimensionen des Heiligen*, S. 286ff.

Andenken beziehungsweise Souvenirs

Den Souvenir der Moderne kann man als eine verweltlichte Form der Devotionalie[910] oder der Reliquie sehen.

Hier enthält schon der Name (Souvenir, Andenken) das Gedächtnis. Ein Andenken beziehungsweise ein Souvenir ist ein Ding, das die Erinnerung bewahren soll. Ein Souvenir enthält das Versprechen, eine im Rest-Fragment nur angedeutete Geschichte ganz zu erzählen, wiederzubeleben[911]. Ein Eiffelturmssouvenir ist Zeichen für einen Parisbesuch, vielleicht auch Reststück eines Flirts.

Souvenirs werden wegen ihrer Eigenschaft geschätzt, etwas Vergangenes im Hier und Jetzt zu evozieren und so zeitliche wie räumliche Distanzen zu überwinden[912]. Wir haben es also mit einem Ding zu tun, dem ein Gedächtnis zugetraut wird, dem aufgrund dessen zugetraut wird Erinnerungen zu beleben.

Man kann unterscheiden zwischen kommerziellen Souvenirs, die man überall kaufen kann – hierunter fallen Reiseandenken, Touristenkitsch – und nicht kommerziellen Objekten, die man etwa gefunden, geschenkt bekommen, ererbt hat und einzeln aufbewahrt, weil sie für einen eine tiefe persönliche Bedeutung haben[913]. Wobei auch ein gekauftes Reiseandenken eine tiefe persönliche Bedeutung haben kann.

Eine besondere Rolle spielen die Andenken an geliebte verstorbene Personen: Bildnisse, persönliche Gegenstände, eine Haarlocke. Diesen Andenken gestehen die meisten mehr als bloße Erinnerung zu, sie haben etwas Auratisches, machen den Toten ein wenig realpräsent[914].

Sehr persönliche Andenken beziehungsweise Erinnerungsstücke an geliebte lebende Menschen stechen in ihrer Wirkung auch heraus. Etwa die aufgehobenen Babyschühchen. Das Vergangene kommt hier lebendig als wehmütige Erinnerung zu Tage. Die Schuhe sind nicht tot, in ihren Verbeulungen enthalten sie noch die lieben samtigen Kinderfüßchen. Das Medaillon mit dem Bild der Geliebten evoziert nicht nur beim Anschauen des Bilds die Geliebte, es berührt auch, weil die Geliebte es einst in ihren Händen gehalten hat, als sie es uns schenkte, und so ist es durch die Geliebte imprägniert. Der Kontakt mit der Person hat etwas auf dem Souvenir zurückgelassen, der Souvenir hat den Kontakt gespeichert. Die *höfischen Liebespfänder*, die man sich im Mittelalter schenkte (häufig waren es Gewänder), setzten eine solche Imprägnierung selbstverständlich voraus. Im Parzival trägt Gahmuret auf Turnieren, die er während seiner Ehe mit

---

[910] Gegenstand, der zur Andacht anregen soll, etwa ein Rosenkranz.
[911] Günter Österle, *Souvenir und Andenken* in *Der Souvenir*, S. 19f.
[912] Volker Fischer, *Altäre des Banalen* in *Der Souvenir*, S. 300.
[913] Günter Österle, *Souvenir und Andenken* in *Der Souvenir*, S. 23–25.
[914] Raphael Bouvier, *Erinnerung an das Ich* in *Der Souvenir*, S. 103.

Herzeloyde besuchte, über seiner Rüstung „ein aus weißer Seide fein gewebtes Hemd der Königin, wie sie es auf dem nackten Leib getragen hatte"[915]. Dieses Hemd, die Kraft der in ihm gespeicherten Liebe, schützte ihn. Er hat auf diese Weise nicht weniger als achtzehn Hemden verschlissen, die anschließend von seiner Frau, als Zeichen ihrer Liebe, wieder angezogen worden sind. Auch Broschen schenkte man dem Geliebten. Und auch hier war wichtig, daß die Geliebte das Pfand zuvor am Körper getragen hatte. Am häufigsten wurden als Liebespfänder damals seltsamerweise Prunkärmel verschenkt. Damen ließen ihre Ärmel gar nicht erst annähen, damit sie sie verschenken konnten.

Im Unterschied zur Reliquie hat der moderne Souvenir (etwa ein Murano-Glasobjekt aus Venedig) im allgemeinen nicht die große magische Kraft, er erinnert eben primär[916].

Und Souvenirs sind auch weniger wirkmächtig als Fetische[917]: Ist eine Haarlocke ein Andenken, erinnert sie an die Lockenträgerin, gibt einem ein wenig von ihrer Präsenz. Ist eine Haarlocke ein Fetisch, wird um sie ein Kult getrieben als sei sie die Lockenträgerin selbst, in Fleisch und Blut, die Haarlocke ist hier der volle sinnliche Ersatz der Lockenträgerin.

Anders zu früheren Zeiten, und etwas anders auch, wenn es sich um heilige Andenken handelte: Erwarb man Pilgerfläschchen bei Pilgerreisen nach Palästina, oder nahm man Steine von dort in Kistchen mit – solche Fundstücke stammen aus dem 6. und 7. Jh. n.Chr. –, so verband man mit diesen eine potente heilsame Wirkung[918]. Franziskanermönche nutzten diesen Trend und produzierten im Mittelalter schon fast industriell Souvenirs für Reisende ins Heilige Land, etwa die Grabeskirche in Miniaturformat[919].

Zur Zeit der Renaissance glaubte man noch an die Kraft derartiger heiliger Andenken: Glocken, die man zwar in Venedig gekauft hatte, aber dann im Jordan hatte taufen lassen, schützten noch vor Blitz und Hagel[920]. Auch Erde oder Steine vom Ölberg oder Golgatha und Zweige von Dornbüschen aus der Wüstengegend, in der Moses die Gotteserscheinung im brennenden Dornbusch gehabt haben soll, oder Lederriemen, die in Jerusalem um Jesu Geißelsäule geschlungen worden waren, wohnte, so war man damals noch sicher, Kraft inne und erwarb sie deshalb in rauhen

---

[915] Aus dem *Parzival*: vgl. bei Joachim Bumke, *Höfische Kultur*, S. 186.

[916] Günter Österle, *Souvenir und Andenken* in *Der Souvenir*, S. 26.

[917] Anna Ananieva, Christiane Holm, *Phänomenologie des Intimen* in *Der Souvenir*, S. 172

[918] Ulrich Schneider, *Der Souvenir im Mittelalter* in *Der Souvenir*, S. 64, 66.

[919] Ulrich Schneider, *Der Souvenir im Mittelalter* in *Der Souvenir*, S. 68 und Karl Schmitt-Korte, *Die Grabeskirche als Souvenir* in *Der Souvenir*, S. 91–94.

[920] Michael Mitterauer, *Dimensionen des Heiligen*, S. 290.

Mengen[921]. Solcher Art Souvenirs sind Kontaktreliquien. Sie gewannen ihre Kraft aus der Berührung mit Reliquien im eigentlichen Sinn oder der Berührung mit heiligen Orten.

Bis in die Neuzeit gibt es heilige Andenken in einfachen christlichen Haushalten; Rosenkränze, Palmzweige, Heiligenbildchen, die man in einer Tabuzone aufstellte, dem sogenannten Herrgottswinkel, wo sie schützende Kräfte entfalten sollten[922]. Aus dem Herrgottswinkel entwickelte sich dann die profane Vitrine für Nippes.

Aber auch dem modernen Souvenir, einer Plastikgondel aus Venedig, einem David-Figürchen aus Florenz, kann man noch *etwas* Wirkmächtiges zuschreiben: der Souvenir beschwört das ursprüngliche, authentische Erlebnis wieder herauf[923], in ihm ist gelebtes Leben konserviert[924]. Bringen wir Souvenirs anderen mit, können wir so das Erlebte vor den zu Hause Gebliebenen *beweisen*. Es geht also nicht nur darum, daß der Souvenir ein Mittel ist, die Erinnerung hervorzurufen[925]. Der Bedeutungskern aller Souvenirs ist auch *die Konservierung gelebten Lebens*.[926] Also eine eindeutige Speicherfunktion.

Wie bei der Reliquie oder dem Fetisch hat das Souvenir-Ding nicht unbedingt einen hohen Wert an sich. Wichtiger ist die metaphysische Komponente des Dings, sein geistiger Gehalt, sein Gedächtnis, seine Kraft, seine Lebendigkeit. An tausend kitschigen billigen Eifeltürmen aus Kupferguß hängen unsichtbar tausend verschiedene Geschichten und Reiseerinnerungen[927], gelebt, gefühlt, aufbewahrt in einem Sehnsuchtserwecker und Erlebnisspeicher.

Souvenirs sind zumeist kleiner Schnickschnack, Kleinodien, Mitbringsel, Nippes. Klassische Kleinskulpturen, etwa von Michelangelos David, Kitsch-Devotionalien wie serielle Madonnen mit nach oben verdrehten Augen oder pausbäckige Jesuskindlein auf Andachtsbildchen. Porzellan wie Teller, Krüge, Täßchen. Medaillons. Medaillen, Buttons. Stocknägel. Schneekugeln. Souvenir-Gebäude. Plastikope. Postkarten („Postkarten sind die Reise selbst" nach H.M. Enzensberger[928]). Eintrittsbillets. Poster. Gestohlene Hotelsouvenirs wie Kleiderbügel vom Ritz oder der Saunabademantel. Naturalien wie Muscheln, Steine, Erd- und Sandproben, Pflanzen. Interessant ist die besondere Souvenireignung von

---

[921] Michael Mitterauer, *Dimensionen des Heiligen*, S. 290.

[922] Michael Mitterauer, *Dimensionen des Heiligen*, S. 293.

[923] Volker Fischer, *Altäre des Banalen* in *Der Souvenir*, S. 302.

[924] Volker Fischer, *Altäre des Banalen* in *Der Souvenir*, S. 302.

[925] Vgl. stellvertretend Günter Österle, *Souvenir und Andenken* in *Der Souvenir*, S. 48.

[926] Volker Fischer, *Altäre des Banalen* in *Der Souvenir*, S. 302.

[927] Volker Fischer, *Altäre des Banalen* in *Der Souvenir*, S. 346.

[928] H.M. Enzensberger bei Volker Fischer, *Altäre des Banalen* in *Der Souvenir*, S. 320.

Billig-Kopien prominenter Bilder oder Skulpturen: von Raffaels Sixtinischer Madonna, von Da Vincis Monalisa und Letztem Abendmahl, von Michelangelos Letztem Gericht, von Dürers Hase oder betenden Händen, von Botticellis Geburt der Venus, Monets Seerosen, Van Goghs Sonnenblumen, Klimts Kuß. Diese werden in astronomischer Zahl auf allen möglichen Gegenständen abgebildet, wie Tassen, Gläsern, Aschenbechern, Schlüsselanhängern, Servietten, Duschvorhängen, T-Shirts, Halstüchern, Krawatten, Regenschirmen, Armbanduhren, Kühlschrankmagneten (Munchs Schrei gibt es sogar als aufblasbare Plastikfigur). Trotz der Banalisierung[929], die hier stattfindet, enthält der Souvenir noch die rhetorische Kraft des Kunstoriginals[930], das Gedächtnis des Originals. Was für ein Museum das Museumsstück ist, ist für die Privatperson ein solcher Souvenir im Wohnzimmer.

Sammelobjekte

Der Sammler trifft zunächst einmal eine Entscheidung zwischen sammelnswert und nicht sammelnswert. Bierdeckel, Abziehbildchen, Briefmarken, Tassen, seltene Rosen, Autos, Gemälde, jeder Gegenstand kommt in Frage, banal oder nicht banal. Für den Sammler ist der Gegenstand ein Ding der *Begierde*. Und so hat ein Sammelobjekt ein Gedächtnis: es ist mit der Begierde des Sammlers aufgeladen, hält diese Begierde fest. Für den Sammler sind die gesammelten Dinge nicht tot, sie strahlen seine Begierde aus. Er bringt sie an besonderem, behütetem Platz unter, schützt sie, ist bedachtsam beim Vorzeigen, beschaut und betastet behutsam immer wieder die Sammelstücke, als wären sie lebendig. Und jedesmal, beim wiederholten Ansehen und Hervornehmen, erneuern die Sammelstücke seine Begierde, strahlen sie erneut ab (und laden sich erneut mit ihr auf). Dabei kann die Begierde bis zur Perversion gehen[931]: Jemand lädt sich Kinderpornographie aus dem Internet auf seinen PC-Speicher. Obwohl er die Bilder bequem jederzeit im Internet ansehen könnte, muß er sie auf seinen persönlichen Speicher laden, um sie zu besitzen. Oder: ein bekannter Orthopäde veranlaßte Jugendliche, egal welchen Geschlechts, nackt auf einem von ihm konstruierten Schwebebalken zu balancieren. Dort warf er ihnen einen Ball zu und fotografierte sie im Moment des Auffangens. Über diesen Moment legte er eine Sammlung an, die als die Sache zur Anzeige kam, über 14 000 Bilder betrug. Er gab

---

[929] Es gibt hier natürlich auch etliche Verballhornungen: Die Geburt der Venus als Nikolausbild, John Wayne wird in ein Michelangelo Bild transferiert usw.

[930] Volker Fischer, *Altäre des Banalen* in *Der Souvenir*, S. 339.

[931] Vgl. Fälle bei Reimut Reiche, *Sammelsucht und Perversion* in *Der Souvenir*, S. 294–296.

an, er brauche diese Bilder für eine Promotion über ein Spezialthema zur Skoliose. Er brauchte sie aber für etwas ganz anderes, das ihm so wichtig war, daß er dafür sein Leben zerstörte.

In der Tat ist die Sammlung für den Sammler etwas sehr Wichtiges. Sie hat auch mit Leben und Tod zu tun. Der Sammler will dem Verfall der Zeit, dem Tod, etwas, seine Sammlung oder Sammelleidenschaft, entgegensetzen. Sammlungen sind „Palliative gegen die Vergängnis, magische Substitute des Abwesenden und Fetische gegen den Tod", sagt Hartmut Böhme[932]. Viele Sammler sammeln etwas, um es der Vergänglichkeit zu entziehen, um es in der Sammlung à part zu stellen, zu verewigen. Die Sammlung ist häufig ein *Erinnerungsmagazin* wie das Museum, ab und zu fällt beides zusammen: eine Sammlung kommt ins Museum. Für Goethe[933], selbst Sammler, haben in *Dichtung und Wahrheit* die gesammelten Gegenstände ein lebendiges Gedächtnis, weil sie Spuren ihrer Herkunft tragen, die auf die Menschen und Umstände verweisen, durch welche der Sammler in den Besitz der Stücke gelangt ist. Am Sammelobjekt haftet Geschichtlichkeit, darin liegt sein Mehrwert: „Ich habe mich gewöhnt beim Vorzeigen meiner Sammlungen der Personen zu gedenken, durch deren Vermittelung ich das einzelne erhielt, ja der Gelegenheit, dem Zufall, der entferntesten Veranlassung und Mitwirkung, wodurch mir Dinge geworden ... Das, was uns umgibt, erhält dadurch ein Leben, wir sehen es in geistiger, liebevoller, genetischer Verknüpfung, und durch das Vergegenwärtigen vergangener Zustände wird das augenblickliche Dasein erhöht und bereichert ...“

Es findet beides statt, eine Auratisierung durch die Begierde – die Sammelobjekte speichern die Begierde – und eine memoriale Imprägnierung der Dinge, die diese zu lebendigen Trägern der Erinnerung macht[934]. Die Dinge des Sammlers sind also der Harem (versammelte Objekte des Begehrens) und Thesaurus (versammelte Erinnerungsträger) des Sammlers.

Zusätzlich animiert werden die Sammelobjekte auch durch *eingeübte Rituale*. Man zeigt seine Sammlung, wendet dabei wiederholt jedes Stück behutsam hin und her, betrachtete sie immer wieder. Das entspricht einer Wiederaufladung.

Und last but not least macht ein in die Ferne-Gerücktsein die Sammelobjekte auratisch[935], quasi-heilig: In Sammlungen herrscht eine souve-

[932] Hartmut Böhme, *Fetischismus und Kultur*, S. 358.
[933] Vgl. bei Hartmut Böhme, *Fetischismus und Kultur*, S. 361f. Johann Wolfgang Goethe, *Dichtung und Wahrheit*, IX, S. 412. Werke in 14 Bänden. Hamburger Ausgabe. Hg. Erich Trunz, 11. Aufl. München, 1978.
[934] Hartmut Böhme, *Fetischismus und Kultur*, S. 362.
[935] Walter Benjamin bei Hartmut Böhme, *Fetischismus und Kultur*, S. 370.

räne Verachtung der Nützlichkeit[936]. Alle Nützlichkeit ist aus einer Sammlung verbannt. Das rückt sie in die Nähe von heiligen Dingen und von Kunstwerken. Die älteste Form von Sammlungen kann man[937] dementsprechend in Grabbeigaben sehen: Sie waren dem Verkehr, dem Umlauf entzogen, für die Ewigkeit, für das Leben nach dem Tod geweiht. Im Auftauchen solcher Gegenstände ohne Nützlichkeit liegt der Anfang von Kultur. Sammelobjekte haben somit etwas Auratisches[938], Transzendentes, egal, ob es sich um im Keller aufbewahrte Modelleisenbahnen oder Mokkatassen handelt, um Briefmarkenalben, um Bilder und Trophäen von Stars oder um als Beutestücke verwahrte rote Frauenschuhe.[939]

Dasselbe, was auf Sammelobjekte zutrifft, gilt auch für Antiquitäten, Kunstwerke, Unikate, die Private sich zulegen. Mit der Antiquität kauft man oder erbt man deren Geschichte. Die ererbten antiken Familien-Möbel sind Speicher der eigenen Familientradition. Mit einer fremden Antiquität, einem alten Möbel, das anderen Leuten gehörte, macht man sich eine fremde Familientradition zueigen, kauft man das Gedächtnis eines fremden vergangenen Status.

Die Begierde, etwas Besonderes zu besitzen, etwas, das dem Besitzer (einen in ihm gespeicherten) Glanz und Status verleihen soll, lädt Antiquitäten, Kunstwerke und Unikate ebenso auf wie Sammelobjekte. Und auch sie sind dem normalen Gebrauch enthoben, befinden sich in einer Sphäre der Quasi-Heiligkeit, werden besonders pfleglich behandelt, gesichert, vorgezeigt. Und auch an ihnen ist demjenigen, der sie erworben hat, die ganz konkrete Objektgeschichte wichtig. Wie, unter welchen Unstanden das wunderbare Stück in seine Hände gekommen ist, wer es ihm verschafft hat, all dies ruft das Ding ständig wieder hervor.

Geschenke, Gaben

Auch dem Geschenk[940] traut man ein Gedächtnis zu. In der Gabe steckt sozusagen der Geist des Gebers. Das Geschenk einer lieben oder gar verehrten Person stellt für uns eine Beziehung zum Schenker her, hat für uns eine magische Aura.

In archaischen Kulturen wohnte der Gabe, dem geschenkten Ding, ganz explizit eine magische Kraft inne. Die Gabe hatte eine überaus wichtige Funktion. In archaischen Gesellschaften bestand die Wirtschaft prak-

---

[936] Krysztof Pomian bei Hartmut Böhme, *Fetischismus und Kultur*, S. 366.
[937] Beispielsweise Krysztof Pomian bei Hartmut Böhme, *Fetischismus und Kultur*, S. 366f.
[938] Walter Benjamin bei Hartmut Böhme, *Fetischismus und Kultur*, S. 370.
[939] Hartmut Böhme, *Fetischismus und Kultur*, S. 358–371ff.
[940] Vgl. hierzu Karl-Heinz Kohl, *Die Macht der Dinge*, S. 114.

tisch im Gabentausch. Marcel Mauss, nach Durkheims Tod die führende Figur in der französischen Soziologie, beschreibt das: Wer sein Ansehen oder seine Position wahren will, der ist zu Gaben verpflichtet. Der Empfänger ist verpflichtet, die Gabe anzunehmen und zu erwidern. So zirkulieren hier Dinge beziehungsweise Güter. Der Gebende verschuldet so den Beschenkten, daraus konstituiert sich der soziale Zusammenhang. Mit J.A. Schumpeter könnte man das auch „kreative Zerstörung" nennen. Zerstört wird hier eigener Reichtum. Seinen Reichtum kann der Gebende nur beweisen, indem er ihn ausgibt. Nun gibt es aber neben der Schuld des Empfängers auch noch, nach Marcel Mauss, die dem Geschenk einwohnende magische Substanz, die den Empfänger noch zusätzlich zwingt, die Gabe zu erwidern. Die Gabe ist nach Mauss lebendig: sie kommt gleichsam reich beladen wieder zurück.

In Gesellschaften die von der Verpflichtung zum Geben beherrscht sind, verhalten sich die Sachen am Ende wie Personen. Sie verleihen einen Drift zurück zum Geber und machen ihn so reich. Am wirksamsten ist die Gabe, die niemals zurückgegeben werden kann: sie macht den Beschenkten zum Untertan. Diese hochvertrackten Gaben haben wir in Religionen: Thomas von Aquin[941] hat es auf den Punkt gebracht: „Der Mensch kann Gott nur zurückgeben, was er ihm schuldet. Doch er kann seine Schuld nie ausgleichen."[942]

Aber nicht nur in archaischen Gesellschaften entwickelt die Gabe ihre Macht: In der Moderne wirkt die Gabe weiter: als Bestechungsgeschenk!

Im Mittelalter und der Renaissance wurden Gaben auf höchster Ebene als Bestechungsgeschenke eingesetzt: Die Päpste verpflichteten sich durch Reliquienschenkungen Könige und Fürsten, die Könige sicherten sich durch solche Schenkungen die Loyalität der großen Fürsten ihres Reichs[943].

Und bis heute funktionieren noch ganze Gesellschaften zu großen Teilen auf dem Prinzip des Austauschs von Gefälligkeiten (wie Italien).

[941] Bei Hartmut Böhme, *Fetischismus und Kultur*, S. 297.
[942] Hartmut Böhme, *Fetischismus und Kultur*, S. 289ff.
[943] Karl-Heinz Kohl, *Die Macht der Dinge*, S. 61.

10. Museumsstücke

beziehungsweise das öffentliche Museum als Ort, der den Gegenständen ihr Gedächtnis zurückgibt[944].

> „The museum survives … as the last religious site of the modern world, where man comes to recharge himself from the sacredness deposited in images." Alain Besançon[945]

Aus den mit Reliquien gefüllten Schatz- und Wunderkammern des Spätmittelalters entwickelte sich das Sammeln von Schätzen für Museen[946]. Reliquiensammlungen entwickelten sich zu Gemäldegalerien, zu profaner Kunst.

Die Bildwerke der Antike sind von ursprünglich sakralen Gegenständen in der Spätantike zu Prestigegütern, zu Kunst und Dekorationsgegenständen abgesunken. Im frühen Mittelalter wurden dann die antiken Götterbilder zu Abfall. Und erst in der Renaissance wurden sie wieder aus den Trümmern geborgen, dienten Künstlern als Vorbilder, und humanistische Gelehrte feierten sie als Gedächtnisträger: Für diese intim in griechischen und lateinischen Texten Bewanderten verkörperten sie eine ideale Vergangenheit, die einzigartiges Schöpfertum hervorgebracht hatte. Die Humanisten repräsentierten in der Renaissance eine neue tonangebende Schicht, die sich bewußt durch Wissen vom einfachen Bürgertum, vom Adel und Klerus absetzte, eine neue (intellektuelle) Elite bildete. Nachdem die Humanisten Antiken zu sammeln begonnen hatten, taten dies in Italien dann auch die Päpste und Fürsten, später gesellten sich reiche Kaufleute hinzu. Sammeln wurde schick, die Kunstwerke waren Statussymbole, aber auch immer Erinnerungsträger an die idealisierte Kultur der alten Griechen und Römer. Es entstanden die ersten großen Antikensammlungen an den Höfen der Päpste, der Medici, der Este. Von Italien schwappte dann dieser Museumsvorläufer, die Sammlung, nach ganz Europa über.

Etwa 200 Jahre später entstanden dann die ersten öffentlichen Museen. 1753 wurde das British Museum durch Parlamentsentscheid gegründet. Es sollte „allen lerneifrigen und wißbegierigen Personen freien Zutritt verschaffen"[947]. 1743 hatten die letzten Medici-Fürsten den Bürgern von Florenz die Uffizien vermacht. Die Kunstsammlung der französischen Könige war während der Revolution, 9 Monate nachdem Ludwig XVI auf dem Schafott hingerichtet worden war, kurzerhand zum Natio-

---

[944] Vgl. Karl-Heinz Kohl, *Die Macht der Dinge*, S. 224ff.
[945] Alain Besançon, *The Forbidden Image*, S. 224 über Hegel.
[946] Michael Mitterauer, *Dimensionen des Heiligen*, S. 290.
[947] Vgl. bei Karl-Heinz Kohl, *Die Macht der Dinge*, S. 245.

nalbesitz und -museum erklärt worden. Napoleon raubte in Italien und Ägypten Kunstschätze für den Louvre, das französische Nationalmuseum, zusammen.

Der Radius der exponierten Werke wurde im Laufe der Zeit immer weiter. Es fing mit Antiken an, später kamen modernere Kunstgegenstände und Antiquitäten hinzu, schließlich auch Naturalia, Scientifica und alle möglichen Raritäten. Heute ist der Radius der Exponate unermeßlich groß.

Das Museum ist ein ganz besonderer Kontext, in den etwa das antike Kunstwerk eingebettet ist. Man glaubt zwar nicht mehr, daß es Träger transzendenter Mächte ist, es erhält aber wiederum eine Aura, es verlebendigt die und seine Geschichte, es ist kein toter Gegenstand mehr. Und so geschieht es auch mit anderen Gegenständen im Museum. Die Gegenstände im Museum erhalten eine spezielle Aura, denn dort sind sie *entrückt*, praktisch unter Tabu gestellt. Sie zirkulieren nicht mehr wie Waren in der Gesellschaft, und sie sind teils hinter Glas geschützt vor Zugriffen. Sie sind in einer Position des *Noli me tangere*, des Unberührbaren und somit wiederum der Quasi-Heiligkeit. Dem entspricht, wenn die Museumsbesucher die ausgestellten Objekte als überalltäglich lediglich betrachten, und das entspricht quasi dem Anbeten eines heiligen Gegenstands.[948]

Nicht umsonst geht der Begriff Museum auf den griechischen Begriff *Museion* zurück: die den Schutzgöttinnen der Künste und der Wissenschaften geweihten *heiligen* Haine, Grotten und Tempel, die Musenheiligtümer.

Die meisten Museen, die im 19. Jahrhundert entstanden, wurden auch nach dem Vorbild antiker Tempel erbaut. Leo von Klenze etwa entwickelte für die Glyptothek, die 1830 in München eröffnet wurde, einen sakralen Monumentalstil, der auf griechische und römische Tempel Bezug nahm. Karl Friedrich Schinkel baute das Neue Museum (1829) in Berlin in Anlehnung an die Agora in Athen. Überhaupt kann man sagen, daß ähnlich wie die Bürger der mittelalterlichen Städte ihren Ehrgeiz in den Bau prächtiger Gotteshäuser gesetzt hatten, im 19. Jahrhundert bald keine größere Stadt mehr darauf verzichtete über ein eigenes Museum zu verfügen. Noch Ende des 18. Jahrhunderts hatte es in Europa nicht mehr als ein paar Dutzend öffentliche Museen gegeben. Bis zu Beginn des Ersten Weltkriegs war ihre Zahl auf mehrere Tausend angestiegen.

Museen sind im Grunde die Kultstätten der Moderne.

Das öffentliche Museum verleiht dem Exponat einen Glanz. Selbst Alltagsgegenstände (nicht nur Kunst), die aus dem Schutt geborgene

---

[948] Hartmut Böhme, *Fetischismus und Kultur*, S. 355f., 365.

antike Münze, oder der Bakelit-Aschenbecher der Zwanziger Jahre, erhalten diesen Glanz, sobald sie ihren Platz im Museum gefunden haben.

Das Museums-Exponat ist der sakrale Gegenstand der Moderne. Wie antike Kultbilder oder christliche Reliquien wechseln Museums-Exponate nur ganz selten je wieder ihren Besitzer. Eventuell durch Kriegsereignisse oder Raub. Sie werden von profanen Dingen sorgsam separiert. Jede Berührung könte sie entweihen. Sie sind von Tabus umgeben. Tabus sind hier die technischen Sicherungsvorrichtungen. Die Andacht, die Generationen vor demselben Gegenstand verrichtet haben und weiterhin verrichten werden, verbürgt die Aura, lädt die Gegenstände immer wieder auf.

Die Exponate, die früher zwischen den Menschen und den überirdischen Mächten vermittelt haben, tun dies zwar nicht mehr, aber sie stehen nach wie vor für die nichtgegenwärtigen und nichtsichtbaren Bereiche dieser Welt[949] (für Kulturen der Vergangenheit und zuweilen für so etwas Ungreifbares wie Schönheit). Auch das ist Transzendenz.

Museen konservieren die Dinge, verewigen sie, erhalten, retten sie, stellen sie außerhalb der Ökonomie und so außerhalb der Zyklen Produktion, Konsum, Müll. Museen sind Orte des Gedächtnisses an die Dinge, die verschwinden, sind kulturelle Archive.[950]

Neben der Heiligkeit durch Entrückung sind Museumsstücke also auch deshalb lebendig, weil sie zur Aufbewahrung des kulturellen Erbes gedacht, Gedächtnisträger sind. Und sie haben sogar noch mehr Wirkung, sind sogar auch Macht-Dinge: In Museen versicherte sich die Gesellschaft, insbesondere die bürgerliche des 19. Jahrhunderts, ihrer Verfügungsgewalt über die Welt: die Museumsbauten repräsentierten, nach dem Vorbild religiöser Kultstätten, auch die damalige Machtfülle des Westens.

11. Durch Katastrophen geprägte Dinge

Ebenso wie durch Katastrophen geprägte Orte (etwa ein Schlachtfeld) haben durch Traumen geprägte Dinge (etwa Erinnerungsstücke an den Holocaust) eine besonders starke Ausstrahlung[951]. Ein verschlissener Davidstern, ein schmutzig abgewetzter KZ-Sträflingsanzug, ein weißer Streifen mit der verblichenen Sträflingsnummer, ein verbeulter Blechnapf eines Häftlings strahlen etwas Unheimliches aus. Gleichzeitig kommt ihnen eine besondere, gar erweiterte Gedächtnisfunktion zu. Ein solches Ding verweist nicht nur auf das horrende Schicksal seines ehemaligen Besitzers, es ist auch häufig ein pars pro toto und verweist auf die

---

[949] K. Pomian bei Karl-Heinz Kohl, *Die Macht der Dinge*, S. 258.

[950] Hartmut Böhme, *Fetischismus und Kultur*, S. 371f.

[951] Vgl. hierzu Sabine Runde, *Traumatische Erinnerung* in *Der Souvenir*, S. 244–259.

Gesamtheit des Grauens, auf den gesamten Holocaust. Im Kontext einer Gedenkstätte wie Ravensbrück wird das Ding als Mahnung verstanden, von ihm geht mahnende Wirkung aus; so etwas darf nie mehr geschehen. Man traut einem solchen Ding also eine besondere, universale Macht der Erinnerung zu.

12. Unveräußerliche Dinge

Hierunter fallen die meisten der oben besprochene Kategorien von Dingen, die heiligen Dinge oder die in Museen ausgestellten, liebe Andenken, besondere Erbstücke, Sammlerobjekte, besondere Kunstwerke, Talismane, Fetische usw.

Dinge sind hier der Warenzirkulation entzogen, aus dem Verkehr gezogen, stillgestellt, dem Fließen der Zeit widerstehend, relationslos, dysfunktional.

Häufig sind sie an besonderen Orten untergebracht: in Kirchen, Museen, Privatsammlungen und werden überalltäglich verehrt. Das verleiht ihnen eine auratische Strahlkraft. Sie sind teils die Sicherheitsreserven, die eine Zirkulation erst robust machen. Sie sind entweder an ein Ich oder ein Kollektiv gebunden. Werden sie dennoch veräußert oder zerstört, wird dabei am Ich oder Kollektiv gekratzt oder gehen diese sogar verloren. So groß kann die Macht dieser Dinge sein. Zerstört man die Heiligtümer eines Landes, Stammes usw., zerstört man damit die Identität (das Gedächtnis, die Geschichte) des Landes, Stammes. Schon beim Verlust einzelner heiliger Gegenstände von Bedeutung, beim Verlust von Reliquien, hat man die Gefährdung von Staaten befürchtet: Gemeinden, Städte, ja Königreiche hatten sich unter den Schutz von Reliquien gestellt, die Wohlfahrt ganzer Königreiche schien von Reliquien abzuhängen: Als Königin Mathilde, die Frau Heinrichs V., nach dessen Tod in ihr Geburtsland England die Hand des Heiligen Jakobus mitnahm, beklagte man den „unersetzlichen Schaden", der dem Reich der Franken durch diesen Verlust entstanden sei.[952]

---

[952] Hartmut Böhme, *Fetischismus und Kultur*, S. 298–307.

13. Grosser Exkurs zum Genius loci

> *„Verschiedene Orte auf Erden haben verschiedene Ausstrahlungen, verschiedene Schwingungen, verschiedene chemische Ausdünstungen ... – nennt es wie ihr wollt. Daß Orte ihren Geist haben, ist jedenfalls Realität."*
> D.H. Lawrence[953]

Der Geist eines Ortes allgemein

Was ist der Genius loci?

Spontan fällt einem ein: Der Geist eines Ortes, seine besondere Ausstrahlung, ein lebendiger Ort, ein beseelter Ort, ein Ort der lebendig ausstrahlt, was an ihm geschehen ist.

Genius loci ist ein auf die **Antike** zurückgehender Begriff, zusammengesetzt aus Genius und Loci.

Genius findet sich schon in der ältesten **römischen** Literatur und gehört zu den ältesten Bestandteilen der römischen Religion. Eine Person, ein Volk, ein Ort hat einen Genius. Auch Nationen, Städte, Familien, Gebäude, Dinge, eigentlich hat alles einen Genius[954]. Genien sind Schutzgeister oder es ist auch die göttliche Seite von etwas. Der Genius einer Person stirbt mit der Person, dauert aber gleichzeitig fort. Das Leben des Menschen entsteht durch Hinzutreten des Genius, und der Genius erhält auch dieses Leben.

Der Genius eines Ortes wird mit Schutzgöttern dieses Ortes verbunden. Nicht jedem Ort kam ein Ortsgeist zu – Servius, der Kommentator von Virgil, sagt allerdings: „Nullus locus sine genius est"[955] –, sondern in erster Linie numinosen (heiligen) Orten, am Ort wohnten *Numen*. Es ging also um präzise, charakteristische, abgegrenzte Orte. Ein Lokalgenius wurde häufig durch das Bild einer Schlange gekennzeichnet. Man ordnete andererseits ziemlich beliebig Häusern, Städten, Häfen usw. einen Genius loci zu (wobei der eines Hauses sogar, wenn die Einwohner umzogen, ins neue Haus transportiert werden konnte).

Numen wohnten also am Ort. Numen sind göttliche Kräfte, wie in Ciceros „De divinatione"[956] deutlich wird; er setzt dort numen mit vis gleich. Vergil versteht unter Numen Gott/Göttin in der Aeneis[957].

---

[953] Vgl. bei Stefan Brönnle, *Landschaften der Seele*, S. 110.

[954] Roberto Pinotti, *La Capitale Esoterica*, S. 12.

[955] Vgl. bei Roberto Pinotti, *La Capitale Esoterica*, S. 12.

[956] Vgl. bei Robert Josef Kozljanič, *Der Geist Eines Ortes*, 1. Band, S. 72. *De divinatione* (2, 124).

Ein Genius loci ist meistens dort, wo auch ein Numen ist.

Ein Numen erhält ein *künstlicher* Ort dann, wenn sich an ihm schicksalsträchtige Ereignisse abgespielt haben. Ein *natürlicher* Ort erhält ihn durch den Ingenius der Natur.

Das **griechische** Pendant zum Genius loci ist der *Daimon* eines Ortes.

Daimon steht in der ältesten griechischen Literatur neben dem Wort *Theos*: Beide meinen Gott, göttliches Wesen. Daimon ist dabei mehr die eher unpersönliche göttliche Kraft beziehungsweise Wirkung, Theos die benennbare göttliche Persönlichkeit, Zeus, Athena usw.

Wie im Römischen ihren Genius hat auch jede Person von Geburt an ihren Daimon.

Bei den Griechen taucht schon sehr früh die Vorstellung auf, aus Verstorbenen würden Daimonen, so in der Theogonie Hesiods[958]. Hesiod etabliert eine Stufenordnung: Götter, Dämonen, Menschen. Später werden Daimonen dann auch zu Schutzgeistern.

Orte haben nach Homer[959] eine göttlich-daimonische Ausstrahlung, wenn sie in uns Schauder, Scheu oder Staunen erregen. In der Odysee[960] heißt es in Bezug auf die heilige Grotte der Nymphe Kalypso: selbst ein Gott „käme er gegangen und könnte es sehen, staunend müßte er schauen und Wonne erfüllte sein Inneres".

Den Griechen kommt es auf die Wirkung an, auf die Analyse des Phänomens, auf das subtile Phänomen der Stimmung! Die Römer katalogisieren einfach die Orte, die traditionell einen Genius loci haben.

Der daimonische (griechische) Ort löste Ergriffenheit, Besessenheit, Begeisterung, Verzückung, Entrücktheit aus. Er konnte sich stimmungshebend auswirken, aber auch schreckenerregend, Wahnsinn konnte von ihm ausgehen.

Nymphen sind in der griechischen Antike sehr häufige Ortsdaimonen, sie produzieren die Inspiration des Ortes, den göttlichen Hauch, der ihm zueigen ist.[961]

Das **Christentum** verändert dieses Genius-loci-Konzept.[962]

Die antiken Ortsgeister werden verteufelt. Daimones sind fortan nur noch böse Geister. Mehr noch, die heidnischen Gottheiten gelten allesamt

---

[957] Robert Josef Kozljanič, *Der Geist Eines Ortes*, 1. Band, S. 73. *Aeneis* (3, 437 und 9, 661).

[958] Vgl. bei Robert Josef Kozljanič, *Der Geist Eines Ortes*, 1. Band, S. 85, *Theogonie* (987–991). Oder in Aischylos *Perser*, (620).

[959] Vgl. bei Robert Josef Kozljanič, *Der Geist Eines Ortes*, 1. Band, S. 89.

[960] *Odysee*, (5, 73f).

[961] Robert Josef Kozljanič, *Der Geist Eines Ortes*, 1. Band, S. 28–270.

[962] Vgl. Robert Josef Kozljanič, *Der Geist Eines Ortes*, 1. Band, S. 271–407: zum Ortsgeist in der Antike und im Christentum.

als (böse) Dämonen. Das Christentum entwickelt praktisch einen neuen Genius-loci-Kult, den der Lokalheiligen und der Wallfahrtsorte. Und auf der anderen Seite bildet sich im klerikalen Milieu der Glaube an teuflische Orte heraus.

Augustinus[963] (354–430) lehnt bereits die antike Annahme, daß „jeder Genius ein Gott und jedermanns Seele ein Genius ist" als eine „abgeschmackte Annahme" prinzipiell ab. Kaiser Theodosius[964] verbietet 391 n.Chr. ganz offiziell den Genius-Kult.

Auch der Personaldämon und der Genius Populi/Urbis werden verteufelt und – nach Möglichkeit – exorziert.

Interessant ist das negative Genius loci Erleben, das in erster Linie klerikal ist: die Vorstellung von (bösen) Dämonenstätten und Teufelsorten:

Ein Prototyp des teuflischen Orts ist die Wüste, in der Jesus durch den Teufel versucht wurde (Mt. 4, 1–11; Lk. 4, 1–13). Es bilden sich alle möglichen neuen Teufelsorte heraus. Der Blocksberg oder Brocken wird ein berühmter deutscher Teufelsort (oder der Teufelstein in der Rhön). In einem Beichtbuch aus dem 14. Jh. wird der Blocksberg bereits als Hexenversammlungsort erwähnt. Hexen treffen sich dort, um sexuell ausschweifende und diabolische Sabbate zu feiern. Die Vorstellung von dämonischen Hexenorten griff im 14. Jh. in klerikal-inquisitorischen Kreisen um sich. Bis Mitte/Ende des 18. Jh. ergriff sie wie eine Massenparanoia Landstrich für Landstrich und dezimierte die Zahl der dort lebenden Frauen drastisch, es gab praktisch einen Gender-Holocaust. Betrüblich war in dem Zusammenhang auch, daß das Naturerleben statt im antiken Sinne daimonisch, im Sinne von göttlich, im Christentum oft als dämonisch, im Sinne von teuflisch, empfunden wurde. Das zeigt sich deutlich am Naturerlebnis von vielen christlichen Eremiten oder Mönchen, die zum Teil in der Einsamkeit der Natur verweilten. Selbst von Franziskus von Assisi[965] ist solches überliefert. Im Wald von La Verna zog er sich wochenlang zurück und hatte das Erlebnis, daß dort, in der wilden einsamen Natur, Teufel auf ihn einstürmten. Aus Angst klammerte er sich an einen Felsen und rief nach Gott um Hilfe.

Daß das Christentum letztlich dennoch an den antiken Genius loci glaubte, zeigt, wie es versucht hat, ihn zu bekämpfen. Es fanden regelrechte Entweihungszeremonien statt. Heilige Bäume wurden entwurzelt, Tempel an heiligen Orten wurden geschändet. Dagegen regte sich häufig Widerstand. Und im Volksglauben hielt sich der Glaube an heilige Orts-

---

[963] Vgl. bei Robert Josef Kozljanič, *Der Geist Eines Ortes*, 1. Band, S. 272. Augustinus, *Civitas Dei* 7, 13.

[964] Vgl. bei Robert Josef Kozljanič, *Der Geist Eines Ortes*, 1. Band, S. 272. *Cod. Theod.* 16,10,10.

[965] Vgl. bei Robert Josef Kozljanič, *Der Geist Eines Ortes*, 1. Band, S. 367f.

geister hartnäckig, vor allem im ländlichen Bereich: Bevor der Bischof von Alexandrien einen prächtigen Tempel des Genius zerstören wollte, hat ihn die Menge überwältigt, mißhandelt und totgetreten. Gesinnungsgenossen des Bischofs, die Götteraltäre niedergerissen hatten, ergriff man ebenfalls, tötete sie und schleppte dann alle Leichen in die Wüste.

Auf die Phase der puren Zerstörung folgte später die Phase der Übernahme der antiken Kultstätten. Man wandelte die Tempel einfach in Kirchen um. Es war schlicht kostengünstiger. Ein berühmtes Beispiel ist das Pantheon in Rom oder der delphische Apollontempel. Das Pantheon, der „Allgötter-Tempel", wurde 609 n.Chr. zur Kirche S. Maria ad Martyres. Und gleich daneben ist die Kirche Santa Maria sopra Minerva auf einem Minerva Heiligtum erbaut.

Auch heilige Grotten und Quellen übernahm man; in Zurzach in der Schweiz ist eine der ältesten Wallfahrtsstätten im deutschsprachigen Raum, ein Verenenheiligtum, an die Stelle eines viel älteren keltischen oder gallo-römischen Kultorts getreten. Und sogar die Kathedrale von Chartres scheint auf einem keltischen und dann römisch-gallischen Heiligtum errichtet worden zu sein: einer heiligen Quelle, an der eine der keltischen Muttergottheiten verehrt worden ist.

Und auch Gipfelheiligtümer funktionierte man in großer Anzahl um: der berühmte Mont St. Michel, ein Michaelsheiligtum, war zuvor ein keltisches Gipfelheiligtum und dann von den Römern als Mons Jovis dem Jupiter geweiht worden. Wallfahrtskirchen, -kapellen und Klöster sind häufig auf Gipfeln. Und häufig *überbaute* man eine heidnische heilige Gipfelstätte. Auf Hügelspitzen errichtete Elias-Kappellen waren ehemalige Zeus-Kultorte. Monte Cassino und Monte Gargano sind christlich überbaut worden.

Alle möglichen Heiligen, und in vielen Fällen die Jungfrau Maria, ersetzten die Ortsgöttinnen: Astarte, Kybele, Artemis von Ephesus, Hera (Juno), Isis, Ceres (Demeter), Venus und andere; so war der Monte Vergine mit seinem Kloster und seiner Wallfahrtskirche in römischer Zeit der Berggöttin Kybele geweiht, die dort ihren Tempel hatte.

Jede Überbauung und Umweihung war begleitet von einem Ortsexorzismus. In constantinischer Zeit hatte man noch die Götterbilder verbrannt und die Tempel zerstört. Später bediente man sich nur noch symbolischer Exorzismen, besprengte die Stätte mit Weihwasser, brachte Kreuze und Christusmonogramme an. Und gereinigte Götterbilder durften sogar bleiben.

Verändert hat das Christentum übrigens auch den Daimonismos: In der Antike wurde Besessenheit durch einen Daimon als positiv erlebt, im Christentum wird sie zur teuflisch-negativen Besessenheit.

Die in den Untergrund verdrängte Volksreligiosität brachte als Reaktion Gespensterorte hervor. An solchen Geisterorten trieben entweder

Geister von Toten (Untote oder arme Seelen) oder Naturgeister ihr Unwesen: Bergriesen, Drachen, Zwerge, Kobolde, Walddämonen, Nereiden, Nixen, Elfen. Von der Nymphe Melusine, einer der berühmtesten Wasserfrauen des Spätmittelalters, erzählt Paracelsus (1493–1541). So bewahrte man sich den Genius loci. Und auch die Heiligen waren im Volksglauben so etwas wie Ortsgeister: Sie wohnten an dem Ort, wo ihre Gebeine aufgehoben waren, und gleichzeitig im Himmel. Die Kirche stellte dem ihre Ansicht entgegen und präzisierte: Nicht der verehrte Ort oder die verehrten Gebeine wurden hier göttlich, sondern die Verehrung mußte immer zum menschgewordenen Gott führen, alles andere wäre Götzendienst. Deshalb war auch die Translation von Reliquien für die Kirche problemlos; sie konnten von einem Ort zum andern übertragen werden (ohne daß ein Ortsgeist gestört worden wäre, den es ja, nach ihr, nicht gab). In der Antike war das natürlich nicht so: Als Agesilaos die Reliquien der Alkmene von Theben nach Sparta entführt hatte, brach Unfruchtbarkeit und Überschwemmung über Sparta herein; der Ortsgeist war vernichtet worden.

Das Christentum hat also die heiligen antiken Orte usurpiert und den antiken Orstgeist zerstört. Nicht mehr der Ort hatte einen Geist, der Ort spielte keine Rolle mehr, es ging nur darum, daß man sich dort an den christlichen Gott wendete. Jegliche Ortsmanipulation wurde tolerierbar. Reliquientranslationen oder die Verlegung von Wallfahrtsstätten waren problemlos, denn der Ort hatte keinen Geist mehr, der gestört werden konnte. Die alten Ortsgötter wurden für tot erklärt. (Der Aufschrei *Pan ist tot*, hallte ubers Mittelmeer). An die Stelle einer heiligen Kraft an einem heiligen Ort, trat die immaterielle Ubiquität des Heiligen. Und wenn noch von heiligem Ort gesprochen wurde, dann meinte man damit nur noch die Historie: den geschichtlichen Charakter der Heiligen Stätte. Dem stand das negative Genius loci Erleben von Teufelsorten gegenüber; hier ließ man praktisch einen Genius loci zu.

Im Gegensatz hierzu stand das Empfinden der Bevölkerung. Für die Bevölkerung gab es noch den Ortsgeist: und zwar den Gnadenort, den Ort, an dem Wunder geschahen, den Geisterort und ebenfalls den teuflischen Ort. Bis heute glaubt die Bevölkerung an eine besondere Ausstrahlung von Wallfahrtsorten wie Lourdes, sie ziehen einen in einen Bann, auch wenn nach der Kirche diese Orte nur sozusagen durch Gottes Gnade zu Gnadenorten werden. Das heißt nach der Kirche spielt hier nicht der Ort eine Rolle, hat nicht der Ort die Kraft, sondern Gott, der dort wirkt, und Gott kann diese Gnade jederzeit wieder entziehen, mit der Folge, daß am Ort kein Wunder mehr geschieht.

Im **Humanismus** und der **Renaissance**[966] kommt es zu einer Wiedergeburt des antiken Genius-Loci-Konzepts. Nicht nur Petrarca (1304–1374), Giordano Bruno (1548–1600) und Boccaccio (1313–1375) sind hier Beispiele. Leonardo da Vinci (1452–1519) fügt dem einen Ortsgeist in Form eines ästhetischen *Stimmung*serlebens hinzu, besonders deutlich an seinen Bild-Hintergründen, beispielsweise dem der Felsgrottenmadonna. Die Landschaften entsprechen auf Leonardos Bildern nicht der Realität. Sie werden zur Projektionsfläche des Subjekts, praktisch mit dem Geist Leonardos beseelt. (Hier haben wir schon einen Vorläufer der Romantik).

Die **Reformation** streicht dann noch, was die Kirche an Genius loci übrig gelassen hat. Sie geht gegen den Heiligen-Kult vor und verteufelt den Wallfahrtsort.

Bei Luther[967] ist der Heilige kein Heiliger mehr, sondern nur noch vorbildhaft. Er wird seiner gesamten mirakulösen Aura beraubt. Damit fallen auch die Orte als Vermittler der Wunder der Heiligen weg. Nach Luther[968] ist „Wallfahren unnützes Narrenwerk." Die Reformation anerkannte auch keinen Unterschied zwischen einem sakralen und einem nicht sakralen Raum. Gott sei an allen Orten gleich. Der Witz ist nun, den teuflischen Ort hat die Reformation nicht abgelehnt, auch für sie gibt es immer noch diesen negativen Genius loci! Und noch besser: für die Reformatoren werden die Orte Lokalheiliger, die Wallfahrtsorte zu Teufelsorten!

Die **Aufklärung** löst den Genius-loci-Begriff schließlich auf, entzaubert ihn. Die Annahme eines solchen ist für sie eine Urdummheit, von der eine Priester-Elite zu eigenen machtpolitischen Zwecken profitiert hätte.

Was einem Ort höchstens noch einen Geist geben konnte, war die *Geometrie*, der Geist der Naturgesetze: so Galileo Galilei[969]. Das geht dann soweit: Erst eine durch den geometrischen Geist verwandelte Natur ist schön. (Die Renaissance-Gärten sind hier bereits Vorläufer). Natürliche Orte wurden damit Geist-los, es gab keinen natürlichen Genius-Loci mehr. Das Problem, wie an einem Ort Geist installiert werden kann, fällt in das Gebiet der naturwissenschaftlichen Technik. Versailles mit seiner geometrischen Rigorosität ist hier ein Beispiel: Das Schloß steht wie ein Klotz in der Mitte der Gärten, im Zentrum, alle Achsen gehen von ihm aus. Ein klarer Hinweis auf die Macht des Besitzers. Ludwig der XIV.[970],

---

966 Robert Josef Kozljanič, *Der Geist Eines Ortes*, 2. Band, S. 9–375: zum Genius loci seit der Renaissance bis heute.
967 Vgl. bei Robert Josef Kozljanič, *Der Geist Eines Ortes*, 2. Band, S. 41.
968 Vgl. bei Robert Josef Kozljanič, *Der Geist Eines Ortes*, 2. Band, S. 41.
969 Vgl. bei Robert Josef Kozljanič, *Der Geist Eines Ortes*, 2. Band, S. 66.
970 Vgl. bei Robert Josef Kozljanič, *Der Geist Eines Ortes*, 2. Band, S. 104.

der Sonnenkönig, gefiel sich in diesem arroganten „plaisir superbe de forcer la nature". Statt einem göttlichen Ortsgeist, dem Numinosen, haben wir hier nun einen menschlich gemachten. Und: Orte werden beherrscht, verplant. Der Barock fügt dem noch hinzu: Menschlich konzipierte Täuschung ist schöner als Wirklichkeit.

Die **Romantik** entdeckt dann den alten Genius loci wieder. Die lokaldämonischen mittelalterlichen Sagenwesen, Waldgeister, Wasserfrauen, Zwerge, Nixen, Kobolde tauchen in der romantischen Kunst wieder auf. Märchen- und Sagensammlungen entstehen. (Brüder Grimm, Achim von Arnim, Clemens Brentano, Dorothea Schlegel.) Bei Ludwig Uhland[971] ist eine Gegend romantisch, weil dort Geister wandeln. Man ging auch wieder auf die Antike zurück: Hölderlin in seiner Dichtung, Schelling in seiner Vorlesung Philosophie der Mythologie[972], der Philosoph Schleiermacher mit seiner genialen Platon-Übersetzung, der Dichter Mörike und etliche andere. Auch die Landschaftsmalerei war mythisch antikisierend: Caspar David Friedrich malte den Iuno Tempel von Agrigent, Böcklin: Pan im Schilf. Und es ging um die Darstellung der Natur*stimmung*, um die Darstellung von *Atmosphäre* und Orstgeist. Es ging um die Einheit des Menschen mit der Natur, um die beseelte Natur, im Grunde im Gegensatz zur christlichen Naturfeindlichkeit.

Die Romantiker wollten auf das hinweisen, was ihrer Ansicht nach die Aufklärung zu Unrecht verdrängt hatte, auf die mythischen, magischen, dämonischen Erlebnismodi. Die Erforschung dieser Modi führte nun immer in heidnische Bereiche des Lebens, die der christliche Europäer als anrüchig oder teuflisch empfand. Deshalb behalten auch die Romantiker eine negative Note bei: man hat es mit der „Nachtseite" der Dinge zu tun, meinen sie. Der Dichter Eichendorff[973] spürt den Zauber der Natur, das Lokaldämonische, als etwas *Fürchterlich*-Schönes. Es handelt sich dabei, nach Eichendorff[974], um Mächte. Die Romantiker sehen den Genius loci dabei nicht mehr gestalthaft wie das Mittelalter, als Nixen, Riesen, Wasserfrauen oder wie die Antike als Göttinnen und Götter. Hölderlin erscheint bei der Rhein-Landschaft nicht der Flußgott Rhein als stier- oder menschengestaltiger Dämon, sondern ihm fällt nur die numinose *Stimmung* auf, die ihm vom Fluß und von dessen Geschichte entgegenweht. Ein weiterer Unterschied: In der Antike waren die Lokalgötter oder Lokaldämonen unabhängig vom Menschen. Bei den Romantikern, wie bei Hölderlin, hängt die Empfindung des Ortsgeistes vom *Subjekt* ab. Das Subjekt muß eine Anteilnahme zeigen, *erst dann* tritt

---

971 Vgl. bei Robert Josef Kozljanič, *Der Geist Eines Ortes*, 2. Band, S. 141.
972 1821.
973 Vlg. Bei Robert Josef Kozljanič, *Der Geist Eines Ortes*, 2. Band, S. 162.
974 Vgl. bei Robert Josef Kozljanič, *Der Geist Eines Ortes*, 2. Band, S. 166.

die Stimmung, der Geist hervor. Dennoch behält auch der romantische Genius loci eine Verbindung zum Göttlichen. Bei Friedrich Schleiermacher[975] liegt in der Einzelerscheinung auch immer das göttliche All-Eine: alles Einzelne als einen Teil des Ganzen, alles Beschränkte als eine Darstellung des Unendlichen hinnehmen, das ist Religion. Der Geist des Ortes ist so auch hier ein göttlicher und überwältigt und verwandelt das anteilnehmende Subjekt.

Interessant ist, daß Ortsgeist immer mehr zur **Stimmung** wird.

Wir gebrauchen das Wort, kaum jemand kann aber präzise erklären, was es eigentlich bedeutet. Stimmung erscheint uns als etwas Diffuses, als ein diffuses Gefühl, das wir an einem Ort haben. Goethe[976] (1765–1816) hat sich mit dem Phänomen Stimmung eingehend befaßt: „Der Künstler", sagt er, „mag die Werkstätte eines Schusters betreten oder einen Stall; er mag das Gesicht seiner Geliebten, seine Stiefel oder die Antike ansehen, überall sieht er die heiligen Schwingungen ..., womit die Natur alle Gegenstände verbindet ... Bei jedem Tritt eröffnet sich ihm die magische Welt ... Wer ist nicht einmal beim Eintritt in einen heiligen Wald von Schauer überfallen worden? Wen hat die umfangende Nacht nicht mit einem unheimlichen Grausen geschüttelt? Wem hat nicht in Gegenwart seines Mädchens die ganze Welt golden geschienen?"

Stimmung erklärt Goethe (praktisch modern physikalisch) mit Schwingungen. Auch einige Romantiker versuchten eine Erklärung: Stimmung entsteht nach ihnen dadurch, daß wir uns in den Orten selbst sähen: die Orte reflektierten unsere Seele.

Das wäre für uns hier nur eine Seite der Medaille. Der Ort hat ja auch sein eigenes Leben. Stimmung, diese rätselhafte, erklärt sich eigentlich ganz, wenn alles ein Gedächtnis hat. (Wir spüren dann das am Ort Vorgefallene). In dem Fall kann auch eine andere Person für uns die Umwelt verzaubern: Wir lesen dann einfach die Schwingungen ab, die sie auf die Umwelt abgestrahlt hat (auch das ist am Ort Vorgefallenes). Ebenso können wir uns selbst aus der Umwelt ablesen, wirft sie uns, wenn wir sensibel genug sind, unsere eigenen Gefühle wie ein Spiegel zurück.

Anklänge an unsere Erklärung (Stimmung ist das von uns wahrgenommene Ortsgedächtnis) finden wir ebenfalls bei den Romantikern: Der Genius loci und die Stimmung sind auch nach ihnen auf die *Geschichte* des Ortes zurückzuführen. Es gibt am Ort einen *Zeitgeist*, also nicht nur einen Naturgeist beziehungsweise Geist der Schönheit der Natur. Damit hoben auch die Romantiker auf ein Gedächtnis der Orte ab. Alles, was sich an einem Ort ereignet hat, besonders das geschichtlich Bedeutsame, wird als

---

[975] Vgl. bei Robert Josef Kozljanič, *Der Geist Eines Ortes*, 2. Band, S. 180f.
[976] Vgl. bei Robert Josef Kozljanič, *Der Geist Eines Ortes*, 2. Band, S. 296f.

Zeitgeist vom Ort praktisch gespeichert. Und schon die Antike kannte den besonderen Geist von Orten, das Gedächtnis von Orten, an solchen Orten, an denen sich etwas Schicksalsträchtiges, historisch Relevantes ereignet hat. (In der rationalen Praxis der Moderne führte das dann zu Denkmalschutz und archäologisch-musealer Konservierung.)

Der Romantik entspricht der Englische Garten: hier wird nicht mehr geometrisch die Natur sozusagen vergewaltigt, sondern in ihrer natürlichen (numinosen) Schönheit belassen. Man beläßt Hügel. Wege folgen dem natürlichen Verlauf der Landschaft und den Gewässern. Bäume müssen nicht gefällt werden, weil sie nicht in der Reihe stehen.

In der zweiten Hälfte des **19. Jh.** gab es dann **eine zweite Welle der Aufklärung**. August Comtes (1798–1857) Positivismus und Charles Darwins (1809–1882) Evolutionstheorie setzen auf Naturwissenschaft, Technik, Fortschritt, alles in einem engen Verbund. Der Genius loci war wieder Unsinn.

Anfang des **20. Jh.** regte sich dann aber wieder Kritik an solcher Fortschrittsgläubigkeit, und der (naturwissenschaftlich nicht nachweisbare) Genius loci spielte wieder eine Rolle: etwa bei Martin Heidegger. (Die Träne, die aus dem Auge eines traurigen Menschen rinnt, kann ich objektiv als einen Tropfen salzhaltigen Wassers auffassen, damit finde ich aber keinen Zugang zu seiner momentanen Traurigkeit, und es läßt auch außer Acht, daß es mich berührt. Es entgeht hier also immer etwas bei einer engen naturwissenschaftlichen Betrachtung). Ludwig Klages[977] (1872–1956) hat sich auch eingehend mit dem Ortsgeist beschäftigt. Er unterscheidet zwischen Dingwahrnehmung und *Ausdrucks*wahrnehmung; eine bestimmte Landschaft, ein und dasselbe Objekt, ruft ständig andere *Stimmungen* hervor, bei Mondschein, Sonnenaufgang oder bei Tag. Die „Seele" der Landschaft ist bei ihm sogar so stark, daß sie Subjekte umstimmen kann. Nach Klages[978] ist „der körperliche Ausdruck jedes Lebenszustandes so beschaffen, daß sein Bild ihn (in einem Zuschauer oder Zuhörer, in Gedanken also) wieder hervorrufen kann". Es gibt bei ihm ein äußeres Bild des Dings oder Orts und ein inneres Bild: der Sinn, die Seele des Gegenstands oder Orts. Im Zustand der Ekstase, der Entrückung, der völligen Selbstvergessenheit, des Außersichseins, wird dieses innere Bild geschaut, erfaßt. Hier sei die Dimension des Dämonischen erreicht. Mythisch-göttliche Wesen und Ortsdaimonen kommen hervor. Klages bedauert, daß diese Rauschzustände, in der das Eigentliche, das Wesen der Dinge hervorkommt, nur die Antike erlebt habe. Im Christen-

---

[977] Vgl. bei Robert Josef Kozljanič, *Der Geist Eines Ortes*, 2. Band, S. 262–277.
[978] Vgl. bei Robert Josef Kozljanič, *Der Geist Eines Ortes*, 2. Band, S. 284ff.

tum gab es, nach ihm, nur noch eine (harmlose) Erhebung oder Verklärung der Seele, (in welchem schwächeren Zustand keine derart potenten Einsichten auftraten).

Zur **aktuellen Zeit** beschäftigt sich der Philosoph Hermann Schmitz[979] mit dem Genius loci als *Atmosphäre*. Es gibt für ihn überpersönliche Atmosphären, etwa klimatische, jahreszeitliche, tageszeitliche Stimmungen: die drückend-schwüle Stimmung eines Sommermittags etwa. Und es gibt personengebundene Atmosphären wie Freude, Trauer. Er kennt auch göttliche Atmosphären, numinose lokalgebundene Atmosphären. Und Atmosphären, die von Gegenständen und Ansammlungen von Gegenständen ausgehen. Er untersucht diese nun fast naturwissenschaftlich. Für ihn sind sie „räumlich ausgedehnt"[980]. Sie strahlen in die Umgebung aus. Sie sind also etwas ganz anderes als leibliche Regungen wie Hunger, Durst, Wollust, Schreck, Ekel. Der räumliche Modus ist das Interessante – sie liegen praktisch in der Luft, sind ausgedehnt –, er gibt ihnen eine Objektivität. Es handelt sich für ihn um ein *objektives Gefühl*. Die objektiven Gefühle haften nach ihm den Gegenständen an, „sie umschweben und durchdringen (die Gegenstände), ohne daß sie als Zustände einer in den Gegenständen innewohnenden Seele zu gelten brauchen"[981].

In dieser Perspektive können wir sagen: Früher hat man das „objektive Gefühl", das sich an Orten verdichten kann, als Ortsgötter, Ortsgeister aufgefaßt. Weil man sich so etwas wie ein außerhalb befindliches Gefühl nicht erklären konnte, nahm man an, da draußen hause ein Ortsgeist.

Heute nimmt man praktisch an, Zeitereignisse und auch subjektive Gefühle (Unpersönliches wie Persönliches) werden vom Ort gespeichert und wieder reflektiert, als Stimmung, als Atmosphäre, das wäre der moderne Ortsgeist.

Es gibt übrigens in der Moderne auch das **tiefenpsychologische Konzept des Genius loci**, bei Jung, Franz und Abt. An die Stelle des Subjekts tritt hier einfach das Kollektiv. Ein Genius loci, ein magischer Ort, ist hiernach die Projektion einer objektiven: kollektiven Psyche. Einfach gesagt, Orte werden energetisch aufgeladen durch *die Vielen*, die in sie seelische Energie investieren, und zwar gerade auch auf unbewußter Ebene, auf der unbewußten Ebene der Kollektivpsyche. Die Dorflinde, die magischen Orte der Volkssagen und auch der sehr spezielle Ort: Heimat, sind hiernach Orte mit archetypischem Genius loci: es wurden von

---

[979] Vgl. bei Robert Josef Kozljanič, *Der Geist Eines Ortes*, 2. Band, S. 321ff.
[980] Vgl. bei Robert Josef Kozljanič, *Der Geist Eines Ortes*, 2. Band, S. 322.
[981] Vgl. bei Robert Josef Kozljanič, *Der Geist Eines Ortes*, 2. Band, S. 326.

den Vielen immer wieder dieselben oder ähnliche Gefühle am Ort empfunden und in diesem gespeichert.[982]

Und in neuerer Zeit gibt es sogar auch einen naturwissenschaftlichen Versuch, vom Cambridge Biologen Rupert Sheldrake[983], den Ortsgeist zu erfassen. Sheldrake überträgt seine Theorie der morphischen Felder auf Orte. Das bedeutet ein Ort hat ein Ortsfeld. Dieses Ortsfeld entspricht praktisch dem Gedächtnis des Ortes, es enthält codierte Informationen über das, was am Ort vorfiel. Ein solches Ortsfeld steht gleichzeitig in Resonanz mit allen ähnlichen Orten und auch allen ähnlichen früheren Orten.

Auch **außerhalb Europas** gibt es einen uralten Genius loci.

Der hinduistische Glaube[984] macht keinen Unterschied zwischen Menschen, Tieren, Pflanzen und Steinen. In allen Erscheinungen waltet das Göttliche. Die Götter lassen sich jedoch mit Vorliebe an bestimmten Plätzen nieder. Wie im antiken Griechenland auch hier in Hainen, an Quellen oder auf Bergen. Ein Fluß ist in Indien immer etwas Heiliges: die Mata Ganga ist die Mutter Ganges, sie wäscht die Sünden der Menschen weg.

Ein Satz des Buddhismus lautet: „Buddha schläft in jedem Stein, erwacht in der Blume, erhebt sich im Tier und schreitet im Menschen." Er ist in der ganzen Landschaft erfahrbar. Im tibetanischen und im chinesischen Buddhismus gibt es heilige Berge. Im japanischen Zen-Buddhismus imprägniert man Steine mit Gedanken, stellt diese in Gärten auf und schafft so einen Genius loci.[985]

Auch im Taoismus und Konfuzianismus[986] wohnt der Landschaft ein Geist inne: man zog sich auf Berge und in Wälder zurück und suchte in der Natur das Verständnis für die Ordnung der Welt.

Ebenso wohnen im Schintoismus[987], der japanischen Religion, Geister oder Götter in Bergen, Flüssen, Quellen, Wasserfällen, sogenannte *Kamis*. Manche werden selbst zu Göttern wie der Felsen von Ishi: die Gläubigen verneigen sich vor ihm voller Hochachtung. Interessant ist auch die Auf-

---

[982] Robert Josef Kozljanič, *Der Geist Eines Ortes*, 2. Band, S. 9–375: zum Genius loci seit der Renaissance bis heute.

[983] Rupert Sheldrake, *Die Wiedergeburt der Natur*, S. 203ff.

[984] Stefan Brönnle, *Landschaften der Seele*, S. 98f.

[985] Stefan Brönnle, *Landschaften der Seele*, S. 101f.

[986] Stefan Brönnle, *Landschaften der Seele*, S. 103–105. Während der Buddhismus in China aus Indien importiert wurde, haben sich die Religion des Taoismus und Konfuzianismus in China selbst entwickelt.

[987] Stefan Brönnle, *Landschaften der Seele*, S. 105f. Auch der Schintoismus ist kein Import.

fassung, daß ein Kami gerade dort ist, wo sich das Leben abspielt, also zum Beispiel an einer Wegkreuzung im Zentrum des Dorfes.

Orte mit Geistererscheinungen[988]

Hier ist der Geist eines Ortes geisterhaft. Gespenstisch.

Wir haben uns oben schon mit Spukorten beschäftigt. Es geht hier nicht um Gespenster-Erscheinungen, die nach Ansicht mancher die Seele oder den Geist von Verstorbenen darstellen, diese wollen wir hier einmal dahingestellt lassen. Sondern um besonders kräftig imprägnierte Orte, stark imprägniert durch Gewohnheit oder starke Gefühle. Wobei starke Gefühle etwa mit Gewalttaten verbunden sind oder mit besonders erschütternden Ereignissen. An solchen Orten sehen oder spüren relativ viele Leute, also nicht nur besonders Sensitive, die Vergangenheit des Ortes in Form einer gespenstischen Erscheinung.

Untersuchungen in den Vereinigten Staaten haben ergeben, daß 10 bis 17 Prozent der Bevölkerung schon einmal einer Geister-Erscheinung begegnet ist. Solche Phänomene sind also häufiger als man vermutet. Die Society for Psychical Research in London hat in *Phantasms of the Living* eine Menge überprüfter Fälle zusammengetragen. Die Literatur ist voll von Gespenstern, die an den Stätten von Mordtaten, Schlachten oder sonstigen Katastrophen umgehen. Es gibt auch quer durch die Kulturen und Zeiten Berichte über Geistererscheinungen, besonders auf Schlachtfeldern: So haben in Indien Menschen imme wieder auf alten Schlachtdern Phantomsoldaten in alten Hindu-Kostümen gesehen. Auch auf Hawaii sind solche Geistererscheinungen allgemein bekannt; immer wieder wurden an bestimmten Orten Phantomprozessionen hawaijanischer Krieger in Federmänteln, bewaffnet mit Kriegskeulen und Fackeln, erblickt. Geisterheere, die gespenstische Schlachten austrugen, sind sogar schon in altassyrischen Texten erwähnt. Montaperti in der Toskana (Schlacht vom 4. September 1260) und Edge Hill (Schlacht am 22. Oktober 1624) gehören, wie wir oben schon sahen, zu Orten regelmäßiger Geistererscheinungen über die Jahrhunderte hinweg. Auf einem Schlachtfeld bei Rom, auf dem Rom 452 n.Chr. gegen Attila und die Hunnen gekämpft hatte, hätten, so wurde berichtet[989], die Geister noch nach dem Ende der Schlacht drei Tage und Nächte weitergekämpft; von der Stadt hatten viele noch lange nach dem Ende der Schlacht nach wie vor den Lärm des Kampfes und der Waffen gehört.

Auch über berühmte Gespensterhäuser haben wir bereits berichtet.

---

[988] Vgl. hierzu Michael Talbot, *Das Holographische Universum*, S. 216–219.
[989] Vgl.bei Roberto Pinotti, *La Capitale Esoterica*, S. 26.

Auch C.G. Jung[990] hatte übrigens in einem solchen genächtigt, 1920 bei London (dort besuchte er eine Konferenz). Es war ein Cottage in Buckinghamshire, günstig gelegen und billig zu haben. In der ersten Nacht schlief er fabelhaft. In der zweiten konnte er nicht mehr einschlafen; sein Körper wurde steif, und er nahm einen widerlichen Geruch wahr. Er machte Licht, untersuchte das Zimmer, prüfte die Luft draußen. Draußen roch alles gut, und drinnen fand er keine Ursache des Gestanks. In der nächsten Nacht ließ er die Fenster auf, frische Luft herein, dennoch kam wieder der ekelerregende Geruch auf, und er konnte nicht einschlafen. Er kannte den Geruch irgendwoher. Schließlich erinnerte er sich, daß eine alte krebskranke Frau in der psychiatrischen Klinik, in der er gearbeitet hatte, diesen Geruch verströmt hatte. In einer weiteren Nacht sprang er dann vor Entsetzen hoch: wieder hatte er nicht einschlafen können, und plötzlich sah er neben sich im Bett das Gesicht einer alten Frau. Als er blitzartig das Licht anmachte, verschwand es sofort. Im Nachhinein stellte sich heraus, daß das Haus als Spukhaus bekannt war, der äußerst günstige Mietpreis erklärte sich. Und Jung hatte im Sterbebett dieser Alten gelegen, das offensichtlich stark imprägniert war.

Viele Städte haben auch bekannte Geisterorte. Im antiken Rom[991] wurden an bestimmten Orten immer wieder Geistererscheinungen von Imperatoren gesehen, die eines gewaltsamen Todes gestorben waren. In „Das Leben der Cäsaren" berichtet Sueton (um 70–122 n.Chr.), daß Caligula, der 41. n.Chr. ermordet worden war, nicht nur von einer Person, sondern von vielen an dem Ort gesehen worden ist, wo man in aller Hast seine Leiche verscharrt hatte. Die Erscheinungen hörten erst auf, als seine Schwestern ihn würdig begruben. Der Kaiser Nero wurde nach seinem Tod noch an verschiedenen Orten bis 1099 gesehen. Auch Papst Benedikt IX (11. Jh.) soll öfters als Geist in der Suburra[992] gesehen worden sein. Er war seinerzeit wegen schwarzer Magie angeklagt worden. Stendhal[993] berichtet über ihn, er habe wahrhafte Hexenmessen zelebriert und ausgewählte Frauen in einen Wald mitgenommen, wo er Rituale durchführte, um sie in sich verliebt zu machen. Orte, an denen Hinrichtungen stattfanden, scheinen auch voller Gespenster zu sein, so die Piazza del Popolo und die Via dei Cerchi in Rom, wo man lange eine Guillotine aufgestellt hatte. Auch auf der Piazza di Ponte Sant'Angelo, auf der die Henker der Päpste arbeiteten, haben viele Geister gesehen.

Eins der berühmtesten Gespenster Roms ist jedoch die Donna Olimpia Pamphili, die Schwägerin von Papst Innozenz X. Sie war eine Aufsteigerin, ungemein geschäftstüchtig, gierig und geizig. Den Papst soll

---

990 Massimo Biondi, *Misteriose Presenze*, S. 51–57.
991 Roberto Pinotti, *La Capitale Esoterica*, S. 25f., 53, 89–92.
992 Name eines Stadtviertels in Rom, das als Rotlichtdistrikt bekannt war.
993 Vgl. bei Roberto Pinotti, *La Capitale Esoterica*, S. 53.

sie sogar auf dem Totenbett bestohlen haben, sich in den Besitz von zwei unter seinem Bett befindlichen Geld-Truhen gebracht haben – man muß allerdings mildernd einwenden, sie war sehr wahrscheinlich seine Geliebte. Viele Römer wollen Donna Olimpia Pamphili sowohl bei ihrem Palazzo auf der Piazza Navona als auch an anderen Orten Roms gesehen haben, zumeist in einer Kutsche, auf der Flucht mit den Geldtruhen. Die Piazza Navona kennt noch ein anderes berühmtes Gespenst: Am Fenster des Palazzo Costanza sieht man ab und zu die elegante Hand der schönen Costanze: 1618 ließ sie ihre Hand, die unbeschreiblich schön war, in Gips formen und im Altelier/Geschäft des Künstlers ausstellen. Ein Geistlicher sah sie und sagte, diese Hand sei so schön, daß sie womöglich noch abgeschnitten würde. Das sollte sich als düstere Prophezeiung herausstellen. Costanza, die davon gehört hatte, stach sich aus Versehen mit einer Nadel in den Finger, verlor die Hand und starb dann bald selbst in Folge einer Blutvergiftung.

Wir können hier noch eine Art von Spukort hinzufügen, die wir noch nicht erwähnt haben. Die Geisterstadt. Eine ganze Stadt ist irgendwann verlassen worden oder ist stehengeblieben, hat sich nicht weiter entwickelt, und hat tel quel die Zeit überdauert.

Die Westernstadt Tombstone im Süden Arizonas (USA) nahe der mexikanischen Grenze ist eine solche. 1877 wurde sie von Silberschürfern gegründet. Sie hatte in ihren größten Zeiten 15 000 Einwohner, heute sind es noch 1 600 Menschen. Sie war Schauplatz diverser berühmter Schießereien gewesen. Wyatt Earp (1848–1929) war dort einer der bekanntesten Revolverhelden. 1877 eröffnete das Bird Cage Theater seine Pforten. In den folgenden neun Jahren galt das Etablissement, wie die „New York Times" 1882 schrieb, als „wildeste, wüsteste Bar zwischen New Orleans und San Francisco". 140 Einschußlöcher zieren die Wände, Decken und Böden des Bird Cage, mehr als zwei Dutzend Menschen fanden im Kugelhagel den Tod. Die Leute aus Tombstone haben hier immer wieder Gläserklirren, Klavierspiel oder Schritte schwerer Stiefel vernommen, obwohl der Theater-Saloon zwischen 1889 und 1934 geschlossen und mit Brettern vernagelt war.

Lassen wir einmal dahingestellt, ob es in Tombstone wirklich spukt oder es sich um eine Tourismusinitiative handelt, und nehmen wir ein anderes Beispiel, die Stadt Siena in der Toskana. Siena wetteiferte jahrhundertelang mit Florenz. Florenz gewann die Überhand, und Siena entwickelte sich nicht weiter, blieb baulich im Mittelalter beziehungsweise der Frührenaissance stecken. Florenz entwickelte sich weiter in die Moderne. Kommt man von Siena nach Florenz, ist es wie eine Zeitreise vom Mittelalter in die Hochrenaissance. Es ist ein radikaler Stimmungsunterschied. Nicht nur aus äußerlichen, baulichen Gründen. Die Geschichte des Orts scheint stärker herauszukommen, intensiver fühlbar, wenn die Bühne dieser Geschichte noch intakt da ist. Und das hat etwas Gespenstisches. Siena kommt einem daher irgendwie befremdlich, fast unheimlich vor.

Höhlen[994]

Nicht nur in der Steinzeit, auch noch später, kommt Höhlen eine besondere kultische Bedeutung zu.

Die Höhle war zunächst ein natürlicher Bergeraum vor Hitze und Kälte und auch vor dem Tod durch Tiere oder feindliche Menschen, hatte also eine enorme Wichtigkeit in der Frühzeit. Sie war Zufluchtsort und Wohnort, wurde dann auch Bestattungsstätte, also Ort der Toten und Kultort, und insoweit auch Wohnung von Göttern.

Ausgrabungen in Kreta zeigen, daß die Minoer bereits um 2000 v.Chr. heilige Stätten in Höhlen und auch auf Berggipfeln hatten. Sie kannten interessanterweise keine Tempel als Wohnungen ihrer ursprünglich weiblichen Gottheit und Zentren der Priesterschaft, wie die Ägypter oder Sumerer zu der Zeit. Man brachte in den Höhlen, beispielsweise in Trapeza und Kamares, der Gottheit elfenbeinerne Votividole und Gefäße mit verschiedenen Weihgaben dar. Oder kleine Nachbildungen von Tieren aus Ton oder Bronze an Stelle lebender Tiere. Auch Werkzeuge und Waffen oder Keramik. Immer fand man in diesen Höhlen auch Altäre. Homer erwähnt die Höhle der Göttin Eileithyia (Göttin der Geburt) bei Heraklion.

Die griechische Antike kennt die Höhle auch als Ort der Gottesgeburt. So soll in der Höhle von Psychro auf Kreta sogar die Göttin Rhea den Zeus geboren haben. Auch Hermes wurde in einer Höhle geboren. Und die außerbiblische Tradition läßt auch Christus in einer Höhle zur Welt kommen.

Aus der Frühgeschichte Palästinas datiert die Höhlenstadt im Waadi Amüd (galiläische Hügel). Sie kann als Ort verstanden werden, der Lebenden, Toten und auch Göttern gehörte.

Überall gab es Felsengräber oder Grabhöhlen: im antiken Ägypten, im antiken Griechenland, das Neue Testament berichtet von Grabhöhlen, etwa der des Lazarus, die mit einem Türstein geschlossen werden. Und in den ersten christlichen Jahrhunderten gab es etliche Höhlenheiligtümer, Höhlen-Andachtsorte: insbesondere die Höhle der Geburt Jesu, die Grabes- und Auferstehungshöhle und die Himmelfahrtshöhle.

---

[994] Vgl. hierzu Dorothea Forstner, Renate Becker, *Lexikon Christlicher Symbole*, S. 68ff.

Die Höhle ist somit ein lebendiger Ort. An ihm ist eine Gottesgegenwart erfahrbar, das Göttlich präsent, und zwar in einer schützenden,
bergenden Funktion. Die Höhle ist sozusagen ein ewiges Haus, ein Ort,
der jede Sekunde des Schutzes der Gottheit eingedenk ist, diesen präsent
werden läßt für diejenigen, die sich hier befinden. So betonten die Kirchenväter im frühen Christentum, daß die heiligen Höhlen nicht nur Orte
der Erinnerung seien, sondern Orte *der bleibenden Gegenwärtigkeit* des
Erlösungsgeschehens. Hier haben wir wieder einen Fall der Realpräsenz,
wie in der Eucharistie.

In den ersten christlichen Jahrhunderten gab es bereits Pilgerreisen
zu den heiligen Höhlen, sie wurden Gottesdienstorte[995]. Im 4. und 5. Jh.
wurden dann, wie Origenes berichtet, die Höhlen von Kirchenbauten
überwölbt.

Berggipfel

Die Minoer auf Kreta hatten um 2000 v.Chr. heilige Stätten auch auf
Berggipfeln.

Der Olymp ist der Sitz der griechischen Götter.

Der Berg, auf dem die Wallfahrtskapelle von Ronchamp steht, war
bereits Kultstätte der Römer und Kelten. Zahlreiche Gipfelheiligtümer
funktionierte die katholische Kirche um. Der berühmte Mont St. Michel,
ein Michaelsheiligtum, war zuvor ein keltisches Gipfelheiligtum und dann
von den Römern als Mons Jovis dem Jupiter geweiht worden. Wallfahrtskirchen, -kapellen und Klöster sind häufig auf Gipfeln. Und häufig *überbaute* man eine heidnische heilige Stätte. Die auf Hügelspitzen stehenden
Elias-Kappellen waren ehemalige Zeus-Kultorte, auf dem Monte Cassino
und Monte Gargano sind heidnische heilige Stätten christlich überbaut
worden. Der Monte Vergine mit seinem Kloster und seiner Wallfahrtskirche war in römischer Zeit der Berggöttin Kybele geweiht worden, die dort
ihren Tempel hatte. Immer war die Umfunktionierung oder Überbauung
von Gipfelheiligtümern begleitet von einem Ortsexorzismus.

Auch im hinduistischen Glauben[996] lassen die Götter sich mit Vorliebe an bestimmten Plätzen nieder: in Hainen, an Quellen oder auch auf
Bergen.

Und auch für den Buddhismus gibt es heilige Berge.[997]

Ebenso im Taoismus und Konfuzianismus[998] wohnt der Landschaft
ein Geist inne, insbesondere Bergen und Wäldern.

---

[995] Ebenso verfuhr man mit alttestamentarischen Gedenkstätten.
[996] Stefan Brönnle, *Landschaften der Seele*, S. 98f.
[997] Stefan Brönnle, *Landschaften der Seele*, S. 101f.
[998] Stefan Brönnle, *Landschaften der Seele*, S. 103–105.

Und auch im Schintoismus[999] wohnen Geister oder Götter auf Bergen.

Die Gottesgegenwart wirkt hier, ist also am Ort gespeichert, dem Ort eingedenk.

Der Blocksberg oder Brocken bildet zu den heiligen Bergorten ein negatives Pendant, wie wir schon gesehen haben. Der Genius loci ist hier teuflisch. Breits im 14. Jh. wird der Blocksberg als Hexen-Party-Ort erwähnt.

Wüsten[1000]

Im alten Ägypten setzte man die Wüste mit dem Tod gleich: mit Hungersnot und Raubtieren, mit wilden Steppenreitern und jeglicher Form der Unordnung, die durch „Barbaren" drohte, im Gegensatz zum Nil, der Lebensader. Im ägyptischen Mythos kämpft der Wüsten-, Steppen- und Kriegsgott Seth gegen Osiris, den Gott der Fruchtbarkeit. Osiris siegt im Unterliegen – weil er als Gott litt wie die Menschen (die Parallele zu Christus drängt sich auf) – und wird dann auch zum Herrn über das Heil der Toten gesetzt.

In der Bibel ist die Bedeutung der Wüste vielschichtiger.

Neben einem Ort lebensfeindlicher Mächte ist die Wüste im *Alten Testament* auch ein Ort der Gottesbegegnung, ein Ort der Entscheidung und der Berufung. Schulen von Prophetenjüngern befanden sich nach Zeugnissen sehr alter biblischer Schriften immer an abgelegenen, einsamen Orten – also auch an Wüstenorten oder an deren Rand, um im äußeren Schweigen die Stimme Gottes zu hören.

Im *Neuen Testament* hat der von Jesus so genannte *letzte Prophet* Johannes der Täufer noch seine „Lehrzeit" im Abseits der Wüste. Die Wüste wurde dann aber mehr das große Symbol der „Versuchung Jesu", ein Nicht-Ort Satans, der ihm ein Scheinangebot macht: Paktiert Jesus mit ihm, könne er den Hunger der Menschheit stillen – zu jeder Zeit. Die Welt in einem grandiosen Friedensreich einen. Die eigene Gottgleichheit bestätigt bekommen.

In der frühchristlichen Geschichte ist die Wüste Zufluchtsort vor Verfolgung durch religiöse Obrigkeit und staatliche Macht. Und wieder Ort für Gottsucher. Aber kein heiliger Ort an und für sich. Sondern weiterhin ein böser, gefährlicher Ort, mit dem man den Kampf aufnimmt, um ausgerechnet dort Gott zu finden, denn dieser Ort besitzt auch Eigenschaften wie Stille und Einsamkeit, die der Gottesbegegnung förderlich

---

[999] Stefan Brönnle, *Landschaften der Seele*, S. 105f.

[1000] Vgl. hierzu Dorothea Forstner, Renate Becker, *Lexikon Christlicher Symbole*, S. 314–319.

sind. Die Wüste hatte also für die Eremiten der Frühzeit in sich eine gefährliche und gleichzeitig förderliche *Kraft*: Gott näher zu bringen.

Heilige Gebäude beziehungsweise lebendige Architektur

Die frühe Christenheit war davon überzeugt, daß die von Menschen erbauten Heiligtümer aus „lebendigen Steinen" gefügt waren. Daß sie Abbilder des Himmels und der Heiligen Stadt waren, die die Offenbarung des Johannes schildert. Das heißt, ein Gebäude war lebendig, trug das lebendige Gedächtnis sozusagen des Paradieses in jedem seiner Steine und garantierte auch die reale Gegenwart Gottes.

(In den frühen Kirchen – besonders im Osten – assoziiert sich einem bei den oft höhlenartig verdämmerten Innenräumen die Realpräsenz des *schützenden* Gottes, in den Domen kommt mehr die Mächtigkeit des Gottes zum Ausdruck.)[1001]

Daß Kirchen lebendige Räume sind, und auch die Gegenstände in ihnen lebendig, daß sie sozusagen die Gottesgegenwart und die gesamte Heilsgeschichte gespeichert in sich tragen, hat sich in der römisch katholischen Tradition fortgesetzt.

In den mittelalterlichen Kirchen[1002] hatte par excellence alles eine lebendige Bedeutung, angefangen vom kreuzförmigen Grundriß. Man hat sich hier an der römischen Tradition und an Vorchristlichem orientiert. Die Ost-Westlinie des Gebäudes ist die bedeutende, die dominierende Achse[1003]: aus dem Osten kommt das Heil, von dort kommt auch zuerst das Licht. Im Westen ist das Hauptportal: hier kommen die Laien, das Publikum, herein: es ist der Ort der Anfechtung durch das Böse, die Grenze zur Welt der Dämonen. Im heiligen Osten ist auch der Ort der Kleriker, hier sind Chor und Hauptaltar[1004] und im Mittelalter der Lettner, ein eigener Baukörper, der Laien vom Kleriker-Chor trennte, ferner auch die Krypta[1005].

Die beiden Seitenwände verwiesen in der mittelalterlichen Literatur darauf, daß die christliche Kirche sich aus Juden und Heiden aufbaut.

[1001] Vgl. Dorothea Forstner, Renate Becker, *Lexikon Christlicher Symbole*, S. 50, 78.

[1002] Franz-Heinrich Beyer, *Geheiligte Räume*, S. 49–131.

[1003] Es geht beim Bauplan übrigens weniger um einen Bezug auf das christliche Kreuz.

[1004] Der Hauptaltar barg das Reliquiengrab des Kirchenpatrons: eines Märtyrers oder Heiligen, auf dessen Grab ist häufig die Kirche errichtet worden, ein Kriterium für die Ortswahl.

[1005] Die Krypta war der Raum, in dem das Grab eines Märtyrers oder Heiligen Verehrung fand. Erst später wurde sie zu einem Andachtsraum umgestaltet.

Beide sind in dem Schlußstein des Gewölbes, dieser ist wiederum Jesus Christus, verbunden und zusammengeschlossen.

Das Portal wird auf Christus bezogen: er ist die Tür. Christus ist durch die Menschwerdung auf die Schwelle zwischen Menschheit und Gott getreten.

Die Tür weist zugleich auf das Paradies hin, als auch verwehrt sie das Paradies. Der Raum um die Tür ist dementsprechend architektonisch herausgehoben und aufwendig gestaltet.

Die Säulen *personifizieren* im mittelalterlichen Kirchengebäude die Apostel, die die Kirche *tragen*. An den Basen und Kapitellen finden sich allerdings häufig Darstellungen von Dämonen, Monstern, teuflischen Wesen: diese haben eine Bannfunktion. Durch seine Darstellung wird der Bedroher (das Böse) fixiert und eingegrenzt. Zusätzlich wird seine Macht durch die Darstellung in einem tragenden Bauelement praktisch in Dienst genommen: der die Säule tragende Teufel ist dargestellt und wird durch die Darstellung zu einem real die Säule tragenden Teufel. Auch der Teufel ist so, allerdings nur als Diener, realpräsent in römisch katholischen Kirchen.

Der (Haupt-)Altar aus Stein ist ebenfalls Christus. Und die Stufen, die zu ihm hinauf führen, sind deshalb Zeichen der Ehrerbietung. Entsprechend ist er mit kostbaren Materialien bekleidet und kostbarem Bildwerk geschmückt (seit dem 15. Jh. gibt es Flügelaltäre, Dyptichon und Tryptichon).

Im *Triumphkreuz* (zwischen der Laien-Sphäre und der klerikalen Sphäre) ist natürlich Christus in prima persona präsent. Das Triumph kreuz wird seit dem 14. Jh. als Baum des Lebens bezeichnet, und so ist die Unsterblichkeit mitanwesend.

Das Tabernakel, das Gefäß zur Aufbewahrung konsekrierter Hostien, im Mittelalter turmartig, war das Felsengrab Christi.

Der Ambo, der durch Stufen erhöhte Platz, von dem aus die gottesdienstlichen Lesungen vorgetragen werden, ist der Berg, auf dem Christus gepredigt hatte.

Die Aufstellung eines siebenarmigen Leuchters im christlichen Kirchengebäude läßt den salomonischen Tempel wiederhergestellt erstehen.

In den gotischen Kirchen sind die großen leuchtenden Fensterrosen[1006] „Visionen des himmlischen Jerusalem", die sich immer an der Westfront befinden. Der Westen, die Richtung der sinkenden Sonne, symbolisiert in der „heiligen Geographie" des Mittelalters die Todesgrenze. Doch die Strahlen der sterbenden Sonne bringen die Fensterrosen zum Leuchten, zum Leben. Das bedeutet, daß der Böse, der jenseits der

---

[1006] Vgl. Dorothea Forstner, Renate Becker, *Lexikon Christlicher Symbole*, S. 282.

Grenze in der Finsternis sein Reich hat, die Gemeinde Christi nicht überwältigen wird.

Es gibt also überall heilige lebendige Bereiche, man wagt fast nicht, seinen Fuß irgendwohin zu setzen, das Heilige ist überall lebendig präsent, im Gebäude gespeichert. Und selbst um das Gebäude herum gibt es noch einen heiligen Bezirk, einen Umkreis der als unantastbar galt. Er wurde vom Bischof geweiht. Innerhalb dieses Bezirks durfte kein Laie oder Verheirateter wohnen; es war der sogenannte *Friedhof*. Erst später wurde der Friedhof auch Begräbnisstätte, weil viele *ad sanctos* bestattet werden wollten. Man glaubte also auch noch an eine positive Wirkung auf die eigenen Totengebeine – die insbesondere von in der Nähe bestatteten Heiligen oder deren Resten ausgehen sollte.

Dieses lebende Kirchengebäude mit seinem lebendigen Inhalt hat die Reformation für unsinnig gehalten und versucht zu zerstören.

Begräbnisplätze wurden bei den Reformatoren außerörtlich angelegt; man hielt nichts von der Wirkung toter Heiliger, von der Wirkung von Reliquien.

Und das Gebäudeinnere wurde streng funktional betrachtet. Luther formulierte es scharf; der einzige Grund der Gebäude sei, daß in ihnen Christen zum Gottesdienst zusammenkämen. Jeden Zauber, jede Magie verneinte man. Die Heiligkeit der Dinge entfiel, und die durch sie vermittelte Realpräsenz Christi entfiel: der Altar war nicht mehr Christus, in neuen Bauten ließ man ihn einfach weg oder ersetzte ihn durch einen funktionalen einfachen Tisch. Das Kruzifix beließ man in der Nähe des Altars, es war aber nicht mehr Christus selbst, sondern erinnerte lediglich an Christus, war für den Liturgen ein bloßer Konzentrationspunkt, eine Reminiszenz. Die Gemeinde konnte sich dementsprechend freier im Raum bewegen, es gab keine Zutrittsbeschränkungen mehr für Laien. Die Kirche ist also praktisch nicht mehr Gotteshaus, nicht mehr Gott wohnt lebendig in ihren Steinen, sie ist schlicht Gemeindehaus. Man übernahm zwar großenteils die herkömmlichen Strukturen und orientierte sich an diesen für neue Bauten, es kam aber doch zu einer ganz anderen Philosophie des Baus und der Innenausstattung. Die Kirchen sollten sich nach außen nicht mehr von anderen Bauten besonders abheben, auch innen herrschte Schlichtheit: einfache Grundrisse, kein Fassadenaufwand, innen Bildlosigkeit – die römisch katholischen Kirchen waren im Gegensatz dazu vollkommen ausgeschmückt, Wände und Wölbungen waren affreskiert, dazu kamen Gemälde, Statuen, Basreliefs, Säulenschmuck usw. –, weiße Wände, das wichtigste Element: die Kanzel: das Rednerpult. Der Exzeß dieser Sicht waren dann die schon besprochenen Bilderstürme im 16. Jh. im westlichen und nördlichen Europa. Weit über 10 000 Kirchengebäude wurden allein in Frankreich und den Niederlanden von der Zerstörungswut betroffen, nur um zu zeigen, daß Dinge wie Bilder keine Kräfte besitzen, keine Gefäße für das Heilige sind. Calvin wollte übrigens sogar die Musik aus der Kirche verbannen. Wenigstens das gelang nicht.

Die römisch katholische Kirche reagierte in der Gegenreformation mit einer Prachtorgie, einem Surplus an Strukturen und Bildern, mit barockem Pomp, stupenden Deckenfresken, wertvollsten Altarbildern und Plastiken. Die Gottesdienste wurden als Feste gefeiert, untermalt von polyphoner Musik anspruchsvollster Sängerchöre. Die Realpräsenz Christi wurde noch mehr betont: der Hochaltar wurde mit dem Tabernakel verbunden, die Fluchtlinien des Raums ließ man auf den Altar zulaufen, so daß dem in die Kirche Eintretenden sofort die Bedeutung dieses Platzes ins Auge sprang, an dem gerade auch die Eucharistie gefeiert wurde, in der Christus real präsent wird (was die Reformation für Hokuspokus hielt).

Nicht nur römisch katholische Kirchen sind besondere heilige Orte, gelten als Kraftorte. In allen mögliche Kulturen und zu allen möglichen Zeiten kennt man Gebäude mit besonderer Ausstrahlung. Indische Tempel, südamerikanische Tempel und bereits die Steinkreise, die man als steinzeitliche Architektur bezeichnen könnte, fallen hierunter.

Auch die Chinesen kannten eine höhere Seins-Dimension heiliger Bauwerke und heiliger Orte. Sie nannten ihren Genius loci: *Li*[1007]. Li bezeichnet die *innere Qualität* eines Bauwerks, eines Ortes und auch eines Gegenstands oder eines Ereignisses. Dieses innere Wesen kann nur erfaßt werden, indem man sich in den Ort oder Gegenstand versenkt, alles Vorgefaßte vergißt und auch sich selbst vergißt. Das chinesische *Feng-schui*: die Orientierung von Bauwerken nach Windrichtungen, Strömungen der Gewässer und Kraftlinien der Erde trägt dem Rechnung, sucht den perfekt angenehmen Ort. (Auch Geister, Seelen der Toten, sollte Feng-schui bannen).

Der Genius loci von Kirchen, und auch von anderen Kraftorten, wurde öfters **physikalisch gemessen**[1008]. Die Kathedrale von Chartres gilt als besonders auffällig. Chartres, wie auch andere heilige Gebäude, sind in Bezug auf die Richtung und Wirkung von unterirdischen Wasseradern errichtet worden. Nicht nur die Schweizer Geobiologin Blanche Merz hat hier Messungen angestellt. Bei Chartres kommen 14 unterirdische künstliche Wasserkanäle hinzu, die sich im Zentrum des Chors kreuzen. Hier wird das sogenannte *Hartmanngitter* verändert: Das ist ein Gitter aus wahrnehmbarer Bodenstrahlung (Erdmagnetgitter), ein dreidimensionales

---

[1007] Anne Bancroft, *Mythen, Kultstätten und die Ursprünge des Heiligen*, S. 157.
[1008] Vgl. die Messungen im folgenden von Blanche Merz, *Orte der Kraft*, S. 15–24, 41–45, 53, 56f., 76, 95ff., 120f., 224.

um die Erde gespanntes Netz. Die (Reiz-)Streifen haben einen Standard-Abstand in Nordsüdrichtung von 2 m, in Ostwestrichtung von 2,5 m. Die Strahlungswände sind 21 cm dick. Auf den Kreuzungen des Gitters kann man sich angeblich schlecht konzentrieren, es sind besonders ungesunde Punkte (ungesund sind auch die Gitterlinien). In den Rechtecken selbst sind neutrale Zonen, hier mißt man auch erhöhte Werte natürlicher Radioaktivität. Verformungen dieses Gitters ergeben sich durch Wasserläufe oder auch Magnetitbodengestein[1009], aber auch durch Menhire, und allgemein durch Architektur bzw. architektonische Formelemente (das mag seltsam erscheinen). Solche Verformungen des Gitters haben bestimmte Wirkungen. Man hat daneben weitere Gitter entdeckt mit diagonalen[1010] und horizontalen Kraftlinien. Formen, beispielsweise jede senkrechte Struktur: Säule, Eckwand, Pfosten, ergeben einen diagonalen Reizstreifen.

Bäume sind gute Indikatoren: Wenn mehrere Bäume hintereinander Geschwülste, Mistelbefall, starken Schrägwuchs aufweisen, stehen sie auf einer Linie des Gitters, sie reagieren so auf erhöhte Strahlung. Desgleichen auf geologische Störzonen. Ein starkes Ausweichen der Bäume kann auch auf solche Reizzonen hindeuten.[1011]

Die Wasserläufe zusammen mit der Architektur (Säulen etc.) bewirken nun, daß im Zentrum des Chors von Chartres eine größere neutrale Zone entsteht, frei von Reizstreifen, das Gitter wird hier stark verformt. – Ähnliches stellt man bei Steinkreisen fest. – Im Zentrum des Chors von Chartres, der zum höchsten Punkt ferner die gleiche Distanz (37 m) aufweist wie zum unterirdischen Wasser, fühlt man sich schwerelos. – Schon der Mediziner Asklepios[1012] sagte: „Zwei ausgerichtete Objekte haben auf halber Distanz zwischen sich eine einflußreiche Zone. Je nach ihrer Orientierung erscheint dort eine Linie der Kraft." –

Zur Messung dieser Strahlungen benutzt Merz ein *Biometer*: Es zeigt einen hohen Wert von 11 000 sogenannten Boviseinheiten im Zentrum des Chors von Chartres an. Das Biometer ist ein vom französischen Physiker Alfred Bovis (1871–1947) entwickelter Maßstab zur radiästhesistischen Bestimmung der energetischen vibratorischen Qualität eines Ortes, einer Person oder Sache. Je höher die Werte, desto höher Energie, Harmonie, Verbindung zur Transzendenz. Orthodoxer gesprochen, geht es um die Intensität der Strahlung an einem Ort und seine Auswirkung

---

[1009] Nicht nur unterirdische Wasserläufe, auch die Geologie des Bodens, kann also eine Rolle spielen, etwa ferromagnetisches Material.

[1010] Stefan Brönnle, *Landschaften der Seele*, S. 232: Das Diagonalgitternetz ist eine ähnliche energetische Struktur wie das Globalgitternetz, die in den Zwischenhimmelsrichtungen verläuft.

[1011] Stefan Brönnle, *Landschaften der Seele*, S. 286f.

[1012] Bei Blanche Merz, *Orte der Kraft*, S. 101.

auf den Menschen. 6 500 Boviseinheiten sind ein Mittelwert. Unter 6 500 Einheiten wird dem Menschen Energie entzogen, darüber Energie zugeführt. Bei 18 000 kommt man sozusagen in höhere Sphären; hier wird es aber bald so unerträglich wie bei den ganz tiefen Werten: 1 000 bedeutet praktisch den Tod.

Die Werte nehmen bezug auf die Wellenlängen der elektromagnetischen Wellen. (Wir befinden uns im Strahlenspektrum des elektromagnetischen Felds. Elektromagnetische Strahlung ist zum Beispiel das für uns sichtbare Licht. Licht ist der Teil des elektromagnetischen Strahlenspektrums, der eine Wellenlänge von 360×10^{-9} m bis 780×10^{-9} m hat. Theoretisch gesehen gibt es unendlich viele mögliche Wellenlängen[1013] beziehungsweise Frequenzen[1014] der elektromagnetischen Strahlung. Das uns heute bekannte Strahlungsspektrum reicht von der kurzwelligen harten Gammastrahlung bis zum langwelligen Radiowellenbereich. Zwischen diesen beiden befindet sich die harte und weiche Röntgenstrahlung, die ultraviolette Strahlung, worauf der winzige, für uns Menschen sichtbare Spektralbereich des Lichts folgt, dann die infrarote Strahlung, die Wärmestrahlung und schließlich die Mikrowellenstrahlung.) Das Biometer beruht auf dem radiästhesistischen Pendel: das heißt, wie bei der Wünschelrute, ist das Meßgerät letztlich die Person. Man kann nun aber auch mit orthodoxen physikalischen Meßgeräten messen wie Geigerzähler, Magnetometer, Hochfrequenzdetektor, Oszillograf, UKW-Empfänger mit Feldstärkeanzeiger, Elektrofiltrationsapparat, Szintillationszähler, Infrarot-Spektrometer. Man registriert dann Anomalien im elektromagnetischen Feld[1015]. Der Biometer bringe aber bessere Ergebnisse, meinen sogar anerkannte Physiker: das Gehirn sei hier sozusagen das feinste Meßinstrument[1016].

In Chartres gibt es auch überall Punkte bedrohlich tiefer Energie: Nähert man sich den Füssen der Jungfrau du Pilier, so wird man – ist man einigermaßen sensitiv – von einem Schauer überlaufen oder zur Flucht gedrängt; die Energie ist dort weniger als 1 000: vergleichbar dem Schwindel eines Stürzenden, dem plötzlichen Übergang zum Tod. Es gibt hier also Plätze, an denen man in die Tiefe gezogen wird, bevor man die Schwelle zur Höhe überschreiten darf.

– Zum Vergleich: Im Tempelkomplex von Teotihuacán in Mexico maß Merz an der Opferstätte der Mondpyramide einen schrecklichen Wert von minus 20 000. Verweilt man dort länger, sagt Merz, verspürt man einen höllischen Angriff aufs Nervensystem und hat den Eindruck in Stücke gerissen zu werden. –

1013 **Wellenlänge** ist die Strecke von einem Wellenberg zum nächsten.
1014 **Frequenz** ist die Anzahl der Schwingungen pro Sekunde
1015 Eigentlich müßten auch Anomalien im Gravitationsfeld auftreten.
1016 Vgl. bei Blanche Merz, *Orte der Kraft*, S. 22f.

Dieselbe Kreuzung von künstlichen Wasserkanälen, wie in Chartres, findet sich auch unter dem Chor der Kathedrale von Santiago di Compostela.

Durch architektonische Veränderungen haben aber an vielen Orten Abschwächungen stattgefunden: In Compostela hat man die Kanäle (aus Ignoranz) ausgetrocknet. In Chartres haben auch farbige Fenster eine Rolle gespielt und das filtrierte Licht: dort sind aber die bunten Fenster 1770 durch den Bischof Brindan zerstört worden, damit die Gläubigen ihn im hellen Licht besser bewundern konnten. Der Touristenstrom saugt angeblich auch die Kraftstrahlungen auf.

Wie gesagt, es mag seltsam erscheinen, aber ausgerechnet auch die *Form* (von Bauelementen und Bauten) erzeugt besondere Werte (man spricht von Formwellen): In Oktogonkirchen – das Oktogon ist die Verbindung von Quadrat und Kreis –, wie im Aachener Dom, mißt man erstaunlich hohe Werte (18 000).

Merz hat nun nicht nur Kirchen untersucht. Allen heiligen Stätten Indiens ist, nach ihr, gemein, daß im Innern das Netzgitter nach Hartmann fehlt. Dasselbe stellt man bei den ägyptischen Pyramiden fest. Ein Bündel verdrängter Reizstreifen umrahmt die Bauwerke. Sie bilden eine Art Hemmschwelle.

Merz[1017] meint, nach dem 13. Jh. sei dieses Wissen verlorengegangen. Mißt man moderne Gebäude, zum Beispiel ein Einkaufszentrum, findet man übliche 6500. (Die sehr hohen oder tiefen Werte erreicht man nicht mehr.)

Und Merz meint auch, daß, *was am Ort vorgefallen ist*, die Vibrationen bestimmt. Der Biometer könnte also auch das Gedächtnis des Ortes messen: San Marco in Venedig und die untere Basilika von Assisi erreichen starke 14 000 bis 30 000. Der Petersdom in Rom nur lächerliche Werte, weil, so Merz, endlose Massaker dort den Boden geprägt haben.

Merz hat übrigens auch Wandmalereien in ägyptischen Tempeln energetisch gemessen, auch hier ganz unterschiedliche Werte ermittelt, die etwas mit dem Gedächtnis der Darstellung zu tun zu haben scheinen: Im Tempel der Hathor (bei Dendera, in der Nähe von Luxor) mißt sie vor einem Vogel, der die Seele Verstorbener darstellt, 1 000. Vor einem Gefäß, in das eine magische Hand eine Schlange eintaucht, unerträgliche 20 000. Diese Malereien stellen die *Neters* dar, die Naturmächte der ägyptischen Kosmogonie. Das Symbol *Ka*, das sehr oft an Grabwänden zu finden ist, besitzt 13 500. Ka bedeutet, daß der Körper eine Projektion des Geistes ist, daß Himmel und Erde eine Einheit sind, dem entspricht 13 500; der Wert liegt gut zwischen dem hoch-spirituellen 18 000 und dem menschlichen Mittelwert 6 500. Das Symbol *Ankh* an den Wänden

---

[1017] Blanche Merz, *Orte der Kraft*, S. 56f.

hat nur 9 000. Es ist der Lebensschlüssel, verweist auf die Reinkarnationen. Bei 9 000 sind wir noch in unserer materiellen Welt. Nach Merz[1018] haben hier *Imprägnierungen* (durch Weihungen, durch Gedanken) stattgefunden, die noch nach so langer Zeit meßbar sind.

Auch Statuen hat Merz gemessen: die Statue des Sekmet, des Rachegottes, mißt üble 1 000: viele Besucher machen instinktiv einen Bogen um sie, das kann man eindeutig beobachten.[1019]

Radiästhesisten haben auch zahlreiche römische Bauten mit der Rute beziehungsweise mit dem Biometer untersucht, und stellten fest: auch die Römer richteten ihre Tempel und Kastelle nach dem Globalgitternetz aus![1020]

Die terrestrischen Kräfte und ihre Nutzung durch den Bau werden übrigens fast überall, in Europa wie in Indien, als *Schlange* symbolisiert.

Und viel früher schien man um solche Wirkungen zu wissen. Steinkreise wie Stonehenge aus riesigen Steinrohlingen (in Stonehenge sogar mit Deckplatten) errichtet, weisen ähnliche, meßbare Besonderheiten auf. 2 800 Jahre circa ist Stonehenge I alt. 1540 v.Chr. hatte Stonehenge III dann die Form, die wir heute noch sehen. Manche vermuten in den Steinkreisen Himmelsobservatorien. Andere Heiligtümer. Letztlich sind die Steinkreise rätselhaft geblieben. An diesen Orten mißt man physikalische Besonderheiten. Es sind wirkende Orte, deren Wirkung wir messen können. Der Königsstein des Rollright-Steinkreises in Oxfordshire verhält sich wirklich verrückt: er sendet vor Sonnenaufgang regelmäßige Ultraschallsignale aus. Die Steine selbst bilden eine Ultraschallbarriere. Überall gibt es Ultraschallwellen im Hintergrund, *im* Steinkreis aber konnte man nicht ein einziges Ultraschallsignal messen[1021]! Draußen hingegen schlugen die Zeiger sofort wieder aus, maßen die übliche Hintergrundschwingung. Im Kreis war also ein Raum des Schweigens. Die Steine schirmten das Innere des Kreises von gewissen Energiefeldern ab, das galt auch für Radioaktivität. Genau in der Mitte ist dann allerdings die Energie wieder besonders hoch, gebündelt. Auch im Zentrum des Steinkreises von Avebury (2400 v.Chr. angefangen), 130 km westlich von London, haben deutsche Forscher[1022] einen Energiestrudel gemessen. Ein unterirdischer Wasserlauf spielt hier eine Zusatzrolle. Auf der anderen Seite wurden dort magnetische Kraftfelder erzeugt. Im Rollright-Steinkreis maß das Magnetometer eine siebenfach gewundene Spirale von erheblicher magnetischer Intensität. Die Infrarotkamera zeigt einen milchweißen Schimmer um die Steine und in der Mitte einen Lichtstrahl darüber. Besonders Sensitive

---

[1018] Blanche Merz, *Orte der Kraft*, S. 42, 44f.

[1019] Blanche Merz, *Orte der Kraft*, S. 15–24, 41–45, 53, 56f., 76, 95ff., 120f., 224.

[1020] Zum Beispiel M. Mettler, bei Stefan Brönnle, *Landschaften der Seele*, S. 232.

[1021] Vgl. auch Marco Bischof, *Unsere Seele kann fliegen*, S. 45ff.

[1022] Peter Straudd und Stefan Brönnle: vgl. bei Paola Giovetti, *I luoghi di forza*, S. 112.

spüren in der Mitte der Kreise ein Gefühl besonderer Klarheit. Eine Verbindung zur Transzendenz war hier gegeben. Es gibt auch viele Berichte über Heilungen in den Kreisen.[1023]

Im Glebe Stone Circle in Irland und auch beim Drombeg Steinkreis im Süden Irlands findet sich in der Mitte eine blinde Quelle: Wasser nähert sich hier senkrecht der Erdoberfläche und fließt ohne durchzubrechen unterirdisch in Wasseradern ab. Zusätzlich ist hier eine Globalgitternetzkreuzung. Das ergibt einen sogenannten „einstrahlenden Punkt", sozusagen eine Himmel und Erde verbindende Energiestruktur.[1024]

Auch um Menhire gibt es praktisch einen meßbaren Ortsgeist: Blanche Merz erwähnt die Steine des Teufels beziehungsweise von Acq im Pas-de-Calais bei Ecoivres. Sie sind wahrscheinlich die ältesten keltischen Megalithe. Diese Steinnadeln erheben sich etwa 2,55 beziehungsweise 3,10 Meter über den Boden, ein Drittel ist unter dem Boden. Das Hartmanngitter wird hier von den Steinen quasi angezogen. Unter ihnen führen drei Reizstreifen in Nordsüd- und drei in Ostwestrichtung durch, so daß sie auf 9 Kreuzungspunkten stehen. Normalerweise sind sie, so Merz, wie Antennen, die terrestrische Energie sammeln und wieder ausstrahlen. Es soll aber auch solche geben, die sich gegenteilig verhalten, Energie an sich ziehen; so die Teufelssteine. Personen, die sie eine Woche aus der Nähe untersuchten, waren völlig entkräftet.

Es gibt hier physikalische Erklärungsversuche. D.G. Robins[1025] etwa geht davon aus, daß solche Steine sich ähnlich wie Halbleiter verhalten können in Transistoren oder integrierten Schaltungen. Sie können Energieleiter sein und Energie auch umwandeln. Der Grund: ihr Silikat-Gitter enthält Elektronen, die durch ionisierende Strahlung (etwa von radioaktiven Elementen im Gitter, vom Untergrund her oder von kosmischer Strahlung) vom Gitter abgespalten werden, und zu einem kleinen Teil ein wanderndes Potential bilden, also Träger elektromagnetische Energie sein können, solche absorbieren (damit auch verstärken) und weiterleiten können. Diese Energetisierung findet nun, nach Robins, hier nur in einem engen Bereich statt, im Mikrowellen-Bereich. Die Mikrowellen, die auf das Steingitter treffen, können in Ultraschall-Schwingungen umgewandelt werden: das ist der klassische *Piezoelektrische Effekt* oder auch in Schall oder auch in sichtbares Licht.

Ebenso glaubt Robins übrigens im hiesigen Zusammenhang an eine mögliche Umwandlung von hydrostatischem Druck aus unterirdischen Wasseradern in statische Elektrizität.

[1023] Anne Bancroft, *Mythen, Kultstätten und die Ursprünge des Heiligen*, S. 109ff.

[1024] Stefan Brönnle, *Landschaften der Seele*, S. 220f.

[1025] Robins (der wissenschaftliche Leiter des sog. *Drachenprojekts*: hier wurden Steinkreise in England, Wales und Irrland untersucht) bei Marco Bischof, *Unsere Seele kann fliegen*, S. 49f.

Die **physikalische Besonderheiten, die** man an heiligen Orten feststellen kann – hauptsächlich Anomalien im elektromagnetischen Feld –, scheinen **an diesen Orten zu besonderen spirituellen Erlebnissen** zu **führen**[1026]. Diese spirituellen Erlebnisse waren höchstwahrscheinlich der Gradmesser für die Besonderheit, für die Heiligkeit des Ortes, der eigentliche Grund, warum man ihn ausgesucht hat. Deshalb wurden heilige Orte auch häufig von mehreren Kulturen besetzt, die sich ablösten. Der Archäologe Milne-Edwards fand in der Grotte von Lourdes, in der der vierzehnjährigen Bernadette die Jungfrau Maria erschienen ist, eine Reihe eiszeitlicher Kunstwerke. Die Kaaba in Mekka war bereits eine vorislamische Kultstätte. Der heilige Fels in Jerusalem, wo jetzt der Felsendom steht, eine der heiligsten Moscheen des Islam, war im Lauf der Zeit von fünf Religionen besetzt; zuerst verehrten die Kanaaner dort den Gott Baal, dann folgten Juden, Römer, Christen und schließlich Moslems. Der Berg, auf dem die Wallfahrtskapelle von Ronchamp steht, war bereits Kultstätte der Römer und Kelten.

Eine bewußtseinserweiternde Anomalie im elektromagnetischen Feld können wir etwa bei erhöhter natürlicher Radioaktivität beobachten. Wenn etwa hohe Mengen Granit im Boden vorkommen oder Uran. So liegen tibetanische Klöster fast ausschließlich in solchen Gebieten. Auch die Kultstätten der australischen Aborigines und nordamerikanischen Indianer liegen oft auf oder nahe bei Lagerstätten von Uran oder Edelmetallen oder bei geologischen Bruch- oder Verwerfungszonen. Und die Ebene von Carnac mit ihren Menhiren ist umgeben von 31 „Falten", also tektonischen Verwerfungen. Auch ein niedrigeres als das übliche radioaktive Strahlungsniveau wirkt sich bewußtseinserweiternd aus.

Bewußtseinserweiternd sind auch magnetische Anomalien an solchen Orten, eisenhaltige Mineralien herrschen dann vor; Basalt und Granit haben beispielsweise höhere magnetische Eigenschaften als Sedimentgestein. In der Ebene von Nazca/Peru gibt es sogar einen Ort, an dem der Kompaß nicht mehr funktioniert. Orte mit Magnetanomalien tendieren gleichzeitig zu einem niedrigeren Radioaktivitätswert als die Umgebung.

Man hat auch Mikrowellen-Anomalien an Kultstätten gemessen. Mikrowellen haben meßbare Wirkungen auf den Hypothalamus, der das vegetative Nervensystem steuert.

Und bei erhöhter Radioaktivität oder höherem Magnetismus hat Devreux die Beobachtung gemacht, daß Menschen zur Produktion von Theta- und Delta-Gehirnwellenrhythmen neigen, die denen der Tiefschlaf- und Traumphase entsprechen.

König von der TU München hat das Szenario heiliger Orte künstlich nachgeschaffen; er hat Probanden einer anderen elektromagnetischen

---

[1026] Vgl. hierzu Stefan Brönnle, *Landschaften der Seele*, S. 159ff.

Strahlung als der üblichen Umgebungsstrahlung ausgesetzt. Und er konnte nachweisen, daß schwache elektromagnetische Felder auf die Psyche wirken. Bestimmte Teile des Gehirns wie der Schläfenlappen, die mit Erinnerung und Träumen in Verbindung gebracht werden, sind für elektromagnetische Felder empfindsam. Stimuliert man den Schläfenlappen elektromagnetisch, kann man Empfindungen des Fliegens und außerkörperliche Empfindungen erzeugen, wie König nachwies. Die Zirbeldrüse hat dieselbe Empfindsamkeit, sie spricht auf schwache Magnetfelder mit einer Veränderung der Hormonproduktion an. Von den produzierten Hormonen wirken einige wie psychedelische Substanzen. Hieraus können sich Visionen und visionäre Träume erklären.

Neben Anomalien im elektromagnetischen Feld, etwa bei Mikrowellen und Radioaktivität, scheint auch eine hohe Konzentration an negativen Ionen[1027] zu außergewöhnlichen Bewußtseinszuständen zu führen[1028]. Deshalb finden wir gerade an Wasserfällen, auf Bergen und in dichter Vegetation viele heilige Orte. Bei Wasserfällen und schnell fließenden Wassern reißt die Bewegungsenergie die locker gehaltenen äußeren Valenzelektronen ab. Die losen Elektronen bilden leicht mit anderen Molekülen und Atomen negative Ionen. Die Einatmung solcher Ionen stabilisiert das System der roten Blutkörperchen, negative Ionen gelten in der Medizin als wohltuend. Manche Forscher verbinden mit ihnen höhere Bewußtseinszustände, wie sie etwa im Yoga erreicht werden.

Unheilige Gebäude[1029] gibt es natürlich auch, magische Ausstrahlung mit negativem Vorzeichen sozusagen:

Gebäude des Nazismus und Stalinismus kann man hier anführen.

Die Architektur, die Gebäude, wurden auch im Nazismus und ebenso im Stalinismus zu *kultischen Speichern*. In ihnen spiegelten sich die gottähnlichen Führer wieder. Sie waren *imprägniert* mit deren Ideologie. – Es geht hier, da wir im 20. Jh. dies Wissen vergessen haben, allerdings nicht mehr um die Auswahl an einer Strahlenanomalie-Stätte. – Der 1931 geplante[1030] Palast der Sowjets (der das Empire State Building überragen sollte), das zentrale Theater der Roten Armee (1934–1940, ein corpus mysticum in Moskau), oder das Nürnberger Reichsparteitagsgelände und

---

[1027] Ein Ion ist ein elektrisch geladenes Atom oder Molekül. Im neutralen Zustand haben Atome oder Moleküle genau so viele Elektronen wie Protonen. Die elektrische Ladung, und damit das Ion, entsteht, wenn ein Atom oder Molekül ein oder mehrere Elektronen weniger oder mehr gegenüber dem Neutralzustand hat. Ionen sind bei Elektronen*mangel* positiv und bei Elektronen*überschuß* negativ geladen.

[1028] Dolores La Chapelle bei Stefan Brönnle, *Landschaften der Seele*, S. 165.

[1029] Vgl. sozusagen zur Magie der unheiligen Architektur Hartmut Böhme, *Fetischismus und Kultur*, S. 259–264, 275–282.

[1030] Nie gebaute.

Speers Bauphantasien brachten die totalitären Regime in einer Überwältigungsästhetik zum Ausdruck: Der Einzelne fühlte sich hier winzig und machtlos; die Angst überkommt er nur, wenn sie in rückhaltlose Verehrung umschwingt.

Peter Noever[1031] (1994) spricht von einer „Fetischisierung öffentlicher Gebäude". Die Gebäude sind damit magische Objekte des totalitären Staates. Wie Fetische vermitteln sie Kraft und Stärke. Sie repräsentieren die Unbesiegbarkeit des Staates, und gleichzeitig erwecken sie Angst durch ihre gewaltigen Dimensionen, ihre martialische Monumentalität. Hartmut Böhme[1032] sagt, daß solche idolatrischen Herrschaftsbauten immer auf unsichtbare Weise Opferstätten sind, auf denen das Blut der „Anderen" fließt. Der (Gebäude-)Fetischismus, die „Bezauberung" durch die Choreographien der Macht, hat hier die Aufgabe, unser Mitwissen um das Mörderische des Regimes zum Schweigen zu bringen. (Dies und nicht Terrorismus oder Globalisierung seien, so Böhme, eine Gefahr für die Demokratie).

Wege[1033]

In vielen Religionen finden wir eine Wegsymbolik und reale heilige Wege. Ein solcher heiliger Weg hat eine besondere Kraft. Gehen wir ihn, verbindet er uns mit dem Göttlichen. Er ist ein lebendiger Ort, eine lebendige Strecke, die sozusagen Heiligkeit gespeichert hat, deren eingedenk ist und sie uns mitteilt, indem wir sie durchwandern.

In der Antike gab es heilige Straßen, auf denen Festprozessionen stattfanden, die zur Begegnung mit der verehrten Gottheit führten. Die von Koldewey entdeckte Prozessionsstraße von Babylon – um circa 600 v.Chr. erbaut – ist eine solche. Sie führte vom Tor der Ishtar zum hohen Tempel von Babylon und war knapp 20 m breit. Auch einige assyrische Tempel hatten geheiligte Straßen. Die minoische Kultur kannte derartige heilige Straßen: zum Palast von Knossos führte ein solcher Prozessionsweg. Und von Athen nach Eleusis gab es eine heilige Straße (Frauen war es verboten den Fuß auf diese Straßen zu setzen, sie durften ausschließlich im Wagen reisen (sic).) In alten Schriften findet sich immer wieder das Wort vom „Heilsweg". Und überall gab es tatsächlich solche Wege, deren zeremonielle Beschreitung eine heilvolle Nähe zur Gottheit implizierte. Und zwar waren die Wege so aufgebaut, daß sich an den auf ihn schreitenden Menschen eine innere Wandlung vollzog.

1031 Vgl. Peter Noever bei Hartmut Böhme, *Fetischismus und Kultur*, S. 275.

1032 Hartmut Böhme, *Fetischismus und Kultur*, S. 282.

1033 Vgl. Dorothea Forstner, Renate Becker, *Lexikon Christlicher Symbole*, S. 41ff. und Stefan Brönnle, *Landschaften der Seele*, S. 152ff.

Neben den Heilswegen gibt es in der Antike auch die Leidenswege: die Triumphstraßen der Sieger waren die Todesstraßen der Besiegten.

In christlicher Zeit kennen wir diese heiligen Wege gut als Pilgerwege. Zum heiligen Weg gehört hier die heilige Reise nach Jerusalem oder die Pilgerreise auf dem Jakobsweg nach Santiago de Compostela. Der Weg, nicht erst das Ziel, übt hier per se eine magische Kraft aus. Und seltsamerweise möchte man diese heute wieder vermehrt miterleben. Der Jakobsweg ist ein Modeweg geworden. In der frühen Christenheit stellte man sich vor, auf dem Pilgerweg direkt in Kontakt mit der letzten Heiligen Reise zu kommen, die einen zur ewigen Gemeinschaft mit allen Heiligen im himmlischen Jerusalem führte.

Ebenso hierher gehören die Kreuzwege und Wege auf Kalvarienbergen, die den Gläubigen die Passion Jesu nachempfinden lassen. Der Weg birgt hier das Gedächtnis der Passion, und durch die auf ihm Wandelnden und sich dabei an die Passion Erinnernden, diese sogar Nachlebenden, wird das Gedächtnis noch verstärkt, der Weg immer wieder aufgeladen.

Auch in jeder Kirche gibt es die „Heilige Straße". Es ist der Weg vom Eingang zum Altar. Dem, der diesen Weg bereiten Herzens betritt, kann sich im Gehen das Geheimnis des Wegs als „Weg zu Gott" erschließen.

Labyrinthwege beziehungsweise Labyrinthe im alten Ägypten und im antiken Griechenland führten mittels Durchtanzen oder Durchschreiten ins Geheimnis der verehrten Gottheit.

Auf dem Boden der Kathedrale von Chartres haben wir ebenfalls ein solches Labyrinth. Es wird aber heute durch Gebetsbänke verdeckt. Auf Knien rutschend legte man diesen Weg zurück als Ersatz für die Heilige Reise nach Jerusalem.

Geisterwege, Totenwege:

Weitere magische Wege sind die sogenannten Spirit Roads oder Geisterwege in Europa[1034], die ihre Wurzeln im bäuerlichen Glauben vorchristlicher Zeit haben und bis weit ins Mittelalter sozusagen in Betrieb waren und dokumentiert. A prima vista normal erscheinende Wege wurden als andersdimensionale Wege angesehen, auf denen die Toten ins Jenseits wandelten. Das heißt, es gab konkrete Wege, meistens führten sie in *gerader* Linie über Berge und Täler, auch durch Städte, sogar durch Häuser, und endeten an einem Friedhof oder gingen von dort aus. Nur, wenn man die Toten in bestimmtem Zeremoniell auf diesen Wegen entlang trug, war garantiert, daß sie ins Jenseits gelangten und nicht die Angehörigen oder sonstige Personen belästigten. Die Toten waren damit praktisch an den Weg gebunden beziehungsweise gebannt. Gleichzeitig gehörte der Weg

---

[1034] Vgl. Paul Devreux, *Fairy Paths & Spirit Roads*, S. 25–36.

bereits zur Totenwelt. Man könnte daher sagen, diese Wege, beschritt man sie, trugen ein lebendiges Gedächtnis der Toten, ein sehr lebendiges Gedächtnis: wandelte man auf ihnen, befand man sich *auch* in Gesellschaft der Geister der Toten. Viele fürchteten daher, daß es auf ihnen ganz gewaltig spukte. Bei Nacht sollte man sich daher besser nicht auf einem solchen Weg befinden. Schweden, Holländer, Deutsche, Briten, Franzosen kennen solche Wege. In Rösaring in Schweden gibt es den bekannten Vikinger-Totenweg, der gerade auf einen Vikinger- und Bronzezeit-Friedhof zuführt. Und selbst aus Shakespeare's *A Midsummer Night's Dream* kennen wir einen solchen Geisterweg, Puck weist eigens auf ihn hin, wenn er sagt:

„Now ist he time of night,
That the graves all gaping wide,
Every one lets forth his sprite,
In the church-way paths to glide."

Wegkreuzungen der Totenwege spielten eine ganz besondere Rolle. An ihnen setzte man im Mittelalter den Sarg ab und sprach Gebete. In früherer Zeit begrub man dort Selbstmörder, so daß ihr Geist nicht zurückkäme, und auch Galgen wurden an solchen Wegkreuzungen errichtet.

Die alten europäischen Landbevölkerungen glaubten also, daß sie das Land mit Geistern teilten, mit Toten, die auch zurückkommen konnten. Im Gegensatz dazu lehrte die Kirche, daß der Geist den Körper verließ und nach dem Tod sofort in einen nicht physischen Bereich glitt, in Himmel, Hölle oder Purgatorium. An magischen Wegkreuzungen wurden später oft die christlichen Wegkreuze und Bildstöcke aufgestellt, um den alten Glauben zu verdrängen. Ebenso wurden Kirchen auf solchen alten heiligen Wegen errichtet; etwa die Jakobs Basilika (14.–15. Jh.) im bayrischen Rothenburg ob der Tauber[1035]. Daher führen viele dieser Wege auch von Kirchen zu Friedhöfen.

Geisterwege sind kein rein europäisches Phänomen. Auch in China gab es Geisterstraßen, zu Qing-Gräbern.

Seltsame gerade Wege (vielleicht mit ähnlicher Funktion der Bannung von Geistern) sind auch die Nazca-Linien. Sie sind in Peru jedenfalls als heilige Wege sehr bekannt. Sie stammen wahrscheinlich von der Nazca Kultur circa 600 v.Chr. Ein Zick-Zack von geraden Linien durchquert die Wüste bei Nasca. Es gibt eine Menge solcher gerader Wege überall in Südamerika, in Kolumbien, Bolivien, auch im Amazonas Becken, in Mexico, El Salvador, Honduras. Manche gehen zu Quellen oder Berggipfeln, die man als Wohnort der Götter ansah, oder sie verbanden, wie bei den Mayas, Kultorte in gerader Linie. In Nordamerika gibt es dieselben geraden, indianischen Kultwege. Viele Archäologen schlossen, daß sie reli-

---

[1035] Vgl. Paul Devreux, *Fairy Paths & Spirit Roads*, S. 140f.

giöse Wege oder Totenwege waren, weil sie ohne jede Effizienz geschaffen wurden, gerade durch topographische Hindernisse gingen oder sie umständlich überquerten, statt sie zu umgehen.

Devreux[1036] meint, es gibt fast überall in der Welt bereits *steinzeitliche heilige Totenwege*. Sogenannte *Cursus*. Cursus sind *gerade* Erdwege, die sich in langgestreckten Ovalen schließen. Ungefähr hundert solcher Wege hat man bislang in Großbritannien identifizieren können. Häufig nur vom Flugzeug aus. Der Stonehenge Cursus ist einer von ihnen.

Es gibt eine Menge Theorien über diese Cursuses. Eine Sache scheint sicher, sie haben mit Begräbnissen zu tun. Sie stehen häufig mit Grabstätten in Verbindung. Devreux meint, ein Cursus könnte ein Cordon sanitaire gewesen sein, der einen sicheren Bereich umschloß, in dem man mit den Geistern über Riten kommunizieren konnte. Fast überall ging man davon aus, Geister (die Toten) seien noch da, und konnten den Lebenden noch gefährlich werden. Sie in einen Cursus zu bannen, scheint daher plausibel. Die Cursuses verlaufen auch meistens parallel an Wasserläufen, und von Wasser glaubte man, daß Geister dieses nicht überwinden konnten. In der Nähe eines Cursus liegt häufig ein Steinkreis wie in Stonehenge. Nach Devreux könnte Stonehenge in der Steinzeit dasselbe gewesen sein wie für uns heute eine Atombombe, eine gefährliche Waffe also. Im Steinzirkel beschwor man womöglich die Geister herauf. Und der Cursus verhinderte, daß sie, sozusagen aus Versehen, die Lebenden im umliegenden Land plagten, statt feindliche Stämme.

Es gibt dann noch die steinzeitlichen Steinreihen, stone rows (spätes Neolithikum[1037] bis frühe Bronze-Zeit[1038]). Sie sind häufig durch große Steinblöcke gekennzeichnet. In Großbritannien verbinden sie Grabstätten. Es gibt sie auch in Südostasien. Die meisten jedoch hat es in der Bretagne bei Carnac. Dort sind es zum Teil parallele Reihen von Steinen die auch Megalithen enthalten. Ménec bei Carnac besteht aus beeindruckenden 12 Reihen von Steinen, die 800 m lang sind. Auch diese, meint Devreux, könnte man wie cursuses interpretieren. Sie haben an ihren Enden häufig sogenannten „blocking stones", Steine die im rechten Winkel zur Achse der Steinreihe gesetzt sind. Auch hier scheint es, als ob man etwas hindern will, in die Umgebung zu entweichen. Der Glaube, daß man Geister bannen könnte, war weit verbreitet in Europa und Asien. Es macht Sinn, daß die Steinreihen diese Funktion hatten.

Auch die *Römer* kannten die schnurgeraden Landstraßen, und gerade das schien mit Heiligkeit in Verbindung zu stehen. Denn die Römer ließen entlang dieser geraden Straßen ihre Gräber errichten. Auch der

---

[1036] Paul Devreux, *Fairy Paths & Spirit Roads*, S. 67–74.

[1037] In Europa grob zwischen 5500 und 4200 v.Chr.

[1038] Im südlichen Mitteleuropa wird der Beginn der Frühen Bronzezeit zwischen 2300 und 2200 v.Chr. angesetzt.

Brauch, später Kirchen auf diese römischen Straßenfundamente zu setzen, verweist auf deren mögliche Heiligkeit.

Bei den *australischen Ureinwohnern* gibt es ebenfalls solche Wege, sogenannte dreaming tracks[1039]. Schwer zu sagen, wie alt sie sind. Sie verbinden heilige Totemplätze miteinander. Das sind oft Wasserlöcher und Quellen. Sie sind reelle Wege und gleichzeitig die Wege von sogenannten Traumzeitwesen (Wesen, denen Schamanen in Trance begegnen), Wege von andersweltlichen Wesen, Wege einer anderen, der Traumzeitwelt.

Geisterwege, egal aus welcher Zeit und wo, sind Wege mit einer besonderen Macht, magische Wege. Sie sind ein Stück Jenseits im Diesseits. Auf ihnen, und man hoffte, nur auf ihnen, wandelten Geister. Wer sie betrat, war gleichzeitig hier und in der anderen Welt. Sie waren gleichzeitig reale und spirituelle Wege, Wege des Sichtbaren und gleichzeitig des Unsichtbaren. Sie enthielten ein äußerst lebendiges Gedächtnis der Toten, die man auf ihnen jederzeit wieder treffen beziehungsweise heraufbeschwören konnte.

Gedenkstätten

An Gedenkstätten möchte man künstlich einen Genius loci bewahren, ihn in einem Bereich zeitlich und räumlich einschließen, einzäunen, tel quel erhalten, nichts mehr dazukommen lassen.

Die Gedenkstätte enthält schon im Namen das Gedächtnis des Ortes. Wird die Gedenkstätte an dem Ort errichtet, an den gedacht wer den soll, gehen wir selbstverständlich davon aus, daß es ein Gedächtnis dieses Orts gibt, das durch die Stätte gleichgehalten aber auch perpetuell, tel quel, erneuert werden soll.

Bei Gedenkstätten für Grauenvolles glaubt man intensiver an den Genius loci. Nehmen wir einen Ort maximalen Grauens, das KZ Buchenwald[1040]: Es ist auch Gedenkstätte. Besucher der KZ-Gedenkstätte wollen nicht primär theoretisches Wissen über die Greuel erwerben, sie wollen „da" sein, wollen den Ort spüren, wie es ist, an einem Platz zu sein, der wie kein anderer – im Schlechten – aus der Welt gefallen ist. Der Besucher geht selbstverständlich davon aus, daß die Greuel dem Ort noch eingeprägt sind, daß die Vergangenheitsschrecken noch fühlbar sind, die Todesängste und Todesmartern, die Schreie, der Hunger, die körperlichen Qualen, die ausgemergelten Leiber, die Schüsse, die Schläge, die Gaskammern und Brennöfen, die Leichenberge, gespeichert und konserviert

---

[1039] Vgl. Paul Devreux, *Fairy Paths & Spirit Roads*, S. 167ff.
[1040] Vgl. hierzu Sabine Runde, *Traumatische Erinnerung* in *Der Souvenir*, S. 272ff.

in den Steinen, der Erde, den Holzbalken, den Zäunen, daß all die Dinge, die sie dort sehen, das Grauen im Gedächtnis behalten haben.

Ein Indiz für die Realität des Genius loci an einem solchen Ort ist das Gefühl der vielen Besucher nach dem Besuch. Der Besuch ist an vielen nicht spurlos vorübergegangen. Das vergangene Grauen hallt in die Gegenwart nach, es ist noch da, im Ort lebt das vergangene Schreckliche weiter.

Böse Orte

Interessant ist eine spezielle Untersuchung böser Orte und ihrer Ausstrahlung, ihres Genius loci, von Konzentrationslagern, Schlachtfeldern, oder nehmen wir Orte, die der Selbstdarstellung der NS-Täter dienten.

An Gedenkstätten wie Dachau, Auschwitz und Buchenwald ist der Terror noch so präsent, daß er fast selbstverständlich ist.

Im Kolosseum in Rom spürt man schon fast nichts mehr. Die schlimme Vergangenheit scheint überlagert, und das Schlimme war verbunden mit, wenn auch hochprekärer, so doch Belustigung der Massen.

Weniger evident ist die Wirkung von Orten der Selbstdarstellung von NS-Tätern, wie dem Obersalzberg, der Villa des Reichsführers SS, des Nürnberger Parteitagsgeländes, der NS-Autobahnen. Hier lauert vielleicht weniger der Schrecken als vielmehr die Verführungskraft der Nazi-Ideologie durch Konsum, Hightech und Terror[1041]. Daß doch auch dort ein stärkerer (böser) Ortsgeist zu sein scheint, zeigt, daß es auf dem Obersalzberg immerhin gespukt hat[1042], genauer, bei den überwachsenen Ruinen des Berghof-Geländes (nur der Kehlstein ist erhalten geblieben): Nach 1945 wurde immer wieder Hitler im Unterholz gesehen ... So häufig, daß man die Notwendigkeit sah, ihn 1956 schließlich durch ein Berchtesgadener Amtsgericht offiziell für tot zu erklären.

Auch, wenn sich Millionen von Besuchern das ehemalige Hitlersche Sperrgebiet ansehen, muß doch eine starke (üble) Faszination davon ausgehen. Und auch Versuche des Exorzismus des Ortsgeistes solcher Orte weisen auf einen potenten negativen Ortsgeist hin. Man zerstörte extra den Hitler'schen Berghof, ließ nur den Kehlstein übrig. Einen expliziteren Exorzismus gab es beim Berliner Oympiastadion, dem best erhaltenen Großensemble der NS-Zeit[1043]: Ausgerechnet in diesem Wahrzeichen, in dem die Olympischen Spiele zu einem Triumph für die menschenverachtende Naziideologie gemacht werden sollten, hielt Papst Paul II 1996 eine

---

[1041] Vgl. Hrsg. Stephan Porombka, Hilmar Schmundt, *Böse Orte*, S. 14.
[1042] Vgl. Hrsg. Stephan Porombka, Hilmar Schmundt, *Böse Orte*, S. 30ff.
[1043] Vgl. Hrsg. Stephan Porombka, Hilmar Schmundt, *Böse Orte*, S. 141ff.

dreistündige Messe. Es war der Höhepunkt seines Berlinbesuchs. Er sprach dort Bernhard Lichtenberg und Karl Leisner selig, zwei Priester, die sich gegen das Regime gestellt hatten. Explizit wies er darauf hin, daß er es genau an diesem Ort machen wolle. – Zuvor hatte man schon mit Rock- und Pop-Konzerten (Mick Jagger, Tina Turner) versucht, den Ort zu „entweihen". –

Die Sprengung von Görings Carinhall[1044] durch die Rote Armee zeigt ebenfalls, wie man den mächtigen (bösen) Ortsgeist loswerden wollte, der ewig Gestrige anziehen konnte. Ein Naturlehrpfad und eine Waldschule haben später zur weiteren Entmythologisierung beigetragen.

Ebenso hat man darauf geachtet, daß Touristen, wenn sie den Führerbunker in Berlin suchen, nichts finden[1045]. Nur Eingeweihte finden eine Tafel, die an der falschen Stelle steht, nur einen Fuß hoch über dem Pflaster: wer den Hinweis lesen will, muß sich erst einmal hinknien.

Zusammenfassung:

Beim Genius loci haben wir besonders stark auf uns wirkende Orte.

Dazu kommt es einmal durch *Kontinuität*. Am Ort findet immer dasselbe Ritual statt, wird dasselbe gedacht. Dies insbesondere bei den heiligen Orten, über Jahrhunderte, ja Jahrtausende hinweg. Das würde ein bestimmtes Gedächtnis des Ortes stark betonen. Dieses immer selbe Ritual verdichtet sich praktisch in der Atmosphäre, wird spürbar. Oder die starke Wirkung geht auf besonders *starke Emotionen* am Ort zurück, die sich dem Ort eingeprägt haben.

Zum anderen befördern *bestimmte physikalische Bedingungen* am Ort des Genius loci häufig unsere paranormalen Möglichkeiten, und damit auch die Möglichkeit, das Gedächtnis des Ortes zu lesen, das ohnehin schon dort potenziert ist, wo sich immer wieder dasselbe zugetragen hat (wie Riten an heiligen Orten) oder wo eine starke emotionale Prägung vorlag (wie an Geisterorten).[1046]

[1044] Vgl. Hrsg. Stephan Porombka, Hilmar Schmundt, *Böse Orte*, S. 92ff.

[1045] Vgl. Hrsg. Stephan Porombka, Hilmar Schmundt, *Böse Orte*, S. 19ff.

[1046] Der Vollständigkeit halber erwähnt sei auch noch: Eine Rolle, daß ein Genius loci entsteht, spielt auch noch der optische Eindruck: der Ort zeigt sich in der Umwelt als harmonisches Ganzes, ist durch harmonische Proportionen geprägt, also Schönheit und Geometrie spielen ebenfalls herein.

Zusatz: Verhaltensmuster, bei denen wir ein Gedächtnis von Gegenständen einfach voraussetzen

Es gibt unzählige Verhaltens-Modi, in denen impliziert wird, daß Dinge lebendig sind, Träger von realen Kräften, von Gefühlen, Träger eines Gedächtnisses. Die wenigen Beispiele, die wir hier anführen, stammen daher aus unterschiedlichsten Bereichen.

Jede Weihung eines Dings impliziert, daß das Ding ein Gedächtnis hat.

Weihungen sind nicht erst christlich, es gab sie schon lange zuvor.

Auch jegliche Einweihung eines Gebäudes oder eine Schiffstaufe zählen hierzu. Die Weihung (Taufe) eines Schiffs etwa soll bewirken, daß es seinen Zweck gefahrlos erfüllt, daß es nicht untergeht. Glück wird ihm aufgeprägt im rituellen Akt der Schiffstaufe, und dieses Glück soll es auch weiterhin, während seines Fahrens, speichern.

Eine Widmung folgt demselben Muster, sie könnte man als kleine Schwester der Weihung bezeichnen. Jemandem wird ein Buch, eine Straße, ein Gebäude gewidmet. Das Buch, die Straße, das Gebäude strahlt ein wenig von der Persönlichkeit dessen ab, dem etwas gewidmet wurde. Die Kennedy gewidmete Bibliothek strahlt etwas Kennedy ab.

Das Gegenteil einer Weihung oder Segnung könnte man als Fluch[1047] bezeichnen. Ein Fluch setzt ebenfalls voraus, daß eine Person, ein Ding, ein Ort, welche mit ihm belegt wurde, sich von ihm imprägnieren läßt, daß er diesen fortan anhaftet, und sich sogar noch erfüllt, wir haben also auch hier ein Gedächtnis, das Wirkungen zeitigt.

Der Fluch hat eine lange Geschichte. In der Bibel gibt es ihn: beispielsweise den Fluch des Noah über seinen Enkel Kanaan. Nach jüdischer und christlicher Lehre hat sogar Gott sich des Fluchs bedient, er hat die Menschen in Adam und Eva verflucht, dazu die Schlange.

In der griechischen Antike war der Fluch gang und gäbe, etwa die Selbstverfluchung in Verbindung mit einem Schwur: In den Homerischen Hymnen schwören die Götter mitunter bei körperlichen Dingen, die ihnen lieb sind. Hera bei ihrem Ehebett und Apollon bei seinem Speer. So mag der größere Gott meine Lieblingsgeräte vernichten, war hier die Devise. Götter und Menschen schwörten bei dem, was ihnen teuer war.

Von der hethitischen Kultur und der europäischen Antike über das europäische Mittelalter war der mit einem Schwur oder Eid verbundene Fluch eine ernsthafte soziale Sanktion. Der Fluch sollte eintreffen, wenn der Schwur nicht gehalten wurde. Man glaubte unbesehen an die Wirksamkeit des Fluchs, daran, der Schwurgott werde den Meineid auf der Stelle rächen. Das hebräische Wort Alah bedeutet dementsprechend

---

[1047] Hierzu Fritz Mauthner, *Wörterbuch der Philosophie*, Band 1, S. 323–344.

gleichzeitig „Schwur" und „Fluch" und „Eidesverpflichtung". Eid und Fluch stellten über die Jahrhunderte hinweg die bedeutendsten Formen dar, soziale Wirklichkeit verbindlich zu gestalten: Herrschaft, Gefolgschaft, Treue, Recht wurden mittels Schwur und Fluch durchgesetzt. Gegen den Wortbrüchigen mobilisierte man im Fluch häufig die Gewalt Gottes oder übernatürlicher Mächte.

Der Eidschwur ist dabei eigentlich eine Selbstverfluchung.

Der moderne Staat hat den Eid beibehalten, aber ohne die magischreligiöse Verbindung mit dem Fluch. Übrig geblieben ist zwar oft die Formel „so wahr mir Gott helfe". Der Schwörende soll sich bei der Formel aber gar nichts denken. Der Code Napoléon hat mit mehr Radikalismus diese Formel ersetzt durch den völlig nüchternen Satz „je le jure".

Schon früher zweifelte man die Wirksamkeit des Fluchs an: Das Christentum war Staatsreligion geworden, und der Staat mißbrauchte den religiösen Eid zu seinen Zwecken. Die Kirche segnete diesen Eid. Thomas von Aquin nahm ihn in sein System auf. Und die protestantische Theologie blieb nicht zurück; sie akzeptierte den Gerichtseid, den Untertaneneid, den Fahneneid. Doch schon bald nach Luther sagte ein Jurist über die neue Eidesgewohnheit: „vor Zeiten, wenn ein Eid sollt geschworen werden, da stunden einem die Haar zu Berg, im Fall einer gleich mit gutem Gewissen hätte schwören können. Jetzt spricht man anders. Schwöre nur! frissest mit demselben Maul und Finger gleichwohl Kraut."

Einer der berühmtesten Flüche ist der des Tutanchamun:

„Der Tod soll den mit seinen Schwingen erschlagen, der die Ruhe des Pharao stört!" Diesen Fluch soll Howard Carter auf einer kleinen Tontafel in Tutanchamuns Grab gefunden haben. Dieser kleine Gegenstand speicherte also den Fluch und hat potent gewirkt. Sicher ist das natürlich nicht ... Nur eine Reihe von Todesfällen nach Graböffnung ist dokumentiert. Lord Carnarvon, der das Grab öffnete, wurde am 8. März 1923, als er an diesem Tag aus dem Grab kam, von einem Moskito in den Hals gestochen, und starb am 5. April 1923 an den Folgen einer Blutvergiftung. Weitere Todesfälle folgten: 1924 starb der Konservator des Louvres, Paris, George Benedit, am selben Tag, an dem er zum ersten Mal das Grab betrat. Ebenfalls 1924 starb Arthur Mace, der Sekretär Howard Carters und Konservator des Metropolitan Museums New York, an einem Lungenleiden. Er war derjenige, der den letzten Stein vom Eingang des Grabs entfernt hatte. Douglas Archibald Reed starb 1924, nachdem er die Mumie Tutanchamuns entwickelt hatte. Der Literaturwissenschaftler La Fleur starb 1924 zwei Tage nach Besuch des Grabs. Der Assistent La Fleurs erhängte sich Tage später. In seinem Abschiedsbrief schrieb er, daß der Fluch ihn zum Selbstmord gezwungen hätte. Der Milliardär George Jay Gould starb 1924, noch am selben Tag, nachdem er das Grab besucht hatte. 1929 wurde der Sekretär Howard Carters, Richard Bethel, tot in seiner Wohnung aufgefunden. Die Ursache seines Todes ist nie geklärt worden. Ein Jahr später beging der Vater Richard Bethels, Lord Westbury, Selbstmord. 1929 starb die Frau Lord Carnarvons ebenfalls aufgrund eines Insektenstiches. Noch etliche weitere Menschen, die das Grab besucht hatten, oder die mit der Mumie Tutanchamuns in Berührung gekommen waren, starben kurze Zeit später.

Jetzt zu einer harmloseren Verhaltensweise, die ein Dinggedächtnis impliziert. Im Mittelalter schrieben Juden bestimmte Abschnitte der Bibel auf einen frischen Apfel und verspeisten ihn dann. Sie gingen davon aus, die magischen Schwingungen der Worte würden auf den Apfel übertragen, Geist könne der Materie aufgeprägt werden, der Apfel könne die Worte speichern, habe somit ein Gedächtnis. Und er könne sie wiederum weiterübertragen (beim Verzehr). Der Apfelesser erhoffte sich davon Schutz, vielleicht auch Anziehung von Liebe und Freundschaft, war der Apfel doch gleichzeitig ein Venussymbol.[1048]

Es war im Mittelalter auch üblich (und das ist ganz ähnlich), bestimmte ausgewählte Bibel-Passagen in Wasser zu tauchen und dann das Wasser zu trinken, um Gesundheit zu erlangen und vor dem Bösen geschützt zu sein. Das ist das Gedächtnis des Wassers! Wobei heute einige in den Naturwissenschaften annehmen, das Wasser habe ein Gedächtnis für Substanzen. Hier viel weitergehend, ging man davon aus, das Wasser, Materie, habe auch ein Gedächtnis für Geistiges, für Gedanken.

Der böse Blick[1049] ist weit herum bekannt. Gemeint ist damit die Fähigkeit, Lebewesen durch einen Blick Schaden zufügen zu können.

Der böse Blick setzt voraus, daß die getroffene Person ihn speichert, er ihr fortan anhaftet, und daß er dann auch noch wirkt.

Der um 300 n.Chr. lebende Schriftsteller Heliodorus[1050] erklärt den bösen Blick so: „Wer auf das, was exzellent ist, mit neidischem Auge blickt, erfüllt die umgebende Atmosphäre mit etwas Bösartigem und Verderblichem und heftet seine eigenen giftigen Ausdünstungen dem an, was ihm gerade am nächsten ist."

Der Glaube an den bösen Blick ist womöglich prähistorisch. Die ersten schriftlichen Berichte finden sich auf Keilschrift-Inschriften der Sumerer und Babylonier 3000 v.Chr. In etlichen Kulturen finden wir ihn, bei Ägyptern, Griechen, Römern, Indern. In der Bibel, im AT wie im NT, wird davor gewarnt. In Deuteronomium 15,9 heißt es: „Nimm dich in Acht, daß du nicht in niederträchtigem Herzen den Gedanken hegst ... und deinen armen Bruder böse ansiehst ...".

[1048] Vgl. bei Migene Gonzáles Wippler, *Talismane und Amulette*, S. 56.

[1049] Vgl. hierzu bei Migene Gonzáles Wippler, *Talismane und Amulette*, S. 180–192.

[1050] Bei Migene Gonzáles Wippler, *Talismane und Amulette*, S. 185.

Bis heute glauben nicht nur Griechen, Italiener und vor allem auch Araber („das Auge des Neids") an den bösen Blick und tragen entsprechende Schutz-Amulette, Porzellanaugen oder die Hand der Fatima. Auch das (christliche) Kreuz soll den bösen Blick abwehren[1051].

In einigen Kulturen hat man insbesondere Frauen den bösen Blick zugeschrieben: In der Religion spielten sie eine untergeordnete Rolle, in der Magie dafür eine höhere Rolle. Nach Marcel Mauss[1052] hing das mit dem Gebären und der Menstruation zusammen, die in Zeiten der Ignoranz den Männern, die diesen Status prägten, als geheimnisvoll/unheimlich erschienen.

Menschen, aber auch Tiere können den bösen Blick haben. Und sogar Gegenstände (!) können (allein dadurch, daß sie sich in der Nähe befinden) den „bösen Blick" ausüben. Das setzt voraus, daß auch Gegenstände den bösen Blick speichern können, also ein Gedächtnis haben. Besonders geeignet als Speicher übler Schwingungen sollen gewisse Schmuckstücke sein wie Opale oder Perlen.

Anthropologen und Psychologen ziehen allmählich die Möglichkeit in Betracht, daß der menschliche Geist (zum Beispiel beim bösen Blick) Energie mittels des Auges projizieren kann. – Es gibt immerhin ein riesiges Fallmaterial, durch die Jahrtausende, welches das Phänomen untermauert. – Diese Energien können positiver und negativer Natur sein. Ihre Kraft kann enorm sein und bis zum Tod von Personen führen. Papst Leo XIII war als „iettatore" (Ausüber des bösen Blicks) verschrien: Der Tod vieler seiner Kardinäle wurde ihm zugeschrieben. Auch Papst Pius IX, sein Vorgänger, der 1878 starb, soll ihn übrigens gehabt haben. Und auch Napoleon III, Kaiser Wilhelm II, Lord Byron und G.B. Shaw.

Wenn jemand einen Machthaber gestürzt hat und sich selbst an dessen Stelle setzt, entfernt er gleich zu Anfang alle dessen persönliche Dinge, als seien diese mit dem alten Machthaber imprägniert, als entfernte man mit ihnen die Person des alten Machthabers. Selbst, wenn es sich um ganz neutrale brauchbare Dinge handelt wie Schreibtischutensilien. Als besonders ekelhaft, da besonders lebendig, werden gerade die Dinge empfunden, die in engem körperlichem Kontakt mit der anderen Person standen, etwa sein Füllfederhalter.

Müssen wir in Dingen anderer Leute wohnen, in einem möblierten Zimmer, mißfällt uns das nicht nur, weil die Möbel vielleicht abgenutzt sind, wir denken auch gerade, und zwar mit einem gewissen Ekel, an alle die Personen, die dort früher sozusagen ihren Abdruck hinterlassen haben. Die Dinge haben für uns hier eine ekelhafte Lebendigkeit, ein Gedächtnis, das uns ekelt.

[1051] So natürlich nicht die offizielle Doktrin und Kirchenmeinung.
[1052] Marcel Mauss, *A General Theory of Magic*, S. 147f.

Am wenigsten ekeln wir uns seltsamerweise noch vor einem Gebrauchtwagen. Vielleicht zerstört das Maschinenhafte die Magie, überdeckt die Technik das Gedächtnis des Wagens auf entzaubernde Art und Weise.

Warum will sich ein Fan unbedingt in den Besitz eines Dings seines Idols bringen, warum reißt jemand einen ins Publikum geworfenen Slip von Britney Spears an sich? Oder ein Trikot seines Fußball-Idols. Nicht nur, weil sie oder er ihn getragen hat, sondern weil in ihm Britney Spears oder Beckham noch *steckt*, also nicht nur steckte.

Daß Dinge und auch Personen etwas speichern, das auch übertragen werden kann, sieht man an vielen Verhaltensweisen. Eine solche Übertragung von Glück erhofft man sich beim Berühren heiliger Steine, beim Berühren eines Glücksbringers wie des Wildschweins nahe der Piazza della Signoria in Florenz (seine Schnauze ist schon ganz abgegriffen), oder darin, daß so viele Prominente wie den Papst berühren wollen. Diese Kontaktmagie ist ungemein häufig. Bei Reliquien haben wir das schon gesehen. Oder beim früheren Brauch, das Haar, Taschentuch oder Medaillon der Geliebten auf der Brust zu tragen.

Jedes Tragen eines Glücksbringers setzt voraus, daß ein Gegenstand etwas speichert und überträgt.

Überhaupt besteht bezüglich des Glücks ein weit verbreiteter Glaube an dessen Übertragbarkeit durch Gegenstände. Auch wenn ich in die Fontana di Trevi in Rom Münzen werfe und mir davon Glück erhoffe, gehe ich davon aus, daß die Münze dies bewirkt, daß sie, durch dieses Ritual, sich mit Glück auflädt, und dies dann an mich weitergibt. Und auch von einem Kleidungsstück oder einem Schmuck, das ein Prominenter trug, und das ich erworben habe, erhoffe ich mir eine Übertragung von Glück und Erfolg.

Desgleichen, wenn ich im Mittelalter in eine Schlacht gezogen bin, unter den Zeichen meines Landes. Von diesen erhoffte ich mir Schutz und Erfolg.

Umgekehrt werden instinktiv Dinge gemieden, die in ein Unglück verwickelt waren. Es haftet ihnen noch an! Niemand will in ein Haus ziehen, in dem sich jemand umgebracht hat. Der Selbstmord steckt noch in ihm, könnte sich vielleicht auch auf mich übertragen, mich in den Untergang treiben.

Warum will ich keine Kopie von etwas, sondern das Original? Warum will ich, wenn ich es mir leisten kann, keine Kopie eines Van Gogh, sondern das Original? Nicht nur, weil das Original mehr kostet, mehr wert ist. Im Original sind im Pinselstrich die heftigen Emotionen Van Goghs gespeichert, in der Kopie die Langeweile des Kopisten. Selbst bei der identisch scheinenden Kopie muß die Ausstrahlung fehlen. Der im Bild gespeicherte Geist des Van Gogh fehlt[1053].

Inder sagen, ihre Festessen seien mit hohen Vibrationen der Liebe zubereitet. Fragen ängstliche Europäer, ob sie die Nahrung vertragen, wird ihnen zugesichert, daß deshalb nichts passieren könne. In Europa gibt es die Redensart, daß die gute oder schlechte Laune der Köchin die Mahlzeit beeinflußt. Und, daß die Liebe durch den Magen geht. Hier speichert die Nahrung also die Empfindungen der Köche.[1054]

In Tibet singen Bauarbeiter Psalmen, während sie bauen. Die Vibrationen des Gesangs sollen sich den Steinen mitteilen.[1055]

In Diktaturen, wie dem Nazi-Regime, werden regelmäßig die Massen von charismatischen Herrschern imprägniert. Der totalitäre Führer prägt der Masse seine Gedanken und sein Wesen auf.

Charismatische Herrschaft setzt voraus, daß es da etwas Auratisches gibt, das einem Machthaber anhaftet, und daß sich dieses Auratische auch transportieren, übertragen läßt, von den Massen, empfangen und gespeichert wird.

Das Charisma muß dabei ständig erneuert werden in nichtalltäglichen Zeremonien. Dafür sind Kulte vonnöten, festliche Begängnisse, erhebende Rituale, eine Klimax von symbolischen Ereignissen.

Daß das Charisma sich übertragen läßt, gesendet und empfangen und gespeichert wird, zeigt auch, daß man vom *Transport* des Charismas spricht. Transport des Charismas ist die magische Translation des im Führer resümierten Charismas im Raum und durch die Zeit. Das Charisma *verklebt*, bindet die Gesellschaft, hält sie zusammen. Die andere Seite des Zusammenhalts ist der Terror und die durch ihn erzeugte Angst. Charisma und Terror gehen in der totalitären Politik Hand in Hand: Es ist das uralte Zusammenspiel von Angst und Verehrung.[1056]

Kathexis nennt man in der Psychologie und Psychoanalyse die affektive Besetzung der Objekte, die gefühlsmäßige Bindung an diese Objekte.

Zu einer Kathexis kommt es, nach Freud, immer dann, wenn ein Objekt (oder eine Person) nicht erreichbar ist. Es kommt zu einem Gefühl der Sehnsucht. Diese Sehnsucht bindet persönliche Energie. Im Extremfall ist man von etwas so besetzt, daß man an nichts anderes mehr denken kann (die ganze Energie ist gebunden). Kann der Trieb nicht befriedigt werden, so sucht man Ablenkung in anderen Handlungen (Befriedigungsaufschub).

1053 Vielleicht nicht ganz, wenn man davon ausgeht, daß Ähnliches mit Ähnlichem in Verbindung steht.

1054 Blanche Merz, *Orte der Kraft*, S. 62.

1055 Blanche Merz, *Orte der Kraft*, S. 79.

1056 Hartmut Böhme, *Fetischismus und Kultur*, S. 270ff.

Nach Freud findet hier zwar kein Energietransfer auf die begehrten Dinge statt. Alles geschieht sozusagen nur in unserem Kopf. Vielleicht üben die begehrten Dinge (oder die begehrte Person) aber doch auch eine objektive Macht auf uns aus, werden sie auf diese Weise mächtig – Marx und Benjamin Constant sahen das so. Mann könnte Kathexis daher auch so interpretieren, daß die Dinge (oder Personen) realiter mit unseren Gefühlen, Wünschen, Gelüsten *beladen werden*, daher diese letztlich speichern, wiederum reflektieren und dadurch mächtig werden.

ZUSAMMENFASSUNG

Wir haben hier alle möglichen auffällig lebendigen Gegenstände und auch Orte aufgeführt. Gegenstände und Orte mit einer Ausstrahlung, zuweilen auch mit einer großen Macht. Selten wohnt ihnen dieses Lebendige, diese Macht von sich aus inne. Zumeist hat eine zeremonielle Konsekration, eine Weihe[1057], ein Akt der Widmung, eine Bedeutungsgebung, eine magische Formel dem Gegenstand oder Ort erst etwas *aufgeprägt*. Kurz: bestimmte Gedanken haben Gegenstand und Ort verlebendigt. Der Gegenstand oder Ort behält diese Gedanken praktisch im Gedächtnis und wirkt auf uns, strahlt diese aus. Die Wirkungen gehen von der Erzeugung einer Stimmung, über physische Wirkungen bis hin zur Realpräsenz des im Ding Verkörperten.

An die Lebendigkeit, an die Macht von Dingen glaubte man in älteren, und glaubt man heute noch in sogenannten primitiven Gesellschaften unbesehen. Im Westen steht man seit Reformation und Aufklärung der Macht der Dinge eher feindlich gegenüber. Für die Reformatoren gab es keine heiligen, wirkmächtigen Dinge mehr, keine heilige Materie. Es gab nur einen rein geistig geführten „Dialog" der Gläubigen mit Gott. Die Aufklärung trennte einfach strikt Materie und Geist – der Geist war lebendig, die Materie tot. Des ungeachtet glaubten viele weiterhin und glauben bis heute immer noch an wirkmächtige Dinge, Dinge mit Gedächtnis.

Und in letzter Zeit ändert sich zudem das Weltbild in den Naturwissenschaften – es geht um eine Einbeziehung von Geist in Materie –, so daß lebendige Dinge wieder hoffähig werden, Dinge mit Gedächtnis. Eben das werden wir in den nächsten Kapiteln detailliert sehen.

[1057] Hartmut Böhme, *Fetischismus und Kultur*, S. 187.

IV ERKLÄRUNGSMODELLE

Was passiert, wenn ein Sensitiver anhand eines Gegenstands dessen Vergangenheit ablesen kann? Oder was passiert, wenn wir die Atmosphäre eines Ortes erspüren? Wenn wir alle die Dinge spüren oder sogar vor uns sehen, die an dem Ort geschehen sind? Wenn wir aus dem Gegenstand die emotionalen Abdrücke lesen, die Personen auf ihm hinterlassen haben, die mit ihm in Berührung kamen, die ihn besaßen. Oder was passiert, wenn der Gegenstand sogar eine reale Wirkung auf uns ausübt?

Woraus lesen wir alle diese Informationen ab, woraus erspüren wir sie und ihre Wirkungen?

Sind sie irgendwo sozusagen aufgeschrieben? Sind sie irgendwo „substantiell" vorhanden, codiert? Gibt es ein Speichermedium? Und wenn es ein Speichermedium gibt, wie ist es dann beschaffen?

Hellsehen, Telepathie, Präkognition und Psychometrie enthalten alle implizit den Begriff der „Informationsübertragung" beziehungsweise altmodisch ausgedrückt des Wissenserwerbs[1058]. Und zwar wird Wissen nicht vermittels der bekannten Sinnesorgane erworben – sondern *anders*: paranormal/außersinnlich.[1059]

Bei allen stellt sich so die gleiche Frage. Wie, woraus, woher kommen die Informationen, das Wissen? Wie, woraus, woher nehmen wir sie wahr?

Nach allem, was wir gesehen haben, scheinen Dinge und Orte *tatsächlich* ein Gedächtnis zu haben, Informationen zu speichern, Informationen an uns weiterzugeben und sogar darüberhinausgehende Wirkungen zu entfalten. Versuche und Fälle haben das gezeigt.

Man wird es kaum glauben, aber es gibt eine Reihe von Erklärungsversuchen dieses geheimnisvollen Sachverhalts durch die Jahrhunderte, wobei interessanterweise gerade auch die modernen Naturwissenschaften hoch plausible **Modelle** bereitstellen.

– Die Harvard Physikerin Lisa Randall vergleicht wissenschaftliche Modelle in witziger Manier mit Modellen auf dem Laufsteg; sie sind einfallsreiche Kreationen, die es in einer Vielzahl von Formen und Macharten gibt. Wobei die schönsten alle Aufmerksamkeit auf sich ziehen[1060]. –

[1058] Hans Driesch, *Parapsychologie*, S. 110.

[1059] Bei der Psychokinese geht es hingegen um eine Kraftübertragung.

[1060] Lisa Randall, *Verborgene Universen*, S. 92.
    Den Unterschied zwischen Theorie und Modell beschreibt sie auf S. 93 so: „Wenn Sie sich eine Theorie als allgemeine Anweisung zum Kuchenbacken denken, wäre ein Modell das präzise Rezept".

Modelle sind nur Vermutungen, Vorschläge. Sie dienen dazu, Möglichkeiten zu testen.

Sie können sich als korrekt erweisen oder auch nicht[1061].

Es gibt Modelle, die sich experimentell bestätigt haben, als auch Modelle, die einfach plausible Vermutungen sind und noch auf eine Nachprüfung warten. Wir werden es hier mehr mit den hypothetischen Modellen zu tun haben. Und wir werden sowohl breiter akzeptierte Modelle als auch Modelle, die nicht zur herrschenden Meinung gehören, avangardistische Modelle berücksichtigen, und den Status des Modells jeweils klar machen.

Was unsere ausgewählten Modelle betrifft, so verraten wir schon einmal eine sehr interessante Beobachtung: Aus so unterschiedlichen Bereichen sie stammen, sie ähneln sich[1062].

Und etwas müssen wir noch klar machen: Wir sehen alle diese Modelle aus Laiensicht, versuchen es mit möglichst einfachen Umschreibungen, und hoffen, daß uns dies nicht zum Verhängnis wird. Hier ist leider nichts einfach. Und Einfachheit herzustellen ist daher bereits problematisch und kann leicht in die Irre führen.

Die Sprache der Physik ist überdies die Mathematik, und dort stößt man sehr schnell auf Grenzen der Veranschaulichung.

1. MODELLE DER KLASSISCHEN PHYSIK

Die klassische Physik umfaßt die klassische Mechanik Newtons, die Elektrodynamik Maxwells usw. bis zur Relativitätstheorie Einsteins. Es geht also um ältere Modelle.

Das Gedächtnis von Gegenständen im elektromagnetischen Feld der klassischen Physik?

Häufig wurde das elektromagnetische Feld angeführt, um Phänomene der außersinnlichen Wahrnehmung (ASW) zu erklären. In ihm vermutete man auch das Gedächtnis von Gegenständen. Diese Hypothese wurde etwa vertreten von Pagenstecher oder Berger.

Versuchen wir uns zuerst möglichst einfach vorzustellen, was mit elektromagnetischem Feld damals gemeint war:

[1061] Lisa Randall, *Verborgene Universen*, S. 95.
[1062] Das kann die Plausibilität unserer Modelle erhöhen.

Seit James Clerk Maxwell (1831–1879) wissen wir, der Raum ist durchzogen von elektromagnetischen Feldern[1063]. In diesen breitet sich elektromagnetische Strahlung wellenförmig aus, bringt die Felder zum Schwingen.[1064]

Elektromagnetische Strahlung ist zum Beispiel das für uns sichtbare *Licht*[1065].

Theoretisch gesehen gibt es unendlich viele mögliche Wellenlängen[1066] beziehungsweise Frequenzen[1067] der elektromagnetischen Strahlung.

Das uns heute bekannte Strahlungsspektrum reicht von der kurzwelligen harten Gammastrahlung bis zum langwelligen Radiowellenbereich. Zwischen diesen beiden befindet sich die harte und weiche Röntgenstrahlung, die ultraviolette Strahlung, worauf der winzige, für uns Menschen sichtbare Spektralbereich des Lichts folgt, dann die infrarote Strahlung, die Wärmestrahlung und schließlich die Mikrowellenstrahlung.

Das Interessante ist, *alle diese Strahlungsarten sind wesentlich dasselbe wie das für uns sichtbare Licht*, sie unterscheiden sich nur in ihrer Wellenlänge. Und es liegt lediglich an der Beschaffenheit unserer Augen, daß wir nur einen bestimmten Spektralbereich sehen.[1068]

Vor dem 19. Jahrhundert hatte niemand Elektrizität und Magnetismus in Form von Feldern beschrieben. Man sprach von *Fernwirkungen* zur Beschreibung dieser Kräfte.

Erst der Physiker James Clerk Maxwell schlug eine zufriedenstellende Theorie der Ausbreitung des Lichts vor.

Erstens vereinigte er die Theorien, die vorher separat Magnetismus und Elektrizität beschrieben hatten. Zweitens wies er nach, daß elektrische und magnetische Kräfte nicht so zustande kommen, indem Teilchen direkt aufeinander einwirken, vielmehr erzeugt jede elektrische Ladung und jeder elektrische Strom im umgebenden Raum *ein Feld*, das eine Kraft auf jede andere Ladung und jeden anderen Strom in diesem Raum ausübt. Ein einziges Feld vermittelt die elektrische und die magnetische Kraft.[1069] Experimentell nachgewiesen werden konnten die elektromagnetischen

---

[1063] Als „**Feld**" bezeichnen Physiker alle Grössen, die den Raum durchdringen.

[1064] Vgl. etwa bei Silvia Camejo, *Skurrile Quantenwelt*, S. 9 oder bei Stephen Hawking, *Die kürzeste Geschichte der Zeit*, S. 36.

[1065] **Licht** ist der Teil des elektromagnetischen Strahlenspektrums, der eine Wellenlänge von 360×10^{-9} m bis 780×10^{-9} m hat.

[1066] **Wellenlänge** ist die Strecke von einem Wellenberg zum nächsten.

[1067] **Frequenz** ist die Anzahl der Schwingungen pro Sekunde

[1068] Vgl. etwa Silvia Arroyo Camejo, *Skurrile Quantenwelt*, S. 8–12 und eine Tabelle zum elektromagnetischen Strahlenspektrum in *Mayers Grosses Taschenlexikon*, Band 6, S. 21

[1069] Stephen Hawking, *Die kürzeste Geschichte der Zeit*, S. 36–42. Lisa Randall, *Verborgene Universen*, S. 114–120.

Wellen erst ca. 27 Jahre nach Maxwells theoretischer Entdeckung durch Heinrich Hertz (1857–1894).

Nach Maxwell breiten sich also Licht beziehungsweise elektromagnetische Strahlung im elektromagnetischen Feld aus, und zwar in *Wellen*.

Bereits bei Thomas Young hatte aufgrund von Experimenten 1801 Licht eine Wellennatur. Nach Newton bestand es hingegen aus Teilchen, aus Korpuskeln.

– Später, hier überschreiten wir allerdings schon den Bereich der klassischen Physik, fand man heraus, daß Licht *sowohl* Wellen-, *als auch* Teilchencharakter hat[1070]. Die Teilchen des Lichts beziehungsweise der elektromagnetischen Strahlung nennen wir heute *Lichtquanten* oder *Photonen*.[1071] Als *Materie* lassen sich Photonen nicht bezeichnen. Als Materie lassen sich all die Elementarteilchen bezeichnen, die eine *Ruhemasse* haben[1072]. Die Ruhemasse ist die Masse eines Teilchens, wenn dieses sich nicht bewegt. Photonen besitzen nur eine *dynamische Masse*, also eine Masse, nur wenn sie sich bewegen, da jedes bewegte Teilchen nach der *speziellen Relativitätstheorie* einen Massezuwachs erfährt. –

Man kann sagen, Ende des 19. Jahrhunderts war elektromagnetische Strahlung eigentlich schon bestens untersucht, insbesondere die Radioaktivität[1073].

Wir haben jetzt eine einfache Vorstellung vom elektromagnetischen Feld in der klassischen Physik.

Man konnte sich seinerzeit vorstellen, daß das Gedächtnis eines Gegenstandes in solch einem Feld schwingender Wellen codiert ist (kurz und poetisch: in Licht).

(A prima vista, und aus heutiger Sicht, scheint der Teil des elektromagnetischen Spektrums interessant, in dem Sprache, Musik und Bilder übertragen werden. Das heißt, die Frequenzen, die wir für Radio, Telefonie, Fernsehen usw. benützen.)

Das elektromagnetische Feld bot von Anfang an eine verführerisch einfache Erklärung für ASW-Phänomene. Viele erklärten zur Zeit der klassischen Physik Phänomene wie Psychometrie, Telepathie etc. in Analogie zur Telefonie oder zum Radio. Insbesondere Telepathie wollte man auf die Weise erklären: elektrische Vorgänge im Gehirn würden elektro-

---

[1070] Über die seltsame Doppelnatur sprechen wir im Kapitel „*Was sagt uns die Quantenphysik zum Gedächtnis von Gegenständen* ausführlich.

[1071] Vgl. hierzu etwa Silvia Arroyo Camejo, *Skurrile Quantenwelt*, S. 12f.

[1072] Es gibt Kräfte und Materie: Materie hat eine Ruhemasse, Kräfte haben keine Ruhemasse.

[1073] Vgl. Lisa Randall, *Verborgene Universen*, S. 154. Man entdeckte in dem Zusammenhang, daß Atome veränderlich waren: bei spezifischen Frequenzen emittierten sie Licht oder absorbierten Licht.

magnetische Signale aussenden, die von einem anderen Gehirn aufgefangen werden können. Das Gehirn des Senders würde sozusagen als Radiosender wirken, das Gehirn des Perzipienten als Radioempfänger.[1074]

Eine Wellentheorie der Telepathie haben schon der englische Physiker und Chemiker William Crookes (1832–1919) und der deutsch-baltische Chemie-Nobelpreisträger Wilhelm Ostwald (1853–1932) vorgeschlagen[1075].

Upton Sinclair dachte bei seinen ASW Versuchen an ein mentales Radio[1076].

Hans Berger (1873–1941), der Entdecker der Hirnströme, führte Telepathie zurück auf die Übertragung von den elektromagnetischen Wellen ähnlichen Wellen[1077].

Die *Radiästhesie*, die sich zum Beispiel mit dem Wünschelruteneffekt beschäftigt – hier geht es, wie oben gesehen, um die Wirkung von Gegenständen wie Wasseradern oder Bodenschätzen auf uns –, führte seit jeher ihre Wirkungen auf das elektromagnetische Feld zurück[1078].

Gustav Pagenstecher[1079] dachte bei Psychometrie an ebensolche Schwingungen des elektromagnetischen Felds. Er meinte, der Gegenstand wirke wie eine Art Stimmgabel, die in unserem Gehirn Schwingungen auslöst, die den Schwingungen der Ereignisse entsprechen, die mit dem Gegenstand verknüpft sind. Indem unsere Gehirnschwingungen sich mit denselben Schwingungen eines kosmischen Gedächtnisses synchronisieren, entstehen vor uns die Bilder der betreffenden Ereignisse.

Das Gedächtnis von Gegenständen bestünde hiernach also aus Schwingungen im elektromagnetischen Feld, aus elektromagnetischen Wellen – praktisch aus Licht.

Exkurs: der animalische Magnetismus oder Mesmerismus F.A. Mesmer's (1733–1815):

Mesmer führte eine neue Heilpraxis ein. Er versetzte Patienten in, wie er es nannte, *magnetischen Schlaf*. Ziemlich theatralisch, in einen violetten Mantel gehüllt, vollführte Mesmer dabei zeremonielle Gebärden, strich an den Kranken mit Magneten entlang und suggestionierte ihnen

---

[1074] Vgl. Milan Ryzl, *Handbuch Parapsychologie*, S. 76.

[1075] Vgl. bei Hans Bender, *Verborgene Wirklichkeit*, S. 36.

[1076] Upton Sinclair, *Radar der Psyche*, S. 11: Dieses 1930 erschienene Buch hieß ursprünglich *Mental Radio*.

[1077] Vgl. Hans Berger, Neurologe und Psychiater in *Kleines Lexikon der Parawissenschaften*, S. 119 oder bei Hans Bender, *Parapsychologie*, S. 64.

[1078] Der Engländer Sir James Murray war einer der ersten, der sich mit solchen Einflüssen beschäftigte, vgl. zum Beispiel Murray bei J.R. Buchanan, *Manual of Psychometry*, S. 55.

[1079] Gustav Pagenstecher in *Encyclopedia of Occultism & Parapsychology*, S. 1051.

Heilung. Heute würde man Hypnose dazu sagen. Dabei kam es bei *magnetisierten* Patienten zu paranormalen Äußerungen wie Hellsehen. Mesmer erklärte sich diesen schlafähnlichen Zustand und die dabei stattfindenden Kundgebungen paraphysischer Fähigkeiten als Sättigung des menschlichen Körpers mit einem *magnetischen Fluidum*, das sich von einem Menschen auf den andern übertragen lasse und auch in verschiedenen Substanzen wie Wasser, Wachs etc. gespeichert werden könne. Es handelte sich bei dieser Erklärung um eine ziemlich eigenartige Anknüpfung and den physikalischen Magnetismus, der zu seiner Zeit den Physikern Rätsel aufgab.[1080]

Das Gedächtnis von Gegenständen im Äther der klassischen Physik?

Im sogenannten Äther der klassischen Physik siedelten auch so einige das Gedächtnis von Gegenständen an.

Aus Maxwell's Theorie folgte mathematisch, daß sich Lichtwellen (elektromagnetische Wellen) überall mit konstanter Geschwindigkeit bewegten, *unabhängig von irgendeinem Bezugssystem*. Wenn ich also einer Lichtwelle auch noch so schnell nacheile, wird sie für mich kein bißchen langsamer. Niemand kann sie einholen. Eigentlich absurd. Lichtgeschwindigkeit hatte damit bei Maxwell bereits etwas Absolutes.

Die Sache widersprach nur leider der Newton'schen Mechanik. Bei Newton hätte sich die Lichtgeschwindigkeit für den dem Lichtstrahl Nacheilenden um dessen Nacheiltempo verringert. Es wäre dasselbe gewesen, wie bei jemandem, der einem fahrenden Wagen nacheilt: die Geschwindigkeit des Wagens wird für den Nacheilenden um den Betrag seiner eigenen Geschwindigkeit kleiner, unser Verfolger kann den Wagen einholen, wenn er schneller als der Wagen wird. Um Newton nun nicht zu brüskieren, nahm Maxwell nun als Hilfskonstruktion einen *Äther* an, in Bezug auf den die Lichtgeschwindigkeit gemessen werden mußte. Er führte also wieder ein Bezugssystem ein, nahm der Lichtgeschwindigkeit das Absolute.[1081]

Dieser Äther erfreute sich allgemeiner Beliebtheit zu Maxwell's Zeit. Man stellte sich ihn als einen Stoff vor, der überall, sogar im Vakuum des „leeren" Raums, vorhanden war. So wie sich Schall im Medium Luft ausbreite, breite sich Licht beziehungsweise elektromagnetische Strahlung im

---

[1080] Vgl. bei Milan Ryzl, *Handbuch Parapsychologie*, S. 22–24. Ryzl meint, Mesmer habe den physikalischen Magnetismus falsch verstanden.

[1081] Vgl. Stephen Hawking, *Die kürzeste Geschichte der Zeit*, S. 36–42. Lisa Randall, *Verborgene Universen*, S. 114–120.

Äther aus, der Reibung erzeugte, wenn sich Körper durch ihn hindurch-bewegten, und sie somit verlangsamte.

1887 zeigten Albert Michelson und Edward Morely in einem Experiment allerdings, daß diese Reibung nicht existierte.

Der Äther verschwand aber erst auf endgültigere Weise, als ihn 1905 ein bis dahin unbekannter Beamter des Berner Patentamtes, Albert Einstein, für überflüssig erklärte.

Licht braucht also keinen Träger, kein Medium, in dem es sich bewegt. Und seine Geschwindigkeit ändert sich nicht, wenn ein Beobachter sich auf es zu bewegt oder sich von ihm fortbewegt. Die Lichtgeschwindigkeit ist überall konstant, wird nicht durch ein Medium abgebremst.[1082]

Solange der Äther noch nicht verworfen worden war, nahmen einige an, das Gedächtnis von Gegenständen sei in diesem Äther gespeichert.

Ich nenne nur zwei prominente Beispiele:

F.W.H. Myers (1903), den Cambridge Philologen. Wenn Rhine der Vater der Parapsychologie ist, dann Myers der Großvater. Myers glaubte an eine meta-*ätherische* Umgebung, eine Welt in der es Leben und Gedanken gab, unabhängig von unserer materiellen Welt. Aus der sensitiv Begabte auch das Gedächtnis von Gegenständen ziehen konnten. Myers konnte sich also vorstellen, daß wir in unserer materiellen Welt mit der ätherischen interagieren konnten.[1083]

Und Sir Arthur Conan Doyle verglich psychometrische Eindrücke mit Schatten auf einem Schirm. Und dieser Schirm war für ihn der damalige Äther[1084].

Diesen Annahmen wurde (zunächst) der Boden entzogen mit der Aufgabe des Äthers der klassischen Physik.

Später kam es allerdings zu einer Wiedereinführung einer Art Äther, wie wir noch sehen werden.

[1082] Vgl. etwa Stephen Hawking, *Die kürzeste Geschichte der Zeit*, S. 36–42. Und Ervin Laszlo, *Zu Hause im Universum*, S. 58f.

[1083] Myers bei William G. Roll in *Frontiers of Science*, S. 164 beziehungsweise Myers, *Human Personality and its Survival of Bodily Death*, Vol. I, New York: Longmans, Green, S. 215–218.

[1084] Vgl. in der *Encyclopedia of Occultism & Parapsychology*, S. 1051: „Shadows on a screen".

2. Modelle der modernen Physik

Hier beginnt in der Physik ein neues Kapitel mit der Quantenphysik.

Ist das Gedächtnis von Gegenständen im elektromagnetischen Feld der modernen Physik?

Das Bild des Elektromagnetismus, das heißt, das Bild der elektromagnetischen Wechselwirkung, ist in der modernen Physik, in der Quantenphysik, einfach komplexer geworden:

(Die Wechselwirkung tut hier nun eigentlich nichts direkt zur Sache, wir wollen hier ja einfach nur das elektromagnetische Feld als Speichermedium betrachten, nicht, wie es etwa mit Materie wechselwirkt. Es handelt sich hier allerdings um noch relevant werdendes, grobes Hintergrundwissen).

Wieso sehen unsere Augen einen Sonnenaufgang? Wieso richtet sich eine Kompaßnadel gegen Norden aus? Und wieso stoßen sich zwei gleich geladene Elektronen ab? Also woher wissen Augen, Kompaßnadel und Elektronen, was Sache ist? Die moderne Antwort ist: Weil sie Informationen über das Gegenüber (Sonne, magnetischer Nordpol und anderes Elektron) in Form von Photonen erhalten. Photonen übertragen die elektromagnetische Kraft. Sie können dabei sehr anziehend wirken oder auch Dinge auseinander treiben: Gleichnamige elektrische Ladungen stoßen sich ab, elektrische Ladungen mit unterschiedlichem Vorzeichen ziehen sich an. Über den Austausch von Wechselwirkungsteilchen mit dem Namen Photon wird heute das Zustandekommen der elektromagnetischen Kraft erklärt, d.h. elektrisch geladene Teilchen (hier typischerweise Elektronen) üben aufeinander Kräfte aus, indem sie Photonen austauschen. Photonen sind aber auch noch anderweitig beschäftigt: Aus ihnen *besteht* das Licht, also elektromagnetische Strahlung (aus Photonen besteht also das Medium, in dem auch unser Gedächtnis der Dinge gespeichert sein soll).

Leider ist das nur eine oberflächliche Beschreibung der elektromagnetischen Wechselwirkung. Es ist viel komplexer als das: In der sogenannten QED[1085] (Quantenelektrodynamik) vermitteln die elektromagnetische Wechselwirkung nicht *reale* Photonenteilchen, sondern *virtuelle* Photonen.

[1085] Zwischen den späten zwanziger und den vierziger Jahren des 20. Jahrhunderts entwickelten der englische Physiker Paul Dirac und die Amerikaner Richard Feynman und Julian Schwinger die quantenelektromagnetische Theorie (QED). Es ging um die Wechselwirkung von Licht und Materie.

Reale Photonen sind zum Beispiel im Lichtstrahl aus einer Glühbirne. Wenn die Strahlung aber irgend etwas bewirkt, *wechselwirkt*, (Kräfteteilchen mit Materieteilchen[1086] wechselwirken), dann kommen virtuelle Photonen als Vermittler ins Spiel. (Konkret bewirkt die elektromagnetische Wechselwirkung etwa alle chemischen Prozesse und ist verantwortlich für die erfahrbaren Eigenschaften der Materie, oder auch für das Phänomen Elektrizität etc.)

Die virtuellen Photonen verhalten sich dabei wie vertrauliche Briefe, die Informationen vom einen zum andern Ort übermitteln, und unmittelbar darauf zerstört werden[1087].

Und leider wird es noch komplizierter: Die virtuellen Teilchen treten auch noch als (virtuelle) Teilchen und *Antiteilchen*[1088] auf! Dabei gibt es (horreur) auch Teilchen, die ihr eigenes Antiteilchen sind: so das Photon. Diese Teilchenpaare entstehen und vernichten sich gleich wieder, wenn sie aufeinander treffen. Ihre Existenz ist äußerst kurz, nicht länger als 10^{-21} Sekunden. Das genügt aber, um reale Wirkungen zu verursachen, etwa die elektromagnetische Kraft zu vermitteln.

(Neben den virtuellen Antiteilchen gibt es übrigens auch reale Antiteilchen. Treffen reale Antiteilchen auf reale Teilchen, werden sie vernichtet und alle Masse in Energie umgewandelt[1089][1090]. Anders wenn virtuelle Teilchen auf virtuelle Antiteilchen treffen: bei denen wird keine Energie

---

[1086] Es gibt 12 **Materieteilchen**: Spielarten von Quarks(die Protonen und Neutronen aufbauen), Elektronen und Neutrinos: aus denen besteht Materie. Und es gibt diverse **Kräfteteilchen**. Aus denen bestehen die 4 Grund-Kräfte: elektromagnetische Kraft, starke Kernkraft, schwache Kernkraft, Gravitation (die Teilchen der 4 Grund-Kräfte sind: Photonen der elektromagnetischen Kraft, 8 Gluonen der starken Kernkraft, W- und Z-Teilchen der schwachen Kernkraft, noch nicht nachgewiesene Gravitonen der Gravitation). Materieteilchen haben eine Ruhemasse, Kräfteteilchen nicht. Manche gewinnen erst Masse, wenn sie sich bewegen (Bewegungsmasse), andere nicht einmal dann, sind noch viel leichter, quasi ätherisch.

[1087] Diesen Vergleich stellt Lisa Randall an, *Verborgene Universen*, S. 183–189.

[1088] R.P. Feynman, *QED*, S. 115 sieht Antiteilchen als *Teilchen, die in der Zeit zurücklaufen*. Lisa Randall, die Harvard Physikerin, sieht es anders in *Verborgene Universen*, S. 191: Teilchen können nach ihr nicht zurück in der Zeit reisen: es gäbe lediglich Antiteilchen, die die *Wirkungen* hervorrufen, die gegen die Zeit reisende Teilchen hätten. Lisa Randall, *Verborgene Universen*, S. 192: In Teilchenbeschleunigern können Antiteilchen vorübergehend erzeugt werden und sogar im PET: dem Positronen-Emissions-Tomgraphen, mit dem man Patienten auf Anzeichen für Krebs scannt.

Das wären dann reale Antiteilchen. Neben diesen gibt es die virtuellen (nicht beobachtbaren) Antiteilchen.

[1089] Treffen etwa reales Elektron und Positron aufeinander, werden Photonen freigesetzt.

[1090] Lisa Randall, *Verborgene Universen*, S. 189–192. Umgekehrt kann Energie in ein Teilchen-Antiteilchen-Paar umgewandelt werden. Ein Proton ist zum Beispiel ein Energiequantum des Proton-Antiproton Feldes.

freigesetzt, weil die sich die Energie praktisch nur vom sogenannten *Vakuum* geliehen haben und wieder zurückzahlen müssen).

Virtuelle Teilchen existieren nicht als freie Teilchen, und ihre Masse kann im Rahmen der Unschärfe[1091] schwanken und von der physikalischen Masse der entsprechenden reellen freien Teilchen abweichen[1092]. (Sie sind auch nicht beobachtbar.)[1093]

[1091] Zur Unschäferelation später.

[1092] Vgl. Dirk Evers, *Raum, Materie, Zeit*, S. 210.

[1093] Inzwischen erklärt die QED alle Phänomene der physikalischen Welt mit Ausnahme der Gravitation und der Radioaktivität: vgl. R.P. Feynman, *QED*, S. 16, S. 18. Nahezu alle im Alltag beobachtbaren physikalischen Phänomene gehen entweder auf die Gravitation oder die Wechselwirkung elektrischer Ladungen zurück. Zur Erklärung der chemischen Prozesse und allgemein der erfahrbaren Eigenschaften der Materie sind elektromagnetische Kräfte zwischen den Elektronenhüllen von Atomen wesentlich. Quasi alles beruht also auf dem Austausch von Elementarteilchen. Vgl. bei Lisa Randall, *Verborgene Universen*, S. 183–189. Die elektromagnetische Wechselwirkung funktioniert also so, daß ein ankommendes Elektron ein Photon emittiert, das zu einem anderen Elektron wandert, die elektromagnetische Wechselwirkung vermittelt und dann verschwindet. Das Photon verhält sich dabei wie ein vertraulicher Brief, der Informationen vom einen zum andern Ort übermittelt, aber unmittelbar darauf zerstört wird. Das Besondere: das Photon ist virtuell. Das virtuelle Photon tritt, um die klassische elektromagnetische Kraft zu erzeugen, aus dem *Vakuum* aus, und verschwindet gleich wieder im Vakuum, aus dem es sich Energie ausgeborgt hat und dann wieder mitnimmt: vgl. Lisa Randall, *Verborgene Universen*, S. 260–S. 262. (Ebenso gibt es (übrigens) intermediäre virtuelle Elektronen; ein reales Photon kann sich zum Beispiel in ein virtuelles Elektron und ein virtuelles Positron (Elektron mit positiver Ladung) verwandeln, die sich dann wieder zu einem realen Photon vereinen. Letzteres Photon tritt bei diesem Prozeß aus dem Vakuum hervor, es transportiert die Energie weg, die das vermittelnde virtuelle Elektron-Positron-Paar sich vorübergehend aus dem Vakuum geborgt hatte: S. 262.) Virtuelle Teilchen haben dieselben Wechselwirkungen und Ladungen wie reale Teilchen, nur ihre Energien scheinen falsch zu sein. Sie können jede Energie haben, die sich von der unterscheidet, die das entsprechende reale Teilchen trägt: Randall, S. 261. An Wechselwirkungen sind reale und immer auch notwendigerweise virtuelle Teilchen beteiligt: Randall, S. 264: Wollte man virtuelle Teilchen davon abzuhalten versuchen, eine Wechselwirkung zu erleichtern, wäre das etwa so, als würden Sie Ihren Freundinnen oder Freunden ein Geheimnis verraten und hoffen, daß diese es nicht weitererzählen. Bei allen Licht- und Elektrophänomenen liegen also 3 Grundvorgänge zugrunde: Ein Photon bewegt sich von Ort zu Ort. Ein Elektron wandert von Ort zu Ort. Ein Elektron emittiert oder absorbiert ein Photon: R.P. Feynman, *QED*, S. 101. – Oder sehen wir uns eine andere Wechselwirkung an: Durch Photonenaustausch halten die Protonen im Kern die Elektronen, die sie umtanzen, in ihrer Nähe fest: R.P. Feynman, *QED*, S. 117. – Die Phänomene, die wir in der Welt beobachten sind das Ergebnis einer unabsehbaren Verflechtung unzähliger Photonenaustausch- und Interferenzprozesse.
Energie muß man sich also in Form von Teilchenmassen und Teilchenbewegungen vergegenwärtigen, die sich bei ihren unablässigen Schwingungen durch Raum und Zeit endlos zwischen Quantenfeldern hin- und herbewegen.

Kurzum, der Elektromagnetismus funktioniert nach heutiger Auffassung über den Austausch von virtuellen Photonen[1094].

Nach wie vor wird nun das elektromagnetische Feld als Träger von ASW-Phänomenen angesehen beziehungsweise als Träger des Gedächtnisses von Gegenständen.

Was die Hypothese allerdings zu schwächen schien, waren in der Zwischenzeit von Parapsychologen und Physikern durchgeführte physikalische Experimente:

– Um die Hypothese des elektromagnetischen Felds zu überprüfen, schirmte man beispielsweise den zu psychometrisierenden Gegenstand oder den Psychometer vom elektromagnetischen Feld ab, indem man ihn in einem *faradayschen Käfig* verschloß[1095]. (Wir wissen inzwischen, Psychometrie klappt auch ohne Berührung des Gegenstands[1096]).

Die Psychometer konnten dennoch zutreffende Aussagen machen. Egal, ob das elektromagnetische Feld zur Verfügung stand oder nicht.

Interessant ist hier Hal Puthoffs Experiment[1097] zur Psychokinese: Hal Puthoff prüfte den Einfluß menschlicher Absicht auf eine Maschine wie das superleitende Quanten-Interferenz-Gerät SQUID in Stanford nach, ein Magnetometer: Das Magnetometer war so abgeschirmt, daß es undurchlässig für alles war, was nicht fast einer Kernspaltung gleichkam. Und doch gelang es Probanden, die Maschine geistig zu beeinflussen.

Das schien die Hypothese, daß ASW bzw. paranormale Phänomene vom elektromagnetischen Feld getragen werden, zu entkräften.
– Und es gab ein weiteres Faktum, das gegen die elektromagnetische Hypothese sprach: Im elektromagnetischen Feld *nimmt die Intensität der*

Warum kam man überhaupt auf *virtuelle* Teilchen? Man konnte sich nicht vorstellen, daß Kräfte durch Nichts hindurch agierten, und so postulierte man eine Interaktion per virtueller Teilchen; eigentlich eine Sache, die an den Haaren herbeigezogen scheint, meint John Davidson, *Das Geheimnis des Vakuums*, S. 307 und vgl. auch Lisa Randall, *Verborgene Universen*, S. 188f.

[1094] Wobei das virtuelle Photon als virtuelles Teilchen-Antiteilchen-Paar auftritt und dabei sein eigenes virtuelles Antiteilchen ist.

[1095] Ein **Faraday-Käfig** ist eine allseitig geschlossene Hülle aus leitfähigem Material, in die kein äußeres elektrisches Feld eindringen kann (Abschirmung).Das äußere Feld induziert zwar eine Ladung auf der Oberfläche, aber das Innere des Käfigs bleibt feldfrei.
Vgl. bei Russell Targ/Harold Puthoff, *Jeder hat den 6. Sinn*, S. 90, die Versuche im Labor von L.L. Wassiliew (Leningrader Institut für Hirnforschung). Wassiliew, Schüler des berühmten Neurologen Bechterew; er benutzte eine aus Bleiplatten gebaute Kabine, vgl. auch bei Milan Ryzl, *Handbuch der Parapsychologie*, S. 76 oder Hans Bender, *Parapsychologie*, S. 76.

[1096] Vgl. zum Beispiel die Versuche von J.R. Buchanan in Buchanan, *Manual of Psychometry*, und dort speziell S. 20, 145.

[1097] Vgl. bei Lynne McTaggart, *Das Nullpunkt-Feld*, S. 213ff.

Strahlung umgekehrt proportional zum Quadrat der Entfernung *ab*. Zumindest ist das so im uns bislang bekannten Bereich, etwa im Radiowellenbereich. ASW Phänomene wie zum Beispiel Telepathie hängen aber nachweislich *nicht* von der Entfernung ab[1098].

Es gibt hier allerdings gewichtige Gegenargumente. Man hat die Probanden lediglich vom *bislang bekannten* elektromagnetischen Strahlungsspektrum abschirmen können.

Ferner sind nach heutigem Stand der Technik selbst im bekannten Spektrum Abschirmungen nur in bestimmten Frequenzbereichen zu erreichen; totale Abschirmung ist auch hier technisch kaum zu realisieren.[1099]

– Und noch etwas brachte die Hypothese des elektromagnetischen Felds in Mißkredit: Alle auf dem Gebiet paranormaler Phänomene Arbeitenden[1100] behaupten, daß es hier auch *Signale* gibt, *die empfangen werden können, bevor sie übermittelt worden sind*. Ein Sensitiver kann, wie wir gesehen haben, aus dem Gegenstand auch zukünftige Ereignisse ablesen. Im *uns* bislang *bekannten* elektromagnetischen Feld kommt so etwas aber nicht vor.

Da wir aber, wie gesagt, nicht das ganze, riesige, Spektrum des elektromagnetischen Felds kennen, können wir nicht ausschließen, daß in einem uns unbekannten Spektrum oder Bereich des elektromagnetischen Felds auch Signale empfangen werden können, bevor sie übermittelt worden sind.

Da man das elektromagnetische Modell also nicht zweifelsfrei verwerfen konnte, beschäftigte man sich bald erneut mit dem elektromagnetischen Feld als Träger paranormaler Phänomene.

Viele Labors in der früheren Sowjetunion befaßten sich mit paranormaler Forschung[1101]. Man setzte sich dort ernsthaft mit der Hypothese auseinander, Telepathie beispielsweise funktioniere auf der Basis einer elektromagnetischen Übertragung von extrem niederer Frequenz, also im extrem langwelligen Bereich (ELF). Das würde zu Bergers Hirnstrommessungen passen[1102]: Die elektrischen Erscheinungen, die das Gehirn hervorbringt, liegen in Wellenbereichen weit unterhalb der Rundfunkfrequenzen und der Hörbarkeit, wir befänden uns im Bereich der Alpha-Wellen, in dem jedes durch den Raum übertragene elektrische Signal eine Wellenlänge von 30 Millionen Metern hätte.

[1098] Vgl. hierzu J.B. Rhine/J.G. Pratt, Parapsychologie, S. 71–74.
[1099] Vgl. bei: Hrsg. Gerald L. Eberlein, *Kleines Lexikon der Parawissenschaften*, S. 119.
[1100] Vgl. Hans Bender, *Verborgene Wirklichkeit*, S. 38.
[1101] Vgl. bei: Hrsg. Gerald L. Eberlein, *Kleines Lexikon der Parawissenschaften*, S. 119.
[1102] Vgl. Hans Bender, *Verborgene Wirklichkeit*, S. 38.

In neuerer Zeit (1996) vertreten zum Beispiel Vasilesev & Vasilesev[1103] die elektromagnetische These (sogar wieder im Radiowellenbereich).

Auch für William G. Roll[1104] (2002) gibt es elektromagnetische Komponenten bei Psychometrie.

Auch der Heidelberger Physiologe Hans Schaefer und der Londoner Mathematiker S.G. Soal halten die elektromagnetische Hypothese nicht für völlig ausgeschlossen.

Das elektromagnetische Modell erlangt heute auch wieder neue Aktualität im Rahmen moderner Gehirnforschung, zum Beispiel beim Stanford Gehirnforscher Karl Pribram[1105]. Nach Pribram, und noch vielen anderen, werden ganz allgemein Gedanken, Erinnerungen, unser Gedächtnis nicht im Gehirn, sondern in einem elektromagnetischen Feld gespeichert, ja das gesamte Bewußtsein wechselwirkt mit einem Feld, *das sich übers Gehirn hinaus erstreckt.* Paranormale Wahrnehmung und insbesondere Psychometrie und das Gedächtnis von Gegenständen werden dabei von einigen, wie dem Physiker David Bohm (der sich mit Pribram beschäftigte), explizit eingeschlossen. Wir gehen hierauf noch detailliert ein. (Nebenbemerkung: Wir befinden uns bei Pribram und Bohm auf einer tieferen Ebene der physikalischen Realität, wie wir noch sehen werden).

Wie sähe nun eigentlich die Speicherung beziehungsweise Codierung des Gedächtnisses von Gegenständen im elektromagnetischen Feld aus?

Beim Radio und Fernsehen, beim Hörbaren und Sichtbaren, sicht Empfang, Senden und Codierung/Speicherung jedenfalls folgendermaßen aus. Es werden die elektrischen Signale der Sprach-, Musik- und Bildinformation mittels Aufnahmegeräten (etwa Mikrofonen, Kameras) in elektrische Wechselspannungen umgewandelt und aus dem Studio über Kabel oder Richtfunkverbindungen dem Sender zugeführt, hier einer Trägerschwingung vielfach höherer Frequenz aufmoduliert und über eine Sendeantenne abgestrahlt. Im Empfänger werden die aufmodulierten Signale wieder umgewandelt, verstärkt, demoduliert und wieder hörbar und sichtbar gemacht[1106].

[1103] Vasilesev & Vasilesev bei Douglas M. Stokes, *Parapsychology and the Nature of Mind* in *New Frontiers of Human Science*, S. 50.

[1104] William G. Roll in *Frontiers of Science*, S. 161–165. Er stellte elektromagnetische Entladungen bei sensitiven Epileptikern fest mit Schläfenlappen-Epilepsie.

[1105] Vgl. Pribram bei Marco Bischof, *Biophotonen*, S. 278 und vgl. Pribram bei R. Sheldrake, *Das Gedächtnis der Natur*, S. 272.

[1106] Kurze Erklärung Rundfunk: zum Beispiel in *Myers Grosses Taschenlexikon*, Band 19, S. 103.

Kurz gesagt, Bilder und Töne, ganze sicht- und hörbare Szenen, können in elektromagnetische Wellen umgewandelt werden, in diesen gespeichert und transportiert werden, und aus diesen wieder in für unsere Sinne wahrnehmbare Bilder und Töne umgewandelt werden.

Mathematisch funktioniert das auf der Basis von Fourier-Gleichungen. Jean B.J. Fourier[1107] (1768–1830) entwickelte im frühen 19. Jahrhundert (um 1822) Gleichungen, die sogenannten *Fourier-Transformationen*, die genau die Umwandlung von Bildern in Wellen zeigen und von Wellen wieder in Bilder. Der Fourier-Analyse liegt die Integralrechnung zugrunde, die der deutsche Mathematiker und Philosoph Leibniz[1108] (1646–1716) im 17. Jahrhundert entdeckte.

Die Speicherung/Codierung des Gedächtnisses von Gegenständen in elektromagnetischen Wellen könnte desgleichen also auf einen Rechenprozess zurückgehen, sofern wir es mit der Speicherung von Hörbarem und Sichtbarem zu tun haben. Töne, Geräusche, Sprache, Bilder, Szenen usw. würden in Wellen umgerechnet (und die Wellen könnten auch wieder zurück in Bilder usw. umgerechnet werden).

Einen hochinteressanten Fall bietet übrigens die Übertragung von Tönen beziehungsweise von Musik: Töne werden als Töne übermittelt (!), hier muß nichts in einen Code umgewandelt werden. Wir könnten daher quasi sagen, hier hören wir den Code selbst, die Wellen selbst, das elektromagnetische Feld oder Licht, also quasi etwas Göttliches[1109]. Etwas derartiges hat übrigens schon Schopenhauer[1110] festgestellt: Nach ihm gibt es eine Realität, den *Willen*, der hinter allem ein Substratum bildet, jenseits von Zeit und Raum, und allein die Musik drückt diesen direkt aus: Musik (eine abstrakte Sprache) hat nach Schopenhauer direkten Zugang zum *Realen*, zum inneren Wesen der Dinge!

Für Rudolf Tischner[1111], einen Gegner der elektromagnetischen Hypothese, bestand hier – bei der Codierung – ein Problem. Er fragte sich, wo bei der elektromagnetischen Hypothese die verabredeten konventionellen Zeichen für die Übertragung wären, *wenn irgendetwas Abstraktes*, wie etwa ein Gedanke oder eine Stimmung, übertragen werden sollte.

[1107] Vgl. bei Lynne McTaggart, *Das Nullpunkt-Feld*, S. 130.

[1108] Vgl. bei Michael Talbot, *Das Holographische Universum*, S. 308.

[1109] Vgl. zum Beispiel Hans Driesch, *Parapsychologie*, S. 107f., insbesondere Fußnote 2. Der Einsteinschüler David Bohm sagt etwas Analoges in *Wholeness and the Implicate Order*, S. 253.

[1110] Vgl. Schopenhauer bei Alain Besançon, *The Forbidden Image*, S. 306.

[1111] Vgl. Tischner und Driesch bei Hans Driesch, *Parapsychologie*, S. 107f. Tischner bezieht sich auf eine Analogie zur Telegraphie.

Ließe sich ein Gedanke nicht in Bilder und Töne übersetzen oder eine Stimmung nicht in Bilder und Töne übersetzen, dann hätten wir hier ein Problem.

Nun zeigt sich bei praktisch allen Psychometern, denjenigen, die das Gedächtnis der Dinge gut lesen können, dieses Gedächtnis vorwiegend in Form von *Bildern*, ja sogar in Form eines dreidimensionalen Films, manche hören auch Töne, Geräusche, Stimmen, Musik. So daß wir uns hier eigentlich auf das unproblematische Speichern von Bildern und Tönen beschränken können, wie wir es im elektromagnetischen Feld unserer Welt kennen. Empfindet jemand eine Stimmung, ein Gefühl beim Lesen des Gedächtnisses, könnte das darauf beruhen, daß man die Bilder etc. nicht vollständig entschlüsseln kann (das wären die psychometrisch weniger Begabten). Das Gedächtnis könnte hier also immer noch unproblematisch in Bildern und Tönen gespeichert sein.

Andererseits hat Tischner natürlich recht, wenn er sich fragt, wie dann etwas Abstraktes gespeichert wäre, das sich nicht in Bilder oder Töne übertragen lässt? Etwa ein logischer, ein mathematischer Schluß oder besser logisches, mathematisches Schliessen. Oder ein Gefühl per se wie Liebe oder Hass. Oder die Harmonieregeln für Musik. Abstraktes der Art hat noch niemand im bei uns meßbaren elektromagnetischen Feld gespeichert gesehen. Das (reine, von allem losgelöste) Gefühl der Liebe etwa hat dort noch niemand gefunden. – Anders wäre es mit den Produkten dieser Abstrakta: logisches Schließen kann zu einem konkreten Resultat führen, das wiederum hör- und sichtbar sein kann, etwa als aufs Papier gebrachte, aufgeschriebene Formel; Harmonieregeln der Musik können zu einem hörbaren Musikstück führen; Liebe und Hass können sich in hör- und sichtbaren Akten, Bildern, Tönen niederschlagen. –

Wir werden es im Folgenden beim Gedächtnis der Dinge also vorwiegend mit der (eher banalen) Speicherung von Bildern und Tönen zu tun haben. In einem späteren Modell erwähnen wir aber auch, wo Abstraktes, das nicht in Bilder und Töne gefaßt werden kann, gespeichert sein könnte. Wir gehen da auf eine fundamentalere Ebene als das für uns meßbare elektromagnetische Feld.

Vieles ist hier noch nicht ganz klar. Noch viele (andere) Rätsel sind ungelöst[1112].

So meinte bereits Leslie J. Belton[1113], daß zum Beispiel von telepathischen Anrufen jeweils eine *bestimmte* Person, nämlich die, die es *angeht*, betroffen wird; Wellensendungen müßten hingegen zum mindesten *viele*, wenn nicht *alle* Menschen erreichen. Ist das Gedächtnis von Gegenstän-

---

[1112] Vgl. hier Russel Targ, Harold Puthoff, *Jeder hat den 6. Sinn*, S. 90f. Hrsg. Gerald L. Eberlein, *Kleines Lexikon der Parawissenschaften*, S. 119.

[1113] Leslie J. Belton, *Psychical Research and Religion*, S. 35, London, 1931.

den im elektromagnetischen Feld codiert, warum erreicht es dann nicht alle?

Und wie kommt es, daß der Sensitive, der Psychometer, gerade *die* und nicht eine andere Information aus der Informationsflut im elektromagnetischen Feld ausfiltert?

Beim Radio trennt der Radioempfänger auf nachvollziehbare Weise den gewünschten von den nicht gewünschten Sendern.

Wie funktioniert aber bei ASW die Selektion?

Wie wählt der Psychometer aus dem Strahlungsfeld die relevanten Informationen heraus? Wie kann er bezüglich eines Gegenstands nicht nur herauslesen, wem der Gegenstand gehörte, sondern mit dem Berühren des Gegenstands gleich die ganze Persönlichkeit und das Leben des Besitzers mit „vor Augen" haben?

Hier gibt es unterschiedliche spekulative Antworten. Wir haben dafür ein Extra-Kapitel eingerichtet: *Die knifflige Frage der Selektion.*

Was sagt uns die Quantenphysik zum Gedächtnis von Gegenständen?

Daß die Quantenphysik bedeutsam sein kann für die parapsychologische Modellbildung haben bereits so bedeutende Physiker wie Wolfgang Pauli und Pascual Jordan diskutiert[1114].

Die Sache ist alles andere als neu. Seit über 40 Jahren weisen Forscher darauf hin, daß die Quantenphysik eine Erklärung für paranormale Phänomene liefern könne[1115].

Die Quantentheorie nahm ihren Anfang mit der Entdeckung, daß Größen wie Energie und Impuls nicht beliebige Werte haben können. Vielmehr waren die möglichen Werte auf eine bestimmte Anzahl *diskreter, quantisierter* Zahlen beschränkt. Max Planck hob die Quantentheorie 1900 aus der Taufe, als er vorschlug elektromagnetische Strahlung, also zum Beispiel sichtbares Licht, sei gequantelt. Bestehe aus so etwas wie *kleinsten* Energiepaketen. Planck konnte sogar die Energie eines Quants elektromagnetischer Strahlung angeben, sie hing von der Frequenz und einer Konstanten ab, dem nach ihm genannten Planck'schen Wirkungsquantum[1116]. 1905 bewies dann Einstein, daß Lichtquanten tatsächlich etwas

---

[1114] Wolfgang Pauli hat zum Thema 1954 ein Buch mit C.G. Jung veröffentlicht.

[1115] Rupert Sheldrake, *Der Siebte Sinn*, S. 353.

[1116] Die Berechnung dieser Konstanten ebenso wie die Werte der sog. Planckschen Längenskala (bei der die Gravitation stark ist und Quanteneffekte in Gravitationsvorhersagen aufgenommen werden müssen) oder die Werte der Planckschen Energieskala (jenseits dieser ist eine Quantentheorie der Gravitation nötig) mag für viele, die sich zum erstenmal damit beschäftigen, an Zauberei grenzen.

Reales sind. Bald stellte sich heraus, daß nicht nur das Licht, sondern auch *alle* Materie aus fundamentalen Quanten besteht. Der Sprung von der alten Quantentheorie zur modernen Quantenmechanik kam dann mit De Broglie[1117].[1118]

Ein Quant ist also die kleinste Einheit (das kleinste Paket) einer physikalischen Größe. Ein Photon oder Lichtquant ist zum Beispiel die kleinste Einheit der elektromagnetischen Strahlung beziehungsweise von Licht (einer der 4 Grundkräfte). Quanten sind die kleinsten, diskreten (Elementar-)Einheiten, aus denen alles zusammengesetzt ist, Materie und Kräfte.

Nach der *Quantenfeldtheorie*, dem Standardmodell der Teilchenphysik, umfaßt der Teilchenzoo dieser kleinsten Teilchen, der Quanten: 12 *Materieteilchen*: das sind Spielarten von Quarks (die Protonen und Neutronen im Atomkern bestehen aus Quarks), Elektronen und Neutrinos. Ferner *Kräfteteilchen*, das sind die Teilchen der 4 Grund-Kräfte (die Photonen der elektromagnetischen Kraft, 8 Gluonen der starken Kernkraft, W- und Z-Teilchen der schwachen Kernkraft und die noch nicht nachgewiesenen Gravitonen der Gravitation).

Um zu sehen, was uns die Quantenphysik genau zum Gedächtnis von Gegenständen und anderen paranormalen Phänomenen sagen kann, müssen wir uns das äußerst seltsame Verhalten von Quanten näher ansehen.

Das seltsame Verhalten von Quanten und das Gedächtnis von Gegenständen

1) Quanten haben eine seltsame, sehr geheimnisvolle *Doppelnatur*: Sie sind entweder *Teilchen* oder *Wellen*. Was von beidem sie sind, richtet sich, so die völlig verrückte herrschende Meinung in der Quantenphysik: *nach dem Beobachter!*

Durch Beobachtung (durch bewußte Wahrnehmung, durch den Meßvorgang) werden sie erst Teilchen! Nicht beobachtet sind sie Wellen.

Sind sie Wellen, ist ihr Aufenthaltsort unscharf, probabilistisch, sie sind überall und nirgendwo, sozusagen in einem Limbus vieler Möglichkeiten, als wären sie nicht von unserer räumlich-zeitlich beschränkten Welt. Und auch das ist völlig verrückt und allgemein akzeptiert!

Als beobachtete Teilchen nehmen sie erst einen präzisen Ort ein, treten sozusagen erst in unsere Wirklichkeit.

[1117] Während für Planck Quanten etwas mit Wellen der Strahlung zu tun hatten, postulierte de Broglie, daß sich Quanten sowohl wie Wellen als auch wie Teilchen verhalten konnten.

[1118] Vgl. zum Beispiel bei Lisa Randall, *Verborgene Universen*, S. 146–158.

Manche interpretieren das so[1119]: Materie erlangt erst eine konkrete, gut abgegrenzte Existenz in Verbindung mit dem Geist. Hat dadurch etwas Geisthaftes.

2) Und dann gibt es eine weitere Verrücktheit in der Quantenwelt, auch diese inzwischen allgemein akzeptiert und experimentell bestätigt – Einstein sprach diesbezüglich noch von einem *Spuk* –: die *Nichtlokalität*: Teilchen, die einmal zusammen waren (aus derselben Quelle kamen), bleiben, egal wie weit sie sich voneinander entfernen, instantan übereinander „informiert", unabhängig von Zeit und Raum verbunden. Man sagt dazu auch, die Teilchen seien *verschränkt*.

Man kann das so interpretieren[1120]: Quanten können Raum und Zeit überbrücken, sich jenseits von Raum und Zeit befinden, sozusagen in einem transzendenten Raum.

Nichtlokalität und die Wellennatur von Quanten kann man zusammenfassen: als Welle verhält sich ein Quant nichtlokal.

Bei paranormalen Phänomenen beobachtet man nun Gleiches wie bei den verrückten Quanten! Beim Paranormalen (etwa beim Lesen des Gedächtnisses von Gegenständen) betreten wir ebenfalls eine *Region*, in der wir im Geist an beliebige Orte, in Vergangenheit und Zukunft reisen können. Das heißt der Geist von Leuten mit paranormalen Fähigkeiten verhält sich so verrückt wie Quanten.

Das Gedächtnis von Gegenständen liegt also (sehr untechnisch gesprochen) in einem Bereich, in dem es so verrückt zugeht wie dort, wo Quanten sich aufhalten: wir treffen dort auf Vergangenes und auch Zukünftiges, auf alle möglichen Zeiten, in denen der Gegenstand gerade nicht ist, und auch auf alle möglichen Orte, an denen der Gegenstand gerade nicht ist. Genauso hat das Quant einen Bereich, in dem es überall sein kann und auch von der Zeit unabhängig ist: es verhält sich dann nichtlokal beziehungsweise wie eine Welle.

Kann das Zufall sein? haben sich hier einige namhafte Forscher gefragt. Darunter der Physiker Evan Harris Walker[1121], der seit Jahrzehn-

---

[1119] Vgl. bei Lothar Schäfer, *Versteckte Wirklichkeit*, S. 55ff., 59: zum Beispiel die Physiker Stapp, Kafatos und Nadeau, Goswami und Nesteruk, um nur einige zu nennen, die das so sehen.

[1120] Vgl. bei Lothar Schäfer, *Versteckte Wirklichkeit*, S. 55ff., 59: zum Beispiel die Physiker Stapp, Kafatos und Nadeau, Goswami und Nesteruk, um nur einige zu nennen, die das so sehen.

[1121] Vgl. Walker bei William G. Roll in *New Frontiers of Human Science*, S. 164. Vgl. zum Thema eingehend Walker, *The physics of consciousness*, 2000. Walker meint, daß bei Psychokinese, ebenso wie in der Quantenmechanik, ein menschlicher Beobachter physikalische Systeme beeinflußt, das könne doch kein Zufall sein.

ten die Beziehungen zwischen Parapsychologie und Physik erforscht, der Cambridge Biologe Sheldrake[1122], die Stanford Physiker Hal Puthoff und Russell Targ[1123] und der Princeton Physiker Robert Jahn[1124].

Und mit Nein geantwortet. Das Quantenverhalten und die paranormalen Phänomene müssen nach ihnen irgendwie zusammenhängen.

Sehen wir uns also das Quantenverhalten noch genauer an.

Zuerst:

Die Nichtlokalität von Quanten

Wie kam man eigentlich auf diese merkwürdige Sache?
Hier muß man etwas über:
Das *Einstein-Podolsky-Rosen-Paradoxon* (EPR) (von 1935) wissen.
Was das EPR Paradoxon bedeutet, läßt sich ganz leicht in einem Gedankenexperiment anschaulich machen:
Wir stellen uns einen schwarzen Kasten (sog. Blackbox) vor mit zwei Bällen darin, einem grünen und einem roten. So wie sich die Bälle verhalten werden, verhalten sich kleinste Elementarteilchen, Quanten. Wir können nicht in den Kasten hineinsehen. Wir wissen nur, er ist so gebaut, daß man ihn in zwei Teile teilen kann, zwei kleinere Kästchen. In jedem dieser beiden kleineren Kästchen ist nur Platz für einen Ball. Wenn wir die beiden trennen, wissen wir nicht, welcher Ball sich auf welcher Seite befindet. Wir verschicken nun eines der Kästchen, zum Beispiel zu unserer Freundin Lucia nach Italien, und wissen dabei nicht, ob sie den roten oder den grünen Ball erhält. Wenn wir unser eigenes Kästchen öffnen, können wir auch ohne Rückfrage sagen, welcher Ball in Italien angekommen sein wird; haben wir den roten Ball, muß Lucia den grünen haben und umgekehrt. (In der Physik nennt man das einen Erhaltungssatz oder Symmetrie.)

Und es könne auch kein Zufall sein, daß bei beiden, bei Psi-Phänomenen und in der Quantenphysik, Systeme, die einmal beieinander waren, auch später noch unabhängig von Raum und Zeit interagieren können.

[1122] R. Sheldrake, *Der Siebte Sinn*, S. 353f. Sheldrake meint, aufgrund der Quantenphysik könne es zum Beispiel eine gespenstische Fernwirkung geben, durch die der Geist andere Geister oder physikalische Systeme beeinflußt, auf die er konzentriert ist.

[1123] Vgl. die beiden bei Michael Talbot, *Das Holographische Universum*, S. 222.

[1124] Vgl. zum Beispiel Jahn und Dunne bei Michael Talbot, *Das Holographische Universum*, S. 137.

In der Quantenphysik passiert nun etwas ganz Eigenartiges. Einstein sprach diesbezüglich von einem *Spuk*[1125]. Und tatsächlich sieht das Phänomen wie *Telepathie* zwischen Elementarteilchen aus:

Solange wir in keins der Kästchen schauen, in der Physik würde man sagen: keine Messung vornehmen, sind der grüne Ball und der rote Ball nicht getrennt, selbst wenn das eine Kästchen nach Italien unterwegs ist. Man nennt das auch *Superposition* von Zuständen[1126]. Das System ist nicht separiert. Erst wenn Lucia in Italien ihr Kästchen öffnet, verwandelt sich ihr Ball (aus den Superpositionszuständen) in einen roten oder in einen grünen Ball. Im selben Moment, und erst dann (!), nimmt unser Ball dann die andere Farbe an, als stünde er mit Lucias Ball in telepathischer Verbindung.

Einstein[1127] glaubte, irgend etwas könne hier nicht stimmen, die Quantentheorie sei unvollständig (wenigstens hielt er sie nicht für falsch).

Daß hier praktisch eine instantane Kommunikation zwischen den Bällen/Teilchen stattfindet, widersprach auch Einsteins *spezieller Relativitätstheorie* (1905), nach der sich nichts schneller bewegen kann als Licht[1128].

[1125] Hierzu Anton Zeilinger, *Einsteins Spuk.*

[1126] Der **Superpositionszustand** ist praktisch ein Zustand aller Möglichkeiten des Systems, ein potentieller Zustand. Erst durch Beobachtung beziehungsweise Messung: wenn einer von uns in den Kasten sieht, springen die Möglichkeiten ins Konkrete, in die Realität.

[1127] Zum Beispiel bei Silvia Arroyo Camejo, *Skurrile Quantenwelt,* S. 160ff.

[1128] Einsteins grundlegende Erkenntnis bestand darin, Raum und Zeit nicht zu trennen, sie bilden eine Einheit, die wir Raumzeit nennen. Die **spezielle Relativitätstheorie** besagt, Zeit und Raum hängen von der Geschwindigkeit ab, mit der man sich bewegt. **Die allgemeine Relativitätstheorie** besagt, daß die Gravitation sich auf Raum und Zeit auswirkt.
In der Newton'schen Mechanik hat man Geschwindigkeiten einfach addiert: Ein Auto, das uns auf der Autobahn entgegenkommt, nähert sich uns mit einer Geschwindigkeit, die die Summe von seinem Tempo und unserem Tempo ist. Nach Newton müßte die Geschwindigkeit eines Lichtstrahls, der auf unser ihm entgegenfahrendes Auto trifft, der Summe von Lichtgeschwindigkeit plus Autogeschwindigkeit entsprechen. Die Lichtgeschwindigkeit wurde aber als konstant bleibend gemessen (das berühmte Michelson Morely Experiment). So gilt etwa, wenn ich einer Lichtwelle noch so schnell nacheile, wird sie für mich kein bißchen langsamer, eigentlich absurd anmutend. Der niederländische Physiker Hendrik Lorentz (1853–1928) fragte sich nun: wenn sich ein Beobachter bewegt, dann muß sich doch irgendetwas verändern: Die Lichtgeschwindigkeit jedenfalls nicht, also Raum und Zeit. Erst Einstein deutete diese Überlegung physikalisch so, daß ein neues Weltbild entstand, in seiner Arbeit mit dem unscheinbaren Titel: *Über die Elektrodynamik bewegter Körper* (1905).
Konkret betrachtet, bedeutet das nun: Die Zeit vergeht zum Beispiel in einem Raumschiff bei zunehmendem Tempo langsamer. Je näher dieses Raumschiff der Lichtgeschwindigkeit kommt, desto mehr Energie benötigt es zum Beschleunigen.

Einstweilen war der Spuk nur das Ergebnis mathematischer Gleichungen, und so waren etliche Physiker ebenfalls skeptisch und meinten, es handle sich hier um einen faulen mathematischen Trick.

Erst 1964 konnte der Spuk erstmals *experimentell* nachgewiesen werden! Der Nachweis wird als die *BELL'sche Ungleichung* bezeichnet. (Er wurde erbracht, indem man experimentell zeigen konnte, daß sie nicht gilt.) Es dauerte allerdings weitere 20 Jahre, bis man eine endgültige Entscheidung für die Nichtlokalität von Quanten wagen konnte. Alain

---

Und um Lichtgeschwindigkeit zu erreichen, würde es sogar unendlich viel Energie benötigen. Es gilt daher als ausgeschlossen, daß ein Körper, der eine Ruhemasse hat, die Grenze der Lichtgeschwindigkeit erreicht, geschweige denn überschreitet. Das folgt aus einer anderen allgemein bekannten Konsequenz der Relativitätstheorie, $E = mc^2$ (E = Energie, m = Masse, c = Lichtgeschwindigkeit). Sie bedeutet nicht nur die Äquivalenz von Masse und Energie, sondern auch, daß wir, wenn wir die Energie eines Objekts erhöhen, auch seine Masse vergrößern, das heißt seinen Widerstand gegen eine Beschleunigung. So wächst einfach jedes Mal, wenn unser Raumschiff beschleunigt, seine Masse, die bremst, es kann also nie unendlich schnell sein, nicht einmal so schnell wie Licht.

Nur das Licht kann Lichtgeschwindigkeit erreichen, weil seine Teilchen, die Photonen, keine bremsende Ruhemasse haben.

Wäre es möglich für uns, schneller als das Licht zu reisen, oder sagen wir sogar, unendlich schnell zu reisen, könnte man in der Zeit zurückreisen. Ein Raumschiff mit Überlichtgeschwindigkeit käme dann früher auf der Erde an als es abgereist ist. 1949 entdeckte das der Mathematiker Kurt Gödel mittels einer neuen Lösung für Einsteins Gleichungen. Vielleicht könnte man es so veranschaulichen: Es folgt aus der Einheit von Zeit und Raum: kann ich den Raum sozusagen in Nullkommanichts durchqueren, so wird auch die Zeit zu einem Nullkommanichts, in diesem Nullkommanichts lägen Gegenwart Vergangenheit und Zukunft auf einer Ebene (ähnlich Hawking, *Die kürzeste Geschichte der Zeit*, S. 126).

Es ergeben sich beim Zurückkreisen in der Zeit allerdings widersprüchliche Situationen: würde man zum Beispiel den eigenen Großvater als junger Mann töten, würde man selbst nicht geboren worden sein; folglich könnte man nicht in der Zeit zurückkreisen und so weiter. Wir landen in einer endlosen Schleife des Widerspruchs. Man könnte nun allerdings der Ansicht sein, ein Zurückgehen in der Zeit ist dann unzulässig, wenn sich derartige Widersprüche ergeben. Zulässig wäre es hingegen, wenn es keine Wechselwirkungen mit der Welt zu einem früheren Zeitpunkt gäbe. Dasselbe gälte für geschickte Nachrichten. Es sollte auch nicht möglich sein, eine Nachricht in die Vergangenheit zu schicken, die die Vergangenheit verändern kann, denn es ergäben sich dieselben Widersprüche. Hingegen, falls die Nachricht grundsätzlich nicht verstanden werden kann, kann sie auch nicht auf die Vergangenheit einwirken, dieser Fall einer Nachrichtenübermittlung mit mehr als Lichtgeschwindigkeit wäre also zulässig. Und tatsächlich haben Physiker Situationen entdeckt – vgl. die hochinteressanten Experimente zur Quantenteleportation bei Anton Zeilinger, *Einsteins Spuk*, S. 275, 323 –, in denen ein Signal schneller als mit Lichtgeschwindigkeit übertragen werden kann. In all diesen Situationen wird wohlgemerkt keine Information übertragen, die vom Empfänger ohne weiteres verstanden werden kann und die dazu benutzt werden könnten, die Vergangenheit zu verändern.

Aspects[1129] bahnbrechendes Experiment 1982 war hier ein weiterer Meilenstein. Es *zeigte*, daß Teilchen (Photonen), die man trennte, ihren Polarisationswinkel miteinander instantan korrelierten, als kommunizierten sie schneller als Licht, als läge kein Raum dazwischen, als blieben sie verbunden.

Experimente zeigten dann sogar, daß Photonen, die aus derselben Quelle stammten, selbst bei Entfernungen von Jahrtausenden von Lichtjahren (1 Lichtjahr = ca. 300 000 km) miteinander instantan interferieren (verbunden bleiben).

Das erinnert witzigerweise an ein Prinzip der Alchemie: was einmal verbunden war, bleibt zusammen.

Unsere Wirklichkeit ist also auf der Ebene kleinster Teilchen *tatsächlich* derart verrückt. Egal wie groß die Entfernung zwischen den Elementarteilchen, sie bleiben instantan in Verbindung, wenn sie einmal aus derselben Quelle kamen. Das Phänomen nennt man, wie gesagt, *Nichtlokalität* beziehungsweise man sagt auch, die Teilchen seien *verschränkt*[1130].

Auch das Wort *Telepathie* ist beim Einstein'schen Spuk gefallen: Und in der Tat, sich ohne Zeitverzug und über beliebige Räume *verständigen* können beziehungsweise in Verbindung stehen, ist telepathisch, und auch den Term *Hellsehen* (Fernsehen) kann man heranziehen: ist doch einem Teilchen *klar*, was an einem beliebig entfernten Ort mit einem anderen Teilchen gerade passiert, es richtet sich schließlich danach.

Nichtlokales Verhalten treffen wir also sowohl bei Quanten an wie bei paranormalen Phänomenen.

Und jetzt sehen wir uns die andere Seltsamkeit von Quanten, den Welle/Teilchen Dualismus (ihre Doppelnatur) und ihre Beobachterabhängigkeit noch genauer an.

Die Doppelnatur und die Beobachterabhängigkeit von Quanten[1131]

Wie kam man auf diese Undinge?
Durch die *Doppelspaltexperimente*.
Was sind die Doppelspaltexperimente?

[1129] Vgl. bei Michael Talbot, *Das Holographische Universum*, S. 13.
[1130] Anton Zeilinger, *Einsteins Spuk*, S. 195ff.
[1131] Vgl. zur Doppelnatur und Beobachterabhängigkeit zum Beispiel Richard Feynman Feynman, *QED. Die seltsame Theorie des Lichts und der Materie*, S. 93ff. Oder vgl. hierzu Anton Zeilinger, *Einsteins Schleier. Die neue Welt der Quantenphysik*, S. 52–58 beziehungsweise Lisa Randall, *Verborgene Universen*, S. 165f.

Man schickt zum Beispiel Licht (Photonen) durch eine Wand mit zwei offenen Spalten. Und mißt dann hinter der Wand auf einem Schirm, wie dieses Licht ankommt.

Der englische Physiker Thomas Young[1132] führte 1801 dieses Experiment erstmals durch; auf dem Schirm erschienen die für Wellen typischen Streifenmuster beziehungsweise Interferenzmuster beziehungsweise Wellenmuster: Wo Wellenberg auf Wellenberg und Wellental auf Wellental trifft, entsteht eine Verstärkung, es bilden sich helle Lichtstreifen. Wo Berg auf Tal trifft, annullieren sich die Wellen, es kommt zu dunklen Streifen (kein Licht). Es bedeutete für Young, Licht hatte eine Wellennatur.

Das schien zunächst Newtons *Korpuskeltheorie* vom Licht zu widerlegen. Nach Newton bestand Licht aus *Teilchen*.

Später fand man heraus, daß Licht *sowohl* Wellen-, *als auch* Teilchencharakter hatte: Louis de Broglie[1133] formulierte als erster den quantenphysikalischen Grundsatz dieser Doppelnatur, den Welle/Teilchen Dualismus: daß sich *subatomare* Einheiten entweder wie Teilchen (präzise Objekte mit einer festen Lokalisation im Raum) oder wie Wellen (diffuse Bereiche von Einfluß, kein präziser Aufenthaltsort) verhalten können.

Und noch später fand man heraus, daß auch größere Teilchen, Atome oder sogar Moleküle diese Doppelnatur zeigten, hier kann man schon von makroskopischen Objekten sprechen.

Was sind Photonen, Elektronen, Atome etc. also letztlich? Wellen oder Teilchen?

Niels Bohr stellte fest, sie seien beides; wobei sie entweder das eine oder das andere seien, aber nicht beides zugleich, er nannte es *Komplementaritätsprinzip*[1134].

Und wovon hängt es nun ab, welche Form Photonen, Elektronen etc. annehmen?

Jetzt wird es verrückt: Es hängt nach inzwischen herrschender Meinung (!) von *unserer Beobachtung* ab[1135], von unserem *beobachtenden Bewußtsein*.

Wenn man zum Beispiel einen Licht(photonen)strahl oder Elektronenstrahl durch den Doppelspalt schickte, verhielten die Photonen oder Elektronen sich wie Teilchen, wenn man sie beim Durchgehen am Spalt *beobachtete*.

1132 Young war auch noch Mediziner und Philologe.
1133 Vgl. z.B. bei Lynne McTaggart, *Das Nullpunkt-Feld*, S. 181.
1134 Vgl. etwa Ervin Laszlo, *Zu Hause im Universum*, S. 89f.
1135 So interpretierten Niels Bohr und sein Schüler Werner Heisenberg 1927 in der sog. Kopenhagener Deutung den Sachverhalt. Vgl. S.A. Camejo, *Skurrile Quantenwelt*, S. 83.

Und bereits schon die bewußte Entscheidung zu messen beziehungsweise zu beobachten führte verrückterweise dazu, daß wir Teilchen registrierten und keine Wellen[1136]: In Experimenten verblaßten die Interferenzmuster, wurden Wellen zu Teilchen, sobald man das Beobachtungsgerät nur aufgestellt und noch gar nicht eingeschaltet hatte. Also schon die bloße Absicht des Beobachters zu beobachten wirkte sich hier aus.

Beobachtete man sie hingegen nicht am Spalt, verhielten sie sich wie Wellen. Um das zu registrieren beobachtete man sie erst weiter hinten, wo sie auf dem (Photo-)Schirm auftrafen. Bei Teilchen lassen sich ganz genau einzelne Punkte identifizieren. Bei Wellen hingegen, wie gesagt, ergibt sich auf dem Schirm hinten ein Wellen-/Interferenzmuster.

Und die noch wahnsinnigere Entdeckung war:

Auch ein *einzelnes* Teilchen verhält sich wie eine Welle, solange wir es nicht beobachten, und das bedeutet, es geht durch beide Spalten gleichzeitig! Stellen Sie sich vor, Sie haben einen Raum mit zwei Türen: statt durch die eine oder die andere zu gehen, gehen Sie durch beide zugleich. Man hat einzelne Teilchen, Photonen oder Elektronen, in zahlreichen Versuchen[1137] durch den Doppelspalt geschickt, und bei Nichtbeobachtung am Spalt bildete das Teilchen hinten auf dem Schirm eindeutig ein Wellenmuster/Interferenzmuster.

Bevor wir also das Teilchen messen, befindet es sich überall beziehungsweise nirgendwo, es ist allgegenwärtig, es geht sowohl durch den linken wie durch den rechten Spalt. Es hat quasi etwas Göttliches. Es ist aber etwas Unkonkreteres als Sie, der Sie sich verdoppeln, wenn Sie durch beide Türen zugleich gehen, es bildet keinen realen Doppelgänger, es ist auch keine reale Welle, es ist, so die noch heute gültige Deutung von Max Born und Niels Bohr, eine *Wahrscheinlichkeitswelle*[1138], praktisch etwas Virtuelles. Messen wir das Teilchen hingegen am Spalt, gibt es seine virtuelle Wellennatur auf, man sagt hierzu auch: *die Wellenfunktion kollabiere*, und entscheidet sich für eine konkrete Möglichkeit, geht durch einen der beiden Spalte.

[1136] Schon das Aufbauen der Meßapparatur, bevor man sie einschaltet, führt zum Kollaps der Wellenfunktion, hat man beobachtet: vgl. etwa Ervin Laszlo, *Zu Hause im Universum*, S. 96: Das ergab 1991 Leonard Mandels Experiment und wurde 1998 durch die Konstanzer Pyhsiker Dürr, Nunn und Rempe bestätigt.

[1137] Zum Beispiel Richard P. Feynmans Versuche mit einzelnen Photonen, *QED. Die seltsame Theorie des Lichts und der Materie*, S. 93ff.
Erstmals gelang es 1957 einem Doktoranden, Claus Jönsson, einzelne Elektronen durch die Spalte zu schicken, vgl. bei Silvia Arroyo Camejo, *Skurrile Quantenwelt*, S. 44ff., 48.

[1138] Schrödinger sprach zuerst von verschmierten Teilchen, Born machte dann seinen Gegen-Entwurf, vgl. bei Brian Greene, *Das elegante Universum*, S. 130f.

Der Physiker Richard P. Feynman[1139] sagt, das Teilchen als Welle probiert gleichzeitig *jede mögliche* Bahn zwischen Ausgangs- und Endpunkt aus, also eine unendliche Anzahl von Bahnen. Eine verrückte Vorstellung. Man sagt dazu auch: es befinde sich in einer *Superposition* verschiedener möglicher Zustände[1140]. Das Teilchen ist alles Mögliche, führt ein Dasein potentieller Möglichkeiten. Erst ab der Messung steigt das Teilchen also aus diesem Meer der Möglichkeiten, in dem es *alles Mögliche* ist, und wird zu einem klassischen, realen Teilchen.

Nebenbemerkung[1141]: Daß Teilchen sowohl Teilchen als auch Wellen sein können, gilt ja für Materie- wie für Kräfteteilchen gleichermaßen. Damit verschwimmt der Unterschied zwischen beiden, Materie etwa kann wellenartig sein und etwa Licht körnig, das heißt sich in Wellen, die Teilchen enthalten, ausbreiten. Elektromagnetische Wellen etwa können Teilchen als Teilchen oder Teilchen als Wellen enthalten.

Die *Heisenberg'sche Unschärferelation* und der Welle/Teilchen Dualismus[1142]:
Die Heisenberg'sche Unschärferelation kommt zum selben Resultat: Teilchen haben eine Doppelnatur (Welle/Teilchen), die vom Beobachter abhängt.

So deuteten Niels Bohr (1885–1962) und Heisenberg 1927 die Unschärferelation in der *Kopenhagener Deutung*. Und diese Deutung bestätigte sich dann auch experimentell. Der Meßprozeß/die Beobachtung führt also erst zum *Kollaps der Wellenfunktion*: dazu, daß aus einer Welle ein Teilchen wird.

Die Heisenbergsche Unschärferelation ist eine der Grundaussagen der Quantenphysik und, wie gesagt, inzwischen experimentell bestätigt. Nach ihr kann niemals sowohl der Aufenthaltsort, als auch der Impuls eines Quantenobjekts gleichzeitig beliebig genau bestimmt werden beziehungsweise konkret festliegen. Wenn man also den genauen Ort eines Teilchens mißt, kann man nicht auch noch seine genaue Geschwindigkeit messen und umgekehrt. Eine Größe bleibt notwenig unscharf. Die Unschärferelation gilt nun auch für andere Paare konjugierter Größen. So auch für den Welle/Teilchen Dualismus: Mißt man im Doppelspaltexperiment den Weg des Teilchens, mißt man also, durch welchen Spalt es geht, kann man nichts über sein Verhalten vor der Wegmessung aussagen. Und zwar, und das ist nun der Witz, beziehungsweise die Deutung, nicht,

---

[1139] Vgl. Feynman bei Brian Greene, *Das elegante Universum*, S. 134–138.

[1140] Schon Erwin Schrödinger schlug 1935 vor, Teilchen (als Wellen) nähmen keine individuell definierten, sondern *kollektive* Quantenzustände an.

[1141] Vgl. etwa Michael Munowitz, *Physik ohne Formeln*, S. 243ff.

[1142] Vgl. hierzu zum Beispiel Anton Zeilinger, *Einsteins Schleier. Die neue Welt der Quantenphysik*, S. 52–58 und Lisa Randall, *Verborgene Universen*, S. 165f.

weil wir nichts über dieses Verhalten wissen können, sondern weil sein Verhalten vor der Wegmessung völlig unbestimmt *ist*, das Teilchen nur einen wahrscheinlichen Aufenthaltsort *hat*.

Das Teilchen, mißt/beobachtet man es nicht, hat also nur einen *wahrscheinlichen* Aufenthaltsort.

Gehen wir wieder zu unseren paranormalen Phänomenen zurück:

Die Wellennatur des Teilchens hat nun ebenfalls dieselben Eigenschaften wie paranormale Phänomene, wie unser Geist, wenn wir hellsehen, uns telepathisch verständigen oder das Gedächtnis von Gegenständen lesen. Paranormale Phänomene transzendieren Raum und Zeit, ebenso transzendiert das Teilchen als Welle Raum und Zeit. Es ist als Welle überall und nirgendwo, nicht an Raum und Zeit gebunden; was es in unserer Welt als Teilchen nur nacheinander tun kann, nämlich durch zwei Spalten gehen, kann es als Welle gleichzeitig tun. Als Welle ist es überall zugleich.

Bei paranormalen Phänomenen haben wir dieselbe Raum- und Zeit-Unabhängigkeit wie beim Wellenverhalten des Teilchens und seiner Nichtlokalität.

Nach einigen Forschern kann das, wie gesagt, kein Zufall sein: Nichtlokalität, Wellenverhalten und paranormale Phänomene müssen nach ihnen daher irgendwie zusammenhängen.

Aber auch die *Beobachterabhängigkeit* des Teilchen/Welle Dualismus weist eine Parallele zu einem speziellen paranormalen Phänomen auf.

Schauen wir uns auch die Beobachterabhängigkeit genauer an. Was bedeutet sie eigentlich?

Wie interpretieren Physiker die Beobachterabhängigkeit?

Es gibt unterschiedliche
Interpretationen der Beobachterabhängigkeit

Im wesentlichen zwei:

1) Die Realität hängt vom Bewußtsein ab, mit Untervarianten:

– Die Realität existiert nicht, wenn *wir* keine Beobachtungen machen. Der Mond zum Beispiel ist nicht da, wenn niemand hinschaut. (Läßt sich nicht widerlegen). Wir entdecken also nicht die Realität, sondern lassen sie über unser Bewußtsein erst *entstehen*.[1143]

[1143] Der Physiker John Archibald Wheeler hält diese Variante für möglich bei Douglas M. Stokes, *Parapsychology and the Nature of Mind* in *New Frontiers of Human Science*, S. 56. Seine Variante ist allerdings noch komplizierter: Wir erschaffen nach

– Es ist ein permanenter Beobachter da, den man Gott nennen könnte, der garantiert, daß die Welt per Beobachtung konkret weiter existiert. Es kommt also nicht nur auf *unser* Bewußtsein an. Das schlägt zum Beispiel der Physiker H. Walker[1144] vor. Ebenso nimmt der Stanford-Physiker William A. Tiller[1145] in einer ausgreifenden Spekulation an, Gott könne das Universum als eine göttliche Idee erschaffen haben.

Diesem göttlichen Beobachter wäre es zu verdanken, daß alles in unserer Welt in konkreten Zuständen verharrt, daß der Mond auch dort bleibt, wenn kein Mensch hinsieht. Physikalisch gesprochen, ist hier ein universeller Beobachter da, der bewirkt, daß die Wellenfunktion bei allem kollabiert. Das Bizarre wäre, würde dieses allumfassende Bewußtsein seine Aufmerksamkeit nur eine Sekunde abwenden, verschwände mit einem Fingerschnappen sozusagen unsere gesamte materielle Welt.

– Man kann nun den Begriff Bewußtsein einfach sehr weit fassen. Fast alles hat ein Bewußtsein und beobachtet. Somit fällt unsere Welt auch hier nicht so einfach weg. Auch das führt der Physiker William A. Tiller[1146] als Möglichkeit an. Ebenso der Physiker John Archibald Wheeler[1147]. Bei Wheeler haben auch kleinste Teilchen ein Bewußtsein und könnten hier mitwirken.

Auch der Physiker Jahn und die Entwicklungspsychologin Dunne[1148] gehen von einem weiten Bewußtseinsbegriff aus: Sie verstehen unter Bewußtsein alles, was imstande ist, Informationen hervorzubringen, zu empfangen oder zu verwerten. Hiernach können Tiere, Viren, Maschinen und selbst sogenannte unbelebte Dinge die Eigenschaften besitzen, die für die Teilhabe an der Wirklichkeitserschaffung erforderlich sind. Einge-

---

Wheeler nicht nur die Teilchen, die Teilchen erschaffen auch uns: vgl. bei Michael Talbot, *Das Holographische Universum*, S. 300: Eins erschafft das andere in einer „selbstregulierenden Kosmologie".

[1144] Vgl. bei Douglas M. Stokes, *Parapsychology and the Nature of Mind* in *New Frontiers of Human Science*, S. 56. Walker hat diese Hypothese 2002 vorgeschlagen. Schon Sir James Jeans, der britische Astronom, nahm 1932 an, daß das gesamte Universum eine Schöpfung der Imagination sei, daß Atome usw. existieren, weil sie imaginiert werden. Das Universum sieht so mehr wie ein großer (göttlicher) Gedanke aus als wie eine große Maschine: vgl. bei M.R. Franks, *The Universe and Multiple Reality*, S. 2.

[1145] Vgl. William A. Tiller bei Michael Talbot, *Das Holographische Universum*, S. 203f.

[1146] Bei Michael Talbot, *Das Holographische Universum*, S. 172.

[1147] Bei Michael Talbot, *Das Holographische Universum*, S. 300.

[1148] Vgl. Jahn und Dunne bei Michael Talbot, *Das Holographische Universum*, S. 158f. und bei Lynne McTaggart, *Das Nullpunkt-Feld*, S. 186: Nach Jahn gilt: Wenn man sich tief genug in die Quantenwelt hinein begibt, existiert vielleicht gar kein Unterschied mehr zwischen Geist und Materie. Vielleicht gibt es dort nur die Idee, nur Bewußtsein, das versucht, einen Wirbel von Informationen sinnvoll zu interpretieren und Materie kohärent zu organisieren.

schlossen natürlich unser Bewußtsein[1149]. Und auch ein göttliches Bewußtsein ist hier nicht ausgeschlossen.

Ein anderes Bewußtsein als unseres kann also zum Beispiel die Realität des Elektrons erschaffen haben[1150], meint der Physiker Tiller: womöglich lange vor der Einbindung des Menschen in die Erschaffung aller Dinge.

Nach Jahn und Dunne brächten Bewußtseine Gewohnheitsmuster hervor, die sich stabilisieren: Das Muster von Elektronen wäre zum Beispiel so gewohnheitsmäßig verfestigt, daß es nicht mehr so empfänglich wäre für den Einfluß des menschlichen Bewußtseins wie andere, neue *Realitätsfelder*.

(Bemerkung: Es kann also auch auf das Zusammenwirken von vielen Bewußtseinen ankommen. Viele zusammen erschaffen Realität. Ein kollektives Bewußtsein führte so zu einer kollektiven Realität[1151].)

Übrigens Arthur Schopenhauer[1152] hielt die objektive Welt bereits *für ein bloßes Gehirnphänomen*! Ihre auf Raum, Zeit und Kausalität beruhende Ordnung und Gesetzmäßigkeit könne, wie man beim Hellsehen und der Psychometrie sehe, in gewissem Grade einfach beseitigt werden. Hinter allen Erscheinungen stecke letztlich etwas Raumloses, Zeitloses, für Schopenhauer: ein transzendenter *Wille*. Kant habe das bereits mit seinem *Ding an sich* gemeint: Raum und Zeit sind bei Kant nur ideale Kategorien, das allein Reale ist *das Ding an sich*, es ist frei von Zeit und Raum, diesen puren Formen des Intellekts, es kennt den Unterschied von Nähe und Ferne nicht, von Gegenwart, Vergangenheit und Zukunft.

Eine Frage muß man hier noch stellen. *Welcher* Beobachter, sofern es mehrere gibt, holt eigentlich das System in den realen Zustand aus der Superposition heraus? Welcher Beobachter gibt den Ausschlag für die Veränderung des Systems? Nach dem Physiker Wigner ist es jedenfalls derjenige, der die Beobachtung „bewußt" macht[1153]. Bei Schmidt trägt sogar jeder *zukünftige* bewußte Beobachter zum gegenwärtigen Verlauf der Systemveränderung bei[1154]. Nach Houtkooper, der sich auf

---

[1149] Michael Talbot vertritt dies in Michael Talbot, *Das Holographische Universum*, zum Beispiel S. 205.

[1150] So Michael Talbot und der Stanford Physiker William Tiller bei Michael Talbot, *Das Holographische Universum*, S. 172.

[1151] Wir kommen später, im Kapitel zum Hologramm der Wirklichkeit, zu einem Modell, in dem die Wirklichkeit im hierarchischen Zusammenwirken eines höheren und von nachgeordneten Bewußtseinen entsteht.

[1152] Bei Hans Bender, *Versteckte Wirklichkeit*, S. 166.

[1153] Bei Walter von Lucadou, *Psyche und Chaos*, S. 97

[1154] Bei Walter von Lucadou, *Psyche und Chaos*, S. 109

Schmidt'sche Modelle stützt, gibt es eine Hierarchie der Beobachter: Der Einfluß späterer Beobachter sei zum Beispiel so „verdünnt", daß er nichts mehr ändert[1155].

2) Die Realität hängt nicht vom Bewußtsein ab[1156]:

– Der Beobachter verändert hier die Realität *nur scheinbar*. Es scheint nur so, als verändere er sie, weil wir nicht genug wissen. In Wirklichkeit ist alles vorbestimmt. Die gesamte Zukunft, alle Meß-/Beobachtungsergebnisse sind von vornherein festgelegt. Man kann dann nicht zwischen verschiedenen Beobachtungs- beziehungsweise Meßmöglichkeiten wählen. Hier wären die Teilchen das, was sie sind, würden nicht ihre Eigenschaften erst in dem Moment wählen, wenn sie beobachtet würden. Physiker, die dieser Ansicht sind, sagen hier, die Teilchen enthielten *verborgene Parameter* beziehungsweise *verborgene Variablen*[1157]. Im Fall mit dem roten und grünen Ball würde das bedeuten, jeder der beiden Bälle trägt von vornherein eine Liste von Instruktionen mit sich, die ihnen sagt, was sie zu tun haben, wenn sie beobachtet werden (diese Liste ist uns allerdings verborgen). Auch Einstein hätte es gepaßt, wenn jedes Teilchen zusätzliche Eigenschaften besitzt, die in Wirklichkeit bestimmen, was es tut, wenn es auf eine Beobachtung trifft. Auch er meinte, es müsse so etwas wie verborgene Variablen geben, eine deterministische Ebene hinter der Quantenebene. Nur weil wir diese noch nicht kennen, erschiene uns die Welt als Beobachter-bestimmt. Die Welt hätte dann weniger Zufälliges. Heisenbergs Zufälligkeit beziehungsweise Unschärfe wäre nur scheinbar[1158]. Es ist schließlich ungemütlich, wenn alles von (willkürlichen) Prozessen der Beobachtung abhängt.

Diese Interpretation hat sich erstaunlicherweise nicht durchgesetzt. Im Quantengeschehen sieht die Mehrheit (bis jetzt) etwas fundamental Unbestimmtes.

Der Witz allerdings: die Mehrheit der Physiker tut in der Praxis dennoch lieber so, als hätte das Bewußtsein keinen Einfluß auf die Materie auf Quantenniveau. Die Beobachterabhängigkeit wird in der Praxis einfach verdrängt[1159] – obwohl sie herrschende Meinung ist. Man geht ein-

---

[1155] Bei Walter von Lucadou, *Psyche und Chaos*, S. 109
[1156] Vgl. diese Variante bei Anton Zeilinger, *Einsteins Spuk*, S. 179, 188–193 und 206–238.
[1157] **Verborgene Parameter** sind Eigenschaften, die wir nicht beobachten können, nur indirekt, die aber da sind.
[1158] Aufschlußreich die berühmte Bohr-Einstein Debatte, vgl. bei Silvia Camejo, *Skurrile Quantenwelt*, S. 88–101.
[1159] Vgl. Paul Davies, *Der Kosmische Volltreffer*, S. 290.

fach gern, aus alter Gewohnheit, von einer objektiv vorgegebenen Welt aus. Und dieses Konstrukt funktioniert auch noch ganz gut[1160].

Die Interpretation, der wir hier folgen, ist die der herrschenden Meinung, etwas zugespitzt:

Das völlig Irrsinnige folgt aus der Quantenphysik: die Eigenschaften von Dingen sind eigentlich nicht so richtig da (sie schwimmen im Virtuellen), bevor wir sie beobachten beziehungsweise messen, bevor unser Bewußtsein mit ihnen interagiert.

Anders ausgedrückt: Materie erlangt erst eine konkrete, gut abgegrenzte Existenz in Verbindung mit dem Geist.

Oder wie der Physiker Robert Jahn[1161] es sagt, existiert tief in der Quantenwelt vielleicht gar kein Unterschied mehr zwischen Geist und Materie. Vielleicht gibt es dort nur die Idee, nur Bewußtsein, das versucht, einen Wirbel von Informationen sinnvoll zu interpretieren und Materie kohärent zu organisieren.

Zusätzlich gilt: Nicht nur die Beobachterabhängigkeit (Quanten reagieren auf etwas Geistiges), auch die Nichtlokalität verleiht den Quanten praktisch etwas Geistiges: letztere bedeutet, daß Quanten quasi telepathisch miteinander kommunizieren. Entsprechend hat ihr Wellenverhalten, auch es ist nichtlokal, etwas Geistiges[1162].

Wir haben jetzt eine Idee, wie wir die Beobachterabhängigkeit interpretieren können. Die Beobachterabhängigkeit bedeutet nach unserer Interpretation, daß der Beobachter (das beobachtende Bewußtsein) Einfluß auf Quanten nimmt beziehungsweise Einfluß auf Materie nimmt: Quanten sind auch Teilchen, sind auch Materie. Dasselbe Phänomen finden wir bei der Psychokinese. Dort beeinflußt unser Geist ebenfalls Materie (beispielsweise große Objekte).

Kann das ein Zufall sein, fragen wir jetzt nur noch rhetorisch.

Wir haben jetzt also eine nähere Vorstellung über das seltsame Verhalten von Quanten und stellten Parallelen fest zwischen dem seltsamen Verhalten von Quanten und den paranormalen Phänomenen: Telepathie, Hellsehen, Psychometrie, Psychokinese. Quanten können (wenn sie sich nichtlokal bzw. als Wellen verhalten) Raum und Zeit überbrücken, dasselbe kann beispielsweise der Hellseher oder der Psychometer, wenn sein Geist an andere Orte und in andere Zeiten reist. Beide, Quanten und

---

[1160] Auf jeden Fall in unserer makroskopischen Welt.

[1161] Vgl. Jahn bei Lynne McTaggart, *Das Nullpunkt-Feld*, S. 186.

[1162] So zum Beispiel der amerikanische Physiker Eugene Wigner bei Marco Bischof, *Biophotonen*, S. 412.

paranormale Phänomene, scheinen im selben Bereich zu navigieren/abzulaufen, dort, wo Raum und Zeit keine Rolle spielen.

Die Annahme liegt nahe, *daß paranormale Phänomene dort ablaufen, wo Teilchen Wellen sind, also dort, wo sich Quanten verrückt verhalten, ganz allgemein gesprochen: auf Quantenebene.* Daß also paranormale Phänomene mit der Quantenphysik erklärbar sind.

Nun sind wir aber bei Quanten im Bereich der kleinsten Teilchen und bei paranormalen Phänomenen im Bereich großer, makroskopischer Objekte: Ich, mein Gehirn (oder Geist), „ein großes Objekt", psychometrisiere einen Ring, wieder ein großes Objekt. Das könnte einem Zusammenhang wiederum im Weg stehen.

Hätte mein Gehirn (und/oder Geist) allerdings, wenn es (er) paranormal Wissen erwirbt, Quantennatur bzw. wäre es (er) ein Quantenphänomen, könnten wir sein seltsames Verhalten beim außersinnlichen Wahrnehmen, sein Navigieren jenseits von Raum und Zeit, mit der Quantenphysik erklären. Und wenn auch große Dinge, wie ein Ring, Quantengleich oder Quantensysteme wären, dann würde die Quantenphysik für uns sogar ein Gedächtnis der Dinge ganz einfach aus dem Hut zaubern. Und zwar so: Gälten *Nichtlokalität, Teilchen/Welle-Dualismus* und *Beobachterabhängigkeit* nicht nur für Quanten, sondern auch für große Dinge (und zwar für alle großen Objekte, für Dinge wie Ringe, Tassen, Vasen, Gehirne ...), gäbe es also auch *große Quantensysteme,* dann hätte ein Ding (jegliche makroskopische Materie), ebenso wie ein Quant, sozusagen eine geistige Unterlage, wäre nicht einfach tot.

Nicht nur im subatomaren Bereich, im Quantenbereich, wäre Bewußtsein (gemäß der hier gewählten Interpretation) nicht von der uns umgebenden Materie eindeutig getrennt. Es gäbe auch in unserer alltäglichen Welt der großen Dinge nicht diesen Graben zwischen Bewußtsein und Materie, den Descartes so pointiert sah, indem er Materie und Geist rigoros trennte. Tassen, Vasen usw. unterläge wie Quanten etwas Bewußtes. Wir kämen hier den lebendigen Dingen nahe. Und in dieser Perspektive erschiene ein Gedächtnis eines Dings zumindest nicht mehr ganz so schockierend. Aber es kommt noch viel besser: Gälten *die Nichtlokalität* und *das Wellenverhalten* nicht nur für Quanten, sondern auch für „große Objekte" wie Vasen, Kaffeetassen, Gehirne, Personen usw., gäbe es also auch große Quantensysteme, dann blieben diese großen Quantensysteme mit anderen großen Quantensystemen, mit denen sie schon einmal in Berührung waren, (quasi telepathisch) über Raum und Zeit hinweg verbunden. Und das bedeutete aber nichts anderes, als daß große Quantensysteme, etwa Dinge, ein Gedächtnis hätten! Mit allem, was einen umgibt und umgeben hat und umgeben wird, in Berührung bleiben, heißt, seine Geschichte, sein Gedächtnis, an sich tragen!

Darüberhinaus würden natürlich auch Telepathie und Hellsehen im Rahmen der Quantenphysik erklärlich: Sind wir (unsere Gehirne und/oder Bewußtseine) große Quantensysteme, bleiben wir in Verbindung mit Menschen (Gehirnen und Bewußtseinen), mit denen wir einmal in Berührung waren, über Raum und Zeit hinweg. Telepathie wird hier plausibel, die ja gehäuft bei Personen auftritt, die sich kennen, die sich nahestehen. Und als große Quantensysteme, die im Wellenzustand jenseits von Raum und Zeit navigieren können, wären für uns auch Sachverhalte, die in Raum und Zeit von uns entfernt sind, zugänglich: das erklärte dann Hellsehen und Präkognition.

So wie der Beobachter Einfluß auf winzige Quanten nimmt, könnten wir schließlich mit unserem Geist Einfluß auch auf große Dinge nehmen, sofern sie große Quantensysteme sind: und hier läge die quantenphysikalische Erklärung für Psychokinese.

Die wesentliche Frage lautet also an diesem Punkt:

Gibt es überhaupt große, makroskopische, Quantensysteme?

Gibt es sie, erklärt die Quantenphysik mit ihren Seltsamkeiten ganz direkt paranormale Phänomene. Insbesondere: sind Dinge[1163] große Quantensysteme, so haben sie nach der Quantenphysik auch ein Gedächtnis.

– Wo, auf Quantenebene, es denn genauer lokalisiert ist, wäre wiederum eine andere Frage[1164].

Dinge als große Quantensysteme: eine Voraussetzung des Gedächtnisses von Dingen

Kein Physiker kann angeben, wo genau die Trennungslinie verläuft zwischen der quantenphysikalischen Superposition (dem Wellenzustand von kleinsten Teilchen beziehungsweise Quanten) und der realen makroskopischen Welt.[1165] Vielleicht existiert sie ja auch gar nicht!

Einfacher gesagt: es gibt eine riesige Diskussion, ob es makroskopische Quantensysteme gibt, also nicht nur Quantensysteme auf dem

---

[1163] Ebenso werden wir sehen, wie Paranormales quantenphysikalisch erklärlich wird, wenn Gehirn und/oder Bewußtsein Quantensysteme sind.

[1164] Dort, wo Teilchen Wellen sind: in elektromagnetischen Wellen oder Gravitationswellen oder Materiewellen usw.?

[1165] Der Physiker Walker sieht die Schwelle in der Gehirnforschung zum Beispiel hier: Die physikalischen Bedingungen der synaptischen Übertragungsmechanismen von Neuronen liegen bereits in der Größenordnung von quantenphysikalischen Prozessen. Hier sei das eigentliche Bindeglied. Das ähnelt der Vorstellung des Neurophysiologen John Eccles.

Niveau der winzigen subatomaren Teilchen, sondern auch auf dem Niveau von Tassen, Vasen, Fernsehern, Gehirnen, Personen, ganzen Planeten, auf dem Niveau unserer Welt der großen „Dinge". Wobei wir „Dinge" hier weit fassen müssen, wir nehmen auch Personen dazu und auch Phänomene wie etwa das Bewußtsein, eigentlich alles, was es gibt.

Da sind einmal die Gegner von großen Quantensystemen:

Bei großen Objekten sehen viele das sogenannte *Dekohärenzproblem*[1166].

Große Objekte haben hiernach etwas nicht, was für Quantensysteme typisch ist: sie haben nicht die *einzigartige Kohärenz*. Man erkennt Quantensysteme gerade an dieser Kohärenz. Das Phänomen haben wir schon erörtert, nur noch nicht mit dem Term *Kohärenz* belegt: Wenn Quantensysteme sich wie Wellen verhalten, nichtlokal verhalten, und das bedeutet, jenseits von Raum und Zeit, instantan und überall, auch über weiteste Entfernungen, verbunden sind (beziehungsweise übereinander *informiert* sind), ein zusammenhängendes Netz bilden, dann kann man dazu auch einzigartige Kohärenz sagen.[1167]

Warum sollen nun große Objekte dekohärent sein? Warum sollen sie nicht diese einzigartige Kohärenz von Quantenobjekten haben?

Große Objekte seien zu sehr mit der Umwelt verkoppelt, ist die Antwort. Diese Kopplung transportiere Information in die Umgebung, so daß es praktisch keinen unbeobachteten Zustand gäbe, und somit keinen Zustand der Superposition, der Potentialität, der Nichtlokalität, keinen Wellenzustand.

Die Befürworter großer Quantensysteme entgegnen hier etwa:

Würde man sich nun vorstellen, dieser Informationstransport geschähe nicht ständig, sondern vielleicht x-mal in der Sekunde und x-mal nicht in der Sekunde, dann wäre das kein Argument mehr. Dann wäre ein großes Objekt x-mal in der Sekunde ein Quantensystem und x-mal in der Sekunde ein klassisches System, x-mal in der Sekunde eine Welle und x-mal in der Sekunde ein Teilchen. Dieses verrückt erscheinende Modell schlagen einige Physiker, wie etwa John Archibald Wheeler[1168], vor.

1166 Vgl. zum Beispiel Anton Zeilinger, *Einsteins Schleier*, S. 95ff.

1167 Neben der **einzigartigen Kohärenz** über Raum und Zeit hinweg gibt es die „normale" Kohärenz in der Physik: Als kohärente Strahlung etwa bezeichnet man Wellen, die hinsichtlich ihrer räumlichen und zeitlichen Ausbreitung eine feste Phasenbeziehung haben. Zwei Wellen sind in Phase, wenn sie beide zur gleichen Zeit ihren Gipfel oder ihr Tal erreichen, selbst dann, wenn sie unterschiedliche Frequenz oder Amplituden haben. In Phase zu kommen bedeutet Synchronisierung.

Phase ist der augenblickliche Schwingungszustand eines schwingenden Systems. Vgl. Schülerduden, Physik, S. 333.

1168 John Archibald Wheeler bei Marco Bischof, *Biophotonen*, S. 405f.

Erwin Schrödinger[1169] hielt seinerzeit große Quantensysteme noch für Unsinn. Inzwischen haben sich aber die Zeiten geändert.

Dennoch sollte man an diesem Punkt etwas über die berühmte *Katze Schrödingers* wissen.

Schrödingers Katze, ein Gedankenexperiment, das große Quantensysteme als Unsinn hinstellen soll:

Wie beim EPR-Gedankenexperiment haben wir einen Kasten, in den wir nicht hineinsehen können. Eine Blackbox. Drinnen befindet sich eine Katze. Und wir haben folgende Apparatur: ein radioaktives Atom, einen Geigerzähler, einen Hammer und ein Fläschchen mit Zyankali. Wenn das radioaktive Atom zerfällt, wird dieser Zerfall vom Geigerzähler registriert, und löst einen Mechanismus aus, der den Hammer auf das Fläschchen Zyankali fallen läßt, und die Katze stirbt. Zerfällt das Präparat nicht, passiert nichts, die Katze bleibt lebendig.

Mißt man das Atom nicht, so hat man eine Überlagerung der beiden Einzelzustände zerfallen/unzerfallen (wir sind hier auf Quantenniveau)[1170]. Erst wenn wir es messen, springt es in den einen oder anderen realen Zustand.

So weit, so gut.

Behandeln wir nun aber die Katze wie ein Quantenobjekt, müßten wir sagen: Solange wir nicht in die Box schauen, nicht messen, ist die Katze sowohl tot als auch lebendig, die möglichen Zustände wären superponiert. Eine gleichzeitig tote und lebendige Katze macht, so Schrödinger, aber keinen Sinn! Wir kennen so eine Katze nicht.

Nach Schrödinger kommt es nur in (kleinen, subatomaren) Quantensystemen zu Quanten-Überlagerungen, nur diese könnten frei von Wechselwirkungen beziehungsweise Beobachtung sein. In großen Systemen hingegen sorgten ständige Wechselwirkungen mit dem restlichen Universum dafür, daß die Überlagerungen von Quantenzuständen gestört

---

[1169] Vgl. etwa Schrödinger bei Silvia Arroyo Camejo, *Skurrile Quantenwelt*, S. 131–157.

[1170] (Für mich (und sicherlich kann ich mich schrecklich irren) ist das Schrödinger Gedankenexperiment auf den ersten Blick etwas schief: das „gesamte" radioaktive Atom hat, wenn es beobachtet wird: Teilchennatur, wenn es nicht beobachtet wird: Wellennatur, im letzteren Fall ist sein *Aufenthaltsort* nicht definitiv. Zerfall oder Nicht-Zerfall des radioaktiven Atoms ist nur eine Eigenschaft dieses Atoms bzw. ein Zustand, den es einnimmt: diese Eigenschaft bzw. der Zustand hat doch keine separate Teilchen- oder Wellennatur? Das Atom kann also nicht zerfallen und gleichzeitig nicht zerfallen sein, meine ich a prima vista. Bzw. bei Nichtbeobachtung ist für mich schwer vorstellbar, daß analog zum unbestimmten Aufenthaltsort auch der Zerfall unbestimmt sein soll. Geht man allerdings davon aus, daß der radioaktive Zerfall ein typisches Zufallsereignis ist, und Zufallsereignisse sich quantenähnlich verhalten (beim Zufall haben wir die perfekte Analogie zur Superposition: alles liegt noch im Bereich des Möglichen), wird eine Konstellation: zerfallen/nicht-zerfallen wieder vorstellbar.)

würden (*dekohärieren*). Ein großes Objekt stehe stets in Wechselwirkung mit seiner Umgebung (es werde praktisch permanent beobachtet), daher breche seine Wellenfunktion permanent zusammen; ein Quantenzustand der Potentialität sei da nicht denkbar.

Heute denkt man, wie gesagt, anders.

Widerlegt ist Schrödingers Ansicht heute übrigens durch reale physikalische Experimente, die zeigen, daß es auch große Quantensysteme gibt:

Daß so große Objekte wie *Atome* sich wie Quantenobjekte verhalten, wurde jedenfalls 1995 in Experimenten nachgewiesen: die Physiker Eric A. Cornell, Wolfgang Ketterle und Carl E. Wieman erhielten dafür im Jahr 2001 den Nobelpreis[1171].

Und auch noch größere Objekte, weiß man inzwischen: die großen *Fullerenmoleküle*, benehmen sich wie Quantensysteme[1172].

Der Physiker Herbert Fröhlich[1173] von der Universität Liverpool zeigte in neuerer Zeit in seinen Experimenten, daß in dem Moment, wo Energie einen bestimmten Schwellenwert erreicht, *Moleküle* einheitlich zu schwingen beginnen, bis sie einen hohen Grad von Kohärenz erreichen. Wenn die Moleküle in diesen kohärenten Zustand eintreten, übernehmen sie bestimmte Eigenschaften der Quantenmechanik einschließlich der Nichtlokalität.

Der Physiker Amit Goswami[1174] bringt zwei Beispiele, die zeigen, daß wirklich riesige makroskopische Objekte nicht der klassischen Physik gehorchen müssen, sich wie Quantensysteme benehmen. Die klassische Physik kann sie nicht erklären. *Supraleiter und Laser sind eindeutig makroskopische Quantensysteme:* und zwar erzeugen sie eine einzigartige Kohärenz, das kann man beobachten, die *überall instantan* ist, also eine Kohärenz über Raum und Zeit hinweg.

Auch *parapsychologische Versuche*, kann man (will man das Pferd auch von hinten aufzäumen) sagen, legen nahe, daß es große Quantensysteme gibt.

Wirklich zahlreiche Wissenschaftler nehmen heute an, daß es große, makroskopische Quantensysteme gibt und belegen das großenteils mit festgestellten Eigenschaften. Um noch weitere zu nennen:

1171 Vgl. bei Ervin Laszlo, *Zuhause im Universum*, S. 104: Die Experimente zeigten, daß getrennte Atome unter bestimmten Bedingungen (bei extrem tiefen Temperaturen) einen gemeinsamen Quantenzustand einnehmen: Rubidium- und Natriumatome: sie können sich überlagernde Wellenmuster bilden und sich somit nichtlokal verhalten.

1172 Vgl. Anton Zeilinger, *Einsteins Schleier*, S. 95ff.

1173 Auch Fröhlich gehört zur Kategorie der schmählich Behandelten: 1950 fand er den Schüssel zur Supraleitung, wofür nicht er, sondern Bardeen, Cooper und Schrieffer den Nobelpreis 1972 erhielten.

1174 Amit Goswami, *Das Bewußte Universum*, S. 219.

Für den Mathematiker Arthur M. Young[1175] und den amerikanische Physiker Andrew A. Cochran[1176] gibt es ebenfalls große Quantensysteme. Die beiden machen Abstufungen. Bei manchen ist der Wellencharakter stärker, dort gilt in stärkerem Masse die Heisenbergsche Unschärferelation – so haben Elektronen und Protonen einen stärkeren Wellencharakter als Atome. Das bedeute mehr *Geisthaftigkeit*. Eine geringere Massehaftigkeit spiele ebenfalls eine Rolle. Photonen mit einer noch kleineren Masse sind dann noch unbestimmter, noch geisthafter. Von Photonen bis zu Molekülen nehmen Cochran und Young eine zunehmende Determiniertheit, abnehmende Geisthaftigkeit an. *Dann dreht es sich nach ihnen interessanterweise wieder!* So besitzen so große, *makroskopische* Objekte, Makromoleküle wie Polymere, wieder mehr Freiheit, Geisthaftigkeit. Das schließen Young und Cochran daraus, daß sie Strukturen und Prozesse mit mehr Freiheitsgraden aufbauen können, und daraus, daß sie Ordnung speichern und Energie aus der Umwelt ziehen können, wodurch sich auch lebende Organismen auszeichnen. Auch hier geht es um (einzigartige) Kohärenz beziehungsweise noch anders formuliert, um Aufbau von Ordnung aus dem Chaos. Nach Cochrans Ansicht haben selbst so große Objekte wie Proteine einen ausgeprägten Wellencharakter.

Und daß selbst astronomisch große Objekte Quantensysteme sind, meint Stephen Hawking[1177]. Für ihn ist sogar das gesamte Universum ein Quantensystem, was vielen Physikern noch gegen den Strich geht.

Nun beschäftigt man sich nicht nur im Bereich der Physik mit großen Quantensystemen, auch in Bereichen der Biologie sind Avancierte wie der Cambridge Biologe Rupert Sheldrake oder der deutsche Biophysiker Fritz Popp der Ansicht, makroskopische Objekte wie Zellen oder ganze Organismen benehmen sich wie große Quantensysteme, sind große Quantensysteme[1178]. Die avancierte Biologie trifft sich mit der Quantenphysik. Die junge Disziplin, die sich damit beschäftigt, ist die Quantenbiologie. Nach ihr stehen im Organismus alle Zellen und Organe in *nichtlokaler* Verbindung, so wie der Gesamtorganismus auf *nichtlokale* Weise mit andern Organismen und seiner Umwelt verbunden ist.

Und in der modernen *Gehirn- und Bewußtseinsforschung* nehmen immer mehr Avancierte an, das Gehirn und/oder das Bewußtsein seien

---

1175 Vgl. bei Marco Bischof, *Biophotonen*, S. 411f.

1176 Vgl. bei Marco Bischof, *Biophotonen*, S. 411f. Und auch Andrew A. Cochran, *Are Atomic Particles Conscious*, Second Look, Vol. 2, No. 2, Jan.–Feb., 1980.

1177 Vgl. bei Amit Goswami, *Das Bewußte Universum*, S. 182.

1178 Vgl. bei Ervin Laszlo, *Zu Hause im Universum*, S. 115. R. Sheldrake, Cambridge, zum Beispiel in *Das Gedächtnis der Natur*, oder in *Das schöpferische Universum*.

makroskopische Quantensysteme[1179]. Nicht nur der Oxford Physiker Roger Penrose ist der Ansicht. Auch der Physik-Nobelpreisträger Richard P. Feynman, der Stanford Phyisker Hal Puthoff, der Berkeley Physiker Henry Stapp, der Mathematiker Walter Schempp, der Physik-Nobelpreisträger Dennis Gabor, der Stanford Gehirnforscher Karl Pribram, die Oxford Physikerin und Gehirnforscherin Danah Zohar und andere.

Biologie, Gehirn- und Bewußtseinsforschung bringen hier äußerst überzeugende Fakten, später werden wir uns noch genau mit diesen befassen.

Grob gesagt, ist das Hauptargument für den geheimnisvollen Wellencharakter von großen Objekten also: eine *einzigartige Kohärenz*[1180]. Im Quantenbereich herrscht eine einzigartige Kohärenz dadurch, daß Teilchen übereinander überall und instantan „informiert" sind. Im lebenden Organismus und im Gehirn, argumentieren Biologen und Bewußtseinsforscher, finden wir de facto eine analoge einzigartige Kohärenz: weit voneinander entfernte Moleküle oder Molekülgruppen schwingen synchron, d.h. sie sind so eng korreliert wie Quanten. Laser und Supraleiter erzeugen analog eine einzigartige Kohärenz, die überall und instantan ist usw.

Neben einer einzigartigen Kohärenz gäbe es noch ein weiteres, ziemlich simples Argument dafür, daß auch große Dinge Quantensysteme sind:

Die Elementarteilchen, aus denen sich jeder Gegenstand zusammensetzt, sind Quantensysteme, sie „kommunizieren" miteinander über Raum und Zeitgrenzen hinweg, dann sollte auch der Gegenstand als ganzes, *der aus diesen Teilchen besteht*, etwas Quantensystemhaftes haben, und das heißt, eine Ebene, die Raum- und Zeitgrenzen überspringt.

Auch bei Elektrizität und Gravitation decken sich schließlich makroskopische Eigenschaften mit mikroskopischen Eigenschaften! Bei Elektrizität und Gravitation werden makroskopische Eigenschaften durch mikroskopische Eigenschaften der Bestandteile verursacht.

Zuletzt können wir noch das Gegenexperiment Schmidt's[1181] zu Schrödingers Katze schildern: *Schmidt's Katze*. Es handelt sich hier zudem um ein reales Experiment, nicht nur um ein Gedankenexperiment.

Es geht hier darum, daß ein Bewußtsein (das einer Katze), die hier unser Beobachter wäre, eine große Apparatur, also ein makroskopisches

---

[1179] Pribram, Yale und Campbell, Cambridge, vgl. bei Lynne McTaggart, Das *Nullpunkt-Feld*, S. 124–139. Und vgl. bei Amit Goswami, *Das Bewußte Universum*, S. 216.

[1180] Vgl. Ervin Laszlo, *Zu Hause im Universum*, S. 104f.

[1181] Vgl. etwa Schmidt bei Walter von Lucadou, *Psyche und Chaos. Theorien der Parapsychologie*, S. 99–107.

Objekt beeinflussen kann, und nicht nur Quanten. Es ist also ein Psychokinese-Experiment.

Das Experiment ähnelt stark Schrödingers Experiment, es ist allerdings humaner. Eine Katze ist in einem Gartenhäuschen eingeschlossen, und das radioaktive Präparat steuert eine Wärmelampe. Bei Zerfall des Präparats wird die Wärmelampe eingeschaltet. Nun konnte man tatsächlich beobachten, daß die Katze den radioaktiven Zerfall so beeinflußte, daß die Lampe, also das große Objekt, häufiger eingeschaltet wurde. Da die Katze hier unser Beobachter ist, zeigt sich, daß der Apparat sich anders verhält, wenn der Beobachter Katze da ist. D.h. *der Apparat als makroskopisches System* reagiert auf einen Beobachter ähnlich wie Quanten auf Beobachter reagieren. Der Beobachter (Katze) beeinflußt hier die Wahrscheinlichkeit des radioaktiven Verfalls und damit den Apparat; der Verfall geschieht häufiger, nimmt konkrete Werte an, die Lampe geht häufiger an, so wie auf Quantenniveau der Beobachter die Quanten aus ihren Wahrscheinlichkeitszuständen in einen konkreten, realen Zustand holt.

– Radioaktiver Verfall ist spontan, nicht vorhersagbar, man kann nur anhand der Menge des schon verfallenen Materials Wahrscheinlichkeiten für den Verfall des Rests angeben. Hier haben wir die perfekte Analogie zur Superposition[1182]. Gleichzeitig drängt sich uns hier auch der Gedanke auf, daß wohl nur Systeme beeinflußt werden können, die nicht deterministisch sind!

Es spricht also einiges dafür, daß es auch große Quantensysteme gibt. Und immer mehr halten nun sogar alle großen Dinge, wie etwa Vasen oder Kaffeetassen, überhaupt alles, für Quantensysteme (oder für Systeme, die sich wie solche verhalten können).

Es ist nun natürlich äußerst seltsam, wenn Vasen und Kaffeetassen sich nichtlokal verhalten, einen Wellencharakter annehmen: sie schweben dann praktisch jenseits von Raum und Zeit, verschwinden sozusagen in der Transzendenz.

Niemand hat so etwas Verrücktes je gesehen!

Ist so etwas denn wirklich möglich?

Die Antwort einiger lautet: Vasen und Tassen sind Quantensysteme mit all ihren Verrücktheiten: *Wir merken es nur nicht!*

[1182] Im Zustand der Superposition ist alles möglich. Bevor der Zufall sich in einem bestimmten Ereignis zu etwas konkretisiert, ist auch alles möglich. Hier besteht eine gleiche Struktur. Vieles legt, geht man von den hiesigen Prämissen (u.a., daß es makroskopische Quantensysteme gibt) aus, meine ich, nahe, daß gilt: Quantensysteme sind Zufallssysteme und auch: Zufallssysteme sind Quantensysteme.

Wieso merken wir nicht, daß es um uns herum makroskopische Quantensysteme gibt?

Der Physiker Brian Greene[1183] etwa meint, makroskopische Objekte, wie Kaffeetassen oder Roulettetische, können durchaus einen Wellencharakter haben, Quantensysteme sein. *Nur ist es praktisch nicht zu bemerken*, weil, so Greene, der Wellencharakter sich im Winzigsten abspielt[1184]. Der makroskopische Durchschnitt verschleiere eine Fülle von mikroskopischen Aktivitäten.

Nach dem Physiker John Archibald Wheeler[1185] merken wir es nicht, daß große Objekte Quantensysteme sind, weil alles ständig so schnell zwischen Transzendenz (Wellennatur) und unserer konkret erfahrbaren Welt (Teilchennatur) hin und her fluktuiert, daß unser lahmer Sinnesapparat es gar nicht wahrnimmt. So wie man bei einem Film nicht die einzelnen aneinandergereihten Bilder wahrnimmt, wir Kontinuität sehen, wo gar keine ist. Wir meinen, wir sehen einen durchgehenden Film, dabei sehen wir nur eine Folge von Bildern und Zwischenräumen, in denen keine Bilder sind, so schnell nacheinander, daß wir die (leeren) Intervalle nicht wahrnehmen.

Auch nach dem Physiker Amit Goswami[1186] hat alles einen Wellencharakter, kleine wie große Quantensysteme. Er erklärt so, weshalb wir unsere Welt nicht in wilden Quanten-Fluktuationen wahrnehmen, sondern die Dinge kontinuierlich zu sein scheinen: Makroskopische Körper besitzen gewaltige Massen, was bedeutet, *daß sich ihre Quantenwellen ziemlich behäbig ausbreiten*. Infolgedessen können bei makroskopischen Objekten die Bahnkurven ihres Massezentrums ganz genau vorausberechnet werden (der Mond ist immer da, wo wir ihn erwarten); damit entsteht der Eindruck von Kontinuität, die zusätzlich durch unseren eigenen Wahrnehmungsapparat verstärkt wird. Makroskopische Körper (makroskopische Quantensysteme) sind ferner, nach Goswami, so komplex (im Verhältnis zu Elementarteilchen), daß sie eine lange Erneuerungsdauer haben. Insofern *können sie gewissermaßen Vergangenes festhalten*, so temporär sie auch am Ende sein mögen.

[1183] Brian Greene, *Das elegante Universum*, S. 132.

[1184] Es gilt auch: die Wellenlänge und damit die Größe der beobachteten Effekte hängt von der Geschwindigkeit und der Masse des Teilchens ab. Deswegen sind Materiewellen nur bei sehr leichten Teilchen (zum Beispiel Elektronen) einfach zu beobachten.

[1185] John Archibald Wheeler bei Marco Bischof, *Biophotonen*, S. 405f.

[1186] Amit Goswami, *Das Bewußte Universum*, S. 187: So entsteht für uns nach Goswami auch die Illusion der Zeit: Aufgrund der Art von „Vorleben" der Dinge sind wir versucht, die Welt durch eine kausale Brille zu sehen und die Vorstellung zu haben, die Zeit bewege sich in einer Richtung und sei von unserem Bewußtsein unabhängig.

Und mit Douglas Hofstadter[1187] können wir hinzufügen, wir müssen es auch gar nicht merken: Es genügt, wenn wir die Dinge auf unserer Ebene wahrnehmen, auf der Ebene, auf die unser Sinnesapparat ausgerichtet ist. Damit die Dinge für uns auf der makroskopischen Ebene funktionieren, müssen wir nicht die mikroskopische Welt begreifen. Letztere ist von einer gewissen Irrelevanz für uns. Ein Beispiel: Ich höre und genieße eine Etüde von Chopin auf der makroskopischen Ebene. Alles was zählt, ist, daß dieses Opus durch die Luft an mein Ohr transportiert wird. Obwohl die Luftmoleküle hieran entscheidend beteiligt sind, ist ihr genaues Verhalten für meinen Musikgenuß aber nicht entscheidend: die Lage, die Geschwindigkeiten, die Richtungen, sogar die chemische Zusammensetzung der Moleküle ist austauschbar, die Ereignisse auf der oberen Ebene, mein Genuß von Chopin, bleibt sich gleich. Obwohl die untere Ebene für ein Geschehen verantwortlich ist, ist sie für das Geschehen oben gleichzeitig, so Hofstadter, vollkommen irrelevant.

Einfacher könnte ich sagen, um einen Staubsauger zu bedienen, muß ich nicht wissen, was die Atome gerade in ihm machen.

Zusammenfassung:

Sind also Gegenstände wie Kaffeetassen, Vasen, Fernseher makroskopische Quantensysteme – und dieser doch inzwischen immer häufiger vertretenen Ansicht schließen wir uns hier an –, haben sie infolge ihrer Beobachterabhängigkeit, ihrer Nichtlokalität und ihres Wellenverhaltens alle etwas Lebendiges, sind sie nicht einfach tote Gegenstände.

Wenn sich Kaffeetassen, Vasen, aber auch große „Objekte" wie Personen oder Gehirne wie Wellen, also nichtlokal verhalten, dann sind sie ferner mit anderen großen Quantensystemen, wie anderen Tassen, Vasen, Personen, Gehirnen usw. verbunden, die mit ihnen einmal in Berührung waren. Und zwar durch die Zeiten hinweg, also auch mit vergangenen und zukünftigen, und auch über beliebige Entfernungen hinweg.

Das bedeutet aber nichts anderes, als daß diese großen Dinge, daß Dinge im weitesten Sinne (also organische und anorganische, natürliche und künstlich gemachte, überhaupt alles um uns herum) ein Gedächtnis haben. Und zwar ein ganz besonderes Gedächtnis: Alles, was mit einem Gegenstand in Berührung war, bleibt in Berührung: und so ist es auch nicht verwunderlich, wenn ein Psychometer aus einem Ring nicht nur den Besitzer herauslesen kann, sondern auch Aussagen über die Person des Besitzers machen kann, über dessen ganzes Leben und auch darüber, was dieser Besitzer gerade aktuell tut oder denkt. Dinge und Personen, die in Berührung bleiben, bleiben auch hinsichtlich dessen, was sie gerade tun und denken, in Berührung. Ebenso weiß ein Elementarteilchen, was ein

---

[1187] Douglas Hofstadter, *Ich bin eine seltsame Schleife*, S. 63–66 und 73ff.

anderes, das einmal mit ihm zusammen war, gerade „tut", wie herum es sich etwa dreht (seinen Spin).

Auch Hellsehen und Telepathie werden hier erklärlich. Sind Personen beziehungsweise ihr Bewußtsein und/oder ihr Gehirn große Quantensysteme, stehen sie, wenn sie einmal zusammen waren, über Zeit und Raum in Verbindung, das erklärt Telepathie bei Personen, die sich kennen. Sind Personen (ihre Gehirne oder Bewußtseine) Quantensysteme, bedeutet das auch, sie können sich wie Wellen verhalten, beziehungsweise ihr Bewußtsein oder ihr Gehirn kann in diesem probabilistischen Raum jenseits von Raum und Zeit navigieren, damit können sie Sachverhalte zu allen Zeiten an allen anderen Orte sehen: Hellsehen und Präkognition würde das erklären.

Und zuletzt wird auch Psychokinese plausibel. Kleine Quanten kann der Beobachter bewußt beeinflussen (er bringt die Wellenfunktion zum Kollabieren) und auch große Dinge, sind große Dinge ebenfalls Quantensysteme. Wie sieht das nun genau aus? Große Gegenstände können als Quantensysteme auch potentielle Möglichkeiten sein, die der Beobachter erst zu wirklichen Möglichkeiten werden lassen kann. So kann der Psychokinet als Beobachter aus den vielen Möglichkeiten einfach eine auswählen. Diese Möglichkeit würde dann in die Wirklichkeit treten. Wie die Erfahrungen zeigen, gibt es hier aber eine Einschränkung. Es scheint im Bereich der großen Dinge geheimnisvollerweise nur mit Zufallssystemen zu funktionieren, mit Dingen, deren Verhalten nicht determiniert ist. Wenn ich also etwa versuche, das Zufallssystem Würfel derart zu beeinflussen, daß der Würfel Sechser würfelt, dann konzentriere ich mich bewußt auf die Sechs, und dies kann dazu führen, daß ich so die Sechs aus dem Raum aller Möglichkeiten des Würfels, seinem Dasein als Quantenwelle, aus seiner potentiellen Existenz, in die Wirklichkeit hole, in der der Würfel als reales Teilchen existiert.

Die Quantenphysik erklärt uns also die paranormalen Phänomene und liefert uns auch ein Gedächtnis von Gegenständen, sofern es auch makroskopische Quantensysteme (Gehirn und/oder Bewußtsein eingeschlossen) gibt, was wir hier annehmen.

Wie nun das Gehirn und/oder das Bewußtsein des Psychometers im Einzelnen an dieses unter unseren Prämissen plausible Gedächtnis von Gegenständen kommen könnte, dieses hochinteressante Problem behandeln wir später.

(Übrigens: Auch wenn wir nicht annehmen, daß es so viele große Quantensysteme gibt, können wir zumindest annehmen, unser Bewußtsein/Gehirn sei ein solches großes Quantensystem (hierfür gibt es sehr gute Argumente, die später ausführlich dargestellt werden, insbesondere das einzigartige simultane kohärente Schwingen von Milliarden von Gehirnzellen). Unser Bewußtsein/Gehirn würde auf Quantenniveau dann in der Zeit hin und her reisen können und so auch die Vergangenheit (also das Gedächtnis) eines Dings erkennen können, die (das) sich somit ebenfalls auf Quantenniveau befände. So oder so befindet sich also die Vergangenheit der Dinge, unser Gedächtnis der Dinge auf Quantenniveau.)

Wir haben zuerst gezeigt, daß manche annehmen, das Gedächtnis von Gegenständen liege im elektromagnetischen Feld.

Dann haben wir uns angesehen, was die Quantenphysik zum Gedächtnis von Gegenständen sagen kann und kamen zum Schluß, daß sie so gedeutet werden kann, daß sie ein Gedächtnis von Gegenständen plausibel erklärt, unter der Voraussetzung, daß es große Quantensysteme[1188] gibt.

Jetzt wollen wir sehen, wo dieses Gedächtnis noch gespeichert sein könnte. Und auch hier hilft die Quantenphysik weiter.

Namhafte Forscher haben in der Folge der Quantenphysik noch eine weitere Idee gebildet, wo das Gedächtnis von Gegenständen lokalisiert sein könnte: Im sogenannten *Quantenvakuum*. (Wir werden hier wieder aufs elektromagnetische Feld zurückkommen, dies allerdings auf einem fundamentaleren, tieferen Niveau, und auf andere physikalische Felder.)

Ist das Gedächtnis von Gegenständen im sogenannten Quantenvakuum?

Wir gehen hier einfach einen Schritt weiter. In der Quantenphysik haben wir das seltsame Verhalten von Quanten, von kleinsten Teilchen kennengelernt. Ihre verrückte Nichtlokalität: ihre instantane Informiertheit über das Verhalten von mit ihnen verschränkten Teilchen, ihre Wellennatur: ihr potentielles Dasein jenseits von Raum und Zeit, solange sie nicht beobachtet werden.

Die Wechselwirkung, die uns nun in der Nichtlokalität begegnet, ist keine der bekannten Wechselwirkungen. Es gibt keinen Energieaustausch, und neu ist auch, daß wir uns jenseits der heute bekannten Grenzen von Raum und Zeit befinden.

[1188] Beziehungsweise unter der Voraussetzung, daß zumindest das Gehirn und/oder das Bewußtsein ein großes Quantensystem ist.

Einige Physiker[1189] nehmen nun sozusagen *hinter* der Quantenebene ein physikalisches Feld an, das diese nicht lokale Wechselwirkung, die auch eine augenblickliche *informationelle* Wirkung ist, vermittelt. – Wir sind hier auf einem noch tieferen, fundamentaleren Niveau, man könnte auch Subquantenebene dazu sagen. – Ebenso soll die Wellennatur der Quanten auf dieser Ebene wurzeln. Sie nennen dieses Feld beziehungsweise diese Ebene *Quantenvakuum* oder Vakuum.

Diesen Verrücktheiten (Nichtlokalität und Wellennatur) entsprechend, ist das Quantenvakuum ein geheimnisvoller Bereich jenseits von Raum und Zeit, in dem alle Quanten mit allen Quanten instantan und ubiquitär verbunden sind[1190]. Wenn Quanten verrückt spielen, *bereisen* sie praktisch diesen quasi transzendenten, andersdimensionalen Bereich.

Und: ebenfalls nur einige, allerdings namhafte Wissenschaftler, nehmen an, daß das Vakuum auch ein *riesiger Energie-* und vor allem auch ein *riesiger Informationsozean* ist. – Von der herrschenden Meinung wird dies nicht akzeptiert, quasi ins Gebiet des Esoterischen verwiesen. –

Der Informationsozean bedeutet, daß alle Ereignisse, die *Quanten* betreffen, Spuren in diesem Informationsfeld hinterlassen (!), es informieren. Und das informierte Quantenvakuum wirkt seinerseits auf Quantensysteme zurück. Es informiert sie. Es entsteht beziehungsweise besteht so ein Verbindungsnetzwerk, das eine kohärente Entwicklung des Kosmos ausmacht. Das Quantenvakuum ist hier so etwas wie die intelli-

---

[1189] Einer der prominentesten war der Einsteinschüler David Bohm. Bohm veröffentlichte seine alternative Interpretation der Quantentheorie im Jahr 1952. Für Bohm mußte es hinter der Ebene der Quanten noch eine tiefere Realität geben, ein Feld, das wie die Schwerkraft den gesamten Weltraum durchdrang. Der Stanford Gehirnforscher Karl Pribram vertritt dieselbe Ansicht. Man kann auch sagen Bohr und Heisenberg meinten nichts anderes, als sie erklärten, ein Elektron etwa sei keine definierte Einheit, sondern existiere als Potential, als Summe aller Möglichkeiten, bis wir es beobachten oder messen, wodurch es sich auf einen bestimmten Zustand festlegt. Wenn wir die Beobachtung oder Messung beendet haben, kehrt das Elektron wieder zurück in den *Äther* der Möglichkeiten. Diesen Äther können wir genausogut Quantenvakuum nennen. Wobei Bohr, Heisenberg und auch Born die Wellenfunktion nicht als reale Welle sahen, sondern als *mathematische Konfiguration*, dementsprechend wäre das Quantenvakuum so etwas wie ein Himmel der Mathematik. Beim Stanford Physiker Hal Puthoff liegt Nichtlokalität der Quanten ebenfalls im Quantenvakuum. Der Yale und Princeton Systemwissenschaftler Ervin Laszlo sieht auch eine wahrscheinliche Verknüpfung zwischen der virtuellen Energie des Quantenvakuums und dem seltsamen Verhalten der Quanten. Weitere sehr namhafte Wissenschaftler hängen der Idee an, etwa Oxfords Roger Penrose, der Begründer der modernen Theorie der schwarzen Löcher, der führende Pariser Quantentheoretiker Barnard d'Espagnat und der Quantentheoretiker Brian Josephson aus Cambridge, der 1973 den Physiknobelpreis erhielt.

[1190] Man kann sich darunter vielleicht einen *Punkt* vorstellen, der aber keine Ausdehnung hat: alles ist auf diesen konzentriert: der ganze Raum, alle möglichen Raumdimensionen und die ganze Zeit, Gegenwart, Vergangenheit und Zukunft.

gente Bewegerin des Kosmos, eine intelligente vis vitalis. Und gleichzeitig ist hier das Quantenvakuum auch ein *kosmisches Gedächtnis*!

Das Quantenvakuum enthält hiernach also ein Gedächtnis für Quanten.

Enthält es auch das Gedächtnis eines großen Gegenstands, eines sogenannten makroskopischen Objekts, das Gedächtnis einer Uhr, einer Vase, einer Tasse?

Sind solche großen Objekte Quantensysteme – und davon gehen wir hier aus – und hat das Quantenvakuum die oben genannten Eigenschaften (hängt dort alles mit allem zusammen, ist es die Ebene der Nichtlokalität von Quantensystemen usw.), wäre es der ideale Kandidat für unser Gedächtnis von Gegenständen.

Bekannte Physiker wie Bearden, Dubrow, Bohm[1191] gehen auch davon aus, daß das Quantenvakuum (so wie oben dargestellt) paranormale Phänomene im weitesten Sinne (Hellsehen, Telepathie, Psychometrie usw.) erklären kann.

Bender und Owen[1192] nahmen bereits 1969 an, daß bei paranormalen Phänomenen eine Energie im Spiel sein muß, die sozusagen von außen kommt. Die viel später entdeckte Quantenvakuumsenergie ist nach ihnen eine solche Energie. Die Physiker Walker[1193] und Puthoff[1194] glauben, daß paranormale Phänomene dann passieren, wenn der Sensitive mit dem Quantenvakuum interagiert, daß also der Psychometer dann das Gedächtnis des Gegenstands ablesen kann, wenn er (sein Gehirn, sein Bewußtsein) mit dem Quantenvakuum interagiert. Wobei dieses physikalische Feld am besten im meditativen Zustand angezapft werden könne. Auch Ervin Laszlo ist derselben Ansicht.

Nun gibt es aber (wie gesagt) unterschiedliche Meinungen bezüglich der Eigenschaften des Quantenvakuums. Wir haben hier eine Minderheitenmeinung vorgeschlagen, die allerdings auch von namhaften Wissenschaftlern vertreten wird.

Sehen wir uns das Vakuum und das Meinungsspektrum genauer an.

[1191] David Bohm nennt das Quantenvakuum allerdings *implizite Ordnung*. Vgl. die andern bei Marco Bischof, *Biophotonen*, S. 419f. Diese Physiker vertreten das Quantenvakuumsmodell unserer Mindermeinung.

[1192] Vgl. bei William G. Roll in *New Frontiers of Human Science*, S. 164.

[1193] Vgl. bei William G. Roll in *New Frontiers of Human Science*, S. 164.

[1194] Vgl. bei William G. Roll in *New Frontiers of Human Science*, S. 163–165.

Da gibt es einmal die herrschende Meinung:

In der Umgangssprache ist ein Vakuum ein weitgehend luftleerer Raum (man denke etwa an Vakuumverpackungen). Auch die Technik und die klassische Physik verwenden landläufig den Ausdruck in diesem Sinn: Vakuum bezeichnet hiernach den Zustand eines Fluids in einem Volumen bei einem Druck, der deutlich geringer ist als der Atmosphärendruck bei Normalbedingungen.

Das Vakuum der Quantenphysik, das Quantenvakuum, ist etwas weit Komplexeres.

Aber sehen wir uns zunächst die Geschichte des Vakuums an:

Descartes und Newton mit ihrem mechanistischen Weltbild, und die Physik bis vor kurzem, gingen noch von einem *leeren Raum* aus[1195]. Der Raum zwischen den Elementarteilchen (das Vakuum) war nach ihnen leer. Die Äthervorstellung, den Äther, der den Raum erfüllen sollte, verwarf man wieder. Wie durch einen leeren Raum hindurch allerdings Kräfte wie Gravitation wirken sollten, blieb ein Rätsel, war nicht mehr vorstellbar[1196]. Mathematische Abstraktion trat an die Stelle der Vorstellbarkeit, und solange die Berechnungen technisch nutzbare Ergebnisse brachten, fragte man nicht weiter nach.

Bereits seit der Hälfte des 20. Jahrhunderts betrachtete man das Vakuum landläufig nicht mehr als leeren Raum. Der „leere" Raum, in dem die Relativitätstheorie nur die Geometrie der Raumzeit sah, schien *mit einem wirklichen physikalischen Feld* erfüllt, das reale physikalische Wirkungen zeitigte. Für das erfüllte Vakuum gab es bald Evidenz. Der englische Physiker Paul Dirac konnte in den Sechzigerjahren zeigen, daß das Vakuum die Masse, die elektrische Ladung und das Drehmoment von Teilchen beeinflußt. Der *Casimireffekt* und der *Lamb-Shift* sind inzwischen klassische Quantenvakuumseffekte[1197].

[1195] Vgl. Bernd Senf, *Die Wiederentdeckung des Lebendigen*, S. 308f.

[1196] Schallwellen verbreiten sich durch die Luft, Wasserwellen im Wasser. Worin sollen sich aber Gravitationswellen oder elektromagnetische Wellen verbreiten? Bislang ging man davon aus, daß es bei der Ausbreitung von Wellen ein Medium gibt, das in Schwingung versetzt wird.

[1197] Willis Lamb wies 1948 die Entstehung von virtuellen Teilchen aus dem Vakuum nach. Hendrik B. Casimir bewies 1948 die Existenz der Nullpunktenergie des Vakuums: das Feld enthält dann noch Energie, wenn alle klassischen Energieformen verschwinden: beim absoluten Temperaturnullpunkt.
Erklärung des **Casimireffekt**s:
Es entstehen im Vakuum auf Grund von Quantenfluktuationen ständig Teilchen und Antiteilchen – im wesentlichen Elektronen und Positronen – die sich praktisch sofort wieder gegenseitig zerstrahlen. Diese Verletzungen der Energieerhaltung sind nur deshalb erlaubt, weil sie von extrem kurzer Dauer sind und in der Regel keinen Einfluß auf die Umgebung haben.

Das Quantenvakuum ist nach heute herrschender Meinung der Zustand des Universums (und überhaupt von allem, von Feldern und von Teilchen) *mit der niedrigst möglichen Energie.*

0 ist die Energie aber nicht! Das Vakuum schwankt (fluktuiert) um einen Mittelwert bei Null (man sagt hierzu auch Nullpunktschwingungen oder Vakuumfluktuationen). Das Vakuum enthält selbst dann noch Energie, wenn die klassischen Energieformen verschwinden[1198]. Hier ist also immer etwas los, brodelt noch etwas.

Das folgt bereits aus Heisenberg's Unschärfeprinzip[1199]: Kein Partikel kann völlig in Ruhe sein, das würde das Unschärfeprinzip verletzten. Nach dem Unschärfeprinzip ist immer eins der beiden unscharf – die Geschwindigkeit oder der Ort –, wenn das andere präzise gemessen werden kann. In andern Worten: von einem Teilchen kann niemals dessen Position und dessen Geschwindigkeit gleichzeitig genau bekannt sein. Wäre nun ein Partikel in Ruhe, wäre beides 0 und somit beides gleichzeitig präzise festgelegt. Das würde das Unschärfeprinzip verletzten. Daher nimmt man an, daß, wenn man auch alle Energie von einem Partikel nähme, er dennoch sich bewegt (random intrinsic motion). Diese Bewegung heißt Nullpunktbewegung (zero point motion). Was für einen Partikel gilt, gilt nun auch für Felder. Es kann nach dem Unschärfeprinzip niemals die Stärke eines Felds und gleichzeitig der Wert seiner zeitlichen Änderung genau bekannt sein. Je genauer wir das eine kennen, desto unschärfer erfassen wir das andere. Deshalb kann niemals genau festgestellt werden, daß *kein* Feld vorhanden ist, denn dann würden wir gleichzeitig die Feldstärke (Null) und die Änderungsrate (ebenfalls Null) erfas-

---

Unter gewissen Umständen kann man diese Quantenfluktuationen aber nachweisen, und zwar indem man elektrisch neutrale Platten auf wenige Mikrometer aneinander bewegt. Jetzt können im Innenraum zwischen den Platten weniger Teilchen entstehen als außen, und die Platten spüren den erhöhten Aussendruck, was sie veranlaßt sich einander zu nähern. Dieses Phänomen nennt man Casimir-Effekt und ist im Labor nachgewiesen worden.

Ursache für diese mysteriöse Anziehungskraft des Vakuums ist die Verkleinerung des Zustandsraumes, das heißt der Summe der möglichen von den Teilchen einzunehmenden Energiezustände. Auf Grund des Welle-Teilchen-Dualismus können zwischen den beiden Platten nur noch solche Teilchen entstehen, deren halbe Wellenlänge ein ganzzahliges Vielfaches des Plattenabstands ist. Das Quadrat der Amplitude dieser Welle gibt nämlich gerade die Aufenthaltswahrscheinlichkeit des Teilchens. Das ist vergleichbar mit einer Geigensaite, die auch nur einen sauberen Ton produziert, wenn die Knoten der Schwingung an den Fixpunkten der Saite liegen. Die Wahrscheinlichkeit für Teilchen mit nicht passender Wellenlänge nimmt also zwischen den Platten ab, während sie außerhalb konstant bleibt. So entsteht ein Unterdruck und die Platten werden vom Vakuum zusammengedrückt.

[1198] Vgl. William G. Roll in *New Frontiers of Human Science*, S. 161.

[1199] Das 1927 Bestätigung fand.

sen, was nach dem Unschärfeprinzip aber nicht sein kann. Wenn wir also selbst alle Energie aus einem Raumabschnitt holen würden (ihn auf den absoluten Nullpunkt abkühlen), gäbe es in ihm dennoch: randomly fluctuating fields, Feldfluktuationen, Quantenfeldfluktuationen des Vakuums.

Mit Heisenberg läßt sich also Unschärfe als Fluktuationen ausdrücken: Es ist nichts ganz bewegungslos. Partikel und Felder[1200] (wie etwa das elektromagnetische) sind bei null zufälligen Schwankungen unterworfen. Alle Quantensysteme haben daher eine Nullpunktenergie.

Das Vakuum ist also in der herrschenden Meinung bevölkert mit Partikeln und Feldern, die diese Nullpunktbewegungen (im Zustand niedrigster Energie) ausführen, die um Null fluktuieren. Erfahren wir noch mehr: Nehmen wir zwei Exponenten der herrschenden Meinung die Harvard Physikerin Lisa Randall[1201] und den Oxford Physiker Frank Close[1202], dann sieht es *im* Quantenvakuum, grob gesagt, so aus: Bei Close und Randall ist das Quantenvakuum ein Meer von Energiefluktuationen, *aus dem virtuelle Teilchen entstehen*, Teilchen, die auftauchen und sofort wieder verschwinden und dabei die Wechselwirkungen der Grundkräfte vermitteln. Das Vakuum selbst enthält *keine Teilchen*, nur konstante Felder. Es ist der Zustand des Universums *mit der niedrigst möglichen Energie*. Jede elektromagnetische Wellenlänge hat im Vakuumszustand ihre Energie, die selbst dann existiert, wenn es keine Photonen (keine Teilchen des Elektromagnetismus) gibt. Diese Felder sind also keine normalen Felder, man kann sie als *virtuelle Felder* bezeichnen (Felder ohne Teilchen).

Das Vakuum enthält hiernach also selbst keine Teilchen, es enthält Energie*fluktuationen* (von Teilchen und Feldern) um den Nullpunkt, aus ihm entstehen aber etwa virtuelle Teilchen (und, wie wir weiter unten sehen werden, nicht nur virtuelle Teilchen). Die Energiefluktuationen von Teilchen und Feldern um den Nullpunkt, die das Vakuum enthält, sehen also so aus, daß es im Vakuum keine Teilchen gibt und nur virtuelle Felder (Felder ohne Teilchen).[1203]

(Nach Dirac war das Quantenvakuum etwas noch ganz anderes: praktisch ein See angefüllt mit Elektronen[1204].)

Heute nimmt die neueste herrschende Meinung etwas noch ganz anderes an beziehungsweise dazu, das Vakuum sei ausgefüllt mit dem

---

1200 Wir können statt dessen auch sagen Materieteilchen und Kräfteteilchen.

1201 Lisa Randall, *Verborgene Universen*, S. 189f., 524.

1202 Frank Close, *Das Nichts verstehen*, S. 131.

1203 Nach anderen Exponenten der herrschenden Meinung enthält das Vakuum auch die virtuellen Teilchen. (Was ist innen, was ist außen, ist ohnehin eine schwierige Frage, weil Innen und Außen hier ja ineinander übergehen.).

1204 Dirac bei Frank Close, *Das Nichts verstehen*, S. 132.

Higgsfeld[1205]. Das Higgsfeld gilt als eine Art *Materiefeld*[1206] im Vakuum! Es soll allen fundamentalen Teilchen ihre Masse verleihen (nicht etwa den Ruhemasse-losen Photonen, die haben keine Wechselwirkung mit dem Higgsfeld). Für das Higgsfeld gibt es allerdings noch keinen direkten Nachweis. Vielleicht ist das Higgsfeld nur ein mathematischer Trick, meinen einige.

Higgsfeld hin oder her, leichter zu verstehen ist die herrschende Meinung in ihrer Annahme, daß das Quantenvakuum *allen Feldern und Teilchen*[1207] *unterliegt. Felder und Teilchen manifestieren sich (letztlich) aus ihm.* Und sogar unserem Raum- und Zeitgefüge unterliegt es hiernach[1208]. Und so ist auch letztlich unser Universum oder sind Universen daraus entstanden[1209].

Jedes Teilchen (Materie- und Kräfteteilchen) entstammt nach der herrschenden *Quantenfeldtheorie* aus der Anregung eines quantisierten Felds in seinem niedrigsten *Vakuum*-Zustand[1210]. Und die Grundkräfte

---

[1205] Vgl. Frank Close, *Das Nichts verstehen*, S. 151ff.

[1206] *Materiefeld* scheint mir hier ein unguter Term zu sein. Bislang war das Vakuum mit virtuellen Feldern ausgefüllt und Teilchen-los, es gab hier nur Energiefluktuationen um Null. Beim Begriff Materie denkt man aber sofort an Teilchen, nicht Fluktuationen bzw. Wellen. Besser wäre der Term eines Materie schaffenden Felds.

[1207] Einen Überblick liefert John Davidson, *Das Geheimnis des Vakuums*, S. 295ff. Frank Close, der Oxford Physiker ist ein Vertreter der herrschenden Meinung und führt das in *Das Nichts verstehen* auf S. 112ff., 130, 132 aus. Vgl. zur herrschenden Meinung zum Beispiel auch Michael Munowitz, *Physik ohne Formeln*, S. 414–416.

[1208] Frank Close, *Das Nichts verstehen*, S. 130.

[1209] Unser Universum wäre eine gigantische Quantenfluktuation.
Vgl. Dieter B. Herrmann, *Antimaterie*, S. 95f.: Nicht nur entstehen also Teilchen, Kräfte, Felder (letztlich) aus dem Quantenvakuum. Die Entstehung *von ganzen Kosmen* führen Physiker auf die „Störung" der ursprünglich perfekten Symmetrie des Quantenvakuums zurück. Die Zahl der Dimensionen des ursprünglichen Quantenvakuums (vor dem Urknall) stellt man sich als beliebig vor, durch Symmetriebrechung ging aus diesem Raum irgendwann ein Raum mit weniger Dimensionen hervor, wie unser Universum. Solche „Störungen" können eigentlich beliebig oft vorkommen, und so kann es zu beliebig vielen Universen kommen, über die wir aus unserem nur vier-dimensionalen Raum-Zeit Koordinatensystem nichts in Erfahrung bringen können. Ein paar Physiker gehen heute übrigens nicht nur von der Möglichkeit vieler Kosmen aus, die aus dem ursprünglichen Quantenvakuum entstanden sind. Auch unser eigenes Universum soll sich ständig in verschiedene Universen aufspalten. Alle denkbaren Quantenzustände sollen real sein und extra Universen bilden, neue Welten, die keinerlei Verbindung zueinander aufweisen. Das erscheint wie ein irrer Wahnsinn. Diesbezüglich muß sich eine herrschende Meinung erst noch herausbilden.

[1210] Vgl. zur herrschenden Meinung zum Beispiel Michael Munowitz, *Physik ohne Formeln*, S. 414–416. Vgl. auch die Harvard Physikerin Lisa Randall, *Verborgene Universen*, S. 183–189, 260–262, sozusagen zur orthodoxen Sicht des Vakuums.

(beispielsweise der Elektromagnetismus) wirken nach der herrschenden Meinung[1211] (im Fall des Elektromagnetismus nach der QED, Quantenelektrodynamik) aus einem Zusammenwirken mit dem Quantenvakuum per virtuelle Teilchen. Es funktioniert beim Elektromagnetismus so: daß ein ankommendes Elektron ein virtuelles Photon emittiert, das zu einem anderen Elektron wandert, die elektromagnetische Wechselwirkung vermittelt und dann sofort wieder verschwindet. Das virtuelle Photon verhält sich wie ein vertraulicher Brief, der Informationen vom einen zum andern Ort übermittelt, aber unmittelbar darauf zerstört wird. Um die klassische elektromagnetische Kraft zu erzeugen, tritt das virtuelle Photon aus dem Vakuum aus, und verschwindet gleich wieder im Vakuum, aus dem es sich für ganz kurze Zeit Energie ausgeborgt hat und dann sofort wieder mitnimmt (so ist der Energieerhaltungssatz praktisch nicht verletzt; nur für eine ultrakurze Dauer, und das erlaubt das Heisenberg'sche Unschärfeprinzip, eigentlich eine Wahnsinnskonstruktion). Das Quantenvakuum wechselwirkt hier also in Form von *virtuellen* Teilchen[1212], die sich ständig spontan bilden und ebenso wieder zerfallen. An allen Kräften (Wechselwirkungen) sind die virtuellen Teilchen des Quantenvakuums beteiligt[1213]. Die virtuellen Teilchen führen also zu realen Wirkungen in Raum und Zeit[1214]. Während im Quantenvakuum selbst aber kein Zeitablauf existiert. Sehen wir uns den Begriff *virtuell* noch genauer an: die Teilchen nennt man virtuell, weil sie kaum entstehen, schon wieder vergehen, dabei den Energieerhaltungssatz minimal verletzen und nicht observabel sind. Manche meinen auch, sie sind nicht wirklich vorhanden, eher mathematische Krücken, und daher virtuell.

[1211] Vgl. Lisa Randall, *Verborgene Universen*, S. 183–189 und S. 260–262.

[1212] Es wird noch komplizierter: Die virtuellen Teilchen treten als Teilchen und Antiteilchen auf! Etwa bestehend aus einem Materieteilchen und seinem Antiteilchen, wie Elektron/Positron. Es gibt dabei auch Teilchen, die ihr eigenes Antiteilchen sind: so das Photon. Diese Teilchenpaare entstehen und vernichten sich gleich wieder, wenn sie aufeinander treffen. Ihre Existenz ist äußerst kurz, nicht länger als 10^{-21} Sekunden. Das genügt um reale Wirkungen zu verursachen, etwa die elektromagnetische Kraft zu vermitteln. Virtuelle Teilchen existieren nicht als freie Teilchen, und ihre Masse kann im Rahmen der Unschärfe schwanken und von der physikalischen Masse der entsprechenden reellen freien Teilchen abweichen. Vgl. Dirk Evers, *Raum, Materie, Zeit*, S. 210.

[1213] Lisa Randall, *Verborgene Universen*, S. 264: Wollte man virtuelle Teilchen davon abzuhalten versuchen, eine Wechselwirkung zu erleichtern, wäre das etwa so, als würden Sie Ihren Freundinnen oder Freunden ein Geheimnis verraten und hoffen, daß diese es nicht weitererzählen.

[1214] Rolf Landua, *Am Rand der Dimensionen. Gespräche über die Physik am CERN*, S. 74: Aus virtuellen Teilchen im Vakuum können übrigens reale Teilchen werden, wenn man genügend Energie zuführt. Auch starke Gravitationsfelder können dafür sorgen, daß Teilchen real werden.

Daneben hat das Vakuum auch einen (winzigen) Einfluß auf alle Teilchen und Kräfte, eben nur, weil es da ist. Stellt man es sich als Medium vor, wie das Close[1215] tut, dann verändert es auf Subquantenebene etwa ganz geringfügig die elektromagnetische Kraft.

Das Vakuum der Quantenmechanik ist also nach der heutigen Mehrheit der Physiker nicht leer! Es ist mit Nullpunktschwingungen von Teilchen und Feldern angefüllt, mit Energie, mit *Potential*, mit virtuellen Feldern und auch noch mit dem Higgsfeld. Es unterliegt allem, was existiert, Teilchen und Kräften, und per virtueller Teilchen bringt es die Kräfte zum Wirken.

Und was sagt die herrschende Meinung nun zu Raum und Zeit im Quantenvakuum?[1216]

Hier ist man etwas vorsichtiger. Die Heisenberg'sche Unschärfe lege nahe, daß im Quantenvakuum auch Raum und Zeit fluktuieren. Wir hätten hier einen sogenannten Raum-Zeit-Schaum. Es sei schwer vorstellbar, was das sei. Es gilt also jedenfalls nicht unsere begrenzte (drei-/vierdimensionale) Raum-/Zeit-Welt.

Zusammenfassend kann man bis hierher also sagen: Dieses seltsame Feld, das Quantenvakuum, ist inzwischen experimentell bestätigt, und einige seiner Eigenschaften sind unbestritten.

Was es alles leistet, was sozusagen alles in ihm steckt, ist aber noch lange nicht geklärt. In dieses Quantenvakuum direkt hineingesehen hat sozusagen noch niemand[1217].

Die Sicht eines exklusiven Clubs[1218] (Die Minderheitenmeinung, die wir anfangs vorgeschlagen haben, der wir uns hier anschließen):

Nach Meinung einiger, eines immerhin sehr exklusiven Clubs von Forschern, ist mit dem Quantenvakuum noch viel mehr los.

In ihm wurzelt auch das verrückte Verhalten der Quanten. Der Welle-Teilchen-Dualismus und die Nichtlokalität kommen hiernach durch Wechselwirkung mit dem Quantenvakuum zustande[1219]. Auch das verrückte Verhalten der Gravitation (das Waterloo der Physik) wollen

---

[1215] Frank Close, *Das Nichts verstehen*, S. 147–155.

[1216] Hierzu Frank Close, *Das Nichts verstehen*, S. 130.

[1217] Und es liegt gerade auch in seinem Charakter, daß man nicht hineinsehen kann, ist es doch der Bereich, in dem Teilchen Wellen sind, der unbeobachtete Bereich also. So zumindest in dem von uns gewählten Modell.

[1218] Vgl. etwa Ervin Laszlo, *Zu Hause im Universum*, S. 58ff. zum Quantenvakuum, „dem viel diskutierten, aber bisher nur ungenügend verstandenen Feld, das den kosmischen Raum erfüllt" und zum Panorama der Meinungen.

[1219] Nicht nur die Unschärferelation und (beziehungsweise) die Nullpunkt-Fluktuation der Partikel sollen mit der Wechselwirkung der Materie mit dem Quantenvakuum zu tun haben.

einige wenige mit der Wechselwirkung mit dem Quantenvakuum erklären.

Entsprechend den Eigenschaften der Nichtlokalität und des Wellenverhaltens ist das Quantenvakuum ein geheimnisvoller Bereich jenseits von Raum und Zeit. (Auch in der herrschenden Meinung scheint es das letztlich zu sein). Verkürzt könnte man[1220] sagen: im Quantenvakuum sind nur Wellen, dort sind Teilchen Wellen, wobei gilt: Teilchen als Wellen sind überall und nirgendwo, sind Potential. Und zwar gilt das für alle Teilchen, sowohl für Materie- als auch für Kräfteteilchen. Elektromagnetische Wellen etwa bestünden im Vakuum nicht aus Teilchen, die Teilchen sind[1221], sie wären nicht körnig, sondern aus Teilchen, die Wellen sind. (Entsprechend hätten sie andere Eigenschaften, die Wellenwellen überbrücken Raum und Zeit, die Teilchenwellen nicht[1222].)

Und einige renommierte Wissenschaftler[1223] nehmen an, das Quantenvakuum sei auch ein *riesiger Energie-* und vor allem auch ein *riesiger Informationsozean*, vergleichbar dem *Apeiron*[1224] der Vorsokratiker.

[1220] Ich wage das hier einmal.

[1221] Vgl. zu Teilchenwellen etwa Brian Greene, *Das elegante Universum*, S. 121 und überhaupt S. 108–144 zur Relativierung der Unterschiede zwischen Materie und Kräften: beide können in Form von Teilchen oder Wellen vorliegen. S. 128: „Die mikroskopische Welt verlangt von uns, die intuitive Vorstellung aufzugeben, etwas könne nur ein Teilchen oder nur eine Welle sein, und uns mit der Möglichkeit abzufinden, daß es beides ist."

[1222] Wir werden unten weitere Eigenschaften des Vakuums kennenlernen. Aus denen geht hervor, daß elektromagnetische Wellenwellen auch nicht abschirmbar sind, so daß auch ein Psychometer im Faraday Käfig ohne weiteres aus diesen Informationen ablesen kann. Die elektromagnetische Hypothese ist damit plausibel.

[1223] Einer der prominentesten Vertreter der Ansicht, das Vakuum sei ein Energie- und/oder Informationsozean, war der Einsteinschüler David Bohm, *Wholeness and the Implicate Order*, S. 133ff., 234, 236ff. Hierzu gehören ferner der Physiknobelpreisträger Richard P. Feynman, der Stanford Gehirnforscher Karl Pribram, der Stanford Physiker Hal Puthoff, der Oxford Physiker Roger Penrose, der Physiknobelpreisträger Brian Josephson aus Cambridge, der Mathematiker Walter Schempp, der Cambridge Biologe Rupert Sheldrake, der Biophysiker Fritz-Albert Popp, der Berkeley Physiker Henry Stapp, der Cambridge Physiker John Davidson, der Yale und Princeton Systemwissenschaftler Ervin Laszlo, die Physiker Thomas E. Bearden, John Archibald Wheeler, Evan Harris Walker, Amit Goswami, Scott Hagan, Laszlo Gazdag, Danah Zohar, Herbert Fröhlich, Helmut Schmidt, die japanischen Physiker Kunio Yasue, Y. Takahasi und M. Umezawa, der Mediziner Stuart Hameroff, der Ingenieur und Physiknobelpreisträger Dennis Gabor und andere.
Die erweiterte Sicht aufs Vakuum (aufs Quantenvakuum) kann man als Alternativansatz zur herrschenden Quantenfeldtheorie und deren Nachfolgetheorien sehen, vgl. zum herrschenden Theoriespektrum zum Beispiel Lisa Randall, *Verborgene Universen*, S. 189ff. und Brian Greene, *Das elegante Universum*, S. 149ff., 321.

Die **Quantenfeldtheorie** hat sich von den dreißiger Jahren bis in die siebziger Jahre zum *Standardmodell der Teilchenphysik* entwickelt und hat Quantenkonzepte mit der speziellen Relativitätstheorie verschmolzen. In der Quantenfeldtheorie werden Quanten durch eigene Felder, Quantenfelder, erzeugt: Ein Quantenfeld besteht aus Teilchen (zum Beispiel das elektromagnetische Feld aus Photonen. Es gibt einen ganzen Teilchenzoo: 12 *Materieteilchen*: Spielarten von Quarks(die Protonen und Neutronen aufbauen), Elektronen und Neutrinos und *Kräfteteilchen*, die Teilchen der 4 Grund-Kräfte).

Dabei wird jedes Teilchen von einem eigenen Feld erzeugt oder vernichtet. Quantenfelder können Teilchen erzeugen und absorbieren. Die Theorie beschreibt alle Kräfte und Wechselwirkungen in Form dieser Teilchen-Felder. *Wechselwirkungen* (die Erzeugung von Kraft zwischen Materieteilchen=Fermionen: Elektronen, Quarks, Protonen, Neutronen) entstehen in der Quantenfeldtheorie dabei durch den Austausch von Kräfteteilchen (=Bosonen: Photonen der elektromagnetischen Kraft, 8 Gluonen der starken Kernkraft, W- und Z-Teilchen der schwachen Kernkraft): zum Beispiel die elektromagnetische Wechselwirkung entsteht durch Austausch von Photonen: und zwar nicht von realen, sondern von *virtuellen* Photonen. Daneben gibt es die ganz „reellen" Photonen der elektromagnetischen Strahlung, etwa im Licht aus einer Glühbirne. (Die Quantenfeldtheorie bringt auch Antiteilchen ins Spiel, nach ihr muß es für jedes Teilchen ein Antiteilchen geben: Teilchen und Antiteilchen werden aus dem Nichts (dem Vakuum) heraus als *virtuelle* Teilchen existent (virtuelle Teilchen implizieren also immer Teilchen-Antiteilchen Paare, beispielsweise bestehend aus einem Materieteilchen und seinem Antiteilchen, wie Elektron/Positron. Es gibt dabei auch Teilchen, die ihr eigenes Antiteilchen sind: so das Photon. Diese Teilchenpaare entstehen und vernichten sich gleich wieder, wenn sie aufeinander treffen. Solche Antiteilchen kommen daher in der Natur praktisch nicht „real" vor. Ihre Existenz ist zu kurz, nicht länger als 10^{-21} Sekunden. Das genügt allerdings, um reale Wirkungen zu verursachen, etwa die elektromagnetische Kraft zu vermitteln. Virtuelle Teilchen existieren nicht als freie Teilchen, und ihre Masse kann im Rahmen der Unschärfe schwanken und von der physikalischen Masse der entsprechenden reellen freien Teilchen abweichen). Vgl. Dirk Evers, *Raum, Materie, Zeit*, S. 210 und John Davidson, *Das Geheimnis des Vakuums*, S. 329.

Warum nun virtuelle Teilchen: Man konnte sich nicht vorstellen, daß Kräfte durch Nichts hindurch agieren, und so postulierte man eine Interaktion per virtueller Teilchen; eine Sache, die an den Haaren herbeigezogen scheint, meint John Davidson, *Das Geheimnis des Vakuums*, S. 307.

Zum Standardmodell gehört dann noch, es kommt noch schlimmer, das Higgsfeld: Das Higgsfeld besteht aus Higgs-Teilchen und verleiht anderen Teilchen wie Quarks oder Elektronen erst ihre Masse; vgl. zum Beispiel Paul Davies, *Der Kosmische Volltreffer* S. 200f. (Das Higgsfeld könnte genausogut ein bloßes mathematisches Konstrukt sein beziehungsweise genausogut könnte nach Meinung mancher das sogenannte Quantenvakuum den Teilchen Masse geben. In der Tat spricht man dem Higgsfeld dieselben Eigenschaften wie dem Quantenvakuum zu: es soll auch ein Informationsfeld sein: Woher weiß ein neuproduziertes Elementarteilchen, daß ein Elektron auf der Erde identisch ist mit allen andern Elektronen im Universum: vom Higgs-Feld: vgl. Rolf Landua, *Am Rand der Dimensionen*, S. 75, 99.)

Aber eins läßt die Quantenfeldtheorie außen vor: die Gravitation; die Gravitation will nicht den Gesetzen der Quantenmechanik folgen, sie läßt sich nicht quantisieren. Die Gravitation wird bislang beschrieben durch die *allgemeine Relativitäts-theorie*. Die allgemeine Relativitätstheorie ist dummerweise aber unvereinbar mit der Quantenmechanik im Bereich der kleinsten Teilchen, vgl. zum Beispiel Brian Greene, *Das elegante Universum*, S. 160 oder Stephen Hawking, *Die Kürzeste Geschichte Der Zeit*, S. 119.

Die weitere Entwicklung der Quantenphysik bemüht sich nun, auch die Gravitation noch unter einen Hut mit den anderen 3 Grund-Kräften (Elektromagnetismus, starke und schwache Kernkraft) zu bringen, in **Grand Unified Theories (GUTs)**. (Des weiteren sollen in diesen GUTs auch Materie und Strahlung zusammengebracht werden, also eine gemeinsame Grundlage für überhaupt alles, für Kräfte- und Materieteilchen, gefunden werden, ein griechisches Unterfangen). Die Guts sind noch nicht experimentell bestätigt. Die GUTs verändern das Standardmodell der Quantenfeldtheorie im folgenden (sehr grob gesagt) in *Supersymmetrie* (bei der Supersymmetrie werden *alle* Teilchen vereinigt, also Materieteilchen und Kräfteteilchen, vgl. zum Beispiel bei Paul Davies, *Der Kosmische Volltreffer*, S. 141f.: jedes Teilchen bekommt einen supersymmetrischen Partner, ein Fermion zum Beispiel ein supersymmetrisches Boson), in *Stringtheorien* (noch nicht vollständig verstanden: vgl. Paul Davies, *Der Kosmische Volltreffer*, S. 152), in durch Supersymmetrie erweiterter Stringtheorie: *Superstringtheorie*, in *Quantengravitationstheorien* und *Theorien zu Extradimensionen* (deren Vorhandensein folgt aus den Stringtheorien; bereits die älteren Stringtheorien gingen von Strings aus (= Teilchen sind hier eindimensionale Energiefäden), die in bis zu 26 Dimensionen schwangen (!): Mitte der 80er gab es eine chancenreichere Variante, die M-Theorie: Strings schwingen hier „nur" in zehn Dimensionen und können *elegant* als Flächen oder Membrane in einem elfdimensionalen Raum beschrieben werden; vgl. zum Beispiel bei Paul Davies, *Der Kosmische Volltreffer*, S. 150). Extradimensionen sind sozusagen Parallelwelten, es gibt da unendlich große, unendlich kleine, aufgewickelte: kompaktifizierte Dimensionen usw. Und das Wahnsinnige: beim Kompaktifizierungsprozess können theoretisch unendlich viele Versionen entstehen, unendlich viele Universen, Multiversen. (Schon die Superposition von Quanten im Wellenzustand hat man als Paralleluniversen interpretiert(!): vgl. Paul Davies, *Der Kosmische Volltreffer*, S. 290, was den Stringtheoretikern natürlich gefiel.) Und dann gibt es auch noch Spielformen zwischen den obigen Theorien ... Vgl. zu den GUTs etwa Lisa Randall, *Verborgene Universen*, S. 9, 88f., 92, 269–275, 279–285, 321, 334, 341, 376f., 453–456, 517, 530, Silvia Camejo, *Skurrile Quantenwelt*, S. 214, 215, Brian Greene, *Das elegante Universum*, S. 235.

Das Quantenvakuumsmodell, das im Vakuum mehr sieht als die herrschende Meinung (manche sagen dazu **vereinigtes Vakuum**) wäre nun eine Alternative zur Quantenfeldtheorie: es würde bewirken, was virtuelle Teilchen in der Quantenfeldtheorie bewirken müssen (virtuelle Teilchen erscheinen vom vereinigten Vakuum aus gesehen als bloßer mathematischer Trick): Teilchen sind im hiesigen Quantenvakuum *ein untereinander verbundenes* Netz oder Gewebe aus Energie (dessen Verbundenheit (dort kann alles auf alles wirken) man aber noch nicht besonders gut versteht), und so sind ubiquitäre und instantane Wechselwirkungen zwischen Materieteilchen kein Hexenwerk: vgl. John Davidson, *Das Geheimnis des Vakuums*, S. 308 und Hal Puthoff bei Lynne McTaggart, *Das Nullpunkt-Feld*, S. 57f. Vgl. auch John Davidson, *Das Geheimnis des Vakuums*, S. 329ff. zum Verhältnis von Quantenvakuum und Quantenfeldtheorie.

Das Quantenvakuum als Energie- und Informationsozean

Zum *Energieozean*[1225]: Das Quantenvakuum scheint Licht, Energie, Musik und Druck zu übertragen (das wären elektromagnetische Wellen und Gravitationswellen, so auch die herrschende Meinung). Es soll aber nach der Mindermeinung auch Energie in Atome und Sonnensysteme einspeisen usw.[1226] Der amerikanische Physiker John Archibald Wheeler[1227]

Das vereinigte Vakuum würde auch einige wichtige Probleme lösen, die die herrschende Meinung einfach, peinlich berührt, überging, so etwa das Problem der Stabilität des Atoms: Die Elektronen strahlen auf ihrer Umlaufbahn um die Atomkerne ständig Energie ab. Sie müßten also immer weiter auf den Kern zustürzen (so zumindest nach Maxwell: vgl. M. Munowitz, *Physik ohne Formeln*, S. 227, ein Elektron würde als geladenes Teilchen auf seiner gekrümmten Bahn eine Beschleunigung erfahren und folglich Energie abstrahlen, es ist nicht wie beim Umkreisen der Erde der Sonne). Die Paulizustände (Vgl. zu Paulizuständen zum Beispiel Lisa Randall, *Verborgene Universen*, S. 175) bedeuten im Grunde nur, daß sie das nicht tun. (Bei Pauli ist es sozusagen mit der Geometrie getan.) Warum aber tun sie das nicht? Sie müssen irgendwoher ständig Energie aufnehmen. Diese könnten sie aus dem Vakuum aufnehmen: Vgl. Ervin Laszlo, *Zu Hause im Universum*, S. 61.

Und das weitere Quantenvakuumsmodell bezöge auch die bisher rätselhafte Gravitation leichter ein und könnte diese auch eher erklären (sie ist immer noch *das* Rätsel, das Waterloo der Physik), es wäre u.U. die einfachste **GUT**: Vgl. John Davidson, *Das Geheimnis des Vakuums*, S. 326f., 348f. Vgl. bei Lynne McTaggart, *Das Nullpunkt-Feld*, S. 55ff. den Physiker Andrej Sacharow und v.a. Hal Puthoffs Verknüpfung von Gravitation und Nullpunkt(Vakuum)-Energie. Vgl. auch Ervin Laszlo, *Zu Hause im Universum*, S. 62. (Auch der Higgsmechanismus würde sich beim vereinigten Vakuum als etwas anderes herausstellen als er bislang interpretiert wurde: nicht er gäbe den Teilchen Masse, sondern das Quantenvakuum: Trägheit ergäbe sich schlicht als Widerstand des Quantenvakuums gegen Beschleunigung usw.: so zum Beispiel die Physiker Alfonso Rueda, Hal Puthoff und Bernie Haisch bei Lynne Mc Taggart, *Das Nullpunkt-Feld*, S. 63.)

[1224] Für Anaximander (ca. 610–545 v.Chr.) ist das **Apeiron** der Ursprung alles Seienden. Es ist das Unbegrenzte, eine Ursubstanz. Dieser Grund aller Dinge ist aber nicht eine Substanz mit der gleichen Beschaffenheit wie die Dinge, die wir kennen, sondern etwas völlig anderes, etwas nicht Wahrnehmbares, Unbestimmtes, Unendliches, Unnennbares. Es liegt jenseits von Raum und Zeit. Das Apeiron differenziert sich zu der Vielzahl von uns erfahrbaren Gegensätzen aus, bildet widersprüchliche Eigenschaften wie Heißes und Kaltes, Trockenes und Feuchtes usw. Aus dem Apeiron entsteht alles und alles vergeht auch wieder zum Apeiron. Vgl. Carl-Friedrich Geyer, *Die Vorsokratiker* S. 57, Hermann Schmitz, *Anaximander und die Anfänge der griechischen Philosophie*, S. 53ff., 56. Oder vgl. Erwin Schrödinger, *Die Natur und die Griechen*, S. 104 und Lothar Schäfer, *Versteckte Wirklichkeit*, S. 53.

[1225] Vgl. Ervin Laszlo, *Zu Hause im Universum*, S. 58ff. Ervin Laszlo, *Kosmische Kreativität*, S. 114.

[1226] Geflissentlich peinlich berührt übergeht die herrschende Meinung das Problem der Stabilität des Atoms: Die Elektronen strahlen auf ihrer Umlaufbahn um die

schätzt, daß ein Kubikzentimeter Vakuum mehr Energie enthält, als die gesamte Materie im Universum. Nach neuesten Schätzungen des Physikers Jacques Vallée[1228] beträgt die Energiedichte des Vakuums nur mindestens 57 000 Mega-Joules pro Kubikmeter. Und der Physiknobelpreisträger Richard P. Feynman[1229] macht es bildhaft; nach ihm reicht die Energie in einem einzigen Kubikmeter Raum aus, um alle Ozeane der Welt zum Kochen zu bringen. Das Quantenvakuum ist deshalb auch *der heilige Gral* avancierter Energieforschung.

Dagegen wehrt sich die herrschende Meinung. Der Oxford Physiker Close[1230] gibt zwar zu, daß der Betrag der Quantenvakuumsenergie tatsächlich unendlich sei (sic), dies aber fehlinterpretiert worden sei im Sinne einer riesigen noch übersehenen Energiequelle. Die Vakuumenergie bzw. Nullpunktenergie sei die minimale Energie, die ein System (oder das Vakuum) haben kann. Sie sei immer vorhanden und ließe sich dem Vakuum nicht entnehmen.

Und jetzt zum *Informationsozean*: Das Vakuum erzeugt Kohärenz – so die bedeutende Mindermeinung – nicht nur zwischen den Teilchen im Sinne von Energieübertragung, sondern auch im Sinne der Übertragung von *Information*[1231]: Alle Ereignisse, die sich in Raum und Zeit zutragen, also die Quantensysteme betreffen, hinterlassen Spuren in diesem Informationsfeld, informieren es. Und das informierte Vakuum wirkt seinerseits auf Dinge und Ereignisse (auf Quantensysteme) zurück. Es informiert sie. Es entsteht beziehungsweise besteht so ein Verbindungsnetzwerk, das eine kohärente Entwicklung des Kosmos ausmacht. Das Universum enthielte somit nicht nur Masse und Energie, sondern auch ein feineres und doch wirkliches Element: *Information*[1232].

In dieser Perspektive ist das Quantenvakuum auch ein *kosmisches Gedächtnis* und ein Feld, das darüber hinaus noch *Informationen* enthält, die alles *steuern*. Spuren hinterlassen und alles steuern sind nun zwei paar Dinge. Wer und was die Spuren hinterläßt, ist klar: dies tun Quantensysteme. Wer oder was aber die Steuerungsinformationen hier deponiert hat

Atomkerne ständig Energie ab. Sie müßten also immer weiter auf den Kern zustürzen. Die Paulizustände bedeuten nur, daß sie das nicht tun. (Bei Pauli ist es sozusagen mit der Geometrie getan.) Warum aber tun sie das nicht? Sie müssen irgendwoher ständig Energie aufnehmen. Diese könnten sie aus dem Vakuum aufnehmen: Vgl. Ervin Laszlo, *Zu Hause im Universum*, S. 61.

1227 Bei Marco Bischof, *Biophotonen*, S. 403.

1228 Bei Marco Bischof, *Biophotonen*, S. 403.

1229 Bei Lynne McTaggart, *Das Nullpunkt-Feld*, S. 49.

1230 Frank Close, *Das Nichts verstehen*, S. 128.

1231 Vgl. Ervin Laszlo, *Zu Hause im Universum*, S. 64.

1232 Ervin Laszlo, *Zu Hause im Universum*, S. 64. Information als aktive (!) und wirksame Information.

(darunter könnten wir uns Baupläne, Funktionen von allem vorstellen etc.), das ist hier nicht mitgesagt.

Physiker wie Bearden, Bohm, Heim, Paul Davies, F. David Peat, um nur wenige zu nennen[1233], sehen das so. Das Quantenvakuum ist für sie ein Feld strukturierter Information, superintelligenter Information, das jenseits von Raum und Zeit liegt, höherdimensional ist, mit unserer materiellen Ebene, die auf drei Raumdimensionen und eine Zeitdimension beschränkt ist, wechselwirkt.[1234]

Die herrschende Meinung[1235], die nicht so weit geht, findet sich eigentlich vor allen möglichen unlösbaren Fragen: Wer oder was bewirkt, daß alle Elektronen und Positronen, die aus dem Vakuum hervorgehen, identische Eigenschaften haben? Wer oder was hat die Quantenregeln aufgestellt, die unser Universum haben entstehen lassen? Wer hat sozusagen den (Steuerungs-)Code geschaffen hinter allem?

Die Mindermeinung antwortet hier, das Vakuum ist informiert und informiert/steuert alles, was aus ihm entsteht, es ist der Code.

Auch hier ist man allerdings lediglich einen Schritt weiter, denn (wie gesagt) man könnte hier weiterfragen, wer oder was hat erste (Steuerungs-)Regeln aufgestellt im Vakuum? Wer oder was hat die Grundlagen des Codes geschaffen? Wir kommen in einen unendlichen Regreß.

Man kann sich auch solcher Fragen entziehen, indem man einfach sagt, alles ist immer schon dagewesen, wie die Physiker Hawking und Hartle oder bereits der Philosoph Thales[1236].

Das Quantenvakuum enthält im von uns gewählten Modell also, beziehungsweise ist, ein Gedächtnis für Quanten(systeme). Weil es ein Verbindungsnetzwerk für Quantensysteme ist und diese Spuren in ihm hinterlassen. Es enthält nicht nur das Gedächtnis winziger Quanten bzw.

[1233] Heim kritisiert, daß die bisherige Physik sich hauptsächlich mit Energie und Materie beschäftigt hat, und den Struktur-/Informationsaspekt vernachlässigte, weshalb sie sich auch schwer mit der Gravitation täte, vgl. bei Marco Bischof, *Biophotonen*, S. 409. Und vgl. bei Michael Talbot, *Das Holographische Universum*, S. 90.

[1234] Virtuelles (im Sinne von: Möglichem) plus Energie plus Information wird zu Materiellem (Realem). Dabei behält das Materielle seinen virtuellen Untergrund. Alles Materielle hat seinen virtuellen Partner im Quantenvakuum, der alle Information über ihn enthält, was er ist, war, sein kann, wie er in seinem Kontext evoluieren, sich verhalten kann usw. Dabei ist die virtuelle Ebene die fundamentalere, sie ist der Seinsgrund der materiellen, und so ist Materie nicht nur Energie sondern auch gleichzeitig Information (wobei man sagen müßte: virtuelle Energie und virtuelle Information, solange wir *im* Quantenvakuum sind). Und dies alles natürlich nicht starr, sondern dynamisch.

[1235] Frank Close, *Das Nichts verstehen*, S. 176.

[1236] Bei Frank Close, *Das Nichts verstehen*, S. 176.

Quantensysteme, sondern auch das Gedächtnis großer Gegenstände, sogenannter makroskopischer Objekte, das Gedächtnis einer Uhr, einer Vase, einer Tasse, wenn diese großen Objekte auch Quantensysteme sind, Quantennatur haben. Dieser Annahme folgen wir hier. Es besteht so ein Verbindungsnetzwerk auch zwischen Menschen (auch das wären große Quantensysteme), egal wie weit sie von einander entfernt sind, und zwischen Menschen und Dingen und Menschen und Orten, und zwischen Dingen und Dingen und Orten und Dingen. Und alle die großen „Objekte" (auch wir selbst) hinterlassen Spuren im Quantenvakuum.

Dieses Verbindungsnetzwerk folgt bereits aus der hiesigen Eigenschaft des Quantenvakuums, verantwortlich zu sein für das Wellenverhalten, für das nichtlokale Verhalten der Quantensysteme. Das kann man nämlich auch so sehen: Das Vakuum ist der Bereich, in dem sich Quanten wie Wellen oder nichtlokal verhalten. Und das wiederum bedeutet, wie wir gesehen haben, daß Quantensysteme (die einmal zusammen waren) im Wellenzustand unabhängig von Raum und Zeit miteinander verbunden bleiben. Mit etwas verbunden bleiben, das einmal mit einem zu tun hatte, bedeutet aber nichts anderes, als ein Gedächtnis an sich tragen. Und dies im Quantenvakuum.

Fügt man noch hinzu, daß auch das Bewußtsein und/oder das Gehirn Quantensysteme sind, dann ist garantiert, daß wir das im Quantenvakuum gespeicherte Gedächtnis von Dingen auch wahrnehmen können, und natürlich, daß auch diese Spuren im Vakuum hinterlassen, mithin, alles, was wir je gedacht und gefühlt haben, dort aufgezeichnet ist. Ebenfalls wurde es erklären, daß Dingen und Orten so auch unsere Gedanken und Gefühle anhaften können, ich mich unter Umständen unwohl fühle an einem Ort, an dem schreckliche, von großem Grauen und gigantischer Angst begleitete Verbrechen stattfanden.

Nicht wenige Wissenschaftler nehmen heute an, Bewußtsein und/ oder Gehirn seien Quantensysteme. Wir haben für dieses Thema ein eigenes Kapitel eingerichtet.

Unser Modell[1237] weist gewichtige Unterschiede zur herrschenden Meinung auf, es gibt aber auch Gemeinsamkeiten.

In beiden Modellen unterliegt das Vakuum allen Teilchen und Feldern.

Im hier vertretenen Quantenvakuum gibt es bei uns alle möglichen Felder und Teilchen, und zwar *als Wellen*, etwa elektromagnetische Wellen, bei denen die Teilchen Wellen sind, Gravitationswellen, bei denen die Teilchen Wellen sind und alle möglichen Teilchen als Wellen: Photonen, Elektronen, Protonen etc., bis hin zu makroskopischen Quanten-

---

[1237] Unser Modell findet man beispielsweise auch im New Scientist, *Energy from the Vacuum! Extracting Energy via the Casimir Effect*, 1.10.2005.

Objekten, etwa einer Armbanduhr, im Wellenzustand. – Wir könnten uns hier noch eine kleine Abweichung vorstellen: Gravitationswellen, wie wir noch sehen werden, unterliegen im Vakuum nach unserem Modell letztlich allem: wir könnten uns bezüglich dieser vorstellen, daß sie nur als Wellen im Vakuum vorkommen, nicht als Teilchen unserer dreidimensionalen Welt (in der Tat hat man auch noch keine Gravitonen nachweisen können). – Im Quantenvakuum der herrschenden Meinung gibt es Teilchen und Felder, die um den Nullpunkt *schwingen*, also auch dort elektromagnetische Felder, Gravitationsfelder usw., also auch dort Teilchen und Felder im *Wellenzustand* (Felder bei denen Teilchen Wellen sind), allerdings auf sehr niedrigem, dem niedrigsten Energieniveau, alles schwingt lediglich um den Nullpunkt.

Das hier vertretene Vakuum ist mehr als das Vakuum der herrschenden Meinung, es bewirkt sozusagen ursprünglich die seltsamen Eigenschaften der Quanten, Wellenzustand und Nichtlokalität. Im hier vertretenen Vakuum wäre somit *alles virtuell: im Sinne von potentiell*, alles existiert dort im Zustand von Möglichkeiten. Sobald das Virtuelle aus seinen Möglichkeiten aus dem Vakuum heraustritt, wird es für uns real (etwa Materie, die Welle wird zum Teilchen), behält aber immer noch seinen virtuellen Untergrund, seinen virtuellen Partner, seinen Wellenuntergrund sozusagen, bleibt mit diesem verbunden[1238].

Und ein weiteres Mehr im Vergleich zur herrschenden Meinung besteht darin, daß das Vakuum in dem von uns gewählten Modell ein riesiger (anzapfbarer) Energie- und Informationsozean ist.

Die Zeit und der Raum sind im Vakuum der herrschenden Meinung ebenso wie bei uns anders.

Zusatzbemerkung: Daß das Vakuum der Bereich ist, in dem Teilchen Wellen sind, ist unserer Ansicht nach mehrheitsfähig, ein Punkt, der in die herrschende Meinung überwechseln könnte. Dieser Punkt begründet auch ein Gedächtnis der Dinge. Daß das Vakuum darüber hinaus noch ein Informations- und Energieozean ist, es auch alles aktiv steuert, wird, meinen wir, nicht so leicht zur herrschenden Meinung finden.

An diesem Punkt kann man grob sagen, bei beiden Meinungen gibt es im Quantenvakuum alles, da es allem unterliegt, nur sieht dieses Alles jeweils etwas anders aus (im Hinblick auf Energie und Information).

[1238] **Nicht zu verwechseln mit den *virtuellen* Teilchen, mittels derer in der herrschenden Meinung das Vakuum wechselwirkt, diese sind etwas ganz anderes:** die Teilchen sind virtuell, weil sie kaum entstehen, schon wieder vergehen, dabei den Energieerhaltungssatz verletzen und nicht observabel sind. Sie fluktuieren, was bedeutet, daß die Teilchen kurz erscheinen und wieder verschwinden, bevor man sie nachweisen könnte. (Manche sagen auch, sie sind nicht wirklich vorhanden, eher mathematische Krücken, und daher virtuell.)

Worin genau im Quantenvakuum könnte nun unser Gedächtnis gespeichert sein?

Hier führt weiter, wenn wir einen noch näheren Blick aufs Quantenvakuum werfen:

Die physikalische Beschaffenheit des Quantenvakuums

Verrückterweise gibt es inzwischen sogar Experimente, die etwas zur physikalischen Beschaffenheit des Quantenvakuums sagen[1239].

2000–2004 fand man im Brookhaven National Laboratory in New York am Relativistischen Schwerionenbeschleuniger heraus, daß es *superflüssig* ist, zehn bis zwanzigmal flüssiger als Wasser, gleichzeitig scheint es *superdicht* zu sein.

In einem superdichten und superflüssigen Medium können alle Dinge mehr oder weniger augenblicklich auf alle anderen wirken. Es ist damit auch *supraleitend*, und das bedeutet, daß zum Beispiel Energie das Vakuum ohne sich je zu verlangsamen oder schwächer zu werden, durchlaufen kann. Es gibt praktisch keine Reibung[1240]. Alles bewegt sich mühelos und ist sofort überall. So scheinen Ereignisse selbst über große Entfernungen hinweg synchronisiert. Trotz der großen Dichte finden Objekte, die das Vakuum durchdringen, keinen Widerstand. Das widerspricht nicht einmal der Erfahrung: im Wasser beispielsweise, einem relativ dichten Medium, sind Schallwellen schneller als in der Luft.

Und so löscht auch nichts die Wellen dort aus! Sie bleiben in Bewegung.

Das wären die idealen Wellen, um alles in einem Energie- und Informationsnetz ubiquitär und instantan (ohne Ansehen von Raum und Zeit)

[1239] Vgl. hierzu etwa Ervin Laszlo, *Zu Hause im Universum*, S. 63–71 und 150.

[1240] Energie durchläuft zum Beispiel supraleitende Stoffe, ohne sich je zu verlangsamen oder schwächer zu werden im Gegensatz zu elektrischen Impulsen im Kupferdraht – weshalb Telefonnetze Verstärker brauchen, um Signale über große Entfernungen zu übertragen.

Man kennt schon seit längerem **völlig reibungsfreie Medien**! 1938 entdeckte bereits der russische Physiker Pjotr Kapitsa, daß supergekühltes Helium (bei ca. 2 Kelvin) keinen elektrischen Widerstand mehr zeigt, mechanisch völlig reibungsfrei ist. Es war superflüssig und superdicht. Und noch früher (1911) entdeckte der holländische Physiker Heike Kammerlingh Onnes, daß viele Metalle abgekühlt auf – 274 ° beziehungsweise 0 Kelvin, den absoluten Nullpunkt, keinen elektrischen Widerstand mehr zeigen.

Hier ließe sich sogar das Phänomen von **Geistererscheinungen** erklären: Sagen wir, Geister gehörten in diese Welt der Superflüssigkeit, ins Quantenvakuum, dann könnten sie unsere Welt durchdringen, ohne daß sie mit etwas in unserer Welt in Berührung gerieten, könnten also auch durch Wände gehen, wie man das ja landläufig von Geistern annimmt ...

verbunden zu halten, und auch die idealen Wellen *überhaupt* für ein Gedächtnis von Dingen: das Quantenvakuum enthält hier alles in Form von Schwingungen (Wellen), und da in seiner Superflüssigkeit diese nicht verschwinden (!), enthält es auch noch Schwingungsmuster aller *vergangenen* Teilchen. Genauso sieht ein Gedächtnis aus!

Hier paßt der malerische Vergleich E. Laszlos[1241]:

Die Information (was etwa um einen Gegenstand passierte, was ihm geschah, was er ist oder war) verbreitet sich wie Wellen auf dem Meer sich verbreiten. Wellen, die sich auf dem Meer fortpflanzen, produzieren einen realen, wenn auch vergänglichen Effekt. Wenn ein Schiff übers Meer fährt, breiten sich Wellen in seinem Kielwasser aus. Diese Wellen wirken sich auf die Bewegung anderer Schiffe aus. Ein Uboot erzeugt sogar Wellen, die sich in alle Richtungen ausbreiten. Jeder Fisch, jedes Schiff ist ihnen ausgesetzt, wird von ihnen gewissermaßen geformt oder informiert. Aus den Wellenmustern kann man auf den Ort, die Geschwindigkeit und gar die Tonnage des Schiffes oder Uboots schließen; die Wellenmuster konservieren diese, erinnern an diese. Frische Wellen überlagern sich mit vorhandenen. Es werden Wellen jedoch dabei nicht überschrieben, die Wellen wirken vielmehr zusammen! Löschten der Wind, die Gravitation, und die Küsten diese Muster nicht aus, so wäre diese Erinnerung ewig.

Im (superflüssigen) Quantenvakuum gibt es nun nichts, das Wellen in der Weise auslöschen oder auch nur abschwächen kann. Es ist völlig reibungsfrei. Die Wellen *bleiben für immer in Bewegung*. Das Wellengedächtnis des Universums wäre damit ewig!

Was an einem Ort einmal passiert ist, oder die Geschichte eines Gegenstands, würde ewig vorhanden bleiben. Auch jeder unserer Gedanken, jedes unserer Gefühle würden ewige Abdrücke hinterlassen. Nichts ginge im superflüssigen Quantenvakuum unter, nichts fiele weg. Es gäbe höchstens Überlagerungen. Eine pathetische Vorstellung.

Auch anderes paßt hier ideal zusammen und erklärt sich: warum etwa das Gedächtnis von Gegenständen mit unseren normalen Sinnen nicht wahrnehmbar ist, warum wir den Eindruck haben, das Gedächtnis der Dinge sei nichts Greifbares. Das Quantenvakuum durchdringt infolge seiner Supraeigenschaften alles, ohne mit irgendetwas in Berührung zu geraten. Daher ist es für uns *vorderhand* unsichtbar und unspürbar[1242]. Vorderhand meint hier mit den an unsere *normale* Welt (an unsere dreidimensionale Welt) adaptierten Sinnen[1243].

1241 Ervin Laszlo, *Zu Hause im Universum*, S. 67f.

1242 Im Verhältnis zu seiner (nach manchen) enormen Energie, hat es einen relativ geringen Effekt auf Teilchen beziehungsweise Teilchensysteme.

1243 Nach Annahmen Namhafter, zum Beispiel David Bohms, stehen wir mit dem Quantenvakuum andererseits in Verbindung, wechselwirkt unser Bewußtsein mit

Wir sagten, daß nach herrschender Meinung und der Mindermeinung das Quantenvakuum allen Feldern und Partikeln unterliegt. Man dort ungefähr *alles* vorfindet.

Nun ergaben Experimente superflüssige, supradichte, supraleitende Wellen im Vakuum.

Das könnte nun heißen, es gibt diese seltsamen Wellen im Vakuum neben anderem, oder es könnte heißen, *alles* existiert im Vakuum letztlich in Form von superflüssigen, supradichten, supraleitenden Wellen.

Alles Mögliche wird hier vertreten.

Diese Wellen wären jedenfalls der ideale Kandidat für unser Gedächtnis von Gegenständen, und deshalb sehen wir uns jetzt das Meinungsspektrum zu ihnen genauer an.

Dabei sehen wir uns vor allem die Meinungen derjenigen an, für die das Quantenvakuum ein alles verbindendes Energie- und Informationsmedium ist, also die Vertreter des von uns gewählten Modells.

Welcher Art sind nun diese superflüssigen, supraleitenden Wellen?

Für manche[1244] sind es elektromagnetische Wellen. Sie sehen das Quantenvakuum als einen Teil eines universellen *elektromagnetischen Feldes*.

Elektromagnetische Wellen passen aber prima vista nicht zur hier entdeckten Supraleitfähigkeit, Supradichte, Supraflüssigkeit des Quantenvakuums. Signale im elektromagnetischen Feld müssen über große Entfernungen verstärkt werden, sie werden abgebremst. Signale im supraleitenden Quantenvakuum hingegen laufen praktisch ungehemmt durch.

Das ist allerdings der Elektromagnetismus, den wir in unserer drei-/vierdimensionalen Welt kennen, den wir messen, der Elektromagnetismus, bei dem wir es mit Teilchenwellen zu tun haben, bei dem Teilchen Teilchen sind.

Für den Elektromagnetismus im Quantenvakuum, bei dem in unserem Modell Teilchen Wellen sind, muß etwas anderes gelten, wenn die Überlegung erlaubt ist, also für elektromagnetische Wellenwellen. (Fragt sich, ob solche auch existieren könnten ohne gleichzeitig Teilchenwellen zu sein. Man müßte hier antworten, wenn sie von nirgendwoher beobachtet werden, können sie sich rein als Wellenwellen im Vakuum befinden. Wir wollen hier annehmen, daß in den hier betrachteten Fällen elektro-

---

ihm, wie wir noch sehen werden. Statt unserer gängigen Sinnesempfindungen geht es um Wahrnehmung bzw. Bewußtseinsprozesse, die Zeit und Raum transzendieren können.

[1244] Vgl. bei William G. Roll in *New Frontiers of Human Science*, S. 161.

magnetische Wellen immer beides zugleich[1245] sind, Wellen die Teilchen enthalten und Wellen, die Wellen enthalten, daß es immer Intervalle der Beobachtung gibt, der Dekohärenz.)

Unser Gedächtnis kann hiernach in elektromagnetischen Wellen codiert sein, wobei diese sich gleichzeitig im Vakuum und außerhalb des Vakuums befinden. Sind sie im Vakuum, würden andere Regeln gelten, dieselben wie im nächsten Kapitel für das in Gravitationswellen im Vakuum gespeicherte Gedächtnis der Dinge. Derjenige, der fähig wäre, Informationen aus diesen, oder egal welchen, Wellenwellen im Vakuum herauszulesen, könnte in ihnen etwa in Raum und Zeit hin und her reisen. Und solche Wellen kann man auch nicht abschirmen (sie durchdringen infolge ihrer Supraeigenschaften alles, ohne mit irgendetwas in Berührung zu geraten): Daß auch ein Psychometer im Faraday-Käfig Informationen aus einem Gegenstand lesen kann, entkräftet also nicht das Modell des elektromagnetischen Felds. Der Faraday-Käfig kann nur die elektromagnetischen Teilchen Wellen unserer Welt abschirmen, nicht die elektromagnetischen Wellenwellen des Vakuums.

Gravitationswellen im Quantenvakuum oder: liegt das Gedächtnis von Gegenständen im Gravitationsfeld des Quantenvakuums?

Andere meinen, bei den besagten Wellen im Quantenvakuum handle es sich um Gravitationswellen. Druckwellen also wären die Trägerwellen unseres Gedächtnisses von Dingen im Vakuum.

Druckwellen unterliegen nach einigen auch allem anderen, allen Feldern und Partikeln; sie sehen das Quantenvakuum ausschließlich als Gravitationsfeld.

Kurz *Grundsätzliches zur Gravitation*: Nach der klassischen Gravitationstheorie wird die Schwerkraft zwischen massiven Objekten durch ein Gravitations*feld* vermittelt.

Die Quantenfeldtheorie sagt voraus, daß es ein *Teilchen* geben muß, das die Schwerkraft in diesem Feld überträgt, das Graviton[1246]. Noch niemand hat es jedoch beobachtet[1247]! Sein direkter Nachweis steht ganz oben auf der wissenschaftlichen Agenda[1248].

[1245] „Zugleich" bedeutet in unserem Modell: ein so blitzschnelles Hin- und Herwechseln zwischen Wellen und Teilchen, daß beides zugleich vorzuliegen scheint.

[1246] Lee Smolin, *Three Roads to Quantum Gravity*, S. 151.

[1247] Lee Smolin, *Three Roads to Quantum Gravity*, S. 151.

[1248] Vgl. Frank Close, *Das Nichts verstehen*, S. 106.

Gravitonen sind also die Teilchen, die die Schwerkraft, die Gravitation vermitteln, so wie Photonen die elektromagnetische Kraft vermitteln. Photonen lassen sich bereits nicht als Materie bezeichnen. Als Materie lassen sich all die Elementarteilchen bezeichnen, die eine *Ruhemasse* haben. Die Ruhemasse ist die Masse eines Teilchens, wenn dieses sich nicht bewegt. Photonen besitzen nur eine *dynamische Masse*, da jedes bewegte Teilchen nach der *speziellen Relativitätstheorie* einen Massezuwachs erfährt. Das heißt nur durch ihre Bewegung, indem sie durch den Raum flitzen, besitzen Photonen eine Masse.[1249]

Nicht einmal eine dynamische Masse haben nun Gravitonen. Sie sind praktisch immateriell. Gravitonen können deshalb rasend schnell sein. Und die Gravitation wirkt mit diesen masselosen Gravitonen deshalb auch praktisch *unendlich weit*. Zugleich ist die Gravitation allerdings eine außerordentlich schwache Kraft, zumindest im makroskopischen Bereich: ein winziger Magnet kann zum Beispiel eine Büroklammer hochheben, obwohl die gesamte Masse der Erde sie in die entgegengesetzte Richtung zieht[1250].

Bei Gravitationswellen wären nach ein paar wenigen nun auch Überlichtgeschwindigkeiten denkbar – Einsteins Postulat, daß nichts schneller als Licht sein kann, würde hier eine Erweiterung erfahren. Der herrschenden Meinung[1251] paßt das nicht, nach ihr bewegen sich Druckwellen „nur" mit Lichtgeschwindigkeit. Überlichtgeschwindigkeit bedeutet, Raum und Zeit spielen keine Rolle, man kann in Vergangenheit und Zukunft reisen, und man kann praktisch auch überall zugleich sein.

Überlichtgeschwindigkeit läge nahe, weil Gravitonen keine Masse haben, praktisch immateriell beziehungsweise wie die Harvard Physikerin Lisa Randall sagt, *virtuell*, sind, also noch *ätherischer* als Photonen. (Randall hält allerdings ebenfalls nichts von Überlichtgeschwindigkeiten). Überlichtgeschwindigkeit würde zur entdeckten Superflüssigkeit des Quantenvakuums passen; seine phänomenale Reibungsfreiheit legt nahe, daß man es auch unendlich schnell durchqueren kann.

[1249] Vgl. Silvia Arroyo Camejo, *Skurrile Quantenwelt*, S. 12f.

[1250] Brian Greene, *Das elegante Universum*, S. 208: Die elektromagnetische Kraft verfügt über weniger als 1 % von der Stärke der starken Kraft (die den Atomkern zusammenhält), die Gravitationskraft ist (im Makroskopischen) ungefähr hundert Millionen Milliarden Milliarden mal schwächer (10^{35}).

[1251] Vgl. zum Beispiel Michael Munowitz, *Physik ohne Formeln* S. 188, 508. Und vgl. Lisa Randall, *Verborgene Universen*, S. 326. Und Frank Close, *Das Nichts verstehen*, S. 100.
(Interessant ist, daß es in der Quantenmechanik zu Unendlichkeiten kommt, versucht man die der allgemeinen Relativitätstheorie gehorchende Gravitation mit ihr zu beschreiben.)

Und Überlichtgeschwindigkeit paßte auch perfekt zu den vermuteten Eigenschaften des Quantenvakuums als Ort jenseits von Raum und Zeit, an dem man in Vergangenheit und Zukunft reisen und überall zugleich sein kann, weil alles unmittelbar und instantan miteinander verbunden ist.

Interessant ist übrigens, daß die göttliche Allgegenwart dem ebenfalls entspricht, weshalb der Physiknobelpreisträger Brian Josephson aus Cambridge sich vielleicht auch vorstellte, daß „sogar für Gott und die Seele im Quantenvakuum Platz sein könne"[1252].

Übrigens ging auch schon Newton[1253] davon aus, daß die Gravitation ohne Zeitverzögerung wirkt, das ist so als sei sie unendlich schnell.

Ich nenne mal *ein paar, die im superflüssigen Quantenvakuum ein Gravitationsfeld sehen und Überlichtgeschwindigkeiten bei Gravitationswellen zulassen.*

Für den amerikanischen Physiker Thomas E. Bearden[1254] etwa ist das Quantenvakuum ein Druckwellenfeld, und die Wellen sind nach ihm auch überlichtschnell: Sie wirken auf den Fluß der Zeit ein und überwinden den Raum. Auch bei dem deutschen Physiker Burkhard Heim[1255] können die Gravitationswellen (im Vakuum) sich schneller als mit Lichtgeschwindigkeit bewegen, da sie vollständig zur virtuellen, jenseits von Raum und Zeit liegenden Ebene gehören. Und auch bei Rupert Sheldrake[1256] findet sich eine dahingehende Meinung.

Ähnlich denken der russische Geophysiker Alexander P. Dubrow[1257], der russische Astrophysiker Nikolai Kozyrew[1258] und der Cambridge Physiker John Davidson[1259].

Nach den Russen G.I. Shipov und A.E. Akimov durchqueren Druckwellen (Torsionswellen[1260]) das Quantenvakuum immerhin eine Milliarde mal schneller als die Lichtgeschwindigkeit[1261].

[1252] Bei Michael Talbot, *Das Holographische Universum*, S. 65.

[1253] Newton bei Frank Close, *Das Nichts verstehen*, S. 102.

[1254] Bei Marco Bischof, *Biophotonen*, S. 404f.

[1255] Bei Marco Bischof, *Biophotonen*, S. 408–410.

[1256] Sheldrake schlägt in Rupert Sheldrake, Terence McKenna, Ralph Abraham, *Denken am Rande des Undenkbaren*, S. 157 vor, seine morphischen Felder (die stark ans Quantenvakuum erinnern) bilden eine verschachtelte Hierarchie, und das Schwerkraftfeld umfasse sie alle, es sei das Universalfeld.

[1257] Bei Marco Bischof, *Biophotonen*, S. 417–419.

[1258] Bei Marco Bischof, *Biophotonen*, S. 419.

[1259] John Davidson, *Das Geheimnis des Vakuums*, S. 240: Davidson hat allerdings das Gefühl, das Quantenvakuum sei noch mehr als ein Gravitationsfeld.

[1260] Die Torsionswelle ist ein Spezialfall der Transversalwelle: diese schwingt senkrecht zur Ausbreitungsrichtung. Beispiele sind elektromagnetische Wellen, Gravitationswellen usw.

Bei Erwin Laszlo[1262] haben die Druckwellen (Skalarwellen[1263]) des Vakuums ebenfalls Überlichtgeschwindigkeit (so wie Puthoffs Tachyonen-Wellen sich im Quantenvakuum mit Überlichtgeschwindigkeit bewegen; zu Tachyonen kommen wir später noch).

Daß es Überlichtgeschwindigkeit überhaupt gibt, steht übrigens nicht mehr ganz außer Frage:

Der Physiker Feinberg[1264] leitete überlichtschnelle Teilchen aus einer avancierten Lösung der Maxwell'schen Gleichungen unter Berücksichtigung der speziellen Relativitätstheorie ab.

Und auch die hochinteressanten Experimente zur *Quantenteleportation*[1265] zeigen, und hier haben wir sogar eine herrschende Meinung, daß jedenfalls *ein Signal* (!) schneller als mit Lichtgeschwindigkeit übertragen werden kann. Überlichtgeschwindigkeit ist also kein Tabu mehr. Wenn ein Signal aber schneller als mit Lichtgeschwindigkeit übertragen werden kann, dann bedeutet das nichts anderes, als daß Information schneller als mit Lichtgeschwindigkeit verbreitet werden kann und uns so auch eine Information aus der Zukunft erreichen kann. Gleichzeitig bedeutet es auch, daß Informationen sofort überall zugleich sind, die Welt, das Uni-

---

1261 Diese Wellen bestehen aus im Vakuum schwingenden virtuellen Bosonen mit Spin (Drehimpuls) 2. (Bosonen sind Teilchen mit ganzzahligem Spin, sind meist Kräfteteilchen, also mit Spin 1, 2 usw., zum Beispiel Photonen (Spin 1) und Gravitonen (Spin 2) sind Bosonen, im Gegensatz zu Fermionen: Fermionen sind Teilchen mit halbzahligem Spin, sind Materieteilchen, 1/2, 3/2, zum Beispiel Elektronen, Quarks. Bosonen und Fermionen sind die zwei Teilchenkategorien der Quantenmechanik): Vgl. Ervin Laszlo, *Zu Hause im Universum,* S. 66.

1262 Bei Lynne McTaggart, *Das Nullpunkt-Feld,* S. 259.

1263 Skalarwellen sind gerichtete Wellen, die sich in Richtung eines Feldzeigers ausbreiten (longitudinale Wellen). Obgleich sie z.B. auch als Gravitationswellen oder als Schallwellen auftreten, haben sie vor allem als elektrische und magnetische Feldphänomene überragende Bedeutung.

1264 Im *Kleinen Lexikon der Parawissenschaften,* S. 118f.

1265 Es geht hier um die Nichtlokalität von Quanten. Vgl. Anton Zeilinger, *Einsteins Spuk* S. 275–323 und Anton Zeilinger, *Einsteins Schleier,* S. 126f.: zur Teleportation im Experiment. Information ist hier überlichtschnell, aber wohlgemerkt keine Information, die vom Empfänger ohne weiteres verstanden werden kann und die dazu benutzt werden könnte, die Vergangenheit zu verändern.
Einstein glaubte, irgend etwas könne hier nicht stimmen. Es widersprach seiner *speziellen Relativitätstheorie* (1905), nach der sich nichts schneller bewegen kann als Licht. Einsteins grundlegende Erkenntnis bestand darin, Raum und Zeit nicht zu trennen, sie bilden eine Einheit, die wir Raumzeit nennen. Die **spezielle Relativitätstheorie** besagt, Zeit und Raum hängen von der Geschwindigkeit ab, mit der man sich bewegt, besagt, daß die Lichtgeschwindigkeit absolut ist in allen Trägheitssystemen, und daß Masse eine Form von Energie ist ($E = mc^2$). Die **allgemeine Relativitätstheorie** besagt, daß die Gravitation sich auf Raum und Zeit auswirkt und sich nicht von der Beschleunigung unterscheiden läßt.

versum, quasi zu einem Punkt zusammenschrumpft, und so wären auch Informationen von überallher sofort zugänglich. Es gäbe weder Raum- noch Zeitschranken, um etwas zu erfahren.

Überlichtgeschwindigkeit wollen 2011 Forscher vom Cern[1266] sogar bei einem Teilchen, dem Neutrino, gemessen haben.

Wäre nun das Gedächtnis von Gegenständen in solchen überschnellen Gravitationswellen im Quantenvakuum gespeichert, und sind diese für uns zugänglich, dann wäre auch erklärlich, daß der Psychometer aus einem Ring Sachverhalte, die nicht nur dessen Vergangenheit, sondern auch dessen Zukunft betreffen, ablesen kann, und auch Sachverhalte, die sich an anderen Orten abspielen, abspielten oder abspielen werden. Das Gedächtnis eines Gegenstands befände sich in einem Informationsnetz, das ständig alle möglichen Zeiten und Orte verbindet.

Die Gravitation ist nun eine äußerst geheimnisvolle Kraft. **Das** *Rätsel der Physik! Es lohnt sich, noch genauer hinzusehen*, was mit ihr los sein könnte, worin unser Gedächtnis da eigentlich gespeichert wäre.

Die allgemeine Relativitätstheorie beschrieb die Gravitation für massive, voluminöse Objekte, zum Beispiel Sterne, Galaxien. Im Bereich kleinster Teilchen machen allgemeine Relativitätstheorie und Quantenmechanik dummerweise unterschiedliche Aussagen, Aussagen, die nicht zusammenpassen. Die Gravitation scheint sich sozusagen im Kleinsten anders zu verhalten wie im Grossen. Im Grossen ist sie schwach; ein winziger Magnet kann zum Beispiel eine Büroklammer hochheben, obwohl die gesamte Masse der Erde sie in die entgegengesetzte Richtung zieht. Bei der winzigen Planck-Längenskala (10^{-33} cm) wird die Gravitation aber seltsamerweise zu einer *starken* Kraft[1267]. Ab hier gilt die klassische Theorie der Gravitation nicht mehr[1268].

[1266] Artikel in der NZZ vom 24.9.2011: Im sogenannten Opera-Experiment untersuchten sie, wie sich die Neutrinos vom Cern auf der gut 730 Kilometer langen Flugstrecke bis in die italienischen Abruzzen in Neutrinos einer anderen Sorte umwandeln. Wie die Forscher bei einer Auswertung von über 16 000 Neutrino-Ereignissen festgestellt haben, brauchten die Teilchen für die Strecke 60 Nanosekunden weniger, als wenn sie mit Lichtgeschwindigkeit geflogen wären. Das entspricht einer «Geschwindigkeitsüberschreitung» von 0,02 Promille.
Mit einer Interpretation dieses Resultats halten sich die Forscher bewußt zurück. Auf Nachfrage läßt sich das Teammitglied Jean-Luc Vuilleumier von der Universität Bern aber doch eine mögliche Erklärung entlocken. In der theoretischen Physik werde derzeit über die Existenz zusätzlicher Raumdimensionen diskutiert, sagt er. Es wäre also vorstellbar, daß die Neutrinos eine Abkürzung durch die Extra-Dimensionen nähmen.

[1267] Gravitationskräfte sind normalerweise äußerst schwach, werden aber bei so winzigen Abständen wie zum Beispiel 10 hoch minus hundert spürbar.

[1268] Lisa Randall, *Verborgene Universen*, S. 173.

Wie kommt das? Die Gravitation scheint eine rätselhafte Kraft zu sein.

Aus der Sicht der Quantenfeldtheorien liegt es daran, daß wir bei Abständen unterhalb der Planck-Länge *keinen glatt gekrümmten Raum* mehr haben, sondern ein Quantenbrodeln, also heftige Quantenfluktuationen: Das folgt aus der Unschärferelation: Je genauer der Ort, desto ungenauer die Geschwindigkeit, es kommt zu einem immer heftigeren Hin und Her bei winzigen Abständen und Zeitintervallen[1269]. Raum und Zeit sind hier *körnig*[1270], ein Schaum. Die Geometrie der Raumzeit ist hier anders[1271]: andere Raum-Zeitverhältnisse bedeuten aber eine andere Gravitation. Und andere Raum-Zeitverhältnisse bedeuten auch eine andere Dimensionalität! Und so meinen immer mehr[1272], die Gravitonen, die Teilchen, die die Schwerkraft vermitteln, bewegen sich nicht nur durch unseren dreidimensionalen Raum, sondern gleichzeitig auch durch eine höhere Dimension, dort wären sie eigentlich zuhause. Gerade im Ultrakleinen sind sie deshalb stark (dort haben wir die andere Raum-Zeit, die Andersdimensionalität); im Großen, im Makroskopischen, sind sie schwach, die Gravitation wäre dort sozusagen verdünnt, sie wäre lediglich ein Schatten, den eine höhere Dimension wirft, die sich im Ultrakleinen befindet. (Es gibt eine Menge anderer Ansätze[1273], die sich mit dem aus

---

[1269] Brian Greene, *Das elegante Universum*, S. 182.

[1270] Silvia Arroyo Camejo, *Skurrile Quantenwelt*, S. 216.

[1271] Analog ist in *schwarzen Löchern* (sie sind winzig), die Raumzeit extrem verzerrt, vgl. Lisa Randall, *Verborgene Universen*, S 139.

[1272] Vgl. Lisa Randall zur höherdimensionalen Gravitation: S. 400, 288, 416–417, 419–420, 426–427, 500, 520, 527, 533. Oder Frank Close, *Das Nichts verstehen*, S. 172.

[1273] GUTs (Grand Unified Theories) genannt. Die *Stringtheorie* beispielsweise liefert, fast 100 Jahre nach Einsteins allgemeiner Relativitätstheorie, eine *quantenmechanische* Beschreibung der Gravitation, erklärt das andere Gravitationsverhalten in den winzigen subatomaren Bereichen. Sie ändert Einsteins allgemeine Relativitätstheorie in einer Weise ab, daß sie mit den Gesetzen der Quantenmechanik vereinbar ist. Die Antwort gleicht einem Taschenspielertrick: Da man annimmt, der String sei das fundamentalste Objekt im Universum, und da er zu groß ist, um von den Wallungen der Raumstruktur bei Abständen unterhalb der Plancklänge in Mitleidenschaft gezogen zu werden, lassen sich diese Fluktuationen gar nicht messen und können daher, nach der Stringtheorie, auch gar nicht vorkommen.
Und die Stringtheorie enthält einen String, der genau den Eigenschaften des Gravitons entspricht.
Die Stringtheorie ersetzt punktförmige Elementarteilchen durch Strings. Alle Materie und alle Kräfte gehen nach ihr aus Strings hervor. Strings kann man sich als schwingende eindimensionale Fäden vorstellen. Ein Teilchen ist durch Schwingungen repräsentiert, so wie ein Ton Produkt einer schwingenden Saite ist. Nach einer Variante der Stringtheorie (die um die Supersymmetrie erweiterte) können nach Berechnungen die eindimensionalen Strings in neun Dimensionen schwingen (statt vorher in 26), mit der Zeit zehn. Damit können sich alle möglichen Elementarteilchen auch jenseits unserer nur vier Dimensionen bewegen. Und zwar soll es

der Reihe Tanzen der Gravitation beschäftigen und dieses aus der Reihe Tanzen beheben möchten. Es sind die sogenannten einheitlichen Theorien (GUTs), die die Gravitation mit den andern Kräften unter einen Hut bringen sollen. Bislang ist alles nur Hypothese).

Gravitonen sind also etwas ungemein Geheimnisvolles. Sie bereisen nach einigen, man kann hier eigentlich schon von einer herrschenden Meinung sprechen, Leute, wie Lisa Randall vertreten sie, eine höhere Dimension, vielleicht sogar höhere Dimensio*nen*.

(Bemerkung:

Unserer Ansicht nach wäre ein Modell denkbar, in dem die Gravitation eine ausschließlich höherdimensionale Kraft im Vakuum ist, ihre „Teilchen" wären dann nur Wellen und nie Teilchen, diese Wellen werfen nur einen Schatten in unsere drei-/vierdimensionale Welt, dort erscheinen sie nie als (echte) Teilchen, sie bleiben immer virtuell, es gäbe also keine für uns nachweisbaren Gravitonen.[1274])

Unser Gedächtnis von Gegenständen wäre also in Wellen gespeichert, die nicht nur Vergangenheit und Zukunft bereisen können, *die auch höherdimensional wären.*

---

sich dabei um winzige aufgerollte Extradimensionen handeln (wie die der Calabi-Yau-Compactifizierung). Die Geometrie dieser zusätzlichen Dimensionen bestimmt dabei die fundamentalen physikalischen Eigenschaften wie Teilchenmasse und – ladungen, die wir in den drei ausgedehnten Raumdimensionen der Alltagserfahrung beobachten, und auch die gravitativen Eigenschaften von Teilchen, ihre (Quanten-)Gravitation. Die Superstringtheorie umgeht auch das Problem der *unmöglichen* Tachyonen, die es in der Stringtheorie gibt, ihre Masse ist negativ, was nicht sein könne.

Eine weitere Theorie, welche die unterschiedlichen Gravitationswirkungen einschließen möchte (Quantenphysik und allg. Relativitätstheorie unter eine Hut bringen will): ist die *Loop-Quantengravitation*: Nach ihr bestehen Raum und Zeit, wie Materie, aus kleinsten Teilchen beziehungsweise aus Quanten. Zeit und Raum sind also kein Kontinuum mehr. Sie ersetzt auch Partikel durch Strings. Man kann dabei den Partikel sowohl als Resultat eines Felds als auch als String beschreiben. (Weder das Feld noch der String ist das Fundamentalere, hier handelt es sich nur um zwei Weisen, den Partikel zu sehen). Die interagierenden Loops (Strings, die keinen Raum-/Zeit-Hintergrund haben) bauen die fraktale (quantisierte) Raumzeit auf: „Quantum gravity would be reduced to a theory of the intersecting, knotting and linking of loops. These would give us a description of quantum geometry on the Planck scale": Lee Smolin, S. 128. John Wheeler (bei Lee Smolin, S. 139) beschreibt die Raumzeit in dieser Theorie als einen *spin-foam*.

(Die Stringtheorie geht noch davon aus, daß es einen festen Zeit- und Raumhintergrund gibt, was die allgemeine Relativitätstheorie bereits aus der Welt geschafft hat. Die Quantengravitationstheorie nimmt keine background time und keinen background space mehr an).

[1274] Hierin läge auch eine Alternative zu den GUTs.

Nach manchen ist nun also das Quantenvakuum ein Gravitationsfeld oder Gravitation hat hauptsächlich und ursprünglich mit dem Quantenvakuum zu tun. Für diejenigen, für die das Quantenvakuum ausschließlich ein Gravitationsfeld ist, das allem unterliegt, gibt es neben dem primären Quantenvakuum ein Meer lediglich sekundärer Felder. Das ist eine sehr interessante Hypothese, da sie viele bisher unlösbare Probleme der Physik löst, insbesondere das Hauptproblem des Herausfallens der Gravitation, oder auch das Problem, woher Teilchen ihre Masse bekommen, ein Higgsfeld würde obsolet.

Von denjenigen, die sie vertreten, machen hochinteressanterweise einige auch Aussagen zu paranormalen Phänomenen, siedeln etwa unser Gedächtnis von Gegenständen im Quantenvakuum als Gravitationsfeld an beziehungsweise führen es auf die vom Quantenvakuum bewirkte Gravitation zurück:

Zunächst einmal gibt es diejenigen, für die Gravitation eine Folge des Quantenvakuums ist, ihren Ursprung praktisch dort hat.

Sacharow[1275] vermutete bereits 1968 Gravitation sei keine Interaktion zwischen Objekten. Sondern könnte eine schlichte Nachwirkung des Quantenvakuums sein, verursacht durch Veränderungen im Feld, die durch die Anwesenheit von Materie ausgelöst werden.

Hal Puthoff[1276] dachte über Sacharows Vorstellung nach und vermutete, Gravitation entstehe so: Teilchen schwingen durch Interaktion mit dem Quantenvakuum (sie sind hier im Wellenzustand). Jedes Teilchen hat seine eigenen Schwingungen und wird auch von den Schwingungen anderer Teilchen beeinflußt. Dadurch entsteht gleichzeitig ein elektromagnetisches Feld um die Teilchen: jedes fluktuierende (schwingende) geladene Teilchen[1277] hat solch ein Feld um sich nach einem Gesetz der Elektrodynamik. Die Teilchen-eigenen Felder verursachen eine partielle Abschirmung von der alles durchdringenden Urenergie des Quantenvakuums, *und das ergibt die Anziehung, die wir Schwerkraft nennen.* Schwingende Teilchen blockieren also Wellen des Quantenvakuums mit ihren eigenen Wellen, und dadurch entsteht Gravitation.

Der russischen Geophysiker Alexander P. Dubrow[1278] setzt ebenfalls Gravitation in eine ursprüngliche Verbindung mit dem Quantenvakuum. Nach ihm können zum Beispiel lebende Organismen über Gravitation im Quantenvakuum die Geometrie des Raums und den Fluß der Zeit im Inneren des Organismus verändern.

[1275] Bei Lynne McTaggart, *Das Nullpunkt-Feld*, S. 55f.
[1276] Bei Lynne McTaggart, *Das Nullpunkt-Feld*, S. 56.
[1277] Zum Beispiel Elektronen oder Quarks (die Bestandteile des Atomkerns, von Neutronen und Protonen) sind geladene Teilchen.
[1278] Bei Marco Bischof, *Biophotonen*, S. 417–419.

Ebenso stellen der russische Astrophysiker Nikolai Kozyrew und der Cambridge Physiker John Davidson einen ursprünglichen Zusammenhang zwischen Quantenvakuum und Gravitation her[1279].

Und dann gibt es Wissenschaftler wie den amerikanischen Physiker Thomas E. Bearden[1280], für den das Quantenvakuum *ganz direkt* ein Gravitationswellenfeld, ein Druckwellenfeld *ist*. Er nennt es auch Skalarwellenfeld. Der ständige Fluß von im Quantenvakuum aufblitzenden und wieder verschwindenden Teilchen äußert sich, nach Bearden, als eine Art Druck, der überall verschieden stark ist, dem Skalarpotential des Quantenvakuums. Es verursacht Wellen von Verdichtungen und Verdünnungen, die Skalarwellen, die keine Masse haben. Sie sind *fundamentaler* als die daraus abgeleiteten Kraftfelder, als beispielsweise das elektromagnetische Feld. Diese Skalarwellen können, nach ihm, jederzeit in elektromagnetische Wellen und Materie umgewandelt werden. Skalare Potentiale werden als Gravitationsfelder aufgefaßt.

Skalarwellen können nach Bearden ferner sowohl Bewußtsein und Psyche steuern, als auch umgekehrt von ihnen beeinflußt werden. Sie wirken auf den Fluß der Zeit ein und überwinden den Raum.

Daß das Quantenvakuum ein Gravitationsfeld *ist*, meint ferner auch der deutsche Physiker Burkhard Heim[1281]. Es ist nach ihm ein Struktur-, Informationsfeld, es ist virtuell, und es kann teilweise als psychische Struktur intern erlebt werden. Sogenannte Selektoren sind für die Auswahl von im Feld vorhandenen Schöpfungsmöglichkeiten verantwortlich, welche schließlich aktualisiert werden. Gravitationswellen gehören nach ihm vollständig zur virtuellen, jenseits von Raum und Zeit liegenden Ebene. Und können sich daher schneller als mit Lichtgeschwindigkeit bewegen.

Und selbst bei Sheldrake[1282] findet sich eine dahingehende Idee.

Es macht <u>nicht nur</u> Sinn, daß das Quantenvakuum ein Gravitationsfeld ist: Gravitonen haben keine Masse und können sich daher, so die Meinung mancher, schneller als Licht bewegen, womit sie beliebig in die Zukunft und Vergangenheit reisen können, die Zeit und auch der Raum sind hier keine Einschränkung mehr: Das entspricht perfekt der entdeckten Super-

---

[1279] John Davidson, *Das Geheimnis des Vakuums*, S. 240: Davidson hat allerdings das Gefühl, das Quantenvakuum sei noch mehr als ein Gravitationsfeld. Und vgl. Kozyrew bei Marco Bischof, *Biophotonen*, S. 419.

[1280] Vgl. bei Marco Bischof, *Biophotonen*, S. 404f.

[1281] Bei Marco Bischof, *Biophotonen*, S. 408–410.

[1282] Sheldrake schlägt in Rupert Sheldrake, Terence McKenna, Ralph Abraham, *Denken am Rande des Undenkbaren*, S. 157 vor, seine morphischen Felder bilden eine verschachtelte Hierarchie, und das Schwerkraftfeld umfaßt sie alle, es sei das Universalfeld.

flüssigkeit des Quantenvakuums und der weitverbreiteten Idee, das Quantenvakuum sei ein Bereich jenseits von Raum und Zeit.

Die Auffassung vom Quantenvakuum als Gravitationsfeld mit ultraschnellen Wellen beziehungsweise von im Quantenvakuum wurzelnder Gravitation mit ultraschnellen Wellen löst auch gewaltige Probleme und ändert auch vieles:

Die Lichtgeschwindigkeit ist hier keine Konstante mehr, sie wird eine Funktion der Dichte des Quantenvakuums.

Nur in einem begrenzten Bereich ist sie noch konstant, in unserem drei(vier)dimensionalen Universum; Einsteins absolute Lichtgeschwindigkeit: es gibt nichts Schnelleres als Licht, gilt dann nur in einem beschränkten Bereich; analog wurde Newton mit der Zeit auf einen Bereich beschränkt. Was Einstein für unmöglich hielt, in die Vergangenheit und Zukunft zu reisen, wäre hier Gravitationswellen möglich.

Die Masse ist hier ferner keine Funktion der Geschwindigkeit mehr, wie bei Einstein, sondern eine Funktion der Konzentration des Quantenvakuums[1283].

Nach den Physikern Alfonso Rueda, Sacharow, Puthoff, Haisch und Cole[1284] sorgt ein solches Quantenvakuum für eine Beschleunigung von Partikeln, und diese Beschleunigung ist wiederum die Ursache, daß diese Partikel zu konzentrierter Energie werden, die wir Materie nennen[1285]. Gleichzeitig bremst es Partikel auch wieder ab: Die *Trägheit* von Objekten entsteht hier schlicht aus dem Widerstand des Quantenvakuums gegen die Beschleunigung. Materie, die Masse von Materie, ist damit schlicht ein Effekt des Quantenvakuums[1286], per se gibt es sie nicht. Per se gibt es nur Quantenvakuumsenergie beziehungsweise Ladungen. Trägheit und auch Gravitation haben hier mit Beschleunigung und Bremsung von Partikeln oder besser Ladungen im Quantenvakuum zu tun. Das Higgsfeld würde damit obsolet, das man annahm, um den Partikeln Masse zu geben.

Die Annahme, daß das Quantenvakuum ein Gravitationsfeld ist beziehungsweise die Annahme, daß im Quantenvakuum die Gravitation wurzelt, wobei die Gravitation eine höherdimensionale Kraft ist (wir befinden uns schließlich jenseits von Raum und Zeit), löst auch eins der größten Rätsel der Physik[1287]: weshalb die Gravitation sich so unterschied-

---

[1283] So Zielinski bei Davidson, S. 242.

[1284] Vgl. bei Lynne McTaggart, *Das Nullpunkt-Feld*, S. 62–67.

[1285] Nimmt man die spezielle Relativitätstheorie, die besagt, Zeit und Raum hängen von der Geschwindigkeit ab, mit der man sich bewegt und nimmt man die allgemeine Relativitätstheorie, die besagt, daß die Gravitation sich auf Raum und Zeit auswirkt *und sich nicht von der Beschleunigung unterscheiden läßt* (!), dann haben wir eigentlich auch hier schon einen Zusammenhang zwischen Bewegung und Masse (Materie) impliziert.

[1286] So Zielinski bei Davidson, S. 242.

[1287] Vgl. z.B. Lynne McTaggart, *Das Nullpunkt-Feld*, S. 57.

lich im makroskopischen und im mikroskopischen Bereich verhält. Es ist daher verwunderlich, daß sie sich nicht wie ein Lauffeuer verbreitet hat. Im Großen, im Makroskopischen, wäre sie deshalb schwach, weil sie dort sozusagen verdünnt wäre, aus ihrer höheren Dimension in eine tiefere hineinwirkt. Im mikroskopischen Bereich, im Quantenvakuumsbereich, wäre sie hingegen in ihrem Element, in ihrer höheren Dimension (also im Kleinsten, auf Subquantenebene, steckt die höhere Dimension). In unserer makroskopischen Welt würden wir nurmehr den Schatten der Gravitation wahrnehmen. Die Suche nach großen vereinheitlichenden Theorien würde obsolet.[1288]

Es spricht also so einiges für dieses Modell.

Und das Modell spricht auch für unser Gedächtnis der Dinge:

Gerade einige der Physiker, für die das Quantenvakuum ein Gravitationsfeld ist oder Gravitation ursprünglich hervorbringt, erklären, wie gesagt, nun auch paranormale Phänomene durch die Wechselwirkung mit diesem Quantenvakuum beziehungsweise den dortigen Gravitationswellen.

Bei Bearden wird zum Beispiel durch dieses Quantenvakuum-Gravitationsfeld ein Reisen des Bewußtseins in Vergangenheit und Zukunft möglich. (Das Bewußtsein ist bei ihm auch ein Quantensystem, das mit dem Quantenvakuum interagieren kann). Alles, Gegenwart, Vergangenheit, Zukunft, ist dort immer zuhanden, gespeichert. Das Lesen der Vergangenheit von etwas wäre so kein Hexenwerk, Dinge hätten ein im Quantenvakuum-Gravitationsfeld wurzelndes Gedächtnis.

Ebenso glaubt Puthoff[1289], daß paranormale Phänomene dann passieren, wenn der Sensitive mit dem Quantenvakuum interagiert, daß also der Psychometer dann das Gedächtnis des Gegenstands ablesen kann, wenn er (sein Gehirn, sein Bewußtsein) mit dem Quantenvakuum interagiert. Das geht, weil Gehirn und Bewußtsein auch nach ihm Quantensysteme sind und alle Teilchen dort *Abdrücke* hinterlassen, ebenso die großen Dinge, die für Puthoff große Quantensysteme sind. Dabei ist bei Puthoff der Abdruck der Dinge in Gravitationswellen so etwas wie der Schatten der elektromagnetischen Abdrücke der Dinge (das Gedächtnis der Dinge ist hier also sowohl in Gravitationswellen wie in elektromagnetischen Wellen).

Aus der neuen Sicht der Gravitation (die Gravitation ist eine höherdimensionale Kraft, sie ist anders im makroskopischen Bereich: dort schwächer, als im Quantenbereich: dort stärker, die Druckwellen im

---

[1288] Bemerkung: Die Gravitation ist bei Einstein Ausdruck des Gewebes von Raum und Zeit. Im hiesigen Quantenvakuum bliebe die Gravitation Ausdruck des Gewebes von Raum und Zeit, Raum und Zeit wären hier nur sozusagen unendlich verzerrt. Vgl. bei Lee Smolin, *Three Roads To Quantum Gravity*, S. 5.

[1289] Bei William G. Roll in *New Frontiers of Human Science*, S. 163.

Quantenvakuum wirken auf den Fluß der Zeit ein und überwinden den Raum) schließt der russische Astrophysiker Nikolai Kozyrew[1290], daß es geographische Orte gibt, an denen die Gravitation anders sein kann, dort würde dann auch die Zeit anders fließen[1291], was seiner Ansicht nach paranormale Erlebnisse fördert. Es kann, nach Kozyrew, also Orte geben, an denen es, bei veränderter Gravitation, so etwas wie ein Tor zu paranormalen Erlebnissen, zur Transzendenz gibt. Hellsehen, Präkognition wäre an solchen Orten erleichtert, der Zugang zu einem höheren Wissen. Auch Psychometrie. Wir hatten im Kapitel: *I, 3. Bedingungen für Psychometrie* bereits über Messungen von Anomalien im Magnetfeld (elektromagnetischen Feld) an Spukorten erzählt. Auch Anomalien im Gravitationsfeld würden so zu Spukerlebnissen führen, und ein plastisches Heraustreten des Gedächtnisses des Orts bewirken.

Solche Orte sind, wie es scheint, von unseren Vorfahren bereits intuitiv entdeckt worden, dort sind heilige Stätten errichtet worden und später Kirchen. Und auch Kozyrew setzt hier voraus, daß unser Geist ein Quantensystem ist, das mit dem Quantenvakuum wechselwirken kann.

Kleiner Exkurs zu Tachyonen:

Manche, wie Puthoff, sprechen nicht von Gravitonen, sondern von sogenannten *Tachyonen*, die sich überlichtschnell im Quantenvakuum bewegen (meinen im Grund aber dasselbe wie überlichtschnelle Gravitonen).

Tachyonen sind für Physiker wie Heim[1292] oder auch Davidson[1293] nichts anderes als Gravitonen. Teilchen, die sich schneller als Licht bewegen, somit auch in die Zukunft und Vergangenheit reisen können. Das Schwerkraftfeld ist für sie dasselbe wie das Tachyonenfeld wie das Quantenvakuum.

Nach Lisa Randall[1294], die die herrschende Meinung vertritt, sind Tachyonen keine realen physikalischen Teilchen (zum Bedauern von Science Fiction Fans). Allerdings sagt sie das nur im Kontext der Stringtheorie. Das erste Problem der Originalversion der Stringtheorie sei gewesen, daß sie Tachyonen enthielt, Teilchen, die sich mit Überlichtgeschwindigkeit bewegen. Tachyonen wiesen auf eine Instabilität in der Theorie hin. Auch Randall sieht allerdings die Gravitation als höherdimensional, getragen von Teilchen mit imaginärem, virtuellem Charakter. (Nichts anderes wären eigentlich Tachyonen.)

1290 Vgl. bei Marco Bischof, *Biophotonen*, S. 419.
1291 Folgt schon aus der Relativitätstheorie.
1292 Heim bei Marco Bischof, *Biophotonen*, S. 409.
1293 John Davidson, *Das Geheimnis des Vakuums*, S. 240.
1294 Lisa Randall, *Verborgene Universen*, S. 326.

Der Physiker Feinberg leitete Tachyonen aus einer avancierten Lösung der Maxwellschen Gleichungen unter Berücksichtigung der speziellen Relativitätstheorie ab. Die Mathematik läßt jedenfalls diese hypothetischen Teilchen, die sich mit Überlichtgeschwindigkeit bewegen, zu[1295]!

Ob das Quantenvakuum nun ausschließlich ein Gravitationsfeld ist, wobei die Gravitation eine höherdimensionale Kraft wäre, die auch Überlichtgeschwindigkeit hat? Ob Gravitationswellen allen anderen Kräften und Teilchen unterliegen? Oder ob das Quantenvakuum noch mehr ist als ein Gravitationsfeld, sind noch ungelöste Fragen[1296].

Unser gewähltes Modell sieht jedenfalls so aus:

Kräfte und Teilchen (bzw. Kräfte- und Materieteilchen), und für uns auch große Objekte, kurz Quantensysteme, lassen sich als *Druck* im Quantenvakuum darstellen. In allem, was sie sind und was sie tun, hinterlassen sie dort Abdrücke. Damit ist unser Gedächtnis von Gegenständen (auch) in Gravitationswellen des Vakuums codiert. Und zwar in ultraschnellen, höherdimensionalen. Das gilt unabhängig davon, ob das Quantenvakuum nun ausschließlich ein Gravitationsfeld ist oder einfach Gravitationswellen enthält neben anderen Wellen.

Für uns enthält es, wie schon ausgeführt, alles, eben in Wellenform, also nicht nur Gravitationswellen. Gravitationswellen sind, wollen wir hier annehmen, aber die fundamentalsten und unterliegen im Vakuum allen andern Wellen (elektromagnetischen Wellenwellen, Materiewellen etc.). Dabei existieren sie, nehmen wir hier an, nur in Form von Wellenwellen, also nur im Vakuum.

Hat der Psychometer Zugang zu Wellen im Vakuum, dann kann er wie diese Wellen dort in Vergangenheit, Zukunft und auch an andere Orte reisen. Raum und Zeit spielen für ihn dann keine Rolle. Er kann sie überbrücken. Dies ist der Fall, wenn sein Gehirn und/oder Bewußtsein Quantensysteme sind, auch sie können so mit dem Quantenvakuum interagieren. Und auch diese Quantensysteme hinterließen dann natürlich Abdrücke im Quantenvakuum: auch unsere Gedanken, Gefühle, Träume usw. würden dort in Gravitationswellen gespeichert. Auf diesen Zugang (bzw. auf Gehirn und/oder Bewußtsein, die als Quantensysteme mit dem Quantenvakuum interagieren) kommen wir noch detailliert zu sprechen.

Gleichzeitig kann unserem Modell nach das Gedächtnis von Dingen zusätzlich auch noch in elektromagnetischen Wellen(wellen) im Vakuum gespeichert sein. Elektromagnetische Wellen gehören sowohl zum

---

[1295] Vgl. im *Kleinen Lexikon der Parawissenschaften*, S. 118f.

[1296] So zum Beispiel Fragestellung von John Davidson, *Das Geheimnis des Vakuums*, S. 240.

Vakuum wie zu unserer dreidimensionalen Welt, sind gleichzeitig Wellenwellen und Teilchenwellen, womit das Gedächtnis dann ebenfalls in den elektromagnetischen Teilchenwellen unserer drei-/vierdimensionalen Welt gespeichert wäre. (Auch Puthoff scheint dies anzunehmen, wenn bei ihm der Abdruck der Dinge in Gravitationswellen so etwas wie der Schatten der elektromagnetischen Abdrücke der Dinge ist.)

Das liegt nun umso näher, wenn die einen in die andern umgewandelt werden können, Gravitationswellen in elektromagnetische Wellen (also in Licht) und umgekehrt. Das hat der deutsche Physiker und Philosoph Gustav Theodor Fechner (1801–1887)[1297] vielleicht bereits *erahnt*, indem er sagte: „Im physikalischen Licht verbirgt sich ein noch höheres Licht." (Das höhere Licht wären die Gravitationswellen).

Gravitation und Elektromagnetismus oder: das Gedächtnis in Gravitationswellen des Quantenvakuums und im elektromagnetischen Feld

> „Im physikalischen Licht verbirgt sich ein noch höheres Licht."
> *Gustav Theodor Fechner (1801–1887)*[1298]

Einen Zusammenhang zwischen Gravitation und Elektromagnetismus nehmen Physiker schon lange an – Faraday[1299] hatte bereits die Idee, konnte aber nichts beweisen. – Sie gehen davon aus, daß es eine Beziehung zwischen Elektromagnetismus und Schwerkraft gibt, weil bei beiden Feldarten die Stärke mit der Entfernung im Quadrat abnimmt (so jedenfalls in unserem drei-/vierdimensionalen Bereich, und in dem uns bekannten Spektrum).

Nach Meinung einiger avancierter Wissenschaftler[1300] liegt die grundlegende Beziehung zwischen elektrischer Ladung, Magnetismus und Schwerkraft *im Quantenvakuum* verborgen.

Photonen, die eine Bewegungsmasse haben und so nicht schneller als das Licht sind, die zu unserer durch Raum und Zeit begrenzten Welt gehören, als *Teilchen* des elektromagnetischen Felds, können sich nach Meinung Avancierter in (überlichtschnelle) Gravitonen umwandeln und umgekehrt.

[1297] Vgl. Gustav Theodor Fechner bei Marco Bischof, *Biophotonen*, S. 411.
[1298] Vgl. Gustav Theodor Fechner bei Marco Bischof, *Biophotonen*, S. 411.
[1299] Vgl. bei John Davidson, *Das Geheimnis des Vakuums*, S. 185.
[1300] Vgl. bei John Davidson, *Das Geheimnis des Vakuums*, S. 222.

Man könnte sich vorstellen, daß durch diese Umwandlung Informationen aus dem Gravitations-/Quantenvakuum in unsere durch Raum und Zeit begrenzte, explizite Welt kommen. (Bemerkung: Statt einer Umwandlung käme einfacher auch in Frage, daß im Vakuum Gravitonwellen Photonenwellen *sind* und umgekehrt. Alle Teilchen als Wellen könnten im Vakuum alle anderen Teilchen als Wellen sein. Es bräuchte keinen extra Vorgang der Umwandlung.)

So vermittelt nach dem deutschen Physiker Burkhard Heim[1301] das elektromagnetische Feld den virtuellen Inhalt der Gravitationswellen in unsere raumzeitlich beschränkte dreidimensionale materielle Welt. Das elektromagnetische Feld wäre dabei lediglich eine Sekundärerscheinung der fundamentaleren Gravitationswellen.

Nach dem amerikanischen Physiker Thomas E. Bearden[1302] können sich Gravitationswellen, wie gesehen, jederzeit in elektromagnetische Wellen umwandeln. (Das heißt, simpler, die einen können auch jederzeit die anderen sein.)

Nach dem russischen Geophysiker und Biologen Alexander P. Dubrow ist das elektromagnetische Feld wie bei Heim eine Sekundärmanifestation des Gravitationsfeldes[1303].

Der amerikanische Physiker John Archibald Wheeler[1304] zeigt Zusammenhänge von Gravitation und Elektromagnetismus auf der Basis der modernen Quantenfeldtheorie.

Für die Physiker Sacharow, Rueda, Puthoff, Haisch und Cole[1305] sind Gravitation und Trägheit ganz direkt elektromagnetische Phänomene, die aus der Wechselwirkung mit dem Quantenvakuum resultieren.

Und bereits Nicola Tesla[1306], der den gemeinsamen Nobelpreis mit Edison ablehnte und zu seiner Zeit üble Zurücksetzungen erfahren mußte, war bereits 1890 bis zu seinem Tod 1943 überzeugt, daß elektromagnetische Wellen eigentlich longitudinale Druckwellen im Vakuumfeld **sind**!

Und fügen wir noch den tollen *experimentellen Nachweis* des Einsteinschülers Erwin Saxl[1307] hinzu, der *zeigte*, daß zwischen Gravitation und Elektromagnetismus wechselseitige Beziehungen bestehen.

[1301] Vgl. bei Marco Bischof, *Biophotonen*, S. 410, 417.

[1302] Vgl. bei Marco Bischof, *Biophotonen*, S. 405.

[1303] Vgl. bei Marco Bischof, *Biophotonen*, S. 417–419.

[1304] Vgl. bei Marco Bischof, *Biophotonen*, S. 405f.

[1305] Vgl. bei Lynne McTaggart, *Das Nullpunkt-Feld*, S. 65–67.

[1306] Vgl. bei John Davidson, *Das Geheimnis des Vakuums*, S. 307.

[1307] Vgl. Saxl bei John Davidson, *Das Geheimnis des Vakuums*, S. 181ff., 185f., 194–264, 223, 279, 296. Unbedingt sollte man hierzu auch Rolf Schaffranke lesen, der einer der jüngsten Mitarbeiter von Wernher von Braun bei der NASA war, vgl. bei John Davidson, *Das Geheimnis des Vakuums*, S. 181ff.

Dann gibt es noch die vielen funktionierenden Apparate „freier Energie", die auf einem Zusammenwirken von Elektromagnetismus und Gravitation beruhen[1308], die allerdings, so sieht es aus, verleugnet und behindert werden. Man will sie nicht wahrhaben und schafft sie wieder aus der Welt, es findet hier so etwas wie eine Hexenverfolgung statt. Wir gehen gleich in einem Exkurs auf sie näher ein.

Wir wollen hier also jetzt folgendes erweiterte Modell[1309] vorschlagen:

Das Quantenvakuum ist für uns der Bereich, in dem Kräfte- und Materieteilchen Wellen sind (also etwa: ein elektromagnetisches Teilchen ist dort eine elektromagnetische Welle, elektromagnetische Teilchenwellen sind dort elektromagnetische Wellenwellen, Materieteilchen sind dort Materiewellen).

Das Gedächtnis von Gegenständen ist im Quantenvakuum in höherdimensionalen Gravitationswellen gespeichert. Ebenfalls in elektromagnetischen (Wellen-)Wellen im Vakuum und gleichzeitig in elektromagnetischen (Teilchen-)Wellen in unserer drei-/vierdimensionalen Welt.

Gravitationswellen können sich in elektromagnetische Wellen im Vakuum umwandeln (oder vielleicht eleganter: sie einfach *sein*). Und elektromagnetische Wellenwellen im Vakuum sind gleichzeitig[1310] elektromagnetische Teilchenwellen in unserer drei-/vierdimensionalen Welt (sie sind dort körnig). *Dabei sind Teilchenzustand und Wellenzustand immer verbunden.* Wir wollen uns, wie Wheeler[1311], ein ständiges blitzschnelles Hin und Her zwischen Teilchen und Welle vorstellen. So könnte man, wie Heim, annehmen, daß elektromagnetische Wellen das Gedächtnis aus Gravitationswellen aus dem Vakuum in unsere drei-/vierdimensionale Welt transportieren.

Zusatz: Wir könnten uns in unserem Modell vorstellen, daß es Gravitationswellen demgegenüber nur im Vakuum gibt, diese gar kein direktes

---

1308 Vgl. bei John Davidson, *Das Geheimnis des Vakuums*, S. 194–264. Um nur einen zu nennen: Townsend Brown.

1309 B. Heim folgend.

1310 Zusatzbemerkung: man könnte sich hier fragen, ob es auch elektromagnetische Wellen im Vakuum gibt, die nur dort sind, also nur Wellenwellen sind, die also nicht zugleich Teilchenwellen in unserer Welt sind. Annahme: das machte Sinn (sie würden dann von nirgendwoher beobachtet), sie könnten in Gravitationswellen sozusagen zurückgefaltet sein, rein virtuell, potentiell und sich irgendwann auch in anderen Universen verkörpern.

1311 Vgl. bei Marco Bischof, *Biophotonen*, S. 405f. Teilchen und Felder fluktuieren nach ihm ständig zwischen (höherdimensionalem) Quantenvakuum und unserer dreidimensionalen Welt hin und her. Die Oszillationen sind dabei so stark, daß das Gewebe von Raum und Zeit ständig zerrissen wird, was zu einer kontinuierlich aufgenommenen und wieder abreißenden Verbindung führt zwischen weit voneinander entfernten Regionen des Raums.

Pendant in unserer materiellen Welt haben, wie die elektromagnetischen Wellen. Daß Gravitationswellen also keine Teilchenwellen[1312] bei uns haben, und wir von ihnen bei uns sozusagen nur einen Schatten wahrnehmen. (Dem kommt entgegen, daß man auch noch keine Gravitonen hat nachweisen können).

(Wie unser Gehirn oder unser Bewußtsein das Gedächtnis der Dinge aus diesen Wellen dann herausholen, dazu kommen wir noch, und wie die Wellen dann decodiert werden, in innere Bilder etc. umgewandelt).

Exkurs zur Freien Energie[1313]:

1. Witz:

Hier macht man sich, wie es aussieht, ein Zusammenwirken von Gravitation und elektromagnetischer Kraft im Quantenvakuum, was bislang nur Avancierte[1314] in der Theorie vertreten, bereits in *technischen Anwendungen*, also *praktisch*, zunutze! Es sind sogenannte *Freie-Energie-Geräte* wie Permanent-Magnetmotoren, Permanentmagnet-Energiegeneratoren usw. Letztlich geht es hier darum, das Quantenvakuum, diesen immensen Energieozean, anzuzapfen. Und zwar erscheint es wahrscheinlich, daß die Verbindung zwischen elektrischer Ladung, Magnetismus und Schwerkraft, die normalerweise im Quantenvakuum verborgen liegt, als ein beobachtbares Phänomen zutage tritt, sich in unserer dreidimensionalen Welt manifestiert, wenn bestimmte Kriterien (für Ladung und Bewegung: (Rotationsbewegung ist gemeint, da sie einen Einfluß auf die Schwerkraft hat[1315]) erreicht werden.[1316] Nach Barrett[1317] wird im Raum- oder Vakuumgefüge eine Schwelle erreicht, wenn es durch hohe elektrische oder magnetische Potentiale gespannt wird. Wenn sie auf solche Weise in Spannung versetzt wird, befreit sich die Vakuummatrix von dieser Spannung, indem sie ihre Energie als zusätzliche elektrische Ladung freigibt. Diese kann man dann in den Generator zurückspeisen. Gleichzeitig entwickelt der Generator an dieser Schwelle seine *eigenen Gravitations- und Trägheitsfeldeffekte*, er hat praktisch um sich herum auf einmal sein eigenes

---

[1312] Es ist für uns daher nicht verwunderlich, daß man bislang keine Gravitonen, Teilchen der Gravitation, finden konnte.

[1313] Vgl. etwa John Davidson, *Das Geheimnis des Vakuums* und Vgl. hierzu Bernd Senf, *Die Wiederentdeckung des Lebendigen*.

[1314] Vgl. John Davidson, *Das Geheimnis des Vakuums*, S. 222.

[1315] DePalme entdeckte zum Beispiel, daß ein sich schnell drehendes Objekt ein *Trägheitsfeld* erzeugt.

[1316] Vgl. John Davidson, *Das Geheimnis des Vakuums*, S. 222–224.

[1317] Bei John Davidson, *Das Geheimnis des Vakuums*, S. 223f.

Gravitationsfeld, das er auch mit sich führt! Searl[1318] hat das zum Beispiel so genutzt. Er hat in seinen Generator diese Vakuumenergie in sich selbst zurückgespeist, dadurch hat sich die Spannung ständig verstärkt, bis die kritische Schwelle erreicht war, an der sich die Schwerkraft- und Trägheitsfeldeffekte einstellten, so daß sein Generator wie eine fliegende Untertasse abhob.

Diese hochinteressanten *Freie-Energie-Geräte* werden allerdings bislang boykottiert. Sie stehen in Konkurrenz zu riesigen Rohstoff- und Industriezweigen. Energie wird bei solchen Geräten einfach aus dem Vakuum gezogen, wie es scheint, und das geht überall und umsonst, ohne Umweltverschmutzung oder –ausbeutung. (Keine schöne Sache für solche, die Energie teuer verkaufen).

Hans Colers[1319] Permanentmagnet-Energiegenerator soll ein solches Perpetuum mobile gewesen sein. Die Patentabteilung verweigerte die Prüfung und Zulassung, da so etwas nicht möglich sei.

(In der makroskopischen Welt der Ingenieurwissenschaften wird die Vorstellung einer Perpetualbewegung, eines Perpetuum Mobile als unmöglich angesehen, weil stets Energie benötigt wird, um ein beliebiges System in Bewegung zu halten. Der subatomare Bereich der Teilchenphysik allerdings akzeptiert unwidersprochen, daß die Partikel perpetuell, also unaufhörlich rotieren und auf Umlaufbahnen kreisen, ohne daß Energie zugeführt wird[1320].)

Hierher gehören auch Nicola Teslas[1321] verschmähte Erfindungen. Womöglich einer der bedeutendsten Physiker seiner Zeit.

Townsend Browns[1322] Gravitor hat ein Trauerspiel hinter sich. Man hielt seine Endeckung für unbedeutend.

John Searl[1323] blieb ebenso unbeachtet trotz seines sensationellen Levitationsgeräts. Universitäts- und Regierungswissenschaftler hielten sich zurück, weil das Gerät den Regeln der konventionellen Physik widersprach. Bei Searls Gerät überstieg ab einem bestimmten Punkt die Ausgangsleistung die Eingangskraft, es sah ebenfalls aus wie ein unmögliches Perpetuum mobile, und es schien die Gravitation lokal außer Kraft zu setzen. Schlimmer noch, es war im Wesentlichen eine fliegende Untertasse.

[1318] Vgl. bei John Davidson, *Das Geheimnis des Vakuums*, S. 223f.
[1319] Vgl. bei John Davidson, *Das Geheimnis des Vakuums*, S. 194ff. und 230f.
[1320] John Davidson, *Das Geheimnis des Vakuums*, S. 181.
[1321] Vgl. bei John Davidson, *Das Geheimnis des Vakuums*, S. 171ff., wie Tesla gemein mitgespielt wurde, u.a. ausgerechnet von Edison.
[1322] Vgl. bei John Davidson, *Das Geheimnis des Vakuums*, S. 199–204.
[1323] Vgl. bei John Davidson, *Das Geheimnis des Vakuums*, S. 209–219.

Auch Joseph Newmans[1324] Energieauto wollte man nicht anerkennen, weil sein Antrieb sich den Gesetzen der herkömmlichen Physik widersetzte, so die offizielle Begründung.

Teils wird auch behauptet, Vakuumenergie-Umwandler seien noch nicht ganz ausgereift; so produzierte zum Beispiel ein in Deutschland gebauter Schwerkraftfeld-Konverter, den man bereits industriell fertigen wollte, weil er funktionierte (!) – mit ihm konnte man Motoren ohne Lärm, Treibstoff und Abgase betreiben –, angeblich zu viel Wärme. Es gab eine thermische Überhitzung, die man angeblich noch nicht speichern oder ohne Probleme abführen konnte, womöglich eine lächerliche Ausrede[1325].

Es gibt nun noch eine weitere Art, die freie Energie des Vakuums zu nutzen. Durch das Fließenlassen in Wirbelbewegungen (des Vakuums)[1326]!

(Auch hier findet ein Zusammenwirken von Elektromagnetismus und Gravitation im Vakuum statt.)

Bewegung entsteht hier ebenfalls nicht durch äußeren Druck oder Anstoß oder Explosion, durch äußere Energiezufuhr, wie bei der Dampfmaschine oder dem Verbrennungsmotor, sondern aus sich heraus, praktisch allein durch das Fließenlassen in diesen Wirbelbewegungen (des Vakuums)[1327]. Und das führt nun zum

2. Witz:
In der Natur gibt es Tiere, die womöglich immer schon diesen Vakuum-An- und Auftrieb nutzen!

Wie beispielsweise die Hummel, die nach den traditionellen Gesetzen der Physik gar nicht flugfähig sein kann[1328].

Oder Bachforellen und Lachse, die bachauf gegen stärkste Strömungen schwimmen[1329].

[1324] Vgl. bei John Davidson, *Das Geheimnis des Vakuums*, S. 253–259.

[1325] John Davidson, *Das Geheimnis des Vakuums*, S. 240.
Es scheint eine unfaire Behinderung freier Energie-Apparate zu geben; einerseits haben wir ein Galileo Galilei-Phänomen, andererseits möchte man noch möglichst viel Öl, Kohle, Atomenergie etc. verkaufen.

[1326] Vgl. hierzu Bernd Senf, *Die Wiederentdeckung des Lebendigen*, S. 328f., 333.

[1327] Bernd Senf, *Die Wiederentdeckung des Lebendigen*, S. 328f., 333: Die Natur ist voll von Wirbeln oder Spiralen. Die Spiralnebel im Weltall, Wasserwirbel, Tiefdruckwirbel in der Atmosphäre, der Elektronenspin usw. Diese nutzen praktisch die Gratisenergie. Der leere Raum ist voller Energie und durch Einwirbeln dieser entstehen praktisch auch die Teilchen.

[1328] Vgl. bei John Davidson, *Das Geheimnis des Vakuums*, S. 259 und 265ff.: Fische, Vögel, Hummeln.

[1329] Nach Viktor Schauberger funktioniert das so: im abwärts fallenden Wasser gibt es im Innern der Wirbel einen Sog, der Fische aufwärts zieht, wenn sie sich nur mit

Und zwar geht es hier um spiralförmige, zentripetale Bewegungen von Luft oder Wasser, die Hummeln, Vögel oder Fische womöglich benutzen, um ihr Schwerkraftfeld zu verändern und so quasi zu schweben. Antigravitation kann man es nennen.

Unter Umständen funktioniert es so: Das Wassermolekül (Luftmolekül) selbst ist *magnetisch und elektrisch* polarisiert. Kommt die *Zentripetalbewegung* hinzu, also ein bestimmtes *Trägheitsfeld*, dann wird aus einem spezifischen Zusammenwirken dieser Komponenten im Quantenvakuum Energie aus dem Quantenvakuum extrahiert[1330]! Zusätzlich scheint die Temperatur dabei noch eine Rolle zu spielen[1331].

Der Österreicher Viktor Schauberger[1332], der vom Förster zum Wissenschaftler wurde, orientierte sich in den frühen Jahren des 20. Jahrhunderts an der Natur und zeigte, daß Wasser und Luft bemerkenswerte Eigenschaften entwickeln, wenn sie sich in *Spiralform* bewegen, besonders in hyperbolischen Spiralen, den Zykloiden – einer Form, die in der Natur häufig zu finden ist, von der DNS bis hin zur Gestalt der Galaxien. Er entwickelte 1941 Flugscheiben: Zuerst hatte Hitler um ihn gebuhlt, dann interessierten sich Russen und Amerikaner brennend für ihn. Danach wurde er von den Amerikanern ein Jahr lang eingesperrt und später unter der Bedingung freigelassen, daß er seine Patente hergab und keine derartigen Forschungen mehr betrieb.

Überhaupt ist die Natur voll von Wirbeln oder Spiralen. Die Spiralnebel im Weltall, Wasserwirbel, Tiefdruckwirbel in der Atmosphäre, der Elektronenspin usw. Diese nutzen, so meint Bernd Senf[1333], praktisch die Gratisenergie des Vakuums. Der leere Raum, das Vakuum ist voller Energie, und durch Einwirbeln dieser entstehen, nach Senf, auch die Teilchen (unsere materielle Welt).

Hierher gehört auch Wilhelm Reich[1334].

Nach ihm gibt es in der Biologie Selbstorganisation ohne äußeren Antrieb, ebenfalls auf dieser Gratisenergie fußend. Er nennt sie *Orgonenergie*.

Wilhelm Reichs Forschungsweg endete sogar in den USA 1956 im Gefängnis, begleitet vom Verbot seiner Forschungen und der Verbrennung seiner Bücher. Er postulierte eine *Lebensenergie*, die Orgonenergie. Jeder Organismus, jede Zelle, hat bei ihm ein Lebensenergiefeld, das stär-

---

ihren Bewegungen in diesen Sog einfädeln. Wirbelndes Wasser entwickelt so Antigravitation. Vgl. bei Bernd Senf, *Die Wiederentdeckung des Lebendigen*, S. 171

[1330] So in etwa Davidson, *Das Geheimnis des Vakuums*, S. 270–278.

[1331] Vgl. bei John Davidson, *Das Geheimnis des Vakuums*, S. 282f.

[1332] Vgl. bei John Davidson, *Das Geheimnis des Vakuums*, S. 265–273.

[1333] Bernd Senf, *Die Wiederentdeckung des Lebendigen*, S. 328f., 333.

[1334] Vgl. bei Bernd Senf, *Die Wiederentdeckung des Lebendigen*, S. 29, 81ff.

ker ist als dasjenige des umgebenden Raums. Der Raum selbst, das Vakuum, ist erfüllt von Orgonenergie. Der Organismus entzieht als das stärkere System der Umgebung ständig Energie, Reich nennt sie auch Bioenergie, lädt sich auf und entlädt sich wieder. Erkrankungen wie Krebs führt er auf Störungen, Erstarrungen dieses Bioenergieflusses zurück. Der Vorrat ist unendlich. Sein Orgonakkumulator (ein ganz einfacher Kasten, den jeder nachbauen kann[1335]) erzeugt einen Sog dieser Bioenergie, der, setzt man sich hinein, heilend wirkt, die gesunde Resonanz wiederherstellt: der Körper stellt sich wieder auf die unblockierten Schwingungen ein. Reich erzielte erhebliche Heilerfolge. Die FDA, Food and Drug Administration, ahndet bis heute Heilmethoden nach Reich mit Strafverfolgung, sie hatte auch in den 50er Jahren einen Gerichtsbeschluß erwirkt, nach dem es die Orgonenergie nicht gibt. (Reichs quasi kostenlose Methode wäre eine Bedrohung für die Pharmaindustrie und die Ärzte).

Hier liegt also einiges im Argen. Saxl und anderen wurde keine große Beachtung geschenkt, weil sie von außerhalb des Systems (der Universitäten und Forschungsinstitute) kamen. Die freien Energiegeräte werden sabotiert aus den genannten Gründen. Und dann kommt noch hinzu, daß die Lehrbücher von A-Z umgeschrieben werden müßten, so daß sich auch die herrschende Meinung in der Wissenschaft dagegen stemmt. Genauso, wie Galileo Galilei oder Kepler sich gegen die Macht der Kirche und ihren Absolutheitsanspruch durchsetzen mußten, scheint die Wissenschaft heute sich auch immer wieder gegen Erstarrungen in den eigenen Reihen durchsetzen zu müssen. Gewisse heilige Kühe will man nicht schlachten. Eine solche ist im hiesigen Fall das *Entropie*-Gesetz beziehungsweise der zweite Hauptsatz der Wärmelehre (der Thermodynamik): Er baut auf dem Energieerhaltungssatz der Mechanik auf, wonach sich die verschiedenen Energieformen ineinander umwandeln können und dabei *die Gesamtsumme der Energie erhalten bleibt*. Der Output entspricht hier dem Input. Man bekommt nichts geschenkt. Auf seiner Grundlage entwickelten sich technologische Antriebssysteme wie die Dampfmaschine und der Verbrennungsmotor, Technologien, die mit einem Raubbau an der Natur einhergehen. Bei Apparaten der freien Energie hat es nun einen höheren Energie-Output als Input, das widerspricht diesem Gesetz. Man wird reich beschenkt. Es ist das sogenannte free lunch. Patente für solche Apparate werden regelmäßig vom Patentamt abgelehnt, auch wenn sie

---

[1335] Bau eines solchen bei Bernd Senf, *Die Wiederentdeckung des Lebendigen*, S. 98ff. Man braucht lediglich Isolator und Metall. Man baut einen Metallquader: ummantelt einen Innenraum mit Metallplatten, praktisch einen Faradayschen Käfig. Statt einfacher Metallwände verwendet man aber wechselnde Schichten aus Metall und Isolator. Die innerste Schicht besteht aus Metall, die äußerste aus Isolator. Je mehr Schichten, desto stärker die Wirkung.

funktionieren. Geleugnet wird grundsätzlich die Möglichkeit von Antriebssystemen, die sich quasi aus sich heraus bewegen. Desgleichen lehnt die etablierte Wissenschaft in der Biologie Selbstorganisation ohne äußeren Antrieb ab.

Schon so *etablierte* Physiker wie Paul Dirac und Werner Heisenberg[1336] sagten allerdings ebenfalls die Einführung einer neuen Energiequelle voraus, die sie als Nullpunktenergie beziehungsweise als Vakuumfeldenergie bezeichneten oder als Ätherenergie!

Und vielleicht beschäftigen sich allmählich immer mehr etablierte Forscher mit dem Thema. Womit es salonfähiger würde.

Der hochrangige MIT-Wissenschaftler und japanische Bionik- und Psychotronikforscher Shiuji Inomata[1337] ist so einer (Reich schuf übrigens den Term Bione[1338]). Er beschäftigt sich mit der Bildung eines Gravitationsfelds aufgrund elektromagnetischer Aktivität. Er hat die Gleichungen des Elektromagnetismus und der Gravitation so umgearbeitet, daß sie die Quantenvakuum- beziehungsweise Vakuumenergie umfassen[1339]. Er hat einen Zusammenhang zwischen Gravitation, Energie, Vakuumenergie, Gravitationskonstante, Lichtgeschwindigkeit und Information hergestellt[1340]. Sein Modell liefert nicht nur Erklärungen für diese neue Energiequelle, sondern auch die Erklärung für Energieumwandlungen, die notwendig sind, um paranormale Phänomene zu erklären, besonders die Psychokinese und die Manifestierung und Demanifestierung von greifbaren Objekten[1341]. Paranormale Materialisierungen und Demanifestierungen kennen wir etwa vom italienischen, paranormal Hochbegabten Gustavo Rol[1342]. Rol konnte aus dem Nichts Gegenstände erscheinen lassen und wieder verschwinden lassen. Ebenso Sai Baba aus Südindien. Beide wurden seriös überprüft. In Indien scheinen solche Phänomene nichts

---

1336 Bei John Davidson, *Das Geheimnis des Vakuums*, S. 241.

1337 Bei John Davidson, *Das Geheimnis des Vakuums*, S. 233ff.

1338 Legt man Heu in Wasser und wartet ein paar Tage: bilden sich nach Reich **Bione**: Die Struktur des pflanzlichen Gewebes beginnt sich in kleinste Bläschen aufzulösen (Bione). Die innere Bläschenstruktur löste sich nach Beobachtungen schon bald auf, und es bildeten sich Einzeller! D.h. hier geht Leben aus etwas hervor, das ursprünglich nicht als lebender Organismus interpretiert wird! Die herrschende Meinung behauptet, die Einzeller seien hingegen aus bereits im Wasser vorhandenen oder in der Luft vorhandenen lebenden Keimen hervorgegangen. **Es bedeutet Folgenschweres: daß sich die Entstehung neuen Lebens (Lebens aus nicht Lebendem) nicht irgendwann in Urzeiten einmal vollzogen hat, sondern sich ständig überall in der Natur vollzieht (und im Labor beobachten läßt)!**

1339 John Davidson, *Das Geheimnis des Vakuums*, S. 233

1340 John Davidson, *Das Geheimnis des Vakuums*, S. 234.

1341 John Davidson, *Das Geheimnis des Vakuums*, S. 234.

1342 Vgl. Maurizio Ternavasio, *Gustavo Rol*.

Ungewöhnliches zu sein[1343]. Auch Michael Talbot[1344] rechnet diese Phänomene unter freie Energie. Er glaubt, solche Menschen haben eine Möglichkeit entdeckt, das unermeßliche kosmische Energiemeer, das Quantenvakuum, in bestimmter Weise anzuzapfen. Bei einem solchen rätselhaften Verschwinden von Objekten wird keine Masse oder Energie zerstört, sie verschwindet nur in den Vakuumzustand, ins Quantenvakuum. Talbot nennt das virtuellen Schattenzustand. Nach dem hier vertretenen Modell könnte man auch sagen, sie verschwindet in höhere Dimensionen. Dort ist sie für uns nicht faßbar.

Was nun für einen Energie-Transfer gilt, kann genauso für einen Informationstransfer gelten: womit auch Psychometrie ein Phänomen freier Energie beziehungsweise besser: freier Information wäre! Es wird dabei ebenfalls das Quantenvakuum angezapft und durch Teilchen (bzw. Teilchen als Wellen), die sich durch verschiedene Dimensionen bewegen können[1345], Informationen dort heraus in unsere drei (vier)dimensionale Welt transportiert. Die Informationen sind für uns unsichtbar, scheinen aus dem Nichts zu kommen, unerklärlich, für uns nicht greifbar, solange sie im höherdimensionalen Raum gespeichert sind. Sie werden erst greifbar, wenn sie in unsere Welt kommen, von uns decodiert werden.

Liegt das Gedächtnis von Dingen im Wellenmuster der Materieteilchen beziehungsweise in Materiewellen im Quantenvakuum?

Nun gibt es welche, die annehmen, daß *in den Wellenmustern der einzelnen Partikel* (also in Quantenfeldern der Materieteilchen beziehungsweise in Materiewellen(feldern)[1346], in den Wellenzuständen der Materieteilchen, die sie als Quantensysteme haben) Informationen gespeichert sind und übertragen werden und so auch unser Gedächtnis von Dingen in diesen Wellenzuständen der Partikel liegen kann. (Bei uns sind Teilchen als Wellen im Quantenvakuum, und so bleiben wir hier im Quantenvakuum.)

Elementarteilchen sind Quantensysteme, sogar Atome oder Moleküle (Fullerene) können nach herrschender Meinung Quantensysteme sein, haben wir gesehen. Und wir folgen hier der Meinung, daß auch

---

[1343] In seinem Buch *Autobiographie eines Yogi* schildert Paramahamsa Yogananda (1893–1952) (der erste bedeutende heilige Mann aus Indien, der sich im Westen niederließ) zahlreiche derartige Phänomene, die insbesondere Hindu-Asketen zuwege brachten.

[1344] Michal Talbot, *Das Holographische Universum*, S. 166.

[1345] Wir haben vorgeschlagen elektromagnetische Wellen.

[1346] Bei Materiewellen geht es um die Welleneigenschaften massebehafteter Teilchen. Wir sagen nur: De Broglie, Welle-/Teilchendualismus.

große Dinge Quantensysteme sind. In den Materiewellen all dieser könnte also unser Gedächtnis liegen.

Quantensystemen ist eigen, sahen wir, daß sie mit anderen Quantensystemen über Raum und Zeit hinweg in Verbindung bleiben, die einmal mit ihnen zusammen waren, untechnisch formuliert. Mit allem in Verbindung bleiben, das einmal mit einem zusammen war, bedeutet nun praktisch, ein Gedächtnis an sich tragen. Und da dies im superflüssigen Quantenvakuum geschieht, sahen wir, ist dieses Gedächtnis auch noch unauslöschbar, ist es ewig.

Über was wären nun die Quantensysteme verbunden?

Über ihre Materiewellen im Quantenvakuum. Dort hängt alles sozusagen in einem gemeinsamen Wellengewebe zusammen. Das Gedächtnis eines Dings läge also in den Materiewellen(mustern) des Dings und all dessen, das einmal mit ihm verbunden war.

Quantensystemen ist ebenfalls eigen, daß sie kohärent schwingen (Wellen in phasengetreuer Überlagerung) und Interferenzmuster bilden können. Materiewellen können also kohärent sein und Interferenzmuster bilden. Kohärenz und Interferenzmuster sind die idealen Voraussetzungen für Informationsspeicherung und -übertragung. Die Materiewellen von Quantensystemen (Elementarteilchen bis zu großen Objekten bei uns) wären also ebenfalls gute Kandidaten für die Speicherung unseres Gedächtnisses der Dinge.

(Bislang kann unser Gedächtnis in elektromagnetischen Wellen und in Gravitationswellen gespeichert sein. Und jetzt kommen als Extrakandidat: Materiewellen im Quantenvakuum hinzu).

Gehen wir zunächst etwas näher ganz allgemein auf **Kohärenz und Interferenzmuster** ein, weil dies die Voraussetzung für Informationsspeicherung und -übertragung ist[1347]:

(Wir sagen hier also nicht einfach: alles schwingt und enthält Informationen. Das wäre eine simple, eine esoterische Sicht der Dinge.)

Als *kohärente* Strahlung[1348] (bzw. kohärente Wellen) bezeichnet man in den Naturwissenschaften Wellen, die hinsichtlich ihrer räumlichen und zeitlichen Ausbreitung eine feste Phasenbeziehung haben. Zwei Wellen sind in Phase[1349], wenn sie beide zur gleichen Zeit ihren Gipfel oder ihr

---

[1347] Daß elektromagnetische Wellen Informationen speichern und übertragen können, wissen wir aus Erfahrung (Fernsehen etc.), daß Gravitationswellen dies können, haben wir abgeleitet aus der Umwandelbarkeit der einen in die anderen. Jetzt erklären wir grundsätzlich, wann Wellen Informationen übertragen und speichern können.

[1348] Vgl. zum Thema z.B. Lynne McTaggart, *Das Nullpunk-Feld*, S. 53.

[1349] Phase ist der augenblickliche Schwingungszustand eines schwingenden Systems. Vgl. *Schülerduden, Physik*, S. 333.

Tal erreichen, selbst dann, wenn sie unterschiedliche Frequenz oder Amplituden haben. (Bei ähnlicher oder gleicher Frequenz spricht man von *Resonanz*.) Für in Phase Kommen sagt man auch Synchronisierung. Wenn sich zwei Wellen in Phase befinden, dann ist die kombinierte Amplitude der beiden größer als jede individuelle Amplitude. Das Signal wird folglich verstärkt. Dies addiert sich zu einem Informationsaustausch[1350], den man *konstruktive Interferenz* nennt. Wenn eine Welle ihren Höhepunkt erreicht, während die andere sich am Tiefstpunkt befindet, können sie sich gegenseitig ganz oder teilweise löschen, das nennt man dann *destruktive Interferenz*.[1351]

Nur bei Wellen, die kohärent zueinander sind, beobachtet man Interferenzmuster, bei Wellen, die also feste Phasen- und Amplitudenbeziehung haben[1352]. Solche Erscheinungen sind einem zum Beispiel von Wasserwellen vertraut. Beim sichtbaren Licht sind es etwa die sogenannten Newton'schen Ringe bei Ölfilmen auf der Straße.

In Interferenzmustern werden nun Informationen gespeichert und übertragen[1353]: Interferenzeffekte werden daher im technischen und naturwissenschaftlichen Bereich zahlreich ausgenutzt, zum Beispiel als Nachweis- und Meßmethoden, in der Übertragunstechnik und Speichertechnik. In der Übertragungstechnik kennt man schon lange den Überlagerungsempfang, insbesondere bei Radiowellen, der auch unter dem Stichwort „kohärente Kommunikation" in der optischen Nachrichten-

---

[1350] Vgl. hier auch http://www.uni-tuebingen.de/uni/pki/skripten_krist_07/Ww_Strahl_%20Mat_kohaerent.ppt#18: Kohärenz ist die Voraussetzung für Beugung und Abbildung. Beispiel für die Wirkung kohärenter Strahlung bei zwei benachbarten, identischen Streuzentren: Das Interferenzmuster enthält Informationen über das Objekt.

[1351] Vgl. Lynne McTaggart, *Das Nullpunkt-Feld*, S. 53 zu Kohärenz und Phase. Und auch z.B. Wikipedia.

[1352] Jürgen Jahns, *Photonik.Grundlagen, Komponenten und Systeme*, S. 27f. Oldenbourg, München, Wien, 2001. Oder vgl. *Schülerduden Physik*, S. 333.
Interferenz ist das Phänomen, welches beobachtet wird, wenn Wellen sich überlagern (Superposition). Lichtwellen können interferieren, wenn sie kohärent sind, d.h. wenn sie aus demselben Wellenzug durch Reflexion, Brechung oder Beugung aufgespalten wurden. Vgl. auch *Schülerduden Physik*, S. 203: Interferenz: Gesamtheit der charakteristischen Überlagerungserscheinungen, die beim Zusammentreffen zweier oder mehrerer Wellenzüge (mechanische, elektromagnetische Wellen, Materiewellen, Oberflächenwellen) am gleichen Raumpunkt beobachtet werden können. Zur Interferenz kommt es nur, wenn die Phasendifferenz der Wellen nicht zu groß ist.

[1353] Einer der wichtigsten Aspekte von Wellen ist der, daß sie Informationen verschlüsseln und übertragen: Lynne McTaggart, *Das Nullpunk-Feld*, S. 53. Und ganz orthodox zum Thema: Jürgen Jahns, *Photonik.Grundlagen, Komponenten und Systeme*, S. 27f.

übertragung (TV) vorkommt. (Interferenz stellt auch die Ursache dar für die Entstehung von Beugungsmustern.) [1354]

Kohärenz und Interferenz tritt nun bei allen Arten von Wellen auf, also auch bei Materiewellen [1355].

(Bemerkung: Eine besondere, einzigartige Kohärenz, die über Raum und Zeit hinweggeht, treffen wir bei Quantensystemen (im Wellenzustand im Vakuum) an.)

Informationsübertragung beziehungsweise Informationsspeicherung in Materiewellen (im Quantenvakuum) sähe nach dem ungarischen Physiker Laszlo Gazdag [1356] so aus: Er stellt sich zu jedem Teilchen, das ja einen Spin, ein Drehmoment hat, ein dazugehöriges winziges Wirbelchen im Quantenvakuum vor. Dieses Wirbelchen trägt die Information über den Zustand des Teilchens, so wie es magnetische Impulse auf einer Computerfestplatte tun (durch den Spin entsteht ein magnetisches Moment). Die winzigen wirbelnden Strukturen reisen durch das Quantenvakuum und kommen in Wechselwirkung miteinander. Treffen sich zwei oder mehr davon, dann formen sie ein Interferenzmuster (das wären unsere Materiewellenmuster [1357]). Das Interferenzmuster trägt dann die Information über das Teilchenensemble. So überträgt das Quantenvakuum Informa-

---

[1354] Jürgen Jahns, *Photonik.Grundlagen, Komponenten und Systeme*, S. 27f.

[1355] Vgl. z.B. *Schülerduden Physik*, S. 203.
Nehmen wir etwa einen Teilchenstrom, wie beispielsweise einen Elektronenstrahl; auch hier gilt das Konzept, da die Teilchen auch einen Wellencharakter haben.
Bemerkung: Hier wären wir allerdings auf der Teilchenebene unserer Welt (Materieteilchenwellen) und im Vakuum (den Materieteilchenwellen müssen wiederum Wellen im Vakuum unterliegen: Materiewellenwellen).

[1356] Bei Ervin Laszlo, *Zu Hause im Universum*, S. 66f.

[1357] Wirbelnde Teilchen bilden hier Wellen. Wir haben hier also noch den Spin, ihr Drehmoment, hinzugefügt. Der Spin (jedes Elektron rotiert z.B. immer und ewig im Universum mit festgesetzter und unabänderlicher Drehgeschwindigkeit) ist nichts Vorübergehendes, sondern eine *innere* Eigenschaft (ähnlich wie Masse oder Ladung des Elektrons): Vgl. etwa Brian Greene, *Das elegante Universum*, S. 204.
Manche führen nun Spinwellen als Extrawellen auf. Spinwellen sind hier aber nicht gemeint. Wir kommen zu Spinwellen später.
Hier geht es einfach um Folgendes: Der Spin gehört zum Materieteilchen, Materiewellen sind Wellen von Materieteilchen mit Spins.
Ich schlage hier folgendes Bild vor: Das Teilchen wirbelt per Spin sich sozusagen aus der Materiewelle ins Teilchendasein. Alles bleibt ja nun gleichzeitig verbunden. Das Teilchen mit der Welle etc.: Dann sieht es im Gesamtbild so aus, als ob der Spin auf der Welle reitet. Der Spin wäre quasi an der Vakuumoberfläche, und die Materiewelle im Vakuum.
Spinwellen (Wellen korrelierter Spins) wären entsprechend nicht in den Tiefen des Vakuums, sondern an der Vakuumoberfläche, und das heisst nichts anderes, als in unserer drei-vier-dimensionalen Welt, unserer Welt der Teilchen.

tionen über Atome, Moleküle, Makromoleküle, Zellen, Organismen, Bevölkerungen usw. und auch über Gegenstände und Orte.

Und nach dem Cambridge Physiker Davidson[1358] sähe Informationsübertragung beziehungsweise Informationsspeicherung in Materiewellen (im Quantenvakuum) so aus: Teilchen, Atome, Moleküle, Substanzen usw. *sind* auch für ihn immer auch *Muster*, die auf der Vakuumoberfläche herumwirbeln. Es gibt dann, nach Davidson, keinen Unterschied zwischen der Substanz und ihren Schwingungen (ihren Materiewellen). Die *Schwingungen* der Substanz wirken zum Beispiel wie die Substanz selbst.

Die Schwingungen enthalten also das, was die Substanz ist. Denken wir weiter: Und da die Materiewellen immer auch Teil der Substanz sind, machen sie auch alles mit, was die Substanz macht, was der Substanz geschieht. Und dies verewigt sich im Quantenvakuum: dort hätten wir dann in ihren Materiewellen alle Zustände der Substanz für immer gespeichert, und das wäre nichts anderes als ihr Gedächtnis. Ebenso blieben im Quantenvakuum die Materiewellen der Substanz mit den Materiewellen von allem anderen verbunden, das jeh mit ihr in Berührung war, und auch das wäre ihr Gedächtnis.

Auch in der herrschenden Meinung in der Physik[1359] ist es ein immer wichtigeres Thema, daß Informationen nicht nur im elektromagnetischen Feld gespeichert und übertragen werden können, sondern auch in Materiewellen.

Bemerkung: Mit Materiewellen sind hier aber häufig nicht die Wellenzustände der Materieteilchen gemeint, sondern Wellen zwischen Materieteilchen, meinen wir, also *Materiewellen unserer Teilchenwelt*. Da jedes Teilchen auch einen Wellenzustand hat, wären diese Materieteilchenwellen aber gleichzeitig immer auch Materiewellenwellen im Vakuum (Wellen aus Materiewellen im Vakuum). Und wir erhielten hier also auch auf die Frage Antwort, ob Informationen in Materiewellenmustern im Vakuum gespeichert werden können.

Hier geht es vor allem um technische Anwendungen:

Wellen sind sich räumlich ausbreitende Schwingungen, wobei Energie übertragen wird. Wenn diese Energie mit Hilfe von schwingender Materie (also massebehafteten Teilchen wie Elektronen, Protonen usw.) übertragen wird, handelt es sich um Materiewellen.

Massebehaftete Teilchen sind sehr verwandlungsfähig, das folgt aus Einsteins $E = m \times c^2$: also Masse kann sich in Energie umwandeln und umgekehrt.

Materiewellen können also Energie transportieren und speichern.

[1358] John Davidson, *Das Geheimnis des Vakuums*, S. 98f.
[1359] Gerade auch technische Anwendungen spielen hier eine Rolle.

Ebenso auch Informationen[1360].

In der sogenannten Materiewellen-Optik geht man ganz selbstverständlich davon aus, daß *Informationen* in Materiewellen gespeichert werden können. Die Arbeitsgruppe Lasermeßtechnik von Prof. Klaas Bergmann der Technischen Universität Kaiserslautern macht beispielsweise Experimente mit Atom- und Molekular-Strahlen. Ziel dieser Projekte ist die experimentelle Entwicklung neuer Verfahren für den verlustfreien Besetzungstransfer zwischen Quantenzuständen sowie die Entwicklung von Methoden zur Erzeugung und zum Nachweis *kohärenter Superpositionszustände*. Diese Arbeiten sollen einen Beitrag liefern zur Lösung von Problemen der Quanteninformationsverarbeitung. *Insbesondere geht es um die Übertragung von Information* (gespeichert in Amplitude und Phase) *zwischen Lichtfeldern und Materiewellen, die für die Realisierung von Speichern erforderlich ist!* Der deutschstämmige Physiker Wolfgang Ketterle[1361] hat 1997 erstmals einen Atomlaser realisiert und in diesem

---

[1360] Bergmann, Schaefer, *Lehrbuch der Experimentalphysik, Bd. 1*, S. 697f. Die charakteristische Eigenschaft von allen Wellen ist der Transport von Energie und Impuls von einem Sender zu einem Empfänger. Eduard Reischmann, *Die alternative Physik*, S. 19: Mechanische Wellen (wie Wasserwellen) transportieren Energie und Signale (!). Wir erinnern uns an Laszlos Vergleich mit dem Schiff, aus dessen Wellenmuster man auf seine Tonnage etc. schließen konnte. Ebenso können dann Materiewellen Informationen enthalten, betrachtet man die mechanische Welle auch als eine Art Materiewelle.
Vgl. auch Norbert Treitz, *Brücke zur Physik*, S. 403: elektromagnetische Wellen transportieren Energie und Daten, aber keine Ruhemassen. Materiewellen transportieren auch Ruhemassen wie Elektronen bis hin zu ganzen Atomen.
Die esoterische Sicht geht selbstverständlich davon aus, daß Materiewellen Information transportieren und speichern: Vgl. z.B. Silvio Hellemann, *Funklos glücklich!*, S. 91: „Jedes Atom schwingt, erzeugt somit pulsierende Wellen, also Strahlung. Jede Materie strahlt Information von sich ab in den umgebenden Raum. ... Wenn dieser Informationstransfer auf einen materiellen Empfänger trifft, dann übernimmt dieser jene neue Information. Sehr gute Empfänger (und Speicher) sind etwa Quarze, Silikate und Wasser. (Der menschliche Körper besteht zu mehr als 70% aus Wasser und wäre so ein idealer Informationsempfänger)."

[1361] *A brief commentary by Wolfgang Ketterle*
Dept. of Physics and Research Laboratory of Electronics, MIT: http://cua.mit.edu/ ketterle_group/projects_1997/atomlaser_97/atomlaser_comm.html
Recent work at MIT has realized an atom laser. In this note, the concept and properties of an atom laser are discussed, and also the techniques which were necessary to demonstrate the atom laser.
What is an atom laser?
An atom laser is analogous to an optical laser, but it emits **matter waves** instead of electromagnetic waves. Its output is a coherent matter wave, a beam of atoms which can be focused to a pinpoint or can be collimated to travel large distances without spreading. The beam is coherent, which means, for instance, that atom laser beams can interfere with each other. Compared to an ordinary beam of atoms, the beam of an atom laser is extremely bright. One can describe laser-like atoms as

Zusammenhang 2001 gemeinsam mit Eric A. Cornell und Carl E. Wieman den Physik-Nobelpreis „für die Erzeugung der Bose-Einstein-Kondensation in verdünnten Gasen aus Alkaliatomen und für frühe grundsätzliche Studien über die Eigenschaften der Kondensate" bekommen.

(Bemerkung: bei Atomlasern haben wir unbestritten die besondere Kohärenz von Quantensystemen, also einen Hinweis darauf, daß der Laser auf Teilchenebene und auf Wellenebene operiert).

Daß Materiewellen ebenso wie elektromagnetische Wellen Informationen speichern können, zeigt ferner auch der plasmonische Lichttransport in einem Nanodraht[1362]. Seit kurzem arbeiten Wissenschaftler an einer neuen Technik zur Übertragung optischer Signale durch winzige Strukturen im Nanobereich. In den 1980er Jahren wurde experimentell nachgewiesen, daß Lichtwellen, die sich in der Grenzfläche zwischen einem Metall und einem Nichtleiter wie Luft oder Glas fortpflanzen, unter gewissen Bedingungen mit den freien Elektronen an der Metalloberfläche in Resonanz treten. D.h., die Elektronenschwingungen an der Oberfläche entsprechen denen des elektromagnetischen Felds außerhalb des Metalls. Dadurch entstehen sogenannte Oberflächenplasmonen – Dichtewellen von Elektronen, die sich entlang der Grenzfläche ausbreiten wie die Wellen auf einem See, nachdem man einen Stein ins Wasser geworfen hat (wir sind hier auf Teilchenebene). In den letzten zehn Jahren haben die Forscher herausgefunden, daß sie mit speziell ausgetüftelten Grenzflächen Oberflächenplasmonen erzeugen können.

---

atoms „marching in lockstep". Although there is no rigorous definition for the atom laser (or, for that matter, an optical laser), all people agree that brightness and coherence are the essential features.

Differences between an atom laser and an optical laser

Photons can be created, but not atoms. The number of atoms in an atom laser is not amplified. What is amplified is the number of atoms in the ground state, while the number of atoms in other states decreases.

Atoms interact with each other – that creates additional spreading of the output beam. Unlike light, a matter wave cannot travel far through air.

Atoms are massive particles. They are therefore accelerated by gravity. A matter wave beam will fall like a beam of ordinary atoms.

A Bose condensate occupies the lowest mode (ground state) of the system, whereas lasers usually operate on very high modes of the laser resonator.

A Bose condensed system is in thermal equilibrium and characterized by extremely low temperature. In contrast, the optical laser operates in a nonequilibrium situation which can be characterized by a negative temperature (which means „hotter" than infinite temperature!). There is never any population inversion in evaporative cooling or Bose condensation.

[1362] Vgl. hierzu: WS 0809 Masterpflichtmodul Physikalische Chemie (Seidel, Kleinermanns)
„Spektroskopie und Mikroskopie an Grenzflächen"
4. Spektroskopie an der Grenzfläche: http://www.mpc.uni-duesseldorf.de/seidel/lehre_gesch/ws0809/ws0809-Dateien/Vorlesung%20PM-SMKS-Plasmonik.pdf.

Ein Metall muß einige Voraussetzungen erfüllen, um ein Plasmon zu erzeugen. Etwa die Metalle Silber, Gold, Kupfer und Aluminium verfügen über ein Plasmon. Wir haben also die kollektive Anregung von freien Elektronen in Metallen. Die nennt man: Plasmaschwingungen bzw. Plasmonen.

Auch hier überträgt Licht Informationen auf Materie: „Oberflächenplasmonen lassen sich unter bestimmten Bedingungen mit Licht anregen."[1363]

Hier ging es um technische Anwendungen. Besonders aufschlußreich sind allerdings Beispiele in der Natur, die zeigen, daß es kohärent schwingende Materie gibt, und dies sogar im makroskopischen Bereich.

In unserem Gehirn etwa, das ist unbestritten, schwingen sogar riesige Molekülverbände, Zellen, Neuronen, kohärent[1364]. (Und zwar haben wir hier die besondere Kohärenz über Raum und Zeit hinweg von Quantensystemen.) Wir kommen hierauf eingehender in einem späteren Kapitel zu sprechen.

Exkurs: Spinwellen:

Auch in Spinwellen können Informationen gespeichert und übertragen werden.

Hier richten sich die Spins (Drehmomente) von Elementarteilchen oder Atomen so aus, koppeln sich derart, daß es zu einer *wellenartigen* Ausbreitung einer Störung der Spinanordnung kommt.

Daß Informationen auch in Spinwellen codiert sein können, nimmt die herrschende Meinung in der Forschung etwa zu Quantencomputern ganz selbstverständlich an. Quantencomputer sollen *die Spinzustände von Elementarteilchen* zur Datenverarbeitung benützen[1365].

[1363] Nicht zuletzt könnte man auch das erste Gerät mit dem man Schallwellen aufzeichnen und wiedergeben konnte, 1877 von Thomas Edison geschaffen, den Edison Phonographen, als ein Beispiel für Speicherung von Informationen in Materiewellen bezeichnen: Als Speichermedium kam damals eine Harzschicht auf einem Zylinder zum Einsatz.

[1364] Vgl. Marco Bischof, *Biophotonen*, S. 280. Vgl. Ervin Laszlo, *Zu Hause im Universum*, S. 134. Vgl. Lynne McTaggart, *Das Nullpunkt-Feld*, S. 186. Vgl. auch Walter J. Freeman, *The Emergence of Chaotic Dynamics as a Basis for Comprehending Intentionality in Experimental Subjects* in Editor: Karl H. Pribram, *Rethinking Neural Networks: Quantum Fields And Biological Data*, S. 505ff. Desgleichen bschreiben der Hirnforscher Karl Pribram und der Mediziner Hameroff das Bewußtsein als Kohärenzphänomen: es resultiert aus *Superstrahlung*: einer wellenförmigen Kaskade subatomarer *Kohärenz*.

[1365] Noch in weiter Zukunft und zudem bislang spekulativ und kontrovers diskutiert ist die Nutzung manipulierter Spins für das sogenannte Quantencomputing. Beim Quantencomputer würden die beiden Spinzustände nicht länger nur als „0" oder „1" eines üblichen Bits dienen. Die quantenmechanische Überlagerung der beiden Spinzustände ergibt ein Quantenbit, in dem eine kontinuierliche Variation

Um Atomspins[1366] als Informationsspeicher haben sich natürlich auch schon Arbeitsgruppen von Physikern in Harvard gekümmert[1367]. Sie

---

der Spinrichtung möglich ist. Rechner, die auf solchen Prinzipien aufbauen, könnten bei spezifischen Problemstellungen ein hohes Maß an Parallelverarbeitung erreichen.

Die kühnsten, aber heute technisch noch nicht realisierbaren Vorschläge basieren auf beweglichen Elektronen in Nanostrukturen aus Halbleitermaterialien, die mit elektrischen Spannungen steuerbar sind und die den Spin isolierter Atomkerne sondieren und kontrollieren könnten. Diese Zukunftsvisionen haben weltweit einen Wettlauf nach neuen Techniken ausgelöst, mit denen man die Richtung von Kernspins über mobile Ladungsträger in möglichst kleinen Bauelementen kontrollieren und erkennen kann. Fortschritte sind dabei aber nur möglich, wenn man in diesen Nanostrukturen mehr über die mikroskopischen Wechselwirkungen zwischen den Spins der Atomkerne oder der Elektronen weiß und es gelingt, diese Spins von außen zu steuern. An solchen grundlegenden Fragen arbeiten Jürgen Smet und seine Kollegen am Stuttgarter Max-Planck-Institut für Festkörperforschung gemeinsam mit Wissenschaftlern der Gruppe von Gerhard Abstreiter am Garchinger Walter-Schottky-Institut der Technischen Universität München. Ihnen ist es gemeinsam gelungen, die Stärke der Spin-Wechselwirkung im Magnetfeld zwischen Elektronen und Atomkernen eines Halbleiterkristalls allein durch elektrische Widerstandsmessungen zu bestimmen.

[1366] Es gibt also nicht nur den Spin von subatomaren Teilchen, wie Elektronen. Unter dem atomaren Spin versteht man ein meßbares magnetisches Moment von Atomen, welches sich wie ein kleiner Elementarmagnet verhält. Der atomare Spin wird auf die Spins der Teilchen zurückgeführt, welche die Atome aufbauen. Die Überlagerung der Spins von allen Elementarteilchen in einem Atom verursacht den resultierenden atomaren Spin, der die magnetischen Eigenschaften des Materials bestimmt.

[1367] Vgl. E. Hecht, *Optik*, S. 489.
Vgl. auch http://www.weltderphysik.de/de/4245.php?ni=2121: Artikel vom 24.09.2010:
San Jose (USA) – Wer Datenbits nur noch mit einzelnen Atomen speichern und verarbeiten kann, hält den Schlüssel für die potentiell kleinsten Schaltkreise überhaupt in der Hand. Als vielversprechender Kandidat gilt der magnetische Spin von Atomen, der mit aufwendigen Methoden bereits bestimmt werden konnte. Amerikanische Physiker schafften es nun, diese Dynamik auf der Quantenebene mit einem Rastertunnelmikroskop 100 000 Mal schneller zu analysieren als bisher möglich. Wie sie im Titelbeitrag der Zeitschrift „Science" berichten, könnte ihre Methode große Auswirkungen auf Entwicklungen in den Bereichen der Spintronik und der Quanteninformation haben.
„Diese Methode ermöglicht uns zum ersten Mal zu verstehen, wie lange Information in individuellen Atomen gespeichert werden kann", sagt Sebastian Loth vom IBM-Forschungslabor Almaden in San Jose. Mit seiner Arbeitsgruppe deponierte er Paare aus einzelnen Eisen- und Kupferatomen auf einer isolierenden Schicht aus Kupfernitrid. Mit der Spitze eines Rastertunnelmikroskops, die aus einem einzigen Manganatom bestand, bestimmten sie den Magnetspin des Eisenatoms. Mit zwei kurz aufeinander folgenden Spannungspulsen konnten sie die Stabilität dieses Magnetspins innerhalb von etwa 100 Millionstel Millisekunden bestimmen und ebenso schnell schalten.

strahlten Licht in ein Gas (ultrakalte Natriumwolke) ein. Die Information im Lichtfeld konnte dem Gas aufgeprägt werden: es antwortete mit einer kohärenten Ordnung der Atomspins. Später wurde diese Information wieder an das Lichtfeld zurückübertragen, woraufhin der ursprüngliche Impuls wieder erschien. Dabei hatte man Folgendes getan: Als der Lichtpuls gerade in der Atomwolke verschwunden war, und bevor er wieder austreten konnte, wurde der Kopplungsstrahl plötzlich abgeschaltet. Als der Kopplungsstrahl dann wieder schlagartig eingeschaltet wurde, trat eine Kopie des Originalpulses aus dem Gas aus. Mit anderen Worten: die Atome speicherten einen Bauplan des Pulses (die aus dem Lichtstrahl stammende Information). Die aktivierten Atome wirkten so als kohärentes quantenmechanisches System.

Und last but not least ist auch der *Magnetresonanztomograph* beziehungsweise *Kernspintomograph* ein Beispiel für Spinwellen, die Signale ins elektromagnetische Feld übertragen können und vice versa: Das Verfahren beruht darauf, daß die Atomkerne im untersuchten Gewebe gezielt (phasensynchron und resonant) elektromagnetisch angeregt werden und dann bis zur Rückkehr in ihren Grundzustand ein Signal abgeben.

Besonders aufschlußreich sind auch hier Beispiele in der Natur.

Nehmen wir etwa die sogenannten Ising-Modelle.

Das Ising-Modell, von Ernst Ising auf Anregung seines Doktorvaters Wilhelm Lenz um 1925 erstmals genauer untersucht, beschreibt insbesondere den Ferromagnetismus in Festkörpern (Kristallen). In dem Modell wird angenommen, daß die Spins, welche das magnetische Moment der Atome oder Ionen bestimmen, nur zwei diskrete Zustände annehmen können (Spinwert ± 1). Ising-Modelle sind sehr oft untersucht worden, nicht zuletzt wegen ihrer Relevanz für die Theorie neuronaler Netze. Viele Experimente zeigen, daß in sogenannten Ising-Gläsern spontan Strukturen entstehen können, die wegen der gequantelten Natur des Spins sogar schon als in digitalisierter Form vorliegende Information interpretiert werden können, welche zum Beispiel die Entstehungsbedingungen der Struktur in codierter Form enthält.

Auch hier also: Informationen codiert in kohärent schwingenden Materieteilchen.[1368]

Mit dieser Methode steht ein neues Werkzeug zur Verfügung, um den Magnetspin von ganzen Atomketten systematisch zu kontrollieren und zu analysieren.

1368 Es ist noch mal etwas anderes, wenn Wellen durch die korrelierte Ausrichtung von Spins entstehen oder ganze Verbände, ganze Gitter von Atomen oder Molekülen schwingen. Auch das sind Schwingungen in Materie. Gitterschwingungen sind mechanische Wellen. (Wasserwellen z.B. sind mechanische Wellen). Hier sind wir also noch weiter im Gröberen.
Physiker um Jürgen Kirschner am Max-Planck-Institut für Mikrostrukturphysik in Halle haben eine neue Methode entdeckt, die erkennt, ob auf einer Festkörper-

Spinwellen sind nun grob gesagt wie Materiewellen auch Wellen in Materie.

Stellen wir einen Spin fest, sind wir immer schon auf Teilchenebene: das Teilchen wirbelt per Spin sich sozusagen aus der Welle ins Teilchendasein[1369]. Spinwellen (Wellen korrelierter Spins) wären also Wellen der Teilchenwelt. Sie wären aber nicht Materieteilchenwellen, denn sie umfassen nur einen Teil der Teilchen, nur den Spin.

Spinwellen kommen letztlich nicht originär für unser Gedächtnis von Gegenständen in Frage, weil sie nur einen Teilaspekt der Teilchen enthielten und nur den zur Informationsübertragung benutzen.

Materiewellen unterscheiden sich nun dennoch in einigem von elektromagnetischen Wellen:

Esoterische Kreise unterscheiden des öfteren nicht zwischen Materiewellen und elektromagnetischen Wellen. Für sie geht es wesentlich um Wellen. Es gäbe eine Menge Gemeinsamkeiten wie etwa die Polarisierbarkeit etc.

Das sieht die Physik anders. Nur weil etwas die Eigenschaft: Energie, Frequenz und Wellenlänge hat, bedeutet das nicht, daß es zu einer elektromagnetischen Welle werden muß[1370]. Das sind die klassischen Welleneigenschaften. Die haben auch Schallwellen oder Wasserwellen.

Die Materiewelle ist in den Augen der herrschenden Meinung eigentlich mehr eine Informationswelle, insofern sie etwas darüber aussagt mit welcher Wahrscheinlichkeit man das Teilchen wo findet.

Sie ist somit einerseits eher etwas Ungreifbares, sie ist eine Information über die Wahrscheinlichkeitsverteilung des Teilchens[1371].

---

oberfläche Gitterschwingungen oder Spinwellen angeregt werden: 22. März 2011, http://www.mpg.de/1252301/Festkoerper_Magnetisierung
Das gilt zum einen für Anwendungen wie zum Beispiel die ‚Spintronik‘, bei der Information nicht in der Ladung, sondern im Spin gespeichert wird und die besonders schnelle und energiesparende Informationsverarbeitung verspricht.

[1369] Sowohl aus Wellen von Materie- wie aus Wellen von Kräfteteilchen. Entsprechend John Davidson, allerdings ohne göttliche Hilfe: *Das Geheimnis des Vakuums*, S. 34: „Masse läßt sich dann als Vakuumwelle, Schwingung, Oszillation verstehen oder als rhythmische Bewegung, die vom Spin erfaßt wird und als Teilchen erscheint. Ähnlich können alle vier Grundkräfte der Natur ... als Ausdruck von Spannungen oder energetischen Wechselwirkungen innerhalb des Gefüges, des Webmusters oder der Matrix des Vakuumzustands betrachtet werden."

[1370] Martin Lambeck, *Irrt die Physik? Über alternative Medizin und Esoterik*, S. 120: Materiewellen und elektromagnetische Wellen sind physikalisch verschiedene Erscheinungen. Leider werden sie von einigen Autoren nach dem Motto „Alles ist Welle, alles ist Schwingung" in unzulässigerweise verwechselt.

[1371] Michael Munowitz, *Physik ohne Formeln*, S. 268.

Andererseits gilt: eine Welle ist, was eine Welle tut, und die Mathematik eines Elektrons ist Wellenmathematik[1372]. Auch die Materiewelle gehorcht insofern den typischen Gleichungen für Wellen!

Und es gibt ganz ordinäre Unterschiede und Gemeinsamkeiten zwischen elektromagnetischen Wellen und Materiewellen: Materiewellen etwa haben kleinere Wellenlängen als elektromagnetische Wellen. Materiewellen sind nur mit dem Teilchen verbunden, werden nicht von ihm emittiert, und ihre Phasengeschwindigkeit ist anders als die von elektromagnetischen Wellen.

Ferner: Elektronen beispielsweise in Atomen zirkulieren zwar nun nicht wie elektrischer Strom in einem geschlossenen Stromkreis, aber ein Elektron im Atom bewegt sich eindeutig in bestimmter Art und Weise, vielleicht sogar *in Entsprechung* zu elektrischem Strom[1373]. Die Kombination aus elektrischer Ladung und einem Spin-1/2-Drehimpuls verleiht dem Elektron (auch dem Proton und Neutron) ein magnetisches Dipolmoment, was entfernt an eine Stromschleife erinnert. Doch besitzt das magnetische Moment eines Elektrons nicht die Freiheit, in einem externen Magnetfeld in jede beliebige Richtung zu zeigen.[1374]

Mit *kohärenter* Superposition der Zustände (Superposition der Feldamplituden) hat man es ferner auch bei Materiewellen zu tun, obwohl der Zusammenhang mit den Meßgrößen kompliziert ist.

Im Resultat: Materiewellen unterscheiden sich also von elektromagnetischen Wellen, es gibt allerdings auch starke Gemeinsamkeiten zwischen Materiewellen und elektromagnetischen Wellen[1375]. Und in Forschung und Technik sieht man, *daß Informationen von den einen in die anderen übertragen werden können.*

Und dann gibt es ja auch noch die Vielen, die Materie und Strahlung in einer einheitlichen Theorie zusammenbringen wollen, in den berühmten GUTs (Grand Unified Theories), die wir ebenfalls schon erwähnt haben. Man vermutet in den GUTs, daß Materie und Strahlung verschiedene Varianten *ein und desselben* Objekttyps mit gleichzeitig wellenartigen und korpuskularen Eigenschaften sind[1376]. Eine GUT ist etwa die Superstringtheorie, als einheitliche Theorie aller Teilchen und Wechselwirkungen oder auch das von uns gewählte Modell des vereinigten Vakuums[1377].

[1372] Michael Munowitz, *Physik ohne Formeln*, S. 264.

[1373] Michael Munowitz, *Physik ohne Formeln*, S. 204 und 190ff.

[1374] Michael Munowitz, *Physik ohne Formeln*, S. 289.

[1375] Vergleicht man etwa (wie Wolfgang Ketterle) einen Atomlaser mit einem Photonenlaser.

[1376] Albert Messiah, *Quantenmechanik, 1*, 2. Aufl., S. 51–53.

[1377] Vgl. z.B. Herbert Aschwanden, *Die Urstruktur der Schöpfung*, S. 23.

In der Perspektive der GUTs steckt sozusagen hinter Materiewellen und elektromagnetischen Wellen dasselbe. In unserem Modell, dem vereinigten Vakuum, unterliegen beidem letztlich Gravitationswellen im Vakuum. Nach allem liegt nahe, daß Materiewellen sich in elektromagnetische Wellen umwandeln können und umgekehrt[1378]. (In Teilchenbeschleunigern wird nicht zuletzt auch klar, daß alle möglichen Teilchen ineinander umwandelbar sind.) Oder einfacher: daß die einen die anderen (im Vakuum) sein können.

Und in jedem Fall kann, nach allem, das in Materiewellen Steckende (etwa Information, unser Gedächtnis der Dinge) ebensogut in elektromagnetische Wellen gelangen (etwa durch ein in Phase Kommen).

Die Materiewelle hat noch etwas Besonderes:

Ein Elektron etwa in einem Atom oder Molekül existiert nur in gewissen stabilen Anordnungen. Die damit verbundenen Wellen sind eingeschränkt (wie etwa eine Klaviersaite), *quantisiert*, so daß wir uns an *ste-*

Die **Stringtheorie** etwa ersetzt punktförmige Elementarteilchen durch Strings. Alle Materie und alle Kräfte gehen nach ihr aus Strings hervor. Strings kann man sich als schwingende eindimensionale Fäden vorstellen. Ein Teilchen ist durch Schwingungen repräsentiert, so wie ein Ton Produkt einer schwingenden Saite ist. Nach einer Variante der Stringtheorie (die um die Supersymmetrie erweiterte) können nach Berechnungen die eindimensionalen Strings in neun Dimensionen schwingen (statt vorher in 26), mit der Zeit zehn. Damit können sich alle möglichen Elementarteilchen auch jenseits unserer nur vier Dimensionen bewegen. Und zwar soll es sich dabei um winzige aufgerollte Extradimensionen handeln (wie die der Calabi-Yau-Compaktifizierung). Die Geometrie dieser zusätzlichen Dimensionen bestimmt dabei die fundamentalen physikalischen Eigenschaften wie Teilchenmasse und – ladungen, die wir in den drei ausgedehnten Raumdimensionen der Alltagserfahrung beobachten, und auch die gravitativen Eigenschaften von Teilchen, ihre (Quanten-)Gravitation.

Oder eine andere GUT: Das Quantenvakuumsmodell, das im Vakuum mehr sieht als die herrschende Meinung (manche sagen dazu **vereinigtes Vakuum**): bedeutet, *alle* Teilchen, Materieteilchen und Kräfteteilchen, sind im Vakuum *ein untereinander verbundenes* Netz oder Gewebe aus Energie (dessen Verbundenheit (dort kann alles auf alles wirken) man aber noch nicht besonders gut versteht): vgl. etwa John Davidson, *Das Geheimnis des* Vakuums, S. 308 und Hal Puthoff bei Lynne McTaggart, *Das Nullpunkt-Feld*, S. 57f. Vgl. auch John Davidson, *Das Geheimnis des Vakuums*, S. 329ff. zum Verhältnis von Quantenvakuum und Quantenfeldtheorie. Wir haben in unserem Modell dieses Netz noch spezifiziert und gesagt, letztlich unterliegen allen Kräfte- und Materieteilchen Gravitationswellen im Vakuum; im Fundamentalsten besteht das Vakuum aus *einem*: aus Gravitationswellen.

[1378] Vgl. auch Bearden bei Marco Bischof, *Biophotonen*, S. 404f. Die Gravitationswellen (Skalarwellen), die keine Masse haben, sind nach Bearden *fundamentaler* als die daraus abgeleiteten Kraftfelder, als beispielsweise das elektromagnetische Feld. Skalarwellen können jederzeit in elektromagnetische Wellen und Materie umgewandelt werden.

hende Wellen erinnert fühlen (theoretisch kann eine stehende Welle mit unendlich vielen Frequenzen schwingen).[1379]

Eine Materiewelle verhält sich also wie eine stehende Welle.

Wir haben schon gesehen, Materiewellen können wie elektromagnetische Wellen Informationen speichern und auch übertragen.

Wir wollen dennoch kurz darauf eingehen, **daß auch stehende Wellen Informationen speichern können:**

Wird ein System mit stehenden Wellen durch eine Schwingungsquelle angeregt, so absorbiert es Energie, vorausgesetzt, die Schwingungen des Erregers stimmen mit einer Mode des Systems überein (Resonanz). Die Fähigkeit eine Anregung aufrechtzuerhalten (zu speichern) und zu verstärken, ist eine wichtige Eigenschaft von Systemen stehender Wellen.

Stehende Wellen haben wir etwa bei Gitarrensaiten, Trommelfellen oder Lasern (also auch bei mechanischen und elektromagnetischen Wellen)[1380].

Und eine weitere Besonderheit wollen wir hier nochmals betonen: *Materiewellen sind mit dem Teilchen verbunden,* werden nicht von ihm emittiert[1381].

[1379] Michael Munowitz, *Physik ohne Formeln*, S. 264f.

[1380] Vgl. etwa: http://www.desy.de/~khan/lehre/exphys-ws067/ex06-wellen.pdf.
Die vielfältigen Einsatzmöglichkeiten bei gleichzeitig hoher Genauigkeit und guter Automatisierbarkeit haben ihre Ursachen in den besonderen Eigenschaften der Laserstrahlung, wie der genau definierten, aber der jeweiligen Anwendung angepaßt auswählbaren Wellenlänge und der hohen Kohärenz der Strahlung. Hierdurch ist es möglich, die benötigten Informationen mit hoher Auflösung in einer zeitlichen und/oder örtlichen Veränderung der Lichtwellenintensität zu speichern, zu transportieren und an einem nahezu beliebigen Ort wieder abzurufen. Während die Lichtgeschwindigkeit einen schnellen Transport der Information materiegebunden (Lichtleiterkabel) oder im freien Raum (Lichtstrahl) erlaubt, ermöglicht die genau definierte Wellenlänge eine hohe Parallelität im Informationstransport. So können über transatlantische Glasfaserkabel z.B. 1 000 000 Telefonverbindungen gleichzeitig mit Datenraten von 5 Gbit/s übertragen werden.
Wir denken auch an die Herstellung eines Hologramms: Es wird ein einziges Laserlicht in zwei getrennte Strahlen aufgeteilt. Der erste Strahl wird von dem abzubildenden Gegenstand (etwa ein Apfel) zurückgeworfen. Dann wird der zweite Strahl losgeschickt, der mit dem reflektierten Licht des ersten kollidiert. Beim Zusammentreffen erzeugen beide ein Wellen-Interferenzmuster, das sich auf einem Film (holographische Platte) abbildet. Für das bloße Auge gleicht das Bild auf dem Film einer Ansammlung von Schnörkeln, zeigt keinerlei Ähnlichkeit mit dem photographierten Objekt. Doch sobald ein weiterer Laserstrahl (manchmal genügt auch ein helles Licht) den Film durchdringt, erscheit ein dreidimensionales Abbild des ursprünglichen Objekts, sehen wir ein unglaublich detailliertes, dreidimensionales virtuelles Bild, hier das Bild des im Raum schwebenden Apfels!

Insgesamt ergibt sich für uns jetzt folgendes **Modell**, und dieses Modell ist eine Vervollständigung und Verfeinerung unseres bisherigen Modells, also kein Konkurrenzmodell:

Materiewellen im Vakuum entsprechen dem Zustand des konkreten Teilchens oder des konkreten Teilchenensembles, sie enthalten die Information darüber. Das Gedächtnis eines Teilchens oder Dings liegt *in seinen Materiewellen im Vakuum*, dort werden alle seine Zustände gespeichert. Plus in der Verbundenheit der Materiewellen des Dings mit den Materiewellen von allem, was einmal mit ihm verbunden war.

Gleichzeitig hinterlassen diese Materiewellen *Abdrücke* im Vakuum, oder *sind* Abdrücke im Vakuum, sie haben dort also noch ein gravitationelles Abbild. *In Gravitationswellen im Vakuum* wären also ebenfalls alle Zustände der Teilchen und Teilchenensembles gespeichert.

Im Hinblick auf das Gedächtnis der Dinge bedeutet das Folgendes:

Die Materiewellen sind an den Gegenstand *gebunden*, es sind *seine* Wellen. Hier könnte sich erklären, daß wir ein *lokales* Ding- und Ortsgedächtnis empfinden, Psychometrie:

Materiewellen bleiben immer mit der Materie verbunden. Im Vakuum können sie sich allerdings unendlich ausbreiten, sind dort überall und nirgendwo. In Materiewellen im Vakuum wäre das Dinggedächtnis also noch universell gespeichert. Wie kommen wir also bei Materiewellen zum lokalen Gedächtnis? Nehmen wir nun die Physikerin Barbara Brennan[1382] hinzu: Lokal wird das Gedächtnis der Dinge nach Brennan in unserer dreidimensionalen Teilchen-Welt letztlich erst, wenn es *durch uns, durch menschliche Wahrnehmung*, aus dem Frequenzbereich des Quantenvakuums herausgeholt wird. Das macht Sinn. Im Quantenvakuum ist ja nichts lokal. Die hier gemeinten Materiewellen sind nur im Vakuum und daher nicht lokal. Erst, wenn das in Materiewellen verschlüsselte Gedächtnis aus dem Vakuum *durch unsere Wahrnehmung* herausgeholt wird, würde es also lokal, und zwar in Teilchenwellen (die Welle wird durch Beobachtung zum Teilchen). Aus Materiewellen würden wir also das lokale Gedächtnis holen.

Was könnten das nun für Teilchenwellen sein, in denen wir das Gedächtnis lokal werden lassen?

[1381] Anders, wenn viele Materieteilchen zusammenwirken, Wellen bilden (Materieteilchenwellen), wie bei einem Atomlaser: hier hätten wir emittierte Strahlung.

[1382] Vgl. Brennan bei Michael Talbot, *Das Holographische Universum*, S. 179. Brennan arbeitete bei der NASA im Goddard Space Flight Center. Sie spricht hier von Aura, meint aber dasselbe wie unser Gedächtnis von Gegenständen.

Materieteilchenwellen machen hier keinen Sinn[1383]. Nahe liegen elektromagnetische Teilchenwellen (ein elektromagnetisches Abbild sozusagen der Materiewellen oder der diesen unterliegenden Gravitationswellen), denn im Gehirn laufen nachweislich elektromagnetische Prozesse ab.

Die Lokalität des Gedächtnisses *am* Gegenstand oder *am* Ort zeigt sich dann folgendermaßen. Die Teilchenwellen weiter weg vom Gegenstand werden *für uns* immer mehr von anderen Teilchenwellen anderer Dinge usw. überlagert. *Die Information ist daher am Gegenstand, am Ort für uns am klarsten.* – Es ist wie mit den Wellen, die ein Schiff im Wasser produziert. Die sind für uns am Schiff am deutlichsten. Weiter weg vom Schiff werden sie von anderen Wellen überlagert, den Wellen der Strömung, den vom Wind produzierten Wellen, den Wellen anderer Schiffe. Zusätzlich wirkt die Verbundenheit der Materiewellen mit anderen Materiewellen dann *für uns, in unserer Wahrnehmung,* wie ein Attraktor. Ganz untechnisch könnte man sich das so vorstellen. Zieht man durch Wahrnehmung die Materiewellen von etwas sozusagen *ans Licht,* zieht man auch alles, was daran hängt, mit. An einem Ding hängen, untechnisch formuliert, all die Materiewellen[1384] all dessen, was einmal mit ihm verbunden war[1385].

(Im Gegensatz zu den elektromagnetischen Wellen, in denen wir das in Materiewellen steckende Gedächtnis sozusagen ans Licht holen, könnten separate elektromagnetische Wellen Informationen wie das Gedächtnis über längere Strecken zu uns transportieren, sie kämen dann auch irgendwo *weit weg* (für uns) immer noch deutlich an.)

Das in Gravitationswellen im Vakuum codierte Gedächtnis wäre also *universell,* überall und nirgendwo. Das in Materiewellen im Vakuum ebenfalls. Es gewinnt aber etwas Lokales, wenn wir ins Spiel kommen. Dabei können wir es überall lokal werden lassen[1386], aber, leichter, am Gegenstand/Ort selbst. Dort ist für uns die Welleninformation am klarsten.

Existiert nun der Gegenstand nicht mehr, bildet er keine Materiewellen mehr. Nur noch sein vergangenes Materiewellenabbild und sein gravi-

---

[1383] Materieteilchenwellen verbinden Materieteilchen, also feste, massebehaftete Teilchen, nachweislich denken oder erinnern wir uns nicht in Form so harter Brocken.

[1384] Auch die Materiewellen etwa von Gehirnen der Personen, die etwa das Ding in der Hand hatten.

[1385] Bildlich könnte man sich das so vorstellen, man holt etwas ans Licht, an dem ganz viele Fäden hängen, die zu anderen Dingen, Personen etc. führen, diese Fäden wären letztlich nicht zerreißbar und unendlich dehnbar, aus einem Supergummi sozusagen.

[1386] Bei Brennan kann das Gedächtnis überall lokal werden, nicht nur am Ort. Das wäre dann für uns allerdings Hellsehen und nicht mehr Psychometrie. Sie kennt also, wie es scheint, nicht das eigentliche lokale Ding- und Ortsgedächtnis um die Dinge und Orte herum.

tationelles Abbild (das wäre dann dasselbe) bestünde im Vakuum fort, und dies auf ewig. – Dementsprechend sagt der Physiker Davidson[1387]: „Was wir Moleküle nennen, ist nur ein Oberflächenphänomen. Wie bei einem Eisberg ist das, was an der Oberfläche erscheint, nur ein Bruchteil von dem, was darunter vor sich geht. Aber anders als bei einem Eisberg scheinen die Schwingungsmuster, die sich weiterhin unter der Oberfläche bilden, fortzubestehen, wenn man das Oberflächenphänomen beseitigt." –

Wenn der Gegenstand also schon längst untergegangen ist, besteht sein Gedächtnis also noch fort im Vakuum. Und zwar befände es sich überall und nirgendwo. Die lokale Ausstrahlung wäre eigentlich weg. Das Abreißen eines Spukhauses könnte in der Tat die lokale Spukwirkung für uns zunichte machen. So einfach ist das aber nicht bei Orten. Gerade an Orten die Geschichte zu tilgen ist ungemein schwierig. An einem Ort gibt es ja meistens immer noch Dinge, die man nicht beseitigt hat oder schwer beseitigen kann, die weiterhin das Gedächtnis des Orts in Materiewellen tragen und für uns ausstrahlen, und wenn es der Schutt ist, der vom abgerissenen Haus übrig herumliegt oder der Boden, auf dem das Haus stand.

Wir sahen also, das Gedächtnis der Dinge ist in Gravitationswellen und in Materiewellen universell gespeichert. Aus Materiewellen/diesen unterliegenden Gravitationswellen holen *wir* das lokale Gedächtnis der Dinge in, wie es scheint, und wir hier annehmen wollen, elektromagnetische Teilchenwellen.

Es kommt einem hier nun die ganz naive Frage, wie unser Gedächtnis der Dinge, also Informationen, im einzelnen von den einen in die anderen Wellen kommen: von Materiewellen in Gravitationswellen in elektromagnetische Wellen oder von Materiewellen in elektromagnetische Wellen? (Wir vertiefen diese Problematik später auch noch im Kapitel, in dem es darum geht, wie unsere Gehirne oder unser Bewußtsein zum Gedächtnis der Dinge kommen.)

Denkbar wäre folgendes:

Materiewellen hinterlassen einen Abdruck im Vakuum, *sind* also gleichzeitig dort Gravitationswellen. Unser Gedächtnis wäre hier also bereits in beiden. Von Gravitationswellen in elektromagnetische Wellen könnte sodann irgendwo im Vakuum eine *Umwandlung* stattfinden[1388]. Elektromagnetische Wellen im Vakuum *sind* gleichzeitig elektromagnetische Wellen unserer drei-/vierdimensionalen Welt. Aus denen würden wir

---

[1387] John Davidson, *Das Geheimnis des Vakuums*, S. 99.

[1388] Vgl. etwa Bearden bei Marco Bischof, *Biophotonen*, S. 404f. Die Gravitationswellen (Skalarwellen), die keine Masse haben, sind nach Bearden *fundamentaler* als die daraus abgeleiteten Kraftfelder, als beispielsweise das elektromagnetische Feld. Skalarwellen können jederzeit in elektromagnetische Wellen und Materie umgewandelt werden.

dann das konkrete Gedächtnis der Gegenstände ziehen können, etwa in Form von Bildern.

Denkbar wäre, unserer Ansicht nach, auch die simplere (elegantere) Variante, daß im Vakuum alle diese Wellen einander *sein* können beziehungsweise *sind* (diese Annahme liegt auch den GUTs zugrunde). Materiewellen *wären* Gravitationswellen im Vakuum *wären* elektromagnetische Wellen im Vakuum usw. Unser Gedächtnis wäre im Vakuum also einfach in allen. Diese Variante wollen wir im Folgenden vertreten. Und elektromagnetische Wellenwellen im Vakuum *sind* (im hier vertretenen Modell) wiederum elektromagnetische Teilchenwellen in unserer Welt, aus denen letztendlich wir das konkrete Gedächtnis der Gegenstände, etwa in Form von Bildern, entschlüsseln würden. Elektromagnetische Wellen wären hier also immer eine gute und direkte Verbindung zwischen Vakuum und unserer Welt, weil sie (wie alles in unserer Welt im hier vertretenen Modell) auf beiden Seiten sind. (Für manche sieht das in der Physik im Einzelnen ziemlich kompliziert aus[1389].)

Und dann gibt auch noch das Phänomen der „Resonanz" eine Antwort beziehungsweise, noch allgemeiner, das Phänomen des in Phase Kommens von Wellen.

Kleiner Exkurs zur **Resonanz**:

Auch über Resonanz findet eine Verbindung zwischen Wellen statt, ein Informationstransfer oder auch Energietransfer. (Hier liegt schon eine Teilantwort auf die Frage, wie wir, unsere Gehirne oder unser Bewußtsein, zum Gedächtnis der Dinge kommen.)

Ganz grob könnte man es so sehen: alle möglichen Wellen treffen überall aufeinander. Wo Wellen in Resonanz geraten, verstärken sich Signale, werden Informationen (zwischen Wellen) übertragen.

Resonanz passiert dann, wenn *ähnlich oder gleich* schwingende Systeme (**ähnliche oder gleiche Frequenz**) aufeinandertreffen: die Schwingung verstärkt sich. (Wir haben hier einen Unterfall der oben beschriebe-

---

[1389] Die Gesellschaft für Raumzeitforschung, e.V. GRZ: kontakt@g-r-z.org führt zur Verbindung von Vakuum und Elektromagnetismus in unserer drei-vierdimensionalen Welt durch elektromagnetische Wellen auf ihrem Website etwa aus: Die von Torsionswellen und longitudinalen Potential-Wellen erzeugten *Solitonen* stellen die Beziehung her, bzw. wirken als Vermittler zwischen den virtuellen Teilchen des Vakuumfeldes und dem reellen Elektronenfluß der klassischen Elektrodynamik.
Die heutige Physik kennt drei Arten von elektromagnetischen Wellen: transversale, longitudinale und Torsionswellen. Longitudinale (d.h. in Ausbreitungsrichtung schwingende) Wellen und Torsionswellen bilden nach unserem heutigen Wissen eine besondere Klasse von nichtlinearen Wellen, die als *Solitonen* bezeichnet werden. (Solitonen verhalten sich nahezu wie Teilchen, können sich jedoch auch gegenseitig durchdringen ohne mit einander zu interferieren.)

nen Informationsübertragung bei kohärent schwingenden Wellen beziehungsweise bei konstruktiver Interferenz).

Resonanz ist also ein Mitschwingvorgang. Ein schwingungsfähiges System wird durch äußere Kräfte erregt. Es schwingt mit, wenn die Erregungsfrequenz (nahezu) gleich seiner Eigenfrequenz ist. Seine Eigenfrequenz ist die Schwingung, die von den Eigenschaften des Systems abhängt, also von ihm selbst abhängt.

Eine schöne Beschreibung ist folgende[1390]: Resonanzfrequenz ist diejenige Frequenz, bei der ein System ein Maximum an Widerhall (Resonanz) entwickelt.

Resonanz ist also ein Aufeinanderabgestimmtsein, das einen Widerhall erzeugt[1391].

Wenn Wellen *gleich* oder *ähnlich* schwingen, können sie also kommunizieren. Das heißt in diesem *Teilbereich* hat es unser Gedächtnis der Dinge, und jede Information, leicht von den einen Wellen in die anderen zu kommen. Es geschieht praktisch von allein, sobald solche gleichen oder ähnlichen Wellen aufeinander treffen.

Resonanz tritt überall um uns herum in der makroskopischen Welt auf: Die Klangerzeugung von vielen Musikinstrumenten etwa beruht auf Resonanz[1392].

Die Anregung einer Fernsehantenne durch elektromagnetische Wellen beruht auf Resonanz[1393].

Auch in der Welt des Kleinsten sind Resonanzphänomene überall: Auch bei Quantensystemen spricht man von Resonanzfrequenzen. Im Unterschied zu klassischen schwingungsfähigen Systemen können im Kleinsten nur bei den jeweiligen Resonanzfrequenzen Wechselwirkungen stattfinden. Wechselwirken zum Beispiel Licht und Materie: geschieht das durch Absorption und Emission in der Form von Photonen. Ein Photon wird von einem Elektron eines Atoms absorbiert oder emittiert: das Photon (bzw. das elektromagnetische Feld) und das Elektron sind hier in Resonanz.

Viele Musikinstrumente, etwa Gitarren, Geigen, Cellos, verfügen über Resonanzkörper. Diese sind so gebaut, daß bei möglichst vielen Frequenzen ein Mitschwingen erfolgt. Durch den Resonanzkörper wird entscheidend der Klang des betreffenden Instruments bestimmt.

[1390] http://www.elektroniknet.de/lexikon/?s=2

[1391] Und so sind auch die Eingangs-Schwingkreise im Radio aufeinander abgestimmt, nur dadurch ist es möglich, aus dem Wellensalat im Äther eine bestimmte Frequenz (bzw. den zugehörigen Sender) herauszufiltern.

[1392] *Schülerduden Physik*, S. 366.

[1393] Trautwein, Kreibig, Hüttermann, *Physik für Mediziner, Biologen, Pharamzeuten*, S. 107.

Entsprechend kann man sich vorstellen, daß in der Natur möglichst viele Resonanzphänomene ermöglicht werden, dem gigantischen Informations- und Kommunikationsbedarf entsprechend.

Wir können uns ganz grob vorstellen: durch Resonanz (gleiche oder ähnliche Schwingungen) werden Informationen oder auch Energie zwischen Wellen gleicher Art übertragen. Aber, wie bei der Wechselwirkung zwischen Materie und Licht, auch zwischen Wellen verschiedener Art, also etwa zwischen Materiewellen und elektromagnetischen Wellen.

Wenn also unsere Gehirne in erster Linie Empfänger und Sender von elektromagnetischen Wellen wären, könnten wir auch Informationen aus etwa Gravitationswellen oder Materiewellen empfangen, sofern diese Wellen mit unseren gleich oder ähnlich schwingen würden. Bei uns müßten einfach entsprechende Resonanzfrequenzen da sei.

Zusatzbemerkung: *Wir haben hier aufeinander abgestimmte Systeme.* Also einen Spezialfall. Etwas tritt in Resonanz, weil es auf das andere bereits abgestimmt ist. Das sieht aus wie eine prästabilierte Harmonie. Alles ist schon im voraus festgelegt, aufeinander abgestimmt. Wie kann hier Neues entstehen? Eine creatio ex nihil? Das Entstehen von Neuem ist durch Resonanz nicht gut zu erklären.

Rupert Sheldrake verweist beispielsweise auf das Problem[1394].

Im Kapitel *Die knifflige Frage der Selektion* geben wir Meinungen wieder, die annehmen, daß etwas, etwa das Gehirn, auch auf ganz neue Muster einschwingen kann[1395].

Das folgt eigentlich schon daraus, daß Wellen sich synchronisieren, in Phase kommen[1396], kommunizieren können, *auch wenn sie unterschiedliche Frequenz oder Amplitude haben*, Hauptsache, sie erreichen zur gleichen Zeit ihren Gipfel oder ihr Tal: Stichwort Kohärenz/konstruktive Interferenz.

Das Gehirn würde nun allerdings, etwa nach Sheldrake[1397], die neuen Muster aus einem bestehenden Reservoir latenter Möglichkeiten (entspricht unserem Modell des Quantenvakuums) nehmen. Und der Witz ist, daß der reine Wille, so etwas zu tun, also ein volitives Element, das zu erlauben scheint. Ein volitives Element läßt ja auch beliebig Wellen zu Teilchen werden, so scheint es. Hier kommt, so scheint es, der Zufall herein. Der Wille bewirkt vielleicht nicht eine creatio ex nihil, aber zumindest eine beliebige creatio, eine beliebige Auswahl aus einem Pool

---

[1394] Vgl. hierzu das Kapitel: *Das Gedächtnis der Natur und das Gedächtnis von Gegenständen in morphischen Feldern.*

[1395] Vgl. G. Pagenstecher in *Encyclopedia of Occultism & Parapsychology*, S. 1051.

[1396] Man kann sich vorstellen, daß über Resonanz leichter Informationen übertragen/empfangen werden. Bei Resonanz gibt es praktisch einen Automatismus.

[1397] Vgl. das Kapitel: *Das Gedächtnis der Natur und das Gedächtnis von Gegenständen in morphischen Feldern.*

vieler Möglichkeiten. (So daß wir höchstens die Illusion hätten, etwas sozusagen aus dem Nichts heraus zu wollen und zu bewirken. Es war ja schon immer etwas da. Anders läge der Fall, wenn es unendlich viele latente Möglichkeiten gäbe, dann kann theoretisch immer etwas ausgewählt werden, was es noch nicht gibt, also Neues!)

Daß eine psychische Komponente kreieren kann, das meinen heute auch einige Physiker, die den Elementarteilchen sogar so etwas wie Willenskraft zuschreiben, so zum Beispiel der amerikanische Physiker Andrew A. Cochran[1398]. Cochran vermutet, daß eine psychische Komponente Materie aufbaut. Er vermutet, daß die Atome verschiedener Elemente noch bisher ungeahnte Eigenschaften besitzen könnten, die eher psychischer Natur sind. Auch beim Stanford Physiker Robert B. Laughlin[1399] gibt es sozusagen einen eigenen Willen der Materie: Ordnungsprinzipien können ihr den vermitteln und sie sogar unabhängig von ihr zugrunde liegenden Gesetzen machen. Der Wille brächte also etwas Neues herein, erlaubte einen Sprung aus eingefahrenen Bahnen.

Die Heisenberg'sche Unbestimmtheit wird auch zuweilen als *freier Wille* des Mikrobereichs interpretiert. Wo der Wellencharakter stärker ist, ist die Willensfreiheit größer, so der Mathematiker Arthur M. Young[1400].

Gerade Versuche zur Psychometrie[1401] zeigen ferner, daß der Psychometrisierende gerade auch das erfährt, was er erfahren *möchte* (dabei geht es aber um ein Wollen auf einer Ebene unterhalb des Wachbewußtseins). Zumeist möchte er etwas erfahren, das ihm irgendwie gleicht. Er könnte aber auch etwas erfahren mögen, das ihm nicht a priori gleicht, also etwas für ihn Neues.

Information wie unser Gedächtnis der Dinge kann also von den einen Wellen in die anderen kommen über Resonanz, über, allgemein, ein in Phase Kommen: Stichwort Kohärenz/Interferenz. Als auch einfach dadurch, daß (in unserem Modell) die einen Wellen die anderen *sein* können im Vakuum (oder die einen in die anderen dort umgewandelt werden können).[1402] Im Fall der Resonanz geschieht ein Informationstransfer ohne unser Zutun, quasi von alleine, aufgrund einer prästabilierten Harmonie sozusagen. Ein in Phase Kommen jenseits der Resonanz erfordert,

---

[1398] Nach Andrew A. Cochran besitzen die Elementarteilchen der Materie erste Anklänge an Willenskraft, Selbstaktivität oder Anklänge an einen Geist. Auf diesen Wesenszug könnten, nach ihm, die grundlegenden Eigenschaften der Quantenmechanik zurückzuführen sein. In Andrew A. Cochran, *Are Atomic Particles Conscious?*

[1399] Robert B. Laughlin, *Abschied von der Weltformel*, S. 77f.

[1400] Vgl. bei Marco Bischof, *Biophotonen*, S. 411f.

[1401] Vgl. Kapitel: *Interesse, Affinität, Gefühle, Wünsche*.

[1402] Vielleicht könnte man diese Phänomene zusammensehen: Bei Kohärenz und Resonanz werden die einen Wellen quasi die anderen. Wobei Resonanz ein stärkerer Gleichklang ist als Kohärenz. Wir hätten hier also dasselbe mit Abstufungen.

so scheint es, ein Zutun. Und bizzarerweise scheint es, daß ein Wille, also wieder ein Bewußtsein, ein in Phase Kommen jenseits der Resonanz in Gang setzen kann (und auch ein Wille wäre impliziert, wenn ich entscheide, ob ich denselben Inhalt aus den einen oder den anderen Wellen empfange).

Zusammenfassung:

Wir haben hier eine wertvolle Zusatzinformation zum Thema: *lokales oder universelles Gedächtnis von Gegenständen* erhalten:

Liegt das Gedächtnis eines Dings in seinen Materiewellen, so kann das Gedächtnis des Dings *lokal werden*: Auch wenn die Wellen von Materie sich im Vakuum unendlich verbreiten, überall und nirgendwo sind.

Lokal in unserer dreidimensionalen Teilchen-Welt wird das Gedächtnis eines Gegenstands dann, etwa nach der Physikerin Barbara Brennan[1403], wenn es *durch uns, durch menschliche Wahrnehmung*, aus dem Frequenzbereich des Quantenvakuums herausgeholt wird in unsere Teilchenwelt (in Teilchenwellen). – An die Stelle unserer bewußten Wahrnehmung können wir auch die Wahrnehmung eines kollektiven Bewußtseins setzen. Auch dieses kann theoretisch bewirken, daß das Gedächtnis der Dinge und Orte lokal wird. Oder auch die Wahrnehmung durch ein göttliches Bewußtsein könnte theoretisch etwa einen Ortsgeist schaffen; davon ging man, wie wir im Genius-loci-Kapitel sahen, in der griechischen Antike aus. Wir haben hier die numinosen Orte, den numinosen Ortsgeist. – So (wie bei Brennan oben) läuft in unserem Modell ja die gesamthafte Konstruktion unserer Realität ab; durch unser (irgendein) beobachtendes Bewußtsein wird die Welle erst zum Teilchen.

Wir haben also ein lokales Gedächtnis nur auf der Ebene unserer Teilchenwelt, hervorgebracht etwa durch unsere Wahrnehmung. Im hier favorisierten Modell, in dem alle Wellen alle anderen Wellen im Vakuum sein können, könnte das lokale Gedächtnis in elektromagnetischen Teilchenwellen für uns hervorkommen[1404].

Aus diesen zöge der Psychometer letztlich etwa Bilder, die er im Geist vor sich sieht. Und zuweilen könnte dieses elektromagnetische Abbild der Materiewellen des Gegenstands auch als Licht-Aura wahrgenommen werden. (Hierzu kommen wir noch.)

Brennan sagt, wir können das Gedächtnis überall lokal werden lassen[1405]. Wir fügen hinzu: Der Gegenstand und der Ort selbst erleichtern

---

[1403] Vgl. Brennan bei Michael Talbot, *Das Holographische Universum*, S. 179. Brennan spricht hier von Aura, meint aber dasselbe wie unser Gedächtnis von Gegenständen.

[1404] Ebenso, wenn die Materiewellen unterliegenden Gravitationswellen in elektromagnetische Wellen umgewandelt werden können.

[1405] Das wäre dann für uns allerdings Hellsehen und nicht mehr Psychometrie.

aber eine lokale Empfindung, dort ist für uns die Welleninformation (auf Teilchenebene) am übersichtlichsten. Darüberhinaus wirkt das einzelne Ding und der einzelne Ort (auf Teilchenebene) *für uns* wie ein Attraktor. Es gibt also auch das konkrete lokale Gedächtnis *am Gegenstand, am Ort.*

Gerade für das lokale Gedächtnis von Orten und Gegenständen am Ort und am Gegenstand spricht ja vieles. Etwa das Phänomen der Psychometrie oder unsere Stimmungsempfindungen an Orten. Und vielleicht auch – wir erwähnen hier nur noch schnell den amerikanischen Physiker Jordan Maclay[1406], der ein tolles Indiz für die Örtlichkeit des Gedächtnisses anführt – eine meßbare *Aura* um Gegenstände und Orte: Nach Maclay ist in der unmittelbaren Umgebung jeder Materie das Vakuumfeld gegenüber dem leeren Raum verändert! Um Lebewesen herum ist es auffälliger, aber es betrifft auch jeden *toten* Gegenstand! Diese Veränderung kann nach Maclay entweder direkt als Veränderung der Energiedichte oder indirekt an der Streuung des Lichtes wahrgenommen werden. Das Vakuum wird nach Maclay möglicherweise auch durch die Aktivität des Bewußtseins beeinflußt. Das Vakuum scheint so, nach Maclay, für alles eine Aura bereitzustellen, für Objekte, Orte, Gedanken etc. Diese Aura könnte sozusagen der örtliche Abglanz des Gedächtnisses von Gegenständen und Orten[1407] sein (in elektromagnetischen Teilchen-Wellen), und noch viel mehr. Zur Aura kommen wir noch detaillliert.

Ist das Gedächtnis von Gegenständen in David Bohms impliziter Ordnung[1408]?

Auch der Einsteinschüler und führende Quantentheoretiker David Bohm sah hinter dem spukhaften Verhalten der Elementarteilchen eine weitere Ebene, einen *subquantum level*[1409]. Was die einen Quantenvakuum nennen, bezeichnete er als *die implizite Ordnung*[1410]. Nach seiner *holographischen Theorie* existieren in unserer Wirklichkeit zwei Dimensionen, die sich grundlegend voneinander unterscheiden, die eine ist die *explizite Ordnung*, die Welt, die wir in der normalen alltäglichen Wahrnehmung erfahren, in der alles in einem *entfalteten*, objekthaften Zustand vorhanden ist.

[1406] Vgl. bei Marco Bischof, *Biophotonen*, S. 404.

[1407] Er befände sich natürlich auf der Teilchenebene unserer Welt.

[1408] Zum Ganzen: David Bohm, *Wholeness and the Implicate Order*, S. 133–138, 177–199, 226, 237f., 249–271.

[1409] David Bohm, *Wholeness and the Implicate Order*, S. 133–138.

[1410] David Bohm, *Wholeness and the Implicate Order*, S. 267: Hier stellt Bohm selbst einen Bezug her zwischen seiner impliziten Ordnung und dem Quantenvakuum, er spricht allerdings nur von Analogie, da er das Quantenvakuum hauptsächlich als Energieozean auffaßt, weniger als Informationsozean.

Die zweite Dimension ist die implizite Ordnung. Wie gesagt, entspricht sie dem Quantenvakuum. Die implizite Ordnung befindet sich außerhalb von Raum und Zeit, in ihr gibt es keine Objekte, alles ist in allem enthalten, es existiert dort in *eingefaltetem* Zustand. Sie ist eine Matrix für alles, enthält alles in potentieller, virtueller und informativer Form (den platonischen Urbildern entsprechend). In anderen Worten: alle Zustände von Quanten sind dauerhaft in ihr verschlüsselt, und sie steuert das Verhalten aller Teilchen. Diese Dimension ist bei Bohm *holographisch*. Jeder Punkt des *Raums* enthält im Hologramm die gesamte Information des Ganzen.[1411] Wir besprechen das Hologramm später noch ausführlicher.

Die Objekte der expliziten Ordnung sind durchdrungen von der fundamentaleren impliziten Ordnung, sie sind eine (holographische) Projektion der impliziten Ordnung, dieser, auch bei Bohm, *höherdimensionalen* Realität[1412].

Die implizite Ordnung ist nicht beobachtbar[1413].

Nicht nur Materie, auch Bewußtsein (Geist): Fühlen, Denken, Vorstellen, wurzeln bei Bohm in der impliziten Ordnung, sind dort eingefaltet und entfalten sich in der expliziten. Wobei in der impliziten Ordnung Geist und Materie letztlich nicht unterscheidbar sind (dort ist alles eins). Materie und Geist zu trennen, wie dies Descartes tat, wäre damit überholt[1414].

Daß Bewußtseinsprozesse auch zur impliziten Ordnung gehören, zeigt nach Bohm, wie sie Raum und Zeit transzendieren: Bohm bringt hier als Beispiel das Hören von Musik! Der Hörprozeß besteht nicht darin, erklärt Bohm, daß Töne nacheinander gehört und memorisiert werden, sondern der letzte klingt in die Gegenwart nach, und der von der Gegenwart aus gesehene nächste wird noch mit dem Nachklingen des letzten gehört, die Vergangenheit klingt in die Gegenwart und Zukunft, es ist als seien Vergangenheit, Gegenwart und Zukunft hier im Hörprozeß verbunden. Bohm sagt dementsprechend: „*In listening to music one is therefore directly percieving an implicate order*"[1415].

[1411] David Bohm, *Wholeness and the Implicate Order*, S. 177–199.

[1412] David Bohm, *Wholeness and the Implicate Order*, S. 237f.

[1413] David Bohm, *Wholeness and the Implicate Order*, S. 191 und 198f., 226.
David Bohm, *Wholeness and the Implicate Order*, S. 236–238: Bohm weist darauf hin, daß das der Entdeckung in der Quantenphysik entspricht, daß kleinste Teilchen, sofern wir sie nicht beobachten, sich in einem potentiellen Zustand befinden, weder hier noch dort, und hier und dort zugleich sind: in diesem Bereich ist unsere Beobachtung ebenfalls ausgeschlossen. Sobald wir die Teilchen beobachten, verhalten sie sich anders. D.h. was für den Wellenzustand gilt, gilt auch für die implizite Ordnung. Die beiden haben direkt miteinander zu tun.

[1414] David Bohm, *Wholeness and the Implicate Order*, S. 264f. Michael Talbot über Bohm, *Das Holographische Universum*, S. 94.

[1415] David Bohm, *Wholeness and the Implicate Order*, S. 253.

Bohm macht auch Aussagen zum Gedächtnis von Gegenständen:
Die explizite Ordnung besitzt bei Bohm ein Gedächtnis (!)[1416], und zwar in dem Sinne, daß vorige Momente *eine Spur* hinterlassen. Vorige Momente sind *eingefaltet* in die implizite Ordnung und setzen sich in nachkommende Momente fort. *Aus dieser Spur* können wir wiederum Bilder vergangener Momente *entfalten.*

Alle Gegenstände der expliziten Ordnung haben bei Bohm ein Gedächtnis, das in der impliziten Ordnung gespeichert, eingefaltet ist und daraus wieder entfaltet werden kann. Bohm bringt als Beispiel Steine, deren Gedächtnis: „*From this trace (e.g. in the rocks) it is in principle possible for us to unfold an image of past moments*"[1417]. Unser Bewußtsein kann dies leisten, da es Teil sowohl der expliziten wie der impliziten Ordnung ist. Unser Bewußtsein kann die implizite in die explizite Ordnung umsetzen. (Hierauf kommen wir später noch näher zurück).

Und so war es, wie Bohm betont[1418], vielleicht einer der grundlegendsten Fehler der Menschheit, zu sagen, daß ein Gedanke fort ist, wenn wir ihn zu Ende gedacht haben. Er ist nicht fort, nach Bohm, er hat sich lediglich zurückgefaltet. Er ist noch da. Und vielleicht entfaltet er sich erneut!

Aus Bohms Annahmen folgt, daß Dingen und Orten ihr Gedächtnis anhaftet, eingefaltet immer da ist, und erneut entfaltet werden kann.

Und noch viel mehr folgt hieraus: In der impliziten Ordnung, wie im Gehirn selbst, sind Realität und Imagination letztlich nicht unterscheidbar. Und es ist deswegen auch keine Überraschung, daß Bildvorstellungen schließlich als Realitäten sich verkörpern können. Imaginiertes kann real werden! Psychokinese erklärt sich hier und auch psychosomatische Krankheiten, ja sogar das Hervorbringen von Gewünschtem.

Das kann sozusagen das Heilige von Musik erklären. Ähnliches geschieht beim Sehen, analysiert man zum Beispiel das Sehen eines Films, wird das deutlich. Die Verbindung von Materie und Geist sieht man auch daran, daß etwas Physisches, neurale Reize, in unserem Bewußtsein Gefühle auslösen: etwas Geistiges. Oder daran, daß eine bewußte Intention Nerven in Aufwallung bringt, die Muskeln spannt, den Herzschlag beschleunigt, mechanische Bewegung auslöst usw.: vgl. David Bohm, *Wholeness and the Implicate Order*, S. 264f.

[1416] David Bohm, *Wholeness and the Implicate Order*, S. 262–264.

[1417] David Bohm, *Wholeness and the Implicate Order*, S. 263f.

[1418] David Bohm, *Dialog*, S. 166.

Kleiner Exkurs zum Gedächtnis des Wassers

Es gibt ein gut erörtertes Parallelphänomen mit dem man das Gedächtnis des Vakuums vergleichen kann: Das Gedächtnis des Wassers.

In der Homöopathie verdünnt man eine chemische Substanz immer mehr mit destilliertem Wasser, bis keinerlei Moleküle der Substanz mehr vorhanden sind. Nach der konventionellen Wissenschaft kann man nicht erklären, warum das so verdünnte Mittel überhaupt noch wirkt.

Der französische Mediziner Jacques Benveniste und andere[1419] haben demonstriert, daß eine solche Lösung dennoch wirkt.

Benveniste experimentierte mit Antikörperlösungen (Antikörper in Wasser), die so lange verdünnt worden waren, bis sie kein einziges Molekül des Antikörpers mehr enthielten. Diese Lösung brachte man dann mit Immunzellen zusammen, die auf die Antikörper reagieren. Auch die so extrem verdünnte Lösung, die *kein* Molekül des Antikörpers mehr enthielt, rief immer noch eine Reaktion hervor!

Das bedeutet praktisch, daß das Wasser ein Gedächtnis für die chemische Substanz hat, und dieses Gedächtnis wirkt.

Benveniste erklärte es sich so, daß Wasser durch ein unbegrenztes Netzwerk von Wasserstoffbrücken oder durch elektrische und magnetische Felder[1420] als Schablone für das Molekül diene.

Der Cambridge Physiker Davidson[1421] erklärt das Gedächtnis des Wassers mit dem Quantenvakuum. Bedenkt man, daß Moleküle auch Muster sind, die auf der Vakuumoberfläche herumwirbeln, dann gibt es keinen Unterschied zwischen dem Stoff und seinen Schwingungen für einen Bioorganismus, der seine Form und Funktion aus dem Vakuum bezieht. Die (Quantenvakuums-)*Schwingungen* der Substanz sind noch da, sind beispielsweise noch im Wasser, und diese wirken wie der Stoff selbst. (Man müßte hier noch hinzufügen, warum gerade Wasser sich besonders gut eignet als sozusagen Schwingungskopierer).

Benvenistes Forschungsergebnisse wurden zunächst diskreditiert[1422]. Seinen Posten als Direktor des nationalen französischen Instituts für Gesundheit und medizinische Forschung verließ er unter Druck und suchte sich private Geldgeber für seine Forschungen. Inzwischen zeigten Kollegen von der Universität Chicago[1423], daß Benveniste recht hat. Sie machten spektakuläre Versuche: digitalisierten die Signale chemischer

---

[1419] Vgl. bei Lynne McTaggart, *Das Nullpunkt-Feld*, S. 100ff., 104.

[1420] Wir denken hier gleich an ein elektromagnetisches Abbild der Substanz im Wasser.

[1421] Vgl. zum Beispiel John Davidson, *Das Geheimnis des Vakuums*, S. 98f.

[1422] Der Grund der Behinderung ist durchsichtig: Medikamente würden billigst herstellbar, praktisch nichts mehr kosten.

[1423] Vgl. bei Lynne McTaggart, *Das Nullpunkt-Feld*, S. 112f.

Substanzen, ihre elektromagnetische Frequenz, ihre Schwingungen, sandten diese per E-mail um die Welt, und bestrahlten dann an einem anderen Ort Wasser mit den Signalen: Das bestrahlte Wasser wirkte nachweislich wie die Substanz selbst.

Inzwischen gibt es auch ein Verfahren, das Colorlate-Verfahren von Dieter Knapp[1424] (Begründer des Instituts für Biophysik und Radiästhesie in Fürth/Odenwald), das das Strahlungsfeld eines homöopathischen Mittels sichtbar machen kann beziehungsweise wir können sagen, das Gedächtnis des Wassers in bezug auf das Mittel. Dabei zeigt sich, daß mit wachsendem Grad der Verdünnung das Feld sogar umso intensiver leuchtet, also ausgerechnet dann, wenn man immer weniger der Ausgangssubstanz und sogar gar nichts mehr von ihr in der Flüssigkeit nachweisen kann, leuchtet es intensiver. Das wäre praktisch das pure Gedächtnis.

Das Gedächtnis von Gegenständen in einem parallelen Universum der modernen Physik?

In der Physik gibt es Hinweise, daß *neben* uns parallele Universen existieren können oder mehr als die uns seit Einstein bekannten 4 Dimensionen (die drei Raumdimensionen plus die Zeit).

Die parallelen Universen könnten sogar durch uns hindurch gehen, am selben Platz sich befinden wie wir, wir nehmen sie nur nicht wahr.

(Es wäre so, als hielten sich Ihre verstorbenen Verwandten genau am selben Punkt auf wie Sie, Sie würden es nur nicht merken.)

Paranormale Phänomene können hier eine physikalische Erklärung finden.

Wirft etwa Gustavo Rol einen Schlüsselbund gegen die Wand, und verschwindet der und taucht im Nebenzimmer wieder auf, dann ist er durch eine unsichtbare Dimension gewechselt.

Oder das Gedächtnis von Gegenständen als etwas *nicht mit den herkömmlichen Sinnen* Erfahrbares, könnte in einer anderen Dimension gespeichert sein, in einem Paralleluniversum.

Wir haben bislang vorgeschlagen, daß das Gedächtnis von Gegenständen im Quantenvakuum codiert ist, in spezifischen Wellen.

Auch in unserem Quantenvakuum sind wir bereits in höheren Dimensionen, und damit in einer Art Paralleluniversum[1425]. Im Quantenvakuum gelten ja, wie wir sahen, andere Raum/Zeitverhältnisse. Zusätz-

---

[1424] Vgl. bei Bernd Senf, *Die Wiederentdeckung des Lebendigen*, S. 239ff.

[1425] Der Physiker David Bohm schlägt das ebenfalls vor: Auf Quantenebene, wo wir es mit Phänomenen wie Nichtlokalität zu tun haben, Raum- und Zeitunabhängigkeit, sind wir bei Bohm bereits in einer höheren Dimensionalität: David Bohm, *Wholeness and the Implicate Order*, S. 236–238.

lich sehen immer mehr in der Gravitation, die das Quantenvakuum nach manchen bestimmt, nach andern enthält, eine höherdimensionale Kraft.

Sehen wir uns zuerst aber an, was Physiker im Groben zu Paralleluniversen sagen.

Die Entdeckung von *parallelen Universen* durch die Mathematiker Theodor Kaluza und Oskar Klein geschah bezeichnenderweise gerade auf dem winzigen, auf Quanten- beziehungsweise Subquanten- Größenniveau: 10^{-33} cm; das wäre ein Zehntel eines Millionstel vom Billionstel eines Billionstels eines Zentimeters; 10^{-33} cm entspricht einer *Planck-Länge*[1426]. (Man könnte auch sagen auf Quantenvakuumsniveau).

Als erster erkannte der in Oppeln geborene Mathematiker Theodor Kaluza[1427], daß Einsteins Relativitätstheorie die Möglichkeit zusätzlicher Dimensionen eröffnete und leitete aus ihr 1919 (!) eine vierte, unsichtbare Raumdimension ab. 1926 schlug der schwedische Mathematiker Oskar Klein[1428] vor, daß diese Zusatzdimension in Form eines Kreises aufgespult sei und extrem klein sei, wie gesagt: ein Zehntel eines Millionstel vom Billionstel eines Billionstels eines Zentimeters (10^{-33} cm). Jeder Punkt im Raum hätte seinen eigenen minimalen Kreis von 10^{-33} cm. Das heißt, die höherdimensionale Geometrie wäre an jedem Punkt im Raum präsent.

Diese Zusatzdimension bemerken wir nicht, einfach, weil sie zu klein ist.

Nun gibt es für Lisa Randall[1429] in der Physik auch die weitere Möglichkeit von großen, unendlich großen Zusatzdimensionen, die für uns ebenfalls unsichtbar wären! Voraussetzung sei nur, daß sie sich hinreichend von unseren 3 Raumdimensionen unterscheiden.

Eins der neueren Modelle eines Parallel-Universums ist das *Karch-Randall-Universum*[1430].

[1426] Lisa Randall, *Verborgene Universen*, S. 520: **Planck-Länge:** Die Längenskala, bei der die Gravitation zu einer starken Kraft wird und quantenmechanische Beiträge berücksichtigt werden müssen.

[1427] Lisa Randall, *Verborgene Universen*, S. 53. Einstein schwankte zunächst, ob der Einfall etwas taugte, und zögerte die Veröffentlichung von Kaluzas Artikel 2 Jahre hinaus!

[1428] Lisa Randall, *Verborgene Universen*, S. 53.

[1429] Lisa Randall, *Verborgene Universen*, S. 23, 69. Randall entdeckte 1999, daß sich auch eine unsichtbare zusätzliche Dimension ins Unendliche erstrecken kann, wenn sie in einer gekrümmten Raumzeit entsprechend verzerrt ist.

[1430] Lisa Randall, *Verborgene Universen*, S. 483ff., 491. Die von uns wahrgenommene Vierdimensionalität (beziehungsweise 3 Dimensionen plus Zeit) hängt nach Randall und dem Physiker Karch von unserer Lokalisierung im 5-dimensionalen *Bulk* ab. Unsere 3 Raumdimensionen (beziehungsweise 4 Raum-Zeitdimensionen) sind eine Folge unserer Lokalisierung. Und zwar unserer Lokalisierung auf einer *Gra-*

Hier spielen sogenannte *Branen*[1431] eine Rolle. Branen sind Objekte, die Membranen ähneln und sich in einem höherdimensionalen Raum befinden. Branen bieten die notwendigen Grenzbedingungen für Welten mit Enden[1432]. Man will hier eigentlich sagen, daß Universen, zum Beispiel unsere dreidimensionale Welt, Grenzen haben können, sich nicht nach allen Seiten hin ins Unendliche erstrecken. So ist es möglich, daß wir in unserer dreidimensionalen Welt auf einer endlichen Brane[1433] leben, die wiederum eingebettet ist in höhere Dimensionen, von denen wir aber nichts spüren. Die einzige Kraft, die unsere Brane mit höheren Dimensionen verbindet, diesen zusätzlichen Dimensionen unterliegt, sei die Gravitation, meinen Randall und immer mehr Physiker. Die Teilchen der Gravitation, die Gravitonen, können sich frei im höherdimensionalen Raum, im sogenannten Bulk (sie sind Bulkteilchen) bewegen und mit Teilchen wechselwirken, ob sie sich nun auf einer Brane befinden oder nicht[1434]. Das heißt Bulkteilchen können getrennte Universen verbinden!

Die Gravitation ist damit definitiv zur rätselhaftesten Kraft geworden. Newton hatte bereits erwogen, die Gravitation göttlichem Wirken zuzuschreiben, bis sie in der Allgemeinen Relativitätstheorie Einsteins ihre vorläufige Erklärung als Krümmung der Raumzeit fand[1435]. Die Schwäche der Gravitation[1436] im Makroskopischen – ein winziger Magnet kann zum Beispiel eine Büroklammer hochheben, obwohl die gesamte Masse der Erde sie in die entgegengesetzte Richtung zieht – ist inzwischen ein gigantisches Rätsel. Sie ließe sich geschickt mit der Annahme von Zusatzdimensionen erklären. Diese würden die Gravitation sozusagen *verdünnen*[1437]. Im Bereich winzigster Abstände, unterhalb der Planck-

---

vitationsinsel. Es gibt lokal spezifische Gravitation: nahe unserer Brane, unserer Welt, führt sie zu einer vierdimensionalen Schwerkraft, weiter von der Brane weg, sieht die Gravitation nicht mehr vierdimensional aus. Unterschiedliche Raumregionen können unterschiedliche Anzahlen von Dimensionen aufweisen (und unterschiedliche Gravitation).

[1431] Vgl. Lisa Randall, *Verborgene Universen*, S. 317ff. die Diskussion über Branen.

[1432] Lisa Randall, *Verborgene Universen*, S. 69.

[1433] Eine Brane kann mehr Dimensionen haben: Die Dimensionalität einer Brane ist die Anzahl von Dimensionen, in denen sich an die Brane gebundene Teilchen bewegen können. Vgl. Lisa Randall, *Verborgene Universen*, S. 78

[1434] Vgl. Lisa Randall, *Verborgene Universen*, S. 370f. Für Brane könnte man auch endliches Paralleluniversum sagen.

[1435] Vgl. Klaus E. Müller, *Die gespenstische Ordnung*, S. 136.

[1436] Brian Greene, *Das elegante Universum*, S. 208: Die elektromagnetische Kraft verfügt über weniger als 1 % von der Stärke der starken Kraft (die den Atomkern zusammenhält), die Gravitationskraft ist (im Makroskopischen) ungefähr hundert Millionen Milliarden Milliarden mal schwächer (10^{35}).

[1437] Lisa Randall, *Verborgene Universen* , S. 23. Die Gravitation erstreckt sich praktisch in höhere Dimensionen und wird dadurch in unseren drei (vier) Dimensionen verdünnt.

Längenskala (10^{-33} cm), nimmt Randall ebenfalls weitere Dimensionen aufgrund des Verrücktspielens der Gravitation an. Hier wird sie auf einmal zu einer starken Kraft[1438]. (Ab hier gilt die klassische Theorie der Gravitation nicht mehr[1439].) Und auch hier soll das Branen-Modell einschlägig sein.

Höhere Dimensionen existieren auch in der *String-Theorie*[1440]. (Man spricht dort nur nicht so deutlich über Paralleluniversen). Für das Herausfallen der Gravitation gibt auch sie eine Alternativ-Lösung an die Hand. Die Stringtheorie ersetzt punktförmige Elementarteilchen durch Strings. Alle Materie und alle Kräfte gehen nach ihr aus Strings hervor[1441]. Strings kann man sich als schwingende eindimensionale Fäden vorstellen. Ein Teilchen ist durch Schwingungen repräsentiert, so wie ein Ton Produkt einer schwingenden Saite ist. Nach der *Superstringtheorie* können die eindimensionalen Strings in neun Dimensionen schwingen, beziehungsweise in zehn, zählt man die Zeit hinzu[1442]. Damit können sich alle möglichen Elementarteilchen auch jenseits unserer nur vier Dimensionen bewegen. Und zwar, wie man auch hier meint[1443], in winzigen aufgerollten Extradimensionen (wie die der *Calabi-Yau*-Compaktifizierung)[1444]. Die *Geometrie* dieser zusätzlichen Dimensionen bestimmt dabei die fundamentalen physikalischen Eigenschaften wie Teilchenmasse und Teilchenladungen, die wir in den drei ausgedehnten Raumdimensionen der Alltagserfahrung beobachten[1445]. Und da die Masse eines Teilchens seine

---

[1438] Lisa Randall, *Verborgene Universen*, vgl. zum Beispiel S. 520. Und Richard P. Feynman, *QED*, S. 148, Fn. 1: Gravitationskräfte sind normalerweise äußerst schwach, werden aber bei so winzigen Abständen wie zum Beispiel 10^{-100} cm spürbar.

[1439] Lisa Randall, *Verborgene Universen*, S 173.

[1440] Lisa Randall, *Verborgene Universen*, vgl. S. 317ff. und S. 487.
Hohe Spannung der Strings entspricht hoher Energie = gleich hoher Masse: S. 336.
Die Stringtheorie kann allerdings etliche Eigenschaften des Universums nicht vorhersagen: S. 341.
Sie eignet sich daher eigentlich nicht phantastisch als Theory of everything.

[1441] Brian Greene, *Das elegante Universum*, S. 164.

[1442] Früher schlug man 26 Dimensionen vor, das ergab aber Ungereimtheiten: vgl. Silvia A. Caneyo, *Skurrile Quantenwelt*, S. 214.

[1443] Nach Greene greift man hier auf die 50 Jahre frühere Kaluza Klein Idee zurück von kleinen, aufgerollten Universen.

[1444] Lisa Randall, *Verborgene Universen*, S. 317ff.
Da die Extradimensionen aufgewunden sind, schwingen die Strings in einem gewundenen Zustand: Brian Greene, *Das elegante Universum*, S. 276.

[1445] Brian Greene, *Das elegante Universum*, S. 242.
Superstringtheorie ist Stringtheorie erweitert um Supersymmetrie.

gravitativen Eigenschaften bestimmt, bestimmt die Geometrie der zusätzlichen Dimensionen auch die Gravitation in unserer Welt.

(Der Nobelpreisträger und Stanford Physiker Robert B. Laughlin[1446] ist nicht der einzige, der der Stringtheorie skeptisch gegenüber steht.)

Auch unser Modell des Quantenvakuums kann man als Paralleluniversum betrachten, und wie wir jetzt schon mehrfach gesehen haben, ist es, wie obige Modelle, ein weiteres Modell das Gravitationsproblem zu lösen. (Auch hier fällt allerdings der Term Paralleluniversum eher selten).

Paralleluniversen nimmt nun, ganz explizit, auch die *Viele-Welten-Vorstellung* in der Quantenphysik an:

Wenn ein Quant, das sich von A nach B bewegt, nicht beobachtet wird, ist es im Zustand der Superposition, im Wellenzustand, und das bedeutet, es geht alle möglichen Wege zwischen A und B. Diese Wege sind real, jedoch in einem transzendenten Bereich (im Quantenvakuum).

Man kann sich nun vorstellen *bei jeder Möglichkeit bewegt sich das Quant in einem eigenen Universum*. Es ist dort ein formloser Archetypus der Materie, man könnte hier auch von Paralleluniversen des Geistes sprechen.

Durch Beobachtung tritt das Quant nun aus all diesen Möglichkeiten in eine reale Möglichkeit in unserem materiellen Universum; es bewegt sich auf einem bestimmten Weg von A nach B. Infolge unserer Wahl werden sämtliche Pfade auf einen manifesten Pfad reduziert.[1447]

Nach einer komplizierteren Meinung[1448] existieren nach jeder Beobachtung, nach jedem Quantenereignis, die potentiellen Universen, neben dem materiell verwirklichten Universum, fort! So würden zum Beispiel Millionen von Holocaust Opfern glücklich in einem (allerdings geistigen) Paralleluniversum weiterexistieren, glücklich darüber, daß Hitler dort nicht an die Macht kam. Es ergäben sich unvorstellbar unzählige Parallelwelten, in jedem Bewußtseinsmoment der Wahl eines jeden Individuums.

Man stellt sich ein neues einheitliches Feld vor, in dem sozusagen eine Superkraft wirkt, die alle vier Feldkräfte vereint. Den verschiedenen Kräften und Feldern sind elf Dimensionen zugeordnet, zehn räumliche und eine zeitliche. Wir sind nur mit vier vertraut. Die übrigen sieben sind nicht direkt erfahrbar, *manifestieren* ihr Vorhandensein jedoch als Kräfte. Daraus folgt, daß es in Wirklichkeit gar keine Kräfte gibt, nur leere elfdimensionale Raumzeit, die sich zu Mustern kräuselt. *Kräfte sind in Wahrheit das Wirken einer unsichtbaren Raumdimension.*

[1446] Robert B. Laughlin, *Abschied von der Weltformel*, S. 188f.

[1447] Vgl. Die Viele-Welten-Theorie zum Beispiel bei Amit Goswami, *Das Bewußte Universum*, S. 180–183.

[1448] So zum Beispiel M.R. Ranks, *The Universe and Multiple Reality*, S. 33ff., 44.

Randall[1449], deren Paralleluniversen weniger spektakulär aussehen, hält es für möglich, daß wir sogar *Hinweise* auf zusätzliche Dimensionen beziehungsweise Paralleluniversen erhalten können. Daß wir (sogenannte *Kaluza-Klein-Teilchen oder KK-Teilchen*) extradimensionale Teilchen, Teilchen, die sich jenseits unserer profanen 3 Dimensionen in höheren Dimensionen bewegen, sich aber auch gleichzeitig in unseren 3 Dimensionen bewegen, *indirekt* ausfindig machen können[1450]. Wir können ihre Höherdimensionalität nur indirekt wahrnehmen aus unserer beschränkten dreidimensionalen Warte. Sie müßten bei uns einen dreidimensionalen Abdruck einer höherdimensionalen Welt hinterlassen.

Das Ganze wird an einem einfachen Beispiel klar: Angenommen, wir würden nur auf 2 Dimensionen leben, einem flachen Blatt, dann würden wir eine Kugel, mit ihren 3 Dimensionen, die unser Blatt durchquert, nur als flache Kreise unterschiedlicher Durchmesser wahrnehmen, wir sähen also nur eine Projektion auf 2 Dimensionen der höherdimensionalen Kugel. Parallel sähen die Kaluza-Klein-Teilchen für uns so aus, als bewegten sie sich ausschließlich durch unseren dreidimensionalen Raum, selbst wenn sie ihren Ursprung in höheren Dimensionen haben[1451].

Die Gravitonen, die Teilchen, die die Schwerkraft vermitteln, könnten, wie gesagt, solche extradimensionalen Teilchen sein[1452].

(Die Gravitation wäre also eine höherdimensionale Kraft, etwas sehr Geheimnisvolles. Dem entspricht auch, daß die Teilchen der Gravitation, die Gravitonen, quasi noch ätherischer sind als die Photonen, die Teilchen des Lichts. Photonen haben keine Ruhemasse, nur eine dynamische Masse, Gravitonen scheinen quasi immateriell, sie haben nicht einmal eine dynamische Masse[1453].)

Diesen extradimensionalen Teilchen könnte man nun, meint Randall, in der Praxis auf die Spur kommen, und zwar mit speziellen Collidern, das sind spezielle Teilchenbeschleuniger[1454]. Der neue Hadronen-Teilchenbeschleuniger in Genf[1455] wird extrem energiereiche Teilchen aufeinander-

---

[1449] Lisa Randall, *Verborgene Universen*, S. 399.

[1450] Lisa Randall, *Verborgene Universen*, S. 399.

[1451] Lisa Randall, *Verborgene Universen*, S. 400.

[1452] Vgl. Lisa Randall, *Verborgene Universen*, S. 370f.

[1453] Allerdings gibt es auch hier bei Randall neue Erkenntnisse: Vgl. Lisa Randall, *Verborgene Universen*, S. 493: Randall und einige Oxford Physiker, Jan Kogan, Stavros Mousopoulos, Antonios Papazouglou, entdeckten, daß es in bestimmten Fällen sogar Gravitonen mit Masse geben kann.

[1454] Mit enormer Energie prallen hier Teilchen aufeinander und dabei entstehen neue Teilchen, die man zu untersuchen hofft. Je kleiner die Teilchen, die man untersuchen möchte, desto höher die Energie, die man benötigt, desto stärker muß man Teilchen beschleunigen. Lisa Randall, *Verborgene Universen*, S. 170–174, (das folgt aus der Unschärferelation).

[1455] Der Collider von 2007.

prallen lassen. Randall meint, daß er die ersten indirekten Hinweise auf Teilchen aus anderen Dimensionen liefern kann. Das Rezept zur Entdeckung von neuen Teilchen (hier Teilchen aus Zusatzdimensionen) lautet: Man untersuche alle Zerfallsprodukte und leite daraus die Eigenschaften ihres Ursprungs ab: und wenn das, was man findet, nichts gleicht, was man bereits kennt, muß es etwas Neues sein. Wenn Teilchen aus anderen Dimensionen im Collider zerfallen, müßten die Signale von Zusatzdimensionen erkennbar sein. Es gäbe zum Beispiel eine fehlende Energiesignatur[1456]; der entscheidende Punkt wäre, daß das unsichtbare exradimensionale Teilchen Energie in die Extradimension mitnimmt, so daß anscheinend Energie fehlen würde[1457].

Sollten die Teilchen gar aus großen Paralleluniversen, solchen mit unendlichen Dimensionen stammen, so würden die Teilchen, nach Randall, nicht innerhalb des Detektors (Colliders) zerfallen, sondern gänzlich in die zusätzliche Dimension entwischen. Das erinnert wieder an den von Gustavo Rol durch die Wand geworfenen Schlüsselbund. Dort verschwindet allerdings ein riesiges Teilchenensemble, ein makroskopisches Objekt.

Randall meint darüber hinaus, daß es sogar im alltäglichen Leben Spuren weiterer Dimensionen gibt: Der Witz: es sind die Antihaft-Pfannen in unseren Küchenschränken. Sie sind mit *Quasikristallen* beschichtet. Quasikristallen fehlt die präzise Regelmäßigkeit eines echten Kristalls. In unseren 3 Dimensionen sieht ihr Muster völlig unerklärlich aus. In einem höherdimensionalen Raum wäre das Muster aber wieder symmetrisch, ein typisches Kristallmuster. So sind die Quasikristalle, der Antihaftbelag, wahrscheinlich Projektionen von höherdimensionalen Kristallen. Das heißt, wir sehen nur die Projektion von unseren 3 Dimensionen aus, nicht ihre Mehrdimensionalität per se. In diesen Pfannen brennt praktisch nichts an, weil unsere simplen dreidimensionalen Lebensmittel nichts mit dem höherdimensionalen Antihaftbelag anfangen können; die unterschiedliche Anordnung von Atomen verhindert, daß sie sich aneinander binden.

Höhere Dimensionen ragen, so scheint es, zu uns also hinein, ohne daß wir es direkt merken.

[1456] Lisa Randall, *Verborgene Universen*, S. 458.

[1457] Lisa Randall, *Verborgene Universen*, S. 426, 458f.: Die Teilchen, die man entdecken wird, werden Gravitonpartner sein. Es sind aber noch andere Möglichkeiten vorstellbar; nach einer anderen Theorie befinden sich sogar die meisten Standardteilchen im Bulk: dann könnte man auch Partner von Quarks, Leptonen, Eichbosonen sehen. Ein sehr interessanter Standpunkt: alles könnte sich so auch in Extradimensionen bewegen, hätte sein Spiegelbild dort, genauso, wie sich in unserem Modell des Quantenvakuums alle Teilchen und Kräfte sowohl in diesem höherdimensionalen Raum als auch in unserer drei-dimensionalen Welt bewegen. Man könnte die beiden Modelle gut zusammenbringen.

Man hält also Paralleluniversen beziehungsweise höhere Dimensionen nicht nur im Bereich kleinster Teilchen für möglich, sondern sogar auch, nehmen wir das Pfannenbeispiel, im Bereich makroskopischer Objekte. Und das erzählt uns immerhin Randall (Harvard), die überwiegend auf der Seite der herrschenden Meinung steht.

Höhere Dimensionen können einen Schatten in tiefere werfen, dort indirekt spürbar sein.

Das Gedächtnis der Gegenstände und Orte, sollte es in einem Paralleluniversum beziehungsweise in höheren Dimensionen verankert sein, könnte so einen Schatten in unsere profane 3-dimensionale Welt werfen. Und vielleicht spüren soundsoviele zumindest seinen Schatten in Form diffuser Gefühle, wie etwa Stimmung, Atmosphäre.

Denkbar ist daneben, daß uns unter bestimmten Bedingungen höhere Dimensionen, Paralleluniversen zugänglich sind, unser Geist, oder wie immer man es nennen mag, so wie die Gravitonen, verschiedene Dimensionen bereisen kann. Und, daß unser Geist sogar so etwas wie das Gedächtnis der Dinge aus einer höheren Dimension in unsere Welt holen kann (hierzu kommen wir noch).

Für den Sitz des Gedächtnisses von Gegenständen würde ich hier, wie gesagt, folgende Möglichkeit vorschlagen: es liegt im Quantenvakuum, das ein höherdimensionaler *Ort* ist[1458].

Ob man diesem Quantenvakuum-Paralleluniversum eine Größenordnung zuschreiben kann, halte ich für zweifelhaft, es liegt ja gerade jenseits von Raum und Zeit, es hat nichts Räumliches. Es ist vielleicht überall, soweit man „überall" nicht als räumlich begreift, man müßte deshalb präziser sagen, es ist überall und nirgends. Es liegt *unterhalb* der Ebene kleinster Teilchen und Felder, unterhalb der Quantenebene: unterhalb ist aber auch ein ungeschickter Begriff, der etwas zu veranschaulichen versucht, was nicht anschaulich ist. Eine neutralere Beschreibung ist: es wechselwirkt mit Feldern und Teilchen. Und es scheint auch in ganz großen Dimensionen zu existieren beziehungsweise auch große Objekte wechselwirken mit ihm: Was im Mikroskopischen gilt, gilt nach immer mehr Wissenschaftlern auch im makroskopischen Bereich. Astronomen haben in jüngster Zeit die Vakuumenergie in unserem Kosmos gemessen (die auch als *Dunkle Energie* oder *kosmologische Konstante* bekannt ist) und sind auf einen kleinen positiven Wert gekommen. Auch wenn keine Teilchen vorhanden sind, kann das Universum eine Energie haben. Das wäre dann das Quantenvakuum im interplanetaren Raum. Auch das ist wieder eine irreführende Lokalisation.

Man könnte sich am besten vorstellen, es ist einfach *überall* und jenseits, wobei jenseits eine andere Dimensionalität anzeigt. Es ist überall

---

[1458] Das wäre auch David Bohms Idee: Vgl. zum Beispiel David Bohm, *Wholeness and the Implicate Order*, S. 236–238.

und nirgendwo, es ist allgegenwärtig, dabei aber für uns unsichtbar, es geht durch alles hindurch, berührt aber nichts.

David Bohm nimmt Ähnliches an: seine implizite Ordnung, die eigentlich dem Quantenvakuum entspricht, ist eine *höherdimensionale* Realität, jenseits von Raum und Zeit, sie ist nicht beobachtbar, sie ist überall und nirgendwo, in ihr ist alles in allem enthalten[1459].

Paralleluniversen und paranormale Phänomene

Bereits der Leipziger Astrophysiker Zöllner[1460] (1834–1882) erklärte übrigens paranormale Phänomene mit einer vierten Dimension (und damit mit einem Paralleluniversum, könnte man sagen).

Die Relativitätstheorie, die als vierte Dimension die Zeit verwendet, hat bei Parapsychologen auch schon früh zu vielen Spekulationen auf diesem Gebiet geführt. Mit der Einführung einer vierten räumlichen Dimension, meinte man, könnten leicht paranormale Phänomene wie Penetration (etwa Rolls Schlüsselbundwerfen durch die Wand), Hellsehen, Präkognition usw. erklärt werden[1461].

In den zwanziger Jahren des zwanzigsten Jahrhunderts gingen Forscher wie der Luftfahrtsingenieur J.W. Dunne, der Präkognition erforschte, ebenfalls von der Existenz einer zusätzlichen Dimension aus, die paranormale Phänomene erkläre. In den siebziger Jahren meinte die New Yorker Parapsychologin Gertrude Schmeidler, das Universum enthalte eine zusätzliche Dimension, die ein topologisches Falten gestatte, so daß zwei Regionen, die scheinbar weit voneinander getrennt sind, durch diese zusätzliche Dimension unmittelbar in Kontakt treten könnten, was etliche paranormale Phänomene erklären könne. Einige namhafte aktuelle Physiker[1462] haben auch dargelegt, paranormale Phänomene ließen sich mit der Annahme von Zusatzdimensionen in der Physik erklären.

Exkurs: Quantenvakuum und schwarze Löcher[1463]

Schwarze Löcher sind unheimliche Gebilde, bei denen etwa die Masse von 3 Sonnen auf einen winzigen *Punkt* schrumpft. Die Gravitation wird so

---

[1459] David Bohm, *Wholeness and the Implicate Order*, S. 236–238.

[1460] Seine Versuche mit dem berühmten Medium Slade waren nach ihm nur unter Annahme einer vierten Dimension erklärlich, vgl. bei Walter von Lucadou, *Psyche und Chaos*, S. 25f.

[1461] *Kleines Lexikon für Parawissenschaften*, S. 120.

[1462] Vgl. etwa bei R. Sheldrake, *Der Siebte Sinn*, S. 350f.

[1463] Vgl. hierzu Bruno Bingeli, *Primum Mobile*, S. 392–412.

stark, daß sie alles in sich hineinfressen und nicht einmal mehr Licht entweicht. Selbst Punkt ist noch übertrieben. Im Zentrum ist eine ausdehnungslose, gravitierende Masse. Die Masse wurde praktisch ins Nichts zerdrückt. Übrig bleibt ein reines Raum-Zeit Gebilde, nichts als leerer, unendlich stark gekrümmter Raum, praktisch reine Geometrie. Was allerdings ganz genau dort abläuft, läßt sich nicht sagen. Ebensowenig können wir ins Quantenvakuum blicken. Man stößt auf Erkenntnisgrenzen, sobald man Raumgebiete betrachtet, die kleiner als die Planck-Länge 10^{-33} cm sind.

In schwarzen Löchern sind wir also auch jenseits von Raum und Zeit und im Winzigsten. Wie im Quantenvakuum.

Haben die zwei etwas miteinander zu tun? Und steckt das Gedächtnis von Dingen also auch in schwarzen Löchern?

Zum Glück nicht. Das schwarze Loch entmaterialisiert, bei ihm wird nichts geschaffen, nur vernichtet. Das Quantenvakuum tut das Gegenteil, aus ihm entsteht ständig Materie. Und: Beim schwarzen Loch gibt es zwar dieselbe Zeitlosigkeit, aber diese wird auf Kosten der räumlichen Freiheit gewonnen. Was dort reinkommt, kommt nie mehr heraus. Das Loch selbst ist auch lokal begrenzt, und seine Macht, alles in sich hineinzuziehen, hat glücklicherweise Grenzen. Da es auch eine, allerdings lokal begrenzte, Sphäre jenseits von Raum und Zeit begründet, hat es ebenfalls etwas Transzendentes. Der Astrophysiker Bingeli zieht einen Vergleich zur Dante'schen Hölle. Luzifer wäre im Zentrum des Schwarzen Lochs, als reinste entmaterialisierte Form, die allerdings nicht schöpferisch wäre, sondern im Gegenteil in einem Gefängnis, das so stark ist, daß aus ihm nicht einmal mehr Licht entweicht.

Zur Beruhigung: diese Höllen sind nicht ewig. Inzwischen weiß man, Stephen Hawking postulierte das 1974, daß Schwarze Löcher sehr langsam verdampfen (10^{67} Jahre etwa dauert es bei einem Schwarzen Loch solarer Masse). Und zwar bewirken das Quanteneffekte: Aufgrund von Quantenschwankungen (Heisenbergsche Unschärferelation) im Vakuum kann ständig eine gewisse Menge an Energie in Form von Strahlung aus dem Loch entfliehen. Somit schrumpfen Masse und Radius unaufhaltsam, bis es vollständig zerstrahlt ist. Das Vakuum, das bei Bingeli dem Danteschen Paradies gleicht, der Himmel also, hält die Höllen immer in Schach.

Zusammenfassung oder Dinge sind Masse, sind Energie, sind strukturierte Information, sind Geist, können in der modernen Physik ein Gedächtnis haben

Die Quantenwelt ist teils eine Welt reinen Potentials, die nur dann real wird, wenn sie beobachtet wird. Kleinste Teilchen (Quanten), aus denen alles besteht, Materie und Kräfte, richten sich nach der Beobachtung. Unbeobachtet befinden sie sich im Zustand der Potentialität, im Wellenzustand, ihr Verhalten in diesem Zustand muß als unbestimmt betrachtet werden, in diesem Zustand können sie gleichzeitig „alles Mögliche" sein. Im Wellenzustand bleiben Quanten, die einmal zusammen waren, unabhängig von Raum und Zeit, verschränkt, übereinander informiert (über sich überlagernde Wellenmuster).

Die Quantenphysik impliziert damit ein Gedächtnis für Quanten: denn bleiben Quanten mit anderen Quanten, mit denen sie schon einmal in Berührung waren, (quasi telepathisch) über Raum und Zeit hinweg verbunden, bedeutet das nichts anderes, als daß Quanten ein Gedächtnis haben: Mit allem, was einen umgibt und umgeben hat und umgeben wird, in Berührung bleiben, heißt, seine Geschichte, sein Gedächtnis, an sich tragen!

Nimmt man nun an, wie wir das hier tun, daß auch große Dinge Quantensysteme sind, dann impliziert die Quantenphysik auch ein Gedächtnis von großen Dingen.

Inzwischen nehmen immer mehr Avancierte an, daß auch makroskopische Dinge, die großen Objekte, die wir mit unseren Sinnen wahrnehmen können, Quantensysteme sind[1464]. Ein Molekül, eine Zelle, ein

---

[1464] Anton Zeilinger, *Einsteins Spuk*, S. 342: Definition Quant: Ursprünglich: jedes atomare oder subatomare Teilchen. Heute: Jedes Einzelsystem, das Quantenverhalten zeigt. Man meint damit die geheimnisvolle Wellennatur von Teilchen und Systemen.
Beispiele für große Quantensysteme: Die neuesten Theorien in der Biologie behaupten, daß der Organismus ein Quantensystem sei, vgl. Ervin Laszlo, *Zu Hause im Universum*, S. 115, und an vorderster Front der neurobiologischen Hirnforschung nimmt man an, daß das Gehirn keine biomechanische Maschine ist, sondern vielmehr ein makroskopisches Quantensystem: vgl. Ervin Laszlo, *Zu Hause im Universum*, S. 133f. Und vgl. bei Ervin Laszlo, *Zu Hause im Universum*, S. 44–49. Ferner, vgl. Ervin Laszlo, *Kosmische* Kreativität, S. 86f.: Der Physiker Stapp, auf den Spuren Heisenbergs, überträgt die Gesetze der Quantenphysik ebenfalls auf makroskopische Phänomene. Bohms implizite Ordnung tut dies. Daß es in der Physik makroskopische Quantensysteme gibt, wurde 1995 sogar in Experimenten nachgewiesen: die Physiker Eric A. Cornell, Wolfgang Ketterle und Carl E. Wieman erhielten dafür im Jahr 2001 den Nobelpreis: Vgl. bei Ervin Laszlo, *Zuhause im Universum*, S. 104: Ihre Experimente zeigten, daß getrennte Atome unter bestimmten Bedingungen (bei extrem tiefen Temperaturen) einen gemeinsamen Quantenzustand einnehmen: Rubidium- und Natriumatome: sie

Organ, ein Organismus, ein Stein, eine Vase, eine Uhr, ein Fernseher, unsere Gehirne, wir selbst wären damit Quantensysteme.

Materie und Geist (das Bewußtsein des Beobachters) scheinen hier nicht mehr, wie bei Newton und Descartes, eindeutig getrennt. Quantensysteme, die bei uns auch große Dinge sein können, gewinnen etwas quasi Bewußtes, etwas Geisthaftes (sie sind übereinander informiert, sie richten sich nacheinander, sie richten sich nach einem bewußten Beobachter). Ein Gegenstand (ein großes Quantensystem) wäre damit nicht bloß materiell im Sinne eines leblosen Objekts.

Für namhafte Physiker hat dieses geisthafte Verhalten von Quantensystemen mit dem sogenannten *Quantenvakuum* zu tun, es wurzelt dort. Dieses Quantenvakuum unterliegt praktisch den Quanten, und ist eine Ebene jenseits von Raum und Zeit, ein höherdimensionaler *Raum*.

Verhalten sich Quantensysteme verrückt, sind sie also reines Potential oder kommunizieren sie miteinander über Wellenüberlagerungen über Raum und Zeit hinweg, *bereisen* sie praktisch diesen Raum. Oder anders gesagt: Im Quantenvakuum ist alles Welle.

Das verrückte Verhalten der Quantensysteme findet hiernach im Quantenvakuum statt, das verrückte Verhalten der Quantensysteme impliziert ein Gedächtnis der Quantensysteme, das Gedächtnis von Quantensystemen liegt also im Quantenvakuum.

Nach namhaften Physikern ist das Quantenvakuum zusätzlich ein riesiger Energieozean und auch ein Informationsozean[1465].

Wie findet nun die Speicherung unseres Gedächtnisses in diesem Vakuum konkreter statt? Alle Quantensysteme (bei uns, wie gesagt, auch die großen Dinge) hinterlassen *Abdrücke* in ihm. Und diese Abdrücke sind aufgrund der allgemein anerkannten Eigenschaft seiner Superflüssigkeit ewig. Sowohl Ereignisse wie Gedanken (auch Gehirn und/oder Bewußtsein werden von Namhaften als Quantensysteme interpretiert, die mit dem Quantenvakuum wechselwirken) werden dabei festgehalten, überhaupt alles. Und zwar, wie der Term Abdruck schon ahnen läßt: nach hier vertretenem Modell: in Gravitationswellen.

Nach Meinung namhafter Physiker bestimmen Gravitationswellen das Quantenvakuum, sie passen hier ideal herein, Gravitation gilt nach vielen heute als höherdimensionale Kraft. Gleichzeitig ist in unserem Modell einfach *alles* im Vakuum, und das in Wellenform, Gravitationswel-

---

können sich überlagernde Wellenmuster bilden und sich somit nichtlokal verhalten.

[1465] Der alles steuert. Das Quantenvakuum ist ein Gedächtnis von allem, ein universelles Gedächtnis. Es hält alles fest, was in Raum und Zeit geschieht. Zusätzlich vermittelt es diese Information instantan und unabhängig von der räumlichen Entfernung an alle anderen Dinge. Es enthält auch sämtliche Baupläne der Dinge etc.

len sind dabei aber die fundamentalsten, sie unterliegen allem anderen, allen Kräfte- und Materieteilchen.

Das Gedächtnis von Gegenständen wäre also in Gravitationswellen (Druckwellen) gespeichert und codiert, das wäre das universelle Gedächtnis (es ist sozusagen überall und nirgendwo).

Nun ist es genauer so, daß die *Materiewellen* der Quantensysteme, die Materiewellen der Gegenstände im Vakuum einen *Abdruck* hinterlassen. Gleichzeitig liegt also das Gedächtnis der Dinge in ihren Materiewellen – das könnte irgendwie auf so etwas wie ein lokales Gedächtnis hinweisen.[1466]

Gravitationswellen (oder auch Materiewellen) können sich nun im Vakuum auch in elektromagnetische Wellen umwandeln oder diese im Vakuum einfach *sein*, haben wir vorgeschlagen. Elektromagnetische Wellen im Vakuum *sind* zugleich elektromagnetische Wellen unserer dreidimensionalen Welt, wo wir sie als Speicher von codierten Informationen kennen (Radio- und Fernsehwellen).

Im hier vorgeschlagenen Modell wäre das Gedächtnis von Gegenständen also fundamental und universell im Gravitationsfeld des Quantenvakuums gespeichert und in Materiewellen (im Vakuum). Elektromagnetische Wellen könnten das Gedächtnis (etwa aus der Transzendenz in unsere dreidimensionale Welt, aus Materiewellen oder Gravitationswellen des Vakuums in unsere Welt) transportieren: elektromagnetische Wellen sind wie alles in unserer Welt sozusagen gleichzeitig Bürger beider Sphären: gehören sowohl zu unserer greifbaren Welt als auch zum Vakuum (beide Sphären sind bei allem, was uns in unserer Welt umgibt, ständig verflochten).

Daß unsere Gehirne und/oder unser Bewußtsein das Gedächtnis aus irgendwelchen Wellen (außerhalb und innerhalb des Vakuums) ziehen können, solches Unglaubliche leisten können, darüber erzählen wir Näheres in einem Extrakapitel.

Masse = Energie = Information

Aus Einsteins Gleichung $E = m \times c^2$ (Energie gleich Masse mal Lichtgeschwindigkeit im Quadrat) folgt schon eine Relativierung des Materiellen von Dingen. Eins kann ins andere übergehen, Materie in Energie und Energie in Materie. Masse ist bei Einstein ein *Äquivalent* für Energie. Da c die Lichtgeschwindigkeit ist, geht aus der Gleichung auch hervor, daß in jedem Ding, welches aus Materie besteht, eine wirklich ungeheure Menge Energie gebunden ist[1467].

[1466] Alles das ist kohärent mit dem hier vertretenen Modell, daß das Vakuum der Bereich ist, in dem Teilchen Wellen sind.

[1467] Vgl. zum Beispiel bei Bill Bryson, *Eine kurze Geschichte von fast allem*, S. 159 eine einfache Erklärung zu $E = mc^2$. Und Lynne McTaggart, *Das Nullpunkt-Feld*,

Sieht man diese Beziehung im Modell des Quantenvakuums an, dem wir hier folgen, so kann man es einigermaßen plastisch machen[1468].

Alles, was es in unserer Welt gibt, besteht auf fundamentalerer Ebene (auf der Wellenebene) aus Energie. Masse wäre sozusagen der Schatten, den die Energie in unsere (dreidimensionale) Welt wirft. Man kann sich das Vakuum „darunter" bildlich[1469] als ein straffes Tuch vorstellen. Innerhalb der Substruktur dieses Tuchs, die wir nicht wahrnehmen, entstehen Wellen, Schwingungen oder Vibrationen, die dazu führen, daß auf der Vakuumoberfläche eine Ungleichmäßigkeit auftritt. Wenn diese Unregelmäßigkeit nun rotiert (man sagt dazu auch *Blip*: Energiewirbel), dann kann sie den Anschein eines Teilchens erwecken, das vom Tuch unabhängig ist. Was ein Wirbel auf der Vakuumoberfläche ist, erscheint uns in unserer Realität als unabhängiges rotierendes Teilchen. Das Vakuum *produziert* also unsere Realität in einer Art Tanz. Masse ist dann eine Vakuumwelle, Schwingung, Oszillation, die rotiert, ein Energiewirbel. Was unsere Sinne erfahren sind nur Muster auf dem Vakuum. Das heißt auch, es gibt nicht die Dinge an sich, die Dinge sind lediglich Wirkungen des Vakuums. Dinge enthalten keine Energie, sie *sind* Energie, und sie sind nichts Separates, sie bestehen aus einem Untergrund, bei dem alles mit allem verwoben ist.

Gleichzeitig enthält die Vakuumwelle, die Oszillation, die rotiert, nach denen, deren Vakuums-Modell wir hier folgten, Information: Sie bringt alles zum Ausdruck, was das Teilchen ist und tut usw., sie ist sowohl der Informationsgehalt als auch die Trägerwelle der Information, transportiert diese weiter. Ervin Laszlo[1470] drückt es so aus: „Energie ist damit auch das Muster im Vakuum, und zwar sowohl der Informationsgehalt als auch die Trägerwelle der Information".

Energie ist somit auch das Informationsmuster und das Ding selbst. Und so würde über Einstein hinaus gelten: Masse = Energie = Information.

Was für Teilchen gilt, gilt nun auch für große Quantensysteme (die es ja nach Namhaften gibt). Eine Vase oder ein Fernseher wären somit ebenfalls Muster im Vakuum, Muster von Energie und Information.

S. 64: Einsteins Rezept war einfach ein Rezept für die Menge an Energie, die man braucht, um Masse zu erzeugen.

[1468] Vgl. bei Lynne McTaggart, *Das Nullpunkt-Feld*, S. 64. Oder bei John Davidson, *Das Geheimnis des Vakuums*, S. 45: „Energie ist sowohl das Muster (im Vakuum) als auch das Ding selbst."

[1469] Diese Beschreibung beim Physiker John Davidson, *Das Geheimnis des Vakuums*, S. 31ff. und 41ff.

[1470] John Davidson, *Das Geheimnis des Vakuums*, S. 44ff.

Oder man kann mit Lee Smolin[1471] sagen: „... nothing exists except processes by which information is conveyed from one part of the world to another" oder „... perhaps the history of a universe is nothing but the flow of information."

Das Materielle wäre so nur ein Abglanz von Energie und Information.

Und Dinge bestehen hier auch aus ihrem Gedächtnis.

In der Tat sehen das, wie wir zeigten, nicht wenige Physiker inzwischen so, wie Bearden, Bohm, Heim, Paul Davies, F. David Peat[1472], um nur noch einmal ein paar zu nennen. Das Quantenvakuum, ein Feld strukturierter Information, das jenseits von Raum und Zeit liegt, höherdimensional ist, wechselwirkt nach ihnen mit unserer materiellen Ebene, die auf drei Raumdimensionen und eine Zeitdimension beschränkt ist. Information (und zwar virtuelle[1473] Information) wird zu Materiellem, alles Materielle hat seinen virtuellen Partner im Quantenvakuum, der alle Information über ihn enthält, was er ist, war, sein kann, wie er in seinem Kontext evoluieren, sich verhalten kann usw. Dabei ist die virtuelle Ebene die fundamentalere, sie ist der Seinsgrund der materiellen, und so ist Materie gleichzeitig (virtuelle) Information. Oder wie Bohm[1474] es ausdrückt: die Trennung von Bewußtsein und Materie ist eine Illusion, ein Artefakt, das nur in Erscheinung tritt auf der expliziten Ebene, in der expliziten Welt der Objekte. In der impliziten Welt gibt es keine Abgrenzung zwischen Geist und Materie: „Die Trennung der beiden – Materie und Geist – ist eine Abstraktion. Die Grundlage ist stets eine Einheit"[1475].

Diese strukturierte Information kann man auch als *Mathematik* sehen, wie Heisenberg[1476], beziehungsweise sie läßt sich mathematisch ausdrücken: Elementarteilchen sind so auch einfach mathematische Gebilde. Ihr Materie-Sein und Energie-Sein ist letztlich mathematisch bestimmt: denn Materie ist Energie, und die Energie und ihre Erhaltung ist eine *mathematische* Folge einer Invarianz-Eigenschaft der Gleichung, sie ist gewissermaßen in der Gleichung enthalten. Heisenberg weist hier auf die Parallele zu Plato hin, für den der Kern alles Stofflichen eine *Form*,

---

[1471] Lee Smolin, *Three Roads to Quantum Gravity*, S. 177f.

[1472] Heim kritisiert, daß die bisherige Physik sich hauptsächlich mit Energie und Materie beschäftigt hat und den Struktur-/Informationsaspekt vernachlässigte, weshalb sie sich auch schwer mit der Gravitation täte, vgl. bei Marco Bischof, *Biophotonen*, S. 409. Und vgl. bei Michael Talbot, *Das Holographische Universum*, S. 90.

[1473] Im Quantenvakuum ist ja alles Potential, das sich erst materialisiert. Hier liegt der See der Möglichkeiten.

[1474] Vgl. Bohm bei Michael Talbot, *Das Holographische Universum*, S. 90.

[1475] Bohm bei Michael Talbot, *Das Holographische* Universum, S. 287.

[1476] Heisenberg in Edgar Hunger, *Von Demokrit bis Heisenberg, Quellen und Betrachtungen zur naturwissenschaftlichen Erkenntnis*, Dritter Teil, S. 96f.

nicht ein *materieller Inhalt* ist. Plato selbst sagt, der Inhalt seiner Formen, also der Stoff seiner regulären Körper, sei gemacht aus Mathematik[1477]. (Plato hätte das übrigens nicht ohne seinen Vorgänger Pythagoras sagen können[1478].)

(Energie ist übrigens gleichzeitig auch noch Bewegung. Das folgt schon aus Newtons: Kraft ist Masse (oder Trägheit) mal Geschwindigkeit (1687 in seinen *Principia* postuliert). Je größer ein Objekt ist, desto mehr Kraft (Energie) braucht man, es in Bewegung zu versetzen.

Nach Haisch, Rueda und Cole[1479] sorgt das Vakuum für eine Beschleunigung von Partikeln, und *diese Beschleunigung* sei wiederum die Ursache, daß diese Partikel zu konzentrierter Energie werden, die wir Materie nennen. Masse beziehungsweise Trägheit ist also auch beschleunigte Bewegung im Quantenvakuum. Es gilt also auch noch Masse = Energie = beschleunigte Bewegung. Wobei die Art der Bewegung wiederum von Information gesteuert werden muß. Die Dinge bewegen sich ja nicht irgendwie, der Spin der Teilchen ist nicht beliebig etc., wir haben bestimmte Wellenfrequenzen etc.)

Materie = Energie = Information (Geist) hat nun ungeheure Folgen:

Wenn Materie sich in Energie verwandeln kann und umgekehrt, dann kann sich Materie auch in Information verwandeln und Information wieder in Materie!

Alles hat einen virtuellen Partner im Quantenvakuum, der reine, virtuelle Information ist. Und dieser Partner *bleibt*, auch wenn seine materielle Erscheinung nicht mehr in unserer materiellen Welt ist. Theoretisch könnte man ihn jederzeit wieder in Materie zurückverwandeln. Für eine Person würde das: Unsterblichkeit bedeuten. (Es bleibt allerdings die Frage, wer oder was würde diese Zurückverwandlung bewirken, es bleibt die Frage nach der Animation oder Reanimation).

Das Geistige (die Information) kann materielle für uns wahrnehmbare Realität schaffen.

Wie Douglas Hofstadter und der Neurologe Roger Sperry[1480] es vertreten, bedeutet es, daß die kausale Potenz von etwas Geistigem, von einer Idee oder einem Ideal, genauso real ist wie die kausale Potenz eines Moleküls, einer Zelle oder eines neuronalen Impulses. Nach Hofstadter

---

[1477] Und hier sind wir auch gleich bei der Musik: Mathematik läßt sich in Musik umsetzen, und so wäre der geistige Hintergrund von allem auch Musik, und so auch die Figur der *Sphärenharmonie* begreiflich.

[1478] Nach Bertrand Russell ist der Platonismus eigentlich Pythagoreismus. Vgl. Russell bei Constantin J. Vamvacas, *Die Geburt der Philosophie*, S. 117.

[1479] Vgl. bei Lynne McTaggart, *Das Nullpunkt-Feld*, S. 65–67.

[1480] Douglas Hofstadter, *Ich bin eine seltsame Schleife*, S. 61–64, 20, 357–380.

ist es nichts anderes, ob religiöse Überzeugungen einen Krieg hervorgerufen haben oder Quintillionen von Partikeln, die nach den Naturgesetzen interagiert haben. Daß Nostalgie Chopin dazu gebracht hat, eine bestimmte Etüde zu komponieren, scheint etwas anderes zu sein als die vier Grundkräfte der Physik; Hofstadter stellt sich aber vor, daß diese makroskopischen Kräfte, hier die Nostalgie, einfach nur Beschreibungsweisen für komplexe Strukturen sind, die die zugrunde liegenden physikalischen Kräfte hervorgerufen hatten. Daß Shakespeare Theaterstücke schrieb, Bach Kantaten komponierte, Jeanne d'Arc auf dem Scheiterhaufen verbrannt wurde, hat Gründe, die mit DNA, RNA, Proteinen, Kohlenstoff, Wasserstoff, Sauerstoff und Stickstoff, oder mir Photonen, Elektronen, Protonen und Neutronen, Quarks, Gluonen, W- und Z-Bosonen und Gravitonen zu tun hat, auch wenn die Betroffenen das nicht so gesehen haben.

Also kein Unterschied zwischen Geist und Materie[1481] (hin oder her). Wobei Hofstadter im Gegensatz zum hier vertretenen Modell keinen Primat des Geistes vertritt. Im hier vertretenen Modell ist die geistige Ebene (das Vakuum) die fundamentalere. Übrigens, auch Theologen wie Joseph Ratzinger[1482] gehen von solch einem Zusammenhang zwischen Materie und Geist, mit Priorität des Geistes, aus.

Ins Weltbild Newtons paßten lebendige, geistige Dinge nicht. Die Welt war bei Newton eine Maschine, ein Uhrwerk; alles, was geschah, war determiniert. Die Welt da draußen war unabhängig von uns, und Materie war ungeistig.

In der modernen Physik hat sich nun alles verändert. Materie und Geist kann man nicht mehr so einfach trennen. Dinge sind nicht einfach tot und sogar ein Gedächtnis von Dingen wird angenommen, in diversen physikalischen Feldern.

Zuletzt sei hier noch angemerkt, daß wir im Grunde nicht wissen, was ein Feld eigentlich ist. Wie Bohm sagte: „Was ist ein elektrisches Feld, wir wissen es nicht." Ein neuer Feldtyp erscheint zunächst mysteriös. Dann geben wir ihm einen Namen. Wissen aber damit immer noch nicht, was ein elektrisches oder Gravitationsfeld ist. Wir wissen ja nicht

---

[1481] Hofstadters dahingehende Feststellung hat aber eine etwas andere Drehung. Er vertritt eigentlich einen Primat der Materie, wenn er sagt: Daß wir dennoch meinen, es existiere so etwas wie ein ätherisches Ich, das hier alles lenkt, ist eine Illusion. Selbstreferenz: ein unendlicher Rückbezug von Symbolen auf Symbole (beim Denken) rufe diese Illusion hervor.

[1482] Joseph Ratzinger, Benedikt XVI, *Einführung in das Christentum*, S. 340, „Wenn der Kosmos Geschichte ist und wenn die Materie ein Moment an der Geschichte des Geistes darstellt, dann gibt es einen letzten Zusammenhang zwischen Materie und Geist, in dem sich das Geschick des Menschen und der Welt vollendet, auch wenn wir heute unmöglich die Art dieses Zusammenhangs definieren können."

einmal, was Elektronen eigentlich sind: Wir können allerdings beschreiben wie sie sich *verhalten*.

3. MODELLE AUS EVOLUTIONSBIOLOGIE UND BIOPHYSIK

Das Gedächtnis der Natur und das Gedächtnis von Gegenständen in morphischen Feldern

Rupert Sheldrakes *morphische Felder* sind für uns so interessant, weil sie bedeuten, daß die Natur ein Gedächtnis hat, weil sie dieses Gedächtnis enthalten. Sheldrakes Gedächtnis der Natur gleicht erstaunlich unserem Gedächtnis von Gegenständen. Und noch besser: es enthält auch das Gedächtnis von *Gegenständen*, denn die Natur enthält auch Gegenstände (etwa Kristalle), und Sheldrake rechnet auch Gegenstände explizit dazu!

Nach Sheldrake besitzt jedes natürliche System (also auch ein Gegenstand wie ein Kristall, und auch Substanzen) einer bestimmten Art sein eigenes spezifisches morphisches Feld. Es gibt zum Beispiel ein Insulinfeld, ein Buchenfeld, ein Schwalbenfeld usw. Alle Arten von Atomen, Molekülen, Kristallen, Zellen, Geweben, Organen, lebende Organismen, Gesellschaften, Konventionen und Gewohnheiten werden nach Sheldrake von solchen Feldern geformt.[1483]

In ihnen ist das codiert, was geschieht und geschehen ist, also die Geschichte aller dieser natürlichen Systeme, Stoffe, Tiere, Pflanzen, Zellen, Gewebe, Organe, usw., einschließlich ihres Baus und ihrer Formwerdung. (Das erinnert uns sofort an das hier vertretene Modell des Quantenvakuums, das auch ein riesiges (aktiv steuerndes) Informationsfeld ist.)

Sowohl lebende Systeme als auch Gegenstände wie Kristalle haben also bei Sheldrake ein Gedächtnis in Form eines morphischen Felds.

Was tun Sheldrakes morphische Felder im einzelnen?

Morphische Felder sind organisierende Felder[1484]. Sie lenken Formbildung und Verhalten von natürlichen Systemen.

Die morphischen Felder, die die *Formbildung* eines Organismus lenken: zum Beispiel, wie werden aus bestimmten Embryonalzellen Arme oder ein Herz oder Augen, nennt Sheldrake *morphogenetische* Felder. Und wie tun sie es?

Durch *morphische Resonanz*: Vergangene Aktivitätsmuster haben einen Einfluß auf spätere von morphischen Feldern organisierte Aktivi-

---

[1483] Rupert Sheldrake, *Das Gedächtnis der Natur*, S. 11 und 132.
[1484] Rupert Sheldrake, *Das Gedächtnis der Natur*, S. 11.

tätsstrukturen *ähnlicher* Art. Gleiches beziehungsweise Ähnliches zieht sich sozusagen an, tritt mit Gleichem beziehungsweise Ähnlichem in Resonanz. Und die Wiederholung des Ähnlichen beziehungsweise des Gleichen hat einen *Verstärkungseffekt*.[1485]

Morphische Resonanz (wie energetische Resonanz in der Physik) ereignet sich nach Sheldrake zwischen *schwingenden* Systemen. Atome, Moleküle, Kristalle, Zellen, Gewebe, Organe bestehen alle aus Teilen, die sich in fortwährenden Schwingungen befinden, und sie alle weisen ihre eigenen charakteristischen Schwingungsmuster auf. Der Unterschied zu energetischen Schwingungsmustern liegt nach Sheldrake in der Dimensionalität. Morphische Resonanz beruhe auf dreidimensionalen Schwingungsmustern, energetische auf eindimensionalen. Ähnlich Schwingendes steht in Kontakt, überlagert und verstärkt sich.

Alles ist also in diesen (man könnte auch sagen Informations-) Feldern gespeichert, Geschichte, Entwicklungsgeschichte, Form etc., und in diesem riesigen Informationsmeer ist Ähnlichkeit ein ordnender Faktor, wird per Ähnlichkeit selektiert.

(Desgleichen, sahen wir, findet in der Physik eine Übertragung nicht nur von Energie, sondern auch von Information zwischen Wellen gleicher oder ähnlicher Frequenz statt, sprich Resonanzfrequenz. Und auch, wenn der Sensitive, der das Gedächtnis der Dinge anzapft, dies leichter tut, wenn er ein Interesse oder Sympathie empfindet, zieht sich Ähnliches an, ist Ähnlichkeit ein Selektionsmechanismus. Gleichzeitig liegt im sich Zueinandergesellen von Gleichem beziehungsweise Ähnlichem witzigerweise ein okkultes Prinzip vor, wie wir später noch sehen werden.)

Nehmen wir ein paar konkrete Beispiele morphischer Felder. Tauben[1486]: Das Verhalten aller Tauben, ihre Gewohnheiten, sind in einem morphischen Feld codiert, und neue Tauben werden hiervon wiederum beeinflußt, gelenkt. Dabei haben Tauben-Gewohnheiten, die sich wiederholen, einen Verstärkungseffekt. Sheldrake sagt dazu *Resonanzverstärkung*. Neue Tauben folgen solchen verstärkten Gewohnheiten, Gewohnheiten, die sich x-mal wiederholt haben, eher.

Oder nehmen wir Ratten: Bringen wir Tausenden von Ratten in London die Ausführung einer neuen Aufgabe bei, müßten ähnliche Ratten die gleichen Aufgaben in Laboratorien an beliebigen anderen Orten schneller lernen. Und tatsächlich: Versuche haben solches bestätigt[1487]!

[1485] Somit haben wir unsere eigenen Erinnerungen (und auch eine Identität), weil wir dem, was wir in der Vergangenheit waren, am ähnlichsten sind. Wir stehen in hochspezifischer Eigenresonanz.

[1486] Rupert Sheldrake, *Das Gedächtnis der Natur*, S. 9.

[1487] Rupert Sheldrake, Terence McKenna, Ralph Abraham, *Denken am Rande des Undenkbaren*, S. 20f.

Oder[1488]: Die kleine, strukturlose befruchtete Eizelle, aus der ein jeder von uns hervorging, besitzt eine potentielle Erinnerung an alles, was jedem einzelnen ihrer Vorfahren-Eizellen widerfahren ist.

Der Instinkt und das Verhalten eines heranwachsenden Kätzchens schließlich wird von zahllosen Katzen in der Vergangenheit geformt[1489]. (Wir können hier auch von einem kollektiven Gedächtnis sprechen.)

Und dann gibt es das Gedächtnis von Gegenständen bei Sheldrake, zum Beispiel das Gedächtnis von Kristallen[1490]: Chemiker, die neue Stoffe synthetisiert haben, können die Kristallisation dieser Stoffe häufig nur unter großen Schwierigkeiten in Gang setzen. Mit zunehmender Zeit kristallisieren diese Stoffe dann aber viel müheloser! Und zwar überall, meint Sheldrake. Es hat sich ein Muster herausgebildet, das sich verstärkt. Neue Kristalle lernen sozusagen von den früheren derselben Art aus dem morphischen Feld.

Das Entstehen *neuer Felder, neuer* Muster, ist durch morphische Resonanz allerdings nicht zu erklären. Die Stabilisierung morphischer Felder durch morphische Resonanz führt eher zu Kontinuität oder Konservatismus[1491].

Dennoch entstehen auch neue Muster, und zwar urplötzlich. Sheldrake bringt hier die Metapher des Geistesblitzes ins Spiel. Etwas Neues kommt quasi in Form einer Erleuchtung, durch schöpferische Eingebung[1492]. Aber woraus wird hier geschöpft? Geschöpft werden sie, die neuen Muster, nach Sheldrake, aus einem transzendenten Reich *latenter* Möglichkeiten[1493]. Und dort haben die Dinge, beispielsweise Moleküle, nach Sheldrake *virtuelle* Formen, bevor sie entstehen[1494].

(Sheldrakes transzendentes Reich latenter Möglichkeiten läßt uns gleich wieder ans Quantenvakuum in unserem Modell denken, als Reich des Potentiellen. Wir könnten auch sagen, ein platonischer Ideenhimmel wird hier angenommen. Wir geraten ins Metaphysische[1495].)

Das bedeute nun nicht, meint Sheldrake, daß alles determiniert wäre. Einige Muster können nach ihm auch zufällig entstehen, und es gibt auch noch andere Mechanismen als Resonanz, die Muster entstehen lassen,

---

[1488] Rupert Sheldrake, *Das Gedächtnis der Natur*, S. 33.

[1489] Eine hochinteressante Sache, eine kulturelle Vererbung wird hier angenommen, die nichts mit Genen zu tun hat.

[1490] Rupert Sheldrake, *Das schöpferische Universum*, S. 123–128.

[1491] Rupert Sheldrake, *Das Gedächtnis der Natur*, S. 327.

[1492] Sheldrake führt einige berühmte Wissenschaftler an, die ihre völlig neuen Einfälle ebenso auf Geistesblitze zurückführen: die Mathematiker Carl Friedrich Gauss und Henri Poincaré etwa.

[1493] Rupert Sheldrake, *Das Gedächtnis der Natur*, S. 375.

[1494] Rupert Sheldrake, *Das schöpferische Universum*, S. 94.

[1495] So auch Rupert Sheldrake, *Das schöpferische Universum*, S. 110f.

etwa kann ein Muster auch dadurch erklärbar sein, daß eine Konfiguration mit einem Minimum an Energie auskommt[1496].

(Daß etwas auch auf ganz neue Muster einschwingen kann, folgt in der Physik auch schon daraus, haben wir gesehen, daß Wellen sich synchronisieren, kommunizieren können, *auch wenn sie unterschiedliche Frequenz oder Amplitude haben*, Hauptsache, sie erreichen zur gleichen Zeit ihren Gipfel oder ihr Tal: Stichwort Kohärenz/konstruktive Interferenz. Sehr unterschiedliche Wellen können so *in Phase* geraten, kommunizieren, Information und/oder Energie übertragen.)

Wie im einzelnen sind und aus was sind nun diese morphischen Felder gemacht, um einmal untechnisch zu fragen?

Morphische Felder sind nach Sheldrake praktisch *unvergänglich*[1497]. Gleichzeitig sind sie auch lokal. Sie sind verknüpft mit einem bestimmten natürlichen System. Wenn das verschwindet, so verschwindet das Feld von diesem bestimmten Ort[1498]. (Wir denken hier gleich an Materiewellenfelder. Lokal wurden diese bei uns erst durch Beobachtung.) Da die Daten aber *ewig* gespeichert sind, kann es sein, daß sie sich zu einer anderen Zeit und an einem anderen Ort wieder konkretisieren[1499]. (Auch Sheldrake zieht also (wir denken sofort an Bohm) die hochinteressante Möglichkeit in Betracht, daß sich aus dem Gedächtnis der Natur theoretisch wieder alles herausbilden und in unsere Realität treten kann, was schon einmal da war, leitet hieraus im Grunde ebenfalls eine Art Unsterblichkeit ab).

Die Wirkung morphischer Felder verringert sich nicht mit wachsender räumlicher oder zeitlicher Entfernung: Ein morphisches Feld aus Australien wirkt unabgeschwächt in Grönland, und ein morphisches Feld aus dem Altertum wirkt unabgeschwächt noch heute.

Morphische Felder wirken also über Raum und Zeit hinweg[1500].

Morphische Felder sind bei Sheldrake ferner *Wahrscheinlichkeitsstrukturen*[1501]. Sie enthalten wahrscheinliche Möglichkeiten: das System wird am ehesten die Form annehmen, die bereits am häufigsten aufgetreten ist.

[1496] Rupert Sheldrake, *Das schöpferische Universum*, S. 102f.

[1497] Rupert Sheldrake, *Das schöpferische Universum*, S. 51.

[1498] Wir denken sofort an Materiewellen und das Abreißen von Spukhäusern, um sich des Spuks an einem Ort zu entledigen. (So einfach ist das aber nicht, wie wir schon sahen, im Schutt oder im Boden strahlen Materiewellen weiterhin das Gedächtnis ab.)

[1499] Rupert Sheldrake, *Das Gedächtnis der Natur*, S. 11.

[1500] Rupert Sheldrake, *Das schöpferische Universum*, S. 16. Sie gleichen insofern dem Quantenvakuum.

[1501] Im Quantenvakuum existieren hingegen viel mehr Möglichkeiten, nicht nur wahrscheinliche. Es wäre das fundamentalere Feld.

Nach unserem längeren Ausflug in die Physik kommt uns das alles sehr bekannt vor.

Und in der Tat greift Sheldrake auch auf Feldtheorien der Physik zurück, vergleicht morphische Felder mit dem elektromagnetischen Feld, dem Gravitationsfeld und Quantenfeldern (also etwa Materiewellenfeldern)[1502].

So wie in der Quantenphysik postuliert wurde, daß Teilchen in einem *potentiellen* Zustand existieren, *jenseits von Raum und Zeit*, solange sie nicht beobachtet werden, so meint Sheldrake, das morphische Feld entspricht dem *potentiellen* Zustand eines Systems, *jenseits von Raum und Zeit*.[1503] Alles hat nach Sheldrake virtuelle (potentielle) Formen, bevor es entsteht[1504]. Die virtuellen Formen sind bei ihm aber begrenzt, sozusagen a priori festgelegt[1505]. Die morphogenetischen Felder eines Moleküls beschränken zum Beispiel die (große) mögliche Zahl atomarer Konfigurationen, die sonst auf der Basis von Berechnungen zu erwarten wären[1506]. Und so, wie die Wechselwirkung, die uns in der Nichtlokalität der Quantenphysik begegnet beziehungsweise in der Verschränktheit von Quanten, keine der bekannten Wechselwirkungen ist: es gibt *keinen Energieaustausch*[1507], so wirkt nach Sheldrake das morphische Feld ebenfalls als *nichtenergetischer* Faktor[1508].

Und so wie in Gravitationsfeld, elektromagnetischem Feld, Quantenfeldern physikalische Wirkungen von Energie und auch von Veränderungen der *räumlichen* Struktur[1509] ausgehen, *wirkt* parallel im morphogenetischen Feld eine räumliche Gestalt und Struktur formbildend auf natürliche Systeme ein[1510].

[1502] R. Sheldrake, *Das schöpferische Universum*, S. 136ff.

[1503] R. Sheldrake, *Das schöpferische Universum*, S. 90.

[1504] R. Sheldrake, *Das schöpferische Universum*, S. 94.

[1505] Das entspräche am ehesten dem Modell des Quantenvakuums als (intelligentes) Informationsfeld.

[1506] R. Sheldrake, *Das schöpferische Universum*, S. 99.

[1507] Vgl. hierzu zum Beispiel Ervin Laszlo, *Zu Hause im Universum*, S. 43, 103. Etwas anders kann man es sehen, sagt man, Masse ist Energie ist Information.

[1508] Vgl. Rupert Sheldrake, *Das schöpferische Universum*, S. 110: Komplexe biologische und chemische Systeme scheinen für Sheldrake nicht ausschließlich durch die (bislang) bekannten Gesetze der Physik festgelegt.

[1509] Rupert Sheldrake, *Das Gedächtnis der Natur*, S. 130., R. Sheldrake, *Das schöpferische Universum*, S. 70–84.
Das gilt schon bei Einstein: Newton sagte noch, der Mond bewegt sich um die Erde, weil er durch eine Anziehungskraft zu ihr hingezogen wird. Nach Einstein tut er dies, *weil der Raum, in dem er sich bewegt, gekrümmt ist*.
Bei der Supersymmetrie haben wir ferner auf die physikalischen Wirkungen bloßer räumlicher Verteilung hingewiesen.

[1510] R. Sheldrake, *Das schöpferische Universum*, S. 138.

Die morphischen Felder haben letztlich dieselben Eigenschaften wie das Quantenvakuum in unserem Modell (unser Quantenvakuum ist, wie gesagt, das physikalische Feld *hinter* der Quantenebene, das nach namhaften Physikern auch die nichtlokale Wechselwirkung vermittelt und darüber hinaus auch über Informationen alles steuert).

Sheldrake stellte nun gemeinsam mit dem Physiker David Bohm fest, daß Bohms implizite Ordnung, die praktisch mit dem hier vertretenen Modell des Quantenvakuums identisch ist, die fundamentale Unterlage ist, mit der auch seine morphischen Felder kompatibel sind[1511]. Wir können hier insofern sagen, seine Felder befinden sich in unserem Quantenvakuum. Entsprechend setzt Sheldrake die morphischen Felder auch vom (herkömmlichen) elektromagnetischen Feld so ab, wie einige Physiker das Quantenvakuum vom (herkömmlichen) elektromagnetischen Feld unterscheiden[1512], also vom elektromagnetischen Feld unserer Teilchenwelt. Für Sheldrake sind seine morphischen Felder *Felder sui generis*. Das heißt, sie sind für ihn *vergleichbar* mit elektromagnetischen Feldern, Gravitationsfeldern und Quantenfeldern (also etwa Materiewellenfeldern), aber nicht identisch.

Für uns sehen die morphischen Felder aus wie Materiewellenfelder von großen Dingen, also Materiewellenfelder von Ensembles von Teilchen, die neben allen Zuständen der Teilchen noch Informationen zu den Teilchen, Steuerungsinformationen wie Baupläne, Funktionspläne etc. enthalten.

Bei Sheldrake sind es separate Informationsfelder.

Daneben gibt es bei ihm das transzendente Reich *latenter* Möglichkeiten, also einen Ozean von latenten Informationen. Nichts anderes ist unser hier vertretenes Modell des Quantenvakuums.

Die Informationsfelder haben, wie wir sahen, Quantenvakuumseigenschaften in unserem Sinne, liegen in unserem Quantenvakuum beziehungsweise im Gravitationsfeld (das bei uns das Vakuum auf fundamentaler Ebene ausmacht). Das Gravitationsfeld unterliegt auch nach Sheldrake einem ganzen Felderozean, ist das fundamentale Feld.[1513]

[1511] R. Sheldrake, *Das Gedächtnis der Natur*, S. 370.

[1512] R. Sheldrake, *Das schöpferische Universum*, S. 90.

[1513] Sheldrake zieht zwar einen Vergleich zu physikalischen Feldern, meint aber ein neues, eigentlich nicht physikalisches Feld beim morphischen Feld vor sich zu haben. Er schlägt folgende Hierarchie vor: Zuerst kommen Quantenmateriefelder, dann das elektromagnetische Feld. Dieses ist wieder mit den morphischen Feldern von Molekülen und Kristallen verbunden. Wenn man zu den Pflanzen und ihren Wachstumsvorgängen kommt, gibt es ein morphogenetisches Feld für Pflanzenwachstum, das an das eine Stufe tiefer liegende elektromagnetische Feld anschließt. Bei Tieren gibt es über den morphogenetischen Feldern noch die Instinkt- Bewegungsfelder, die die Aktivitäten des Nervensystems koordinieren. Darüber gibt es hierarchisch noch höhere Ebenen, etwa Wahrnehmungsfelder etc.

Sheldrake ist wie einige namhafte Physiker bezüglich des Quantenvakuums auch der Auffassung, daß seine morphischen Felder nicht nur mit winzigen Teilchen, sondern auch mit *makroskopischen* Objekten interagieren. Seine morphischen Felder enthalten auch für große Objekte ein Gedächtnis, so wie bei uns das Quantenvakuum, und dort auch Materiewellenfelder, ein Gedächtnis für große Dinge enthalten.

Sheldrakes Gedächtnis der Natur, er betrachtet in der Hauptsache natürliche Systeme, Organismen, Zellen etc., ist also parallel gebaut zu unserem Gedächtnis von Orten und Gegenständen. Seine morphischen Felder, die dieses Gedächtnis enthalten, sind strukturiert wie unser Quantenvakuum, sie sind in unserem Quantenvakuum, sie sehen aus wie die dort von uns angesiedelten Materiewellenfelder, angereichert um Steuerungsinformationen.

Hochinteressanterweise erklärt Sheldrake nun mit seinen morphischen Feldern (so wie wir mit unserem Modell des Quantenvakuums und der dort befindlichen Felder) auch explizit paranormale Phänomene.

Nicht nur die Natur hat bei Sheldrake ein in morphischen Feldern gespeichertes Gedächtnis, ebenso haben es Orte und Gegenstände. Er erwähnt auch explizit ein Ortsgedächtnis: Die Ausstrahlung eines Ortes, der Genius loci, hängt bei Sheldrake, wie bei uns, davon ab, was früher hier geschah, es ist im (lokalen) morphischen Feld gespeichert, wobei (wie bei uns) Wiederholung derselben Handlungen am Ort verstärkend wirkt. Das katholische Ritual der Liturgie, die immer gleiche Zeremonie, nimmt auch Sheldrake als Beispiel für einen verfestigten Ortsgeist: Hier sind, auch nach ihm, die jetzigen Teilnehmer *real* mit denen verbunden, die früher daran teilgenommen haben.[1514]

Mentale morphische Felder erklären bei Sheldrake Telepathie: Nach ihm ist die geistige Tätigkeit nicht aufs Gehirn beschränkt, sondern beruht auf unsichtbaren, sogenannten mentalen Feldern. Gedanken beispielsweise können in diesen gespeichert und durch diese übertragen werden. Ein Teilnehmen an Gedanken anderer (über sich überlappende Felder) wird so möglich. Hier wird auch ein kollektives Denken, C.G. Jungs kollektives Unbewußtes[1515], plausibel oder ein Zeitgeist: Gedanken sind sozusagen da draußen in morphischen Feldern zugänglich und werden

---

Es ist also eine verschachtelte Hierarchie. *Und das Schwerkraftfeld (!) umfaßt sie alle*, es sei das Universalfeld. Die Felder von Zellen beispielsweise werden von denen der Gewebe bestimmt, die der Gewebe von denen der Organe, und die der Organe von dem morphischen Feld des Organismus als einem Ganzen usw.

Es gibt bei Sheldrake also so etwas wie ein Quantenvakuum und viele morphische Felder. Man könnte sagen, diese Art Quantenvakuum enthält morphische Felder auf allen Komplexitätsstufen.

[1514] Rupert Sheldrake, *Die Wiedergeburt der Natur*, S. 206 und 198–200.
[1515] Vgl. Rupert Sheldrake, *Der Siebte Sinn*, S. 361.

durch nachfolgende ähnliche Felder/Gedanken verstärkt (und übertragen)[1516].

Es gibt bei Sheldrake also ein Gedächtnis da draußen, für alle möglichen Fakten und Ereignisse, und auch für Gedanken, ein Gedächtnis jenseits des Gehirns. Auch Hellsehen findet statt, wenn jemand aus diesem Reservoir schöpft.

Es ist also wichtig zu sehen, *wie vielversprechend Sheldrakes Hypothese der morphischen Felder ist.*

Sheldrake hat nicht nur prominente Vorgänger[1517] und prominente Zeitgenossen[1518], die Ähnliches vorschlugen beziehungsweise vorschlagen. Die Hypothese der morphischen Felder ist auch äußerst ernst zu nehmen, weil es eine Anzahl ganz grundlegender Phänomene hauptsächlich in der Biologie gibt, die bislang rätselhaft sind und nur plausibel durch so etwas wie morphische Felder erklärt werden können:

Bis heute hat man[1519] sich in der Biologie noch nicht so recht von Haupt-Postulaten[1520] der Darwin'schen Evolutionstheorie verabschiedet: 1. Das Leben entstand spontan (= zufällig) durch Zusammenschluß von Molekülen. 2. Das Leben durchlief einen Prozeß allmählicher Verwandlung, der es ihm erlaubte, sich von einfachen Formen zu immer komplexeren Organismen zu entwickeln. 3. Entstehung und Verwandlung des Lebens waren ausschließlich auf die Wirkung (herkömmlicher) natürlicher Kräfte zurückzuführen, wie zum Beispiel Elektromagnetismus, chemische Bindekräfte, Gravitation.

Nun gibt es aber einen Haufen von grundlegenden Phänomenen, die in diesem Rahmen nicht erklärbar sind.

Eins ist die parallele Evolution:

[1516] Rupert Sheldrake, *Das Gedächtnis der Natur*, S. 273 und Rupert Sheldrake, *Der Siebte Sinn*, S. 152ff., 163–166, und 355ff.

[1517] Anfang der zwanziger Jahre des zwanzigsten Jahrhunderts haben die Biologen Hans Speman (1922), Alexander Gurwitsch (1922) und Paul Weiss (1923) bereits angenommen, daß die Morphogenese (= das Entstehen von Form) von Organismen von Feldern organisiert wird. Der Biologe und Embryologe Hans Driesch (1867–1941), der sich auch mit paranormalen Phänomenen beschäftigte, ist ferner ein direkter Vorläufer. Die Theorien von Sheldrake und Driesch sind quasi identisch. Und auch das L-Feld des Yale Professors für Neuroanatomie und Embryologie Harold Saxton Burr (1890–1973) ist quasi identisch mit den morphischen Feldern.
In einem gewissen Sinn ist auch Goethe ein Vorläufer mit seiner Annahme einer *Urpflanze*, nach der alle Pflanzen geformt sind.

[1518] Hermann Weyl, Jean Dorst, Gordon Rattray Taylor usw., vgl. Bei Ervin Laszlo, *Kosmische Kreativität*, S. 133.

[1519] Richard Dawkins ist ein ferventer Neo-Darwinist, vgl. zum Beispiel Richard Dawkins, *Das egoistische Gen*.

[1520] Vgl. bei Ervin Laszlo, *Kosmische Kreativität*, S. 128.

Die Beuteltiere Australiens beispielsweise haben sich in völliger Isolation von den Plazenta-Tieren der übrigen Welt entwickelt und trotzdem eine Unmenge ähnliche Formen hervorgebracht – Beutelversionen von Ameisenbären, Maulwürfen, Flughörnchen, Katzen, Wölfen und so weiter. Etwas Ähnliches geschah in Südamerika, wo sich unabhängig von der australischen Fauna parallele Arten von Beuteltieren entwickelten.

Darüberhinaus werden einige hochspezifische anatomische Eigenschaften von Tierarten geteilt, die eine völlig unterschiedliche Entwicklungsgeschichte haben. Zum Beispiel das Auge: seine Grundstruktur scheint von nicht weniger als vierzig phylogenetisch nicht miteinander verwandten Arten *erfunden* worden zu sein[1521].

Ein Aufschnappen fremder morphischer Felder kann das Phänomen der parallelen Evolution leicht erklären[1522].

Ebenso stellen so grundlegende Phänomene wie *Reproduktion (Formbildung/Entstehung), Regeneration und Regulation* in der traditionellen Biologie unerklärliche Rätsel.

Probleme der *Formbildung (Morphogenese)*, und damit der *Reproduktion*, lassen sich bis heute nicht durch die traditionelle Sicht lösen, die annimmt, daß bestimmte Moleküle unter bestimmten Bedingungen spontan zusammenfinden[1523]. Daß alles genetisch programmiert sei, reicht als Antwort nicht aus. Gene ermöglichen es den Zellen, die richtigen Proteine zur richtigen Zeit zu produzieren, wenn sich der Organismus entwickelt. Aber wie kann das Vorhandensein der richtigen Proteine etwa den Körperbau einer Maus erklären? Die DNA (Erbsubstanz) ist zwar auch eine Blaupause des Organismus, der genetische Code ist aber *für alle* embryonalen Zellen gleich, warum die einen sich zu Füßchen entwickeln, die andern zu Augen, ist heute noch völlig unklar[1524]! Das alte Modell steht vor einem Rätsel. Nach ihm setzen sich Zellen, Gewebe und Organe einfach automatisch zusammen. Das ist aber das Gleiche, wie wenn man alle Materialien zur richtigen Zeit zu einer Baustelle schafft, und das Gebäude sich dann aufgrund blinder physikalischer Kräfte automatisch selbst zur richtigen Form zusammenfügen würde. Gebäude errichten sich aber nicht selbst, sie werden nach einem *Plan* erbaut, einem Plan, *der nicht in den Baumaterialien enthalten ist.* Die morphischen Felder wären solche

---

[1521] Vgl. Ervin Laszlo, *Kosmische Kreativität*, S. 118.

[1522] Rupert Sheldrake, *Das Gedächtnis der Natur*, S. 352–356. Und 100ff.

[1523] R. Sheldrake, *Das schöpferische Universum*, S. 47. Rupert Sheldrake, *Der Siebte Sinn*, S. 356f.
Der Zufall erklärt einfach zu wenig. Daß Zufall Ursprung von Neuerungen sein soll, ist hochgradig unwahrscheinlich, wenn man an die enorme Komplexität vieler natürlicher Systeme denkt.

[1524] Ervin Laszlo, *Kosmische Kreativität*, S. 130.

(immateriellen) Pläne, sie wären die *Blaupausen* für die verschiedenen Organe und für den Organismus als Ganzen.

Ein zufälliger Zusammenstoß von Molekülen reicht als Erklärung nicht einmal für die Entstehung der ältesten Algen und Bakterien aus. Selbst diese sind zu komplex, um das Ergebnis von Zufallsereignissen innerhalb des festgestellten Zeitrahmens ihrer Evolution sein zu können[1525].

Das Darwin'sche Evolutionsverfahren, nach dem sich Gene durch Versuch und Irrtum (trial and error) blind fortpflanzen, das läßt sich berechnen, bräuchte unendlich viel mehr Zeit, als die Zeit, die die komplexen natürlichen Systeme auf unserem Planeten für ihre Entwicklung in Anspruch genommen haben. Schon die Zahl möglicher atomarer Kombinationen ist astronomisch hoch, weil jedes der Moleküle lebendiger Strukturen aus etwa einer Million Atomen besteht[1526]. In den Zeiten, die wir erdgeschichtlich vor uns haben, ist es mathematisch komplett unwahrscheinlich, daß sinnvolle Kombinationen, wie wir sie in unseren lebenden Systemen sehen, sich durch Zufallsprozesse entwickelt haben. Der paläontologische Ablauf zeigt, daß es sich bei der Artentwicklung um einen schnellen Prozeß handelte; innerhalb von Zeitperioden in der Größenordnung von 5 000 bis 50 000 Jahren tauchten neue Arten auf der Entwicklungsbühne des Planeten auf[1527]. Vertrackter macht die Sache noch, daß Lebewesen, um in einer sich verändernden Umwelt bestehen zu können, ihren Adaptionsplan entsprechend modifizieren. Im alten Modell kann eine bestimmte Spezies – wenn sie sich mittels zufälliger (trial and error) und schrittweiser Mutation entwickelt – sehr leicht eine Fehlanpassung und möglicherweise die vollständige Auslöschung ihrer Art riskieren[1528].

Zufallsmutation und Selektion erklärt hier wenig. Lebende Materie muß offensichtlich Informationen aus Strukturen jenseits ihrer selbst aufnehmen, die die Organismen als Ganzheit steuern und erhalten.

Auch die *Regeneration* bleibt ohne die Annahme von so etwas wie morphischen Feldern ein Rätsel. Immer noch vorherrschend in der Biologie ist die Annahme, Organismen seien Maschinen oder programmierte Maschinen (DNA wäre das Programm). Das bedeutet, sie sind nicht mehr als die Summe ihrer Teile und das Zusammenwirken dieser Teile. Nimmt

---

[1525] Ervin Laszlo, *Kosmische Kreativität*, S. 128.

[1526] So schon Hermann Weyl in *Philosophy of Mathematics and Natural Science* 1949, vgl. bei Ervin Laszlo, *Kosmische Kreativität*, S. 117.

[1527] So Gould und Eldredge bei Ervin Laszlo, *Kosmische Kreativität*, S. 124.

[1528] Ervin Laszlo, *Kosmische Kreativität*, S. 116f. Auch Konrad Lorenz meinte, daß es zwar formal richtig sei, an der prinzipiellen Rolle der zufälligen Mutation und der natürlichen Selektion bei der Entwicklung der Arten festzuhalten, daß diese Eigenschaften jedoch zur Erklärung der Tatsachen nicht ausreichten.

man in dieser Sicht Teile weg, so ist die Ganzheit der Maschine zerstört. Das ist aber bei natürlichen Systemen, lebendigen Organismen, gerade nicht der Fall, denn häufig können sie ihre normale Form zurückgewinnen, auch wenn Teile entfernt werden[1529]. Morphische Felder würden auch die Regeneration erklären. Schneidet man beispielsweise einen Weidenbaum in Stücke, kann sich jedes Stück regenerieren, um einen völlig neuen Organismus (Weidenbaum) zu bilden: da jeder Teil noch mit dem Feld des ganzen Organismus verbunden ist! (Parallel: Zerschneidet man einen Magneten in einzelne Teile, ist jeder Teil ein vollständiger Magnet mit einem vollständigen Magnetfeld.)

Die *Regulation, Steuerung* eines Organismus ist ferner in der traditionellen Biologie ungeklärt: Woher soll die DNA wissen, wann sie wo einzugreifen hat, und wie alle Chemikalien, die nach der alten Meinung blind aufeinander treffen, mehr oder weniger simultan wirken können? In jeder Zelle vollziehen sich durchschnittlich 100 000 chemische Reaktionen pro Sekunde – ein Prozeß, der sich simultan bei allen Zellen im Körper wiederholt. In jeder beliebigen Sekunde laufen folglich Milliarden unterschiedlicher chemischer Reaktionen ab. Das Timing und die Koordination müssen exzellent sein[1530].

Morphische Felder könnten das leisten. Sie wären der Plan, der Kohärenz herstellt. Und da Sheldrake morphische Felder auf der Ebene kleinster Teilchen, von Quanten ansiedelt, Quanten unabhängig von zeitlichen und räumlichen Entfernungen verbunden sind, ist dort auch eine blitzschnelle Koordination denkbar.

Phantomschmerzen[1531] sind auch bislang rätselhaft und eigentlich nur plausibel durch so etwas wie morphische Felder erklärlich. Wenn Menschen aufgrund eines Unfalls oder einer Amputation ein Glied verlieren, haben sie gewöhnlich das Gefühl, als ob das Glied noch da wäre. Es ist zwar ein Phantom, aber es schmerzt ganz real. Phantome lassen sich nur erklären, wenn es Felder der fehlenden Gliedmassen gibt.

Auch das *Verhalten von Scharen*[1532], etwa das einer Vogelschar, gibt ohne das Vorhandensein von so etwas wie einem morphischen Feld, unlösbare Rätsel auf: Man hat gemessen, daß Richtungsänderungen fliegender Scharen viel zu rasch erfolgen, als daß die einzelnen Vögel ihre Richtung in Reaktion auf ihre Nachbarn ändern könnten. Sie würden in so kurzer Zeit nie ihre Position in der Schar kontrollieren können, sie müßten sich umsehen etc., das bräuchte viel zu viel Zeit. Die Vögel schei-

---

[1529] Rupert Sheldrake, *Die Wiedergeburt der Natur*, S. 122f.
[1530] Vgl. dieses ungelöste Problem bei Lynne McTaggart, *Das Nullpunkt-Feld*, S. 81.
[1531] Rupert Sheldrake, *Der Siebte Sinn*, S. 363f.
[1532] Rupert Sheldrake, *Der Siebte Sinn*, S. 156–160. Ebenso das Verhalten von Schwärmen, Fischschwärmen usw.

nen quasi blind zu reagieren. Es macht daher hohen Sinn zu behaupten, daß Vogelscharen telepathisch durch Scharfelder organisiert sind.

Das sind nun nicht einmal alle ungelösten Rätsel der traditionellen Biologie, die nach so etwas wie morphischen Feldern verlangen[1533].

Für Sheldrakes morphische Felder und das in ihnen erhaltene Gedächtnis der Natur spricht also sehr vieles. Sheldrake gibt dieses Gedächtnis auch Orten und Gegenständen und überhaupt allem, was in unserer Welt existiert: „Die Natur scheint so beseelt, die Welt und alle Lebewesen von einer nichtmateriellen Seele oder Psyche organisiert. ... Freilich sagen wir heute nicht mehr Seele, sondern Feld, implizite Ordnung oder Information ...“[1534], sagt Sheldrake.

Jede Handlung, jedes Ereignis, jede Eigenschaft, jeden Bauplan, jeden Funktionsplan, jeden Entwicklungsplan von etwas, jeden Gedanken, jedes Gefühl usw., alles finden wir in seinem Gedächtnis der Natur gespeichert.

Selbst wenn wir etwas sehen, wird das Produkt unseres Sehens wieder nach außen projiziert und im Gedächtnis der Natur gespeichert! Bei Sheldrake[1535] gibt es beim Sehen einen nach innen gerichteten Prozeß der Bewegung von Licht und einen nach *außen* gerichteten Prozeß von Bildern. Und diese Bilder der Dinge sind dort, wo sie zu sein scheinen, nämlich *außen*! Sie sind (werden) dort in mentalen Feldern gespeichert.

Und hier gibt es auch wieder neben der Speicherung eine Wirkung! Das Gedächtnis wirkt also auch. Denn, so Sheldrake[1536], etwas erstreckt sich beim Sehen aus dem Körper hinaus, um das Objekt der Aufmerksamkeit auch zu *berühren*. Das Objekt wird dadurch beeinflußt. Sheldrake sieht ein Indiz für seine Annahme im Phänomen des Angestarrtwerdens; er wies statistisch nach, daß Personen spüren, wenn sie angestarrt werden, auch wenn sie den Anstarrer gar nicht sehen können, sie drehen sich dann zum Beispiel um.

Eine Menge Dinge, die uns bisher mysteriös vorkamen, erklären sich hier. Der böse Blick etwa hätte auch eine Erklärung. Blicke können hiernach in jedem Sinne verzaubern.

Sheldrakes morphische Felder sind also sehr plausibel und ebenfalls ein sehr guter Kandidat für unser Gedächtnis der Gegenstände.

Sie haben dieselben Eigenschaften wie das Quantenvakuum im hier vertretenen Modell, wie die dort befindlichen Materiewellenfelder. Auch bei Sheldrake läge so letztlich das Gedächtnis der Dinge im hier vertretenen Modell des Quantenvakuums, und dort in Materiewellen(feldern).

[1533] Es gibt noch etliche andere, vgl. bei Ervin Laszlo, *Kosmische Kreativität*, S. 115–134.

[1534] Rupert Sheldrake, *Das Gedächtnis der Natur*, S. 379.

[1535] R. Sheldrake, *Der Siebte Sinn*, S. 270.

[1536] R. Sheldrake, *Der Siebte Sinn*, S. 270.

Zusatzbemerkung: Wir könnten, nach Sheldrake, an dieser Stelle unser Modell noch etwas ergänzen. Nicht nur das Vakuum als Ganzes wäre ein immenses (aktives) Informationsfeld, auch die Materiewellen(felder) von allem enthielten neben dem puren Zustand der Teilchen noch zusätzliche (aktive) Informationen wie Baupläne, Funktionspläne etc., wären also noch mehr als das bloße virtuelle Spiegelbild der Teilchen.

Die Vorläufer-Idee oder Hans Driesch's Entelechie

Ein Vorläufer Sheldrakes und auch sein Ideenlieferant war der Leipziger Biologe Hans Driesch (1867–1941). Sheldrake verweist selbst auf ihn[1537].

Driesch[1538] glaubte bereits, daß Phänomene wie Regulation, Regeneration und Reproduktion beweisen, daß es irgend etwas an einem lebenden Organismus gibt, das sich als Ganzheit erhält, obwohl sich Teilbereiche des physischen Ganzen entfernen lassen. Er nahm an, daß sich dieser Faktor auf das physische System auswirke, ihm aber selber nicht angehöre. Er nannte diesen Faktor *Entelechie*. Die Entelechie ist praktisch eine Art Gedächtnis und eine Blaupause des Organismus, das physikochemische Abläufe während der Morphogenese kontrolliert.

Ein Seeigel hätte sich zum Beispiel deshalb zu seiner jetzigen Form entwickelt, weil seine Entelechie das Gedächtnis der Entwicklungsphasen eines Seeigels enthielte.

Die Entelechie befindet sich nach Driesch auf einer anderen Ebene als die für uns wahrnehmbare physische beziehungsweise physikalische Welt. Sie ist räumlichen Dimensionen nicht unterworfen, kann aber dennoch im Raum wirken. Und sie ist auch keine Energie. Dabei handle es sich bei der Entelechie dennoch um einen natürlichen Faktor, nicht um einen metaphysischen oder mystischen.

Drieschs Annahme war nicht nur in der Biologie, sondern auch auf dem Stand der Physik damals revolutionär. Die Physik seiner Zeit ging noch davon aus, alle Abläufe seien physikalisch determiniert und grundsätzlich in Größen von Energie, Impuls etc. formulierbar. Nach Driesch durften physikalische Prozesse nicht in ihrer Gesamtheit determiniert sein[1539]. Andernfalls konnte die nichtenergetische Entelechie auf sie keinen Einfluß nehmen.

[1537] R. Sheldrake, *Das schöpferische Universum*, S. 53ff.

[1538] Vgl. zu Driesch: R. Sheldrake, *Das schöpferische Universum*, S. 53–55.

[1539] In der Quantenphysik kommt der Indeterminismus herein. Und in Interpretationen der Quantenphysik drückt sich dies als Entscheiden von Bewußtseinen aus, die die Wellenfunktion sozusagen nach eigenem Gutdünken kollabieren lassen.

Driesch[1540] hatte fantastischerweise auch ein Vorläufermodell zum nichtlokalen Gehirn beziehungsweise nichtlokalen Bewußtsein beziehungsweise nichtlokalen Gedächtnis geschaffen, hierzu kommen wir noch.

Das Gedächtnis der Natur und das Gedächtnis von Gegenständen in Biophotonenfeldern[1541]

Das *Biophotonenfeld* gleicht ebenfalls unserem Modell des Quantenvakuums und den in diesem befindlichen Feldern und ist ebenfalls ein Gedächtnis der Natur, die auch Gegenstände enthält, so daß wir auch hier gleichzeitig ein Modell für ein Gedächtnis von Gegenständen haben.

Der deutsche Biophysiker Fritz-Albert Popp glaubte 1975 eine Antwort darauf zu haben, wie Sheldrakes morphische Felder, speziell die Morphogenese, operiert[1542].

Popp zeigte in seinen Experimenten, daß Zellen schwaches Licht von 380 Nanometern abstrahlen, Photonen, er nennt sie *Biophotonen*. Er überlegte, daß es selbstverständlich Licht in Pflanzen gab, die Energiequelle, die bei der Photosynthese genutzt wurde. Wenn wir also pflanzliche Nahrung zu uns nahmen, so nahmen wir Photonen auf und speicherten sie. Weitere Untersuchungen Popps bestätigten dann, daß die DNA einer der wichtigsten Lichtspeicher und eine Photonenquelle ist. Über diese Photonen kommunizieren, nach Popp, nun die Zellen intelligent. Dabei lief die Kommunikation *auf Quantenebene* ab: Die Lichtemissionen waren von geringer Intensität, eine höhere Lichtintensität würde auf Quantenebene nicht mehr wahrgenommen. Und gerade die Quantenebene garantierte hohe Kohärenz: Quanten sind unabhängig von Raum und Zeit verknüpft. Informationsprozesse konnten hier blitzschnell ablaufen. Das ungelöste Rätsel der traditionelle Biologie: „Wenn alle Prozesse im Körper auf eine einfache chemische Kollision von Molekülen zurückzuführen ist, wie kann sie auch nur *annähernd schnell genug* ablaufen, um die kohärenten Verhaltensweisen zu steuern, die Lebewesen in jeder Minute ihres Daseins an den Tag legen?" löst die Kommunikation über Biophotonen.[1543]

Paracelsus (1493–1541) nahm bizarrerweise bereits an, im Körper werde alles durch eine nichtmaterielle Lebenskraft, den *Archäus*, reguliert,

---

[1540] R. Sheldrake, *Das schöpferische Universum*, S. 53f.
[1541] Vgl. hierzu: Lynne McTaggart, *Das Nullpunkt-Feld*, S. 71–85, 89, 91–94. Marco ischof, *Biophotonen*, S. 39, 399ff., 405, 417–419.
[1542] Lynne McTaggart, *Das Nullpunkt-Feld*, S. 84.
[1543] Lynne McTaggart, *Das Nullpunkt-Feld*, S. 71–84.

Wachstum, Aufbau, Auflösung. Der Archäus sei im wesentlichen Licht, der „wie eine leuchtende Sphäre um den Menschen herum strahle"[1544].

Sheldrakes morphogenetische Felder wären nach Popp also elektromagnetische Felder auf Quantenvakuumsebene (also elektromagnetische Wellenwellen[1545]).

Sheldrake würde hier nicht ganz zustimmen. Sheldrake postuliert Felder sui generis, eigene Informationsfelder auf Quantenvakuumsebene. Seine Felder setzten wir jedoch gleich mit unseren Materiewellenfeldern (angereichert um Informationen wie Blaupausen etc.). In unserem Modell des Quantenvakuums können nun Materiewellenfelder auch elektromagnetische Felder *sein*, die einen *sind* dort auch die anderen. So daß Popp hier vom elektromagnetischen Abbild von Materiewellenfeldern spräche. In elektromagnetischen Wellen wurden in unserem Modell Informationen (wie das Gedächtnis) transportiert, etwa vom Vakuum in unsere Welt. Wir sind also auch mit Popp immer noch in unserem Modell, und zwar im Bereich des *Transports* von Informationen.

Nach dem Physiker und Heisenberg-Schüler Hans-Peter Dürr[1546] schließlich stehen Biomoleküle, Zellen und sogar ganze Organismen, unabhängig davon, ob die Moleküle weit voneinander entfernt sind, über besonders modulierte Trägerwellen in Verbindung, denen die Eigenschaft der Supraleitung zukommt (auch solche wären typisch fürs Quantenvakuum).

Popp wurde mit seiner Entdeckung an der Magdeburger Universität behandelt wie ein Krimineller und entlassen. Seine akademische Karriere schien beendet. Erst als immer mehr anerkannte Wissenschaftler rund um die Welt parallele Erwägungen anstellten und sich teils auch auf seine Seite stellten, stand Popp wieder die Welt offen und Universitäten aus aller Welt machten ihm Angebote[1547].

Im weiteren entdeckte Popp, daß diese Lichtemissionen der Zellen nicht nur eine Funktion innerhalb des Körpers hatten, die Wellenresonanz nicht nur der Kommunikation innerhalb des Körpers diente, sondern auch der Kommunikation zwischen Individuen: Lebewesen tauschten miteinander nachweislich Photonen aus[1548]. Damit wollte er auch Sheldrakes morphische Verhaltensfelder usw. erklären.

Popps Entdeckungen haben weitreichende Konsequenzen. Nicht nur wird vieles erklärt, was man bisher nicht zu erklären vermochte, Popp

---

[1544] Vgl. Paracelsus bei Marco Bischof, *Biophotonen*, S. 52.

[1545] Diese elektromagnetischen Wellenwellen wären nun gleichzeitig elektromagnetische Teilchenwellen, so daß wir gleichzeitig im und außerhalb des Quantenvakuums wären. Insbesondere, wenn wir in unserer Welt eine Lichtemission messen.

[1546] Vgl. bei Ervin Laszlo, *Zu Hause im Universum*, S. 105.

[1547] Lynne McTaggart, *Das Nullpunkt-Feld*, S. 92.

[1548] Lynne McTaggart, *Das Nullpunkt-Feld*, S. 93f.

hatte auch herausgefunden, was bei Krebs passiert: Die Krebspatienten, die er untersuchte, strahlten eine andere Art von Licht aus. Allen fehlten die natürlichen periodischen Rhythmen und auch die Kohärenz[1549] des Lichts. Die interne Kommunikation des Körpers war zerrüttet[1550]. Das Licht in unseren Zellen könnte der Schlüssel zu Gesundheit und Krankheit sein[1551].

Alexander Gurwitsch hatte bereits als erster in den zwanziger Jahren entdeckt, daß Zwiebelwurzeln Licht abstrahlten, er nannte es „mitogenetische Strahlung". Und in den vierziger Jahren entdeckte der Neuroanatom Harold S. Burr in Yale, daß Salamander von einem Energiefeld umgeben waren, das der Form eines erwachsenen Salamanders glich, und daß diese Blaupause sogar in einem unbefruchteten Ei existierte. Dieselben Felder entdeckte Burr dann auch bei so unterschiedlichen lebenden Systemen wie Pilzen und Menschen.[1552] Schon nach Burr[1553] bestimmten komplexe elektromagnetische Felder das Verhalten der Materie, sie waren für ihn grundlegender als die chemischen Prozesse.

Morphische Felder sind also nach Popp elektromagnetische Felder im Quantenvakuum, über sie werden Informationen prozessiert und in ihnen werden Informationen gespeichert. (Das wäre identisch mit unserem Modell zur Speicherung des Gedächtnisses von Dingen: morphische Felder waren für uns identisch mit Materiewellenfeldern (angereichert um gewisse Informationen) und Materiewellenfelder konnten im Vakuum elektromagnetische Felder *sein*. In all diesen, schlugen wir vor, war unser Gedächtnis der Dinge gespeichert. Wobei es in elektromagnetischen idealerweise transportiert wurde.)

So wie lebende Systeme also Informationen über sich selbst in einem sie umgebenden Feld beziehungsweise auf Quantenvakuumsniveau speichern, speichern bei Sheldrake in morphischen Feldern auch *Gegenstände* Informationen über sich selbst. Sind morphische Felder Biophotonfelder bzw. elektromagnetische Felder im Vakuum, so haben auch *Gegenstände* ihren Plan, ihr Gedächtnis in diesen.

Ob die morphischen Felder beziehungsweise die Biophotonenfelder tatsächlich elektromagnetischer Natur sind, dazu gibt es allerdings auch andere Meinungen. Bearden[1554] würde Popps Biophotonenfeld für ein Skalarwellenfeld halten, ein Gravitationswellenfeld.

[1549] Zur Erinnerung: Kohärenz war eine Voraussetzung für Kommunikation.

[1550] Lynne McTaggart, *Das Nullpunkt-Feld*, S. 89.

[1551] Lynne McTaggart, *Das Nullpunkt-Feld*, S. 91.

[1552] Lynne McTaggart, *Das Nullpunkt-Feld*, S. 84f.

[1553] Vgl. bei Marco Bischof, *Biophotonen*, S. 83. Das dachte Burr bereits in den dreißiger Jahren.

[1554] Vgl. bei Marco Bischof, *Biophotonen*, S. 405.

In unserem Modell[1555] wären Informationen *zusätzlich* auch in Gravitationswellen im Vakuum gespeichert, die allem letztlich unterliegen. Desgleichen sind für den sowjetischen Geophysiker Alexander P. Dubrow[1556] Biophotonen eine Sekundärerscheinung eines darunterliegenden Biogravitationsfeldes. (Nach Dubrow können lebende Organismen (durch Wechselwirkung mit diesem Biogravitationsfeld) sogar die Geometrie des Raums und den Fluß der Zeit im Inneren des Organismus verändern: lebende Zellen können den Zeitfluß verlangsamen und beschleunigen.)

Wie der Organismus nun die Wellen empfängt, dazu gibt es sehr interessante Hypothesen[1557]. Dem würde die Fragestellung entsprechen, wie der Psychometer beziehungsweise sein Gehirn oder Bewußtsein die Wellen empfängt, in denen das Gedächtnis der Dinge gespeichert ist; auch dazu kommen wir noch.

Man stellt sich vor, die DNS (der stoffliche Grundträger der genetischen Information:Desoxyribonucleinsäure) kann aufgrund ihrer Helix-Geometrie (ihrer räumlichen Struktur) Licht speichern und auch wieder abgeben, und zwar in hoch kohärenter Form[1558]. Und die DNS kann aufgrund ihrer Helix-Geometrie eine Antenne sein: Eine Helixantenne besitzt unter anderem die Eigenschaft, sich auf bestimmte Frequenzen einzustellen. Über Resonanzkoppelung (der DNS mit ihrer *Umwelt*, mit den elektromagnetischen Wellen *außen*) entsteht so ein Informationstransfer. Resonanzkopplung bedeutet die wechselseitige Beeinflussung zweier mit gleicher oder ähnlicher Frequenz schwingender physikalischer Systeme, bei der Energie oder auch nur Information übertragen wird.

[1555] Zur Erinnerung nochmals unser Modell: Informationen und Gedächtnis werden hiernach letztlich von Gravitationswellen getragen, aber auch durch Materiewellenfelder und durchs elektromagnetische Feld, durch Photonen (sie wären eine Sekundärerscheinung der fundamentaleren Gravitationswellen). Elektromagnetische Wellen transportieren das Gedächtnis, die Informationen, aus dem höherdimensionalen Quantenvakuum in unsere raumzeitlich beschränkte, dreidimensionale Welt. Die Informationen sind hier auf zwei Ebenen: entweder in unserer drei-, vierdimensionalen Welt (wo man den Elektromagnetismus mißt, sind wir bereits in unserer Welt) oder die Informationen befinden sich im elektromagnetischen Feld auf Vakuumsebene, einer höheren Dimension, dort sind sie virtuell, im Reservoir des Potentiellen. Beides verflochten.

[1556] Vgl. bei Marco Bischof, *Biophotonen*, S. 417–419.

[1557] Vgl. zum Beispiel Popp und Li bei Marco Bischof, *Biophotonen*, S. 184–202.

[1558] Hier wären wir im elektromagnetischen Feld auf Quantenvakuumsniveau, in Wellenwellen.

Wilhelm Reich, ein verfemter Vorgänger
und andere Vertreter der *Lebensenergie*

Schon Reich[1559] (1897–1957) hatte entdeckt, daß alle lebenden Zellen von einem Energiefeld durchdrungen und umgeben sind, ebenso jeder lebende Organismus und auch die Erde. Er nannte diese Energie *Orgonenergie*. Alles hat bioenergetische Ladung in sich und ein Strahlungsfeld um sich. Und alle laden sich, nach Reich, aus dieser Energie, die Universum und Vakuum durchdringt, auf. Krebs führte auch Reich auf eine Störung in diesem Bioenergie-System zurück: eine extreme energetische Ladungsschwäche führte, nach ihm, zu einem Strukturzerfall von Zellen und zu Krebs. Und zum Ärger der amerikanischen FDA (Food and Drug Administration) entwickelte er einen überaus simplen und billigen Apparat (genannt Orgonakumulator), den jeder nachbauen kann, der den Energiehaushalt Kranker wiederherstellte, sie wieder in die rechte Resonanz mit dieser Bioenergie brachte, der also auch noch funktionierte. Reich landete im Gefängnis, und die FDA ahndet bis heute Heilmethoden nach Reich mit Strafverfolgung.

Der aus Rußland stammende und lange in Frankreich lebende Georges Lakhovsky[1560] (1870–1942) ergänzte Reich. Er machte Sender und Empfänger dieser Bioenergie im Organismus aus. Und zwar erfüllten nach ihm die Chromosomen[1561] alle erforderlichen Bedingungen für einen Schwingkreis wie wir ihn vom Radiosender und vom Radioempfänger kennen. Das Innere der Chromosomen besteht aus elektrisch leitendem Material, die äußere Hülle ist ein Isolator. Die Kondensatorplatten sind auf den Querschnitt der Chromosomen reduziert. Jeder Schwingkreis hat eine spezifische Schwingungsfrequenz. Die Eigenschwingung einer Zelle ist so die Grundlage für den Empfang der Schwingungen von außen und auch von innen, sie ist so auch Grundlage der Resonanz zwischen den Zellen innerhalb des Organismus. So wie in der Radiotechnologie die Schwingkreise in den Empfangsgeräten in Resonanz geraten mit dem Schwingkreis im Sender und so die Sendung mit ihren Informationen übertragen werden kann, so ist die Resonanz der Zellschwingungen Grundlage der Informationsübertragung zwischen den Zellen beziehungsweise zwischen dem Gesamtsystem und den Zellen. Krankheit ist hier die Störung der Eigenschwingungen eines Organismus. Bringt man Lahovsky mit Reich zusammen, so gilt: Die Abwehrkräfte des Organismus sind gegenüber Störschwingungen um so geringer, je schwächer dessen Eigenschwingungen im Verhältnis zu denen des Störsenders sind.

[1559] Vgl. bei Bernd Senf, *Die Wiederentdeckung des Lebendigen*, S. 29, 69ff., 81ff., 86f., 90.

[1560] Vgl. bei Bernd Senf, *Die Wiederentdeckung des Lebendigen*, S. 179–195.

[1561] Der wichtigste Bestandteil der Chromosomen ist die DNS.

Und das hängt wiederum von der bioenergetischen Ladung der Zellen ab.[1562]

Auch Lahovsky produzierte einen überaus billigen Apparat, einen Schwingungsgenerator, der mit entsprechenden Schwingkreisen dem kranken Organismus genau diejenigen Schwingungsfrequenzen eingab, die den Eigenschwingungen der menschlichen Zellen entsprachen. Auf diese Weise wurden Störsender praktisch übertönt und die gestörte Resonanzfähigkeit von Zellen wiederhergestellt. Hier liegt auch die Erklärung für die heilende Wirkung von bestimmter Musik[1563]. Lahovsky sollen spektakuläre Heilungen gelungen sein, die man tunlichst nicht beachtet hat.

Im deutschen Sprachraum hat Arno Herbert[1564] einen analogen Apparat entwickelt, der Schwingungen in den Organismus einstrahlt, und zwar solche von Medikamenten. Herberts Orgon-Strahler[1565] (der seltsamerweise nicht einmal eine Stromquelle benötigt) kopierte Schwingungsmuster von Substanzen wie Medikamenten und übertrug diese Schwingungsmuster dann auf einen Patienten. Entweder über den Strahler (die Patienten kamen ins Haus) oder er bestrahlte Ampullen mit Kochsalzlösung, die er dann an Patienten verschickte (das war das rationellere Verfahren, da zu viele Patienten zu ihm in Haus kamen). Diese Lösung wirkte dann wie das Medikament, obwohl man in ihr die entsprechenden Wirkstoffe nicht nachweisen konnte. Herbert wurde von den schwedischen Behörden diese Variante untersagt (man kann sich vorstellen, daß bei den Medikamentenherstellern Herberts Verfahren nicht auf Begeisterung stieß, von einem einzigen Stoff kann man beliebig viele Schwingungen kopieren, ein Gratis-Verfahren)[1566].

[1562] Hier haben wir auch eine Erklärung, warum Elektrosmog schädlich ist, Mobilfunksender usw. Die Eigenschwingungen werden gestört. Ebenso wirken Mikroben als Störsender, deren Frequenz nicht mit den Eigenschwingungen der Körperzellen übereinstimmt. Es entsteht Dissonanz, Verwirrung. Zellen werden nicht mehr von den anderen Zellen erreicht, sie verlieren ihre Orientierung gegenüber dem Gesamtorganismus, verselbständigen sich: genau das geschieht bei der Entstehung von Krebszellen.

[1563] Man könnte auch das ganze Universum und jede Zelle hörbar machen: Jede Art von Schwingungen kann man in Töne übersetzen und für das menschliche Ohr hörbar machen. Wenn die Schwingungen der Natur außerhalb des für Menschen hörbaren Frequenzbereichs liegen, braucht man sie nur um einige Oktaven nach oben oder unten zu verschieben, und sie werden auf diese Weise hörbar: vgl. Bernd Senf, *Die Wiederentdeckung des Lebendigen*, S. 212. Die *Sphärenharmonie* kommt hier zu ihrer physikalischen Existenz.

[1564] Vgl. bei Bernd Senf, *Die Wiederentdeckung des Lebendigen*, S. 229ff.

[1565] Vgl. bei Bernd Senf, *Die Wiederentdeckung des Lebendigen*, auf S. 230 die genaue Bauweise.

[1566] Herbert wich nach Deutschland aus und verkaufte nur noch den Strahler an Patienten, den Schwingungskopierer, zusammen mit einigen verschlossenen

Reich und Lahovsky[1567] gehen von einem überall ausgebreiteten Energiefeld aus. Reich sieht es als physikalischen Äther, der allerdings nicht statisch ist, sondern die Form wirbelnder Fliessbewegungen hat, als den ganzen Kosmos erfüllende und bewegende Lebensenergie. Lahovsky hält es für elektromagnetisch, er nennt es Universion, ein immenses schwingendes Etwas. Es ist für ihn ein breites Spektrum unterschiedlicher Schwingungen, aus dem jedes Gebilde die für seine Resonanz erforderliche Frequenz herausfiltern kann. Auch Herbert setzt so etwas voraus.

Dieses Lebensenergiefeld gleicht wieder unserem Modell des Quantenvakuums und den in ihm befindlichen Feldern, insbesondere dem elektromagnetischen Feld, den elektromagnetischen Abbildern der Materiewellenfelder. Jede Zelle kommuniziert und speichert hier Informationen über ihre Eigenstrahlung. Auch Anorganisches (ein Gegenstand) hat hier eine Eigenstrahlung: Bei Reich und Lahovsky etwa der Organakkumulator und der Schwingungsgenerator, bei Herbert Medikamente, Substanzen, sein Strahler. Diese Gegenstände haben im (Lebensenergie-)Feld Informationen gespeichert, haben damit ein Gedächtnis, und kommunizieren dieses auch, *wirken* auf anderes, das mit ihnen in Berührung kommt, ein! Wir haben hier also nicht nur ein Gedächtnis von Gegenständen, wir haben hier auch wirkmächtige Gegenstände, ein Gedächtnis der Gegenstände, das wirkt. Arno Herbert[1568], Reich und Lahovsky geben uns praktisch eine bioenergetische Erklärung für die Wirkmacht von Gegenständen (und für die in ihnen gespeicherten Informationen, also auch für ihr Gedächtnis). Voodoo Zauber erklärt sich hier beispielsweise: Auch jede Person hat ein unverwechselbares energetisches Schwingungsmuster (so wie sie einen einzigartigen Fingerabdruck hat). Dieses Muster ist in jedem noch so kleinen Teil der Person enthalten, so wie in einem Hologramm in jedem Teil die Information über das Ganze enthalten ist; in einem Blutstropfen, in einem Haar, in einer Zelle. Wird nun zum Beispiel ein Blutstropfen etwa mit Herberts Strahler, diesem Gegenstand, der eine bestimmte Medikamenten-Schwingung gespeichert hat, bestrahlt, so erreicht die eingestrahlte Information nicht nur den Blutstropfen selbst, sondern auch den dazugehörigen Gesamtorganismus! Und sei er auch noch so weit entfernt! Denn gleiche Schwingungsmuster kommunizieren miteinander, treten in Resonanz. (Ähnlich erreicht die Eingabe einer Telefonnummer in das weltweit verzweigte Telefonnetz genau die angewählte Adresse). Ein Voodoo Magier kann so einer Person Schaden zufügen, wenn er nur einen Fingernagel von ihr besitzt.

Ampullen, in die bestimmte Schwingungsmuster eingestrahlt waren. Das konnte man nicht untersagen: man konnte keine Anwendung einer Methode verbieten, wenn von ihrer Anwendung nach offizieller Version keine Wirkung ausging.

[1567] Vgl. bei Bernd Senf, *Die Wiederentdeckung des Lebendigen*, S. 193, 200.

[1568] Vgl. bei Bernd Senf, *Die Wiederentdeckung des Lebendigen*, S. 229ff.

Es kommt allerdings noch etwas sehr Seltsames hinzu, ein volitives, ein psychologisches Element: Voraussetzung für die Wirksamkeit ist eine entsprechende innere Bereitschaft des Empfängers, der erstens von der Informationsübertragung wissen muß und sich zweitens diesbezüglich innerlich öffnen muß. (Hier könnte man natürlich auch an einen Placebo-Effekt denken. Die Abgrenzung ist nicht leicht.).

Fazit oder die Quantenperspektive der Evolution, das Gedächtnis der Natur und das Gedächtnis von Gegenständen

Die avantgardistische Biologie[1569] nimmt auch ganz direkt an, Lebewesen, Organe, Zellen, aber auch anorganische Dinge wie Kristalle, alle sind Quantensysteme. Sie bestehen aus wirklichen und virtuellen Zuständen, aus dem beobachtbaren Zustand, den sie gerade besetzen, und auch noch aus zahllosen anderen unsichtbaren Zuständen, die (im Quantenvakuum in morphischen Feldern oder Biophotonenfeldern, im Lebensenergiefeld usw.) potentiell sind. Ihnen unterliegt praktisch eine geistige Ebene. Das hat Implikationen, die Darwin und Neodarwinisten wie Dawkins nicht passen würden[1570].

Hier ist alles belebt, und auch ein Gedächtnis von Gegenständen ist hier enthalten.

Für so große Objekte wie Proteine konnte man den Quantensystem-Charakter bereits nachweisen und auch bei anorganischen Kristallen[1571].

Die Evolution ist hiernach nicht blind, nicht nur durch natürliche Auslese und Zufall bestimmt, wie bei Darwin und Neo-Darwinisten wie Dawkins, sie ist Ausdruck einer tieferen Ordnung (im Quantenvakuum usw.): es werden potentiell *bereits vorhandene* Quantenzuständen verwirklicht. Die Evolution entsteht somit durch die Aktualisierung einer virtuellen kosmischen Ordnung, die schon lange vorher existiert, bevor sie wirklich wird, und die gleichzeitig auch ein universelles Gedächtnis

---

[1569] Die oben erwähnten, Popp, Sheldrake etc.

[1570] Vgl. bei Lothar Schäfer, *Versteckte Wirklichkeit*, S. 95ff.
In der Quantenperspektive der Evolution ist die Entwicklung des Lebens keine Entwicklung von Körpern, wie es der indische Mathematiker Srivastava formuliert, sondern es werden potentiell bereits vorhandene Quantenzustände verwirklicht: Srivastava bei Lothar Schäfer, *Versteckte Wirklichkeit*, S. 103. Darwin hat nach Srivastava die Bedeutung seiner Entdeckung mißverstanden, er hat einen Mechanismus nicht für die Entwicklung des Lebens, sondern für die Entwicklung von Körpern gefunden.

[1571] Vgl. bei Lothar Schäfer, *Versteckte Wirklichkeit*, S. 98.

darstellt.[1572] Dawkins Hypothese vom *blinden Uhrmacher* ist in dieser Optik Unsinn.

Für die Quantenperspektive der Evolution sprechen gewichtige Fakten:

Die Quantenperspektive erklärt das bislang ungelöste Riesen-Problem des Darwinismus: Wie konnten reiner Zufall und natürliche Auslese die komplexe Ordnung der Biosphäre in der relativ *kurzen* Zeit erzeugen, die seit dem Entstehen der Erde zur Verfügung stand? Die Entstehung einer so komplexen Ordnung aus Zufall und natürlicher Auslese in so kurzer Zeit ist, mathematisch gesehen, so unwahrscheinlich wie die Zusammensetzung von Flugzeugteilen zu einem Flugzeug durch einen Wirbelsturm. Wenn die Natur hingegen als die Ordnung virtueller Zustände verstanden wird, die schon *vor* ihrer Aktualisierung etabliert sind, muß Zufall nur zu neuen Zuständen *hinführen*, sie aber nicht auch *erzeugen*. Dafür wird ungleich weniger Zeit benötigt.[1573]

4. EIN GEDÄCHTNIS AUSSERHALB DES GEHIRNS BEZIEHUNGSWEISE MODELLE AUS BEWUSSTSEINS- UND GEHIRNFORSCHUNG

Modelle der modernen Gehirnforschung: Hypothesen zum nichtlokalen Bewußtsein, nichtlokalen Gedächtnis, nichtlokalen Gehirn und das Gedächtnis von Gegenständen. Und die Frage: Wie kommt das Gehirn oder das Bewußtsein zum Gedächtnis (von Gegenständen)?

„Wir müssen anerkennen, daß wir geistige Wesen mit Seelen sind, die in einer geistigen Welt leben, ebenso wie materielle Wesen mit Körpern und Gehirnen, die in einer materiellen Welt leben."[1574] J.C. Eccles.

Wir sehen uns hier Modelle avancierter Gehirn- und Bewußtseinsforscher an, die Bewußtsein beziehungsweise Geist[1575], und so auch eine so wich-

---

[1572] Vgl. Lothar Schäfer, *Versteckte Wirklichkeit* S. 103–110.
[1573] Vgl. Lothar Schäfer, *Versteckte Wirklichkeit*, S. 110f.
   Die Quantenperspektive der Evolution hat, am Rand bemerkt, enorme Implikationen. Daß ein Gedächtnis der Natur und auch von Gegenständen in ihr enthalten ist, ist noch die kleinste. Der Begriff der *Abstammung* erhält zum Beispiel eine ganz andere Bedeutung: identische DNS-Moleküle sind nicht Kopien voneinander, sondern nur wiederholte Aktualisierungen des gleichen Quantenzustands: wir sind so weniger Kopien unserer Eltern, sondern mehr Produkte des Quantenvakuums.
[1574] J.C. Eccles, *Evolution of the Brain, Creation of the Self*, S. 241.
[1575] Geist und Bewußtsein setzen wir hier synonym.

tige Bewußtseinsfunktion und Bewußtseinseigenschaft wie unser *Gedächtnis*[1576], irgendwo *außerhalb* (des Gehirns) lokalisiert sehen. Von diesen Modellen nimmt seit längerem auch schon der Mainstream unter den Gehirn- und Bewußtseinsforschern Notiz[1577].

Ist unser Gedächtnis irgendwo außerhalb – Forscher nennen das auch *nichtlokales Gedächtnis* –, gibt es zumindest schon so etwas wie ein Gedächtnis, das vom Gehirn unabhängig ist. Hier eröffnet sich die Möglichkeit für ein Gedächtnis von Gegenständen. Das Gedächtnis von Gegenständen setzt voraus, daß es so etwas geben muß, Gegenstände haben schließlich kein Gehirn. Zusätzlich werden wir entdecken, daß sich bei den in der Gehirnforschung vorgeschlagenen Modellen für ein nichtlokales menschliches Gedächtnis dieselben Modelle finden, die wir oben für das Gedächtnis von Gegenständen bereits behandelt haben. Und es gibt auch Forscher, die unser bevorzugtes Modell vertreten.

Einige dieser Forscher, und das ist ferner das Interessante, äußern sich in diesem Zusammenhang auch explizit zum (nichtlokalen) Gedächtnis von Gegenständen.

Aus zwei weiteren Gründen ist es hier noch gut, auf die aktuelle Bewußtseins- und Gehirnforschung einzugehen.

– Wir haben es bei ihr mit der Speicherung von Bewußtseinsvorgängen aller Art, mit der Speicherung von Gedanken, Gefühlen usw. zu tun. Sind diese in einem nichtlokalen Gedächtnis gespeichert wie auch unsere Gegenstände eines haben müssen, dann ist hier, an diesem Punkt, auch klar, daß nicht nur sozusagen sichtbare Ereignisse und Fakten einem Gegenstand gedächtnismäßig anhaften können, auch Gedanken und Gefühle können ihn imprägnieren.

– Zweitens können wir hier auch die Frage näher beantworten, wie wir nicht nur zu unserem Gedächtnis, sondern auch zum Gedächtnis von Gegenständen einen Zugang haben können! (Der Unterschied ist nicht groß). Interessant ist ja nicht nur, daß es ein solches gibt, sondern auch, wie wir zu ihm kommen können, und wie der Psychometer, sein Geist oder Gehirn, es sodann entschlüsseln kann.

Jetzt also zu den Modellen des nichtlokalen menschlichen Gedächtnisses beziehungsweise des nichtlokalen Bewußtseins und auch zu Modellen des nichtlokalen Gehirns:

Vorher aber: *Wie kam man überhaupt darauf, das Gedächtnis beziehungsweise das Bewußtsein reiche sozusagen übers Gehirn hinaus?*

[1576] Mit Gedächtnis ist hier (in der Gehirnforschung) sowohl das Erinnerungs*vermögen* als auch die gespeicherte Erinnerung gemeint.

[1577] Ervin Laszlo, *Zu Hause im Universum*, S. 133.

Das ist ja immerhin eine ganz verrückte Vorstellung.

Schon Sir John Eccles[1578], der 1963 den Nobelpreis für seine Arbeit über Synapsen gewann, glaubte, daß der Geist getrennt von der physischen Maschine des Gehirns sei, was für ihn auch die Möglichkeit der Unsterblichkeit des Geistes einschloß.

Die Quantenphysik (!) legte schon viel früher nahe, daß das Bewußtsein, und mit ihm das Gedächtnis, auch außerhalb des Gehirns navigiert, darüber hinausgreift und draußen fundamentale Wirkungen zeigt:

Läßt das Bewußtsein (der Beobachter) Quanten von probabilistischen Wellen zu konkreten Teilchen werden (läßt es *die Wellenfunktion kollabieren*), *dann verursacht es bereits materielle Wirkungen außerhalb seiner selbst*! Dann reicht es bereits übers Gehirn hinaus!

Der Berkely Physiker Henry Stapp[1579] etwa betont das. Nach Stapp liefert die Quantenphysik den Prima-facie-Beweis, daß die Gedanken des Menschen über nichtlokale Verbindungen mit der Natur verknüpft sind.

Aber nicht nur die Quantenphysik impliziert ein Bewußtsein beziehungsweise Gedächtnis, das sich auch *dort draußen* befindet:

Paranormale Fähigkeiten wie Hellsehen, Telepathie, Präkognition und insbesondere Psychokinese weisen ebenfalls auf ein Bewußtsein und Gedächtnis außerhalb des Gehirns hin.

Bei der *Psychokinese* etwa wirkt das Bewußtsein (der Geist) auf Materie ein, und zwar nicht nur auf kleinste Teilchen, Quanten, sondern auch auf große Objekte. Daß das Bewußtsein in der Weise auf Materie einwirken kann und sich so übers Gehirn hinaus erstreckt, wiesen seriöse Wissenschaftler statistisch nach: In Princeton haben der Physiker Robert Jahn und die Entwicklungspsychologin Brenda Dunne[1580] in 12 Jahren nahezu 2,5 Millionen Versuche veranstaltet, die den Einfluß von Geist auf Materie, bestätigten. Probanden gelang es Zufallsgeneratoren geistig zu beeinflussen, beispielsweise eine Maschine, die Münzen warf; konzentrierte sich der Proband auf Zahl, fielen eindeutig mehr Münzen mit Zahl, weniger mit Kopf. Der Physiker Helmut Schmidt[1581] gesellte sich dazu und perfektionierte die Maschinen. Die Stanford Physiker Hal Puthoff

---

[1578] Eccles in J.C. Eccles, *Evolution of the Brain, Creation of the Self*, S. 241 und Eccles in Editor: Karl H. Pribram, *Rethinking Neural Networks: Quantum Fields And Biological Data*, S. 1–12.Vgl. auch Eccles bei Amit Goswami, *Das Bewußte Universum*, S. 203, 215, 221.

[1579] Bei Ervin Laszlo, *Zuhause im Universum*, S. 132f. Stapp stellte 2001 das nichtlokale Bewußtsein in den Kontext der Quantenphysik.

[1580] Vgl. bei Lynne McTaggart, *Das Nullpunkt-Feld*, S. 177ff.

[1581] Professor an der Universität Köln, war Forschungsphysiker bei Boeing Scientific Research Laboratories in Seattle, Washington. Vgl. bei Lynne McTaggart, *Das Nullpunkt-Feld*, S. 189ff.

und Russell Targ[1582] zeigten den Einfluß menschlicher Absicht auf Zufallsgeneratoren wie das supraleitende Quanten-Interferenz-Gerät SQUID in Stanford. Der Verhaltensforscher William Braud[1583] zeigte, daß menschliche Absichten Immunzellen beeinflussen konnten.

Die Kartenversuche der Biologen und Parapsychologen J.B. Rhine und Louisa Rhine[1584] an der Duke-Universität sind ferner legendär. Sie wiesen statistisch *Hellsehen* und sogar *Präkognition* nach: Probanden konnten selbst Aussagen über die Lage von Karten in einem Spiel machen, die erst zu einem festgelegten Termin automatisch gemischt wurden. Das Bewußtsein reist hier sogar in die Zukunft, bewegt sich praktisch in eine andere Dimension, erstreckt sich ebenfalls über das Gehirn *hinaus*, man kann sagen, in die Transzendenz. Ebenso zeigten sie, daß *Telepathie* statistisch existiert: bei der Gedankenübertragung oder dem Gedankenlesen reist das Bewußtsein praktisch ins Bewußtsein einer anderen Person.

Die Versuche über 18 Jahre mit McMoneagle[1585] am Stanford Research Institute zeigten eindeutig dessen Hellseh- und Psychometriefähigkeiten. Beim *Hellsehen* und der *Psychometrie* reist das Bewußtsein an andere Orte (und auch durch andere Zeiten) und reicht auch so übers Gehirn hinaus. McMoneagle wurden am SRI bestimmte Ziele/Orte vorgegeben. In meditativer Entspannung versuchte er sich in Gedanken dorthin zu versetzen, bis er das Gefühl hatte physisch dort zu sein. Er beschrieb dann genau die Umgebung. Und das unzählige Male erfolgreich.

Es gibt in der Tat erdrückendes statistisches Material für die Faktizität paranormaler Phänomene und Fähigkeiten. Und in all diesen Fällen reicht der Geist übers Gehirn hinaus[1586].

Die PEAR[1587] Studien lassen den Schluß zu, daß wir alle über paranormale Fähigkeiten verfügen, aber in unterschiedlicher Intensität. Wie bei einer künstlerischen Begabung waren bestimmte Personen besonders geschickt, Materie mit dem Geist zu beeinflussen oder Informationen zu

---

[1582] Vgl. bei Lynne McTaggart, *Das Nullpunkt-Feld*, S. 213ff. Und vgl. Russell Targ/Harold Puthoff, *Jeder hat den 6. Sinn*, S. 198ff.

[1583] Vgl. bei Lynne McTaggart, *Das Nullpunkt-Feld*, S. 189ff.

[1584] Vgl. J.B. Rhine, J.G. Pratt, *Grenzwissenschaft der Psyche*, S. 138ff. Vgl. bei Hans Bender, *Parapsychologie*, S. 11–14 und vgl. bei Lynne McTaggart, *Das Nullpunkt-Feld*, S. 187.

[1585] McMoneagle, *Mind Trek*, S. 54ff., 69ff., 85ff., 96ff., 231ff. Vgl. weitere geprüfte Fälle von Hellsehen am SRI von den Stanford Physikern Russell Targ und Harold Puthoff in Russell Targ/Harold Puthoff, *Jeder hat den 6. Sinn*, S. 125ff.

[1586] Der Physiker Amit Goswami etwa weist daraufhin, daß paranormale Phänomene gar nicht anders zu erklären sind, daß etliche Experimente lokale Signale ausgeschlossen haben: *Das bewußte Universum*, S. 175f.

[1587] Vgl. bei Lynne McTaggart, *Das Nullpunkt-Feld*, S. 187.

schöpfen, die Ort und Zeit transzendieren. Unser *aller* Geist würde sich also übers Gehirn hinaus erstrecken.

Es ist übrigens erstaunlich, schon Schopenhauer[1588] hatte den Verdacht, daß an der paranormalen Wahrnehmung, am Hellsehen und der Psychometrie, nicht nur das Gehirn, sondern etwas übers Gehirn Hinausgehendes beteiligt sei (er nannte es Traumorgan).

Ein weiteres starkes Indiz für ein Gedächtnis jenseits des Gehirns war ferner Folgendes: Zahlreiche Neurophysiologen haben festgestellt, daß Erinnerungen nicht zerstört werden, selbst wenn große Teile des Gehirns zerstört worden sind[1589]:

Die ekelhaften Rattenversuche des amerikanischen Neuropsychologen Karl Lashley[1590] waren legendär: Lashley brannte mit der Lockenschere seiner Frau immer größere Hirnregionen bei Ratten aus. Die Ratten verloren zwar motorische Fähigkeiten, aber keineswegs die *Erinnerung*. Sie erinnerten sich noch perfekt an das Gelernte.

Auch viele Menschen überwinden die Folgen von Gehirnverletzungen teilweise oder ganz, obwohl das geschädigte Gewebe sich nicht regeneriert. Die entsprechenden Aktivitätsmuster etablieren sich einfach *anderswo* im Gehirn[1591]. Wenn man solche Aktivitätsmuster als Programme versteht, die dem Nervensystem irgendwie aufgeprägt sind, dürften Lageveränderungen kaum zu erklären sein. Sind die Erinnerungen hingegen *irgendwo da draußen in einem Feld* organisiert, gibt es eine Erklärung: Felder können ihre Lage verändern und sich in der neuen Position reorganisieren[1592].

Und auch nur, wenn die Erinnerung in einem Feld da draußen organisiert ist, erklärt das, warum so winzige Assoziationen oft zu einem Tumult an Bildern führen, und warum besonders beim Langzeitgedächtnis die Erinnerung augenblicklich stattfindet und nicht erst, nachdem wir Jahr für Jahr unsere Vergangenheit abgesucht haben[1593].

Simon Berkowich, Computerwissenschaftler an der George Washington University und der niederländische Hirnforscher Herms Romijn[1594] kamen auf ein nichtlokales Bewußtsein beziehungsweise

---

[1588] Vgl. bei Hans Bender, *Versteckte Wirklichkeit*, S. 165. Schon *wieder* Schopenhauer.

[1589] Vgl. R.Sheldrake, *Der Siebte Sinn*, S. 363ff. Oder vgl. zum Beispiel M.R. Franks, *The Universe and Multiple Reality*, S. 20.

[1590] Vgl. Lashley bei Lynne Mc Taggart, *Das Nullpunkt- Feld*, S. 121ff.

[1591] R.Sheldrake, *Der Siebte Sinn*, S. 363ff. Oder vgl. zum Beispiel M.R. Franks, *The Universe and Multiple Reality*, S. 20.

[1592] Vgl. R. Sheldrake, *Das Gedächtnis der Natur*, S. 270 und vgl. zum Beispiel M.R. Franks, *The Universe and Multiple Reality*, S. 20.

[1593] Vgl. bei Lynne McTaggart, *Das Nullpunkt-Feld*, S. 149.

[1594] Simon Y. Berkovich, *On the Information Processing Capabilities of the Brain: Shifting the Paradigm in Nanobiology*, Vol. 2, 1993. Herms Romijn, *About the origin of consciousness – a new, multidisciplinary perspective on the relationship between brain*

Gedächtnis, weil sie herausfanden, daß unser physisches Gehirn (sein neuronales Netz) *gar nicht die Kapazität hat,* um unsere ständigen Wahrnehmungen und die damit einhergehenden Gedanken, Assoziationen und Empfindungen zu produzieren und zu speichern. Sie folgerten aus zahlreichen Untersuchungen, daß große Teile der geistigen Aktivität und vor allem die langfristigen Erinnerungen nicht im Hirn selbst gründen, sondern irgendwo dort draußen organisiert sind, nach ihnen in einer tieferen Ebene, in einem Feld, einer nicht auf Materie gegründeten Ordnung.

Die Entdeckung der Neurophysiologen Benjamin Libet und Bertram Feinstein[1595] sorgten in den 80iger Jahren des 20. Jahrhunderts für Aufruhr in der wissenschaftlichen Welt: Die beiden maßen die Zeit, die ein Berührungsreiz auf der Haut eines Probanden braucht, um als elektrisches Signal ins Gehirn zu gelangen. Der Patient mußte in dem Moment einen Knopf drücken, indem er sich der Berührung *bewußt* wurde. Libet und Feinstein fanden nun heraus, daß das Gehirn den Reiz viel früher registrierte (nach einer zehntausendstel Sekunde) als der Patient den Knopf drückte (eine Zehntelsekunde nach der Reizwirkung). Das bedeutete, daß das Bewußtsein das langsamste Pferd war, und die Entscheidung vom Unterbewußtsein (beziehungsweise woanders) getroffen wurde: auch wenn das Gehirn irgendwie das für den Probanden beruhigende Gefühl erzeugt hatte, er hätte die Handlung *bewußt* kontrolliert. Andere Untersuchungen von ihnen ergaben, daß das Gehirn bereits anderthalb Sekunden, *bevor* wir *bewußt* entscheiden, einen Muskel zu bewegen, etwa einen Finger zu heben, mit der Erzeugung von Signalen beginnt, die für die Ausführung der Bewegung notwendig sind. Manche leiteten daraus ab, der freie Wille sei eine Illusion. Für andere bedeutete das, daß der Geist (das Bewußtsein) nicht (nur) im Gehirn steckt – nicht auf den physischen Körper beschränkt ist – sondern eher in einem Feld dort draußen[1596]. Diese Folgerung konnte Valerie Hunt[1597] von der UCLA experimentell bestätigen. Valerie Hunt wies die elektrische Komponente des *menschlichen Energiefeldes,* der menschlichen *Aura,* mittels eines *Elektromyographen* (EMG) nach und stellte fest, *daß das Gehirn* im Elektroenzephalogramm (EEG) *einen Reiz erst registrierte,* nachdem das Energiefeld ihn im EMG *schon registriert hatte.* Hier ist die Wahrnehmung nicht nur im

---

and mind in *Proceedings of the Koninklike Nederlandse Akademie van Wetenschappen,* Vol. 100, S. 1997.

[1595] Vom Mount Zion Hospital in San Francisco. Vgl. zu den beiden Michael Talbot, *Das Holographische Universum,* S. 206f.

[1596] Hier findet eigentlich eine zeitliche Umkehrung statt; ich reagiere, bevor ich es bewußt entschieden habe. Insofern kann meine Reaktion nur durch Wechselwirkung mit einem Feld wie dem Quantenvakuum stattfinden, in dem diese Zeitversetzung möglich ist. Damit ist mein Geist schon dort draußen in diesem Feld.

[1597] Vgl. bei Michael Talbot, *Das Holographische Universum,* S. 206f. und 188ff.

Gehirn, sondern eindeutig außen, im menschlichen Energiefeld. Wir behandeln die Aura später eingehender.

Amit Goswami[1598] kam infolge von Paradoxien der normalen Wahrnehmung darauf, die sich nur mit einem nichtlokalen Bewußtsein erklären ließen, daß der Geist übers Gehirn hinaus reichen müsse.

Und für ein außerhalb des Gehirns befindliches Gedächtnis sprach schließlich auch, daß man bisher im Gehirn noch gar keine Erinnerungsspuren aufgefunden hatte! Der Cambridge Biologe Rupert Sheldrake[1599] oder der Berkeley Neurowissenschaftler Walter Freeman[1600] und der Stanford Gehirnforscher Karl H. Pribram[1601] folgerten hieraus, daß sie einfach nicht dort existieren.

Vieles spricht also dafür, daß das Bewußtsein und mit ihm so eine wichtige Bewußtseinsfunktion wie das Gedächtnis, über das Gehirn hinaus reicht, daß sie (auch) *irgendwo dort draußen sind.*[1602]

Und nun zu den *konkreten Modellen*, bei denen das Gedächtnis irgendwo dort draußen gespeichert ist.

Es gibt hier auch wieder:
Das Modell des elektromagnetischen Felds

Das Gedächtnis im elektromagnetischen Feld

Nach dem amerikanischen Gehirnforscher Karl Pribram[1603] und auch nach Penfield und Lashley ist unser Gedächtnis *in einem Photonenfeld* gespeichert, in Lichtquanten. Es gibt nach ihnen keine im Gehirn lokalisierten

---

[1598] Amit Goswami, *Das Bewußte Universum*, S. 170ff. und 178ff.

[1599] R. Sheldrake, *Das Gedächtnis der Natur*, S. 267ff., 272.

[1600] Walter J. Freeman, *The Emergence of Chaotic Dynamics as a Basis for Comprehending Intentionality in Experimental Subjects* in Editor: Karl H. Pribram, *Rethinking Neural Networks: Quantum Fields And Biological Data*, S. 507. Vgl. bei R. Sheldrake, *Der siebte Sinn*, S. 362f.

[1601] Karl H. Pribram, *Brain and Perception. Holonomy and Structure in Figural Processing*, S. 277ff. und vgl. Pribram bei Lynne Mc Taggart, *Das Nullpunkt-Feld*, S. 124ff.

[1602] Last but not least können wir auch den Kybernetiker Gregory Bateson erwähnen. Auch ihn hat vieles dazu gebracht, anzunehmen, daß der Geist nicht durch die Haut begrenzt, also nicht nur im Gehirn ist, sondern alle äußeren Bahnen des Informationsflusses umfaßt. Die Grenze zwischen Mensch und Umwelt ist für ihn rein willkürlich. Vgl. Bateson bei Stefan Brönnle, *Landschaften der Seele*, S. 43.

[1603] Vgl. Pribram bei Marco Bischof, *Biophotonen*, S. 278. und vgl. Pribram bei R. Sheldrake, *Das Gedächtnis der Natur*, S. 272.

Erinnerungsspuren. Das im Photonenfeld verankerte Gedächtnis ist dabei über verschiedene Teile des Gehirns verteilt, und zwar wie in einem Hologramm.

Andere[1604] vermuten weitergehend, daß unsere Erinnerungen, unser Gedächtnis, in einem (weit) über das Gehirn *hinausreichenden* Photonenfeld (elektromagnetischen Feld) gespeichert sind. Das Feld ist *außen* und innen; es ist im Raum und durchdringt gleichzeitig alles dort und so auch das Gehirn.

Es gibt hier auch wieder die Radio-Analogie. Ist die Erinnerung außen im elektromagnetischen Feld gespeichert, könnte unser Gehirn analog einem Radioempfänger diese Erinnerungen von außen aufnehmen[1605].

Ist unser Gedächtnis im elektromagnetischen Feld gespeichert beziehungsweise poetisch ausgedrückt: in Licht, und denken wir an unser bisheriges Modell, dann gibt es zwei Möglichkeiten: es liegt in elektromagnetischen Wellen im Quantenvakuum und in elektromagnetischen Wellen in unserer drei-/vierdimensionalen Welt.

Nichtlokales Gedächtnis und Quantenphysik

Daß unsere gesamte Wahrnehmung, einschließlich des Speicherns von Erinnerungen, auf einer viel tieferen Ebene als der materiellen, uns sinnlich erfahrbaren Welt funktioniert, zeigte Walter Schempp[1606], ein deutscher Mathematiker und direkter Nachfahre Keplers. Ihm gelang die *mathematische* Demonstration der Theorie des Stanford Gehirnforschers Karl Pribram[1607], daß sich Wahrnehmung und Erinnern in der tiefen Welt der Quantenpartikel vollziehen. Unser Gehirn spricht in erster Linie nicht in Worten oder Bildern mit sich selbst und dem Rest des Körpers, nicht einmal in Bits oder chemischen Impulsen, sondern in der Sprache von

---

[1604] So auch: R. Sheldrake, *Das Gedächtnis der Natur*, S. 10. Oder der amerikanische Psychologe Keith Floyd, vgl. bei Marco Bischof, *Biophotonen*, S. 278f. Auch bei Floyd ist nicht nur unser Gedächtnis in diesem Feld lokalisiert, auch sonstige Bewußtseinsvorgänge, Gedanken aller Art, werden in diesem Feld prozessiert.

[1605] Rupert Sheldrake, Terence McKenna, Ralph Abraham, *Denken am Rande des Undenkbaren*, S. 42.

[1606] Walter Schempp, *Analog VLSI Network Models, Cortical Linking Neural Network Models, and Quantum Holographic Neural Technology* in Editor: Karl H. Pribram, *Rethinking Neural Networks: Quantum Fields And Biological Data*, S. 233–289. Und vgl. bei Lynne McTaggart, *Das Nullpunkt-Feld*, S. 139ff.

[1607] Vgl. Lynne McTaggart, *Das Nullpunkt-Feld*, S. 143. Schempp stütze sich dabei auf den Mathematiker Fourier und auf Dennis Gabor, der in den vierziger Jahren den Nobelpreis für die Entdeckung der Holographie bekam.

Wellen-Interferenzen, der Sprache von Phase, Amplitude, Frequenz[1608].
Wir speichern unsere Erinnerungen in Wellen-Interferenzmustern, und
zwar auf Quantenniveau (Schempp meint hiermit, wie wir noch sehen
werden, das Modell des Quantenvakuums, das wir hier vertreten. Unser
Gehirn verkehrt bei Schempp im Wellenbereich des Vakuums).

Schon Erwin Schrödinger[1609], Niels Bohr und Wolfgang Pauli[1610]
waren übrigens dafür, Bewußtseinsfunktionen unter Quantengesichts-
punkten zu untersuchen.

Nun gibt es nicht wenige, die glauben, Bewußtsein und Gedächtnis sind
quaten*ähnlich* oder *sind* gar Quantensysteme. Für manche ist sogar das
Gehirn (also sozusagen die Hardware), ein großes, greifbares, makroskopisches Objekt, und nicht nur das eher nicht greifbare Bewußtsein (haben
Sie schon ein Bewußtsein in die Hand genommen?) ein Quantensystem:

Wir haben gesehen, was es bedeuten kann ein Quant beziehungsweise ein Quantensystem zu sein: es kann sich nichtlokal verhalten, jenseits von Raum und Zeit befinden, eigentlich in so etwas wie in einer
höheren Dimension. Hat es Wellencharakter ist es überall und nirgendwo.
Nähme das Gedächtnis Wellennatur an, könnte es sich sozusagen an
einem transzendenten Ort befinden: jenseits von Raum und Zeit, außerhalb unseres – in unseren banalen drei Dimensionen wahrnehmbaren –
Gehirns. (Dasselbe gälte fürs Gehirn als Quantensystem; eine (nur a
prima vista) noch merkwürdigere Vorstellung, ein Gehirn, das in der
Transzendenz verschwinden kann).

[1608] Eigentlich sind unsere Gehirne Frequenzrechner, die mit Fourier-Gleichungen
operieren. – Der französische Mathematiker Jean B.J. Fourier entwickelte im
18. Jahrhundert (!) Gleichungen, die sogenannten *Fourier-Transformationen*, um
Bilder in Wellen umzuwandeln und Wellen wieder in Bilder zurückzuverwandeln.
– Wenn wir zum Beispiel sehen, geht kein Bild der Tasse oder Vase in unser
Gehirn, sondern zuerst deren Welleninterferenzmuster, deren in Wellen verschlüsselte Information. Dieses Welleninterferenzmuster rechnet das Gehirn mittels Fourier-Gleichungen dann erst in ein dreidimensionales Bild um, es entsteht
also eine virtuelle Projektion. (So wie eine Fernsehkamera ein Bild in elektromagnetische Frequenzen umsetzt und das Fernsehgerät diese Frequenzen wieder in
ein Bild verwandelt.) Die Welt, die wir da draußen zu sehen meinen, erschaffen
wir somit selbst, als virtuelle Welt.

[1609] Vgl. bei Ervin Laszlo, *Zu Hause im Universum*, S. 132.

[1610] Vgl. diese bei Kunio Yasue, *The Basics of Quantum Brain Dynamics* in Editor:
Karl H. Pribram, *Rethinking Neural Networks: Quantum Fields And Biological
Data*, S. 123: „fundamental processes of the brain" sollten unter Aspekten von
„quantum mechanics and quantum field theory" untersucht werden.

Sind Bewußtsein und Gedächtnis Quanten-ähnlich?

Für Michael Talbot beispielsweise verhält sich der Geist (das Bewußtsein) in derselben geheimnisvollen Weise *wie* Quanten in der Physik.

Talbot[1611] meint: „Möglicherweise hat das Bewußtsein, *wie* das Quant in der Quantenphysik, keinen präzisen Ort. Manchmal scheint es in unserem Kopf zu sein. Manchmal scheint es *anderswohin* zu gehen. (Bei paranormalen Erfahrungen wie etwa Hellsehen oder der Out of Body Erfahrung wird das besonders deutlich[1612]). Aber in Wahrheit geht es", so Talbot, „überhaupt nicht irgendwohin. Es hat einfach zu jeder Perspektive des Universums Zugang über die nichtlokale Ebene, auf der es operiert". Das Bewußtsein kann sich also, nach Talbot, auf eine Ebene erstrecken, auf der Raum und Zeit keine Rolle spielen, wie Quanten, wenn sie sich als Wellen nichtlokal verhalten.

Rhine, Schmidt, Mitchell, Jahn und Dunne[1613] vermuteten ebenfalls, daß das Bewußtsein, und das Gedächtnis, sich *ähnlich* wie Quanten verhalten, praktisch Teilchen- oder Wellennatur annehmen können: Verhielt das Bewußtsein sich wie ein Teilchen, hatte nach ihnen jedes Bewußtsein seine gesonderte Identität, war in unserem Kopf lokalisiert, verhielt es sich wie eine Welle, konnte es alle Zeitgrenzen und Entfernungen überwinden, sich überallhin erstrecken, und somit auch Fernwirkungen zeitigen (Psychokinese) oder in Raum und Zeit hin und her reisen (Hellsehen, Präkognition, Psychometrie).

Für Rhine, Schmidt, Mitchell, Jahn und Dunne[1614] gilt für das Bewußtsein also *etwas Ähnliches* wie der Welle/Teilchen Dualismus der Quantenphysik. Für Jahn und Dunne wäre dabei das *Unterbewußtsein* der Teil des Bewußtseins, der sich nichtlokal verhält, der *so etwas wie* eine Wellenatur hätte. (Das macht Sinn, nimmt man an, Unterbewußtsein und die nichtlokale Ebene sind gleich strukturiert; und dies tut man, sieht man das Unterbewußtsein als ein noch nicht festgelegtes Substrat, eine Art Wahrscheinlichkeits- oder Möglichkeitssubstrat, aus dem Gedanken und Vorstellungen auftauchen, sich erst materialisieren[1615].)

[1611] Michael Talbot, *Das Holographische Universum*, S. 137.

[1612] Wie die Stanford Physiker Targ und Puthoff zeigten, indem sie erfolgreich Hellsehen und Out of Body Erfahrungen nachwiesen.

[1613] Vgl. bei Lynne McTaggart, *Das Nullpunkt-Feld*, S. 180f.
Vgl. auch Ervin Laszlo, *Zu Hause im Universum*, S. 134: Carl Jungs kollektives Unbewußtes und Teilhard de Chardins Noosphäre gehen übrigens ebenso von einem nichtlokalen Bewußtsein aus.

[1614] Vgl. bei Lynne McTaggart, *Das Nullpunkt-Feld*, S. 180f.

[1615] Vgl. bei Lynne McTaggart, *Das Nullpunkt-Feld*, S. 186.

Sind Bewußtsein und Gedächtnis Quantensysteme?

Für den Oxford Physiker Roger Penrose[1616] ist das Bewußtsein ein *Quantenphänomen*. Und zwar deshalb, weil Neuronen schlicht zu groß sind, um Bewußtsein zu erklären. Ebenso ist für den amerikanischen Physik-Nobelpreisträger Richard P. Feynman[1617] das Bewußtsein ein Quantenphänomen.

Ebenso für den Stanford Physiker Hal Puthoff[1618], den Berkeley Physiker Henry Stapp[1619] und den Physiker Helmut Schmidt[1620]. In neuerer Zeit spricht der deutsche Mathematiker Walter Schempp[1621] wort-wörtlich von einem *Quantengedächtnis*.

Für manche, etwa Goswami[1622], ist es deshalb auch ein *Quantensystem*. Das Bewußtsein hat für diese dann nicht nur quanten*ähnliche* Eigenschaften. Womit auch unser Erinnerungsvermögen, unser Gedächtnis, als eine wichtige Bewußtseinsfunktion, ein Quantensystem wäre. Das Gedächtnis kann sich nach diesen, etwa nach Goswami, (verhält es sich wie ein Teilchen) so konkret in unserem Kopf befinden oder (wenn es Welleneigenschaften annimmt) sich überallhin erstrecken, jenseits von Raum und Zeit navigieren.

Bemerkung: Daß das Bewußtsein, wenn es Teilchennatur hat, sich konkret in unserem Kopf befindet, ist allerdings seltsam. Noch niemand hat dort bis jetzt ein Substrat unseres Bewußtseins nachgewiesen. Wir werden daher ein anderes Modell wählen.

[1616] Roger Penrose, *Das Große, das Kleine und der menschliche Geist*, S. 165ff.
Penrose hält die Mikrotubuli in Neuronen, Hohlröhren aus Proteinen, für die Gehirn-Strukturen, in denen sich Quantenprozesse abspielen: Sie ähneln nach ihm Supraleitern. Herbert Fröhlich dachte das bereits. Auch Stuart Hameroff. Für Penrose spielen sich Quantenphänomene auf Quantenebene ab, also im winzigen Maßstab kleinster Teilchen: Für ihn ist das Gehirn deshalb kein Quantsystem (nur das Bewußtsein ist für ihn eines): Er hält nichts von makroskopischen Quantensystemen. Für den Physiker Brian Greene und andere gibt es auch große Quantensysteme, so daß auch das Gehirn als Quantensystem gelten kann, vgl. Brian Greene, *Das elegante Universum*, S. 132.

[1617] Bei Amit Goswami, *Das Bewußte Universum*, S. 42, 207ff. und 176f.

[1618] Vgl. bei Lynne McTaggart, *Das Nullpunkt-Feld*, S. 213ff.

[1619] Vgl. bei Ervin Laszlo, *Zu Hause im Universum*, S. 132: Stapp stellte 2001 das nichtlokale Bewußtsein, und in dem Zusammenhang auch paranormale Phänomene, in den Kontext der heutigen Physik.

[1620] Vgl. bei Lynne McTaggart, *Das Nullpunkt-Feld*, S. 189ff.

[1621] Bei Lynne McTaggart, *Das Nullpunkt-Feld*, S. 149. Vgl. allgemein zum Thema, William Morrow, *The Quantum Self – Human Nature and Consciousness Defined by the New Physics*.

[1622] Amit Goswami, *Das Bewußte Universum*, S. 216.

Ist das Gehirn ein Quantensystem?

Etliche avancierte Forscher nehmen an, *das Gehirn* (die *Hardware*) *sei* ein (makroskopisches) Quantensystem. Für einige von diesen ist damit zugleich auch das Bewußtsein ein Quantensystem (sozusagen als Teil des Gehirns). (Zum Glück nicht für alle.)

Es ist nun etwas schwer, sich vorzustellen, das Gehirn, ein so großes Objekt, verschwinde ab und zu in der Transzendenz, wenn es Wellencharakter annimmt. Niemand hat so etwas Verrücktes je gesehen.

Dennoch gibt es, wie wir schon sahen, eine riesige Diskussion darüber, ob es makroskopische Quantensysteme gibt. Und viele sind dieser Ansicht. Zum Beispiel meint der Physiker Brian Greene[1623], makroskopische „Objekte" wie Kaffeetassen oder Roulettetische oder Gehirne oder der menschliche Körper oder Sie selbst können durchaus einen Wellencharakter haben, können Quantensysteme sein. *Nur ist es praktisch nicht zu bemerken*, weil, so Greene, der Wellencharakter sich im Winzigsten abspielt. Oder nach dem Physiker John Archibald Wheeler[1624] merken wir nicht, daß große Objekte Quantensysteme sind, weil alles ständig so schnell zwischen Transzendenz (Wellennatur/Quantenvakuum) und unserer konkret erfahrbaren Welt (Teilchennatur) hin und her fluktuiert, daß unser lahmer Sinnesapparat es gar nicht wahrnimmt. (Das wäre unser bevorzugtes Modell).

Daß das große Objekt: Gehirn ein Quantensystem *ist*, dafür spricht konkret Folgendes:

Die Milliarden von Neuronen im menschlichen Gehirn zeigen ein elektrisches Potential über ihre Zellwände, und Information wird hauptsächlich in Form von elektrischen Wirkungspotentialen vermittelt. Die Summe der Wirkungspotentiale erzeugt flüchtige elektrische Felder mit magnetischen Mustern, die in jeder Milliardstelsekunde Milliarden von Neuronen umfassen. Dieses sekundäre, aber *äußerst geordnete* Muster von Feldern, die entlang den Verästelungen spezialisierter neuronaler Netzwerke erzeugt werden, dieser, etwa per Elektroenzephalogramm, beobachtete Effekt, *ist* nach Ervin Laszlo[1625] nichts anderes als Quantenkohärenz, macht das Gehirn zu einem Quantensystem. Hier kann man ein simultanes kohärentes Schwingen von Milliarden von Gehirnzellen beobachten[1626]. Eine solche einzigartige Kohärenz gibt es nur in Quantensystemen: alles ist dort mit allem instantan und ubiquitär verbunden.

[1623] Brian Greene, *Das elegante Universum*, S. 132.
[1624] John Archibald Wheeler bei Marco Bischof, *Biophotonen*, S. 405f.
[1625] Vgl. Ervin Laszlo, *Zu Hause im Universum*, S. 134.
[1626] Vgl. hierzu auch Marco Bischof, *Biophotonen*, S. 280.

Der britische Physiker Herbert Fröhlich und der britische Psychiater Ian Marschall[1627] etwa haben im Gehirn solche Prozesse, die mit so hoher Kohärenz ablaufen, bei denen alles mit allem instantan und überall zusammenhängt, nachgewiesen, und daraus geschlossen, daß man das Gehirn als Quantensystem bezeichnen kann.

Und neuere Forschungen[1628] haben beispielsweise ergeben, daß auch *weit auseinander* liegende Gehirnbereiche auf Reize, die vom *gleichen* Wahrnehmungsobjekt stammen, *koordiniert* reagieren, als spiele Entfernung und Zeit keine Rolle. Das ist nichtlokales, kohärentes Quantenverhalten.

Folgende Versuche[1629] mögen auch auf das Gehirn als Quantensystem hinweisen:

Wenn man bei zwei Probanden gleichzeitig die Gehirnwellen mit dem EEG mißt, und diese zwei meditieren zusammen oder sind über Telepathie miteinander verbunden, dann weisen ihre Gehirnwellen eine einzigartige Kohärenz auf, schwingen gleich. Das kann man nur mit einer nichtlokalen Korrelation zwischen den beiden Gehirnen erklären. Und nichtlokal können typischerweise Quantensysteme verbunden sein.

Jacobo Grinberg Zylberbaum hat nach dem Physiker Goswami hier eins der aufschlußreichsten Experimente gemacht[1630]. Zwei Testpersonen interagieren eine Zeitlang miteinander, bis sie das Gefühl haben, daß sich zwischen ihnen eine direkte (nicht-lokale) Verbindung aufgebaut hat. Sie halten dann ihren direkten Kontakt jeweils aus dem Innern eines Faradaykäfigs über eine gewisse Entfernung aufrecht. Wenn das Gehirn der einen Person auf einen äußeren Reiz anspricht, das heißt, ein elektromagnetisches Potential bei ihr evoziert wird, dann ist (zur gleichen Zeit) bei der anderen Person ein in Form und Stärke zum ausgelösten Potential ähnliches Transferpotential zu erkennen. Das ist eine direkte Beobachtung von Nichtlokalität zwischen zwei Quantensystemen.

Es gibt viele, die dennoch nichts von großen Quantensystemen halten. So ist für Roger Penrose das Bewußtsein ein Quantenphänomen, weil Neuronen schlicht *zu groß* sind, um Bewußtsein zu erklären. Für ihn spielen sich Quantenphänomene nur im *winzigen* Maßstab kleinster Teilchen ab. Er hält nichts von makroskopischen Quantensystemen und so nichts vom Gehirn als makroskopischem Quantensystem.

[1627] Im Gehirn findet man nach diesen dieselbe Kohärenz wie in einem Bose-Einstein Kondensat.

[1628] Vgl. bei Marco Bischof, *Biophotonen*, S. 280.

[1629] Vgl. bei Amit Goswami, *Das Bewußte Universum*, S. 220f.

[1630] Amit Goswami, *Das Bewußte Universum*, S. 220f.

Für einen exklusiven Club von Forschern ist das Gehirn allerdings ein Quantensystem: für den Physik-Nobelpreisträger Dennis Gabor[1631] und den Stanford Physiker Karl Pribram[1632] ist jedenfalls das Gehirn ein Quantensystem. Ebenso für den Yale und Princeton Systemwissenschaftler, Philosophen und Zukunftsforscher Ervin Laszlo[1633]. Und für die Physiker Kunio Yasue[1634], Scott Hagan[1635], Herbert Fröhlich[1636], H. Walker[1637], L. Bass[1638], für den Mediziner Stuart Hameroff[1639] und die Oxford Physikerin und Gehirnforscherin Danah Zohar[1640]. Auch für den Berkeley Physiker Henry Stapp, den Biologen C.I.J.M. Stuart, die Physiker M. Umezawa[1641] und Y. Takahashy[1642] und den Physiker Amit Goswami.[1643] Auch den Physik-Nobelpreisträger Richard P. Feynman[1644] kann man hierzu zählen: Feynman zeigte, daß man das Gehirn nicht mit einem Computer vergleichen kann, weil dieser nicht imstande ist Nichtlokalität zu simulieren!

[1631] Bei Lynne McTaggart, *Das Nullpunkt-Feld*, S. 128ff.

[1632] Karl H. Pribram, *Brain and Perception. Holonomy and Structure in Figural Processing*, S. 277ff.

[1633] Ervin Laszlo, *Zu Hause im Universum*, S. 134.

[1634] Kunio Yasue, *The Basics of Quantum Brain Dynamics* in Editor: Karl H. Pribram, *Rethinking Neural Networks: Quantum Fields And Biological Data*, S. 126ff.: Genau genommen ist das Gehirn nach Yasue und auch nach Umezawa gleichzeitig ein Quantensystem *und* ein klassisches System (das ist selbstverständlich: Quanten verhalten sich ja auch klassisch, wenn sie Teilchen sind). Vgl. auch bei Karl H. Pribram, *Brain and Perception Holonomy and Structure in Figural Processing*, S. 277ff.

[1635] Bei Lynne McTaggart, *Das Nullpunkt-Feld*, S. 143ff.

[1636] Vgl. zu Fröhlich Lynne McTaggart, *Das Nullpunkt-Feld*, S. 86 und bei Marco Bischof, *Biophotonen*, 133f. mit 208ff. Fröhlich schuf die Grundlagen zum Verständnis der Supraleitung, wofür aber Cooper, Schrieffer und Bardeen den Nobelpreis 1972 erhielten. Vgl. auch über Fröhlich: Kunio Yasue, *The Basics of Quantum Brain Dynamics* in Editor: Karl H. Pribram, *Rethinking Neural Networks: Quantum Fields And Biological Data*, S. 130.

[1637] Vgl. bei Amit Goswami, *Das Bewußte Universum*, S. 215.

[1638] Vgl. bei Amit Goswami, *Das Bewußte Universum*, S. 215.

[1639] Bei Lynne McTaggart, *Das Nullpunkt-Feld*, S. 143ff.

[1640] Vgl. bei Lynne McTaggart, *Das Nullpunkt-Feld*, S. 121ff., 132 und Danah Zohar/Ian Marshall, *SQ – Spirituelle Intelligenz*.

[1641] Vgl. Bei Kunio Yasue, *The Basics of Quantum Brain Dynamics* in Editor: Karl H. Pribram, *Rethinking Neural Networks: Quantum Fields And Biological Data*, S. 126–131.

[1642] Vgl. bei Kunio Yasue, *The Basics of Quantum Brain Dynamics* in Editor: Karl H. Pribram, *Rethinking Neural Networks: Quantum Fields And Biological Data*, S. 123ff., 127f.

[1643] Die Physiker Stapp, C.I.J. M. Stuart, M. Umezawa, Y. Takahashy und Goswami selbst, alle bei Amit Goswami, *Das Bewußte Universum*, S. 207ff. und 216.

[1644] Vgl. bei Amit Goswami, *Das Bewußte Universum*, S. 215.

Verhält sich, so Goswami[1645], der Gehirn-Geist (Gehirn und Bewußtsein: für Goswami sind beide Quantensysteme) wie ein Teilchen (Neuronen verhalten sich auch klassisch), so gelten für das klassische Verhalten die Gesetze der klassischen Physik – das klassische Verhalten sei zum Beispiel nötig, um ein Gefühl von Kontinuität zu erzeugen –, zeigt der Gehirn-Geist Wellenverhalten, gilt die Quantenphysik.

Der amerikanische Physiker Evan Harris Walker[1646] hat bereits 1970 ein sehr anschauliches Modell für das Gehirn als Quantensystem etabliert: Bei Evan Walker bilden Neuronen ein *reales* neurales Netz und ein *virtuelles* neurales Netz, das sich mit dem realen deckt. *Es wäre dieses virtuelle nervöse System, das höhere Bewußtseinsfunktionen, wie Erinnern, leistet.* Bei Evan Walker gäbe es also ein reales und ein virtuelles Gehirn. Das virtuelle Gehirn wäre das Gehirn in seiner Wellennatur, man könnte es auch probabilistisches Hirn nennen, das überall und nirgendwo wäre, sozusagen in einem höherdimensionalen, virtuellen Raum. Und nun kommt das Interessante: das Bewußtsein wäre hier nicht ein eigenes Quantensystem, **das Bewußtsein wäre einfach das virtuelle Gehirn in Aktion** (eine einfache und äußerst elegante Erklärung für Bewußtsein). Das virtuelle Gehirn mit allen seinen in ihm ablaufenden Prozessen, das funktionierende, tätige Gehirn. *Das Bewußtsein hätte also nur Wellennatur und keine Teilchennatur*[1647]. Es wäre ein Quantenphänomen (wie Penrose und Feynman annehmen), aber kein eigenes Quantensystem. Das scheint auch nachvollziehbar, noch niemand hat je ein Bewußtsein „gesehen"[1648], es gehört, in unserem Modell, in den uns nicht einsehbaren Bereich des Quantenvakuums. – Das Bewußtsein wäre so bei Walker von vornherein, wesensmäßig, etwas Höheres, vielleicht unsere unsterbliche Seele ...

Anderes (wir denken hier weiter) muß bei Walker für die *Produkte* des Bewußtseins gelten. Die können auf beiden Seiten sein, im Vakuum und in unserer Teilchenwelt. Das Bewußtsein schafft (die Quantenphysik singt hiervon ein Liedchen) schließlich Realitäten in unserer Welt. Und dazu sollten auch unsere einzelnen Gedanken gehören, sobald sie sich in Bilder, Töne etc. umsetzen lassen, etwa auch in elektromagnetischen Teilchenwellen verschlüsselte Bilder, Töne, etc., sobald sie sich in etwas umsetzen lassen, das wir in unserer drei-/vierdimensionalen Welt wahr-

---

[1645] Amit Goswami, *Das Bewußte Universum*, S. 216.

[1646] Evan H. Walker, *The Physics of Consciousness: The Quantum Mind and the Meaning of Life*.

[1647] So ähnlich auch der australische Neurophysiologe J.C. Eccles, der auch in Oxford lehrte. Er verglich etwa das Gehirn mit einem Computer und das „Ich" mit dessen Programmierer. Seine Vorstellung von der Interaktion zwischen Gehirn und *immateriellem Bewußtsein* stellte Eccles in den 1970er Jahren zusammen mit dem Philosophen Karl Popper in dem Buch *The Self and its Brain*.

[1648] Ein Bewußtsein ließe sich auch nicht in elektromagnetischen Wellen transportieren, das schiene ein abwegiger Gedanke.

nehmen[1649]. Auch unsere einzelnen Erinnerungen wären Produkte des Bewußtseins, die in elektromagnetischen Teilchenwellen gespeichert sein können und auch im Vakuum: Erinnere ich mich, ziehe ich die Erinnerung in dem Moment in die Teilchenwelt, ansonsten wird sie im Vakuum aufbewahrt. Was wir im Moment konkret wahrnehmen, befände sich ganz klar auf der Ebene unserer Welt, ansonsten (das Wahrgenommene) wird es im Vakuum aufbewahrt. Nicht in unserer Teilchenwelt befände sich dagegen die *pure Aktion* des Denkens und Fühlens, etwa ein ureigenes Fühlen wie Liebe oder Hass oder etwa das ureigene Treffen einer Entscheidung, das Auswählen aus Möglichkeiten per se. Zur puren Aktion des Denkens könnte Abstraktes wie logische oder mathematische Schlüsse gehören, (kein Wunder, daß Mathematik vielen so schwer fällt), desgleichen etwa die abstrakte Sprache der Musik[1650]. Ebenso nicht in unserer Teilchenwelt befände sich das Wahrnehmen als reine Funktion, auch der pure Vorgang des sich Erinnerns gehörte nur ins Vakuum; all dies wäre das Bewußtsein, das nur im Vakuum residiert. Man könnte sagen, das reine Bewußtsein oder das Bewußtsein als Funktion[1651]. Die Produkte des reinen Bewußtseins können sich aus dem Vakuum in der Teilchenwelt konkretisieren, das reine Bewußtsein per se kann sich nicht in der Teilchenwelt konkretisieren[1652].

[1649] Also nicht nur Produkte unserer Gedanken wie etwa eine Maschine, die ich erfunden habe, sondern auch etwa die inneren Bilder, die ich beim Denken vor mir sehe.

[1650] Also nicht die Musik, die unser Ohr schafft/hört. Daher ist Musikhören viel leichter als Musik komponieren. Die Kompositionsregeln liegen sozusagen im Vakuum verborgen. Interessant ist: bei der Musik haben wir die größte Entsprechung zwischen der Codierung und der entschlüsselten Version. Wir hören hier praktisch den Code selbst.

[1651] In Kants „reiner Vernunft" hätten wir ein ähnliches Modell, insbesondere einen separaten Bereich fürs Abstrakte, fürs pure Denken, für die reine Funktion des Denkens. Vgl. I. Kant, *Kritik der reinen Vernunft*.

[1652] Zusatz: Es müßte in Wellen gespeichert sein, die nur im Vakuum sind. Im hiesigen Modell in Gravitationswellen. Hier erklärte sich auch, daß unsere Gehirne auch für Gravitationswellen empfindlich sein müssen. Und vieles andere. Wenn wir also etwa lieben oder hassen, sind wir in der Tiefe des Vakuums. Im schwieriger zugänglichen Bereich. Es würde sich erklären, weshalb so vielen echte Gefühle schwer fallen. Theoretisch ebenso schwer wie logische Schlüsse, wie die Regeln der Mathematik, auch diese wären im tiefen Vakuum. Interessant auch: Gefühle und Logik haben hier denselben Stellenwert. Befinden sich an derselben Stelle. Rudolf Tischner, vgl. Tischner bei Hans Driesch, *Parapsychologie*, S. 107f. sah schon, daß Bilder und Abstraktes sich auf anderen Ebenen befinden. Er fragte sich, wo bei der elektromagnetischen Hypothese die verabredeten konventionellen Zeichen für die Übertragung wären, *wenn irgendetwas Abstraktes*, ein Gefühl oder eine Stimmung, übertragen werden sollte.

Nicht nur fürs Bewußtsein, dieses verbliebene Rätsel[1653], hätten wir bei Walker eine einfache, quasi handfeste Erklärung. Das Walker-Modell würde übrigens auch erklären, daß wir uns *außerhalb unseres Körpers* befinden können, etwa bei der *außersinnlichen Wahrnehmung*. Das Modell würde also außersinnliche Wahrnehmung wortwörtlich erklären. Im Walker-Modell gibt es ein virtuelles, ein außerkörperliches Gehirn, das genauso funktioniert wie das reale Gehirn. Unser virtuelles Gehirn ist zwar an unser reales gebunden, denkbar wäre aber, daß wir, zumindest für kurze Zeit, ermöglicht etwa durch Meditation, mystische Versenkung, einen Unfall etc., nur mit unserem virtuellen Gehirn operieren. In diesem Modus könnten wir theoretisch, losgelöst von unserem realen Gehirn, für kurze Zeit im Geist frei im Vakuum navigieren, durch Raum und Zeit reisen. (Im Walker-Modell wäre hier in erster Linie nicht unser Bewußtsein vermindert. Es wäre unsere Fähigkeit vermindert, alles aus dem Vakuum zu konkretisieren, unsere Fähigkeit vermindert, Produkte des Bewußtseins auf Teilchenebene zu schaffen. Unser reales Gehirn wäre eine Weile praktisch abgeschaltet.)

Evan H. Walkers Modell, das beispielsweise auch Goswami gefällt[1654], erscheint uns am elegantesten. Auch andere vertreten ein solches Modell, etwa der Nobelpreisträger Eccles[1655]. Wir favorisieren im Folgenden dieses Modell, nennen es hier (für alle stellvertretend) das Walker-Modell, und leiten daraus auch eigene Folgen ab.

Wir gehen im Folgenden dabei auf das Walker-Modell ausdrücklich (nur) ein, wenn sich aufgrund dessen grundsätzlich andere Überlegungen, andere Folgen ergeben. Da man auch im hier von uns bevorzugten Walker-Modell sagen kann, das *Bewußtsein*, wie auch das Gehirn, *wechselwirkt* mit dem Quantenvakuum, ändert sich insoweit nicht viel. Auch sind unsere konkreten Erinnerungen (die *Produkte* des Erinnerns) bei Walker wie bei den anderen sowohl im Vakuum wie auch in unserer Welt.

Zusammenfassend und verallgemeinernd kann man mit dem Physiker Amit Goswami[1656] jedenfalls sagen, daß inzwischen bei wirklich zahlreichen Forschern, insbesondere Physikern, die Überzeugung gewachsen ist,

---

[1653] Das Bewußtsein, in Neurowissenschaften und Psychologie, ist witzigerweise ein ebenso großes Rätsel geblieben wie die Gravitation in der Physik und im hiesigen Modell ausgerechnet in Gravitationswellen ansässig.

[1654] Bei Goswami ist allerdings auch das Bewußtsein ein Quantensystem, nicht nur das Gehirn.

[1655] Seine Vorstellung von der Interaktion zwischen Gehirn und *immateriellem Bewußtsein* stellte Eccles in den 1970er Jahren zusammen mit dem Philosophen Karl Popper in dem Buch *The Self and its Brain*.

[1656] Amit Goswami, *Das Bewußte Universum*, S. 216.

das Gehirn und/oder das Bewußtsein mit seinem Gedächtnis seien Quantensysteme.

Hiernach besitzen wir also zwei Wirklichkeiten: Eine, in der unser Gehirn und/oder Bewußtsein, Gedächtnis konkret erscheinen und einen festen Ort in Raum und Zeit einnehmen, und eine, in der unser Bewußtsein, Gedächtnis, unser Ich und/oder unser Gehirn keine feste Position haben, sich auf einer Ebene befinden, auf der weit voneinander (zeitlich und räumlich) getrennte Dinge miteinander verbunden sind, auf der weder Raum noch Zeit eine Rolle spielen[1657]. Nimmt man mit Brian Greene (was auch wir tun) noch an, alles können Quantensysteme sein, können wir noch unseren Körper dazu nehmen. Wir selbst, unsere Körper, hätten also Teilchen- und Wellennatur. Und unser Bewußtsein samt Gedächtnis wäre hier eingeschlossen, sofern es ein selbständiges Quantensystem wäre. Wir, mit unserem Geist, mitsamt unserem Gedächtnis, wären sozusagen Bürger zweier Welten[1658].

Und das weitere Interessante, in unserem Modell wäre unsere Wellennatur, die dort im Quantenvakuum wurzelt, auch noch ewig.

Im Walker-Modell sind wir Bürger zweier Welten auf einfachere und daher elegantere Weise: unser Gehirn gehörte zu beiden Welten, unser Bewußtsein hingegen gehörte (in unserem Modell des Vakuums) nur zum Vakuum, es ist unser virtuelles Gehirn in Aktion. Hier verkürzte sich alles etwas. Anderes gälte nur für die Produkte des Bewußtseins. Unser Bewußtsein wäre ferner bei Walker in unserem Modell sogar von vornherein, per se, ewig; es wäre bei Walker schon immer im Vakuum.

Die Wellennatur nun, unsere Wellennatur, stellt sich etwa Michael Talbot als Energiewolke vor[1659]. Einige Sensitive scheinen diese sogar sehen zu können: als Aura[1660]. Früher sagte man dazu höchstwahrscheinlich Heiligenschein (hierzu später).

[1657] Vgl. hierzu Amit Goswami, *Das Bewußte Universum*, S. 187.
[1658] Vgl. auch Amit Goswami, *Das Bewußte Universum*, S. 207ff., 216.
[1659] Vgl. Michael Talbot, *Das Holographische Universum*, S. 205f.
[1660] Die als esoterisch verpönte Aura fände hier physikalischen Rückhalt.

Das Gedächtnis im Quantenvakuum beziehungsweise wie Gehirn, Bewußtsein, Gedächtnis mit dem Quantenvakuum interagieren

„The brain does not „produce" the mind but „detects" it." Edgar Morin

Nicht wenige des exklusiven Clubs[1661], die annehmen, das Gehirn und/oder das Bewußtsein und das Gedächtnis seien Quantensysteme[1662], nehmen nun auch an, sie wechselwirken als solche Quantensysteme mit dem *Vakuum* beziehungsweise *Quantenvakuum*. Im Quantenvakuum ist nach diesen unser Gedächtnis gespeichert (und zwar, infolge seiner Beschaffenheit, auf ewig). Einige namhafte Forscher, wie David Bohm, nehmen innerhalb des Themas auch ausdrücklich Stellung zum Gedächtnis von Gegenständen! Für Gegenstände und ihr Gedächtnis gilt nach ihnen dasselbe wie fürs menschliche Gedächtnis!

Diese Forscher[1663] vertreten das Modell des Quantenvakuums, das wir bislang hier vertreten haben. In diesem Modell, wir erinnern uns, wurzelt im Quantenvakuum das verrückte Verhalten von Quanten(systemen), ihre Nichtlokalität und Wellennatur. (Wobei Quantensysteme hier bei vielen auch makroskopisch sein können. Nicht etwa für Penrose.) Das Quantenvakuum ist hier ein geheimnisvoller Bereich jenseits von Raum und Zeit, der allem unterliegt. Es ist auch ein *riesiger Energie-* und vor allem auch ein *riesiger Informationsozean*[1664]. In diesem, man kann auch sagen, Informationsfeld, hinterlassen bei fast allen alle Ereignisse, die sich

---

[1661] So zum Beispiel Ervin Laszlo, Rupert Sheldrake, Thomas E. Bearden, David Bohm, Puthoff und Schempp, Karl Pribram, Evan Harris Walker, Brian Josephson und Roger Penrose, Kunio Yasue, Y. Takahasi und M. Umezawa, Fritz-Albert Popp.

[1662] Viele von ihnen vertreten ganz allgemein, daß auch große, makroskopische, Dinge Quantensysteme sind. Nicht so etwa Penrose. Ist man der Ansicht, das Bewußtsein sei ein Quantenphänomen, muß man sich nicht ins Makroskopische begeben. Beim Gehirn sieht es anders aus.

[1663] David Bohm bei Michael Talbot, *Das Holographische Universum*, S. 50f. und bei Ervin Laszlo, *Zu Hause im Universum*, S. 91ff. Karl Pribram bei Douglas M. Stokes in *New Frontiers of Human Science*, S. 50, Hal Puthoff bei Lynne McTaggart, *Das Nullpunkt-Feld*, S. 57f. Ervin Laszlo, *Kosmische Kreativität*, S. 114. Brian Josephson und Roger Penrose bei Michael Talbot, *Das Holographische Universum*, S. 65 usw.

[1664] Ervin Laszlo, *Zu Hause im Universum*, S. 58ff. oder David Bohm, *Wholeness and the Implicate Order*, S. 133ff., 234, 236ff. Richard P. Feynman bei Lynne McTaggart, *Das Nullpunkt-Feld*, S. 49. Karl Pribram und Hal Puthoff bei Lynne Mc Taggart, *Das Nullpunkt-Feld*, S. 68f., 148. Brian Josephson und Penrose bei Michael Talbot, *Das Holographische Universum*, S. 65 usw.

in Raum und Zeit zutragen, also sowohl mikro- wie makroskopische Tatbestände (die Quantensysteme betreffen), Spuren, informieren es. Und das informierte Vakuum wirkt seinerseits auf Dinge und Ereignisse (auf Quantensysteme) zurück. Es informiert sie. Das Quantenvakuum ist in dieser Perspektive somit eine Kohärenz herstellende, intelligente vis vitalis als auch ein *kosmisches Gedächtnis.* Da nun auch das Gedächtnis selbst, beziehungsweise das Bewußtsein und/oder das Gehirn von diesen Forschern als Quantensysteme gesehen werden und mit dem Quantenvakuum wechselwirken, hinterlassen auch das Gedächtnis, beziehungsweise das Bewußtsein und/oder das Gehirn im Quantenvakuum eine (Informations-)Spur. – Im Walker–Modell, wie gesagt, hinterläßt nur das Gehirn, die Gehirntätigkeit Spuren, und die wahrnehmbaren Produkte der Gehirntätigkeit hinterlassen Spuren. Die Wellen unseres Gehirns im Vakuum sind unser Bewußtsein einschließlich unseres Gedächtnisses/Erinnerungsvermögens. –

Damit kommt etwas Wesentliches hinzu! Auch Gedanken, Bewußtseinsvorgänge aller Art sind so im Vakuum gespeichert! Nicht nur sozusagen a prima vista sichtbare Ereignisse und Fakten! Wenn ich etwas denke, ist der Gedanke nicht einfach weg, er existiert im Quantenvakuum weiter, sagt David Bohm[1665]. Überträgt man das auf unser Gedächtnis von Gegenständen, so erklärt sich hier gerade auch, daß Gegenständen ebenfalls Gedanken und Gefühle gedächtnismäßig anhaften können.

Wir gehen jetzt auf ein paar der Vertreter dieses exklusiven Clubs ein:
Die eigentliche *mathematische* Entdeckung des deutschen Mathematikers und Nachfahren Keplers, Schempp[1666], bezog sich darauf, daß alle Arten von Informationen über und auch *Erinnerungen* an Objekte, einschließlich ihrer dreidimensionalen Form, in den Quantenfluktuationen des Quantenvakuums enthalten sind und von dort wieder (auch in eine dreidimensionale Form) zurückübertragen werden können. Schempp fühlte sich bestätigt in der Annahme, daß das Quantenvakuum – wie vom Stanford Physiker Hal Puthoff vorausgesagt – ein riesiger Informationsspeicher (ein riesiges nichtlokales Gedächtnis) ist. Hierauf kam er ganz zufällig, beim Analysieren von Magnetresonanztomographen.

Der berühmteste Einsteinschüler und Physiker David Bohm nahm an, daß das Gedächtnis, und zwar ausdrücklich auch das von Dingen, im Quantenvakuum aufgehoben ist, nur nennt er das Quantenvakuum: *die implizite Ordnung*[1667]. Bei Bohm[1668] lebt die Vergangenheit, und auch jeder

---

1665 David Bohm, *Dialog*, S. 166.
1666 Vgl. bei Lynne McTaggart, *Das Nullpunkt-Feld*, S. 139ff. Schempp revolutionierte die MRT-Geräte, die nach demselben Prinzip funktionieren, das Pribram fürs menschliche Gehirn ausgearbeitet hatte.
1667 David Bohm, *Wholeness and the Implicate Order*, S. 249–271.

Gedanke, die Vergangenheit von uns allen und von allem, auch von Dingen[1669], in der impliziten Ordnung weiter, hinterläßt dort für immer Spuren. Die Gegenwart hört nicht auf zu bestehen, wenn sie sich (sozusagen) *verhüllt*, sondern kehrt lediglich in das kosmische Vorratslager des Impliziten ein.

Ebenso befindet sich beim Stanford Gehirnforscher Karl Pribram unser Gedächtnis im Quantenvakuum. David Bohm interpretierte Pribram folgendermaßen: Pribram habe praktisch gezeigt, daß Bewußtseinsprozesse ebenso *im Quantenvakuum* verwurzelt sind wie Materie[1670].

Nach Rupert Sheldrake[1671] werden unsere mentalen Aktivitäten, unsere Gedanken, unsere Erinnerungen usw., also unsere *Bewußtseinsvorgänge*, in *morphischen Feldern* organisiert. Er nennt diese speziellen morphischen Felder: *mentale Felder*. Sie enden nicht an den Grenzen unseres Gehirns oder unserer Körpers, sondern breiten sich in die Umgebung aus und verbinden unseren Körper mit der Umwelt. Nach Sheldrake brauchen diese Felder auch keine Spuren im Gehirn zu hinterlassen, so wie ein Programm, auf das ein Radio eingestellt ist, keine Spuren im Gerät hinterläßt! Ferner: ein Feld hat (lediglich) Einfluß auf ein System, wenn es auf dieses System abgestimmt ist.[1672] Man kann Sheldrakes morphische Felder, wie wir schon sahen, quasi eins zu eins mit unserem Modell des *Quantenvakuums* und der in ihm befindlichen Felder vergleichen – sie haben dieselben Eigenschaften –, man kann sie als Quantenvakuumsfelder bezeichnen.

[1668] Vgl. Bohm bei Michael Talbot, *Das Holographische Universum*, S. 214.

[1669] Auch das Gedächtnis von *Dingen* ist bei Bohm in der impliziten Ordnung, dem Quantenvakuum, gespeichert: David Bohm in *Wholeness and the Implicate Order*, S. 262–264.
Bohm setzt voraus, daß alles Quantensysteme sind.

[1670] David Bohm, *Wholeness and the Implicate Order*, S. 251.

[1671] Vgl. hierzu R. Sheldrake, *Das Gedächtnis der Natur*, S. 245ff., 254, 256. Und R. Sehldrake, *Der Siebte Sinn*, S. 168ff. und 342. Über Parallelen der morphischen Felder mit dem Quantenvakuum vgl. R. Sheldrake, *Das Gedächtnis der Natur*, S. 370, R. Sheldrake, *Das schöpferische Universum*, S. 90 und R. Sheldrake, *Der Siebte Sinn*, S. 270, 369, ferner Sheldrake in Rupert Sheldrake Terence McKenna, Ralph Abraham, *Denken am Rande des Undenkbaren*, S. 42, 157ff.

[1672] Interessant ist, wir erinnern uns daher nicht *an das eigentliche Geschehen*, sondern an die subjektive Erfahrung, die damit verbunden war. Diese Erfahrung wird von Feldern organisiert, und deshalb geschieht das Erinnern durch Eigenresonanz: wir greifen auf selbst produzierte Muster zurück. Dabei werden die Erfahrungen durch Felder einer höheren Ordnung aufeinander bezogen, ist das nicht der Fall, bleiben keine Verknüpfungsmuster, die erinnert werden können. Die Verknüpfungen beruhen nach Sheldrake ebenfalls auf morphischen Feldern. Erinnert werden damit nicht die Gegenstände selbst, sondern die Assoziationen oder Beziehungen, in die sie eingebunden sind.
Der Witz: die Kahunas vertreten dasselbe Modell.

So daß auch bei Sheldrake Gedächtnis und Bewußtsein außerhalb des Gehirns lokalisiert sind, und, wie man interpretieren kann, im Quantenvakuum operieren.

Interessant ist hier auch Sheldrakes Theorie des Sehens (wir erwähnten sie andernorts bereits): Bei Sheldrake[1673] gibt es beim Sehen (wie bei Pribram) einen nach innen gerichteten Prozeß der Bewegung von Licht und einen nach *außen* gerichteten Prozeß von Bildern. Diese Bilder der Dinge sind nun, laut Sheldrake, verrückterweise tatsächlich dort, wo sie zu sein scheinen, nämlich *außen*! Sie sind dort in mentalen Feldern gespeichert. *Etwas erstreckt sich beim Sehen aus dem Körper, um das Objekt der Aufmerksamkeit zu berühren. Das Objekt wird dadurch beeinflußt.* Sheldrake sieht ein Indiz für seine Annahme im Phänomen des Angestarrtwerdens; er wies statistisch nach, daß Personen spüren, wenn sie angestarrt werden, auch wenn sie den Anstarrer gar nicht sehen können. Sie drehen sich dann zum Beispiel um. (Das Sehresultat kann man gleichzeitig als Gedanken begreifen, der sich nach draußen, übers Gehirn hinaus erstreckt, und dort im Feld gespeichert wird, und zwar, wie es scheint, lokal, beim Objekt des Gedankens, etwa bei der Person, die wir ansehen. Und dort zeitigt dieser Gedanke sogar auch Wirkungen). Der Witz ist, daß gerade Kinder die nach außen gerichtete Projektion von Bildern für selbstverständlich halten. Der bekannte Psychologe Piaget[1674] hat dies erforscht. Aristoteles[1675] vertrat übrigens interessanterweise schon die These, daß die Bilder, die wir sehen, außen sind und nicht im Gehirn, außen in einer Art Äther!

Gehen wir zu einem weiteren Mitglied des exklusiven Clubs. Auch nach dem Anthropologen Terence McKenna[1676] werden Erinnerungen, das Gedächtnis, aus so etwas wie einem Überraum (dem Quantenvakuum) herausgezogen (und dort natürlich auch gespeichert), vermittelt über sehr subtile quantenmechanische Umwandlungen, die auf molekularer Ebene ablaufen.

Man könnte hier noch auf viele andere, schon Erwähnte, noch näher eingehen, die das Gedächtnis im Quantenvakuum gespeichert sehen beziehungsweise davon ausgehen, daß Gehirn und/oder Bewußtsein im Quantenvakuum operieren, übers Gehirn hinausreichen und dort hineinreichen: auf die Physiker Evan Harris Walker[1677], Thomas E. Bearden[1678],

---

[1673] R. Sheldrake, *Der Siebte Sinn*, S. 270.

[1674] Bei R. Sheldrake, *Der Siebte Sinn*, S. 268.

[1675] Bei R. Sheldrake, *Der Siebte Sinn*, S. 260: in einem transparenten Medium zwischen dem Objekt und dem Auge.

[1676] Terence McKenna in Rupert Sheldrake, Terence McKenna, Ralph Abraham, *Denken am Rande des Undenkbaren*, S. 42.

[1677] Vgl. bei William G. Roll, *New Frontiers of Human Science*, S. 164.

[1678] Vgl. bei Marco Bischof, *Biophotonen*, S. 404f.

Kunio Yasue, Y. Takahasi und M. Umezawa[1679], auch auf den Stanford Physiker Hal Puthoff[1680], ferner, den Biophysiker Fritz-Albert Popp[1681], den Yale und Princeton Systemtheoretiker Ervin Laszlo[1682] usw.

Ob unser Gedächtnis im Quantenvakuum nun im elektromagnetischen Feld oder in Gravitationswellen oder sogar auch in Materiewellen liegt (beziehungsweise ob Gehirn und/oder Bewußtsein aus elektromagnetischen Wellen oder Gravitationswellen oder Materiewellen das Gedächtnis extrapolieren), da ist man wieder unterschiedlicher Meinung.

Bei Pribram etwa ist das Gedächtnis in Photonen (Licht), also im elektromagnetischen Feld, gespeichert. Bei Puthoff[1683] in Tachyonen-Wellen, die sich im Vakuum mit Überlichtgeschwindigkeit bewegen, und die nach Physikern wie Heim[1684] oder auch Davidson[1685] nichts anderes als Gravitationswellen sind.

Beim amerikanischen Physiker Thomas E. Bearden[1686], bei dem das Quantenvakuum ein Gravitationswellenfeld ist, können Gravitationswellen sowohl Bewußtsein und Psyche steuern, als auch umgekehrt von ihnen beeinflußt werden. Psyche und Bewußtsein hinterlassen Spuren in Form von Druck. Druckpotentiale lassen sich wiederum als Wellen von Verdichtungen und Verdünnungen auffassen.

Bei Schempp könnte man auch an ein Gedächtnis in Materiewellen denken.

Bei Walker könnte unser Gedächtnis Resultat der Materiewellen unseres Gehirns und seiner Tätigkeit sein. Und da im Gehirn nachweislich elektromagnetische Vorgänge ablaufen, könnte es zusätzlich auch in elektromagnetischen Wellen liegen. (Daneben gäbe es in den Materiewellen des Gehirns natürlich auch noch das Gedächtnis unseres Gehirns, insofern es Gedächtnis des *Dings* Gehirn ist: Also alles ist dort gespeichert, was dem Ding Gehirn widerfahren ist, etwa ein Schlag auf den Kopf oder das Liebesgeflüster ins in nächster Nähe liegende Ohr etc.)

Überhaupt bei allen, bei denen das Gehirn ein Quantensystem ist, weil ganze Neuronenverbände simultan schwingen, könnte man sich unser Gedächtnis auch in den Materiewellen dieser Neuronen vorstellen.

[1679] Vgl. bei Kunio Yasue, *The Basics of Quantum Brain Dynamics* in Editor: Karl H. Pribram, *Rethinking Neural Networks: Quantum Fields And Biological Data*, S. 127–129.

[1680] Vgl. bei Lynne Mc Taggart, *Das Nullpunkt- Feld*, S. 148.

[1681] Vgl. bei Lynne Mc Taggart, *Das Nullpunkt- Feld*, S. 148. Und vgl. bei Marco Bischof, *Biophotonen* S. 112ff.

[1682] Ervin Laszlo, *Zu Hause im Universum*, S. 58, 135ff. und 188ff.

[1683] Vgl. bei Lynne McTaggart, *Das Nullpunkt-Feld*, S. 259.

[1684] Heim bei Marco Bischof, *Biophotonen*, S. 409.

[1685] John Davidson, *Das Geheimnis des Vakuums*, S. 240.

[1686] Vgl. bei Marco Bischof, *Biophotonen*, S. 404f.

Da nachweislich im Gehirn elektromagnetische Prozesse ablaufen, kämen immer auch elektromagnetische Wellen in Frage[1687].

Wie in Kapitel IV, 2. *Modelle der modernen Physik* können wir annehmen, daß sowohl elektromagnetische Wellen als auch Gravitationswellen als auch Materiewellen unser Gedächtnis im Quantenvakuum tragen können. Wobei Gravitationswellen sich in alle andern umwandeln lassen oder eleganter: alle andern sein können, ihnen unterliegen[1688].

Aufgrund der festgestellten Eigenschaften des Quantenvakuums – es ist superflüssig, superdicht, supraleitend – wäre unser darin gespeichertes nichtlokales Gedächtnis auch ewig!

Kleine Zusammenfassung:

Wir haben gezeigt, es ist plausibel, daß unser Gedächtnis (auch) *irgendwo dort draußen* ist, außerhalb des Gehirns. Ein nichtlokales Gedächtnis ist heute plausibel.

Gegenstände sind auf ein solches nichtlokales Gedächtnis angewiesen, auf ein Gedächtnis jenseits eines Gehirns; sie haben kein Gehirn.

Bei avangardistischen Hirnforschern sind nun Gedächtnis, Bewußtsein und/oder Gehirn ihrem nichtlokalen Verhalten gemäß Quantenphänomene oder Quantensysteme. Als solche interagieren sie mit dem Quantenvakuum. Das Quantenvakuum ist bei ihnen eine Matrix, die Spuren aller Teilchen, aller Quantensysteme (bei vielen auch großer Objekte) in Form von Schwingungen (Wellen) enthält. Und da in der Superflüssigkeit des Quantenvakuums diese Schwingungen nicht verschwinden, enthält es auch noch Schwingungsmuster aller vergangenen Teilchen (aller vergangenen Quantensysteme). Somit hinterlassen hier im Quantenvakuum, Quanten, und bei vielen auch große Dinge, Ereignisse, Fakten und gerade auch Gedanken, Gefühle, also die Produkte unseres Gehirns/Bewußtseins, Spuren. Und zwar, infolge der Eigenschaften des Quantenvakuums, auf ewig.

Ewigkeit ist ein toller Begriff. Gehen wir hier noch einen aufregenden Schritt weiter. Und zwar mit David Bohm[1689]. Nach ihm hinterlassen vorige Momente (alles was wir je erlebt, gedacht, getan haben etc.) also *eine Spur*: Sie sind *eingefaltet* in die implizite Ordnung (ins Quantenvakuum). Nun können wir, und das ist wirklich verrückt, aus dieser Spur

---

[1687] Insbesondere ein elektromagnetisches Abbild der Materiewellen.

[1688] Vgl. Bearden bei Marco Bischof, *Biophotonen*, S. 404f. Die Gravitationswellen (Skalarwellen), die keine Masse haben, sind nach Bearden *fundamentaler* als die daraus abgeleiteten Kraftfelder, als beispielsweise das elektromagnetische Feld. Skalarwellen können jederzeit in elektromagnetische Wellen und Materie umgewandelt werden.

[1689] David Bohm, *Wholeness and the Implicate Order*, S. 262–264.

theoretisch wiederum vergangene Momente *entfalten*. – Schempp[1690] hat diese Möglichkeit mathematisch gezeigt! – Ein Gedanke ist, so Bohm[1691], nicht fort, wenn wir ihn zu Ende gedacht haben. Er hat sich lediglich *zurückgefaltet*. Er ist noch da, und vielleicht entfaltet er sich erneut! (Bemerkung: Schwer vorstellbar, daß dies von selbst geschehen kann. Was oder wer hier den Anlaß gäbe zur Wiederentfaltung, zur Reanimation, folgt hieraus noch nicht.)

Das bedeutet Unglaubliches! Nicht nur, daß unser Gedächtnis, das Gedächtnis von allem und von jedem Ort, daß die Vergangenheit, fortbesteht. Es müßte auch bedeuten, von allem, wenn wir schon lange nicht mehr sind, ist sozusagen eine getreue Kopie vorhanden, von allem, was wir waren, taten, erlebten, dachten, fühlten usw., von jedem Wesen, jedem Ort, jedem Ding, eine Kopie, die theoretisch wieder entfaltet werden *kann*, nach Schempp etwa wieder in unserer dreidimensionalen Welt Form nehmen kann (so wie Bilder in elektromagnetische Wellen umgewandelt werden können und diese wieder zurück in Bilder). Das wäre dann quasi Unsterblichkeit. (Bemerkung: immerhin quasi: wir haben hier eine *Möglichkeit* von Unsterblichkeit, die erst noch sozusagen angeschuckt werden muß. Es wäre so, als hätten wir ein fahrtüchtiges, vollgetanktes Auto: um zu fahren müßten wir aber erst noch den Zündschlüssel betätigen. Es braucht noch einen Iinitialfunken[1692]).

[1690] Vgl. bei Lynne McTaggart, *Das Nullpunkt-Feld*, S. 139ff.

[1691] David Bohm, *Dialog*, S. 166.

[1692] Man denkt gleich an Michelangelos Deckenaffresco in der Sixtinischen, die sich fast berührenden Hände des Schöpfers und seiner Kreatur: *die Erschaffung Adams*. Ein Bild einer Initialzündung.

Viele Forscher werfen diese *Möglichkeit* von Unsterblichkeit hier nur am Rande auf, weil man sich doch etwas geniert als esoterisch zu gelten[1693]:

Geht man insbesondere davon aus, alles seien Quantensysteme, wie zum Beispiel der Physiker Brian Greene oder auch der Physiker Archibald Wheeler sich vorstellen können, und nimmt man noch dazu, auch unser Bewußtsein sei ein eigenes Quantensystem, wie etwa Amit Goswami annimmt, so wären wir, mit allem Drum und Dran, mit allen unseren einzelnen Gedanken, auch mit allen einzelnen Entscheidungen, die wir im Leben getroffen haben, *aber auch* mit allem unserem ureigenen Entscheiden und Denken, mit allem unserem ureigenen Fühlen, unserer puren Aktion des Denkens und puren Funktion des Wahrnehmens, mit dem Prozeß des Entscheidens selbst, in unserer Wellennatur ewig. Wir könnten dann als Personen theoretisch wieder erweckt werden, in allen unseren Phasen, in jeder Sekunde unseres Seins, in jedem Gefühl, in jedem Gedanken, den wir hatten, in jeder einzelnen Entscheidung, die wir trafen, in allem, was wir je wahrnahmen, *aber auch* in unserem Entscheiden per se, unserem Fühlen per se, unserem Wahrnehmen per se etc. Auch jeder Vorgang des Treffens einer Entscheidung würde tel quel wiederentfaltet werden können. Kurz: Ihr „freies Entscheiden". Ihr ureigenes Entscheiden wäre hier nicht mehr frei. Das wirkt sich natürlich auch auf alles aus, was Sie wahrnehmen etc. Jeder Vorgang des Wahrnehmens würde sozusagen auch von vorne bis hinten wiederentfaltet werden können; das Wahrgenommene wäre hier immer mit dem Wahrnehmen verbunden; es wäre damit gelenkt. Man denkt hier einerseits an eine mögliche Unsterblichkeit, andererseits auch sofort an die beunruhigende Wiederkehr des ewig Gleichen. Sie könnten immer wieder mit genau demselben Leben sozusagen auferstehen[1694]. Eine ungemütliche Vorstellung. Nietzsches Albtraum.

Im Modell von Walker haben wir diesen Albtraum nicht. Unser Denken ist hier immer schon im Vakuum. Wenn wir denken, sind wir immer schon in diesem höheren Bereich. Und zwar: unsere ureigene *Aktion* des Denkens und Fühlens und Wahrnehmens etc. kann nicht aus der impliziten Ordnung in unsere explizite Welt entfaltet werden. Die Resultate, Produkte aber unserer Gedanken und Gefühle (in unserer drei-/vierdimensionalen Welt), etwa eine Maschine, die ich gebaut habe aufgrund meiner Gedanken, ein Bild, das ich gemalt habe, ein Musikstück, das ich komponiert habe, können wieder entfaltet werden aus der impliziten Ordnung. Auch Produkte unseres Denkens und Fühlens wie Bilder, Töne, Sprache, die in elektromagnetischen Teilchenwellen ihren Niederschlag gefunden haben, könnten wieder entfaltet werden. Dazu gehören

---

[1693] Vgl. zum Beispiel Ervin Laszlo, *Zu Hause im Universum*, S. 196ff.

[1694] Sie würden dieselben Entscheidungen treffen, dieselben Dinge und Menschen lieben oder hassen usw.

auch die *einzelnen* Erinnerungen, also die *Produkte* des Vorgangs des Erinnerns, die *einzelnen* Gedanken als *Produkte* des Denkens, oder die *Produkte* unseres ureigenen Fühlens: die *konkreten* Gefühle, oder die *konkreten Produkte* von Entscheidungen. Und dazu gehört auch, was wir im einzelnen *konkret* wahrgenommen haben. Wir selbst, mit unseren Gehirnen, aus Fleisch und Blut, könnten aus der impliziten Ordnung wieder hervorgeholt werden. *Nicht aber unsere pure Aktion (Funktion) des Denkens und Fühlens und Wahrnehmens etc.*, die bliebe immateriell. Etwa unser ureigenes Treffen von Entscheidungen (anders wäre es mit dem wahrnehm- und meßbaren Produkt unserer Entscheidung). Im Modell von Walker haben wir eine beunruhigende Folge nicht: die Wiederkehr eines identischen Lebens. Wir könnten hier theoretisch wiedererstehen und noch einmal ganz neu anfangen, *andere Entscheidungen treffen*, andere Möglichkeiten realisieren, anderes wahrnehmen[1695], eine hoch tröstliche Vorstellung[1696]. Auch an die Produkte unserer Gefühle wären wir nicht gebunden. Wir müßten nicht dasselbe lieben oder dasselbe hassen wie zuvor. Daneben könnten alle unsere einzelnen konkreten Erinnerungen, die wir erinnert haben, einzelnen Gedanken, die wir gedacht haben, einzelnen Entscheidungen, die wir getroffen haben, unsere einzelnen Wahrnehmungen, wiederentfaltet werden. Theoretisch könnte hier aus dem Vakuum dasselbe Leben mit Modifikationen entstehen (wem wäre das nicht recht: statt A heiraten Sie dann B oder Sie heiraten gar nicht mehr und gehen so an einem Punkt einen anderen Weg). Wir selbst, mit unseren Gehirnen, aus Fleisch und Blut, könnten also aus der impliziten Ordnung wieder hervorgeholt werden, wir könnten uns an unser vormaliges Leben erinnern (unsere konkreten Erinnerungen sind ja auch im Vakuum gespeichert), wir könnten diesmal jedoch anders denken, anders fühlen, anders handeln etc. Ob das mit der biblischen „Auferstehung des Fleisches" gemeint sein könnte? Unwillkürlich kommt es einem in den Sinn.

(– Man kann hier, als Spinnerei, weiterüberlegen und weiterfragen, was noch so alles möglich sein könnte. Sie könnten etwa in einem andersdimensionalen Bereich als unserer Welt ebenfalls wieder zum Vorschein kommen, in einem anderen Universum. Wieviele Dimensionen hätte übrigens das Paradies ...? Wenn Ihr Bewußtsein im Vakuum auch ohne Ihren Körper, ohne Ihr Gehirn fortbesteht, könnte Ihr Bewußtsein dann auch im Vakuum weiterdenken und weiterhandeln wie in Ihrer vormaligen Welt? Könnten Sie also auch ein rein virtuelles Leben im Vakuum leben, körperlos? Ohne sich also irgendwo wiederverkörpern zu müssen. Im

---

[1695] Der Vorgang des Wahrnehmens ist hier vom Wahrgenommenen entkoppelt.

[1696] Die Produkte unserer Entscheidungen könnten wiederentstehen. Vielleicht könnten wir so dieselben Situationen wiedererleben, aber anders in ihnen entscheiden, anders handeln wie im Leben zuvor.

Walker-Modell hätten Sie Ihr virtuelles Gehirn mit allen Funktionen (auch einen virtuellen Körper, alles an Ihnen wäre virtuell). Theoretisch könnten Sie im Vakuum ein selbständiges, bewußtes Leben führen. Sie wären nicht an die Entscheidungen gebunden, die Sie in Ihrem vorigen Leben, außerhalb des Vakuums, getroffen hatten. Sie könnten theoretisch neue Entscheidungen treffen. Sie hätten also die volle Ausrüstung, Sie wären das fahrtüchtige vollgetankte Fahrzeug; aber irgend etwas, irgend- wer muss den Zündschlüssel umdrehen. Und wie sieht es mit einem rein virtuellen Leben in den andern Modellen aus? Bei denen auch das Bewußtsein ein eigenes Quantensystem wäre[1697]. Damit wäre auch die ureigene Aktion Ihres Denkens, Ihr ureigenes Entscheiden, Ihr ureigenes Fühlen, Ihre pure Funktion des Wahrnehmens auf der Ebene Ihrer hiesi- gen Welt und wirft von dort nur eine identische Kopie ins Vakuum. Könnten Sie im Vakuum weiterexistieren ohne Ihren (einen) realen Kör- per, ohne Ihr (ein) reales Gehirn, dann gälte: Was Sie in Ihrer Welt ent- schieden haben, müssten Sie auch im Vakuum entscheiden. Wen Sie in Ihrer Welt gehasst haben, müssten Sie auch im Vakuum hassen (falls Sie dort ein virtuelles Leben führen könnten). Alles, was Sie in Ihrer Welt wahrgenommen haben, müssten Sie auch im Vakuum wahrnehmen, alles also, was Sie je gesehen und erlebt hätten, müssten Sie auch im Vakuum sehen und erleben. Ihr Leben im Vakuum wäre identisch mit dem von Ihnen bereits geführten Leben. Sie hätten im Vakuum keinen Handlungs- spielraum. Sie hätten dort keinen eigenen Geist, kein eigenes Bewußtsein, nur eine Kopie des Bewußtseins Ihrer Welt, das man theoretisch tel quel mit allen seinen Produkten auch identisch in Ihrer vormaligen Welt oder einer neuen Welt wiedererwecken könnte[1698].

Und: nehmen wir wieder das weniger gruselige Walker-Modell. Könnte Ihr wiederentfaltetes Gehirn auch in einem andern Körper – viel- leicht sogar in einem Tierkörper – zum Vorschein kommen[1699]? Und was ist mit den schrecklichen Dingen? Die schlimmen Dinge bleiben ja auch und könnten theoretisch ebenso wiederentfaltet werden? Morde, Krank- heiten, Unglück aller Art. Wäre hier nicht so etwas wie ein ordnender

---

[1697] Auch bei praktisch all denen, bei denen das Gehirn ein Quantensystem ist, ist auch das Bewußtsein ein Quantensystem, sozusagen als Teil des Gehirns. Walker bildet hier die Ausnahme.

[1698] Eigentlich ist hier alles prädeterminiert. Sie könnten dennoch den (irrigen) Ein- druck haben, Wahlen zu treffen, frei zu leben. Das läge dann daran, daß die Wah- len von einer anderen Ebene her prädeterminiert wären, in die Sie keine Einsicht hätten.

[1699] In den Nicht-Walker-Modellen bliebe ein Tier ein Tier, ein Mensch ein Mensch, und zwar immer derselbe Mensch, dasselbe Tier. Im Walker Modell gibt es keine einfache Antwort: ein Bewußtsein kann hier echte Wahlen treffen im Vakuum. Allerdings könnte der Pool der Möglichkeiten begrenzt sein. (Fragt sich aller- dings, durch wen oder was?)

Wille im Vakuum vonnöten, der hier Entscheidungen trifft, was wieder hervorkommt ...? Wenn man, wie in Interpretationen der Beobachterabhängigkeit in der Quantenphysik, sagt, die Dinge manifestieren sich erst durch Bewußtsein, dann könnte Bewußtsein so etwas leisten. Nur, wessen Bewußtsein soll die (Wieder-)Hervorbringung der Dinge leisten? Unser Bewußtsein im Vakuum könnte theoretisch im Walker-Modell Wahlen treffen, müsste aber durch irgend etwas erst dazu in Stand gesetzt werden. In den anderen Modellen wäre unser Bewusßtsein bereits *prädeterminiert*[1700] – vielleicht durch ein höheres Bewußtsein, dieses träfe letztlich alle unsere Entscheidungen. In allen Modellen kann nun theoretisch auch ein höheres, ein göttliches Bewußtsein ins Spiel kommen[1701], das drängt sich hier geradezu auf. Es könnte eine Wieder-Hevorbringung von allem leisten (es wäre der sich drehende Zündschlüssel (zum von ihm wohl auch geschaffenen/gedachten vollgetankten Wagen)) und auch entscheiden, was wieder wo hervorgebracht wird. Hier wäre sogar die Idee einer Hölle drin: Schlechte Möglichkeiten könnten (müssten aber nicht) theoretisch (von einem göttlichen Bewußtsein, das sicher einigen Spielraum hat) in ein Höllenuniversum *geschickt* werden, könnten an einem solch üblen Ort wieder zum Vorschein kommen, in dem es dann etwa nur Personen gäbe, die Schlechtes taten, und üble Ereignisse, Plagen aller Art. Wieviele Dimensionen hätte übrigens die Hölle? Es wird dantesk, wenn man hier weiterdenkt. Noch dantesker in den Nicht-Walker-Modellen: das Schlechte könnte sich hier auf ewig wiederholen. (Wenn nicht wiederum ein Gott hier anders entschiede).)

Wie kommen unser Bewußtsein und/oder unser Gehirn an ihr Gedächtnis und wie ans Gedächtnis von Gegenständen?

Wir wollen hier beides zusammen behandeln. Denn, wie das Gehirn etc. zu seinem Gedächtnis kommt, kommt es grundsätzlich auch zum Gedächtnis von Gegenständen. Es gibt aber auch Unterschiede; auf die gehen wir extra ein.

So sieht es niemand geringerer als der Physiker David Bohm[1702]. Das Gedächtnis des Gehirns ist für Bohm lediglich ein Spezialfall des Gedächtnisses von allem, des Gedächtnisses von Gegenständen usw.

[1700] Hier wäre Freiheit ein Ebenen-Problem. Wir würden in unserer Welt den Eindruck haben Wahlen zu treffen, die aber von höherer Warte aus prädeterminiert wären.

[1701] Auch im Walker-Modell könnte ein göttliches Bewußtsein unsere Wahlen begrenzen, indem wir etwa nur aus einemPool von Möglichkeiten auswählen könnten.

[1702] David Bohm, *Wholeness and the Implicate Order*, S. 263f.

Alles, was existiert, hinterläßt nach Bohm Spuren in der impliziten Ordnung, die eigentlich mit dem Quantenvakuum identisch ist. Das Gedächtnis eines Steins zum Beispiel ist nach Bohm in der impliziten Ordnung ebenso eingefaltet wie das Gedächtnis eines Gehirns. Beide Gedächtnisse haben also denselben Grund, und können, nach Bohm, aus diesem, aus der impliziten Ordnung, wiederum entfaltet werden.

Und Bohm ist nicht der einzige, der das so sieht[1703].

Wie holen wir nun, unser Gehirn und/oder Bewußtsein unser Gedächtnis und das Gedächtnis von Dingen aus dem Quantenvakuum (unseres Modells)?

Zunächst einmal kann man allgemein feststellen, daß in unserem Modell Gehirn und/oder Bewußtsein als Quantensysteme mit dem Quantenvakuum wechselwirken. Gehirn und/oder Bewußtsein und gespeicherte Vergangenheit existieren, so formuliert es David Bohm[1704], also schon einmal im selben Bereich. Ein Zugang von uns zu den respektiven Gedächtnissen ist so prinzipiell möglich.

Sind Gehirn und/oder Bewußtsein Empfänger und Sender von Wellen, dann können sie aus dem Quantenvakuum, diesem Wellenmeer, Wellen empfangen und an es Wellen senden[1705].

Ein Informationstransfer zwischen Wellen ginge etwa über *Resonanz* (gleiche oder ähnliche Frequenz). Darüberhinaus können Wellen kommunizieren, in Phase kommen, auch *wenn sie unterschiedliche Frequenz oder Amplitude haben*, Hauptsache, sie erreichen zur gleichen Zeit ihren Gipfel oder ihr Tal: Stichwort Kohärenz/konstruktive Interferenz. Oder ein Informationstransfer zwischen Materiewellen, elektromagnetischen Wellen und Gravitationswellen geschieht einfach dadurch, daß im Vakuum (wie wir angenommen haben) die einen Wellen die anderen *sind*.

Blieben nun noch einige Fragen: Was für Wellen empfangen Gehirn und/oder Bewußtsein aus dem Vakuum? Und wie entschlüsseln sie sodann die in den Wellen gespeicherten/codierten Informationen, wie ziehen sie etwa aus ihnen Bilder?

Was unser *Gehirn* hier tut und ist, diesbezüglich gibt es Vorschläge:

Fest steht[1706]einmal, daß *visuelle Daten (Sehen)* über das elektromagnetische Feld vermittelt werden und akustische Daten (Hören) über Schallwellen. Dabei hat sich herausgestellt, daß das Gehirn die eingehenden Signale mit anderen Signalen, die bereits *im* Gehirn kreisen, integriert

---

1703 So auch Ervin Laszlo, *Kosmische Kreativität*, S. 241ff.

1704 David Bohm, *Wholeness and the Implicate Order*, S. 251.

1705 So etwa Ervin Laszlo, *Kosmische Kreativität*, S. 230. Es ist ein fortlaufendes Einlesen der Gehirnwellen ins Quantenvakuum und der Quantenvakuumswellen ins Gehirn.

1706 Ervin Laszlo, *Kosmische Kreativität*, S. 223–229.

(Resonanzkopplung). Die Zentren des Nervensystems schwingen also in Resonanz zur Information. Die Sehzentren funktionieren dabei wie hochentwickelte Radio- und Fernsehempfänger, indem sie die vom Auge aufgenommenen elektromagnetischen Muster (Lichtmuster) zunächst decodieren und dann erneut verschlüsseln. Das bestätigen Experimente.

Experimente stellen auch fest, daß die für die *visuelle Wahrnehmung* zuständigen Hirnregionen (die Neuronen dort) eine *Fourier*-Analyse der ankommenden Lichtsignale durchführen und deren Elemente zu Wellenformen spezifischer Frequenz und Amplitude decodieren.

Der französische Mathematiker Jean Fourier[1707] hat im frühen 19. Jahrhundert (1822) eine Reihe von Differentialgleichungen entwickelt, mit denen man jedes Bild in ein *mathematisches Äquivalent von Interferenzmustern* umwandeln kann. (Man überträgt hier etwas, das in Raum und Zeit existiert sozusagen in eine Mathematik des Lichts). Die Gleichungen kann man auch rückwärts verwenden, man kann aus Welleninteraktionen, Wellenintereferenzmustern (Frequenz, Amplitude, Phase) ein Bild rekonstruieren. Der Fourier-Analyse liegt noch die Integralrechnung zugrunde, die der deutsche Mathematiker und Philosoph Leibniz[1708] im 17. Jahrhundert entdeckte.

Karl Pribram und der Ingenieur Denis Gabor, der in den vierziger Jahren den Nobelpreis für die Entdeckung der Holographie bekam, fanden heraus, daß Gehirne Fourier-Rechner sind.

Nach Karl Pribram[1709] ist die gesamte Realität ein Frequenzbereich, und unser Gehirn wandelt diese als Frequenzanalysator in unsere Erfahrungswelt der Erscheinungen um, in die dreidimensionale Welt, die wir um uns wahrnehmen. Pribram erforschte zunächst die Frequenzen unserer normalen Sinneswelt, zum Beispiel Schall- und Lichtfrequenzen.

Wie kommt das Gehirn nun aber zu seinem Gedächtnis? Das im Quantenvakuum codierte Gedächtnis gehört ja nicht zur sichtbaren, zur visuell wahrnehmbaren, zur sinnlich erfahrbaren Welt?

Im Gehirn laufen beim Sehen zunächst einmal nachweislich elektromagnetische Prozesse ab, so daß nahe liegt, daß das Gehirn elektromagnetische Wellen empfängt und entschlüsselt, für uns in Bilder übersetzt.

[1707] Vgl. bei Lynne McTaggart, *Das Nullpunkt-Feld*, S. 130.
[1708] Vgl. bei Michael Talbot, *Das Holographische Universum*, S. 308.
[1709] Vgl. Pribram bei Michael Talbot, *Das Holographische Universum*, S. 178ff.

Pribram[1710] schlug nun vor, daß unser Gehirn auch für andere (vorwiegend elektromagnetische) Frequenzen, *die wir nicht sehen*, und die unser Gehirn gewohnheitsmäßig aus unserer visuellen Wirklichkeit ausblendet, empfänglich sein könnte, und zwar für den Frequenzbereich der impliziten Ordnung beziehungsweise des Quantenvakuums: Mystiker täten während ihrer transzendentalen Erfahrungen nichts anderes als diesen Frequenzbereich zu erspüren. Wer etwa die Fähigkeit besitze, die Aura eines Menschen wahrzunehmen, nimmt nach Pribram[1711] die Frequenzaspekte der Realität wahr, von denen wir normalerweise abgeschirmt sind.[1712] Pribram[1713] zeigte allerdings auch, daß das Gehirn ebenso für Gravitationswellen empfänglich ist. Frontolimbische Hirnareale reagieren nach Pribram auf skalare Wellenfelder (Druckwellen) in der Größe der Quantenvakuumfluktuationen.

Auch die moderne Medizin[1714] hat entdeckt, daß viele Frequenzen *außerhalb des sichtbaren Bereichs* eine deutliche Wirkung auf das Nervensystem ausüben, selbst wenn sie von uns nicht bewußt wahrgenommen werden.

Das Gehirn ist also noch viel mehr als ein Analysator von Informationen, die von den *Sinnesorganen* übertragen werden[1715] (als ein Empfänger elektromagnetischer Teilchenwellen beziehungsweise elektromagnetischer Wellen im sichtbaren Bereich).

Bei Versuchen zum Hellsehen und zur Psychometrie haben wir ferner gesehen, daß der Proband selbst dann Informationen bezog, wenn er vom (zumindest uns bekannten) elektromagnetischen Feld abgeschirmt wurde. Man könnte daraus schließen, daß sein Gehirn Empfänger für Gravitationswellen war, die sich nicht abschirmen lassen, oder für elektromagnetische Wellen aus einem uns noch unbekannten Spektrum oder

---

1710 Vgl. Pribram bei Michael Talbot, *Das Holographische Universum*, S. 178 und bei Lynne McTaggart, *Das Nullpunkt-Feld*, S. 137ff. Damit gehört Pribram zu einer kleinen Mehrheit namhafter Forscher, die nicht nur das Sehen, sondern auch höhere Gehirnfunktionen wie Gedächtnis, Wahrnehmung, Vorstellung usw. auf Frequenzen entschlüsselnde Neuronen des Gehirns, mit Vorliebe auf Neuronen des optischen Wahrnehmungssystems, zurückführt; vgl. Marco Bischof, *Biophotonen*, S. 278. Es ist auch Laszlos Modell, Ervin Laszlo, *Kosmische Kreativität*, S. 234.

1711 Vgl. Pribram bei Michael Talbot, *Das Holographische Universum*, S. 179.

1712 Pribram meint also, in unser Modell übersetzt, unser Gehirn könne neben elektromagnetischen Teilchenwellen unserer Welt auch elektromagnetische Wellenwellen des Vakuums empfangen. Das wäre auch unser Modell.

1713 Ervin Laszlo, *Kosmische Kreativität*, S. 231–233.

1714 Ervin Laszlo, *Kosmische Kreativität*, S. 233. Woraus Laszlo schließt, daß unser Gehirn auch Nullpunktsignale (Signale aus dem Quantenvakuum) aufnehmen kann, ohne daß dies vom Wachbewußtsein registriert wird.

1715 Ervin Laszlo, *Kosmische Kreativität*, S. 230.

für elektromagnetische Wellen(wellen) im Vakuum (die ließen sich auch nicht abschirmen, die wären superflüssig).

Man kann also hier feststellen, das Gehirn scheint alle möglichen elektromagnetischen Frequenzen zu empfangen, und zwar sowohl im sichtbaren als auch im nicht sichtbaren Bereich, elektromagnetische Teilchenwellen so wie auch elektromagnetische Wellenwellen, als auch, wie es scheint, Gravitationswellen. Ob wir auch direkt *Materiewellen* empfangen und lesen können, etwa die Materiewellen der Tätigkeit unseres Gehirns, der simultan schwingenden Neuronen, darüber haben wir keine Stimmen in der Literatur gefunden[1716].

Bemerkung: In unserem Modell können im Vakuum alle Wellen alle anderen Wellen sein, so daß es ausreichen würde, wenn das Gehirn elektromagnetische Wellenwellen im Vakuum empfangen kann (alles hätte im Vakuum ein elektromagnetisches Abbild).

Beim Decodieren von elektromagnetischen Wellen funktioniert das Gehirn nachweislich wie ein Fourier-Rechner. Das müßte auch für die anderen Wellen gelten (falls das Gehirn auch andere als elektromagnetische Wellen direkt empfangen könnte). Wellen sind Wellen, es gelten dieselben Wellengleichungen.

Es ist nun vielen letztlich nicht ganz klar, über welche Wellen genau unser Gehirn zu unserem Gedächtnis und dem Gedächtnis von Gegenständen kommt. Stellen wir hier eine unnötige Frage, wie etwa Laszlo[1717] meinen würde, wenn er sagt: Dem optischen Wahrnehmungssystem beispielsweise sei es, so Laszlo, egal, welcher Art die Wellen sind, ob sie aus dem elektromagnetischen Spektrum (unserer materiell erfahrbaren Welt) stammen oder aus dem Quantenvakuum, es decodiere sie einfach?

Wir denken oder wollen jedenfalls, wie gesagt, vorschlagen, das Gehirn empfängt und decodiert nur elektromagnetische Wellen. Im von uns favorisierten Modell *sind* Gravitationswellen und Materiewellen im Vakuum immer auch elektromagnetische Wellen. Unsere Gehirne könnten elektromagnetische Wellen empfangen und ein elektromagnetisches Abbild von Materiewellen und Gravitationswellen. Elektromagnetische Wellen sind sodann sowohl im Vakuum als gleichzeitig auch in unserer Welt, sie wären hier das Transportmittel, die Verbindung zwischen Vakuum und unserer Welt. Über sie gelangte das im höherdimensionalen Raum in Gravitationswellen oder Materiewellen gespeicherte Gedächtnis von Dingen oder *unser* dort gespeichertes Gedächtnis auch in unsere dreidimensionale Welt, in unsere realen Gehirne. Die Decodierung der elektromagnetischen Wellen unserer Welt, der elektromagnetischen Teilchenwellen, durch

---

[1716] Möglich, daß uns hier Wichtiges entgangen ist.
[1717] Ervin Laszlo, *Kosmische Kreativität*, S. 234.

unsere realen Gehirne ist dann kein Hexenwerk mehr, wir kennen den Vorgang vom Sehen[1718].

Eine umständlichere Variante wäre die folgende: Liegt das Gedächtnis der Dinge und unser Gedächtnis letztlich in Gravitationswellen und Materiewellen im Vakuum, dann könnte unser Gehirn etwa Gravitationswellen empfangen (Gravitationswellen unterliegen auch Materiewellen, so daß auch diese damit indirekt empfangen würden), und im Vakuum könnte dann irgendwo eine Umwandlung von Gravitationswellen in elektromagnetische Wellen stattfinden (etwa in den Neuronen, im virtuellen Neuronennetzwerk), und diese würden letztendlich sodann auf Teilchenebene decodiert.

Im von uns favorisierten Modell des Gehirns als Quantensystem zöge unser Gehirn ferner das *lokale* Gedächtnis der Dinge indirekt aus Materiewellen und das lokale Gedächtnis unseres Gehirns ebenfalls indirekt aus seinen Materiewellen, aus den Materiewellen des Gehirns in Aktion.

Hier stellt sich nun aber die Frage: der Zugang zum menschlichen Gedächtnis klappt relativ gut bei uns allen, wir erinnern uns alle mehr oder weniger. Das Gedächtnis von Dingen können aber nur wenige erfahren. Wieso dieser Unterschied?

Egal, in was für Wellen nun *unser* Gedächtnis codiert ist, es liegt in unseren Wellen, es gibt also einen unmittelbarer Gleichklang, eine perfekte Affinität, perfekte *Resonanz*. Kein Wunder, daß unsere eigenen Erinnerungen viel leichter zugänglich sind als die viel weniger mit uns resonant schwingenden Wellen der Dinge.

Die unterschiedliche Zugänglichkeit der Gedächtnisse könnte sich allgemein[1719] damit erklären, daß wir nur zu einem bestimmten Frequenzband (leicht) Zugang haben. Theoretisch gibt es beispielsweise unendlich viele Frequenzen im elektromagnetischen Feld. Unsere Gehirne können aber vielleicht nur ein bestimmtes Spektrum empfangen, so wie die einzelnen Saiten eines Klaviers nur auf ein eingeschränktes Frequenzband reagieren. Das zeigten nicht nur Pribram und der Neurophysiologe Fergus Campbell aus Cambridge[1720]: Und zwar sind viele Zellen etwa des

---

[1718] Es gilt hier Fourier. Es gilt ferner: Schon 1940 nahmen Physiologen und Neurologen von der Harvard Medical School zusammen mit dem amerikanischen Mathematiker John von Neumann an, daß Gehirn und Nervensystem sich analoger und digitaler Informationsverarbeitung bedienen. (John von Neumann (1903–1957), amerikanischer Mathematiker ungarischer Herkunft, lieferte die mathematischen Grundlagen der Quantenmechanik.)

[1719] Resonanz bedeutet ja per se auch schon eine Frequenzbandbeschränkung: etwas reagiert nur auf Schwingungen, die ihm gleichen (reagiert: im Sinne von Senden und Empfangen von Informationen oder Energie).

[1720] Vgl. bei Lynne McTaggart, *Das Nullpunkt-Feld*, S. 136–138.

visuellen Systems auf *ganz bestimmte* Frequenzen eingestellt. So könnte man annehmen, daß unser Gedächtnis in einem für uns breit zugänglichen Frequenzband existiert, hingegen das Gedächtnis von Dingen in einem Frequenzspektrum oder in Wellen existiert, aus denen nicht unbedingt jeder Informationen extrapolieren kann.

Nach David Bohm[1721] findet bei denen, die sozusagen aus einem für uns unüblichen Frequenzspektrum Informationen extrapolieren können, nur eine Verschiebung der normalen Wahrnehmung statt. In einem früheren Kapitel sahen wir, daß eine solche Verschiebung unter bestimmten Bedingungen, wie beispielsweise in Trance, auch herbeigeführt werden kann. Pribram[1722] etwa zeigte, daß in einem verminderten Bewußtseinszustand, wie in der Meditation, Entspannung, beim Ganzfeld Experiment oder in Träumen, besser paranormal wahrgenommen wird und sieht es ebenfalls so, daß sich in diesen Zuständen die Bandbreite des Wellenspektrums, das wir wahrnehmen, erweitert: wir empfangen hier, so scheint es, eine größere Zahl von Wellenlängen. Was für elektromagnetische Wellen gilt, müßte auch für Gravitationswellen oder Materiewellen gelten (insbesondere im Vakuum, wo in unserem Modell beide elektromagnetische Wellen *sein* können). (Analog könnte hier gelten: In einem bestimmten Spektrum spiegeln uns Materiewellen feste Dinge vor, in einem anderen Spektrum von Materiewellen könnten die Dinge für unsere Sinne auch nicht wahrnehmbar, nicht fühlbar, nicht sichtbar sein).

Im von uns bevorzugten Walker-Modell sähe es etwas anders aus: Wir nehmen mehr aus dem Vakuum wahr, wenn unser *reales* Gehirn zurückgedrängt und wir für kurze Zeit nur mit unserem virtuellen Gehirn operieren[1723]. Das wäre praktisch ein Modus der Außerkörperlichkeit. In diesem Modus hätten wir theoretisch sogar den maximalen Einblick, aber nur für kurze Zeit[1724]: unser virtuelles Gehirn ist schließlich an ein reales Gehirn gebunden, zumindest solange wir leben[1725]. Die Einstellung unseres Gehirns auf eine andere Bandbreite bei Meditation, Entspannung etc., die Einstellung auf langwelligere Frequenzen, wäre wohl eine Übergangserscheinung, bevor wir ganz in den Bereich des Vakuums geraten (dort müßte man für Wellenlänge „unendlich" lang einsetzen). – Könnten wir im Vakuum eine virtuelle Existenz führen, wäre uns theoretisch alles zugänglich, ein immenses Wissen etc. Beschränkungen würden sich erst

---

[1721] David Bohm, *Wholeness and the Implicate Order*, S. 251.

[1722] Pribram bei Lynne Mc Taggart, *Das Nullpunkt- Feld*, S. 207.

[1723] Sieht man das Ganze mit Wheeler, dann gelingt es uns hier, längere Zeit sozusagen in den Intervallen zu verweilen, im Wellenwellenbereich.

[1724] Dem entspricht der Term Geistesblitz.

[1725] „Hirnlosigkeit" wäre also der wesentliche Grund paranormaler Erfahrungen. Darüberhinaus könnte auch im Walker-Modell unser reales Gehirn nur auf einen beschränkten Frequenzbereich eingestellt sein.

ergeben, sobald wir aus dem Vakuum Möglichkeiten in unsere Welt, in eine Welt, holen, konkretisieren. – Bei Walker wäre also unser reales Gehirn beschränkt. Diese Beschränkung könnte natürlich wiederum darin bestehen, daß es nur einen bestimmten Frequenzbereich leicht empfangen kann, könnte in einer Frequenzbandbeschränkung bestehen.

Ganz allgemein gilt jedenfalls, auf je tieferer Ebene etwas codiert ist, desto mühsamer ist es, dies „ins Bewußtsein zu holen". Was wir sehen etwa, ziehen wir auf einer oberen Ebene aus elektromagnetischen Teilchenwellen unserer Welt, die Information ist hier unmittelbar, schlägt einem sozusagen aufs Auge. Unsere Erinnerungen holen wir aus Wellenwellen des Vakuums, eine viel zähere Sache. (Logische Schlüsse holen wir, im hiesigen Modell, aus Wellen Wellen, die nicht einmal Teilchenwellen werden können, noch schwieriger). Wo Teilchen Teilchen sind, haben wir es eher leicht. Wo Teilchen Wellen sind, wird es schwieriger oder auch ganz unmöglich. Die Wahrnehmung auf Teilchenebene ist eher leicht, die Wahrnehmung in (aus) der Wellenwelt des Vakuums zäher und beschränkt (unbeschränkt zugänglich wäre das Vakuum im Walker-Modell, falls wir uns vollständig dort befänden, dort ein virtuelles Leben leben könnten). Mystiker, Genies, Kranke, Sensitive, Intuitive, in Trance, in Ekstase, im Drogenrausch, in Tiefenmeditation Befindliche, Träumende etc., solche mit sozusagen verschobener Wahrnehmung, oder im Walker-Modell, mit temporär aussetzendem realem Gehirn und ausschließlich operierendem virtuellen Gehirn, „sehen" hier etwas mehr, aber nur für kurze Zeit, hier trifft der Term Geistesblitz zu, und auch die Erleuchtung ist hier heimisch, typischerweise haben diese Termini auch noch mit Licht zu tun, in dem im hiesigen Modell diese Informationen gespeichert sind.

Und so können wir malerisch mit Jan Stevenson[1726], Professor für Psychiatrie an der Universität von Virginia, sagen, daß die mentale Aktivitätsebene, die das Lesen des Gedächtnisses von Dingen leistet, noch tiefer angesiedelt ist als jene, die die Verdauung unseres Abendessens im Magen oder unsere Atmung reguliert – es daher besonders schwierig ist, sie „ins Bewußtsein zu holen".

Wir haben hier also unterschiedliche Modelle erwähnt.

Wo jedenfalls die genannten Modelle übereinstimmen, ist, daß unser Gedächtnis und das Gedächtnis der Dinge (auch) im Quantenvakuum liegen und unsere Gehirne und/oder Bewußtsein als Quantensysteme mit dem Quantenvakuum wechselwirken können und es da herausholen können.

[1726] Jan Stevenson, *Children Who Remember Previous Lives*, S. 255, University Press of Virginia, Charlottesville, 1987.

In welchen Gehirnstrukturen könnte nun das Senden, Empfangen, Speichern und die Entschlüsselung aller möglichen Wellen stattfinden?

Ist das Gehirn ein Quantensystem, so wechselwirken Milliarden von Hirnzellen (Neuronen) mit dem Quantenvakuum.

Feststeht einstweilen[1727], wie erwähnt, die *Neuronen der Sehzentren* empfangen und entschlüsseln elektromagnetische Muster als Fourier-Rechner.

Eine kleine, exklusive Gruppe[1728] ist nun der Ansicht, daß nicht nur das Sehen, sondern auch höhere Gehirnfunktionen wie Gedächtnis, Vorstellung usw. am ehesten auf der Grundlage eines *optischen Systems* zu verstehen sind. Daß die *Neuronen unseres optischen Wahrnehmungssystems* auch all diese Funktionen leisten, indem sie alle möglichen elektromagnetischen Frequenzen, nicht nur die im sichtbaren Bereich, und auch Gravitationswellen, empfangen und entschlüsseln.

Nach Ervin Laszlo[1729] werden zum Beispiel Wellenmuster außerhalb des sichtbaren Bereichs *von den Neuronen des optischen Wahrnehmungssystems* empfangen und decodiert, und zwar sowohl elektromagnetische Wellen als auch Gravitationswellen.

Bei Karl Pribram[1730] sind es die *Neuronen der frontolimbischen Hirnareale*, die auf skalare Wellenfelder in der Größe der Quantenvakuumfluktuationen reagieren.

Bei Keith Floyd[1731] sind *die Neuronen der Zirbeldrüse* das zentrale Organ zum Empfang und zur Decodierung *aller möglichen* Wellen.

Wie etwa elektromagnetische Wellen von *sonstigen Körperzellen* empfangen, gespeichert und gesendet werden, also von anderen Zellen als den Neuronen des Gehirns, auch dazu gibt es hochinteressante Erkenntnisse in der Biophysik[1732]. Sehen wir uns die zuerst einmal genauer an. Und gehen wir hier in die Zellen hinein.

Biophysiker stellen sich vor, die DNS *aller* Zellen (also nicht nur der Neuronen) kann aufgrund ihrer Helix-Geometrie (ihrer räumlichen Struktur, sie ist eine Spirale) Licht (elektromagnetische Wellen) speichern

---

[1727] Ervin Laszlo, *Kosmische Kreativität*, S. 223–229.

[1728] Vgl. bei Marco Bischof, *Biophotonen*, S. 278. Es ist auch Laszlos Modell, Ervin Laszlo, *Kosmische Kreativität*, S. 234: Dem optischen Wahrnehmungssystem sei es dabei, so Laszlo, egal, welcher Art die Wellen sind, ob sie aus dem elektromagnetischen Spektrum stammen oder aus dem Quantenvakuum, es decodiert sie einfach.

[1729] Ervin Laszlo, *Kosmische Kreativität*, S. 234.

[1730] Vgl. Pribram bei Michael Talbot, *Das Holographische Universum*, S. 178f., bei Lynne McTaggart, *Das Nullpunkt-Feld*, S. 137ff. und bei Ervin Laszlo, *Kosmische Kreativität*, S. 231–233.

[1731] Bei Marco Bischof, *Biophotonen*, S. 278f. Descartes sprach witzigerweise der Zirbeldrüse eine ähnliche Bedeutung zu, sah sie als Sitz des Bewußtseins; vgl. Descartes bei R. Sheldrake, *Die Wiedergeburt der Natur*, S. 62.

[1732] Vgl. zum Beispiel Popp und Li bei Marco Bischof, *Biophotonen*, S. 184–202.

und auch wieder abgeben, und zwar in hoch kohärenter Form (also auf Quantenvakuumsniveau[1733]). Und die DNS kann aufgrund ihrer Helix-Geometrie eine Antenne sein: Eine Helixantenne besitzt unter anderem die Eigenschaft, sich auf bestimmte Frequenzen einzustellen.

Über *Resonanzkoppelung* (der DNS mit ihrer *Umwelt* beziehungsweise mit den Wellen *draußen*) entsteht ein Informationstransfer. Resonanzkopplung bedeutet die wechselseitige Beeinflussung zweier mit gleicher oder ähnlicher Frequenz schwingender physikalischer Systeme, bei der Energie oder auch nur Information übertragen wird.

Die Neuronen im Gehirn, kann man sich denken, benützen dasselbe System, um Wellen aufzunehmen, zu speichern, und wieder abzugeben.

Schauen wir die Neuronen und ihr Netzwerk einmal genauer an und auch in die Neuronen hinein.

In der Folge von Pribram entdeckten der japanische Physiker Kunio Yasue, der Mediziner Stuart Hameroff und der Physiker Scott Hagan[1734], daß Strukturen wie *Mikrotubuli innerhalb der Neuronen und der Fortsätze* ideale Kandidaten für Empfang, Speicherung und Abgabe von Wellen innerhalb und außerhalb des sichtbaren Bereichs waren.

Mikrotubuli[1735] sind das Gerüst der Zelle, halten sie aufrecht. Sie sind winzige hohle Zylinder, Proteinfasern. Alle Mikrotubuli verlaufen wie bei einem Wagenrad vom Mittelpunkt der Zelle nach außen zur Membran. Mikrotubuli haben ebenfalls eine Helixstruktur wie die DNS! Akzeptiert ist heute, daß Mikrotubuli optimale *Licht*leitereigenschaften besitzen. Und zwar fand hier nach Hameroff, Yasue und Hagen eine so instantane und ubiquitäre Lichtleitung statt, daß wir ganz klar eine Superstrahlung hatten (wir sind also auch hier auf Quantenvakuumsniveau bzw. auf Quantenniveau). Hameroff und Kollegen fanden diesbezüglich experimentelle Hinweise, ebenso die italienischen Physiker Del Giudice und Preparata und der Biophysiker Popp[1736]: Ein Hinweis war die Entdeckung, daß die Mikrotubuli im Inneren mit *geordnetem Wasser* gefüllt sind. Gewöhnliches Wasser in der Leitung oder in einem Fluß ist ungeordnet.

[1733] Hat man nicht das hier vertreten Modell des Quantenvakuums, sagt man einfach: auf Quantenniveau.

[1734] Vgl bei Ervin Laszlo, *Kosmische Kreativität*, S. 231–233 und vgl. bei Lynne Mc Taggart, *Das Nullpunkt-Feld*, S. 138–148. Vgl. alle möglichen Hypothesen bei Marco Bischof, *Biophotonen*, S. 269ff. Vgl. Amit Goswami, *Das Bewusste Universum*, S. 219f. Vgl. auch Stuart Hameroff, *The Neuronal Cytoskeleton: A complex System That Subserves Neural Learning* in Editor: Karl H. Pribram, *Rethinking Neural Networks: Quantum Fields And Biological Data*, S. 389ff.

[1735] Komplizierter wird es noch, weil diese Mikrotubuli keine unveränderliche Struktur sind, sondern ständig abgebaut und wieder neu zusammengesetzt werden.

[1736] Vgl. bei Lynne McTaggart, *Das Nullpunkt-Feld*, S. 147f.

In den Mikrotubuli hingegen sind Wassermoleküle hochgradig *kohärent*, das heißt, sie bewegen sich nicht zufällig.

Informationen konnten mittels der Mikrotubuli *überall gleichzeitig* gespeichert und übertragen werden. Hier fand eine viel schnellere Übertragung statt wie zwischen Axonen und Dendriten der Nervenzellen! Hier wurde jenseits von Raum und Zeit operiert, und das heißt in unserem Modell: im Qantenvakuum! Das heißt, die Mikrotubuli konnten Wellen aus dem Quantenvakuum empfangen, speichern und weiterleiten. Hameroff, Hagan und Yasue stellten sich die Mikrotubuli zusammen mit den Neuronenfortsätzen als eine Art Internet des Körpers vor, in die sich alle Neuronen des Gehirns einloggen konnten und über die sie mit allen anderen Neuronen kommunizieren konnten und zwar ubiquitär und instantan, das Ganze auf Quantenniveau im Quantenvakuum: das war nach ihnen Bewußtsein[1737]. Das Ganze implizierte nun auch potentielle Zustände[1738]. In jedem Augenblick würde unser Gehirn zwischen diesen auswählen und sie zu realen machen, womit man auch eine Erklärung für den freien Willen hätte[1739].

Auch Roger Penrose[1740] hielt die Mikrotubuli in Neuronen, diese Hohlröhren aus Proteinen, für die Gehirn-Strukturen, in denen sich Quantenprozesse (auf Quantenvakuumsniveau) abspielen, und auch nach ihm *ähneln* sie zumindest Supraleitern, genauer: Supralichtleitern.

Und auch der Physiker Herbert Fröhlich dachte in diese Richtung, ebenso der Anthropologe Terence McKenna[1741].

Das heißt wir haben bei den Mikrotubuli in Neuronen und deren Fortsätzen eine Struktur, die mit dem Quantenvakuum (unseres Modells) wechselwirkt, sich mit dortigen Wellen etwa in Resonanz begeben kann. (Wie es scheint, vor allem mit elektromagnetischen Wellen.)

Sobald die Mikrotubuli auf Quantenvakuumsniveau operieren, würde uns Walker erinnern, wären sie virtuelle Mikrotubuli, Teile des virtuellen Gehirns.

Nun kann man hier noch weitergehen. Wahrscheinlich wäre etwa nach Popp, daß auch die DNS hier mitwirkt. Auch diese leitet ja Licht. Es besteht schließlich eine Verbindung der Mikrotubuli zum Zellkern. Es könnte nach Popp sein, daß die Mikrotubuli lediglich von der DNS gespeist würden, die DNS der eigentliche Hauptempfänger-, -sender und -speicher für Wellen wäre. Und Popp denkt weiter. Nun sind die DNS

[1737] Die Quanten-Kohärenz, bei der subatomare Teilchen hier im gesamten Körper kommunizieren, ist verantwortlich für die Einheit von Gedanken und Bewußtsein.

[1738] Vgl. Lynne McTaggart, *Das Nullpunkt-Feld*, S. 147.

[1739] Oder zumindest für dessen Möglichkeit.

[1740] Roger Penrose, *Das Grosse, das Kleine und der menschliche Geist*, S. 165ff.

[1741] Terence McKenna in Rupert Sheldrake, Terence McKenna, Ralph Abraham, *Denken am Rande des Undenkbaren*, S. 42.

und die Mikrotubuli in *jeder* Zelle, nicht nur in den Neuronen. Der ganze Körper könnte so beteiligt sein beim Empfangen von Wellen außerhalb des sichtbaren Bereichs, unser ganzer Körper wäre damit in wichtige Bewußtseinsfunktionen wie Erinnerung einbezogen, eine revolutionäre Idee[1742]. Das Gedächtnis (und andere wichtige Bewußtseinsleistungen) läge damit nicht nur außerhalb des Gehirns in einem physikalischen Feld, es läge auch außerhalb des Gehirns sozusagen im gesamten Körper, in jeder Zelle[1743]!

Soweit also zu den Strukturen im Gehirn beziehungsweise im Körper, die Wellen empfangen, senden, speichern, und dies gerade auch auf Quantenvakuumsebene (beziehungsweise, hat man hier nicht unseren Vakuumsbegriff, sagt man nur: auf Quantenebene, und meint die Wellenebene).

Was ist nun mit der Decodierung:

Pribram[1744] nahm an, daß der komplizierte Prozeß der *Signalumwandlung, der Decodierung,* gerade *im Zwischenraum zwischen den Neuronen* stattfindet, dort wo die Neuronen über ihre Fortsätze (Axone/Ausgangkanäle mit Synapsen und Dendriten/Eingangskanäle) den Zwischenraum überbrückten, indem sie über diese sozusagen elektrisch feuerten. Die elektrischen Signale bewegten sich nun auch durch die Glia, das Stützgewebe, das die Neuronen umgibt, und trafen dabei auf andere elektrische Signale. Hier war also eine ständige elektromagnetische Kommunikation, hier waren ständig sich überlagernde Wellenmuster. Nach Pribram ließen sich hier am ehesten Wellenfrequenzen aufgreifen und analysieren (etwa in Bilder umrechnen). Er vermutete, daß die Wellenkollisionen dort bildhafte Vorstellungen im Gehirn erzeugten.

Bemerkung: Hier hat man meßbare Signale, das heißt, hier werden elektromagnetische Teilchenwellen entschlüsselt.

Bei manchen der oben genannten Forscher ist nun nicht bloß das Gehirn ein Quantensystem, sondern auch das *Bewußtsein.*

Eine andere Möglichkeit wäre nun, daß das Bewußtsein Wellen empfangen, speichern, senden und decodieren kann, auch ohne das Gehirn.

Das Bewußtsein als eigenes Quantensystem wird nun im obigen Zusammenhang nicht mehr sonderlich genannt. Es ist sozusagen einfach mit von der Partie.

[1742] Auch diese revolutionäre Ansicht gibt es, vgl. bei Marco Bischof, *Biophotonen,* S. 282, den Biologen Roger Coghill. Auch Popp vertritt dies, vgl. bei Lynne Mc Taggart, *Das Nullpunkt-Feld,* S. 148.

[1743] Die Idee finden wir auch beim Ehepaar Damasio in *Descartes' Irrtum – Fühlen, Denken und das menschliche Gehirn.*

[1744] Vgl. Lynne McTaggart, Das Nullpunkt-Feld, S. 138f.

Nun gibt es Fälle, die *zu zeigen* scheinen, daß *das Bewußtsein Wellen empfangen, speichern, senden und decodieren kann, auch ohne das Gehirn.* Es sind die vielen protokollierten Nahtoderfahrungen. Menschen, deren Gehirntätigkeit praktisch nicht mehr gemessen werden konnte, machten dennoch bewußte Erfahrungen, sahen etwa sich selbst auf dem Operationstisch liegen, wobei diese Erfahrungen sich ex post als richtig erwiesen – die Person, die sich selbst auf dem Operationstisch liegen sah, konnte später den Arzt, die Instrumente, die Tätigkeit so beschreiben, wie es der Realität entsprach. Daß das Bewußtsein hier auch ohne das Gehirn zu funktionieren scheint, wird nicht besonders eifrig untersucht. Hier haben bislang zu viele die Angst als nicht mehr seriös zu gelten. Trotz des großen Fakten-Materials.

Wir müssen hier nicht auf ein Bewußtsein als eigenes Quantensystem zurückgreifen, um diese Fälle zu erklären.

Das Walker-Modell reicht aus:

Auch im Modell des amerikanischen Physikers Walker ist ein Bewußtsein vorstellbar, das ohne Gehirn operiert. Bei Walker bilden Neuronen ein *reales* neurales Netz und ein *virtuelles* neurales Netz, das sich mit dem realen deckt. Das virtuelle nervöse System, das virtuelle Gehirn, verfügt also über dieselben Strukturen wie das reale Gehirn, um Wellen zu empfangen, zu senden, zu speichern und zu entschlüsseln. Sein Produkt, das (reine) Bewußtsein (das Bewußtsein als Funktion), ist, wie wir bei Walker sahen, dabei schon immer nicht von unserer Welt, es ist nur im Vakuum, es ist theoretisch an unsere Welt nicht gebunden, es kann theoretisch frei agieren[1745]. *Vorstellbar wäre hier, daß man sich, zumindest für kurze Zeit, auf der Ebene des reinen Bewußtseins befindet, auf der Ebene des virtuellen Gehirns*: dort könnte man bei Walker voll denken, wahrnehmen, fühlen etc. Es wäre ein kurzzeitiges außerkörperliches Dasein, das auch ein an alle möglichen Orte Reisen und ein in der Zeit hin und her Reisen impliziert (wir sind hier ja vollumfänglich/ausschließlich im Vakuum[1746]).

Dieses kurze außerkörperliche Dasein kann auch dann der Fall sein, wenn wir meditieren, uns mystisch versenken, in Ekstase sind etc., in all den Zuständen geminderten Bewußtseins, die auch paranormaler Wahrnehmung förderlich sind. Nicht nur unser „Bewußtsein"[1747] ist hier aller-

---

[1745] Wir haben hierzu bereits am Ende des Kapitels *Das Gedächtnis im Quantenvakuum* ... Ausführungen gemacht.

[1746] Typischerweise erzählen viele, dieNahtoderlebnisse hatten, daß in Bruchteilen von Sekunden ihr ganzes Leben noch einmal vor ihnen abgelaufen sei. Zeit ist hier, typisch fürs Vakuum, also völlig beliebig.

[1747] Mit dem Term „Bewußtsein" wäre hier nicht das reine Bewußtsein im Walker-Modell gemeint, die pure Funktion des Bewußtseins. Sondern unser konkretes Wahrnehmen etc. in unserer Teilchenwelt.

dings, wie wir am Anfang (im Kapitel I, 3. *Bedingungen für Psychometrie*) annahmen, zurückgedrängt. Unser reales Gehirn ist hier ebenfalls zurückgedrängt, und bei den Nahtoderfahrungen besonders stark zurückgedrängt, gar eine Zeitlang, wie es scheint, außer Funktion. Alle paranormalen Erfahrungen, alle Phänomen außersinnlicher Wahrnehmung, erklären sich hier, im Walker-Modell, stimmig. Wir sind im Walker-Modell bei paranormaler Wahrnehmung tatsächlich jenseits unserer normalen Sinne, wir sind im Zustand des reinen Bewußtseins, wir denken hier für kurze Momente nur mit unserem virtuellen, nicht mit unserem verkörperten Gehirn.

Eine andere Frage wäre, ob unser Bewußtsein im Walker-Modell auch, *wenn unser Gehirn gar nicht mehr existiert,* frei weiterempfinden, wahrnehmen etc. kann. Das haben wir schon erörtert am Ende des Kapitels *Das Gedächtnis im Quantenvakuum* ... Zu unserem Bewußtsein als virtuellem Gehirn in Aktion gehört immer auch ein reales Gehirn. Unser Bewußtsein als virtuelles Gehirn wäre zwar verewigt/ewig im Vakuum. Es bedürfte aber sozusagen eines Anschuckens, unter Umständen durch einen Gott, um sozusagen virtuell weiterzuleben, und auch um sich wieder zu verkörpern.

Zusammenfassung:

Wir haben hier nun (vereinfacht) folgendes Modell: Mikrotubuli in Neuronen und ihren Fortsätzen, vielleicht aber auch in *allen* Zellen, leisten, womöglich im Verbund mit der DNS, das Empfangen, Senden und Speichern von Wellen. Es geschieht ein fortlaufendes Einlesen der Gehirnwellen ins Quantenvakuum und der Quantenvakuumswellen ins Gehirn. Die Wellen des neuronalen Netzwerks überlappen sich dabei mit (gleichen oder ähnlichen) Wellen im Quantenvakuum (= Resonanzkopplung). (Natürlich kommt immer auch ein Kommunizieren von Gehirnwellen und Vakuumswellen über ein allgemeines in Phase Kommen in Betracht, Stichwort: Kohärenz/konstruktive Interferenz; die Wellen können dann eine andere Frequenz und auch andere Amplitude haben). Über Fourier-Rechnungen werden sodann, wahrscheinlich in den Zwischenräumen zwischen den Neuronen, dort wo die Neuronen über ihre Fortsätze den Zwischenraum überbrücken, die Wellen decodiert (etwa zu inneren Bildern umgerechnet).

Wir nehmen zusätzlich an, daß auf Vakuumsebene alle Wellen alle anderen Wellen sein können. So daß unser Gehirn im Vakuum ein elektromagnetisches Abbild von Materiewellen und/oder Gravitationswellen empfangen kann und schlußendlich elektromagnetische Wellen decodiert. (Umständlicher könnte man sich vorstellen, daß im Vakuum, etwa in den neuronalen Netzwerken, Materiewellen unterliegende Gravitationswellen oder nur Gravitationswellen in elektromagnetische Wellen umgewandelt werden und diese dann letztendlich decodiert.[1748]) Über elektromagnetische Wellen wird die Information, hier das Gedächtnis der Dinge, praktisch aus der höherdimensionalen Quantenvakuumsebene in unsere dreidimensionale Welt transferiert. Wir befinden uns beim Wahrnehmen des Gedächtnisses (unseres Gedächtnisses und des Gedächtnisses der Dinge) in zwei Welten, in der potentiellen, virtuellen des Quantenvakuums (das wir im Fundamentalen als Gravitationsfeld sehen) und in unserer dreidimensionalen Welt, zu der auch das elektromagnetische Feld gehört.

Mit dem amerikanischen Physiker Walker möchten wir uns das so vorstellen: soweit unsere neuronalen Netzwerke mit dem Quantenvakuum interagieren, diesem höherdimensionalen, virtuellen Raum, haben sie eine virtuelle Struktur, sind sie ein *virtuelles* neurales Netz. Soweit sie mit dem elektromagnetischen Feld in unserer Welt interagieren, sind sie ein *reales* neurales Netz, das sich mit dem virtuellen deckt. Bei Walker leistet gerade dieses virtuelle nervöse System höhere Bewußtseinsfunktionen, wie Erinnern. (Das Bewußtsein – als pure Funktion oder Aktion – ist bei Walker schon immer nicht von dieser Welt, es gehört ins Quantenvakuum! So begleitet uns etwas, das wir auch unsterbliche Seele nennen könnten.)

Das Lesen des Gedächtnisses von Gegenständen unterscheidet sich etwas vom Lesen unseres Gedächtnisses, wenn auch grundsätzliche Parallelen da sind.

Wir haben zwar alle paranormale Fähigkeiten; sie gehören zu unserer Ausstattung wie alle höheren Bewußtseinsfunktionen, wie unser Gedächtnis, unser Gedächtnis liegt aber in einem für uns besser zugänglichen Bereich als das Gedächtnis von Dingen. Aus letzterem (dem Bereich, in dem Dinge ihr Gedächtnis haben) kann nicht unbedingt jeder mit Leichtigkeit Informationen extrapolieren.

Überhaupt braucht es hier einen speziellen Modus, um Informationen zu extrapolieren. Im von uns favorisierten Walker-Modell klappt paranormale Wahrnehmung und so auch Psychometrie wortwörtlich im außerkörperlichen Zustand, wir nehmen für Momente mehr oder weniger nur mit dem virtuellen Gehirn wahr, drängen das reale Gehirn zurück, ein Ausnahmezustand (normalerweise findet jede *konkrete* Wahrnehmung ja auf der Teilchenebene des realen Gehirns statt).

Man könnte mit Jan Stevenson[1749], Professor für Psychiatrie an der Universität von Virginia, pittoresk sagen, daß die mentale Aktivitätsebene, die das Lesen des Gedächtnisses von Dingen leistet, noch tiefer

---

[1748] Manche nehmen auch an, daß das Gehirn alle Wellen, sowohl Gravitationswellen als auch elektromagnetische Wellen empfangen und decodieren kann. Im Gehirn finden aber nachweislich vorwiegend elektromagnetische Prozesse statt.

[1749] Jan Stevenson, *Children Who Remember Previous Lives*, S. 255, University Press of Virginia, Charlottesville, 1987.

angesiedelt ist als jene, die die Verdauung unseres Abendessens im Magen oder unsere Atmung reguliert – es daher besonders schwierig ist, sie ins Bewußtsein zu holen. Diejenigen, die das leicht können, wären paranormal Begabte.

In dieselbe Kategorie dieses schwer zugänglichen Bereichs gehören nach manchen[1750] auch Intuition und Kreativität. Das Genie etwa hätte ebenfalls einen privilegierten Zugang zum Quantenvakuum.

Die knifflige Frage der Selektion

Wir haben jetzt ein grobes Modell dafür, wo dieses unsichtbare, unspürbare, seltsame Gedächtnis von Gegenständen zu finden ist, und ein grobes Modell dafür, wie unser Gehirn beziehungsweise unser Bewußtsein an dieses Gedächtnis von Gegenständen kommt und es entschlüsselt.

Wie gerät aber ein Psychometer sozusagen an die *richtige* Information? An *bestimmte* Informationen, die den konkreten Gegenstand betreffen? Der Psychometer hält etwa eine Mordwaffe in der Hand und möchte aus dieser wissen, wer der Mörder war, der sie bediente.

Der Psychometer hat einen Zugang zum gigantischen Informationsfeld des Quantenvakuums, zu physikalischen Feldern in diesem. Wie *selektiert* er aber hieraus?

Ist eine psychische Komponente hier ausschlaggebend? Zum Beispiel *der Wille, die Absicht?* Ich *möchte* das und das wissen, und dieses Wollen, diese Absicht, wirkt dann leitend, wählt aus dem Quantenvakuum aus, was ich möchte? Eine verrückte Idee.

Daß eine psychische Komponente enorme selektive Wirkungen zeitigen kann, das meinen heute einige Physiker, die den Elementarteilchen sogar so etwas wie Willenskraft zuschreiben, so zum Beispiel der amerikanische Physiker Andrew A. Cochran[1751]. Cochran vermutet, daß eine psychische Komponente Materie aufbaut, also eine psychische Komponente als Selektor fungiert. Er vermutet, daß die Atome verschiedener Elemente noch bisher ungeahnte Eigenschaften besitzen könnten, die eher psychischer Natur sind[1752]. Auch beim Stanford Physiker Robert B.

[1750] Vgl. bei Lynne Mc Taggart, *Das Nullpunkt-Feld*, S. 150.

[1751] Nach Andrew A. Cochran besitzen die Elementarteilchen der Materie erste Anklänge an Willenskraft, Selbstaktivität oder Anklänge an einen Geist. Auf diesen Wesenszug könnten, nach ihm, die grundlegenden Eigenschaften der Quantenmechanik zurückzuführen sein. In Andrew A. Cochran, *Are Atomic Particles Conscious?*

[1752] Cochran bei Marco Bischof, *Biophotonen*, S. 413.

Laughlin[1753] gibt es sozusagen einen eigenen Willen der Materie: *Ordnungsprinzipien* können ihr den vermitteln und sie sogar unabhängig von ihr zugrunde liegenden Gesetzen machen.

Und bereits Leibniz[1754] hielt Licht (Photonen) für intelligent und zielgerichtet sich verhaltend. Er entdeckte, von allen möglichen Kurven wählt ein Lichtstrahl immer diejenige aus, die ihn am schnellsten zum Ziel bringt.

Und die Heisenberg'sche Unbestimmtheit wird auch als *freier Wille* des Mikrobereichs, als bewußtseinsähnlich interpretiert. Wo der Wellencharakter stärker ist, ist diese Willensfreiheit größer. So macht der Mathematiker Arthur M. Young[1755] darauf aufmerksam, daß Elektronen und Protonen einen stärkeren Wellencharakter und eine geringere Massehaftigkeit haben als Atome, weshalb sie sozusagen mehr freien Willen haben. Photonen, die eine noch kleinere Masse haben, sind dann noch unbestimmter, noch willenhafter. Von Photonen bis zu Molekülen nimmt er eine zunehmende Determiniertheit, abnehmende Geisthaftigkeit, Willenhaftigkeit an. Dann dreht es sich interessanterweise wieder um! So besitzen so große, makroskopische Objekte: Makromoleküle wie Polymere, wieder mehr Freiheit, Geisthaftigkeit: Sie können Strukturen und Prozesse mit mehr Freiheitsgraden aufbauen. Sie können Ordnung speichern und Energie aus der Umwelt ziehen, wodurch sich auch lebende Organismen auszeichnen. Cochran spricht Makroobjekten wie Proteinen ebenfalls einen sozusagen psychischen Wellencharakter zu.

Und überall wäre es diese psychische Komponente, diese Art Wille, der Materie organisiert beziehungsweise die Selektionen, die Wahlen trifft, die Materie organisieren.

Ist es analog also der Wille des Psychometers, der selektiert? Eine psychische Komponente? Ich will etwas, und die Realität richtet sich danach, liefert es mir? Der Psychometer *entscheidet* sich, den bestimmten Gegenstand zu psychometrisieren, und allein schon diese Entscheidung, ein psychisches Moment, könnte ihn zu vielen den Gegenstand betreffenden Informationen, zu dessen Gedächtnis leiten. Allein seine Vorstellung, dies und das erfahren zu *wollen*, wäre der Selektionsmechanismus. Das klingt einfach, erscheint aber doch hochseltsam. Es ist so seltsam wie das Kollabieren der Wellenfunktion, die schon durch unsere *Entscheidung*, etwas zu messen, stattfindet. Das haben Physiker[1756] beobachtet: Schon das bloße Aufbauen der Meßapparatur, bevor man sie einschaltete, führte

---

[1753] Robert B. Laughlin, *Abschied von der Weltformel*, S. 77f.

[1754] Vgl. bei Marco Bischof, *Biophotonen*, S. 159.

[1755] Vgl. bei Marco Bischof, *Biophotonen*, S. 411f.

[1756] Vgl. Ervin Laszlo, *Zu Hause im Universum*, S. 96: Das ergab 1991 Leonard Mandels Experiment und wurde 1998 durch die Konstanzer Physiker Dürr, Nunn und Rempe bestätigt.

nachweislich zum Kollaps der Wellenfunktion. Also die bloße feste Absicht zu messen.

Im Kapitel *Bedingungen für Psychometrie* hatten wir schon gesehen, welche Rolle psychische Komponenten für den psychometrischen Erfolg spielen. Ein Psychometer war erfolgreich, wenn *Emotionen* und *Interesse*[1757] mit dem zu ermittelnden Gedächtnis eines Gegenstands verknüpft waren.

Etwas zu wollen könnte also tatsächlich ein Selektor sein. Wir könnten das die Schopenhauer'sche Variante nennen: die Welt als Wille und Vorstellung.

Ein ganz großer Selektor ist jedenfalls *Affinität beziehungsweise Resonanz*.

Resonanz ist vielerorts ein hochwichtiger Selektor. So bei Rupert Sheldrake in der Welt der Natur.

Resonanz bedeutet, Wellen haben dieselbe oder eine ähnliche Frequenz. Liegt dieser Fall vor, können Informationen und/oder Energie übertragen werden beziehungsweise *werden*[1758] Informationen und/oder Energie übertragen.

Bei Sheldrake ereignet sich seine sogenannte *morphische Resonanz* zwischen *schwingenden* Systemen. Atome, Moleküle, Kristalle, Zellen, Gewebe, Organe bestehen alle aus Teilen, die sich in fortwährenden Schwingungen befinden, und sie alle weisen ihre eigenen charakteristischen Schwingungsmuster auf. Ähnlich Schwingendes steht in Kontakt, überlagert und *verstärkt* sich. Die verstärkten Muster setzen sich dann sozusagen als „die richtigen" durch. So entsteht durch Verstärkung Bedeutung, baut sich so die Natur auf.

Gleiches oder Ähnliches zieht also Gleiches oder Ähnliches an wie in der Alchemie. Wir haben ein sympathetisches Verhalten von Strukturen, von Wellenmustern: auch hierin kann man ein psychisches Element sehen, das in der Natur wirkt, sie eigentlich baut.

Wir sagten, alles sind Quantensysteme (beziehungsweise alles schwingt), auch unser Gehirn. Unser Gehirn erhielt Informationen, indem es die Schwingungen draußen mit artverwandten Schwingungen seinerselbst (gleicher oder ähnlicher Frequenz) abglich. (In diesem sympathetischen, resonanten Abgleichen von Schwingungen entstehen sodann im Weiteren *Gedankenbilder*.)

In der Psychometrie sähe das dann so aus: Der Psychometer nimmt die spezifischen Wellen des Gegenstands auf, die eine Person, zum Beispiel der Besitzer, auf ihm hinterlassen hat (um es untechnisch zu formulieren), soweit es Ähnlichkeiten zu seinen eigenen Hirnwellenmustern

---

[1757] Emotionen und Interesse sind etwa für Ervin Laszlo, *Kosmische Kreativität*, S. 229ff., ein Selektor in diesem Zusammenhang.

[1758] Es gibt hier so etwas wie eine prästabilierte Harmonie.

gibt. Er sieht daher zuerst Dinge, die ihm praktisch selbst gleichen, etwas mit ihm selbst, seinen spezifischen Hirnwellenmustern zu tun haben. Die Selektoren *Emotion* und *Interesse* sind eigentlich ein Unterfall von *Resonanz*.

Das ist aber noch nicht die ganze Wahrheit!

Es geht nicht nur um einen schon bestehenden Wellengleichklang, um das Abgleichen schon bestehender gleicher Muster. *Ein Gleichklang kann auch erst hergestellt werden.* Unser Gehirn kann auch auf etwas ihm *Neues* einschwingen. Davon war Pagenstecher[1759] überzeugt in der Psychometrie: Der Gegenstand, der Zeuge der vergangenen Ereignisse war, erzeugt, nach Pagenstecher, wie eine Stimmgabel in unserem Gehirn, die spezifische Schwingung, die den damaligen Ereignissen entspricht. Das Gehirn rezipiert diese, ihm *durchaus auch neue*, Schwingung und loggt sich sozusagen ins „kosmische Bewußtsein" ein. Dort findet dann ein Abgleichen artverwandter Schwingungen statt (d.h., das Gehirn findet im kosmischen Bewußtsein dieselben Schwingungen). Und in diesem sympathetischen Zusammenschwingen besteht der Informationstransfer. Der Psychometer oder irgend etwas nähme also die Schwingungen von etwas anderem auf, auch wenn sie für ihn neue sind, keine Affinität zu ihm haben, er reproduzierte sie und würde sodann eine Antenne für gleiche oder ähnliche Schwingungen im Raum.

In der Physik kennen wir ein Kommunizieren (Information oder Energie wird übertragen)/in Phase Kommen von Wellen *auch mit unterschiedlicher Frequenz und Amplitude*: Stichwort Kohärenz/konstruktive Interferenz: Wellen synchronisieren sich hier so, daß beide zur gleichen Zeit ihren Gipfel oder ihr Tal erreichen, selbst dann, wenn sie unterschiedliche Frequenz oder Amplituden haben.

Was allerdings, laut Gehirnforschern, limitiert wäre, wäre der Schwingungsbereich: wir sind generell nicht für alle Schwingungen empfänglich (wir erinnern uns an die Klaviersaite). Und, wo etwa Sheldrake auch ein Limit sieht: das Neue, auf das wir einschwingen können, stammt, nach ihm, aus einem *endlichen* Reservoir latenter Möglichkeiten (hier könnte man sich allerdings auch unendliche Möglichkeiten vorstellen; das stellt einen dann aber wieder vor das Problem, wieso gerade relativ sinnvolle Möglichkeiten ausgewählt werden. Vielleicht gibt es einfach endliche, präzise Regeln, aber unendlich viele Möglichkeiten auf der Basis der endlichen Regeln). Wir würden also nichts Neues aus dem Nichts schaffen. Eine weitere Einschränkung besteht ferner: Wir können zwar auf für

---

[1759] G. Pagenstecher in *Encyclopedia of Occultism & Parapsychology*, S. 1051.
Pagenstecher und Sheldrake betonen auch, daß die Schwingungsverstärkung, das Überlappen gleicher Schwingungen, Bedeutung erzeugt.
Vgl. auch in Jean Prieur, *La mémoire des choses*, S. 18–20, den bizarren Text eines messagers de l'au-delà, der es ebenso erklärt.

uns Neues einschwingen, ob wir das aber auf der Basis dessen, was wir bereits kennen, verwerten können, ist wieder eine andere Sache[1760]: Physik-Genies etwa, die vor Jahrhunderten sozusagen das Quantenvakuum anzapften, konnten nicht die Relativitätstheorie zu Papier bringen, weil sie Physik noch nicht in der Form betrieben, wie sie von Einstein erst viel später betrieben werden konnte (hier käme durch ein Hintertürchen wieder die Affinität herein, zumindest eine relative).

Durch ein in Phase-Kommen (Stichwort Kohärenz, konstruktive Interferenz) kann der Psychometer sich also auch, innerhalb eines zulässigen Schwingungsbereichs, in bestimmten Grenzen, auf ihm nicht ähnliche, auf neue Schwingungen einstellen und Neues aus einem Reich von latenten Möglichkeiten schöpfen. Sicherlich ist das schwieriger, als schon bestehende Ähnlichkeiten abzugleichen: Psychometrie funktioniert eindeutig besser, wenn Affinität, Emotionen und Interesse im Spiel sind. Besteht von vornherein Wellenresonanz geht nachweislich alles einfacher. Das meint auch Braud; er stellte fest, daß unsere Fähigkeit, Signale aus dem Quantenvakuum aufzunehmen, etwa im Rahmen einer tiefen Verbindung mit einer andern Person wächst; die Wellenmuster haben sich hier bereits synchronisiert: es fällt mir also leichter, das Gedächtnis einer Person zu lesen, zu der eine echte Verbindung besteht, auch Telepathie hat es hier nachweislich leichter.

Zweifellos half auch *ein verminderter Bewußtseinszustand* dem Psychometer; auch diesen könnte man eventuell als einen Selektor bezeichnen, er *half* zumindest bei der Selektion.

Und warum?

Weil in diesem Zustand unsere Fähigkeit Signale (aus dem Vakuum) aufzunehmen wächst: Bei der gewöhnlichen Wahrnehmung verfügen die Dendriten-Netzwerke in unserem Gehirn nur über eine eingeschränkte Kapazität Signale (aus dem Vakuum) aufzunehmen, da wir, wie schon im Zusammenhang „Affinität" erwähnt, wohl nur auf ein begrenztes Frequenzband eingestimmt sind: In einem verminderten Bewußtseinszustand, wie in der Meditation, in der Entspannung, beim Ganzfeld Experiment oder in Träumen, erweitert sich die Bandbreite, empfangen wir eine größere Zahl von Wellenlängen, demonstrierte etwa Pribram[1761].

Die Selektion scheint also auch dadurch eingegrenzt, daß wir *nur auf einen bestimmten Frequenzbereich reagieren.* So ist nach Karl Pribram[1762] das Gehirn ein scharf unterscheidender Frequenzanalysator, der nur – er wies das bezüglich der Sehrinde von Katzen nach – auf eine begrenzte

---

1760 Vgl. hierzu den Psychologen Robert M. Anderson bei Michael Talbot, *Das Holographische Universum*, S. 70f.

1761 Pribram bei Lynne Mc Taggart, *Das Nullpunkt- Feld*, S. 207.

1762 Pribram bei Lynne McTaggart, *Das Nullpunkt-Feld*, S. 136.

Anzahl von Frequenzen reagiert. Hier findet also eine Selektion aus den im Prinzip unbegrenzten Wellenspektren statt.

Beim Physiker Walker, dessen Modell wir bevorzugen, sähe es etwas anders, aber nicht grundsätzlich anders, aus: Unsere Selektion wäre nicht in erster (eher in zweiter) Linie durch bestimmte Frequenzen begrenzt, auf die wir nicht eingestellt sind, sondern sie ist in erster Linie dadurch begrenzt, daß wir nicht frei im Vakuum mit unserem virtuellen Gehirn navigieren können, *weil (solange) wir an unser reales Gehirn gebunden sind.* (Unser reales Gehirn könnte natürlich auch hier wiederum auf den Empfang nur bestimmter Frequenzen beschränkt sein.) Könnten wir mit unserem virtuellen Gehirn frei im Vakuum navigieren, könnten wir im Vakuum unbegrenzt auswählen. Für kurze Zeit kann allerdings unser reales Gehirn zurückgedrängt sein und können wir nur mit unserem virtuellen Gehirn operieren, das wäre praktisch ein Modus der Außerkörperlichkeit, der höhere Einblicke, eine größere Selektion erlaubt. Diesen Modus erreichen nur wenige (paranormal Begabte, Genies, Kranke, Meditierende, in Ekstase, im Drogenrausch etc.). Die Einstellung unseres Gehirns auf eine andere Bandbreite bei Meditation, Entspannung, Ekstase, Drogenrausch etc., die Einstellung auf langwelligere Frequenzen, wäre in dieser Sicht eine Übergangserscheinung, bevor jemand ganz in den Bereich des Vakuums gerät (dort müßte man für Wellenlänge *unendlich* lang einsetzen).

Dissipative Strukturen sind auch ein interessanter Kandidat für eine Selektion. Diese bedeuten, daß es eine *allgemeine Tendenz vom Chaos zur Ordnung*[1763] gibt. Wird die Selektion durch *Selbstorganisation*: Autopoiesis[1764], bewirkt, fragt man sich in diesem Zusammenhang? Beziehungsweise durch die Selbstverwirklichung der Quantenvakuumsordnung in Quantensprüngen, genannt *Quantenauslese*? Wäre das Selektierte so schon mehr oder weniger im voraus festgelegt[1765] (Auslese aus einem Numerus Clausus prästabilierter Zustände)?

In der Quantenphysik ist, wie gesagt, der *Meßvorgang* der Selektionsprozeß (beziehungsweise in der Interpretation der Quantenphysik die bewußte Beobachtung, ein Bewußtsein wäre der Selektor): durch ihn

---

[1763] Ilya Prigogine zeigte, daß durch passende Energiezufuhr aus einem Chaos Ordnung entstehen kann. Schon in den einfachsten Modellsystemen, in denen Strömungen von Flüssigkeiten oder Gasen abgebildet werden, tritt ein spontaner Umschlag von Unordnung in Ordnung auf. Der deutsche Physiker Fröhlich zeigte, daß die durch elektromagnetische Felder eingespeiste Energie für Entstehung von Ordnung sorgt.

[1764] Vgl. bei Marco Bischof, *Selbstorganisation*, S. 164–169.

[1765] Lothar Schäfer, *Versteckte Wirklichkeit*, S. 15f. und 272.

wird aus einer Schwemme von Möglichkeiten eine Möglichkeit manifest[1766].

Viele Physiker sind der Ansicht, daß der Selektionsprozeß wahllos erfolgt, dem reinen Zufall überlassen ist, auf einer willensmäßig freien Entscheidung sozusagen beruht. Dagegen hat Einstein protestiert, daß Gott nicht würfelt. Wenn nun aber ein Gott nichts prästabiliert hat, wer oder was wählt dann das Resultat einer Messung aus?

Der Physiker Amit Goswami[1767] antwortet hier, unser Bewußtsein *wählt aus*, und zwar unser nichtlokales Bewußtsein, das im transzendenten Quantenvakuum, wiederum einer Art *prästabilierten Ordnung*, wurzelt. Der Selektionsprozeß scheint so in der manifesten Welt nur wahllos, zufällig, ein nicht zufälliges Auswählen sei hingegen in der transzendenten Welt vorprogrammiert, das *Quantenvakuum wählt so letztlich für uns aus*. Und zwar wählt es absolut alles aus, nimmt etwa Goswami an, denn alles sind in Goswamis Optik Quantensysteme. Es wählt so auch unsere gesamten Handlungen, Gedanken, Vorstellungen usw. aus, eingeschlossen unsere paranormale Informationsgewinnung, unser Lesen des Gedächtnisses von Gegenständen. Ähnliches können sich auch Forscher wie Karl Pribram, Terence McKenna, Evan Harris Walker, Thomas E. Bearden, Kunio Yasue, Y. Takahasi und M. Umezawa, David Bohm, Hal Puthoff, Fritz-Albert Popp, Ervin Laszlo, Schempp und Sheldrake vorstellen[1768]. Bei Walker gäbe es mehr Freiheit: unser Bewußtsein träfe freie Wahlen im Vakuum. Denkbar wäre aber ein Pool begrenzter Möglichkeiten, aus denen es auswählen müßte. Wir können hier jedenfalls (bei Goswami bis Walker) immer noch einen Gott im Sinne Einsteins ins Spiel bringen. Er befände sich in dem hier vertretenen Modell des Quantenvakuums, dieses Quantenvakuum wäre seine Sphäre, es könnte durchaus als ein höheres, göttliches, Bewußtsein interpretiert werden (das dort seine Ideen deponiert).

Hier eröffnet sich eine interessante Weltsicht: In unserer manifesten Welt scheinen wir frei, zufällig wählen zu können; in der transzendenten Welt sind aber unsere Aktionen nicht zufällig, sondern (mehr oder weniger) prästabiliert. Wir hätten hier die komplexe Lage, daß unser Wille auf einer Ebene frei ist, auf der anderen determiniert. Daß unser Wille dennoch auf unserer Ebene in jedem Fall als frei angesehen werden muß, folgt schon daraus, daß auf unserer Ebene keine Beschreibung von Ursache und Wirkung des transzendenten Auswahlprozesses möglich ist. Die transzendente Ebene ist für uns sozusagen ein blinder Fleck! Wir sind blind für

---

[1766] Vgl. zum Beispiel von Neumann und Amit Goswami bei Amit Goswami, *Das Bewußte Universum*, S. 223.

[1767] Amit Goswami, *Das Bewußte Universum*, S. 223f.

[1768] Vgl. zu einigen Lynne McTaggart, *Das Nullpunkt-Feld*, S. 148. Und vgl. bei Marco Bischof, *Biophotonen* S. 112ff.

die Prästabiliertheit unserer Akte und zumindest deshalb frei. (Man kann das auch *verwickelte Hierarchie* nennen. In den Bildern Eschers gibt es solche verwickelte Hierarchien. Douglas Hofstadter[1769] beschäftigt sich eingehend mit verwickelten Hierarchien, auch in der Mathematik.)[1770]

Über die Selektion gäbe es noch vieles zu erforschen.

Beeinflußt das Quantenvakuum irgendwie den Selektionsprozeß – in unserem Fall, welche Informationen über die Vergangenheit des Gegenstands wir extrapolieren –, dann bleibt notwendig ein Teil unserer Auswahl im Dunkeln: Das Quantenvakuum entzieht sich, wie wir gesehen haben, unserer Beobachtung. Wir nehmen seine Wirkungen wahr, können aber keinen Blick hineinwerfen und so auch nicht beobachten, wie nun genau der Psychometer dort sein konkretes Wissen über den Gegenstand herauszieht. Daß wir hier auf eine Grenze stoßen, läge an seiner Höherdimensionalität. Auf die sind unsere gewöhnlichen Sinne nicht eingestellt. Lediglich über unsere sozusagen ungewöhnlichen Sinne erhalten viele eine Ahnung und manche etwas mehr als das[1771]. Unser System scheint eine grundsätzliche Barriere für unser mögliches Wissen zu enthalten, meint auch der Stanford Physiker Laughlin[1772]. Und Heraklit[1773] sagte schon: „Die Natur verbirgt sich für gewöhnlich gern".

Soviel könnte man hier vielleicht sagen:

Wir sind einerseits in der Vermutung bestätigt, der Selektionsmechanismus beim Auffinden des Gedächtnisses von Gegenständen habe zumindest auch eine psychische Komponente.

Andererseits kann in unserem Modell das Quantenvakuum die Selektion leiten (und auch Selektionsprozesse orchestrieren).

Beides findet auf zwei verschiedenen Ebenen statt, der unserer dreidimensionalen Welt und der der höheren Quantenvakuumsebene.

So existieren Freiheit und Determiniertheit, was uns betrifft, auf unterschiedlichen Ebenen zusammen.

(Zusatzbemerkung: Freiheit und Determiniertheit könnte es auch im Vakuum selbst geben, auf einer Ebene: etwa eine unendliche Zahl latenter Möglichkeiten (das wäre Freiheit) und einen numerus clausus von Regeln des Verhaltens der Möglichkeiten, ihrer Realisierung etc. (das wäre Determiniertheit). Wobei sich hier wieder die Frage stellt, wo kommen

---

[1769] Douglas Hofstadter, *Gödel, Escher, Bach. Ein endloses geflochtenes Band.* Und Douglas Hofstadter, *Ich bin eine seltsame Schleife.*

[1770] So insgesamt auch Amit Goswami, *Das Bewußte Universum*, S. 237.

[1771] Paranormale Erfahrungen sind hier der Fall. Man könnte hier auch Kreativität (auch eine Art der Erleuchtung) und Intuition dazu rechnen. Übrigens, interessant, daß Erleuchtung schon auf einen elektromagnetischen Vorgang verweist.

[1772] Robert B. Laughlin, *Abschied von der Weltformel*, S. 224.

[1773] Heraklit in Hrsg. H. Diels/W. Kranz, *Die Fragmente der Vorsokratiker*, 22 B 123.

die Regeln her? Und man wieder einen Gott ins Feld führen könnte oder sagen könnte wie Thales: alles war immer schon da.)

Und noch einmal: Wieso merken wir nicht, daß es um uns herum makroskopische Quantensysteme gibt, und auch nicht, daß wir selbst eines sind?

Das ist ja Voraussetzung unseres Modells und so seltsam, daß es hier noch einmal eine Extra-Erwähnung verdient. Ein Quantensystem ist etwas Verrücktes, Unglaubliches. Es kann jenseits von Raum und Zeit operieren, sich nichtlokal verhalten. Das heißt Gegenstände, oder wir selbst, können auch jenseits von Raum und Zeit sein beziehungsweise in der Transzendenz verschwinden, in einem höhedimensionalen Raum, dort mit allem überall zusammenhängen, überall zur gleichen Zeit sein, allgegenwärtig (quasi göttlich).

Das können Sie eigentlich nicht glauben.

Bis wir es plausibel erklären.

Es wird Ihnen am ehesten einleuchten, wenn wir sagen: Wir sind diese verrückten Wesen, unsere Welt besteht aus diesen verrückten Dingen: Wir merken es nur nicht!

Der Physiker Brian Greene[1774] meint, makroskopische Objekte (wie Kaffeetassen oder Roulettetische oder Gehirne oder der menschliche Körper) können durchaus einen Wellencharakter haben, Quantensysteme sein. *Nur ist es praktisch nicht zu bemerken*, weil, so Greene, der Wellencharakter sich im Winzigsten abspielt.

Nach dem Physiker John Archibald Wheeler[1775] merken wir nicht, daß große Objekte Quantensysteme sind, weil alles ständig so schnell zwischen Transzendenz (Wellennatur/Quantenvakuum) und unserer konkret erfahrbaren Welt (Teilchennatur) hin und her fluktuiert, daß unser lahmer Sinnesapparat es gar nicht wahrnimmt. So wie man bei einem Film nicht die einzelnen aneinandergereihten Bilder wahrnimmt, wir Kontinuität sehen, wo gar keine ist. Wir meinen, wir sehen einen durchgehenden Film, dabei sehen wir nur eine Folge von Bildern und Zwischenräumen, in denen keine Bilder sind, so schnell nacheinander, daß wir die leeren Intervalle nicht wahrnehmen.

[1774] Brian Greene, *Das elegante Universum*, S. 132.
[1775] John Archibald Wheeler bei Marco Bischof, *Biophotonen*, S. 405f.

Und der Physiker Goswami[1776] erklärt so, weshalb wir unsere Welt nicht in wilden Quanten-Fluktuationen wahrnehmen, sondern die Dinge kontinuierlich zu sein scheinen: Makroskopische Körper besitzen gewaltige Massen, was bedeutet, daß sich ihre Quantenwellen ziemlich behäbig ausbreiten. Infolgedessen können bei makroskopischen Objekten die Bahnkurven ihres Massezentrums ganz genau vorausberechnet werden (der Mond ist immer da, wo wir ihn erwarten); damit entsteht der Eindruck von Kontinuität, die zusätzlich durch unseren eigenen Wahrnehmungsapparat verstärkt wird. Makroskopische Körper (große Quantensysteme) sind so komplex (im Verhältnis zu Elementarteilchen), daß sie eine lange Erneuerungsdauer haben. Insofern können sie gewissermaßen Vergangenes festhalten, so temporär sie auch am Ende sein mögen.

Uns gefällt Wheelers Modell am besten. Es ist kohärent mit dem hier gewählten Modell. Wir würden sagen: der Wellenzustand spielt sich in einem Bereich ab, im Quantenvakuum, in den wir nicht hineinsehen können. Der Wellenzustand ist für uns daher nicht spürbar, er ist für uns wie die leeren Intervalle, die wir beim Film nicht wahrnehmen. Weil er jeweils so kurz andauert, entsteht für uns keine Lücke, verschwindet für uns nichts spürbar in der Transzendenz.

Die Welt ist also irrsinnig verrückt und komplex, nur merken wir es nicht.

Mit Douglas Hofstadter[1777] können wir sagen, wir müssen es auch nicht merken, dieses wilde Hin und Her. Es genügt, wenn wir die Dinge auf unserer Ebene als kontinuierlich sehen. Damit die Dinge für uns funktionieren, müssen wir nicht die mikroskopische Welt erfassen. Denn, was sich auf mikroskopischer Ebene abspielt, hat für uns praktisch keinen Einfluß auf die makroskopische Ebene. Auf makroskopischer Ebene höre und genieße ich beispielsweise eine Etüde von Chopin. Alles was zählt, ist, daß dieses Opus durch die Luft an mein Ohr transportiert wird. Obwohl die Luftmoleküle hieran entscheidend beteiligt sind, ist ihr genaues Verhalten für meinen Musikgenuß aber nicht entscheidend! Die Lage, die Geschwindigkeiten, die Richtungen, sogar die chemische Zusammensetzung der Moleküle war austauschbar, die Ereignisse auf der oberen Ebene, mein Genuß von Chopin, wären sich gleich geblieben. Obwohl die untere Ebene für ein Geschehen verantwortlich ist, ist sie für das Geschehen, das wir oben wahrnehmen, gleichzeitig irrelevant.

[1776] Amit Goswami, *Das Bewußte Universum*, S. 187: So entsteht für uns nach Goswami auch die Illusion der Zeit: Aufgrund der Art von „Vorleben" der Dinge sind wir versucht, die Welt durch eine kausale Brille zu sehen und die Vorstellung zu haben, die Zeit bewege sich in einer Richtung und sei von unserem Bewußtsein unabhängig.

[1777] Douglas Hofstadter, *Ich bin eine seltsame Schleife*, S. 63–66 und 73ff.

EXKURS: KOHÄRENZ BEZIEHUNGSWEISE ORDNUNG AUS CHAOS

Kohärenz bedeutet auch, etwas ist geordnet und nicht chaotisch.

Das Entropiegesetz der Physik bedeutet, daß Dinge stets einem Zustand größerer Unordnung zustreben. Es verwandelt sich die Bewegung der *unbelebten* Welt stets in Chaos, Unordnung, den Zustand niedrigster Energie. Läßt man einen Plattenspieler vom Eifelturm fallen, verwandelt er sich, wenn er unten aufschlägt, nicht in eine höhere Ordnung, etwa in einen Videorecorder. Er weist vielmehr weniger Ordnung auf und wird zu einem Haufen Schrott.

Ilya Prigogine[1778] hat nun die Entdeckung gemacht, daß dies nicht auf alle Dinge im Universum zutrifft.

Bestimmte Chemikalien bringen, wenn sie vermischt werden, einen Zustand größerer Ordnung und nicht größerer Unordnung hervor. Er nennt diese spontan auftretenden geordneten Systeme *dissipative Strukturen* und erhielt den Nobelpreis für die Entschleierung ihrer Geheimnisse. Prigogine macht dafür eine tieferliegende Ordnung verantwortlich, die Bohms impliziter Ordnung entspricht und dem von uns vertretenen Modell des Quantenvakuums. Bei *Lebewesen* gilt nach Prigogine ebenfalls nicht das Entropiegesetz. Hier wird nicht das niedrigste Energieniveau angestrebt. Es gibt hier eine *Tendenz zur Ordnung*. Angeregte Energiezustände sind hier überwiegend. Durch *passende* Energiezufuhr, zeigt Prigogine, entsteht hier Ordnung, ohne diese wäre Chaos. Diese passende Energiezufuhr erzeugt auf einmal nicht mehr zunehmende Unordnung, sondern schlägt im Gegenteil (spontan) in Ordnung um, in die sogenannte *dissipative Struktur*:

Dabei entdeckte Prigogine, daß sich der Umschlag in den Ordnungszustand in kürzester Zeit über das gesamte System ausbreitet, die Einheiten der Materie kooperativ miteinander verbindet, sogar auf höherem als dem molekularen Level, daß *Kohärenz* auf allen Niveaus erzeugt wird. Lebewesen sind nach Prigogine so hauptsächlich durch *kohärente* Wechselwirkung zu verstehen.

In einigen Bereichen entsteht also (spontan) Ordnung, Kohärenz aus Chaos.

Herbert Fröhlich[1779] führte das Konzept der *Kohärenz* erstmals in die Biophysik ein. *Kohärenz* bedeutet nach Fröhlich: Die zugeführte Energie wird nicht vollständig thermalisiert (in Wärme umgesetzt), sondern in einer *höchst geordneten* Weise gespeichert. Und zwar entstehen Phasen-

---

[1778] Vgl. bei Marco Bischof, *Biophotonen*, S. 130–132. Und vgl. bei Michael Talbot, *Das Holographische Universum*, S. 310.

[1779] Vgl. bei Marco Bischof, *Biophotonen*, S. 133.

korrelationen mit *langer Reichweite*. Das Phänomen hat beträchtliche Ähnlichkeit mit einem Bosegas bei tiefen Temperaturen[1780]. Benannt nach dem indischen Physiker und Entdecker Bose: Es handelt sich hier um einen *Ordnungssog*: Wo schon Photonen gleicher Energieverteilung gespeichert sind, besteht eine Tendenz zur Ansammlung weiterer gleichartiger Photonen. Praktisch wird eine bestimmte Schwingung des Systems auf Kosten anderer möglicher Frequenzen extrem verstärkt.

Kohärenz ist für uns interessant, denn:

– Für Quantensysteme (große und kleine) ist *Kohärenz* ein typisches Merkmal. Man erkennt Quantensysteme an ihrer *einzigartigen* Kohärenz. Quantensysteme können sich wie Wellen verhalten, nichtlokal verhalten, und das bedeutet, sie können jenseits von Raum und Zeit instantan und überall, auch über weiteste räumliche und zeitliche Entfernungen, verbunden sein (beziehungsweise übereinander *informiert* sein), ein zusammenhängendes Netz bilden.

– In unserem Quantenvakuumsmodell schafft letztlich das *Quantenvakuum* die einzigartige Kohärenz zwischen Quantensystemen: Im Quantenvakuum sind Teilchen Wellen und verhalten sich nichtlokal, sind sie unabhängig von Raum und Zeit vernetzt. Das Quantenvakuum ermöglicht so praktisch Ordnung aus dem Chaos.

– Unser Gehirn zeichnet sich durch eine einzigartige Kohärenz aus[1781]. Daher nehmen auch namhafte Forscher, wie wir gesehen haben, an, es sei ein Quantensystem.

Im Elektroenzephalogramm sieht man, wie (bei Bewußtseinsvorgängen wie Denken oder Erinnern) riesige Mengen von Gehirnzellen einzigartig *kohärent* (simultan in einem geordneten Muster) schwingen[1782].

Ervin Laszlo[1783] beschreibt die Entstehung von Ordnung aus Chaos beziehungsweise die Quantenkohärenz im Gehirn folgendermaßen: Die Milliarden von Neuronen im menschlichen Gehirn zeigen ein elektrisches Potential über ihre Zellwände, und Information wird hauptsächlich in Form von Wirkungspotentialen vermittelt. Die Summe der Wirkungspotentiale erzeugt flüchtige elektrische Felder mit magnetischen Mustern, die in jeder Milliardstelsekunde Milliarden von Neuronen umfassen. Dieses sekundäre, aber äußerst geordnete Muster von Feldern, die entlang den Verästelungen spezialisierter neuronaler Netzwerke erzeugt werden, ist der beobachtbare Effekt eines Prozesses, der sich am Rande des *Chaos* vollzieht und dabei *(Quanten)-Kohärenz* über das gesamte Hirnsystem erzeugt.

[1780] Vgl. bei Marco Bischof, *Biophotonen*, S. 194.
[1781] Vgl. bei Lynne McTaggart, *Das Nullpunkt-Feld*, S. 186f.
[1782] Vgl. Marco Bischof, *Biophotonen*, S. 280.
[1783] Vgl. Ervin Laszlo, *Zu Hause im Universum*, S. 134.

Desgleichen beschreiben der Hirnforscher Karl Pribram und der Mediziner Hameroff[1784] das Bewußtsein als Kohärenzphänomen: es resultiert bei ihnen aus *Superstrahlung*: einer wellenförmigen Kaskade subatomarer *Kohärenz*.

Das heißt, Bewußtsein ist hier ein Phänomen einzigartig *kohärent* schwingender Wellen.

Neben der einzigartigen Kohärenz von Quantensystemen gibt es auch weniger einzigartige Kohärenzphänomene. Fröhlich weist etwa darauf hin, daß besonders Wellen mit *langer Reichweite* für höhere Kohärenz verantwortlich sind. Im elektromagnetischen Feld sind die längsten Wellen die *kohärentesten*. Denn sie übergreifen riesige Abstände und können so weit Auseinanderliegendes in Verbindung setzen, ordnen (Bemerkung: wir befinden uns hier im elektromagnetischen Feld unserer Welt. Auf Vakuumsebene in unserem Modell ist die Reichweite immer gigantisch, dort existieren ja keine räumlichen und zeitlichen Schranken).

– Gerade in besonders *kohärenten* Bewußtseinszuständen mit besonders langen Wellen werden paranormale Erfahrungen möglich wie das Lesen des Gedächtnisses von Gegenständen. Das sind Zustände geminderten Bewußtseins. In solchen Zuständen, in Zuständen etwa tiefer Entspannung, in der Meditation, werden die kurzen Betawellen von längeren Alphawellen abgelöst. Yogis und Mystiker zeigen in höchster Versenkung im EEG neben stark verlangsamter Alphaaktivität auch noch Thetawellen, die nur noch von den im Tiefschlaf auftretenden Deltawellen an Langwelligkeit übertroffen werden. Meditation und mystische Versenkung geschehen also im kohärenten langwelligen Bereich unseres elektromagnetischen Felds. Gerade in diesen Zuständen der Versenkung, haben wir gesehen, wird unser Bewußtsein erweitert[1785]. Und in diesen Zuständen kann man am besten das Gedächtnis von Gegenständen lesen, zwischen Wachen und Schlaf sozusagen. Man könnte hier (will man nicht den abgegriffenen Term Unterbewußtsein benutzen) von einem höheren Bewußtsein sprechen, es ist ja auch höher geordnet.

[1784] Vgl. auch Walter J. Freeman, *The Emergence of Chaotic Dynamics as a Basis for Comprehending Intentionality in Experimental Subjects* in Editor: Karl H. Pribram, *Rethinking Neural Networks: Quantum Fields And Biological Data*, S. 505ff. Vgl. Lynne McTaggart, *Das Nullpunkt-Feld*, S. 186.

[1785] Vgl. Marco Bischof, *Biophotonen*, S. 280f. und das Kapitel: I, 3., *Bedingungen für Psychometrie*.
Hochinteressant ist auch, daß Fritz Popp parallel feststellt, seine Biophotonenfelder, die Träger der biologisch relevanten Informationen, stellen quasi geistige Energiefelder dar, die bei sehr geringer Intensität (also auch lange Wellen) nur schwer einer Messung zugänglich sind. Vgl. bei Marco Bischof, *Biophotonen*, S. 414.

Wir haben diese langwelligen Zustände im Walker-Modell interpretiert als Übergang zu einem Navigieren nur mit dem virtuellen Gehirn. In diesem Zustand erst kommen wir etwa ans Gedächtnis der Dinge.

(Bemerkung: Die im EEG gemessenen Wellen sind elektromagnetische Teilchenwellen unserer drei-/vierdimensionalen Welt. Die perfekte Kohärenz haben Wellen erst im Vakuum (unseres Modells). Für alle von uns erwähnten Modelle gälte: wenn unser Bewußtsein in dortigen Wellenwellen operiert, ist es am kohärentesten, weißt es die höchste Ordnung auf. Bei Walker wäre das Bewußtsein zwar schon immer in Wellenwellen im Vakuum, also perfekt kohärent. Seine Produkte, etwa ein einzelner Gedanke, schlagen sich aber in Teilchenwellen unserer Welt nieder. Hierin liegt eine Beschränkung: wir befinden uns in unserem Denken hier immer auch in unserer weniger kohärenten Welt.)

– Als kohärente Strahlung[1786] bezeichnet man in der Physik Wellen, die hinsichtlich ihrer räumlichen und zeitlichen Ausbreitung eine feste Phasenbeziehung haben. Zwei Wellen sind in Phase[1787] (sag auch: synchronisieren sich), wenn sie beide zur gleichen Zeit ihren Gipfel oder ihr Tal erreichen, selbst dann, wenn sie unterschiedliche Frequenz oder Amplituden haben. Ein Spezialfall für in Phase Kommen ist Resonanz.

Kohärenz bedeutet bei Wellen immer auch Informationsspeicherung und -übertragung, Kommunikation zwischen Wellen. Bei der einzigartigen Kohärenz von Quantensystemen, wird über Zeit und Raumgrenzen kommuniziert. Um Kommunikation von Information ging es bei uns bei der Frage, wie wir (unser Gehirn und/oder Bewußtsein) zum Gedächtnis der Gegenstände kommen. Kommunikation ist desgleichen eine Voraussetzung der Entstehung von Ordnung aus dem Chaos.

Exkurs im Exkurs:

Ordnung aus Chaos bedeutet, „nebenbei" gesagt, letztlich auch *Schöpfungsgeschichte*.

In der Moderne haben wir etliche naturwissenschaftliche Vorschläge wie Ordnung aus Chaos entsteht beziehungsweise *wie alles entsteht*.

Etwa: das Quantenvakuum leistet Ordnung aus Chaos. Eine alternative Meinung postuliert, daß Ordnung aus Chaos auf Selbstorganisation beruhe (nach avancierten Vertretern übrigens nicht auf einer intrinsischen Selbstorganisation). Das wäre das Modell der mechanistischen, neodarwinistischen Theorie. Andere nehmen an (zum Beispiel als Schluß aus den PEAR Studien), daß die Ordnung des *Bewußtseins* dazu beitragen könnte, Form und Ordnung in der Welt zu erzeugen. Man kann auch das Quantenvakuum als höheres Bewußtsein interpretieren, und so trägt die Ord-

---

[1786] Vgl. zum Thema z.B. Lynne McTaggart, *Das Nullpunk-Feld*, S. 53.

[1787] Phase ist der augenblickliche Schwingungszustand eines schwingenden Systems. Vgl. *Schülerduden, Physik*, S. 333.

nung des Bewußtseins des Quantenvakuums dazu bei aus Chaos Ordnung zu schaffen. Und dieses höhere Bewußtsein könnte man natürlich auch Gott nennen, einem Gott als zugehörig denken. Grand Unified Theories oder Bigbang Theorien sind ferner solche Schöpfungsgeschichten, bei denen Ordnung aus dem Chaos geboren wird.[1788]

Ordnung aus Chaos ist ein uraltes Thema:

In der Antike wurde das Chaos (im Gegensatz zu den modernen Naturwissenschaften) noch als etwas Negatives empfunden:

In uralten Mythen circa 2000 v.Chr. vom Ursprung des Universums kommt das zum Ausdruck: In den sumerisch-akkadischen Mythen ist das Chaos etwas Böses. Aber aus diesem Bösen wird die Welt geschaffen, indem die Ordnung über das Chaos *siegt*. Homer und Hesiods Theogonien gehen in dieselbe Richtung (nur haben wir hier komplexere Geschichten): Bei Hesiod stehen am Anfang die Verbindung des Meerespaares Uranos und Gaia. Sie „zeugen die Erde und den weiten Himmel". Schreckliche Sprößlinge gehen aus der Verbindung hervor. Uranos läßt diese Sprößlinge nicht zum Licht herauf und verbirgt sie in einer Höhle. Gaia geht gegen Uranos vor, legt die Sichel der Rache in die Hand ihrer Söhne: Kronos verstümmelt den verruchten Vater. Das Grauenhafte wiederholt sich: Kronos verschlingt seine eigenen Kinder. Endlich siegt Zeus: Ordnung setzt sich durch. Aber auch sein Sieg ist ein Sieg der Gewalt. (Es geht dann noch weiter, was die Sache komplizierter macht: Prometheus, den man als Urmenschen bezeichnen könnte, geht gegen Zeus vor. Er stiehlt für die Menschen das Feuer, das Zeus den Menschen entzogen hat. Hier beginnt das *nachgöttliche* Drama.) Im babylonischen Heldenlied, im Gilgamesch Epos, gibt es dasselbe Thema der Entstehung von Ordnung aus Chaos. Auch hier gibt es Urvater und Urmutter („die Gebärerin von allem"). Sie sind eigentlich Götter des Chaos, sie stellen die Urmischung der unermeßlichen Salzmeere mit den Süßwassern dar. Deren Frieden wird gewaltsam gestört durch die jüngeren Götter, ihre Abkömmlinge. Es kommt zum wilden Kampf. In diesem Chaos wird Marduk gezeugt, der Ordnung ins Chaos bringt, weiser und mächtiger ist als die anderen. Er hat wiederum Widersacher. Die Urmutter Tiâmat gebar als Antwort auf ihn in rasender Wut Ungeheuer – Schlangen, Drachen, den Skorpionmenschen usw.

Letztlich geht hier überall ein Kampf vonstatten zwischen früheren bösen (chaotischen) und späteren guten (ordnenden) Mächten. Die ordnende Gottheit wird erst aus dem Chaos. Das Beunruhigende, das Chaos, das Böse ist ur-gegeben, liegt allem voraus.

Die Bibel, das hebräische System, macht hochinteressanterweise einen völlig neuen Vorschlag. Ist insofern revolutionär. In der Bibel ist die

---

[1788] Vgl. John Davidson, *Das Geheimnis des Vakuums*, S. 164, vgl. Lynne McTaggart, *Das Nullpunkt-Feld*, S. 186f.

Schöpfung von vornherein gut, es gibt keinen Kampf, kein Schöpfungs-drama mehr. Die Schöpfung ist auch etwas hoch Abstraktes, sie geht aus dem *Wort* hervor. Aber auch hier gibt es eine ungelungene Fortsetzung: den Mythos vom Sündenfall, den Adamsmythos. Mit dem ersten Men-schen, und leider ausgerechnet dessen Partnerin Eva, kommt das Böse erst in die Welt; mit ihrem Essen des verbotenen Apfels vom Baum der Erkenntnis (Erkenntnis ist dabei die Unterscheidung von Gut und Böse), verführt durch die Schlange – es spielt also nicht nur der Mensch, auch die Schlange noch eine Rolle, ein externes Böses. Der Sündenfall führte fortan zum üblen Gepäck der Erbsünde. Abmildernd kann man mit Ricoeur[1789] allerdings sagen, Adam ist keine wichtige Gestalt im Alten Testament. Er ist vielleicht nur ein erstes Beispiel für das Böse in der Welt. Und im Neuen Testament bezieht sich Jesus nie auf diesen Adamsbericht, er nimmt das Vorhandensein des Bösen zwar als Tatsache, das Böse ist nun der „Widersacher", der „Feind"[1790]. Es hat sich aber erst später auf den Menschen ausgewirkt. Der Mensch wurde gut geschaffen, *wurde dann erst später* sozusagen böse[1791]. So kann man dem Gott nicht den problemati-schen Vorwurf machen, er habe von vornherein Böses geschaffen, eine böse Welt geschaffen. Dasselbe meinte Kant, wenn er sagte, der Mensch ist zum Guten *bestimmt*, aber zum Bösen *geneigt* und Rousseau mit sei-nem: „Der Mensch ist von Natur aus gut": Nur die Zivilisation hat ihn verdorben. Überhaupt entschärft die Figur Jesus Christus, der Menschen-sohn, die jüdische Problematik der Schuldkultur und des sündigen Men-schen: schon dadurch, daß Jesus selbst, die Gottesgestalt, auch als histori-scher *Mensch* existiert, und dadurch, daß Gnade und Vergebung im Neuen Testament eine zentrale Rolle spielen, weniger Sünde und Schuld. Der Mensch wird im Neuen Testament zu einem durch göttliche Initiative freigesprochenen Wesen. Zumindest den Menschen in ihrer *Gesamtheit* wird vergeben, nicht jedem für sich: den einzelnen erwartet noch das letzte Gericht (das macht die Sache wieder schwieriger)[1792].

Und es gibt zum alten Schöpfungsmythos aus dem bösen Chaos noch eine weitere hochinteressante revolutionäre damalige Alternative, folgen wir Paul Ricoeur[1793]: den *Mythos der verbannten Seele*. Zuerst exis-tierten Seelen, die wurden dann ins Materielle, in Leiber verbannt. Zuerst also existierte das Geistige, vor dem Materiellen. Die platonische Philoso-phie – auch hier wird mit den alten Götter-Mythen gebrochen – legt eine

---

[1789] Vgl. zum Beispiel Paul Ricoeur, *Symbolik des Bösen. Phänomenologie der Schuld II*, S. 201–268, 297–317.

[1790] Mk. 7, 21–22, Mt. 7,11 und 12, 33–34: Den Jüngern die fragen, wer das Unkraut zwischen die gute Saat gesät hat, antwortet Jesus: „Das hat der Feind getan."

[1791] Paul Ricoeur, *Symbolik des Bösen. Phänomenologie der Schuld II*, S. 287.

[1792] Paul Ricoeur, *Symbolik des Bösen. Phänomenologie der Schuld II*, S. 271.

[1793] Paul Ricoeur, *Symbolik des Bösen. Phänomenologie der Schuld II*, S. 319–348.

„alte Rede" zugrunde, die „orphische" heißt, und rationalisiert sie. Pythagoras brachte sie ebenfalls mit der Philosophie seiner Zeit in Einklang. Die Orphiker[1794] haben etwas absolut Revolutionäres proklamiert: die Trennung von Leib und Seele (der Leib wird bei Kratylos, um 400 v.Chr., als Kerker der Seele bezeichnet). Die Seele ist unsterblich und verkörpert sich immer wieder. Ein altes indoeuropäisches Thema wurde hier aufgenommen. Es gibt ein Hin und Her zwischen dieser Welt der Körper und dem Hades, der Unterwelt. Dabei ist das Leben im Körper eine Wiedergeburt zur Strafe für Böses, das man im Leben getan hat, wobei bei den Orphikern dieses Böse immer schon da ist, älter ist als der Mensch. Im Traum, in der Ekstase, in der Liebe und im Tod erfährt die in den Körper verbannte Seele etwas aus der rein seelischen Dimension. Die Seele ist an und für sich göttlich: im Leib führt sie die Existenz eines verbannten Wesens, das nach seiner Befreiung seufzt. Die Orphiker sind so weit gegangen zu sagen, daß der Mensch nicht als „Sterblicher", sondern als „Gott" zu definieren ist. Die orphische Seele wird letztlich wieder was sie ist: göttlich (und nicht menschlich), kann sich aus dem Rad der (ewigen) Wiedergeburten befreien. Und deshalb, so Plato[1795], müsse man sein Leben aufs Heiligste verbringen. Hier liegt also ein Gutes, Perfektes, der Welt voraus und zu dem kehrt sie wieder zurück, der Mensch wird wieder die unsterbliche perfekte Seele.

Das Christentum hat sich durch die orphische Thematik stark beeinflussen lassen[1796]. Es hat den griechischen Gedanken von der Unsterblichkeit der Seele adoptiert, aber einige „Verwirrung" hereingebracht. Im Christentum ist die Auferstehung bizarrerweise[1797] die des *Fleisches*, des materiellen Leibes. Das vergißt man leicht, so sehr sind wir bis heute gerade auch vom griechischen Mythos geprägt! Und es hat etwas (Ungutes) hinzugefügt: die Identifikation des Bösen mit dem Leib.

[1794] Orpheus selbst war wohl ein apollinischer Reformator des wilden Dionysos Kultes, meint Ricoeur: Paul Ricoeur, *Symbolik des Bösen. Phänomenologie der Schuld II*, S. 345.

[1795] Platon, *Menon*, (81 a – b). Beziehungsweise bei Paul Ricoeur, *Symbolik des Bösen. Phänomenologie der Schuld II*, S. 330.

[1796] Vgl. Paul Ricoeur, *Symbolik des Bösen. Phänomenologie der Schuld II*, S. 375ff.

[1797] In der modernen Physik ist es nicht einmal so bizarr, wie wir gesehen haben, theoretisch vorstellbar im hier gewählten Modell des Quantenvakuums einbezüglich makroskopischer Quantensysteme.

5. Das Comeback des Äthers, das kosmische Gedächtnis und das kosmische Bewußtsein in den Naturwissenschaften und das Gedächtnis von Gegenständen

Der neue Äther

Unser Modell, in dem ein bestimmtes Quantenvakuum eine prominente Rolle spielt, hat so einiges mit dem verworfenen Äther der klassischen Physik gemein.

Die Quantenmechanik bedeutete bereits in ihren Anfängen ein Comeback des Äthers:

Nach Bohr und Heisenberg[1798] ist etwa ein Elektron keine definierte Einheit, sondern existiert als Potential, als Summe aller Möglichkeiten, *bis wir es beobachten oder messen*. Erst dadurch legt es sich auf einen bestimmten Zustand fest. Wenn wir die Beobachtung oder Messung beendet haben, kehrt das Elektron wieder zurück in den *Äther* der Möglichkeiten. (Für einige wurde dann dieser Äther, dieser Raum des Potentiellen, in dem Teilchen Wellen sind, das Quantenvakuum.)

Die Entdeckung des Quantenvakuums in der zweiten Hälfte des zwanzigsten Jahrhunderts bedeutete für die meisten[1799] (egal nun, ob man hierin den Raum sieht, in dem Teilchen Wellen sind oder nicht) ebenfalls die Rückkehr zu einer Äthervorstellung, die man um die Jahrhundertwende hatte fallen lassen. Albert Michelson, Edward Morely und Albert Einstein hatten damals den Äther in der Physik verschwinden lassen. Zurück blieb das absolute Vakuum, ein Raum, in dem, wenn er tatsächlich leer ist, sich keine Materie befindet. Die Entdeckung des Quantenvakuums zeigte nun im Gegensatz dazu, daß das kosmische Vakuum gar nicht nur leerer Raum ist. Das Vakuum stellte sich vielmehr als geheimnisvolles Feld heraus, in dem alle in der Natur vorkommenden Teilchen und Felder zu wurzeln schienen. Mit seinen bislang experimentell festgestellten Eigenschaften als eines superflüssigen, supraleitenden Mediums, entspricht es quasi dem uralten Konzept des Äthers, einer im gesamten

---

[1798] Vgl. bei Lynne McTaggart, *Das Nullpunkt-Feld*, S. 155.

[1799] So etwa Erwin Laszlo, *Zuhause im Universum*, S. 59ff. John Davidson, *Das Geheimnis des Vakuums*, S. 140. Erwin Laszlo, *Zuhause im Universum,* S. 91f.: Auch Bohms *implizite Ordnung*, die Ebene (das Feld) hinter dem spukhaften Verhalten der Elementarteilchen, die das Verhalten der Teilchen steuert und nicht beobachtbar ist, so daß das Verhalten der Elementarteilchen nur als seltsam oder willkürlich *erscheine*, es in Wirklichkeit aber nicht sei, in der alle Zustände von Quanten dauerhaft verschlüsselt sind, ist wie eine Wiedereinführung des Lichtäthers.

Raum ausgebreiteten, alle Körper durchdringenden Urenergie, aus der alle anderen Energieformen und auch die Materie hervorgehen[1800].[1801]

Der bayrische Experimentalphysiker Zielinski[1802] formuliert die moderne Äthervorstellung so (sein Modell entspricht dem hier gewählten Modell des Quantenvakuums): Äther ist nach ihm eine reine Form von subtiler, aktiver Energie, in die alle Naturkräfte übergehen. Äther ist das subtile Energiegewebe, aus dem die Materie entstand und immer noch entsteht und erhalten wird. Die subatomare Wechselwirkung von Äther und Materie erzeugt die Phänomene Trägheit, Masse, Schwerkraft, Kohäsion und alle Kräfte in der Natur. Die Lichtgeschwindigkeit ist in dieser neuen Physik nicht mehr konstant, sondern eine Funktion der Ätherdichte; ebenso ist Masse zu einer Funktion der Ätherkonzentration geworden und die Schwerkraft kann man als Ätherschatten bezeichnen.

Im Modell des Quantenvakuums, das wir hier adoptiert haben, hinterläßt zudem dort alles ewige Abdrücke, ewige Spuren[1803]. So können wir auch sagen, unser Gedächtnis von Gegenständen liegt im (neuen) Äther[1804].

Das kosmische Bewußtsein und das kosmische Gedächtnis

Anstelle vom „neuen Äther" sprechen nun diejenigen, die unser Modell des Quantenvakuums vertreten, auch vom *kosmischen Bewußtsein* oder *kosmischen Gedächtnis*. Das Quantenvakuum zeichnet hiernach ja alles auf, egal ob Fakten, Ereignisse, Gedanken, wird informiert und informiert wiederum alles. Es ist ein riesiges Gedächtnis beziehungsweise erscheint als gigantisches, steuerndes Bewußtsein, jenseits des menschlichen Gehirns. Ein Bewußtsein und Gedächtnis jenseits des Gehirns nehmen auch, wie wir gesehen haben, Modelle avancierter Hirnforschung und avancierter Biologie an. Dort geht man davon aus, daß Lebewesen, und

---

[1800] Frank Close, *Das Nichts verstehen*, S. 70: Der Physiker Close beschreibt die traditionelle Äthervorstellung so: Die Naturwissenschaft des 19. Jahrhunderts sah im Äther ein masseloses, transparentes, reibungsfreies und durch physikalische oder chemische Prozesse nicht nachweisbares Medium. Vgl. auch Definition bei Marco Bischof, *Biophotonen*, S. 402.

[1801] Erwin Laszlo, *Zuhause im Universum*, S. 59ff. John Davidson, *Das Geheimnis des Vakuums*, S. 140.

[1802] Vgl. bei John Davidson, *Das Geheimnis des Vakuums*, S. 242.

[1803] Bei Zielinski wäre ein Ding, etwa mein Fernseher, im Äther eine Ätherkonzentration, das wäre ein komprimierter Äther, und so kämen wir auch hier dazu, daß mein Fernseher, als Druck im Äther, eine Spur dort hinterläßt.

[1804] Die moderne Radiästhesie wählt denselben Term, jede Bewegung hinterläßt nach ihr eine Spur im *Äther*, die der Wünschelrutengänger aufspüren kann. Vgl. Stefan Brönnle, *Landschaften der Seele*, S. 50.

auch Dinge (!), ein solches nichtlokales Gedächtnis haben, ja die gesamte Natur, nimmt man an, hat ein solches, und überhaupt alles, was existiert, hat es.

Die Quantenmechanik leistete zur Vorstellung eines kosmischen Bewußtseins, beziehungsweise Gedächtnisses, Vorläufer-Dienste. Sie konnte man bereits so interpretieren, daß allem (Materiellen) etwas Bewußtes unterliegt.

Für Werner Heisenberg[1805] galt bereits: „... die Atome sind nicht mehr körperliche Gebilde im eigentlichen Sinn ...". Manche aktuellen Physiker gehen weiter: „Die Wurzel des Quantenprinzips *ist* das Bewußtsein", sagt nicht nur der amerikanische Physiker Eugene Wigner[1806] in scharfer Direktheit.

(Und vom Bewußtsein zum Gedächtnis ist es nicht mehr weit, ist doch das Gedächtnis eine fundamentale Bewußtseinsfunktion).

Das verrückte Verhalten der Quanten, Nichtlokalität und Wellennatur, das nach Namhaften im Quantenvakuum wurzelt, implizierten dann ganz direkt ein Gedächtnis von Quantensystemen. Und ein Gedächtnis von großen Dingen, sind auch große Dinge Quantensysteme.

Wie ein solches kosmisches Bewußtsein nun philosophisch oder religiös interpretiert werden kann, da gibt es Varianten. Wir können es als unpersönliche Kraft beziehungsweise unpersönliche Sphäre sehen, als göttliche Sphäre, als höheres Bewußtsein, als höheres virtuelles Gehirn in Aktion, bis hin zur Personifizierung: dann nennen wir es Gott (zu einem höheren virtuellen Gehirn könnte theoretisch auch ein höheres reales Gehirn gehören[1807]).

Die Physiker Menas Kafatos, Robert Nadeau und Henry Stapp[1808] ziehen den Schluß, daß das Universum ein selbständiges Bewußtsein hat und meinen, daß es hier dann nicht mehr weit bis zur Gottes-Idee ist.

Schon der Cambridge Astrophysiker Arthur Stanley Eddington sagte 1929: „Die Idee eines kosmischen Geistes oder Logos wäre, so glaube ich, auf der Grundlage des jetzigen Standes der wissenschaftlichen Theorien eine ganz vernünftige Annahme"[1809] und 1939: „Die Natur des Univer-

---

[1805] W. Heisenberg , *Gedanken der antiken Naturphilosophie in der modernen Physik*, S. 120.

[1806] Wigner bei Marco Bischof, *Biophotonen*, S. 411.

[1807] Denkt man hier weiter à la Walker: das virtuelle Gehirn Gottes in Aktion wäre das Bewußtsein Gottes. Theoretisch könnte dieses ohne reales Gehirn im Vakuum fungieren. Theoretisch könnte es sich aber auch etwa in unserer Welt als reales Gehirn eines realen Gottes entfalten. Ein Mensch gewordener Gott wäre also hier theoretisch nicht undenkbar. Unwillkürlich denkt man an Jesus Christus.

[1808] Vgl. M. Kafatos, R. Nadeau in *The Conscious Universe: Parts and Wholes in Physical Reality* oder bei Lothar Schäfer, *Versteckte Wirklichkeit*, S. 122.

[1809] A. Eddington, *The Nature of the Physical World*, S. 151, Macmillan Comp., New York, 1929.

sums ist die eines Gedankens oder einer Empfindung im kosmischen Geist"[1810]. Eddington scheint damit einen unpersönlichen (göttlichen) Geist am Werk zu sehen.

Der Physiker Amit Goswami[1811] meint, daß man das Quantenvakuum als selbständiges kosmisches Bewußtsein auffassen kann, das allem unterliegt, aus dem alles entsteht, als so etwas wie ein riesiges, nicht materielles Gehirn. Dieses nicht materielle Gehirn könnte auch bei ihm Gott sein beziehungsweise zu einem Gott gehören. Die Mystiker sagen, daß alles Gott ist. Das entspricht, so Amit Goswami, der modernen naturwissenschaftlichen Hypothese, daß alles Bewußtsein ist. Dinge und alles, was existiert, sind bei Goswami (lediglich) *Erscheinungen im kosmischen beziehungsweise göttlichen Bewußtsein*. „Die Physik erklärt Phänomene, aber Bewußtsein ist kein Phänomen; statt dessen ist alles eine Erscheinung im (göttlichen) Bewußtsein", sagt Goswami. Das heißt, das kosmische Bewußtsein ist hier das Bewußtsein Gottes und alles, was ist, wir eingeschlossen, sind sozusagen göttliche Gedanken beziehungsweise das Produkt göttlicher Gedanken[1812].

Im Walker-Modell würde es noch figürlicher: Was Goswami „nichtmaterielles Gehirn" nennt, wäre bei Walker das virtuelle Gehirn Gottes in Aktion, wäre das Bewußtsein Gottes. Theoretisch könnte dieses virtuelle Gehirn ohne reales Gehirn im Vakuum fungieren. Theoretisch könnte es sich aber auch etwa in unserer Welt als reales Gehirn eines realen Gottes entfalten. Ein Mensch gewordener Gott wäre also hier theoretisch möglich. Unwillkürlich denkt man an: Jesus Christus[1813]. Denkbar wäre hier natürlich auch, daß es *anderswo* ein reales göttliches Gehirn, einen realen Gott gäbe. „Hinter" dem Vakuum etwa. Das wäre dann eine primäre, die wirklichere, Realität, der gegenüber die aus dem Vakuum erzeugte (unsere Welt) nur eine abgeleitete wäre.

[1810] A. Eddington, *The Philosophy of Physical Science,* S. 151, Macmillan Comp., New York, 1939.

[1811] Vgl. zum Beispiel Amit Goswami, *Das Bewußte Universum,* S. 267.

[1812] Das „Geist vom Geist Gottes" in der Bibel gewinnt hier Sinn, etwa in Römer 8, Vers 9: 8 „Wer vom Fleisch bestimmt ist, kann Gott nicht gefallen. 9 Ihr aber seid nicht vom Fleisch, sondern vom Geist bestimmt, da ja der Geist Gottes in euch wohnt." Usw.

[1813] In Jesus Christus wäre hier Gott Mensch geworden. Im Weiteren bedeutete dies: Gott und Jesus Christus sind eins. Nahe läge, daß auch noch der Heilige Geist mit im Verbund ist, er wäre das Bewußtsein Gottes (die drei sind eins).

6. Das aus den Naturwissenschaften resultierende Hologramm der Wirklichkeit und das Gedächtnis von Gegenständen

Nach Aussage vieler Psychometer sieht es so aus, als sei das Gedächtnis von Gegenständen *holographisch* gespeichert, und zwar in beweglichen Hologrammen. (Sie erfahren beispielsweise das Gedächtnis von Dingen, erscheint es in perfekter Klarheit, als dreidimensionalen Film, durch den sie hindurchgehen können wie durch eine holographische Projektion.)

Einige namhafte Wissenschaftler wie der Physiker David Bohm und der Neurophysiologe Karl Pribram oder der Stanford Physiker William Tiller[1814], oder der klinische Psychologe David Loye[1815] aus Princeton sehen *unsere gesamte Realität* (Schneeflocken, Sofas, Meteoren, Elektronen, Gehirne, alles, was in unserer drei-/vier-dimensionalen Welt existiert) *als holographische Projektion einer allem unterliegenden Realitätsebene*[1816] *an*, die sich außerhalb von Raum und Zeit befindet.

Nicht nur nach Meinung von Bohm und Loye[1817] erklären die holographischen Eigenschaften unserer Realität gerade auch unerklärliche Phänomene wie Präkognition, Telepathie, Psychokinese und Psychometrie, praktisch nahezu alle paranormalen und mystischen Erfahrungen.

Um das alles zu verstehen, müssen wir zuerst einmal verstehen, was Hologramme eigentlich sind.

Hologramme sind praktisch Geisterbilder, eine luftige Angelegenheit. Sie sind *dreidimensionale Abbildungen von Dingen*, die uns real *erscheinen*, nähern wir uns ihnen aber und wollen sie anfassen, greifen wir durch sie hindurch.

Wäre unsere Realität ein Hologramm, wäre sie somit so etwas wie eine *Illusion*[1818].

Hologramme können wir herstellen. (Sie sind, wie gesagt, so etwas wie dreidimensionale Photographien, die etwas Geisterhaftes haben). Das sieht dann so aus[1819]:

[1814] Vgl. Tiller bei Michael Talbot, *Das Holographische Universum*, S. 171.

[1815] Vgl. Loye bei Michael Talbot, *Das Holographische Universum*, S. 225.

[1816] Die allem unterliegende Realitätsebene ist bei diesen das hier vertretenen Modell des Quantenvakuums beziehungsweise Bohms implizite Ordnung.

[1817] Vgl. bei Michael Talbot, *Das Holographische Universum*, S. 12, 222.

[1818] Daß wir nicht durch die Gegenstände um uns hindurchgreifen können wie durch ein Hologramm, liegt nach Meinung mancher „Hologrammanhänger" nur an unserem uns täuschenden Sinnesapparat.

[1819] Vgl. zum Hologramm zum Beispiel Michael Talbot, *Das Holographische Universum*, S. 24f. oder Ervin Laszlo, *Zu Hause im Universum*, S. 71f. Bild entnommen aus Michael Talbot, *Das Holographische Universum*, S. 25.

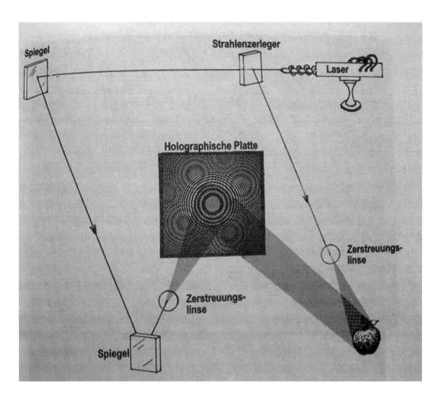

Zur Herstellung eines Hologramms wird ein einziges Laserlicht in zwei getrennte Strahlen aufgeteilt. Der erste Strahl wird von dem abzubildenden Gegenstand (hier ein Apfel) zurückgeworfen. Dann wird der zweite Strahl losgeschickt, der mit dem reflektierten Licht des ersten kollidiert. Beim Zusammentreffen erzeugen beide ein Wellen-Interferenzmuster, das sich auf einem Film (holographische Platte) abbildet. Für das bloße Auge gleicht das Bild auf dem Film einer Ansammlung von Schnörkeln, zeigt keinerlei Ähnlichkeit mit dem photographierten Objekt. Doch sobald ein weiterer Laserstrahl (manchmal genügt auch ein helles Licht) den Film durchdringt, erscheint ein dreidimensionales Abbild des ursprünglichen Objekts, sehen wir ein unglaublich detailliertes, dreidimensionales virtuelles Bild, hier das Bild des im Raum schwebenden Apfels! Die Dreidimensionalität mutet gespenstisch an. Man kann um eine holographische Projektion herumgehen, sie von allen Seiten betrachten, sie scheint ein realer Gegenstand zu sein. Versucht man jedoch das Bild zu berühren, bewegt sich die Hand einfach hindurch.

Eine andere seltsame Eigenschaft der Holographie besteht darin, daß jeder noch so winzige Teil der verschlüsselten Information das gesamte

Bild enthält[1820]. Wenn der holographische Film in Schnipsel geschnitten wird, dann enthält jeder auch noch so kleine Schnipsel noch das vollständige Bild des aufgenommenen Gegenstands. Das heißt, der Apfel ist überall in jedem noch so kleinen Teil. Hier liegt ein riesiger Unterschied zur gewöhnlichen Fotografie: Bei der Holographie gibt es keine Eins-zu-eins-Entsprechung zwischen Punkten auf der Oberfläche des aufgenommenen Objekts (des Apfels) und bestimmten Punkten in der Aufnahme. Die Punkte, aus denen die holographische Aufnahme der Objektoberfläche besteht, sind *überall* in den Interferenzmustern auf der Fotoplatte verschlüsselt.

Somit ist auch die Erzeugung der Illusion, daß sich die Dinge dort befinden, wo sie nicht sind, ein entscheidendes Kennzeichen eines Hologramms[1821].

Dennis Gabor erhielt den Physik Nobelpreis für die Entdeckung der Holographie. Dennis Gabor entdeckte, wenn man einen Lichtstrahl teilt, damit ein Objekt, zum Beispiel einen Apfel, fotografiert und diese Information als Wellen-Interferenz-Muster speichert, erhielt man ein besseres Bild des Ganzen als bei einem flachen, zweidimensionalen Foto, das man mit der üblichen Methode aufnahm, indem man die Lichtintensität von Punkt zu Punkt speicherte.

Gabors Ansatz war mathematisch, und die Mathematik, die er benutzte, war ein Rechenmodus, den der Franzose Jean B.J. Fourier im 18. Jahrhundert erfunden hatte. Fourier entwickelte Gleichungen, die sogenannten *Fourier-Transformationen*, um Bilder in Wellen umzuwandeln und Wellen wieder in Bilder zurückzuverwandeln. (Solche Umrechnungen geschehen etwa, wenn eine Fernsehkamera ein Bild in elektromagnetische Frequenzen umsetzt und das Fernsehgerät diese Frequenzen wieder in das ursprüngliche Bild verwandelt.)

Und genau das passiert bei der Holographie: Frequenzen werden in visuelle Eindrücke umgesetzt (das Geschnörkel wird zum Apfel)[1822], wobei dies nach Fourier-Gleichungen geschieht. Im Hologramm findet also eine Frequenzanalyse und Frequenzumwandlung statt.[1823]

Und nicht zuletzt besitzen Hologramme auch eine fantastische Speicherkapazität[1824].

[1820] Vgl. zum Beispiel Michael Talbot, *Das Holographische Universum*, S. 26f. Die Bilder werden allerdings (für uns) unschärfer, je kleiner die Teile sind.

[1821] Vgl. Michael Talbot, *Das Holographische Universum*, S. 31.

[1822] Und umgekehrt, visuelle Eindrücke werden in Frequenzen umgesetzt; der Apfel wird zum Geschnörkel.

[1823] Vgl. Michael Talbot, *Das Holographische Universum*, S. 37ff.

[1824] Vgl. Michael Talbot, *Das Holographische Universum*, S. 31.

Unsere Realität soll also so etwas Luftiges wie eine holographische Projektion sein, etwas luftiges Dreidimensionales, etwas Illusionäres, dem ein Wellensalat unterliegt, bei dem in jedem kleinsten Teil das Ganze zu finden wäre.

Für das holographische Modell der Realität spricht Gewichtiges:

– Alain Aspects[1825] bahnbrechendes Experiment 1982 spricht beispielsweise für das Hologramm-Modell der Realität. Es zeigte, daß Teilchen (Photonen), die man trennte, weiterhin übereinander bescheid wußten. Jedes Photon korrelierte seinen Polarisationswinkel mit dem anderen instantan, als kommunizierten sie schneller als Licht, als läge kein Raum dazwischen, als blieben sie verbunden.

Diese *Nichtlokalität* von Teilchen muß man nun nicht mit Überlichtgeschwindigkeit erklären, man kann sie auch mit dem Hologrammcharakter der Realität erklären[1826], wie dies etwa der Physiker Paul Davies[1827] tut. Denn im Hologramm ist jedes Teil überall mit dem Ganzen und vice versa verbunden, also alles mit allem ständig verbunden. (Desgleichen kann man die Nichtlokalität mit dem hier gewählten Modell des Vakuums erklären oder mit Bohms impliziter Ordnung).

– Des Weiteren: Alle Teilchen sind in der Quantenphysik auch Wellen! Der Raum ist damit erfüllt von Wellen, die sich kreuzen. Was wir in unserer Realität wahrnehmen, besteht also (letztlich) auch aus Welleninterferenzmustern. Aus Welleninterferenzmustern bestehen auch Hologramme beziehungsweise holographische Projektionen. (Das hier vertretene Modell des Quantenvakuums oder Bohms implizite Ordnung sind der Bereich, in dem Teilchen Wellen sind, sind der Bereich der Welleninterferenzmuster, die unserer Realität zugrunde liegen.)

– Unsere Gehirne rechnen nun nachweislich Welleninterferenzmuster um. Auch im Hologramm werden Welleninterferenzmuster umgerechnet:

Die Berkeley Neurophysiologen Russell DeValois und Karen DeValois[1828] konnten, neben vielen anderen, (1979) zeigen, daß die Gehirnzellen des visuellen Kortex nicht auf Muster, sondern auf Frequenzen unterschiedlicher Wellenformen reagieren. Unsere Gehirne sind also *beim Sehen* nachweislich Frequenzrechner und können Welleninterferenzmus-

---

1825 Vgl. bei Michael Talbot, *Das Holographische Universum*, S. 13.

1826 Es gilt: die Wirklichkeit ist ein Hologramm, das bringt mit sich, daß sich Teilchen nichtlokal verhalten, zusammenhängen. Es gilt auch vice versa: Teilchen verhalten sich nichtlokal (wenn alles zusammenbleibt, was einmal zusammen war, dann hängt letztlich alles mit allem zusammen), das bedeutet, die Wirklichkeit ist ein Hologramm.

1827 Vgl. Michael Talbot, *Das Holographische Universum*, S. 64.

1828 Vgl. bei Michael Talbot, *Das Holographische Universum*, S. 38.

ter in Bilder umrechnen. Und zwar mittels Fourier-Mathematik. Auch im Hologramm werden Frequenzen in Bilder umgerechnet. In Modellen der avangardistischen Gehirnforschung passieren solche Frequenzumrechnungen auch bei allen höheren Bewußtseinsfunktionen. Hier werden auch nicht sichtbare Frequenzen im elektromagnetischen Spektrum umgerechnet und Wellenwellen im Vakuum.

Der deutsche Physiker Hermann von Helmholtz[1829] wies bereits mehr als ein Jahrhundert vor den DeValois nach, daß das Ohr ein Frequenzanalysator ist (wie das Hologramm).

Und der russische Wissenschaftler Nikolai Bernstein[1830] zeigte, daß selbst unsere Körperbewegungen im Gehirn nach Art der Fourier'schen Wellenmuster kodiert sind (wie im Hologramm).

– Karl Pribrams Versuche zeigten ferner, die Fähigkeiten des Gehirns sind holistisch beziehungsweise hologrammartig übers ganze Gehirn verteilt: Entfernt man große Teile des visuellen Kortex, bleibt die Sehfähigkeit dennoch erhalten. Falls das Gehirn Bilder mit Hilfe eines inneren Hologramms verarbeitete, sagte sich Pribram, konnte selbst ein sehr kleines Teilstück des Hologramms immer noch den gesamten Seheindruck rekonstruieren.

Daß das Gehirn eigentlich hologrammartig funktionierte, zeigten auch die Versuche des Biologen Paul Pietsch von der Indiana University, der mit diesen Versuchen zuerst Pribram widerlegen wollte. Pietsch zerschnitt, verdrehte, reduzierte, zerhackte die Gehirne von Salamandern. Jedesmal, wenn er ihnen das, was von ihren Gehirnen übrig geblieben war, wieder einpflanzte, kehrten die Salamander zu ihrem normalen Freßverhalten zurück.

(Die Versuche zeigten genauso, daß das Gehirn da draußen in einem Feld operiert, etwa in dem hier vertretenen Quantenvakuum oder Bohms impliziter Ordnung.)

Unsere Realität hat hiernach also Hologrammeigenschaften, und unsere Gehirne scheinen hierauf eingestellt zu sein als Frequenzrechner, sie sind Teil des Hologramms der Realität und selbst holographisch organisiert.

Unserer Realität unterliegt ein Wellensalat. Dem Hologramm auch.

Dieser unterliegende Wellensalat entspricht dem Wellensalat des hier vertretenen Vakuums oder von Bohms impliziter Ordnung.

Im Hologramm wird ein Wellensalat umgerechnet in eine dreidimensionale Welt. Mit Hilfe etwa von kohärentem Licht (Laserstrahl).

[1829] Vgl. bei Michael Talbot, *Das Holographische Universum*, S. 38.
[1830] Vgl. bei Michael Talbot, *Das Holographische Universum*, S. 39.

Im Hologramm der Realität könnte der unterliegende Wellensalat umgerechnet werden in unsere dreidimensionale Realität mit Hilfe unserer Gehirne.

Nachweislich rechnen unsere Gehirne beim Sehen einen Wellensalat um. Hier sind wir aber noch auf der Ebene der Teilchenwellen unserer Welt, meinen wir. Rechnen unsere Gehirne nun auch den fundamental allem unterliegenden Wellensalat, den Wellensalat des Vakuums, um, und erschaffen so fundamental unsere Realität? Daß unsere Gehirne auch mit Wellenwellen des Vakuums zu tun haben, im Vakuum sozusagen verkehren, sahen wir bereits. In unserem Modell des Quantenvakuums, in Bohms impliziter Ordnung und auch in Interpretationen zur Beobachterabhängigkeit in der Quantenphysik bewirkt Bewußtsein im aller weitesten Sinne (also nicht nur unser Bewußtsein) ein Umwandeln der Wellenrealität in unsere dreidimensionale Teilchenwelt. Soweit unser menschliches Bewußtsein Wellen in Teilchen umschafft (die Wellenfunktion kollabieren läßt), ist es an ein Gehirn der Teilchenwelt gebunden, so daß man hier auch sagen kann, unser Gehirn wandelt hier Wellen in Teilchen um, unser Gehirn bewirkt die Kollabierung der Wellenfunktion. Es drängt sich nun auf, daß was beim Sehen passiert und was beim Kollabieren der Wellenfunktion passiert, daß *beides* auf dieselbe Weise geschieht, hier Wellen umgerechnet werden, daß also die gesamthafte Entstehung unserer Welt durch einen *Rechenprozeß unserer Gehirne* geschieht. Sobald eine Wellenrealität in unseren Radius kommt (egal ob auf Teilchenebene oder Vakuumsebene), rechnen wir (unsere Gehirne) sie einfach um[1831].

Es gäbe also einerseits das fundamentale Hologramm der Realität beziehungsweise die fundamentalen Hologramme all dessen, was ist, die unsere Gehirne errechnen. Andererseits gäbe es die ganz konkreten Hologramme in unserer dreidimensionalen Teilchen-Welt, die wir errechnen. Im ersten Fall ist der unterliegende Wellensalat in unserem Modell des Vakuums oder in Bohms impliziter Ordnung. Im zweiten Fall ist der Wellensalat auf Teilchenebene, ein Salat aus Teilchenwellen (denen letztlich auch wieder Wellenwellen unterliegen, also Wellen im Vakuum bzw. in Bohms impliziter Ordnung). Die ganz konkreten Hologramme unserer Welt sind zum Beispiel die Hologramme, die wir etwa als Souvenir kaufen können, aber auch alles, was wir sehen und was wir hören; wir rechnen hier, meinen wir, in erster Linie Teilchenwellen um (den Wellensalat des Wellensalats).

Wie im Hologramm liegt im Hologramm der Realität ferner in jedem Teil das Ganze.

[1831] Und hier kommt theoretisch ein Element beliebiger Entscheidung herein: ich wähle aus, was ich umrechne.

Ganz so luftig wie die Hologramme, die wir kennen, etwa der oben projizierte Apfel, scheint das Hologramm unserer Realität vielleicht nicht. Durch einen realen Apfel kann ich nicht hindurchgreifen. Aber so fest wie der reale Apfel scheint, ist er auch nicht. Auf einer tieferen Ebene ist auch der reale Apfel, in den ich hineinbeißen kann, nur ein Wellensalat.

Pribram und Bohm haben sich nun besonders herausgetan mit dem holographischen Modell der Realität. Deshalb gehen wir hier weiter auf sie ein[1832].

Pribram[1833] kam aufs holographische Modell, indem er der Frage nachging, wie und wo Erinnerungen im Gehirn gespeichert werden. Für ihn war die Antwort: das Hologramm. Erinnerungen werden holographisch gespeichert. Überhaupt funktionierte, nach Pribram, das ganze Gehirn holographisch. Das Gehirn war wie das Hologramm ein Frequenzanalysator. Pribram[1834] fragte nun weiter: *Was war nun real?* Die scheinbar objektive Realität, die wir wahrnahmen, oder das Gewirr von Interferenzmustern, welches der Frequenzrechner Gehirn registrierte (erst umrechnete), der Wellensalat? Stimmte nun, was die Mystiker seit Jahrhunderten für wahr erklärt hatten: nämlich, daß die Wirklichkeit nur eine Illusion ist? Und *tatsächlich* eine unermeßliche in Schwingungen versetzte Symphonie aus Wellenformen (also die gesamte Realität ein Hologramm)?

Pribram wurde bei Bohm fündig. Sein Sohn, ein Physiker, riet den Kontakt zu Bohm an.

Für Bohm war der gesamte Kosmos ein Hologramm. Niels Bohr[1835] hatte postuliert, daß Quanteneigenschaften (beziehungsweise Teilcheneigenschaften) nicht existieren, bevor sie beobachtet werden (erst mit der Beobachtung werden aus Teilchen Wellen). Für Bohm[1836] war das nicht der Weisheit letzter Schluß, er wollte hinter diese undurchdringliche Mauer blicken und meinte, daß es hinter der Ebene der Quanten (der Teilchen) noch eine tiefere Realität geben müsse, ein Feld, das, wie die Schwerkraft, den gesamten Weltraum durchdringe. Dieses Feld war, nach ihm, für das Phänomen der *Nichtlokalität* von Quanten verantwortlich: Teilchen, die einmal zusammen waren, verhielten sich, egal wie weit sie sich voneinander entfernten, so, als seien sie stets instantan informiert über einander. Das hatte nach Bohm seinen Grund nicht in einer Kom-

---

[1832] Wobei es auch zu ein paar Wiederholungen kommen kann.

[1833] Vgl. bei Michael Talbot, *Das Holographische Universum*, S. 21.

[1834] Vgl. Michael Talbot, *Das Holographische Universum*, S. 41f.

[1835] Vgl. bei Michael Talbot, *Das Holographische Universum*, S. 47.

[1836] Vgl. bei Michael Talbot, *Das Holographische Universum*, S. 50ff. Bohm veröffentlichte seine alternative Interpretation der Quantentheorie im Jahr 1952.

munikation, die schneller war als Lichtgeschwindigkeit, sondern seinen Grund darin, daß diese Teilchen auf einer unteren Ebene *zusammenhingen*, bei der der Raum keine Rolle mehr spielte (ebensowenig die Zeit), auf der alles mit allem zusammenhing, nicht vom andern getrennt oder unabhängig war[1837]. Natürlich gefiel auch Einstein diese Idee, sie war vorderhand vereinbar mit der Aussage der speziellen Relativitätstheorie, daß nichts schneller war als Licht.

Später bezeichnete Bohm diese tiefere Wirklichkeitsebene als *implizite Ordnung*, was auch *verhüllte* oder *eingefaltete* Ordnung bedeutet. Diese tiefere Wirklichkeitsebene ist uns verborgen, während unsere Seinsebene die explizite, die *enthüllte*, die *entfaltete* Ordnung ist. Und Bohm[1838] verglich diese tiefere Wirklichkeitsebene (beziehungsweise tiefere Wirklichkeitsebene zusammen mit der enthüllten Ebene) nun auch mit einem *Hologramm* beziehungsweise setzte sie damit sogar gleich! Das Hologramm paßte perfekt: Im Hologramm ist ja auch Nichtlokalität, Nichtörtlichkeit typisch. Jeder Punkt enthält im Hologramm das Ganze. So wie im Hologramm jedes Teilstück das Bild des Ganzen enthält, ist, nach Bohm, jedem Teilstück das Universum als Ganzes eingefaltet. Im Prinzip ist damit der Andromeda Nebel in unserem Daumennagel der rechten Hand enthalten, oder enthalten ist dort die erste Begegnung zwischen Kleopatra und Cäsar, denn ebenso sind die gesamte Vergangenheit wie deren Bedeutung für die Zukunft gleichfalls in jedem kleinen Bereich von Raum und Zeit verhüllt[1839].

Einstein hat Raum und Zeit in einem Kontinuum verbunden, Bohm ging noch weiter, bei ihm ist *alles* im Universum Teil eines Kontinuums, eines Hologramms und zwar eines bewegten Hologramms, einer Holobewegung. Die Vereinzelung der Dinge, die wir wahrnehmen, ist in dieser Perspektive nur eine Illusion[1840].

Folgendes Bild[1841] auf S. 564 kann das veranschaulichen:

Die Dinge scheinen zwar getrennt zu existieren, wie die Bilder des Fisches auf den beiden Fernsehschirmen unten. Auf einer tieferen Ebene, die der des Aquariums (oben) entspricht, sind sie aber nur verschiedene Aspekte *einer* kosmischen Ganzheit (in der beide eins sind).

[1837] Vgl. Michael Talbot, *Das Holographische Universum*, S. 52f.

[1838] Vgl. Michael Talbot, *Das Holographische Universum*, S. 57, die ersten Aufsätze hierzu veröffentlichte er in den frühen siebziger Jahren, 1980 legte er *Wholeness and the Implicated Order* vor.

[1839] Vgl. Michael Talbot, *Das Holographische Universum*, S. 61.

[1840] Vgl. Michael Talbot, *Das Holographische Universum*, S. 58, 91.

[1841] Entnommen aus Michael Talbot, *Das Holographische Universum*, S. 53.

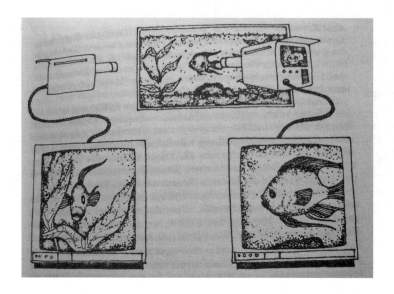

Interessant ist nun bei Bohm *die Rolle des Bewußtseins*: Auch das Bewußtsein ist, nach Bohm, eingebunden ins Hologramm der Realität. Man kann
es von allem nicht trennen, es ist genauso mit allem verwoben: und so ist
der Beobachter letztlich das Beobachtete[1842]. Das bedeutet aber auch, daß
Bewußtsein in allem gegenwärtig ist, die Einteilung des Universums in
lebendige und leblose Dinge bedeutungslos[1843]! Auch das Bewußtsein
existiert bei Bohm verhüllt und enthüllt[1844]. Und das bedeutet, daß das
Bewußtsein auf der impliziten Ebene mit allem verbunden ist und auch in
Vergangenheit und Zukunft reisen kann, daß *wir* in unserem rechten
Daumennagel auch den Andromeda-Nebel *entdecken können* oder die
erste Begegnung von Cäsar und Kleopatra. Bewußtsein ist auf der implizi-
ten Ebene mit Materie verbunden. Bohm glaubte des weiteren, daß
Bewußtsein sogar einfach eine subtilere Form von Materie ist[1845].

(Dieselben Gedanken kann man natürlich auch auf Energie anwenden[1846]. Ist alles holographisch, dann ist in jedem Zentimeter praktisch die
Energie des gesamten Universums enthalten. Es gibt ein Indiz dafür, daß
das tatsächlich so sein könnte: Wenn die Physiker das Minimum der
Energiemenge berechnen, das eine Welle besitzen kann, kommen sie zu
dem verrückten Ergebnis, *daß jeder Kubikzentimeter des leeren Weltraums*

[1842] Vgl. Michael Talbot, *Das Holographische Universum*, S. 61.

[1843] Vgl. Michael Talbot, *Das Holographische Universum*, S. 61. Das Weltbild des Animismus.

[1844] Bei Walker, den wir favorisieren, ist das, wie erwähnt, anders. Das Bewußtsein per
se gehört nur zur impliziten Ebene.

[1845] Vgl. Michael Talbot, *Das Holographische Universum*, S. 61.

[1846] Vgl. Michael Talbot, *Das Holographische Universum*, S. 62.

mehr Energie enthält als die Gesamtenergie aller Materie im uns bekannten Universum! Manche Physiker weigern sich nun, diese Berechnung ernst zu nehmen. Die meisten Physiker ignorieren dieses gewaltige Energiemeer einfach. Der Witz ist, daß es bereits technische Erfindungen gibt, die dieses Meer anzapfen, Stichwort: *freie Energie.* Diesen aber der Patentschutz verweigert wird.)

Nach Pribram funktioniert also das Gehirn wie ein Hologramm, ja, es ist ein Hologramm. Nach Bohm ist die gesamte Realität holographisch.

Nimmt man beide zusammen[1847]: so konstruiert unser Gehirn auf mathematischem Weg eine objektive Realität durch die Interpretation von Frequenzen. Diese objektive Realität ist so letztlich eine (holographische) Projektion aus einer anderen Dimension, einer tieferen Seinsordnung, die sich jenseits von Raum und Zeit erstreckt. Alles ist holographisch, einschließlich unserer selbst, unserer Gehirne, unserer Wahrnehmung, unseres Bewußtseins.

– Bemerkung: Im von uns favorisierten Walker-Modell wären nur die konkreten Produkte unserer Wahrnehmung, unseres Bewußtseins holographische Projektionen, Hologramme. Unser Bewußtsein per se, unsere Wahrnehmung per se hingegen gehören nur und immer schon zur impliziten Ebene. *Unser Bewußtsein per se wäre also nicht ein selbständiges Hologramm, keine holographische Projektion.* Es wirkt vielmehr (im Verbund mit dem realen Gehirn) mit an der *Erzeugung* des Hologramms, an der Projektion der Wirklichkeit; vielleicht können wir sagen, unser Bewußtsein entspräche auf der obigen Abbildung dem (zweiten) projizierenden Laserstrahl, der das Hologramm aus dem Geschnörkel des Apfels hervorbringen würde und nicht in der Abbildung ist, und das reale Gehirn wäre dann vielleicht ein zweiter Projektor, der nicht in der Abbildung ist, die Hardware; unser Bewußtsein wäre die Funktion des zweiten Projektors, Teil des zweiten Projektors und fließt aber auch in die Projektion ein, durchdringt das Geschnörkel. Es wäre übrigens auch schwierig sich ein holographisches Bewußtsein vorzustellen, das wäre ein geteiltes, teilbares Bewußtsein: in einem Teil des Bewußtseins wäre das gesamte Bewußtsein enthalten. Bleibt die Frage, was wäre dann der erste Projektor, der Projektor in der Abbildung mit dem geteilten Laser, der das Geschnörkel erst aus dem eigentlich realen Apfel schafft? Vorschlag: Wie wäre es mit einem höheren Gehirn (die Hardware), das mit Hilfe seines Bewußtseins (dem Strahl) die *eigentliche* Realität hinter allem in ein Geschnörkel, einen Wellensalat umrechnet, aus dem wir, unsere Gehirne im Verbund mit unseren Bewußtseinen, erst wieder eine abgeleitete, unsere Realität, extrapolieren? Dieses höhere Bewußtsein würde also eine

---

[1847] Vgl. Michael Talbot, *Das Holographische Universum*, S. 65.

eigentliche Realität in Wellen abbilden, würde damit eine eigentliche Realität zu etwas im Bewußtsein umrechnen, also im Grunde zu einem (verschlüsselten) Gedanken, zu vielen Gedanken, zu einem Ensemble von (verschlüsselten) Ideen etc., die wir wiederum zu etwas Entschlüsseltem umrechnen, zu Bildern etwa.

Zusatzbemerkung: Ist unser reales menschliches Gehirn der zweite Projektor, wäre es nun Projektor und komplizierterweise auch die schlußendliche Projektion. Das ergäbe eine unmögliche selbstbezügliche Verwicklung, kann nicht sein, möchten wir hier einmal intuitiv vorschlagen. Das virtuelle Gehirn kann bei Walker nun dasselbe leisten wie das reale. Alles sieht einfacher aus, meinen wir intuitiv, wenn das *virtuelle* Gehirn der Projektor ist. Es ist dann außerhalb der schlußendlichen Projektion. Ferner ist es im Wellensalat, den wiederum der erste Projektor geschaffen hat (ein Plus für den ersten Projektor). Im Wellensalat könnte es Teile des Wellensalats erhellen, umrechnen (hier wären beliebige Perspektiven einnehmbar). Nichtsdestoweniger ist das virtuelle Gehirn an ein reales unserer Welt gebunden, sobald und solange es ein dazugehöriges reales Gehirn gibt; dieses wäre so dennoch mitbeteiligt an der Projektion (auch wenn es eigentlich auf der falschen Seite ist), es kann sich lediglich nicht selbst projizieren. Weniger selbstbezüglich wäre es auch, wenn wir neben dem Gehirn in unserer abgeleiteten Realität noch ein Gehirn in der eigentlichen Realität hätten, der Realität des ersten Projektors, und dieses eigentliche Gehirn der zweite Projektor wäre. Der zweite Projektor wäre hier klar außerhalb der schlußendlichen Projektion. (Sie hätten dann ähnlich wie bei den Kahunas[1848] vielleicht drei Selbsts: ein hohes, mittleres und niederes). Sie würden dann nicht nur in zwei, sondern in drei Welten leben. Daß wir aber von unserer eigentlichen Körperexistenz nichts merken, ist seltsam. Es ergibt sich auch ein unpassender Zwiespalt: Der erste Projektor hätte Sie dann entweder gar nicht geschaffen, oder er hätte Sie als Seinesgleichen, auf derselben Ebene, geschaffen und dann projiziert; dem realen Apfel entsprechend, gäbe es Sie und mich ebenso in der eigentlichen Realität, als Projektionsvorlage für den ersten Projektor. Nehmen wir an, der erste Projektor möchte sich hierarchisch klar über allem befinden, dann wäre ein anderes Modell passender: der erste Projektor hätte zunächst nur unser Bewußtsein, Bewußtseine im Wellensalat geschaffen, erdacht. Bewußtseine wären bei Walker nie auf einer realen Ebene, hier gibt es also gar keine eigentliche Realität wie den Apfel in der Abbildung, und der erste Projektor kann hier mit einer virtuellen Realität angefangen haben. Realisieren könnten Sie sich sodann theoretisch in einer abgeleiteten Welt wie der unseren, oder theoretisch auch in der eigentlichen Welt des Projektors; wohl nicht von alleine, man müßte

---

[1848] Die Kahunas mit ihrem seltsamen Weltmodell erwähnen wir noch später.

jeweils ein „Anschucken" durch den Projektor hinzudenken, der überall am Anfang stünde. Sie, mit Ihrem Bewußtsein, wären letztlich eine Idee, ein Gedanke, ein Traum des ersten Projektors. In unserer Welt wären Sie ein Traum, der den Traum weiterträumt; Sie würden aus einer verschlüsselten Idee des ersten Projektors etwa ein Bild in ihrem Geist entstehen lassen und dieses hielten Sie dann für die „reale" Welt. In seiner Welt könnten Sie durch ihn zu einer bestechenden, wahren Realität kommen.

Es gibt hier eine Menge sozusagen schöpfungsbezogene mögliche Folgen, die eigentlich nicht zum Thema gehören, aber interessant sind, und eine Menge mögliche spekulative Verirrungen.

„Reales" Gehirn hier oder dort, unser Bewußtsein projiziert in allen Fällen, die bei Walker denkbar wären, unsere (abgeleitete) Realität zumindest mit und ist im Wellensalat. Und im Walker-Modell ist somit wie auch in den anderen von uns behandelten Modellen unsere Welt Produkt interagierender Bewußtseine. Um es mit Swedenborgs[1849] Worten zu sagen: würde im Walker-Modell unser Universum quasi „ständig von zwei wellenartigen (Bewußtseins-)Strömen geschaffen und in Gang gehalten, von einem, der vom Himmel stammt, und von einem zweiten, der von unserer Seele oder unserem Geist ausgeht." –

Manche[1850] hat nun das Weltbild von Bohm und Pribram auf die Idee gebracht, daß der Geist vielleicht in noch viel fundamentalere Schichten (der impliziten Ordnung) vordringen kann, um sozusagen den „kosmischen Filmprojektor", der unsere Welt hervorbringt, neu zu programmieren. Auf die Weise könnte er vielleicht nicht nur die allgemein anerkannten Naturgesetze, umgehen, etwa die Trägheit (so etwas geschieht bereits bei der Psychokinese: und hier zum Beispiel bei der Levitation), sondern er könnte sie sogar verändern. Für die *Umgehung* von Naturgesetzen gibt es bereits eine Menge Beispiele: Levitationen, Feuerunempfindlichkeit usw. Interessant seien hier die von Tausenden bezeugten Fälle[1851], die sich im Frankreich des 18. Jahrhunderts bei den *Janseniten* zutrugen. Der Jansenismus war eine puritanische Bewegung innerhalb der katholischen Kirche, die sowohl vom Papst als auch vom französischen König (Ludwig XV) als Protestantismus im Gewand des Katholizismus verdammt und bekämpft wurde. Unter den Janseniten gab es auch die sogenannten Konvulsionäre. Sie konnten eine schier unvorstellbare Vielfalt von körperlichen Torturen ertragen und gingen jeweils völlig unbeschadet aus ihnen hervor. Im Zustand verzückter Trance konnte man sie nicht einmal mit Messern, Schwertern oder Beilen verletzen. Und auch verbrennen konnte man sie nicht! Es gab Tausende von Augenzeugen aus allen Schichten,

---

[1849] Vgl. bei Michael Talbot, *Das Holographische Universum*, S. 274f.
[1850] Etwa Michael Talbot, *Das Holographische Universum*, S. 145.
[1851] Vgl. bei Michael Talbot, *Das Holographische Universum*, S. 140ff.

zahllose offizielle Berichte. Sogar Beobachter der Kirche mußten einräumen, daß die Wunder existierten, zogen sich aber aus der Affäre, indem sie sie als Teufelswerk deklarierten. Ähnliches brachten die ebenfalls von der katholischen Kirche verfolgten protestantischen Hugenotten fertig. So beklagte sich einer ihrer Verfolger, der Abbé du Chayla[1852], daß er einer gewissen Gruppe der Hugenotten, den Kamisarden, einfach nicht beikomme. Wenn er den Befehl gab, sie zu erschießen, blieben die Musketenkugeln als abgeflachte Scheiben zwischen ihren Kleidern und der Haut stecken. Wenn er ihre Hände über glühenden Kohlen zusammenschloß, blieben sie unverletzt. Und wenn er sie zusammengebunden in ölgetränkte Säcke stecken und in Brand setzen ließ, verbrannten sie nicht. Feuerfest war auch der heilige Franz von Paula[1853]. Er konnte glühende Asche in die Hand nehmen, ohne Schaden zu erleiden, und bei seinem Heiligsprechungsverfahren im Jahr 1519 beschworen acht Augenzeugen, daß er unverletzt durch die prasselnden Flammen eines Brennofens gewandelt sei, um eine beschädigte Wand des Ofens instand zu setzen.

Das heißt, die allgemeinen von uns anerkannten Naturgesetze wären auch nur eine Projektion, die ständig neu aus dem Impliziten entsteht. Daß es etwa ein unumstößliches Gesetz sein soll, daß Feuer menschliches Gewebe verbrennt, läge nur daran, daß das Muster immer wiederholt wird, ein Gewohnheitszustand sei. Der Physiker Peat spricht hier scherzhaft von einer Neurose des Universums. Wer an einer Neurose leidet, neigt dazu, die gleichen Handlungen beziehungsweise Verhaltensmuster ständig zu wiederholen.

So gesehen wären Stühle und Tische, überhaupt alles, bloß Gewohnheitszustände, Gewohnheitsprojektionen.

– Bemerkung: Hier scheint es allerdings Grenzen zu geben. Auffällig ist ja, daß derartige wie die oben genannten Ausnahmephänomene nur für kurze Zeit klappen. Wir hatten schon die Möglichkeit erwähnt, daß die Auswahl der Möglichkeiten aus dem Impliziten beschränkt sein könnte, für uns beschränkt sein könnte, oder sogar vollständig prädeterminiert. Eine zeitliche Beschränkung ist erfahrungsgemäß jedenfalls definitiv der Fall: Sie könnten etwa nur für kurze Zeit levitieren.

Im Walker-Modell findet sich hierfür eine passende Erklärung, die Beschränkung liegt bei ihm in Folgendem: Wir haben bei Walker prinzipiell die Möglichkeit, nur mit unserem virtuellen Gehirn zu operieren, im Geist sozusagen im tiefen Vakuum zu navigieren, fern von unserem körperlichen Gehirn unserer Teilchenwelt. Da unser virtuelles Gehirn in unserer Welt aber an unser reales Gehirn gebunden ist, geht das nur für

---

[1852] Vgl. bei Michael Talbot, *Das Holographische Universum*, S. 147.
[1853] Vgl. bei Michael Talbot, *Das Holographische Universum*, S. 145f.

kurze Zeit. Wir müssen praktisch wieder in den Verbund mit unserem realen Gehirn zurück, solange wir hier sind. Während der kurzen Zeit, in der wir nur im Vakuum navigieren, befinden wir uns praktisch in einem Modus der Außerkörperlichkeit, können während dieser Zeit ein immenses Wissen dort erfahren, können mit dem Geist dort auf Materie einwirken, ungewöhnliche Möglichkeiten für die Realisierung wählen usw., das heißt, wir können dort, weil dort andere Regeln gelten, ganz andere Dinge tun als hier, die sich hier wieder konkretisieren können (wenn wir etwa levitieren). Es ist also ein Ausnahmemodus, in dem wir uns nur für kurze Zeit befinden können, und diesen Ausnahmemodus erreichen, wie man statistisch feststellen kann, überdies nur wenige von uns: paranormal Begabte, Genies, Kranke etc. Dementsprechend kurzlebig sind die Resultate dieses Modus, die sich in unserer Welt zeigen: ein Genie hat einen Gedanken*blitz*. Sie levitieren als paranormal begabte Person nur ganz kurze Zeit, dann sind Sie wieder am Boden.

Wir befinden uns im Walker-Modell (denkt man es weiter) schlicht auch nicht an der richtigen Stelle, um den kosmischen Filmprojektor zu bedienen. *Wir wirken an der Projektion unserer Wirklichkeit nur an nachgeordneter Stelle mit. –*

Eine weitergehende Konsequenz der Wirklichkeit als Hologramm wäre für Bohm nun auch, daß man sagen kann, das Universum ist nur gedacht. So äußerte sich David Bohm[1854] im privaten Gespräch. Auch im (weitergedachten) Walker-Modell kann man das, wie wir zeigten, annehmen.

Wir sahen bereits, daß diese Ansicht auch für nicht wenige die Schlußfolgerung aus der Quantenphysik war.

Von wem oder was allerdings gedacht?

Nicht wenige Quantenphysiker[1855] meinten, daß *wir* subatomare Teilchen nicht entdecken, sondern durch unser Bewußtsein erst *erschaffen*. Die meisten[1856] bestehen aber noch auf der *Realität* der Quantensysteme, auch wenn sich diese der Beobachtung entziehen.

Wenn wir die Realität nun aber erst durch unser Bewußtsein erschaffen, wieso entdeckt ein Physikstudent, der über Elektronen nichts weiß, bei ihnen dann dennoch die gleichen Eigenschaften wie ein erfahrener Wissenschaftler?

Eine mögliche Antwort lautet, daß unsere Wahrnehmung der Welt nicht allein auf den Informationen beruht, die wir (Einzelindividuen) durch unsere fünf Sinne empfangen[1857]. Der Quantentheoretiker Brian

1854 Bohm bei Michael Talbot, *Das Holographische Universum*, S. 150.
1855 So etwa Jahn und Dunne bei Michael Talbot, *Das Holographische Universum*, S. 152. Und Bohm in privato.
1856 Vgl. bei Michael Talbot, *Das Holographische Universum*, S. 150.
1857 Michael Talbot, *Das Holographische Universum*, S. 150.

Josephson[1858] aus Cambridge, der 1973 den Physiknobelpreis erhielt, schlägt etwa vor, daß die objektive Realität Produkt eines *kollektiven Gedächtnisses* ist, mit dem unser Bewußtsein vernetzt ist. Also nicht nur unser Einzel-Bewußtsein zählt, sondern viele Einzel-Bewußtseine schaffen die Realität.

Wir können den *Bewußtseinsbegriff auch noch weiter fassen*, wie Jahn und Dunne[1859] und noch andere als menschliche Bewußtseine hinzunehmen: Jahn und Dunne verstehen unter Bewußtsein alles, was imstande ist, Informationen hervorzubringen, zu empfangen oder zu verwerten. Hiernach können Tiere, Viren, Maschinen, also selbst sogenannte unbelebte Dinge, die Eigenschaften besitzen, die für die Teilhabe an der Wirklichkeitserschaffung erforderlich sind.

Ein *anderes* Bewußtsein kann also die Realität des Elektrons erschaffen haben[1860], womöglich sogar lange vor der Einbindung des Menschen in die holographische Erschaffung aller Dinge. Demnach wären Elektronen beispielsweise so tief in das Hologramm integriert, daß sie nicht mehr so empfänglich sind für den Einfluß des menschlichen Bewußtseins wie andere, neue „Realitätsfelder"[1861].

Denkbar wäre insoweit natürlich auch, daß *ein göttliches Bewußtsein* alles erschaffen, gedacht hat. Der Physiker William A. Tiller[1862] meint in einer ausgreifenden Spekulation, Gott könne das Universum als eine göttliche Idee erschaffen haben, das göttliche Grundmuster habe dann das subtile Energiefeld (Quantenvakuum) beeinflußt, mittels einer Serie von Hologrammen, bis es sich am Ende zu einem Hologramm des physischen Universums verfestigte.

Sieht man unsere Wirklichkeit als Hologramm an, gewinnen wir eine frische Sicht der Dinge. Wir kommen auf eine *Hierarchie* bezüglich *der Bewußtseine*, die das Universum sozusagen erdenken.

Es gibt einen übergeordneten Projektor, den man insoweit als ein höheres Gehirn interpretieren könnte, oder einfach als ein göttliches Gehirn, und es gibt einen nachgeordneten Projektor (man könnte ihn als menschliches Gehirn interpretieren), auch andere Bewußtsein-produzierende Strukturen kämen als nachgeordnete Projektoren in Frage. Die Strahlen beider (wir könnten sie als die respektiven Bewußtseine interpretieren) schaffen unsere Realität als Coproduktion, so daß grosso modo Swedenborg zuträfe: Unser Universum wäre hier „von zwei wellenartigen Strömen geschaffen und in Gang gehalten, von einem, der vom Himmel

---

[1858] Vgl. bei Michael Talbot, *Das Holographische Universum*, S. 158.

[1859] Vgl. Jahn und Dunne bei Michael Talbot, *Das Holographische Universum*, S. 158f.

[1860] So Michael Talbot und der Stanford Physiker William Tiller bei Michael Talbot, *Das Holographische Universum*, S. 172.

[1861] Sheldrake läßt grüßen.

[1862] Vgl. William A. Tiller bei Michael Talbot, *Das Holographische Universum*, S. 203f.

stammt, und von einem zweiten, der von unserer Seele oder unserem Geist ausgeht"[1863].

– Das biblische: „Am Anfang war das Wort" klingt hier gar nicht mehr so unwahrscheinlich. Und auch das biblische „der Glaube könne Berge versetzen" erklärt sich, wenn unser Geist das Hologramm der Wirklichkeit (auch nur begrenzt) verändern kann. –

(Pribram[1864] verfeinerte nun dieses Konzept noch etwas, indem er annahm, daß Bewußtsein nicht nur eine, nämlich die für uns wahrnehmbare Realität schaffte, sondern daneben noch *viele potentielle Realitäten*, die sich in Paralleluniversen[1865] befanden (daß der Prozeß allerdings doch gewisse Grenzen hatte). Der Ethnologe Carlos Castaneda[1866] denkt in dieselbe Richtung, geht aber noch weiter und von einer unerschöpflichen Ansammlung von getrennten Wirklichkeiten aus, wobei er annimmt, daß alle Wirklichkeitstypen gleich sind, die, die wir beispielsweise in unseren Träumen oder in veränderten Bewußtseinszuständen erleben und die, die wir täglich wachbewußt um uns erleben.)

Interessant ist übrigens auch, daß die Idee des durch Bewußtsein geschaffenen Universums nicht erst seit der Quantenphysik in unsere Köpfe gekommen ist.

Es gibt Jahrtausende alte Hypothesen diesbezüglich:

Die tantrischen Mystiker[1867] hielten das gesamte Universum für eine Hervorbringung des Geistes, geschaffen und belebt durch die kollektiven Gedanken aller Lebewesen. Die meisten Menschen seien sich nicht bewußt, daß sie diese Macht besitzen. Nur große Yogis, die in die tieferen Schichten des Geistes einzudringen vermöchten, können angeblich solche Kräfte bewußt nutzen. Und eine Möglichkeit, dieses Ziel zu erreichen, besteht darin, das Gewünschte immer wieder zu visualisieren.

Die persischen Sufis[1868] des 12. Jahrhunderts nannten die subtile Ebene des Denkens *alam almithal*. Diese bringt in Form von Ideen-Bildern (also von geistigen Bildern) unsere Lebenswelt hervor.

[1863] Bei Michael Talbot, *Das Holographische Universum*, S. 274f.

[1864] Pribram bei Michael Talbot, *Das Holographische Universum*, S. 150.

[1865] Auch David Loye reichert die Welt als Hologramm noch um Paralleluniversen an. Auch nach ihm ist die Welt ein Riesenhologramm, unsere Wirklichkeit holographisch, und in diesem Hologramm ist Vergangenheit, Gegenwart und Zukunft (bis zu einem gewissen Grad) festgelegt. Sie sei aber nicht das einzige Hologramm! Es gibt nach ihm viele holographisch Gebilde, die in den zeit- und raumlosen Gewässern des Impliziten treiben (einem Superhologramm). Solche Gebilde könnte man als Paralleluniversen betrachten. Vgl. Loye, bei Michael Talbot, *Das Holographische Universum*, S. 225.

[1866] Castaneda bei Michael Talbot, *Das Holographische Universum*, S. 150.

[1867] Vgl. bei Michael Talbot, *Das Holographische Universum*, S. 235f.

[1868] Vgl. bei Michael Talbot, *Das Holographische Universum*, S. 235f.

Buddha[1869] sagte: „Alles, was wir sind, entsteht aus unsere Gedanken. Mit unseren Gedanken erschaffen wir die Welt."

Und auch die Hologrammartigkeit der Wirklichkeit schien schon vielen früher bewußt:

Die Griechen gingen früh von einer holographischen Wirklichkeit aus: Bei Anaxagoras[1870] (um 500–428 v.Chr.) etwa ist alles in allem! Auf der einen Seite ist nichts genau gleich wie das andere: alles geht aus unterschiedlichen Samen hervor. Diese Samen sind die Grundbausteine der Materie. Andererseits ist alles etwas dem andern gleich: In jedem sinnlich wahrnehmbaren Objekt sind auch Samen aller anderen. Pythagoras[1871] (um 570–496 v.Chr.) Idee der Seelenwanderung ist ebenfalls in gewissem Sinne holographisch: Jeder kommt wieder und zwar wird jeder alles sein, daher müsse man alle Lebewesen für verwandt halten. Für Empedokles[1872] (um 494–434 v.Chr.) ist Gott (als allem unterliegende Wirklichkeit) ein Kreis, dessen Zentrum überall und dessen Umfang nirgendwo ist, eine perfekte Metapher fürs Hologramm.

Und so ist auch die Auffassung des alten Okkultismus[1873], der seine Wurzeln in der Antike hat, holographisch: er geht davon aus: wie oben so auch unten, wie der Makrokosmos, so der Mikrokosmos.

Und auch im hinduistischen, noch viel älteren *Vishvasara-Tantra*[1874] heißt es bezüglich der Wirklichkeit: „Was hier ist, ist überall".

Für Fa-tsang[1875], den Begründer der buddhistischen Hua-yen-Schule im 7. Jahrhundert, verbarg sich der Kosmos in allen seinen Teilen, und jeder Punkt im Kosmos war dessen Mittelpunkt.

Im 17. Jahrhundert hat der deutsche Mathematiker und Philosoph Leibniz[1876] mit seiner Monadenlehre die Hologrammartigkeit der Wirk-

---

[1869] Thomas Byron, *The Dhammapada: The Sayings of Buddha*, S. 13.

[1870] Vgl. Anaxagoras bei David Sider, *The Fragments of Anaxagoras. Introduction, Text, and Commentary*, Vol. 4 International Pre-Platonic Studies, Second Edition, S. 171ff., Academia Verlag, Sankt Augustin, 2005.

[1871] Pythagoras bei M. Laura Gemelli Marciano, *Die Vorsokratiker. Auswahl der Fragmente und Zeugnisse*, S. 115–117.

[1872] Vgl. bei Michael Talbot, *Das Holographische Universum*, S. 307.

[1873] Seine wichtigsten Grundpfeiler aus der Antike sind Gnostizismus (Lehren frühchristlicher als häretisch angesehener Sekten), hermetische Abhandlungen über Magie und Alchemie (aus dem 2.–5. Jh. n.Chr.; etwa die in Ägypten auf griechisch verfaßten *hermetischen Schriften* des Hermes Trismegistos, der als Überbringer ägyptischer Weisheit galt), Neuplatonismus (das letzte große System der griechischen Philosophie zw. 200 und 500 n.Chr.) und Kabbala.

[1874] Vgl. bei Michael Talbot, *Das Holographische Universum*, S. 307. Tantrische Texte kennen wir seit 5 000 Jahren.

[1875] Vgl. bei Michael Talbot, *Das Holographische Universum*, S. 307f.

[1876] Vgl. bei Michael Talbot, *Das Holographische Universum*, S. 308 und Stefan Brönnle, *Landschaften der Seele*, S. 38.

lichkeit ebenfalls vorweggenommen. Das Universum besteht ihr zufolge aus fundamentalen geistigen (!) Krafteinheiten oder *Monaden*, die jeweils ein Spiegelbild des ganzen Universums sind! Jedes Ding, also zum Beispiel ein Baum, ist bei Leibniz durch Eigenschaften und Informationen strukturiert, und alles ist über alles informiert. Alles ist so mit allem verbunden. Der Mensch steht hier auch mit Berg und Baum in lebendiger Verbindung, und auch der Berg und Wald ist im Menschen vorhanden, überhaupt die ganze Welt.

Und Swedenborg[1877] schien sich im 18. Jh. auf holographische Eigenschaften der Wirklichkeit zu beziehen, wenn er annahm, wir alle seien in einer kosmischen Einheit miteinander verbunden, auch wenn wir offensichtlich getrennt voneinander existieren. Dabei sei jeder von uns ein Mikrokosmos der umfassenden göttlichen Realität, ein Himmel en miniature! Das ist holographisch: das Kleine enthält das Große, jeder Teil enthält das Ganze. Swedenborg glaubte überdies, daß der sichtbaren Welt eine Wellensubstanz zugrunde liegt. Und daß unser Universum ständig von zwei wellenartigen Strömen geschaffen und in Gang gehalten wird, von einem, der vom Himmel stammt, und von einem zweiten, der von unserer Seele oder unserem Geist ausgeht. Wir denken hier sofort an das obige Bild zur Herstellung eines Hologramms per geteilter Laserstrahlen plus Laserstrahl zur Umrechnung des Wellensalats ins Dreidimensionale. Der Theologe George F. Dole[1878] muß Ähnliches gedacht haben, er verwies diesbezüglich auf eine verblüffende Ähnlichkeit zum Hologramm: „Wir entstehen durch den Zusammenfluß zweier Ströme – eines direkten, der aus dem Göttlichen hervorgeht, und eines indirekten, der aus dem Göttlichen auf dem Unweg über unsere Außenwelt zu uns kommt[1879]. Wir selbst sind Interferenzmuster und befinden uns dort, wo die Wellen aufeinandertreffen (wo im Hologramm das dreidimensionale Bild entsteht).

Sieht man unsere Realität als Hologramm, kommt man also auf zusätzliche Ideen wie etwa hierarchisch geordnete Bewußtseine, die unsere Welt erdenken. Das gehört nun nicht direkt zum Thema (Gedächtnis der Gegenstände), ist nur ein Nebenprodukt der Recherche, aber so interessant, daß erwähnenswert.

Es gibt noch weitere interessante (Neben-)Punkte, die sich hier aufdrängen.

Gehen wir zum Schluß noch einmal zu unserem Bild zurück mit dem Laser und dem Apfel:

[1877] Vgl. bei Michael Talbot, *Das Holographische Universum*, S. 274f.

[1878] Vgl. Dole bei Michael Talbot, *Das Holographische Universum*, S. 275. Dole hat akademische Titel der Universitäten Yale, Oxford und Harvard.

[1879] Das sieht allerdings nach einem verwickelten Modell aus.

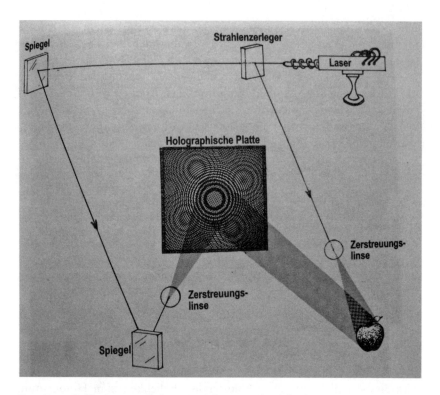

Das Laserlicht des göttlichen Projektors teilt sich also in zwei getrennte Strahlen (über den Strahlenzerleger). Der erste Strahl wird von dem Apfel zurückgeworfen. Dann wird der zweite Strahl losgeschickt (über die zwei Spiegel), der mit dem reflektierten Licht des ersten kollidiert. Beim Zusammentreffen erzeugen beide ein Wellen-Interferenzmuster (den Wellensalat auf der holographischen Platte). Sobald ein weiterer Laserstrahl (der ist hier nicht mehr im Bild: das wäre dann, sagen wir mal, das menschliche Bewußtsein) das Interferenzmuster durchdringt, aufhellt, erscheint ein dreidimensionales *Abbild* des Apfels, also unsere Realität[1880].

Der Apfel, den nun der göttliche Laser zum Ausgangspunkt nimmt, wäre also schon da und viel realer als der Apfel, den wir (unser Bewußtsein) hieraus erst erschaffen. Und schon sind wir bei Platos *Höhlengleichnis*: Dort sitzen Menschen in einer Höhle und schauen immer nur auf eine Wand, auf die das Universum von außen projiziert wird. Sie betrachten Schattenbilder und halten sie für die Realität. In Wirklichkeit ist die Realität hinter ihnen. Hinter ihnen ist das Licht, sind die archetypischen For-

---

[1880] Ebensogut könnte diesen Part des Erhellens auch noch das göttliche Bewußtsein übernehmen. Als Omnipräsentes, Omnipotentes. Der göttliche Projektor könnte über einen weiteren Strahlenzerleger noch einen dritten Strahl losschicken und dann durch diesen das Interferenzmuster erhellen.

men (der reale Apfel als Modell), deren bloße Schatten an die Wand geworfen werden.

Die Dinge sind also nicht das, was sie zu sein scheinen, sondern leben aus einer viel realeren Ebene hinter ihnen. Im Höhlengleichnis sind sie interessanterweise ebenfalls Projektionen des Lichts.

Die Wellenrealität des Vakuums ist also nicht der Weisheit letzter Schluß. Dahinter erst stünde die eigentliche Realität. Zu der würde auch das mögliche reale göttliche Gehirn gehören, ein möglicher realer Gott. Diese eigentliche Realität einschließlich dieses Gottes war nun entweder immer schon da, oder wir kommen in einen unendlichen Regreß, wenn wir wiederum fragen, wer nun diese eigentliche Realität und diesen realen Gott denn geschaffen hat. Könnte diese eigentliche Realität aus einer weiteren höheren Perspektive wieder eine Projektion sein? Sie wäre auf jeden Fall viel realer als unsere Realität. Für uns ist schwer vorstellbar, daß so etwas Reales wiederum eine Projektion sein soll, aber für uns ist ja auch schwer vorstellbar, daß der Apfel, in den wir beißen, eine Projektion ist.

Eine einfache, klare Hierarchie im Modell der Projektion(en) unserer Welt ist dennoch da: Unser Bewußtsein ist nur der Laserstrahl, der den Wellensalat erhellt[1881]. Es kann also den Wellensalat in etwas abgeleitetes Dreidimensionales umwandeln, aber nie in etwas Dreidimensionales der eigentlichen Realität. Zum echten Dreidimensionalen hat es gar keinen Zugang. Es kann auch keinen originären Wellensalat schaffen wie das Vakuum. Es kann höchstens abgeleitetes Dreidimensionales in Wellen umrechnen, einen Apfel unserer Welt als Gedanken im Vakuum ablegen. Der göttliche Laser auf dem Bild hingegen kann das *echte* Dreidimensionale in Wellen umwandeln. (Und wir können annehmen, als Omnipotenter, Omnipräsenter, könnte dieser Gott auch die menschliche Perspektive einnehmen und die Wellen seinerseits in unsere dreidimensionale Welt verwandeln und sich auch neben der menschlichen Perspektive befinden; Teile unserer Welt würden dann menschlich, Teile göttlich projiziert[1882].) Und er kann, im Gegensatz zu uns, einen originären Wellensalat schaffen.

Schaltete man alle menschlichen[1883] Bewußtseine (Laser) ab, die unsere Welt hervorbringen, bliebe der Wellensalat davon unberührt, aus ihm könnten wieder durch menschliche Bewußtseine Welten entstehen.

[1881] Zum menschlichen Bewußtsein kann man sich ein reales dazugehöriges Gehirn vorstellen, auch einen Projektor, der aber nur Teil im größeren, sozusagen göttlichen Arrangement ist. Das Gehirn wäre hier außerhalb unserer Illusion von Welt, aber auch innerhalb der Illusion von Welt. Also das typische Quantensystem wie bei Walker.

[1882] Wenn ein göttliches Bewußtsein auch an der nachgeordneten Stelle noch mitwirkt, wäre jedenfalls garantiert, daß der Mond noch da ist, auch wenn kein Mensch hinguckt, die Wellenfunktion würde ubiquitär kollabieren. Ein gutes Modell.

[1883] Noch andere als menschliche Bewußtseine können hier eine Rolle spielen.

Würde man das göttliche Bewußtsein abschalten, könnten hingegen gar keine Welten mehr entstehen. Dieser Gott wäre der fundamental Kreative. Was bedeutet Herr eines Wellensalats zu sein.

Zusatzbemerkung: Daß das Vakuum Projektionen eines höheren (göttlichen) Bewußtseins enthält, würde übrigens auch das hier vertretene Modell des Vakuums als gigantisches Informationsfeld stützen, das hiernach auch Informationen enthält, die alles in unserer Welt steuern. Im Vakuum deponierte ein Gott seine Ideen, wie eine Welt aussehen und funktionieren soll (mit Bauplänen, Funktionen etc.) und ließe diese dann in einem zweiten Schritt zusammen mit etwa unserem Bewußtsein eine abgeleitete Form annehmen.

Und in diesem Zusammenhang würde sich auch noch ein weiteres Rätsel lösen, das wir noch nicht angesprochen haben: Wieso erscheint mir der Apfel, in den ich in unserer Welt beiße, so fest? Wenn er doch nur eine Projektion verschiedener Bewußtseine ist? Wir haben hier nicht das typische Hologramm, durch das wir hindurchgreifen/-beißen können, ohne etwas zu spüren, das geisterhaft ist. *Hier muß noch etwas hinzugefügt worden sein zur puren Projektion:* dies könnten (sozusagen vom Höchsten bereitgestellte) spezifische Energie und Bewegung sein: Diese würden dann aus den Vakuumwellen *Masse* machen, den festen Apfel, in den ich beißen kann, indem diese (jede einzelne) von einem Spin erfaßt werden. Aus der Welle[1884] wirbelt sich per Spin dann das Teilchen unserer Welt[1885]. Und dies könnte dann wiederum zwei Dinge bedeuten: daß unsere Welt vielleicht doch nicht so viel anders aussieht wie die eigentliche Realität. Und, daß wir doch auf einer tieferen Stufe stehen: sonst hätten wir ja gleich in der eigentlichen Realität uns befinden können, wir sind aber nur in einer abgeleiteten.

Als Fazit wäre unsere Realität also noch ein bißchen mehr als eine Projektion.

Die (nicht zum Thema gehörige) Fragerei hat hier kein Ende: In unserer Welt passieren eine Menge üble Dinge. Unsere Welt wäre nun im hiesigen Weltmodell nicht die eigentliche Realität. Sähe es in der eigentlichen Realität besser aus? Wenn unsere abgeleitete Welt eine Coproduktion eines höheren und u.a. unseren Bewußtseins ist, sind wir dann irgendwo dennoch frei, und wo wären wir determiniert? Ist es so, daß determiniert ist, wie die Welt für uns aussieht, daß nur das Setting, nur die

---

[1884] Sowohl aus Wellen von Materie- wie aus Wellen von Kräfteteilchen.

[1885] Entsprechend John Davidson, allerdings ohne göttliche Hilfe: *Das Geheimnis des Vakuums*, S. 34: „Masse läßt sich dann als Vakuumwelle, Schwingung, Oszillation verstehen oder als rhythmische Bewegung, die vom Spin erfaßt wird und als Teilchen erscheint. Ähnlich können alle vier Grundkräfte der Natur ... als Ausdruck von Spannungen oder energetischen Wechselwirkungen innerhalb des Gefüges, des Webmusters oder der Matrix des Vakuumzustands betrachtet werden."

Bühne determiniert ist. Wie wir auf der Bühne agieren aber mehr oder weniger freigestellt ist? Die Realitätskonstrukte wären so nur ein bereitgestelltes Material. Etc. etc. Unsere Realität wäre dann ein Traum, den ein höheres Bewußtsein träumt, den wir vielleicht frei weiterträumen, der außer Kontrolle geraten kann und daher besser nicht in der eigentlichen Realität des höheren Bewußtseins stattfindet.

Und eine weitere Konsequenz wollen wir hier noch einmal erwähnen: In der Realität als Hologramm rechnen unsere Gehirne nicht nur innere Bilder aus Teilchenwellen unserer Welt heraus, *sondern sie rechnen, wie es scheint, auch alle dreidimensionalen Dinge, die uns umgeben, unsere gesamte Welt aus Wellenwellen des Vakuums heraus.* Das Bewußtsein, das in der Quantenphysik die Wellenfunktion kollabieren läßt, gehört zu einem Gehirn, das rechnet! Und zwar errechnen unsere Gehirne im hiesigen Modell unsere Realität auf zwei Ebenen. Was wir etwa sehen, errechnen unsere realen Gehirne aus Teilchenwellen unserer Welt. Die dreidimensionalen Dinge unserer Welt aus dem Vakuum hingegen errechnen unsere virtuellen Gehirne (im Walker-Modell).

Unsere virtuellen Gehirne produzieren nun im hier gewählten Modell auch das Bewußtsein, etwa als reine Funktion des Denkens und Wahrnehmens. Die Konstitution unserer Wirklichkeit, unserer dreidimensionalen Welt, geschieht also quasi aus einer höheren Ebene der Wahrnehmung heraus (dem Vakuum), die auch unser Bewußtsein impliziert. Sie ist etwas Fundamentaleres und funktioniert auf einer fundamentaleren Ebene wie das bloße Sehen in unserer Welt (wenngleich auch dieselben Rechenprozesse impliziert waren).

Und so behielte Pythagoras[1886] (um 570–496 v.Chr.) recht. Bei ihm sind Zahlen der Urgrund allen Seins. Und ebenso der nachfolgende Plato[1887], der sagt, der Kern alles Stofflichen sei *Form*, sei gemacht aus Mathematik.

So viel verrückte Spekulationen zur Realität als Hologramm.

Um wieder zum engen Thema zu kommen:

Nun erklärt die Realität als Hologramm auch alle möglichen paranormalen Phänomene wie Psychometrie und das Gedächtnis von Gegenständen! Und holographische Eigenschaften des experimentell

---

[1886] Zu Pythagoras: Carl-Friedrich Geyer, *Die Vorsokratiker*, S. 66. Hermann Schmitz, *Anaximander und die Anfänge der griechischen Philosophie*, S. 58. Constantin J. Vamvacas, *Die Geburt der Philosophie*, S. 86ff., 93–95, 111, 116, 122f. M. Laura Gemelli Marciano, *Die Vorsokratiker. Auswahl der Fragmente und Zeugnisse*, S. 419ff.

[1887] Nach Bertrand Russell ist der Platonismus eigentlich Pythagoreismus. Vgl. Russell bei Constantin J. Vamvacas, *Die Geburt der Philosophie*, S. 117.

festgestellten Gedächtnisses von Dingen verweisen wiederum aufs Hologramm der Realität.

Wir haben schon gesehen, daß man sich in diesem Weltbild vorstellen kann, daß der Geist vielleicht in noch viel fundamentalere Schichten vordringen kann, nicht (in unserem Modell) um sozusagen den „kosmischen Filmprojektor", der unsere Welt hervorbringt, „neu zu programmieren", wie das etwa M. Talbot für möglich hält, aber um ein wenig die abgeleitete Projektion, die unsere Realität hervorbringt, zu erweitern. Wir sind im hier gewählten und weitergedachten Walker-Modell nur ein (nicht einmal notwendiger) Teil des kompletten Projektors, haben nur an nachgeordneter Stelle Teil an der schlußendlichen Projektion (unseren Part könnte auch ein göttliches Bewußtsein übernehmen). An unserer nachgeordneten Stelle könnten wir theoretisch dennoch etwa die in unserer Welt allgemein anerkannten Naturgesetze abändern, etwa die Gravitation[1888], dies aber nur in engen Grenzen. Veränderung der Gravitation würde im Fall der *Psychokinese* passieren: dort wirkt jemand auf Materie ein, ohne daß eine sichtbare, allgemein anerkannte Kraft im Spiel ist. Prägnante Fälle sind etwa die Poltergeistfälle, dort läßt jemand Dinge durch die Luft schweben, als seien sie schwerelos. Nachweislich klappt das aber nur für ganz kurze Zeit. Denn es passiert nur in einem für uns in unserer Welt eigentlich nicht gut zugänglichen Modus, wenn wir sozusagen reines Bewußtsein sind, nur mit unserem virtuellen Gehirn operieren, also losgelöst auf der Wellenebene navigieren, dort für Momente Möglichkeiten herausholen, die sozusagen nicht für unsere Welt vorgesehen sind, sich dort nicht manifestiert und verfestigt haben (und dies unter Umständen auch nicht sollen). Wir stehen im Gesamtsetting einfach nicht an der Quelle der Regeln, wir sind vielmehr an die daraus abgeleitete Welt gebunden.

Nicht nur Psychokinese erklärt sich im Hologramm der Wirklichkeit:

Im Hologramm liegt in jedem Teil das Ganze. Dies und der enge Zusammenhang von Bewußtsein und Materie im Hologramm würde auch erklären, daß *Gegenstände ein Gedächtnis* haben, *und* daß wir es ablesen können, meint niemand Geringeres als der Physiker David Bohm[1889]. Ein Objekt ist im lebendigen Hologramm der Realität nur scheinbar getrennt von anderen Objekten und vom Bewußtsein. Es ist auf einer fundamentalen Ebene nicht isoliert im Universum, sondern Teil eines umfassenden Netzwerks (jeder Teil enthält das Ganze). Also Ihr Fingernagel enthielte auch die Begegnung von Cäsar und Kleopatra. Sogar alles, was es gibt und gab und geben wird, enthielte Ihr Fingernagel. Damit hätte jedes Objekt

---

[1888] Vgl. Michael Talbot, *Das Holographische Universum*, S. 145.
[1889] Bohm bei Michael Talbot, *Das Holographische Universum*, S. 158f.

ein Gedächtnis. Und sogar zunächst einmal ein gigantisches, ein universelles, ein holographisch organisiertes Gedächtnis. Dieses Gedächtnis wäre Ihrem Bewußtsein zugänglich, weil Ihr Bewußtsein ebenfalls mit allem zusammenhängt und auf derselben fundamentalen Ebene operiert (sogar Teil hat an der Herstellung unserer Realität, kann man noch hinzufügen).

Wie dieses holographische universelle Gedächtnis gespeichert ist[1890], wie das genau aussieht, können wir uns vorstellen, wenn wir uns ansehen, wie in einem holographischen Film etwas gespeichert wird. In einem holographischen Film wird jede Phase einer Handlung: zum Beispiel eine Frau bläst einen Luftballon auf, als eine Reihe von aufeinanderfolgenden Bildern aufgezeichnet, *und dies an einer Stelle*. Jedes an dieser einen Stelle gespeicherte Bild entspricht dem Einzelbild eines Kinofilms. Im Kinofilm aber sind im Gegensatz dazu die Einzelbilder als sukzessives Band gespeichert. Und auch dies ist anders beim holographischen Film: Ein Betrachter, der an dem holographischen Film *vorbeigeht und damit seinen Blickwinkel verändert*, wird die ballonaufblasende Frau in 3-D sehen: Während die Bilder sich enthüllen und verhüllen, scheinen sie (immer an derselben Stelle) ineinanderzufließen und erzeugen die Illusion eines Bewegungsablaufs (beim Kinofilm sieht man einen Bewegungsablauf, indem das Band durch den Projektor läuft). Wer nun mit dem Hologramm nicht vertraut ist, könnte fälschlich vermuten, die verschiedenen Phasen des Ballonaufblasens seien vergänglich, nachdem man sie einmal angeschaut hat. Aber das stimmt nicht! Der gesamte Vorgang ist *für immer* im Hologramm registriert, *und es ist allein die wechselnde Perspektive des Betrachters, die die Illusion erweckt, daß der Film sich in der Zeit entfaltet*[1891]. Ebenso bleiben die Vergangenheit von Gegenständen und auch die Vergangenheit von Orten und unsere eigene Vergangenheit in einer holographischen Realität, statt dem Vergessen anheimzufallen, im kosmischen Hologramm aufgezeichnet und können jederzeit wieder abgerufen werden. Alle Zeiten sind und bleiben gleichzeitig immer da.

Dabei ist das Vergangene, die Information über das Vergangene, im Hologramm auch ortsunabhängig gespeichert: das Zeugnis der Vergangenheit ist nicht an einem einzigen Ort gespeichert, sondern überall.

Und der Stoff sozusagen, in dem alles gespeichert ist, sind, wie wir schon sahen, Welleninterferenzmuster, die dadurch entstehen, daß sich Wellenzüge überlagern[1892].

[1890] Vgl. Michael Talbot, *Das Holographische Universum*, S. 214f.

[1891] Zeit ist im Hologramm also nur eine Funktion der Perspektive des Betrachters!

[1892] Ervin Laszlo, *Zu Hause im Universum*, S. 71f. Für Ervin Laszlo ist das Quantenvakuum ebenfalls ein holographisches Feld, es enthält das dauernde Gedächtnis des Universums.

Viele Psychometer sehen nun das Gedächtnis der Dinge oder Orte tatsächlich in dreidimensionalen Bildern oder als dreidimensionalen Film vor sich, hologrammartig. Sie können sich durch den dreidimensionalen Film hindurchbewegen, sich nach allen Seiten umschauen, nur hat diese Realität nicht die Festigkeit, die unsere Welt zu haben scheint. Sie können sozusagen nicht im Film mitspielen, nur passive Beobachter sein. Das stellten schon die Dentons[1893] fest.

Manche Psychometer, und das ist wirklich hochinteressant, nehmen nun auch den Frequenzbereich (die Welleninterferenzmuster des Hologramms) mehr oder weniger direkt wahr. Die Dinge erscheinen als Lichtformen: Frau Denton beispielsweise erschienen die Dinge, die sie beim Psychometrisieren vor sich sah, *„in einem psychischen Licht"*[1894]. Andere Sensitive[1895] sagen, die Gegenstände, die sie vor ihrem inneren Auge sehen, seien von Licht umgeben, ihre Konturen seien Licht, etwa die Sensitive Mrs. Lucielle do Viel[1896]. Häufiger und deutlicher geschieht dies bei einem anderen paranormalen Phänomen: Bei den Seelenexkursionen der zahlreichen Nahtoderfahrungen sehen die betroffenen Personen zum Beispiel die jenseitige Welt häufig als eine Welt des „Lichts", der höheren Schwingungen[1897]. Und zwar handelt es sich um ein Licht, das heller sei als alles, was die Betreffenden jemals gesehen haben. Ungeachtet seiner enormen Intensität tue es aber den Augen nicht weh. Vielfach begleitet derartige Nahtoderlebnisse auch eine sozusagen himmlische Musik, auch sie wird von vielen als „eine Kombination von Schwingungen" wahrgenommen[1898]. Dantes Paradies übrigens, und alle dortigen Figuren, bestehen desgleichen aus einem hochspeziellen Licht. Hier wird der Frequenzbereich sozusagen „rein" erlebt.

Dinge und Orte usw. haben also in der holographischen Realität ein *universelles* Gedächtnis. Dieses Gedächtnis ist im Hologramm ortsunabhängig und kann von überallher abgerufen werden. Auch besteht Zeitunabhängigkeit, zu jeder Zeit kann überall jede Zeit abgerufen werden.

Paranormal Begabte können sich daher auch in die Vergangenheit von etwas versetzen, wenn sie nicht den Gegenstand in der Hand haben oder nicht am Ort sind, wie Edgar Cayce[1899], der Vergangenes heraufbeschwören konnte, indem er sich zu Hause einfach auf die Couch legte und in einen schlafähnlichen Zustand verfiel. So beschrieb er von seinem Sofa

---

[1893] W. und E. Denton, *The Soul of Things*, S. 346f.
[1894] Bei J.R. Buchanan, *Manual of Psychometry, Part II*, S. 63.
[1895] Vgl. W. und E. Denton, *The Soul of Things*, S. 339ff.
[1896] Bei William and Elizabeth Denton, *The Soul Of Things*, S. 89.
[1897] Vgl. Michael Talbot, *Das Holographische Universum*, S. 260.
[1898] Vgl. Michael Talbot, *Das Holographische Universum*, S. 260.
[1899] Vgl. bei Michael Talbot, *Das Holographische Universum*, S. 215f.

in Kentucky aus etwa den Ort Qumran und die historische Rolle der Essenergemeinschaft dort. Das wäre dann Hellsehen.

Wie erklärt sich dann das *lokale* Gedächtnis im Hologramm der Wirklichkeit?

Das Phänomen der Psychometrie oder ein Phänomen wie Stimmung oder Atmosphäre zeigen ja, daß am Ding und am Ort das Gedächtnis des Dings oder Orts deutlicher zu erspüren ist, daß Dinge und Orte neben ihrer allgemeinen, universellen Vernetzung für uns auch eine privilegierte Vernetzung zu haben scheinen.

In der holographischen Wirklichkeit ist alle Vergangenheit in Welleninterferenzen gespeichert, und das überall und ortsunabhängig. *Wir holen durch Beobachtung/Wahrnehmung erst das lokale Gedächtnis aus dem Limbus des Universellen*, aus dem Hologramm der Wirklichkeit beziehungsweise aus dem Quantenvakuum. Wir haben (schaffen) *in unserer Wahrnehmung* die lokale Verdichtung des Gedächtnisses im universellen Gedächtnismeer, die wir schon im Kapitel Materiewellen ansprachen, und rechnen die konkreten Welleninterferenzmuster als Frequenzrechner sodann etwa in Bilder um.

Auch dieses lokale Gedächtnis ist holographisch organisiert. Sagen wir es mit den Dentons: nach den Dentons[1900] kann man einen Gegenstand unendlich klein aufteilen, bis nur noch Staubkörner von ihm übrig sind, und selbst der Staub enthielte noch das komplette Gedächtnis des Gegenstandes.

Zusammenfassung:

In einem plausiblen Modell, welches eigentlich nur unser Quantenvakuumsmodell noch weiter interpretiert und ergänzt, ist die *Realität eine bewegte holographische Projektion*. Ihre Festigkeit, Materialität ist nur Illusion. Alles Körperliche um uns, unsere Welt, sind letztlich Welleninterferenzmuster des Hologramms der Realität beziehungsweise des Quantenvakuums. Unsere Welt, können wir sagen, beruht nur auf einer Verdichtung von Frequenzen, die hervorgebracht wird durch, sagen wir ganz allgemein, interagierende Bewußtseinsstrukturen. Analog erzeugt ein Laserstrahl aus den Interferenzwellenmustern auf einer holographischen Platte ein Hologramm[1901].

In Kürze: zuerst sagten wir, die Realität wird aus dem Quantenvakuum geschaffen. Jetzt ergänzen wir und sagen, die Realität wird aus dem

---

[1900] W. und E. Denton, *The Soul of Things*, S. 350.

[1901] So wie das holographische Bild ganz real erscheint, wenn es durch einen Laserstrahl aufgehellt wird, so erscheinen auch die durch interagierende Denkformen produzierten Bilder real: vgl. den Psychologen Kenneth Ring bei Michael Talbot, *Das Holographische Universum*, S. 260f., so schon seine These 1980.

Quantenvakuum als holographische Projektion geschaffen. Interagierende Bewußtseinsstrukturen bewirken dies, ganz allgemein gesprochen.

Unser Bewußtsein hat nun Zugang zur Ebene hinter unserer Erscheinungswelt, denn es ist Teil des Hologramms der Realität beziehungsweise des Quantenvakuums, wechselwirkt mit diesem. Unser Bewußtsein projiziert sogar unsere Realität für uns aus dem Vakuum (beziehungsweise hat Teil an der gesamthaften Projektion unserer Realität).

Der Zugang unseres Bewußtseins zum Vakuum beziehungsweise zum Herz des Hologramms (dem Wellensalat) ist aber nicht vollkommen. Wir nehmen hauptsächlich die produzierte Illusion[1902] wahr, sind für die dahinterliegende Ebene wie blockiert[1903], vielleicht, um an unsere Erscheinungs-Welt, an unsere projizierte Welt gut adaptiert zu sein[1904]. Es wäre theoretisch vorstellbar, daß wir nur bestimmte Möglichkeiten projizieren können und andere nicht, daß auch hier noch eine Beschränkung liegt.

Manche besonders Sensitive (auch Genies, Geisteskranke, in veränderten Bewußtseinszuständen, etwa in Ekstase Befindliche usw.) können nun manchmal mehr oder weniger hinter die Illusion der sinnlichen Erscheinungswelt „blicken", mehr aus dem Vakuum schöpfen/projizieren als die üblichen Projektionen. Sie befinden sich dabei, meinen wir, in einem Ausnahmemodus: sie nehmen für Moment mehr oder weniger nur mit dem virtuellen Gehirn (im Sinne Walkers) wahr (sozusagen außerkörperlich), drängen das reale Gehirn zurück. Theoretisch kann hierin (im Gebundensein an ein reales Gehirn) die wesentliche Beschränkung liegen[1905]. Es gibt sogar welche, die den (versteckten) Frequenzbereich

---

[1902] Andere Wesen als wir, etwa Hunde, nehmen übrigens eine ganz andere Illusion der Wirklichkeit wahr: Douglas Hofstadter in *Ich bin eine seltsame Schleife* etwa meint, daß ein Hund auf einem Fernsehschirm etwa nicht wie wir Bilder sieht, sondern nur Pixelsalat. Und eine Mücke sieht vielleicht in ihrer Umgebung nur Umrisse, Hell-Dunkelunterschiede, à la limite Farben.

[1903] Hier drängt sich folgende interessante Überlegung auf: Nehmen wir das Bild mit dem Laser und dem Apfel. Ist unser Bewußtsein der Projektorstrahl, der den Wellensalat erhellt, und ist der geteilte Laser das göttliche Bewußtsein, dann wäre unsere Teilchenwelt eine gemeinsame Schöpfung einer göttlichen Ebene und einer menschlichen, wobei die menschliche nicht das Wesentlich schaffen kann, nur das Wesentliche erhellen, zum abgeleiteten Vorschein bringen kann. Der göttliche Projektor, der den Wellensalat schafft, könnte auch noch unseren Part übernehmen (als dreigeteilter Laser). Wir, an der nachgeordneten Stelle, könnten immer nur in Grenzen kreativ sein.

[1904] Douglas Hofsadter in *Ich bin eine seltsame Schleife* und Brian Greene in *Das elegant Universum*, betonen, daß die Adaptiertheit an unsere Welt voraussetzt, daß unser Bewußtsein blind für die tiefere Ebene der Realität ist, auf der alles Wellen-Interferenzmuster ist.

[1905] Die auch implizieren kann, daß unsere realen Gehirne nur auf ein bestimmtes Frequenzband eingestellt sein könnten.

rein[1906] sehen, in Form von Energiefeldern, Auren, Licht. Aus diesem beschränkt zugänglichen Bereich hinter unserer normalen Erscheinungswelt können Sensitive zuweilen für uns normalerweise nur sehr schwer oder gar nicht Zugängliches ermitteln, indem ihr Gehirn[1907]/Bewußtsein die Wellen dort empfängt und dann zum Beispiel in dreidimensionale Bilder umsetzt: Es tut hier einfach, was es auch sonst immer tut, es rechnet Frequenzen etwa in Bilder um. In diesem schwer zugänglichen Bereich ist es manchen auch möglich in der Zeit und im Raum hin und her zu reisen. So können Sensitive hier, im Herzen des Hologramms, im Geist in Vergangenheit, Zukunft und an ferne Orte reisen. Und auch aus einem unendlich kleinen Stück eines Gegenstands, einem Staubkorn von diesem, können Sensitive das Gedächtnis dieses Gegenstands aus dem Herzen des Hologramms der Wirklichkeit ermitteln, dieses Gedächtnis, indem sie sich damit beschäftigen, in unsere drei-vierdimensionale Welt holen, es damit konkret werden lassen, es hier wahrnehmen.

Exkurs: Das Foto-Modell

Wir haben gesehen, das Hologramm ist so etwas wie eine höhere Stufe der Fotografie. Unsere Wirklichkeit ließ sich als holographische Projektion (aus dem Quantenvakuum) beschreiben. Das Gedächtnis von Gegenständen selbst als holographisch.

[1906] Hierher gehört im weiteren Sinne auch der sogenannte **Röntgenblick**. Auch hier sehen Sensitive hinter die Welt unserer Erscheinungen. Gerade Leute, die Auren wahrnehmen, haben häufig auch den Röntgenblick. Sie können durch Körper hindurchsehen und in sie hineinsehen, als wären sie nichts weiter als Nebelschwaden: für sie sind Körper so illusionär wie Holographien, durch die wir einfach hindurchgreifen können. Viele Fälle des sogenannten Röntgenblicks sind bestens dokumentiert. Die libanesische Neurologin Shafica Karagulla machte etliche Mediziner und Laien mit Röntgenblick ausfindig und überprüfte diese. Es gab Probanden, die mühelos in alle Winkel des Körpers hineinschauen konnten, exakt innere Organe beschrieben, die Festigkeit von Knochen, den Zustand von Drüsen, viele konnten ihre Vision auch scharf einstellen und sogar mikroskopisch kleine Strukturen untersuchen, etwa Viren oder einzelne Blutzellen. Bei Schamanen ist ferner der Röntgenblick sehr gut dokumentiert, es gibt unzählige belegte Fälle. Vgl. Karagulla bei Michael Talbot, *Das Holographische Universum*, S. 185f. und 199ff. Karagulla arbeitete auch für Wilder Penfield, den kanadischen Neurochirurgen, dessen bahnbrechende Studien zum Erinnerungsvermögen Pribram und Lashley zu eigenen Untersuchungen anregten. Und vgl. bei Michael Talbot, *Das Holographische Universum*, S. 201 den Schamanismus-Forscher und Anthropologen Michael Harner von der New York School for Social Research. Eine Droge: Ayahuasca, versetzt zum Beispiel die Jivaro-Schamanen in die Lage in den Körper eines Kranken zu sehen als sei er aus Glas.

[1907] Gehirn immer als Quantensystem verstanden, also auch als virtuelles Gehirn.

Es wundert daher nicht, daß um die Jahrhundertwende das Gedächtnis von Gegenständen der Fotografie assimiliert wurde, als fotographisch angesehen wurde.

Upton Sinclair[1908] vermutete, das Gedächtnis der Dinge werde festgehalten wie die Bilder bei der Fotografie. Unsere Gedanken erzeugten nach Sinclair Schwingungen, die dauernde Abdrücke in der Materie hinterließen. (Der Boden Britanniens erbebte daher immer noch unter dem zweitausendjährigen Stampfen von Cäsars Legionen.) Sinclair verwies in diesem Zusammenhang auf eine Entdeckung an der Cornell Universität: Dort hatte man gesehen, daß Röntgenstrahlen sogar direkt auf kaltem, hartem und unbearbeitetem Metall Bilder hinterließen, so wie beim Fotografieren Bilder auf einer lichtempfindlichen Platte oder einem Film hinterlassen wurden. Im Entwicklerbad konnten die noch unsichtbaren Bilder dann sichtbar gemacht werden: Bei Goldplatten war der Entwickler Quecksilberdampf, bei Silberplatten Jod. Bei Zinkplatten Salzsäure, bei Kupferplatten Jod. Wenn schon auf solchem Metall Bilder hinterblieben, dann, sagte sich Sinclair (etwas weit greifend), konnten doch auch „Gehirn- beziehungsweise Gedankenstrahlen" einen Eindruck auf einem Gegenstand, wie etwa einem Blatt Papier, hinterlassen. Wobei er sich vorstellte, daß die Aufzeichnung (auf dem Gegenstand) in irgendeiner Form von Energie erhalten blieb, die dann vom Psychometer wieder in Gehirn- und Gedankenstrahlen zurückverwandelt werden konnte, so wie beim Telefon Schallwellen in elektrische Wellen umgewandelt werden und in dieser Form einen Kontinent überqueren, um dann wieder in Schallwellen zurückverwandelt zu werden. Wir haben hier also eine Foto- verbunden mit einer Telefonanalogie.

Auch nach den Dentons[1909] hatte alles einen fotografischen Einfluß auf seine Umgebung. Alles bildete sich auf allem fotografisch ab: „... in the world around us radiant forces are passing from all objects to all objects in their vicinity." So wie sich alles mit Hilfe des Lichts auf opaken glatten Flächen widerspiegelte. Nach Ansicht der Dentons wurde das Spiegelbild nun auch konserviert, und zwar selbst dann noch, wenn der Gegenstand schon längst nicht mehr da war.

Bei der Fotografie (damals genannt Daguerrotypie) formte sich das Bild des fotografierten Gegenstands zur Zeit der Dentons auf einer präparierten Silberplatte, wurde aus der Kamera geholt und war unsichtbar, bis man es durch einen weiteren Prozeß sichtbar machte.

Es bedurfte aber interessanterweise nicht einmal des Lichts, wie beim Fotografieren, damit etwas einen Abdruck auf etwas anderem hinterließ, beobachteten die Dentons: Sie erwähnen diesbezüglich folgenden Ver-

---

[1908] Upton Sinclair, *Radar der Psyche*, S. 159–161.
[1909] W. and E. Denton, *The Soul of Things*, S. 26ff., 29, 32, 264.

such. Eine mit Jod präparierte Silberplatte liegt im Dunkeln. Auf ihr liegt ein Stück Seil. Darüber hängt man eine polierte Silberplatte auf. Alles im Dunkeln. Nach vier Stunden setzt man beide Merkurdämpfen aus. Auf der oberen Silberplatte erscheint das Bild des Seils. Es entstand im Dunkeln und ohne Kontakt mit dem Seil.

Auch ohne Licht schienen Dinge also auf andere Dinge einen Eindruck oder Abdruck zu machen, ein Spiegelbild vom anderen zu konservieren. Derartiges wies für die Dentons darauf hin, daß, wie es der Geologe Charles H. Hitchcock aus Maine sagte: „(Nature is filled) with daguerrotype impressions of all our actions ... nature more skilfully than any human photographist can bring out and fix these portraits, so that acuter sense than ours shall see them as on a great canvas, spread over the material universe. Perhaps too they may never fade from that canvas, but become specimens in the great picture gallery of eternity."

Es war den Dentons sozusagen nur keine chemische Entwicklerlösung bekannt, die das Gedächtnis der Gegenstände sichtbar machte. Bei manchen Personen war, nach ihnen, eben das Gehirn so empfindlich, daß es das Gedächtnis an den Dingen, die vielen Bilder, die die Dinge umgaben, entwickelte.

Man konnte also weder bei Tag noch bei Nacht einen Raum betreten, ohne sein Portrait dort zu lassen: Das Universum war, nach den Dentons, eine riesige Fotogalerie.

Auch J.R. Buchanan[1910] zog das Foto-Modell heran. Ein Gegenstand, wie etwa ein Blatt Papier mit einer Unterschrift, lieferte nach ihm einen *mental daguerrotype* der Person, die das Blatt unterschrieben hatte.

Buchanan beschreibt folgenden Versuch: Eine amalgamierte Kupferplatte wird auf eine iodisierte Silberplatte gelegt und dazwischen ein Stich mit der Bildseite zur Silberplatte hin. Fünfzehn Stunden später findet man das Bild des Stichs auf der Kupferplatte. Das Bild ist dabei nicht oberflächlich aufgeprägt, sondern durchdringt geradezu das Metall. Fotografen wissen, so Buchanan, wie schwer es ist, von einer Platte so einen Eindruck wieder zu löschen. Genauso wird nach ihm das Gedächtnis des Gegenstands eingeprägt auf den Gegenstand durch den Einfluß, den alles auf alles ausübt, wenn es sich in der Nähe befindet.

[1910] J.R. Buchanan, *Manual of Psychometry*, S. 29, 151f.

ZUSAMMENFASSUNG:
DIE NATURWISSENSCHAFTLICHEN MODELLE
DES GEDÄCHTNISSES VON GEGENSTÄNDEN

Unter einer Anzahl von Modellen haben wir uns aus Plausibilitätsgründen für eines entschieden. Daß dieses Modell auch von namhaften Wissenschaftlern vertreten wird, ist beruhigend. Wir haben es noch etwas erweitert.

Unser Gedächtnis der Gegenstände und Orte ist im *Quantenvakuum* gespeichert, und zwar in einem Modell des Quantenvakuums, das von namhaften Wissenschaftlern vertreten wird – das Vakuum ist dort ein *höherdimensionaler, virtueller Bereich jenseits von Raum und Zeit*, ein gigantischer *Energie- wie Informationsspeicher*, der allem, was unsere Welt ausmacht, Materie, Kräften, als fundamentale Ebene unterliegt. Jedes Quantensystem, und das ist für uns hier alles (nicht nur winzige Quanten), jedes makroskopische Ding, jede Bewegung, jedes Ereignis, jede Handlung, jedes Gehirn usw. hinterläßt dort Spuren. Und diese Spuren sind auch noch ewig aufgrund der Eigenschaft der Superflüssigkeit des Quantenvakuums. Wir haben hier also ein gigantisches, ein kosmisches, ein universelles Gedächtnis. In diesem Quantenvakuum spielt sich in unserem Modell auch das seltsame *nichtlokale Verhalten*, das *Wellenverhalten* von Quanten beziehungsweise von Quantensystemen ab: als Wellen bleiben Quantensysteme, die (untechnisch gesagt) einmal zusammen waren, dort, im Quantenvakuum, unabhängig von Raum und Zeit verbunden. Ewig mit allem, was mit einem zusammen war, verbunden zu bleiben, bedeutet nichts anderes als seine Geschichte, sein Gedächtnis an sich tragen. Neben einem universellen Gedächtnis im Vakuum haben wir hier also auch im Vakuum ein Gedächtnis von Dingen und natürlich auch von Orten. Alles hinterläßt also im Vakuum Spuren, und auch das Gedächtnis der einzelnen Dinge ist dort nichtlokal aufbewahrt.

Die Figur des *Hologramms* beschreibt die aus dem hier gewählten Modell des Quantenvakuums geschaffene Realität perfekt. Wir können hier auch ganz direkt sagen, unsere Realität ist holographisch. Im Hologramm ist im kleinsten Partikel immer das Ganze, also alles enthalten. Im hiesigen der Realität unterliegenden Quantenvakuum ist ebenfalls alles in allem, da nichts durch Raum und Zeit getrennt ist, alles ist dort eins, auch Materie und Bewußtsein. Und genauso wie beim Hologramm Welleninterferenzmuster in Bilder umgesetzt werden, entsteht aus den Welleninterferenzmustern des Quantenvakuums für uns unsere Realität. Im Hologramm bewirkt dies etwa ein Laserstrahl. Aus dem Vakuum erschaffen interagierende Bewußtseinsstrukturen, erschafft schlußendlich unser Bewußtsein für uns unsere Realität.

Wir favorisieren ein Modell von Walker, in dem Bewußtsein per se (als pure Funktion) nur im Vakuum ist (als Tätigkeit unseres virtuellen Gehirns). Es produziert das schlußendliche Hologramm mit, es selbst ist keine holographische Projektion, kein Hologramm. Die konkreten Produkte allerdings des Bewußtseins, das lokale Gedächtnis eines Gegenstands etwa, sind holographische Projektionen, Hologramme: und so ist in einem kleinen Staubkorn eines ganzen Gebäudes das Gedächtnis dieses Gebäudes noch enthalten.

Im Quantenvakuum (im Herzen des Hologramms), das in unserem Modell im Fundamentalsten ein Gravitationsfeld ist, ist bei uns, präziser, unser Gedächtnis der Gegenstände in *Gravitationswellen*[1911] gespeichert, ebenso in *elektromagnetischen Wellen* und in *Materiewellen*, denen wiederum Gravitationswellen unterliegen.

Alle Dinge (Quantensysteme) hinterlassen in allen ihren Zuständen Abdrücke im Vakuum in ihren Materiewellen.

Das in Gravitationswellen (die Materiewellen und elektromagnetischen Wellen unterliegen) im Vakuum codierte Gedächtnis wäre *universell*, überall und nirgendwo, ebenso das in Materiewellen codierte. (Es wäre sozusagen das unbeobachtete Gedächtnis).

Elektromagnetische Wellen können das Gedächtnis der Dinge *transportieren*, etwa aus dem Quantenvakuum in unsere materielle Welt, in unsere Gehirne. In elektromagnetischen Teilchenwellen wird in unserem Modell das Gedächtnis *lokal*: und zwar erst durch unsere Wahrnehmung/Beobachtung, unser Bewußtsein.

Wir können nun Informationen, das Gedächtnis der Dinge, aus diesem Quantenvakuum herauslesen, weil auch unsere Gehirne als Quantensysteme mit dem Quantenvakuum wechselwirken.

(Dies erklärt übrigens auch, daß Dingen auch Gedanken, Gefühle etc. anhaften können; das wären für uns die Produkte der Gehirntätigkeit, des Bewußtseins, die sowohl auf Wellen- als auch auf Teilchenniveau sich befinden können, also im Vakuum und in unserer Welt).

Wir stellen uns hier Folgendes vor: unsere Gehirne entschlüsseln hier letztlich elektromagnetische Wellen, die zu unserer dreidimensionalen Welt gehören – das wären Teilchenwellen, sie rechnen diese zu inneren Bildern um. Da wir annehmen, daß Materiewellen und Gravitationswellen im Vakuum elektromagnetische Wellen *sein können oder sind*[1912], empfangen unsere Gehirne praktisch das elektromagnetische Abbild dieser und entschlüsseln es letztendlich auf der elektromagnetischen Teilchenebene (elektromagnetische Wellen sind gleichzeitig im Vakuum und in unserer Welt). (Oder uneleganter: irgendwo, jedenfalls auf Vakuumsebene, etwa

[1911] Das Quantenvakuum ist für uns im Fundamentalsten ein Gravitationsfeld.

[1912] Elektromagnetischen Wellen und Materiewellen unterliegen schließlich auch Gravitationswellen.

in den neuronalen Netzwerken, werden Gravitationswellen, die wiederum Materiewellen unterliegen, in elektromagnetische Wellen umgewandelt und schlußendlich decodiert).

Wir sagten: das Gedächtnis der Dinge liegt (u.a.) in Materiewellen, das Gedächtnis unseres Gehirns, haben wir vorgeschlagen, liegt ebenfalls (u.a.) in Materiewellen (des Gehirns in Aktion). *Eigentlich lokal* wird das Gedächtnis der Dinge nun, wie gesagt, erst, wenn es durch uns, durch menschliche Wahrnehmung aus den Materiewellen des Quantenvakuums herausgeholt wird (analog werden Wellen zu lokalen Teilchen, kollabiert die Wellenfunktion, durch Beobachtung). Das geschieht durch (in) elektromagnetische(n) Wellen. In Materiewellen ist das Gedächtnis von allem überall und nirgendwo, universell gespeichert. In elektromagnetischen Teilchenwellen ist (wird) das Gedächtnis von allem lokal und zeigt sich für manche sogar in einem auratischen Leuchten.

In welchen Gehirnstrukturen könnte nun der Empfang, auch das Senden, das Speichern und sodann die Entschlüsselung aller möglichen Wellen stattfinden?

Wir haben hier folgendes Modell vorgeschlagen: Mikrotubuli in Neuronen und Neuronenfortsätzen (vielleicht aber auch in *allen* Zellen) leisten, womöglich im Verbund mit der DNS, das Empfangen, Senden und Speichern von Wellen. Die Wellen des neuronalen Netzwerks überlappen sich dabei mit (gleichen oder ähnlichen) Wellen im Quantenvakuum (=Resonanzkopplung), es geschieht ein fortlaufendes Einlesen der Gehirnwellen ins Quantenvakuum und der Quantenvakuumswellen ins Gehirn. Auch mit ihm unähnlichen Wellen kann das Gehirn kommunizieren, sich mit *ihnen in Phase* begeben, diese so empfangen. Über Fourier-Rechnungen werden in den Neuronennetzwerken sodann die Wellen decodiert. Und zwar wollen wir mit Pribram annehmen, daß der komplizierte Prozeß der Decodierung hauptsächlich im Zwischenraum zwischen den Neuronen stattfindet. Dort würden die Wellenkollisionen dann bildhafte Vorstellungen im Gehirn erzeugen.

Die Wellen, die hier empfangen und decodiert werden, sind bei uns, wie gesagt, elektromagnetische Wellen. Über diese wird die Information, hier das Gedächtnis der Dinge – und auch unser eigenes Gedächtnis – aus der höherdimensionalen Quantenvakuumsebene in unsere dreidimensionale Welt transferiert und dann entschlüsselt. Wir befinden uns also beim Wahrnehmen des Gedächtnisses (unseres Gedächtnisses und des Gedächtnisses der Dinge) *in zwei Welten*, in der potentiellen, virtuellen des Quantenvakuums (das wir im Fundamentalen als Gravitationsfeld sehen) und in unserer dreidimensionalen Welt, zu der auch das elektromagnetische Feld gehört.

Wir möchten uns das, wie Walker, so vorstellen: soweit unsere neuronalen Netzwerke mit dem Quantenvakuum interagieren, diesem höherdimensionalen, virtuellen Raum, haben sie eine virtuelle Struktur, sind sie ein *virtuelles* neurales Netz. Soweit sie mit dem elektromagnetischen Feld in unserer Welt interagieren, sind sie ein *reales* neurales Netz, das sich mit dem virtuellen deckt. Im Einklang mit Walker nehmen wir an, das virtuelle Gehirn produziert das Bewußtsein. So ist das Bewußtsein (als pure Funktion) schon immer nicht von dieser Welt, es gehört ins Quantenvakuum!

Das Lesen des Gedächtnisses von Gegenständen unterscheidet sich etwas vom Lesen unseres Gedächtnisses, wenn auch grundsätzliche Parallelen da sind.

Unser eigenes Gedächtnis scheint in einem für uns breiter zugänglichen Bereich zu liegen als das Gedächtnis von Dingen. Aus letzterem kann nicht unbedingt jeder mit Leichtigkeit Informationen extrapolieren. Das Erinnerungsvermögen funktioniert bei den meisten besser als ihre paranormalen Fähigkeiten (die ja auch alle, aber in sehr unterschiedlichem Masse haben).

Das liegt nun nicht nur daran, daß unser eigenes Gedächtnis, insofern es Produkt unserer eigenen Hirnwellen ist, uns eine hohe Affinität, hohe Resonanz garantiert.

Es scheint eine grundsätzliche Schranke zu geben:

Was wir *sehen* etwa, ziehen wir auf einer oberen Ebene aus elektromagnetischen Teilchenwellen unserer Welt. Die Information ist hier unmittelbar, schlägt einem sozusagen aufs Auge. Unsere *eigenen Erinnerungen* holen wir aus Wellenwellen des Vakuums, eine viel zähere Sache. Wo Teilchen Teilchen sind, haben wir es eher leicht. Wo Teilchen Wellen sind, wird es schwieriger oder auch ganz unmöglich. Die Wahrnehmung in der Wellenwelt des Vakuums scheint zäher und beschränkt. Unser Bewußtsein scheint nicht alles dort heraus in unsere Welt projizieren (verwandeln) zu können. Mystiker, Genies, Kranke, Sensitive, Intuitive, in Trance, in Ekstase, im Drogenrausch, in Tiefenmeditation Befindliche, Träumende etc., solche, nach David Bohm, mit verschobener Wahrnehmung, „sehen" hier etwas mehr. Ihr Bewußtsein kann dort ein enormes Wissen herausholen, es kann an ferne Orte und in der Zeit hin und her reisen, manche lesen dort das Gedächtnis der Orte und Dinge heraus. Sie befinden sich, unserer Ansicht nach, dabei in einem Ausnahmemodus: sie nehmen für Moment mehr oder weniger nur mit dem virtuellen Gehirn (im Sinne Walkers) wahr (sozusagen außerkörperlich), drängen das reale Gehirn zurück.

In den zugänglicheren und weniger zugänglichen Bereichen des Vakuums kommt es also zu übersinnlichen Phänomenen wie Hellsehen, Telepathie, Psychometrie, auch zu Intuition und Kreativität, und, nach der avangardistischen Bewußtseins- und Hirnforschung, auch zu allen sonstigen fundamentalen Bewußtseinsprozessen[1913] wie etwa Erinnerung.

Interessant sind noch ein paar Fragen: Wo befindet der Psychometer sich eigentlich, wenn sein Gehirn (Geist) sozusagen das Quantenvakuum bereist, diesen Wellensalat? Ist der Psychometer im Quantenvakuum in einem Paralleluniversum? Oder ist er dort in der eigentlichen Realität? (Wo befinden wir alle uns, können wir hier fragen, wenn unser Geist beim reinen Denken, Fühlen, Erinnern, Wahrnehmen etc. das Vakuum bereist).

Auch Physiker fragen sich, ist das die eigentliche Realität? Das Gewirr von Interferenzmustern im Quantenvakuum? Stimmt etwa, was die Mystiker seit Jahrhunderten für wahr erklären: nämlich, daß die Wirklichkeit nur eine Illusion ist, und *tatsächlich* eine unermeßliche in Schwingungen versetzte Symphonie aus Wellenformen? Ist das Getrenntsein der verschiedenen Objekte nur eine Illusion und in Wahrheit das Produkt einer tieferen Ordnung, in der nichts getrennt ist, in der Bewußtsein und Materie ein ungebrochenes Ganzes darstellen? Ist der Psychometer, sind wir alle, wenn unser Gehirn (Bewußtsein) den Wellensalat bereist, überall und nirgendwo, sind wir dort gar in der Sphäre Gottes?[1914] Ein zentraler Gedanke etwa im christlichen Glauben ist: Gott ist überall, und ein jeder ist im Zentrum der göttlichen Aufmerksamkeit. Das bedeutet aber, Gott befindet sich in einer nichtörtlichen und holographischen Realität: befindet Gott sich damit im Quantenvakuum der modernen Physik, ist das Quantenvakuum die Sphäre Gottes? Haben wir eine holographische Realität, wird etwas Reales in eine Wellensymphonie umgerechnet und die wieder von irgendetwas oder irgendwem in etwas weniger Reales umgerechnet: Hat die Wellensymphonie des Quantenvakuums ein göttliches Bewußtsein aus einer *eigentlichen* Realität errechnet, bei Walker ein virtuelles göttliches Gehirn? Und ist das Vakuum so quasi eine göttliche Idee, die, wenn sie von irgendwem oder irgendetwas wiederum umgerechnet wird, etwas weniger Reales wie unsere Welt projiziert? Gleicht die objektive Wirklichkeit (diejenige, die wir wahrnehmen) daher in höherem Masse einem Traum, den ein göttliches Bewußtsein träumt?

Wo befindet sich der Psychometer, wenn er einen Gegenstand in der Hand hält und vor sich einen drei-dimensionalen Film ablaufen sieht und sogar Teil davon ist? Dieser Film scheint nun ebenfalls ungemein real und

---

[1913] Wir denken hier an das pure Denken, Fühlen, Wahrnehmen, an all dieses als Funktion, Prozeß. Die konkreten Produkte von all dem wären auf Teilchenebene, außerhalb des Vakuums.

[1914] Der bekannte Mystiker Jakob Böhme, bei Justinus Kerner, *Die Seherin von Prevorst*, S. 142, sieht das paranormal Geschaute „ ... nicht mit fleischlichen Augen, sondern mit denen Augen, wo sich das Leben in mir gebäret; in ihm stehet mir des Himmels und der Hölle Pforten offen ...", rechnet es also zur göttlichen Sphäre.

holographisch. Hält der Psychometer etwa ein Stück Saurierknochen in der Hand, dann findet er sich zwischen urweltlichen Pflanzen und Tieren wieder, kann diese von allen Seiten betrachten, in dieser Urwelt sogar herumgehen. Wo befindet sich der Psychometer, wenn er aus dem Wellensalat den dreidimensionalen Film im Geist extrapoliert hat? Wo ist er in diesem hologrammartigen Film?

Der Psychometer befände sich im weitergedachten Walker-Modell im reinen Bewußtseinsmodus (nur für kurze Zeit). Er navigierte nur mit dem virtuellen Gehirn, nur im Wellensalat. Im Hologramm der Realität hat sich uns der Wellensalat als Projektion von etwas Realerem als unserer Realität dargestellt (wie in Platons Höhlengleichnis). Der Projektor des Wellensalats konnte ebenfalls realer sein als alles in unserer Realität: etwa ein reales Gehirn eines realen Gottes. Im Wellensalat wäre dann dessen Bewußtsein, dem dann in nachgeordneter Mitwirkung mit unserem Bewußtsein schlußendlich unsere illusionäre, projizierte Welt entstiege. Insofern als unsere Realität erst aus dem Wellensalat abgeleitet ist, wäre der Psychometer im Geist in seinem dreidimensionalen Film zumindest auf einer etwas realeren Stufe als unserer Realität[1915]. Aber noch nicht in der eigentlichen Realität ...

[1915] Zusatzbemerkung: Wenn elektromagnetische Wellen immer auch zu unserer Welt gehören, dann bewegt sich der Psychometer hier eher in Gravitationswellen, die kein Pendant in unserer Welt hätten.

7. PHILOSOPHISCHE, RELIGIÖSE, MAGISCHE WELTMODELLE, DIE EIN GEDÄCHTNIS VON GEGENSTÄNDEN ZULASSEN ODER ENTHALTEN

Westliche antike Weltmodelle, ihr Weiterleben in der Moderne und ihre Kompatibilität mit einem Gedächtnis von Gegenständen

Im griechischen antiken Denken, und dort speziell in der ionischen Naturphilosophie (um 600–500 v.Chr.), gibt es erstaunliche Parallelen zur Welt der Quantenphysik und zum hier von uns vertretenen Modell des Quantenvakuums, einschließlich des Hologrammcharakters der Realität. In dem Zusammenhang wird auch dort ein Gedächtnis von Dingen denkbar.

Bei vielen wird hier ganz direkt unser Modell des Quantenvakuums, sogar noch poetisch, beschrieben. Die Texte, die wir erwähnen, sprechen für sich.

Pantheismus

Als starke Grundströmung ist hier der Pantheismus interessant, vom Griechischen pan = alles, Theos = Gott. Die Summe alles Existierenden stellt Gott dar. Gott wird mit dem Weltall, dem Kosmos, der Natur gleichgesetzt, er ist deren lebendes Prinzip, beseelt alles. Alles, was existiert, und auch jeder Mensch, ist ein Teil dieser Gottheit. Das Göttliche steckt in allem. Später nennt man diese Strömung deshalb auch *Deismus*.

Es handelt sich hier nicht um einen personalen Gott, wie den christlichen, der außerhalb von allem steht und von außen alles schafft, sondern wir haben es mit einer Urkraft, einem Prinzip zu tun, das von innen wirkt, *in* allem ist!

Pantheisten nennen diesen unpersönlichen Gott auch Weltseele oder Weltgeist[1916]. (Auch hier haben wir es also mit einem nichtlokalen Geist beziehungsweise mit einem nichtlokalen Bewußtsein zu tun).

Nicht nur der Mensch, auch die Materie, die Dinge, werden hier aufgewertet, vergeistigt, beseelt[1917]! Wie in bedeutenden Interpretationen der

---

[1916] Vgl. zu Identität von Pantheismus und Weltseele, Klaus-Jürgen Grün, *Vom Unbewegten Beweger Zur Unbewegten Kraft*, S. 153.

[1917] Klaus-Jürgen Grün, *Vom Unbewegten Beweger Zur Unbewegten Kraft*, S. 23.

Quantenphysik hat hier alles einen geistigen Untergrund, sind Dinge nicht einfach tot, sondern belebt.

Xenophanes (um 570–480 v.Chr.), Platon (um 428–348 v.Chr.), Aristoteles (384–322 v.Chr.) oder Zenon (335–262 v.Chr.) und seine Adepten: die Stoiker (3. Jh. v.Chr.), waren Pantheisten[1918], glaubten an eine göttliche Urkraft, einen göttlichen Hauch (Pneuma), der, alles belebend, alles durchdringt und ordnet.

Es gab auch hierzu konträre Ansichten; so standen den Stoikern etwa die Epikuräer (Epikur 341–270 v.Chr.) gegenüber. Die Epikuräer hatten (wie Newton oder Darwin) eine mechanistische Weltsicht und glaubten an eine Welt von *zufällig* aufeinander stoßenden Atomen[1919].

Der *Neuplatonismus* nahm dieses Denken wieder auf: bei Plotin, seinem Begründer im 3. Jh. nach Chr., ist die Welt seelisch, geistig durchwirkt[1920].

Der Pantheismus hat sich nun durch die Jahrhunderte weiter verbreitet, es kam sogar zu heftigen Kontroversen, die Haupt-Gegnerin des Pantheismus war die Kirche. Sie verbrannte sogar Vertreter des Pantheismus als Ketzer. Gott ist im Pantheismus eine Urkraft lebensspendender Potenz, eine unbestimmte intelligente kosmische Kraft. Der Pantheismus ging hier fort vom in der biblischen Heilsgeschichte propagierten personalen, dreieinigen und moralischen Gott.

Die Mystik des Mittelalters nahm beispielsweise den Pantheismus wieder auf[1921] und weckte seitens der Kirche starke Verdachtsmomente und Animositäten.

Die italienische Renaissance, mit ihrer Hochburg Florenz, wurde ein Zentrum pantheistischen Denkens. Als überaus wichtiger Vertreter des Pantheismus in der italienischen Renaissance galt der gelehrte italienische Mönch Giordano Bruno[1922] (1548–1600). Man kann ihn als ersten Pantheismus-Vertreter in neuerer Zeit ansehen. Giordano Bruno erklärte die Materie für etwas Göttliches, etwas Lebendiges. In der Materie steckt, nach Bruno, *ein Geist, der ihre potentiellen Möglichkeiten verwirklichen*

[1918] Vgl. Ludwig Voit, *Lesebuch der Antike. Das klassische Griechenland von Homer bis Aristoteles*, S. 525. Auf Zenon zurückgehend. Vgl. auch zum Beispiel Karl-Heinz Göttert, *Magie*, S. 18.

[1919] Vgl. bei Karl-Heinz Göttert, *Magie*, S. 18. Der Epikureismus hat bezeichnenderweise jede Form von Magie bekämpft. Vgl. *Lesebuch der Antike*, *Das klassische Griechenland von Homer bis Aristoteles*, S. 525: nur Materie und leerer Raum stehen am Anfang der Weltschöpfung. Und vgl. Epikur: Brief an Herodotos in *Lesebuch der Antike. Griechischer Hellenismus und Römische Republik*, S. 96–98.

[1920] Vgl. Plotin bei Karl-Heinz Göttert, *Magie*, S. 23.

[1921] Klaus-Jürgen Grün, *Vom Unbewegten Beweger Zur Unbewegten Kraft*, S. 26.

[1922] Klaus-Jürgen Grün, *Vom Unbewegten Beweger Zur Unbewegten Kraft*, S. 23.

kann[1923]! – Nichts anderes tut das Quantenvakuum der modernen Physik, nichts anderes tun Quanten, wenn sie von Wellen zu Teilchen werden, angeschuckt durch die Interaktion von verschiedenrangigen Bewußtseinen in unserem Modell. – Das Vermögen (die aktive Potenz) von allem ist bei Bruno ferner in allem, so daß zuletzt alles eins ist[1924]. Bei Bruno ist also die Wirklichkeit bereits auch ein Hologramm.

Bruno wurde aufgrund dieser Ansichten von der Inquisition verhaftet und verbrannt. Am 19. Februar 1600 bestieg er furchtlos den Scheiterhaufen und starb, das Gesicht verächtlich von dem ihm vorgehaltenen Kruzifix abwendend ohne einen Laut der Klage auszustoßen. Thomas Campanella, ebenfalls berühmter gelehrter Dominikanermönch dieser Zeit (1568–1639), ging es ein wenig besser, er kam lebend davon: für seine ketzerische Ansicht, allem wohne *Empfindung* inne[1925], wurde er von der spanischen Inquisition verhaftet und bis zu 40 Stunden gefoltert. Man habe ihm das Fleisch mit Schnüren bis auf die Knochen zersägt und ihn mit auf dem Rücken zusammengebundenen Händen, an einem Strick hängend, auf ein zugespitztes Stück Holz gesetzt, welches ihm so tief in den Körper gedrungen sein, daß er bei zehn Pfund Blut verloren habe.

Pantheisten jeder Spielart wurden so als Atheisten verleumdet und verfolgt[1926].

Baruch de Spinoza (1632–1674) war ebenso prominent wie Bruno[1927]. Spinozas Pantheismus wird in Frankreich und Deutschland rezipiert. Und in Deutschland entwickelt der Pantheismus sich später quasi zur geheimen Religion einer kultivierten Elite[1928]: Herder, Goethe, Fichte, Schelling, Hegel, Schleiermacher, Fechner[1929] sind Pantheisten, um nur einige Granden zu nennen. Bei Schelling und Hegel wird der Weltgeist allerdings (verengend) zur Weltvernunft[1930]. Auf dem Höhepunkt des deutschen Idealismus findet man einen deutlich platonisch gefärbten Pantheismus, zuletzt bei Friedrich Schleiermacher: „Den Weltgeist zu lieben und freu-

---

[1923] Vgl. bei Klaus-Jürgen Grün, *Vom Unbewegten Beweger Zur Unbewegten Kraft*, S. 38f.

[1924] Vgl. Bruno bei Klaus-Jürgen Grün, *Vom Unbewegten Beweger Zur Unbewegten Kraft*, S. 40.

[1925] Campanella bei Carl Kiesewetter, *Geschichte des Neuen Okkultismus*, S. 139f.

[1926] Klaus-Jürgen Grün, *Vom Unbewegten Beweger Zur Unbewegten Kraft*, S. 35.

[1927] Klaus-Jürgen Grün, *Vom Unbewegten Beweger Zur Unbewegten Kraft*, S. 21.

[1928] Klaus-Jürgen Grün, *Vom Unbewegten Beweger Zur Unbewegten Kraft*, S. 21.

[1929] Fechner bei Gustav Pagenstecher, *Die Geheimnisse der Psychometrie*, S. 142, spricht von Erd- und Planetenseele, der Seele von Pflanzen. Es gibt nach Fechner nichts, das völlig unbelebt wäre, ein jedes Ding birgt ein aktives Lebensprinzip sui generis in sich. Vgl. auch Erwin Schrödinger, *Die Natur und die Griechen*, S. 115 zum Pantheismus des bekannten Psychophysiologen G. Th. Fechner.

[1930] Klaus-Jürgen Grün, *Vom Unbewegten Beweger Zur Unbewegten Kraft*, S. 152.

dig ihm zuzuschauen, das ist das Ziel unserer Religion"[1931]. Dieser Geist der Welt offenbart nach Schleiermacher sich im Kleinsten wie im Größten.

Der englische Philosoph John Toland sorgte mit seinem Buch *Pantheisticon* (1720, deutsche Übersetzung 1897) für eine Verbreitung des Pantheismus in der Geistesgeschichte des ganzen neuzeitlichen Europas. Im Pantheisticon bringt er es auf den Punkt: Im Pantheismus gibt es „kein von der Materie und dem Gefüge des Universums verschiedenes göttliches Wesen, und die Natur selbst, auch die Gesamtheit der Dinge, ist ein einziger und höchster Gott"[1932].

Das Interesse am Pantheismus erlischt, als sich im 19. Jahrhundert der wissenschaftliche Materialismus durchsetzt[1933]. „Die Himmel erzählen nicht mehr die Ehre Gottes, sondern die Ehre Galileis, Keplers und Newtons", formuliert es spitz August Comte[1934].

Indessen werden seine moderneren Vertreter immer noch verfemt: Selbst Leute wie der berühmte Chemiker Robert Boyle (1627–1692), der Vater der modernen Chemie oder der Philosoph Christian Thomasius (1655–1728)[1935], der nach landläufiger Meinung eigentlich ein Leuchtturm der Aufklärung war, wurden infolge ihres Pantheismus in die Okkultismus-Ecke geschoben. – Das Weltbild des Pantheismus fand gerade auch Eingang in den Okkultismus und übrigens auch großen Anklang bei Geheimgesellschaften wie den Freimaurern. –

Und sogar heutige Vertreter des Pantheismus geraten noch in Konflikt mit der Kirche, werden aber immerhin nicht mehr verbrannt. Ein solcher ist beispielsweise Teilhard de Chardin (1881–1955). Sehen wir uns an, was Teilhard heute zum Pantheismus sagt. Nach Teilhard de Chardin[1936] drängt sich der Pantheismus geradezu intuitiv auf: Eine pantheistische Strömung gab es, so Teilhard, bereits in den ersten historischen Bekundungen menschlichen Denkens[1937]. Sie ist die älteste und verbreitetste Form des Gottesglaubens[1938]. Es ist ein kosmisches Bewußtsein, ein Empfinden für die Gegenwart alles Seienden zugleich, wobei das Seiende nicht als das Viele und Getrennte wahrgenommen werden, sondern als

---

[1931] Schleiermacher bei Klaus-Jürgen Grün, *Vom Unbewegten Beweger Zur Unbewegten Kraft*, S. 145.

[1932] John Toland bei Klaus-Jürgen Grün, *Vom Unbewegten Beweger Zur Unbewegten Kraft*, S. 34.

[1933] Klaus-Jürgen Grün, *Vom Unbewegten Beweger Zur Unbewegten Kraft*, S. 21.

[1934] Vgl. bei Klaus-Jürgen Grün, *Vom Unbewegten Beweger Zur Unbewegten Kraft*, S. 31.

[1935] Thomasius war auch der Lehrer von Leibniz.

[1936] Chardin in Hrsg. Günther Schiwy, *Das Teilhard de Chardin Lesebuch*, S. 27ff.

[1937] Chardin in Hrsg. Günther Schiwy, *Das Teilhard de Chardin Lesebuch*, S. 28.

[1938] Vgl. Meyers Grosses Taschenlexikon, Bd. 17, S. 5.

gehörten sie zu ein und derselben Einheit[1939]. Es ist ein Gefühl für das Ganze in seiner Universalität, Einheit, Unfehlbarkeit, eines unendlichen Zusammenhangs des Universums in Raum und Zeit[1940]. Diese Religion des Ganzen wurde vor allem in heidnischen und antichristlichen Begriffen formuliert[1941]: Der Gedanke einer den Dingen immanenten mächtigen Evolution, eines unpersönlichen Gottes, widersprach nach Ansicht der katholischen Kirche dem Protagonismus des christlichen Gottes. Und so wurden Pantheisten ausgegrenzt oder setzten sich vom Christentum ab[1942]. Chardin zeigt nun, daß dies nicht so sein müßte, beides sich vereinbaren läßt[1943], ja, daß das Christentum die pantheistische Mystik braucht, die das grundlegende religiöse Empfinden der Menschheit nährt; dem Menschen der glaubt, zeigt sich das Universum nach Chardin eben in einer organischen Einheit, einer genialen Kohärenz[1944], beseelt, lebendig: pantheistisch.

Im Zeitalter der Quantenphysik kehrt der Pantheismus dann in neuer Form wieder zurück, und sogar die Möglichkeit eines separaten Gottes hinter allem wird in den Deutungen der Quantenphysik und den Überlegungen zum Hologramm der Realität, wie wir gesehen haben, wieder denkbar, eines Gottes und eines göttlichen Bewußtseins, eines göttlichen Geistes. So daß auch wieder eine Kompatibilität mit der biblischen Geschichte des separaten Gottes bestünde. Der naturwissenschaftlich mögliche Gott wäre allerdings nicht, wie in der Bibelrezeption, zwingend ein älterer bärtiger Mann.

Im Pantheismus sind also bis heute die Dinge nicht einfach tot, sondern alles ist beseelt (und so liegt auch wiederum ein Gedächtnis der Dinge nicht so fern).

Nun aber wieder zurück zur Antike (dem westlichen Ursprung eines expliziten Pantheismus).

In der Antike gab es noch eine weitere wichtige große Geistesrichtung, die deshalb nur wenig bekannt ist, weil sie systematisch verdrängt wurde, *die Gnosis.*

Auch die Gnosis nahm eine beseelte Welt an, allerdings eine *negativ* beseelte, dämonische. Nach der Gnosis leben wir in einer mißratenen

---

[1939] Chardin in Hrsg. Günther Schiwy, *Das Teilhard de Chardin Lesebuch*, S. 27f.

[1940] Chardin in Hrsg. Günther Schiwy, *Das Teilhard de Chardin Lesebuch*, S. 29, 31.

[1941] Chardin in Hrsg. Günther Schiwy, *Das Teilhard de Chardin Lesebuch*, S. 33ff.

[1942] Chardin in Hrsg. Günther Schiwy, *Das Teilhard de Chardin Lesebuch*, S. 34.

[1943] Chardin in Hrsg. Günther Schiwy, *Das Teilhard de Chardin Lesebuch*, S. 35ff.

[1944] Chardin in Hrsg. Günther Schiwy, *Das Teilhard de Chardin Lesebuch*, S. 34.

Schöpfung und können uns daraus nur durch Erleuchtung (Gnosis) selbst erlösen.[1945]

Gnostiker versuchten die biblischen Texte mit zeitgenössischen wissenschaftlichen Methoden zu ergänzen – es flossen teils vulgärplatonische Elemente, teils magische Texte ein –, dies in einer Zeit des Umbruchs in der Geschichte des Christentums[1946]. Ihre Meinungen wurden von der herrschenden Meinung in der kirchlichen Lehre verdrängt. Heute findet man die noch vorhandenen Texte und Fragmente in den Esoterikregalen.

Logos

Daß alles beseelt ist, drücken viele in der Antike auch mit dem Wort *Logos* aus. Beseelung bedeutet hier: Hinter allem steht eine intelligente Ordnung.

Mit dem Logos ist hier also kein Argumentationssystem gemeint, sondern primär der in der objektiven Wirklichkeit anwesende Logos. Der griechischen Philosophie war die Unterscheidung wohl bewußt[1947].

Man sagte dazu auch *En*: Allem liegt *En* zugrunde, ein Urstoff, geistiger Lebensstoff, eine Urkraft, die alles in potentia enthält[1948]. Empedokles etwa gebraucht den Term *En*[1949]. Bei Empedokles sind allerdings die Urkräfte, die alles bewegen, sehr konkret, das En sind bei ihm Liebe und der Hass[1950].

Die Einheit der Mannigfaltigkeit oder der allem unterliegende Urstoff

Auch hier ist dasselbe gemeint.

Die ionische Naturphilosophie hatte ein paar gemeinsame Prinzipien[1951]:

1. die Welt kann verstanden werden[1952].

[1945] Vgl. zum Beispiel Christoph Markschies, *Die Gnosis*, S. 84 und Karl-Heinz Göttert, Magie, S. 19–22.
[1946] Christoph Markschies, *Die Gnosis*, S. 116.
[1947] Vgl. Hrsg. Franz Josef Weber, *Fragmente der Vorsokratiker*, S. 84, dort Heraklit.
[1948] Vgl. Helmut Werner, *Paracelsus*, S. 17.
[1949] Vgl. Helmut Werner, *Paracelsus*, S. 17.
[1950] Vgl. bei Carl-Friedrich Geyer: Aristoteles über Anaxagoras, S. 60.
[1951] Vgl. hierzu Erwin Schrödinger, *Die Natur und die Griechen*, S. 94, 104, 108f., 114–116.
[1952] Erwin Schrödinger, *Die Natur und die Griechen*, S. 94.

2. alle Materie, aus der die Welt besteht, hat bei all ihrer unendlichen
   Mannigfaltigkeit doch so viel Gemeinsames, daß ihr eigentlicher
   Grundstoff ein und derselbe sein muß[1953]. Es entfällt die Trennung von
   Anorganischem und Organischem, denn alles kommt aus derselben
   Quelle[1954]. Das eine wandelt sich in das andere um, so wie Materie sich
   verdünnen oder verdichten kann, vom gasförmigen in den flüssigen in
   den festen Zustand übergehen kann[1955].

Und dieser Grundstoff oder Urstoff hat bei vielen, wie wir unten sehen
werden, etwas Geistiges, Seelisches.
   Aristoteles hat hier später etwas gebremst und Belebtes und Unbe-
lebtes wieder (sogar sorgsam) unterschieden[1956].

Beseelt ist also alles nach weiter Meinung in der Antike, göttlich beseelt,
von Logos durchdrungen beziehungsweise aus demselben geistigen
Urstoff, man sieht die Welt pantheistisch.
Sehen wir uns nun einzelne herausragende Vertreter genauer an.

Von Anaximander bis Plato

Die *Vorsokratiker* – Philosophen und Naturwissenschaftler –, die hier
besonders interessieren, haben nur Fragmente ihrer Modelle hinterlassen.
Man kann zum Glück auf Tradierung und Interpretation hauptsächlich
durch Plato und Aristoteles zurückgreifen.[1957]
   Die Vorsokratiker sind keine einhellige Gruppe. Zwischen ihnen gab
es auch gegenseitige Angriffe, gerade zwischen den Großen: so tadelte der
große Heraklit beispielsweise den großen Pythagoras und bezeichnete ihn
sogar als „Ahnherrn der Schwindler"[1958].
   Bis vor kurzem galten die Vorsokratiker als dunkel und schwer verständlich. Erst in neuerer Zeit erscheinen vormals dunkle Partien plötzlich
als leicht verständliche und sogar wie besonders schöne und poetische
Gleichnisse für Sachverhalte in der modernen Quantenphysik.

[1953] Erwin Schrödinger, *Die Natur und die Griechen*, S. 104.
[1954] Erwin Schrödinger, *Die Natur und die Griechen*, S. 116.
[1955] Vgl. die Verdünnungs-, Verdichtungstheorien bei Erwin Schrödinger, *Die Natur
und die Griechen*, S. 108f.
[1956] Erwin Schrödinger, *Die Natur und die Griechen*, S. 114f.
[1957] Wir gehen hier in groben Umrissen auf das Weltbild der wichtigsten Vorsokratiker ein und im Anschluss auch auf das von Plato und Aristoteles, die uns in der
Hauptsache vorsokratisches Wissen überliefert haben.
[1958] Heraklit in M. Laura Gemelli Marciano, *Die Vorsokratiker. Auswahl der Fragmente
und Zeugnisse*, S. 333.

Gleichzeitig treffen wir bei den Vorsokratikern auf die Hypothesen, die ein Gedächtnis von Gegenständen erlauben.

Im 7. vorchristlichen Jahrhundert entstand in Ionien sowie in den griechischen Kolonien in Süditalien und Sizilien die griechische *Naturphilosophie*. Sie bildete den Grundstein des abendländischen Wissenschaftsverständnisses.

Man sagt, sie beginne mit den Vorsokratikern Thales und Anaximander.[1959]

Die Spätphase umfaßt Parmenides, Heraklit und Demokrit.

Man beginnt die Welt als eine schöne Ordnung zu sehen, den Kosmos als regelhaft, verläßlich und berechenbar. Es findet ein Übergang vom *Mythos* zum *Logos* statt[1960]; die Welt wird nicht mehr von Göttern beherrscht, die Menschen gleichen, sondern von Prinzipien der Physik, allenfalls von göttlichen Prinzipien. Die Frage nach den letzten Gründen, Prinzipien des Kosmos, des Seins, den *Archaì* spielt eine Hauptrolle[1961].

THALES VON MILET (625–546 v.Chr.), der als der erste griechische Naturphilosoph angesehen wird[1962], sagt: alles sei voll von Göttern[1963]. Einerseits hat er damit vielleicht die Fesseln des Mythos noch nicht ganz abgestreift. Andererseits ist eine Beseeltheit der Materie, ein Geist der Materie, eine regelnde Intelligenz hinter aller Erscheinung hiermit gemeint, nicht Götter, die sich wie Menschen benehmen, sondern ein abstraktes göttliches Prinzip.

Die Welt erscheint Thales belebt von Intelligenz, von einem intelligenten Plan[1964].

Aristoteles und Hippias berichten über Thales, daß er auch die unbeseelten Dinge für beseelt hielt! Er habe es aus dem Magnetstein gefolgert, der Eisen bewegt[1965].

[1959] G. Colli, *Die Geburt der Philosophie*, S. 13–20.

[1960] Der Mythos erklärt die Dinge mit Bildern und Göttern. Der Logos kategorisiert begrifflich, erklärt die Dinge unter dem Blickwinkel von Gesetzmässigkeiten und Kausalität.
Paul Ricoeur, *Symbolik des Bösen. Phänomenologie der Schuld II*, S. 188: Seit den Vorsokratikern gilt die mystische Erklärung als Pseudorationalität.

[1961] Carl-Friedrich Geyer, *Die Vorsokratiker*, S. 50. Später kam dann noch die Unterscheidung zwischen der Wahrnehmung einer bestimmten Realität und der Realität dieser Wahrnehmung hinzu.

[1962] Constantin J. Vamvacas, *Die Geburt der Philosophie*, S. 57.

[1963] Vgl. bei Carl-Friedrich Geyer, *Die Vorsokratiker*, S. 55.

[1964] G.S. Kirk, J.E. Raven, M. Schofield, *Die vorsokratischen Philosophen. Einführung, Texte und Kommmentare*, S. 78, übers. von K. Hüser, Stuttgart/Weimar, 1994.
Daß nach Thales der Raum stets ein Plenum ist, immer ganz angefüllt (leider mit einem arg konkreten Grundstoff: Wasser), läßt uns an eine Parallele zum Quantenvakuum denken, das Vakuum ist ebenfalls nicht leer.

Thales führte angeblich alles Seiende auf Wasser zurück; alle Dinge entstünden aus Wasser und würden, indem sie sich verflüssigten, wieder zu Wasser. Ein sehr konkreter Ansatz, der nicht so ganz zur abstrakten These der Beseeltheit aller Dinge paßt. Auch Seneca hielt diese Ansicht des Thales deshalb für albern.[1966]

ANAXIMANDER[1967] (ca. 610–545 v.Chr.)

Wie Thales fragte Anaximander nach dem Ursprung alles Seienden. Seine Antwort ist sehr abstrakt, liegt jenseits der Welt des Erfahrbaren. Er sagt, der Ursprung von Allem sei das Unbegrenzte, *Apeiron*, eine Ursubstanz. Dieser Grund aller Dinge ist aber nicht eine Substanz mit der gleichen Beschaffenheit wie die Dinge, die wir kennen, sondern etwas völlig anderes, etwas nicht Wahrnehmbares, Unbestimmtes, Unendliches, Unennbares. Es liegt jenseits von Raum und Zeit. Das Apeiron differenziert sich zu der Vielzahl von uns erfahrbaren Gegensätzen aus, bildet widersprüchliche Eigenschaften wie Heißes und Kaltes, Trockenes und Feuchtes usw. Aus dem Apeiron entsteht alles und vergeht auch wieder zu jenem.[1968]

Weshalb auch unbeschränkt viele Welten produziert werden könnten. Der Grund, weshalb es unbegrenzt ist: damit das faktische Entstehen in keiner Hinsicht nachlasse.[1969]

Aristoteles[1970] faßt das Unbegrenzte des Anaximander auch als das auf, das alles steuert. Gleichbedeutend mit dem Göttlichen, denn es sei unsterblich und unzerstörbar.

[1965] Vgl. bei Erwin Schrödinger, *Die Natur und die Griechen*, S. 114. Und vgl. bei Carl-Friedrich Geyer, *Die Vorsokratiker*, S. 55.

[1966] Manche bestreiten, daß Thales das glaubte. Seneca hat diese Hypothese des Thales überliefert.

[1967] Zu Anaximander: Carl-Friedrich Geyer, *Die Vorsokratiker* S. 57. Hermann Schmitz, *Anaximander und die Anfänge der griechischen Philosophie*, S. 53ff. Constantin J. Vamvacas, *Die Geburt der Philosophie*, S. 66. Anaximander zum Apeiron in M. Laura Gemelli Marciano, *Die Vorsokratiker. Auswahl der Fragmente und Zeugnisse*, S. 55ff.

[1968] Carl-Friedrich Geyer, *Die Vorsokratiker* S. 57. Hermann Schmitz, *Anaximander und die Anfänge der griechischen Philosophie*, S. 53ff., 56. Und vgl. Lothar Schäfer, *Versteckte Wirklichkeit*, S. 53.

[1969] Constantin J. Vamvacas, *Die Geburt der Philosophie*, S. 66. Anaximander zum Apeiron in M. Laura Gemelli Marciano, *Die Vorsokratiker. Auswahl der Fragmente und Zeugnisse*, S. 55ff.

[1970] Aristoteles in *Physik*. Bei Carl-Friedrich Geyer, *Die Vorsokratiker*, S. 60f. Und bei Constantin J. Vamvacas, *Die Geburt der Philosophie*, S. 67. Aristoteles erweiternde Interpretation ist hoch interessant: Er weist auf die Bedeutung der Gegensätzlichkeiten hin (die sich aus dem Einen ausdifferenzieren). Woraus das Seiende in seinen Gegensätzen (unsere erfahrbare Welt, warm/kalt, fest/flüssig usw.) entsteht, könne nicht das Unbegrenzte selbst sein! Das

Das Unbegrenzte von Anaximander ist also quasi nackt[1971] beziehungsweise hoch abstrakt. Es ist in der Welt nicht enthalten, es ist mit nichts in der Welt identisch – es ist nicht stofflich wie bei Thales: Wasser –, und alles entsteht aus ihm und wird von ihm gesteuert.

Die Parallele zu unserem Modell des Quantenvakuums drängt sich machtvoll auf[1972]. Es ist eine hoch visionäre, hoch poetische Beschreibung dieses Modells.

ANAXIMENES (Schüler des Anaximander) (um 585–525 v.Chr.) sieht dieses Unbeschränkte im Äther, *aër*, stellt sich diesen aber relativ stofflich vor, er meint damit die Luft[1973]. Wie bei Thales wird es hier sehr konkret. Allerdings ist die Luft bei ihm auch gleichzeitig pneuma, der Lebenshauch, also etwas weniger Greifbares. Anaximenes beschreibt diese sozusagen unkonkrete Luft so: „Wie uns unsere Seele, die Luft ist, uns beherrschend zusammenhält, so umfaßt auch die ganze Weltordnung Hauch und Luft"[1974]. Es ist der einzige Satz, der heute von der in Prosa verfaßten Schrift des Anaximenes erhalten ist.

Alle Elemente bestehen aus dieser Luft, die also auch (so etwas Unkonkretes wie) Seele ist, und unterscheiden sich nur durch den Grad ihrer *Dichte*[1975].

Auch bei Anaximenes ist also alles belebt, beseelt, auch jeder Gegenstand.

Bei PYTHAGORAS[1976] (um 570–496 v.Chr.) und seinen Schülern sind Zahlen der Urgrund allen Seins. (Es geht um die Mathematisierung der physikalischen Erkenntnisse). Aristoteles sagt von den Pythagoreern, Zahlen seien bei ihnen sowohl die Elemente aller Dinge, wie auch der Zustand aller Dinge. Sie liegen also am Grund der Materie und steuern die

---

Unbegrenzte sei lediglich die *Bühne*, auf der sich Vergehen und Entstehen unaufhörlich abspielt. Das Seiende vergehe, während das Unbegrenzte unverändert bestehen bleibe.

[1971] So Hermann Schmitz, *Anaximander und die Anfänge der griechischen Philosophie*, S. 55. Das Unendliche ist nicht wie bei anderen Luft (Anaximenes), Wasser (Thales), es ist nackt.

[1972] So zum Beispiel der Physiker Lothar Schäfer (Arkansas), *Versteckte Wirklichkeit*, S. 283.

[1973] Vgl. bei Constantin J. Vamvacas, *Die Geburt der Philosophie*, S. 76–85.

[1974] Anaximenes in M. Laura Gemelli Marciano, *Die Vorsokratiker. Auswahl der Fragmente und Zeugnisse*, S. 85.

[1975] Vgl. Constantin J. Vamvacas, *Die Geburt der Philosophie*, S. 77f.

[1976] Zu Pythagoras: Carl-Friedrich Geyer, *Die Vorsokratiker*, S. 66. Hermann Schmitz, *Anaximander und die Anfänge der griechischen Philosophie*, S. 58. Constantin J. Vamvacas, *Die Geburt der Philosophie*, S. 86ff., 93–95, 111, 116, 122f. M. Laura Gemelli Marciano, *Die Vorsokratiker. Auswahl der Fragmente und Zeugnisse*, S. 419ff.

Materie[1977]. Ja, die Zahlen sind die wahrnehmbare Substanz (!) der Dinge, sagt Aristoteles[1978] über die Pythagoreer. Pythagoras hat ferner anaximandrische Gedanken an die Phythagoreer vermittelt[1979]. Aber das Apeiron ist bei Pythagoras, anders als bei Anaximander, mit dem Irrationalen, Unvollkommenen, noch nicht Geformten gleichgesetzt, einem (negativen) Chaos, das erst durch Zahlen geformt wird, die es (das Unbegrenzte) eingrenzen[1980]. Hinter allem steckt letztlich sozusagen dieser Zahlenhintergrund, eine prästabilierte Harmonie: „Der ganze Himmel ist Harmonie und Zahl"[1981], gilt bei Pythagoras, und die (unsterbliche) Seele „hat Teil"[1982]; und so verbindet sich eine wissenschaftliche Betrachtung der Welt hier auch mit einer religiösen[1983]. Die Pythagoreer zeigen eindrücklich im Bereich der Musik, wie aus dem Unbegrenzten Harmonie wird: Die Laute bilden einen unbegrenzten Umfang an Tönen, unbestimmt und mißklingend. In dem Augenblick, in dem *Grenzen* inmitten dieses *Unbegrenzten* in der Form *einfacher arithmetischer Verhältnisse* gesetzt werden – Pythagoras entdeckte, daß die harmonischsten Intervalle in der Musik durch einfache arithmetische Verhältnisse der vier ersten ganzen Zahlen zustande kommen: 1 : 2 (Oktave), 2 : 3 (Quinte), 3 : 4 (Quarte). Es gibt also eine Entsprechung von Ton und Zahl, Musik und Mathematik –, ergibt sich ein harmonischer Zusammenklang.

Auch hier ist also alles belebt. Durch Zahlenharmonie.

Geht man davon aus, daß alles holographisch ist, allem Welleninterferenzmuster unterschiedlicher Frequenz unterliegen, und die Umrechnung dieser nach Fourier-Gleichungen die Illusion unserer 3-dimensionalen Welt ergibt, dann ist Pythagoras ein unglaublicher Visionär. Unsere Welt, die Welt, die wir wahrnehmen, ist auch nach heutigem Standpunkt letztlich eine mathematisch berechnete. Visionär war übrigens auch die Idee der Pythagoreer, daß Raum und Zeit sich ausbreiten, zugleich mit dem sich ausdehnenden Universum *ausspannen*; nichts anderes meint die

[1977] Carl-Friedrich Geyer, *Die Vorsokratiker*, S. 66.

[1978] Aristoteles in M. Laura Gemelli Marciano, *Die Vorsokratiker. Auswahl der Fragmente und Zeugnisse*, S. 155.

[1979] Hermann Schmitz, *Anaximander und die Anfänge der griechischen Philosophie*, S. 58.

[1980] Constantin J. Vamvacas, *Die Geburt der Philosophie*, S. 111.

[1981] Die Entdeckung irrationaler Zahlen hat die Pythagoreer etwas schockiert, wie die Zahl $\pi = 3,14159265...$, hier geht es nach dem Komma unendlich weiter. In der Geometrie hingegen gibt es glatte Lösungen: die Gleichung d (Diagonale) = kann arithmetisch nicht genau gelöst werden: $\sqrt{2} = 1,41421356...$ unendlich und so weiter. Geometrisch hingegen ist die Diagonale d einfach die Diagonale eines Einheitsquadrats mit der Seitenlänge 1.

[1982] Vgl. bei Constantin J. Vamvacas, *Die Geburt der Philosophie*, S. 96, 110.

[1983] Constantin J. Vamvacas, *Die Geburt der Philosophie*, S. 116.

allgemeine Relativitätstheorie, nach der die raumzeitliche Geometrie und die Materie einander gegenseitig bestimmen[1984].

Sehr interessant ist auch, daß Pythagoras der erste im europäischen Raum ist, der verkündet, daß die Seele, nicht der Körper, der Hauptträger der menschlichen Existenz ist. (Wie die anderen sieht er den Geist hinter aller Materie.) Die Seele eines jeden ist, nach ihm, Teil des göttlichen Geistes, der den ganzen Kosmos durchzieht. Wir sind alle über diesen Geist verbunden. Aus diesem Grund müssen wir alle als verwandt angesehen werden. Die Seele ist, sagt uns Pythagoras, unsterblich, weil auch das, wovon sie abgespalten ist, unsterblich ist. Sie kann sich in anderen Menschen, einem Tier, einer Pflanze reinkarnieren. Pythagoras war also der Ansicht, daß das Entstehende nach gewissen Perioden wieder entstehe[1985]. Diogenes Laertios[1986] überliefert das. Diese Ansicht war damals ein Novum. Allenfalls im Ägyptischen gab es so etwas. Pythagoras erinnerte sich übrigens ganz selbstverständlich an früher geführte Leben. Er sieht hinter all dem ein Ziel: die stufenweise Aufgabe des persönlichen Selbst zugunsten einer Einigung mit dem Göttlichen. Das geschieht, bei Pythagoras, indem wir uns dazu entschließen, die Seele immer mehr zu reinigen, und zwar am besten durch Wissenschaft und Musik.[1987]

Ebenfalls hochinteressant war Pythagoras Aufwertung der Frau. Er gründete eine Art Orden, der auch für Frauen zugänglich war. Seine Frau Theano hat mathematische Lehrbücher verfaßt, die uns noch überliefert sind. Der Orden widmete sich dem Wissen, der Erkenntnis, der Läuterung und dem sittlichen Aufstieg.[1988]

Der Witz ist: Pythagoras und auch später Empedokles galten damals als vom „Weg abgekommen", als Wundermänner. Weil sie fähig waren in der Ekstase Erkenntnisse zu gewinnen, also paranormale Fähigkeiten besaßen[1989]. Zum Verruf trug sicher auch die Geheimnistuerei des Pythagoras bei. Seinen Anhängern verordnete er Vertraulichkeit und Schweigen. Ein Wunder, daß seine Lehren dennoch bekannt wurden. Es gibt eine Reihe von Legenden, die ihn als Übermenschen und Halbgott darstellen. Pikanterweise hielt sich Pythagoras selbst für eine Reinkarnation Apollons[1990].

[1984] Vgl. Constantin J. Vamvacas, *Die Geburt der Philosophie*, S. 122f.

[1985] Wir denken sofort an Bohm etc.

[1986] Vgl. bei Carl-Friedrich Geyer, *Die Vorsokratiker*, S. 68–70.

[1987] Vgl. Constantin J. Vamvacas, *Die Geburt der Philosophie*, S. 93–95.

[1988] Vgl. Marco Frenschkowski, *Die Geheimbünde*, S. 73–76.

[1989] Vgl. M. Laura Gemelli Marciano, *Die Vorsokratiker. Auswahl der Fragmente und Zeugnisse*, S. 419.

[1990] Vgl. M. Laura Gemelli Marciano, *Die Vorsokratiker. Auswahl der Fragmente und Zeugnisse*, S. 421. Vgl. auch Constantin J. Vamvacas, *Die Geburt der Philosophie*, S. 86ff.

Arthur Koestler[1991] kommentiert: „Das sechste Jahrhundert (v.Chr.) erinnert an ein Orchester, das erwartungsvoll stimmt. Jeder Spieler ist ganz auf sein Instrument konzentriert und dem Gejaule der andern gegenüber taub. Dann folgt eine spannungsgeladene Stille. Der Dirigent betritt den Schauplatz, klopft dreimal mit dem Taktstock, und Wohlklang erhebt sich aus dem Chaos. Der Kapellmeister ist Pythagoras von Samos."

XENOPHANES[1992] (ca. 570–470 v.Chr.) stellt sich interessanterweise vor, es gäbe unendlich viele Welten. Der Kosmos hat bei ihm keinen zeitlichen Beginn, noch einen Schöpfer. Er ist einer der ersten, die Dinge als *Erscheinungen* von etwas anderem sehen, als Erscheinungsformen einer gemeinsamen Spezies (so wie im Hologramm unsere Realität eine Projektion, eine Erscheinung, von etwas Uniformem Darunterliegendem ist). „Schein haftet an allem" sagt er. Es gibt einen transzendenten Gott bei ihm, der allerdings rein geistig ist: „Ohne Mühe erschüttert er alles mit des Geistes Denkkraft". Dieses geistige göttliche Prinzip ist undenkbar, unfaßbar, überall, nach allen Richtungen gleich, jenseits des Zeitlichen, lenkt alles.[1993] Dieser Gott ist die Einheit hinter allem: in ihm sind alle Dinge eins[1994]. (Wieder denkt man an unser Modell des Quantenvakuums.)

Kleine Zusammenfassung:

Innerhalb von ungefähr einem Jahrhundert (ab etwa 600 v.Chr.) gab es eine potente Revolution des Denkens: Die Welt wird nicht mehr von anthropomorphen unberechenbaren Göttern bestimmt, sondern von rein physikalischen gesetzmäßigen Phänomenen, Prinzipien, Ursachen. Hier liegt der Grundstein zum modernen naturwissenschaftlichen Denken. Es ging um die Zurückführung der Vielfalt und Unordnung der Welt auf einen festen Ursprung. Um die Annahme einer gesetzmäßigen, physikalischen Kausalität, die einen universellen Charakter hat. Um die Überzeugung, daß die physikalischen Phänomene und die physikalischen Gesetze

---

[1991] Koestler bei Constantin J. Vamvacas, *Die Geburt der Philosophie*, S. 88.

[1992] Zu Xenophanes: Carl-Friedrich Geyer, *Die Vorsokratiker*, S. 96 und Constantin J. Vamvacas, *Die Geburt der Philosophie*, S. 130–149.

[1993] Carl-Friedrich Geyer, *Die Vorsokratiker*, S. 96 und Constantin J. Vamvacas, *Die Geburt der Philosophie*, S. 130–149. Der Gott des Xenophanes steht den Werken des Menschen übrigens völlig unbeteiligt gegenüber. Die altgriechischen Götter hingegen mischten sich direkt ins Schicksal der Menschen ein. Das war eine neue Grundauffassung, die zur Anerkennung der freien und verantwortlichen Person führte.

[1994] Xenophanes bei M. Laura Gemelli Marciano, *Die Vorsokratiker. Auswahl der Fragmente und Zeugnisse*, S. 233, 235: Seine Gottbeschreibung: „mehr denkend als das Denken." „Immer bleibt er am selben Ort ohne jede Bewegung." Er erfaßt alles „ganz".

der kritischen, rationalen Erfassung durch das menschliche Denken unterliegen. Um die quantitative Konzeption der Welt mittels der Begriffe der Zahl und des Maßes, also um die Vermessung der Welt. Um die Benutzung geometrischer und mechanischer Modelle bei der Formulierung von Theorien.

Dann ging es aber noch um ein paar andere Prinzipien, die in der Zwischenzeit verworfen worden sind und jetzt erst wieder aufleben: Um den (göttlichen) Urstoff, der ewig ist und die Kraft zur Evolution beinhaltet. Um die Verbindung von Materie und Geist. Um den Geist der die Natur (und überhaupt alles) belebt, beseelt, göttlich beseelt[1995]. Von Thales bis Xenophanes treffen wir in diesem Zusammenhang auf Denkfiguren, die uns an die moderne Physik, an das hier vertretene Modell des Quantenvakuums erinnern, ans Hologramm der Realität (und somit auch ein Gedächtnis von Gegenständen zulassen).

Mit Heraklit und Parmenides kommt es zu einer Erweiterung der (vorsokratischen) Denkansätze: Es wird jetzt gefragt, ob unsere Wahrnehmung auch die wahre Wirklichkeit wiedergibt. Es geht um Sein und Werden und um Erkenntnis.[1996]

HERAKLITs (540–480 v.Chr.) Denken bewegt sich um drei Hauptachsen:

1. *Alles ist eins.*
2. *Die Einheit des Alls ist die Identität von Gegensätzen.* Sie unterliegt der Welt, die wir wahrnehmen. Die in der Tiefe *verborgene* Einheit erscheint an der Oberfläche als Vielfalt (von Gegensätzen). Sie ist von allem empirisch Erfahrbaren verschieden[1997]. Dabei ist das Geschehen, das Werden Folge des unaufhörlichen Kampfs der Gegensätze. Allem unterliegt so unaufhörliche Bewegung, Veränderung. Nur solange der Kampf, die Spannung, fortdauert, bleiben die Dinge das, was sie sind. Heraklit leitet das unter anderem aus der Erfahrung ab[1998]. Sehr modern ist die Welt bei ihm nicht statisch, sondern die Dinge sind *Prozesse*[1999]. Heraklit umschreibt das bildlich so: „Man kann nicht zweimal in denselben Fluß steigen"[2000].

[1995] Vgl. Constantin J. Vamvacas, *Die Geburt der Philosophie*, S. 83f.
[1996] Constantin J. Vamvacas, *Die Geburt der Philosophie*, S. 150.
[1997] Heraklit in Hrsg. Franz Josef Weber, *Fragmente der Vorsokratiker*, S. 93 (B 61), 97 (B 32).
[1998] Heraklit in Hrsg. Franz Josef Weber, *Fragmente der Vorsokratiker*, S. 93 (B 88, B 126).
[1999] Vgl. Constantin J. Vamvacas, *Die Geburt der Philosophie*, S. 193.
[2000] Heraklit in Hrsg. Franz Josef Weber, *Fragmente der Vorsokratiker*, S. 90 (B 49a, B 12).

3. Was nun aber alles steuert, ist der *Logos*, das höchste Prinzip, das alles zusammenfügt und zusammenhält, im Gleichgewicht hält, der Logos ist die leitende Kraft. Heraklit nennt den Logos auch *Blitz*: „Das Weltall aber steuert der Blitz"[2001]. Der Logos ist geistig, ist (richtiges) Denken.

Der Mensch hat nun Zugang zum Logos. Dennoch ist der Logos verborgen[2002]. Es gibt eine Übereinstimmung zwischen Mensch (Mikrokosmos, menschlichem Logos) und dem Makrokosmos (dem universellen Logos). Deshalb können wir die Welt, in der wir leben auch verstehen[2003]. Der universale Logos ist für Heraklit derselbe wie derjenige der Seele des Menschen: „Die Seele ist ein Funken von der Sternensubstanz"[2004], sagt Heraklit hochpoetisch. Das Eine, ferner, das alles ist, ist zugleich das Weise, der Logos.

Der Logos ist ewig, er ist praktisch Gott beziehungsweise das Göttliche. Auch hier gibt es keine Schöpfung des Kosmos durch einen Gott (und schon gar nicht durch einen personalen Gott).

Auch hier ist alles, was wir um uns sehen und spüren, die Welt unserer sinnlichen Wahrnehmung, beseelt und zwar von einem weisen Denken, dem Logos. Auch hier haben wir wieder eine Metapher für unser Modell des Quantenvakuums und auch hier haben wir belebte (geistige) Dinge (und Dinge mit Gedächtnis werden denkbar).[2005]

Heraklits Hypothese zum Wesen der Dinge spiegelt auch poetisch Annahmen der herrschenden Quantenfeldtheorie[2006] wieder. Quanten werden dort von Feldern erzeugt; dabei tauchen sie ständig aus dem Feld auf und verschwinden darin wieder, alles besteht sozusagen aus einem Quantenbrodeln (folgt schon aus der Heisenberg'schen Unschärferelation). Beziehungsweise manche Physiker nehmen an, daß Quanten ständig im Quantenvakuum verschwinden und daraus wieder entstehen. Nach manchen tun dies auch große Dinge, da für manche alles Quantensysteme sind. Gleichermaßen sind bei Heraklit Dinge ewig im Fluß: „man kann nicht zweimal ... eine ihrer Beschaffenheit nach identische vergängliche Substanz berühren, sondern durch das Ungestüm und die Schnelligkeit

---

[2001] Heraklit in Hrsg. Diels, Kranz, 22 B 64.

[2002] Heraklit bei M. Laura Gemelli Marciano, *Die Vorsokratiker. Auswahl der Fragmente und Zeugnisse*, S. 301.

[2003] Goethes: „Wär nicht das Auge sonnenhaft, so könnt es nicht das Licht erblicken" entspricht dem. Heute nennt man das: das *anthropische Prinzip*: Der Mensch ist dem Universum angepaßt und das Universum dem Menschen angepaßt.

[2004] Heraklit bei Constantin J. Vamvacas, *Die Geburt der Philosophie*, S. 172.

[2005] Constantin J. Vamvacas, *Die Geburt der Philosophie*, S. 150–185. Carl-Friedrich Geyer, *Die Vorsokratiker*, S. 78.

[2006] Vgl. Archibald Wheeler bei Marco Bischof, *Biophotonen*, S. 405f. Lynne McTaggart, *Das Nullpunkt-Feld*, S. 48 und vgl. auch Brian Greene, S. 147ff.

ihrer Umwandlung zerstreut sie sich und sammelt sich wiederum (vielmehr nicht wiederum und auch nicht später, sondern zugleich bildet sie sich und löst sie sich auf) und naht sich und entfernt sich"[2007]. Das ist eine hochpoetische Umschreibung moderner Quantensysteme.

PARMENIDES[2008] (um 515–440 v.Chr.).

Parmenides, wahrscheinlich ein Schüler des Xenophanes, sagt revolutionär: Was gedacht wird *ist:* „Dasselbe ist Erfassen und Sein."[2009] Sein und Denken stimmen überein. Was nicht gedacht werden kann, kann auch nicht sein. Erkennt man etwas, bedeutet das, daß es ist.

Auch das würde bedeuten, daß Materie geistbestimmt ist.

Ferner gibt es bei ihm nur Seiendes. Das Nichts ist nicht[2010].

Anders als bei Heraklit ist bei Parmenides das Werden, die Veränderung, nur eine Illusion[2011]. Das Sein hingegen ist ungeboren, unvergänglich, ewig, zusammenhängend, unteilbar, einzig, unbewegt, unveränderlich[2012].

Das widerspricht offensichtlich der Erfahrung, auf die Heraklit hinweist, der um uns sich ändernden Welt. Parmenides löst diesen Widerspruch, indem er das (eigentliche) Sein explizit auf einen Bereich jenseits von Raum und Zeit verweist[2013] (unser Modell des Quantenvakuums). Der subjektive Beobachter sieht nur den Wandel, daneben (dahinter) gibt es eine objektive unveränderliche Realität des Seins[2014].

Ebenso machte ZENON, der Schüler des Parmenides, auf den Widerspruch aufmerksam, der sich zwischen der Annahme eines ewigen einheitlichen Seins und der Vielfalt und Vergänglichkeit des Seienden ergibt. Er hielt ihn, sehr modern, für eine zu akzeptierende Paradoxie.

[2007] Heraklit, Textfragment in Hrsg. H. Diels/W. Kranz, *Die Fragmente der Vorsokratiker* 22 B 91. Und Heraklit bei Constantin J. Vamvacas, *Die Geburt der Philosophie*, S. 194

[2008] Vgl. zu Parmenides: Carl-Friedrich Geyer, *Die Vorsokratiker*, S. 88, 90. Constantin J. Vamvacas, *Die Geburt der Philosophie*, S. 183, 209f., 229f.

[2009] Parmenides: Textfragment in Hrsg. H. Diels/W. Kranz, *Die Fragmente der Vorsokratiker*, 28 B 3.

[2010] Carl-Friedrich Geyer, *Die Vorsokratiker*, S. 88, 90. Auch in der modernen Physik gibt es mit dem Quantenvakuum keinen leeren Raum.
Auch Aristoteles nahm den Gedanken auf: „Natura abhorret vacuum". Die Natur schreckt vor der Leere zurück. Auf dem Grab des Christian Rosenkreutz soll „nequaquam vacuum" gestanden haben, es gibt keinen leeren Raum, die Hermetik vertrat es und der Neuplatonismus, etwa ein M. Ficino: Vgl. Johann Amos Comenius (1592–1670), *Der Weg des Lichts*, Meiner Verlag , 1997, S. 219.

[2011] Constantin J. Vamvacas, *Die Geburt der Philosophie*, S. 183.

[2012] Constantin J. Vamvacas, *Die Geburt der Philosophie*, S. 183.

[2013] Constantin J. Vamvacas, *Die Geburt der Philosophie*, S. 229f.

[2014] Constantin J. Vamvacas, *Die Geburt der Philosophie*, S. 230.

Daß das Sein ewig und unveränderlich ist, seine Produkte, das Seiende, die für uns erfahrbare Welt, veränderlich und vergänglich, hat dann bei vielen zu dem weiteren Schluß geführt, die für uns erfahrbare Welt sei nicht das Wahre, das Echte, das echte Sein, sei vielmehr eine Illusion, reine Erscheinung, Sinnestäuschung.

Poetischerweise lenkt bei Parmenides[2015] die *namenlose Göttin* alles, das Entstehen der subjektiven Sphäre aus der objektiven sozusagen. (Sie wäre die Bewegerin des Quantenvakuums.)

Überall kann die Physik hier mehr über ein bestimmtes Modell des Quantenvakuums erfahren, sozusagen, was dieses Quantenvakuum in alltäglichen Begriffen bedeutet: Im sozusagen vorsokratischen Quantenvakuum ist alles unbewegt und unveränderlich, dort herrscht das ewige *Jetzt*.[2016]

Ein weiterer Schüler des Parmenides, MELISSOS VON SAMOS[2017] vertritt ebenfalls ein unkörperliches (eigentliches) Sein, jenseits von Raum und Zeit, jenseits von Geschichte und Erfahrung.

Auch für ANAXAGORAS[2018] (um 500–428 v.Chr.) ist die Welt hologrammartig! In jedem Ding ist ein Teil von jedem enthalten: Alles hat an allem seinen Anteil. „In jedem – außer im Geist – ist ein Teil von jedem enthalten."[2019] Die unendliche Vielfalt der materiellen Dinge und ihre Eigenschaften sind in jedem Ding enthalten. Je unendlicher man etwas teilt, in jedem noch so kleinsten Teil ist die Vielfalt von allem enthalten, und zwar, nach Anaxagoras, in Form von Samen: spermata[2020].

Auch Anaxagoras legt keinen simplen Stoff wie Luft oder Wasser allem zugrunde. Dasjenige, das alle Dinge bewirkt und ermöglicht, das

---

[2015]   Constantin J. Vamvacas, *Die Geburt der Philosophie*, S. 214 und Parmenides in Hrsg. H. Diels/W. Kranz, *Die Fragmente der Vorsokratiker*, 28/ 12,3.

[2016]   Constantin J. Vamvacas, *Die Geburt der Philosophie*, S. 229f.

[2017]   Vgl. Hermann Schmitz, *Anaximander und die Anfänge der griechischen Philosophie*, S. 56.

[2018]   Zu Anaxagoras: Vamvacas, *Die Geburt der Philosophie*, S. 277. Daniel W. Graham, *Explaining the Cosmos*, S. 213. Vgl. bei Carl-Friedrich Geyer, *Die Vorsokratiker*, S. 103.

[2019]   Anaxagoras bei Constantin J. Vamvacas, *Die Geburt der Philosophie*, S. 277.
         Das entspräche auch dem hier gewählten Walker-Modell, nach dem der Geist bzw. das Bewußtsein rein zum Quantenvakuum gehört (als pure Funktion, als Denken, Fühlen, Wahrnehmen an sich). Der Geist bzw. das Bewußtsein ist hier kein selbständiges Hologramm.

[2020]   Die Vorstellung entspricht gleichzeitig fraktalen Strukturen in der Mathematik: Daniel W. Graham, *Explaining the Cosmos*, S. 213.

alles reguliert, ist bei ihm der Geist. Der Geist ist bei Anaxagoras[2021] selbst nicht stofflich, also kein Ding, beziehungsweise er ist feinstofflich. Für Geist sagt Anaxagoras[2022] auch Seele oder Vernunft. „Vernunft ist wie in den lebenden Wesen so auch in der Natur die Ursache aller Schönheit und aller Ordnung"[2023].

Der Geist führt die Ordnung im Kosmos herbei. Er ist der Grund von allem. Der Geist verfügt über die absolute Gewalt, ist mit nichts vermischt und ordnet die Dinge an, indem er durch sie hindurchgeht[2024] (wir denken sofort ans superflüssige Quantenvakuum). Der menschliche Geist und der universelle Geist kommen aus derselben Quelle: dem universellen Geist. So ist es möglich, daß wir das Universum verstehen, ist Wissenschaft möglich, meint Anaxagoras[2025]. Das nimmt heute auch das *anthropische Prinzip* an: Es besagt, der Mensch ist dem Universum angepaßt und das Universum dem Menschen angepaßt[2026].[2027]

Auch hier sind beseelte Dinge möglich.

DIOGENES VON APOLLONIA[2028] (um 499–428 v.Chr.) greift wiederum auf die Luft zurück, einen Äther. Er ist ewig und unvergänglich und durch ihn besteht alles. Das Interessante ist allerdings, für ihn besitzt dieser Äther (Nous) ein Denkvermögen. Und er ist gleichzeitig Gott, der überall hingelangt, alles ordnet und in allem enthalten ist. Es gibt kein Ding, das nicht an ihm teilhätte.

EMPEDOKLES[2029] (um 494–434 v.Chr.) – nach früherer Meinung eine Mischung aus Newton und Cagliostro[2030] – beschreibt die Nicht-Örtlichkeit Gottes wie eine perfekte Metapher für die Nichtörtlichkeit

---

[2021] Anaxagoras in Hrsg. Franz Josef Weber, *Fragmente der Vorsokratiker*, S. 188–190 (B 12). Er nennt den Geist (nus) das *Feinste*.

[2022] Anaxagoras bei Carl-Friedrich Geyer, *Die Vorsokratiker*, S. 126.

[2023] Plato im *Phaidon*.

[2024] Vgl. bei Carl-Friedrich Geyer, *Die Vorsokratiker*, S. 103.

[2025] Anaxagoras bei Constantin J. Vamvacas, *Die Geburt der Philosophie*, S. 288.

[2026] So zum Beispiel der Physiker Wheeler bei Constantin J. Vamvacas, *Die Geburt der Philosophie*, S. 289.

[2027] Vgl. Hrsg. Franz Josef Weber, *Fragmente der Vorsokratiker*, S. 190 (B 12) beziehungsweise Daniel W. Graham, *Explaining the Cosmos*, S. 200. Platos Sokrates kritisiert den Anaxagoras, nach ihm bedürfe es nur eines sozusagen teleologischen Anschuckens, Ursache und Wirkung vollbringen den Rest.

[2028] Vgl. Carl-Friedrich Geyer, *Die Vorsokratiker*, S. 129f.

[2029] Zu Empedokles: Constantin J. Vamvacas, *Die Geburt der Philosophie*, S. 234ff., 247ff., 253, 260, 268.

[2030] So etwa Ernest Renan.

des Quantenvakuums oder für das Hologramm der Realität: „Gott ist ein Kreis, dessen Zentrum überall und dessen Umfang nirgendwo ist"[2031].

Bei Empedokles ist der Mikrokosmos wie der Makrokosmos, sind der Mensch und das Universum gleich (eine holographische Welt).

Hochinteressant ist: bei Empedokles hat das Wahrnehmen etwas Körperliches! – Auch er trennt nicht Geist und Materie. – Jeder Körper sondert gewisse *Abflüsse* ab, die sich anderen Gegenständen einpassen. Und nur hierüber funktioniert bei ihm sinnliche Wahrnehmung[2032]. Alles hinterläßt also auf dem andern bei Empedokles einen Abglanz: und so trägt alles Spuren von allem, hat ein Gedächtnis, kann man aus Empedokles folgern!

Aus der Fülle von Informationen, von Abdrücken, selektieren wir bei Empedokles nach dem Prinzip: „Gleiches wird nur durch Gleiches" erkannt[2033]. (Nicht anders geschieht die Selektion im hier vertretenen Modell des Quantenvakuums, wir nennen es Resonanzkopplung: ähnliche beziehungsweise gleiche Schwingungen überlagern, verstärken sich. Im Schwingungsgleichklang werden Informationen übertragen, die wiederum alles steuern).

Visionär ist auch Empedokles Beschreibung von Licht: Licht ist bei ihm Körper. (Eine Vorwegnahme der Korpuskeltheorie). Und seine Unterscheidung von Materie und Kräften gilt noch heute, er war der erste, der auf diese Unterscheidung kam!

Bei Empedokles gibt es auch etwas wie ein explizites Quantenvakuum: den *Sphairos*, er ist ein im Raum ausgespanntes, homogenes Kraftfeld. Alles entsteht aus dem Sphairos. Er ist das Eine, kompakt, perfekt symmetrisch: „von allen Seiten sich selber gleich". Und nun kommt aber etwas ganz Überraschendes: Von der Liebe (Anziehung) wird er zusammengehalten. Die Liebe im Sphairos ist letztlich der hinter allem stehende Gott, unsichtbar, unaussprechlich, geistig, das Eine, er ist die Liebe per se. Das Eine, die Liebe ist praktisch ein hyperdichter Zustand absoluter Symmetrie und Einsamkeit. Dieser Zustand, dieses Göttliche wird allerdings unterbrochen, wenn die Kraft der Abstoßung eindringt, der Streit. Aus dem Streit entsteht die Spaltung in Vieles, die Trennung der Elemente, die uns umgebende Welt. Zwischen Liebe und Streit gibt es ein ständiges Hin und Her (das wäre das ständige Ein- und Wiederauftauchen von allem, was ist, ins und aus dem Quantenvakuum oder in

---

[2031] Empedokles bei Michael Talbot, *Das Holographische Universum*, S. 307.

[2032] **Eine malerische Umschreibung der elektromagnetischen Vorgänge beim Sehen und der Existenz von allem in diversen physikalischen Feldern.**

[2033] Zum Glück gibt es in der Physik auch noch die Möglichkeit des sich Einstellens auf Neues: Wellen, auch wenn sie unterschiedliche Frequenz oder Amplituden haben, können sich synchronisieren, kommunizieren, wenn beide zur gleichen Zeit ihren Gipfel oder ihr Tal erreichen.

und aus Qantenfeldern). Wird der Streit zu groß, kommt es zum endgültigen Zerfall des Universums, haben wir dann, nach Empedokles, das Stadium der „furchtbaren Unordnung und Disharmonie", bei dem „die Prinzipien aller Dinge unvermischt und lieblos (ohne die anziehende Liebe) und vereinzelt bleiben".

Lassen wir Empedokles selbst sprechen:

„Derselbe Kosmos entsteht und vergeht abwechselnd, und wenn er wieder entsteht, vergeht er wieder, und solche Abfolge ist ewig. Die Liebe und der Streit gelangen nacheinander zur Macht: Die Liebe (Anziehung) versammelt alles in Eines und vernichtet den Kosmos des Streites und bildet aus ihm den Sphairos, der Streit (Abstoßung) aber sondert wiederum die Elemente und bildet einen solchen Kosmos wie diesen." „Und dieser beständige Tauschwechsel hört nie auf: Bald vereinigt sich alles durch Liebe zu Einem, bald auch trennen sich wieder die einzelnen Stoffe im Hasse des Streites"[2034].

Bei DEMOKRIT[2035] (um 460–370 v.Chr.), dem letzten Vorsokratiker, und LEUKIPP, seinem Lehrer, den man schwer von ihm trennen kann, besteht die Welt aus Atomen[2036], unteilbaren Materiekernen und aus dem Nichts, der Leere. Sie bewegen sich in dieser Leere, schwingen seit jeher sehr schnell, vibrieren[2037].

Das Interessante ist nun, diese Atome sind bei ihm eher etwas Geistiges! Sie sind *ideale* Konstruktionselemente des *in Wahrheit* Seienden, also keine Dinge der Wahrnehmungswelt[2038]. Plutarch[2039] beschreibt Demokrits Atome als indifferente Substanzen, qualitätslos, unveränder-

---

[2034] Empedokles in Textfragment in Hrsg. H. Diels/W. Kranz, *Die Fragmente der Vorsokratiker*, 31 B 52 und 31/17,6–13.

[2035] Zu Demokrit: Carl-Friedrich Geyer, *Die Vorsokratiker*, S. 133–142. Constantin J. Vamvacas, *Die Geburt der Philosophie*, S. 293, 302f., 306, 314. Edgar Hunger, *Von Demokrit bis Heisenberg, Quellen und Betrachtungen zur naturwissenschaftlichen Erkenntnis*, Dritter Teil, S. 77f.

[2036] Die wichtigste Wiedergeburt der Atomtheorie Demokrits ereignet sich in der Chemie des 18. und 19. Jahrhunderts.

[2037] Aristoteles kritisiert, daß Demokrit nicht hinterfragt, wie es zu dieser ständigen Bewegung kommt. Daß nach Demokrit dem *Notwendigkeit* zugrunde liegt, genügt Aristoteles nicht, denn auch diese gibt es von jeher, ohne sonderliche Begründung. Zufall bedeutet bei Aristoteles nur, daß wir die Ursache nicht kennen.

[2038] Demokrit in Edgar Hunger, *Von Demokrit bis Heisenberg, Quellen und Betrachtungen zur naturwissenschaftlichen Erkenntnis*, Dritter Teil, S. 77f.
Sie sehen so aus, wie im Modell des Hologramms der Wirklichkeit alle Dinge aussehen: sie sind dort ebenfalls Ideen einer eigentlichen Welt, die projiziert werden und so eine abgeleitete Welt schaffen.

[2039] Plutarch in Edgar Hunger, *Von Demokrit bis Heisenberg, Quellen und Betrachtungen zur naturwissenschaftlichen Erkenntnis*, Dritter Teil, S. 82.

lich, sie sind Ideen (Formen, Bilder). Etwas konkret formuliert es Demokrit so: *„Atome haben weder Farbe, noch Geruch, noch Geschmack, weder
Kälte noch Hitze"*[2040]. Und ebenso interessant: Auch Seele und Geist
bestehen bei Demokrit aus Atomen[2041]. Alles hat also auch bei Demokrit
eine geistige Unterlage, ist beseelt.

Gleichzeitig gibt es hinter allem die Seele, die alles entstehen läßt und
alles steuert.

Und jetzt kommt das für unser Thema Fesselnde (das uns bei
Demokrit ungemein erfreut, auch wenn er Frauen gering schätzte und
Kinder zynisch behandelte[2042]): Demokrit nimmt an, daß Dingen Bilder
entströmen, diese Bilder existieren in der Luft, dringen in den Körper ein
und erregen den Geist. Was die Sinne erkennen, nennt Demokrit dunkle
Erkenntnis, was das Denken erkennt, wahre Erkenntnis. Die dunkle
Erkenntnis kann die Bilder wahrnehmen, die den Dingen entströmen. Die
Atomstruktur der Bilder sei unseren Sinnen verborgen, nur das Denken
kann sie erfahren. Diese Bilder bestehen also ebenfalls aus Atomen, diese
lösen sich von den Dingen ab und behalten dabei den Charakter der jeweiligen Sache!

Das ist eigentlich eine glatte Beschreibung des Lesens des Gedächtnisses von Gegenständen. Und tatsächlich erklärt Demokrit mit diesen
den Dingen entströmenden Bildern, die er übrigens auch *göttlich* nennt,
paranormale Phänomene wie Hellsehen, Präkognition (*„Die Bilder sagen
den Menschen die Zukunft voraus"*[2043]), Telepathie und sogar Psychokinese
(hier quasi als schwarze Magie: *„Welche Abbilder die neidischen Menschen
aussenden ... die sind erfüllt von der Schlechtigkeit und dem Neid der Aus-
sendenden. Indem diese Abbilder damit behaftet sind und bei den verhexten
Menschen bleiben und in ihrer Nähe sich einrichten, verwirren und beschä-
digen sie deren Körper und Verstand"*[2044]).

Auch Gedanken sind bei Demokrit solche herumfliegenden, abgelös-
ten Bilder, die letztlich aus Atomen bestehen! Die Luft sei voll solcher
Bilder!

Unser Modell ist fast dasselbe, nur gehen wir auf einen tieferen, subatomaren, Level und sehen diese Bilder (das Gedächtnis der Dinge) auf
subatomarem Niveau gespeichert.

[2040] Demokrit bei Lukrez in Edgar Hunger, *Von Demokrit bis Heisenberg, Quellen und
Betrachtungen zur naturwissenschaftlichen Erkenntnis*, Dritter Teil, S. 85.

[2041] Vgl. Constantin J. Vamvacas, *Die Geburt der Philosophie*, S. 314.

[2042] Vgl. Constantin J. Vamvacas, *Die Geburt der Philosophie*, S. 326.

[2043] Demokrit: Textfragment in Hrsg. H. Diels/W. Kranz, *Die Fragmente der Vorsokratiker*, 68 B 166.

[2044] Demokrit wiedergegeben durch Aristoteles, Textfragment in Hrsg. H. Diels/W.
Kranz, *Die Fragmente der Vorsokratiker*, 68 A 77.

Um in die Sphären, die jenseits unserer Sinne liegen, besser vorzu-
dringen, soll Demokrit sich geblendet haben, indem er in das gleißende
helle Licht blickte, das ein von ihm in die Sonne gestellter Kupferschild
reflektierte: so war sein Geist von den Verlockungen des Sehens
befreit[2045].

PLATO[2046] (um 428–348 v.Chr.) wird bei seiner Ideenlehre stark von
Parmenides beeinflußt (und auch hier und da von Demokrit, den er aber
nie erwähnt: er soll sogar den Wunsch geäußert haben, alle Werke Domo-
krits seien zu verbrennen)[2047]. Man nimmt an, daß sein *Timaios*, der Dialog, der die Natur und ihr Verhältnis zum Menschen behandelt, Parmenides zum Ausgangspunkt hat (auch wenn Plato den Parmenides als teils
unverständlich hinstellt ...).

Die Dinge, die wir um uns sehen, sind bei Plato nur Abbilder von
Ideen. Die Idee ist das eigentliche Sein, das Vorbild. Das Reich der Ideen
ist ein Gleichnis des potentiellen Seins von allem in einem Bereich der
Ewigkeit, jenseits der Zeit. Und: die Idee ist bei Plato perfekt, vollkommen[2048]. In seinem *Höhlengleichnis* erklärt er dies plastisch[2049].

Im Timaios[2050] spricht Plato auch an, wie nun alles entsteht (wer oder
was nun die Bewegerin des Ideenreichs ist): *„Worin entsteht etwas"* lautet
Platons Frage. Seine Antwort ist: *„Dies muß eine Kraft (dynamis) sein, die*
„allen Werdens bergender Hort sei wie eine Amme" (Timaios 49 a). ... Es ist
„ein unsichtbares, gestaltloses, allaufnehmendes Gebilde, das auf eine irgend-

---

[2045] Vgl. Constantin J. Vamvacas, *Die Geburt der Philosophie*, S. 293.

[2046] Platos *Timaios* bei Constantin J. Vamvacas, *Die Geburt der Philosophie*, S. 225–
227. Auszug von Platos *Timaios* in Edgar Hunger, *Von Demokrit bis Heisenberg,*
Quellen und Betrachtungen zur naturwissenschaftlichen Erkenntnis, Erster Teil,
S. 78f.

[2047] Wahrscheinlich scheint uns, daß Demokrits Annahme, die Atome sind *ideale*
Konstruktionselemente des *in Wahrheit* Seienden, seine Ideenlehre maßgeblich
beeinflußt hat. Aus Parmenides: das Sein sei ewig und unveränderlich, seine Produkte, das Seiende, die für uns erfahrbare Welt, veränderlich und vergänglich,
konnte man eher nur indirekt schließen, die für uns erfahrbare Welt sei nicht das
Wahre, das Echte, sei vielmehr eine Illusion, reine Erscheinung.

[2048] Das spräche für ihre Göttlichkeit.

[2049] **Platons Höhlengleichnis:** Dort sitzen Menschen in einer Höhle und schauen
immer nur auf eine Wand, auf die das Universum von außen projiziert wird. Sie
betrachten Schattenbilder und halten sie für die Realität. In Wirklichkeit ist die
Realität hinter uns. Hinter uns ist das Licht, sind die archetypischen, die idealen
Formen, deren bloße Schatten an die Wand geworfen werden. Die Dinge sind also
nicht das, was sie zu sein scheinen, sondern leben aus einer Ebene hinter ihnen, im
Höhlengleichnis sind sie (interessanterweise) Projektionen des Lichts (wir denken
sofort ans Hologramm der Wirklichkeit).

[2050] Der Timaios enthält eine Geschichte, einen Mythos über die Erschaffung der
Welt.

wie höchst unerklärliche Weise am Denkbaren teilnimmt und äußerst schwierig zu erfassen ist" (Timaios, 49 a, 51a). Es ermöglicht alles Gewordene und ist doch nicht damit identisch, ist vor den auseinandergetretenen Elementen und Dingen, also vor der Welt. Diese Amme des Werdens ist von ungerichteten Kräften durchzogen, ein mächtiges, vibrierendes Hin und Her, ein Pulsieren von Kraft, eine objektlose und eigenschaftslose Erschütterung, ohne die nichts wird. (Und auch hier sind wir wieder bei unserem Modell des Quantenvakuums, es wäre Platos Amme des Werdens.)

ARISTOTELES (384–322 v.Chr.)

Es gibt einen wesentlichen Unterschied zwischen Plato und Aristoteles:

Nach Plato sind die Formen der Welt der Sinneserfahrung unvollkommene Spiegelbilder transzendenter, archetypischer Formen oder *Ideen*. Alles, was wir um uns herum erfahren und sehen ist also ein reiner Abklatsch von etwas Geistigem, von Ideen. Diese sind die eigentliche Realität.

Aristoteles glaubte nicht an solche Ideen, und schon gar nicht daran, daß diese eine *reale* Existenz haben. Die Dinge haben bei ihm kein transzendentes Sein, ihre Form etwa sei eher immanent als transzendent[2051]. Für Aristoteles zählte das Anschauliche[2052]. Materie besteht bei ihm nicht aus winzigen nicht sichtbaren einzelnen diskreten Atomen, und auch nicht aus abstrakten Zahlen, wie bei den Pythagoräern, sondern ist kontinuierlich[2053].

Interessant ist nun aber, daß er annimmt, die Materie, die Dinge, befänden sich zuerst in einem Zustand der *Möglichkeit* des Seienden (auch hier sind wir wieder bei unserem Modell des Quantenvakuums, bei der Wellennatur der Materie). Aus diesem Zustand der Möglichkeit streben sie erst durch eine innere Kraft in ein *wirklich* Seiendes. Gerade diese hochinteressante, im Licht der modernen Physik visionäre, Idee des Aristoteles wurde kaum rezipiert später.

Aristoteles trennte ferner das Denken vom Sein. Das Denken war nur noch ein Ort des Urteils über *Wahrheit* und *Unwahrheit*. Es war nicht im Sein, in den Dingen. (Dies wurde rezipiert).

Hier könnte man nicht von beseelter Materie, von beseelten Dingen sprechen.

[2051] Vgl. Karl-Heinz Göttert, *Magie*, S. 17.

[2052] So der Physiker Herbert Pietschmann über Aristoteles bei Constantin J. Vamvacas, *Die Geburt der Philosophie*, S. 196.

[2053] Vgl. bei Constantin J. Vamvacas, *Die Geburt der Philosophie*, S. 339.

In der späten Geistlehre ist dann bei Aristoteles[2054] die Natur aber dennoch beseelt. Die Welt und alle Lebewesen werden dort bei ihm von einer nichtmateriellen Seele oder Psyche organisiert. (Das rezipierte man wiederum nicht).

Das platonische und das aristotelische System herrschten in den folgenden zwei Jahrtausenden in der europäischen Geisteswelt abwechselnd vor[2055].

Aristoteliker sahen die Welt nicht als beseelt an und lokalisierten Gott außerhalb von ihr. Die Rezeption wirkte entstellend: der Aristotelismus führte zu einer naiven anthropomorphen Sicht.

Platoniker gingen von einer beseelten Welt aus und einem Göttlichen *in* den Dingen.

Der Platonismus paßt in der Rezeption eher zur modernen Physik und unserer Annahme des Gedächtnisses von Gegenständen.

Die Kirche bevorzugte den Aristotelismus, insbesondere die Scholastik des Mittelalters. Erst als der Aristotelismus in den Irrtum verfiel, die Mathematik von der Physik abzusondern und die Physik in den Bereich der Theologie einordnete, gab die herrschende Meinung ihn im 17. Jahrhundert auf. Der pythagoreische Geist lebte wieder auf, und in der Folge machten die Naturwissenschaften einen Sprung, formulierten Leute wie Kepler, Galilei, Descartes, Newton mit Hilfe der Mathematik physikalische Gesetze. Heute wäre eine Annäherung von Physik und Theologie allerdings wieder denkbarer.

Zusammenfassung:

Von den Vorsokratikern ging eine potente Revolution des Denkens aus. Die Welt wird nicht mehr von anthropomorphen unberechenbaren Göttern bestimmt, sondern von physikalischen einheitlichen Prinzipien, die rational erfaßt werden können. *Dahinter* steckt allerdings ein intelligenter göttlicher Urstoff, der ewig ist und die Kraft zur Evolution beinhaltet. Er ist in allem. Und so ist alles belebt, beseelt, göttlich, die gesamte Welt, auch die Dinge, sind bei den Vorsokratikern intelligent belebt, von (göttlichem) Bewußtsein durchwirkt. Materie und Geist sind hier also nicht getrennt. Wir haben eine holistische Weltsicht: Natur und Mensch, Mikrokosmos und Makrokosmos, anorganische Materie und Lebewesen, alles ist sozusagen vom selben Geist, und ist auf der Ebene

---

[2054] Hermann Schmitz, *Der Ursprung des Gegenstands*, S. 387f.

[2055] Der Neuplatonismus bis zum 12. Jh. n.Chr., vom 12. bis zum 16. Jh. der Aristotelismus, mit Ausnahme des fortschrittlichen Renaissance-Italiens. Nach Bertrand Russell oder Alfred North Whitehead, vgl. bei Constantin J. Vamvacas, *Die Geburt der Philosophie*, S. 119, 351f., unterbanden diese Systeme jede wissenschaftliche Forschung und experimentelle Messung.

des Urstoffs, des Göttlichen, des Nous, des Sphairos, gänzlich ineinander verwoben, eine Einheit.[2056]

Die Überlegungen der Vorsokratiker legten den Grundstein zu den modernen Naturwissenschaften[2057]. Lange Zeit galten dennoch viele ihrer Annahmen als dunkel, als unverständlich. Im Licht der modernen Physik gewinnen sie auf einmal Klarheit. Wir haben bei den Vorsokratikern perfekte und hochpoetische Metaphern für das seltsame Verhalten von Quanten und für ein bestimmtes Modell des Quantenvakuums und für das Hologramm der Realität.

In diesem, sozusagen vorsokratischen, Modell des Quantenvakuums (und vorsokratischen Hologramm der Realität) ist auch unser Gedächtnis von Gegenständen zuhause.

Bei Demokrit finden wir sogar explizit unser Gedächtnis von Gegenständen. Er spricht von *Bildern in der Luft*, die den Dingen entströmen.

Im römischen Denken hat sich das griechische fortgesetzt:

„Die Welt ist ein einziges lebendiges Wesen, ein Weltstoff und eine Weltseele. In dieses Weltbewußtsein wird alles aufgenommen, so wie aus ihm alles hervorgeht, so jedoch, daß von den Einzelwesen eines des anderen Miturache ist und auch sonst die innigste Verknüpfung unter ihnen stattfindet", sagt Marc Aurel[2058].

Exkurs: Neuplatonismus

Neuplatonismus ist eine Sammelbezeichnung für die philosophischen und religiösen Lehren einer heterogenen Schule spekulativer Denker des 3. bis 6. Jahrhunderts n.Chr., die an Platon, insbesondere an seine Ideenlehre, anknüpfte.

In seiner weiteren Bedeutung wird der Begriff auf ähnliche metaphysische Theorien angewandt, die sich im Mittelalter, in der Renaissance und der Moderne entwickelten.

Interessant ist der Neuplatonismus für uns deshalb, weil er, wie Deutungen der Quantenphysik, am Grund der Materie Geist annimmt. Geist, der alles durchwirkt und hervorbringt. Der Neuplatonismus ist pantheistisch und mit unserem Gedächtnis von Gegenständen kompatibel.

Bringt man den frühen Neuplatonismus auf einen Nenner, sieht er in etwa so aus: Alles geht hier von einem unendlichen, unerkennbaren, voll-

---

[2056] Vgl. Constantin J. Vamvacas, *Die Geburt der Philosophie*, S. 83f., 353.

[2057] Nicht nur zur Physik, auch zur Chemie: vgl. Daniel W. Graham, *Explaining the Cosmos*, insbesondere Anaxagoras und Empedocles dort: S. 197, 199, 300, 217f., 229f., 294f., 304.

[2058] Marc Aurel bei Robert B. Laughlin, *Abschied von der Weltformel*, S. 300.

kommenen Ur-Einen aus, von einem höchsten Geist (*Nous*). Dieser Geist bringt auch eine Weltseele hervor, aus der wiederum die niedrigeren Seelen der Menschen entstehen. Die Weltseele stellt die Verbindung zwischen dem *Nous*, dem höchsten Geist, und der materiellen Welt dar. Sie hat die Wahl, ob sie ihre Vollkommenheit erhalten will oder ob sie völlig sinnlich und verderbt werden soll. Die niedrigeren Seelen haben die gleiche Wahl, ins Sinnliche absinken oder bei der geistigen Vollkommenheit verweilen. Jede niedrige Seele kann ihren vollkommenen geistigen Ursprung mystisch ekstatisch erfahren.

Im 3. Jahrhundert n.Chr. ist der prominenteste Vertreter des Neuplatonismus der römische Philosoph Plotin[2059]. Für Plotin, der dem Christentum kritisch gegenüberstand, liegt das Göttliche nicht nur jenseits der Personalität und Wesenheit, sondern selbst *jenseits des Seins* (*epekeina tês ousias*), *jenseits des Geistes* (*epekeina nou*) und damit auch jenseits des Denkens[2060]. Plotin lehrte – als einer der ersten in dieser Ausdrücklichkeit –, daß die Seele auch die Materie erst *hervorbringt* und deutete so die Weltschöpfung als die zeitlose Hervorbringung der gesamten erscheinenden Welt durch die Seele oder den Geist[2061]. – Pikanterweise wurde Plotins Neuplatonismus bis zur Aristoteles-Rezeption im Hochmittelalter die Standard-Philosophie der Theologen[2062].

Der Neuplatonismus wurde häufig als philosophische Grundlage zur Verteidigung des Heidentums gegen das Christentum herangezogen. Die neuplatonischen Schulen von Athen und Alexandria galten zum Beispiel bis ins 6. Jahrhundert als Reservate des Heidentums, was einen Hauptgrund für die Schließung der athenischen Schule durch den oströmischen christlichen Kaiser Justinian darstellte.

Dennoch vertraten auch Kirchenväter den Neuplatonismus. Askese und Jenseitigkeit, wie sie von der neuplatonischen Lehre gefordert wurden, machten den Neuplatonismus auch für sie interessant. Augustinus (354–430 n.Chr.) bekannte in seinen *Confessiones* den tiefen Einfluß, den diese Lehren auf sein eigenes religiöses Denken hatten. Es bildete sich um 500 ein pointierter *christlicher Neuplatonismus* heraus, als wichtigster Vertreter galt der Mystiker Dionysius Areopagita.

Der deutsche römisch katholische spekulative Philosoph Nikolaus von Kues (1401–1464) war ebenso ein Fan des Neuplatonismus, er fand die neuplatonische Doktrin hatte recht, wenn sie annahm, daß die Seele in einem Zustand der Ekstase die Macht habe, alle endlichen Grenzen zu überwinden.

[2059] Sein Hauptwerk, die *Enneaden*, enthalten eine umfassende Darstellung der neuplatonischen Metaphysik.
[2060] Jens Halfwassen, *Plotin und der Neuplatonismus*, S. 12.
[2061] Jens Halfwassen, *Plotin und der Neuplatonismus*, S. 112.
[2062] Vgl. Karl-Heinz Göttert, *Magie*, S. 90.

In der italienischen Renaissance erlebte der Neuplatonismus unter den Medici eine Hoch-Zeit mit humanistischen Gelehrten wie Marsilio Ficino (1433–1499) und Pico della Mirandola (1463–1494). In der Renaissance scheute man sich nicht, Heidnisches als Vorläufer christlicher Lehren einzureihen[2063]. Zuweilen geriet man in Konflikt mit der Kirche, wie Marsilio Ficino (der übrigens Plotin übersetzte), dessen drittes Buch zu einer offiziellen Anklage beim Papst führte[2064]. Der Erzbischof von Florenz spielte hier den Beschützer, und Schlimmeres konnte verhindert werden, insoweit die Medici selbst Päpste stellten. Pico war ebenfalls inhaftiert worden, weil er Thesen der Kabbala rezipierte[2065].

Im 17. Jahrhundert wies die Cambridger Schule starke Ähnlichkeiten mit den neuplatonischen Philosophen auf. Viele der Denker und Schriftsteller des 19. und 20. Jahrhunderts sind vom Neuplatonismus beeinflußt worden, darunter mehrere der wichtigsten britischen romantischen Dichter, zum Beispiel William Wordsworth, John Keats und Percy Bysshe Shelley.

Der *monistische Idealismus* gehört auch hierher, etwa der deutsche Idealismus (ca. 1781–1831. Kant, Fichte, Hegel, Schelling)[2066] oder Baruch de Spinoza[2067] (1632–1677) oder George Berkeley (1685–1753) usw. Ganz grob gesagt unterliegt hiernach allem Geist, und in extremis[2068] sind nur geistige Vorgänge real. Der monistische Idealismus[2069] erkennt im Bewußtsein, im Geist, nicht in der Materie, die Grundlage allen Seins, und dies mono: nur in diesem einen. Und zwar geht der Idealismus neben den materiellen und geistigen Phänomenen von einer transzendenten, archetypischen (geistigen) Ideenwelt aus, aus der die materiellen und geistigen Phänomene hervorgehen. Jeder erinnert sich an Platons *Höhlengleichnis*: Dort sitzen Menschen in einer Höhle und schauen immer nur auf eine Wand, auf die das Universum von außen projiziert wird. Sie betrachten

---

[2063] So verehrte man auch Hermes Trismegistos als Überbringer ägyptischer Weisheit an das Christentum: wenn man den Dom von Siena betritt, findet man als erstes jener großartigen Marmorbilder im Fußboden das des Hermes Trismegistos. Vgl. Vgl. Karl-Heinz Göttert, *Magie*, S. 20. Hermes Trismegistos gilt als Verfasser der *hermetischen Schriften* aus dem 2.–3. Jh. n.Chr., einer mystischen Geheimlehre, beeinflußt von ägyptischen und orphischen Mysterien und neuplatonischem Gedankengut.

[2064] Vgl. Karl-Heinz Göttert, *Magie*, S. 153.

[2065] Vgl. Karl-Heinz Göttert, *Magie*, S. 160.

[2066] Die Hauptmerkmale des **Deutschen Idealismus** sind die Behauptung der Existenz geistiger Entitäten (Wesenheiten), die Annahme einer von den Vorstellungen denkender Subjekte nicht unabhängig existierenden Außenwelt und die Überzeugung von der Begründbarkeit des menschlichen Handelns aus Vernunftprinzipien.

[2067] Bei Spinoza unterliegt allem Gott.

[2068] Solipsismus.

[2069] Vgl. hierzu etwa Amit Goswami, *Das Bewußte Universum*, S. 74–76.

Schattenbilder und halten sie für die Realität. In Wirklichkeit ist die Realität hinter uns. Hinter uns ist das Licht, sind die archetypischen Formen[2070], deren bloße Schatten an die Wand geworfen werden. Die Dinge sind also nicht das, was sie zu sein scheinen, sondern leben aus einer Ebene hinter ihnen, im Höhlengleichnis sind sie (interessanterweise) Projektionen des Lichts (wir denken sofort ans Hologramm der Wirklichkeit). Im monistischen Idealismus sind sie Schöpfungen einer transzendenten geistigen Ebene, eines transzendenten Bewußtseins (und auch hier denken wir wieder ans Hologramm der Wirklichkeit und seine Interpretation). Der monistische Idealismus steht im Gegensatz zum materialistischen Realismus. Beim materialistischen Realismus gilt das Supermarkt-Motto: what you see is what you get. Alles ist das, was es zu sein scheint.

Das Weltmodell des Animismus, Vitalismus als Grundlage eines Gedächtnisses von Gegenständen

Animismus meint, daß alle Dinge und Lebewesen wie die Welt als Ganzes von unsichtbaren *Kräften* erfüllt sind. Der Animismus anerkennt die lebendigen Geister und Seelen der ganzen Natur[2071] und noch mehr. Alles lebt bei ihm. Auch ein *toter* Gegenstand.

Solches nahmen auch die antike griechische Naturphilosophie und der Neuplatonismus an.

Die alles belebenden Kräfte können unpersönlich sein. Ein primitiverer Animismus nimmt allerdings auch anthropomorphe oder zoomorphe Kräfte in allem an.[2072]

Gerade in vielen *zeitlich weit zurückliegenden* Gesellschaften sah man die Dinge selbstverständlich als lebendig, als animiert an, so, als hätten sie Lebenssubstanz, aus der heraus sie agieren könnten, so, als könnten sie womöglich Macht über uns gewinnen.

Weltgeschichtlich gesehen ist es eine späte Errungenschaft, die Dinge als still und stumm da verharrend zu sehen, wo sie sind oder abgelegt wurden, wartend auf ihre Handhabung. Beziehungsweise wie Heidegger[2073] es sagt, auf ihr potentielles „Zuhandensein".[2074]

2070 Die realen Modelle, die eigentliche Realität.
2071 Rupert Sheldrake, Terence McKenna, Ralph Abraham, *Denken am Rande des Undenkbaren*, S. 198.
2072 Hartmut Böhme, *Fetischismus und Kultur*, S. 232f.
2073 Vgl. bei Hartmut Böhme, *Fetischismus und Kultur*, S. 44.
2074 Hartmut Böhme, *Fetischismus und Kultur*, S. 43f.

Auch *in uns zeitlich näheren,* so bezeichneten *vorzivilisatorischen* Gesellschaften, wie bei den Indianer Nordamerikas[2075], finden wir animistische Vorstellungen. Dort war etwa alles durchdrungen von einer geheimnisvollen Kraft, *Wakanda.* Und durch Wakanda war auch alles mit allem verbunden.

Und heute noch haben wir animistische Vorstellungen bei sogenannten Primitiven (etwa bei zahlreichen nordbrasilianischen, malaiischen, afrikanischen Stämmen, wie etwa den Maori)[2076]: Bei diesen gibt es nichts, was tot, bewegungslos oder ohne Leben wäre. Alle Lebewesen und auch alle Objekte, einschließlich anorganischer, oder von Menschenhand hergestellter, sind fähig verschiedenste Wirkungen auszuüben und auch zu erleiden.

Man kann den Animismus in einem gewissen Gegensatz zum Humanismus sehen, der den Menschen für das Maß aller Dinge ausgibt[2077].

Der wichtigere Gegenpart des Animismus (wie für den Neoplatonismus) ist allerdings die **mechanistische Naturtheorie beziehungsweise der realistische Materialismus.** Für diese beiden ist die Natur nichts weiter als eine unbelebte Maschine[2078]. Der realistische Materialismus geht mit der naturwissenschaftlichen Revolution des 17. Jahrhunderts einher[2079], und die meisten Wissenschaftler glauben heute noch an dieses Weltbild[2080].

In der animistischen (neuplatonischen) Wissenschaft des Mittelalters und der Renaissance[2081] war es noch so, daß Organismen sich zu einem in ihnen selbst liegenden Ziel hin entwickelten, man sah sie und die Welt als beseelt an[2082]. Man rekurrierte auf die antike griechische Naturphilosophie, die ebenfalls hochgradig animistisch war, die Natur galt als lebendig, beseelt[2083]. Wissenschaftler wie Newton oder Descartes verbannten dann das Leben aus der materiellen Welt. Descartes glaubte, alles im Universum funktioniere mechanisch. Pflanzen, Tiere, Menschen seien quasi mechanistische Automaten; die *rationale* Seele behielt nur eine winzige Domäne, in der Zirbeldrüse (das war sozusagen der Geist in der Maschine)[2084].

[2075] Vgl. Alice Fletcher bei Lucien Lévy-Bruhl, *Das Gesetz der Teilhabe* in *Magie und Religion,* S. 25.

[2076] Lucien Lévy-Bruhl, *Das Gesetz der Teilhabe* in *Magie und Religion,* S. 22f.

[2077] Rupert Sheldrake, Terence McKenna, Ralph Abraham, *Denken am Rande des Undenkbaren,* S. 197f.

[2078] Rupert Sheldrake, *Die Wiedergeburt der Natur,* S. 17.

[2079] Rupert Sheldrake, *Die Wiedergeburt der Natur,* S. 95.

[2080] Vgl. Amit Goswami, *Das Bewußte Universum,* S. 38.
Oder vgl. Rupert Sheldrake, *Der Siebte Sinn,* S. 52f.

[2081] Rupert Sheldrake, *Die Wiedergeburt der Natur,* S. 110.

[2082] Rupert Sheldrake, *Die Wiedergeburt der Natur,* S. 110.

[2083] Rupert Sheldrake, *Die Wiedergeburt der Natur,* S. 57.

[2084] Rupert Sheldrake, *Die Wiedergeburt der Natur,* S. 61f.

Newton beschrieb das gesamte Universum, eingeschlossen der winzigsten Materiepartikel, als Maschine[2085].

Es gibt auch eine charakteristische Haltung des materiellen Realismus zum Geist beziehungsweise Bewußtsein: Geist und Bewußtsein ergeben sich hier aus dem Gehirn, sind lediglich ein Sekundärphänomen sozusagen der *Hardware* Gehirn. Der Geist eines Dings ist hier unmöglich, da ein Ding kein Gehirn hat. Ein separater Geist existiert nicht. Und so gibt es auch kein Gedächtnis außerhalb des Gehirns und also kein Gedächtnis von Gegenständen. Im Animismus können wir uns hingegen eine geistige Ebene hinter den Dingen vorstellen, auch einen vom Gehirn separaten Geist, und so auch ein Gedächtnis von Dingen.

Der materielle Realismus hat sich mit der Quantenphysik eigentlich als überholt erwiesen. Kleinste Teilchen bekamen etwas Geisthaftes. Die Physik hat das mechanistische Weltbild seit längerem überwunden, dennoch klebt die Mehrheit noch am materiellen Realismus[2086], sieht grob gesagt die Natur um uns oder Gegenstände sozusagen als entgegenstehend, als von unserem Bewußtsein und Bewußtsein überhaupt getrennt. (Diese Sicht funktioniert eben in der Praxis der großen Dinge ganz gut, auch wenn sie ein Konstrukt zu sein scheint.)

Dabei hat der realistische Materialismus sehr negativ gewirkt:

Gerade die entseelte, maschinenhafte Natur hat zur verheerenden Idee der völligen technischen Beherrschbarkeit der Natur geführt. Francis Bacon kann hier als einer der größten Propheten der Naturunterwerfung gelten. In seinem Werk *Neu-Atlantis* (Originalausgabe 1624) beschreibt er ein technokratisches Utopia zur Beherrschung der Natur. Diese technokratische naturwissenschaftliche Revolution entwickelte sich ausgerechnet in einem Klima von Alchemie, Magie, Mystik und Hexenwahn, sie war eine Gegenreaktion hierzu. Inbegriff dieser Suche nach quasi übermenschlicher Macht war die Gestalt des *Doctor Faustus*. Das erste Faustbuch erschien 1587 in Deutschland, hundert Jahre vor Newtons *Principia*. Und man kann sagen, Faust bestimmt bis heute noch die Naturwissenschaften.

Der Witz ist: diejenigen, die realistische Materialisten sind, setzen häufig gleichzeitig das Gegenteil des realistischen Materialismus voraus, ohne das zuzugeben. Die meisten realistisch materialistisch denkenden Mathematiker und Physiker etwa stellen sich widersinnigerweise mathe-

---

[2085] Vgl. zum Beispiel Amit Goswami, *Das Bewußte Universum*, S. 35ff. oder Douglas M. Stokes, *Parapsychology and the Natur of Mind* in *New Frontiers of Human Science*, S. 47: "As the mathematician Laplace put it, a Divine Calculator who knew the position and velocity of every material and particle in the universe could deduce the entire history and future of the universe down to the smallest detail. ... The soul had no place in the theory of physics developed by Newton."

[2086] Amit Goswami, *Das Bewußte Universum*, S. 38. Nach Goswami: S. 81 sind die idealistische Philosophie und die empirischen Erkenntnisse der Mystiker für die Physik der geeignete philosophische Hintergrund.

matische Formeln praktisch als Ideen im Geist eines mathematischen Gottes vor oder glauben zumindest an ein transzendentes mentales Reich mathematischer Ideen jenseits der normalen Welt von Raum und Zeit[2087]. Damit läge allem (Materiellen) wieder (alles läßt sich berechnen) Geist zugrunde.

Oder, daß der Geist irgendwelche Abdrücke in der Materie hinterläßt, davon gehen auch die vielen realistisch materialistisch orientierten Gehirnforscher und Psychologen widersinnigerweise aus: Für den Materialisten ist Erinnerung ja nichts anderes als irgendeine Registrierung in den Gehirnzellen, wäre also in Materie eingeprägter Geist[2088]. So etwas dürfte es bei einer Trennung von Geist und Materie auch nicht geben.

In aller Allgemeinheit: Das metaphysische Modell

Sagt man, paranormale Phänomene wie Psychometrie seien nicht mit der traditionellen Physik zu erklären, kann man sie auch ins Reich der *Metaphysik* verweisen.

Wir können hier nur ganz oberflächlich skizzieren, was Metaphysik ist, da sie einen riesigen Bereich der Philosophie umfaßt. Sie ist eine Grunddisziplin der Philosophie. Das Spezielle an ihr ist nun: sie möchte Erkenntnisse gerade auch außerhalb der Grenzen der sinnlichen Erfahrung formulieren. – Deswegen wurde sie vielfach auch kritisiert. – So werden auch Themen relevant wie die Existenz eines Gottes. Gegenstand der Metaphysik ist ganz allgemein die Erkenntnis der Grundstruktur und Prinzipien der Wirklichkeit. Warum ist überhaupt Seiendes und nicht vielmehr Nichts? Worin besteht die Wirklichkeit des Wirklichen – was ist das Sein des Seienden? Und dabei scheut man sich also nicht, auch auf einen unempirischen Bereich, auf die Transzendenz zu rekurrieren.

Nicht verwunderlich, daß im Mittelalter die Metaphysik als die „Königin der Wissenschaften" galt (Thomas von Aquin).

Aristoteles hat sie, als erster, als eigenständige Disziplin sozusagen erfunden. Seit ihm beschäftigt sie sich nicht mit irgendwelchen banalen Einzelfragen der Wirklichkeit, sondern mit dem Grundsätzlichsten, mit der Wirklichkeit des Seienden schlechthin, also mit der Wirklichkeit der Wirklichkeit.

[2087] Vgl. etwa Amit Goswami, *Das Bewußte Universum*, S. 38 und Rupert Sheldrake, *Der Siebte Sinn*, S. 52f., der hier als Beispiel Roger Penrose, den bekannten Oxford Mathematiker nennt.

[2088] Das wirft Upton Sinclair auf in *Radar der Psyche*, S. 161. Diese Unzulänglichkeit des materialistischen Dogmas erörtert eingehend Rudolf Tischner in *Telepathie und Hellsehen*.

Das tut heute auch die Physik, die ihr in gewissem Sinn heute den Rang abgelaufen hat.

Arthur Schopenhauer[2089] etwa erklärte paranormale Phänomene mit Metaphysik: Hellsehen oder Psychometrie, bei denen in Vergangenheit und Zukunft und weit räumlich Entferntes „gesehen" wird, sind nach ihm weder psychisch noch physisch (physikalisch) zu erklären. Man befindet sich hier in einem raumlosen, zeitlosen Bereich, den er *metaphysisch* nennt, in dem auch sein transzendenter *Wille* wirkt, der hinter allen Erscheinungen steht, als eigentliche Realität, Realität an sich.

Da auch die Physik heute einen Bereich jenseits von Raum und Zeit kennt, würde Schopenhauer die paranormalen Phänomene heute wohl physikalisch erklären.

Bei Schopenhauer und auch bei Kant[2090] sieht in der Tat der metaphysische Bereich aus wie das Quantenvakuum in unserem Modell. Schopenhauers transzendenter *Wille* und Kants *Ding an sich* sind dort lokalisiert. Schopenhauer hielt die objektive Welt *für ein bloßes Gehirnphänomen!* Hinter allen Erscheinungen stecke letztlich etwas Raumloses, Zeitloses, für ihn: ein transzendenter *Wille*. Kant habe das bereits mit seinem *Ding an sich* gemeint: Raum und Zeit sind bei Kant nur ideale Kategorien, das allein Reale ist *das Ding an sich*, es ist frei von Zeit und Raum, diesen puren Formen des Intellekts, es kennt den Unterschied von Nähe und Ferne nicht, von Gegenwart, Vergangenheit und Zukunft.

Magische Weltmodelle, Okkultismus

Der *alte* Okkultismus hat in unterschiedlichsten Schriften seriöser Gelehrter ein ganzes Set von Prinzipien durch die Jahrhunderte hindurch entwickelt. Sie erklären unter anderem Psychometrie. Und sie haben interessanterweise einiges mit der modernen Physik gemein.

Der Okkultismus beschäftigt sich mit dem *Verborgenen*[2091]. Innerhalb sozusagen des Verborgenen wählt er einen engen Kreis von Phänomenen aus (es geht also nicht um das Verborgene schlechthin). Man kann von okkulten Wissenschaften sprechen: diese wären Magie, Alchemie und

---

[2089] Vgl. zum Beispiel bei Hans Bender, *Versteckte Wirklichkeit*, S. 163. Vgl. auch Schopenhauer bei Hans Bender, *Verborgene Wirklichkeit*, S. 169: Alle paranormalen Fähigkeiten seien „Zweige eines Stammes, und geben sichere, unabweisbare Anzeige von einem Nexus der Wesen, der *auf einer ganz anderen Ordnung der Dinge beruht, als die Natur ist, als welche zu ihrer Basis die Gesetze des Raumes, der Zeit und der Kausalität hat*, während jene andere Ordnung eine tieferliegende, ursprünglichere, unmittelbarere ist."

[2090] Vgl. bei Hans Bender, *Versteckte Wirklichkeit*, S. 166.

[2091] So die Definition im *Kleinen Lexikon der Parawissenschaften*, S. 106.

Astrologie. Unter anderem geht es im Okkultismus um Phänomene wie Psychokinese, Prophetie, Telepathie, Materialisationen, Levitation, Geisterglauben. Womit sich früher der Okkultismus beschäftigte, beschäftigt sich heute die Parapsychologie. Die Parapsychologie untersucht diese Phänomene aber nur wissenschaftlich. Dem Okkultismus ging (geht) es auch darum, sie *auszuüben*. Ein wesentlicher Unterschied.

Magie und das Gedächtnis der Gegenstände[2092]

Gehen wir zuerst auf die Magie ein. Der Magie liegt eine Vorstellung der Wirklichkeit zugrunde, in die unser Gedächtnis der Dinge paßt.

Magie ist womöglich älter als religiöse Kulte. Sie geht (wie der Animismus und die antike griechische Naturphilosophie) von *Kräften in Dingen* und Menschen aus im Gegensatz zum Kultus, der nur *beseelte Wesen* voraussetzt. *Die Abgrenzung der Magie zum Kultus beziehungsweise zur Religion*[2093] sagt viel: Magie besteht in Operationen zu dem Zweck, sozusagen egoistisch geartete Wünsche, deren Erfüllung in bestimmten Riten selbstbewußt gefordert wird, durchzusetzen. Der Magier glaubt an die übernatürliche Wirksamkeit seiner Mittel, er muß nicht erst eine übergeordnete Instanz um Hilfe bitten. Der religiöse Mensch steht dazu in direktem Gegensatz: er unterwirft sich einer ehrfürchtig verehrten Instanz. Religion ist die ehrfurchtsvolle Anerkennung einer höheren Macht, mit der man durch Unterordnung eine persönliche Berührung sucht, die das Individuum wiederum emporhebt. Zur Religion kommt das ethische Moment, zur Magie nicht. Im Gegensatz zu religiösen Riten, die öffentlich, lokalisiert, regelmäßig, obligatorisch und bestimmt sind, sind die magischen Riten geheim(nisvoll), isoliert, irregulär, anormal, exklusiv und fremd[2094].

Der Glaube an geheimnisvolle Kräfte, die von den Dingen ausgehen sollen, war nun dennoch alles andere als abstrus. Er hat deren tatsächliche Kräfte entdecken lassen. So sind Chemie und Medizin eigentlich aus der

---

[2092] Vgl. hierzu Marcel Mauss, *A General Theory of Magic*, S. 28f., 79–150, 177. Karl Beth, *Das Verhältnis von Religion und Magie* in *Magie und Religion*, S. 33. Marcel Mauss, *Entwurf einer allgemeinen Theorie der Magie* in Marcel Mauss, *Soziologie und Anthropologie*, Frankfurt am Main, 1989, Bd. I, S. 56f. Carl Clemens, *Wesen und Ursprung der Magie* in *Magie und Religion*, S. 78. Hartmut Böhme, *Fetischismus und Kultur*, S. 230ff. Migene Gonzáles Wippler, *Talismane und Amulette*, S. 17.

[2093] Vgl. hierzu Karl Beth, *Das Verhältnis von Religion und Magie* in *Magie und Religion*, S. 33.

[2094] Marcel Mauss, *Entwurf einer allgemeinen Theorie der Magie* in Marcel Mauss, *Soziologie und Anthropologie*, Frankfurt am Main, 1989, Bd. I, S. 56f., beziehungsweise Marcel Mauss, *A General Theory of Magic*, S. 28f.

Magie (natürlich ebenso aus dem Animismus und der antiken griechischen Naturphilosophie) hervorgegangen[2095]. Die Magie war insoweit die Vorläuferin der Naturwissenschaften. Auch die Mathematik verdankt ihr einiges[2096].[2097]

Der Vollzug magischer Praktiken geschieht in *Ritualen*. In Ritualen hat man diese überalltäglichen, magischen Kräfte erzeugt und sich ihrer bedient. Es kommt dabei auf Ort, Instrumente und Stoffe, bestimmte Abläufe an, um die erstrebte Wirkung zu erzielen. Erst im rituellen Setting und Procedere, das auch viel mit Symbolen arbeitet, erlangt Magie und erlangen auch Gegenstände in der Magie ihre magische Wirkung.

Die magischen Kräfte hat man sich früher (und auch heute noch mancherorts), wie im Animismus, als Götter, Ahnen, Geister, Dämonen, Tiergeister vorgestellt[2098] oder auch als unpersönlich[2099]. C.G. Jung[2100] spricht bezüglich der unpersönlichen Kräfte von Naturkräften, wobei diese Naturkräfte, nach ihm, auch psychischer Natur sein können.

Unter Magie versteht man heute Phänomene wie Psychokinese oder telepathische Beeinflussung. Sie impliziert[2101] einen *Willensakt* einer Person, der von ihr beabsichtigte Veränderungen in der Umwelt herbeiführt. Das heißt jemand schafft eine materielle Veränderung rein durch geistige Beeinflussung oder beeinflußt jemandes Gedanken. Und das Ganze ist dann noch mit einem Ritual verbunden.

[2095] Carl Clemens, *Wesen und Ursprung der Magie* in *Magie und Religion*, S. 78.

[2096] Marcel Mauss, *A General Theory of Magic*, S. 177: „concerning magic squares and the magical properties of numbers and figures."

[2097] Lassen wir noch ein paar Soziologen zu Wort kommen: Tylor und Frazer halten Magie für Aberglauben, für eine sozusagen frühe, aber irreführende Vorgängerin der Wissenschaft. Durkheim hat die Magie zur Religion abgegrenzt und hält sie für unmoralisch und antisozial. Für Max Weber war ein entscheidender Zug der westlichen Zivilisation die Feindschaft gegen Magie, diese Feindschaft wurzelte hauptsächlich in der christlich-jüdischen Tradition, und natürlich auch im aufklärerischen Wissenschaftsdenken: vgl. bei Murray und Rosalie Wax, *Der Begriff der Magie* in *Magie und Religion*, S. 124.
Für Michel Foucault, Foucault in *Die Ordnung der Dinge*, vgl. bei Hartmut Böhme, *Fetischismus und Kultur*, S. 191, ist die Magie im Europa der Renaissance geradezu die Grundlage der Wissenschaften. Auch für Marcel Mauss, Marcel Mauss, *A General Theory of Magic*, S. 14–16. Maus geht sogar so weit, sie für die früheste Form des menschlichen Denkens zu halten.
Für Marcel Mauss, vgl. Marcel Mauss bei Hartmut Böhme, *Fetischismus und Kultur*, S. 234., ist Magie auch die früheste Technikform, durch die in Natur und Kultur zielorientiert und wirkungsvoll gehandelt und damit Macht akkumuliert wird.

[2098] Manche Magier personifizierten übrigens auch das Ziel, nicht nur die Kräfte in allem, so etwa die Krankheit, die sie heilen wollten.

[2099] Hartmut Böhme, *Fetischismus und Kultur*, S. 230ff.

[2100] Vgl. bei René Freund, *Braune Magie*, S. 76.

[2101] Vgl. bei Migene Gonzáles Wippler, *Talismane und Amulette*, S. 17.

Im alten magischen Weltbild (und auch im vorzivilisatorischen, „primitiven" magischen Weltbild) stecken also in allem Kräfte, ist alles belebt, sind Dinge nicht tot.

Diese Kräfte sind zugleich *Substanz* und Wirkung:

Um 1900 waren die Ethnologen überall auf der Welt auf die Spuren dieser Kraft-Substanz sakraler Natur gestoßen. Sie nahmen an, daß hinter ihren verschiedenen Bezeichnungen: Mana, Orenda, Wakanda usw. eine transkulturelle Universalie steckte. Die Kraft, die den Wirkungen zugrunde liegt, heißt seltsamerweise in mehreren Teilen der Welt *Mana*[2102]. Etwa in Malysien, Polynesien, Neuseeland[2103]. Man sagt, ein Objekt hat Mana, wenn es magisch wirkt, desgleichen hat eine Person Mana, wenn sie magisch wirken kann. Anthropologen oder Soziologen wie Marcel Mauss[2104] meinen, es sei ein vager Begriff. Mauss versucht dennoch das auch Konkrete, das es hier gibt, herauszuschälen: Mana durchflutet praktisch alle während des magischen Ritus, es gibt Dingen und Personen einen Wert (einschließlich eines sozialen Status). Es kann eine Eigenschaft sein und eine Substanz. Es ist nicht die Sache selbst, es wohnt sozusagen nur in der Sache. Es ist unzerstörbar. Und es wirkt auf Distanz. Weil es eine von allen Dingen separate Substanz ist, kann man es auch benützen: es ist übertragbar und wird vor allem durch Kontakt übertragen. Man stellt es sich als materiell, als natürlich und als geistig vor. Sehr häufig wurde es als eine materielle Essenz gesehen, die allem zugrunde liegt: „There ist the idea of effluvia which leave the body, magical images which travel about, lines linking the magician and his field of action, ropes, chains"[2105]. Diese Essenz verbindet alles mit allem, über sie können praktisch Ideen, Eigenschaften usw. vom einen zum anderen übertragen werden, von allem zu allem. Manche sagen, das Mana sei die Kraft der Verstorbenen, der Geister. Bei australischen Aborigines oder nordamerikanischen Indianern sind es die Toten, die wirken. Dämonen sind es in der griechischen Antike oder in Indien. Aber auch bei den Toten hätten (wie im Leben) nur wenige Mana, die meisten blieben impotente Schatten. Das heißt auch, wenn Mana von Geistern kommt, bleibt Mana eine separate, unpersönliche Kraft, auch sie bedienen sich seiner nur.

Mauss kommt zu dem Schluß, daß das Mana überall dasselbe ist, beim Magier oder dem magischen Ding, überall liegt es als dieselbe Kraft zugrunde. Ganz allgemein ist Mana das, was alles bewirkt, alles animiert. Jedes Ereignis, jede Bewegung, jede Wirkung, hinter allem steckt Mana.

[2102] Marcel Mauss, *A General Theory of Magic*, S. 133–150.

[2103] Marcel Mauss, *A General Theory of Magic*, S. 139.

[2104] Marcel Mauss, *A General Theory of Magic*, S. 79–150. Und vgl. Hartmut Böhme, *Fetischismus und Kultur*, S. 235f. In der Bantu-Sprache nennt sich das Mana: *bufungu*.

[2105] Marcel Mauss, *A General Theory of Magic*, S. 90.

Der Magier hat die ungewöhnliche Fähigkeit, es aus der Natur, aus den Dingen, in denen es aufgespeichert ist, zu extrahieren und zu eigenen Zwecken zu manipulieren.

Dieses Mana erinnert uns nun ebenfalls stark an unser Modell des Quantenvakuums (zu dem echte Magier einen privilegierten Zugang zu haben scheinen)!

Und daher überrascht es uns nicht, wenn es, oder auch die Prinzipien der Magie, noch andere Eigenschaften aufweisen, die wir auch in unserem Modell des Quantenvakuums festgestellt haben.

In unserem Modell und auch in der alten Magie ist die Wirklichkeit *holographisch*:

Die Magie geht davon aus, daß ein Teil das Ganze enthält. *Pars pro toto*. In einem Relikt, in einem einzelnen Ding, in einer Spur oder in einem einzelnen Lebewesen kann man Anschluß ans Ganze erhalten und dieses Ganze für eigene Zwecke manipulieren. Aus Teilen kann man das Ganze kreieren: *totum ex parte*.[2106] Alles steckt in der Magie in einem raumüberspringenden sympathetischen Beziehungsgeflecht, es gibt nichts Isoliertes. Jedes Objekt enthält das Prinzip der Spezies, der es entstammt: so enthält eine Flamme das Feuer, ein Totengebein den Tod, ein einziges Haar die Lebenskraft einer Person. Insofern als also Zähne, Haar, Schweiß, Spucke die ganze Person repräsentieren, kann man sie mittels dieser verzaubern oder verhexen. Man glaubte sogar mittels eines solchen Teils die gesamte Person wiederauferstehen lassen zu können. Auch das ist im Licht der modernen Naturwissenschaften nicht einmal abstrus. Da in allen Teilen etwa eines Lebewesens tatsächlich der genetische Code, der Bauplan des Ganzen, steckt, kann man irgendwann womöglich tatsächlich[2107], wie in Jurassic Park voraus fantasiert, dieses Lebewesen wieder erschaffen, wenn man nur eine einzelne Zelle von ihm besitzt.

Neben dem Pars- pro-toto- und dem Totum-ex-parte-Prinzip gibt es ein weiteres hiermit zusammenhängendes Prinzip, das ebenfalls in der modernen Quantenphysik vorkommt und auch zu unserem Modell des Quantenvakuums gehört: Alles, was einmal in Kontakt mit etwas anderem war, ob zufällig oder nicht, ob lange oder nicht, hängt weiterhin zusammen. Nichts anderes bedeutet die Quantenverschränkung. (Hieraus folgt ein Gedächtnis von allen Quantensystemen). Also selbst das Essen, das ich konsumiert habe, hängt weiter mit mir zusammen, das Messer, durch das ich verletzt wurde, die Strasse, über die ich ging. Meine Familie, alle, mit denen ich in Kontakt war, hängen weiterhin mit mir zusammen, selbst mein Badewasser. Solche Personen oder Dinge, die mit mir einmal in Berührung waren, können in der Magie daher ebenfalls benutzt werden,

---

[2106] Hartmut Böhme, *Fetischismus und Kultur*, S. 234.
[2107] Vielleicht könnte das aber nur der „Beweger" des Quantenvakuums.

um mich magisch zu beeinflussen. Dies erfährt noch eine kolossale Erweiterung. Letztlich hängt sogar alles mit allem zusammen im magischen Weltbild. Und so erklärt sich auch, daß man auch durch alles Mögliche, alles Beliebige, Einfluß auf alles Mögliche andere ausüben kann.

Eine weiteres Gesetz der Magie entspricht dem Prinzip der Selektion[2108] in unserem Modell des Quantenvakuums: Ähnliches steht mit Ähnlichem in Verbindung: *similia similibus evocantur*. Habe ich zum Beispiel ein Bild (modern: ein Foto), dann kann ein Magier damit der Person schaden oder sie verzaubern. Hier gibt es eine interessante Erweiterung: ich kann willentlich etwas auch ähnlich machen: ähnelt das Bild nicht sehr der Person, dann reicht es, wenn ich fest denke, daß dieses Bild für die Person steht (da letztlich alles mit allem verbunden ist, funktioniert auch das)[2109]. Hier erklärt sich auch die Wirksamkeit von Symbolen in der Magie! Ein Symbol steht ebenso für etwas. In der Magie gibt es aber seltsamerweise einen Numerus clausus von Symbolen[2110]; es gibt nicht unendlich viele, die Wirkung versprechen. Man kann es mit der Tradition erklären. Traditionell ist die Symbolsprache der Magie also etwas arm. Auch die Wirkung des Namens erklärt sich so, es genügt, den Namen auszusprechen, und man erzielt eine Wirkung bezüglich des Namensträgers oder auch vom Namensträger: daß analog die Anrufung Heiliger etwas bewirkt, erklärt sich hier auch, hier handelt es sich eigentlich auch um etwa Magisches.

Die Weltvorstellung der alten Magie entspricht also der Wirklichkeitsvorstellung in unserem Modell des Quantenvakuums. Die Dinge sind hier nicht tot, auf einer unteren Ebene hängt alles mit allem zusammen, kann alles alles andere beeinflussen, steckt in jedem Teil das Ganze, ist also auch alles allem anderen eingedenk, womit wir auch wieder beim Gedächtnis von allem, und auch beim Gedächtnis von Gegenständen, wären.

Nun wirkt Magie, wie schon erwähnt, zumeist zusammen mit einem **Ritus**.

Im Ritus wird typischerweise geistig ein bestimmtes Ziel angestrebt und geistig Einfluß ausgeübt.

Man holt hier etwa die Kräfte aus den Dingen.

Die Magie setzt nun auch voraus, daß sich Dinge von uns imprägnieren lassen, daß Dinge Gedanken und auch Absichten festhalten und diese

---

[2108] Energie- und Informationsübertragung.

[2109] In der Physik können ungleiche Wellen (ungleiche Frequenz oder Amplitude) aufeinander einschwingen, sofern sie zur gleichen Zeit ihren Gipfel oder ihr Tal erreichen.

[2110] Ein Symbol ist etwa der magische Knoten: er bedeutet Liebe, Regen, Wind, Heilung, Krieg und vieles andere.

sozusagen wieder abstrahlen können. Sie setzt insofern also ein wirksames Gedächtnis der Dinge direkt voraus. In einem Ding wird eine Absicht gespeichert. Dies wird gerade im Ritual bewirkt. Im Ritual[2111] wird durch Schreie, Stöhnen, Sprachformel, Gebet, Beschwörung, rituelle Verrichtung, dingliches Hantieren, mimetische Choreographie, Musik, Gesang, Tanz, durch Weihe, Segnung und Opfer ein ekstatischer Zustand erzeugt, der paranormalen Fähigkeiten förderlich ist[2112]. Auch das Ambiente, in dem der Ritus stattfindet, trägt hierzu bei. Die magischen Dinge gehören dazu: Fetische, Ingredienzien, Kleidung, Masken etc. Daß im Ritus oft ganz bestimmte Handlungen genau vorgeschrieben sind, Ort und Zeit, hat einen ähnlichen Effekt: auch das kann die spezielle geistige „unfokusierte Konzentration" schaffen, die nötig ist, um paranormal zu agieren, ein Ding geistig zu imprägnieren.

Der Magier kann so einem beliebigen Ding etwa die Absicht eingeben, bei Kontakt jemandem zu schaden.

Es gibt also auf der einen Seite a priori Kräfte in den Dingen. Auf der anderen kann ein Magier (ein paranormal besonders Begabter) Dingen besondere Kräfte geben. Um solche Kräfte zu instillieren und Kräfte in den Dingen zu benutzen, bedarf es des Ritus beziehungsweise ist dieser förderlich.

Es gibt auch Dinge, die magisch sind, ohne daß sie von einem Magier im Ritus imprägniert wurden. Die Magie kennt auch diese. Solche Dinge sind irgendwann mit potenten Einflüssen in Kontakt gekommen und haben diese, sozusagen natürlich, konserviert. Legende sind beispielsweise Pflanzen, die in den Fußspuren Christi gewachsen sein sollen und besondere Wirkungen hatten. Die Magie hat keine Schwierigkeiten, sich solche Wirkungen zu erklären. Auch die Wirkung der Reliquien von Heiligen versteht sich in ihrem Weltbild sozusagen von selbst.

Es gibt übrigens auch den Sonderfall, daß der Ritus mehr oder weniger alleine etwas bewirkt.

So wirft der australische Aborigine-Magier einen Gegenstand, eine Waffe und glaubt fest, damit das (irgendwo ganz anders befindliche) Opfer zu treffen. Der Magier stellt sich vor, seine rituelle Handlung ist die wirkliche Handlung, er treffe das Opfer in Wirklichkeit.

Das wäre nichts anderes als Psychokinese mit Fernwirkung. (Wir kennen ja auch die Heilung auf Distanz, hier wäre es das Schaden auf Distanz).

Man kann also sagen, das Anwendungsfeld der Magie ist grenzenlos: alles und alle können theoretisch beeinflußt werden. Der Magier kann Wohlta-

---

[2111] Hartmut Böhme, *Fetischismus und Kultur*, S. 235.
[2112] Wir sahen das schon in Kapitel I, 3. *Bedingungen für Psychometrie.*

ten und Schädigungen aller Art bewirken, auch die Übertragung von Gefühlen und Gedanken.

Alles hat *Wirkungen*, in allem stecken Kräfte: in Dingen, Personen, Tieren, Pflanzen. Aber auch von den Wirkungen von Ideen und Gedanken war man überzeugt (und auch Namen gehören hierher). Wirkungen hausen also auch in Abstrakta wie geometrischen Figuren, Zahlen, Symbolen, und wie übrigens auch in moralischen Eigenschaften, oder einer Denkfigur wie dem Glück.

Die Magie setzt ein Gedächtnis von Dingen (von allem) voraus, ein wirksames Gedächtnis von Dingen, und erklärt es auch in ihren Prinzipien.

Kleiner Exkurs zur Alchemie[2113]

Auch die Alchemie kann man, wie gesagt, zum Okkultismus rechnen.

Alchemie ist nach Meinung mancher eine abergläubische Geheimwissenschaft, nach Meinung anderer – die sich aufs antike und mittelalterliche Weltbild stützen – der organische Vorläufer der modernen Chemie.

Ziel war die Verwandlung der Metalle, insbesondere die Verwandlung unedler Metalle in Gold, die Verwandlung des Unedlen ins Edle, die Suche nach dem Stein der Weisen, die Suche eines Mittels, das alles heilt und verjüngt. Wenige meinen nun, das sei nur metaphorisch gemeint, das eigentliche Ziel sei die Verwandlung des Adepten gewesen, seine Transmutation und Vervollkommnung, die Erlangung höheren Wissens und höherer Fähigkeiten (das schließt auch paranormalen Wissenserwerb wie das Lesen des Gedächtnisses von Gegenständen ein). C.G. Jung vertrat diese Ansicht. Ebenso im 17. und 18. Jh. Rosenkreuzer, Jokob Böhme, Johann Valentin Andrea, christlich-theosophische Autoren. Sie glaubten in alchemistischen Symbolen sei Wissen über Geist und Materie, Gott und Welt verborgen und benützten diese. Zieht man allerdings eine Summe aus den Traktaten der bekannten Alchemisten durch die Jahrhunderte, muß man sagen, die Alchemie ist in erster Linie eine primär praktische Wissenschaft gewesen, die sich mit Metallurgie, Hüttenwesen, Farbherstellung, Münzprägung, Medizin, Pharmazie beschäftigte.

[2113] Vgl. hierzu K.C. Schmieder, *Die Geschichte der Alchemie*, S. 9–13.

Geschichte und allgemeine Prinzipien des Okkultismus und das Gedächtnis von Gegenständen

Gerade der ältere Okkultismus hat einiges mit Vorstellungen der modernen Quantenphysik gemein und enthält auch ein Gedächtnis von Gegenständen, deshalb gehen wir jetzt noch näher auf den Okkultismus ein, auf seine Geschichte und seine Prinzipien.

Gehen wir zu den Wurzeln des Okkultismus zurück, so sind seine wichtigsten Grundpfeiler Gnostizismus (Lehren frühchristlicher als heretisch angesehener Sekten), hermetische Abhandlungen über Magie und Alchemie (aus dem 2.–5 Jh. n.Chr.; etwa die in Ägypten auf griechisch verfaßten *hermetischen Schriften* des Hermes Trismegistos, der als Überbringer ägyptischer Weisheit galt), Neuplatonismus (das letzte große System der griechischen Philosophie zw. 200 und 500 n.Chr.), später (ca. im 13 Jh.) kam die Kabbala hinzu.

In der Renaissance erlebten Gnostik und Hermetik, und auch die Kabbala, ein Wiederaufleben. Berühmte Humanisten und gelehrte Magier schufen ein modernes Corpus okkulter Spekulationen. Johannes Reuchlin (1455–1522), Giovanni Pico della Mirandola(1463–1494), Girodano Bruno (1548–1600), John Dee[2114] (1527-1608), Paracelsus (1493–1534), Johann Baptist von Helmont (1577–1644), Robert Fludd (1574–1637) und früh schon Roger Bacon (1214–1294) kann man hier nennen. Auch Künstlergenies wie Leonardo Davinci (1452–1519) oder Albrecht Dürer (1471–1528) waren übrigens Anhänger einer solchen anspruchsvollen okkulten Philosophie.

Der Begriff *Okkultismus* geht wahrscheinlich auf Agrippa v. Nettesheims (ebenfalls ein herausragender Gelehrter) (1486–1535) Werk *De Occulta Philosophia* zurück.

Nach dem Triumph des Empirismus und der wissenschaftlichen Revolution des 17. Jh. beschäftigte sich nur noch eine kleine Gruppe von Mystikern mit derartigem Gedankengut.

Ab 1770 erlebte der Okkultismus in Europa wieder ein Comeback als romantische Reaktion auf die rationalistische Aufklärung. Gerade in Deutschland gab es eine ganze Menge okkultistischer Sekten, die sich durch einen Irrationalismus kennzeichneten, durch ein angstvolles Mißtrauen gegenüber der analytischen Vernunft, dem Materialismus und dem Empirismus.

Im 19. Jh. gab es wieder einen Aufschwung, diesmal in den angloamerikanischen Ländern, dort ist es der Spiritismus (Geisterbeschwörungen, man trat zu Toten in Kontakt). Und dann gab es noch die Theoso-

---

[2114] Bekannter englischer Mathematiker, Astronom, Astrologe, Geograph, Mystiker und Berater der Königin Elisabeth I.

phie der Madame Blavatsky (1831–1891), die dann auch nach Europa überschwappte.

Heute wird in der *wissenschaftlichen* Literatur unter Okkultismus vor allem die im 19. Jahrhundert in Frankreich durch Lévi und Papus begründete Richtung der Esoterik verstanden.

Ende des 19., Anfang des 20. Jh. setzte der Okkultismus den materialistischen Naturwissenschaften, mit ihrer Betonung meß- und zählbarer Phänomene und ihrer Verneinung unsichtbarer Qualitäten, die insbesondere Geist und Gefühle betrafen, ein Bild entgegen, in dem Geist und Gefühle zählten, und alles insgesamt eine sinnvolle Ordnung bildete (die auf etwas Geistigem fußte). Hier fand allerdings auch viel Unseriöses und Dilettantisches Eingang, und okkulte Gruppen in Deutschland und Wien – wie die Ariosophen oder die unheilvolle Thule-Gesellschaft – bildeten, gerade auch auf die Theosophie gestützt, den okkulten Sumpf heraus, in der rassistische Schriften[2115] en vogue waren, die Hitler und seine Entourage beeinflußten. Der Dichter Stefan George gehört auch in diesen Zusammenhang, in einem literarischen Okkultismus verbreiteten er und seine Adepten bereits latent faschistisches Gedankengut.

Diese unseriösen okkulten Bewegungen wollen wir hier ausklammern.[2116]

Grob kann man sagen, je mehr wir in der Zeit vorrücken, desto unseriöser steht der Okkultismus da. Der heutige Okkultismus hat nichts mehr vom gelehrten Niveau im Mittelalter oder in der Renaissance.

In der Gegenkultur der 60er Jahre und noch später in der New-Age-Bewegung der 80er und 90er sahen vor allem die Kritiker[2117] dieser Bewegungen einen nochmaligen Wiederaufschwung des Okkultismus. Im Wesentlichen war New Age die Wiederentdeckung und Popularisierung der theosophischen Lehren. Gegenüber der Theosophie war der Fokus jedoch mehr auf das Individuum und seine Selbstverwirklichung gerichtet. Die wichtigsten Bezeichnungen für die Inhalte des New Age sind: Neues Bewußtsein, kosmisches Bewußtsein, Bewußtseinswandel, Transformation und ganzheitlich. Markenzeichen wurde das Wort *Spiritualität*. Es erlebte in den 80er Jahren einen geradezu inflationären Gebrauch.

Im 20. Jh. hat der Okkultismus also keinen guten Ruf mehr. Gleichzeitig kommt es allerdings auch vermehrt zur seriösen wissenschaftlichen Beschäftigung mit Okkultem: Die modernen Wissenschaften durchleuchten okkulte Phänomene – man nennt sie modern paranormal –, und es gibt eine eigene Wissenschaft dieser Phänomene, die Parapsychologie.

[2115] Zum Beispiel die eines Lanz von Liebenfels und eines Guido von List. Liebenfels gründete den rassistischen Ordo Novi Templi ONT 1907.

[2116] Vgl. hierzu Nicholas Goodrick-Clarke, *Die okkulten Wurzeln des Nationalsozialismus*, S. 23–34, 56.

[2117] Zum Beispiel Richard Kriese in *Okkultismus im Angriff*, 1976.

Die Parapsychologie sieht man nun getrennt vom Okkultismus, sie beschäftigt sich mit ihm, ist aber nicht Okkultismus. Die Parapsychologie behauptet nicht, wie der Okkultismus, sie habe es mit magischen Phänomenen zu tun, sondern lediglich mit noch nicht komplett erklärbaren auf dem Stand der aktuellen Naturwissenschaften, mit, wie gesagt, paranormalen Phänomenen.

Die Begriffe Okkultismus und Magie sind heute in Mißkredit geraten: Den modernen Okkultismus, die moderne Magie, verbindet man zumeist mit schlechten Zwecken, schwarzer Magie, satanischen Sekten und mit dilettantischem Hokuspokus. Auch der weißen Magie, die auf positive Folgen gerichtet ist, wie etwa Heilung, steht man abwertend gegenüber. Auch das Selbstverständnis der modernen Okkultisten ist eher simpel. Man findet hier keine großen Gelehrten mehr wie noch im Mittelalter und der Renaissance. Der moderne Okkultist ermittelt durch einfache bis primitive technische Hilfsmittel, wie Kartenlegen oder Pendeln, banale Zukunftsperspektiven wie eine Heirat oder hext einem untreuen Mann Impotenz an. Mit der Ausübung des Okkultismus sozusagen durch Creti und Pleti nehmen Täuschung und Betrug exorbitant zu. Der Okkultismus ist zu recht heute verpönt, denkt man an die unzähligen völlig unbedarften, teuren Wahrsager, Heiler, Magier, Liebeszauberer, die sich hier tummeln und selbst zum Okkultismus rechnen.

Als moderner Okkultismus kann in unserer Zeit die ebenfalls als weitenteils unseriös betrachtete *Esoterik*[2118] gelten; sie befaßt sich mit Okkultem auf populärer Ebene und mengt Religiöses bei.

Der moderne Esoterismus ist, vereinfachend gesagt, dasselbe wie der Okkultismus, ohne dessen dunkle Seiten. Der Glaube an Geister heißt hier nicht Spiritismus, sondern Spiritualismus, das klingt besser; der Spiritismus war im 19 Jh. gesellschaftsfähig, im 20. Jh. aber nicht mehr. Esoteriker glauben an die Macht der Gedanken, an Psychokinese, an paranormale Phänomene und verfolgen damit insbesondere positive Ziele. Es geht hauptsächlich um eine positive Lebensführung: Wie verändere ich durch positives Denken mein Leben positiv. Bald 10 % etwa des deutschen Buchmarkts sind Esoterikbücher, in denen es um positives Denken geht.

Der alte Okkultismus unterschied sich hier wesentlich. Er war wissenschaftlich interessiert an den Phänomenen, an dem, was sozusagen die Wirklichkeit im Innersten zusammenhält. Bedeutende Gelehrte beschäftigten sich mit ihm. Er war auch zu seiner Zeit ein ernst zu nehmendes elaboriertes alternatives Glaubenssystem[2119]. Der frühere Okkultismus bot eine alternative Schöpfungsgeschichte an, die einen personellen Gott

---

[2118] Vgl. eine dahingehende Definition von *Esoterik* in *Meyers Großem Taschenlexikon*: Esoterik: Geheimlehren, oft mit astrologischen, okkultistischen und religiösen Elementen.

[2119] So noch für die Spiritisten.

ausschloß. Man hatte sich hier, wie gesagt, neuplatonisches Gedankengut zueigen gemacht. Prominente Gelehrte wie Pico della Mirandola oder John Dee[2120] lehnten eine Priesterklasse ab; man brauchte sie nicht als Vermittler, sondern jeder Mensch stand in einer unmittelbaren Beziehung zu Gott.

Wie ernst zu nehmen diese Alternative war, zeigt das harte Vorgehen der Kirche gegen den Okkultismus. In diese Kapitel fallen die Exzesse der Inquisition. Die Kirche verdammte damals okkulte Phänomene in toto[2121]. – Unter Okkultismusverdacht fielen dabei auch philosophische Texte, naturwissenschaftliche Abhandlungen, vorchristliche religiöse Kulte. – Dabei kamen in der Heiligen Schrift und der Kirchen-Geschichte reihenweise okkulte (paranormale) Phänomene vor, wie Levitation, Wunderheilungen, prophetische Träume und Visionen, Entrückungen, Auferweckungen vom Tod[2122]. Der liturgische Ritus setzt im Grunde Psychometrie voraus: während des Gottesdienstes verlebendigen sich quasi Gegenstände: Brot und Wein werden zum Leib und Blut Christi, sie werden Christus lebendig eingedenk[2123]. Geschahen paranormale Phänomene innerhalb der Kirche, galten sie als Wunder, als heilig, geschahen sie außerhalb der Kirche, stempelte man sie als okkult, als verdammungswürdig, als Teufelswerk ab[2124]. Diese doppeldeutige Haltung stellte schon Paracelsus[2125] in der Bibel fest: „.... die Schrift ... nennt alle (abwertend) Zauberer, die in natürlichen Dingen erfahren (damit meint er Magie, Prophetie usw.) *und nicht auch heilige Leute gewesen sind.*"

In einem Punkt war die Kritik der Kirche (weniger ihre damaligen Methoden) am ehesten gerechtfertigt. Der Okkultismus behauptete, wie fast alle Religionen, daß es neben der uns erfahrbaren Welt ein Jenseits gebe. Wodurch er sich allerdings von den meisten Religionen unterschied, war seine (naive) Ansicht, daß man durch geeignete (eher simple) Methoden sich dieses Jenseits verfügbar machen konnte[2126]. Man wollte den Auf-

---

2120 Vgl. in *Kleines Lexikon der Parawissenschaften*, S. 50ff. Das war Gedankengut des Mystizismus.

2121 Vgl. im *Kleinen Lexikon der Parawissenschaften*, S. 108.

2122 Vgl. Manfred R. Haller, *Der Heilige Geist. Wesen und Wirksamkeit*, Band 1, S. 63–138. Haller schildert solche paranormalen Phänomene, die man in der Dogmatik dem Heiligen Geist zuschreibt.

2123 Auch das schafft der Heilige Geist: Vgl. Carol Wojtyla, Johannes Paul II, *Der Heilige Geist*, S. 282.

2124 Vgl. zum Beispiel Carl Kiesewetter, *Geschichte des Neuen Okkultismus,* S. 17.

2125 Paracelsus in Helmut Werner, *Paracelsus*, S. 43.

2126 Th. W. Adorno, *Thesen gegen den Okkultismus*, in: *Ges. Schriften Bd. 4*, Frankfurt a.M. 1980, ist hier interessant: Nach Adorno versucht der Okkultist meist mit technischen Mitteln des Geistigen habhaft zu werden und degradiert dadurch den Geist zu einer Sache.

stieg der Seele mit okkulten Techniken erreichen[2127]. In der kirchlichen Doktrin kann das Jenseits nicht verfügbar gemacht werden.

Uns interessiert hier der hochkarätige Okkultismus des Mittelalters und der Renaissance. – Mit dem modernen Okkultismus der Dilettanten beschäftigen wir uns hier nicht. – Und auf dessen Prinzipien, die in unterschiedlichsten Schriften anerkannte Gelehrter entwickelt haben, wollen wir jetzt einen näheren Blick werfen. Dieses Set von Prinzipien hat einiges mit der modernen Physik und unserem hier gewählten Modell des Quantenvakuums gemein und enthält auch unser Gedächtnis von Gegenständen.

Allgemeine okkulte Prinzipien

Es gibt eine Reihe solcher Prinzipien, die früher dunkel und rätselhaft schienen, heute aber wie Metaphern für Modelle der modernen Physik wirken.

Andere Regeln hingegen erscheinen uns heute als irrig. Um die kümmern wir uns hier nicht. Es interessiert hier nicht, wie man aus Salz, Urin einer schwarzen Katze, Rattenhirn und dem Gehirn eines giftigen Reptils einen todbringenden Talisman herstellt[2128].

Uns interessieren hier unter anderen folgende Prinzipien:
Allem unterliegt das Chaos.
Allem unterliegt der Äther.
Alles ist geistig belebt. Der Okkultismus ist ein Pantheismus.
Alles hat eine Aura.
Wie der Makrokosmos so der Mikrokosmos, wie unten so oben.
Was einmal zusammen war, bleibt auch später zusammen.
Ähnliches gesellt sich zu Ähnlichem.

Chaos

Das Chaos der Okkultisten sieht aus wie eine Beschreibung unseres Modells des Quantenvakuums:

Allgemeine Ansicht Eingeweihter[2129] war, unser Weltall sei eines von vielen, welche in endloser Reihe ununterbrochen aufeinander folgen. Aus dem *Chaos* entwickle sich jedes Weltall. Das Chaos enthält als Causa causarum alles, was ist, was je war und was je sein wird. Aber es ist unmög-

---

2127 Karl-Heinz Göttert, *Magie*, S. 25.
2128 Vgl. die abstrusen Rezepturen für Talismane bei Karl-Heinz Göttert, *Magie*, S. 129. Aus dem Zauberbuch des Mittelalters, dem *Picatrix*.
2129 Vgl. Hrsg. Helmut Werner, *Paracelsus. Okkulte Schriften*, S. 17f.

lich, in die innerste Essenz dieser Causa causarum einzudringen. Alles was wir von ihr wissen können, sei ihre periodische Zusammenziehung und Ausdehnung. Das Chaos ist *Potentia* und aus ihm manifestieren sich die konkreten Kosmen.

Das Chaos ist ein Konstrukt der Antike. Es ist der Urstoff, ein Samenbehälter aller Dinge, aus dem die Welt geschaffen wird, durch Teilung und Entwicklung. In ihm ist alles (wie in unserem Modell des Quantenvakuums) in Potentia enthalten[2130].

Äther

Der Äther der Okkultisten bezeichnet dasselbe. Der Äther ist gleichzeitig sozusagen der Stoff, aus dem das Chaos „gemacht" ist.

Der Äther war das „fünfte Element" der alten Griechen, die den gesamten Raum erfüllende und alles durchdringende Ursubstanz oder Urenergie, aus der alles entsteht.

Diesen Äther nehmen auch die Okkultisten als gegeben an; sie nennen ihn auch *Archäus* oder *Hyliaster*[2131].

Paracelsus (1493–1534) sagt vom Äther, er sei keine grobe Materie, sondern geistig und nicht sinnlich wahrnehmbar. Er sei überall verteilt. In jedem Glied sei er nach der Natur desselben geartet und wirke dementsprechend. Er sei magnetischer Natur, er strahle aus, deshalb seien Fernwirkungen möglich[2132]. An anderer Stelle umschreibt Paracelsus ihn mit einem *höheren Licht*[2133]! (Wir denken hier wieder – es ist müßig, es zu erwähnen – an unser Modell des Quantenvakuums, und speziell an die Gravitationswellen des Quantenvakuums, die in elektromagnetische Wellen, in Licht, umgewandelt werden können). Auch beim Brüssler Universalgelehrten und Okkultisten Johann Baptist von Helmont[2134] (1577–1644) besteht der alles steuernde Archäus, der Geist, der allem eingepflanzt ist, aus Licht. Beim englischen Oxford Mediziner und Okkultisten

2130 Vgl. Helmut Werner, *Paracelsus, Okkulte Schriften*, S. 17.

2131 So Paracelsus bei Carl Kiesewetter, *Geschichte des Neuen Okkultismus*, S. 56.

2132 Paracelsus bei Carl Kiesewetter, *Geschichte des Neuen Okkultismus*, S. 62f. Und die Paracelsisten, ebendort, S. 101: Der Magnetismus verbindet alles und bringt in weitester Ferne Wirkungen hervor ... alles lebt durch ihn und geht durch ihn unter.

2133 Paracelsus bei Carl Kiesewetter, *Geschichte des Neuen Okkultismus*, S. 73 und Auszug aus Paracelsus' *Astronomia Magna* von 1537 in Edgar Hunger, *Von Demokrit bis Heisenberg, Quellen und Betrachtungen zur naturwissenschaftlichen Erkenntnis*, Zweiter Teil S. 3.

2134 Van Helmont bei Carl Kiesewetter, *Geschichte des Neuen Okkultismus*, S. 170.

Robert Fludd[2135] (1574–1637) liegt allem (aller Materie) eine *Urmaterie* zugrunde (er nennt sie nicht Äther, der *Äther* ist bei ihm allerdings das mittlere Bindeglied zwischen Urmaterie und Materie). Die Urmaterie ist nach Fludd zweifacher Natur, sie ist in Potentia, enthält alles potentiell, und sie ist in Aktion gesetzt durch den Geist Gottes (hier hätten wir sozusagen den Beweger des Quantenvakuums, auf den wir im Hologramm der Realität gekommen sind). Die allem zugrundeliegende Urmaterie ist bei Fludd formlos, enthält alle Möglichkeiten des Seins und Nichtseins, hat keine Eigenschaften und keine Dimension, ist nicht wahrnehmbar, weder bewegt, noch ruhend, eigenschaftslos, sie ist Finsternis. Ihr ist beigesellt die *Urform:* diese ist nach Fludd Licht. Es gibt bei Fludd ein *unerschaffenes Licht*, das ist Gott, das Prinzip der Natur, (der Beweger des Quantenvakuums). Da der Äther bei ihm die Urmaterie an Materie vermittelt, ist auch der Äther unerschaffenes Licht. Nach Fludd können wir dieses unerschaffene Licht nicht materiell wahrnehmen. (Fludds unerschaffenes Licht ist wie eine Metapher für die höherdimensionalen Gravitationswellen des Quantenvakuums. Elektromagnetische Wellen könnten demgegenüber das erschaffene Licht sein. Auch diese enthielte der Äther, da er ja auch Bindeglied zur Materie ist.) Das unerschaffene Licht kann nach Fludd wegen seiner Zartheit und Reinheit überall durchdringen (das entspräche der Superflüssigkeit des Quantenvakuums).

Bei den meisten früheren Okkultisten gab es vermittelnde Elemente zwischen dem Äther und der materiellen Welt. Hier in die Einzelheiten zu gehen, würde jetzt zu weit führen. Bei van Helmont ist es zum Beispiel die *sinnliche* Seele[2136], bei Paracelsus[2137] gibt es verschiedene Mittelglieder zwischen Geist und Materie, bei den Mineralien nennt er sie *Stannar* oder *Truphat*, bei den Pflanzen *Lefas,* im animalischen Reich ist es der *siderische* Körper oder *Evestrum*. Über diesen dem Archäus entnommenen Mittelgeist steht alles in Verbindung mit dem Makrokosmos und ist gleichsam ein irdischer Stern. (Diese Mittelglieder sind im hier vertretenen Modell elektromagnetische Wellen, die Informationen und Energie aus dem höherdimensionalen Vakuum in unsere drei-dimensionale Welt transportieren.)

Geht man in der Zeit weiter, verschiebt sich das Interesse etwas: weniger interessiert man sich für den Äther, aus dem alles entsteht: sozusagen für die Schöpfung des Universums – das war auch einigermaßen gefährlich: die Kirche verfolgte Vertreter solcher alternativen Schöpfungsgeschichten als Ketzer –, mehr traten paranormale Einzelphänomene in den Fokus: Hellsehen, Telepathie, Psychokinese usw. Diese erklärte

---

[2135] Anscheinend Begründer der Rosenkreuzer und Freimaurer in England, vgl. Carl Kiesewetter, *Geschichte des Neuen Okkultismus*, S. 193. Zur Urmaterie: S. 194ff.

[2136] Van Helmont bei Carl Kiesewetter, *Geschichte des Neuen Okkultismus*, S. 172.

[2137] Paracelsus bei Carl Kiesewetter, *Geschichte des Neuen Okkultismus*, S. 58.

man mit *lokalen Ausformungen des Äthers*, die man auch als *Aura* bezeichnete (wir denken hier gleich an Materiewellen, Gravitationswellen und ihr elektromagnetisches Abbild): nach Ansicht der Okkultisten hat jeder und alles diesen *Ätherleib*. Besonders interessierte man sich (die sogenannten Pneumatologen und später die Spiritisten) allerdings für die Möglichkeit, daß der Ätherleib getrennt vom materiellen Körper bestehen kann, womit man ein Weiterleben nach dem Tod und die Existenz von Geistern erklären wollte[2138].

In der modernen Parapsychologie wurde der altmodisch anmutende Begriff Äther dann mit der Zeit durch andere Begriffe[2139] ersetzt.

Im okkultistischen Äther (beziehungsweise im okkultistischen Chaos) liegt nun nach vielen Okkultisten und frühen Parapsychologen auch das Gedächtnis von Gegenständen[2140].

Ein paar Beispiele:

J.R. Buchanan[2141] glaubte, daß alles, was jemals existierte, eine Spur seines Existierens im sogenannten Äther hinterlassen hat. Diese Spuren sind nach ihm nicht nur im Äther unauslöschlich aufbewahrt, sondern finden sich auch auf materiellen Objekten beziehungsweise in dem sie *lokal* umgebenden Äther. Der Psychometer hat die Fähigkeit, diese Ätherspuren an materiellen Objekten zu lesen. (Es gibt also auch hier die lokalen Spuren, nicht nur das universelle Gedächtnis).

Sir Arthur Conan Doyle[2142], auch er am Okkulten interessiert, glaubte ebenfalls, daß alle Ereignisse und Umstände bleibende Eindrücke auf eine Art unsichtbaren, ewigen und unveränderlichen Äther ausüben. Und er nahm an, daß dieser Äther vom Sensitiven in psychischer Schau

---

[2138] Gerade um Geister ging es hauptsächlich den deutschen Pneumatologen, zum Beispiel Jakob Böhme (1575–1624), Justinus Kerner (1786–1862) usw.: vgl. bei Carl Kiesewetter, *Geschichte des Neuen Okkultismus*, S. 267ff. Und noch punktueller um Geister, um das Leben nach dem Tod, und die Kommunikation mit diesen, ging es dann dem Spiritismus seit ca. 1848: vgl. bei Carl Kiesewetter, *Geschichte des Neuen Okkultismus*, S. 336ff. In der Neuen Welt, in Amerika, fand der Spiritismus eine enorme Verbreitung. Auch in Europa, insbesondere England, wurde er sehr populär und fand prominente Anhänger wie Wallace, den Entdecker des Thalliums und Erfinder des Radiometers, den Chemiker und Physiker Crookes, den Begründer des Kabeltelegraphen Varley, den Physiker Barret, den Astronomen Huggins, den Mathematiker Morgan, Schriftsteller wie Thakeray, Trollope usw. Vgl. zum Spiritismus allg. zum Beispiel Hans Bender, *Parapsychologie*, S. 68ff. J.B. Rhine, J.G. Pratt, *Grenzwissenschaft der Psyche*, S. 18ff.

[2139] Man sagte etwa kosmisches Bewußtsein, hierzu später.

[2140] Vgl. W.E. Butler, *How To Develop Psychometry*, S. 14.

[2141] J.R. Buchanan, *Manual of Psychometry*, S. 3.

[2142] Sir Arthur Conan Doyle bei Max Freedom Long, *Geheimes Wissen hinter Wundern*, S. 144

„gelesen" werden konnte, wenn es gelang, die Aufmerksamkeit auf den *Teil* des Äthers zu lenken, der mit dem Kontakt-Objekt korrespondierte.

Auch die Dentons[2143] nahmen an, daß das Gedächtnis von Gegenständen auf den Äther eingeprägt wurde, wie auf eine lichtempfindliche Platte eine Fotografie. Der Äther konservierte die Eindrücke, und sie konnten aus ihm wieder extrapoliert (sichtbar gemacht) werden.

Weltgeist, Weltseele, Anima Mundi oder Mysterium Magnum

Mit Weltgeist, Weltseele, Anima Mundi, Mysterium Magnum meint der ältere Okkultismus sowohl in der Mystik des Mittelalters[2144] als auch in der Renaissance dasselbe wie Chaos oder Äther. Es handelt sich hier um dieselbe feinkörperliche, geistige Unterlage aller Materie.

Auch diese Idee geht auf die griechische Antike zurück, auf deren Pantheismus. Nicht nur die Stoiker[2145] postulierten dort, wie wir schon sahen, eine göttliche geistige Urkraft, einen göttlichen geistigen Hauch (pneuma), der, alles belebend, alles durchdringt und zusammenordnet.

Agrippa von Nettesheim[2146] (1486–1535) spricht in seiner *Occulta Philosophia* vom *Weltgeist*, die Paracelsisten[2147] vom *Mysterium Magnum*. Bei Paracelsus[2148] (1493–1541) selbst ist nichts tot, alles lebendig, und die ganze Welt erscheint als ein lebendiges Wesen, ein Organismus mit Seele, Geist, Körper. Der gelehrte italienische Mönch Giordano Bruno[2149] (1548–1600) nahm eine *Seele der Natur* an und wurde für diese Ansichten von der Inquisition verhaftet und 1600 verbrannt. Thomas Campanella[2150], ebenfalls berühmter gelehrter Dominikanermönch (1568–1639), war der ketzerischen Ansicht, allem wohne *Empfindung* inne, allem, was existiert. Die Urmaterie hat bei Campanella Empfindungsvermögen, aus ihrem Begehren entsteht alles[2151]. Er fiel im von den Spaniern besetzten Süditalien der spanischen Inquisition in die Hände und wurde nach eigenen Angaben in etwa fünfzig Gefängnissen herumgeschleppt und siebenmal der grausamsten Tortur ausgesetzt. Der Schöpfer hat bei den Vertretern

---

2143 W. und E. Denton, *The Soul of Things*, S. 324f.

2144 Klaus-Jürgen Grün, *Vom Unbewegten Beweger Zur Unbewegten Kraft*, S. 26.

2145 Vgl. *Lesebuch der Antike, Das klassische Griechenland von Homer bis Aristoteles*, S. 525. Auf Zenon zurückgehend.

2146 Agrippa von Nettesheim in seiner *Occulta Philosophia*, vgl. bei Carl Kiesewetter, *Geschichte des Neuen Okkultismus*, S. 26.

2147 Bei Carl Kiesewetter, *Geschichte des Neuen Okkultismus*, S. 56.

2148 Paracelsus in Helmut Werner, *Paracelsus. Okkulte Schriften*, S. 22ff.

2149 Girodano Bruno bei Carl Kiesewetter, *Geschichte des Neuen Okkultismus*, S. 62f.

2150 Campanella bei Carl Kiesewetter, *Geschichte des Neuen Okkultismus*, S. 139ff.

2151 Campanella bei Carl Kiesewetter, *Geschichte des Neuen Okkultismus*, S. 143f.

des Weltgeistes, des Chaos, des Äthers nicht mehr viel zu tun; Campanella milderte seine Ansicht später ab, indem er zugestand, daß letztlich Gott diese Empfindung in die Materie als Endzweck hineinlegte[2152]. Und so durfte er seinen Lebensabend in einem Dominikanerkloster in Paris mit einer für ihn eigens ausgesetzten Pension verbringen. Gerechtigkeitshalber muß man erwähnen, daß Papst Paul V. sich für ihn verwendet hatte (auch in der Kirche gab es unterschiedliche Meinungen).

Bei Robert Fludd[2153] (1574–1637) verkörpert die aktive Urmaterie den *Weltgeist*, der alle Elemente beseelt.

Der berühmte Chemiker Robert Boyle[2154] (1627–1691), der Vater der modernen Chemie, glaubte an einen derartigen Weltgeist. Auch für Christian Thomasius[2155] (1655–1728), der nach landläufiger Meinung ein Leuchtturm der Aufklärung war, gab es diesen·*Weltgeist*, der Verstand und Wissen besitzt und alles beseelt, belebt: Steine, Pflanzen, Tiere, die dadurch sogar alle empfinden können. Beide schob die Kirche in die Okkultismusecke.

Als Schopenhauer[2156] (1788–1860) dann annahm, alles habe Bewußtsein, und zwar im Sinne eines *Willens*: sowohl der fallende Stein wie die wachsende Pflanze, traf man diese diskriminierende Einordnung nicht mehr. Ebensowenig bezeichnete man die deutschen Idealisten als Okkultisten, weil sie einen deutlich platonisch gefärbten Pantheismus vertraten, zuletzt bei Friedrich Schleiermacher[2157] (1768–1834): „Den Weltgeist zu lieben und freudig ihm zuzuschauen, das ist das Ziel unserer Religion." Der Weltgeist offenbarte sich bei Schleiermacher[2158] im Kleinsten wie im Größten. Wer berühmt war wie Goethe, auch ein Vertreter der Weltseele, Schelling oder Hegel – bei denen der Weltgeist zur Weltvernunft wird[2159] –, konnte nicht mehr von kirchlicher Seite als Okkultist verächtlich gemacht werden. Auch der Psychophysiologe G. Th. Fechner[2160] (1801–1887) konnte sich sozusagen straflos mit der Idee einer Seele von Pflanzen, Planeten usw. befassen.

[2152] Campanella bei Carl Kiesewetter, *Geschichte des Neuen Okkultismus*, S. 144.

[2153] Anscheinend Begründer der Rosenkreuzer und Freimaurer in England, vgl. Carl Kiesewetter, *Geschichte des Neuen Okkultismus*, S. 193. Zur Urmaterie: S. 194ff.

[2154] Vgl. bei Vgl. bei Carl Kiesewetter, *Geschichte des Neuen Okkultismus*, S. 193ff., 226.

[2155] Thomasius bei Carl Kiesewetter, *Geschichte des Neuen Okkultismus*, S. 222, 224f.

[2156] Vgl. Erwin Schrödinger, *Die Natur und die Griechen*, S. 115.

[2157] Schleiermacher bei Klaus-Jürgen Grün, *Vom Unbewegten Beweger Zur Unbewegten Kraft*, S. 145.

[2158] Schleiermacher bei Klaus-Jürgen Grün, *Vom Unbewegten Beweger Zur Unbewegten Kraft*, S. 145.

[2159] Klaus-Jürgen Grün, *Vom Unbewegten Beweger Zur Unbewegten Kraft*, S. 152.

[2160] Vgl. Erwin Schrödinger, *Die Natur und die Griechen*, S. 115.

Die frühe Parapsychologie vertrat weiterhin die Idee eines Weltgeistes. William James[2161] (1842–1910), einer der Pioniere der amerikanischen Psychologie (Harvard) und Erforscher paranormaler Phänomene, nannte die Weltseele modern *kosmisches Bewußtsein*. Upton Sinclair[2162] (1878–1968) sprach diesbezüglich von einer universalen geistigen Stofflichkeit. Pagenstecher[2163] (1855–1942) nennt sie *eine Art kosmisches Gehirn*, das die Schöpfung hervorbringt und reguliert. Und sie alle erklären übersinnliche Phänomene und auch das Gedächtnis von Gegenständen mit dem Äther beziehungsweise diesem Universalbewußtsein.

Das Chaos, der Äther, das Mysterium Magnum, der Weltgeist, das kosmische Bewußtsein usw. der Okkultisten ist monistisch: das heißt, es gibt nur einen, nur eines. Und er/es ist geistig. Lassen wir die Paracelsisten[2164] sprechen: „... ein spiritualistisch Wesen, ein unsichtbar und ungreiflich Ding und ein Geist und geistig Ding" – wie auch Lebensstoff – „aus dem Leben und Corpus der Geschöpfe (entspringen)". Die Elemente, aus denen alles besteht, sind bei den Paracelsisten ebenfalls geistig, weil sie aus dem Mysterium Magnum, dem Äther usw. entstehen[2165]. Wir haben hier also dieselbe Vorstellung eines geistigen Untergrunds der Materie wie in prominenten Deutungen der Quantenphysik.

An ein kosmisches Bewußtsein (oder auch an ein hinter allem stehendes kosmisches Gehirn[2166]) glauben auch einige seriöse Vertreter der modernen Naturwissenschaften (Physik, Biologie, Gehirnforschung)[2167]. Auch dort gibt es verschiedene Namen, Quantenvakuum, neuer Äther usw. Die Idee ist also nicht abwegig. Der Unterschied: Im Okkultismus beruht sie auf Intuition und mystischer beziehungsweise paranormaler Erfahrung, in den Naturwissenschaften schließt man dies aus Empirie und/oder plausiblen Hypothesen/Modellen.

Die heutigen Parapsychologen rekurrieren denn auch auf die modernen Naturwissenschaften, was die Seriosität natürlich maximiert.

Und es gibt auch analoge unterschiedliche Varianten dieses Weltbewußtseins bei Okkultisten, Pantheisten und bei den modernen Naturwissenschaften. Man stellt es sich etwa in Richtung eines abstrakten Prinzips vor (das griechische *alles ist Zahl* eines Pythagoras). Oder man stellt sich etwas Organischeres darunter vor, wie zum Beispiel die Paracelsisten, der

---

[2161] Vgl. bei Douglas M. Stokes, *Parapsychology and the Nature of Mind*, in *New Frontiers of Human Science*, S. 54.

[2162] Upton Sinclair, *Radar der Psyche*, S. 158.

[2163] Pagenstecher in *Encyclopedy of Occultism*, S. 1051.

[2164] Bei Carl Kiesewetter, *Geschichte des Neuen Okkultismus*, S. 56f.

[2165] Die Paracelsisten bei Carl Kiesewetter, *Geschichte des Neuen Okkultismus*, S. 57.

[2166] Sowohl virtuelles wie reales Gehirn.

[2167] Vgl. Kapitel IV, 5. *Das Comeback des Äthers, das kosmische Gedächtnis und das kosmische Bewußtsein in den Naturwissenschaften.*

Biologe Sheldrake oder der Physiker Goswami. Bei den Parcelsisten[2168] ist die Welt, der Kosmos, quasi ein einziger großer beseelter Organismus, in welchem alle Dinge miteinander übereinstimmen und sympathisieren. Oder man sagt[2169], der Weltgeist ist so etwas wie interagierende Bewußtseine und/oder ein höheres Bewußtsein und/oder er wird von so etwas (co-)produziert wie einem höheren virtuellen Gehirn. Oder der Weltgeist ist Gott (beziehungsweise dessen Bewußtsein/Geist), das sagten unter den Okkultisten diejenigen, die nicht mit der Kirche in Konflikt geraten wollten. So deuteten sogar manche Physiker auch die Beobachterabhängigkeit in der Quantenphysik: der Beobachter, der dafür sorgt, daß die Wellenfunktion auf jeden Fall kollabiert, daß aus den Potentia reale Zustände werden, auch wenn kein menschlicher Beobachter impliziert ist, könnte, etwa nach dem Stanford-Physiker William A. Tiller[2170], durchaus Gott sein (beziehungsweise dessen göttliches Bewußtsein).

Nahm man Gott als den Weltgeist an, ging man im Okkultismus zumeist (und oft heimlich) davon aus, Gott sei keine Person. Insofern ein naiver Personenbegriff auch in der heutigen kirchlichen Doktrin ziemlich beiseite gelegt worden ist[2171], hat diese Ansicht des Okkultismus kaum noch etwas Ketzerisches.

Der Witz: in den Deutungen der Quantenphysik und in Überlegungen zur Realität als Hologramm fließt eine *Person* Gottes wieder ein, wird denkbar: wenn etwa der Physiker William A. Tiller[2172] in einer ausgreifenden Spekulation annimmt, Gott könne das Universum als eine göttliche Idee erschaffen haben. Und wenn man annimmt, die Realität sei die holographische Projektion einer eigentlichen Realität, zu der auch ein realer Projektor namens Gott, ein reales göttliches Gehirn gehören könnte. Von einem realen Gehirn zu einer realen Person ist es dann nicht mehr weit.

(Es bleibt auch immer die logische Argumentation, daß man aus dem Funktionieren einer Uhr nicht schließen muß, daß es keinen Uhrmacher gibt.)

[2168] Carl Kiesewetter, *Geschichte des Neuen Okkultismus*, S. 47ff., 57.

[2169] Wie in Deutungen zur Quantenphysik und Überlegungen zur Realität als Hologramm.

[2170] Vgl. William A. Tiller bei Michael Talbot, *Das Holographische Universum*, S. 203f.

[2171] Vgl. Joseph Ratzinger, *Einführung in das Christentum*, S. 167, 170f.

[2172] Vgl. William A. Tiller bei Michael Talbot, *Das Holographische Universum*, S. 203f.

Aura

> „Was ist eigentlich Aura? Ein sonderbares
> Gespinst von Raum und Zeit: ... eine Ferne, so
> nah sie sein mag."
>
> Walter Benjamin[2173]

Die Aura ist im Okkultismus die *lokale* Ausprägung des *Äthers* um Dinge,
Orte, Lebewesen.

Alles, jeder Gegenstand, jeder Ort, hat im Okkultismus seine ganz
spezifische Aura, seinen speziellen Ätherleib oder, wie man dort auch sagt,
seinen Astralleib[2174] (wir denken hier an Materiewellen, Gravitationswellen und ihr elektromagnetisches Abbild).

Und dann gibt es für Okkultisten noch die *allgemeine Aura*, die
nichtlokale Aura, die mit dem überall befindlichen, alles durchdringenden
Äther identisch wäre.

Die lokale Aura enthält[2175] nach einigen Parapsychologen das
Gedächtnis von Gegenständen.

Das bedeutet, daß der Psychometer wirklich aus dem konkreten
Gegenstand dessen Vergangenheit liest und nicht nur aus einem allgemeinen Äther oder allgemeinen kosmischen Bewußtsein. Hierin liegt eine
echte Abgrenzung zum Hellsehen, zur Telepathie und zur Präkognition.
Die Psychometrie ist hier ein eigenes, ursprüngliches Phänomen.

Nicht nur der Okkultismus kennt den Begriff der Aura. *Die Aura
taucht historisch in vielen Kulturen auf*[2176]. In heiligen Schriften Indiens, die
vor mehr als 5 000 Jahren entstanden, treffen wir auf das Phänomen Aura.
Sie wird als Lebensenergie, als *Prana*, bezeichnet. In China wird sie seit
dem 3. Jahrtausend v.Chr. *Ch'i* genannt und als die Energie aufgefaßt, die
das Akupunktur-Meridiansystem durchströmt. In der westlichen Welt
kennen wir Heiligenscheine beziehungsweise Aureolen vor allem aus dem
Christentum.

[2173] Walter Benjamin, *Aura und Reflexion. Schriften zur Ästhetik und Kunstphilosophie*,
S. 363. Bei Benjamin nimmt das Auratische bei Kunstwerken ab im Zeitalter der
technischen Reproduzierbarkeit von Kunstwerken.

[2174] A.S. Raleigh, *Hermetics And Psychometry*, S. 91–93.

[2175] Die Aura ist also noch mehr als nur sozusagen der Abglanz des Gedächtnisses der
Dinge etc.

[2176] Der universalgelehrte Okkultist Carl du Prel zeigte, wie in der Geschichte weitläufig ein Astralleib des Menschen angenommen wurde. Nach du Prel enthält der
Astralleib ein perfektes Modell, nach welchem der sichtbare Leib gestaltet ist, und
auch die vis formativa, die ihn gestaltet. Nichts anderes ist Sheldrakes morphogenetisches Feld. Vgl. Du Prel bei Carl Kiesewetter, *Geschichte des Neuen Okkultismus*, S. 614–617.

Und auch die Auffassung, daß die Aura aus *Licht* besteht[2177], hat eine weitreichende Tradition[2178]. So schreibt etwa der Neuplatoniker Damaskios[2179] (5.–6. Jh. n.Chr.), die Seele besitze „ein *leuchtendes* Gefährt", das „sternenähnlich und ewig" sei. Es sei „im groben Körper eingeschlossen, nach einigen im Kopf". Unzählige Bilder der religiösen Kunst Chinas, Tibets, Indiens, des frühen Ägyptens, Griechenlands und Roms zeigen eine leuchtende Aura um die Gestalten von Göttern, Dämonen und Heiligen, die manchmal nur den Kopf umgibt. Die Kabbala nennt die Aura *nefish* und beschreibt sie als eine irisierende eiförmige Blase, die jeden menschlichen Körper umhüllt[2180].

In der christlichen Welt rückte man von der Realität der Aura ab. Man verstand Heiligenscheine bald nur noch als *Symbole* einer *unkörperlich* aufgefaßten Heiligkeit[2181]. Man wollte wohl einen Rückfall zur Anbetung von Sonnengöttern verhindern, wie beispielsweise die des ägyptischen Sonnengottes Aton; die Licht- und Sonnensymbolik war in Verruf geraten: Man empfand es fortan als unpassend, wenn Christus, wie auf Mosaiken aus dem 4. Jh. in den Vatikanischen Grotten, als Helios im Strahlenkranz, den Sonnenwagen lenkend, dargestellt wurde[2182].

Die Aura, einst heilig, geriet in der westlichen Welt dann sogar in den Ruch des Okkulten.

Bald war im Westen nur noch der Okkultismus der Ansicht, es gäbe reale Auren.

Und wenn Bevölkerungsstämme wie die Kahunas aus Hawaii, die australischen Aborigines, afrikanische Völker wie die Karanga oder die Maschona in Zimbabwe bis in unsere Zeit an die Aura glaubten[2183], verwies man auf ihre Unaufgeklärtheit.

Inzwischen gibt es einen Wandel: die moderne Biologie etwa läßt die Aura wieder en vogue werden[2184].

Im alten Okkultismus gab es übrigens viele Begriffe für Aura, wobei zum Teil nicht genau dasselbe, sondern nur Ähnliches darunter verstanden wurde. Das verwirrt etwas. Man sprach etwa von Kraftstrahlen, von

---

2177 Vgl. zum Beispiel van Helmont bei Kiesewetter, *Geschichte des Neuen Okkultismus*, S. 169ff. Oder Paracelsus bei Marco Bischof, *Biophotonen*, S. 52.
2178 Vgl. hierzu Marco Bischof, *Biophotonen*, S. 45–53. Und vgl. G.R.S. Mead, *The doctrine of the subtle body in western tradition*.
2179 Vgl. bei Marco Bischof, *Biophotonen*, S. 47.
2180 Vgl. Michael Talbot, *Das Holographische Universum*, S. 179, 205: Auch die Tantras, hinduistische Joga-Texte, enthalten eine Beschreibung der Aura.
2181 Vgl. hierzu Marco Bischof, *Biophotonen*, S. 45–53. Und vgl. G.R.S. Mead, *The doctrine of the subtle body in western tradition*. Vgl. auch Michael Talbot, *Das Holographische Universum*, S. 179.
2182 Dorothea Forstner, Renate Becker, *Lexikon Christlicher Symbole*, S. 352.
2183 Vgl. bei Marco Bischof, *Biophotonen*, S. 45.
2184 Vgl. zum Beispiel Marco Bischof, *Biophotonen*, S. 79.

himmlischem Feuer[2185], vom siderischen Leib, dem Astralleib, Evestrum und Trarames[2186]. Ebenso gab es im Okkultismus des 19. Jahrhunderts verschiedene Begriffe, etwa die odische Lohe, der auch die Anthroposophie mit Rudolf Steiner[2187] anhing oder die Aura der Theosophen[2188].

Zumeist dachte man bei Personen oder Lebewesen an eine Aura.

Okkultisten wie Paracelsus waren aber auch der Auffassung, *Gegenstände* hätten eine Aura[2189]! Ebenso glauben moderne Parapsychologen an die Aura von Gegenständen.[2190]

Aus der Aura von Personen leitete und leitet man jeweils ab, daß es ein Leben nach dem Tod gibt. Sie ist vom materiellen Körper unabhängig, sozusagen aus anderem Stoff, und so nicht an dessen Verfall gebunden. In neuerer Zeit nehmen einige[2191] an, die Aura einer Person enthalte die gesamte Geschichte der Person, alle Gedanken, bewußte wie unbewußte, so daß damit auch das Wissen und die Erfahrung einer Person überleben würden, ihre Identität (hier sind das Gehirn-Gedächtnis der Person und das psychometrische Gedächtnis der Person zusammengefaßt).

Das schien nicht genau mit der kirchlichen Auferstehungslehre der Auferstehung des *Fleisches* zusammenzupassen[2192]. Daher die Verpöntheit dieser Aura in kirchlichen Kreisen.

Seit Paracelsus hat sich nicht viel verändert, was Ansichten über die Beschaffenheit der Aura angeht:

Aus *Licht* besteht die Aura, sagten die alten Okkultisten wie van Helmont oder Paracelsus[2193]. Bei Paracelsus umgibt die Aura den Menschen, sie ist ein Geist, der alles leben und evoluieren läßt, sie steht in direkter Wechselwirkung mit der Lebenskraft und dem Spiritus mundi (eine direkte Entsprechung zu Sheldrakes morphogenetischem Feld und

---

[2185] Vgl. Hrsg. Helmut Werner, *Paracelsus. Okkulte Schriften*, S. 20.

[2186] Vgl. Hrsg. Helmut Werner, *Paracelsus. Okkulte Schriften*, S. 74.

[2187] Vgl. v. Reichenbach und seine Od-Lehre (1867) bei Otto Prokop, *Der moderne Okkultismus*, S. 140f. – Prokop bewertet allerdings alles Okkulte als Unsinn – und vgl. Annette von Heinz, Friedrich Kur, *Das große Buch der Geheimwissenschaften*, S. 92f.

[2188] Vgl. Madame Blavatsky bei Otto Prokop, *Der moderne Okkultismus*, S. 140f., die Prokop allerdings als unsystematischen Scharlatan abtut.

[2189] Paracelsus in Hrsg. Helmut Werner, *Paracelsus. Okkulte Schriften*, S. 35. Und vgl. Max Freedom Long, *Geheimes Wissen hinter Wundern*, S. 131–152.

[2190] Vgl. zum Beispiel W.E. Butler, *How To Develop Psychometry*, S. 53.

[2191] Joe H. Slate, *Psychic Phenomena*, S. 74f.

[2192] Sieht man die Aura von allem als Wellendasein von Quantensystemen an und die Realität als Hologramm, produziert von interagierenden Bewusstseinsstrukturen, gibt es hinter dem Wellendasein noch eine eigentliche Realität und wird als Möglichkeit auch eine Auferstehung des Fleisches denkbar, wir wir im Kapitel zum Hologramm der Wirklichkeit gesehen haben.

[2193] Vgl. zum Beispiel van Helmont bei Kiesewetter, *Geschichte des Neuen Okkultismus*, S. 169ff. Oder Paracelsus bei Marco Bischof, *Biophotonen*, S. 52.

dem Quantenvakuum in unserem Modell). Dieses Licht sieht man in neuer Zeit als ein *spezielles* Licht an. W. Froese nennt es etwa latentes Licht[2194]. Die Aura ist in der Moderne ein *nichtmaterieller Energiekörper*[2195] aus spezifischen Äther-Schwingungen[2196]. Wir haben es hier nicht mit dem bislang bekannten Spektrum des elektromagnetischen Felds zu tun, meint man. Vielmehr mit einer subtileren Schwingungsenergie, wie der Physiker Bohm[2197] es ausdrückt: Bohm gesteht, nicht zu wissen, ob das menschliche Energiefeld, die Aura, existiert oder nicht, er hält es aber für möglich. Und falls dieses Feld also existiert, dann für Bohm auf der Subquantenebene, auf der Ebene der impliziten Ordnung (also im Quantenvakuum). Dort gibt es, vermutete Bohm, viele feine Energien, die der Wissenschaft noch unbekannt sind. (Bohm hätte die Aura von etwas eigentlich mit dem Wellendasein eines Quantensystems gleichsetzen können, angereichert durch Informationen, es lag nahe.)

Was die *allgemeine* und die *lokale Aura* angeht, denkt man heute etwas weiter, vor allem sieht man die Lokalaura anders:

Neben der allgemeinen Aura gibt es die lokale Aura spätestens seit Parcelsus. Lokalaura und allgemeine Aura galten früher und gelten heute als verbunden. Die *allgemeine Aura* nannten und nennen Okkultisten auch Äther oder Chaos oder Aura des Chaos[2198], Archäus, Anima mundi, Akasha, Mysterium magnum, himmlisches Feuer, Astrallicht. Paracelsus beschrieb die allgemeine Aura als Kraftstrahlen, die alles durchdringen und das Rohmaterial enthalten, aus dem sich durch Verdichten dieser Kraftstrahlen immer neue Welten manifestieren lassen[2199].

Die hier beschriebene allgemeine Aura können wir heute ohne weiteres mit dem Quantenvakuum (im hier vertretenen Modell der Physik) gleichsetzen.

Die *Aura einzelner Dinge und Personen* früherer Zeiten, den Astralleib, den Ätherleib usw. von Personen und Dingen, können wir heute (im hier vertretenen Modell der Physik) ohne weiteres mit der Wellenseite von Quantensystemen gleichsetzen, mit dem, was von Quantensystemen im Vakuum ist[2200]:

2194 Waldemar Froese, *Überlieferte Geheimwissenschaften*, S. 88.
      Als eine höhere Art von Licht bezeichneten wir Gravitationswellen.

2195 Vgl. bei Marco Bischof, *Biophotonen*, S. 45.

2196 A.S. Raleigh, *Hermetics And Psychometry*, S. 91–93.

2197 Bohm bei Michael Talbot, *Das Holographische Universum*, S. 193.

2198 Das Chaos ist eigentlich die überall befindliche Aura, der Äther. Dennoch sprach man auch von der Aura des Chaos, vgl. Hrsg. Helmut Werner, *Paracelsus. Okkulte Schriften*, S. 35.

2199 Vgl. Hrsg. Helmut Werner, *Paracelsus. Okkulte Schriften*, S. 35.

2200 Entspricht auch dem Schattenkörper der Kahunas.

Die individuelle Aura wäre im Vakuum noch nichtlokal gespeichert.
Einmal wäre da das Materiewellenabbild von Dingen und Personen etc.
und sein Abdruck in Gravitationswellen. Es folgt aus der Quantensystemhaftigkeit dieser. Es betrifft das Ding, die Person und alles, was diese
tut, was mit dieser passiert, es wäre der virtuelle Partner von allem, der
alles mitmacht. Das Materiewellenabbild enthielt bei uns auch, haben wir
vorgeschlagen, das psychometrische Gedächtnis, bei Personen auch das
Gedächtnis des Gehirns, Gedanken und Gefühle. Aus den Berichten der
vielen getesteten Auraleser kann man nun statistisch ableiten, daß auch
ein Bauplan von allem, Funktionen etc. in der Aura gespeichert sind, also
auch Informationen, die alles steuern[2201]. Ob nun auch diese Steuerungsinformationen in den Materiewellen gespeichert sind oder vielleicht nur in
Gravitationswellen, darüber kann man nur spekulieren.

Die lokale Aura schließlich von Dingen und Personen gab es ebenfalls
früher wie heute. Früher unterschied man die lokale Aura nicht von der
Aura einzelner Dinge und Personen. *Heute kommt die lokale Aura (eine
lokale Speicherung) erst zustande durch menschliche Wahrnehmung*, das
kann auch eine von uns vorgenommene *Messung* sein. Und nur die lokale
Aura würde sich (uns) als Leuchten in elektromagnetischen Teilchenwellen unserer Welt zeigen, etwa als Lichtkörper oder Heiligenschein. Sie
geht, etwa nach der Physikerin Brennan[2202], aus Frequenzen hervor, die
außerhalb unserer normalen Wahrnehmung liegen, aus Frequenzen, die
Brennan dem Quantenvakuum zurechnet. In unserem Modell ebenfalls,
dort würden wir mit unserer Wahrnehmung die Lokalaura etwas aus Gravitationswellen holen und sie letztlich in elektromagnetischen Teilchenwellen sehen. (Die lokale Aura wäre also das, was manche vom Quantenvakuum als einen *Abglanz* sehen oder sichtbar machen. Hier wird das
Frequenzspektrum mehr oder weniger rein, das heißt, abgeleitet rein,
erlebt, die Wellennatur der Quantensysteme wird auf dem Level unserer
Welt (in Teilchenwellen) wahrgenommen.)

Nur manche sehen allerdings derlei lokale Auren.

Brennan selbst kann übrigens, übersinnlich begabt, Auren sehen. Als
Kind konnte Brennan mit verbundenen Augen durch einen Wald laufen;
sie wich den Bäumen aus, indem sie mit den Händen deren Energiefelder
erspürte. Und irgendwann begann sie zu ihrem Erschrecken Lichtkränze
um die Köpfe anderer Menschen zu sehen (wir denken sofort an Heiligenscheine, ein altbekanntes Phänomen). Brennan konnte später aufgrund
der Farben der menschlichen Aura exakte Diagnosen stellen und auch hei-

---

[2201] In der individuellen Aura sind also auch die wirksamen Informationen sozusagen,
die wir vom Modell des Vakuums als Informationsfeld kennen.

[2202] Vgl. etwa Barbara Brennan bei Michael Talbot, *Das Holographische Universum*,
S. 179.

len. Sie gilt als überaus seriös und ist hochrenommiert[2203]. Bei Krebs im Frühstadium erscheine die Aura graublau, und wenn er weiter fortschreite, erscheine die Aura schwarz; im Schwarz zeigen sich weiße Flecken, und sobald die weißen Flecken schillern und den Eindruck erwecken, als würden sie von einem Vulkan ausgestoßen, sei das ein Zeichen für Metastasen.

Daß man durch die Zeiten und an verschiedenen Orten überhaupt auf so etwas Befremdliches wie einen Lichtkörper von Menschen oder Gegenständen kam, geht auf solche speziellen Leute zurück, die Auren sahen, auf die Beobachtungen etwa von Sehern, die in veränderten Bewußtseinszuständen um ihre Mitmenschen herum einen feinen leuchtenden Saum wahrnahmen[2204].

Am statistischen Befund hat sich nichts geändert: Moderne Parapsychologen stellen in Tests häufig fest, daß für viele Psychometer Gegenstände von Licht umgeben sind, ihre Konturen aus Licht bestehen[2205]. Auch Mrs. Denton[2206] stellte das bei den Versuchen der Dentons fest: Sah sie im Geist die Geschichte eines Gegenstands vor sich, gingen nach ihren Aussagen von allem Lichtstrahlen aus. Lichtstrahlen aus einem besonders feinen, durchlässigen Licht, dessen Strahlen immediat ihr Gehirn zu erreichen schienen und zu ihren spezifischen Visionen führten.

Nicht alle sehen also die Aura, nur Leute wie paranormal Begabte, Heilige in Ekstase, im Drogenrausch Befindliche etc. Es muß hier dasselbe gelten wie fürs Gedächtnis der Dinge. Im Walker-Modell wäre Voraussetzung eine Zurückdrängung unseres realen Gehirns und ausschließliches Navigieren mit dem virtuellen Gehirn, möglich in unserer Welt nur für kurze Zeit. In elektromagnetischen Wellen würden diese die Aura letztlich als Licht wahrnehmen (projizieren) können.

Bis vor kurzem war die Aura, wie gesagt, in der westlichen Welt verpönt. In neuerer Zeit scheint sie kein Hexenwerk mehr zu sein, man kann gewisse Auren mit technischen Mitteln sichtbar machen (durch Messung kollabiert hier die Wellenfunktion, holen wir die Aura in elektromagnetische Teilchenwellen unserer Welt.) Und man anerkennt vor allem, daß ihr ubiquitäres Vorkommen (nach dem Stanford Parapsychologen Stanley Krippner[2207] in 97 Kulturen) für ihr Existieren spricht.

[2203] Elisabeth Kübler-Ross sieht in Barbara Brennan „wahrscheinlich eine der besten Geistheilerinnen der westlichen Hemisphäre". Bei Michael Talbot, *Das Holographische Universum*, S. 182.

[2204] Vgl. bei Marco Bischof, *Biophotonen*, S. 51.

[2205] W. und E. Denton, *The Soul of Things*, S. 339ff. Und vgl. bei Marco Bischof, *Biophotonen*, S. 76 die Prominenten, die Auras sehen konnten: etwa der seriöse Seher Edgar Cayce oder der amerikanische Psychiater John C. Pierrakos.

[2206] W. und E. Denton, *The Soul of Things*, S. 85.

[2207] Vgl. Krippner bei Michael Talbot, *Das Holographische Universum*, S. 179.

– Ein Lebewesen sendet bereits infolge seiner Körpertemperatur ständig Photonen aus (Wärmeabstrahlung), und zwar im Infrarotbereich[2208]. Wir können solches Licht zwar nicht sehen, wohl aber seine Wirkung auf fotografischen Platten wahrnehmen[2209]. –

Die *Kirlianphotographie*[2210] macht eine Aura sichtbar, auch bei „toten" Gegenständen[2211]. Bei ihr wird eine Abstrahlung künstlich provoziert: die Strahlungs*reaktion* des Organismus wird auf ein pulsartiges Hochfrequenzfeld abgebildet. 1967 versuchten Valentina und Semjon Kirlian verschiedene Arten von Strahlungen zu messen, die der Organismus aussendet, mit Hilfe der von ihnen entwickelten Hochfrequenzfotografie. Sie fanden etwa heraus, daß Heilerhände eine stärkere Photonenstrahlung abgaben als andere Hände – von Handstrahlung ging bereits der Okkultismus aus, und von heilsamen Handauflegungen auch die Bibel[2212].

Valerie Hunt[2213] von der UCLA wies die elektrische Komponente der menschlichen Aura mittels eines Elektromyographen nach. Das ist ein Gerät zur Messung der elektrischen Muskeltätigkeit. Mißt man die Frequenzspanne der Hirnstromtätigkeit mit dem Gerät, schwankt diese zwischen 0 und 100 cps (Zyklen pro Sekunde). Die Muskelfrequenz geht bis auf 225 cps hinauf. Das Herz erreicht sogar rund 250 cps. Daneben entdeckte Hunt, daß die Elektroden des Elektromyographen noch ein weiteres Energiefeld erfaßten, das der Körper abstrahlt: es wies Frequenzen zwischen 100 und 1600 cps auf, und noch höhere Werte. Es ging nicht vom Herzen, vom Gehirn oder der Muskulatur aus. Und interessanterweise war es in den Körperregionen am stärksten, die mit den *Chakras* in Verbindung gebracht werden. Hunt fand überdies heraus, daß immer dann, wenn ein Aurawahrnehmer in der Aura einer Person eine bestimmte Farbe sah, der Elektromyograph ein bestimmtes Frequenzmuster anzeigte. Sie konnte das jeweilige Muster mit einem Oszilloskop erkennen, einem Apparat, der elektrische Wellen auf einem monochromen Videoschirm in ein sichtbares Muster umsetzt. Um die Sache interessanter zu machen: Hunt fand in vielen vergleichenden Tests ein paar weitere erstaunliche Dinge heraus: Personen, deren Bewußtsein vorwiegend auf materielle Dinge ausgerichtet ist, liegen im unteren Bereich, um 250 cps, im Bereich also der biologischen Frequenzen. Bei Menschen, die über-

---

[2208] Vgl. zum Beispiel Anton Zeilinger, *Einsteins Schleier*, S. 101.

[2209] Vgl. zum Beispiel Richard P. Feynman, *QED*, S. 24.

[2210] Vgl. bei Marco Bischof, *Biophotonen*, S. 366–368.

[2211] Viele Esoteriker haben die Kirlianphotographie angezweifelt, weil tote Gegenstände auch Strahlenkränze (eine Aura) zeigten: vgl. Annette von Heinz, Frieder Kur, *Das große Buch der Geheimwissenschaften*, S. 92. Für uns wäre das gerade ein Indiz für ihre Brauchbarkeit.

[2212] Vgl. bei Marco Bischof, *Biophotonen*, S. 376f.

[2213] Bei Michael Talbot, *Das Holographische Universum*, S. 188ff.

sinnliche Fähigkeiten besaßen, waren Frequenzen zwischen 400 bis 800 cps zu registrieren. Personen, die leicht in Trance fallen und dabei augenscheinlich besondere Informationsquellen kanalisieren, operieren in einem schmalen Bereich zwischen 800 und 900 cps. Menschen mit über 900 cps bezeichnet Hunt als mystische Persönlichkeiten. Mit einem modifizierten Elektromyographen konnte Hunt sogar im Energiefeld einer Person vereinzelt ungeheure 200 000 cps messen. Die Messungen stimmen mit der mystischen Überlieferung überein, daß spirituell hochbegabte Menschen „höhere Vibrationen" besitzen als normale Sterbliche.

Auch Hunt[2214] geht, wie Bohm, davon aus, daß es neben der elektrischen Komponente der Aura, die gemessen worden ist, noch eine unentdeckte[2215] Energiekomponente gibt (in unserem Modell wäre das die im Quantenvakuum befindliche Aura, etwa in Materiewellen oder Gravitationswellen).

Der kanadische Biophysiker J. Bigu de Blanco beschreibt alle derzeit bekannten Komponenten der menschlichen Aura, die mit der heutigen Meßtechnologie erfaßt werden können: Radio- und Mikrowellenaura, Infrarotaura, optische Aura, Ultraviolettaura, Röntgenstrahlen-, Gamma-, Betastrahlen-, UV-Fluoreszenzaura. Die Neutrinoaura. Die chemische und biologische Aura (Schweiß und Pheromone, Atemgase, Ionen, Mikroorganismen). Und die Druck- und Schallwellenaura.

Und es gibt weitere aktuelle Neuigkeiten über die Aura.

Hunt[2216] fand mittels der Chaosanalyse heraus: die kaleidsokopartigen Veränderungen, die im Energiefeld der Aura, vorgehen, erscheinen zufällig, weisen aber in Wirklichkeit eine sehr hohe Ordnung auf.

Vergleicht man sie mit den Chaosmustern in EEG-Aufzeichnungen des Gehirns, ergibt sich, daß die Aura weit komplexer und dynamischer organisiert ist und eine viel größere Informationsmenge enthalten muß!

Die Aura wäre also hochkomplex.

Es sieht hiernach so aus, als sei die Aura identisch mit der *Lebenskraft*, dem *Od*, dem *kosmischen Bewußtsein*, den *morphischen Feldern*[2217], der in der modernen Biologie *postulierten intelligenten Lebenskraft*, mit

---

[2214] Vgl. Valerie Hunt bei Michael Talbot, *Das Holographische Univerusum*, S. 192.

[2215] Soweit die Aura nur im Quantenvakuum ist, ist sie natürlich nicht wahrnehmbar. Die Gehirne Sensitiver haben die Möglichkeit die Aura für sie wahrnehmbar zu machen, sie aus dem Vakuum in unsere Welt zu übersetzen, die Wellenfunktion kollabieren zu lassen, sie in elektromagnetische Teilchenwellen zu holen. Dasselbe geschieht hier bei den Personen, die die Aura durch Messungen in die Teilchenwelt holen.

[2216] Vgl. Michael Talbot, *Das Holographische Universum*, S. 191f.

[2217] Vgl. Parcelsus, Blavatsky, von Reichenbach (und seine Od-Lehre, 1867), Rudolf Steiner, Rhine bei Otto Prokop, Wolf Wimmer, *Der moderne Okkultismus*, S. 139ff. Prokop und Wimmer stellen allerdings quasi alle paranormalen Phänomene in Frage, jedoch ohne schlagkräftige Beweise.

dem *Quantenvakuum* in unserem Modell, das auch eine gigantische Menge von steuernden Informationen enthält. Wie Paracelsus es bereits vermutete[2218], existiert dann in der Aura einer Pflanze bereits das Blatt der Pflanze, das *erst morgen* zu wachsen beginnt. Und diese Aura enthielte somit auch unser Gedächtnis der Gegenstände[2219].

Einige Parapsychologen gingen schon früh davon aus, daß *das Gedächtnis von Gegenständen, Orten, Personen in der Aura* liegt.

Bereits Emanuel Swedenborg[2220] sah die Aura von Personen als die Menschen „umgebende Wellensubstanz", in der die Gedanken einer Person (für ihn) als Bilder sichtbar wurden, die Swedenborg Portraits nannte, und auch die Vergangenheit der Person.

Der Psychometrie-Sachverständige W.E. Butler[2221] hielt die Aura für den Behälter des Gedächtnisses von Gegenständen. Auch die Dentons[2222] nahmen an, jedes Objekt habe eine auratische Ausstrahlung („as truly a light proceeds from the stars"), eine Atmosphäre, die das Gedächtnis des Gegenstands oder der Person oder des Orts enthält

Beim Alchemie-Spezialisten A.S. Raleigh[2223] enthielt die Aura einer Person den mentalen Zustand, den emotionalen Zustand, Gedanken, Gefühle usw., und zwar nicht nur die aktuellen, auch die vergangenen, und die ganze Geschichte dieser Person; Gegenstände enthielten desselben ihre gesamte Geschichte in ihrer Aura. Auren hinterließen nach ihm Schwingungen im Äther, die wiederum andere Auren erreichen konnten. Alles, was wir berührten, wurde so von unserer Aura gefärbt. Ein Gegenstand nahm die Schwingungen unserer Aura auf und fortan waren sie ihm aufgeprägt. Das Psychometrisieren einer Person konnte daher, so Raleigh, gefährlich sein, man schlüpfte sozusagen in ihren Seelenzustand, wir fühlten uns dann genau wie sie, und anderer Leute Kleidung zu tragen war nach ihm deshalb geradezu schädlich.

Für den Psychologen Joe H. Slate[2224] ist ebenfalls in der Aura einer Person alles über diese Person enthalten, ihre bewußten wie unbewußten Gedanken, ihre Geschichte, sie erscheint wie eine Leinwand, auf die Bilder geworfen werden (auch zukünftige), sie formt unsere Psyche und unseren Körper, sie ist die Verbindung zu höheren Dimensionen, und sie ist auch Auraenergie, die in ihrer höchsten Konzentration Psychokinese erlaubt.

[2218] Paracelsus in Hrsg. Helmut Werner, *Paracelsus. Okkulte Schriften*, S. 18–20, 25.
[2219] Sieht der Psychometer konkrete Bilder vor sich, dann extrapoliert er einfach Informationen aus diesem Licht der Aura.
[2220] Vgl. bei Michael Talbot, *Das Holographische Universum*, S. 197f.
[2221] Vgl. zum Beispiel W.E. Butler, *How To Develop Psychometry*, S. 53.
[2222] W. And E. Denton, *The Soul Of Things*, S. 278f.
[2223] A.S. Raleigh, vgl. *Hermetics And Psychometry*, S. 91–93 und 98f., konnte aufgrund der Farben der Aura erstaunlich exakte Diagnosen stellen und auch heilen.
[2224] Joe H. Slate, *Psychic Phenomena*, 1988, S. 74f.

Slate machte mit Studenten Experimente des Auralesens und stellte interessanterweise fest, daß die Informationen, die sensitive Studenten dort herauszuholen in der Lage waren, jeweils symbolisch verschlüsselt erschienen: zum Beispiel erschien ein sich zur Seite neigender Turm in der Aura eines Mannes, dessen Ehe in Gefahr war.

Auch Michael Talbot[2225] glaubt daran, daß die Aura das Gedächtnis von allem möglichen enthält. Er berichtet, daß übersinnlich begabte Menschen in der Aura von Personen häufig dreidimensionale Bilder umherschweben sehen, die in den Gedanken der betreffenden Person eine wichtige Rolle spielen.

Und das führt uns nun zu Besonderheiten des Auralesens.

So schildert Beatrice Rich[2226], eine bekannte amerikanische Sensitive, die Bilder, die sie in der Aura wahrnehme, seien nicht immer statisch, seien häufig dreidimensionale Filme! Sie erblickt dann um den Kopf einer Person oder hinter deren Schulter ein verkleinertes Abbild der Person, etwa bei deren alltäglichen Verrichtungen. Sie kann ihr Büro sehen, ihren Chef, was sie im letzten halben Jahr gedacht und erlebt hat, alles wie in Filmszenen. Auch Carol Dryer[2227], ebenfalls eine bekannte amerikanische Auraleserin, hebt die Dreidimensionalität von Filmbildern hervor und die unglaublichen Details, die sie entdeckt, wenn sie genauer hinsieht: Wenn sie einen Menschen in einem Zimmer sitzen sieht, kann sie sagen, wie viele Blätter die Zimmerpflanzen im Raum haben, aus wievielen Steinen die Zimmerwand besteht. Dryer vergleicht die Bilder, die sie sieht, wir wundern uns nicht, mit Hologrammen. Wenn sie sich so ein Hologramm vornimmt und es betrachtet, dann scheint es sich auszudehnen und den ganzen Raum auszufüllen. Sie hat dann das Gefühl, sie könnte ein Teil des Bilds oder der Szene werden, denn die Szene geschieht um sie herum, auch wenn sie nicht ihr selbst geschieht. Interessant ist bei Dryer, sie nimmt visuell auch die Aktivitäten des „Unterbewußtseins" wahr, das sich in einer Symbol- und Metaphernsprache äußert; während einer Sitzung sah sie einen Haufen Kartoffeln um den Kopf einer Frau herumwirbeln. Rich war zuerst irritiert, dann fragte sie die Frau, ob Kartoffeln für sie eine besondere Bedeutung hätten. Die Frau lachte und überreichte Dryer ihre Karte: Sie war Mitglied einer Art Kartoffel-Kommission von Idaho, das Pendant der Kartoffelanbauer zur amerikanischen Molkereigenossenschaft.

Hochinteressant ist nun: deutet Dryer ein Bild falsch, verschwindet es nicht aus der Aura, erst, wenn sie es richtig deutet, verschwindet es. Als hätten auch diese Bilder ein eigenes Bewußtsein (wie nach manchen Physikern alles, jedes subatomare Teilchen).

[2225] Michael Talbot, *Das Holographische Universum*, S. 193ff.
[2226] Vgl. bei Michael Talbot, *Das Holographische Universum*, S. 194f.
[2227] Vgl. bei Michael Talbot, *Das Holographische Universum*, S. 196ff.

Viele Auraleser berichten ebenfalls über die in der Aura hologrammartig organisierte Information. Die Fülle der persönlichen Informationen, die in der Gesamtaura des Körpers enthalten ist, sei auch in jedem Teil der Köperaura zu finden.

Kleine Zusammenfassung und Modellpräzisierung:

Die hiesige überall befindliche Aura und das Quantenvakuum in unserem Modell haben dieselben Eigenschaften, wir können sie daher gleichsetzen. Mit Chaos, kosmischem Bewußtsein, Äther, Aura, Quantenvakuum unseres Modells scheint jeweils dasselbe gemeint.

Die individuelle Aura verschmilzt mit der allgemeinen Aura: dadurch ist alles mit allem verbunden (und holographisch), nicht nur für Paracelsus[2228].

Die lokale Aura wird in moderner Sicht erst durch Wahrnehmung, durch unsere oder auch die eines anderen Bewußtsein, geschaffen. Sie wäre für uns ein lokaler Abglanz des Quantenvakuums, den aber nur manche dort herausholen (projizieren) können.

In allen Auren (der allgemeinen, der individuellen, der lokalen) läge unser Gedächtnis der Dinge, es ist entsprechend universell oder lokal.

Modellpräzisierung:

Im Vakuum unseres Modells hinterlassen Quantensysteme Abdrücke in Materiewellen. Quantensysteme tummeln sich dort in Wellenform, in Materiewellen und Gravitationswellen. Die Materiewellen machen alles mit, was Quantensysteme tun.

Daneben scheint es nun, das ist statistisch gesichert durch die vielen Sensitiven, die das aus Auren herausgelesen haben, für jedes Quantensystem noch Informationen zu geben, die etwas über seinen Bau sagen, seine Funktionen etc., *Informationen, die ein Quantensystem auch steuern können*. Sein psychometrisches Gedächtnis sahen wir nun in Materiewellen gespeichert, wir schlugen dies als Möglichkeit vor. Die Materiewellen machen alles mit, was das System tut. Nun scheint auch alles, *was ein Quantensystem steuert, informiert, sozusagen zum Leben bewegt*, irgendwo gespeichert zu sein. Diejenigen, die im Vakuum auch ein riesiges Informationsfeld sehen, votieren hier fürs Vakuum. Fragt sich, ob auch diese Informationen in Materiewellen gespeichert sind oder nur in Gravitationswellen im Vakuum. Bei den Steuerungsinformationen befinden wir uns ja eigentlich auf einem anderen, höheren Level als dem Level des zu Steuernden.

Egal, wo nun diese Informationen, die alles erst in Bewegung bringen, gespeichert sind: die vielen Auraleser, die auch Steuerungsinformationen aus den Auren herauslesen, sprechen jedenfalls für das Modell des

---

[2228] Vgl. Hrsg. Helmut Werner, *Paracelsus. Okkulte Schriften*, S. 35.

Vakuums, in dem nicht nur alles Spuren hinterläßt und so ein Gedächtnis, sondern auch für das Modell des Vakuums, das alles informiert und steuert.

Im Modell des Hologramms der Wirklichkeit wären diese Steuerungsinformationen im Vakuum möglicherweise die Gedanken, Ideen eines höheren Bewußtseins, zu dem auch ein höheres Gehirn gehörte. Womit wir hier auch wieder bei den Modellen der vis vitalis wären, der Kraft, des Bewegers, der/die hinter allem steht.

Kleiner Exkurs zur Bedeutung der Farben der menschlichen Aura im Okkultismus:

Okkultisten glauben, daß sich in den sieben Grundfarben des Lichtspektrums die Evolution des Universums widerspiegelt. Auf diesen sieben Farben fußt auch eine der kabbalistischen Farbskalas.

Andere unterteilen diese noch in viele Unterschattierungen, Violett nach dem britischen Okkultisten S.G.J. Ousely etwa in Amethyst, Orchidee, Purpur, Glyzine und Lavendel.

An den Farben der Aura einer Person lassen sich nach Ansicht von Okkultisten (beziehungsweise nach Ansicht von Esoterikern) Talente, Charakter usw. ablesen.

Rot zeigt bei Ousely Leben, Stärke, Vitalität an. Ein klares, helles Rot bedeutet Großzügigkeit, Ehrgeiz und Zuneigung, ein Übermaß an Rot starke körperliche Neigungen. Dunkelrot signalisiert tiefe Leidenschaft. Rötlichbraun: Sinnlichkeit, Lüsternheit. Sehr dunkle satte Rot-Töne: Gier und Grausamkeit. Karmesinrot: niedrigere Leidenschaften, Begierden. Düsteres, geflecktes Rot: Gier und Grausamkeit. Scharlachrot: sinnliche Begierde. Tiefes Karmesinrot mit Schwarz durchzogen: krassen Materialismus. Die hellen, rosafarbenen Töne sind im Gegensatz hierzu Symbole der selbstlosen Liebe.

Dunkle Farben sind häufig negativ besetzt: Dunkelgrün etwa weist auf Betrügerei und Falschheit hin. In dunkles, schmutziges Gelb kleiden sich Eifersucht und Mißtrauen.

Dunkle gedeckte (stumpfe) Farben sind das schlimmste: Klares Braun weist auf Habsucht hin, Graubraun auf Depression. Mit trübem Graubraun verbindet sich Selbstsucht. Bösartigkeit und Laster erscheinen in Schwarz. Bleigrau gefärbt sind Gemeinheit und mangelnde Phantasie. In Hellgrau äußert sich Angst. Graugrün sind Betrügerei und Doppelzüngigkeit.

Nur im blauen und violetten Bereich ist alles gut: Tiefes Blau signalisiert religiöse Gefühle, bläuliches Violett (also ein dunkles Violett) transzendenten Idealismus. Hier ist hell *und* dunkel positiv besetzt.

Auf der Skala von Rot bis Violett gibt es eine ansteigende Tendenz zu mehr Spiritualität: Rot (Leben), Orange (Energie), Gelb (Intellekt),

Grün (Harmonie und Wohlwollen), Blau (religiöse Inspiration), Indigo (Intuition), Violett (Spiritualität).

In Dantes *Göttlicher Komödie* treffen wir interessanterweise auf denselben Zusammenhang zwischen dunklen Farben und moralisch Bösem beziehungsweise geht das Böse mit einem Mangel an Licht einher.

Die Hölle ist ein Ort, wo das Licht zum untersten Höllenkreis hin immer mehr abnimmt und die Farben sich entsprechend verdunkeln. (Den Herrscher der Hölle kann man sich in dem Zusammenhang als gefallenes Licht vorstellen.)

„Aus ruh'ger Luft komm' ich in die bewegte,
In ein Gebiet, wo nichts mehr ist, das leuchtet."
Dante, *Göttliche Komödie*, Hölle, Vierter Gesang

„Die Landschaften des Inferno", sagt der Dante-Kenner Guardini, „drücken die Verlorenheit aus ... Allgemein gesprochen, werden die Landschaften des Inferno immer düsterer, enger und starrer, je tiefer es nach unten geht. – Der beklemmend geschilderte Weg durch das Innere der Erde auf ihre andere Seite bildet einen scharfen Ausdruck für den Zustand unmittelbar nach der inneren Wende im Zentrum der Verlorenheit. – Auf ihn folgt erlösend die unendliche Offenheit um den Läuterungsberg, der sich auf einer Insel im südlichen Meer erhebt. Wie sich hier die ermutigenden Momente der Höhe über dem südlichen Meer des Lichtes und der reinen Farben mit der Not der Buße verbinden, das ergibt ein Ganzes aus Ernst und Hoffnung, aus Bedrängnis, die sich fortschreitend in die Freiheit öffnet. Von Terrasse zu Terrasse werden Freiheit und Schönheit immer stärker, um schließlich, nach der Schilderung des Flammengürtels, in die zauberhafte Holdseligkeit des irdischen Paradieses überzugehen."

Gott selbst wird von Dante im Empyreum symbolisch als gleißender Lichtpunkt dargestellt.[2229]

[2229] Das Böse ist bei Dante nicht nur das Licht-Ferne, auch das Schwere:
„Zum Abfall trieb der fluchbeladne Stolz
des einen, den du in der Tiefe sahst,
von allem Schweren in der Welt umdrängt."
Dante, *Göttliche Komödie*, Paradies XXIX, 49–57
Es gilt die alte Offenbarungsweisheit, die Materie als gefallenes Licht betrachtet.
Hier sind Lichtferne und Schwere in einem. Mehr Gravitation wäre also das Bösere.
Die materielle Welt überhaupt würde zum Bösen neigen, Massen sind immer mit Trägheitskräften verbunden. Und so etwas wie schwarze Löcher könnte man dann als Höllen sehen. Glücklicherweise weiß man inzwischen, daß diese nicht ewig sind, sondern mit der Zeit verdampfen. Der Big Bang hingegen wäre nicht höllisch, da sich in ihm oder nach ihm erst Gravitation, Kräfte und Materie, sozusagen herausbilden.

Damit ist das okkultistische Prinzip gemeint: *Wie der Mikrokosmos (Mensch), so der Makrokosmos (das Universum)*. Hieraus folgt etwa, daß beide, Mensch und Universum, ein Bewußtsein haben. (Wir haben also auch hier ein Bewußtsein jenseits des Gehirns, ein nichtlokales Bewußtsein.) Aus diesem okkultistischen Prinzip folgt eine Beseelung von allem. Und so werden auch beseelte Dinge, Dinge mit Gedächtnis denkbar.

Und es folgt aus dem Prinzip, daß wir aus dem Äther oder aus dem kosmischen Bewußtsein auch beispielsweise das Gedächtnis eines Gegenstands ablesen können: denn wie oben, so auch unten; unser Bewußtsein gleicht dem universellen Bewußtsein, es gibt eine Verbindung durch Affinität. Indem wir uns auf unser Bewußtsein einstimmen, können wir auch aus dem Bewußtsein des Universums, aus dem Äther, lesen (zum Beispiel das Gedächtnis eines Gegenstands oder Orts hieraus ablesen). Und auch andere paranormale Fähigkeiten erklären sich hier: Wir erhalten etwa auch, wie der Okkultist Parcelsus schließt[2230], infolge dieses Prinzips, die Befähigung, „von oben aus herab bis auf den groben Stoff in der materiellen Welt einzuwirken", die Befähigung also zur Psychokinese.

Es ist dasselbe, wenn wir sagen: wir selbst sind Emanationen des Quantenvakuums (im hier vertretenen Modell), also können wir die dort gespeicherten Informationen lesen. Oder wenn Goethe sagt: „Wär nicht das Auge sonnenhaft, wie könnte es das Licht erblicken." Es ist das anthropische Prinzip der modernen Naturwissenschaften.

Die Parapsychologie kennt dasselbe Prinzip. Bei Pagenstecher etwa findet das Gehirn im kosmischen Bewußtsein *artverwandte* Schwingungen[2231] und kann so Informationen dort extrapolieren.

Eine weitere Konsequenz des Prinzips: Aus *wie oben so unten* folgt für das Universum beziehungsweise für das Chaos: neben Geist und Seele hat es auch einen Körper, umgeben von einer Aura. Der Makrokosmos Chaos, aus dem alles wird, gleicht dem Mikrokosmos Mensch geradezu spiegelbildlich und umgekehrt. Die Dreiheit[2232] von Körper, Seele, Geist ist sozusagen die Intelligenz, die ein All nach dem anderen aus dem Chaos manifestiert. Die Okkultisten stellten sich dabei diese dreifaltige Intelligenz des Chaos recht konkret vor, sie setzt sich bei ihnen zusammen aus den unsterblichen menschlichen Seelen früherer Evolutionsperioden (Seele, Körper, Geist dieser wären in Potentia im Chaos). Einen Gott im christlichen Sinn gibt es hier also nicht. Gott wäre hier die Intelligenz der

---

[2230] Vgl. Hrsg. Helmut Werner, *Paracelsus. Okkulte Schriften*, S. 38.

[2231] Vgl. *Lexikon für Parawissenschaften*: S. 119ff.

[2232] Man denkt hier auch gleich an den Begriff der *Dreifaltigkeit*. Und an den in der Realität als Hologramm möglichen, hinter allem projizierenden realen Gott.

im Chaos schlummernden unsterblichen Seelen: Diese bringen immer bessere Weltalle hervor: das wäre der göttliche Evolutionsprozeß.

Das Prinzip: *wie oben so auch unten* geht eigentlich auf die Antike zurück. Es hat bereits ägyptische Ursprünge, war Teil ägyptischen Geheimwissens über die Natur. So lautet eine in Memphis gefundene Tempelschrift[2233]: *Himmel oben, Himmel unten. Sterne oben, Sterne unten. Was nur oben, ist auch unten. Solches nimm zu deinem Glück.*

Griechen wie Anaximenes, Pythagoras, Heraklit, Parmenides, Empedokles, Demokrit, Platon, Plutarch und Römer wie Plinius tradierten es[2234]. Für Stoiker (im 3. Jh. vor Chr.) galt: „Das göttliche Urfeuer glüht nicht fernab, sondern durchdringt, beseelt die gesamte Welt"[2235]. Bei Platon im *Timaios*[2236] ist der Makrokosmos, die Welt, wie der Mikrokosmos, der Mensch, ein beseeltes Lebewesen! Die Welt beziehungsweise der Kosmos besitzt einen Körper und eine vernünftige Seele. Die Gnostiker vertraten das Prinzip, und prominente Gelehrte wie der um die Zeitenwende lebende jüdische Philosoph Philon von Alexandria. Im Mittelalter bleibt es Teil der gelehrten Welt. Der bekannte mittelalterliche jüdische Philosoph Maimonides[2237] etwa beschäftigte sich eingehend damit.

Sehen wir uns an, wie der Okkultist Parcelsus[2238] (1493–1541) das Prinzip beschreibt: Bei ihm folgt der Zusammenhang von Mikro- und Makrokosmos aus: *omnia una creata sunt.* Daraus, daß alles aus einem, nämlich dem Archäus, dem Äther, geschaffen ist. So gleicht die Welt dem Menschen, ist ein Gesamtzusammenhang wie der Mensch, und allem unterliegt damit auch eine geistige/seelische Komponente. Selbst die toten Dinge sind für ihn beseelt, denn auch sie sind aus dem Archäus geschaffen. Auch sie bestehen aus Körper, Seele, Geist und sind von einer Aura beziehungsweise einem Astralkörper umgeben.

Fazit des Prinzips ist also, wir und die Gegenstände haben ein Bewußtsein. Denn beide gleichen sich, stammen sozusagen aus derselben Quelle. Daher gibt es auch eine mögliche Kommunikation (ein geistiges Verständnis) zwischen uns und den Dingen zwischen Mikro- und Makrokosmos. Und in dem Rahmen kann auch jemand beispielsweise das Gedächtnis eines Gegenstands erfassen.

[2233] K.C. Schmieder, *Die Geschichte der Alchemie*, S. 86.

[2234] Constantin J. Vamvacas, *Die Geburt der Philosophie*, S. 51ff., 95f., 150ff., 201ff., 241, 247. Und S. 259: Die Physiker Leon M. Lederman (Nobelpreis 1988) und David N. Schramm haben sich auch mit der Tradierung dieses Prinzips in der griechischen Philosophie beschäftigt.

[2235] Vgl. bei Karl-Heinz Göttert, *Magie*, S. 18.

[2236] Platon bei Karl-Heinz-Göttert, *Magie*, S. 15.

[2237] Vgl. Michael Talbot, *Das Holographische Universum*, S. 307.

[2238] Paracelsus in Hrsg. Helmut Werner, *Paracelsus. Okkulte Schriften*, S. 18ff., 35.

Nun ist das Lesen eines solchen Gedächtnisses, wie wir gesehen haben, aber nicht jedem möglich.

Und auch hier gibt es eine Antwort: Im Prinzip steckt eine Hierarchie[2239]:

Das obere beeinflußt das untere, umgekehrt findet nur ein eingeschränkter Einfluß statt, meinen viele seiner Vertreter. Das höhere Bewußtsein des Kosmos ist für unser niedrigeres menschliches Bewußtsein nur eingeschränkt zugänglich oder verfügbar (und daher schafft es nicht jeder, aus ihm beispielsweise das Gedächtnis eines Dings zu extrapolieren).

Was einmal zusammen war, bleibt zusammen[2240]

Dieses Prinzip entspricht der Verschränkung von Quanten.

Es bedeutet auch, daß ein unlösbares Band zwischen Ganzem und Teil des Ganzen besteht und ist insoweit auch identisch mit dem Pars-pro-toto-Prinzip.

Hier haben wir wiederum ein holographisches Modell der Realität. Alles steckt so in einem raum- und zeitüberspringenden, sympathetischen Beziehungsgeflecht. Selbst das Essen, das ich konsumiert habe, hängt weiter mit mir zusammen, oder ein Ring, den ich einmal getragen habe. Dieses Zusammenhängen stellt man sich als ewig vor.

Dieses Prinzip bildet so eigentlich par excellence ein Gedächtnis von allem ab: Wenn ein Dinge mit allem verbunden bleibt, das einmal mit ihm in Berührung war, mit anderen Dingen, mit Personen, mit Ereignissen etc., dann bleibt das Ding seiner eigenen Geschichte verbunden. Das Ding schleppt somit ein Gedächtnis mit sich, das im raum- und zeitüberspringenden Beziehungsgeflecht liegt.

Das Pars-pro-toto-Prinzip[2241]

besagt, wie gesagt, daß ein Teil dieselbe Wirkung hat wie das Ganze[2242]. Daß in jedem Teil die Eigenschaften des Ganzen stecken. Wir haben oben gesehen, was das in der Magie bedeutet. Besitzt man lediglich ein Haar einer Person, hat man schon Gewalt über die gesamte Person[2243]. Selbst

---

[2239] Auf eine solche Hierarchie kamen wir auch im Hologramm der Realität.

[2240] Hierzu: Alfred Bertholet, *Das Wesen der Magie* in *Magie und Religion*, S. 115.

[2241] Hierzu: Vgl. Carl Clemen, *Wesen und Ursprung der Magie* in *Magie und Religion*, S. 59, 65, 72, 115.

[2242] Vgl. Carl Clemen, *Wesen und Ursprung der Magie* in *Magie und Religion*, S. 59.

[2243] Vgl. Carl Clemen, *Wesen und Ursprung der Magie* in *Magie und Religion*, S. 72.

der Name vertritt die ganze Person: kennt man den Namen, kann man die Person verfluchen[2244]. Will man sich die Kraft von Tieren oder Pflanzen aneignen, genügt es, wenn man sich mit ihrer Asche einreibt[2245].

Das Prinzip erklärt die Wirkmächtigkeit von Teilen. Die Macht der Reliquie findet hier eine teilweise Erklärung[2246].

Und das Prinzip erklärt, faßt man es weit, daß es bei der Psychometrie genügt, den Gegenstand einer Person zu berühren, um alles Mögliche über die Person zu erfahren.

Wir können es sogar so zum Extremfall spinnen, daß in jedem Teil unserer Welt die gesamte Wirklichkeit liegt. Aus meinem Fingernagel, besagt es dann, kann ich den Bau des Universums ablesen. Und hier ist es nicht einmal irrer Hokuspokus. Der Physiker David Bohm[2247] hat dasselbe Weltbild. Nach Bohm ist in jedem Teilstück das Universum als Ganzes eingefaltet. Im Prinzip ist damit der Andromeda Nebel in unserem Daumennagel der rechten Hand enthalten, oder die erste Begegnung zwischen Kleopatra und Cäsar.

Ähnliches gesellt sich zu Ähnlichem
Similia similibus evocantur.[2248]

Auch dieses okkultische Prinzip entstammt bereits der Antike. So geht die Philosophie der hellenistischen Antike davon aus, daß Gleiches immer durch Gleiches erkannt wird. Der erkennt, ist verbunden mit dem, was er erkennt und mit dem, der Erkenntnis schenkt (Gott).[2249] Bei Empedokles etwa zieht sich Gleiches an. Die Verwandtschaft der Natur des Menschen mit der ihn umgebenden Natur garantiert Verständnis und Kontrolle[2250].

Und Plotin[2251] ging davon aus, daß vermittels Ähnlichkeit, vermittels Sympathie, alles im All zusammenhängt: daß zum Beispiel ein Bild, das eine Ähnlichkeit zu einer Gottheit schafft, die höheren Kräfte der Gottheit auf das Bild zieht, und fortan göttliche Kraft ausstrahlt.

Heute finden wir dieses seltsame Prinzip in der Physik. Es liegt der Resonanzkopplung zugrunde. Resonanzkopplung bedeutet die wechsel-

---

[2244] Vgl. Carl Clemen, *Wesen und Ursprung der Magie* in *Magie und Religion*, S. 72.

[2245] Vgl. Carl Clemen, *Wesen und Ursprung der Magie* in *Magie und Religion*, S. 65.

[2246] Alfred Bertholet, *Das Wesen der Magie* in *Magie und Religion*, S. 115.

[2247] Vgl. bei Michael Talbot, *Das Holographische Universum*, S. 57, 61.

[2248] Hierzu: Christoph Markschies, *Die Gnosis*, S. 10f. Constantin J. Vamvacas, *Die Geburt der Philosophie*, S. 249.

[2249] Vgl. Christoph Markschies, *Die Gnosis*, S. 10f.

[2250] Constantin J. Vamvacas, *Die Geburt der Philosophie*, S. 249.

[2251] Vgl. bei Lutz Lippold, *Macht Des Bildes – Bild Der Macht*, S. 61. Plotin übte entscheidenden Einfluss auf das frühe Christentum aus.

seitige Beeinflussung zweier mit gleicher (ähnlicher) Frequenz schwingender physikalischer Systeme, bei der Energie oder Information übertragen wird. Indem sich Gleiches beziehungsweise Ähnliches überlappt, wird also Energie und Information transportiert. Ähnliches zu Ähnlichem ist so der Selektionsmechanismus beim Aufbau eines Universums. Sheldrakes morphische Felder beruhen auf dem Prinzip: in ihnen treten ähnliche oder gleiche Muster zueinander in Resonanz, verstärken sich so.

Beim Okkultisten Parcelsus[2252] sind Gedanken Stoff und ziehen gleichartige Impulse im Astrallicht an, wie der Magnet die Eisenteile[2253]. Beziehungsweise der Seelenäther wird konstant affiziert von sympathischen psychischen Vibrationen im Astrallicht.

Das Prinzip muß man mit dem Prinzip *wie oben so auch unten* zusammen sehen. Es erklärt sozusagen die Informationsübertragung zwischen gleichschwingenden Systemen wie Mikro- und Makrokosmos, Mensch und Universum, uns und Quantenvakuum, uns und Gegenständen.

Durch Berührung übertragen sich Kräfte[2254]

Im Okkultismus wirken Dinge und Personen aufeinander durch Berührung: Das Amulettwesen etwa beruht hierauf.

In allem stecken also Kräfte. Alles ist belebt, die Dinge sind nicht tot.

Diese Kräfte sind zugleich Wirkung und *Substanz.*

Wir haben unter *Magie und das Gedächtnis der Gegenstände* schon die Verbreitung dieses Prinzips erörtert.

Auch hier gibt es antike Wurzeln. Wenn die Griechen sich einen scharfen Blick erhofften, indem sie sich die Galle des Adlers ins Auge träufelten, dann war das Berührungszauber. In der Antike glaubte man, die Leblosigkeit des Toten ginge von seinen Gebeinen und auch von seiner Asche aus: so versuchten griechische Einbrecher mit solcher Asche sogar Hunde einzuschläfern oder sich, indem sie sie ausstreuten, vor Störungen zu schützen. Um nicht unerwünschte Wirkungen auf sich zu ziehen, berührte man besser gewisse Personen oder Dinge nicht, schon der Anblick konnte gefährlich sein.[2255]

2252 Parcelsus in Helmut Werner, *Paracelsus*, S. 54f.
2253 Eine malerische Umschreibung des Wechselwirkens von Gehirnen als Quantensystemen mit dem Quantenvakuum.
2254 Hierzu: Carl Clemen, *Wesen und Ursprung der Magie* in *Magie und Religion*, S. 64ff.
2255 Vgl. Carl Clemen, *Wesen und Ursprung der Magie* in *Magie und Religion*, S. 64ff.

Man kann es sich, wie der Alchemie-Spezialist[2256] A.S. Raleigh[2257], (modern) so vorstellen, daß von allem Schwingungen ausgehen. Gegenstände und Personen nehmen diese Schwingungen voneinander auf, prägen einander. So wirkt alles auf alles andere[2258].

So wird erklärlich, daß bei der Psychometrie etwas bewirkt wird, indem der Sensitive den Gegenstand berührt, hier ist es die Übertragung von Wissen. Das Psychometrisieren einer Person konnte, so Raleigh[2259], gefährlich sein, da man sozusagen in ihren Seelenzustand schlüpfte, eben Wirkungen nicht zu vermeiden waren, die Person uns ihre Eigenschaften quasi bei Berührung aufprägte. Deshalb warnte er auch davor, anderer Leute Kleidung zu tragen.

Es bedarf des Ritus der Beschwörung

Hier geht es um die Wirkung von Gedanken. Nicht nur in allen Dingen stecken Kräfte, auch in Gedanken, meint der Okkultismus.

Man setzt hier voraus, daß sich Dinge, und überhaupt alles, durch unsere Gedanken imprägnieren lassen, daß alles Gedanken und auch Absichten festhält und diese sozusagen wieder abstrahlen kann. Hier wird insoweit ein wirksames Gedächtnis der Dinge vorausgesetzt.

In einem Ding wird also eine Absicht gespeichert, die dann wirkt. Dies wird gerade im Ritual erreicht. Das Ritual ermöglicht die spezielle „unfokusierte Konzentration" zu schaffen, die paranormalen Fähigkeiten förderlich ist und erlaubt es, Emotionen zu schüren. Starke Emotionen prägen sich, wie wir gesehen haben, besser den Dingen auf.

[2256] 1918 stellte er *The Speculative Art of Alchemy* in Kalifornien fertig.

[2257] A.S. Raleigh, vgl. *Hermetics And Psychometry*, 91–93 und 98f.

[2258] Je näher, desto wirksamer; die Eigenschwingungen der Dinge sind *für uns Wahrnehmende* an den Dingen am deutlichsten, am wenigsten von anderen Schwingungen überlagert. Berührung ist maximale Nähe. Wobei die Lokalwirkung erst durch unser Bewußtsein erzeugt wird, durch unsere Wahrnehmung. Die Berührung ist natürlich besonders geeignet, uns aufmerksam zu machen, unsere Wahrnehmung in Gang zu setzen.

[2259] A.S. Raleigh, vgl. *Hermetics And Psychometry*, S. 91–93 und 98f.

Die Quintessenz, Prima materia oder der Stein der Weisen und das Gedächtnis von Gegenständen[2260]

Die drei finden wir im alten Okkultismus und in der Alchemie. Sie bezeichnen im Grunde dasselbe. Bei Parcelsus kann man nachlesen, daß er Quintessenz und Materia Prima synonym gebraucht (auch Arkana sagt er dazu).

Der Stein der Weisen ist landläufig Legenden-umrankt. Bis in den Hollywood-Film hat er es geschafft. Er ist in der Legende etwas, von dem man sich Unsterblichkeit erhofft.

Aber nicht nur der alte Okkultismus kennt diese Figuren.

Die Quintessenz etwa ist Teil der Elementenlehre bei Platon und im Anschluß an ihn, auch bei Aristoteles. Die Welt setzt sich bei diesen aus den Elementen Feuer, Erde, Luft, Wasser zusammen, zusätzlich zu diesen Elementen gibt es noch ein fünftes Element, *oberhalb* der Erde, ein unfaß-liches Element, die Quintessenz. „Den überhimmlischen Ort aber hat noch nie ein Dichter dieser Welt besungen ... Das farblose, formlose und stofflose wahrhaft seiende Wesen, das einzig dem Führer der Seele, der Vernunft, sichtbar ist und um sich das Geschlecht des wahren Wissens schart, es hält diesen Ort inne", sagt Plato[2261].

Der Neuplatonismus bewahrte diese Idee der Quintessenz[2262]. Im Neuplatonismus ist die gesamte Schöpfung aus einer Substanz geschaffen, die sich in immer gröber werdenden Emanationen verdichtet, um letztlich im sichtbaren Bereich der Materie wahrgenommen zu werden. Eine Tren-nung zwischen Materie und Seele gibt es bei dieser uranfänglichen, ewigen Energie, bei der Quintessenz nicht.

Die Quintessenz kommt auch in der mittelalterlichen Mystik vor.

Beim Renaissance Okkultisten Agrippa von Nettesheim[2263] gibt es einen Austauschprozeß zwischen den Elementen, es finden ständige Fließprozesse statt. Die Quintessenz findet sich in allem. Sie ist praktisch der Geist (!) der Substanz[2264] (der auch alles verbindet).

Beim Okkultisten Parcelsus ist die Quintessenz beziehungsweise die Materia prima „unkörperlich, untödlich, mit Menschenverstand nicht zu verstehen, über aller Natur stehend"[2265].

2260   Hierzu: Wolfram Frietsch, *Die Geheimnisse der Rosenkreuzer*, S. 158, 171–174. Karl-Heinz Göttert, *Magie*, S. 196ff. und K.C. Schmieder, *Die Geschichte der Alchemie*, S. 12f.

2261   Platon, *Die Meisterdialoge, Phaidros*, 247c–248a.

2262   Vgl. Wolfram Frietsch, *Die Geheimnisse der Rosenkreuzer*, S. 158.

2263   Vgl. Agrippa bei Karl-Heinz Göttert, *Magie*, S. 177, 241.

2264   Vgl. Agrippa bei K.C. Schmieder, *Die Geschichte der Alchemie*, S. 241.

2265   Vgl. Paracelsus bei Karl-Heinz Göttert, *Magie*, S. 198.

Die Quintessenz spielte auch eine Rolle in der Alchemie[2266]: Man glaubte daran, die Quintessenz aus den Dingen extrahieren zu können. Es ging um die Zerlegung der Dinge, um an das reine Element der Quintessenz in ihnen zu kommen. Man kann sagen, die Idee war visionär. Mit der Suche nach der Quintessenz war man auf der Suche nach einer anderen Wirklichkeit hinter der sichtbaren Wirklichkeit! Hier war die Frage nach den Grundbausteinen der Materie, nach Atomen etc. vorgezeichnet. In der naiven Praxis der Alchemie führte die Suche aber lediglich zu aberwitzigen Verfahren der Scheidung von Metallen, zur unmöglichen Herstellung von Gold. (Wir haben hier einen archetypischen Fall, wie materielle Gier Irrwege erzeugt.)

Die Quintessenz, man sieht es unschwer, ist ebenfalls mit dem Quantenvakuum in unserem Modell identisch, beschreibt es bildhaft.

Interessant und merkwürdig ist, daß im Okkultismus und der Alchemie die Bedeutung der Quintessenz geheim war. Daß die Elemente, die Materie, unsere erfahrbare Welt eine verborgene Seite haben[2267], wurde nur mündlich oder verschlüsselt weitergegeben. Der „feinstoffliche Körper" der Elemente (heute könnte man Quantensystemhaftigkeit dazu sagen) war ein zu hütendes Geheimnis. Diese seltsame Sache, die, wie man der Überzeugung war, alles durchdrang, der lebenserzeugende und erhaltende Geist oder Spiritus hinter allem war, sollte Uneingeweihten verborgen bleiben.

Die Suche nach der Quintessenz ist identisch mit der Suche nach dem Stein der Weisen und der Suche nach der Materia prima oder wie es auch heißt, dem Alkahest, der Panacee. Sie ist auch identisch mit der hochmittelalterlichen Suche nach dem Gral, identisch mit der Suche nach der blauen Blume in der deutschen Romantik, identisch mit der Suche nach der Bedeutung des Äthers. Alle diese Symbole stehen für ein Verlangen nach einer Wirklichkeit hinter der Wirklichkeit, und zwar einer perfekteren, höheren Wirklichkeit. Und diese Suche ist heute die Suche nach Bedeutung des und Zugang zum Quantenvakuum und die Suche nach den GUTs (Grand Unified Theories, der großen Vereinheitlichung) in der Physik![2268]

[2266] Vgl. Karl-Heinz Göttert, *Magie*, S. 196ff. und K.C. Schmieder, *Die Geschichte der Alchemie*, S. 12f.

[2267] Wolfram Frietsch, *Die Geheimnisse der Rosenkreuzer*, S. 173f.

[2268] Vgl. K.C. Schmieder, *Die Geschichte der Alchemie*, S. 13, der diese Symbole zusammenrückt. Dahingehend auch Wolfram Frietsch, *Die Geheimnisse der Rosenkreuzer*, S. 171f. Oder auch C.G. Jung und Paracelsus.

Zusammenfassung:

Der Okkultismus, gerade auch der alte Okkultismus, erscheint von heute aus gesehen in einigem visionär, in anderem irrig, häufig abenteuerlich bizarr bis blühend phantastisch.

Seine visionäre Seite entspricht der Sicht der modernen Physik. In dieser Sicht sind paranormale Phänomene erklärlich, und so gibt es in ihr auch ein Gedächtnis von Gegenständen, das derjenige lesen kann, der einen privilegierten Zugang zur Materia prima, zur Quintessenz, zum Stein der Weisen hat.

Zwei berühmte Gelehrte und alte Okkultisten äußern sich über das Gedächtnis von Gegenständen

Agrippa von Nettesheim[2269] (1486–1535) ist nicht nur interessant, weil er eins der Vorbilder für Goethes Faust war. Sein Werk *Occulta Philosophia* gibt einen umfassenden Überblick über den Okkultismus seiner Vorgänger. Seine eigenen Theorien sind nicht minder interessant[2270].

Agrippa berichtet über den Weltgeist, der nach allgemeiner Meinung der Okkultisten, alles belebt, durch welchen die himmlischen Seelen die groben Körper bewohnen (die Materie)[2271]: „Man bezeichnet ihn auch als Quintessenz, als fünftes Element." „In der Natur herrscht ein solcher *Zusammenhang*, daß jede obere Kraft durch das einzelne Untere in langer und ununterbrochner Reihe ihre Strahlen austeilend bis zum Letzten strömt und andererseits das Untere durch die einzelnen Stufen des Oberen bis zum Höchsten gelangt"[2272].

Dieser Weltgeist, durch welchen die himmlischen Seelen die groben Körper bewohnen, „ist in eine *luftige Hülle* gekleidet (Astralleib), in Äther"[2273]. Er ist „Ausfluß der göttlichen Urkraft"[2274]. Und Agrippa bezeichnet ihn auch als „intellektuelles Licht, das körperlich wird, jedoch für die Sinne erst wahrnehmbar, wenn es in die *elementarischen Körper* (Materie) übergeht"[2275]. (Wir denken hier gleich an Gravitationswellen und Materiewellen und deren Abbild in elektromagnetischen Teilchenwellen unserer Welt und überhaupt an die Ausdifferenzierung unserer wahr-

---

[2269] Hierzu Carl Kiesewetter, *Geschichte des Neueren Okkultismus*, S. 23–31, 177.

[2270] Carl Kiesewetter, *Geschichte des Neueren Okkultismus*, S. 23.

[2271] Carl Kiesewetter, *Geschichte des Neueren Okkultismus*, S. 26.

[2272] Bei Carl Kiesewetter, *Geschichte des Neueren Okkultismus*, S. 26f.

[2273] Bei Carl Kiesewetter, *Geschichte des Neueren Okkultismus*, S. 30.

[2274] Bei Carl Kiesewetter, *Geschichte des Neueren Okkultismus*, S. 30.

[2275] Bei Carl Kiesewetter, *Geschichte des Neueren Okkultismus*, S. 31.

nehmbaren drei-(vier-)dimensionalen Welt aus dem Quantenvakuum unseres Modells[2276].)

Diese *Luft* nun ist bei Agrippa auch ganz direkt Träger des Gedächtnisses von allem[2277]: Sie transportiert auch Gedanken, nimmt alle Einflüsse in sich auf; so bleiben etwa die Eindrücke schrecklicher Taten in der Luft hängen. Orte und auch Gegenstände können hier ein Gedächtnis haben.

Paracelsus[2278] (1493–1541) revolutionierte die Medizin der beginnenden Neuzeit. Gleichzeitig war er Okkultist, befaßte sich mit Magie, Alchemie, Geistererscheinungen. Vieles aus seinen Schriften mag zum heutigen Zeitpunkt bizarr und phantastisch erscheinen. Wir können uns schwer vorstellen, wie sich Hexen und Geister auf dem sogenannten Hörselberg trafen, um dort Nachkommen zu gebären[2279]. Wir können uns auch keine Nymphen, Sylphen, Gnome und Salamander vorstellen, die einerseits Lebewesen glichen, andererseits wie Geister durch Wände gehen konnten und keine Seele besaßen, Elementargeschöpfe, die in den Elementen Wasser, Feuer, Luft, Erde wohnten[2280]. Interessanterweise waren diese Wesen, so wie auch Engel und Planetengeister, bei Paracelsus nicht unsterblich, wie etwa die Menschen, obgleich bewußt und intelligent handelnd, und sie hatten keine Emotionen, noch ein Gefühl der Persönlichkeit und führten eigentlich nur *von oben* erteilte Befehle aus. Eine hollywoodianische Vorstellung: sie waren quasi Automaten des Weltgeistes, der Weltseele.

Einiges im okkulten Werk Paracelsus' erscheint allerdings visionär[2281]:

Bei Paracelsus ist das Bewußtsein oder das Gehirn bereits ein Quantensystem, kann man sagen. Das Bewußtsein beziehungsweise die Seele des Menschen bewegt sich bei ihm ständig zwischen zwei extremen Ebenen, der materiellen Sphäre einerseits, und der Region des Archäus andererseits, der astralen Ebene, in der alles nur in Potentia existiert. Paracelsus sammelte und analysierte die ihm bis dahin bekannten Schriften von Okkultisten und beschrieb den Archäus so, daß wir darin eine Metapher für das Quantenvakuum in unserem Modell sehen konnten. Der Archäus ist wie ein riesiges Gedächtnis, das alles enthält, praktisch in Vibrationen codiert, und wir können aus ihm schöpfen, sozusagen als Doppelbürger unserer materiellen Sphäre und des Archäus. Aus dieser Doppelnatur lei-

---

[2276] Bei Agrippa sind allerdings nicht wir (unser Bewußtsein) es, die Wellen zu Teilchen werden lassen.

[2277] Vgl. Agrippa bei Karl-Heinz Göttert, *Magie*, S. 177.

[2278] Hierzu: Hrsg. Helmut Werner, *Paracelsus. Okkulte Schriften*, S. 21, 38, 54–57, 140, 155ff.

[2279] Hrsg. Helmut Werner, *Paracelsus. Okkulte Schriften*, S. 140.

[2280] Hrsg. Helmut Werner, *Paracelsus. Okkulte Schriften*, S. 155ff.

[2281] Vgl. Hrsg. Helmut Werner, *Paracelsus. Okkulte Schriften*, S. 21.

tete Parcelsus Fähigkeiten wie Hellsehen, Wirkungen von Geist auf Materie (Psychokinese) und auch, was wir heute Psychometrie nennen, ab[2282]. Und wie in der modernen Physik Informationsübertragung durch Resonanzkopplung gleicher oder ähnlicher Wellen zustande kommt, die zu Resonanzverstärkung führt, so ziehen bei Paracelsus[2283] sich gleichartige Impulse im Astrallicht (Archäus) und im Bewußtsein an, wie der Magnet die Eisenteile. Aus dem Archäus kann, nach Paracelsus, so jemand Astralvibrationen bis zu ihrem Ursprung verfolgen[2284]. Bei Paracelsus ist es also kein Hexenwerk, wenn der Psychometer aus einem Gegenstand etwa dessen Herstellung oder dessen Besitzer und die Geschichte des Besitzers ermitteln kann.

Intuitive Vorwegnahmen moderner wissenschaftlicher Modelle und Ergebnisse stehen hier neben phantastischem Aberglauben.

Spiritismus und das Gedächtnis von Gegenständen[2285]

Im Spiritismus[2286] geht es um Geister, um das Leben nach dem Tod, und um die Kommunikation mit diesen Geistern. Seit circa 1848 ist der Spiritismus eine quasi-religiöse Bewegung. In der Neuen Welt, in Amerika, fand er eine enorme Verbreitung. Auch in Europa, insbesondere in England, wurde er sehr populär und fand prominente Anhänger wie Wallace, den Entdecker des Thalliums und Erfinder des Radiometers, den Chemiker und Physiker Crookes, den Begründer des Kabeltelegraphen Varley, den Physiker Barret, den Astronomen Huggins, den Mathematiker Morgan, Schriftsteller wie Thakeray und Trollope[2287]. Der Spiritismus war im 19. Jh. völlig gesellschaftsfähig, im 20. Jh. aber nicht mehr.

Auch der Spiritismus liefert eine Erklärung für Psychometrie[2288], für das Gedächtnis von Gegenständen, eine sehr reduzierte allerdings. Einzig die Geister von Verstorbenen seien es, die dem Psychometer das Gedächtnis eines Gegenstandes entschlüsselten, die ihm alles mitteilten, was bezüglich des Gegenstands relevant sei.

2282 Vgl. Hrsg. Helmut Werner, *Paracelsus. Okkulte Schriften*, S. 38 und 56f.
2283 Vgl. Hrsg. Helmut Werner, *Paracelsus. Okkulte Schriften*, S. 54.
2284 Vgl. Hrsg. Helmut Werner, *Paracelsus. Okkulte Schriften*, S. 55.
2285 Hierzu: Hans Bender, *Parapsychologie*, S. 68ff. J.B. Rhine, J.G. Pratt, *Grenzwissenschaft der Psyche*, S. 18ff. G. Pagenstecher, *Die Geheimnisse der Psychometrie*, S. 12
2286 Vgl. zum Spiritismus allg. zum Beispiel Hans Bender, *Parapsychologie*, S. 68ff. J.B. Rhine, J.G. Pratt, *Grenzwissenschaft der Psyche*, S. 18ff.
2287 Vgl. bei Carl Kiesewetter, *Geschichte des Neuen Okkultismus*, S. 336ff
2288 G. Pagenstecher beschreibt diese Variante in *Die Geheimnisse der Psychometrie*, S. 12.

Teils leitete man diese Ansicht aus Berichten berühmter Medien wie Leonora Piper ab, die behaupteten ihr übersinnliches Wissen durch die Kommunikation mit Verstorbenen zu erhalten.

Theosophie und das Gedächtnis von Gegenständen[2289]

Die Theosophie war eine internationale Sektenbewegung, die auf die russische Okkultistin und Abenteurerin Helena Petrowna Blavatsky (1831–1891) zurückgeht. 1875 wurde die Theosophische Gesellschaft in New York gegründet. Der amerikanische Spiritismus kam dem entgegen.

Als Blavatsky und Anhänger 1879 nach Indien kamen und dort ein Hauptquartier in Madras eröffneten, nahm die Theosophie eine systematische Fassung an. Die Geheimlehre enthielt Reminiszenzen des Hinduismus, der damaligen Naturwissenschaften, des amerikanischen Spiritismus und alter ägyptischer Kultlehren. 1880 war sie äußerst verbreitet und populär sowohl in Amerika als auch in Europa. 1902 wurde Rudolf Steiner Generalsekretär der Gesellschaft in Deutschland, brach aber mit ihr, er interessierte sich zu sehr für christliche Mystik, die nicht das Interesse der theosophischen Gesellschaft traf, und gründete 1912 seine eigene Gesellschaft, die Anthroposophische. In die Theosophie fand auch viel Unseriöses Eingang, und spätere okkulte Gruppen in Deutschland und Wien (Ariosophen, O.T.O: Ordo Templi Orentis, Armanenschaft, Thule Gesellschaft usw.[2290]) bildeten, gerade auch auf die Theosophie gestützt, den okkulten Sumpf heraus, in dem rassistische Schriften en vogue waren[2291], die Hitler und seine Entourage beeinflußten. Blavatsky verwies bereits auf elitäre Rassen, und so bot die Theosophie eine Anziehungskraft für Leute, die eine nicht-christliche Perspektive der Entwicklung des Kosmos suchten und einen rassischen Mythos vom (germanischen) Volk.[2292]

Die Theosophie geht in ihren etwas intelligenteren Teilen von der indischen Vorstellung der Akasha Chronik aus[2293]. Psychometrie ist bei ihr selbstverständlich: Der Gegenstand, den man in der Hand hält, dient der Herstellung einer psychischen Verbindung mit dem Teil des Weltseele- (Akasha-)gedächtnisses, der mit der Vergangenheit des Gegenstandes zu tun hat, sagt Blavatsky. Ansonsten spekulierte sie, daß alles auf nur

---

[2289] Hierzu: Nicholas Goodrick-Clarke, *Die okkulten Wurzeln des Nationalsozialismus*, S. 23–34, John Davidson, *Das Geheimnis des Vakuums*, S. 95f.

[2290] Vgl. die wichtigsten bei René Freund, *Braune Magie*, 24f.

[2291] Zum Beispiel die eines Lanz von Liebenfels und eines Guido von List.

[2292] Nicholas Goodrick-Clarke, *Die okkulten Wurzeln des Nationalsozialismus*, S. 23–34.

[2293] John Davidson, *Das Geheimnis des Vakuums*, S. 95f.

eine okkulte Kraft zurückgeführt werden konnte. Beliebte Kandidaten dieser Kraft waren der Magnetismus und die Elektrizität. Ihren Höhepunkt erreichten diese Spekulationen in Blavatskys synkretistischem Werk *Die Geheimlehre (The Secret Doctrine*, 1888).

Westliche religiöse Weltmodelle, insbesondere die römisch katholische Tradition und das in ihr selbstverständliche Gedächtnis von Gegenständen

Die komplexe Figur des Heiligen Geistes

Die mysteriöse Figur des Heiligen Geistes hat über die Jahrhunderte etwas ungemein Schillerndes.

Bei näherer Beschäftigung erschien der Heilige Geist uns wie eine Metapher für das Quantenvakuum in unserem Modell.

Sehen wir näher hin.

Der Heilige Geist wurde, und das erscheint natürlich rätselhaft, lange Zeit als *Person* aufgefaßt:

Der Heilige Geist ist Teil der Trinität, Dreieinigkeit beziehungsweise Dreifaltigkeit: Gott, Jesus Christus und der Heilige Geist. Das Nebeneinander der Drei stammt aus dem Neuen Testament[2294].

Das sagt uns noch nicht viel, es klingt nur rätselhaft. Auf den ersten naiven Blick scheinen wir es mit zwei Personen und einer abstrakteren, weniger greifbaren Figur zu tun zu haben.

Auf dem berühmten ersten Konzil von Nikäa (325 n.Chr.), das durch den römischen Kaiser angeordnet wurde, um einen Konsens in Glaubensfragen zu erzielen und die politische Einheit zu gewährleisten, wurde zuerst einmal als herrschende Meinung festgelegt, daß auch Jesus göttlich ist, also keine bloß historische Figur, wie es etwa die Sekte der Arianer propagiert hatte[2295]. Im Konzil von Konstantinopel (381 n.Chr.) nahm man dann Stellung zum Heiligen Geist, den man gleichfalls als göttlich erklärte; einige hatten seine Göttlichkeit verneint[2296].

Haben wir nun drei Gottheiten, fragten sich viele?[2297]

In der muslimischen Welt wird die Dreifaltigkeit glatt als Polytheismus verstanden[2298]. Daher heißt es im Koran: „Tötet die Polytheisten, wo immer ihr sie findet ..." (Sure 9,5). Daß dann auch noch eine *Göttin:*

2294 Herbert Vorgrimler, *Gott, Vater, Sohn und Heiliger Geist*, S. 94.
2295 Herbert Vorgrimler, *Gott, Vater, Sohn und Heiliger Geist*, S. 93.
2296 Herbert Vorgrimler, *Gott, Vater, Sohn und Heiliger Geist*, S. 93.
2297 Herbert Vorgrimler, *Gott, Vater, Sohn und Heiliger Geist*, S. 94.
2298 Herbert Vorgrimler, *Gott, Vater, Sohn und Heiliger Geist*, S. 113f.

Maria, hinzukam, war noch der Gipfel. Und in der westlichen Welt ergaben sich allerlei Probleme, wie man bei den Dreien noch überhaupt von *einem* Gott ausgehen konnte[2299].

Nicht gerade hilfreich war, und nun kommt das Überraschende, daß man alle drei, auch den Heiligen Geist (!), als *Personen* auffaßte[2300]. Man zog zur Untermauerung das Matthäus-, Lukas- und Johannes-Evangelium des Neuen Testaments[2301] heran, und auch Paulus[2302]. Dann entbrannte auch noch eine riesige Diskussion über die Jahrhunderte, wie nun das Verhältnis der drei *Personen* untereinander zu sehen sei[2303]. Ost- und Westkirche gerieten hier in einen Konflikt bis zum Schisma im Jahr 1054; die Westkirche wollte die Person des Heiligen Geistes Christus nachordnen[2304].

Bei Reformatoren wie Luther oder Johannes Calvin hat der Geist das Primat: „Der Geist ist Gott der Schöpfer und Gott der Sohn in Aktion"[2305]; der Heilige Geist wird hier zudem zu einer *unpersönlichen* Kraft, abstrakter gefaßt. Was in der römisch katholischen Tradition zunächst ketzerisch wirken mußte.

Noch im zweiten vatikanischen Konzil[2306] (1962) geht es in der katholischen Kirche um eine Aufwertung *der Person* des Heiligen Geistes.

Und Johannes Paul II spricht in der Enzyklika *Dominum et vivificantem*[2307] 1986 noch vom Heiligen Geist als Person.

Die orthodoxen Kirchen zogen sich aus der Affäre, indem sie sagten, die Dreieinigkeit, und so auch den Heiligen Geist, könne man letztlich nicht entschlüsseln, sie bleibe ein Mysterium[2308].

Nun war der Personenbegriff, der sich durch die römisch katholisch kirchliche Lehre zieht, anfangs nicht dem heutigen Personenbegriff ver-

---

[2299] Carol Wojtyla, Johannes Paul II, *Der Heilige Geist, Katechesen 1989–1991, Communio personarum*, Band 6, S. 213.

[2300] Rolf Dabelstein, *Geist*, S. 87.

[2301] Carol Wojtyla, Johannes Paul II, *Der Heilige Geist, Katechesen 1989–1991, Communio personarum*, Band 6, S. 214–217 und 221–224.

[2302] Carol Wojtyla, Johannes Paul II, *Der Heilige Geist, Katechesen 1989–1991, Communio personarum*, Band 6, S. 224–230.

[2303] Rolf Dabelstein, *Geist*, S. 89.

[2304] Rolf Dabelstein, *Geist*, S. 88f.

[2305] Calvin bei Rolf Dabelstein, Geist, S. 86.

[2306] Rolf Dabelstein, *Geist*, S. 89 und vgl. Carol Wojtyla, Johannes Paul II, *Der Heilige Geist, Katechesen 1989–1991, Communio personarum*, Band 6, S. 287–291 zur Personenhaftigkeit des Heiligen Geistes in diesem Konzil.

[2307] Hrsg. Wolfgang Beinert, bearbeitet von Gerhard L. Müller, *Texte zur Theologie. Dogmatik. Der Heilige Geist*, S. 45. Und vgl. auch Carol Wojtyla, Johannes Paul II, *Der Heilige Geist, Katechesen 1989–1991, Communio personarum*, Band 6, S. 213ff.

[2308] Rolf Dabelstein, *Geist*, S. 87.

gleichbar. Der Dreieinigkeit lag zunächst der griechische Personenbegriff zugrunde[2309]: Person war ein Term der Theatersprache und bedeutete: Maske; die Maske die damals die Schauspieler vor ihr Gesicht hielten, damit die Zuschauer verstanden, welche Rolle sie spielten. Für den Kirchenschriftsteller Tertullian[2310] (160–220 n.Chr.) war Gott dementsprechend *ein* Wesen und verkörperte drei *Rollen*: Gott, Christus und den Heiligen Geist. Dann wurde der antike Personenbegriff aber umgeprägt in den Personenbegriff, den wir heute noch haben[2311].

Erst in der modernen Theologie des 20. Jahrhunderts wird wieder auf den antiken Begriff hingewiesen, um den anthropomorphen Personenbegriff zu relativieren: Karl Rahner (auf katholischer Seite) und Karl Barth[2312] (auf evangelischer Seite) machen klar, daß man Person bei der Trinität (beim Heiligen Geist) nicht im modernen Sinn verstehen darf: es gehe vielmehr um den *einen* Gott in drei unterschiedlichen Seinsweisen. Karl Rahner und Walter Kasper[2313] meinen ferner, daß der Heilige Geist nicht „von sich aus etwas bewirkt", (auch hier rückt die Person in den Hintergrund), sondern Gott wirke durch den Heiligen Geist; dennoch bleibe der Heilige Geist ein Mysterium (sic!). Nach Joseph Ratzinger[2314] muß man weg von einem naiven, anthropomorphischen Personenbegriff. Der Begriff *Person* ist nach Ratzinger ein unzulängliches Gleichnis. Unter Person müsse vielmehr die reine *Relation der Bezogenheit* verstanden werden: Mit Person sei der *Akt* gemeint: also statt Erzeuger: das Zeugen, statt der Hingebende, die Hingabe: *Welle nicht Korpuskel*, sagt Ratzinger! (Der Heilige Geist wäre hier im Quantenvakuum unseres Modells angesiedelt als reine Potenz beziehungsweise im Walker-Modell könnte er als höheres Bewußtsein im Vakuum interpretiert werden, als virtuelles Gehirn).

Es gab allerdings auch immer wieder Entwürfe, die den Heilige Geist jenseits des Personellen sahen.

Konzentrieren wir uns einmal auf die Quellen, in denen der Heilige Geist nicht als Person gesehen wurde, sondern primär als etwas Abstrakteres, als Kraft etwa. Geistes-, Lebens-, schöpferische Kraft:

Geht man von der hebräischen Bibel aus, so beschreibt das hebräische Wort *ruach* sowohl den Wind, als auch den Atem oder die Lebens-

---

[2309] Joseph Ratzinger, *Einführung in das Christentum*, verweist auch auf den griechischen Ursprung, Person als Maske, Rolle: S. 154. Zunächst galt dieser Personenbegriff für die Trinität, dann wurde er umgeprägt in die der Antike fremde Idee der Person, wie wir sie heute verstehen: S. 155.

[2310] Vgl. Herbert Vorgrimler, *Gott, Vater, Sohn und Heiliger Geist*, S. 109.

[2311] Joseph Ratzinger, *Einführung in das Christentum*, S. 155.

[2312] Bei Herbert Vorgrimler, *Gott, Vater, Sohn und Heiliger Geist*, S. 110.

[2313] Vgl. Rahner und Kasper bei Herbert Vorgrimler, dem Nachfolger von Karl Rahner, *Gott, Vater, Sohn und Heiliger Geist*, S. 58.

[2314] Joseph Ratzinger, *Einführung in das Christentum*, Person begreift er in der Trinität als reine *Relation der Bezogenheit*, S. 171. Vgl. auch S. 167, 170.

kraft. Außerdem bezeichnet der Ausdruck den menschlichen Geist. In der hebräischen Bibel gemeint ist *die Geisteskraft beziehungsweise Lebenskraft die von Gott ausgeht.* Interessanterweise ist das Wort zumeist feminin[2315] im Gegensatz zum griechischen Wort *pneuma* (Neutrum) oder dem lateinischen Wort *spiritus* (Maskulinum).[2316]

Auch in der kirchlichen Lehre wurde der Heilige Geist nicht nur als Person, sondern auch immer wieder als Gottes eigener Geist, als schöpferische Macht interpretiert; durch ihn führen Gott und Christus ihre Absicht mit der Welt zum Ziel[2317]. Augustinus[2318] (354–430 n.Chr.) verwendet das Bild vom Kosmos als einem riesigen Schwamm, der von einem unermeßlichen Meer (dem Heiligen Geist) umgeben und zugleich voll gesogen ist. Bei Hildegard von Bingen[2319] (1098–1178) ist der Heilige Geist eine feurige, belebende Kraft in allem. Für Thomas von Aquin (1225–1274) ist der Heilige Geist zumindest dem Kosmos und jedem geschaffenen Wesen immanent[2320], andererseits spricht er aber auch von der *Person* des Heiligen Geists und der Person des Sohnes, die aus der Person des Vaters hervorgehen[2321]. Ebenso weichen Meister Eckhart und Nikolaus von Kues[2322] von einem naiven Personenbegriff ab. Bei den Reformatoren wird, wie gesagt, der Heilige Geist entpersönlicht, zu einer göttlichen Kraft oder Sphäre gemacht. So sagt Calvin[2323]: "Denn er (der heilige Geist) ist überall gegenwärtig und erhält, nährt und belebt die Dinge im Himmel und auf Erden. ... Aber daß er seine Kraft in alles ergießt und dadurch allen Dingen Wesen, Leben und Bewegung verleiht, das ist offenkundig göttlich." Derselben Ansicht ist auch Martin Luther[2324].

Und wie man an Ratzingers Interpretation sieht, geht die aktuelle römisch katholische Auffassung auch dorthin.

[2315] Und es gibt umfangreiches theologisches Schrifttum über die Weiblichkeit des Heiligen Geists. Zum Beispiel der große französische Theologe Yves Congar (geb. 1904) behandelte die Weiblichkeit und Mütterlichkeit des Heiligen Geists in *Der Heilige Geist*, 1979.

[2316] Rolf Dabelstein, *Geist*, S. 16.

[2317] E. Jüngel, *Zur Lehre vom Heiligen Geist*, S. 97.

[2318] Augustinus bei Hrsg. Bernhard Nitsche, *Atem des sprechenden Gottes*, S. 170.

[2319] Bei Hrsg. Bernhard Nitsche, *Atem des sprechenden Gottes*, S. 170.

[2320] Hrsg. Bernhard Nitsche, *Atem des sprechenden Gottes*, S. 170.

[2321] In der *Summe der Theologie*, (1266–1273): *Der Hervorgang des Geistes aus dem Vater und dem Sohn (filioque)*, vgl. bei Hrsg. Wolfgang Beinert, bearbeitet von Gerhard L. Müller, *Texte zur Theologie. Dogmatik. Der Heilige Geist*, S. 69f. Allerdings scheint hier *Person* nicht in sensu strictu gemeint zu sein.

[2322] Bei Hrsg. Bernhard Nitsche, *Atem des sprechenden Gottes*, S. 170f.

[2323] Bei Rolf Dabelstein, *Geist*, S. 84f.

[2324] Bei Hrsg. Bernhard Nitsche, *Atem des sprechenden Gottes*, S. 171.

Der Heilige Geist wird in seiner unpersönlichen Form nicht nur als geistige, schöpferische Kraft gesehen, sondern auch als Kraft, die Zeit und Vergänglichkeit überwindet, so wie das Quantenvakuum eine Sphäre jenseits von Raum und Zeit ist. Der Heilige Geist spendet dementsprechend ewiges Leben: „Schließlich führt der Geist die Glaubenden durch Tod und Auferstehung zum ewigen Leben", sagt Luther[2325]. Und bei Paulus ist der auferweckte, neue Menschenleib, der Mensch also, der den Tod überwunden hat: „pneumatikos", „geistgebildet", „geistdurchwirkt" (15. Kapitel des 1. Korintherbriefs)[2326].

Der Heilige Geist ist aber nicht nur schöpferische, geistige Kraft, die Zeit und Vergänglichkeit überwindet, er ist noch mehr: er ist der Geist der Wahrheit, der Freiheit, der Weisheit, des Glaubens[2327], und letztlich: Gottes Liebe.

Schon bei Paulus heißt es: „Die Liebe Gottes ist ausgegossen in unsere Herzen durch den Heiligen Geist, der uns gegeben worden ist"[2328]. Bei Augustinus ist der Heilige Geist ganz direkt die Liebe Gottes[2329].

Als Geist der Wahrheit ist er die Stimme Gottes im Menschen, der den Menschen das göttliche Geheimnis erahnen läßt[2330]. Die Kirche geht davon aus, daß sich in den Sakramenten Christus in der Kraft des Heiligen Geistes hier und jetzt schenkt[2331], wir bei dieser Gelegenheit dieser Kraft der Wahrheit und der Liebe teilhaftig werden.

Der Heilige Geist und das Quantenvakuum im hier vertretenen Modell:
Der Heilige Geist durchwirkt und durchdringt alles wie das superflussige Quantenvakuum. Aus ihm entsteht alles wie aus dem Quantenvakuum. Er repräsentiert eine Sphäre der Zeitlosigkeit wie das Quantenvakuum. Wir haben an ihm teil, wie am Quantenvakuum.

[2325] Bei Rolf Dabelstein, *Geist*, S. 84.
[2326] Bei Herbert Vorgrimler, *Gott, Vater, Sohn und Heiliger Geist*, S. 58.
Paranormale beziehungsweise okkulte Vorstellungen vom Leben nach dem Tod sind hier nicht anders. Das Quantenvakuum der Physik könnte man sich auch als einen Raum für sich in anderer Dimension bewegende Geistwesen vorstellen, es wären virtuelle Wesen.
[2327] Vgl. zum Beispiel Hans Urs von Balthasar S. 102–109 und Christian Schütz, S. 109–111 bei Hrsg. Wolfgang Beinert, bearbeitet von Gerhard L. Müller, *Texte zur Theologie. Dogmatik. Der Heilige Geist* und Carol Wojtyla, Johannes Paul II, *Der Heilige Geist*, S. 297ff.
[2328] Paulus im Neuen Testament, Römerbrief (5,5) und vgl. Herbert Vorgrimler, *Gott, Vater, Sohn und Heiliger Geist*, S. 55.
[2329] Augustinus in seinem Werk: *De Trinitate*, vgl. bei Hrsg. Bernhard Nitsche, *Atem des sprechenden Gottes*, S. 88.
[2330] Herbert Vorgrimler, *Gott, Vater, Sohn und Heiliger Geist*, S. 56.
[2331] Benedetto Testa, *Die Sakramente der Kirche*, S. 337.

Der Unterschied zum Quantenvakuum in der Physik ist allerdings: sein Movens ist die Liebe! Der Heilige Geist beziehungsweise Gott hat ein Ziel. (Bei Empedokles finden wir dieselbe Konstruktion: Die Liebe im *Sphairos* (ein antikes Quantenvakuum) ist letztlich der hinter allem stehende Gott).

Das Quantenvakuum in der herrschenden Meinung in der Physik wird nicht teleologisch begriffen. Es liegt einfach allem, was ist, zugrunde. Das Quantenvakuum in unserem Modell ist informiert und informiert, stellt immerhin Kohärenz im Kosmos her, hier kommt eine zielgerichtete Entwicklung herein. In der Biologie, wir erinnern uns zum Beispiel an Sheldrakes Attraktoren, beinhalten die morphischen Felder (die praktisch im Quantenvakuum im hier vertretenen Modell sind) ebenfalls eine zielgerichtete Entwicklung. Aber nirgendwo ist hier die Liebe das Ziel.[2332]

Der Heilige Geist wirkt also wie eine Beschreibung des Quantenvakuums im hier vertretenen Modell. Es ist daher nicht abstrus, wenn auch der Physiker Amit Goswami[2333] einen solchen Zusammenhang herstellt; der Heilige Geist ist für ihn identisch mit sozusagen dem Geist auf Quantenebene, dem Geist im Quantenvakuum. Im Kapitel über das Hologramm der Realität konnten wir die Möglichkeit nicht ausschließen, daß das Vakuum ein Produkt eines göttlichen Bewußtseins ist, ein Ensemble göttlicher Gedanken, eine göttliche Projektion, daß in ihm somit ein göttliches Bewußtsein steckt[2334]. Und auch Joseph Ratzinger[2335] zieht praktisch einen Vergleich zwischen Heiligem Geist und dem Quantenvakuum (wie wir es im hiesigen Modell vertreten), wenn er den Heiligen Geist mit der Wellennatur von Teilchen vergleicht: „E. Schrödinger hat die Struktur der Materie als Wellenpakete definiert und damit den Gedanken eines nicht substantiösen, sondern rein aktualen Seins gefaßt, dessen scheinbare *Substantialität* in Wahrheit allein aus dem Bewegungsgefüge sich überlagernder Wellen resultiert. ... ein erregendes Gleichnis für die actualitas divina, für das schlechthinnige Akt-sein Gottes, und dafür, daß das dichteste Sein – Gott – allein in einer Mehrheit von Beziehungen, die nicht Substanzen, sondern nichts als *Wellen* sind, bestehen und darin ganz Eines, ganz die Fülle des Seins bilden kann."

[2332] Und es gibt noch einen kleinen, historischen, Unterschied zwischen Quantenvakuum und Heiligem Geist: Im Neuen Testament wird der Heilige Geist im Gegensatz zum Alten Testament vor allem für die Glaubenden und die Kirche reklamiert. Das Quantenvakuum ist überall, kann nicht von irgendeiner Gruppe für sich beansprucht werden kann.

[2333] Amit Goswami, *Das Bewußte Universum*, S. 78 und 256f.

[2334] Dieses Bewußtsein könnte theoretisch einem virtuellen Gehirn zugeordnet werden, zu dem auch ein reales Gehirn gehören könnte, ein reales göttliches Gehirn.

[2335] Joseph Ratzinger, Benedikt XVI, *Einführung in das Christentum*, S. 162. Gott als reine Akt-Existenz des Wellenpakets.

Des weiteren impliziert der Heilige Geist ganz explizit lebendige Dinge, wirkmächtige Dinge, Dinge mit Gedächtnis.

Der Geist belebt grundsätzlich alles. Auch Dinge!

Auf konkrete Einzelbeispiele (belebter Dinge oder Substanzen) treffen wir bei den Sakramenten der Eucharistie (der Abendmahlsfeier) und der Taufe in der katholischen Kirche. Hier haben wir ganz konkrete Fälle des Gedächtnisses von Dingen, wie wir im Kapitel *Sakramente* bereits beschrieben haben. Der Heilige Geist bewirkt in den sakramentalen Feiern der Kirche, daß beim eucharistischen Mahl im Wein und den Hostien der Leib und das Blut des Herrn gegenwärtig werden. Die Hostien und der Wein, Dinge also (!), erhalten hier durch den Heiligen Geist ein perfekt lesbares Gedächtnis, lassen Jesus Christus und die Heilsgeschichte *wirklich*, gegenwärtig werden[2336] und noch mehr, sie werden zu wirkmächtigen Dingen, sie strahlen eine besondere Kraft[2337] der Gnade auf diejenigen aus, die am Abendmahl teilnehmen. Und sogar noch darüber hinaus auf die ganze christliche Gemeinschaft. Wir haben hier den Spezialfall einer besonders starken Imprägnierung von Dingen, ein besonders stark wirkendes Gedächtnis von Dingen. Die Kirche sagt dazu: *Transsubstantiation*.

Es geschieht etwas ungemein Universelles im Ritus der Eucharistie (des Abendmahls). Der Heilige Geist verbindet in der eucharistischen Feier alle Mitglieder der heiligen Gemeinschaft miteinander, nicht nur die konkret Anwesenden, *unabhängig von Raum und Zeit*, und sogar über die Todesgrenze hinweg[2338]. Also alle Mitglieder überall auf der Welt, sowohl lebende als auch nicht mehr lebende[2339], werden hier im Ritus durch den Heiligen Geist verbunden.

So erhält auch der konkrete *Ort* des Ritus, die konkrete Kirche, durch den Heiligen Geist während des dort gefeierten Abendmahls ein Gedächtnis aller je stattgefundenen Abendmahle, und läßt diese am Ort des Ritus präsent werden. (Wir haben hier auch wieder das Prinzip: Gleiches gesellt sich zu Gleichem.)

Ganz allgemein führt in der kirchlichen Dogmatik der Heilige Geist zu einem Belebtsein der Dinge, einem Gedächtnis der Dinge, der Orte und natürlich auch der Personen: „Wenn von Personen, Lebewesen, Dingen oder Ordnungen gesagt wird, sie seien heilig oder geheiligt, dann heißt das: sie sind mit Gott in Berührung gekommen oder gehören zu Gott"[2340].

[2336] Vgl. Carol Wojtyla, Johannes Paul II, *Der Heilige Geist*, S. 282 zur sakramentalen Wandlung von Brot und Wein in den Leib und das Blut Christi.

[2337] Vgl. Carol Wojtyla, Johannes Paul II, *Der Heilige Geist*, S. 282.

[2338] Joseph Ratzinger, *Einführung in das Christentum*, S. 316f.

[2339] Man müsste hier auch die zukünftigen Mitglieder hinzunehmen.

[2340] W. Haerle, *Dogmatik*, S. 257.

Das bedeutet, Heiligkeit, beziehungsweise der Heilige Geist, imprägniert Dinge, Orte, Personen, diese haben damit ein Gedächtnis für ihren Heiliger, für Gott, Christus und den Heiligen Geist.

Der Heilige Geist gleicht also in seinen Eigenschaften dem hier vertretenen Quantenvakuum der Physik (das wir im Kapitel über das Hologramm der Realität als Ensemble von Ideen eines höheren Bewußtseins oder virtuellen Gehirns interpretieren konnten). Beide sind allgegenwärtig, der Zeit enthoben, und unterliegen allem als schöpferischer Urgrund, beleben alles. Selbst Dinge und Orte sind hier nicht tot, haben ein Gedächtnis und wirken.

Auch Theologen stellen heute physikalischen Überlegungen nahe Überlegungen an. Der Theologe Casel[2341] etwa fragt sich, wo der seltsame Prozeß, daß Christus in der Hostie real präsent ist, sich abspielt und antwortet, die sakramentale „Gegenwärtigsetzung der Heilstat" findet in einer Sphäre statt, in der Raum und Zeit ausgeschaltet sind! Das Kultmysterium ist für Casel „reine Gegenwart", das die Dimension der Vergangenheit und Zukunft abgestreift hat (hat also Quantenvakuumscharakter). Es gibt auch eine größere theologische Diskussion, was die Materie bei den Sakramenten sei, also etwa das Wasser bei der Taufe. Einige[2342] verstehen hier das Taufwasser als Materie gewordenen Geist. So wie einige moderne Physiker alle Materie verstehen.

Auf den hochinteressanten Unterschied zwischen Heiligem Geist und Quantenvakuum wollen wir hier noch einmal hinweisen.

Im Neuen Testament ist das Ziel des Heiligen Geists, sein Movens, die Liebe (Paulus, NT, Römerbriefe (5,5)).

Wäre es nicht verrückt, wenn die Physik zu einem ähnlichen Schluß käme? Was wäre, wenn wir die Tendenz vom Chaos zur Ordnung, die Tendenz zur Abnahme von Entropie im Universum als Affinitäts-Reaktion, als Liebe deuten würden, Liebe, die das Quantenvakuum beabsichtigt[2343] ... Eine mehr als aufregende Vorstellung.

Die Lichtmetapher[2344]

Licht symbolisiert in der Heiligen Schrift das eigentliche Wesen des christlichen Gottes. Ebenfalls in den unzähligen bildlichen Darstellungen über die Jahrtausende. Es geht aber weiter: Im Johannes Evangelium sagt

---

[2341] Bei Thomas Freyer, *Sakrament-Transitus-Zeit-Transzendenz*, S. 246f.

[2342] Vgl. bei Thomas Freyer, *Sakrament-Transitus-Zeit-Transzendenz*, S. 252.

[2343] Der in ihm steckende höhere Geist.

[2344] Hierzu: Dorothea Forstner, Renate Becker, *Lexikon Christlicher Symbole*, S. 343. Umberto Eco, *Die Geschichte der Schönheit*, S. 102.

Jesus von Nazareth (Joh. 8,12) ganz direkt: „Ich bin das Licht der Welt". Und noch interessanter wird es in Tim. 6,16 : „Der Vater wohnt in einem unnahbaren Lichte". Dieses spezielle Licht ist gleichzeitig erleuchtend[2345]. In der Bibel wird von Gott ferner gesagt, Licht sei sein Gewand. Engel, auch wenn sie in menschlicher Gestalt erscheinen, erscheinen meist als Lichtwesen. Auch in der esoterischen Tradition des Judentums gibt es die überlieferte Aussage, daß Adams und Evas Körper nach ihrer Erschaffung von einem Lichtmantel umhüllt und von Licht durchleuchtet gewesen seien.

Das Göttliche (und seine Ableitungen) besteht also, ganz physikalisch, aus Licht[2346]. Aus einem speziellen Licht, um es untechnisch zu formulieren, besteht auch das Quantenvakuum im hier vertretenen Modell (aus Gravitationswellen, die sich in elektromagnetische Wellen umwandeln lassen).

Wir sahen, das Göttliche heiligt alles, das Heilige imprägniert alles. Alles, das geheiligt ist, hat ein Gedächtnis für die Heiligkeit. Und hier können wir weiter sagen, dieses Eingedenksein des Heiligen residiert in einem speziellen Licht.

Psychometrie in der Bibel

In der Bibel gibt es konkrete Fälle von Psychometrie.

Wir erwähnen hier die Frau von Samaria[2347]. Jesus konnte ihr auf den Kopf zu alles sagen, was sie je getan und erlebt hatte. Das ist die psychometrische Erfassung einer Person. Es gibt sogar einen Fall präkognitiver Psychometrie: Der Prophet Agabus[2348] sagte Paulus voraus, er würde von den Juden den Heiden ausgeliefert, *indem er Paulus Gürtel nahm und denselben um seine eigenen Hände und Füße band.* Der Gürtel enthielt hier die Zukunft des Gürtels beziehungsweise des zukünftigen Gürtelträgers: Paulus.

Überhaupt ist die Bibel voll von paranormalen Phänomenen: wie Telepathie, Levitation (Psychokinese: Jesus geht über das Wasser), Prophezeiungen, präkognitiven Träumen bis hin zu Erscheinungen Toter und Engel.

[2345] Dorothea Forstner, Renate Becker, *Lexikon Christlicher Symbole*, S. 343f.

[2346] Vgl. Manfred R. Haller, *Der Heilige Geist. Wesen und Wirksamkeit*, S. 190f., der hier auch eine Verbindung zur Quantenphysik herstellt, wobei das Licht bei ihm die Grenze zwischen Materie und Geist darstellt.

[2347] Buchanan in J.R. Buchanan, *Manual of Psychometry*, S. 171, bringt dieses Beispiel.

[2348] Agabus sah voraus, daß die jüdischen Anführer die neue Religion im Keim ersticken wollten. Als potentes Konkurrenzunternehmen bedrohte sie ihre Macht und ihr Ansehen.

Mystik ist, wie wir oben gesehen haben, ein Erfassungsmodus[2350] des Transzendenten, ein Erfahrungsmodus des Absoluten. Wobei der Zustand des Mystikers dem Zustand des Psychometers gleicht, in dem für den einen das Göttliche für den andern das Gedächtnis von Gegenständen erfahrbar wird. Es geht um einen Bewußtseinszustand, in dem man Wissen erhält, das man nicht durch angestrengtes Nachdenken erwerben kann. Um ein unbestimmtes erwartungsvolles und doch gleichzeitig völlig erwartungsloses, absichtsloses Schauen in der Versenkung.

Gleichzeitig hat nun der mystische Erfassungsmodus zu einer konkreten Beschreibung der Wirklichkeit beziehungsweise der Wirklichkeit hinter der Wirklichkeit geführt, die der Realitätssicht der modernen Physik entspricht, insbesondere dem Quantenvakuum im hier vertretenen Modell, dem Hologramm der Wirklichkeit und der Quantensystemhaftigkeit makroskopischer Objekte (einschließlich des Gehirns). In diesem Zusammenhang beschreibt die Mystik eine rundum geistig belebte Welt, die auch ein Gedächtnis von Gegenständen zuläßt.

Interessanterweise wurde, wie schon erwähnt, nicht erst seit der Aufklärung, der mystische Erfassungsmodus im Westen zurückgedrängt. Schon im ausgehenden Mittelalter wurden mystische und spirituelle Erfahrungen immer stärker rationalen Einsichten untergeordnet und von diesen ersetzt[2351]. Die Mystik schien sogar etwas Gefährliches zu bergen, obwohl sie einmal im Westen christlich begann, es um das erfahrbare Mysterium Gottes ging. In der Praxis wurde dieses Mysterium nun aber als Einheit mit dem Kosmos oder mit der Natur, oder mit einer Kraft, die den Kosmos durchzieht, als Einheit mit allem erfahren. Man sah zwar Gott in allem, aber nicht als Person. Das paßte nicht zur personalen Gottesvorstellung des Christentums. Und so war ein „Gott in allen Dingen" einer Mechthild von Magdeburg, eines Meister Eckhart oder gar eines Ignatius v. Loyola[2352] suspekt. Es roch nach Pantheismus[2353].

[2349] Hierzu: Sven-Joachim Haack, *Die Wiederentdeckung der Mystik verpflichtet*, in Hrsg. Peter Lengsfeld, *Mystik – Spiritualität der Zukunft*, S. 163. M. Laura Gemelli Marciano, *Die Vorsokratiker. Auswahl der Fragmente und Zeugnisse*, S. 422ff. Hrsg. Günther Schiwy, Teilhard de Chardin in *Das Teilhard de Chardin Lesebuch*, S. 68, 70, 53–88, 110f., 128, 141, 234ff., 243.

[2350] Es geht sowohl bei westlichen als auch bei östlichen Mystikern kaum um die instrumentelle Nutzung paranormaler Erfahrungen wie im Okkultismus, für viele sind solche ein reines Beiprodukt der Erleuchtung, vgl. W. von Lucadou, *Psyche und Chaos*, S. 224. Und wenn paranormale Fähigkeiten instrumentell eingesetzt werden, dann zu guten Zwecken wie Heilung usw.

[2351] Sven-Joachim Haack, *Die Wiederentdeckung der Mystik verpflichtet*, in Hrsg. Peter Lengsfeld, *Mystik – Spiritualität der Zukunft*, S. 163.

[2352] Ignatius von Loyola in *Das grosse Buch der Mystiker*, S. 315–319.

(Daß die Mystik praktisch einen empirischen Beweis für den monistischen Idealismus lieferte[2354], war noch das kleinere Übel.)

Interessanterweise gab es den Konflikt zwischen Mystizismus und Rationalismus schon in der Griechischen Antike. Mystizismus war verbreitet im 5. Jahrhundert v.Chr. in Großgriechenland (Magna Graecia). Philosophen wie Pythagoras, Empedokles und Parmenides waren zugleich Mystiker, bedienten sich eines, man kann auch sagen, paranormalen Wissenserwerbs. Die Logik betrachtete man nur als Zwischenstation. Auch Anaxagoras betrat paranomales Terrain, wenn man der Anekdote von Diogenes Laertes[2355] Glauben schenkt, die ihn bei den Olympischen Spielen in einem Mantel erscheinen läßt, was man als klares Auspicium für einen dann tatsächlich eintreffenden Regen gewertet hatte.

Auch diese griechischen Philosophen und Mystiker wurden heftig angegriffen. Man unterschied bald zwischen Magoi (Magiern) und Naturphilosophen. Naturphilosophen versuchten sich (in der zweiten Hälfte des 5. Jh. v.Chr.) von den Magiern immer mehr abzugrenzen, von der „verdächtigen Gruppe". Bald hielt man alles, was nicht mit den fünf Sinnen ermittelt werden konnte, für sozusagen unwissenschaftlich[2356]. Das Unsichtbare wurde diskreditiert, als nicht überprüfbare Spekulation abgetan.

Auch bei den griechischen Mystikern haben wir Parallelen zum Weltbild der Quantenphysik entdeckt; und auch bei ihnen gab es eine belebte Dingwelt.

Uns geht es hier schwerpunktmäßig um die Mystik in christlicher Tradition.

Befassen wir uns zuerst mit einem prominenten christlichen Mystiker des zwanzigsten Jahrhunderts:

Teilhard de Chardin (1881–1955) war zu Lebzeiten ein Unbekannter. 1899 wird er Jesuit, 1911 zum Priester geweiht. 1922 wird er Professor für Geologie am Institut Catholique von Paris. 1923, 1924 wird er unter anderem aufgrund abweichender Ansichten zur Erbsündenlehre bei den kirchlichen Behörden in Rom angezeigt, nach China abgeschoben und von seinem Orden mit einem Veröffentlichungsverbot belegt (ausgenommen sind naturwissenschaftliche Texte). In Konflikt mit der katholischen Kirche befand sich Chardin auch, weil er Pantheist war. Geht man davon aus, daß Gott praktisch identisch mit der schöpferischen Natur ist, dann ent-

---

[2353] Vgl. Hrsg. Gerald L. Eberlein, *Kleines Lexikon der Parawissenschaften*, S. 91.

[2354] Amit Goswami, *Das Bewußte Universum*, S. 76.

[2355] Diogenes Laertes bei M. Laura Gemelli Marciano, *Die Vorsokratiker. Auswahl der Fragmente und Zeugnisse*, S. 429.

[2356] Vgl. M. Laura Gemelli Marciano, *Die Vorsokratiker. Auswahl der Fragmente und Zeugnisse*, S. 422ff.

spricht das auf den ersten Blick nicht der personalen Gottesvorstellung der biblisch überlieferten Heilsgeschichte.

Nach seinem Tod erschienen allerdings auf Initiative seiner Sekretärin, abgeschirmt durch Persönlichkeiten wie André Malraux, Arnold Toynbee, Adolf Portmann, seine spirituellen Schriften.

Chardins *Noosphäre* entspricht, so Ervin Laszlo[2357], dem Quantenvakuum (wie Laszlo und wir es hier verstehen), sie ist der pantheistische Stein des Anstoßes. Es handelt sich dabei um eine geistige Sphäre, eine denkende Schicht, wie Chardin sagt, außer und über der Biosphäre[2358]. Sie leitet die Entfaltung von allem, von Organismen bis hin zu kulturellen und sozialen Hervorbringungen, die Chardin ebenfalls als Organismen sieht[2359]. Auch die Noosphäre selbst vergleicht Chardin mit einem Organismus[2360], einer unermeßlichen Denkmaschine[2361], die einen kosmischen Organisationsprozeß bewirkt[2362]. Und zwar nach einer höheren Ordnung: nicht jeder für sich, sondern alle zusammen nach einem Ziel, in dem sich alle vereinigen und geistig erneuern[2363]: Es geht um eine Entwicklung zur Vergeistigung[2364]: „Durch unser persönliches Bemühen um Vergeistigung trägt also die Welt, von aller Materie ausgehend, allmählich das zusammen, was aus ihr das Himmlische Jerusalem oder die Neue Erde machen wird", sagt Chardin[2365]. Wobei dieses Streben zur geistigen Vereinigung aller und von allem ein Liebesverlangen ist, so daß die Liebe das eigentliche und letztendliche Ziel des Evoluierens ist, als „Lebensdrang, Lebensschwung, Quellgrund der Seele"[2366]. Die geistige Vereinigung, die für ihn Liebe ist, nennt Chardin auch (zur noch größeren Unbill der katholischen

---

2357 Ervin Laszlo, *Zu Hause im Universum*, S. 134.

2358 Hrsg. Günther Schiwy, Teilhard de Chardin in *Das Teilhard de Chardin Lesebuch*, S. 68.

2359 Hrsg. Günther Schiwy, Teilhard de Chardin in *Das Teilhard de Chardin Lesebuch*, S. 53–88, 70, 74.

2360 Hrsg. Günther Schiwy, Teilhard de Chardin in *Das Teilhard de Chardin Lesebuch*, S. 83.

2361 Hrsg. Günther Schiwy, Teilhard de Chardin in *Das Teilhard de Chardin Lesebuch*, S. 80–87.

2362 Hrsg. Günther Schiwy, Teilhard de Chardin in *Das Teilhard de Chardin Lesebuch*, S. 87.

2363 Hrsg. Günther Schiwy, Teilhard de Chardin in *Das Teilhard de Chardin Lesebuch*, S. 88.

2364 Hrsg. Günther Schiwy, Teilhard de Chardin in *Das Teilhard de Chardin Lesebuch*, S. 128.

2365 Hrsg. Günther Schiwy, Teilhard de Chardin in *Das Teilhard de Chardin Lesebuch*, S. 129.

2366 Hrsg. Günther Schiwy, Teilhard de Chardin in *Das Teilhard de Chardin Lesebuch*, S. 130. Chardin widmet übrigens seine Exkurse über diese Liebe Dantes Beatrice.

Kirche) das „Ewig Weibliche"[2367]. Gott ist diese Liebe, als Kraft verrichtender Sammlung, wesenhaft weiblich[2368].

Das Böse ist für Chardin dann die Zerstörung, das Auseinanderstreben, die Trennung, die Auflösung[2369], Entropie.

Diese höhere Ordnung, die Noosphäre, identifiziert Chardin auch mit Christus[2370], er nennt sie beziehungsweise Christus den *Punkt Omega*, auf den sich alles hin entwickelt, Christus ist damit der Evolutor, der Beseeler und Sammler aller materiellen und geistigen Energien, die das Universum erarbeitet hat[2371]. Christus ist somit der Attraktor des gesamten Evolutionsprozesses; alles wird zu diesem Endpunkt hingezogen. Dieser Gedanke der Anziehung hat antike Wurzeln. Für Aristoteles hat Gott eine solche Anziehungskraft ausgeübt, daß die Himmelskörper immerfort im Kreis laufen[2372]. Und es gibt hier eine Parallele zu Sheldrakes morphischen Attraktoren: Bei Sheldrake entwickelt sich das System, die Person, das Tier, die Pflanze in der Gegenwart dem Einfluß eines potentiellen zukünftigen Zustandes entgegen, der noch nicht eingetreten ist. Dennoch ist dieser potentielle Zustand das, was die Entwicklung des Systems in der Gegenwart lenkt, leitet und anzieht. Prozesse werden bei Sheldrake[2373] nicht von hinten geschoben, sondern von vorne gezogen. Die Zukunft wirkt hier; der herkömmliche Kausalitätsbegriff wird umgestoßen. Und auch das entspräche dem Quantenvakuum im hier vertretenen Modell, in dem alles bereits in potentia enthalten ist, unabhängig von Gegenwart, Vergangenheit und Zukunft.

Nach Chardin ist Omega, und somit auch Christus, *super-personaler* Natur[2374], was mit dem bisherigen christlichen Dogma und seiner personalen Christusvorstellung kollidiert. Am ehesten läßt sich Chardins Ansicht

---

[2367] Hrsg. Günther Schiwy, Teilhard de Chardin in *Das Teilhard de Chardin Lesebuch*, S. 131, 137ff.

[2368] Hrsg. Günther Schiwy, Teilhard de Chardin in *Das Teilhard de Chardin Lesebuch*, S. 137ff.
Man denkt natürlich sofort auch an die Rolle des „hinanziehenden" Weiblichen in Goethes Faust (I/II).

[2369] Hrsg. Günther Schiwy, Teilhard de Chardin in *Das Teilhard de Chardin Lesebuch*, S. 141.

[2370] Hrsg. Günther Schiwy, Teilhard de Chardin in *Das Teilhard de Chardin Lesebuch*, S. 110.

[2371] Hrsg. Günther Schiwy, Teilhard de Chardin in *Das Teilhard de Chardin Lesebuch*, S. 234ff.

[2372] Rupert Sheldrake, Terence McKenna, Ralph Abraham, *Denken am Rande des Undenkbaren*, S. 28.

[2373] Rupert Sheldrake, Terence McKenna, Ralph Abraham, *Denken am Rande des Undenkbaren*, S. 68f.

[2374] Hrsg. Günther Schiwy, Teilhard de Chardin in *Das Teilhard de Chardin Lesebuch*, S. 111.

noch mit einem unpersönlich aufgefaßten Heiligen Geist vereinbaren (hierzu später).

Erfahren wird bei Chardin das Göttliche mythisch, als ein fühlbares Leuchten, erzeugt durch die Synthese aller Elemente der Welt in Jesus[2375]. (Gemeint ist hier nichts anderes als die mystisch meditative Einheitserfahrung.)

Die Noosphäre ist also der super-personale Gott und der super-personale Christus (der sie gleichzeitig bewegt) und ist praktisch identisch mit dem Quantenvakuum des hier vertretenen Modells: in der Noosphäre ist alles potentiell immer schon enthalten unabhängig von der Zeit. Der einzige Unterschied zur Physik ist auch hier, daß *die Liebe* den Prozeß des sich Manifestierens von Wirklichkeit aus dieser Sphäre (dem Quantenvakuum) leitet.

Der Quantenphysik entsprechend hat auch für Chardin Materie eine geistige Qualität (ist beseelt): „Materie hat das Antlitz des Geistes, wenn man sich ihm rückwärts schreitend nähert"[2376].

Sehen wir uns weitere christliche Mystiker an:

Bei Dionysius Areopagitas[2377] (5. Jh. n.Chr.) gibt es die Figur eines Lichts, des göttlichen Lichts, eines Ur- beziehungsweise Überlichts, die alles geistig durchwirkt, einigt und zum wahren Sein führt. Letztlich ist dieses Licht die göttliche Liebe. Auch das könnte man als Metapher fürs Quantenvakuum im hiesigen Modell als fundamentales Gravitationsfeld ansehen.

Für Franz von Assisi (1182–1226) sieht die Sache ähnlich aus. Er weist daraufhin, daß Gott ein *Geist* sei unter Hinweis auf Joh. 2, 24: „Gott ist ein Geist"[2378]. Auch bei Franz von Assisi ist ferner alles belebt durch diesen Geist, alles lebendig.

Bei dem Mystiker Meister Eckhart[2379] (1260–1302) finden wir ebenfalls bereits Anklänge ans Quantenvakuum des hier vertretenen Modells und Anklänge ans Gehirn als Quantensystem.

Eckart hatte wie Teilhard de Chardin wichtige kirchliche Gegner[2380]. Papst Johann XXII verurteilte in einer Bulle Teile seiner Predigten. Man prozessierte gegen ihn. 1369 wurden auf Veranlassung Gregors XI seine Schriften vernichtet beziehungsweise zerstreut, man versuchte ihn totzu-

---

[2375] Hrsg. Günther Schiwy, Teilhard de Chardin in *Das Teilhard de Chardin Lesebuch*, S. 243.

[2376] Hrsg. Günther Schiwy, Teilhard de Chardin in *Das Teilhard de Chardin Lesebuch*, S. 141.

[2377] Dionysius Areopatitas in *Das große Buch der Mystik*, S. 25–28, 32ff.

[2378] Franz von Assisi in, *Das große Buch der Mystik*, S. 51.

[2379] Hierzu: Hrsg. Friedrich Heer, *Meister Eckhart, Predigten und Schriften*, S. 40, 200.

[2380] Vgl. in Hrsg. Friedrich Heer, *Meister Eckhart, Predigten und Schriften*, S. 49.

schweigen. Treue Anhänger, Schüler, verbreiteten jedoch seine Schriften weiter.

Er gilt bis heute als einer der größten europäischen Mystiker.

Eckhart sagt zum Beispiel: „... daß eine Kraft in der Seele ist, die nicht Zeit und Fleisch berührt: sie fließt aus dem Geiste und bleibt in dem Geiste und ist ganz und gar geistig." Das kann man so interpretieren, daß das Gehirn ein Quantensystem ist und jenseits von Zeit und unserer materiellen dreidimensionalen Welt navigieren kann, nämlich im Quantenvakuum, das wir im Kapitel über das Hologramm der Wirklichkeit seinerseits als geistige Sphäre interpretiert haben, als Ensemble der geistigen Projektionen eines höheren Bewußtseins.

Eckhart hat ferner einen Begriff von *Gottheit*, der ungemein trickreich ist für seine Zeit. Und im Grunde auch in höchstem Masse ketzerisch. Es gibt bei Eckhart Gott und Gottheit. Wobei Gottheit durchaus mit dem Quantenvakuum im hiesigen Modell vergleichbar ist und für Eckhart fundamentaler ist als Gott. Gottheit ist die Quelle von allem und dort ist alles eins. Sogar Gott löst sich in Gottheit auf! Lassen wir Eckart selbst sprechen: „Gott und Gottheit sind unterschieden als Wirken und Nichtwirken. ... Wenn ich komme in den Grund und Boden, in den Bach und in die Quelle der Gottheit, so fragt mich niemand, von wannen ich komme oder wo ich gewesen sei. Da vermißte mich niemand – denn dort entwird ja sogar *Gott*!"[2381]

Eckhart war bezeichnenderweise auch Neuplatoniker.

(Hätte Eckhart damals unsere Realität als holographische Projektion begreifen können, hätte er Gottheit als zu einem Gott einer dahinter befindlichen eigentlichen Realität gehörig denken können.)

Ebenso kann bei Johannes Tauler (1300–1360) die Seele zwischen Zeit und Ewigkeit navigieren, steht uns die dreidimensionale, sinnlich

---

[2381] Hrsg. Friedrich Heer, *Meister Eckhart, Predigten und Schriften*, S. 163. An anderer Stelle: 163: „‚Gott' entsteht erst da, wo alle Kreaturen ihn aussprechen." „Befinden wir uns im Quell der Gottheit, gibt es dort noch nicht Gott." 162: „... aber auch Gott wird und vergeht ..." Gott *wird* bei Eckhart also, wenn er sozusagen aus der Quelle der Gottheit auftaucht, wenn er aus dem Quantenvakuum auftaucht, durch ein Bewußtsein vom Wellen- in den Teilchenzustand geholt wird. Auch Gott selbst wäre hier also ein Quantensystem in der Welt der Quantensysteme. Das führt auf den ersten Blick zu einem unendlichen Rekurs oder einem Paradox, denn Gott erschafft, wird hier aber auch erschaffen, durch die Bewußtseine, die er selbst geschaffen hat. Unendlichkeit und Paradoxie sind hier mit Gott verbunden, nach Douglas Hofstadter Eigenschaften, die, nebst Selbstreferenz, ein höheres Bewußtsein par excellence auszeichnen, und einen Sprung auf eine höhere Ebene, überhaupt Neues, erlauben. Unkomplizierter wird es nur, denkt man Gott im holographischen Modell der Realität sozusagen auf der anderen Seite als real, nicht in unserer Welt, sondern in der eigentlichen Realität, aus der unsere Welt erst (durch ihn) abgeleitet ist.

erfahrbare Welt offen, so wie eine Ebene jenseits von Zeit und Raum, auch hier ist die Seele bereits ein Quantensystem.

Jakob Böhme (1575–1624) war der erste in deutscher Sprache schreibende Mystiker. Seine Schriften beeinflußten den deutschen Idealismus und die Romantik sowie das europäische Denken.

Bei Böhme unterliegt allem Sein Magia: ein begehrender Wille, die Begierde der göttlichen Kraft. Sie ist nicht die Allmacht Gottes, sondern leitet den göttlichen Geist und die göttliche Kraft! Sie setzt die Weisheit um: „Wie es der Wille in der Weisheit modelt, also nimmt die begehrende Magia ein, denn sie hat in ihrer Eigenschaft die Imagination, als eine Lust"[2382]. „In der Magia liegen alle Gestalten des Wesens aller Wesen. Sie ist nicht der Verstand, sondern sie ist eine Macherin nach dem Verstande"[2383]. Hier haben wir nichts anderes als das Quantenvakuum im hier vertretenen Modell, und zusätzlich eine wollende Instanz, die das Quantenvakuum bewegt sich zu entfalten. Die Magia: „Sie machet aus nichts etwas, und das nur in sich selber"[2384]. Der Urgrund hat bereits eine Sucht nach dem Sein und die Magia gibt dieser Sucht eine Richtung. Am Anfang steht die Sucht des Nichts.[2385] Auch das hat mit der kirchlichen Doktrin wenig zu tun. Ein entsetzlicher Gedanke: die autopoietische Schöpfung aus dem Nichts statt der Schöpfung durch einen Schöpfer.

Es bietet sich hier auch an, die geheimnisumwitterten Rosenkreuzer zu erwähnen, auch sie Mystiker avant tout. Die Rosenkreuzer sind ein archetypischer Geheimbund: eine wohltätige, geheimes Wissen bewahrende Gesellschaft, die im Verborgenen wirkt, und nur nach ihren eigenen inneren Gesetzen hin und wieder öffentlich sichtbar wird[2386].

Rosenkreuzer beschäftigten sich mit der Kabbala, mit Alchemie, Hermetik, Philosophie, Magie und betrachten sich als religiös; obwohl sie sich auf Gott, Jesus Christus und die Bibel beziehen, fassen sie sich aber als keine eigentliche Religionsgemeinschaft auf, sondern sie sind religiös im Sinn der ursprünglichen Wortbedeutung von religere, der Rückbindung an den Urgrund allen Seins[2387].

Ihr Ursprung ist nicht ganz geklärt. Angeblich ist der Geheimbund von Frater Christian Rosencreutz (1378–1484) gegründet worden. Dabei handelt es sich aber wahrscheinlich um eine Fiktion. Anderes verbirgt sich wohl hinter dem Namen. Christian Rosencreutz war eher eine Symbolfi-

---

[2382] Böhme in *Das große Buch der Mystiker*, S. 387. Man denkt gleich auch an Schopenhauer, die Welt als Wille und Vorstellung.

[2383] Böhme in *Das große Buch der Mystiker*, S. 387.

[2384] Böhme in *Das große Buch der Mystiker*, S. 388.

[2385] Vgl. Böhme in *Das große Buch der Mystiker*, S. 388.

[2386] Marco Frenschkowski, *Die Geheimbünde*, S. 108.

[2387] Wolfram Frietsch, *Die Geheimnisse der Rosenkreuzer*, S. 35.

gur für den neuen Geist, der sich nicht mit dem mittelalterlichen Wissenssystem zufrieden gab, sondern für ein in die Geheimnisse der Natur Eindringen stand[2388].

Das Symbol des Rosenkreuzes war übrigens das persönliche Symbol Martin Luthers[2389]. Ab 1604 soll es handschriftliche Rosenkreuzertexte geben. Der Bund und sein Gedankengut verbreiteten sich in Europa. Es gab berühmte Sympathisanten wie G.W. Leibniz und Francis Bacon. Freimaurer[2390] übernahmen rosenkreuzerisches Gedankengut. Zwischen Freimaurern und Rosenkreuzern gab es auch Überschneidungen[2391]. Eines der wichtigsten Produkte der Rosenkreuzer ist die britische Royal Society[2392] in London, die rasch zum wichtigsten Diskussionsforum britischer Wissenschaften avancierte[2393]. Die katholische Kirche sah die Rosenkreuzer nicht gern, nicht nur weil die Rosenkreuzer für eine grundlegende Kirchen-Reform waren.

Die Rosenkreuzer sind auch deshalb interessant, sie bewahren dasselbe essentielle Geheimwissen wie die Freimaurer und andere Geheimgesellschaften[2394]. Wir können die Rosenkreuzer daher als pars pro toto solcher Geheimgesellschaften nehmen. Grob gesagt, glauben alle: der in den Naturwissenschaften bislang vorherrschende Materiebegriff, ein Relikt der Aufklärung, sei zu oberflächlich, Materie sei nicht bloß Materie, sondern habe etwas Geistartiges, habe sozusagen auch Geist.[2395]

Das ist heute nichts Besonderes mehr, seit man in der Quantenphysik ebenfalls einen Geist-haften Untergrund von Materie vermutet.

Ein Teil des in Geheimgesellschaften tradierten Wissens mag sich von heute aus als irrig und verständlich nur im reduktiven historischen Kontext erweisen, große Teile des alchemistischen Wissens gar als Humbug oder nicht entschlüsselbar, wir beschäftigen uns hier nur mit dem

---

[2388] Marco Frenschkowski, *Die Geheimbünde*, S. 109.

[2389] Marco Frenschkowski, *Die Geheimbünde*, S. 108.

[2390] Die Gottes-Idee der Freimaurer, Gott als großer Architekt des Universums, ließe sich in Verbindung mit Supersymmetrie in der Physik setzen. Geometrische Konzepte liegen fundamental der Materie zugrunde. Vgl. zum Beispiel Marco Frenschkowski, *Die Geheimbünde*, S. 125f.

[2391] Marco Frenschkowski, *Die Geheimbünde*, S. 144f.: Mitglieder der amerikanischen Rosenkreuzer mußten zum Beispiel den Meistergrad der regulären Freimaurerei besitzen.

[2392] Einer ihrer ersten Präsidenten war übrigens Isaac Newton.

[2393] Marco Frenschkowski, *Die Geheimbünde*, S. 109f.

[2394] Vgl. hierzu Wolfram Frietsch, *Die Geheimnisse der Rosenkreuzer*, S. 294–329. Es gibt wesentliche Gemeinsamkeiten mit Freimaurern, Theosophen, Golden Dawn, O.T.O. (Ordo Templi Orientis) etc.

[2395] Vgl. Hrsg. Gerald E. Eberlein, *Kleines Lexikon der Parawissenschaften*, S. 51. Dort wird übrigens das Geheimwissen dieser Gesellschaften unter den Begriff *esoterisch* gefaßt.

Teil, der eine heutige Sicht der Wirklichkeit vorwegnimmt, etwas Visionäres hat.

Nach den Rosenkreuzern täuscht die materielle Welt, in der alles getrennt ist. In Wirklichkeit sei alles mit allem verbunden[2396]. Eine Vorläuferschrift der Rosenkreuzermanifeste aus dem 16. Jh., die *Theologia Germanica*, sagt es so: „Was ist das Vollkommene und das Geteilte? Das Vollkommene ist ein Wesen, das in sich und in seinem Wesen alle Wesen begriffen und beschlossen hat, und ohne das und außer dem kein wahres Wesen ist, und in dem alle Dinge ihr Wesen haben; denn es ist aller Dinge Wesen und ist in sich selbst unwandelbar und unbeweglich, und verwandelt und bewegt alle anderen Dinge"[2397].

In Anlehnung an den Neuplatonismus ist für die Rosenkreuzer die gesamte Schöpfung aus einer Substanz geschaffen, die sich in immer gröber werdenden Emanationen verdichtet, um letztlich im sichtbaren Bereich der Materie wahrgenommen zu werden. Eine Trennung zwischen Materie und Seele gibt es bei dieser uranfänglichen, ewigen Energie nicht[2398]. Nichts vergeht und nichts kommt wieder, sondern alles ist gleichzeitig hier und jetzt[2399]. Und auf dem Grabmal des Frater Rosencreutz soll angeblich in Latein gestanden haben: *Nirgends leerer Raum*[2400]. Das alles erinnert uns natürlich an die Sicht der modernen Physik, der Raum ist erfüllt vom Quantenvakuum, im Quantenvakuum des hier vertretenen Modells ist alles gleichzeitig und vereint[2401].

Noch direkter ans Quantenvakuum unseres Modells erinnert die *Quintessenz*. Auch diesen Terminus übernahmen die Rosenkreuzer von Aristoteles, Paracelsus, der mittelalterlichen Mystik und der Alchemie: Sie ist für sie so etwas wie der *Äther*, durchdringt alles, ist überall, ist der lebenserzeugende und erhaltende Geist oder Spiritus hinter allem (das superflüssige Quantenvakuum, in dem nach der hier gewählten Interpretation in der Realität als Hologramm durchaus ein höheres Bewußtsein am Werk gesehen werden kann)[2402].

In ihren Ritualen, die eigentlich Meditation mit einer speziellen Einstimmung sind, meinen sie, diese Realität hinter der Realität, diese Quintessenz, zu erfahren, sich auf das Einssein des Kosmos einstimmen zu

---

[2396] Wolfram Frietsch, *Die Geheimnisse der Rosenkreuzer*, S. 42.

[2397] Bei Wolfram Frietsch, *Die Geheimnisse der Rosenkreuzer*, S. 60.

[2398] Wolfram Frietsch, *Die Geheimnisse der Rosenkreuzer*, S. 158.

[2399] Wolfram Frietsch, *Die Geheimnisse der Rosenkreuzer*, S. 235.

[2400] Wolfram Frietsch, *Die Geheimnisse der Rosenkreuzer*, S. 235.

[2401] Vgl. auch: http://www.stiftung-rosenkreuz.de/de/gnosis/vortraege/quantenphilo sophie_und_spiritualitaet/txt00289.html. Die Rosenkreuzer beschäftigen sich auch mit der modernen Physik.

[2402] Wolfram Frietsch, *Die Geheimnisse der Rosenkreuzer*, S. 171f.

können, und so auch den Zeitfluß aufheben zu können[2403]. In der mystischen Innenschau wird der wahre Urgrund erfahren, das transzendierte Ich geht in einem kosmischen Bewußtsein auf[2404]. Hier ist ein spezielles Training erforderlich. Die Rosenkreuzer lehren ihren Mitgliedern Techniken der Konzentration, Kontemplation, Visualisation, Imagination und Meditation[2405]. Sie trainieren sie auf paranormale Fähigkeiten, auf paranormalen Wissenserwerb beziehungsweise initiieren ihre Mitglieder hierzu in bestimmten Ritualen. In dem alten rosenkreuzerischen Text *Confessio*[2406] heißt es: „Wäre es nicht herrlich, daß du an einem Ort wohnen könntest, so daß weder die Völker, die über dem Fluß Ganges in Indien wohnen, ihre Sachen vor dir verbergen könnten, noch die, die in Peru leben, ihre Ratschläge dir vorenthalten könnten?" (Man verspricht den Mitgliedern also Hellsehen). Weiter heißt es dort: „Wäre es nicht ein köstliches Ding, daß du zugleich alles, was in allen Büchern, die jemals gewesen sind, noch sein oder kommen und ausgehen werden, zu finden sei, noch gefunden wird und jemals mag gefunden werden, lesen, verstehen und behalten könntest?" (Hier geht es um Hellsehen und Präkognition, um den Erwerb eines Allwissens.) „Wie lieblich wäre es, daß du anstatt Steine Perlen und Edelgesteine an dich brächtest, und anstatt des höllischen Pluto die mächtigsten Fürsten der Welt führen und beeinflussen könntest?" (Hier wird Telepathie und Psychokinese versprochen, Beeinflussung durch Gedanken.) Ein Einblick in unsere Unsterblichkeit ist auch Gegenstand des Pakets.

– Viele fühlen sich hier angezogen, denn es kann bedeuten, durch Magie allwissend, mächtig und reich zu werden. Und viele traten aus solchen Motiven derartigen Geheimbünden bei. Der Erwerb dieser Fähigkeiten ist aber sehr schwierig, erfordert eine eingehende Beschäftigung, intensives Training, besondere Begabung und rituelle Unterweisung[2407]. Daß die Gesellschaften ferner meistens auf christliche Ziele verpflichtet sind, darauf, Gutes zu bewirken, dem Nächsten zu helfen – sie sehen sich im Auftrage Gottes (des christlichen Gottes) handeln[2408] –, kann ferner für solche mit eigensüchtigen Zielen schnell unbequem werden. Freimaurer sind beispielsweise verpflichtet, Mitbrüdern überall auf der Welt, auch

---

[2403] Vgl. zu den Ritualen Wolfram Frietsch, *Die Geheimnisse der Rosenkreuzer*, S. 256.

[2404] Wolfram Frietsch, *Die Geheimnisse der Rosenkreuzer*, S. 101.

[2405] Wolfram Frietsch, *Die Geheimnisse der Rosenkreuzer*, S. 133ff.

[2406] Vgl. Wolfram Frietsch, *Die Geheimnisse der Rosenkreuzer*, S. 243f.

[2407] Vgl. zum Ritus, Wolfram Frietsch, *Die Geheimnisse der Rosenkreuzer*, S. 251ff. In den Ritualen wird symbolisch dargestellt, was sich nicht in Worten erklären läßt. Es handelt sich um eine Veräußerlichung innerer Vorgänge, die einer kosmischen, höheren Ordnung entsprechen. Die ältere Form des Ritus sind die Mysteriendramen, zum Beispiel das ägyptische Mysteriendrama von Isis und Osiris oder das griechische Mysterium von Eleusis, über die man viel und zugleich wenig weiß.

[2408] Wolfram Frietsch, *Die Geheimnisse der Rosenkreuzer*, S. 247

finanziell (!), zu helfen, wenn sie darum gebeten werden. Eine abschreckende Sache ... –

Auch Psychometrie ist für die Rosenkreuzer erlernbar. Sie sind der Ansicht, alles spricht zu uns, wenn wir uns mystisch damit abgeben: ein Baum, ein Gegenstand. Allerdings geschieht der paranormale Wissenserwerb nach Ansicht der Rosenkreuzer in Symbolen. Die Symbole bilden sozusagen einen Code, der sich im Lauf von Jahrtausenden im menschlichen Bewußtsein etabliert hat und den man entschlüsseln kann. Daneben gibt es aber auch rein persönliche, sozusagen beliebige, neue Symbole[2409].

Jüdische Mystik: die Kabbala

Die Kabbala ist eine religionsphilosophische Geheimlehre, die auf Schriften des 13. Jahrhunderts zurückreicht und Auslegung der Heiligen Schrift mit Elementen der Gnosis (religiöse Texte, die sich nicht als herrschende Meinung durchgesetzt haben), des Neuplatonismus, Pythagoreismus, der Magie (Zahlenmystik) usw. verbindet.

Der kabbalistischen Überlieferung zufolge ist die gesamt Schöpfung eine illusorische Projektion der transzendentalen Aspekte Gottes![2410] Im Buch Sohar, einem kabbalistischen Thora-Kommentar aus dem 13. Jahrhundert und dem berühmtesten esoterischen Text des Judentums, wird angemerkt, daß in dem Verb *baro* (erschaffen) die Bedeutung „eine Illusion schaffen" mitschwingt. Und zwar spiegelt die Illusion vor, daß alles getrennt ist. Im Sohar heißt es: „Werden die Dinge in mystischer Meditation geschaut, gibt sich alles als eins zu erkennen."[2411]

Die Wirklichkeit wird hier nicht anders denn als Hologramm beschrieben!

Und es kommt etwas noch Trickreicheres, über die anderen Denkansätze der Zeit weit Hinausgehendes, hinzu, eine weitere Abstraktionsebene: Ist die gesamt Schöpfung eine illusorische Projektion der transzendentalen Aspekte Gottes, dann ist die Schöpfung die Illusion einer Illusion. Hier schaut man also auch noch hinter die Ebene, auf der alles eins ist. (Im modernen Hologramm der Wirklichkeit wäre die Illusion der Illusion die aus Wellen der eigentlichen Realität errechnete abgeleitete Realität: man könnte hier allerdings eine beruhigendere Terminologie wählen und statt Illusion der Illusion sagen, die Umrechnung der Umrechnung).

[2409] Wolfram Frietsch, *Die Geheimnisse der Rosenkreuzer*, S. 143ff.

[2410] Auf diese Möglichkeit kamen wir in der Physik im Kapitel zum Hologramm der Realität auch.

[2411] Vgl. bei Amit Goswami, *Das Bewußte Universum*, S. 76.

Die jüdische Mystik kommt in vielem zum gleichen Resultat wie die westliche (und, wie wir noch sehen werden, auch die fernöstliche) Mystik und wäre desselben eine äußerst passende Unterlage für unser Gedächtnis von Gegenständen. Das Realitätsmodell der Physik, das wir vorgeschlagen haben (das auch ein Gedächtnis von Gegenständen erklärt), ist mit ihrem Realitätsmodell praktisch identisch!

Bei praktisch allen westlichen Mystikern finden wir also Anklänge an *die* moderne Physik, die mit einem Gedächtnis von Gegenständen kompatibel ist, Anklänge an eine belebte Welt und belebte Dingwelt.

Die Mystik leitet ihre Einsichten unmittelbar aus der Erfahrung ab, der mystischen Erfahrung, der Erfahrung in einem Zustand der Versenkung. Die Einheitserfahrung des Mystikers wirkt wie eine Erfahrung des Quantenvakuums, gibt dessen Eigenschaften wieder, die Eigenschaften des Quantenvakuums unseres Modells, in dem wir das Gedächtnis von Gegenständen angesiedelt haben.

Das meint auch der Physiker David Bohm[2412], indem er sagt, die Physik beginne in Bereiche einzudringen, die einst das ausschließliche Terrain der Mystiker waren.

Es gibt allerdings einen wichtigen Unterschied zwischen Quantenvakuumsmodellen der Physik und mystischer Einheit von allem jenseits von Raum und Zeit. Der Mystiker entdeckt in dieser Einheit die Liebe zu allem, sie ist das Fazit seiner Erfahrung und drückt sich auch in einer Empfindung von Glückseligkeit aus[2413]. Wie schon gesagt, ist die Liebe des Quantenvakuums noch nicht entdeckt. Wie wäre es aber: „Wenn", wie Teilhard de Chardin[2414] voraussagt, „wir Herr über Winde, Wellen, Gezeiten und Schwerkraft sind, werden wir uns die Energien der Liebe nutzbar machen?"

[2412] Pyhsiker bei Michael Talbot, *Das Holographische Universum*, S. 287.
[2413] Amit Goswami, *Das Bewußte Universum*, S. 82.
[2414] Bei Amit Goswami, *Das Bewußte Universum*, S. 337.
Das Quantenvakuum anzuzapfen und endlose Energie daraus zu gewinnen, ist wie gesehen, ein bereits vereinzelt umgesetzter, aber boykottierter Traum, hierzu gehört auch die Schwerkraft zu manipulieren, auch das erfordert eine Wechselwirkung mit dem Quantenvakuum. Eine verrückte Idee wäre allerdings, daß auch, und vielleicht sogar letztlich, die Kraft der Liebe dort residiert, und als Energie dort extrapoliert werden könnte. Der Glaube (an Gott beziehungsweise an die Liebe), der Berge versetzt, wäre dann nicht nur eine Metapher.
Im hier erweiterten Walker-Modell des Gehirns als Quantensystem ist das Vakuum bereits der Bereich in dem das reine Bewußtsein residiert, und das bedeutet u.a. auch Gefühle per se, die Liebe per se etwa.

Fernöstliche religiöse Weltmodelle, fernöstliche Mystik, die ein Gedächtnis von Gegenständen zulassen beziehungsweise enthalten

Das *Akasha* beziehungsweise die Akasha Chronik ist eine sehr interessante Figur:

Es ist eine Idee aus der indischen Philosophie beziehungsweise Religionsphilosophie. Ihre Überlieferung ist uralt und nicht mehr genau zurückzuverfolgen. Wahrscheinlich stammt Akasha aus yogischen Sanskrit[2415]- Texten. Die Theosophen haben später den Begriff Akasha intensiv benutzt[2416].

Das Akasha[2417] ist allgegenwärtig und durchdringt alles. Es ist so fein, daß wir es nicht wahrnehmen. Alles, was Gestalt hat, alles was existiert in unserer materiellen Welt, ist aus ihm entstanden. Zu Beginn der Schöpfung gibt es nur dieses Akasha. Am Ende eines Schöpfungs-Zyklus geht alles wieder ins Akasha zurück. Diesen Zustand nennt man auch Prana. Die nächste Schöpfung geht wieder aus dem Akasha hervor. Am Ende des Zyklus beruhigen sich die Energien, die sich im Universum zeigen, und werden im Akasha (Prana) zu reinem Potential (!).

Das Akasha gleicht aufs Haar dem Quantenvakuum im hier vertretenen Modell[2418]. Und die Vision eines zyklischen Universums – eines Metaversums, das Universum um Universum hervorbringt – ist heute in der Physik brandaktuell[2419].

Hochinteressant ist nun: Wir hatten vorgeschlagen, das Gedächtnis von Gegenständen läge im Quantenvakuum: Das Akasha gleicht nun aufs Haar unserem hier vertretenen Quantenvakuum, und auch das Akasha enthält nach der Überlieferung ein Gedächtnis von Gegenständen[2420]: Nach der Überlieferung prägt sich alles, was auf der Welt geschieht, dem Akasha *Feld* ein. Jeder Gedanke, jede Stimmung, jedes Ereignis, und verbleibt dort. Je nach Ausmaß der emotionalen oder physischen Aktivität wird die Intensität dieser Prägung variieren.

Wir hatten ferner angenommen, das Quantenvakuum sei ein höherdimensionaler Raum, und auch das Akasha scheint höherdimensional zu sein: In manchen Schriften wird Akasha Himmel genannt. Damit gemeint ist eine Sperre im Aufstieg der Seele, ein Grenzpunkt, an dem man ein

---

[2415] Etwa 3 000 Jahre alte indische Sprache.

[2416] John Davidson, *Das Geheimnis des Vakuums*, S. 95f.

[2417] Vgl. die Beschreibung von Yogi Swami Vivekananda bei Ervin Laszlo, *Zuhause im Universum*, S. 207f.

[2418] Ervin Laszlo, *Zuhause im Universum*, 208.

[2419] Ervin Laszlo, *Zuhause im Universum*, S. 208.

[2420] Ervin Laszlo, *Zuhause im Universum*, S. 73. John Davidson, *Das Geheimnis des Vakuums*, S. 95f.

enormes Maß innerer Konzentration und Reinheit benötigt, um den Schleier zu zerreißen und in die *nächst höhere Dimension* einzutreten[2421].

Ebenso ist die innere Konzentration, die man benötigt, um sich mit dem Akasha zu verbinden, nichts anderes als die meditationsähnlichen Bewußtseinszustände[2422], in denen es den Sensitiven gelingt, das Gedächtnis von Gegenständen und Orten (aus dem Quantenvakuum) zu lesen.

Auch in Thibet kennt man übrigens den *höherdimensionalen* Bereich hinter den Erscheinungen. Milarepa[2423], ein tibetischer Yogi des 11. und 12. Jahrhunderts und der berühmteste tibetisch-buddhistische Heilige, sagt, daß wir (unser „inneres Bewußtsein") viel zu stark konditioniert seien, um den extradimensionalen Bereich wahrzunehmen, er nennt ihn die Grenze zwischen Geist und Materie. (Wie in Interpretationen der modernen Quantenphysik unterliegt auch hier·der Materie Geist).

Die Religionen des indischen Subkontinents (Hinduismus, Buddhismus, Jainismus usw.) sind seit alters her meditative Religionen. Ihr Hauptanliegen ist es, methodisch, anhand konkreter Übungs-Praktiken, zur mystischen *Einheitserfahrung* hin zu führen, im Grunde derselben wie der Einheitserfahrung der westlichen Mystik[2424]. Man kann deshalb auch von östlicher Mystik sprechen. Die Übungs-Praktiken, die zum erforderlichen psycho-mentalen Ruhezustand führen, sind beispielsweise Yoga oder Zen.

Insofern kann man vermuten, daß die Postulate der Religionen sozusagen empirisch abgeleitet sind, aus der mystischen Einheitserfahrung[2425].

Überall finden wir Analogien zum hier vertretenen Modell des Quantenvakuums und eine holographische Sicht der Realität:

Der Hinduismus und der Buddhismus sehen hinter der Welt der Erscheinungen eine geistige Ebene, so etwas wie ein riesiges, nichtmaterielles (virtuelles) Gehirn, und alle und alles ist mit ihm vernetzt. Die Realität ist hingegen eine Fülle von materiellen Dingen oder Nichts, mit denen man sich verbinden kann (weil alles auf der fundamentalen geistigen Ebene zusammenhängt, eins ist)[2426].

[2421] John Davidson, *Das Geheimnis des Vakuums*, S. 96.

[2422] Im Walker-Modell könnte man respektlos sagen, die gehirnlosen Zustände.

[2423] Vgl. bei Michael Talbot, *Das Holographische Universum*, S. 304.

[2424] Vgl. zum Beispiel zum Yoga: Helga Simon-Wagenbach in Hrsg. Peter Lengsfeld, *Mystik-Spiritualität der Zukunft*, S. 219ff. Nicht nur Simon-Wagenbach, S. 220, ist der Ansicht, daß Yoga, Zen und Unio Mystica beziehungsweise die christliche Kontemplation dasselbe sind.

[2425] Der Physiker Amit Goswami geht zum Beispiel hiervon aus in *Das Bewußte Universum*, S. 77–85.

[2426] William G. Roll, *Poltergeist, Electromagnetism and Consciousness*, in *New Frontiers of Human Science*, S. 165

Hindus und Buddhisten[2427] nennen diesen Geist hinter allem *Brah-man*[2428]. In den älteren und neueren vedischen Texten meint Brahman auch Gebet, Formel, Ritus, die magische Kraft des Ritus, und auch der Priester wird Brahman genannt. Als Geist hinter allem belebt Brahman alle Lebewesen als große Allgemeinkraft beziehungsweise Energie-quelle[2429]. Brahman ist die Essenz, das Herz aller Dinge, das aktive, imma-nente Prinzip des gesamten Universums, die Quintessenz des Univer-sums, der es beseelende lebendige und in sich ruhende Geist.

Durch *Yoga* wird dieser Geist, diese magische Kraft zugänglich. Wer diese perfekt hat, kann Welten schaffen[2430]. Nicht zu verwechseln mit dem später eingeführten Gott Brahmâ.

Brahman ist also ein Bewußtsein außerhalb des Individuums, in den Worten Buddhas, ein Ungeborenes, Nicht-Erschaffenes, Ursprungloses, Ungeformtes, Unbeschaffenes, aus dem die Welt des Geborenen und Erschaffenen, die Welt der Ursprünge, Formen und Beschaffenheiten her-vorgeht[2431]. Brahman wird auch als *reines Bewußtsein* bezeichnet. Die *Upanishaden*, die früheste schriftlich überlieferte Erkenntnisse der mysti-schen Erfahrungen Brahmans enthalten[2432], weisen auf die Zeitlosigkeit dieses Superbewußtseins hin. Es heißt dort: Es ist das, „von dem man sagt, daß es war, daß es ist und daß es sein wird"[2433].

In den Veden und Yoga-Texten der Hindus wird dieser Sachverhalt immer wieder pittoresk so erklärt: das Universum sei der Traum Got-tes[2434].

Die Welt gleicht mehr einem Gedanken Gottes, sagen ja auch einige namhafte Quantenphysiker, zumindest stecke Bewußtsein hinter aller Materie. Auch im hier vertretenen Walker-Modell kann die Welt ein Gedanke Gottes sein bzw. viele Gedanken Gottes.

Brahman ist bei den Hindus[2435] die eigentliche, die implizite Wirk-lichkeitsebene. Brahman ist gestaltlos, aber der Ursprung aller Formen in der sichtbaren Wirklichkeit, die in einem endlosen Strom aus ihm hervor-

---

[2427] Gemeint ist der dominante Mahajana-Buddhismus.

[2428] Vgl. hierzu Marcel Mauss, *A General Theory of Magic*, S. 133ff.

[2429] Vgl. Karl Beth, *Das Verhältnis von Religion und Magie* in *Magie und Religion*, S. 40.

[2430] Aber, wie wir gesehen haben, nur für kurze Zeit, solange wir im Zustand des vir-tuellen Gehirns navigieren können. Das ist immer nur sehr kurz, das reicht nicht, um Welten zu schaffen, es reicht, um einen Gedankenblitz zu haben oder um psy-chokinetisch eine Gabel zu verbiegen ...

[2431] Vgl. bei Amit Goswami, *Das Bewußte Universum*, S. 78.

[2432] Helga Simon-Wagenbach in Hrsg. Peter Lengsfeld, *Mystik-Spiritualität der Zukunft*, S. 224 zum Begriff Upanishaden.

[2433] Vgl. bei Amit Goswami, *Das Bewußte Universum*, S. 80.

[2434] Michael Talbot, *Das Holographische Universum*, S. 302.

[2435] Vgl. bei Michael Talbot, *Das Holographische Universum*, S. 305.

gehen und sich dann wieder in ihm verhüllen. Weil somit das stoffliche Universum nur abgeleitet ist, betrachten die Hindus es als vergänglich und irreal oder *maya*.

In der Shvetashvatara-Upanishad[2436] heißt es dementsprechend: die Natur sei eine Illusion und Brahman der Illusionist. Die ganze Welt sei durchdrungen von Wesen, die Teil von ihm sind. Wir nehmen Brahman nicht wahr, solange unser Bewußtsein verhüllt oder beschränkt ist, sehen das Objekt als etwas anderes als das Ich, sehen die Welt in zahllose getrennte Objekte aufgesplittert. Auf elementarster Stufe der Erfahrung jedoch wird alles eins, der Erfahrende, die Erfahrung und das Erfahrene. Also alles ist in allem, wie im von modernen Physikern postulierten Hologramm der Wirklichkeit. Und es wird auch wie im modernen Hologramm der Wirklichkeit unterschieden zwischen produzierter Projektion und Projektor. Wie im modernen Hologramm der Wirklichkeit sind wir und unsere Welt hier letztlich Gedanken/Projektionen des (göttlichen) Projektors.

Auch im hinduistischen *Vishvasara-Tantra*[2437] heißt es bezüglich der Wirklichkeit: „Was hier ist, ist überall". Hologramm beziehungsweise Nichtörtlichkeit par excellence.

Ebenso geht der Zen[2438] übrigens davon aus, daß die Wirklichkeit letztlich unteilbar ist, und somit hologrammartig.

Desgleichen verbarg sich für Fa-tsang[2439], den Begründer der buddhistischen Hua-yen-Schule im 7. Jh., der Kosmos in allen seinen Teilen, und jeder Punkt im Kosmos ist dessen Mittelpunkt. Auch das ist ein schönes Bild für die holographische Natur der Wirklichkeit.

Ein Teil von Brahman ist **Atman** (in Sanskrit: Seele, Hauch): der unvergängliche Wesenskern der Person, die letztlich eins mit Brahman der Weltseele, dem eigentlichen Sein der Welt, ist. Atman hat natürlich dieselben Eigenschaften wie Brahman.

Der hinduistische Mystiker Shankara[2440] beschreibt im 8. Jh. Atman als das reine Bewußtsein[2441], das alle Wesen durchdringt, das der Urgrund aller innerlichen und äußerlichen Erscheinungen ist.

Die indischen Upanishaden beschreiben Atman so: „Feiner noch als ein Atom (! wir sind auf der Subquantenebene), größer als das Universum, ist der Atman, die große Seele, versteckt in der Höhle des Herzens

---

[2436] Vgl. bei Michael Talbot, *Das Holographische Universum*, S. 305.

[2437] Vgl. bei Michael Talbot, *Das Holographische Universum*, S. 307.

[2438] Vgl. bei Michael Talbot, *Das Holographische Universum*, S. 304.

[2439] Vgl. bei Michael Talbot, *Das Holographische Universum*, S. 307f.

[2440] Vgl. bei Amit Goswami, *Das Bewußte Universum*, S. 79.

[2441] Wir denken gleich ans hier vertretene Walker-Modell des Gehirns als Quantensystem, bei dem das reine Bewußtsein, das Bewußtsein als Funktion, nur im Quantenvakuum residiert.

aller Geschöpfe ...; in Körpern ist er körperlos ...; (er ist) der Geist aller geisterfüllten Geschöpfe ..."[2442].

(Atman ist im Grunde aus dem Stoff des Quantenvakuums im hier vertretenen Modell der Physik. Im hier vertretenen Hologramm der Wirklichkeit kann Atman theoretisch aus göttlichen Ideen eines göttlichen Bewußtseins bestehen, zugehörend einem Gott, der über seine Ideen alles bewegt und belebt.)

Physiker wie David Bohm[2443] oder Amit Goswami[2444] oder Victor Mansfield[2445] sind aufgrund all dessen der Ansicht, daß die fernöstlichen Denkfiguren besser zur modernen Physik passen als so manche westliche. (Wie beim kabbalistischen Realitätsbild haben wir hier praktisch eine Identität mit dem hier in der Physik vertretenen Modell der Realität.)

Und diese Denkfiguren passen auch wunderbar zu unserem Gedächtnis von Gegenständen. Objekte existieren hier nicht unabhängig vom Bewußtsein. Sie sind nicht tot. Und ein Gedächtnis von Gegenständen wird sogar explizit in der Akasha Chronik formuliert.

Sonstige religiöse Weltmodelle, die ein Gedächtnis von Gegenständen enthalten

Die Modelle, die hier besprochen werden, kann man großenteils unter den Begriff *Schamanismus* einordnen.

Eigentlich wird der Schamanismus von den meisten nicht als eigenständige Religion angesehen, sondern lediglich als Technik der Ekstase, die zu übersinnlichen Erlebnissen oder Fähigkeiten führt. Davon muß man abweichen, wenn man sieht, wie vielenorts mit ihm detaillierte Weltmodelle verbunden sind. Auch Buddhismus und Hinduismus, die vorwiegend Meditationstechniken propagieren, dürfte man dann nicht als Religionen bezeichnen.

[2442] Mahanarayana Upanishad 440, 152–158, vgl. Bei Hrsg. Bernhard Nitsche, *Atem des sprechenden Gottes*, S. 167.

[2443] David Bohm, *Wholeness and the Implicate Order*, S. 25ff.

[2444] Amit Goswami schlägt aber auch eine Brücke zum monistischen Realismus.

[2445] Mansfield stellt eine Parallele fest zwischen dem Konzept der Leere im Middle Way Buddhismus und dem Konzept der Nichtlokalität in der Quantenmechanik. Nach dieser Doktrin existieren Objekte nicht unabhängig von einem Bewußtsein.

Das Modell der hawaiianischen Kahunas

Kahunas sind eingeborene hawaiianische Magier. In ihrem tradierten Geheimwissen hat jeder einen physischen Körper und einen geistigen; der geistige ist der sogenannte *Schattenkörper* (wir denken gleich an ein makroskopisches Quantensystem). Der Schattenkörper ist in drei Teile untergliedert: in niederes, mittleres, hohes Selbst. Manche sagen dazu: Unterbewußtsein, Bewußtsein, Überbewußtsein; das halten wir aber für irreführend. Diese durchdringen den physischen Körper. Der geistige Körper überdauert den Tod und ist bereits vor der Geburt da (analog ist im Walker-Modell das Bewußtsein schon immer im Vakuum, also nicht von unserer Welt). Alle unsere Gedanken sind im Schattenkörper aufbewahrt, und so überdauern auch diese den Tod[2446] (auch hier haben wir also ein nichtlokales Gedächtnis).[2447]

Das hohe Selbst hat dabei eine Sonderstellung, es tritt nur selten in den physischen Körper ein[2448]. Im Gegensatz zum niederen und mittleren Selbst lebt es nicht im physischen Körper, sondern ist aus gewisser Entfernung mit ihm verbunden. Das niedere Selbst enthält eine Blaupause des Körpers und seiner Funktionsweise (wir denken sofort an ein morphogenetisches Feld). Sensorische Organe haben genaue Gegenstücke im niederen Selbst. Interessanterweise gibt es auch neben dem physischen Gehirn ein Schattenkörper-Gehirn (wir denken gleich ans Gehirn als Quantensystem, ans virtuelle Gehirn bei Walker etc.).

Was bei den Kahunas nach dem Tod passiert, ist besonders interessant. Niederes Selbst und mittleres Selbst erinnern sich, solange sie bei-

---

[2446] Desselben sind bei uns alle Gedanken im Vakuum abgelegt und ewig; der Schattenkörper wäre die Wellenseite von allem im Vakuum.

[2447] Das niedere Selbst hat Erinnerungsvermögen, doch mangelt es ihm an Vernunft, es erzeugt alle Emotionen. Sein Schattenkörper haftet sich an alles an, was wir berühren. Das mittlere Selbst ist vernunftbegabt, aber ohne Erinnerungsvermögen. Das höhere Selbst kann durch eine Art Schauung alles irdische Geschehen und seine kosmischen Beziehungen erkennen. Es kennt die Vergangenheit, die Gegenwart und Teile der Zukunft, kann auch heilen. Hier sind also paranormale Fähigkeiten lokalisiert. Jedes der drei Geistwesen hat ein anderes *Mana* (Vitalkraft): die des höheren Selbst hat eine besonders hohe Spannung. Vgl. Max Freedom Long, *Geheimes Wissen*, S. 147–151.

[2448] Das hohe Selbst könnte man im Walker-Modell einfach als das Navigieren rein mit dem virtuellen Gehirn ohne das reale Gehirn interpretieren: in dem Zustand erreichen wir ein höheres Wissen etc.
Das mittlere Selbst und das niedere Selbst wären im hier vertretenen Walker-Modell das reine Bewußtsein, das Bewußtsein als Funktion (grob: mittleres Selbst: Logik, Denken per se etc. niederes Selbst: Gefühle per se etc.), das niedere Selbst enthielte im hier vertretenen erweiterten Walker-Modell zusätzlich das in Materiewellen bzw. Gravitationswellen befindliche Gedächtnis und alle Steuerungsinformationen wie Blaupausen des Körpers.

sammen sind, wie im Leben, nehmen also das Gedächtnis mit. Getrennt sind die beiden allerdings gehandicapt: Bleibt das niedere Selbst alleine, erinnert es sich zwar, ist jedoch ohne Logik, Poltergeistphänomene seien zum Beispiel die Folge. Bleibt das mittlere Selbst alleine, denkt es zwar, ist aber nicht erinnerungsfähig, hier haben wir, nach den Kahunas, den Fall einer umherirrenden „verlorenen Seele"[2449]. Über das höhere Selbst nach dem Tod weiß man am wenigsten; es gehört jedenfalls einer höheren Geister-Klasse an. Der intakte Schattenkörper aus allen dreien ist jedenfalls mit einem intakten Gedächtnis versehen. Im Schattenkörper haben wir also das nichtlokale Gedächtnis der Person, das der Psychometer entschlüsseln kann.

Man wird sich nun fragen, haben auch Dinge bei den Kahunas Schattenkörper? Ja, auch Dinge haben bei den Kahunas Schattenkörper! Und so haben die Kahunas im Schattenkörper ein Gedächtnis von Dingen. Und es geht noch weiter, nicht nur Menschen und Dinge haben Schattenkörper. Auch Gedanken haben Schattenkörper[2450].[2451]

Der *Schattenkörper* heftet sich nun an alles, was wir berühren oder sehen oder hören. Es ist, als ob wir Fliegenleim berühren und dann den Finger wegziehen: Es entsteht ein feiner Faden aus klebriger Substanz, und dieser Faden bleibt nun für immer bestehen. Die Kahunas glauben, daß die Schattenkörper bestehen bleiben, auch wenn die grobstoffliche Form der Dinge usw. zerstört ist. Auch Gedanken sind damit Objekte von Dauer, nicht einfach weg, wenn sie gedacht sind (David Bohm). – Bei den Kahunas gibt es keinen grundsätzlichen Unterschied zwischen Geist und Materie, die Stofflichkeit von Gedanken ist lediglich feiner und der Schattenkörper des höheren Selbst ist feiner als der des mittleren Selbst, der wiederum feiner ist als der des niederen Selbst. – Die Schattenfäden verbinden Personen, die einmal in Kontakt gekommen sind, und bleiben zwischen diesen quasi unauslöschlich bestehen. Ebenso verbinden sie die Personen mit Objekten, mit denen sie in Kontakt gekommen sind.[2452]

Das erklärt besonders bildlich das Phänomen der Psychometrie beziehungsweise das Gedächtnis der Dinge:

Alles bleibt über diese Fäden mit allem in Kontakt, mit dem es einmal zu tun hatte, und trägt so sein Gedächtnis praktisch an sich.

Jemand, der aus einem Gegenstand dessen Vergangenheit, dessen Geschichte, dessen Gedächtnis, ermittelt, folgt praktisch den Schattenfä-

---

[2449] Diesen Zustand, meine ich, kennen zumindest einige aus ihren nächtlichen Träumen.

[2450] Analog sind im hier erweiterten Walker-Modell Gedanken im Vakuum und in unserer dreidimensionalen Welt. (Nur das Denken per se ist lediglich im Vakuum).

[2451] Max Freedom Long, *Geheimes Wissen*, S. 136f.

[2452] Max Freedom Long, *Geheimes Wissen*, S. 136f.

den des Gegenstands bis zum Ende und findet dort die Dinge oder Menschen (einschließlich ihrer Gedächtnisse), die Ereignisse und auch die Gedanken, die mit dem Gegenstand in Verbindung gewesen sind.[2453]

Im Modell der Kahunas haben wir eine sehr pittoreske Metapher für unser Quantenvakuum und für die Nichtlokalität von kleinen und großen Quantsystemen (die eine Erklärung für paranormale Phänomene liefert):

Personen, Gehirne, Dinge, alles hat Schattenkörper, alles hat wie Quantensysteme eine virtuelle Realität, eine Wellenrealität.

Die *Nichtlokalität* von Quanten bedeutet: Teilchen, die einmal zusammen waren (aus derselben Quelle kamen), bleiben, egal wie weit sie sich voneinander entfernen, instantan übereinander „informiert", unabhängig von Zeit und Raum verbunden. Man kann das so interpretieren, daß sie sich jenseits von Raum und Zeit befinden, sozusagen in einem transzendenten Raum, in dem Raum und Zeit keine Rolle spielen. Bildlich kann man es sich nun wie das Kahuna-Schattenkörper-Modell vorstellen: Die Teilchen fliegen zwar auseinander, *bleiben aber durch Schattenfäden verbunden*, egal wie weit sie auseinander fliegen. Diese Schattenfäden wären beliebig dehnbare Fäden, praktisch aus einer Art Super-Gummi. Durch diese nie reißende Verbindung bleibt eines immer übers andere informiert, mit ihm verbunden, und vice versa (letztlich steht so alles mit allem in Verbindung, und auch das wäre wieder holographisch, jeder Teil wäre mit dem Ganzen verbunden).

Die Kahunas haben mit ihrer Figur der Schattenkörper auch ein Bild dafür geschaffen, „aus was" das Quantenvakuum (oder die Wellenseite der Quantensysteme) bestehen könnte, wie es in ihm sozusagen aussehen könnte[2454]: Schattenkörper heißt auch *Aka*. Aka bezeichnet unter anderem eine Ausstrahlung um einen Körper wie der Lichthof um den Mond. Das höhere Selbst sei wie von starkem weißem Licht durchflutet. Aka ist also der Lichtkörper. Im Quantenvakuum tummeln sich bei den Kahunas also Lichtkörper[2455]. Diese sind durch Fäden aus Schattenkörpersubstanz miteinander verbunden. Die Fäden transportieren dabei zwischen allen miteinander in Verbindung geratenen Lichtkörpern (Personen, Dingen) Informationen oder Gedanken über einen fließenden Vitalkraftstrom über Raum und Zeit. Sie wären praktisch ein superschnelles Leitmedium.

Die Kahunas haben auch detaillierte Vorstellungen darüber, wie der Zugang zum Reich der Schattenkörper (dem Quantenvakuum) aussieht, aus dem man etwa das Gedächtnis von Dingen herauslesen kann. Zugang hat (zunächst) das niedere Selbst. Das höhere Selbst spielt ebenfalls eine Rolle. Als allwissende Instanz hilft es hier beziehungsweise kann das nie-

---

[2453] Vgl. Michael Talbot, *Das Holographische Universum*, S. 234f. Vgl. Max Freedom Long, *Geheimes Wissen hinter Wundern*, S. 131–152.

[2454] Max Freedom Long, *Geheimes Wissen*, S. 131–139.

[2455] Wie bei Dante im Paradies.

dere Selbst aus ihm schöpfen[2456]. Gerade für komplexes Wissen, wie
Zukunftswissen (präkognitive Psychometrie zum Beispiel), muß das niedere Selbst aus der Quelle des höheren Selbst schöpfen[2457]. Und zwar
erkennt nur dieses auch die Zukunft[2458]. Und zwar eine Zukunft, die sich
bereits kristallisiert hat. Daneben gibt es bei den Kahunas eine noch
offene Zukunft. Das ist ein sehr tröstliches Modell; bei den Kahunas ist
also nicht alles prädeterminiert, und Zukunft kann auch noch verändert
werden.

Das Modell der australischen Aborigines[2459]

Die australischen Ureinwohner reisen in tiefer Trance in die sogenannte
„Traumzeit". Sobald ein Schamane dort eintrifft, kann er sofort über alles
Wissen verfügen (also auch das Gedächtnis von Gegenständen lesen) und
ebenfalls mit den Toten sprechen. Es ist für die Ureinwohner eine Dimension, in der Raum und Zeit, die Begrenzungen des irdischen Daseins aufgehoben sind. Auch das erinnert uns ans Quantenvakuum in unserem
Modell.

Wakonda, Mana, Manitu usw.

Alle diese bezeichnen die Realität hinter der Realität. Und interessanterweise sehen alle aus als beschrieben sie das Quantenvakuum im hier vertretenen Modell.

Das *Wakonda* oder *Waka*[2460] der Sioux ist eine geheimnisvolle Kraft,
von der alles durchdrungen ist. Und durch Wakonda wird auch alles mit
allem verbunden, einschließlich uns selbst. Auch das Tote mit dem
Lebenden, das Sichtbare mit dem Unsichtbaren, ein Teil eines Objektes
mit dem Objekt als Ganzem (wir denken gleich ans Hologramm der
Wirklichkeit).

Wakonda entspricht dem *Orenda* der Irokesen und dem *Manitu*[2461]
der Algonkin.

[2456] Vgl. zum Beispiel Max Freedom Long, *Geheimes Wissen*, S. 157, 178f.

[2457] Max Freedom Long, *Geheimes Wissen*, S. 178f.

[2458] Das höhere Selbst wäre also der Teil des Bewußtseins, der privilegiert aus dem
Quantenvakuum liest. Im Walker-Modell ganz einfach das virtuelle Gehirn alleine
(ohne reales Gehirn).

[2459] Vgl. hierzu Michael Talbot, *Das Holographische Universum*, S. 282.

[2460] Vgl. zum Waka Marcel Mauss, *A General Theory of Magic*, S. 133ff., 141.

[2461] Vgl. zum Manitu der Algonkin: Marcel Mauss, *A General Theory of Magic*,
S. 133ff., 141.

Manitu hat alles, was lebt. Ein Manitu ist ein Magier. Ein magisches Ding hat Manitu, und diese Kraft kann sogar die Kraft zu töten bedeuten. Der Zugriff auf Manitu erlaubt also paranormale Fähigkeiten, sowie die Kommunikation mit dem hier vertretenen Quantenvakuum diese ermöglicht.

Das *Orenda* der Irokesen belebt Wesen wie Dinge. Nichts, das lebt, ist ohne Orenda. Auch Naturphänomene wie Stürme haben Orenda. *Das Orenda aus sich heraussetzen* heißt, es zur Wirksamkeit bringen. Der Schamane/Zauberer kann es handhaben, er atmet es aus beziehungsweise strömt es aus.[2462]

Das *Hasina*[2463] der Madegassen gleicht dem Wakonda, ebenfalls das *Mulungu* der Bantus.[2464]

Das *Mana* etwa in Malaysia oder Polynesien wirkt wie etwas Dinglich-Stoffliches. Es teilt sich von einem Objekt dem anderen mit, wie eine Art Fluidum[2465]. Ein Stein hat beispielsweise Mana: das Mana kann sich den Dingen mitteilen, inkorporieren, letztlich ist es aber an nichts gebunden[2466].

Mana ist auch ein Milieu, eine Welt, eine Art interne, spezielle Welt, zu der der Magier Zugang hat, aus der er es zieht, erweckt[2467].

Auch das *Namn* des Voodoo gehört in diesen Zusammenhang. Ferner das *Naual* in Mexico und Zentral Amerika, und es gibt dieselbe Kraft unter anderen Namen auch bei den Hopi, den Moki und den Pueblo, den Kiowa usw. Etymologisch bedeutet Naual Geheimwissenschaft, Gedanke, Geist. Naual bringt zum Ausdruck, daß etwas verborgen ist, eingefaltet[2468]. In Australien entspricht dem *boolya* und *koochie*[2469].

Der bekannte Soziologe und Ethnologe Marcel Mauss[2470] hat sich mit all diesen (Wakonda, Manitu, Mana usw.) beschäftigt und sie in *einen* Zusammenhang gestellt. Er zieht einen Vergleich zwischen dem altindischen *Brahman* und dem *Mana*. Beide stellen eine große Allgemeinkraft beziehungsweise Energiequelle dar, die alles, insbesondere Lebewesen und besonders bedeutungsvolle Objekte (zum Beispiel die Sonne) belebt. Es

---

[2462] Vgl. Hartmut Böhme, *Fetischismus und Kultur*, S. 236. Vgl. zum Orenda auch Marcel Mauss, *A General Theory of Magic*, S. 133ff., 139.

[2463] Zum Hasina: Marcel Mauss, *A General Theory of Magic*, S. 138–140.

[2464] Vgl. Alice Fletcher bei Lucien Lévy-Bruhl, *Das Gesetz der Teilhabe* in *Magie und Religion*, S. 25, Karl Beth, *Das Verhältnis von Religion und Magie* in *Magie und Religion*, S. 37 und Alfred Bertholet, *Das Wesen der Magie* in *Magie und Religion*, S. 124.

[2465] Alfred Bertholet, *Das Wesen der Magie* in *Magie und Religion*, S. 126.

[2466] Vgl. Hartmut Böhme, *Fetischismus und Kultur*, S. 236.

[2467] Marcel Mauss, *A General Theory of Magic*, S. 138.

[2468] Marcel Mauss, *A General Theory of Magic*, S. 141f.

[2469] Marcel Mauss, *A General Theory of Magic*, S. 142.

[2470] Marcel Mauss, *A General Theory of Magic*, S. 133.

gibt aber einen Unterschied[2471], und der ist eigentlich der Unterschied zwischen Magie und Religion: Brahman ist nicht verfügbar. Man kann nichts fordern, nichts erzwingen, Brahman fällt einem gleichsam gnadenweise zu. Das ist religiös.

Marcel Mauss[2472] vergleicht auch Mana und die ihm ähnlichen Figuren mit dem griechischen φύσις (physis). Die Griechen verstanden hierunter eine Art materielle (unpersönliche) Seele aller Dinge, die ebenfalls übertragbar war.

Überhaupt sieht Mauss in allen dieselbe Kraft, die auch häufig mit dem Schicksal gleichgesetzt wurde[2473]. Er sieht in ihrer Annahme etwas Universales[2474]. Marcel Mauss hat auch beobachtet, daß vielenorts diese Kraft personifiziert wurde, Geister und Dämonen an ihre Stelle gesetzt wurden oder metaphysische Entitäten, wie etwa in Indien, was die Idee dieser Kraft eigentlich verdeckte. Intelligenteres geschah im antiken Griechenland, dort wurde diese magische Kraft praktisch zu einem Sujet der Wissenschaft, zu Wissenschaft an und für sich.

Mauss weist im Einzelnen nach, worin sich alle (Mana, Wakonda usw.) gleichen[2475]. Er stellt fest, es handelt sich bei allen um eine Kraft, eine materielle Substanz, die gleichzeitig geistig ist (spirituell) und die lokalisiert werden kann. Sie ist von sich selbst aus wirksam. Sie wirkt auf Distanz und auch über direkten Kontakt. Sie ist mobil und quasi fließend, gleichzeitig in sich ruhend. Sie ist unpersönlich und kann gleichzeitig Personenform annehmen. Sie ist teilbar und doch ein Ganzes. Es handelt sich auch um ein Milieu, eine Welt, die von unserer getrennt ist, aber dennoch unsere berührt. Mauss bringt den Vergleich einer vierten Dimension: wir sehen diese Manawelt nicht, und doch ist sie allem quasi übergestülpt oder unterliegt allem. Unsere Begriffe von Glück und Quintessenz, sagt Mauss, sind schwache Übrigbleibsel dieser Vorstellung.

Der deutsche Ethnopsychologe und Schamanismusexperte Holger Kalweit[2476] spannt ebenfalls einen verbindenden Bogen. Er stellt fest, daß praktisch in allen schamanischen Kulturen der Welt Beschreibungen eines extra-dimensionalen Bereichs zu finden sind. (Überall seien oft Nahtoderlebnisse, häufig anläßlich einer lebensbedrohenden Krankheit, der Auslöser für die paranormalen Fähigkeiten eines Schamanen.)

[2471] Karl Beth, *Das Verhältnis von Religion und Magie* in *Magie und Religion*, S. 45. Später wurden aus manchen Kräften auch Götter: zum Beispiel Brahma und Manitu, vgl. Alfred Bertholet, *Das Wesen der Magie* in *Magie und Religion*, S. 130.

[2472] Marcel Mauss, *A General Theory of Magic*, S. 144.

[2473] Marcel Mauss, *A General Theory of Magic*, S. 133ff.

[2474] Marcel Mauss, *A General Theory of Magic*, S. 142.

[2475] Marcel Mauss, *A General Theory of Magic*, S. 144–145.

[2476] Vgl. bei Michael Talbot, *Das Holographische Universum*, S. 282.

Kalweit untersuchte Oglagla-Indianer, sibirische Jakuten, südamerikanische Guajiro, Zulu, kenianische Kikuyu, koreanische Mu-dang, die Bewohner der indonesischen Mentawai-Inseln und die Karibu-Eskimo.

Kalweit läßt Black Elk[2477], den Medizinmann der Oglala-Sioux sprechen: Black Elk sah auf schamanistischen Reisen „die Gestalt aller Dinge und die Form aller Gestalten, wie sie als ein einziges Wesen zusammenleben müssen". „Der Mittelpunkt der Welt", sagte Black Elk, „ist überall". Die Realität hinter der Realität ist also holographisch.

Auch Sheldrake bringt die schamanistischen Kulturen auf einen Nenner. Alle nehmen nach Sheldrake an, daß der Geist über das Gehirn hinausreicht. Der vom Körper losgelöste Geist kann meistens in Tiergestalt in die Unterwelt reisen oder sich als Vogel zum Himmel aufschwingen[2478].

Allen den erwähnten Kräften beziehungsweise Modellen ist auch gemeinsam, daß man durch Ekstase, herbeigeführt durch Tanzen, Trommeln oder Einnahme von Drogen die Realität hinter der Realität erreichen kann – bei den Conibo-Indianern im peruanischen Amazonasgebiet etwa bereiste man den extradimensionalen Bereich mit Hilfe einer halluzinogenen Pflanze, der Ayahuasca[2479].

Wir haben also rund um die Welt, zu verschiedenen Zeiten, ziemlich passende Beschreibungen unseres Modells des Quantenvakuums und einer lebendigen Dingwelt, die man nur noch schwerlich als absonderliche Folklore, unaufgeklärte Magie oder naive Mythologie abtun kann[2480].

Wir haben hier hauptsächlich einen Blick auf schamanische Modelle geworfen. Man kann quer durch die Zeiten und Orte alle möglichen (auch nicht schamanischen) Kulturen durchsuchen und stößt auch dort auf dieselbe Kraft, denselben höherdimensionalen Bereich, der hinter allem ist. (Wie auch Marcel Mauss[2481] in den verschiedensten Kulturen diese Kraft erwähnt fand, die allen Erscheinungen geistig, in potentia zugrunde liegt). Sehr häufig wird auch noch auf die holographischen Eigenschaften der Wirklichkeit hingewiesen, daß alles in allem enthalten ist. Aus allem zusammen folgt ein Gedächtnis von allem, ein Gedächtnis der Dinge.

Wir erwähnen hier nur noch die Kelten.

2477 Bei Michael Talbot, *Das Holographische Universum*, S. 307.
2478 Rupert Sheldrake, *Die Wiedergeburt der Natur*, S. 68.
2479 Vgl. den Anthropologen Michael Harner bei Michael Talbot, *Das Holographische Universum*, S. 283.
2480 Michael Talbot, *Das Holographische Universum*, S. 283.
2481 Marcel Mauss, *A General Theory of Magic*, S. 144–145.

Auch bei den Kelten hängen alle Dinge zusammen, beziehen sich aufeinander[2483]. Auch eine Sache und ihr Gegenteil; die keltische Mythologie hat eine Vorliebe für Paradoxe wie den weißen Raben. Die Übergänge zwischen dem Spirituellen (Geistigen), Transzendenten, und dem Materiellen waren für sie fließend. Alles befand sich im Fluß, im Tanz: Geist und Materie in einer Wirbelbewegung. Alles konnte sich in alles verwandeln, jede Erscheinung verfügte über ein Potential unbegrenzter Möglichkeiten, nichts war endgültig. Auch hier haben wir letztlich ein Abbild der modernen Physik und eine belebte Dingwelt. Den Kelten war das Christentum fremd, weil es starke Dualismen vertrat, wie den von Körper und Seele oder Licht und Dunkelheit, die Realität hier stark vom Jenseits trennte.

8. PSYCHOLOGISCHE MODELLE

Gibt es psychische Prozesse, die nicht in den physikalischen Bereich gehören? Gibt es für Psychometrie eine rein psychische Erklärung, die nicht in den physikalischen Bereich gehört?

Das ist hier die Grundsatzfrage[2484].

Das Gedächtnis von Gegenständen in so etwas wie einem psychischen Äther oder in einem PSI-Feld beziehungsweise in einem Feld psychischer Energie?[2485]

Der psychische Äther meint dasselbe wie die beiden anderen Termini, er ist lediglich die altmodischere Bezeichnung.

[2482] Hierzu: Anne Bancroft, *Mythen, Kultstätten und die Ursprünge des Heiligen*, S. 142f.

[2483] Wäre alles in allem.

[2484] So fragen sich Rhine und Pratt in J.B. Rhine/J.G. Pratt, *Parapsychologie*, S. 71.

[2485] Hierzu: Douglas M. Stokes, *Parapsychology and the Nature of Mind* in *New Frontiers of Human Science*, S. 54. Hans Bender, *Verborgene Wirklichkeit*, S. 34–44. Oder Hans Driesch, *Parapsychologie*, S. 109–122. J.B. Rhine, J.G. Pratt, *Parapsychologie*, S. 14, 71–77, 171ff. J.B. Rhine, J.G. Pratt, *Parapsychologie*, S. 78f. William G. Roll in *New Frontiers of Human Science*, S. 162. W.T. Joines, *A wave theory of psi-energy* in J.D. Morris, W.G.Roll, & R.L. Morris, eds., *Research in Parapsychology*, S. 147ff.

Der Psychologe F.W.H. Myers schlug (1903) eine meta-ätherische Welt vor, jenseits von Raum und Zeit, die unser Gedächtnis von Gegenständen enthielte.

Und der Philosoph H.H. Price nahm (1953) einen *psychischen* Äther an, über den die Individuen verbunden sind[2486]. In diesem kann man sich auch das Gedächtnis von Gegenständen eingraviert vorstellen.

Die moderne Psychologie wollte zunächst eigenständige Erklärungsversuche paranormaler Phänomene lancieren, so sprach man vom sogenannten *PSI-Feld*, einem *psychischen Feld* oder von *psychischer Energie*, und beharrte darauf, paranormale Phänomene ließen sich im Rahmen der Physik nicht erklären. In diesem Psi-Feld wäre auch das Gedächtnis von Gegenständen codiert. Und der Psychometer liest hieraus Informationen und Gefühle ab, indem er sich psychisch-energetisch mit diesem Feld austauscht; dabei handelt es sich nicht um einen energetischen Prozeß im herkömmlichen physikalischen Sinn[2487]. Hans Driesch nannte es seinerzeit altmodischer: *Seelenfeld*[2488]. Hans Bender[2489] sprach in den siebziger Jahren von einem *psychischen Feld*, das im Raum-Zeit-Kontinuum von den normalen Erfahrungen verschieden ist. Auch Rhine und Pratt plädierten in den sechziger Jahren für eine außerphysikalische Erklärung: Psi-Phänomene transzendierten nach ihnen Raum und Zeit und sonstige physikalische Gesetze, was nicht in den Rahmen der damaligen Physik paßte[2490]. Sie vermuteten daher eine psychische beziehungsweise geistige Energie, die Phänomene wie Psychometrie erklärte[2491]: erstens mußte ein Energieaustausch stattfinden, zweitens mußte nach ihnen diese Energie so beschaffen sein, daß sie nicht die Sinnesorgane erregte. Drittens mußte sie in andere Energiezustände konvertierbar sein, durch die sie für die Sinne wahrnehmbar wurde. Viertens durfte sie nicht von den (in der damaligen Physik) bekannten Raum-, Zeit- und Massedimensionen abhängig sein.

Inzwischen hat sich der Horizont der Physik enorm erweitert und kennt die seltsamsten physikalischen Phänomene, zum Beispiel Quantensysteme, die ebenfalls Raum und Zeit transzendieren.

Da außerdem die postulierten Eigenschaften eines PSI-Felds inzwischen den Eigenschaften physikalischer Kraftfelder gleichen, ist auch die

---

[2486] Douglas M. Stokes, *Parapsychology and the Nature of Mind* in *New Frontiers of Human Science*, S. 54.

[2487] Vgl. zum Beispiel Hans Bender, *Verborgene Wirklichkeit*, S. 34–44. Oder Hans Driesch, *Parapsychologie*, S. 109–122.

[2488] Hans Driesch, *Parapsychologie*, S. 112f.

[2489] Hans Bender, *Verborgene Wirklichkeit*, S. 42.

[2490] J.B. Rhine, J.G. Pratt, *Parapsychologie*, S. 14, 71–77, 171ff.

[2491] J.B. Rhine, J.G. Pratt, *Parapsychologie*, S. 78f.

Parapsychologie in jüngster Zeit immer mehr auf die Physik einge-
schwenkt[2492].

Für Joines und Roll haben beispielsweise Psi-Wellen eine psychologische *und* eine elektromagnetische Komponente. Die elektromagnetische
Komponente bedeutet ein Interagieren (unseres Bewußtseins) mit dem
Quantenvakuum, um die paranormalen Phänomene, etwa den paranormalen Wissenserwerb hervorzurufen. Die psychologische Komponente
würde die *Selektion* des Wissenserwerbs steuern[2493].

Oder man sagt, wie Roll[2494], das Psi-Feld sei Teil eines *universellen
elektromagnetischen Felds*: des Quantenvakuums, das den Raum füllt und
mit der Gravitation interagiert.

Randbemerkung zum Psychischen in der Physik:

Hochinteressant wäre hier wiederum ein Feedback in die Physik und
andere Naturwissenschaften, die sich der Physik bedienen. Rhine und
Pratt deuten so etwas an[2495]. Man würde dann die Physik ausdrücklich
nach einer psychischen oder geistigen Kraft absuchen.

Sowohl bei paranormalen Phänomenen wie auch in der modernen
Physik hat man es mit Wechselwirkungen zu tun, die sich nicht mit den
herkömmlichen Kräften erklären lassen: Quanten und Psychometer verhalten sich so, als gäbe es Raum und Zeit nicht. Schon Physiker haben
deshalb paranormale Phänomene unter Physikgesichtspunkten untersucht. Es geht natürlich auch umgekehrt: man kann sich Phänomene der
Physik auch unter paranormalen/psychologischen Hypothesen ansehen.

Gehen wir nochmals zum verrückten Verhalten von Quanten. Quanten bleiben unabhängig von ihrer Entfernung instantan in Verbindung
beziehungsweise übereinander *informiert*. Ein Psychologe beziehungsweise Parapsychologe geht nun vom Existieren einer eigenen geisti-
gen/psychischen Kraft aus. Information ist etwas Geistiges. Information
selbst kann beim Psychologen eine separate Kraft darstellen. Man kann

---

[2492] Nicht nur für Ervin Laszlo besteht ein Zusammenhang zwischen PSI-Feld und
physikalischen Feldern, PSI-Feld und dem Quantenvakuum: Das Quantenvakuum transzendiert Raum und Zeit. Paranormale Fähigkeiten, wie Psychometrie,
tun dies ebenfalls.

[2493] William G. Roll in *New Frontiers of Human Science*, S. 162. W.T. Joines, *A wave
theory of psi-energy* in J.D. Morris, W.G. Roll, & R.L. Morris, eds., *Research in
Parapsychology*, S. 147ff.

[2494] William G. Roll in *New Frontiers of Human Science*, S. 161 vertritt dies: „It now
seems that psi fields may be part of a universal electromagnetic field, the zero-
point energy (ZPE), that fills space and interacts with gravitation."

[2495] J.B. Rhine, J.G. Pratt, *Parapsychologie*, S. 80: „Selbst wenn wir zwischen Psi und
physikalischer Welt unterscheiden, geben wir zugleich zu, daß logischerweise eine
prinzipielle untergründige Verbindung bestehen muß."

dann das seltsame Quantenverhalten auch so erklären: Information per se bewirkt hier etwas, hält Quanten über Raum und Zeit hinweg zusammen.

Von einer Wirkung von Information geht auch das hier vertretene Modell des Quantenvakuums aus.

In der Biologie vertritt Sheldrake unser Modell des Quantenvakuums und geht auch ganz explizit von der Information als einer bewirkenden Kraft aus. Lebende Systeme, ihr Aufbau und ihr Verhalten werden bei ihm von Informationsfeldern gesteuert. Zwischen ihnen und diesen Informationsfeldern gibt es eine Wechselwirkung, auch jenseits von Raum und Zeit.

Stellt man sich Information als eine eigene Wirkkraft in der Physik vor, dann ist das eng mit psychischen, volitiven Prozessen verknüpft: Wenn es darum geht, *welche* Information (etwa von einem Organismus aus Sheldrakes Informationsfeld) ausgewählt wird (Selektion), kommt auch ein psychischer Akt, eine Entscheidung ins Spiel. Etwas muß die Selektion aus einer vielleicht unendlichen Informationsfülle leisten.

Somit wären auch Quanten vielleicht nicht nur informiert, sondern sie würden sich auch entscheiden.

Ein Entscheidungsprozeß beinhaltet ein Gefühls-Moment. Quanten, Atome, Moleküle richten sich nach Dingen wie Affinität und Abstoßung, das ist Gefühlen nicht unähnlich. Und so unterläge aller Materie nicht nur etwas Informiertes, sondern auch etwas Gefühlsmäßiges. (Und eigentlich kann man nur so à juste titre auch von der *Seele* der Dinge und Orte sprechen.) Und die allem unterliegende Liebe eines Empedokles (bei Empedokles sind die Urkräfte, die alles bewegen Liebe und Hass) oder die Liebe als letztliches Movens hinter der biblischen Schöpfung (im Neuen Testament ist das Ziel des Heiligen Geists, sein Movens, die Liebe: Paulus, NT, Römerbriefe 5,5) wären dann alles andere als abwegig.

Das sind völlig verrückte Gedanken. Nichtsdestoweniger gibt es auch Physiker, die bereits in diese Richtung denken, Physiker, die Elementarteilchen so etwas wie Willenskraft zuschreiben. Der amerikanische Physiker Andrew A. Cochran[2496] ist so ein Verrückter. Cochran[2497] vermutet, daß die Atome verschiedener Elemente noch bisher ungeahnte Eigenschaften besitzen könnten, die eher psychischer Natur sind. Nach Cochran besitzen die Elementarteilchen der Materie erste Anklänge an Willenskraft, Selbstaktivität oder Anklänge an einen Geist. Auf diesen Wesenszug könnten, nach ihm, die grundlegenden Eigenschaften der Quantenmechanik zurückzuführen sein. Bereits Leibniz[2498] hielt übrigens Licht (Photonen) für intelligent und zielgerichtet sich verhaltend: er ent-

---

[2496] In Andrew A. Cochran, *Are Atomic Particles Conscious?* Second Look, Vol. 2, No. 2, Jan.–Feb., 1980.

[2497] Cochran bei Marco Bischof, *Biophotonen*, S. 413.

[2498] Vgl. bei Marco Bischof, *Biophotonen*, S. 159.

deckte, von allen möglichen Kurven wählt ein Lichtstrahl immer diejenige aus, die ihn am schnellsten zum Ziel bringt. Und die Heisenberg'sche Unbestimmtheit wird von ein paar Physikern als *freier Wille* des Mikrobereichs, als bewußtseinsähnlich interpretiert! Wo der Wellencharakter stärker ist, sei diese größer. So macht der Mathematiker Arthur M. Young[2499] darauf aufmerksam, daß Elektronen und Protonen einen stärkeren Wellencharakter und eine geringere Massehaftigkeit haben als Atome, weshalb sie sozusagen mehr freien Willen haben. Photonen, die eine noch kleinere Masse haben, sind dann noch unbestimmter, willenhafter. Von Photonen bis zu Molekülen nimmt er eine zunehmende Determiniertheit, abnehmende Geisthaftigkeit, Willenhaftigkeit an. Dann dreht es sich interessanterweise wieder um! So besitzen so große, makroskopische Objekte: Makromoleküle wie Polymere, wieder mehr Freiheit, Geisthaftigkeit: Sie können Strukturen und Prozesse mit mehr Freiheitsgraden aufbauen. Sie können Ordnung speichern und Energie aus der Umwelt ziehen, wodurch sich auch lebende Organismen auszeichnen. Cochran spricht Makroobjekten wie Proteinen ebenfalls einen sozusagen psychischen Wellencharakter zu.

Und bereits Pauli spekulierte zusammen mit C.G. Jung über eine psychische Kraft hinter dem verrückten Verhalten der Quanten.

Beim aktuellen Stanford Physiker Robert B. Laughlin[2500] gibt es sozusagen einen eigenen Willen der gesamten Materie: sie wählt aus *Ordnungsprinzipien* aus, kann sich aber sogar unabhängig von den ihr zugrunde liegenden Gesetzen machen.

Und schon bei Schopenhauer[2501] lag allem Sein (auch allem physikalischen Sein) eine psychische Komponente zugrunde: ein Wille. Raum, Zeit und Kausalität, so wie sie uns in unserer Welt *erscheinen*, sind, nach Schopenhauer, nur die halbe Wahrheit, sie sind lediglich *Vorstellungen*, die wir selbst produzieren. *An sich* liegt, so Schopenhauer, allem ein raumloser, überzeitlicher, transzendenter *Wille* zugrunde. Dasselbe folgt schließlich aus den hier angestellten Überlegungen zum Hologramm der Realität, ein höheres Bewußtsein projiziert hier unsere Realität; zu einem solchen gehören auch Entscheidungen, nicht nur Vorstellung, Denken, Gedächtnis, Wahrnehmung, Erkenntnis etc.

[2499] Vgl. bei Marco Bischof, *Biophotonen*, S. 411f.
[2500] Robert B. Laughlin, *Abschied von der Weltformel*, S. 77f.
[2501] Vgl. Schopenhauer bei Hans Bender, *Versteckte Wirklichkeit*, S. 163.

C.G. Jungs kollektives Unbewußte und Synchronizität und das Gedächtnis von Gegenständen

Nach Ervin Laszlo[2502] entspricht Jungs kollektives Unbewußte dem Quantenvakuum, das bei Laszlo unser gemeinsamer Informationspool ist und uns mit allem und allen vernetzt.

Der Physiker F. David Peat hält Jungs kollektives Unbewußtes für eine Bestätigung von Bohms impliziter Ordnung, die, wie wir sahen, nichts anderes ist als das Quantenvauum in unserem Modell.

Nach dem Physiker Amit Goswami hat Jung schon vor Jahrzehnten geahnt, daß Psyche und Materie letztlich aus demselben Stoff sein müssen.

Jungs kollektives Unbewußtes beziehungsweise transpersonales Unbewußtes sei ferner etwas ganz Ähnliches wie seine morphischen Felder, sagt Sheldrake[2503].

Und die Physiker Russel Targ und Hal Puthoff schlagen als Modell für räumliches und zeitliches Fernsehen (also auch für Psychometrie) C.G. Jungs Synchronizitätsprinzip vor.

Die Hypothesen des Schweizer Psychologen und Freud Konkurrenten C.G. Jung haben bezeichnenderweise ihren theoretischen Unterbau in den modernen Naturwissenschaften, insbesondere in der modernen Physik. Gemeinsam mit dem Physiker Wolfgang Pauli schrieb er ein Buch über Analogien zwischen seinen Hypothesen und denjenigen der modernen Physik[2504].

Sehen wir uns zuerst die **Synchronizitätslehre** an:

Synchronizität definierte Jung als ein Prinzip akausaler Zusammenhänge, das Raum und Zeit auf Null reduziert[2505].

Gemeint ist ein Zusammenfallen von Ereignissen, das so ungewöhnlich und bedeutungsvoll ist, daß man es schwerlich allein dem Zufall zuschreiben kann. Aber auch nicht einer (herkömmlichen) kausalen Erklärung in Raum und Zeit. Ein Beispiel: Im Werk des bekannten amerikanischen Schriftstellers Thomas Wolfe kommt wiederholt ein Pullman-Waggon vor, der die Nummer K 19 trägt. Zufällig wurden viel später Wol-

---

[2502] Ervin Laszlo, *Zu Hause im Universum*, S. 134.

[2503] R. Sheldrake, *Das Gedächtnis der Natur*, S. 274. Alle früheren Aktivitätsmuster ähnlicher oder gleicher Art tragen zu einer verstärkten Prägung des morphischen Felds durch Resonanz bei, es entsteht ein Durchschnittsmuster. Jungs kollektives Unbewußtes wäre solch ein Durchschnittsmuster.

[2504] Arthur Koestler beschäftigte sich eingehend mit Analogien in Jungs Werk zur modernen Physik.

[2505] Vgl. bei Viktor Farkas, *Neue Unerklärliche Phänomene*, S. 55 und bei Michael Talbot, *Das Holographische Universum*, S. 87 die Definition von Synchronizität.

fes sterbliche Überreste in einem Zug transportiert, in dessen Pullman-Wagen *Nummer K 19* seine Familie ihn auf die letzte Reise begleitete.

Es treffen hier zwei Dinge so sinnvoll zusammen, daß wir es schwerlich als zufällig ansehen. Wir können aber auch keinen kausalen Zusammenhang in unserem herkömmlichen Raum- und Zeitverständnis entdecken.

Hier sind also Ereignisse oder Tatsachen ohne Rücksicht auf Raum und Zeit (irgendwie sinnvoll) miteinander verbunden.

Dasselbe postuliert die Quantenphysik für kleinste Teilchen, für Quanten. Quanten zeigen sich auf einer Ebene jenseits von Raum und Zeit verbunden.

Das Universum ist in der modernen Physik wie bei Jung somit nicht durch herkömmliche Raum/Zeit/Kausalität begrenzt, sondern es gibt eine Ebene, die jenseits dieser liegt.

In der Physik spricht man bei diesen *akausalen* Wirkungen unter anderem von nicht energetischen Wirkungen und Nichtlokalität. Jung stellt sich hier eine *psychische* Wirkung[2506] vor. Eine psychische Kraft stellt hier praktisch den sinnvollen Zusammenhang zwischen in Raum und Zeit getrennten, nicht kausal verbundenen Ereignissen her.

Zusammen mit dem Physiker Pauli erklärt Jung Synchronizität so[2507]: Die sinngemäße Koinzidenz kann man nicht als energetisches Phänomen erklären, eine kausale Erklärung scheidet aus. Es kann sich nicht um Ursache und Wirkung handeln, sondern um ein Zusammenfallen in der Zeit. Es handelt sich um eine Art von *Gleichzeitigkeit*.

Jungs Ebene der Synchronizität wäre bei uns eine Ebene, auf der Psychometrie funktioniert, da sie mentale Reisen in die Vergangenheit und überallhin erlaubt, dort sind wir jenseits von Raum und Zeit.

Jung[2508] sieht das ebenso, er hat sich eindringlich mit Paranormalem beschäftigt, und siedelt diese Phänomene ebenfalls in einem Bereich der Raumzeitlosigkeit an. Raumzeitlosigkeit sei ihr eigentliches Wesen. Synchronizität sei die psychische Bedingung für paranormale Phänomene wie Telepathie und Hellsehen usw.[2509].

Schopenhauer[2510] kannte übrigens bereits 100 Jahre früher das Phänomen der Synchronizität: „Zufällig" – definiert Schopenhauer – „bedeutet das Zusammentreffen in der Zeit *des kausal nicht Verbundenen*."[2511]

[2506] Vgl. bei Hans Bender, *Verborgene Wirklichkeit*, S. 196.
[2507] Vgl. bei Russell Targ/Harold Puthoff, *Jeder hat den 6. Sinn*, S. 190f.
[2508] Vgl. bei Hans Bender, *Verborgene Wirklichkeit*, S. 195.
Freud hat sich übrigens, im Gegensatz zu Jung, erst nach langem Zögern mit Paranormalem beschäftigt.
[2509] Vgl. bei Hans Bender, *Verborgene Wirklichkeit*, S. 195.
[2510] Vgl. Schopenhauer bei Hans Bender, *Verborgene Wirklichkeit*, S. 170.

Und jetzt die zweite hier interessierende Figur Jungs:

Das kollektive Unbewußte[2512]:

Jung beobachtete, daß Träume, Phantasien und Halluzinationen seiner Patienten häufig Symbole und Ideen enthielten, die sich nicht als Produkte ihrer persönlichen Lebensgeschichte erklären ließen, sondern eher den Bildern und Themen der großen Weltmythologien und –religionen glichen. Er schloß daraus, daß Mythen, Träume, Halluzinationen, auch religiöse Halluzinationen, allesamt derselben Quelle entspringen mußten: einem kollektiven Unbewußten, zu dem alle Menschen Zugang haben.

1906 sah Jung einen Patienten mit paranoider Schizophrenie zur Sonne hinauf starren. Als Jung ihn fragte, was er da mache, erklärte der Patient, er beobachte den Penis der Sonne. Jung hielt die Äußerung des Patienten zunächst für eine Wahnvorstellung. Doch dann stieß er Jahre später auf die Übersetzung eines 2 000 Jahre alten religiösen persischen Textes, der beschrieb wie man beim visionären Anschauen der Sonne einen von ihr herabhängenden Schlauch erblickte.

Wie bei Sheldrake bildet bei Jung das von vielen gleich Gedachte, das gewohnheitsmäßig Gedachte, außerhalb unserer selbst Gewohnheitsmuster, die Jung *Archetypen* nennt. Diese sind gespeichert im sogenannten kollektiven Unbewußten. Jung nimmt also ein nichtlokales Bewußtsein beziehungsweise ein nichtlokales Gedächtnis an. Er geht davon aus, daß Gedanken außerhalb von uns, von unseren Gehirnen, gespeichert sind, es außerhalb von uns ein Gedächtnis unserer Gedanken, Handlungen, unseres Verhaltens gibt, wobei sich wiederholte Muster verstärken. Dieses Gedächtnis kann, nach Jung, (unbewußt[2313']) abgelesen werden, und prägt uns so auch, wobei verstärkte Muster natürlich einprägsamer sind.

Jung nimmt damit dasselbe für ein Gedächtnis von Gedanken und Verhalten an, was wir für das Gedächtnis von Gegenständen und Orten voraussetzen, einen Zugang zu so etwas wie einem nichtlokalen kosmischen Bewußtsein beziehungsweise Informationsfeld (bei uns genannt Quantenvakuum), das bei Jung (lediglich) durch die Bewußtseine aller Zeiten geprägt wird.

[2511] Das *Zufälligste* ist bei Schopenhauer „ein auf entfernterem Wege herangekommenes Notwendiges": das wäre die Kausalität, die sozusagen von einer höheren Ebene stammt.

[2512] Vgl. zum kollektiven Unbewußten: Carl Gustav Jung, *Die Archetypen und das kollektive Unbewußte.* Beziehungsweise vgl. Michael Talbot, *Das Holographische Universum*, S. 69ff.

[2513] C.G. Jung siedelt sein kollektives Unbewußtes dabei auf einer tieferen Ebene an als Freud sein persönliches Unbewußtes, vgl. bei Douglas M. Stokes, *Parapsychology and the Nature of Mind*, in *New Frontiers of Human Science*, S. 52.

Jungs kollektives Unbewußte ist überdies auch in einer holographischen Realität angesiedelt: bei ihm sind alle Bewußtseine über die Zeit hinweg vernetzt wie im Hologramm alles in allem ist, zeitlich und örtlich.

Auch bei Jung stellt sich die interessante *Frage der Selektion*: Wenn wir alle Zugang zum unterbewußten Wissen des gesamten Menschengeschlechts haben, warum sind wir dann nicht alle wandelnde Enzyklopädien?

Antworten liegen hier wie bei Sheldrake im Gebiet der *Resonanz*[2514]: Wir können besonders leicht solche Informationen abrufen, die unmittelbar relevant für unsere Erinnerung sind, die eine Affinität zu uns haben, es geht um persönliche Resonanz. Genies, die vor Jahrhunderten dieses Gemeinschaftsbewußtsein anzapften, konnten somit nicht die Relativitätstheorie zu Papier bringen, weil sie Physik noch nicht in der Form betrieben, wie sie von Einstein erst viel später betrieben werden konnte (fehlende Affinität).

Daß Jungs kollektives Unbewußte übrigens kein Humbug ist, zeigte der Philosoph Roger Nelson[2515] aus Princeton. Ihm gelang es in Princeton mit einem Zufallsgenerator ein kollektives Bewußtsein nachzuweisen. Der Zufallsgenerator, der zu 50 % Nullen und Einsen produzierte, wich hiervon eindeutig ab, wenn in einer Gruppe eine gleichgerichtete Aufmerksamkeit herrschte.

Jung geht nun noch einen Schritt weiter. Er geht, wie Interpretationen der Quantenphysik, davon aus, daß die gesamte Realität eigentlich geistig sei. Wir sahen in der Quantenphysik, daß kleinste Elementarteilchen, aus denen sich alles zusammensetzt, etwas Geistartiges haben, etwas Informiertes. Und so haben für Jung auch Gegenstände etwas Psychisches. Und da Bewußtsein ringsum vernetzt ist, wäre unser Bewußtsein auch sozusagen mit dem „Bewußtsein" der Gegenstände vernetzt.

Für uns folgt aus diesen Überlegungen Jungs, daß wir deren Geschichte, deren Gedächtnis lesen können.

Kleiner Exkurs zur Symbolsprache des Paranormalen:

In Jungs kollektivem Unbewußten ist vieles in Symbolen verschlüsselt.

Auch bei der Psychometrie haben wir gesehen, daß der Sensitive häufig ein symbolisches Wissen erwirbt. Beispielsweise sieht die sensitive Person Kartoffeln als Bilder um den Kopf einer Person schweben, und diese Person, stellt sich dann heraus, ist im Kartoffelgeschäft tätig. Manchmal sind die Symbole auch solche, die in einem Kulturkreis schon lange gelten.

[2514] Vgl. hierzu den Psychologen Robert M. Anderson bei Michael Talbot, *Das Holographische Universum*, S. 70f.

[2515] Vgl. bei Lynne McTaggart, *Das Nullpunkt-Feld*, S. 291ff.

Daß in den nichtlokalen Gedächtnissen (wie in Jungs kollektivem Unbewußten oder dem hiesigen Quantenvakuum) Informationen in Form von Symbolen festgehalten werden, erscheint eigentlich sehr rätselhaft. Es ist fast so, als bekomme man das paranormale Wissen in Form kleiner Rätsel von einer höheren Instanz aufgegeben. Und dann noch in solchen Rätseln, die wir in unserem Kulturkreis verstehen können.

Gehen wir davon aus, daß alles, die Wirklichkeit und auch die Wirklichkeit, in der wir bei paranormalen Erlebnissen reisen, durch interagierende Bewußtseinsstrukturen hervorgebracht wird, erklärt sich dies leichter. Vieles spricht dafür, daß etwa unsere Bewußtseine mit Symbolen hantieren, wir gewohnt sind in Symbolen zu denken[2516], und so bringen wir diese auch in unseren paranormalen Wissenserwerb hinein. – Wir haben hier nichts anderes als eine Sprache: man setzt etwas (etwa ein Wort oder ein Bild) für etwas anderes (etwa ein Ding unserer dreidimensionalen Welt) ein. – Bei den Symbolen gibt es auch archetypische Symbole, Symbole, die sich über Zeiten und Räume in unser aller Denken verfestigt haben, und auch diese bestimmen somit umfassend unsere Wahrnehmung.

– Auch die Rosenkreuzer haben sich mit solchen Symbolen paranormalen Wissenserwerbs eingehend beschäftigt, rechnen diesen Symbolen aber eine geheimnisvolle Wirkkraft per se zu.

[2516] Douglas Hofstadters *Ich bin eine seltsame Schleife* zeigt wie Denken über Symbole funktioniert: S. 112f.: Ein Symbol im Gehirn bedeutet bei ihm, daß im Innern des Schädels eine bestimmte Struktur immer dann aktiviert wird, wenn man, sagen wir, an den Eiffelturm denkt. Diese Struktur wäre das Eiffelturmsymbol. Symbole sind hier neurologische Einheiten, die mit Begriffen korrespondieren. S. 122ff.: Der riesige Graben zwischen Menschen und anderen Primaten besteht, nach Hosfstadter, darin, daß das menschliche Begriffssystem beliebig erweiterbar wurde, eine dramatische Qualität von Unendlichkeit Eingang fand. S. 267: Der menschliche Geist verbindet alte Ideen (Symbolzusammenhänge) mit neuen Strukturen, die zu neuen Ideen werden, die ihrerseits neue Verbindungen eingehen können, ad infinitum. S. 268: Symbole bedeuten, etwas wird durch ein anderes repräsentiert, bewertet, bedeuten über irgendetwas *nachdenken*. Denken setzt einen großen Vorrat an aktivierbaren Symbolen voraus, einschließlich des sich Zurückwendens auf sich selbst (der seltsamen Schleife, die bei Hofstadter quasi aus dem Nichts ein Ich entstehen läßt).

Zusammenfassung, wie Philosophische, religiöse, esoterische, magische, Psychologische Weltmodelle das Gedächtnis von Gegenständen erklären können

> *„Die Natur gibt ein Licht, daraus sie mag erkannt*
> *werden, aus ihrem eigenen Schein. Aber im Menschen*
> *ist auch ein Licht, wodurch der Mensch ein übernatür-*
> *lich Ding erfährt und ergründet".*
>
> Paracelsus[2517]

Praktisch alle hier besprochenen Modelle gehen von einer Kraft beziehungsweise Sphäre aus, die hinter allen Erscheinungen steht, egal ob es sich um Lebendes oder um tote Gegenstände handelt. Diese Kraft beziehungsweise Sphäre gleicht dem Quantenvakuum im hier vertretenen Modell. Es handelt sich um eine Sphäre jenseits von Raum und Zeit, in der alles eins ist, alles mit allem verbunden. Diese Sphäre, will man sozusagen beschreiben, aus welchem Stoff sie ist, hat etwas Geistiges und wird meistens als aus Licht bestehend vorgestellt. In speziellen Geisteszuständen erreichen wir die Sphäre, uns wird dabei ein beglückendes Einheitsgefühl zuteil, das man auch Erfahrung des Göttlichen nennen kann.

Auch Dinge sind hier nicht tot. Und manche der Modelle erwähnen sogar explizit ein Gedächtnis von Gegenständen. Es liegt in dieser Kraft hinter allen Erscheinungen, die um den Gegenstand konkret als Aura zutage treten kann.

Zusammenfassung zu allen Erklärungsmodellen

In so unterschiedlichen Gebieten wie Physik, Biologie, Gehirnforschung, Religionen, Philosophie, Magie sind wir immer wieder, unabhängig von Ort und Zeit, auf dasselbe Modell der Wirklichkeitsbeschreibung gestoßen. Genauer, ist es ein Modell der verborgenen Wirklichkeit hinter der Wirklichkeit unserer Erscheinungswelt. Dieses Modell war uns so wichtig, denn in ihm erklärt sich auch so etwas Seltsames wie paranormale Phänomene, wie das Gedächtnis von Gegenständen (das, wie wir zeigten, als statistisch erwiesen gelten kann).

In den modernen Naturwissenschaften ist dieses Modell am spezifischsten. Dort erhalten wir auch Modell-Antworten darauf, wie wir (unser Gehirn/Bewußtsein) ans Gedächtnis der Dinge kommen.

[2517] Parcelsus in Helmut Werner, *Paracelsus*, S. 58.

In der modernen Physik ist die Wirklichkeit hinter der Wirklichkeit das sogenannte *Quantenvakuum*. Es unterliegt nach herrschender Meinung Materie und Kräften. Wir haben uns hier für ein besonderes Modell des Quantenvakuums entschieden, das von einer kleineren Gruppe von namhaften Wissenschaftlern vertreten wird. Das Vakuum ist nach diesen ein höherdimensionaler, virtueller Bereich jenseits von Raum und Zeit, ein gigantischer Energie- wie Informationsspeicher, der allem, was unsere Welt ausmacht, Materie, Kräften etc. als fundamentale Ebene unterliegt. Dieses Quantenvakuum ist wie eine vis vitalis, steuert alles, sorgt für eine Kohärenz des Kosmos (sowohl, was die Versorgung mit Energie als auch mit Information angeht). Und, für unser Thema relevant: Jedes Quantensystem, und das ist für uns hier alles (nicht nur winzige Quanten), jedes makroskopische „Ding", jede Uhr, jeder Fernseher, jede Friseurhaube, jedes Gehirn, jede Person usw., jede Bewegung, jedes Ereignis, jede Handlung usw. hinterläßt dort *Spuren*. Obendrein sind diese Spuren auch noch ewig aufgrund der Eigenschaft der Superflüssigkeit des Quantenvakuums. Wir haben hier also ein gigantisches, ein kosmisches, ein universelles Gedächtnis.

In diesem Quantenvakuum spielt sich im hier gewählten Modell auch das seltsame nichtlokale Verhalten, das Wellenverhalten von Quanten beziehungsweise von Quantensystemen ab: als Wellen bleiben Quantensysteme, die (untechnisch gesagt) einmal zusammen waren, dort, im Quantenvakuum, unabhängig von Raum und Zeit verbunden. Ewig mit allem, was mit einem zusammen war, verbunden zu bleiben, bedeutet nichts anderes als seine Geschichte, sein Gedächtnis an sich tragen. Neben einem universellen Gedächtnis im Vakuum haben wir hier also auch im Vakuum ein Gedächtnis von *einzelnen* Dingen und natürlich auch von konkreten Orten. (Bemerkung: lassen wir das Quantenvakuum einmal beiseite, dann folgt auch schon aus der Quantensystemhaftigkeit von etwas, daß dieses etwas ein Gedächtnis hat, sei es nur ein winziges Quant oder ein makroskopisches Quantensystem.)

Alles hinterläßt also im Vakuum des hier gewählten Modells Spuren, und auch das Gedächtnis der *einzelnen* Dinge ist dort aufbewahrt, und zwar nichtlokal.

Im Quantenvakuum, das in unserem Modell im Fundamentalsten ein Gravitationsfeld ist, ist bei uns, präziser, unser Gedächtnis der Gegenstände in *Gravitationswellen*[2518] gespeichert, ebenso in *Materiewellen* und in *elektromagnetischen Wellen*, denen beiden wiederum Gravitationswellen unterliegen.

Alle Dinge (Quantensysteme) hinterlassen in allen ihren Zuständen Abdrücke im Vakuum in ihren Materiewellen, die wiederum mit allem

---

[2518] Das Quantenvakuum ist für uns im Fundamentalsten ein Gravitationsfeld.

möglichen Anderen über Materiewellen und deren Abdrücke verbunden sind.

Elektromagnetische Wellen können das Gedächtnis der Dinge *transportieren*, etwa aus dem Quantenvakuum in unsere materielle Welt, in unsere Gehirne.

Die Figur des *Hologramms* beschreibt die aus dem hier gewählten Modell des Quantenvakuums geschaffene Realität perfekt. Wir können hier auch sagen, unsere Realität ist in diesem Modell holographisch. Im Hologramm ist im kleinsten Partikel immer das Ganze, also alles enthalten. Im hiesigen der Realität unterliegenden Quantenvakuum ist ebenfalls alles in allem, da nichts durch Raum und Zeit getrennt ist, alles ist dort eins, auch Materie und Bewußtsein. – Aus meinem oder Ihrem Fingernagel, dem ja dieses Quantenvakuum unterliegt, könnte man theoretisch die erste Begegnung von Cäsar und Kleopatra ablesen. – Und genauso wie beim Hologramm Welleninterferenzmuster in Bilder umgesetzt/umgerechnet werden, entsteht aus den Welleninterferenzmustern des Quantenvakuums für uns unsere Realität. Das leisten in Modellen der modernen Gehirnforschung (u.a.) wir, weil unsere Gehirne/Bewußtseine[2519] Frequenzrechner sind.

Wir können nun nach Modellen der modernen Gehirnforschung Informationen, das Gedächtnis der Dinge usw., aus diesem Quantenvakuum überhaupt herauslesen, beziehungsweise herausrechnen, weil auch unsere Gehirne als Quantensysteme mit dem Quantenvakuum wechselwirken.

(Dies erklärt übrigens auch, daß Dingen ebenfalls Gedanken und Gefühle anhaften können, auch Gehirne hinterlassen im Vakuum also Spuren.)

Im hier gewählten Modell geschieht ein Informationstransfer über Resonanzkopplung, und auch durch ein In-Phase-Kommen, wenn keine Resonanz besteht. Da wir annehmen, daß Materiewellen und Gravitationswellen im Vakuum elektromagnetische Wellen *sein können oder sind*, und in Gehirnen nachweislich hauptsächlich elektromagnetische Prozesse ablaufen, haben wir vorgeschlagen, daß unsere Gehirne im Vakuum praktisch das elektromagnetische Abbild von Materiewellen und/oder Gravitationswellen empfangen und es letztendlich auf der elektromagnetischen Teilchenebene (etwa zu inneren Bildern) umrechnen/entschlüsseln (elektromagnetische Wellen sind gleichzeitig Wellenwellen im Vakuum und Teilchenwellen in unserer Welt). (Oder uneleganter: irgendwo, jedenfalls auf Vakuumsebene, etwa in den neuronalen Netzwerken, werden Gravitationswellen in elektromagnetische Wellen umgewandelt und schlußendlich wiederum elektromagnetische Teilchenwellen entschlüsselt).

[2519] Bzw. virtuellen Gehirne

Das in Materiewellen und Gravitationswellen im Vakuum gespeicherte Gedächtnis ist *universell*, überall und nirgendwo gespeichert.

Lokal wird das Gedächtnis der Dinge erst, wenn es durch uns, durch menschliche Wahrnehmung, aus den Materiewellen des Quantenvakuums herausgeholt wird (analog werden Wellen zu lokalen Teilchen, kollabiert die Wellenfunktion, durch Beobachtung). Das geschieht durch (in) elektromagnetische(n) Wellen, haben wir vorgeschlagen. In elektromagnetischen Teilchenwellen ist (wird) das Gedächtnis von allem lokal und zeigt sich für manche sogar in einem auratischen Leuchten.

Zapft unser Gehirn[2520]/Bewußtsein das Quantenvakuum, die Realität hinter der Realität, an, kann es dort in der Zeit hin und her reisen, an ferne Orte reisen, sich dieses kosmische Gedächtnis, sich ein enormes Wissen zugänglich machen. Es kommt zu übersinnlichen Fähigkeiten wie Telepathie, Hellsehen, Psychometrie, und nach Modellen der neuesten Bewußtseins- und Hirnforschung *auch* zu allen sonstigen fundamentalen Bewußtseinsprozessen wie etwa Erinnerung, Wahrnehmen, Denken, Vorstellen usw. Unsere gesamten Bewußtseinsfunktionen sind hiernach nicht mehr nur im Gehirn, sondern (auch) dort draußen, in einem physikalischen Feld organisiert.

Obwohl nun aber alle unsere Gehirne/unser aller Bewußtsein mit dem Quantenvakuum wechselwirken, wir alle Zugang dazu haben, können aber doch nur wenige begabte Sensitive das Gedächtnis der Gegenstände und Orte lesen (oder hellsehen oder in die Zukunft sehen). Manche haben, so scheint es, einen privilegierten, einen besseren Zugang zum Quantenvakuum. Es scheint dort Frequenzbereiche zu geben, die nur für manche, die nur bedingt oder gar nicht zugänglich sind. Man könnte von einer grundsätzlichen Schranke sprechen. Es wäre theoretisch vorstellbar, daß unsere Gehirne nur ein bestimmtes Spektrum aus dem Vakuum gut lesen können, so wie die einzelnen Saiten eines Klaviers nur auf ein eingeschränktes Frequenzband reagieren. *Unser* Gedächtnis etwa ist für uns zugänglicher als das Gedächtnis von Dingen (was natürlich auch mit Affinität zu tun hat). In bestimmten Bewußtseinszuständen (vermindertes Bewußtsein), die man auch künstlich herbeiführen kann, scheint das Frequenzband erweitert zu werden, so daß manche auch Informationen aus einem Frequenzspektrum, wie es scheint, lesen können, aus dem nicht unbedingt jeder Informationen extrapolieren kann. Diese Informationen können mehr oder weniger deutlich sein. Viele spüren etwa das Gedächtnis eines Ortes nur undeutlich als Atmosphäre. Nach dem Physiker David Bohm[2521] findet beim paranormalen Wissenserwerb insofern einfach eine Verschiebung der (normalen) Wahrnehmung statt. Beim Physiker Wal-

---

2520 Gehirn immer als Quantensystem verstanden, das ein virtuelles Gehirn impliziert, um im Vakuum zu verkehren.

2521 David Bohm, *Wholeness and the Implicate Order*, S. 251.

ker, dessen Modell wir bevorzugen, sähe es etwas anders aus: Wir nehmen mehr aus dem Vakuum wahr, wenn unser reales Gehirn zurückgedrängt ist und wir für kurze Zeit nur mit unserem virtuellen Gehirn[2522] operieren, das wäre praktisch ein Modus der Außerkörperlichkeit. Mystiker, Genies, Kranke, Sensitive, Intuitive, in Trance, in Ekstase, im Drogenrausch, in Tiefenmeditation Befindliche, Träumende etc. „sehen" in diesem Modus also mehr als üblich, theoretisch hätten sie sogar den maximalen Einblick: *aber nur für kurze Zeit.* – Beschränkt wären wir also im Wesentlichen, in erster Linie durch unser reales Gehirn[2523], durch die Bindung unseres virtuellen Gehirns an unser reales Gehirn, und das bedeutet: durch unser Leben im drei-/vierdimensionalen Bereich unserer Welt, eine elegante Lösung.

Das hier vertretene Modell des Quantenvakuums der Physik, das auch ein kosmische Gedächtnis enthält, das sozusagen den Kern der Wirklichkeit, den Kern unserer Welt, beschreiben soll, gleicht nun sehr den Weltmodellen (dem, was hinter der Wirklichkeit unserer Welt stecken soll) in vielen anderen Bereichen, in anderen Kulturen, zu anderen Zeiten. Altindische Weltmodelle etwa oder Wirklichkeitsvorstellungen christlicher Mystik oder eines Paracelsus lesen sich häufig wie metaphorische, poetische Beschreibungen des hier vertretenen Weltmodells der modernen Physik. Egal, ob es sich nun um den griechischen Pantheismus handelt, die ionische Naturphilosophie, den Neuplatonismus, die christliche Mystik des Mittelalters, die Kabbala. Oder um die Anima Mundi, das Mysterium Magnum, das Chaos, den Archäus, die Quintessenz oder den Stein der Weisen in der Magie. Oder um die komplexe Figur des Heiligen Geistes, die Akasha Chronik der indischen Philosophie, oder um den Geist hinter allem: Brahman der Hindus und Buddhisten, oder um das Mana in Malaysia und Polynesien, oder um dieselbe Kraft nur unter anderem Namen im Voodoo, in Mexico und Zentral Amerika, bei den Hopi, den Moki und den Pueblo, den Kiowa oder den australischen Ureinwohnern: Überall geht man von einer Kraft beziehungsweise Sphäre aus, die hinter allen Erscheinungen steht, hinter allem Lebenden, aber auch hinter toten Gegenständen. Alles ist animiert. Überall handelt es sich dabei um eine (ewige) Sphäre jenseits von Raum und Zeit, in der alles eins ist, alles mit allem (überall, zu jeder Zeit) verbunden, also um eine Sphäre mit holographischen Eigenschaften. Das allein bedeutet schon, daß wir auch hier überall ein kosmisches Gedächtnis haben. Aus meinem Fingernagel kann ich wiederum die erste Begegnung von Caesar und Kleopatra ablesen. Ein

---

[2522] In Kahuna-Sprache: Schattenkörpergehirn.

[2523] Wobei unser reales Gehirn auch hier wiederum auf ein bestimmtes, beschränktes Frequenzband eingestellt sein könnte.

solches kosmisches Gedächtnis wird hier auch vielenorts expressis verbis erwähnt.

Und genauso, wie wir in allen möglichen Bereichen in dieser Sphäre auf ein kosmisches Gedächtnis gestoßen sind, trafen wir auch auf ein *lokales Ding-Gedächtnis*. Es tritt etwa um den konkreten Gegenstand oder die konkrete Person als *Aura* zutage, egal ob es sich um die Aureolen des frühen Christentums handelt, um die irisierende eiförmige Blase der Kabbala, genannt *nefish*, um das indische *Prana*, den Astralleib, das Evestrum, die odische Lohe im Okkultismus, die Aura-Vorstellungen von Bevölkerungsstämmen wie den Kahunas aus Hawaii, den australischen Aborigines, den afrikanischen Karangas oder Maschona. Dabei ist die lokale Aura sozusagen aus demselben Stoff wie die alles belebende Kraft, die deshalb auch manchenorts, zum Beispiel im Okkultismus, als allgemeine Aura bezeichnet wird.

Lokalaura und allgemeine Aura sind verbunden. Universelles Gedächtnis und lokales Gedächtnis sind verbunden.

In dem hier vertretenen naturwissenschaftlichen Modell wird es nur noch detaillierter. Dort schaffen erst *wir*, durch unsere Wahrnehmung, die Lokalität, die auch als konkrete Aura aufscheinen kann. Das lokale Gedächtnis tritt erst hervor, wenn es durch unsere menschliche *Wahrnehmung* aus dem Frequenzbereich des universellen Gedächtnisses herausgeholt wird. Die lokale Aura ist *in (durch) unserer Wahrnehmung* eine Verdichtung der überall befindlichen Aura. So wie Teilchen in unserer Wahrnehmung lokale Kräuselungen des überall befindlichen Quantenvakuums (Wellenuntergrunds) sind.

In den philosophischen, religiösen, magischen etc. Modellen, überall hat diese Sphäre überdies etwas Geistiges und wird häufig als aus Licht (einem besonderen Licht) bestehend vorgestellt.

In speziellen Geisteszuständen erreichen wir in diesen Modellen die Sphäre, uns wird dabei ein beglückendes Einheitsgefühl oder Allwissenheitsgefühl zuteil, das in den meisten Modellen auch als Erfahrung des Göttlichen interpretiert wird. Wir nehmen dort Dinge wahr, die wir normalerweise nicht wahrnehmen, wie etwa auch das Gedächtnis von Gegenständen.

Wir stoßen hier also allerorts auf eine Sphäre, die überall aussieht wie das Quantenvakuum der Physik im hier vertretenen Modell. In den philosophischen, religiösen, magischen etc. Modellen ist die Sphäre auch die Sphäre einer Kraft, gibt es ein höheres Movens, das praktisch die Sphäre bewegt oder aus der Sphäre bewegt und schafft, also belebt. Auf die Frage eines Bewegers des Quantenvakuums sind wir auch gestoßen[2524]. Pointiert

---

[2524] Auf die Frage eines Bewegers des Vakuums hätte man auch schon früher stoßen können: beim Modell des Vakuums als gigantisches Informationsfeld, das auch

im Kapitel über die holographischen Eigenschaften unseres Vakuum-Modells, über die holographischen Eigenschaften der Realität. Nichts sprach gegen die Möglichkeit, den Wellensalat des Vakuums als Projektion eines höheren Bewußtseins aufzufassen (es würde eine eigentliche Realität in Wellen umgerechnet). Und nichts sprach gegen die Möglichkeit, daß es zu diesem Bewußtsein auch ein höheres reales Gehirn geben kann, das letztendlich alles steuert und belebt.

Interessant ist noch die Frage: Ist die hier überall beschriebene Wirklichkeit hinter der Wirklichkeit, die auch das Gedächtnis der Gegenstände enthält, die eigentliche Realität? Ist das Gewirr von Interferenzmustern im Quantenvakuum die eigentliche Realität? Stimmt etwa, was die Mystiker seit Jahrhunderten für wahr erklären: nämlich, daß die Wirklichkeit nur eine Illusion ist, und *tatsächlich* eine unermeßliche in Schwingungen versetzte Symphonie aus Wellenformen? Ist unsere Wirklichkeit nur eine Illusion des Getrenntseins der verschiedenen Objekte, die in Wahrheit das Produkt einer tieferen Ordnung sind, in der nichts getrennt ist, in der Bewußtsein und Materie ein ungebrochenes Ganzes darstellen? Ist diese Wirklichkeit hinter der Wirklichkeit, die von der Physik bis zum Voodoo eine Rolle spielt, gar sozusagen göttlich, die Sphäre Gottes? – Gewinnt der Psychometer somit einen privilegierten Blick in den göttlichen Bereich? So wie es der Mystiker Jakob Böhme[2525] formulierte: „Solche Erkenntnis (er meint paranormale Erkenntnis) sehe ich nicht mit fleischlichen Augen, sondern mit denen Augen, wo sich das Leben in mir gebäret; in ihm stehet mir des Himmels und der Hölle Pforten offen ...“. Wäre das eine poetische Beschreibung für den göttlichen Platz des Gedächtnisses der Dinge? Ein zentraler Gedanke etwa im christlichen Glauben ist: Gott ist überall, und ein jeder ist im Zentrum der göttlichen Aufmerksamkeit. Das bedeutet aber, Gott befindet sich in einer nichtörtlichen und holographischen Realität: befindet Gott sich damit in der hier überall holographisch strukturierten Sphäre, befindet sich Gott etwa in einem bestimmten Modell des Quantenvakuums der modernen Physik?

Haben wir eine holographische Realität, wird etwas Reales in eine Wellensymphonie umgerechnet und die wieder von irgendetwas oder irgendwem in etwas weniger Reales umgerechnet. Hat die Wellensymphonie des Quantenvakuums, die Realität hinter der Realität, ein göttliches Bewußtsein aus einer *eigentlichen* Realität errechnet? Und ist die hier überall angesprochene Realität hinter unserer Realität (etwa das Vakuum) so quasi eine göttliche Idee, eine Sammlung göttlicher Gedanken, die, wenn sie von irgendwem oder irgend etwas (von Bewußtsein(en)) wiede-

---

Informationen enthält, die alles steuern. Man hätte hier fragen können, wer oder was hat diese Informationen dort deponiert?

[2525] Vgl. bei Justinuns Kerner, *Die Seherin von Prevorst*, S. 142.

rum umgerechnet wird, etwas weniger Reales wie unsere Welt projiziert? Gleicht die objektive Wirklichkeit (diejenige, die wir wahrnehmen) daher in höherem Maße einem Traum, den letztlich ein göttliches Bewußtsein träumt? Ist alles Materielle um uns herum letztlich von Bewußtsein (unserem, einem kollektiven, einem göttlichen, dem Bewußtsein von Atomen, Zellen, Organismen usw., einem vielleicht hierarchischen Zusammenwirken dieser Bewußtseine) geschaffen? So wie der bewußte Beobachter in der Physik erst Quanten als konkrete in unsere Wirklichkeit tretende Teilchen schafft, das Teilchen aus dem Wellenzustand holt, in dem es im Quantenvakuum überall und nirgendwo ist, reines Potential? Wenn unsere Realität nur eine holographische Projektion einer fundamentaleren Ebene ist, wie sähe dann die hinter der Wellensymphonie noch befindliche *eigentliche* Wirklichkeit aus? Und wie sähe ein Gott (der eigentlichen Realität) aus, zu dem dieses göttliche Bewußtsein gehören könnte? Hat letztlich „er" alles geschaffen? Wäre „er" letztlich das Bewußtsein von allem, einfach von allem, auch von allen Dingen: von allen Elektronen, Schmetterlingen, Sternen, Seegurken, Fernsehern, Geschirrspülern, von menschlichen und von nicht menschlichen Intelligenzen, von mir, von Ihnen, von uns usw. im Universum? Wäre „er" letztlich eine selbstregulierende Kosmologie: „Träumt der Traum sich selber", wie es die Buschleute der Kalahari[2526] hintersinnig formulieren?

Setzen wir dennoch eigenständig, auch wenn wir nur erträumt wären, den göttlichen Traum fort? Ist unsere Welt auf die Weise letztlich eine Coproduktion verschiedener Bewußtseine, und wir stehen dabei an nachgeordneter Stelle? Um es mit Swedenborgs[2527] Worten zu fragen: Wird unser Universum „ständig von zwei wellenartigen (Bewußtseins-) Strömen geschaffen und in Gang gehalten, von einem, der vom Himmel stammt, und von einem zweiten, der von unserer Seele oder unserem Geist ausgeht"?

Im einzelnen können wir solches nicht beantworten, wir neigen hier ungefähr zu Swedenborg. Daß klare Antworten fehlen, ist auch konsistent mit dem Faktum, daß das Quantenvakuum für uns per se gar nicht beobachtbar ist, gar nicht eingesehen werden kann. Nur die Welt, die wir sozusagen dort herausholen, sehen wir in einer bestimmten (begrenzten) Art und Weise. Sie scheint nur ein Abglanz einer eigentlichen Realität zu sein. Wir können im platonischen Höhlengleichnis einfach nicht aus der Höhle.

Nur eins kann man sagen, das Göttliche und seltsamerweise auch ein realer Gott ist hier eine nicht auszuschließende Möglichkeit.

[2526] Bei Michael Talbot, *Das Holographische Universum*, S. 302.
[2527] Vgl. bei Michael Talbot, *Das Holographische Universum*, S. 274f.

Desgleichen, im hier vertretenen Modell, Unsterblichkeit[2528].

Und auch, daß es eine realere Realität gibt als die unsere, und als das Wellengewirr hinter der unseren, ist hier ebenfalls eine Option.

[2528] Im ewigen Quantenvakuum bestehen unser Gedächtnis, alle unsere Gedanken und das Gedächtnis von allem und von jedem Ort, die gesamte Vergangenheit, fort. Das bedeutet, von allem, wenn wir schon lange nicht mehr sind, ist sozusagen eine getreue Kopie vorhanden, von allem, was wir waren, taten, erlebten, sahen, dachten, fühlten usw., von jedem Wesen, jedem Ort, jedem Ding, eine Kopie, die theoretisch wieder entfaltet werden kann, nach Schempp etwa wieder in unserer dreidimensionalen Welt Form nehmen kann (analog wie Bilder in elektromagnetische Wellen umgewandelt werden können und diese wieder zurück in Bilder). Viele Forscher werfen diese Möglichkeit hier nur am Rande auf, weil man sich doch etwas geniert als esoterisch zu gelten: vgl. zum Beispiel Ervin Laszlo, *Zu Hause im Universum*, S. 196ff. Geht man insbesondere davon aus, alles seien Quantensysteme, wie zum Beispiel der Physiker Brian Greene oder auch der Physiker Archibald Wheeler sich vorstellen können, so wären wir, mit allem Drum und Dran, in unserer Wellennatur ewig. Wir könnten dann als Personen theoretisch wieder erweckt werden, in allen unseren Phasen, in jeder Sekunde unseres Seins. Man denkt natürlich gleich an die beunruhigende Wiederkehr des ewig Gleichen. Das vermeiden wir, wenn wir ein Modell wie das Walkers wählen. Nach ihm ist das Gehirn als Quantensystem real und virtuell, wobei das virtuelle Gehirn in Aktion unser Bewußtsein wäre: Unsere reine Funktion des Denkens, Fühlens, Wahrnehmens ist hier immer schon im Vakuum. Wenn wir denken, sind wir immer schon in diesem höhern Bereich. Unsere ureigene Aktion des Denkens, Fühlens, Wahrnehmens etc. kann somit nicht aus der impliziten Ordnung des Vakuums in unsere explizite Welt entfaltet werden. Dort ist lediglich unser reales Gehirn, und dort sind die konkreten Resultate unseres Denkens, Fühlens, Wahrnehmens, Erinnerns usw. Wir selbst, mit unseren Gehirnen, aus Fleisch und Blut, könnten so aus der impliziten Ordnung wieder hervorgeholt werden. Auch unsere konkreten Gedanken etc., nicht aber unsere reine Funktion des Denkens und Fühlens. Die könnte sich als Folge der Tätigkeit etwa unseres wiederhervorgeholten realen Gehirns *neu* entwickeln. In diesem Modell hätten wir eine beunruhigende Folge nicht: die Wiederkehr des immer Gleichen, die Wiederkehr eines identischen Lebens. Wir könnten hier wiedererstehen und noch einmal ganz neu anfangen, eine hoch tröstliche Vorstellung.

V Die Angst vor der Macht der Dinge

Dinge und Orte haben ein Gedächtnis, und das geht sogar so weit, daß Dinge und Orte wirken. Dinge und Orte sind nicht tot, sie strahlen etwas aus, hinterlassen Spuren. Auch wir strahlen etwas aus, wir hinterlassen Spuren auf den Dingen, die wieder zurückstrahlen.

Wir spüren die Ausstrahlung von Dingen und Orten mehr oder weniger. Die unheimliche Atmosphäre eines Ortes ist für uns vielleicht vordergründig die geläufigste Wirkung.

Insofern Wirkungen, und auch negative Wirkungen von etwas ausgehen, kann man ruhig von einer Macht der Dinge sprechen, und somit ist hier auch immer Angst gerechtfertigt.

Im folgenden sehen wir uns noch einmal kurz ein paar pointierte Fälle furchterregender, mächtiger Dinge an.

Ihre Macht tritt gerade auch darin zutage, daß man, ganz offiziell, versucht hat, sie zu bekämpfen.

1. Die Angst vor Magischen dingen wie Fetischen

Es handelt sich dabei um Furcht vor Dingen, die durch Schwarze Magie *behandelt* worden sind. Schwarze Magie ist auf die Bewirkung eines Schadens, auf die Bewirkung von Negativem aus. Weiße Magie möchte dagegen Positives, wie Heilung oder Erfolg, bewirken.

Wir hatten Beispiele für solche schädlichen Dinge erwähnt. Etwa die afrikanischen Nagelfetische. Ein Holzstück steht hier repräsentativ für eine Person. Durch das Einschlagen von Nägeln wird die Person an der Körperstelle verletzt, an welcher der Nagel am Körper des Fetischs eingeschlagen wird. Nagelfetische sind Objekte der Furcht.

Der amerikanische Voodoo der importierten afrikanischen Sklaven hat das übernommen. Will man etwa jemandem schmerzhafte Krankheiten zufügen, Unfälle, geschäftlichen Ruin oder sogar jemanden töten, so geht das im Voodoo ebenfalls über einen *Gegenstand*, der das Opfer symbolisiert. In Haiti ist es eine Puppe, oder man versucht, den, den man töten will, in einen Eimer Wasser zu locken: Sieht man sein *Bild im Wasser*, sticht man hinein und erdolcht ihn auf die Weise[2529]. Oder man vollführt bestimmte Riten über einem *Gegenstand*, der der Person gehörte.

[2529] Hier haben wir eine entfernte Analogie zum westlichen Phänomen des Vorhersagens aus spiegelnden Oberflächen.

Die Schamanen der eingeborenen Amerikaner verwendeten dasselbe System. Sie zeichneten ein Abbild der Person in Sand, Asche oder Lehm und piekten die Zeichnung dann mit einem spitzen Stock oder fügten ihr andere Verletzungen zu. Dieselbe Verletzung befiel dann die dargestellte Person. Beobachtungen zufolge erkrankte die Person in vielen Fällen, verlor allen Antrieb oder starb sogar[2530].

Ebenso kennen in Australien die Aborigines schädliche Objekte[2531]. Der Magier zerstört ein Objekt, das mit der Person in Berührung war beziehungsweise eine Ähnlichkeit aufweist, um ihr zu schaden. Es konnte sich dabei um das Essen handeln, das sie übriggelassen hatte, oder um ihre Haare und Fingernägel, um „Körperteile" der Person oder sogar ihre Fußspuren und auch um Bilder der Person (hier fände die sogenannte sympathetische Magie Anwendung). Das Bild der Person wurde wie im Voodoo oft durchstochen, einem Piercing unterzogen.

Die europäische Schwarze Magie kennt dieselben schädlichen Dinge – egal ob man nun in die griechisch-römische Antike schaut oder ins europäische Mittelalter oder heutige schwarz-magische Praktiken beleuchtet. Nach ihr hängt alles, was einmal in Kontakt mit etwas anderem war, ob zufällig oder nicht, ob lange oder nicht, weiterhin zusammen. Also selbst das Essen, das ich konsumiert habe, hängt weiter mit mir zusammen, das Messer, durch das ich verletzt wurde, die Straße, über die ich ging. Meine Familie, alle, mit denen ich je in Kontakt war, hängen weiterhin mit mir zusammen, selbst mein Badewasser. Solche Personen oder Dinge, die mit mir einmal in Berührung waren, können daher benutzt werden, um mich magisch zu beeinflussen, um mir etwa zu schaden.

Daß die solcher Art verwendeten magischen Dinge Angst auslösten, daß man eine ernsthafte Angst vor der Macht der Dinge hatte, zeigt, wie solche Praktiken, die die Macht der Dinge entfesselten, von höchster Stelle bekämpft worden sind.

Die Kirche hat sich hier besonders hervorgetan.

Nicht nur in Afrika ging man gegen Fetische vor. 1580 berichtet zum Beispiel der Kaufmann Odoardo Lopez[2532], wie im Kongo-Gebiet Idole und sonstige Dinge, die gegen den christlichen Glauben verstießen, zusammengetragen und öffentlich verbrannt worden sind. In Europa verfolgte man bis 1782 Hexen. 1782 fand die letzte legale Hinrichtung einer Hexe in der Schweiz statt.

Man ging hier allerdings gegen alle potenten Dinge vor, gegen Dinge mit negativen wie gegen Dinge mit heilsamen Wirkungen.

[2530] Ervin Laszlo berichtet hier die Erlebnisse von Sir James Frazer, *Zu Hause im Universum*, S. 52f.

[2531] Marcel Mauss, *A General Theory of Magic*, S. 115f.

[2532] Vgl. bei Karl-Heinz Kohl, *Die Macht der Dinge*, S. 16.

Mächtige Dinge (wie Reliquien) sollte es nur innerhalb der Kirche geben.

Mit dem Ende der großen Hexenverfolgungen (zwischen 1685 und 1782) schwächt sich die Angst vor der Macht der Dinge etwas ab. Es verschiebt sich im 17. Jh. übrigens das Bild der Hexensekte in das eines eher modischen satanischen Untergrunds[2533], bei dem sich auch die Macht der Dinge abschwächt. An die Stelle des Hexensabbats tritt die schwarze Messe. Schwarze Messen orientierten sich an den christlichen Gottesdiensten, waren eine blasphemische Travestie dieser (das Kreuz steht auf dem Kopf, das Vaterunser wird verkehrt herum gesprochen). Man kannte noch die Dinge, die im Ritus besondere Kräfte hatten. Das Ganze war nun aber eher eine Mode; solche Messen zu zelebrieren war schick. Im Umfeld des französischen Hofes 1679–1682 mußte man einfach an einem so dekadenten Sinneskitzel teilnehmen. Die Aufklärung führte dann zu einer weiteren Abschwächung. Sie hielt nicht einmal etwas von der Existenz des Teufels (geschweige denn von magischen Dingen). Und im 19. Jh. ergab sich ein literarischer Satanismus (Baudelaire, Victor Hugo), bei dem es nur noch um eine schwarze Romantik ging und um eine aggressive Selbstbefreiung – in England sind die auf Provokation ausgehenden satanischen Clubs einschlägig, zu denen Leute wie Lord Byron gehörten. Erst im letzten Drittel des 20. Jhs. tauchen wieder vermehrt sich ernst nehmende satanische Sekten mit schwarzen Messen und Ding-Magie auf. Gegen diese geht allerdings der Staat nur vor, sofern ihm Delikte bekannt werden, nicht, weil er die Macht der Dinge fürchtet.

Es ist vielleicht interessant, sich auch anzusehen, wie man gegen den Voodoo vorging. Die Angst der westlichen Kultur vor dem Voodoo ist auch eine Angst vor der Macht der Dinge.

Die einen kritisieren, der Voodoo sei einzig und allein die unbarmherzige Ausbeutung der Armen durch Schwindler und Scharlatane. Für magische Behandlungen – Heilungen, Erfolg in Geschäften oder Schadenszauber, weiße wie schwarze Magie – werde unsinnig viel bezahlt; ganze Schichten der Bevölkerung würden dadurch ruiniert. Andere, so vor allem wiederum die Kirche, hielten die Voodooisten für abergläubische Primitive. Man sah auf sie herab, fürchtete sie aber gleichzeitig, glaubte, sie seien mit satanischen Mächten ausgestattet[2534]. Das gesamte Repertoire des Voodoos war unheimlich: von Werwölfen[2535] bis zu Zombies[2536] und geheimnisvollen Todesfällen. Hinzu kamen unglaubliche Ereignisse, die

---

[2533] Vgl. zu satanischen Sekten Marco Frenschkowski, *Die Geheimbünde*, S. 97–103.

[2534] Marco Frenschkowski, *Die Geheimbünde*, S. 59.

[2535] Häufig weibliche Vampire, die kleine Kinder töten. Marco Frenschkowski, *Die Geheimbünde*, S. 346.

[2536] Menschen, denen ein Magier die Seele geraubt, und die er willenlos gemacht hat. Zombies sind sozusagen lebende Tote.

viele miterlebt hatten, wie Voodooisten, die in Trance ohne Schmerzen glühende Eisen verbiegen konnten[2537].

Der erste offizielle Versuch der Kirche in Haiti den Voodoo zu bekämpfen, geht aufs Jahr 1896 zurück. Ihre Opposition war anfangs eher schwach, Androhungen wie diejenige, von der Kommunion ausgeschlossen zu werden, waren nicht sehr wirkungsvoll. Erst 1939 startete die katholische Kirche eine massive Offensive gegen den Aberglauben. Mit Hilfe des Staates wurden zahlreiche Kultgegenstände aufgestöbert und vernichtet. Voodooisten, die diesen Szenen roher Vernichtung beiwohnten, sollen ohnmächtig zu Boden gefallen sein, oder wurden plötzlich von dem Geist besessen, dessen Symbol gerade zerstört wurde. Die Katholiken mußten offen dem Voodoo abschwören: Viele Voodooisten waren gleichzeitig Katholiken, ohne daß sich bei ihnen hierdurch irgendwelche Gewissenskonflikte ergeben hätten. Der Witz war, daß der katholische Klerus den entstehenden Wirrwarr benutzte, um auch den Protestantismus gleich mitzubekämpfen. Scharen von Fanatikern durchstreiften das Land mit Anti-Voodoo-Gesängen, die auch die überraschende Textpassage enthielten, „Protestant, das heißt Religion des Satans- sie führt nicht ins Paradies".[2538]

Ironischerweise liefen dennoch viele Voodooisten zur Kirche über, und zwar in großer Zahl zu den Protestanten, die, während die katholische Kirche sich noch auf gewisse Kompromisse einließ, den Voodoo mit hartnäckigem Hass verfolgte[2539]. Gerade die offene protestantische Verachtung der Geister des Voodoos suggerierte vielen Voodooisten, daß die Protestanten mächtigere Geister haben mußten. Außerdem konnte man mit den Protestanten am billigsten ins Reine mit den übernatürlichen Kräften kommen, man mußte lediglich nach dem Gottesdienst soviel spenden wie man konnte[2540].

Auch in säkularen Milieus war die Angst so groß, daß man Voodoopraktiken unters Strafgesetz stellte. Bis zur Revision des Strafgesetzbuches von Haiti im Jahr 1953 waren Voodoo Praktiken gemäß Artikel 405 strafbar[2541]. Das hing weniger mit der Angst vor der Macht der Dinge zusammen, mehr damit, daß der Voodoo auch ein politischer Geheimbund geworden war, der zum Beispiel in Haiti zur Sklavenbefreiung beitrug.[2542]

Der aktuelle Feind des Voodoo und der Macht der Dinge sind nicht mehr Kirche oder Staat, es ist der Tourismus. Geschäftstüchtige Priester

---

[2537] Fälle bei Marco Frenschkowski, *Die Geheimbünde*, S. 391.

[2538] Marco Frenschkowski, *Die Geheimbünde*, S. 399–407.

[2539] Marco Frenschkowski, *Die Geheimbünde*, S. 58f.

[2540] Marco Frenschkowski, *Die Geheimbünde*, S. 413.

[2541] Vgl. Marco Frenschkowski, *Die Geheimbünde*, S. 311f.

[2542] Marco Frenschkowski, *Die Geheimbünde*, S. 30, 41, 420–422.

funktionieren Sanktuarien oft zu neonbeleuchteten Theatersälen um. Die Zeremonien werden quasi zu profanen Musicals.[2543]

Eine gewisse Angst vor der Macht der Dinge ist dennoch nicht ganz verschwunden. Sogar bei Wissenschaftlern. Der Psychologe William Braud[2544] etwa wies nach, daß mittels gedanklich imprägnierter Dinge im Voodoo Schaden angerichtet wurde. Gerade Voodoo-Effekte machten ihm Sorgen. Er führte alle möglichen Tests durch, um nachzuvollziehen, ob man sich dagegen schützen konnte. Und er erhielt die statistische Bestätigung. Das Ergebnis war, man brauchte psychologische Schutzstrategien. Probanden versuchten bei anderen den elektrischen Hautwiderstand zu erhöhen. Was nachweislich jenseits der Zufallswahrscheinlichkeit gelang. Diejenigen, die zum Beispiel einen sicheren Schutzschild visualisierten oder eine Barriere oder einen Schirm, zeigten sehr viel weniger körperliche Auswirkungen.

2. DIE SCHEU VOR BILDERN[2545]

Im Judaismus gab es zuallererst ein sogenanntes Bilderverbot. Man reagierte geradezu allergisch auf bildliche Darstellungen des einzigen, jüdischen Gottes, belegte sie mit strengem Verbot. Der jüdische Gott war nicht darstellbar als transzendenter, allmächtiger, allwissender, allgegenwärtiger, gab man als Grund an. Tacitus[2546] sagt über das jüdische, bildfreie Gottesbild: "Die Ägypter verehren viele Tiere und monströse Bilder, die Juden kennen nur einen Gott und begreifen diesen nur mit dem Geiste: sie betrachten jene, die Bilder von Gott nach menschlichem Vorbild aus vergänglichen Materialien machen, als gottlos; dieses höchste und ewige Wesen ist für sie undarstellbar und unendlich." Ein anderer, sehr wichtiger Grund lag allerdings darin, daß man sich von der Konkurrenz absetzen wollte. Man war sich nur allzusehr bewußt, daß von den Bildern der polytheistischen Konkurrenzreligionen eine große Macht ausging. Die polytheistischen Religionen setzten das Bild, oder die Statue, mit dem Gott gleich. Das Bild *war* der Gott, hatte eine magische Macht. Von diesen, im jüdischen Blick, Götzendienern, von den umgebenden Kulturen der Ägypter, Babylonier usw., wollte man sich durch den unsichtbaren, einzigen, *nicht darstellbaren* Gott abgrenzen, um sich so der Macht der Götterbilder beziehungsweise anderer Gottbilder zu entziehen. Man war

---

[2543] Marco Frenschkowski, *Die Geheimbünde*, S. 58f.

[2544] Vgl. bei Lynne McTaggart, *Das Nullpunkt-Feld*, S. 206.

[2545] Vgl. zum Thema zum Beispiel Karl-Heinz Kohl, *Die Macht der Dinge*, S. 32ff., M. Baigent, R. Leigh, *Der Tempel und die Loge*, S. 220ff. Und *Bilder – Verbot und Verlangen in Kunst und Musik*, S. 5ff., 13ff., 19ff., 99ff.

[2546] Tacitus, *Historiae*, V, § 5.4.

sogar bald der Auffassung, quasi jedes Bild sei so mächtig, daß es automatisch angebetet würde: Jedes Abbild eines Wesens (von etwas) im Himmel auf Erden oder im Wasser wurde in dieser Auffassung zu einem rivalisierenden Gott und verboten (Exodus 20,4[2547]). Und so wurde das zunächst nur auf Gott bezogene Bilderverbot auch noch verschärft, bezog sich bald auch auf Menschen und auf alle lebenden Geschöpfe wie Vieh, Vögel, Gewürm und Fische (Deuteronomium 4,15–18).

Die Geschichte vom *Goldenen Kalb* (Exodus 32) zeigt auch, welche Angst man vor der Macht der Bilder hatte. Als Moses so lange am Berg Sinai blieb, daß das Volk fürchtete, er würde nie mehr zurückkehren, verlangte er von Aaron, ihnen einen Gott zu machen, der sie an *Jahwe* und ihn, Moses, den Repräsentanten Jahwes, erinnern sollte. Aaron ließ daraufhin alles Gold einsammeln und das Goldene Kalb gießen. Bald stellte sich das als Irrtum heraus, als Sünde: das Goldene Kalb wurde zu einem *anderen* Gott! Es verführte das Volk entgegen der ursprünglichen Absicht zur heidnischen Anbetung.

Gleichzeitig mit dem Bilderverbot wurden auch heilige Orte (!) verboten. Man fürchtete also neben der Macht der Dinge (konsequenterweise) auch die Macht der Orte. Gegen heilige Höhen beziehungsweise Orte, an denen Sonnensäulen oder Steinmäler standen, an denen geopfert wurde, richtete sich der prophetische Protest.

Zu einer Ding-Verehrung kam es im Judentum dann aber doch, und zwar bezüglich der *Bundeslade* (wer *Indiana Jones* gesehen hat, kennt die Bundeslade): sie wurde im Allerheiligsten des salomonischen Tempels aufbewahrt und enthielt die mosaischen Gesetzes-Tafeln. Nach der Zerstörung des Tempels 587 v.Chr. galt sie als verschollen. Die Bundeslade wurde als ein mit göttlicher Macht geladener Gegenstand angesehen, ein psychometrisches Objekt par excellence, dem die Israeliten, der Legende nach, zahlreiche Siege verdankten: Bei der Eroberung von Jericho ließ Josua die Bundeslade unter Posaunenklängen siebenmal um die belagerte Stadt tragen, deren Mauern daraufhin fielen.

Auch die Verehrung der heiligen Torarollen (die die Heilige Schrift enthalten) bedeutet einen religiösen Objektkult, der sich bis heute gehalten hat. Und so wurde es im Judentum letztlich die Schrift, die die Bilder ersetzte.

[2547] Das zweite Gebot Moses' (Exodus 20, 4–6): „Du sollst dir kein Bild machen ...“ – gemeint sind vornehmlich Bilder Gottes, also Götzenbilder – ist die zu kurz greifende Übersetzung der *Septuaginta*, es sind auch sonstige Bilder gemeint „... die mindeste Ähnlichkeit mit etwas oben im Himmel oder unten auf der Erde oder im Wasser oder unter der Erde aufweist“: Freie Übersetzung: Heinz-Klaus Metzger in *Bilder – Verbot und Verlangen in Kunst und Musik*, S. 99.

Auch die Griechen glaubten in ihren Bildern und Statuen seien ihre Götter real präsent. Und es gab eine enorme Produktion von Götterdarstellungen, häufig Kunstwerke von erstem Rang.

Auch gegen deren Lebendigkeit, deren Magie richtete sich bald Zerstörungswut.

Im Zug der griechischen Naturphilosophie gab es bei den Griechen selbst schon ein Verständnis für das jüdische Bilderverbot. Bei Hekataios[2548] (um 400 v.Chr.) lesen wir dergleichen. Aufgeklärt war man inzwischen der Ansicht, Gott besitze keine menschliche Gestalt, sei so abstrakt, daß man ihn bildlich nicht darstellen könne. Zerstörung hatte das aber nicht zur Folge.

Zerstörung der Bilder leiteten andere ein.

Zunächst profanierten die Römer nach der Eroberung der griechischen Städte die Kultbilder der griechischen Antike, insbesondere die großen Statuen aus Stein und Marmor. Diese Kultbilder wurden aus den Heiligen Bezirken entfernt und zu profanen Kunstgegenständen. Wenigstens wurden sie nicht zerstört. Unter Nero und Caligula stellte man sie in Rom auf öffentlichen Plätzen und in Arenen auf. Es ging um ihre ästhetische Wirkung. Ihrer Magie waren sie damit zwar beraubt, das heidnische Rom hat aber so glücklicherweise die Schätze der Antike konserviert und weitergetragen.

Anders das Christentum. Hier geschah Unrühmliches: Als sich im frühen 4. Jahrhundert unter Kaiser Konstantin das Christentum als Staatsreligion durchsetzte[2549], verschwanden wertvollste Statuen einfach. Während der Zeit Kaiser Theodosius II (408–450) wurde sogar eins der genialsten Kunstwerke der Antike, die vom großen Künstlergenie Phidias geschaffene Athena Parthenos, aus der Akropolis entfernt und ward nie wieder gesehen, ebenso verschwand auch seine gigantische Zeusstatue von Olympia. Die Kirchenväter schmähten die Knidische Aphrodite des genialen Praxiteles, mit ihrer erotischen Ausstrahlung sei sie Agentin dämonischer Kräfte[2550]. Auch schönste antike Sakralarchitektur[2551] wurde einfach abgerissen. Die Stelle nahmen Kirchen, Kruzifixe und Heiligenbilder ein.[2552]

Im Mittelalter setzte sich die unheilige Zerstörung antiker Götterbilder fort. Unter den römischen Ruinen gefundene antike Götterbilder

---

[2548] Vgl. Hekataios – er schrieb für Ptolemaios I. eine Geschichte Ägyptens –, bei Jan Assmann in *Bilder – Verbot und Verlangen in Kunst und Musik*, S. 19.

[2549] Per Toleranzedikt.

[2550] Horst Bredekamp, *Repräsentation und Bildmagie in der Renaissance als Formproblem*, S. 27.

[2551] Das römische Pantheon ist als einer der wenigen Tempel geblieben und wurde lediglich umgeweiht.

[2552] Vgl. Karl-Heinz Kohl, *Die Macht der Dinge*, S. 225, 227.

bewarf man mit Steinen, unterzog sie Exorzismusritualen, vergrub sie wieder oder weihte sie um. Man hatte regelrecht Angst vor der von diesen Götterbildern noch ausgehenden Kraft, dämonisierte sie. Es gab sogar zahlreiche Legenden: gewarnt wurde von der erotischen Anziehungskraft der Marmorbilder antiker Liebesgöttinnen: junge Männer sollen sich in diese Statuen verliebt haben, bis sie ein Priester vom Teufelsbann löste[2553].

Und selbst in der Renaissance ging noch die Angst vor den lebendigen Statuen um: es gab den Vorwurf der sexuellen Statuenmagie, der die Sieneser nach einer Niederlage gegen Florenz um 1340 veranlaßte, eine gerade wiedergefundene antike Venusstatue zu zerschlagen und die Reste auf Florentiner Gebiet zu verscharren, um die schädliche Wirkung des Idols nun auf den Feind wirken zu lassen[2554]. Und um 1504 machten die Florentiner noch Donatellos Judith, die Holofernes köpft, für den Verlust von Pisa verantwortlich, entfernten sie und setzten an ihre Stelle vor den Palazzo Vecchio Michelangelos David. (Gerade die Form wurde seinerzeit auch als Skandalon empfunden: Judith zieht Holofernes in eine halb aufgerichtet Stellung zu sich hoch, ausgerechnet vor ihr Geschlecht, um ihn zu töten. Horst Bredekamp[2555] meint, daß hier von der Form des Bildwerks die Gewalt ausgehe).

Mozarts Komtur ist übrigens noch eine Reminiszenz an die lebendigen Unheil bringenden Statuen: Die Statue des (ermordeten) Komturs lädt Don Giovanni (den Mörder des Komturs) zur ultima cena.

Auch der Islam kennt den Kampf gegen Bilder. Der Islam übernahm das jüdische Bilder-Tabu. Wobei der sunnitische Islam die jüdische Radikalität der Bildabkehrung noch übertraf.

Die Art der Ausschmückung, wie man sie in christlichen Kathedralen findet, ist Moscheen (und auch Synagogen) daher fremd.

Jeder Versuch, die natürliche Welt darzustellen, galt im Islam als blasphemisch, galt als Bemühung des Menschen mit dem Schöpfer zu wetteifern oder ihn sogar zu übertreffen. Gott allein wurde das Recht zugesprochen, Gestalten aus dem Nichts, Leben sozusagen aus Staub, zu schaffen. Solche künstlichen Bild-Gestalten widersprachen der Einzigartigkeit, der Einheit Gottes. Wenn Gott überhaupt ausgemacht werden konnte, dann nicht in der Vielfalt der Gestalten, sondern in den Einheitlichkeitsprinzipien, die diesen zugrunde lagen: in den Prinzipien der Form und der Zahl, also in der Geometrie. Das gab der Architektur einen enormen Aufschwung: sie war dreidimensionale Geometrie und daher quasi göttlich.

[2553] Vgl. Karl-Heinz Kohl, *Die Macht der Dinge*, S. 226f.

[2554] Horst Bredekamp, *Repräsentation und Bildmagie in der Renaissance als Formproblem*, S. 27.

[2555] Vgl. Horst Bredekamp, *Repräsentation und Bildmagie in der Renaissance als Formproblem*, S. 10–29.

Über die christliche Bilderangst sprachen wir bereits im Zusammenhang mit der Zerstörung antiker Götterdarstellungen.

Es gibt hier noch mehr zu sagen.

Obwohl im Christentum in Jesus Christus, Gottes eingeborenem Sohn, der Geist Fleisch geworden ist, gab es auch hier anfangs ein ausdrückliches Bilderverbot.

In den ersten christlichen Jahrhunderten gab es praktisch keine Gottesbilder; es galt sogar die Nachbildung des menschlichen Körpers aus irdischem Material als Sakrileg, als blasphemische Nachahmung göttlicher Schöpferkraft.

Das änderte sich im 3. Jahrhundert. Aus dieser Zeit stammen die ersten Zeugnisse christlicher Kunst; sie wurden bei Ausgrabungen in den römischen Katakomben gefunden. Interessanterweise waren auf den Fresken auch vorchristliche Motive wie Liebesszenen von Amor und Psyche oder Orpheus mit der Leier. Tertullian, Origines und andere Kirchenväter waren im 3. Jh. noch gegen die Anbringung von Bildern in Kirchen. Bald war man nur noch gegen die Darstellung des Erlösers. Und dann brachen die Dämme, als unter Theodosius das Christentum zur Staatsreligion erklärt wurde. Im oströmischen Reich erlebte die Bildkunst gegen Ende des 6. Jahrhunderts einen Höhepunkt. Im Westreich sollte der Widerstand noch etwas länger dauern. Schließlich setzte sich überall durch, daß die Bilder in ihrer Anschaulichkeit ein nützliches Mittel zur Unterrichtung des einfachen Volks in der heiligen Überlieferung seien.

726 flammte dann allerdings der sogenannte byzantinische Bilderstreit (man spricht auch von Bildersturm) auf, ausgelöst durch Kaiser Leo III: Es protestierten Vertreter der sich konsolidierenden weströmischen Kirche gegen die Bilderverehrung im byzantinischen Christentum. Papst Gregor III legte den Bilderstreit dann 731 bei und bemerkte feinsinnig: Sei denn alles Sichtbare nicht nur ein Bild des Unsichtbaren? Nach weiterem Hin und Her erlaubte das Konzil von Nicäa 787 schließlich die *Verehrung* von Bildern zuzulassen, dafür aber die *Anbetung* zu verbieten. Die Ostkirche war strenger: das führte zu einer Schematisierung und Verarmung der religiösen Kunst; auch Statuen waren dort verpönt.

Im 15. Jh. gab es dann den zweiten großen (unsäglichen) Bildersturm: protestantische Schwärmer zerstörten Bilder und Statuen in den katholischen Kirchen[2556].

Ein päpstlicher Legat[2557] berichtet 1420 über Verwüstungen, die radikale Bilderstürmer in Böhmen anrichteten, „daß die Bilder, welche jene verstümmelt hatten, alle mit abgehauener Nase, abgehauenem Kopf, ausgestochenen Augen oder auf jede Art und Weise im Gesicht verletzt zu

---

[2556] Vgl. Eckhard Tramsen in *Bilder – Verbot und Verlangen in Kunst und Musik*, S. 29.

[2557] Vgl. bei Emanuel de Paula in *Bilder – Verbot und Verlangen in Kunst und Musik*, S. 166.

sehen waren, als ob jene glaubten, sie träfen lebendige Menschen oder die, deren Bilder es waren." Es ging keinesfalls um blinde Zerstörung, sondern um das exakte Nachvollziehen der damaligen Straf- und Foltermethoden an Bildern und Statuen: die Bilderstürmer glaubten also, die Bilder seien lebendig, sprachen diesen Gegenständen Macht zu, und wollten diese Macht zerstören.

Der Kampf gegen die Verehrung materieller Objekte in den Kirchen, gegen Heiligenbilder, Heiligenstatuen und auch Reliquien, führte letztlich nicht zu einer Abschaffung dieser. Lediglich die protestantischen Kirchen blieben schmuckloser. Heiligenbilder, Heiligenstatuen und auch Reliquien kamen dem religiösen Bedürfnis des breiten Volkes entgegen. Und auch der Kunstsinn siegte schließlich. Dennoch ergab sich eine sehr schmerzliche Bilanz: viele hochrangige Kunstwerke von unschätzbarem Wert sind unwiederbringlich zerstört worden.

Das moderne Bilderverbot im Islam:

Im 20. Jh. gab es im Islam erstaunlicherweise noch ein Bilderverbot. Das zeigt die Diskussion über das Einführen des Fernsehens und des Internets in Saudiarabien. Religionswächter versuchten beides zu verhindern, weil von Bildern eine ungute Macht ausgehen könne!

Bilderverbote zeigen, daß dem Bild, einem Gegenstand, eine Macht zugestanden wurde. Und auch ein Gedächtnis, und sogar ein lebendiges Gedächtnis. Man ging davon aus, ein Bild erinnere nicht nur an den Dargestellten, sondern dieser selbst stecke in dem Bild. Das Bild verkörperte somit das lebendige Eingedenksein an den Dargestellten, enthielt ein lebendiges Gedächtnis. Gerade die Bilder-Verbieter, meint auch Bazon Brock[2558], sind, im Gegensatz zu den Liebhabern und Sammlern, die wahren Anbeter der Bilder, die inbrünstig an deren Macht glauben.

Auch heute gibt es noch eine potente Bildmagie, meint Horst Bredekamp[2559]. Die Dämonisierung von als übermächtig empfundenen Bildern habe sich in den hochtechnisierten Gesellschaften der Gegenwart sogar noch verstärkt. Aktuell wird ja immer wieder heftig gestritten, ob bestimmte Bildformen (beispielsweise in Fernsehfilmen oder Videospielen) und der Umgang mit ihnen nicht als Auslöser von Gewalt zu sehen seien. Die Grenze zwischen der Welt der bewegten Bilder und dem Leben verwischt sich. Das eine wird zum anderen so wie in früheren Zeitaltern Repräsentation in Realpräsenz überging.

[2558] Bazon Brock in *Bilder – Verbot und Verlangen in Kunst und Musik*, S. 82.
[2559] Horst Bredekamp, *Repräsentation und Bildmagie in der Renaissance als Formproblem*, S. 66f.

3. Die Angst vor Spukorten oder bösen Orten

Auch mächtige Orte gibt es, Orte von einer unheimlichen Wirkung, Spukorte.

Zu allen Zeiten, in allen Kulturen.

Wir haben einige Beispiele für Spukorte gebracht.

Die Angst vor solchen Orten beruhte lange Zeit darauf, daß man dachte, die Seelen Verstorbener trieben dort ihr Unwesen. Plinius der Jüngere[2560] berichtete im 1. Jh. nach Chr. bereits von einem Spukhaus in Athen, in dem das Gespenst eines alten verwahrlosten Manns in Ketten umgegangen sein soll. Bis ins Mittelalter[2561] glaubte besonders die europäische Landbevölkerung fest an die Geister von Verstorbenen an bestimmten Orten; etwa glaubte sie an Geisterwege[2562]. Bestimmte Wege wurden sozusagen als andersdimensionale Wege angesehen, auf denen die Toten ins Jenseits wandelten. Dieser bäuerliche Glaube hat seine Wurzeln in vorchristlicher Zeit. Bis weit ins Mittelalter sind solche Wege sozusagen in Betrieb und dokumentiert.

Die katholische Kirche bekämpfte diesen Geisterglauben und diese Geisterorte beziehungsweise -wege. Er (beziehungsweise sie) widersprachen der Doktrin. Nach der Doktrin verließ die Seele den Körper und gelangte unmittelbar ins Paradies, das Purgatorium oder die Hölle. Auf Erden hielt sie sich jedenfalls nicht mehr auf. Geisterspuk, vertrat die Kirche, sei daher Werk des Teufels. Solche Stätten wurden oft von ihr „überbaut", Wegkreuze dort errichtet.

Die Kirche nahm also auch die Macht der Orte ernst und ging gegen sie vor.

Bis heute nimmt die Kirche die Macht der bösen Orte ernst, so wie sie die Macht der heiligen Orte ernst nimmt. Einen expliziten Exorzismus, kann man sagen, veranstaltete sie im Berliner Olympiastadion, dem best erhaltenen Großensemble der NS-Zeit[2563]. In diesem Wahrzeichen, in dem die Olympischen Spiele zu einem Triumph für die menschenverachtende Naziideologie gemacht werden sollten, hielt Papst Paul II. 1996 eine dreistündige Messe. Es war der Höhepunkt seines Berlinbesuchs. Er sprach dort Bernhard Lichtenberg und Karl Leisner selig, zwei Priester, die sich gegen das Regime gestellt hatten. Explizit wies er darauf hin, daß er es mit Bedacht an diesem Ort machen wollte.

Spukorte gibt es quer durch die Zeiten und Kulturen. Häufig sind es Katastrophenorte wie Schlachtfelder. In Edge Hill, UK (Schlacht am

---

[2560] Vgl. bei Francesco Dimitri, *Guida alle case più stregate del mondo*, S. 21.
[2561] Hierzu Paul Devereux, *Fairy Paths & Spirit Roads*, S. 25ff.
[2562] Vgl. Paul Devreux, *Fairy Paths & Spirit Roads*, S. 25–36.
[2563] Vgl. Hrsg. Stephan Porombka, Hilmar Schmundt, *Böse Orte*, S. 141ff.

22. Oktober 1624) und Montaperti in der Toskana (Schlacht vom 4. September 1260) sehen bis heute Leute regelmäßig Geistererscheinungen. Schon Berichte aus dem vierzehnten Jahrhundert erzählen von Geistererscheinungen bei Montaperti, die sich wiederholt am 4. September ereigneten. Zuletzt haben zwei Lastwagenfahrer, die nicht aus der Gegend waren und absolut nichts von den Erscheinungen wußten, einen Ritter in voller Rüstung vorüber galoppieren sehen, dessen Pferd keinerlei Spuren hinterließ. Schon aus der Antike kennen wir solche Geistererscheinungen. Auf einem Schlachtfeld bei Rom, auf dem Rom 452 n.Chr. gegen Attila und die Hunnen gekämpft hat, sollen, so wurde berichtet, die Geister noch nach dem Ende der Schlacht drei Tage und Nächte weitergekämpft haben: Von der Stadt hörte man nach wie vor den Lärm des Kampfes und der Waffen. Ebenso hörte man, Berichten zufolge, auf der Ebene von Maraton noch nach 5 Jahrhunderten nachts den Lärm der historischen Schlacht zwischen Griechen und Persern 490 v.Chr., einschließlich des Wieherns der Pferde.

Auch über berühmte Gespensterhäuser gibt es viele Berichte. Etwa das berühmte Spukhaus in Essex. Forscher und Journalisten wurden im Borley Haus Zeugen von Phänomenen wie unsichtbaren Schritten, Kritzeleien, die wie von Geisterhand an den Wänden erschienen, Apporten, mysteriösen Lichtern aus unbekannter Quelle, und einige sahen auch eine Nonne, die ab und zu durch den Garten spazierte und sich dann in Luft auflöste.

Orte, an denen Hinrichtungen stattfanden, scheinen voller Gespenster zu sein, so die Piazza del Popolo und die Via dei Cerchi in Rom, wo man lange eine Guillotine aufgestellt hatte. Auch auf der Piazza di Ponte Sant'Angelo, auf der die Henker der Päpste arbeiteten, sollen viele Geister gesehen haben.

Und auch böse Orte mit eindeutig übler Ausstrahlung – es müssen nicht unbedingt immer Geistererscheinungen auftreten – gibt es zu vielen Zeiten, überall: An Gedenkstätten wie Dachau, Auschwitz und Buchenwald ist der Terror noch so präsent, daß es fast selbstverständlich ist. Unheimlich berühren viele auch heute noch die Orte an der afrikanischen Westküste, an denen Sklaven vor der Verschiffung in die Neue Welt eingepfercht worden sind.

Solche Orte machen vielen Angst, man möchte sie ungern bei Nacht aufsuchen. Die Empfindungen, die viele dort haben, sind häufig unangenehm. Manche spüren etwas diffus Unheimliches, eine üble Stimmung, die bis zur Bedrückung und Angstgefühlen reichen kann, andere reagieren sozusagen physischer, fühlen sich körperlich geschwächt, spüren eine Kälte, Atemnot, Schwindel. Psychometrisch Begabte kann ein besonders unangenehmes Erlebnis erwarten, sie sehen im Geist die Katastrophe von damals am Ort wieder erscheinen, tauchen in das häßliche Gedächtnis des Ortes unmittelbar ein.

Schlußbemerkung:

Die Angst vor der Macht der Dinge und Orte ist noch viel verbreiteter. Im Grunde hat sie jeder. Kaum einer empfindet die Dinge oder die leere Wohnung Verstorbener nicht als irgendwie unheimlich. Handelt es sich um ungeliebte Tote, möchte man sich ihrer Dinge möglichst sofort entledigen. Besonders der persönlichen Dinge wie Kleidung. Offensichtlich ist in ihnen der Tote noch realpräsent. Wir brauchen gar nicht erst Beispiele offizieller Säuberungen von letzten Dingen erwähnen, zu denen es regelmäßig kommt, wenn der Nachfolger eines vormals mächtigen Amtsinhabers das Gedächtnis an seinen Vorgänger tilgen will. Die Dinge des Vorgängers könnten dessen Macht perpetuieren.

VI DIE PRAKTISCHE SEITE

Es gibt eine nicht zu unterschätzende praktische Seite des Gedächtnisses der Dinge, spezielle praktische Anwendungen und einen noch wichtigeren, allgemeinen, sozusagen weltanschaulichen Output.

Bei der Suche nach Straftätern oder Vermißten hat man sich von offizieller Stelle schon häufig guter Psychometer bedient. Gerade in schwer lösbaren Fällen. Man gibt es allerdings nicht gerne zu.

Der berühmte holländische Seher Gerard Croiset[2564] war oft der holländischen Polizei behilflich. Besonders wenn es sich darum handelte Menschen zu finden, die spurlos verschwunden waren. Häufig mußte er ängstlichen Verwandten erklären, daß die betreffende Person tot sei, weil er den Leichnam „gesehen" hatte. Manchmal gelang es ihm, die Polizei an den Fundort zu führen. Buchanan[2565] verweist auf etliche Kriminalfälle, die in den USA durch Hellseher und/oder Psychometer aufgedeckt worden sind. Ebenso auf berühmte Fälle in Frankreich[2566]. Zur Zeit Ludwig des XIV gab es einen französischen Bauern mit legendären psychometrischen Fähigkeiten. Man erbat wiederholt seine Hilfe bei der Aufklärung eines Verbrechens. Sobald er den Tatort betrat und dort vielleicht noch ein Tatinstrument berühren konnte, sah er die Mörder vor sich, deren Fluchtweg und auch deren aktuellen Aufenthaltsort. Richter und Ärzte wurden Zeugen dieser Fähigkeiten. Er erlangte derartige Berühmtheit, daß er schließlich dem König vorgestellt wurde. Buchanan[2567] hatte seinerzeit befürwortet, daß ein Gericht auch eine psychometrische Untersuchung anordnen können sollte. Er ging damals davon aus, daß Psychometrie eine anerkannte Wissenschaft würde und so gleiche Anerkennung vor Gericht finden würde wie etwa medizinische Gutachten, daß ein psychometrisches Gutachten ebenso wie ein medizinisches einen entscheidenden Einfluß auf das Urteil der Geschworenen haben würde, auf Schuld oder Unschuld verweisen könnte. Buchanan erbrachte vor Gericht häufig medizinische Gutachten[2568], in denen es um die Zurechnungsfähigkeit des Beschuldigten ging. Eindeutige Feststellungen waren hier schwierig, auch auf dem Boden der bekannten medizinischen Fakten. Schon hier befand man sich sozusagen auf schwankendem Terrain, warum dann nicht Psy-

---

[2564] Vgl. Rupert Sheldrake, *Der Siebte Sinn*, S. 286.

[2565] J.R. Buchanan, *Manual of Psychometry, Part I*, S. 78.

[2566] J.R. Buchanan, *Manual of Psychometry, Part I*, S. 78f.

[2567] Vgl. hierzu J.R. Buchanan, *Manual of Psychometry, Part I*, S. 51, 76–87, 114.

[2568] J.R. Buchanan, *Manual of Psychometry, Part I*, S. 79.

chometrie zulassen, war Buchanans Credo[2569]. Wie andere Gutachten mußte man das psychometrische mit der gegebenen Vorsicht prüfen. Es konnte natürlich auch hier Mißbrauch geben. Oder auch Fehlerquellen: der Psychometer konnte sich beeinflussen lassen durch Sympathie oder Antipathie für den Beschuldigten, seine Sicht konnte durch alle möglichen Emotionen verfälscht werden[2570]. Verfälschungen konnten sich auch ergeben, wenn der Psychometer die Gedanken von Anwesenden las, statt ausschließlich den Gegenstand[2571]. Und oft strahlte ein Gegenstand ganz heterogene Einflüsse aus[2572]: zum Beispiel ein Tatwerkzeug verwies nicht nur auf den Täter, auch auf den Hersteller oder andere unschuldige Personen, die es vielleicht in der Hand gehabt hatten. Beim Täter war allerdings die Emotion, mit der er es hielt mit Wahrscheinlichkeit besonders stark und hat sich so fester eingeprägt, aber es gab auch völlig indifferente Täter, die schlimmsten würden hier ausgerechnet die wenigsten Spuren hinterlassen. Buchanan war ein besonders starker Verfechter der praktischen Anwendung von Psychometrie im Rechtssystem, da auch er selbst psychometrische Fähigkeiten besaß. Aus einem Brief eines Gefängnisinsassen konnte er Schuldgefühle, Melancholie, Reue, Angst herauslesen. Psychometrie, meinte er[2573] deshalb auch, könne des weiteren dazu eingesetzt werden, zu bestimmen, wann jemand reif für eine Entlassung sei, Psychometrie konnte über den Charakter und die moralische Verfassung Aufschluß geben.

In neuerer Zeit hat Hans Bender viele Fälle gesammelt, in denen Psychometer der Polizei halfen. Und auch Fälle, in denen dies schief ging[2574]. So sollte der berühmte Croiset einmal psychometrisch den Ort ausfindig machen, an dem sich eine Person erhängt hatte. Er beschrieb die nähere Umgebung und den Weg zu einem Gehölz. Man fand aber an dieser Stelle einen Hirsch, der in einer Schlinge verendet war[2575].

Auch Bender[2576] hielt es dennoch für möglich, daß ein Psychometer zur Tataufklärung beitragen kann und sich die Erfolgsprozente auch steigern lassen. Der Psychometer habe sich aber auf das Angeben einer Fährte zu beschränken. Das Finden der Fährte dürfe er nicht ersetzen.

Auch im Fall der Entführung Aldo Moros[2577], des Parteivorsitzenden der italienischen Christdemokraten, hat der italienische Geheimdienst

---

[2569] J.R. Buchanan, *Manual of Psychometry, Part I*, S. 80.

[2570] J.R. Buchanan, *Manual of Psychometry, Part I*, S. 83–87.

[2571] J.R. Buchanan, *Manual of Psychometry, Part I*, S. 114.

[2572] J.R. Buchanan, *Manual of Psychometry, Part II*, S. 51.

[2573] J.R. Buchanan, *Manual of Psychometry, Part I*, S. 78.

[2574] Vgl. Hans Bender, *Parapsychologie*, S. 43.

[2575] Vgl. Hans Bender, *Parapsychologie*, S. 43.

[2576] Hans Bender, *Parapsychologie*, S. 43.

[2577] Roberto Pinotti, *La Capitale Esoterica*, S. 127.

1978, als er nicht mehr weiter wußte, Sensitive befragt. Romano Prodi hat das bestätigt. Das Resultat war ein Wort: Gradoli. Im Ort Gradoli wurde man nicht fündig. Dann fand man Aldo Moro ermordet in einem Wagen. In der Straße Gradoli in Rom allerdings entdeckte man das Versteck der roten Brigaden, die den Mord ausgeführt hatten.

Es gibt mehr solche Fälle als man denkt. Von den meisten erfahren wir nicht, sie werden verschwiegen. Der Witz, man sieht eigentlich auf Sensitive, die der Polizei helfen, herab, als seien sie unseriös. Wenn man aber einen Fall mit herkömmlichen Mitteln nicht lösen kann, dann nimmt man sie in Anspruch. Also ausgerechnet die schwierigsten Fälle vertraut man ihnen an.

Ein weiteres Gebiet wäre Geschichte/Archäologie[2578]. Wir erinnern uns an die Versuche der Dentons. Ein kleines Mosaikstück der Caracalla Thermen führte Frau Denton die Thermen vor 1800 Jahren vor Augen. Sie sah sie in einem Zustand als seien sie gerade frisch von den Römern in Betrieb genommen worden. Oder wir denken an die Versuche Gustav Pagenstechers mit archäologischen Artefakten.

Inzwischen nehmen immer mehr Archäologen ganz ungeniert Psychometer zur Hilfe. Daß Psychometrie in der Archäologie eingesetzt wird, sei heute eine Realität, meinte 1978 bereits Stephan A. Schwartz[2579], ehemaliger Mitherausgeber des *National Geographic* und Mitglied der Secretary of Defense Discussion Group on Innovation, Technology and Society am MIT.

Auf dem Jahreskongreß der American Anthropological Association 1961 *gestand* der Archäologe Clarence W. Weiant, er hätte seine berühmte Entdeckung von Tres Zapotes, einer der bedeutendsten Fundstätten Mittelamerikas, nicht machen können, wenn ihm nicht die Unterstützung eines Hellsehers und Psychometers zuteil geworden wäre.

Auch Buchanan meinte, daß Psychometrie unbekannte geschichtliche Sachverhalte aufdecken könnte[2580], in Fällen zu einer ganz anderen Geschichtsschreibung führen würde.

Buchanans Versuche mit der Sensitiven Mrs. B.[2581] sind legendär. B. konnte einen Stein in die Hand nehmen und den Ort beschreiben, von dem er kam, die umgebende Landschaft, das Klima, Tiere und auch die geologische Geschichte des Ortes. So konnte Psychometrie auch dazu verwendet werden den versteckten Reichtum von Bodenschätzen zu ermitteln.

[2578] Vgl. Russell Targ/Harold Puthoff, *Jeder hat den 6. Sinn*, S. 190ff., 290ff. Buchanan, *Manual of Psychometry*, S. 213ff.

[2579] Stephan A. Schwartz, *The Secret Vaults of Time*, Grosset & Dunlap, New York, 1978, S. 314.

[2580] J.R. Buchanan, *Manual of Psychometry*, Part I, S. 76.

[2581] J.R. Buchanan, *Manual of Psychometry*, Part I, S. 156.

Seit Menschengedenken wird ja bereits die Wünschelrute verwendet, um Wasservorkommen und Bodenschätze zu entdecken. Wir haben hierin einen Fall von Psychometrie gesehen.

Der englische Physiker William Barrett (1844–1925) hat schon im 19. Jh. paranormal begabte Wünschelrutengänger überprüft und den Effekt positiv beurteilt. Ende des 20. Jahrhunderts haben die deutschen Physiker Wüst, Wendler und Henrichs[2582] den bekannten Rutengänger Hans Dannert überprüft und dessen Erfolge positiv beurteilt. Die Physiker nahmen an, der Rutengänger reagiere sensibel auf sogenannte *Reizzonen*, die sich über bestimmten Untergrundverhältnissen bilden. Es gibt dort Veränderungen der Boden- und Luftleitfähigkeit, des magnetischen Felds, radioaktive Emanationen, mikroseismische Einflüsse und anderes mehr. Das deutsche Bundesforschungsministerium[2583] ließ sogar Versuche mit Wünschelrutengängern durchführen, die immerhin zum Resultat kamen, daß diese künstliche Magnetfelder und Wasserleitungen mit einer Wahrscheinlichkeit von 99,9999 % aufspüren konnten.

Der Wirkungskreis der Wünschelrutengänger hat sich im Laufe der Zeit erweitert. Zuerst ging es um Wasseradern und Bodenschätze. In neuerer Zeit werden bei uns[2584] häufig schädliche Reizzonen in Wohnungen ausfindig gemacht. Und auch erst seit neuerem untersuchen mit moderner Technik ausgerüstete Wünschelrutengänger Kultstätten[2585]: Tempel, Kirchen, Steinkreise. Es ist doch hochinteressant zu wissen, was hinter heiligen Plätzen steckt. Und auch Orte ausfindig zu machen, die ein körperliches und seelisches Wohlfühlen mehr gewährleisten als andere.

Psychometrie hat auch in vielen Fällen bei der medizinischen Diagnostik fabelhafte Resultate geliefert[2586]. Nach Buchanan ist ein guter Arzt auch ein guter Psychometer. Die psychometrischen Erkenntnisse sind einfach überlegen, schöpfen sozusagen aus einem Allwissen. Buchanan hatte Studenten, die psychometrisch sehr begabt waren; sie konnten auf den ersten Blick, ohne weitere Untersuchungen, Diagnosen erstellen, die zutrafen, auf die andere nicht kamen, die alle möglichen Untersuchungen angestellt hatten. Und der Witz: auch sensitiv begabte Laien übertrafen die nicht sensitiv begabten Mediziner bei weitem in der Diagnostik.

[2582] Vgl. bei Hans Bender, *Parapsychologie*, S. 44.

[2583] Vgl. bei Stefan Brönnle, *Landschaften der Seele*, S. 172.

[2584] In China gibt es hier die wesentlich ältere Tradition des *Feng-schui*: Das ist die Orientierung von Bauwerken nach Windrichtungen, Strömungen der Gewässer und Kraftlinien der Erde.

[2585] Vgl. Stefan Brönnle, *Landschaften der Seele*, S. 171ff.

[2586] J.R. Buchanan, *Manual of Psychometry, Part II*, S. 69ff.

Auch in der Medizin nimmt man die Lösungen der Psychometrie in Anspruch, will das aber – wir wundern uns nicht mehr – nicht so recht zugeben. Nach wie vor sieht man nur die Diagnostik der Schulmedizin als seriös an.

Nur außergewöhnliche Talente anerkennt man öffentlich. Die Fähigkeiten etwa der Physikerin Barbara Brennan[2587] in der Aura-Diagnostik gab man öffentlich zu. Auch als Heilerin war sie hochrenommiert[2588]. Oder die Talente des Farmers Edward Cayce[2589] (1877–1945) aus Kentucky waren öffentlich anerkannt. In Trance war er zu präzisen medizinischen Diagnosen in der Lage, obwohl er von Medizin keine Ahnung hatte. Er behandelte nachweislich 30 000 Patienten mit exzellentem Erfolg. Zum Ärger der Schulmedizin. Viele Kommissionen nahmen ihn daher gnadenlos unter die Lupe. Man konnte ihm aber keinen Fehler nachweisen.

Überhaupt würde Pschyometrie für alle Lebenslagen passen. Für alle Entscheidungen könnte man sich hier sozusagen höhere Einsichten holen, egal ob in Politik, im Geschäft, in privaten Dingen wie in Partnerschaften[2590]. Man würde nicht mehr auf den falschen Rat von Freunden hören. Man ließe sich nicht mehr mit dem falschen Partner auf ein höllisches Leben ein. Über alles Mögliche wüßten wir besser Bescheid. Sogar über das Leben nach dem Tod wollen einige Interessantes über Psychometrie[2591] erfahren haben. Buchanan ließ etliche Gegenstände von Toten psychometrisieren, und die Sensitiven machten dabei denkwürdige Aussagen über deren Leben post mortem. Nach deren Aussagen befinden sich alle hinterher auf einem Level höherer Einsicht, der aber individuell noch verbesserungsfähig ist. Sektierer würden weise, Bigotte Philosophen ...[2592].

Wir könnten in vieles privilegierte Einsichten gewinnen, wenn nur Psychometrie einwandfrei beherrschbar wäre. Das ist sie aber nicht.

Alle die praktischen Anwendungen sind daher eigentlich nicht uneingeschränkt praktisch. Nur eingeschränkt funktioniert Psychometrie. Paranormale Erfahrungen lassen sich nicht beliebig steuern. Selbst der hochbegabte Paranormale Croiset konnte seine unbestreitbaren präkognitiven Fähigkeiten nur in den Stuhlexperimenten mit maximalem Erfolg

---

[2587] Vgl. Brennan bei Michael Talbot, *Das Holographische Universum*, S. 179. Brennan arbeitete bei der NASA im Goddard Space Flight Center.

[2588] Elisabeth Kübler-Ross sieht in Barbara Brennan „wahrscheinlich eine der besten Geistheilerinnen der westlichen Hemisphäre". Bei Michael Talbot, *Das Holographische Universum*, S. 182.

[2589] Vgl. hierzu Michael Talbot, *Das Holographische Universum*, S. 215f., Viktor Farkas, *Neue Unerklärliche Phänomene*, S. 81f.

[2590] J.R. Buchanan, *Manual of Psychometry*, Part II.

[2591] J.R. Buchanan, *Manual of Psychometry*, Part III.

[2592] J.R. Buchanan, *Manual of Psychometry*, Part III, S. 39.

zeigen. In einer Situation, die spielerisch war. Als er mit seiner prophetischen Gabe Menschen beraten wollte, war er gescheitert[2593]. Als er etwa der holländischen Polizei half, hatte er, nach eigenen Angaben[2594], nur in 20 % der Fälle vollen Erfolg.

Das nützliche Praktische liegt eigentlich weniger in einer speziellen Anwendung, sondern, viel allgemeiner, in einer neuen Sicht der uns umgebenden Welt, die aus dem Phänomen, aus der Faktizität des Gedächtnisses der Dinge und Orte folgt:

Zunächst einmal erklären sich wichtige, diffuse Phänomene wie Stimmungen, Atmosphäre. Wir alle empfinden Stimmungen an Orten und im Zusammenhang mit Gegenständen und Ansammlungen von diesen, wie in Wohnungen, in Häusern, in Gebäuden, oder auch zusammen mit Personen. Etwas, das für uns immer rätselhaft war, unfaßbar, undeutlich, an dem wir litten oder das uns erfreute, erklärt sich uns hier[2595]. Oder wir können begreifen, daß Kunstwerke lebendig sind, überhaupt die Wirkung, die transzendente Wirkung von Kunst. Sie sind es nicht direkt, weil in einer Götterdarstellung der Gott selbst steckt, sondern, weil sich der Geist des (genialen) Künstlers dem Bild aufgeprägt hat, was er dachte, fühlte, wahrnahm, während er es fertigte. Es ist als sähen wir dessen Emotionen, Gedanken. Es haftet Kunstwerken tatsächlich etwas an, das weit über das materiell Dargestellte hinausgeht. In einem Leonardo ist noch Leonardo[2596].

Es ist ferner ungemein bedeutungsvoll, wenn, wie hier dargestellt, die Geschichte von allem unauslöschlich fortbesteht. Dinge, Orte, Personen, alles trägt die Geschichte weiter. Und auch nach dem Untergang der Dinge, Orte, Personen, kann sie noch fortbestehen. Als Folge kann sich *für uns* eine schlechte oder eine gute Atmosphäre ergeben. In der wir prosperieren oder leiden. Wissen wir das, legen wir weit mehr Gewicht auf unsere Handlungen, denn keine Handlung und keine Folge unserer Handlung und kein Gedanke ist irgendwann einfach fort, wie nicht geschehen. Sondern sie bleiben. Sie werden gespeichert, unauslöschlich gespeichert. Wir geben vielleicht viel mehr acht, nichts Böses zu tun oder zu denken, wenn wir wissen, daß unser böses Tun oder unsere bösen Gedanken nicht nur kurzfristige Folgen haben, sondern quasi unauslöschlich und ewig festgehalten sind. Wenn wir noch hinzunehmen, daß alles auf einer Ebene gespeichert ist, auf der alles mit allem unabhängig von

---

[2593] Hans Bender, *Parapsychologie*, S. 39.

[2594] Vgl. bei Hans Bender, *Parapsychologie*, S. 42.

[2595] Wenn man unter etwas leidet, etwas als problematisch empfindet, dann genügt nachweislich die Bewußtmachung und Erklärung, um eine Erleichterung zu verspüren.

[2596] In der Hobbymalerei Ihres Frisörs der unter Umständen weniger aufregende Geist Ihres Friseurs.

Zeit und Ort zusammenhängt, die allem unterliegt, dann sind wir noch viel vorsichtiger im Umgang mit unserer gesamten Umwelt, weil wir mit einem schlechten Verhalten sozusagen das Netz belasten, in dem wir selbst hängen.

Unsere ganze Sicht auf unsere Umgebung wird eine enorm behutsame und interessierte. Nichts ist tot um uns herum, alle Dinge und Orte sind lebendig, enthalten alle möglichen Informationen, sprechen auf verschiedenen Ebenen zu uns, je nachdem wie sensitiv und wie aufmerksam wir sind. Nichts ist einfach nur bedeutungslos. Es ergibt sich ein neues Lebensgefühl ähnlich dem, das der Historiker Huizinga[2597] fürs Mittelalter beschrieb. Der Symbolismus dieser Epoche bedeutete, „daß man in jedem Ding eine Bedeutung sah, die Möglichkeit, die Welt, die an sich verwerflich war, dennoch zu würdigen und zu genießen und auch das irdische Tun zu veredeln." „Jeder Beruf hatte seine Beziehung zum Heiligsten und Höchsten." Es wird also nichts verachtet. Denn im Symbolismus wird „die Vorstellung jedes Dings mit höherem ästhetischem und ethischen Wert durchdrungen"[2598]. Der Symbolismus schuf, so Huizinga[2599], ein Weltbild von ungleich strengerer Einheit und innigerem Zusammenhang, als das kausal-naturwissenschaftliche Denken. Zu dieser Ansicht würden wir, auf modernerem Niveau, und heute sogar auf naturwissenschaftlichem Niveau, wieder zurückkehren. Es ist letztendlich eine liebevolle, friedliche Sicht.

Im Mittelalter sah man dieses lebendig Wesenhafte aller Dinge als göttlich an. „Das symbolische Denken stellt sich dar als ein fortwährendes Einströmen des Gefühls von Gottes Majestät und Ewigkeit in alles Wahrnehmbar und Denkbare"[2600].

Wir können sagen, wenn alles ein Gedächtnis hat, und alles auf einer Subquantenebene (wo sich auch dieses Gedächtnis befindet) mit allem zusammenhängt, dann ist in jedem auch noch so unbedeutenden Teil, also in Ihrem Ohrring oder Ihrer Zahnbürste das Ganze enthalten, alles andere, das an allen Orten und zu allen Zeiten existiert. Die banalste Nachtischlampe enthält immer auch das ganze Universum. Diese Komplexität könnte man ohne weiteres göttlich nennen.

Sicherlich spüren wir nicht ohne weiteres dieses Göttliche in allem. Es liegt wie hinter einem Schleier, hinter den man nur sozusagen gnadenhalber und in einem bestimmten Geisteszustand (auch der mehr ein Zustand der Gnade[2601]) einen genaueren Blick werfen kann. Aber, was wir fast alle mehr oder minder spüren, sind das konkrete, das lokale Gedächt-

---

[2597] Johan Huizinga, *Herbst des Mittelalters*, S. 296.

[2598] Johan Huizinga, *Herbst des Mittelalters*, S. 295.

[2599] Johan Huizinga, *Herbst des Mittelalters*, S. 294f.

[2600] Johan Huizinga, *Herbst des Mittelalters*, S. 295.

[2601] Im Walker-Modell quasi ein Zustand der Hirnlosigkeit.

nis der Gegenstände und Orte. (Wobei Gegenstände und Orte, mit denen wir schon umgegangen sind, uns selbst reflektieren und unsere Identität somit verstärken, das Gefühl für uns selbst und unsere spezifische Vergangenheit.)

Und dann haben wir noch eine ganz gewichtige Konsequenz. Vielleicht die wichtigste von allen, die uns noch vorsichtiger werden läßt. Alles kann theoretisch aus dem Speicher wieder hervorgeholt werden. Hierin liegt natürlich auch das Tröstliche, die Möglichkeit von Unsterblichkeit.

Renommierte Forscher meinen ja, das Quantenvakuum sei so etwas wie ein umfassendes Gedächtnis, eine Matrix, die Spuren aller Teilchen (aller Quantensysteme) in Form von Schwingungen (Wellen) enthält, und da in seiner Superflüssigkeit diese nicht verschwinden, enthält es auch noch Schwingungsmuster aller vergangenen Teilchen (aller vergangenen Quantensysteme), und dies für immer. Wir nahmen an, alles sind Quantensysteme, einschließlich unserer Gedanken produzierenden Gehirne, einschließlich von uns selbst. All dies wäre dort also auf ewig gespeichert. Nach David Bohm[2602] hinterlassen vorige Momente (alles was wir je erlebt, gedacht, getan haben) also *eine Spur*: Sie sind *eingefaltet* in die implizite Ordnung (ins Quantenvakuum). Nun können wir, und das ist wirklich verrückt, aus dieser Spur theoretisch wiederum Bilder vergangener Momente *entfalten*. – Schempp[2603] hat das mathematisch gezeigt. – Ein Gedanke ist, so Bohm, nicht fort, wenn wir ihn zu Ende gedacht haben. Er ist nicht fort – er hat sich lediglich *zurückgefaltet*. Er ist noch da. *Und vielleicht entfaltet er sich erneut!*

Ebenso können theoretisch wir selbst und unsere gesamte Umgebung wieder aus dem Quantenvakuum erstehen.

Alles kann theoretisch wieder sozusagen aufgerufen, auferweckt werden, ganze Welten.

Und das bedeutet potentiell[2604] Unsterblichkeit[2605].

[2602] David Bohm, *Wholeness and the Implicate Order*, S. 262–264.

[2603] Vgl. bei Lynne McTaggart, *Das Nullpunkt-Feld*, S. 139ff.

[2604] Wer oder was diesen Prozeß nun anschucken würde, das Movens, der Beweger, darüber können wir nur spekulieren. Eine vis vitalis, etwas Göttliches, ein Gott, die Liebe …

[2605] Weitere Prozesse in der Physik, die man mit „Vom Jenseits ins Diesseits" intitulieren könnte. Das beobachtende Bewußtsein schafft das Teilchen aus der Welle, macht sozusagen aus dem Jenseitigen das Diesseitige, poetisch betrachtet. Und dann gibt es noch den interessanten Prozeß, daß aus virtuellen Teilchen im Vakuum (gemeint sind hier nicht Teilchen als Wellen, die immer mit Teilchen verbunden bleiben, sondern die virtuellen Teilchen, die verantwortlich sind für das Wirken von Kräften, die nur für ganz kurze Zeit aus dem Vakuum auftauchen, um gleich wieder darin zu verschwinden, die eher wie eine mathematische Konstruktion wirken) reale Teilchen werden können, wenn man genügend Energie zuführt

Wobei im hier vertretenen Walker-Modell dies beruhigenderweise nicht die Wiederkehr des immer Gleichen bedeuten würde[2606].

(od. weitere Partner für Impulsübertrag etc.) (auch hier aus einem Jenseitigen ein Diesseitiges, poetisch betrachtet). Auch starke Gravitationsfelder können dafür sorgen, daß virtuelle Teilchen real werden. Dieser Prozeß findet etwa bei der Bildung von Hawking-Strahlung am Ereignishorizont Schwarzer Löcher statt. Vgl. Rolf Landua, *Am Rand der Dimensionen. Gespräche über die Physik am CERN*, S. 74.

[2606] Im hier vertretenen Walker-Modell ist unsere reine Funktion des Denkens, Wahrnehmens, Fühlens, Erinnerns etc. immer schon im Vakuum, und kann so nicht wiederentfaltet werden. Sie ist somit entkoppelt von den konkreten Resultaten unseres Denkens, Wahrnehmens etc. Unser reales Gehirn könnte wiederentfaltet werden und das dazugehörige virtuelle Gehirn dieses Quantensystems Gehirn würde dann von neuem die reine Funktion des Denkens, Wahrnehmens etc. schaffen. Das, was wir konkret gedacht, konkret wahrgenommen hätten, die Produkte der Funktion, könnten hingegen wiederentfaltet, wiederaufgerufen werden, sie sind im Vakuum und in unserer Realität. Wir könnten also theoretisch unser altes Leben vor Augen haben und ein neues führen.

VII Schluss

Unsere Realität, die Dinge, die uns umgeben, sind in den hier erörterten Modellen nicht das, was sie zu sein scheinen. Gleich hinter der Umzäunung unseres eigenen sicheren Lebensbereichs, hinter der Realität, wie wir sie alltäglich wahrnehmen, hinter den Dingen, die uns umgeben, erstreckt sich eine unermeßliche andere Welt, man könnte poetisch sagen: eine „Seelenlandschaft" oder prosaischer: ein höherdimensionales Meer aus unendlich vielen unterschiedlichsten Frequenzen, in dem die Unterscheidung Materie/Geist nichts mehr bedeutet und auch Raum und Zeit keine Kategorien mehr sind: alles ist hier in allem, und dies jederzeit gleichzeitig, diese Realität ist holographisch. Sie ist sozusagen die Kehrseite unserer Welt. Alles um uns herum besteht (existiert) (auch) hieraus („letztlich" im hier favorisierten Modell aus allem unterliegenden Gravitationswellen, die wir poetisch als höheres Licht deuteten). Wir interpretierten diesen Wellensalat als interagierende Bewußtseine (Bewußtseinsstrukturen). Der Witz, dahinter könnte sich in einem holographischen Modell der Wirklichkeit noch die *eigentliche* Realität befinden, einschließlich eines höheren Gehirns, das mit einem hier implizierten höheren Bewußtsein in einer Coproduktion mit u.a. unseren (nachgeordneten) Bewußtseinen/Gehirnen unsere nur projizierte Welt hervorbringt. (Die eigentliche Realität wäre die Wirklichkeit hinter der Wirklichkeit hinter der Wirklichkeit.)

Ist es gut, diese Terra incognita zu betreten: oder ist es, wie Orpheus, der Sänger der griechischen Mythologie, uns einst gemahnt hat so: „Die Pforten Plutos dürfen nicht entriegelt werden, dahinter lebt ein Traumvolk[2607]"?

Bei der Suche nach dem Gedächtnis der Dinge haben wir uns diesem Bereich „etwas genähert" (einer Wirklichkeit hinter der Wirklichkeit), der so beschaffen ist, daß wir ihn von unserer dreidimensionalen Erscheinungswelt aus nie direkt erfahren können. Es besteht also gar nicht die Gefahr, wir könnten zu weit die Terra incognita betreten.

Die Physik nennt diesen Bereich Quantenvakuum. Wir haben diese Sphäre unter vielen unterschiedlichen Namen, zu anderen Zeiten und in verschiedenen Kulturkreisen identifiziert.

[2607] In der Tat befinden sich diejenigen, die sich diesem Bereich annähern, vorzugsweise in geminderten Bewußtseinszuständen, wie in tiefer Meditation, die man auch als traumhaft oder träumerisch ansehen könnte. Im hier gewählten Walker-Modell könnte man respektlos sagen, im Zustand der Hirnlosigkeit, wobei sich diese Personen aber ihres und *nur* ihres virtuellen Gehirns bedienen.

Dieser Bereich unterliegt allem, alles wechselwirkt mit ihm, auch unser Gehirn/Bewußtsein[2608], auch wenn wir nicht sozusagen in ihn hineinsehen können, ihn nie *an und für sich* erfassen können. Das Gedächtnis der Gegenstände ist in unserem Modell dort gespeichert, ebenso unser menschliches Gedächtnis. Eine paranormal begabte Person wie ein Psychometer kann etwas mehr in diese Realität jenseits von Raum und Zeit eintauchen und daher Informationen extrapolieren, die andern verschlossen sind. Nie jedoch systematisch und kontrollierbar.

Selbst Dante beschreibt in der Göttlichen Komödie diese *Sphäre*. Auch bei ihm ist sie jenseits von Raum und Zeit, holographisch und aus Licht (ein Frequenzbereich).

Und auch bei ihm, wie bei einigen anderen, ist sie die Sphäre Gottes: „Wir sind der größten Sphäre

entstiegen, sind im Himmel *reinen Lichtes*.

Es ist ein *geistiges Licht* und voller Liebe, (...)"

Dante, *Göttliche Komödie*, Paradies XXX, 38–40

Lehrrede Beatrices:

„*Nähe und Ferne machen dort nichts aus,*

denn wo der Herrgott unvermittelt waltet,

hat keine Geltung das Naturgesetz."

Paradies, XXX, 121–123

Beatrice: „Es hängt der Himmel samt der Natur von jenem *Pünktlein* ab ..."

Paradies XXVIII, 25–39:

Beatrice zeigt hier Dante einen von neun Lichtfunkenringen (die Engelshierarchien entsprechen) umkreisten, unglaublich hellen Punkt. Dieser Punkt ist Gott. Gott wird hier als *ausdehnungsloser* Licht-Punkt beschrieben.

Die Sphäre ist bei Dante also aus Licht, und zwar aus einem speziellen Licht[2609], Nähe und Ferne sind dort irrelevant; das ist hier zeitlich wie örtlich gemeint. Und alles ist hier in einem Punkt konzentriert, also holographisch.

Die von Gott ausgehende Anziehungskraft ist dabei so groß, daß alle Sphären durch sie in unaufhörlicher Bewegung gehalten werden. Dieses

---

[2608] Geht man insbesondere davon aus, alles seien Quantensysteme, wie nicht nur der Physiker Brian Greene oder auch der Physiker Archibald Wheeler es sich vorstellen können.

[2609] Auch unser Quantenvakuum besteht im Kern aus einem speziellen Licht: aus Gravitationswellen.

Licht, diese Anziehungskraft, die das All bewegt, ist bei Dante letztlich die Liebe.

Auch das hier beschriebene Quantenvakuum (das auch ein kosmisches Gedächtnis ist und das Gedächtnis der einzelnen Dinge enthält) ist in unserem Modell ein Bereich der Anziehungskraft, der Gravitation, ein Bereich sozusagen höheren Lichts[2610]. In einem holographischen Modell der Realität gab es die Möglichkeit, daß das Quantenvakuum von einem höheren Bewußtsein projiziert ist[2611]. Ob diese Kraft (dieses höhere Bewußtsein[2612]) nun wie bei Dante letztlich die Liebe ist, die Liebe, die alles bewegt, kann man nur spekulativ beantworten.

Das Gedächtnis der Dinge, das Gedächtnis von allem, schlechthin alles im Quantenvakuum, ist jedenfalls aufgrund der physikalischen Eigenschaften des Vakuums ewig, und könnte theoretisch jederzeit daraus wieder entfaltet werden.

Auch Unsterblichkeit ist hier möglich.

Da wir nicht direkt hineinsehen können, auf indirekten Hinweisen aufbauen, bleibt das Quantenvakuum – Sphäre reinen Geistes/Bewußtseins, göttlicher Gedanken? Göttliche Sphäre? Gravitationsfeld?[2613] – letztlich ein Geheimnis[2614].

Aber zumindest gibt es die Möglichkeit dieses fantastischen Geheimnisses, müssen wir damit rechnen, daß auch die Dinge um uns nicht einfach tot sind. Daß alles aufgezeichnet ist und nichts verlorengeht. Und vielleicht, um es mit dem Physiker David Bohm[2615] zu sagen, war es einer der grundlegendsten Fehler der Menschheit, zu sagen, daß ein Gedanke

---

[2610] Das Gedächtnis der Dinge ist bei uns letztlich in Gravitationswellen gespeichert, die wiederum Materiewellen und elektromagnetischen Wellen unteliegen.

[2611] Dieses bildet dort eine eigentliche Realität in Wellen ab. Diese eigentliche Realität wird somit zu etwas in Bewußtsein Umgearbeitetes, zu einem oder vielen Gedanken.

[2612] Im und außerhalb des Vakuums.

[2613] Sphäre reiner Geometrie? Usw.

[2614] Georg Peter Landmann, in seiner postum erschienenen *Commedia* – Übertragung, sagt: „Das ist Dantes Überzeugung: es ist die Liebe, die das All bewegt. Das Geheimnis bleibt sich gleich, auch wenn wir, kalt und vorsichtig, lieber von Gravitation reden."
Wir sind im Kapitel über das Hologramm der Realität noch einen Schritt weiter gekommen. Der Frequenzbereich des Vakuums ließ sich als Projektion von etwas viel Realerem als dieser Bereich und noch viel Realerem als unsere Realität begreifen. Hinter dem Vakuum steckte noch die eigentliche Realität. Interagierende Bewußtseine (mehr oder weniger unsere und ein höheres, ubiquitäres) kreierten aus dem Vakuum unsere illusionäre Realität, die damit eine zweifach abgeleitete wäre.

[2615] David Bohm, *Dialog*, S. 166.

fort ist, wenn wir ihn zu Ende gedacht haben. Er ist nicht fort, nach Bohm, er hat sich lediglich zurückgefaltet. Er ist noch da. *Und vielleicht entfaltet er sich erneut!* Und dies gilt, wie gesagt, nach dem hier vertretenen Modell nicht nur für Gedanken, sondern für alles, was sich je ereignet hat, für alles, was je (in unserer drei-/vierdimensionalen Erscheinungswelt) existierte und existieren wird, einschließlich unsererselbst[2616].

***

[2616] Im hier vertretenen Walker-Modell würde das nicht die Wiederholung des immer Gleichen bedeuten. Unsere reine Funktion des Denkens, Wahrnehmens ist hier immer schon im Vakuum, kann nicht wiederentfaltet werden, ist entkoppelt von den konkreten Resultaten unseres Denkens, Wahrnehmens, Erinnerns etc.

LITERATURVERZEICHNIS

Herbert Aschwanden, *Die Urstruktur der Schöpfung,* Reinhold Liebig, Frauenfeld (Ch), 1. Aufl., 2007.

M. Baigent, R. Leigh, *Der Tempel und die Loge,* Bechtermünz Verlag, Augsburg, 1990 (Original 1989).

Anne Bancroft, *Mythen, Kultstätten und die Ursprünge des Heiligen,* Patmos, Düsseldorf, 2004 (Original: *Origins of the Sacred,* Arcana, London, New York, 1987).

Enrico Baccarini, *Firenze, Esoterismo e Mistero,* Editoriale Olimpia, Sesto Fiorentino, 2006.

Hrsg. Wolfgang Beinert, bearbeitet von Gerhard L. Müller, *Texte zur Theologie. Dogmatik. Der Heilige Geist. (Pneumatologie),* Bd. 7, Styria, Graz, Wien, Köln, 1993.

Belton, *Psychical Research and Religion,* Lindsey Press, London, 1931.

Hans Bender
– *Parapsychologie. Ihre Ergebnisse und Probleme,* Carl Schünemann, Bremen, 1970.
– *Verborgene Wirklichkeit,* Ex Libris, Zürich, 1975.

Walter Benjamin, *Aura und Reflexion. Schriften zur Ästhetik und Kunstphilosophie,* Suhrkamp, Frankfurt am Main, 1. Aufl., (folgt der Ausgabe *Gesammelte Schriften, 1892–1940,* im Suhrkamp Verlag), 2007.

Martin Bergmann: redaktionelle Leitung, *Schülerduden Physik,* Dudenverlag, Mannheim, Leipzig, Wien, Zürich, 6. Aufl., 2007.

Bergmann, Schaefer, *Lehrbuch der Experimentalphysik, Mechanik, Relativität, Wärme,* Bd. 1, de Gruyter, New York, Berlin, 11. Aufl., 1998.

Alain Besançon, *The Forbidden Image. An Intellectual History of Iconoclasm,* The University of Chicago Press, London, Chicago, 2000.

Franz-Heinrich Beyer, *Geheiligte Räume. Theologie, Geschichte und Symbolik des Kirchengebäudes,* Wissenschaftliche Buchgesellschaft, Darmstadt, 2008.

Marco Bischof
– *Biophotonen Das Licht in unseren Zellen,* Zweitausendeins, Frankfurt am Main, 13. Aufl., 2005 (Original: 1995).
– *Unsere Seele kann fliegen,* Verlag im Waltgut, Bern, 1985.

Massimo Biondi, *Misteriose Presenze. Viaggio Tra Case Infestate e Luoghi Maledetti*, Mondadori, Milano, 2005.

David Bohm, *Wholeness and the Implicate Order*, Routledge, London, New York, 2005 (Original: Routledge & Kegan Paul, 1980).

Hartmut Böhme, *Fetischismus und Kultur. Eine andere Theorie der Modern*, Rowohlt, Reinbek bei Hamburg, 2006.

Pierre Bourdieu, *Praktische Vernunft. Zur Theorie des Handelns*, Suhrkamp, Frankfurt am Main, 1998.

Horst Bredekamp, *Repräsentation und Bildmagie in der Renaissance als Formproblem*, Themenband 61, Carl Friedrich von Siemens Stiftung, München, 1995.

Stefan Brönnle, *Landschaften der Seele. Landschaften, Geomantie Und Ihre Auswirkungen Auf Die Menschliche Psyche*, Schirner, Darmstadt, 2006 (1. Ausgabe 1994).

Bill Bryson, *Eine kurze Geschichte von fast allem*, Goldmann, München, 2004 (Original: *A Short History of Nearly Everything*, Broadway Books, New York, 2003).

J.R. Buchanan, *Manual of Psychometry: The Dawn Of A New Civilization*, Nachdruck bei Kessinger Publishing's Rare Reprints, USA, 4th edition, Frank H. Hodges, Los Angeles, 1893.

Joachim Bumke, *Höfische Kultur. Literatur und Gesellschaft im hohen Mittelalter*, Deutscher Taschenbuch Verlag, dtv, München, 2005, 1. Aufl., 1986.

Walter Burkert, *Kulte des Altertums. Biologische Grundlagen der Religion*, C.H. Beck, München, 1998 (Original: *Creation of the Sacred. Tracks of Biology in Early Religions*, Harvard University Press, 1996).

W.E. Butler, *How To Develop Psychometry*, Aquarian Press, Wellingborough, 1971 (Ersterscheinung 1940).

Thomas Byron, *The Dhammapada: The Sayings of Buddha*, Vintage Books, New York, 1976.

Silvia Arroyo Camejo, *Skurrile Quantenwelt*, Springer, Berlin, Heidelberg, New York, 2006.

Elias Canetti, *Masse und Macht*, Fischer Taschenbuch Verlag, Frankfurt, 30. Aufl., 2006 (Original, 1960).

Teilhard de Chardin, *Lesebuch*, Patmos, Düsseldorf, 2006, erstmals 1987 im Walter Verlag.

Giorgio Colli, *Die Geburt der Philosophie*, Athenäum, Frankfurt, 1981

Auguste Comte, *Soziologie, Bd II, Historischer Teil der Sozialphiloso-phie.Theologische und metaphysische Periode*, G. Fischer, Jena, 1923.

Rolf Dabelstein, *Geist*, Kreuz Verlag, Stuttgart, 2006.

John Davidson, *Das Geheimnis des Vakuums. Schöpfungstanz, Bewußtsein und Freie Energie. Die neue Physik aus mystischer Sicht*, Omega, Düsseldorf, 2. Aufl., 2000 (Original; *The Secret Of The Creative Vacuum – Man And The Energy Dance*, C.W. Daniel Company Limited, Essex, UK, 1989).

Richard Dawkins, *Das egoistische Gen*, Rowohlt, Hamburg, 1996 (Original, *The Selfish Gene*, Oxford University Press, 1976).

H. Diels/W. Kranz, *Die Fragmente der Vorsokratiker*, Weidmann, Zürich, Hildesheim, 1992.

William and Elizabeth Denton, *The Soul of Things or Psychometric Researches and Discoveries*, Nachdruck bei Kessinger Publishing's Rare Reprints, Walker, Wise And Company, Boston, 1863.

Paul Devereux, *Fairy Paths & Spirit Roads*, Vega, Chrysalis Book Group, London, 2003.

Francesco Dimitri, *Guida alle case più stregate del mondo*, Alberto Castelvecchi Editore, Rom, 2007.

John Dillenberger, *Images and Relics. Theological Perceptions and Visual Images in Sixteenth-Century Europe*, Oxford University Press, Oxford, 1999.

Hans Driesch, *Parapsychologie*, Bruckmann-Verlag, München, 1932 bzw. Rascher-Verlag, Zürich, 3. Aufl., 1952.

Arthur S. Eddington
– *The Philosophy of Physical Science*, Macmillan Comp., New York, 1939.
– *The Nature of the Physical World*, Macmillan Comp., New York, 1929.

Hrsg. Gerald L. Eberlein, *Kleines Lexikon der Parawissenschaften*, Verlag C.H. Beck, München, 1995.

J.C. Eccles, *Evolution of the Brain, Creation of the Self*, Routledge, London, New York, 1991.

Dirk Evers, *Raum, Materie, Zeit: Schöpfungstheologie im Dialog mit naturwissenschaftlicher Kosmologie*, Mohr Siebeck, Tübingen, 2000.

Viktor Farkas, *Neue Unerklärliche Phänomene*, Michaelsverlag, Peiting, 2001, Ersterscheinung 1985.

Hrsg. Peter Fasold, Thomas Fischer, Henner von Hesberg, Marion Witteyer, *Bestattungssitte und kulturelle Identität*, Rheinland-Verlag, Köln, 1998.

Richard P. Feynman, *QED, Die seltsame Theorie des Lichts und der Materie*, Piper, München, 11. Aufl., 2005 (Original: *QED, The Strange Theory of Light and Matter*, Princeton University Press, Princeton, 1985).

Dorothea Forstner, Renate Becker, *Lexikon Christlicher Symbole*, Marixverlag, Wiesbaden, 2007.

M.R. Franks, *The Universe and Multiple Reality*, iUniverse, Inc.,Lincoln, 2003.

Max Freedom Long, *Geheimes Wissen Hinter Wundern*, Schirner, Darmstadt, 2006 (Original, *The secret science behind miracles*, 1986).

Marco Frenschkowski, *Die Geheimbünde. Eine kulturgeschichtliche Analyse*, Marix Verlag, Wiesbaden, 2007.

Sigmund Freud, *Drei Abhandlungen zur Sexualtheorie* in *Studienausgabe* Bd. V, Fischer, Frankfurt am Main, 1972 (Originalaufsatz: 1905).

René Freund, *Braune Magie. Okkultismus, New Age Und Nationalsozialismus*, Picus, Wien, 1995.

Thomas Freyer, *Sakrament-Transitus-Zeit-Transzendenz*, Echter Verlag, Würzburg, 1995.

Wolfram Frietsch, *Die Geheimnisse der Rosenkreuzer*, Marix Verlag, Wiesbaden, 2005 (Original, Rowohlt, 1999).

Waldemar Froese, *Überlieferte Geheimwissenschaften*, Bohmeier Verlag, Leipzig, 1.Aufl., 2005 (Original, *Das große Buch der Geheimwissenschaften*, 1902).

Henning Genz, *Nichts als das Nichts. Die Physik des Vakuums*, Wiley-VCH, Weinheim, 2004.

Carl-Friedrich Geyer, *Die Vorsokratiker*, Weltbild, Wiesbaden, 1995.

Paola Giovetti, *I luoghi di forza, guida alle località che emanano energia, pace e armonia*, Mediterranee, Rom, 2002.

Migene Gonzáles Wippler, *Talismane und Amulette*, Kailash/Hugendubel, München, 2001 (Original: *The Complete Book of Amulets & Talismans*, 1991).

Nicholas Goodrick-Clarke, *Die okkulten Wurzeln des Nationalsozialismus*, Marix Verlag, Wiesbaden, 2004 (Original: *The Occult Roots of Nazism*, 1985).

Amit Goswami, *Das Bewusste Universum. Wie Bewußtsein die materielle Welt erschafft*, Lüchow Verlag, Stuttgart, 2007 (Original: *The Self Aware Universe*, 1993).

Andreas Gössling, *Die Freimaurer. Weltverschwörer oder Menschenfreunde*, Knaur, München, 2007.

Carl-Heinz Göttert, *Magie*, Wilhelm Fink Verlag, München, 2001.

Daniel W. Graham, *Explaining the Cosmos. The Ionian Tradition Of Scientific Philosophy*, Princeton University Press, Princeton, Oxford, 2006.

Brian Greene, *Das elegante Universum. Superstrings, verborgene Dimensionen und die Suche nach der Weltformel*, Goldmann, München, 2006 (Original: *The Elegant Universe*, W.W. Norton&Company, New York, 1999).

Klaus-Jürgen Grün, *Vom Unbewegten Beweger Zur Bewegenden Kraft. Der pantheistische Charakter der Impetustheorie im Mittelalter*, Mentis, Paderborn, 1999.

W. Haerle, *Dogmatik*, De Gruyter, Berlin/New York, 2000.

Jens Halfwassen, *Plotin und der Neuplatonismus*, Beck, München, 2004.

Manfred R. Haller, *Der Heilige Geist. Wesen und Wirksamkeit*, Band 1–3, Christlicher Gemeinde Verlag, CH-Eschenbach, 1992.

Stephen Hawking & Leonard Mlodinow, *Die kürzeste Geschichte der Zeit*, Rowohlt, Reinbek bei Hamburg, 2006 (Original: *A Brief History Of Time*, Bantam Dell, New York, 2005).

E. Hecht, *Optik*, Oldenbourg, München, 4. Aufl., 2005.

Hrsg. **Friedrich Heer, Meister Eckhart**, *Predigten und Schriften*, Fischerbücherei, Frankfurt, 1956.

Konrad Heiden, *Adolf Hitler. Das Zeitalter der Verantwortungslosigkeit. Eine Biographie*, Europa Verlag, Zürich, 2007 (Original: 1936).

Annette von Heinz, Frieder Kur, *Das große Buch der Geheimwissenschaften*, Marix Verlag, Wiesbaden, 2005 (Original, Hanser Verlag, München, 2000).

Werner Heisenberg, *Gedanken der antiken Naturphilosophie in der modernen Physik. Die Antike. Zeitschrift für Kunst und Kultur des klassischen Altertums 3*, de Gruyter, Berlin, 1937.

Silvio Hellemann, *Funklos glücklich!*, Spirit Rainbow Verlag, Norderstedt, 2007.

Dieter B. Herrmann, *Antimaterie. Auf der Suche nach der Gegenwelt*, C.H. Beck, München, 2006.

Michael Hertl, *Totenmasken*, Jan Thorbecke Verlag, Stuttgart, 2002.

Michael Hesemann, *Die Entdeckung des Heiligen Grals. Das Ende einer Suche*, Pattloch, München, 2003.

Hibbard, Worring, Brennan, *Psychic Criminology*, Charles C. Thomas, Springfield (IL), 2002.

Douglas Hofstadter
- *Gödel, Escher, Bach. Ein endloses geflochtenes Band*, Klett-Cotta, Stuttgart, 1985.
- *Ich bin eine seltsame Schleife*, Klett-Cotta, Stuttgart, 2008 (Original: *I Am a Strange Loop*, Basic Books (Perseus Books Group), New York, 2007).

Johan Huizinga, *Herbst des Mittelalters*, Alfred Körner, Stuttgart, 12. Aufl., 2006 (erste deutsche Aufl. 1924).

Edgar Hunger, *Von Demokrit bis Heisenberg. Quellen und Betrachtungen zur naturwissenschaftlichen Erkenntnis*, Frieder Vieweg & Sohn, Braunschweig, 1958.

Jürgen Jahns, *Photonik.Grundlagen, Komponenten und Systeme*, Oldenbourg, München, Wien, 2001.

Carl Gustav Jung, *Die Archetypen und das kollektive Unbewußte*, Gesammelte Werke Bd. 1/9, Walter, Olten und Freiburg i. Breisgau, 1976.

M. Kafatos, R. Nadeau, *The Conscious Universe*, Springer Verlag, New York, 1990.

Immanuel Kant, *Träume eines Geistersehers erläutert durch Träume der Metaphysik*, Werke in sechs Bänden, Wissenschaftliche Buchgesellschaft, Darmstadt, 1983.

Carl Kiesewetter, *Geschichte des Neuen Okkultismus. Geheimwissenschaftliche Systeme von Agrippa von Nettesheim bis zu Carl du Prel*, Ansata Verlag, München, 1. Aufl., 2004 (Nachdruck der Ausgabe Leipzig, 1891–95).

Friedrich Kirchner, *Wörterbuch der philosophischen Grundbegriffe*, Verlag der Dürr'schen Buchhandlung, Leipzig, 1907.

Karl-Heinz Kohl, *Die Macht der Dinge*, C.H. Beck, München, 2003.

Moritz Freiherr Knigge, Claudia Cornelsen, *Zeichen der Macht. Die geheime Sprache der Satussymbole*, Econ, Berlin, 2006.

Hrsg. **Günter Küppers**, *Chaos und Ordnung. Formen der Selbstorganisation in Natur und Gesellschaft*, Philipp Reclam jun., Stuttgart, 1997.

Martin Lambeck, *Irrt die Physik? Über alternative Medizin und Esoterik*, Beck, München, 2. Aufl., 2005 (1. Aufl., 2003).

Christian Lange, Clemens Leonhard, Ralph Olbrich, Hrsg., *Die Taufe*, Wissenschaftliche Buchgesellschaft, Darmstadt, 2008.

Ervin Laszlo
- *Kosmische Kreativität*, Insel, Frankfurt, 1997 (Original: *The Creative Cosmos. A Unified Science of Matter, Life and Mind*, Floris Books, Edinburgh, 1993).
- *Zu Hause im Universum. Die neue Vision der Wirklichkeit*, Ullstein, Berlin, 2005 (Original: *Science and The Akashic Field*, Inner Traditions, Vermont, USA, 2004).

Robert B. Laughlin, *Abschied von der Weltformel. Die Neuerfindung der Physik*, Piper, München, 2007 (Original: *A Different Universe – Reinventing Physics from the Bottom Down*, Basic Books, New York, 2005).

Hrsg. Peter Lengsfeld, *Mystik – Spiritualität der Zukunft. Erfahrung des Ewigen*, Herder, Freiburg im Breisgau, 2005.

Lutz Lippold, *Macht Des Bildes – Bild Der Macht. Kunst zwischen Verehrung und Zerstörung bis zum ausgehenden Mittelalter*, Edition Leipzig, Leipzig, 1993.

Walter v. Lucadou, *Psyche und Chaos, Theorie der Parapsychologie*, Insel Verlag, Frankfurt, 1995.

Hrsg. U. Luz, H. Weder, *Die Mitte des Neuen Testaments. Einheit und Vielfalt neutestamentlicher Theologie*, Vandenhoeck & Ruprecht, Göttingen, 1983.

W. Adam Mandelbaum, *The Psychic Battlefield. A History of the Military-Occult Complex*, Thomas Dunne Books, New York, 2000.

Christoph Markschies, *Die Gnosis*, C.H. Beck, München, 2. Aufl., 2006 (Original, C.H. Beck, 2001).

M. Laura Gemelli Marciano, *Die Vorsokratiker. Auswahl der Fragmente und Zeugnisse. Griechisch-lateinisch-deutsch. Übersetzung und Erläuterungen*, Band I (Sammlung Tusculum), Artemis & Winkler, Düsseldorf, 2007.

Karl Marx
- *Das Kapital. Kritik der politischen Ökonomie*, Bd. I, Dietz, Berlin, 1971 (Ersterscheinung: 1859).
- Karl Marx, Friedrich Engels, *Werke*, Ergänzungsband: *Schriften, Manuskripte, Briefe bis 1844*, 1. Teil, Dietz, Berlin, 1958.

Lynne McTaggart, *Das Nullpunkt-Feld*, München, Goldmann, 2003 (Original: „The Field", HarperCollins, London, 2001).

Fritz Mauthner, *Wörterbuch der Philosophie*, Band 1, Felix Meiner, Leipzig, 1923 (1. Aufl., 1910/11).

G.R.S. Mead, *The doctrine of the subtle body in western tradition*, reprint: Kessinger Publishing Company, Montana, 2007 (Original, 1919).

Hrsg. **J. Gordon Melton**, *Encyclopedy of Occultism & Parapsychology*, 4th Edition, Gale Group, New York, Los Angeles, 1996.

Blanche Merz, *Orte der Kraft*, AT Verlag, Arau, 3. Aufl., 2002.

Albert Messiah, *Quantenmechanik, 1*, de Gruyter, Berlin, 2. Aufl., 1991.

Michael Mitterauer, *Dimensionen des Heiligen. Annäherungen eines Historikers*, Böhlau, Wien, 2000.

Mc Moneagle, *Mind Trek, Autobiographie eines PSI-Agenten*, Omega, Aachen, 2003 (Original: *Exploring Consciousness, Time and Space Through Remote Viewing*, Hampton Roads, Charlottesville, 1993).

J.D. Morris, W.G.Roll, & R.L. Morris, eds., *Research in Parapsychology*, Scarecrow Press, Metuchen, N.J., 1976.

William Morrow, *The Quantum Self – Human Nature and Consciousness Defined by the New Physics*, William Morrow, New York, 1991.

Klaus E. Müller, *Die Gespenstische Ordnung*, Lembeck, Frankfurt, 2002.

Werner Münsterberger, *Sammeln, Eine unbändige Leidenschaft*, Berlin Verlag, Berlin, 1995.

Michael Munowitz, *Physik ohne Formeln. Alles, was man wissen muß*, Rowohlt, Hamburg, 2007 (Original: *Knowing: The Nature of Physical Law*, Oxford University Press, Oxford, 2005).

Hrsg. **Museum für Angewandte Kunst Frankfurt**, Red.:Birgit Gablowski et al., *Der Souvenir. Erinnerung in Dingen von der Reliquie zum Andenken*, Wienand Verlag, Köln, 2006.

Hrsg. **Bernhard Nitsche**, *Atem des sprechenden Gottes. Einführung in die Lehre vom Heiligen Geist*, Friedrich Pustet, Regensburg, 2003.

Wolfgang Nolting, *Grundkurs theoretische Physik*, 5/1, Springer, Heidelberg, 7. Aufl., 2009.

G. Pagenstecher, *Die Geheimnisse der Psychometrie oder Hellesehen in die Vergangenheit*, Oswald Mutze, Leipzig, 1928.

Felix R. Paturi, *Die letzten Rätsel der Wissenschaft*, Eichborn, Frankfurt, 2005.

Roger Penrose, *Das Grosse, das Kleine und der menschliche Geist*, Spektrum, Heidelberg, Berlin, 2002 (Original: *The Large, the Small and the Human Mind*, Cambridge University Press, Cambridge, 1997).

Perkeo, *Im Bannkreis der Psychometrie*, Atrioc, Bad Mergentheim, 2004.

M.A. Persinger, S.G. Tiller, S.A. Koren, *Experimental stimulation of a haunt experience and elicitation of paroxysmal electorencephalographic activity by transcerebral complex magnetic fields. Induction of a synthetic „ghost"?* in *Perceptual and Motor Skills*, vol. 92, Harvard, 2000.

Hrsg. **Leander Petzoldt**, *Magie und Religion. Beiträge zu einer Theorie der Magie*, Wissenschaftliche Buchgesellschaft, Darmstadt, 1978.

Roberto Pinotti, *La Capitale Esoterica, Dalla Roma Occulta All'Urbe Cosmica*, Mondadori, Milano, 2006.

Platon, *Die Meisterdialoge*, Patmos/Albatros, Düsseldorf, 2005 (Originalausgabe: *Platon. Die großen Dialoge*, übersetzt von Rudolf Rufener, Artemis & Winkler, Düsseldorf, Zürich, 1991).

Karl H. Pribram
– *Brain and Perception. Holonomy and Structure in Figural Processing*, Lawrence Erlbaum, Hillsdale, New Jersey, 1991.
– *Rethinking Neural Networks: Quantum Fields And Biological Data*, Lawrence Erlbaum, Hillsdale, New Jersey, 1993.

Jean Prieur, *La Mémoire Des Choses*, Éditions Arista, Plazac-Rouffignac, 1989.

Otto Prokop, Wolf Wimmer, *Der moderne Okkultismus. Parapsychologie und Paramedizin*, Voltmedia, Paderborn, 2006, entspricht 2. Aufl., 1987.

A.S. Raleigh, *Hermetic Fundamentals Revealed*, Kessinger Publishing, Rare Reprints, Kila, MT (Montana) (Original um 1916).

V. Gowri Rammohan, Hrsg., *New Frontiers of Human Science, A Festschrift for K. Ramakrishna Rao*, McFarland, Jefferson, North Carolina, London, 2002.

Lisa Randall, *Verborgene Universen. Eine Reise in den extradimensionalen Raum*, S. Fischer, Frankfurt am Main, 2006 (Original: *Warped Passages. Unraveling the Mysteries of the Universe's Hidden Dimensions*, Harper Collins, New York, 2005).

Joseph Ratzinger, *Einführung in das Christentum*, Weltbild Verlag, Augsburg, 2005 (1. Aufl., 1968).

J.B. Rhine, J.G. Pratt, *Grenzwissenschaft der Psyche. Das Forschungsgebiet der außersinnlichen Wahrnehmung und Psychokinese – Methoden und Ergebnisse*, Francke, Bern, München, 1962 (Original: *Parapsychology – Frontier Science Of The Mind*, 1957).

Paul Ricoeur, *Phänomenologie der Schuld*, Alber, Freiburg, 3. Aufl., 2002.

Milan Ryzl, *Handbuch Parapsychologie*, Kailash, München, 2004.

Gary **Vikan**, *Sacred Images and Sacred Power in Byzantium*, Variorum Collected Studies, Ashgate, Burlington, 2003.

Hrsg. **Wulfing von Rohr, Diane von Weltzien**, *Das große Buch der Mystiker*, Goldmann Verlag, München, 2.Aufl., 2005 (1. Aufl., 1993).

Lothar Schäfer, *Versteckte Wirklichkeit. Wie uns die Quantenphysik zur Transzendenz führt*, Hirzel Verlag, Stuttgart, 2004.

Hrsg. **Christian Scheib, Sabine Sanio**, *Bilder – Verbot und Verlangen in Musik und Kunst*, Pfau, Saarbrücken, 2000.

Hermann Schmitz
– *Der Ursprung des Gegenstands. Von Parmenides bis Demokrit*, Bouvier, Bonn, 1988.
– *Anaximander und die Anfänge der griechischen Philosophie*, Bouvier, Bonn, 1988.

Erwin Schrödinger, *Die Natur und die Griechen*, Paul Zsolnay Verlag, Wien, Hamburg, 1987 (Original: *Nature and the Greeks*, Cambridge University Press, Cambridge, 1954).

Bernd Senf, *Die Wiederentdeckung des Lebendigen. Erforschung der Lebensenergie durch Reich, Schauberger, Lakhovsky u.a.*, Omega, Aachen, 2007 (1. Auf. 1996 bei Zweitausendeins, Frankfurt).

Stephan A. Schwartz, *The Secret Vaults of Time*, Grosset & Dunlap, New York, 1978.

Rupert Sheldrake
– *Das Gedächtnis der Natur*, Scherz, Bern, München, 2003 (Original: *The Presence of the Past*, 1988).
– *Der Siebte Sinn Des Menschen*, Fischer, Frankfurt, 2006 (Original:*The Sense Of Being Stared At And Other Aspects Of The Extended Mind*, Crown Publishers, New York, 2003).
– *Das schöpferische Universum, Die Theorie des morphogenetischen Feldes*, Ullstein, Berlin, 8. Aufl., 2004 (Original: *A new Science of Life*, Blond&Briggs, London, 1981).
– *Die Wiedergeburt der Natur, eine neue Weltsicht*, Rowohlt, Hamburg, 1994 (Original: *The Rebirth of Nature*, 1990).

Rupert Sheldrake, Terence McKenna, Ralph Abraham, *Denken am Rande des Undenkbaren. Über Ordnung und Chaos, Physik und Metaphysik, Ego und Weltseele*, Piper, München, Zürich, 2005, 1. Aufl., 1995 (Original: *Trialogues at the Edge of the West*, Bear&Co, Santa Fe, USA, 1992).

David Sider, *The Fragments of Anaxagoras. Introduction, Text and Commentary*, Vol. 4 International Pre-Platonic Studies, Second Edition, Academia Verlag, Sankt Augustin, 2005.

Upton Sinclair, *Radar der Psyche. Das PSI-Geschehen der Gedankenüber-tragung und der Gedankenbeeinflussung*, Scherz, München, 1973 (Original: *Mental Radio*, 1930).

Joe H. Slate, *Psychic Phenomena. New Principles, Techniques and Applications*, Mc Farland & Company, Jefferson, North Carolina, London, 1988.

Lee Smolin, *Three Roads to Quantum Gravity*, Basic Books, New York, 2001.

Bryan D. Spinks, *Early and Medieval Rituals and Theologies of Baptism. From the New Testament to the council of Trent*, Ashgate, Burlington, 2006.

Ina Stevenson, *Children Who Remember Previous Lives*, University Press of Virginia, Charlottesville, 1987.

Peter Stolt, Wolfgang Grünberg, Ulrike Suhr Hrsg., *Kulte, Kulturen, Gottesdienste*, Vandenhoeck & Ruprecht, Göttingen, 1996.

Stylianos Alexiou, *Minoische Kultur*, Musterschmidt, Göttingen, 1976 (Original: Herakleion, 1964).

Michael Talbot, *Das Holographische Universum. Die Welt in neuer Dimension*, Droemer Knaur, München, 1992 (Original: *The Holographic Universe*, Harper Collins, New York, 1991).

Russell Targ/Harold Puthoff, *Jeder hat den 6. Sinn. Neue Ergebnisse über die psychischen Fähigkeiten des Menschen*, Kiepenheuer&Witsch, Köln, 1977 (Original: *Mind-Reach. Scientists Look at Psychic Ability*, Creature Enterprises, 1977).

Maurizio Ternavasio, *Gustavo Rol, Esperimenti e testimonianze*, Edizioni L'Età dell'Acquario, Torino, 2003.

Benedetto Testa, *Die Sakramente der Kirche*, Bonifatius, Paderborn, 1997 (Original: 1995).

R.H. Thouless, *From Anecdote to Experiment in Psychical Research*, Routledge and Kegan Paul, London, 1972.

Rudolf Tischner, *Telepathie und Hellsehen*, Bergmann, München, 1920 (Ersterscheinung: 1919).

Trautwein, Kreibig, Hüttermann, *Physik für Mediziner, Biologen, Pharmazeuten*, de Gruyter, Berlin, 6. Aufl., 2004 (1. Aufl., 1977).

Norbert Treitz, *Brücke zur Physik*, Harri Deutsch, Frankfurt, 2007 (1. Aufl., 2003).

Constantin J. Vamvacas, *Die Geburt der Philosophie. Der vorsokratische Geist als Begründer von Philosophie und Naturwissenschaften*, Artemis

& Winkler, Düsseldorf, 2006 (Original, Universitätsverlag von Kreta, 2001).

Hrsg. **Ludwig Voit**
– *Lesebuch der Antike. Das klassische Griechenland von Homer bis Aristoteles*, im Auftrag hergestellte Sonderausgabe, Weltbild, Augsburg, 1980.
– *Lesebuch der Antike. Griechischer Hellenismus und römische Republik von Menander bis Cicero*, im Auftrag hergestellte Sonderausgabe, Weltbild, Augsburg, 1980.

Herbert Vorgrimler, *Gott, Vater, Sohn und Heiliger Geist*, Aschendorff Verlag, Münster, 3. Aufl., 2005.

Evan Harris Walker, *The physics of consciousness*, Perseus Book Group, New York, 2000.

Leonid L. Wassiliew: *Experimentelle Untersuchungen zur Mentalsuggestion*, Francke-Verlag, Bern und München, 1965.

Hrsg. **Franz Josef Weber**, *Fragmente der Vorsokratiker*, Ferdinand Schöningh, Paderborn, München, Wien, Zürich, 1. Aufl., 1988.

Hrsg. **Helmut Werner**, *Paracelsus. Okkulte Schriften. Mikrokosmos und Makrokosmos*, Komet, Köln, 2004.

Karol, Wojtyla, Hrsg. Norbert und Renate Martin, Dieter Josef Hilla, *Der Heilige Geist, Katechesen 1989–1991, Communio personarum*, Band 6, EOS Verlag, Erzabtei St. Ottilien, 1994.

Robert H. W. Wolf, *Mysterium Wasser. Eine Religionsgeschichte zum Wasser in Antike und Christentum*. V&R unipress, Göttingen, 2004.

Anton Zeilinger
– *Einsteins Schleier. Die neue Welt der Quantenphysik*, Goldmann, München, 3. Aufl., 2005 (Original 2003).
– *Einsteins Spuk. Teleportation und weitere Mysterien der Quantenphysik*, C. Bertelsmann, München, 2005.

Danah Zohar/Ian Marshall, *SQ – Spirituelle Intelligenz*, Scherz Verlag, München, 2001.

Friedrich Zöllner, Hrsg. Rudolf Tischner, *Vierte Dimension und Okkultismus*, Edition Geheimes Wissen, Graz, 2008 (Original 1921).

***